2014

中华人民共和国海关

AA类企业年鉴

海关总署稽查司 编

中国海关出版社

图书在版编目（CIP）数据

中华人民共和国海关AA类企业年鉴.2014／海关总署稽查司编. —北京：中国海关出版社，2014.12

ISBN 978-7-5175-0048-3

Ⅰ.①中… Ⅱ.①海… Ⅲ.①进出口贸易—工商企业—中国—2014—年鉴
Ⅳ.①F279.2-54

中国版本图书馆CIP数据核字（2014）第284567号

中华人民共和国海关AA类企业年鉴(2014)

ZHONGHUA RENMIN GONGHEGUO HAIGUAN AA LEI QIYE NIANJIAN (2014)

作　　者：海关总署稽查司
策　　划：普　娜
责任编辑：左桂月　熊　芬
助理编辑：李璞娜　李　多
出版发行：中国海关出版社
社　　址：北京市朝阳区东四环南路甲1号　　邮政编码：100023
网　　址：www.hgcbs.com.cn；www.hgbookvip.com
编 辑 部：01065194242-7527（电话）　　01065194231（传真）
发 行 部：01065194221/4238/4246（电话）　　01065194233（传真）
社办书店：01065195616（电话）　　01065195127（传真）
http：//store.hgbookvip.com（网址）
印　　刷：廊坊市晶艺印务有限公司　　经销：新华书店
开　　本：889mm×1194mm　1/16
印　　张：60.75　　字数：1746千字
版　　次：2014年12月第1版
印　　次：2014年12月第1次印刷
书　　号：ISBN 978-7-5175-0048-3
定　　价：300.00元

《中华人民共和国海关 AA 类企业年鉴（2014）》

BIANWEIHUI 编委会

协 编 单 位

（排名按拼音顺序，不分先后）

HDMI 许可有限公司

爱跑佳饰公司

爱普生（中国）有限公司

爱普生技术（深圳）有限公司

拜耳材料科技（中国）有限公司

北京科园信海医药经营有限公司

北京雷曼知识产权代理有限公司

北京诺华制药有限公司

北京新诤信知识产权服务有限公司

北京中原合聚经贸有限公司

北汽福田汽车股份有限公司

宸鸿科技（厦门）有限公司

重庆商社化工有限公司

川奇光电科技（扬州）有限公司

戴姆勒东北亚零部件贸易服务有限公司

东莞中编印务有限公司

佛山市华特气体有限公司

高先电子（深圳）有限公司

广东核电合营有限公司

广州绿北洋皮革制品有限公司

广州锐正商品信息调查有限公司

广州瑞艾德知识产权代理有限公司

国航进出口有限公司

汉高股份有限公司

湖南省茶叶集团股份有限公司

湖南泰嘉新材料科技股份有限公司

佳能（中国）有限公司

嘉里大通物流有限公司

柯尼卡美能达办公系统（中国）有限公司

昆明中铁大型养路机械集团有限公司

历峰商业有限公司

联邦快递（中国）有限公司

美国 UL 有限责任公司

美国爱宝工业有限公司

南通江海电容器股份有限公司

三星（中国）投资有限公司

陕西线艺电子有限公司

上海飞机制造有限公司

上海申能燃料有限公司

上海欣海报关有限公司

上海兴亚报关有限公司

深圳科瑞技术股份有限公司

深圳市创捷供应链有限公司

深圳市今天国际物流技术股份有限公司

深圳市天成食品有限公司

同方威视技术股份有限公司

万宝矿产有限公司

威讯联合半导体（北京）有限公司

武汉药明康德新药开发有限公司

香奈儿有限公司

新疆乾通国际货运有限责任公司

星巴兹有限公司

远大海外经济投资发展有限公司

云南祥云飞龙再生科技股份有限公司

浙江哈尔斯真空器皿股份有限公司

中船澄西船舶修造有限公司

中国北京同仁堂（集团）有限责任公司

中国船舶工业贸易公司

中国航空技术国际控股有限公司

中国华腾工业有限公司

中国外运北京公司

中海油田服务股份有限公司

中美上海施贵宝制药有限公司

中外运敦豪国际航空快件有限公司

QIYELINGDAOMINGDAN 企业领导名单

（按姓氏笔画排序）

丁永铃	大泽英俊	马云昆	王　妍
王　斌	王永良	王秋蓉	王粤涛
方　鸿	方　琼	方之宁	尹兴彤
石　慧	石平湘	包瑞驰	巩月琼
吕天喜	刘　群	刘少明	刘志忠
刘树忠	齐春生	江朝瑞	孙　键
杜雪红	杨　龙	杨　帆	杨丽军
李　华	李力游	李志民	李志国
李瀚唐	肖　卫	吴国团	吴忠志
吴艳芬	何家宇	邱敏华	沈卫国
张　扬	张　琳	张　辉	张亚谋
张克强	张敬奎	张登发	张新访
陆　磊	陈　健	陈义恩	陈永恒
陈军琦	陈德芳	邵健铎	林权炎
欧阳波	周重旺	庞大航	柯玉田
胡建军	钟国仪	重本太郎	洪水树
姚　翔	徐　旭	郭旭东	郭卓才
高利华	凌　云	梅　群	黄咏梅
黄育存	黄韵玲	崔卫国	崔庆源
彭　英	程　瓒	傅　颖	焦　迅
谢葆德	楼　炯	鲍　昱	蔡　伟
谭克坚	熊　钢	霍思恩	霍敏仪

天喜控股集团有限公司

天喜控股集团有限公司成立于 1996 年，是一家无区域集团公司，有 6 家控股子公司，注册总资本 1 亿多元，集团总部位于浙江省缙云县壶镇工业功能园区，下设铝业、炊具、厨房电器、纺机专件四大事业部及研发、供应链、财务、人力资源四大管理中心，集研发、生产、销售、服务为一体。集团公司占地总面积 200 余亩，建筑面积约 16 万平方米，资产总值 4 亿多元，员工 1 500 多名，现有生产能力年产压盖式高品质压力锅 500 万口，各系列不粘锅 600 万只，各种厨房电器 100 万套，炊用合金铝板 3 万吨，高精度纺机罗拉 50 万支。2013 年实现工业总产值 15 亿元；出口创汇近 8 000 万美金，出口总额列丽水市第一名。

天喜控股集团一直以来秉承固有的务实进取精神，十分重视科技创新和研发投入。集团已拥有 40 多项科技专利等知识产权，是商用大容积压力锅国家标准独家起草单位，并且是制定国家铝、不锈钢压力锅、不粘锅质量标准的主要厂家之一，已成为国家金属餐饮及烹饪器具标准化技术委员会委员单位，获得过中国标准创新贡献奖。企业产品通过质量管理体系、环境管理体系、职业健康安全管理体系等认证，销往中东、欧洲、美洲、非洲等 80 多个国家和地区，深受国内外消费者的青睐。

在社会各界的关心和支持帮助下，经过坚持不懈的努力，天喜控股集团有限公司相续获得“国家高新技术企业”、“浙江名牌”、“浙江省出口名牌”、“浙江省著名商标”、“浙江省知名商号”、“浙江省诚信示范企业”、“浙江省专利示范企业”、“全国质量诚信承诺优秀示范企业”、“中国出口企业成就奖”、“海关 AA 类”出口企业等多项荣誉。

地址：浙江省缙云县壶镇镇保安路 7 号　总机：0578-3559999　传真：0578-3155688　网址：www.tianxi.com

亚 洲 翘 楚 · 专 注 中 国 · 贯 通 全 球

KERRY
EAS LOGISTICS
嘉 里 大 通 物 流

44+ cities with customs clearance capability
城市具备报关资质

300+ customs brokers
报关人员

110+ inspectors
报检人员

700+ operating licenses
营运许可证

60+ international airports and ports
国际机场及港口

嘉里大通物流公司

嘉里物流联网总部设于香港，隶属郭氏集团，是亚太地区最具领导地位的第三方物流供应商之一，为客户提供优质的供应链管理服务。公司在全球 32 个国家拥有超过 19000 名员工及 6500 辆自置货车车队，业务以综合物流和国际货代为主。

作为嘉里物流在中国内地的品牌，嘉里大通物流拥有 290 多个业务中心，仓储物流中心总面积逾 2400 万平方英尺，并有 5000 余部自置车辆、13000 名员工竭诚为客户服务。

公司有着覆盖全国的报关、清关网络，服务 60 多个国际机场及港口，与海关、出入境检验检疫机构有着长期良好的合作关系。300 余名报关员、110 余名报检员善于提供灵活合法的清关服务，满足客户进出口货物的检验检疫需求。

嘉里大通物流的目标市场涉及电子消费品 / 高科技产品、时装时尚用品、化学品、食品饮料、工业品、医药保健品、航空汽车等多种类型，业务遍及国际货代、国内快运、仓储、合约物流、项目物流、展览物流及多项增值服务。

公司已通过 ISO9001，Accredited 国际质量认证，作为国际航空运输协会、国际展览品运输协会、国际货代协会联合会、中国国际货运代理协会、中国报关协会等多家协会资深会员，公司始终追求高品质的服务质量。

嘉里大通物流曾被授予中国第一批 5A 级物流企业、中国最具竞争力 50 强物流企业等诸多荣誉，多次荣获戴尔、三星、惠普等财富 500 强企业授予的“杰出物流供应商”的称号。2012 年，公司入选由中国国际货运代理协会、国际商报评选的“中国国际货运代理物流百强排名第 9 名”、“中国国际货代物流百强排名空运第 3 名”，并获得由中国交通运输协会颁发的“2012 年度全国先进物流企业及中国物流百强企业”。

请联络: +86 400-610-3188 www.kerrylogistics.com

保健食品
国食健字J 20120011
国家食品药品监督管理局批准
TONG REN TANG
同仁堂牌
破壁灵芝孢子粉胶囊
新装上市
• 保健功能：增强免疫力
• 适宜人群：免疫力低下者
• 不适宜人群：少年儿童
• 本品不能代替药物
批准文号：国食健字J 20120011
同仁堂牌
破壁灵芝孢子粉胶囊
• 海藻囊材 • 科学破壁 • 易于吸收 • 香港制造
生产商:
北京同仁堂国药有限公司
地址:香港新界大埔工业邨大景街3号 垂询电话: 00852-36575819
京食健广审（文）第2014050064号

ABRO®

70多年来，爱宝工业公司为世界各个国家的顾客提供高质量的汽车用、工业用和家用产品，爱宝的品牌在全球范围内是品质的象征。

爱宝最初推出的产品主要为压敏遮蔽胶带。如今，爱宝已经成为3M、STP、通用电气等公司在全球众多商品市场上的首选品牌。

1991年，爱宝工业公司因其为美国出口增长所作的突出贡献，获得美国总统颁发的用于表彰杰出出口商的“总统E奖”。2005年，爱宝更是因其在促进美国出口增长方面的持续努力和突出贡献，获得美国商务部长授予“美国总统E明星奖”。

自1975年以来，爱宝工业公司在175个国家和地区一直致力于协调生产和运输方案，确保正确的产品在准确的时间到达需要的地点。

爱宝已经在“国外至国外”销售方面（指在美国境外采购并销售给美国境外的供应商）取得了显著的增长。这种增长促使爱宝着力建设靠近非美国供应商的分销系统，主要定位在亚洲国家和地区。

爱宝的销售

20世纪80年代，爱宝的出口销售额从1985年的660万美元增长到1988年的1290万美元，此后持续增长并于2005年达到8400万美元。2011年，爱宝的销售额达到2亿美元。

多年来，爱宝工业公司参与了沙特国际建筑及建材贸易博览会、科隆工具展会、汽车沙龙(莫斯科)、汽车中国、拉斯维加斯汽车展 (AAPEX) 。爱宝定期参与凯撒皇宫展览和每两年在德国的法兰克福举行一次的汽配展，以及每年两次的广交会。

爱宝的荣誉

爱宝工业公司于1991年被授予美国总统“E奖”，2005年被授予“美国总统E明星奖”以表彰其出口方面的突出成就。

爱宝工业公司于2008年4月在华盛顿特区召开的进出口会议上荣获“2008年度小型企业对撒哈拉以南非洲出口奖”。

爱宝工业公司被授权在撒哈拉以南非洲的任何国家享受最大私人卖家政策。

美国前总统布什和爱宝总裁彼得巴瑞尼

■ 爱宝的商标保护

爱宝一直致力于其知识产权的建立和保护。爱宝在全球范围内进行“ABRO”商标注册保护的项目，并进展得非常成功。爱宝已经在1150个行政辖区内获得强制性的商标权利，覆盖172个国家和地区。事实上，爱宝的商标保护范围之广泛使得全球95%人口居住的地区都有“ABRO”某种形式的商标法律保护效力。爱宝已在中国获得超过20种不同类别的几百个商标注册。

■ 爱宝的产品

爱宝拥有400多种不同的产品，覆盖从密封胶到汽车蜡、从环氧胶到家具抛光剂到润滑油的广泛的产品线。爱宝的产品从标签到包装到文字使用均达到了国际水准。其主要产品种类分为汽车产品、五金器材、胶纸带、日用品、润滑油等。

爱宝工业公司

美国印第安纳州南本德市李树园街3580号

邮编：46628

电话: +1(574) 232-8289

传真: +1(574) 232-8295

网址: www.abro.com

邮箱: abro@abro.com

ABRO®

A TRUSTED NAME WORLDWIDE®

EPSON

EXCEED YOUR VISION

爱普生技术（深圳）有限公司

爱普生技术（深圳）有限公司是日本精工爱普生株式会社经由其全资子公司爱普生精工（香港）有限公司和爱普生（中国）有限公司在华投资，经深圳市市府（1984）173 号文件批准成立的港资企业。公司自 1985 年 1 月成立以来在各级政府领导及有关部门的大力支持和关怀下，不断增加投资，扩大生产规模，现已发展成为注册资本 43980 万元港币，总投资额 126240 万元港币，拥有员工 1 万多人，占地面积 64000 平方米，厂房面积 91981 平方米，年产新型宽幅喷墨打印机 8 万台、投影机 114 万台的大型外商独资企业。2013 年度出口销售总额近 11 亿美元。公司是 2013 年度全国外商投资双优企业、2013 年度深圳工业百强企业、深圳市南山区 2013 年度纳税百强企业。公司于 2008 年被中国海关评为 AA 类最高信用等级企业，是深圳商检部门评选出的 A 类信用企业。公司已发展为日本精工爱普生集团最大的海外生产基地和高技术、高附加价值产品的主力生产据点。

公司主要生产大幅面（幅宽 900 毫米以上）高分辨率彩色打印设备、精度 2400dpi 及以上高分辨率彩色打印机机头、其他打印机、大屏幕彩色投影显示器用光学引擎 / 光源 / 投影屏、投影仪、扫描仪、模具、电子产品零部件，以及上述产品相关零部件及生产设备。

公司秉承如下经营理念：

"客户优先、致力环保、尊重个性、发挥综合能力，力争成为被全世界人们所信赖、与社会共同发展、开放的公司。我们充满自信，为不断的挑战和创新而自豪。"

公司致力于开发、研制和生产高品质的打印机、投影机等产品，为公众提供最为优质的产品售后服务，最为妥善地满足社会公众的需求，履行对社会、对公众所承担的责任。遵纪守法、诚信经营，无论是在进出口业务操作，还是在与供应商、客户合作中，重合同、守信用，自觉遵守各项法律、法规，自觉接受政府部门监督。公司坚持质量第一、客户至上，并于 2014 年再次通过 ISO9001：2008 质量管理体系认证。

作为同行业的优秀企业，始终在"与自然为友，寻求区域共存"环境理念指导下开展生产经营活动。公司在遵守法律、法规及其他要求的同时还建立一套完整且行之有效的环境管理标准，并通过定期评审来持续改进公司的生产经营活动，力求做到防止环境污染，不断改善本公司的环境绩效。公司在 2013 年顺利通过 ISO14001 的再次环境评审，并得到评审方对公司持续改善环境所作出的努力的高度评价。公司还顺利通过"2013 年度深圳市清洁生产企业认证"。

公司充满自信，为不断的挑战和创新而自豪！

总经理 重本太郎

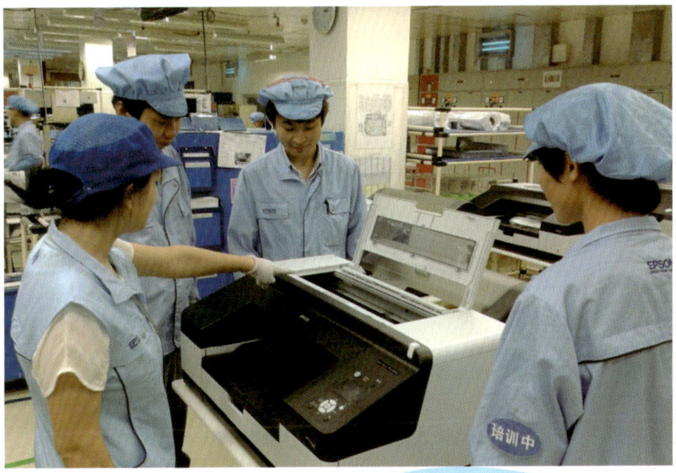

地址：广东省深圳市南山区第五工业区西侧
电话：0755-26500888
邮编：518057

上海兴亚报关有限公司

成立于 1994 年 10 月的上海兴亚报关有限公司，注册资金人民币 1000 万元，是一家专注代理进出口报关、报检业务，同时具有国际货代、仓储、运输、贸易、关务软件开发、商品预归类等物流供应链全方位服务能力和丰富经验的现代化民营物流企业。

作为中国最早一批专业代理报关、报检的企业，兴亚紧随中国经济蓬勃发展的脚步，秉承“客户的要求就是我们的追求”的服务理念，以“专业、快捷、优质、高效”的质量方针和“敬业兢业、热忱服务、科技领先、团队合作”的企业精神为企业立身之本，依靠团队超前发展意识与对科学管理、科技为先的孜孜追求，经近 700 名兴亚人励精图治、少说实干、风雨无悔，逐步成为上海报关、报检行业中的标杆企业，收获了上海第一家 AA 类报关企业、第一批诚信报检企业的殊荣。公司已通过中国质量认证中心的 ISO9001-2008 质量管理体系认证。

兴亚依托上海口岸，为客户进出口通关提供全方位服务，在上海的海陆空运通关口岸、区域性海关、特殊监管区域均设有服务机构；并通过与战略合作伙伴强强联合的方式，在全国多地重要口岸为企业开展全程通关服务。兴亚不满足于传统的通关代理服务内容和模式，追求服务的全方位、全程化、精细化和深度化。除了从物流供应链的订舱配船、打板装箱、运输仓储、报关报检、办证核销等环节提供按需服务外，商品预归类已成为兴亚的知名服务品牌，企业的关务人员外包、企业关务管理方案咨询设计、企业关务系统的定制开发等已然成了新的服务亮点。

顺应海关、国检通关体制改革举措，兴亚始终依托科技手段领先一步。公司信息技术研发团队开发的报关报检管理系统、电子制单云服务系统、通关数据跟踪服务系统、加工贸易电子账册管理系统和辅助核销系统、企业付结汇管理系统等平台化运行软件，为通关、加贸企业提供全程可视化、可追根溯源、可自我警示纠错的信息技术服务，同时也使兴亚自身管理跃上了新的高度。

兴亚有一支技术过硬、口碑良好的员工队伍。兴亚管理团队在追求企业跨越式发展的同时，将员工素质培养、企业文化建设、社会责任担当放在突出位置。2009 年在云南少数民族地区建成的“上海兴亚希望小学”开学至今，不仅让近千名孩子背起了书包，亦彰显了兴亚人奉献自我、勇于担当的精神追求。

美国 UL 有限责任公司　(UL LLC)

自 1894 年创立时起，
UL 就致力于建立更安全的世界。

美国 UL 有限责任公司（UL LLC）是一家全球性的独立的从事安全科学事业的公司，在创新性安全解决方案领域，拥有逾一个世纪的专业知识，从公众用电到具有突破性的可再生新兴能源及纳米技术，UL 涵盖各学科的方方面面。UL 致力于为公众创造更安全的生活与工作环境，保障公众、产品及场所的安全，从而推动全球贸易，为公众提供安心。

“安全”日益成为消费者最为关注的话题，提供“安全”正是 UL 的使命。

——UL 总裁兼首席执行官 Keith Williams 先生

UL 安全认证标志是消费者对产品安全的信心保证，企业凭借与 UL 合作在全球市场准入方面更具竞争力。近年来，UL 每年都要对消费者和制造商进行调研并发布《产品意识指引》，为的是帮助制造商更好地了解消费者心理。UL 为企业提供的具有公信力和专业水准的服务，帮助企业缩短新产品测试时间，提升企业整体技术能力，同时提高产品性能，进一步符合国际安全法律法规的要求。

2014 年 11 月，UL 连续第六年参加亚太经合组织 APEC 工商领导人峰会，UL 高管与其他企业领导人在本届峰会中共同探讨了全球供应链断裂和提升公众健康安全等针对性难题。凭借 UL 在亚太区拥有的众多的检测实验室、成熟的检测方案及与区域内企业的紧密合作关系，UL 持续研究的最新医疗技术，以及针对医疗设备的测试服务也在不断精细化的优势，UL 提供了更加专业独到的见解。

UL 在中国

1980 年 UL 正式进入中国，成为第一家与中国国家出入境检验检疫机构合作的外国认证机构。2003 年 1 月，在国家质检总局和国家认监委的大力支持下，UL 与中国检验认证集团（CCIC）成立了合资公司——苏州 UL 美华认证有限公司。目前，UL 在中国大陆的上海、广州、深圳、苏州拥有 5 家实验室和 1700 多名员工，获得 UL 认证的大陆工厂累计已经超过两万多家；同时，中国大陆的 1000 家实验室获得 UL 认可与之成为合作伙伴。除此以外，UL 与国家标准委在标准制定、修订方面也有着密切合作。

UL 知识产权保护工作

UL 作为全球产品安全检测和认证领域的领导者，十分重视与制造业界密切合作，共同阻止假冒产品和非合规的产品流入行业的供应链中，避免受到贴有假冒 UL 商标 / 标志的产品所可能对消费者带来的对生命、财产的危害。对于生产合规产品的制造商们来说，每一件被查获的假冒产品都代表着一个新的销售机会。一旦 UL 能够阻止假冒伪劣的行为，所有合规的制造商都将因而受益。

多年来，UL 通过积极地开展打击侵权活动，并在中国海关的努力和支持下，中国海关成功查获数百批次的假冒 UL 标志的产品，UL 在海关知识产权保护方面的工作取得显着实效。同时，UL 通过积极参与中国海关举办的不同类型的宣传交流和培训活动，加强了双方的沟通、合作和了解，使得 UL 在配合中国海关在知识产权保护的工作上更有效、更迅速。UL 在此向中国海关一直以来的努力和支持表示衷心的感谢！

2014 年 9 月，国际刑警组织、越南国家警察与 UL 于越南河内合办 2014 国际知识产权执法会议。来自 80 个国家、200 多个组织的 500 多名执法官员、调查检控人员及知识产权保护专业人士就本界会议的主题分享经验和展开讨论。国际刑警在全球范围进行的名为“Turn Back Crime”的行动，旨在引导和呼吁消费者主动抵制假冒伪劣商品，共同打击违法行为。国际刑警主席邱文晖表示，有组织犯罪集团在跨境侵权方面的活动危害消费者的健康及安全，执法机构间的合作，对打击跨境有组织侵权及盗版活动至为重要。

联系 UL 品牌保护部门

由于使用 UL 商标 / 标志产品种类繁多，对于任何嫌疑侵犯 UL 商标专用权的产品，请随时与 UL 品牌保护部门联系。

梁兆昌 – 品牌保护经理　13149999304 / Kenneth.Leung@ul.com
吴维璋 – 品牌保护经理　15017614972 / Ted.Ng@ul.com
黄忆 – 海关项目及调查经理　13761415002 / Nick.Huang@ul.com

UL 商标与海关备案信息

申请人名称：美国 UL 有限责任公司
申请人编号：5020000054
商标专用权：UL 及图形
商 品 分 类：2，6，7，8，9，10，
11，14，16，19，20，28

申请人名称：美国 UL 有限责任公司
申请人编号：5020000054
商标专用权：RU 图形
商 品 分 类：4，7，9，11，14，16，17，28

“UL 及图形”注册商标常见于电源线、通讯线材、插座、电源供应器、电源适配器、照明灯具、家用电器、金属管件、消防器材等产品。

“RU 图形”注册商标常见于电线，电池，各种电子零件如开关、电容器、变压器，马达电机，散热风扇，印刷电路板等产品。

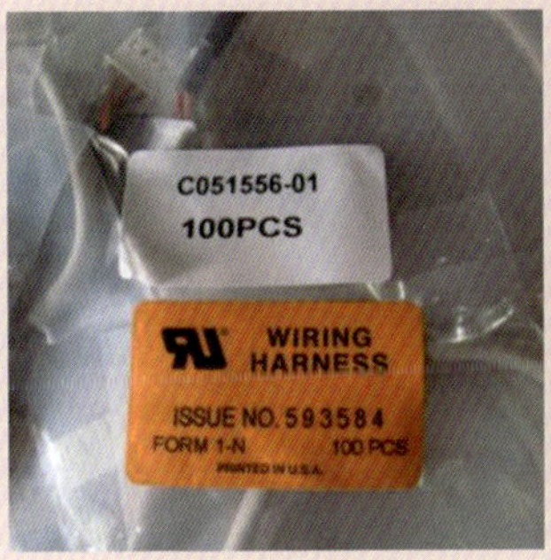

知识产权保护案例

案例 1：2014 年 5 月 5 日宁波海关隶属北仑海关查获余姚 XXX 贸易有限公司出口以色列的 800 个分水器（消防设备）带有侵权嫌疑的 UL 商标。UL 鉴定产品上的 UL 商标属假冒的，并向宁波海关提交知识产权保护申请。宁波海关于 5 月 22 日查扣该批侵权货物。此后，UL 配合当地执法部门对产品的制造工厂成功采取了执法行动。

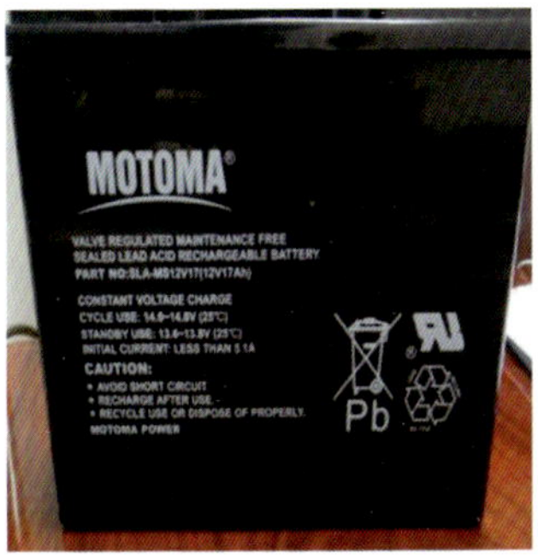

案例 2：2014 年 6 月 28 日，拱北海关中山海关驻小榄办事处查获深圳市 XX 电源实业有限公司申报出口乌干达的带有“RU 图形”商标的阀控密封式铅酸蓄电池 856 个。UL 鉴定该批产品属侵犯 UL 的“RU 图形”商标，并向拱北海关提交知识产权保护申请。中山海关于 7 月 7 日查扣该批货物并于 8 月 22 日作出没收侵权货物并处罚款的决定。

国际知识产权犯罪调查员学院（IIPCIC）

IIPCIC 是国际刑警组织与 UL 共同合作开发的一个互动式的在线打击知识产权犯罪培训计划。此课程由 14 个初级和中级核心单元组成，这 14 个课程主题由知识产权犯罪课题领域的知名业务专家组成的跨国委员会确定和开发，当中包括中文在内的多国语言版本。 这些主题帮助执法人员及其他合作伙伴奠定扎实的知识基础，是有效阻击国际知识产权犯罪所需的重要基石。

所有的执法机构的知识产权调查人员，包括警察、海关和符合资格的法规部门人员都可以登录 www.iipcic.org 免费登记培训，浏览课程样板，参与课程。完成 14 个初级和中级核心单元课程的学员将获得由国际刑警组织授予的“国际知识产权犯罪调查人员学院证书”。

IIPCIC 课程界面

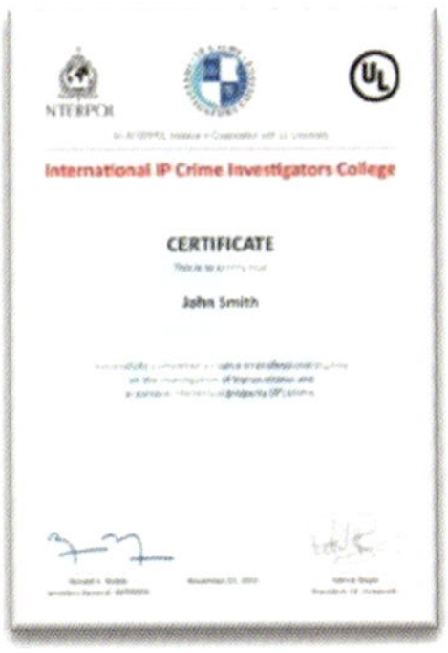

IIPCIC 证书范例

中外运敦豪

中外运敦豪是中国成立最早、经验最为丰富的国际航空快递领导者。其创建于1986年，由德国邮政敦豪(DPDHL)和中国对外贸易运输集团总公司各注资一半成立，专注发展国际限时快递服务、全球范围的文件和包裹快递。

中外运敦豪深耕中国市场 巩固服务优势

DHL是第一家进入中国的国际快递公司，中外运敦豪经过28年的发展，目前服务覆盖全国400个城市，以及超过95%的人口。

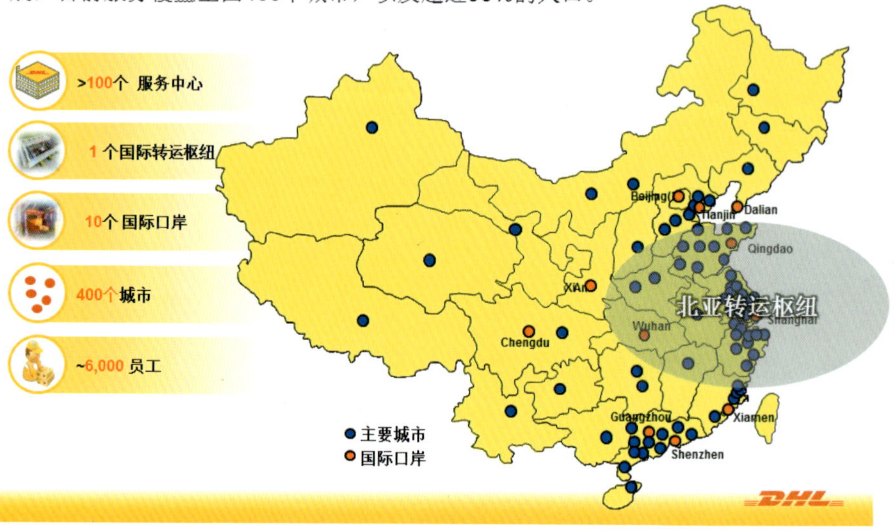

中外运敦豪已经成功地建立了中国最大的国际快递服务网络，遍及中国95%的人口聚集区和经济中心城市，拥有超过6000名精通国际快递业务、熟悉本地情况的员工，为客户提供卓越的服务。公司的服务覆盖全国400个城市，并在全国各主要城市已建立超过100家分公司和近200处办公设施。国际快递服务可直达其中131个主要城市。每周使用超过500架次商业航班和专机。

中外运敦豪凭借DHL作为国际快递业领导者的丰富经验和中国外运集团总公司在中国外贸运输市场的经营优势，在国内各主要城市为企业提供最广泛的国际、国内“门到门”航空快递和物流服务。位于首都机场快运中心的中外运敦豪北京口岸，也是全国最重要的四大口岸之一，凭借北京口岸丰富航班紧密连接着香港的DHL亚太转运中心和欧洲、美国、日本、韩国等地的主要口岸。在上海，公司斥资1.75亿美元打造的自动化北亚枢纽已于2012年7月正式启用，它彰显了中外运敦豪秉承的多枢纽与航空运输相结合的战略，将进一步巩固期在网络连接、便捷性及成本效益方面的领导地位。

有赖于严格的内部管理和对卓越的不懈追求，中外运敦豪取得了海关AA类报关企业资质并屡次获得中国报关协会颁发的全国优秀报关企业的称号。多年来，公司持续专注于提高报关业务水平和服务质量，加强公司规范化、专业化的建设，做到清晰准确地把握本行业的最新动态及各环节操作规范，整体报关数量和报关质量均在业界名列前茅。同时，中外运敦豪不断开发新的服务，丰富自身产品，令客户享受到一流的快递服务。不仅“定时特派”、“DHL环球快递”等服务深受客户青睐，针对中国大学生出国留学的需求定制的“留学快递”产品也广受好评。中外运敦豪将始终秉承客户为先理念，全心全意为客户服务，持续领导国际航空快递业的发展。

联邦快递（FedEx Express）

联邦快递（FedEx Express）为全球超过 220 个国家和地区提供快捷、可靠的速递服务，运用覆盖全球的航空和陆运网络，确保紧急重要的货件可于指定日期和时间前送达。

联邦快递自 1973 年创立以来，一直秉承为客户提供“紫色承诺”，它意味着“让客户每一次都享受到联邦快递无与伦比的服务”。这是一种上至公司管理层、下至普通员工的企业精神。联邦快递按照最高的道德操守标准来进行业务操作，确保公司向客户提供优质服务的同时，也保证公司与员工、合作伙伴和供应商之间互利互赢的关系。

联邦快递于 1984 年率先进入中国市场，开展国际快递业务。为了以更快的速度回应和满足中国客户的需求，公司于 2004 年在上海成立中国地区总部。2007 年，联邦快递在中国成为独资公司开始运营，同年在中国推出国内服务。联邦快递目前在中国拥有 58 家分公司，超过 9000 名员工和超过 2800 台递送车辆。公司战略性地在主要大中城市设立超过 100 个地面操作站，为客户提供“门到门”收派件服务，并且通过位于北京、上海、广州和深圳等 4 个口岸操作中心，以及在广州白云国际机场的联邦快递亚太区转运中心和在杭州萧山国际机场的联邦快递中国区转运中心，为客户提供快速可靠的国际快递和国内服务，并将其与联邦快递庞大的全球网络相连。

作为一家富有爱心和社会责任感的公司，联邦快递积极与各非赢利性组织在灾难救援、安全、环境可持续发展和教育等领域进行公益项目合作，回报社会。公司在中国的主要公益合作伙伴包括全球儿童安全组织、格诺威特基金、牵手上海和奥比斯国际等。

FedEx Express 联邦快递

EPSON
EXCEED YOUR VISION

梦想 让视野无限

精工爱普生株式会社，是在中国大陆地区注册的“EPSON”及相关商标的所有人，并对上述商标享有一切合法权利。爱普生（中国）有限公司，作为精工爱普生在中华人民共和国境内的全资子公司，为相关注册商标保护的全权代表。在中国海关的高度关注和支持下，截至2014年3月，共成功办理相关海关案件90宗。同时，与全国各级海关进行知识产权保护交流活动共102次。

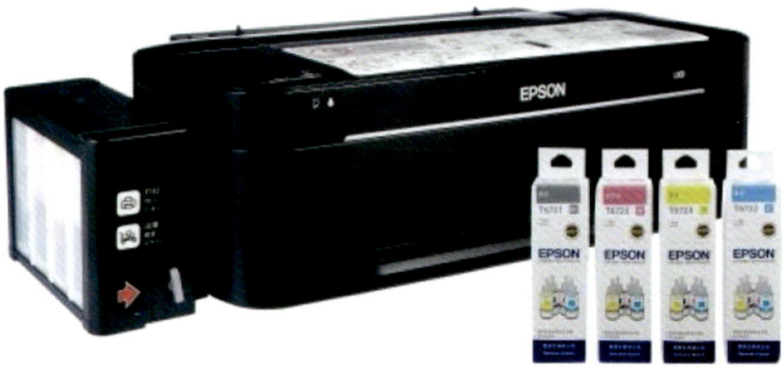

■ 主要知识产权海关保护备案产品信息

EPSON　　EPSON EXCEED YOUR VISION　　爱普生®

商标分类：第2类、第9类、第16类。
核定使用商品：打印机、投影仪、打印机用油墨盒、墨及色带、打印纸等。

■ 主要产品

墨盒

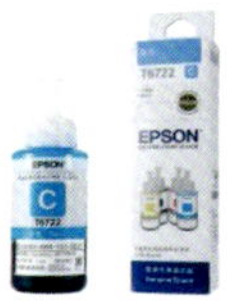

连供墨水

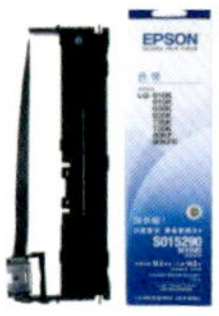

色带

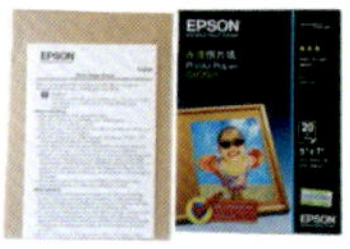

介质物

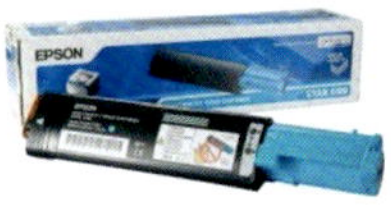

硒鼓

投影仪灯泡

■ 爱普生正品耗材辨识方法

■ 爱普生海关培训活动

爱普生（中国）有限公司 | 地址：广东省广州市天河区天河路230号万菱国际中心1306室 战略产品企划分室
电话：020-2863 3133　传真：020-2863 3139　邮编：510620

Bichamp
CUTTING TECHNOLOGY

公司简介
Company introduces

湖南泰嘉新材料科技股份有限公司于 2003 年 10 月创建于湖南望城经济开发区，是目前国内最大的双金属带锯条、双金属复合钢带研发、生产、服务的高新技术企业，公司产品销量连续多年位居全国前列，并远销美国、波兰、南非、瑞士、意大利、以色列等 40 多个国家和地区，产品质量获得国内外客户一致好评。

11 年来，公司不仅在产能规模、技术研发、产品销售上实现了跨越式发展，成为众多公认的行业标杆，更与中国带锯条行业其他企业一起实现了双金属复合钢带、双金属带锯条的国产化和产业化，打破了国内带锯条产品“零出口”、国外“洋品牌”市场垄断的局面，公司打造的双金属带锯条品牌“TANCUT 泰钜”、“JUSTCUT 嘉钜”、“AA”、“FITCUT 嘉钜 " 及” Bichamp" 在业内享有盛誉，其中，“Bichamp” 为湖南省国际知名品牌，“AA” 为目前国内双金属带锯条行业唯一的中国驰名商标。

公司是中国机床工具工业协会常务理事和锯床分会副理事长单位、湖南省机械行业协会副理事长单位、湖南省机床工具工业协会理事长单位。公司承担着双金属带锯条行业标准和国家标准的制定、修订工作，拥有省级企业技术中心和市级工程技术中心，是湖南省高新技术企业和创新型试点企业，湖南省战略性新兴企业百强企业之一，也是长沙市“三百工程”、“三百之星”重点支持企业。

一直以来，泰嘉人秉承“做负责任的人”的核心价值理念，锲而不舍，孜孜以求，致力于最大限度满足客户需求，以期为客户、股东、员工、社会谋求最大化价值。公司将以不断进取的精神，力求始终处于金属锯切产业发展的前沿，积极参与国际市场竞争，努力成为世界一流的金属锯切产品及服务企业！

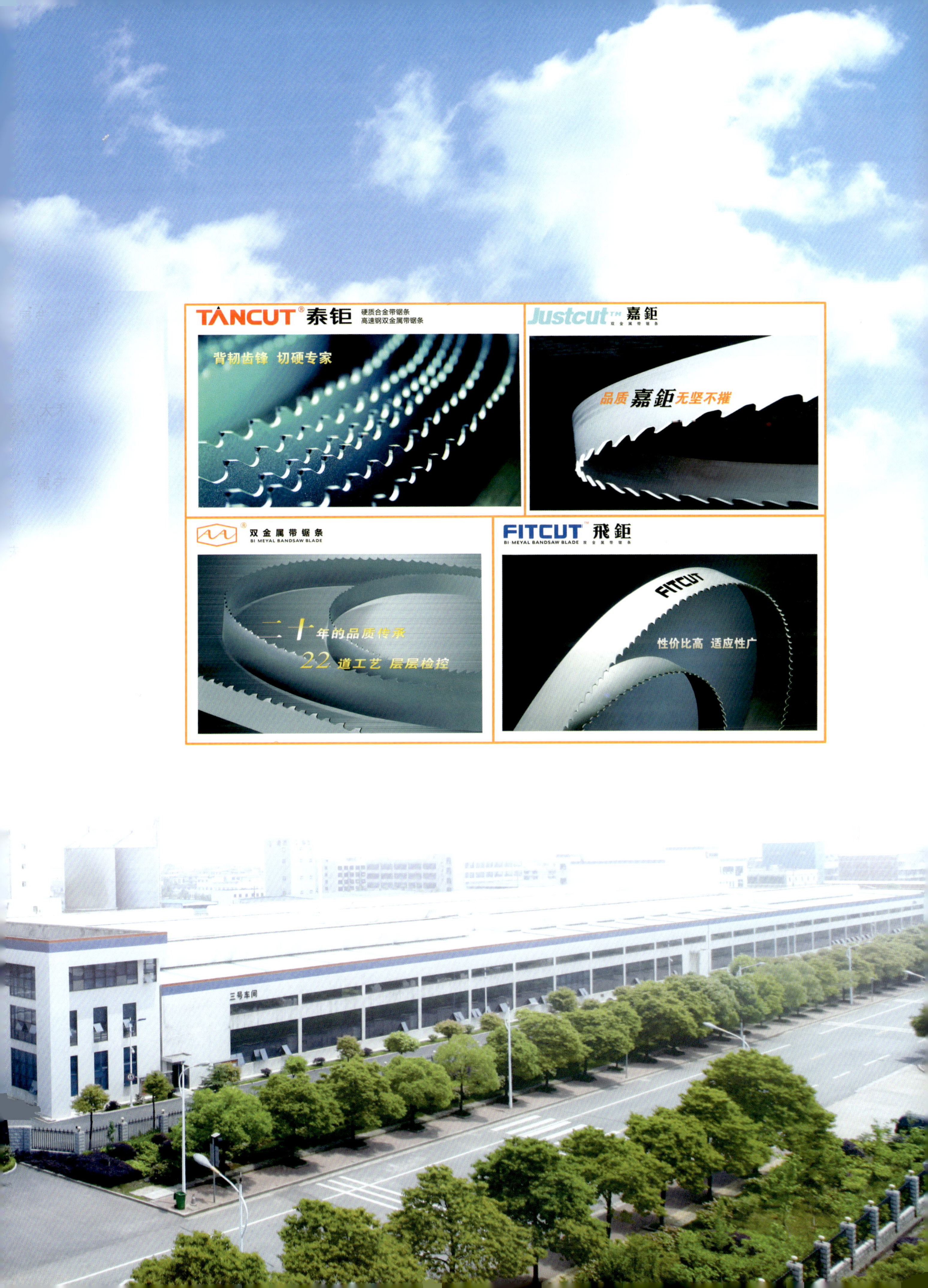
TANCUT® 泰钜
硬质合金带锯条
高速钢双金属带锯条
背韧齿锋 切硬专家
Justcut™ 嘉鉅
双金属带锯条
品质嘉鉅无坚不摧
双金属带锯条
BI MEYAL BANDSAW BLADE
二十年的品质传承
22道工艺 层层检控
FITCUT™ 飛鉅
BI MEYAL BANDSAW BLADE 双金属带锯条
FITCUT
性价比高 适应性广
三号车间

线艺®

在中国拥有多个制造工厂

线艺于1990年在中国内地设立第一间工厂，现在拥有多个生产基地，保证为客户提供源源不断且可靠的产品。其销售办事处遍及亚洲，同时还有多个货仓，能够快速供货。

富于创新的设计师和制造商

线艺发明的许多电感设计现已成为行业标准。其工程师将继续创新，打造更小、性能更好、成本更低的产品。

Coilcraft, Inc.

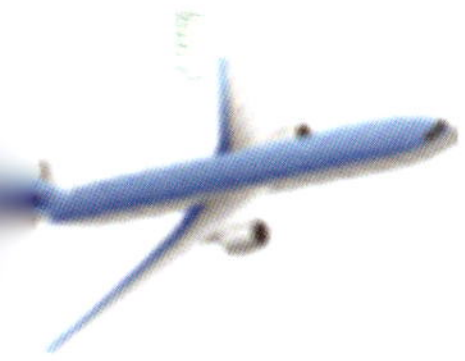

线艺是全球领先的射频和功率电感制造商。线艺成立于 1945 年，是世界上最早和最大的磁性元件制造商之一。线艺元件常用于制造飞机、汽车、医疗仪器等。在一些调查中，工程师均表示，线艺是他们最喜爱的品牌，并且会将它推荐给朋友。您会发现我们的客户服务和产品质量在业内是无可匹敌的。

- 中国制造工厂
- 标准品均有库存
- 最短交货期
- 所有产品符合 ROHS
- 最小包装订购量
- 最小误差值
- 工程支援销售和生产地
- 北美工程师最青睐的磁性元件公司

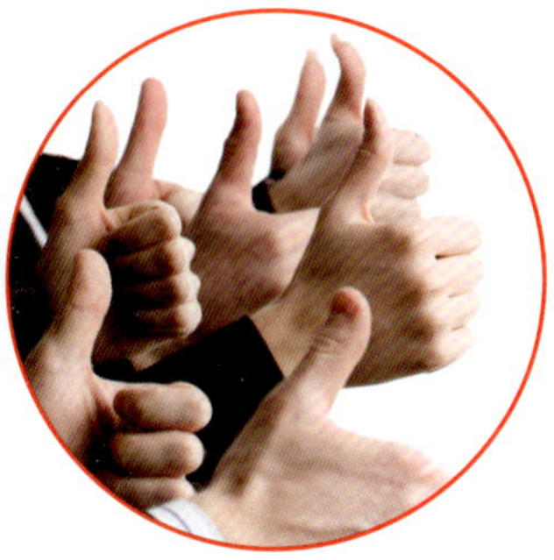

质量信誉

线艺的客户包括世界上最大的电子制造商，用于医疗设备、飞机、汽车和其他质量和一致性要求较高的产品中。该公司通过了 ISO 9001 及 ISO/TS 16949 质量管理体系认证。

网上设计工具和技术支持

线艺的网站提供精良的设计工具，能够帮客户做出正确的选择并优化客户的设计。如果客户有特别的需求，其工程专家可以按照客户的要求来定制产品。

北汽福田汽车股份有限公司

“

北汽福田汽车股份有限公司（以下简称福田汽车）是中国品种最全、规模最大的商用车企业。福田汽车成立于 1996 年 8 月 28 日，1998 年 6 月在上海证券交易所上市，股票代码 600166，注册资本 28 亿元，现有资产 300 多亿元，员工近 4 万人。2013 年，福田汽车品牌价值达到 671.27 亿元。

”

经营方针，在全面发展商用车的同时，注重将商用车全系列发展构建的黄金价值链（包含技术、管理、供应链、生产制造、分销和服务等）延伸到开发相关联产业。汽车与新能源汽车、工程机械、新能源、金融、现代物流、信息技术服务六大产业共同构成了优势互补、资源共享、相互支撑的黄金产业链。

在节能与新能源汽车领域，福田汽车一直紧跟新能源汽车的技术潮流，不断开发出更节能环保的产品并进入商业化运营。节能与新能源汽车已经覆盖卡车、客车和多功能汽车等各个领域，产销节能与新能源汽车近万辆，成为中国新能源汽车产销量最大的企业。

福田汽车曾先后荣获“汽车产品出口质量安全示范企业”、“全国先进基层党组织”、“全国五一劳动奖状”、“全国五四红旗团委”、“中国名牌产品”、“全国机械行业企业形象十佳”、“全国质量管理先进企业”、“中国商用车第一品牌”、“中国制造行业内最具成长力的自主品牌企业”、“最佳消费者关系奖”、“全国自主创新典型企业”等荣誉称号。

三星电子是全球科技行业的领导者，致力于为世界各地消费者创造更多全新可能。通过持续不断的创新和探索，公司凭借在电视、智能手机、个人电脑、打印机、相机、家电、医疗设备、半导体和 LED 解决方案等领域的深厚积累，正在引领全球的智能化发展。三星电子横跨 79 个国家，雇员 236000 人，年销售额超过 1878 亿美元。

三星（中国）投资有限公司是由韩国三星电子株式会社于 1996 年 3 月 18 日在中国北京注册成立的外商独资公司，业务涉及多个领域，主要包括半导体、移动电话、显示器、笔记本、电视机、电冰箱、空调、数码摄像机及 IT 产品等。公司作为进出口货物收发货人于 2005 年 11 月 4 日在北京海关注册登记，取得了进出口货物收发货人报关注册登记证书。2013 年 7 月 5 日，经海关审核批准，公司取得了可以适用 AA 类管理的资格证书。

三星（中国）投资有限公司由市场部、产品部、人力管理部、法务部和经营支援部组成，同时下设 5 大分公司、16 家生产法人和 6 家研究院。5 大分公司分别位于北京、上海、广州、沈阳和成都，分管各地的销售网络，16 家生产法人和 6 家研究院主要分布在华北、华东、华南三大地区，其中以天津和苏州为主要区域。

三星的贡献：肩负社会责任

除了通过商业价值来衡量自己的成就，三星更加着眼于肩上所担负的社会责任。作为企业公民，三星脚踏实地践行责任，努力建设更加美好的社会，改善环境并加强社区联系。

三星的理念与目标

三星一直秉承最基本也最简单的经营理念，即以人才和技术为基础，创造出高品质的产品和服务，为人类社会发展作贡献。为实现这一目标，三星在培养员工和创新技术方面都有着较高的标准。

以人为本，追求卓越

- 在经营理念的指导下督促员工不断成长进步，整体提升公司的技术优势。
- 通过人力资源整合以及技术的革新来提高公司的整体管理水平。

贡献社会，服务人类

- 为实现人类的共同利益而努力。
- 各下属子公司共同努力，完成使命。

创新产品，优化服务

- 不断优化产品质量和服务，给用户最大的满足感。
- 继续保持行业领先水平。

三星产品线重要业绩和奖项

手机：

- 三星 GALAXY Note 3 荣获年度最佳手机奖；
- 三星 GALAXY Note 3 荣获《新京报》“年度口碑产品”大奖；
- 三星 GALAXY S5 荣获外媒 LAPTOP 评选的 2014MWC “最佳智能手机”大奖；
- 三星 Gear Fit 荣获 GSMA（全球移动通信系统协会）颁发的“最佳移动设备”大奖。

电视：

- 全球彩电市场销售八连冠；
- 全球首款曲面 UHD TV HU9800 斩获“艾普兰时尚设计奖”；
- 2014 年 4 月三星 UHD TV 是唯一全线通过第二代 4K 超高清认证的电视品牌。

冰洗：

- 中国 400L 以上大容量冰箱市场占有率 No.1，对开门冰箱始终保持外资品牌市场占有率 No.1，多门冰箱市场占有率 No.1；
- 三星滚筒洗衣机“明眸 · 蓝水晶”系列 WW9000 荣获中国家电“艾普兰大奖”；
- 叠式对开门“蝶门 · 美食窗”冰箱荣获“艾普兰科技创新奖”。

相机：

- 《数码摄影》 最佳影像产品 NX300，创新产品 GALAXY NX；
- 《DG BEST》 风云技术奖：NX&DC 奖 GALAXY S4 zoom。

笔记本：

- 三星 ATIV Book 9 Lite 斩获《精品购物指南》“年度笔记本电脑奖”；
- 三星 ATIV Book 9 Plus 荣获《IT168》“年度产品奖”。

显示器：

- 24/27 寸：出众的不仅是外形，众多媒体联名推荐，PLS 广视角面板带来全新观赏体验，精彩不容错过；
- 22 寸：TOC 冰醇蓝工艺设计，脱离单调黑白，享受绝无仅有，专为国人定制的“悦彩”纯美浪漫。

COSCO

中国外运北京公司
SINOTRANS BEIJING CO.

中国外运北京公司隶属于中国外运长航集团有限公司，是在北京市工商行政管理局注册登记的独立的企业法人，成立于1962年，目前已发展成为北京地区的大型综合物流企业。

总经理　徐旭

中国外运北京公司拥有8家全资子公司、2家分公司和1家控股合资公司，拥有30多万平方米库房、4.5公里铁路专用线及上百辆大型专用运输搬运设备。公司从业人员近1500人，拥有一批优秀的管理人员和经验丰富的业务人员，与国内外船公司和世界几十家国际货代公司保持着良好的业务关系，可以提供“门到门”的全程运输服务。公司已经形成了由仓储业务、水运货代、铁路货代、非贸货代、会展服务、供应链物流、公路运输为主营业务的全方位、立体化、综合化的业务体系，成为一家具有优良资产、经验团队、重要客户、创新能力的综合性物流企业。

中国外运北京公司是北京报关协会副会长单位，拥有北京海关颁发的适用A类管理证书，连续多次获得北京出入境检验检疫局颁发的A级诚信等级荣誉奖牌，被中国出入境检验检疫协会授

予“中国质量诚信企业”，在中国国际货运代理协会对企业信用状况评价中多次获得企业信用AAA等级证书。

中国外运北京公司根据社会需求变化，以市场和客户需求为导向，利用中国外运长航集团的网络优势和丰富的行业经验，不断整合内外资源，拓展物流延伸服务，提高综合服务能力，为客户提供物流解决方案。

中国外运北京公司将秉承“以客户为中心”的服务思想和“专业专注、合作共赢”的经营理念，为客户提供“安全、迅速、准确、节省、方便”的服务产品，为国家、为社会、为客户不断创造价值，实现共同发展。

中国铁建

CHINA RAILWAY LARGE MAINTENANCE MACHINERY CO.,LTD.KUNMINE

昆明中铁大型养路机械集团有限公司

昆明中铁大型养路机械集团有限公司（简称昆明中铁）隶属于国务院国资委管理的中国铁建股份有限公司，始建于1954年。昆明中铁肩负着“为铁路强基固本”的神圣使命，以发展我国铁路养路机械事业为己任，通过引进技术、消化吸收和再创新，积累了一批自有技术和核心技术，具备了较强的自主创新能力，创立了符合国情的大型养路机械发展模式和技术体系，开发了一批具有自主知识产权的新产品，形成了良好的品牌效应，已发展成为中国研发制造能力最强、产销量最大的铁路大型养路机械制造和修理基地。

昆明中铁以国家铁路大型养路机械昆明产业基地为依托，以技术工艺和生产物流为主线，通过信息化与工业化的融合，建立起手段齐全、工艺先进、管理完善、生产高效的现代化制造体系，年产大型养路机械300个标准台以上。昆明中铁现已形成清筛、捣固、配砟、稳定、物料、焊轨等多个系列40多种产品配套的格局，实现了大型养路机械国产化配套，产品遍布全国各铁路局、工程局、地方铁路和城市地铁，市场占有率超过80%。

昆明中铁通过了ISO 9001质量管理体系和OHSMS 28001职业健康安全管理体系认证，多次荣获国家科学技术进步奖、国家火炬计划重点高新技术企业、全国文明单位、

董事长 马云昆

总经理 任延军

全国质量工作先进单位、全国设备管理先进单位、中国标准创新贡献奖、中国名牌产品、全国模范职工之家、中央企业先进基层党组织、中央企业先进集体等荣誉称号，是国家铁路大型养路机械工程技术研究中心、高新技术产业化基地、国际科技合作基地。

大型养路机械是铁路技术装备现代化的重要组成部分，对提高线路质量和作业效率具有重要作用，是确保铁路高速重载和安全运营不可缺少的重要装备。随着中国铁路的技术进步和装备现代化的发展，大型养路机械的广泛使用大大提高了线路维修作业质量，结束了我国铁路依靠人工养护的历史，促进了铁路工务修程、修制的改革，在我国铁路历次大面积提速、青藏铁路和高速铁路建设中发挥了不可替代的作用，使我国铁路养路机械的整体技术装备水平进入了世界先进行列，成为中国铁路科技进步的标志之一。

昆明中铁秉承“逢山凿路、遇水架桥，铁道兵前无险阻；风餐露宿、沐雨栉风，铁道兵前无困难”的铁道兵精神，努力践行“诚信、创新永恒，精品、人品同在”的核心价值观，继续坚持“自主创新、重点跨越、支撑发展、引领未来”的指导方针，按照“立足昆明、布局全国、迈向世界”的战略，大力推进原始创新、集成创新、引进消化吸收再创新，全面提升自主创新能力，加快产业结构调整，转变经济发展方式，实施精益化管理，把企业做大做强，努力打造“世界铁路工程机械的制造中心、世界铁路大型养路机械的技术中心、工程实验检测中心和培训中心”，把公司建成“国内最具竞争力、国际一流的铁路工程机械国际知名企业，世界一流的铁路养护机械设备基地”，全面推进我国大型养路机械事业再上新台阶！

地址：云南省昆明市羊方旺384号
邮编：650215
网址：www.kcrc.com.cn
电话：0871-63831988
传真：0871-63920051

戴姆勒东北亚零部件贸易服务有限公司

Daimler Northeast Asia Parts Trading and Services Co., Ltd.

戴姆勒东北亚零部件贸易服务有限公司（英文缩写 DPTS）是戴姆勒大中华区投资有限公司的全资子公司，成立于 2008 年 4 月 21 日，投资总额 6600 万美元，注册资本 2200 万美元，企业类型为外资企业。企业经营范围包括：批发汽车零部件及其附属产品、汽车专用工具、品牌汽车生活用品（包括服装、鞋帽、工艺品），货物进出口，技术服务、技术交流，提供上述产品的技术培训。（涉及配额许可证管理、专项规定管理的商品按照国家有关规定办理。）

作为戴姆勒全球物流配送中心的核心分支，戴姆勒东北亚零部件贸易服务有限公司主要致力于整合戴姆勒在中国地区的汽车零部件供应业务，为戴姆勒集团旗下中国地区的贸易公司和合资生产厂提供世界级的物流服务，以有竞争力的成本优势达到最优的客户满意度。公司服务领域覆盖中国地区市场的全部车型，包括梅赛德斯－奔驰品牌乘用车、商用车，戴姆勒集团旗下卡车及 smart 品牌汽车。

公司成立至今，已在北京、上海、昆山、广州、扬州及成都建立了 6 家零部件配送中心，累计面积逾 15 万平方米，拥有雇员 400 多名，存放了超过 5 万个不同种类原厂零部件。其中，位于昆山的零部件配送中心是一家全新的定制级配送中心，于 2014 年 9 月 1 日正式运营，面积约 3.4 万平方米，致力于更好地满足中国市场需求。

2010 年，戴姆勒东北亚零部件贸易服务有限公司获得了由 TUV 德国南德意志集团颁发的 VDA 6.2 汽车服务质量标准证书，还通过了 ISO9001 质量管理标准体系认证。2013 年年初，公司正式成为中华人民共和国海关 AA 类企业。

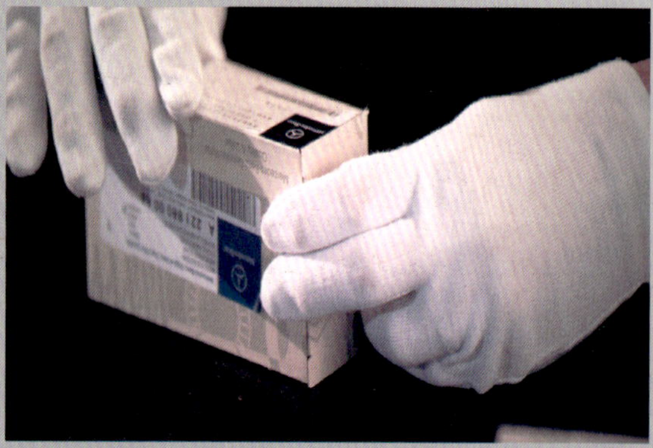

Mercedes-Benz

祥云飞龙
XIANGYUN FEILONG

云南祥云飞龙再生科技股

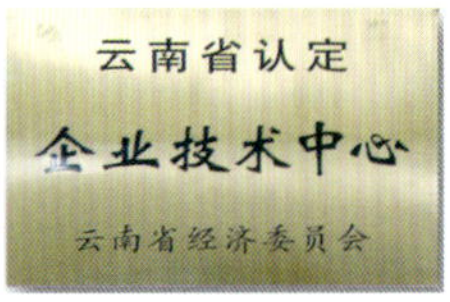

云南祥云飞龙再生科技股份有限公司创立于1995年，主要从事铅、锌及二次资源综合回收利用。公司资产总额达73.5亿元。

几年来，公司先后与昆明理工大学、同济大学、北京化工学院等十几所大专院校的50多名专家建立了牢固的科研合作关系，形成一支生产与科研相结合的科技开发队伍，建立起科技研发中心，先后开发出“有机溶剂萃锌与湿法炼锌的联合工艺”等21项自主发明专利技术。其中，“难处理复杂氧化锌矿和氧化锌矿浸出渣提锌新工艺”荣获2008年度云南省科学技术发明类一等奖，“氧化锌矿高效清洁冶金新技术”荣获2008年度中国有色金属工业科学技术一等奖。在国内知名院士和专家的指导下，公司的总体技术达到国际领先水平，走出了一条以人为本、科技为先、循环利用的“飞龙路子”，为国内锌冶炼企业的环境治理与效益有机结合起到了重大的示范推广作用。

有限公司

在发展中，公司先后荣获全国诚信守法乡镇企业、全国五一劳动奖状、中国中小企业创新100强、云南地方工业企业（集团）销售收入超千亿突出贡献奖、云南省优强工业企业、云南省高新技术特色产业基地骨干企业、云南省节能减排先进单位、云南省光彩事业先进企业、云南100强企业、全国循环经济工作先进单位、云南省扶残助残先进集体、云南省科技小巨人企业、大理州知名商标、大理州纳税十强、大理州上50亿元台阶奖等荣誉。

公司在取得良好的经济效益的同时，始终不忘回报社会。几年来，公司为希望工程、灾区恢复重建、扶贫助残、公路建设、教育事业等各项公益事业累计捐款5000多万元。

总经理 杨龙

汉高 (Henkel) 在洗涤剂及家用护理、化妆品 / 美容用品和粘合剂技术三大战略业务领域提供强大的品牌和技术。

自 1876 年成立以来，汉高旗下众多品牌分别在个人消费及工业领域处于市场领先地位并享有美誉，比如宝莹 (Persil)、施华蔻 (Schwarzkopf)、乐泰 (Loctite) 等。

汉高公司总部位于德国杜塞尔多夫。汉高全球大约有 4.7 万名员工。在所有总部位于德国的公司中，汉高是全球市场中最具国际化的跨国集团之一。

重大荣誉

- 2011 年 汉高（中国）荣登“2011 第一财经中国企业社会责任榜”
- 2012 年 汉高大中华区总裁艾峡甫（先生）荣获上海市白玉兰纪念奖
- 2012 年 汉高（中国）荣获新闻晨报 2012 年“绿色活动”积极参与奖
- 2012 年 汉高（中国）荣获 2012 年度中国校园最具人气雇主
- 2013 年 汉高（中国）荣获 2013 中国理想 ™ 雇主 100 强
- 2013 年 汉高（中国）荣获“低碳先锋企业”奖项
- 2013 年 汉高（中国）荣获 2013 最佳 100 人力资源典范企业
- 2013 年 汉高（中国）荣获“绿色化工楷模”奖项
- 2014 年 汉高（中国）荣获 2014 最佳校园雇主品牌策略奖
- 2014 年 汉高（中国）荣获 2014 最佳 100 人力资源典范企业

CVTE Dream · Future

广州视源电子科技股份有限公司

广州视源电子科技股份有限公司（以下简称视源）成立于 2005 年，总部位于广州科学城，旗下设有多家独立的子公司，在香港设有全球服务中心，在国内设有 21 个营销服务中心和近 1000 个合作售后服务网点。视源目前致力于多类相关产品的研发、销售和内容服务，包括液晶电视主板设计、商用显示等产业方向。

公司拥有包括耗资千万的 EMC 实验室在内的多个综合实验室，截至 2014 年 9 月，拥有专利 400 余件，已获得“广州开发区知识产权示范企业”、“国家高新技术企业”、“国家重点新产品”及海关颁发的“企业管理 AA 类调整”等荣誉。

视源旗下全资子公司广州视睿电子科技有限公司参与制定的教育行业《多媒体教学环境视频系统设计规范》作为教育部部颁标准发布，“希沃 seewo希沃”获得“教育装备行业十大民族品牌”称号、中国财经峰会“2013 最佳创新典范”奖，并独家冠名赞助第 67 届“中国教育装备展示会”，如今，希沃交互智能平板年销售额已位居行业第一。

视源的第二产业园建筑面积 6.2 万平方米，将在 2015 年正式投入使用。

尽管视源在选定的方向上不断获得成功，但视源人从未停下前进的脚步。我们坚信，持续进步的视源能够与所有支持、关怀我们的朋友们共同见证“Designed in China”的成长。

东箭集团
DJCORP
从未来穿越而来
奥迪Q5 Loder1899概念版穿越上市
Loder1899
Loder1899
世界在变 传承未变
东箭集团旗下品牌：Loder1899，与世界汽车工业同步
源自德国的空气动力套件改装品牌
Loder1899微博
Loder1899微信
德国（GERMANY）www.loder1899.com 中国（CHINA）www.loder1899.com.cn
咨询热线：0757-28082043

广西防城港核电有限公司

广西防城港核电有限公司（以下简称防城港核电）位于美丽的北部湾之畔——广西壮族自治区防城港市企沙半岛东侧，是我国在西部地区和少数民族地区开工建设的首个核电项目。

防城港核电一期工程于 2010 年 7 月 30 日正式开工，建设两台单机容量为 108 万千瓦的压水堆核电机组，计划 2015 年第一台机组建成投入商业运营。据测算，防城港核电一期工程建设期间，可带动全社会相关行业总产出增长约 778 亿元，创造全社会总就业岗位 84.2 万个。一期工程建成后每年可为北部湾经济区提供 150 亿千瓦时安全、清洁、经济的电力，拉动全社会总产出增长约 142 亿元，创造全社会就业岗位 12.3 万个，将有力促进广西社会经济发展。其主体工程按计划顺利推进，至 2014 年 4 月底，工程总量已完成 80%，项目设定的 38 项一级里程碑累计完成 21 项，累计完成投资 219.6 亿元，完成总投资计划的 80%。防城港核电一期共进口工程物资 270 个批次，货值 2.1 亿美元，上缴税款约 2.82 亿人民币，其中在南宁关区进口 148 个批次，货值约 1.1 亿美元，上缴税款约 1.48 亿人民币，并在 2014 年被评为海关 AA 类管理企业。

防城港核电一期投运后，与同等规模的燃煤电站相比，每年可减少标煤消耗 482 万吨，减少二氧化碳排放量约 1186 万吨，减少二氧化硫和氮氧化物排放量约 19 万吨， 环保效益相当于新增了 3.25 万公顷森林，对治理大气污染，实现我国控制温室气体排放目标，保护生态环境发挥积极作用。

防城港核电还积极参与社会公益事业，切实履行中央企业社会责任。通过参加地方公益活动、举办核电科普“五进”系列活动等，扶贫济困、奉献爱心，争取了厂址周边居民对核电项目建设的理解和支持，为构建和谐、稳定的社会环境奉献力量。

中万印刷（深圳）有限公司

精品陈列室，这里摆放着万里集团代表性的精美书籍。

1992 年 12 月 23 日，万里印刷有限公司诞生于香港，1995 年将“印前”生产工序移师深圳经济特区，成立万里印业厂。乘改革开放的强劲东风，公司得以发展壮大，从原来的小作坊一跃成为颇具规模的全出口型书版印刷业。现有厂房 5 万平方米，设备总投资两亿多元人民币。尽管经历金融海啸的冲击，生产经营仍稳中求进，年消耗印刷用纸张 4 万吨、印刷锌版 40 万张。

2010 年，公司积极响应深圳特区政府的倡导，申报就地不停产转型，成立“中万印刷（深圳）有限公司”，即由原有来料加工的“万里印业厂”转型为外资独资企业，继续发挥公司各方面优势。

万里集团

工艺装备先进

制版部全面使用全自动 CTP 设备，并以“数码速印”替代出蓝纸机，更好地满足客户要求，实现多、快、好、省；拥有多功能的印刷装备，仅八色印刷机就有 4 台，以及带 UV 功能的五色印刷机，满足各种印件的需要；钉装部设备齐全，折、排、穿、骑钉、皮壳、胶装龙、精装龙及“印后”工序的辘金边、自动啤、自动烫金等设施全部采用进口设备。

胶装龙

应用技术优秀

推广“色彩管理”技术，使制版工序更好地配合印刷要求，达到保质、节时、省力；推广应用“无酒精水斗液”技术，每年节约近 100 万元，且符合环保要求，一举两得；推广“自动供墨系统”，由过去人工加墨改为自动化供墨，使印刷环境大大改善，既节约油墨，又降低了印刷工人劳动强度。

数码印刷

管理工作卓越

随着国家不断深化改革，企业也不断改革，以适应国内外市场的变化和激烈的市场竞争。公司经过多年努力，保持以下认证：ISO9001-2008 品质管制体系认证，ISO14001-2004 环境管理体系认证，FSC 林业管理体系认证，C-TPAT 中美海关联合反恐认证，G7 印刷品质认证，ICTI 社会责任认证。

此外，公司专门成立电脑部，推行 ERP 系统管理，使物料、生产、财务管理逐步规范化，成为集团式经营。从 2008 年开始，公司一直保持全国印刷业 100 强行列。由于坚持“产品优质、交货快捷”的经营理念，得到欧、美众多客户的广泛赞誉。

各类印刷机

HOKUYO

广州绿北洋皮革制品有限公司是一家由广州市花都宏基实业有限公司和日本国绿北洋株式会社共同投资成立的中外合资企业，成立于 2000 年 8 月，总投资 17 600 万元人民币，注册资本 9 200 万元人民币，其中中方的投资占 20%。公司经营范围为：牛蓝湿皮和皮革后整饰新技术加工、生产，本企业产品的销售。

公司主要产品为汽车内饰用牛皮革制品，包括座椅、方向盘、排挡杆、门板等真皮内饰产品。产品主要销往国内及日本、东南亚等国家和地区，产品全部供给丰田、本田、日产、三菱、富士、铃木、马自达等日系汽车零部件生产商。公司以“天然素材科学化”为主题，科学使用天然原材料，力求制造出满足市场需求的绿色优质产品。从真皮制造到裁断、缝制加工，公司能广泛地提供座椅、仪表盘、方向盘、排档等汽车内饰真皮。通过皮革表面处理、加饰加工、制革、裁断、缝制加工一体化的生产体系来满足客户的需求。另外，基于手工缝制和贴合两种方法的卷革技术的研究和开发，公司的贴合工艺技术已达到世界顶尖水平。公司拥有全球 8 个国家专利的“MM 贴合工艺”，提高贴合和设计的自由度。

公司成立以来，先后取得了 ISO/TS16949:2009 质量体系认证、ISO14001:2004 环境管理体系认证和 BS OHSAS18001:2007 职业安全健康管理体系认证。

公司现为广东省皮革协会制革专业委员会委员企业，曾荣获“2011 年广东省皮革鞋业百强企业制革十强”企业称号。

地址：广东省广州市花都区新华街华兴工业区华兴南路 3 号
邮编：510800
电话：020-36850429
传真：020-36850410

中船澄西船舶修造有限公司

中船澄西船舶修造有限公司是中国船舶工业股份有限公司的全资子公司，位于长江下游的江苏省江阴市境内，毗邻上海、南通、张家港等港口城市，水陆交通便捷。

公司在中国中部（上海地区）拥有两个修造船基地，中船澄西船舶修造有限公司及其子公司——中船澄西新荣船舶有限公司。生产区域面积共102万平方米，沿江岸线3500米；拥有万吨级深水码头10座，配有5万～17万吨级浮船坞共5座，8万吨级船台1座和内港池码头各1座及1600吨浮吊等完善的修造船配套设施。钢结构生产拥有20条先进的风力发电塔塔体制作流水线和精良的钢结构制造设备设施。

公司在中国南部拥有一处修船基地——中船澄西船舶（广州）有限公司（即前广州中船远航船坞有限公司）。该公司拥有20万吨级及30万吨级干船坞各1座，深水码头1500米；并拥有海工模块制造场地，可承接大型钢结构制造及海洋工程模块制造。

公司3处基地具有年修理、改装30万吨级以下各类船舶600艘，年建造卡尔萨姆型以下各类船舶25艘，年生产钢结构件15万吨，年制造风力发电塔1000余套的能力。

总经理 王永良

万宝矿产有限公司

WANBAO MINING LTD.

万宝矿产有限公司成立于 2004 年 10 月 27 日，主要从事海外矿产资源地质勘查、开采、矿石加工、冶炼、矿产品贸易、矿业及相关产业投资运作等业务。

万宝矿产持续获取海外优质矿产资源，在东南亚及中南部非洲拥有铜矿、铜钴矿、铂钯矿等多处矿山的探矿权和采矿权，初步建成了一批铜、钴、铂族贵金属等大型矿产资源开发基地。

位于缅甸的 S&K 矿项目是万宝矿产在产项目。铜资源总量为 123 万吨，预计项目总投资 4.87 亿美元，产能扩大后年产阴极铜 5 万吨。

位于缅甸的 L 矿项目是万宝矿产临建项目，铜金属资源量 558 万吨，属特大型斑岩铜矿，采用露天采矿、生物堆浸、萃取、电积工艺，预计项目总投资 10 亿美元，设计生产规模年产阴极铜 10 万吨。

位于津巴布韦的铂钯矿项目，矿区面积 86 平方公里，预测整个矿区铂金属资源量探明 + 控制 + 推断达 800 吨（2600 万盎司）。

位于刚果（金）的卡莫亚铜钴矿项目，面积约为 9.35 平方公里，在完成两期地质勘查后，已探获铜资源量 137 万吨，钴资源量 33 万吨。

刚果（金）富利冶炼厂是中刚两国签署合作的首个有色金属冶炼项目，项目总投资 2220 万美元，年产铜钴合金 3800 吨，含钴金属量 1000 吨、铜金属量 500 吨。

万宝矿产坚持建设绿色矿山，发展循环矿业经济的经营理念，践行国际最佳实践，明确做出安全及环保承诺，努力促进企业、社会、自然和谐统一，坚持实行属地化管理，为当地社区提供就业机会。

万宝矿产将携手海内外矿业同仁，秉承合作共赢原则，携手共建友谊桥梁，共创美好明天！

上海美蓓亚精密机电有限公司

美蓓亚集团于 1994 年在上海市青浦区风光明媚的淀山湖畔设立了上海美蓓亚精密机电有限公司，公司下属两个工厂在集团内分别称之为上海工厂、西岑工厂。上海美蓓亚的主力产品有微型、小口径滚珠轴承、轴流风扇马达等。上海工厂是美蓓亚集团在全球设立的第十个滚珠轴承工厂，也是集团中规模最大的微型、小口径滚珠轴承一条龙生产工厂。西岑工厂除了生产轴流风扇马达，从 2001 年开始增加了计测器等产品的生产。上海美蓓亚已经发展成为拥有约 5100 名员工的日资企业。

美蓓亚集团于 2010 年并购了生产直流带刷马达、振动马达等产品的珠海美蓓亚精密马达公司及生产精密金属模具的东莞城区第一精密产业模具有限公司，2011 年投资设立了生产 LED 背光板的美蓓亚电子科技（苏州）有限公司。

除了上述生产基地外，美蓓亚集团自 2002 年开始先后在上海、深圳、香港（1983 年设立事务所）开设了销售基地；又于 2010 年在大连、北京、芜湖，2011 年在成都、武汉、西安等地开设了销售基地，组成的销售团队向客户们提供细致的服务。

上海美蓓亚精密机电有限公司所获重大荣誉称号：

- 上海海关 AA 类企业
- 上海市报关协会副会长单位
- 上海市外商投资企业双优企业
- 上海出入境检验检疫局“一类管理企业”
- 上海市外汇管理局“出口收汇荣誉企业 A 类”
- 上海国家税务局、地方税务局“A 类纳税信用单位”

DENSO

广州电装有限公司

【公司荣誉】

- 电装全球QC发表一等奖
- 广东省环保公益先进单位
- 全国最大汽车空调供应商
- 公司获得高新技术企业认定证书
- 广州市劳动关系和谐企业AAA级
- 连续多年被评为当地纳税大户
- 连续多年被评为广汽丰田优秀供应商
- 获得广州市“工人先锋号”
- 应用丰田TPS生产方式的模范工厂
- 2008年永丰会改善指导员企业

总经理 山地辰一郎

日本原产
精密检测设备

自动化
高效设备

整齐高效的
舒适职场

形式多样的
竞赛培训

【公司简介】

广州电装有限公司成立于2003年6月1日，注册资金2300万美元，其中电装（中国）投资有限公司占股60%，广州汽车集团零部件有限公司占股40%。

公司产品有：HVAC空调单元总成、冷凝器、电动风扇、散热器等。公司为广汽本田、广汽丰田、武汉东风本田、广汽乘用车、本田（中国）、长安铃木、上汽通用五菱、长安福特、广汽菲亚特等整车厂提供配套产品与服务。

在全球化竞争和中国汽车工业蓬勃发展的今天，广州电装以建设中国第一的汽车空调系统和热交换器工厂为目标，引进日本电装先进的汽车空调系统和热交换器生产技术，采用电装特有的DENSO生产管理体系，通过本地化的改善，建立了适应中国市场的制造系统，保证向每一个顾客提供与日本电装同样质量标准的产品，达到世界一流水平。公司已通过ISO/TS16949:2002认证、ISO14001:2004认证、OHSAS18001:2007认证。

广州电装为员工创建多元化的企业文化氛围，充分发挥每一个员工的智慧，不断改善和提高员工的工作和生活环境，使员工在充满朝气与活力中生产出客户满意的电装产品。

【公司产品】

HVAC

电动风扇

水箱

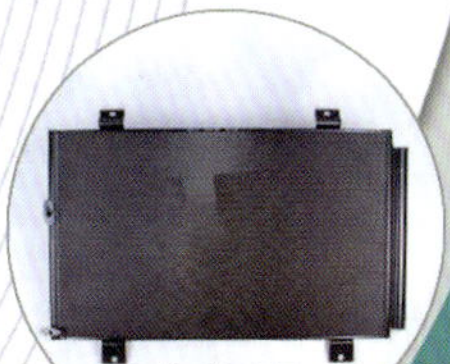
冷凝器

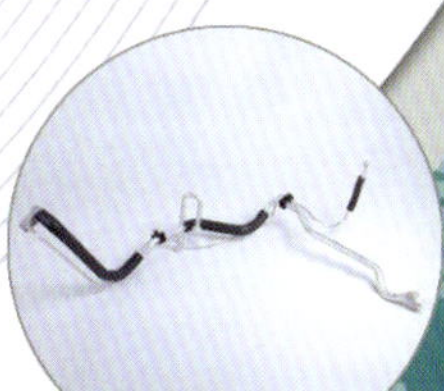
配管

压缩机

地址：增城市永宁街创强路171号 邮编：511358
Tel: +86(20)8298-0288
Fax: +86(20)8298-0008
+86(20)3214 7108

lota 路達(廈門)工業有限公司
XIAMEN LOTA INTERNATIONAL CO., LTD.

路达（厦门）工业有限公司

路达集团由台商吴材攀先生于 1990 年投资成立，投资总额为 13405 万美元，注册资本为 9487 万美元，主营高档水龙头、卫浴配件、阀门配件、锁具、橱柜等各类厨卫家居产品，是一家集产品研发、生产和市场营销三位一体、上下游整合的集团企业。

路达在厦门拥有 6 个生产基地，厂区占地总面积达 30 万平方米，员工 7000 余人，并在福州、珠海、越南胡志明市设立生产基地，是亚洲最大的卫浴五金专业制造商，产品远销全球五大洲七十几个国家和地区，是国际卫浴一流品牌在中国最大的合作伙伴，全球超过 2 亿家庭在使用路达的产品。

随着时间的推移，路达开始向厨卫大家居方向发展。2012 年路达签约美睿（中国）家居有限公司，与全球最大的泛家居品牌 MASCO 集团携手创立美睿 （中国），为中国消费者提供系列美睿品牌橱柜产品，覆盖中高端橱柜市场。

“成为卫浴家居制造服务行业之世界级先锋企业，为消费者打造优质生活”是路达的企业愿景。行业和社会各界对路达的认可从未间断也愈加肯定：2009 年取得 CSA 实验室 NSF61（饮用水系统部件健康影响）测试授权，成为亚洲唯一获此资质的企业实验室；2012 年取得 IAPMO 实验室 NSFS61（饮用水系统部件健康影响）测试授权，成为全球首家获此资质的企业实验室。除此之外，路达还荣获“国家认定企业技术中心”、“国家水暖卫浴外贸转型升级专业型示范基地”、“中国厨卫工业设计中心”、“中国厨卫新材料研究设计中心”等殊荣。

一直以来，公司严格遵守海关各项法律法规，并于 2013 年 9 月获得 AA 类企业的称号，成为中国海关认定的信誉良好的企业。

地址：福建省厦门市集美区杏南路 61 号　　电话：0592-6665666
邮编：361022　　传真：0592-6665000

捷德中国 | G&D China

1994年，捷德集团开始正式进入中国市场。历经20年的发展，捷德中国现已成为捷德集团战略性亚太区运营中心、最大的卡体制造中心及软硬件研发中心。

迄今为止，捷德中国在中国累计投资已超过6000多万美元，在江西南昌、湖北黄石等地设有现代化工厂，总占地面积超过60000平方米，卡片年均产能达6亿片，员工人数超过1600人，并在北京、上海、杭州、广州等十几个城市设有分公司及办事处，销售、技术支持网络辐射全国及亚太地区，客户遍及各个重要行业，为银行、公交、轨道交通、社保、卫生、通信、石油石化、电子设备等行业累计供卡超过40多亿片及相关系统服务。

20年来，捷德为中国80多个金融机构、10多个省市社保局、3个运营商、10个虚拟运营商、23个公交运营商、14个轨道交通运营商、19个省高速公路局，以及其他企事业单位提供了优质的产品和服务。捷德已渗透进人们日常用卡生活的方方面面。

捷德中国一直在提供令市场满意的产品和服务，并逐渐由单纯的产品供应商转型为服务提供商。公司主要产品包括：金融卡（包含磁条卡、IC卡、金融社保卡、居民健康卡等）、行业应用卡（公交IC卡、加油卡、市民卡、公用事业缴费卡等）、移动支付应用产品（MicroSD卡、手机贴膜卡、手机配件、NFC嵌入式安全模块eSE）、互联网终端、接触式(U)SIM卡、非接触式(U)SIM卡、M2M产品、PKI电子签名SIM卡、智能卡读卡器、SWP NFC天线等；主要服务包括：卡片版面设计、个人化、数据准备、密钥管理、多应用管理平台、生产进度管理、整体解决方案咨询、CSC、CSC Mobile、发卡系统、产品咨询、CDM、RPS、RPS – OTA、AirOn Plus等。

依托捷德集团强大的技术力量，捷德中国在国内的研发和技术始终处于领先水平，在北京、杭州、南昌、黄石设有研发中心，有研发工程师200人左右，拥有26项计算机软件著作权和43项专利。

捷德中国取得的成绩和对社会的贡献获得了政府及相关部门的肯定，被中国海关总署授予“红名单企业”，被评为AA类企业，荣获江西省“优秀企业”称号，被江西省国税局授予“模范纳税外商投资企业”和“特级纳税企业”称号，荣获“全国模范劳动关系和谐企业”、“全国双爱双评”、“模范职工之家”先进企业等众多的省市级荣誉称号。

Giesecke & Devrient
Creating Confidence.

网址：www.gi-de.com
电话：0791-88101108

中广核 CGN 核能 Nuclear Power

广东核电合营有限公司

GUANGDONG NUCLEAR POWER JOINT VENTURE CO.,LTD

广东核电合营有限公司（简称合营公司）成立于 1985 年 1 月 26 日，由广东核电投资有限公司与香港核电投资有限公司共同投资组成，负责广东大亚湾核电站的建设和经营。

大亚湾核电站是我国首座大型商用核电站，按照“高起点起步，引进、消化、吸收、创新”和“借贷建设、售电还钱、合资经营”的方针，主体工程于 1987 年 8 月开工，1994 年 5 月 6 日全面建成投入商业运行，拥有两台装机容量为 98.4 万千瓦的压水堆核电机组，年发电量约 150 亿度，其中 70% 电力供香港，30% 电力供广东电网。

- 2011 ~ 2013 年连续获广东省企业联合会、广东省企业家协会颁发“广东省企业 500 强”、“广东省制造业百强企业”。
- 2011 ~ 2013 年连续获深圳市经济贸易和信息化委员会、深圳市统计局颁发“深圳市工业百强企业”。
- 获深圳市龙岗区人民政府颁发“2011 年度出口贡献奖”。
- 2011 ~ 2013 年连续获深圳外商投资企业协会分别颁发“全国优秀外商投资双优企业”、“全国优秀外商投资十大纳税额企业”、“全国优秀外商投资企业十大营业额企业”、“全国优秀外资企业和谐劳动关系促进奖”。
- 获深圳市科技创新委员会、深圳市财政委员会、深圳市国家税务局、深圳市地方税务局颁发“国家高新技术企业”。
- 2008 年 12 月 18 日，被深圳海关评定为 AA 类企业。

Panasonic 松下电器
百年传承 智美未来
1918—2018
4K的
世界
将超越
电视的界限
绝对
高画质的相机，
让摄影
更加充满乐趣。
大画面
平板电脑，
让您的创意
实现即刻分享。
高分辨率的监视器，
让监控工作
更加高效。
Panasonic 全球代言
足球运动员内马尔
效力巴西足球国家队
/足球俱乐部巴塞罗那
数字标牌
为您提供
身临其境的
影像体验。
分辨率为全高清4倍的高精细画质，改变生活中的各种场景画面。
Panasonic 4K 影像解决方案
4K

SJET

打造互联网供应链金融生态圈

深圳市创捷供应链有限公司成立于2007年，是一家以信息化技术为核心，以电子商务和供应链服务为依托的国家级高新技术企业。公司通过ISO9001:2008 国际质量管理认证，被海关总署认定为AA类企业，被深圳海关授予“客户协调员制度企业”，被深圳市诚信联盟协会授予“诚信AAA企业”，2010年被深圳市进出口商会评为“进出口纳税前十名”，2008～2013连续6年荣膺深圳皇岗海关“十佳纳税大户”、全国一般贸易出口企业百强，2012年更荣获“联想2012财年年度优秀合作伙伴”。公司在北京、上海、重庆、香港、福田保税区及前海深港合作区设有分公司及办事机构。

创捷供应链专注于“产业互联网加供应链金融”的新模式，并与国际知名软件供应商达成战略联盟，搭建了以“创捷供应链 E—SCM B2B平台”为基础的大型跨国商贸综合服务平台。

经过多年的发展，创捷供应链已发展成为一家集供应链管理、进出口贸易、电子设备器材购销、供应链系统研发于一体的综合性供应链运营商，聚焦的产品类型包括IT产品、通信产品、电子元器件、快速消费品、医疗器械、新材料新能源、消费类电子产品等。

Shenzhen SJET supply chain co., LTD., was founded in 2007.With information technology as the core, SJET bases on the development of information technology and focuses on high-end professional supply chain management services.

SJET has been certified with: ISO9001:2008 Quality Management System; China Customs AA Grade Enterprise; Shenzhen Customs "Client Coordinator Enterprise"; Shenzhen Credibility Assurance Committee "AAA Grade Enterprise"; Shenzhen import and export chamber of commerce as "the import and export tax of the top ten" in 2010; "Top 10 Taxpayer" & "Top 100 National general trade export enterprise" named by Shenzhen Huanggang Customs for six consecutive years from 2008 to 2013; "Lenovo's Excellent partner of fiscal year 2012".

We have branch /administrative offices in Beijing, Shanghai, Chongqing, HongKong, Futian Free Trade Zone and Qianhai Shenzhen-Hong Kong Cooperation Zone.

SJET focuses on the new model of "Industry Internet & supply chain financial business", achieves a strategic alliance with some international well-known software vendors, and also sets up "E-SCM B2B of SJET "-based multinational trade integrated services operations.

After years of development, SJET has become a comprehensive supply chain operators focus on supply chain management, import and export trading, electronic equipment purchase and sale business and supply chain system research and development. Its product type includes IT products, communication products, electronic components, fast moving consumer products, medical devices, new materials, new energy, consumer electronics, etc.

Business 企业主营业务

供应链执行服务

进出口通关
国际国内物流
仓储管理
供应商库存管理(VMI)
保税物流
采购执行
生产执行
销售执行

供应链集成服务

制造型供应链服务
流通型供应链服务
全程供应链服务

供应链方案服务

咨询调研＋服务＋供应链执行，“三位一体”的作业模式
企业供应链管理的咨询、培训
物流园区的软硬件设计、规划
企业供应链管理一体化方案设计、服务、执行

电脑周边产品	通讯类产品	平板显示	快速消费品
机电设备	新材料新能源	汽车零配件	医疗器械

Diagram 生态圈解析图

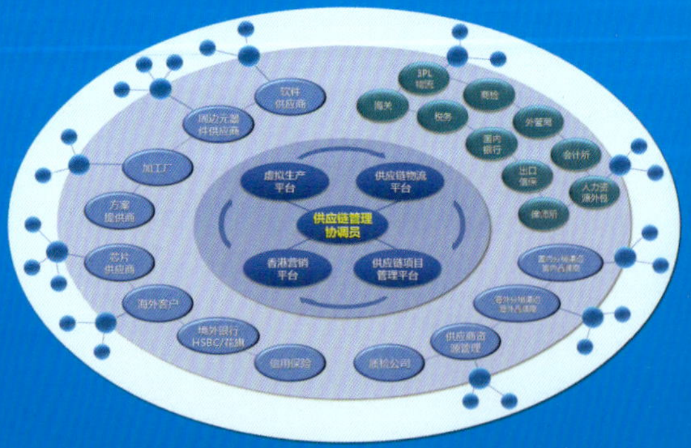

深圳市创捷供应链有限公司
SHENZHEN SJET SUPPLY CHAIN CO.,LTD.
地址：深圳市福田区新洲路国际商会大厦B座10楼　TEL：0755-82566000
Fax：0755-83027672　网址：www.ssjet.com.cn

创捷供应链
官方微信二维码

TIDE 泰德制药
TIDE PHARMACEUTICAL

北京泰德制药股份有限公司（以下简称泰德制药）是成立于1995年的中外合资企业，位于北京市北京经济技术开发区的核心位置，是中国第一家能够研发、生产和销售系列靶向药物的高科技制药企业。

泰德制药经过持续的创新和发展，先后被国家科技部和北京市认定为“国家重点高新技术企业”、“北京市外商投资先进技术企业”、“北京市高新技术企业”，入选中关村国家自主创新示范区创新型试点企业和“十百千工程”，被美国《福布斯》杂志评为中国最具潜力百强企业等。2012年，泰德制药先后获得北京市生物医药产业跨越式发展工程（G20工程）杰出贡献企业、中国医药企业制剂国际化先导企业、中国医药工业最具投资价值企业等荣誉称号。自2008年以来，公司在在奔驰、拜耳、诺基亚等国际国内大型企业云集的北京经济技术开发区纳税排名一直位居前十，2012年跃居第4位。根据国家工业和信息化部2012年度统计数据，公司在医药行业工业企业法人的主营业务收入排名进入全国百强。

自1995年成立以来，泰德制药专注于靶向药物的研发、生产和市场推广。前列地尔注射液（凯时®）的独特疗效得到患者和临床医师的高度认可，并被列入国家8个学科的诊疗指南及教科书；靶向镇痛药氟比洛芬酯注射液（凯纷®）被麻醉和镇痛领域的医师广泛使用，并被列入《中国成人术后疼痛处理专家共识》及《疼痛药物治疗学》；贝前列素钠片（凯那®）的口服使用弥补了凯时的不足；氟比洛芬巴布膏（得百安®）具有透皮强、起效快、镇痛效果明显、不粘毛、无贴痕、无异味、过敏少等优点，一上市就获得了镇痛专家和广大患者的认可；链霉蛋白酶颗粒（得佑®）是国内首个胃粘液蛋白分解剂，能够有效分解去除胃内粘液，显著提高胃镜清晰度，提高早期胃癌的检出率。

2008年，泰德制药注射剂生产线在国内率先取得了日本厚生劳动省颁发的“医药品外国制造者认定证书”，公司生产的脂微球注射液在日本应用于临床治疗的数量已累计近千万支，真正实现了国产注射剂出口海外市场，在业内起到重要的示范作用。泰德制药专心致力于成为中国最卓越的靶向制药企业，专业化的销售团队覆盖全国29个省、自治区及直辖市2000余家大中型医院的处方药市场。

泰德制药坚持科技创新的理念，经过十余年的发展，已经建立了脂微球、脂质体、生物制剂、外用贴剂4大高端技术平台，拥有多项自主知识产权的核心技术。泰德制药已建立先进的新药研发体系，即将建成的面积约3.2万平方米的新研发中心是聘请美国专业设计公司量身定做，配备了最先进的制剂试制和分析研究设备，具备国际水平的小试、中试及研究环境。公司极佳的靶向药物品牌组合及新的靶向药物产品线，将继续保持其在靶向药物市场的领先地位和差异化竞争力，奠定在靶向药物领域的领导地位。

泰德制药秉承“关怀生命、精益创新”的宗旨，以开发具有独立知识产权的创新药为目标，以独立创新、自主研发和引进吸收再创新为发展方向，立足国内，放眼世界，为社会提供更优质的新药产品，为改善大众的健康水平而不懈努力。

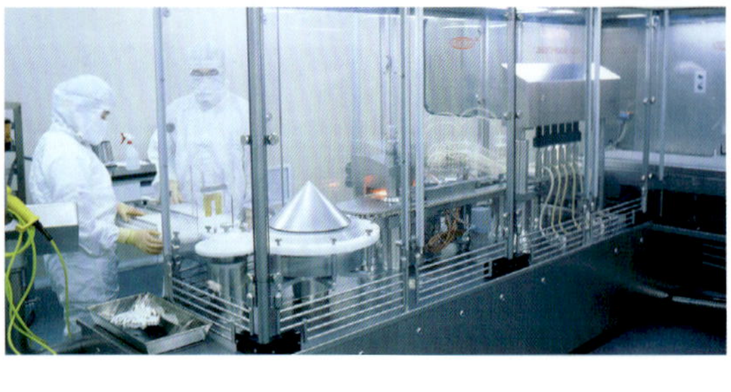

中山市正好贸易有限公司

中山市正好贸易有限公司成立于2000年，公司位于中山市港口镇福源路，主要经营进口乳制品原料，是新西兰恒天然乳品集团在中国内地进口贸易额最大的经销商之一。

公司设有专业乳品仓库4万多平方米。仓库采用双层中空保温墙体，金钢砂耐磨地面，配有中央空调系统，烟感控制系统，专业吸尘、除湿设备，专业灭蚊设备，室温常年控制在28℃左右、湿度65%以下。经海关总署批准，2011年设有公共保税仓库。

公司坚持稳健务实的发展战略，业务量多年保持快速增长。公司2013年全年实现乳品销售总额13.95亿元，各项税收2.7亿元，被中山市国家税务局、中山市地方税务局评为“A级纳税人”，被海关总署评为“AA类管理企业”，荣获“经济建设成就奖”、“文明经营标兵”等多项奖励，并于2014年8月被选为“广东省重点培育进口商品交易中心”。

今后，公司将继续秉承“诚信专业、精益求精”的服务宗旨，为客户提供更优质、高效、及时的专业乳品仓储配送服务。

青岛雅福达进出口有限公司

青岛雅福达进出口有限公司，成立于2005年9月，经过十年的发展，已经成为一家综合性的国际贸易公司。公司的主营产品涉及有色金属、黑金属、矿产、纺织品、礼品、食品等，除了传统的商品进出口贸易以外，公司灵活运用国际转口、保税区货物交易及国内贸易等各种交易手段，使公司的业务得到了全面均衡发展。

公司通过了ISO9001-2008质量管理体系认证，从产品设计、采购、运输、销售等各个环节建立了严格的质量保障体系，从而保证了产品在质量方面的强有力的竞争力。同时，公司积极响应国家号召，灵活运用期货市场及各种金融衍生品工具，从业务发生起所涉及的汇兑损益、利率及商品本身全链条等方面建立了完整的风险管控体系，并大幅提升了企业的综合赢利能力，达到了风险最小化和利润最大化的双重目标。

公司愿与各界客户携手共进，共创未来！

地址：青岛市中山路44~60号百盛商务中心3010室
电话：0532-82023575/76/78　　传真：0532-82023579
E-mail：nancy@cnartluck.com
网址：www.cnartluck.com

CSTC

中国船舶工业贸易公司

作为中国船舶贸易的拓荒者、排头兵，作为致力于服务中国船舶工业和国际航运业的专业贸易公司，中国船舶工业贸易公司（CSTC）从1982年成立以来，一直活跃在国际和国内市场，承担并完成了推动中国船舶工业走向世界的历史使命，是中国船舶工业承接国际订单最多的贸易公司，成为连接造船企业及相关企业与国际市场的重要纽带。据初步统计，CSTC成立至今共实现进出口成交总额932亿美元，出口船舶超过1700艘、约1.3亿载重吨，已发展成拥有民用船舶国际营销、防务装备国际营销、技术设备与材料进口、船用设备等机电产品出口和国际工程承包等五大核心业务，在国际海事界具有重要影响的知名企业。2010年、2011年、2013年，CSTC在中国对外贸易500强企业排行榜中分别位列第23、30、30位。

在民用船舶方面，CSTC能够向市场提供符合世界任何一家船级社规范，满足国际通用技术标准和安全公约要求，适航于任一海区的现代船舶，形成了多品种、多档次的产品系列，三大主力船型都基本系列化。

在技术设备和材料引进方面，CSTC向国内海事行业提供全球采购服务，涉及的领域包括企业所需的工业生产设施及设备的引进、船用设备及系统进口、船用材料进口、软件进口、先进技术及许可证引进和管理。CSTC具备完善的国际网络、高度的专业能力和经验、良好的市场信誉、雄厚的资金实力及全球供应商的广泛联系，能有效地协助客户从全球市场选择性价比最优的产品和服务。

目前，CSTC的业务遍及上百个国家和地区。多年来快速健康的发展使CSTC在品牌、渠道、融资能力、人才队伍等方面都建立了良好的基础。在新的发展阶段，CSTC将不断提高综合贸易业务能力，逐步完成从“国际一流船舶贸易企业”到“国际一流综合性贸易企业”的华丽转变。

CSTC期待着有机会与您合作，分享成功，共创美好未来。

东莞东骅电子科技有限公司
Loyalty Founder Enterprise Co.,Ltd.

东莞东骅电子科技有限公司创建于 2002 年 1 月，位于广东省东莞市清溪镇长山头村清樟路 159 号，占地面积 70000 平方米，是由香港富骅企业有限公司设立的外商独资企业，注册资金 17702 万港元，人代表张连生。

公司主要生产和销售服务器外壳、精密塑胶射出件、精密五金加工件及高速冲压件等，公司产品广泛应用于服务器、存储器、收银机等领域。随着公司规模的不断发展壮大，公司后续将集中力量进行高科技产品的研发与制造。

公司秉持“以人为本、以客为尊、放眼天下、永续经营”的理念，结合专业人才及先进之软硬件设备，以精益求精的工作态度及无微不至的服务精神，竭尽所能地实现对客户品质保证的承诺，赢得客户的信赖与支持，相信本着勤奋及创新，东骅公司将成为一个世界级企业，为此公司将继续努力开拓进取。

公司网址：http://www.lfe.com.tw。

2013 年 10 月被黄埔海关评定为 AA 类企业
2012 年 10 月通过 C-TPAT 中美海关联合反恐验证
2012 年 10 月通过 TUV OHSAS 18001 职业健康安全管理系统认证
2012 年 6 月通过 ISO 14064 温室气体排放盘查管理系统认证
2007 年 10 月通过 DNV ISO 14000 环境管理系统认证
2006 年 5 月被广东省科技厅认定为高新技术企业
1996 年 8 月通过 DNV ISO 9001 品质管理系统认证

BAYER'S COMMITMENT TO GREATER CHINA

拜耳在中国的历史源远流长，早在 1882 年，拜耳公司首次开始在中国市场销售染料。当前，随着中国成为世界上增长最快的市场之一，拜耳也逐步加大了在这里的投入。如今，大中华区是拜耳在亚洲最大的单一市场，2013 年，拜耳在该区域的销售额达到 37 亿欧元左右。目前拜耳在大中华区拥有超过 13000 名员工，大中华区业已成为拜耳全球投资的主要重心之一。拜耳在大中华区的业务主要集中于三大子集团——拜耳医药保健、拜耳作物科学及拜耳材料科技。

在中国市场实力强劲的子集团拜耳材料科技生产聚氨酯原材料、聚碳酸酯，以及用于涂料、粘合剂和特殊化学品的原材料，其主要客户遍及汽车业、电气和电子行业、建筑业及木器和家具行业。拜耳材料科技位于上海化工园区的一体化基地是一个世界级的一体化聚合物生产基地，生产塑料及用于生产泡沫塑料和涂料的原材料。到目前为止，该基地的总投资达到 25 亿欧元。拜耳材料科技的产品和解决方案应用十分广泛。拜耳材料科技预计将在中国保持中、长期稳步增长，因此正在扩大其产能，包括其当地客户服务。

拜耳始终致力于成为负责任的优秀企业公民，在其开展运营的世界各地区履行自己作为企业公民的责任。在中国亦是如此，其社会承诺基于可持续发展原则，并努力协调好经济利益、生态环境和社会责任之间的关系。

拜耳获得的荣誉

- 2006 ~ 2013 年，拜耳集团连续入选碳排放批露领导指数。
- 1999 ~ 2013 年，拜耳连续 10 年被列入道琼斯全球可持续发展指数。
- 2001 年，拜耳凭借出色的环保贡献，被列入富时社会责任指数。此后 2005 年、2007 ~ 2013 年拜耳均被列入富时社会责任指数。
- 拜耳获得经济观察报和香港管理专业协会主办的“2012 ~ 2013 中国杰出营销奖”。
- 拜耳被评为《财富》（中文版）2013 企业社会责任 25 强。
- 拜耳获《21 世纪经济报道》与 Interbrand 主办的中国最佳品牌建设案例奖。

川奇光电科技(扬州)有限公司

Transcend Optronics (Yangzhou) Co.,Ltd.

企业简介

川奇光电公司总投资 27350 万美元，注册资本 11130 万美元，项目总用地 760.6 亩，已逐步形成 Eink 川奇光电科技工业园。Eink 川奇光电主要生产销售电子纸模组和中小尺寸 (13 寸以下) 的薄膜电晶体彩色液晶显示面板，产品全部外销。

Eink 川奇光电公司于 2002 年 11 月在扬州市经济技术开发区标准厂房投产，自有模组二厂于 2004 年 6 月竣工投产；模组三厂于 2005 年 5 月建成投产，模组四厂 (川岳) 于 2010 年 5 月建成投产；目前电子纸模组月总产能已达 400 万片以上 。2011 年起，年产出可达 2300 万片以上，年产值超过 6.7 亿美元。

Eink 川奇光电自 2006 年 2 月开始量产电子纸，Eink 母公司台湾元太科技则于 2009 年并购美国 Eink 公司，整合电子书产业上、中游技术，成为全球电子纸产业的龙头。除了电子书阅读器外，Eink 电子纸也广泛应用在手机、手表、温湿度显示计、照片和广告牌等。这一高科技的产品陆续取得国际大厂 (如日本索尼等) 的认证，并成为索尼公司与网络书店亚马逊电子书产品全球唯一的供应商，目前为全球 95% 电子书阅读器提供电子纸。

展望未来，Eink 川奇光电电子纸将致力于提升产品品质，并结合现有数字储存及无线传输科技，引领全球人类进入创新的阅读及教育方式。继中国人发明“造纸”之后，Eink 川奇光电的“电子纸”将再度成为中国人的骄傲，而扬州将成为世界“电子纸”及“电子书”的供应中心。

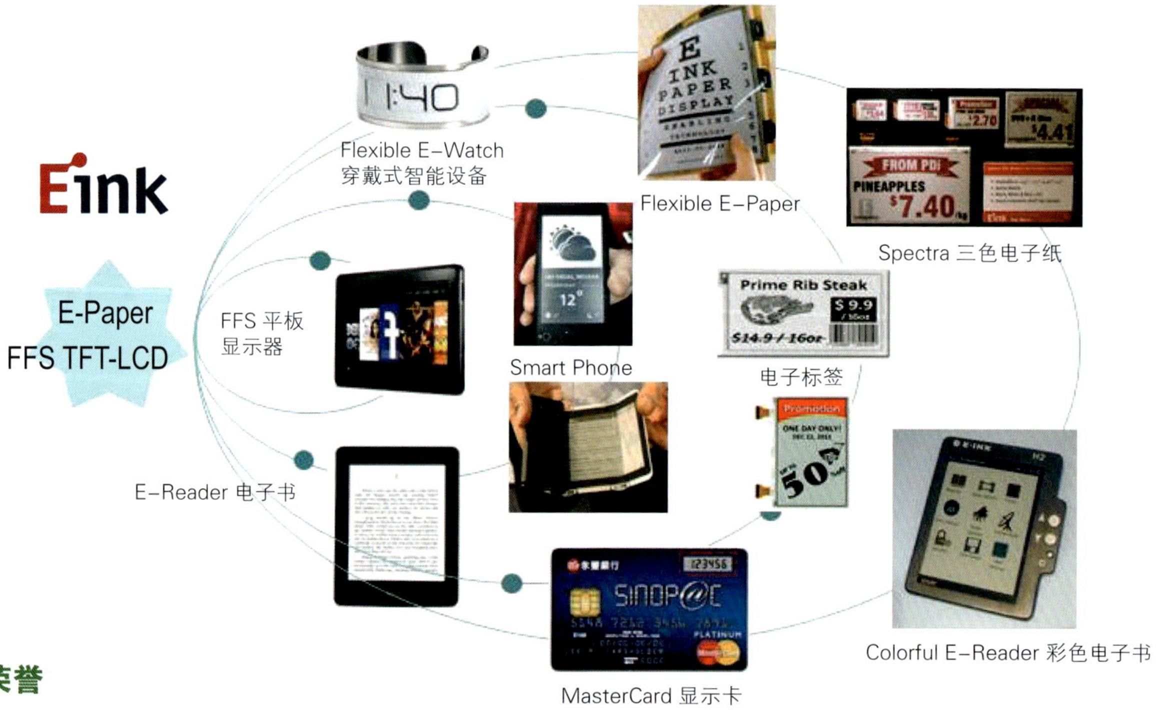

企业荣誉

- 2003 年 8 月 通过 ISO9001:2000 的国际质量管理体系认证
- 2003 年 12 月 通过 QS9000/ISO14001/OHSAS18001 体系认证
- 2004 年 1 月 荣获扬州市“ 2003 年度十佳出口创汇企业”
- 2005 年 3 月 被南京海关评为 2002 ~ 2004 年度南京关区 “优秀规范企业”
- 2006 年 12 月 通过 ISO/TS16949 质量管理体系认证
- 2006 年 12 月 被江苏省科技厅评为江苏省 “高新技术企业”
- 2007 年 2 月 被授予“2006 年科技创新先进集体”、“2006 年度列统工业十佳规模企业”
- 2008 年 7 月 并购韩国面板厂 Hydis，取得 FFS 技术专利
- 2009 年 2 月 荣获扬州市 “工业纳税十佳企业” 称号
- 2011 年 10 月 推出全球第一款 E Ink TM 彩色电子纸，荣获 “2011 华尔街日报年度科技创新奖”
- 2013 年 1 月 可饶式电子纸显示器 (Flexible EPD) 量产

网址：www.troyz.com　地址：江苏省扬州市经济开发区吴州西路 8 号　电话：0514-87849999　传真：0514-87846655

中工美进出口有限责任公司

中工美进出口有限责任公司（以下简称“中工美”）是隶属于由国务院国有资产监督管理委员会直接管理的中央企业中国工艺（集团）公司的二级全资子公司，注册资金 9000 万元人民币，注册地址为北京市西城区复兴门内大街 101 号。前身是中国工艺美术总公司北京分公司，1999 年从集团公司中独立出来，成为其二级子公司，是集团公司的原材料板块业务支柱之一。

中工美进出口有限责任公司主营贵金属原料的贸易（主要包括白银原料进出口贸易、内销贸易和加工贸易，黄金粗金的精炼加工贸易，上海黄金交易所交易，其他贵金属的进出口及内销贸易等）、投资业务、珠宝首饰进出口业务。中工美在国内及国际贵金属领域，享有一定声誉，是中国五矿进出口商会白银分会理事单位，也是我国首批获得白银出口资质的企业之一；在珠宝首饰领域，中工美则是中国轻工商会首饰进出口分会副理事长单位，也是最早取得黄金饰品进出口经营资质的企业之一。中工美公司是归属于北京海关管理的 A 类进出口企业。2012 年，公司进出口总额为 2541 万美元。

中工美公司经营团队专业、精干、敬业、高效，是公司一直处于良性发展的基础。员工整体年龄结构轻，年轻的团队有着共同目标，通过近些年全体员工的不懈努力，公司发展稳定，业绩逐年增长，荣获 2009 年度和 2013 年度国家人力资源和社会保障部及国家资产监督管理委员会共同颁发的“中央企业先进集体”。

主要业务

- 白银

  白银出口业务 | 白银内销业务 | 白银采购业务

- 黄金

  粗金采购业务 | 黄金交易所代理业务

- 其他贵金属

  代理进出口其他贵金属原料和制品

- 珠宝首饰

  最早取得珠宝首饰进出口经营权的企业之一，并具有黄金饰品进出口资质，代理各类首饰的进出口业务。

联系电话 010-85698727

地址：北京市朝阳区朝阳门外吉祥里 103 号 708 室

传真：010-85698738

和谐则昌、奋进则盛、实干则富、适应则强

佛山市华特气体有限公司

佛山市华特气体有限公司专业从事气体及气体设备的研发和生产，气体产品覆盖普通工业气体、电子工业用气体、电光源气体、超高纯气体、标准气体、激光气体、医用气体、食品工业用气体等十几个系列共 200 多个品种，并不断研发新产品满足市场需求。生产低温绝热气瓶、汽化器、LNG 应急撬等气体设备，安装超高纯气体及工业气体应用配套设备等。为用户提供领先的气体应用一体化解决方案。

公司的愿景为“致力于气体研发与应用，成为气体行业的领先者”，倡导“和谐则昌、奋进则盛、实干则富、适应则强”的企业精神。同时，秉承“成就客户，提升自我”经营理念，以为客户提供有竞争力的产品和服务，满足用户需求为己任，与客户实现持续和共赢的合作。

华特气体 HUATE GAS 400-888-1188
广东省佛山市南海区里水和顺金逢路

销售部
电话：0757-85123416 85123417
传真：0757-85122855

国际业务部
电话：0086-757-85115270
传真：0086-757-85126929

广州造纸集团有限公司

GUANGZHOU PAPER GROUP LTD.

越秀集团 成员企业

广州造纸股份有限公司（以下简称广纸）隶属于广州造纸集团有限公司，是中国第一家新闻纸造纸企业。公司经过多年发展，现已成为集制浆、造纸、热电、环保于一体，配套工程齐全的大型制浆造纸联合企业，在造纸行业和新闻纸专业领域中具有较高的地位和影响力，行业排名全国第二，华南地区第一。主营产品新闻纸的产能规模达 60 万吨 / 年，生产工艺技术与装备达到了国际先进水平；产品质量优良，畅销全国各地并远销十多个国家和地区。多年来，企业及其产品获得无数奖项和荣誉：荣获国家免检产品、全国用户满意产品、广东省名牌产品、广东省著名商标，全国节能先进集体、广东省诚信示范企业、实施卓越绩效模式先进企业特别奖、广东省自主创新标杆企业、爱我珠江保护水环境先进单位、广州市标准化创新贡献奖等荣誉称号。广纸锐意进取、不断创新，“十一五”规划期末，通过环保搬迁建设，升级技术装备，淘汰落后产能 20 万吨，构建节能降耗、清洁生产和“三废”治理体系，在南沙打造百万吨环保造纸基地。随着南沙造纸新基地的不断建设发展，崭新的广纸将迸发强大的生命力，再创辉煌！

深圳市今天国际物流技术股份有限公司

深圳市今天国际物流技术股份有限公司（以下简称今天国际）于2000年在深圳成立，注册资本6300万元；下属三家全资子公司，分别是广东新阳物流设备有限公司、今天国际科技发展有限公司、深圳市同创智软件技术有限公司，并在昆明、合肥、厦门等设立了办事机构和技术服务中心。

今天国际是一家自动化物流系统综合解决方案提供商，基于规划集成和软件开发优势，为客户提供一体化的仓储、配送自动化物流系统及服务，使客户实现物料出入库、存储、搬运输送、分拣与拣选、配送等物流活动的自动化、信息化和智能化，提升客户的物流管理水平，提高经营效率，为客户创造价值。自动化物流系统综合解决方案具体包括自动化物流系统的规划设计、系统集成、软件开发、设备定制、电控系统开发、现场安装调试、客户培训和售后服务等一系列工作。自动化物流系统综合解决方案可广泛应用于文具、家具、电力、石化、服装、印刷、汽车、烟草等行业，为生产制造、商业配送等多种业态的客户提供个性化的自动化物流系统综合解决方案。目前，公司业务已经遍及全国各地，赢得了广大客户的信赖与认可。

今天国际充分利用产业链上游的优质资源和依靠自身的研发设计能力为客户提供优质的自动化物流系统综合解决方案。同时，在长期的发展过程中积累了丰富的行业经验，先后参与了一系列规模大、复杂程度高，具有重大影响力的自动化物流系统项目，形成了一整套完整的标准体系。

今天国际为中国物流技术协会副理事长单位、中国物流与采购联合会常务理事单位、深圳市软件行业协会常务理事单位、深圳市重点物流企业和深圳市重点软件企业。截至目前，今天国际已拥有专利40项，计算机软件著作权32项，获邀成为全国烟草标准化技术委员会物流分技术委员会委员，参与制订了烟草行业一系列的物流标准。

企业所获荣誉

- 2012中国物流技术装备业十大知名新锐品牌企业
- 中国物流系统集成杰出贡献企业
- 物流技术领航企业
- 国家级高新技术企业
- 深圳市2012年度重点软件企业
- 深圳市重点物流企业（技术型）
- 2011年度中国物流技术装备行业最具发展潜力企业等

贸杰家庭用品（深圳）有限公司

贸杰家庭用品（深圳）有限公司地处深圳市宝安区公明镇塘尾第三工业区，在越南、中国香港、中国台北、纽约等国家和地区设立有分公司。公司投资总额555万美元，厂区面积43200平方米，自建厂房面积56000平方米。

本着“对上以敬、对下以慈、对事以真、对人以和”的企业文化宗旨，公司关心员工业余生活，每年举办运动会，厂内有室内篮球场、乒乓球场等运动设施。2001年，公司被广东省总工会评为广东省“双爱双评”活动先进企业，并被深圳市人民政府评为“外地来深建设者之家”；2004年被宝安区总工会评为“先进职工之家”，被中共深圳市宝安区委员会、深圳市宝安区人民政府评为2002～2003年度“文明企业”等。公司积极参与公益事业，曾于2001年在贵州捐助20万元建校，近年来多次大力捐助地方及其他公益活动。

公司主要生产窗帘、浴帘、台布、塑料衣柜、塑料袋、餐垫、家具套罩等家庭用品。所有产品均出口至美国、加拿大、日本等国家和地区。公司业务发展迅速，生产能力正逐步提高。

E-ACTION

北京亿安可迅科技有限公司

北京亿安可迅科技有限公司创始于2003年，主营智能楼宇控制产品（解决方案）和铁路车辆产品两大业务板块。铁路车辆产品作为公司核心业务，采用集研发、制造和贸易一体的经营模式，旗下设有贵阳汇亿通轨道交通装备有限公司和青岛汇亿通铸造有限公司两家制造工厂及北京营销中心。

公司装备精良、工艺先进、技术力量雄厚，先后获得ISO9001、ISO14001、OHSAS 18001、IRIS及AAR等体系认证，年产铸件逾50000吨。北京营销中心作为公司业务的核心销售机构，设有市场开拓、销售管理、产品技术等业务部门，以丰富熟练的业务技能和诚信踏实的工作作风全方位地为客户提供优质产品及增值服务。

公司经营范围涉及铁路货车、铁路客车、铁路机车、铁路设施和风电工矿设备等多领域，面向国内、欧美和独联体等地区。目前主营产品有各型侧架、摇枕、电机壳、牵引销、齿轮箱行星架、小臂轴套等，同时可根据用户要求或来图、来样研发制作各种高难度、高强度的大中型铁路、风电、工矿异型件和非标件。

青岛华天车辆有限公司

董事长刘智军

青岛华天车辆有限公司成立于 2000 年 1 月，“诚信者成功，勤劳者获益”是华天不变的企业理念。多年来，华天以诚信汇聚私有资本，以管理创造效益，以创新促进发展，以质量谋求生存，以人为本竞争未来，历经拼搏，现已发展成为中国最大的手推车生产企业，是主要生产和出口各类手推车、工具车、金属制品、塑料制品、橡胶制品、物流器械、园艺工具等的综合型企业。公司于 2005 年荣登“福布斯”中文版“2005 年中国潜力 100 强”榜，同年，被录入“2005 年中国成长企业百强”榜，2006 年被评为“中国十大行业隐形冠军”，2007 ~ 2009 年先后被录入“中国机械工业 500 强”名录，2010 年荣获“中国自主创新百强企业”、“山东省诚信企业”荣誉称号，2013 年先后被评为“青岛市诚信企业”、“全国 AAA 级信用等级企业”“青岛市守合同重信用企业”。

华天自始自终奉行“出口龙头”战略，所生产的各种系列的产品全部销往美国、欧洲、日本、东南亚等全球 100 多个国家与地区。公司自主品牌“金隼”，2012 年被认定为“山东省著名商标”，在国际同行业中也享有较高的知名度与声誉。多年来，为推动企业快速发展，将企业做大、做优、做强，增强市场竞争力，华天不断强化管理，吸收并借鉴了国际先进的管理观念，相继实施了“6S 现场管理”、“精益生产管理”，以及“学习型组织创建”等，推动了企业管理的不断升级。华天不断加大新产品开发与技术投入力度，引入了国际上比较先进的设备和生产工艺，以人为本，鼓励与促进企业内部创新，成功开发与研制了大量广受市场欢迎的产品。公司先后通过了 ISO9001 国际质量认证、ISO14001 环境体系认证、FSC 森林认证，并有 40 余种产品获国家级产品技术专利，30 余种产品通过德国 GS 认证、欧盟 CE 认证和 REACH 法规认证、“CCC”产品认证。

面对 21 世纪，华天将秉承诚信、励志创新、开拓进取，打造璀璨的明天。

骅威科技股份有限公司

骅威科技股份有限公司位于广东省汕头市澄海区，是一家集文化动漫游戏创作，玩具研发、设计、制造和销售于一体的现代高科技企业。公司于 2010 年 11 月 17 日在深圳交易所挂牌上市，证券简称“骅威股份”，股票代码为 002502。

公司以“快乐成长，骅威相伴”为己任，通过动漫创意、研发创新，为市场提供优质娱乐产品。公司已拍摄《蛋神奇踪》、《水果宝贝》、《音乐奇侠》、《天元斗士》等多部动漫作品，成功开发多款动漫衍生玩具，通过动漫创意与玩具研发的结合，推动公司产品的销售，打造骅威的品牌价值。

公司是汕头市重点工业企业和纳税大户，先后获得“中国名牌产品”、“中国驰名商标”、“国家级高新技术企业”、“国家火炬计划重点高新技术企业”、“海关 AA 类企业”称号，获得中国玩具行业第一张 3C 认证证书，第一张“出口免验”证书。

展望未来，公司将秉承“实干、开拓、学习、创新”的骅威精神，做大做强企业，力争用 3 ～ 5 年时间使公司发展成为集动漫文化、游戏、玩具创意、终端连锁、高新科技为一体的优秀公司，为客户、员工和股东创造更大的价值。

中国外运长航
SINOTRANS&CSC

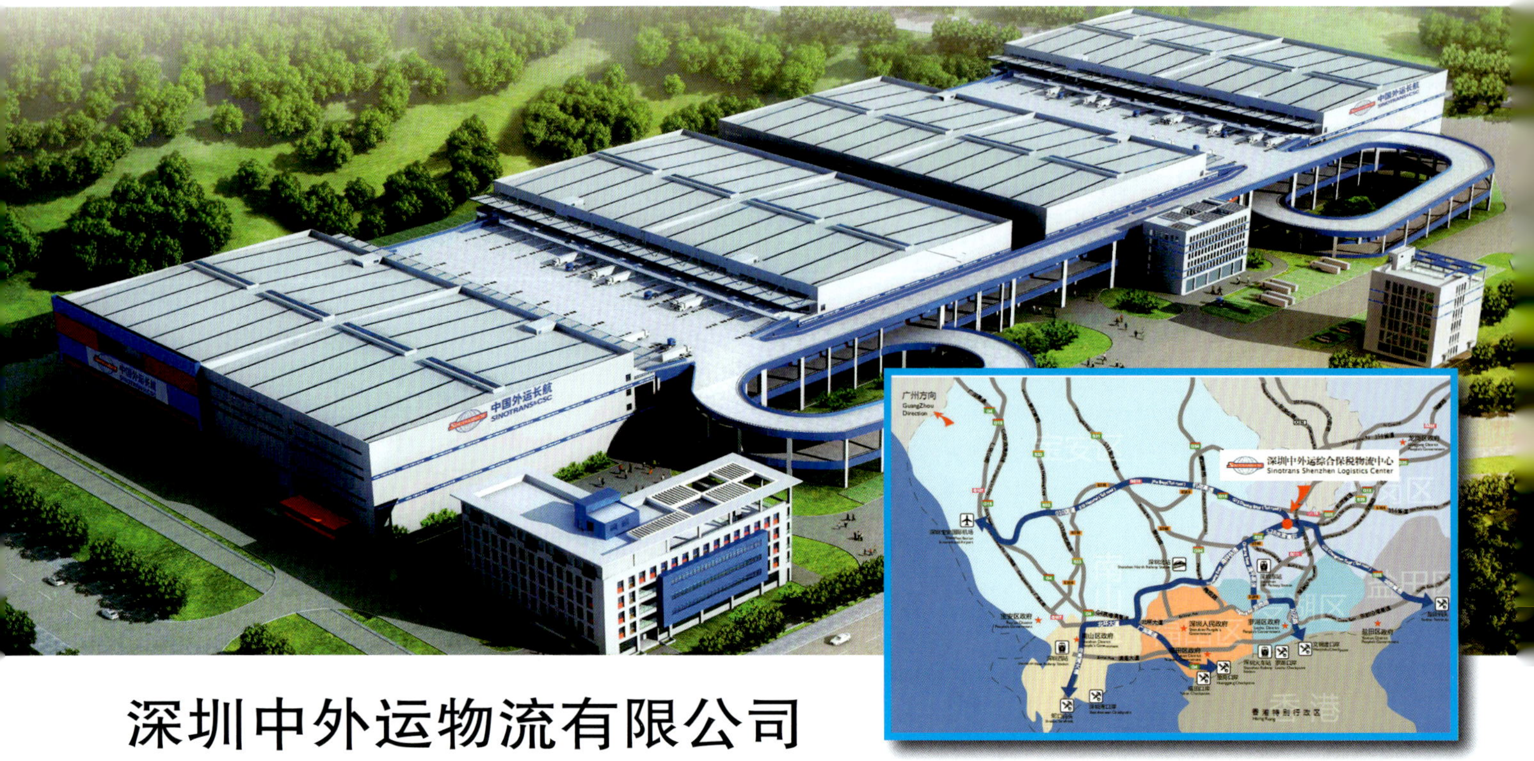

深圳中外运物流有限公司

深圳中外运物流有限公司从属于国资委直属管理的大型中央企业——中国外运长航集团，隶属该集团下属的首家境外上市的大型综合物流企业——中国外运股份有限公司。

公司自 1989 年经营以来，在仓储、运输、报关等国际及国内货物操作上积累了丰富的经验，培养了一支优秀的物流专业队伍，在业内具有一定的知名度，与国内外众多知名的企业建立了长期稳定的合作关系，并得到政府各部门的大力支持。2007 年被深圳海关授予“客户协调员制度企业”，2009 年 6 月被深圳海关批准为“AA”类管理企业，2007 年被深圳市交委评为首批重点物流企业，2011 年 3 月、2014 年 9 月再次被认定为重点物流企业，2012 年 11 月被认定为国家高新技术企业。

公司现有仓储面积约 6.5 万平方米，目前在建的龙岗区平湖物流园的综合保税物流中心即将于 2015 年 1 月投入运营。中心投资概算超过 8 亿元人民币，占地面积 12.5 万平方米，仓库面积 13.5 万平方米，共 4 栋三层，坡道式设计，重车可直达各楼层。中心是集进出口保税物流和国内普通物流于一体，居于二线口岸但享有一线口岸功能，包括 24 小时无障碍进出仓库作业、出口货物入仓即退税、进口理货区等多种特色功能，可提供散货拼箱、买家集运（多国拼箱）、进口拆箱、供港配送、卫星仓、集疏港等多种服务。

该中心项目是中外运长航集团为华南地区物流一体化而投资打造的区域性大型保税物流中心项目，同时也是深圳市政府认定的重点物流项目、重大建设项目，将建成为面向供应商、制造商及国际采购商，以公铁海国际物流、供应链管理、跨国采购物流为主营业务的高端物流项目，并与规划中的铁路集装箱中心站业务互补，实现深圳市政府规划中对平湖物流板块的功能要求。

目前，公司正以集团物流作业网络和营销网络为依托，聚焦于客户的商业挑战与压力，为客户提供具有竞争力的物流解决方案与服务。持续为客户创造更大价值，全力打造华南地区具有稳固地位的现代化综合物流企业。

地址：广东省深圳市罗湖区梨园路 333 号外运仓库
电话：0755-61896342　61896409
传真：0755-82428909　邮编：518023
Email：szchuyun@transgd.com.cn　网址：http://szlc.transgd.com.cn

松下电气机器（北京）有限公司

松下电气机器（北京）有限公司创立于1993年1月19日，是由世界一流企业日本松下电器株式会社、松下电器（中国）有限公司在北京经济技术开发区出资兴建的大型现代化企业，注册资本为4 000万美元，公司英文名称缩写为PMFBJ。

PMFBJ作为目前中国最大、最现代化的照明电器生产企业之一，在引进松下高科技和科学制造管理经验的同时，以提供“安全、节能、舒适、方便”的高品质生活为己任，以倡导美好的生活方式为旗帜，将Panasonic的制造业梦想带到中国。

2013年，公司出口总额约为1亿7千万元，海外销售约占整体销售额的21%；进口总额约为5600万元。公司自创立之时起，各类产品的国内外销售总额逐年递增，各事业部的新商品率始终保持在30%的年度增长。PMFBJ设立了照明、配线、电器、自动门四大事业部，并于2004年设立上海分公司，2010年设立广州分公司。其中，照明产品分为住宅照明产品（如花灯、厨房灯、吸顶灯-LED等）、施设照明产品（如格栅灯、筒灯、射灯等）和屋外照明产品（如道路灯等）；配线产品主要为开关、插座产品；电器产品包括电子血压计、低频理疗仪、吸入器、按摩器、体组成计五大类产品；自动门产品分为通用自动门和轨道交通自动门，具体产品如平开门、旋转门、地铁门、公交门、特殊门等。

公司取得了ISO9001、ISO14001、ISO13485、OHS18001、CCC及CQC等认证证书。同时，公司产品还取得了销售目的国的认证，如日本JET、欧洲CE等认证。2004年11月及2009年11月，公司分别取得高新技术企业证书。2008年5月，时任中华人民共和国主席胡锦涛等一行视察了松下电器总公司。2010年10月，松下中国国内自动门实业开发人员及经营团队整体合并，实现了中国国内自动门事业“制造、开发、营业”一体化体系的构建。

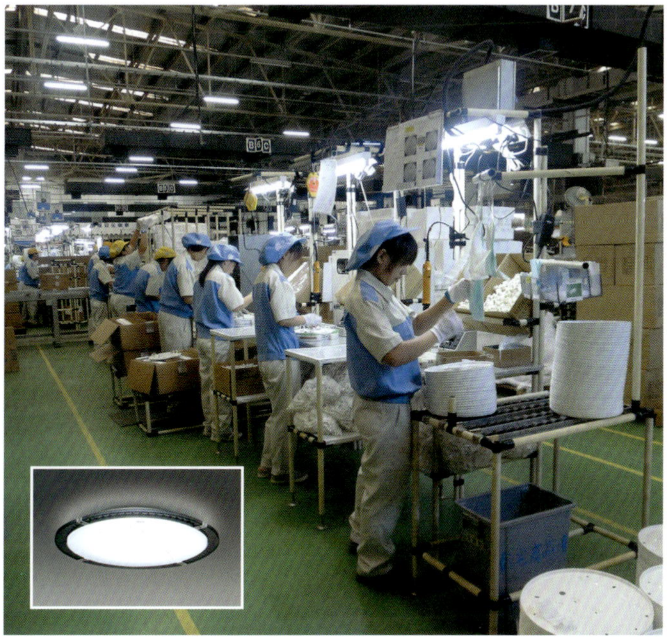

照明事业部吸顶灯生产线

公司所有经营活动都充分体现“以人为本”的经营理念，贯彻尊重人、关心人、体贴人的宗旨，誓为全世界消费者奉献高品质的产品和优秀的服务，向所有享受松下产品的消费者倡导一种追求舒适、安全、节能的消费文化。为了使生活变得丰富多彩，为了创建更先进更美好的社会，实现不断提供富有价值的创意和优质的产品、服务的理想，松下电气机器（北京）有限公司通过向顾客提供高品质产品，创造自己的未来。

地址：北京经济技术开发区同济北路1号

固邦（东莞）电器有限公司

固邦（东莞）电器有限公司位于东莞虎门镇怀德工业区，交通方便、环境优雅，是一家独资企业，海关AA类管理企业。主要生产和销售圣诞节节日灯饰、灯饰配件、塑胶制品。占地面积20万平方米，拥有员工2500余人。公司本着“以质量求生存，以效益求发展，以品种求繁荣”的宗旨，自1970年成立至今已取得了飞速的发展，成为灯饰行业中一颗灿烂的明珠。公司已通过ISO及CQC等认证，产品远销欧洲、美国、加拿大等国家和地区。

公司投资建设了配套完善的生产生活设施，园林化的厂区、生活区及多种体育活动场地，极大地丰富了员工的业余生活，并吸引了大批优秀的企业管理 、产品开发及生产技术人才，是虎门的明星企业。

时代在前进，企业要创新，公司领导层高瞻远瞩，在保证产品质量的前提下，极其注重新产品的开发，现已拥有比较庞大的专业研发队伍。在现有的UL、GS、CSA、JAPAN等多种规格产品的基础上，公司及时顺应现代产品的多元化发展趋势，采取复合材料设计产品。目前，除了圣诞节节日灯饰，公司产品还包括LED灯饰产品、仿真圣诞树（PE、PVC）等上万个品种，极大地丰富了国际灯饰产品的市场，同时也实现了公司可持续发展的战略目标。

新的世纪，新的目标，公司同仁正以满腔的热情，继往开来，为创造最佳企业效益而努力奋斗。

副总经理 吴忠志

湖南省机械设备进出口公司

湖南省机械设备进出口公司成立于1978年10月，经过30多年的发展，已成为湖南省机电产品主要进出口公司之一，现为湖南省商贸系统国有大型企业。

公司自成立以来，努力开拓国际市场，灵活经营各类业务。至今，进出口业务和招投标业务遍及东南亚、北美、南美、北非、西非、东欧、西欧、中东等地区，已出口了近400种产品，每年进口设备平均在8000万美元左右。在利用国际机构贷款的成套设备招投标业务中成绩显著，多年来累计中标项目达90多个，金额约3亿美元，在国内外有着较高的知名度和良好的信誉。公司自2007年来一直被评为外贸系统“AAA诚信企业”，2012年获得ISO9001:2008新版认证证书（2003年初次获得ISO9001：2000版证书），并且完成了企业ERP信息管理系统的升级换代工作，2014年获得海关颁发的适用AA类企业管理证书，同年获批商务部批复的对外援助物资项目实施企业资格。

未来，公司将继续以良好的信誉，优质的产品和完善的服务，竭诚为国内外客户服务。

国家核电
SNPTC

国核工程有限公司

STATE NUCLEAR POWER ENGINEERING COMPANY

国核工程有限公司

国核工程有限公司是由中央直接管理的国有重要骨干企业——国家核电技术公司的全资子公司，于 2007 年 7 月 6 日正式挂牌。

公司目前主要承担浙江三门、山东海阳 AP1000 自主化依托项目 4 台机组的建设管理任务。项目采用美国西屋公司开发的、代表国际先进核电水平的第三代 AP1000 非能动压水堆堆型，其中浙江三门核电站一号机组是世界范围内首个开工建设的 AP1000 核电机组，其工程建设举世瞩目。

公司还承担了国家重大专项示范工程 CAP1400 及一批 AP1000 后续项目的建设管理任务。在国家核电技术公司的引领和主导下，通过引进、消化、吸收和再创新，公司走出一条“标准化设计、工厂化预制、模块化施工、专业化管理、自主化建设”的核电发展新路子。

通过 AP1000 自主化依托项目建设，公司建立了核电建设国际化、专业化、标准化的管理体系，锻造出一支优秀的核电项目管理队伍，构筑了一个先进的自主化管理信息平台，在工程设计咨询与设计管理、集约化采购与系统集成、工程建造、核电调试与调试管理、项目管理与控制五大核心业务能力建设方面取得了明显成效。

公司将坚持“规范化、标准化、程序化、专业化、国际化”的管理理念，与国内外行业伙伴精诚合作，在将自身打造成集项目控制、设计管理、施工管理、调试管理、设备采购等业务于一身的国际知名核电工程公司的同时，与合作单位一起共创中国乃至世界核电美好的明天。

上海申能燃料有限公司
SHANGHAI SHENERGY FUEL CO.,LTD.

上海申能燃料有限公司

上海申能燃料有限公司由申能股份有限公司、国电电力发展股份有限公司按 60% 和 40% 的比率共同投资，于 2008 年 6 月 19 日正式成立。公司电煤年度采购量超过 1000 万吨，为上海地区最大的电煤供应商。

公司以经营燃料为主，包括煤炭、重油的采购、中转及仓储，目前主要是为上海外高桥第二发电有限责任公司（2 台 90 万千瓦超临界发电机组）、上海外高桥第三发电有限责任公司（2 台 100 万千瓦超超临界发电机组）、上海吴泾第二发电有限责任公司（2 台 60 万千瓦亚临界发电机组），以及申能股份有限公司所属其他电力企业提供发电用的煤炭，并适时参与煤矿、港口和运输等领域的投资及管理。

公司作为连接煤炭资源和发电企业的重要环节，通过与广大煤炭企业建立广泛的联系，并加强与铁路、港口、海运、电厂等方面的协作，发挥集中采购的优势，达到保障发电企业燃料安全可靠供应，降低发电成本的目的。

公司将按照国资国企改革的精神要求，依托与社会各方良好的合作基础，以诚信、规范、高效的运作管理，为广大市场用户提供更加稳定、可靠、优质的服务，与各界伙伴共同开创合作共赢的美好未来！

公司地址：上海市杨浦区昆明路 518 号 A 座 16 楼
邮编：200082　　**电话：**021-65656765
传真：021-65656755　　**网址：**www.shsnrl.com

驻秦皇岛办事处
地址：秦皇岛市海港区河北大街西段金海湾森林逸城 A 区 95-1
联系电话：0335-3990802　　**传真：**0335-3990805

HDMI®

HIGH-DEFINITION MULTIMEDIA INTERFACE

HDMI 的背景

HDMI (High-Definition Multimedia Interface) 意思是高清多媒体接口，是现在电子业界领先的高清（HD）设备连接技术及标准。各种消费类电子产品如高清电视，个人电脑、相机、摄像机、平板电脑、蓝光播放器、游戏机、智能手机等，都能够发送或接收高清信号。

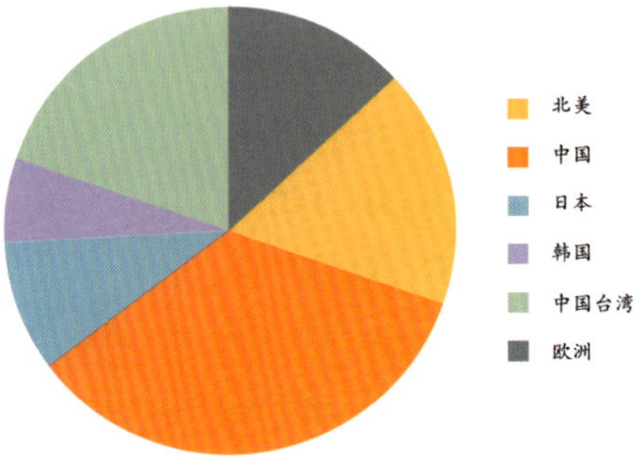

在2002年，7家领先的消费类电子产品制造商日立(Hitachi)、松下(Panasonic)、飞利浦(Philips)、索尼(Sony)、Technicolor公司，东芝(Toshiba)和矽映公司(Silicon Image)开发并推出一个新的多媒体介面——HDMI高清多媒体界面。此外，HDMI还支持主要电影制片商，包括福克斯(Fox)、环球(Universal)、华纳兄弟(Warner Bros)和迪斯尼(Disney)，以及系统运营商，如DirecTV公司、EchoStar的Dish网络和CableLabs。

HDMI协会于2002年成立，该协会代表以上7家投资公司提供相关授权，供有意采用该商标的企业及组织使用，以及授权HDMI技术规格，促进及宣传HDMI技术，提供教育及培训，支持HDMI采纳，保护HDMI技术及版权。

2014年，全球有超过1600家的消费类电子产品、电脑和移动设备制造商都是HDMI采纳者，并制造超过4亿台带有HDMI功能的产品。

HDMI 的注册商标

商标	标示	类别	国家工商行政管理总局商标注册编号
HDMI 图像商标（或™）	HDMI	09	10251085
		35	10251090
HDMI 文字商标（或™）	HDMI	09	10251088
		35	10251088

采用 HDMI 界面的产品

传输线
电子配件
转接盒、分配器、加强器……
高画质电视
桌面电脑、平板电脑、笔记型电脑
DVD 及蓝光播放器
机顶盒
游戏机
影音接收器、放大器
照像机及摄影机
行动影音装置
卫星信号接收器
投影机
显示器

在2014年，中国海关致力于保护HDMI 许可有限公司的权利，多次查获未经授权的HDMI产品，在此衷心感谢中国海关的支持及努力。

空气清新剂 | AIR FRESHENERS

蜡烛 | CANDLES

软管 | HOSE

雾化器 | CODE VAPE

木炭 | CHARCOAL

海关备案商标 | STARBUZZ

STARBUZZ

STARBUZZ® 自 2005 年成立以来，
凭借其卓越的品质和创新的理念，
使其产品及配件在全球的销量屡创新高，
赢得了日益上升的知名度，并建立了良好的市场形象。
目前，STARBUZZ® 产品分布于全球超过 60 个国家和地区，
并且一直致力于发明、创新，旨在使产品更加多元化。
经过不懈地努力，STARBUZZ® 开发了一系列的新产品，
如木炭、蜡烛、雾化器等。

关于 STARBUZZ 产品以及公司的更详细信息请点击 STARBUZZ 官方网站：http://shopstarbuzz.com

地址：北京市朝阳区朝外大街甲六号万通中心 B 座 7 层　电话：010-59073500　传真：010-59070368　网址：www.zhaohuagroup.com

北京中物振华贸易有限公司系北京兆华投资有限公司的全资子公司，是以经营道路石油沥青、改性沥青等石化产品为主的专业性贸易公司，具有对外贸易经营者资质和中国质量认证中心签发的 IS09001 质量认证证书，并荣获中国海关颁发的 AA 类企业管理证书。

北京中物振华贸易有限公司

北京中物振华贸易有限公司主营进口 70 号和 90 号（桶装、散装、集装箱装）道路石油沥青、改性沥青、乳化沥青及特种沥青。历经近 20 年的市场磨练，公司在实践中积累了丰富的市场运作经验，拥有一支具备采购、销售、物流及技术支持等专业化高素质的员工队伍，为客户提供多种优质的解决方案。

公司拥有天津和山西沥青库区，具有 6.2 万立方米库容，天津新港 2 座 5 万吨级码头，1 座 5000 吨级码头，2 条国铁专用线，5 套库区固定式改性沥青设备，2 套移动式改性设备，3 套乳化沥青生产线和 4 个沥青实验室。

公司在国内与中石油、中石化、中海油等炼厂开展合作，业务遍及中国大部分省份，同时还与 SK、Shell、ESSO、S-oil、GS 等炼厂保持紧密合作关系。中物振华已为华北、西北、华东、东北等地区建设高速公路提供了优质的道路石油沥青，每年销售道路石油沥青超过 30 万吨，名列行业前列。

公司不仅通过船运模式，还通过集团下属企业开展沥青集装箱物流，实现了沥青运输的公路、铁路、水路多式联运，为客户极大地提高了运输效率，降低了物流成本，自投放市场以来，得到了各方客户的高度认可。

公司拥有一支专业化、高水平的经营管理团队，以沥青集装箱物流为先导，利用多式联运和网络化管理的优势，为客户提供完善的沥青供应链整体解决方案。公司坚持“提升客户竞争力，以科技创新促进产业发展”的企业宗旨，秉承“正直经营、尊重员工、承担责任、追求卓越”的核心价值观，为客户提供优质服务。

多年来，中物振华以“二保、二优、一全”为宗旨，即保证质量、保证用量，发挥储运优势，全方位地为客户服务。在国际、国内市场多变的大环境中，中物振华始终保持着良好的企业信誉，受到广大客户的普遍赞誉和大力支持，为我国的公路发展建设作出了贡献。

高先电子
GOLDLAND

高先电子（深圳）有限公司位于深圳市坪山新区大工业区，成立于2003年6月，是一家集研发、生产、经营数字录放机、平板显示器、液晶电视机、可视电话、手机、个人电脑、闪光灯模组、大容量移动存储器等消费类数码电子产品于一体的外商独资企业，技术已达国际领先水平。

高先电子（深圳）有限公司

高先电子经过10余年的努力，先后获得深圳市高新技术企业、龙岗区十大出口企业、深圳市工业百强企业、深圳市劳动关系和谐企业、广东省工业100强企业、深圳海关客户协调员制度企业、全国优秀外商投资企业及海关AA类企业。同时，公司严格按照ISO9001、ISO14001、OHSAS18001标准与《限/禁用物质管制标准》执行，并取得质量、环境、职业健康安全、绿色产品管理体系认证。公司致力于持续改进及与相关方共同进步，力争成为同行业中管理先进、品质一流、回报国家和社会的优秀企业。

目前，公司在深圳大工业区厂房的生产线设施配套齐全，生产技术已达到国际先进水平，为公司产品占领全球市场提供了有力支持。其各类产品在同行业市场占有率均居前列。公司不但在国家高科技电子产业的发展中作出积极贡献,也为国内外市场日益增长的需要贡献了自己的力量。

公司建立了高科技人才管理团队，全面打造高素质的员工队伍。中高层管理人员占总人数的7%，中高级技术人才占总人数的40%，大专及以上学历的员工占员工总数的30%。

十年磨一剑。在改革开放及国家优惠政策的推动和鼓励下，高先电子秉承以用户需求为中心，凭借先进的生产设备及生产管理模式，优秀的研发销售团队，以及在电子制造业多年的经验积累，将为广东乃至全国的产业经济发展作出更大的贡献。

中国电子器件工业有限公司

China National Electronic Devices Corp.

总经理 陈丽华

中国电子器件工业有限公司（CNEDC）系中国电子器件工业总公司整体改制后的企业，注册资本194038000元。公司在北京、上海、广州、深圳、海南、成都、武汉、西安、沈阳及香港等地设有分支机构及控股公司。

中国电子器件工业有限公司与十多个国家和地区的国际知名厂商建立了广泛、友好的合作关系，是数十家国际知名品牌产品的中国总代理。公司代理销售的产品有计算机周边设备及消耗品、电子元器件、医疗设备、移动互联产品等。此外，中国电子器件工业有限公司还为客户提供解决方案、增值服务，以及售前、售中、售后各种技术支持。

中国电子器件工业有限公司拥有丰富的进出口经验，同时，获得了海关AA类进出口货物收发货人资格、进出口货物收发货人报关资格、自理报检单位资格、对外贸易经营者资格等，可以在全国范围内享受最大化的优惠便利措施，包括海关优先办理手续、减少查验率、实行担保验放、指派专人负责协调解决海关事务的疑难问题等一系列优惠措施，有利于简化通关手续，加快通关速度，降低通关本。公司将继续开拓创新，紧跟时代发展的步伐，以市场为先导，以客户为中心，促进公司在营销、服务等各个领域全面发展，为企业、员工和社会的共同进步作出贡献。

在此，衷心感谢曾给予中国电子器件工业有限公司支持和帮助的国内外厂商及各界人士，以及公司的合作伙伴，并竭诚期望与大家加深了解、促进合作、共同发展。

佛山市国星半导体技术有限公司

佛山市国星半导体技术有限公司为佛山市国星光电股份有限公司（002449）的控股子公司，于2011年3月成立，注册资本6亿元人民币，位于佛山市南海区罗村朗沙广东新光源产业基地内光明大道18号，占地面积32000平方米，生产厂房及配套用房面积60000平方米。公司专注于高品质LED外延材料和芯片的研发、生产和销售，目前已引进20条MOCVD生产线及相应的芯片生产设备，形成年产外延片96万片、芯片63.36亿粒的生产能力 。

公司在引进国外先进设备的基础上，致力于利用和消化吸收，在具有丰富产业化开发、生产及管理经验的技术管理团队的带领下，吸收和利用国外先进技术，大力进行自主研发和创新工作，获得多项专利证书，同时也受到国家发展改革委、广东省对外经济贸易合作厅等政府的支持与莅临指导。

中国纺织机械和技术进出口有限公司

中国纺织机械和技术进出口有限公司（CTMTC）创建于1984年，是中国纺织机械领域最大的专业进出口企业。公司原直属于国家纺织工业部，1998年以核心企业身份进入中国恒天集团有限公司。2004年，公司吸收中国最大的纺织机械制造企业经纬纺织机械股份有限公司参股并建立全面战略合作。

CTMTC的主营业务涵盖纺织机械进出口、纺织品贸易、工程承包、对外投资合作等多个领域。公司一直秉承“诚信为本，客户至上”的服务宗旨，严格执行ISO9001质量方针，连续多年被机电商会评为成套工程领域AAA级信用企业。在平等互利的基础上，公司已与世界五十多个国家及地区建立了广泛的贸易合作关系，不仅帮助国内企业引进了大量先进技术，也向海外出口棉纺成套项目近百个，在国内外纺织业界建立了良好的声誉，大大推动了中国纺织工业的发展。

在全球经济一体化、更具机遇和挑战的21世纪，CTMTC将以广阔的营销网络、精益求精的技术服务，为市场提供科学高效的纺织工程系统解决方案。

业务概况：

纺织机械进出口：主要经营成套棉纺设备、织前准备及织造设备、染整设备、化纤设备、非织造设备和其他纺机相关器材及配件等的进出口业务，多年出口全国领先，其中成套棉纺设备最具优势。利用公司多个海外办事处与服务中心优势，提供优质、便捷的售后服务。

纺织品贸易：主要经营大宗原料进口和纺织品服装出口业务。其中，以棉纱、棉坯布、棉短绒为核心的“棉系列产品”进口量在中国名列前茅。高档内衣、面料、高粘度棉浆粕、高强高模PVA纤维等纺织品及原料出口是公司的拳头产品。

工程承包：承包国内外大型成套工程项目，主要包括纺织工程、水务工程、发电工程等；工程涵盖咨询、勘探、设计、土建、设备提供与安装、生产试运转等全生命周期。

对外投资合作：开展对外经济技术合作和海外投资业务；承担纺织、农业等领域国家援外项目，包括援外物资供应项目；拓展资源性产品的国际渠道。

联系方式：

地址：北京建国路99号中服大厦18层
邮编：100020　　电话：010-65838200
传真：010-65838288　　网址：www.ctmtc.com.cn

总裁 李兴植

中国教学仪器设备有限公司简介

中国教学仪器设备有限公司经国务院批准创建于 1978 年，是国内专营教学科研仪器设备最大的综合性企业，是中国教育出版传媒集团五家成员单位之一。公司是世界教具联合会常务理事单位，是中国国际贸易促进会的正式成员，是中国高等教育学会、中国职业技术教育学会和中国教学仪器设备行业协会的常务理事和副会长单位。

公司拥有国家发展改革委、财政部、商务部、环保局和北京市颁发的中央投资项目招标资质、国际招标资质、政府采购招标代理甲级资质、放射性材料进口资质、医疗器械经营等多种业务资质，是教育系统唯一具备国际、国内招标资质的企业。

36 年来，公司以经营教学科研仪器设备为主体，以联合开发研制教学设备和软件为基础，为众多国家重点项目、国内重点大学、国家级重点实验室及全国各级各类院校提供了上百亿元的教学、科研仪器设备，为我国教育事业的发展作出应有贡献。

公司坚持以优质的产品、优惠的价格和优良的服务，与全国数以万计的各级各类学校建立了良好的合作关系，赢得了广大用户的信任与赞誉。

把国产优质教学仪器设备推向国际市场是公司坚持不懈的目标。通过贸易合作、直接参与境外招标等渠道，公司已将国产优质教学仪器销往亚、欧、美、澳和非洲等地区的数十个国家，实践着“中国教仪，走向世界”。

公司源于教育、服务教育，在为教育服务的同时不断发展壮大。公司坚持科学管理，以人为本，求实创新；以现代企业的管理理念，建立严格、规范的业务管理流程，实施 ISO9001 质量管理体系，使企业焕发出更强的活力。“为教育提供更好的服务”是公司奉行的一贯宗旨。

中国教学仪器设备有限公司及其他 26 家教学仪器生产企业联合发起倡导组建“中国教学仪器企业出口联盟”

2014 年 7 月公司组织参加“非洲教育周”展会并举办“中国日”活动

新疆乾通国际货运有限责任公司

一、公司简介

新疆乾通国际货运有限责任公司成立于 2003 年 12 月，总部在新亚欧大陆桥西桥头堡——阿拉山口，下设乌鲁木齐分公司、霍尔果斯分公司和驻哈萨克斯坦办事处，现有员工 70 人。公司主要经营：铁路、公路进出口货物的国际运输代理和通关业务，包括揽货，仓储，中转，集装箱拼装拆箱，结算关税、运费、杂费，报关，报检，保险，公路、铁路国际联运，货运咨询及国外全程代理。

公司成立以来，每年代理量不断增加。2011 年全年进出口代理 78000 车，约 300 万吨；代理中哈石油管道进口原油 1100 万吨，中亚管道天然气 138 亿立方，是新疆较大的货代企业 。

长期以来，公司坚持秉承“温馨 诚信 优质 博发”的企业精神，不断提高服务水平，公司建立了一整套完备的工作制度，员工分工明细严谨、财务管理严格规范、资金运转安全、部门协调统一、工作高效迅捷。公司先后被评为“中国百优报关企业”、“新疆国际货运代理十佳企业”和乌鲁木齐关区 AA 类报关企业。

二、霍尔果斯分公司

霍尔果斯分公司主要承办的中亚管道天然气的报关报检、公路出口运输业务。目前，中央已经批准霍尔果斯口岸为特殊经济开发区，中哈铁路也已对接，公司每月进出口接车量分别在 2000 车左右。霍尔果斯口岸未来势必成为中国面向中亚和欧洲的第二大陆桥的又一通道桥和自由贸易区。

三、公司的优势

1. 铁路换装业务

公司可为液体产品（原油、重油、燃料油、液化石油气及 20 项化学品等）进行换装及储存。

2. 特种货物的运输

对特种货物（如超限货物、危险品、油品）的运输具有丰富的经验，选择的合作伙伴都是实力型、专业化的货运公司，通过点多面广的物流网络无论是采用何种运输方式（公路运输、铁路运输）都能及时、高效、安全地将货物送达指定的地点。

3. 公路各类货物的运输

承办公路各类货物的进、出口报关、报检、出境业务，包括超重超限货物、自驾车、危险品等。

4. 公司团队

公司有近 20 名报关员和 15 名报检员，具有娴熟的通关业务技能，技术精湛，关系融合，工作迅捷，服务优良。

地址：新疆博州阿拉山口博新小区 2 号楼 3 单元　833418
电话：0909-6995390
网址：www.qtbgh.com

SINOMACH

中国福马机械集团有限公司
CFMC CHINA FOMA (GROUP) CO.,LTD

合力超越 专精致优

连续压机

砂锯线

中国福马机械集团有限公司成立于1979年，由原国家林业部机械局及部分所属企业组建而成。1996年成为全国现代企业制度试点企业，2003年被纳入国务院国有资产监督管理委员会直接监管企业范围，2007年重组并入中国机械工业集团有限公司。中国福马是中国专用设备研发、制造、销售的大型企业，是中国林业机械协会的会长单位，现有二级子公司12家，其中包括上市公司林海股份有限公司。

中国福马以林业装备、动力装备、工程与贸易为主业，业务领域涉及汽油机及配套机械、柴油机及配套机械、新能源动力及配套机械、人造板机械、造纸机械、森林种植采伐机械、机电产品贸易工程总承包等七大板块。

作为中国最大的国有林业机械制造企业和木材综合加工设备集成（制造）商，中国福马研制的中高密度纤维板、刨花板、水泥刨花板、石膏刨花板成套设备，人造板二次加工成套设备，木地板加工设备等，在原料制备、刨花制备、纤维制备、铺装、热压、砂光锯切等关键工段、关键设备都具有独到的技术特色和优势，处于国内行业领先水平，在市场中享有较高声誉。

中国福马也是国内重要的动力机械制造企业，是全国最大的摩托车发动机定点生产企业之一。其生产的通用汽柴油机、小型发电机组、摩托车发动机及摩托车、助力车、特种车辆等在国内外用户中树立了良好的形象；其生产的草坪修剪机、割灌机、风力灭火机、油锯等营林采伐和园林机械及带锯条、圆锯片、锯链、导板、各种木工成型铣刀等林木工具和刃具的技术性能及质量均处于行业领先水平。

在新能源领域，中国福马积累了丰富的建设利用太阳能和生物质发电工程项目的经验，在利用光伏发电的同时，与沙地治理相结合，可有效地兼顾生态效益和经济效益。

中国福马以产品出口、工程总承包等业务方式，成功进入欧洲、南美洲、非洲、东南亚等地区市场，使中国福马成为国内外客户放心的合作伙伴。

中国福马高度重视培育健康向上的企业文化，以文化的力量凝聚福马员工的智慧。“人本、价值、责任”的核心价值观，“和谐、奋进、创新、自强”的企业精神，“合力超越、专精致优”的经营方针已经深入人心，集团公司及各骨干企业分别荣获全国“五一”劳动奖章，被授予全国用户满意企业、全国质量效益型企业、全国模范职工之家、中央企业先进集体、国机集团先进单位等荣誉称号。

拖拉机

全地形车

光伏电站

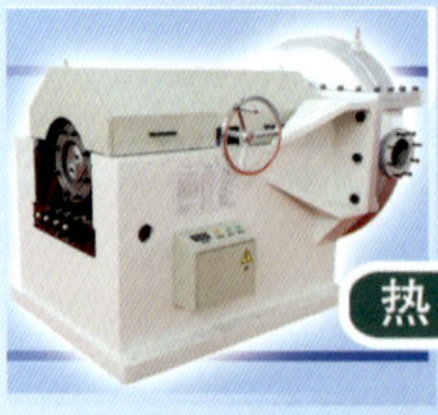
热磨机

地址：北京市朝阳区安苑路20号世纪兴源大厦　邮政编码：100029
电话：010-84898622　84898187　传真：010-84898421　网址：www.chinafoma.com

威讯联合半导体（北京）有限公司

威讯联合半导体（北京）有限公司（以下简称威讯北京）位于北京经济技术开发区同济中路 17 号，邮编为 100176，网址为 www.rfmd.com，是由美国 RF Micro DeVices Co.Ltd（简称 RFMD）公司于 2001 年在中国北京投资兴建的独资公司。美国 RFMD 公司成立于 1991 年，创建人是 William J .Pratt、 Powell T .Seymour 和 Jerry D .Neal，总部设在美国北卡罗来纳州的格林斯堡，1997 年在纳斯达克成功上市，股票代码为 RFMD，全球员工超过 4000 人。威讯北京注册资本 3800 万美元，投资总额 11400 万美元，现有员工总数约 2000 人。

公司主要为手机厂商生产零备件，是功率放大器产品的主要供货商。在 RFMD 集团内，威讯北京已成为最大的封装测试生产基地，并获得 2006、2007、2010 年度中国封装测试业年度十大企业，2010 年中国对外贸易 500 强（187 位）等称号。

威讯北京拥有倒装封装技术（包括关键电镀工艺技术），电镀工艺的目的是在封装产品的外表面镀一层金属物，金属层可以显著提高 RF 产品的性能以支持客户的应用与开发。公司拥有自有知识产权的测试设备及相应的编带包装生产技术，使公司在封装测试技术上处于领先地位。主要的业务范围有两大类：为通讯应用提供设计、生产元器件，产品涉及手机、有线电视等领域；生产支持 GSM、GPRS 、TDCDMA、CDMA、 WCDMA、 WLAN、蓝牙及 GPS 等一系列无线射频集成电路产品。

威讯北京主要客户基本涵盖全球主要手机制造商及其他无线射频需求者，中国的华为、中兴等公司也是威讯公司的重要客户。

SUZUKI Way of Life!

铃木（中国）投资有限公司

铃木（中国）投资有限公司是2004年10月由铃木株式会社全额出资，在中国设立的外国投资公司，代表铃木公司在中国汽车产业领域进行投资，向中国国内的铃木各相关企业提供广泛的业务支持，作为铃木株式会社生产的铃木品牌（SUZUKI）汽车的总经销商，进口并在中国国内销售铃木品牌的汽车，开拓铃木产品的市场，构筑售后服务网络等活动，推动铃木在中国市场的发展。

铃木的目标是确保安全性和可靠性，在简单实用的同时不忘带给人梦想的空间及感动的惊喜。铃木良好的行驶性和舒适的室内空间，让驾乘倍感欢欣，心情舒畅。为了让大家能全方位享受更积极的车生活，铃木始终坚持 Way of Life 的全球理念，为大家带来“驾驶的快感”、“使用的愉悦”和“拥有的自豪”。

Continental

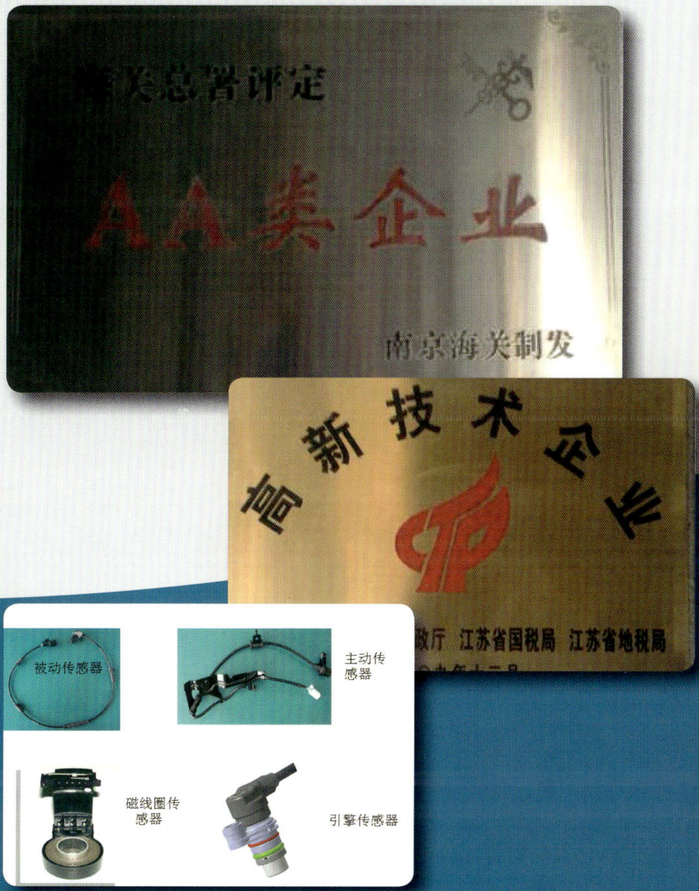

总经理 格伦 · 埃弗雷特（Mr.Glenn Everett）

大陆汽车电子（连云港）有限公司

大陆汽车电子（连云港）有限公司是由世界 500 强之一的德国大陆公司与日本日清纺工业集团于 2004 年共同并购的合资企业，实力雄厚。公司是专门生产 ABS 传感器，主要产品有防滑制动系统传感器、电源装置、其他车用传感器及汽车用主 / 被动式安全系统产，并从事自产产品及相关产品的进出口及批发业务。

公司于 2005 年 3 月 17 日被海关总署批准为加工贸易联网企业，是连云港市的第一家海关联网监管企业。并于 2009 年取得高新技术企业荣誉证书。2012 年，在连云港海关的大力支持下，公司取得海关总署颁发的 AA 类企业管理证书。

因总公司长远发展战略需要及国际市场行情的变化，公司于 2010 年在长春成立分公司 . 公司在 2013 年共计进口约 3779 万美元，出口约 4185 万美元。产品销往全球各地，包括德国、美国、日本、韩国、印度、巴西、马来西亚、菲律宾、泰国等。目前公司投资总额为 3962 万美元。

ABS 传感器的主要作用是使我们的驾驶变得更安全舒适，装有 ABS 传感器的机动车和没有 ABS 传感器的机动车会给我们带来截然不同的后果，因为汽车在遇到紧急情况突然制动时，如果车轮抱死滑移，车轮与路面间的侧向附着力将完全消失。如果只是前轮（转向轮）制动到抱死滑移而后轮还在滚动，汽车将失去转向能力。如果只是后轮制动到抱死滑移而前轮还在滚动，汽车将产生侧滑（甩尾）现象。因此，汽车在制动时不希望车轮制动到抱死滑移，而是希望车轮制动到边滚边滑的状态。只有装了 ABS 传感器的汽车车轮才会充分发挥轮胎与路面间的这种潜在的附着能力，保持汽车行驶途中的安全。

SYNUTRA INTERNATIONAL LNC.
专业·关爱·可信赖
圣元
Synutra
圣元营养

Canon
Delighting You Always

感动常在 佳能

主要知识产权海关保护备案号

Canon

T2012-25961（Canon 第 9 类 商标注册证号 第 1991350 号）
T2013-29607（Canon 第 2 类 商标注册证号 第 3069834 号）

佳能株式会社是“Canon”商标的所有人，非常关注自己的知识产权，积极与全国各地海关开展密切的交流与合作，并于 2003 年对重点商标进行海关知识产权备案。在中国各级海关的大力支持下，截至 2014 年 10 月，佳能共成功查扣侵犯注册商标专用权的案件 124 宗，涉及的产品主要包括墨盒、硒鼓、碳粉、电池及其他假冒配件等。

佳能（中国）有限公司于 1997 年 3 月成立，全面负责佳能在中国市场销售的各项工作。经过多年努力，目前业务已经覆盖影像系统产品、办公产品及产业机械产品三大领域。2008 年 11 月，佳能（中国）有限公司获得海关 AA 类企业资格认证，并连续 7 年保持该高信誉企业等级。

主要被侵害产品

墨盒（Ink Cartridge）

目前该类产品为**全进口**，即在中国大陆地区并无生产。

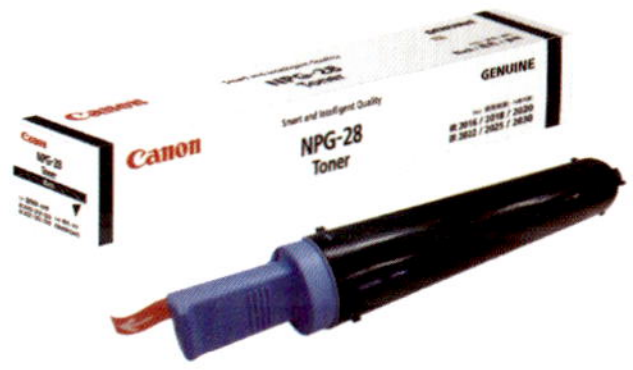

碳粉（Toner）

目前该类产品为**全进口**，即在中国大陆地区并无生产。

电池（Battery）

目前部分该类产品在中国大陆地区有授权委托生产厂家。

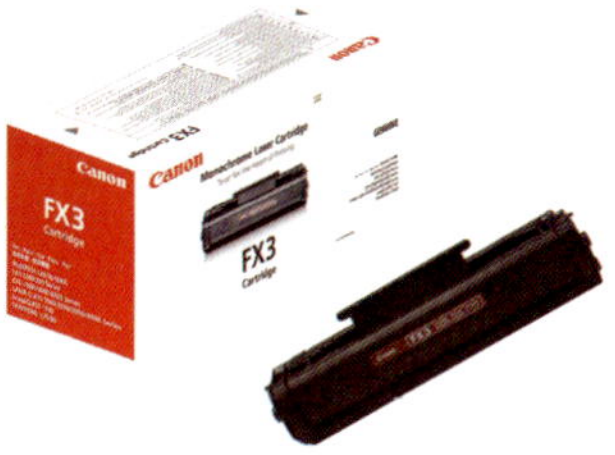

硒鼓（Toner Cartridge）

目前该类产品在中国大陆地区仅在**大连**有生产厂家。

权利人：佳能株式会社

通讯地址：佳能（中国）有限公司　北京市东城区金宝街 89 号金宝大厦 2 层　知识产权法务部
电话：010-85139999　传真：010-85139915　邮编：100005

代理人：北京新诤信知识产权服务有限公司

联系人：李国荣　通讯地址：北京市朝阳区北辰东路 8 号北京国际会议中心东配楼一层 101
电话：010-84989898-823　传真：010-64991919　邮编：100101

BURBERRY

博柏利有限公司

Burberry 公司诞生于 1856 年，总部设于伦敦，是一个享誉全球和具有独特品牌价值的国际化奢侈品牌。其显著的英伦特色受到多年龄层次和不同性别的消费群体的广泛追捧。目前公司的全球业务快速增长，中国的零售业务更是突飞猛进， 截至目前全国的直营店已达到 75 家，拥有员工超过 1300 名。凭借各方面优异的表现，Burberry 已进入 Branz 全球优质品牌前 100 名。

1856 年，创办人 Thomas Burberry 在英国开设了一家成衣店， 1879 年他研发出一种组织结实、防水透气的斜纹布料 Gabardine（华达呢），1901 年 Burberry 用这种布料设计的第一款风衣作为高级军服受到了军官的普遍欢迎，随后风靡世界直至今日。

Burberry 一直深受皇室爱戴，更分别于 1955 年及 1989 年两次成为“皇室御用品牌”。今天 Burberry 经典的格子图案、独特的布料功能和大方优雅的剪裁，已经成为英伦气派的代名词。现在的设计团队在拥抱前人的理念之余，透过独有的设计思考，为品牌注入新元素，建立时尚新形象，让传统英国的尊贵个性与生活品味继续延伸其中，获得崭新的生命，成为一种生活品质的象征。

Burberry 非常重视其知识产权的保护，中国公司成立不久便积极地在中国海关总署系统内进行了备案，通过海关的积极努力， Burberry 海关知识产权边境保护取得了初步的成效， 迄今为止总共有 31 个海关口岸成功查获了假冒侵权的 Burberry 产品，极大地维护了 Burberry 公司的权利。 Burberry 公司积极地配合各级海关的知识产权保护工作，对中国海关的支持表示诚挚的谢意。

Burberry 在中国海关备案的主要商标

BURBERRY

Burberry 商标使用的主要商品范围

服装、鞋帽、围巾、配饰、皮革制品、皮包、皮箱、皮夹、化妆品、手表、珠宝、眼镜等

Burberry 的部分产品

Burberry 品牌保护部：陈桢 郑成勇 电话 :021-61718635 021-61718621 传真 :021-61718611 地址：上海市南京西路 1717 号会德丰国际广场 33 楼 邮编：200040

主要备案商标

CHANEL

N°5

COCO

CHANEL

香奈儿股份有限公司 简介

“我要成为未来的一部分”，香奈儿女士曾如是说。这种雄心壮志与远见卓识的结合，造就了 CHANEL 这个独一无二的品牌。从 20 世纪初创立伊始，香奈儿品牌超越了当代的设计语言，在时尚、香水与美容产品、腕表与高级珠宝各个层面，不断发展传承，直至今日。

最初，香奈儿以一家小小的女帽店起家，然后迅速地建立起自己的时尚事业。她所提倡的是一种前所未有的“生活方式”，既赋予女性行动的自由，又不失温柔优雅。在她的设计下，时尚进化为现代，年轻、简洁、实用与理性，斜纹软呢外套、2. 55 包、山茶花、双色鞋……香奈儿写下一个又一个传奇。

香奈儿的创作跨越了传统概念的“时尚”，她曾说：“我要一款设计过的香水。”在这个概念的引领下，嘉柏丽尔・香奈尔与俄罗斯宫廷调香师恩尼斯・鲍合作推出了第一款抽象香调的香水集合了 80 多种香氛——这，就是传奇的 N°5 香水。香奈儿女士更以她自由、自主的生活方式，为独立的现代女性设计了实用有效的美容护肤品。

香奈儿以丰富的创意，不断拓展全新领域。1932 年，“Bijoux de Diamants”钻石珠宝的设计，为未来的香奈儿腕表和高级珠宝开启了无限灵感泉源。2000 年，香奈儿腕表将高科技精密陶瓷与香奈儿永恒优雅的气质巧妙地融为一体，推出了第一款黑色的 J12，接着又在 2003 年发布了 J12 白色腕表。自此，J12 腕表成为引领新世代制表的现代经典。

今天，香奈儿以强大的管理及创作团队为后盾，已形成三个独立却相辅相成的业务领域：时装及配饰、香水与美容护肤品、腕表及高级珠宝，传承嘉柏丽尔・香奈儿优雅的现代精神，在各个领域不断续写新的美丽篇章。

旗下主要产品

服装、手袋、各式小皮具、配饰、
鞋帽、围巾、太阳眼镜、光学眼镜、
香水、彩妆及护肤品、腕表、高级珠宝。

浙江导司律师事务所 地址：浙江省宁波市和义路 168 号万豪中心 12 楼
联系人：孔勤律师 电话：0574-87305858 传真：0574-87311996

深圳市盟凯实业发展有限公司

SHENZHEN UNION INDUSTRY DEVELOPMENT CO.,LTD.

深圳市盟凯实业发展有限公司于1998年1月经深圳市工商局登记注册成立，注册资金为2000万元人民币。公司经营范围：经营进出口业务，在合法取得土地使用权范围内从事房地产开发经营，投资兴办实体，国内商业，物资供销业（不含专营、专控、专卖商品）等。

经过多年的发展，公司经营的项目主要有三大类：冻鸡冻肉产品、龙虾鲜活产品、仪器仪表及设备零件。

1. 冻鸡冻肉产品：公司主营产品。公司是深圳市20多家具有经贸部授予冻鸡进口经营权之一的公司，已有多年的冻鸡进口贸易经验及销售渠道，产品主要从南美、美国进口，经深圳海关清关检验后销往珠江三角洲地区。

2. 龙虾鲜活产品：主要产地为美国、加拿大等地，经香港进入深圳，然后销往国内。

3. 仪器仪表及设备零件：主要经营产品为工业流量计、压力变送器、音叉开关、DCS卡件及场景控制系统、工业过程控制系统等。主要供应给巴陵石化、中石化北京化工研究院等。

公司具有13年冻品经营经验，拥有广阔的国内市场和稳定的供销渠道，是深圳进口冷冻食品经营者协会理事会员，并积极介入行业整顿，及时了解行业动态，其经营产品与策略是与国家宏观经济政策导向相吻合的。随着国家宏观经济政策由外向型经济向内向型经济转变，服务业、餐饮业发展蓬勃，公司经营的产品大多流向以上行业，产品的市场是广阔的，提升的潜力是巨大的。

公司在多年的国际国内贸易中积累了丰富的经验和资源，并与国内外众多客户建立了长期的合作伙伴关系。公司在财务管理、营销、采购、项目开发等多方面已形成了一套完整的制度化管理体系。盟凯实业将以高速发展的宏伟战略方向为目标，以信息为导向，以市场为依托，以诚信为本，发扬团队精神，增强企业活力和市场竞争力，把握机遇，更上一层楼。

地址：深圳市福田区中心区东南部时代财富大厦20B
电话：0755-82934226
传真：0755-82934130
E-MAIL：szmengkai@163.com

NOVARTIS

诺华集团

诺华集团是全球领先的医药健康企业，总部位于瑞士巴塞尔，业务遍及全球 140 多个国家和地区，拥有 128000 位全职员。2012 年，全球超过 12 亿患者受益于诺华集团的产品。

诺华制药（中国）成立于 1987 年，是北京市建立最早、规模最大的外资医药企业。2005 ~ 2013 年，诺华制药运营昌平工厂在原有基础上逐步完成了两期工厂扩建工程，实现厂房总占地面积约 28000 平方米，拥有员工约 350 人，是中国单位面积生产效率最高的制药生产厂之一。现阶段诺华制药运营昌平工厂生产的产品用于治疗心血管、抗感染、内分泌等多个疾病领域，本地化生产的产品让中国患者也能及时、便利地使用国际高品质药品。27 年来，诺华一直用多元化的医药保健组合，满足中国人民不断变化的医疗需求，践行对中国人民的健康承诺。

诺华制药在中国快速成长，从一家仅拥有制药业务的企业，目前已经成长为涵盖创新专利药、眼科保健、非专利药、消费者保健及疫苗和诊断的多元化医药健康行业领军者。

运营副总裁、昌平工厂厂长

中原公司

专业服务　助力科技

北京中原公司

北京中原公司是政府认定的生命科学产品公共服务平台，为国内广大用户提供生物试剂、耗材、科研分析仪器及设备采购服务。2013 年，公司与北京亦庄生物医药园和中关村国际生物试剂物流中心结为战略合作伙伴，共同为全国生物制药用户提供中试工艺放大、工艺开发、优化服务。

公司是多家国际权威机构（如 WHO、ATCC 等）及著名国际生物技术公司在中国地区的指定供应商，产品包括病毒株、细胞株、标准品、耗材、生化、免疫及细胞培养试剂、仪器、设备等，广泛应用于生命科学基础研究、生物制药、疾病诊断与控制、检验检疫、食品卫生等诸多领域。平台客户涉及大专院校、研究机构、医院、卫生防疫、商品检验检疫、生物制药公司、食品企业等。

公司于 2000 年成立后，建立并完善了质量管理体系，已通过 ISO9001:2008 质量体系认证。多年来，公司在进出口方面严格遵守国家法律法规，一直保持着优良的海关记录，被海关总署评为 AA 类进出口企业，享有在全国海关免检放行的优良资质。因良好的纳税记录，公司被北京市评为纳税信用 A 级企业。公司为中国生物工程学会理事单位，是北京出入境检验检疫协会常务理事单位。因公司在生物领域特殊的领先地位，负责承担 WHO 全球流感毒株在中国地区的供应，政府唯一指定中原公司建立了 WHO、ATCC 标准品监管的特殊审批绿色通道，为中国生物领域用户提供符合国际标准的服务。

自成立以来，公司连续多年保持高速增长，企业规模不断扩大，拥有多元化高素质专业团队。除北京总部外，公司在天津、上海、广州、香港均设有办事处。2011 年，公司销售收入突破 8 亿元人民币，是中国生物领域集产品供应、生物专业进出口物流、生物技术服务于一体的最大的供应商。

公司本着“推动生命科学事业，服务于全人类健康”的既定使命，坚定不移地向“成为中国最大的生命科学领域服务平台”的目标迈进，以社会发展、人类健康为己任，坚持不懈地为客户提供更丰富的产品和更优质便捷的服务，为中国生命科学事业的发展而努力。

LANDSAIL 路航轮胎　SENTURY 森麒麟轮胎

青岛森麒麟轮胎有限公司

青岛森麒麟轮胎有限公司于 2009 年 5 月投产，占地面积 1439 亩，主要生产高性能半钢子午线轮胎和航空轮胎。公司项目建设整体规划分三期：一期规划自 2009 年至 2014 年，已建设并达到半钢子午胎 1500 万条轮胎产能；二期规划自 2014 年至 2017 年，扩建半钢子午胎 1800 万条，达到年产半钢子午胎 3300 万条的生产能力；三期规划自 2017 年至 2021 年，再扩建半钢子午胎 1700 万条，最终形成年产半钢子午胎 5000 万条的生产能力，2015 年建设并形成航空胎 1 万条的生产能力。公司新建泰国工厂，位于泰国罗勇府自治省立盛橡胶工业园内，占地 320 亩，年产高性能半钢子午线轮胎 1000 万条。

公司树立了“创世界一流轮胎品牌”的企业目标，围绕“诚信、创新、共赢、勤奋、和谐”的核心理念，坚持“以创新为动力，以人才为根本，以卓越的产品和优质服务，实现可持续发展”的企业发展观，以先进的企业文化指导公司各项管理，贯彻“承载期望，严抓细管，持之以恒，追求卓越”的质量方针。公司引进欧洲顶尖的轮胎技术，坚持高品质高端产品路线和绿色环保的产品研发理念，先后通过了 ISO9001、ISO/TS16949、ISO14001 和 OHSAS18001 等体系认证，有效地覆盖从产品开发、原材料供应、生产过程控制、物流管理、售后服务、环境保护、员工健康安全等各个环节，并先后获得欧盟 E-mark、中国 CCC、美国 DOT、欧盟 R117、巴西 INMETRO、海湾国家 GCC、尼日利亚 SONCAP、乌拉圭 LATU 等多项产品认证。

公司以路航（LANDSAIL）、德林特（DELINTE）和森麒麟（SENTURY）为主要品牌，产品包括高性能轿车胎、越野车胎、轻卡胎、出租车专用胎和雪地胎等，共计 13 个系列 700 多个规格。已获得国家级发明专利 5 项、实用新型专利 2 项、外观专利 19 项及欧盟外观专利 13 项。公司在超高性能轮胎产品的研发和生产方面处于国际先进水平，315/20ZR30、275/25ZR30 和 305/25ZR32 等多个规格超高性能轮胎先后成功下线，成为中国第一家生产 20 系列轮胎企业，并成为全球第一家具备批量生产和稳定销售 32 英寸超高性能轮胎能力的企业。公司自主研发超静音绿色环保轮胎，

成为中国唯一达到欧盟标签法滚动阻力及湿滑指标 A/A 级标准的企业，噪声测试水平达到 68dB，超过欧洲 2018 年标准。公司研发的缺气保用轮胎，采用了独特的配方和结构设计，解决了传统的缺气保用轮胎舒适性差的难题，很好地兼顾了轮胎在高速行驶下的良好舒适性，处于中国同行业领先水平。

2012 年 1 月，公司研发的波音 737-800 主轮胎通过了美国联邦航空局技术标准 TSOC62e-2006《航空轮胎》规定的动态模拟试验及其他相关试验项目。2013 年 4 月 30 日通过了中国民航局《技术标准规定项目批准书（CTSOA）》（适航证书）规定的全部试验项目，成为世界上屈指可数掌握高端航空轮胎核心技术的轮胎企业，也是中国第一家掌握该技术的民营企业。受中国民航局华东管理局委托，该公司负责起草的中国民用航空技术标准规定 CTSO-C62e《航空轮胎》（2014 版）于 2014 年 5 月 19 日获中国民用航空局正式批准并发布实施。2014 年 6 月 6 日，中国民航华东地区管理局向青岛森麒麟轮胎有限公司正式颁发航空轮胎“技术标准规定项目批准书”（CTSOA），标志着公司成为国内第一家取得航空轮胎适航证的民营企业。

公司积极开拓国内外市场，以与客户建立长期、稳定、双赢的战略合作伙伴关系为核心，实施多品牌市场战略，现已建立遍布中国、北美、中南美、欧洲、非洲、大洋洲和亚洲等 150 多个国家和地区的全球销售网络，并已成为江淮汽车、华晨汽车、华泰汽车、众泰汽车、华晨鑫源汽车的主流供应商。

森麒麟将不断培育以技术、质量、品牌、服务为核心竞争力的新优势，坚持走以技术创新带动产业发展之路，坚持“创世界一流轮胎品牌”的企业目标，坚持走可持续发展的道路。

上海申达
进出口有限公司公司简介

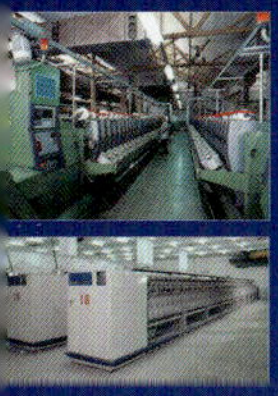

上海申达进出口有限公司是上海申达股份有限公司的全资子公司，成立于 1986 年，注册资本 5500 万元人民币。截至 2013 年，上海申达进出口有限公司资产总额 6.29 亿元人民币；净资产总额达 2.34 亿元人民币；进出口总额达 4.76 亿美元，其中出口 3.86 亿美元；销售收入 30.79 亿元人民币。

上海申达进出口有限公司经过 20 余年的发展，已与世界上 69 个国家和地区、250 多个客户建立了长期稳定的业务关系；已成功地从一个传统的纺织出口企业，发展成为一个在国内已具有一定知名度的集成品牌服务商；能为客户提供从流行趋势研究、设计、打样、生产组织、质量控制到报关、出运、资金统筹的一站式服务。上海申达进出口有限公司主要的经营品种为纺织面料、针梭织服装及部分机电和电子产品。多次被评为上海市优秀自营进出口企业，荣获“上海大虹桥服装服饰出口创新基地”、“浦东新区企业研发机构”称号，2011 年被商务部授予“国家外贸转型升级专业性示范基地”称号，2000 年起通过中国质量认证中心上海评审中心的 ISO9001 质量体系认证，2013 年被中国海关授予 AA 类管理企业。公司的规模和业绩在全国纺织品服装出口企业名列前茅。

上海申达进出口有限公司在工作中坚持推进“五个并重”，即内外销并重、进口与出口并重、纺织与非纺织并重、实物贸易与服务贸易并重、自营与代理并重；坚持推进“三个多元化”，即产品结构多元化、贸易方式多元化、市场多元化，积极稳健的促进业务增长。同时注重各项风险管理制度的完善和加强人材队伍的建设。力求公司在规模效应、经营业绩、管理工作方面创造新的突破。

CTPS 东莞中编印务有限公司

东莞中编印务有限公司是由东莞市大朗中编印刷厂转型而成的独资企业。原大朗中编印刷厂是香港中编印务有限公司于 1996 年冬在东莞设立的来料加工工厂，专业印制欧美各国的外文图书，产品百分百出口，客户为世界著名的国际性图书出版集团。初建时，工厂面积仅 2000 余平方米。由于营运顺利，业务高速发展，原有厂房远远不能满足生产要求，遂于 1998 年冬开始，先后共置地 50000 平方米，分期兴建面积达 40000 余平方米的生产厂房、物料仓库和员工宿舍。员工人数由初时的 30 人增至现在的 800 余人。

中编印刷拥有一个完整的制本生产体系，从欧美进口多种最新型的、配套齐全的生产设备，其中包括大型电脑直接制版系统、计算机化色彩质量控制系统、中央供墨系统、大型八色双面印刷机、精装书与平装书装订作业生产线等当今最先进的、高精度和高效能的制版、印刷与装订制本设备。中编装置的八色双面印刷机，数量之多，区内罕见。2011 年 4 月，中编数码印务部引进了一套在亚洲首次面世，由美国惠普和瑞士马天尼两大集团携手合作制成的全自动卷筒纸数码印刷装订制本联动生产系统，以及其他先进的数码彩印设备，标志着中编正沿着发展数码印刷和环保绿色印刷的道路大步向前迈进。

中编在努力发展图书印刷业务的同时，也积极发展自己的企业文化，并通过出版内部月报、特刊，举行专业培训、级别考评、外访参观学习、专家来厂现场讲课授业，以及赞助印刷专业院校学生学习等途径，提高中编员工的整体素质和专业技术水平。中编屡获国外印刷专业鉴证团体和外国出版机构赞誉，并被我国政府有关部门评为国家印刷示范企业、国家文化出口重点企业、全国诚信印刷企业、印刷百强企业等。

中编确信，中国的强盛国势，必将为中国的各行各业带来无尽商机，而多年来享誉于各大跨国出版界的香港中编印务集团有限公司，必将继续稳步迈进，东莞中编印务有限公司，前途一片光明。

远大海外公司投资的加拿大河沙矿

远大海外经济投资发展有限公司
GRAND OVERSEAS ECONOMIC DEVELOPMENT CO., LTD

中国远大集团有限责任公司（以下简称中国远大集团）成立于 1993 年，系股份制集团公司，总部位于北京亚运村远大中心。作为一家经营管理型投资公司，中国远大集团主营业务涵盖医药健康、置业投资、贸易产业及金融服务等产业领域。

远大海外经济投资发展有限公司（简称远大海外公司）1995 年在国家工商行政管理局登记注册，是中国远大集团公司直属子公司。远大海外公司主要从事国际贸易、国际经济技术交流与合作等业务，具有独立法人资格，是集矿业、农业、能源、化工、食品贸易、国内外经济技术和贸易的交流与合作等科工贸一体的大型企业。

远大海外公司业务遍及国内多个省份，国际业务涉及全球多个国家和地区。与世界多家著名企业建立了广泛的业务联系。作为大型专业涉外企业，20 年来公司在外经外贸领域通过外引内联，多种经营，在公司全面发展的基础上，吸纳高素质人才，强化市场综合运作能力，建立了专业的管理和技术团队，为长期可持续发展打下了坚实的基础。

联系电话：010-84891960　　传真 ：010-84891853

LITEONMOBILE

北京光宝移动电子电信部件有限公司

北京光宝移动电子电信部件有限公司[原名贝尔罗斯(北京)电子电信部件有限公司],于2003年在北京经济技术开发区成立,注册资本1600万美元,是集模具设计与制造、注塑成型、冲压成型、超声波清洗、塑料及金属表面喷涂、印刷、激光雕刻、装配、测试于一体,生产手机壳、手机视窗、手机按键、手机天线等零部件的企业。公司以使客户完全满意为目标,以先进的技术和设备、专业的人才和科学管理为后盾,向客户提供优质的产品和服务。目前公司的客户主要有诺基亚、微软、索尼、LG等世界知名通讯产品企业。由于出色的产品质量和超高的服务水平,公司于2010年赢得诺基亚最佳供应商的荣誉称号。

公司以市场为导向,以技术为依托,不断引进新技术和开发新产品,取得了显著成效。公司设有独立的研发中心。研发团队包括结构设计部、天线设计部、音频设计部、硬件设计部和产品验证部。公司的研发中心还与诺基亚、索尼等公司的研发中心紧密合作,完成了多项联合研发项目。公司于2009年被批准为"北京市高新技术企业"。

YANGTZE RIVER

扬子江国际集团

扬子江国际集团（YZR）是中国最大的从事重卡和工程机械出口的公司之一，代理中国重汽（SINOTRUK）、陕西重汽（SHAC）全系列重卡产品及中国知名工程机械产品，包括各种自卸汽车、牵引车、挂车、卸货汽车和水泥搅拌车、散装水泥罐车、送水车、运油车、消防车等各种专用汽车，以及客车、皮卡车、工程机械配件。

扬子江国际集团的企业宗旨是合作、发展、共赢。公司拥有专业的进出口从业人员，以及良好客户关系，取得了良好的出口业绩。成立至今，已向 29 个国家和地区出口超过 10000 辆重型卡车，同时为海外的客户提供了优质的技术服务和及时的配件供应。本着长远发展、积极前进的目标，结合中国重汽的海外发展战略，公司已在苏丹、越南、安哥拉、尼日利亚、多哥、布基纳法索、坦桑尼亚、喀麦隆、加纳、莫桑比亚、科特迪瓦设立分公司及售后服务中心，与更多的海内外朋友精诚合作，共同发展，实现共赢。

扬子江国际集团公司衷心希望将最优质的产品和最真诚的服务奉献给国内外的广大用户。真诚携手，共铸辉煌。

地址：北京市东城区安定门东大街 28 号雍和大厦 C 座 310 室
全国热线：4006501203
电话 :010-84195956
移动电话 :13810890662
传真 :010-84195905
邮编 :100007
电子邮件 :yzbeijing@chinatruck.com.cn

CATCHER

可成科技集团
Catcher Technology

可成科技集团成立于 1984 年，以铝合金压铸件出发，1994 年与笔记本电脑品牌大厂合作开发笔记本电脑镁合金压铸件，并陆续获得认证。近年来成功通过铝合金挤型、锻造等先端科技，成为智能型手机、高阶笔记本电脑、平板计算机等一体成型机壳产品的领导厂商之一。

公司不断整合关键技术与制程，提供全方位解决方案，以满足客户不同的需求，具有全球少数可以同时提供各式不同设计、材质、成型、表面处理的能力，以优异的技术运用各种材料，提供轻巧、坚固、优雅而适合手持式产品的机构件，并与走在产品设计前端的世界级客户合作，共同研制一流的产品，展现工艺极致之美。

公司经营理念是技术创新、服务客户、诚信务实、永续经营。除了不断提升经营绩效外，也持续推动公司治理，发展永续环境，维护社会公益，以止于至善为方向，落实企业的社会责任。

公司网址：http://www.catcher-group.com

SPREADTRUM®

展讯通信（上海）有限公司

展讯通信（上海）有限公司成立于2001年，是一家由海外留学生创办的芯片设计企业，是国家认定的高新技术企业和国家级企业技术中心。公司总部位于上海市张江园区，在中国北京、天津、深圳、成都及美国圣迭戈设有分公司或研发中心，在中国台北、韩国首尔、印度新德里等地设有办事机构，在法国、德国、挪威、尼日利亚、埃及、南非等多个国家建立了客户支持服务团队。展讯现拥有员工2000多名，80%以上员工为研发人员。

展讯自成立以来，一直致力于核心移动通信技术领域的自主创新，成功推出TD-LTE、TD-SCDMA、WCDMA、GGE等2G/3G/4G移动通信基带、射频芯片产品，涵盖了功能手机、智能手机等类型，创造了多个业界的“世界第一”和技术突破，整体水平达到国际领先。凭借技术创新的突出表现，展讯曾先后荣获2006年度及2012年度国家科技进步一等奖，并多次荣获工业和信息化部“最佳市场表现奖”、“十年中国芯”领军设计企业奖、“最佳集成电路设计企业”、“中国十大集成电路设计企业”等奖项和称号。

展讯立足中国本土，面向全球市场，不断加强与国际一流芯片厂商的正面竞争，拓展市场份额，致力于成为世界级的手机芯片公司。目前，展讯已为包括三星、HTC、华为、联想、宇龙酷派、小米等超过260家国内外主流手机制造商和手机设计公司提供产品。采用展讯“中国芯”的手机已遍布欧洲、东南亚、南亚、非洲、南美等多个国家和地区。2013年度，展讯总营收达到人民币64.4亿元，在中国GSM基带芯片市场占有率达到24%，TD基带芯片市场占有率保持在50%以上。2013年，基带芯片出货量3.3亿套片，占全球市场份额达到16%，位列全球第三位，同时也是中国大陆第一大手机核心芯片供应商；在智能机市场，出货量占全球份额13%，位列全球第四。

作为国内集成电路设计的领军企业，展讯将继续发挥设计业在集成电路产业中的领头作用，以尖端技术推动产业互助合作，打造集成电路产业的创新集群和产业集群，提高整个产业链的市场竞争力。

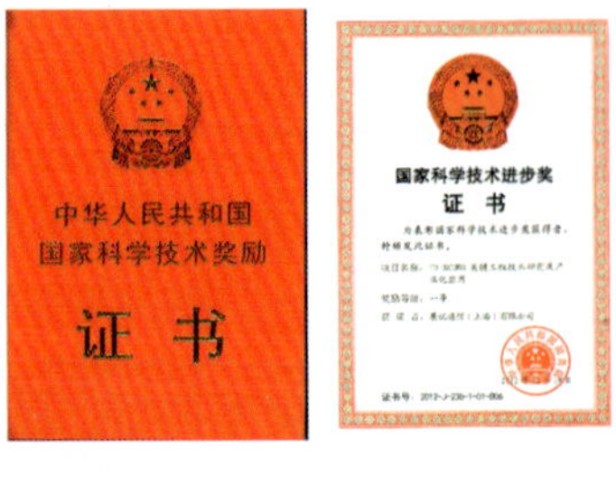

光宝电子（天津）有限公司

光宝电子（天津）有限公司坐落于天津市武清开发区，系台湾独资企业，注册资本 6650 万美元，投资总额 19950 万美元。公司成立于 1995 年 10 月，1998 年 1 月 1 日迁入福源道 11 号新厂运营，占地面积 77250 平方米，建筑面积 54491 平方米，在厂人员为 1880 人。光宝电子（天津）有限公司的母公司——光宝科技股份有限公司，系台湾第三大咨询产业制造商，所生产的包含电脑显示器、键盘、光盘机等多项产品在内的光电产品，市场占有率位居全球前列，以致力于发展成为全球 3C 整合的领航家的目标享誉业界。

光宝电子（天津）有限公司是全球最佳光电产品制造商，主要生产贴片型发光二极管、光电藕合器等系列高新技术产品，产品广泛应用于电脑及周边设备、通讯产品及消费电子产品等领域。公司以诚信、创新、品质为经营理念，实行人性化管理，为员工提供完善的培训和个人发展规划，以及优越的就业环境和丰富的文体生活。经过 10 多年的发展，员工人数由成立初期的 350 人发展到至今约 2400 人的规模。2010 年产值达 19 亿元人民币，产品销往欧洲、美国、日本、韩国等发达国家和地区，客户遍及全球几乎所有知名的 IT 企业。公司于 1997 年 4 月、2001 年 9 月、2004 年 10 月先后通过了 ISO9002、QS9000 和 ISO/TS16949 质量体系认证，并于 2004 年 2 月通过了 ISO14000 和 OHSAS18000 认证。2008 年光宝电子（天津）有限公司成为海关总署评定的天津首批 AA 类企业之一。2012 年连续第 10 年被天津市政府授予“天津市出口 50 强企业”荣誉称号。

光藕合器

发光二极管

红外线传输模组

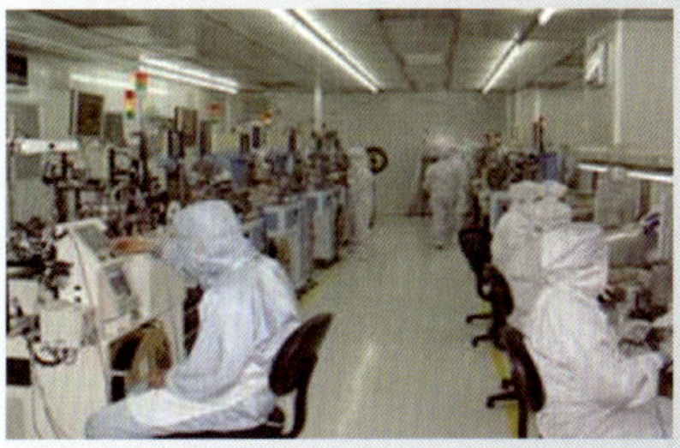

生产线

蒂森电梯有限公司

蒂森电梯有限公司由德国蒂森公司、中山市电梯工业公司和香港粤合公司于1995年共同投资在中山市南区兴建，1996年正式投入生产。2003年起，公司由德国蒂森公司全资控股，成为世界第三大电梯公司——蒂森克虏伯电梯在中国的独资企业。公司位于中山市南区电梯产业基地，注册资本为3508万美元，工厂占地面积36300平方米，厂房面积10000平方米，职工总数800多人，科技人员115人，总职工总数14%，年产量达到12000台。公司还先后通过了ISO9001质量管理体系认证、ISO14001环境管理体系认证证书、英国BSI职业健康与安全管理体系OHSAS18001认证。

蒂森电梯有限公司生产各种类型、型式、参数规格的产品，如高速、中速乘客电梯、无机房电梯、观光电梯、病床电梯、消防员电梯、载货电梯和液压电梯产品，销售市场从国内扩展到境外，远销中国香港、新加坡、马来西亚、泰国、韩国、越南、印度尼西亚、印度和澳大利亚等地。

从建厂至今，蒂森电梯的产销量一直保持迅猛增产的势头，产品在性能、价格、服务等方面得到用户广泛认可，近年来蒂森电梯年产量增速保持30%以上。2013年销售收入超过74亿，为国家贡献税收2.4亿元。

蒂森克虏伯电梯中山工厂作为蒂森克虏伯电梯重要的生产基地，将在靠近其目前工厂的国家级火炬计划中山电梯特色产业基地建立一个新工厂。该项目的建筑面积将近70000平方米，包括生产厂房、仓库、物流中心、办公楼、蒂森电梯国际研发中心和高速电梯测试塔等，其中测试塔可进行18米/秒的世界顶尖高速载客电梯项目研发和测试。

新工厂项目将申请获取美国的“绿色建筑评估体系”（下称“LEED认证”），本项目要求是办公区获得金级认证，生产区获得认证级。本项目将会是中山首例金级项目。本项目将引进高速电梯门系统自动生产线，该生产线为世界先进、全国少有、南中国地区首台生产线。在该生产线正常运行后，年产能可达15000台。同时，也将引进多台世界领先的数控机床以满足公司对产能及质量的需求。

地址：广东省中山市南区城南五路　网址：www.thyssenkruppelevator.com.cn　电话：0760-88890728　传真：0760-88890612

中国重汽集团进出口有限公司

SINOTRUK IMPORT & EXPORT CO., LTD.

中国重汽集团进出口有限公司是中国重汽集团的全资子公司，是中国重汽集团对外贸易的窗口。

公司不断培养整车销售、技术服务、配件供应、改装及境外 KD 组装能力，建立境外营销网络。目前公司在 30 个国家建立了代表处，形成了拥有 181 家经销商、347 个服务站、317 个配件点和 8 个 KD 组装工厂的国际市场网络，具备年出口重型汽车 35000 辆的市场能力，重型汽车出口量连续九年位居中国重卡行业首位。2011 年整车出口突破 2 万辆，2012、2013 年出口整车双双跃上达 25000 辆台阶。公司获得“济南市出口创汇明星企业”、山东省“外经贸先进企业”、山东省机械工业改革开放 30 周年“优秀外向型企业”等荣誉称号，是中国海关 AA 类管理企业、中国机电产品进出口商会 AAA 级信用企业；被海关授予“诚信企业”荣誉称号，被济南市国家税务局授予“纳税信用 A 级企业”。公司具有国家对外工程承包经营资质和援外物资企业资质，是济南市首批认定的服务外包企业。

“站在新起点 实现新突破 创造新业绩”是中国重汽的不懈追求，经过多年的实践，中国重汽建立了国际市场发展优势。一是坚定地实施“走出去”战略，致力于境外营销、服务、配件、KD、改装网络建设，形成了良好的国际网络发展布局，中国重汽国际知名度不断提升、品牌影响力不断扩大，国际化运作能力显著提升；二是中国重汽实施技术领先战略，不断根据市场和用户需求开发适销对路的产品，产品适应市场需求，中国重汽以高性价比产品和优质服务不断赢得新的市场和用户；三是在国际市场建立了一大批长期稳定的优质经销商、营销网络和售后服务网络，以及大客户资源，成为进一步拓展国际市场空间和精耕细作国际市场的优势资源；四是中国重汽与德国曼公司全面合作，产品技术显著提升，核心竞争力进一步增强，具有国际先进水平的产品进入国际中高端市场；五是 500 人的国际化人才队伍，40 多个境外销售基地初具规模，驾驭市场的能力显著增强；六是在做强做大重卡国际市场的同时，中卡、轻卡、客车、特种车和工程机械网络全面发展，形成分品系营销、多品系营销的新格局。

touching tomorrow, today

董事长 江朝瑞

宸鸿集团

宸鸿集团 (TPK Holding) 成立于 2003 年，是著名外资高新技术企业。宸鸿集团为全球领先的多点投射式电容触控模组制造商和触控应用解决方案提供商，透过垂直整合的生产制程，提供给客户全方位的触控技术应用解决方案，包括产品设计、研发和量产。集团从研发、制造到管理、销售及售后都拥有一批高素质的专业技术人员。公司的目标是保持在投射电容触控技术、产能与产量的领先地位，推广投射电容触控技术至各种应用领域。

宸鸿集团从 2007 年正式投产之日起，就开始高速成长。应产品应用和客户需求，目前已在厦门设立 12 家公司，并在平潭、晋江等地均有设厂。旗下宸鸿科技（厦门）有限公司连续 4 年入选“厦门百强企业”，2008 年被评定为厦门市“全市工业企业出口先进单位第一名”，2009 ~ 2013 连续 5 年荣获“中国对外贸易 500 强企业”荣誉称号，2011 ~ 2013 年连续获评“厦门市十佳工业企业”、“厦门市优秀高新技术企业”、“厦门市制造业企业十强”、“厦门市火炬高新区纳税特大户企业”，在 2012 年荣获“福建省纳税百强企业”、“中国最具创新力企业”、“厦门市质量奖”等诸多荣誉称号。

在公司创始人江朝瑞先生力主倡导的“以人为本，新速实简”的公司文化感召下，宸鸿集团始终注重自主研发、自主创新，并运用知识产权制度对这些研发成果进行保护。截至 2014 年 06 月 30 日，宸鸿在全球已累计申请 1979 件专利，其中 772 件已获颁专利权，更多次获得厦门专利奖，并获得 2013 年度中国专利优秀奖。与此同时，公司也非常重视新市场的开拓及公司内部各个环节、职能之间的良性互动，谋求公司所推出的新产品、新工艺更好地实现商业化和产业化，竭力通过感动人的管理，开发制造出感动人的产品。

在 TPK 宸鸿集团全体员工的共同努力下，以及在中央、省市各级领导的关怀支持下，TPK 宸鸿集团必将继续健康快速地成长，进一步取得更令人瞩目的成绩。

北京德尔福万源发动机管理系统有限公司

北京德尔福万源发动机管理系统有限公司位于北京经济技术开发区，是一家从事汽车发动机电控喷油系统的高新技术企业。

北京德尔福万源发动机管理系统有限公司由德尔福中国投资有限公司（占 51% 股份）和北京万源工业公司（占 49% 股份）共同投资，投资总额为 5000 万美元，2013 年销售总额达 26.2 亿人民币。公司主要生产汽车发动机电子控制系统及关键零部件，产品和技术处于世界领先水平。公司经过国际权威机构审核，已通过 QS9000、ISO14001 和 TS16949 认证。

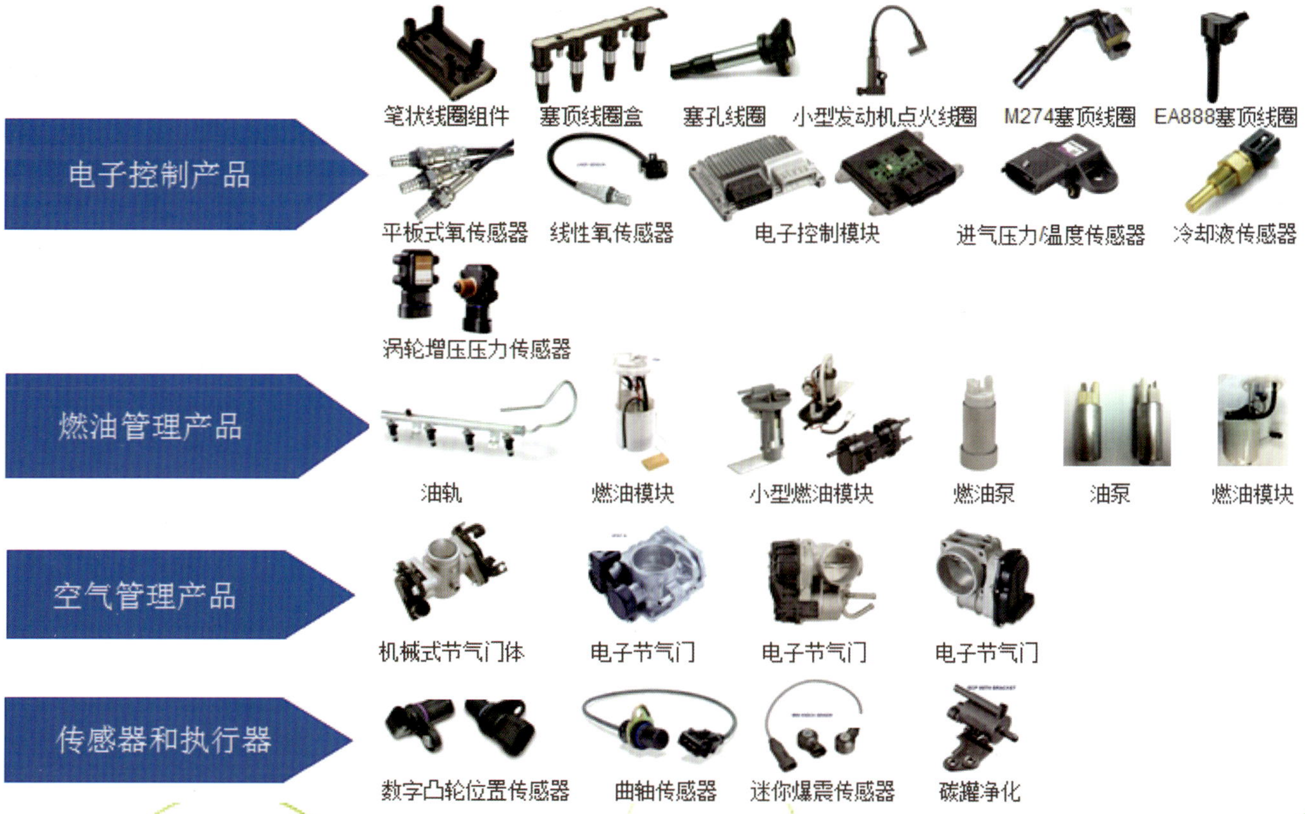

电话：010-58081888　　传真：010-67883845

农业产业化国家重点龙头企业

北京奥运会库尔勒香梨指定供应商

新疆拓普农业股份有限公司

新疆拓普农业股份有限公司成立于 2000 年 6 月，法定代表人楚元新，注册资本人民币 7500 万，总资产超过 5 亿人民币，公司已发展成为经营果品几十个品种，产品出口欧盟、美国、加拿大、澳大利亚、南美、中东等十几个国家和地区，业务涵盖新疆特色林果及全国主要果蔬的生产种植、初深加工、冷链物流、国内外贸易等全产业链发展的农业产业化国家重点龙头企业。公司三大主营业务分别为“拓普牌”库尔勒香梨种植、冷链储藏业务，以及库尔勒香梨及其他果蔬的内外销业务。拓普农业现有自有 + 基地 + 农户果园共 25000 亩，年经营果品量达 100000 吨，其中库尔勒香梨年经营量达 80000 吨，为库尔勒香梨全球最大供应商。公司拥有库容量达 84000 吨的先进气调保鲜库，规模及技术均处于行业领先水平。

董事长：楚元新

北京林大林业科技股份有限公司

北京林大林业科技股份有限公司(以下简称"北林科技")是以北京林业大学作为主要发起人的高科技股份公司，通过了ISO9001:2008国际质量管理体系、ISO14001:2004环境管理体系、GB/T28001-2001职业健康安全管理体系三项认证，获得了国家高新技术企业资格认证，是北京市认定的农业产业化重点龙头企业，北京市工商局和园林局核准的守信企业，具有进出口权，拥有科研成果专利授权48项。

北林科技主营业务涉及园林景观工程施工，旅游工程施工，园林规划，旅游规划;建设项目环境影响评价;高中档盆花、花卉与盆景、花卉种苗(种球)生产与销售，花卉装饰服务;提供园林绿化与造林优质树种、种苗、各类草种、花种、园艺资材;进出口代理服务，技术培训与咨询服务等。

工程设计施工方面，北林科技拥有住房和城乡建设部核发的城市园林绿化一级施工资质，控股子公司北京北林地景园林规划设计院有限责任公司和深圳北林苑景观及建筑规划设计院有限责任公司均获风景园林甲级工程设计资质。北林科技在园林规划设计、园林工程施工、绿化养护管理等方面已经积累了近20年经验，获得多项荣誉，参与设计施工的单位包括中央国家机关、大型事业单位、军事保密单位、知名房地产企业等。

环境影响评价方面，北林科技拥有环境保护部颁发的建设项目环境影响评价乙级资质，能够独立编制建设项目的环境影响报告书或环境影响报告表，能够独立完成建设项目的工程分析、各环境要素和生态环境的现状调查与预测评价，以及环境保护措施的经济技术论证，有能力分析、审核协作单位提供的技术报告和监测数据，可在资质证书规定的评价范围之内，承担全国省级以下环境保护行政主管部门负责审批的环境影响报告书或环境影响报告表的编制工作。

花卉种业方面，北林科技拥有"三倍体毛白杨"等多项新品种所有权，以及"大花蕙兰花期综合调控方法"等数项花卉培养专利技术，同时还拥有以"野花组合播种及养护方法"为代表的多项发明专利，参与了"大花蕙兰、石斛兰等资源高效利用型设施花卉安全生产关键技术研究与示范"等几项重大科研课题。北林科技的技术支持单位国家花卉工程技术研究中心，是唯一的国家级花卉研究中心，现有科研人员63人，其中教授13人，副教授22人。北林科技目前已与美国、法国、荷兰、比利时、丹麦、加拿大等30多个国家和地区建立了友好的贸易合作关系。

北林科技实行董事会领导下的总经理负责制，遵循"改善人居环境、建设绿色家园"的理念，坚持"以科技为灵魂，以市场为导向，以管理为纽带"的原则，根据现代化企业制度进行运作，建立起符合市场经济规律的内部管理制度，形成了产品经营和技术服务并举的管理结构，并且不断深化在管理、市场、技术、企业文化等方面的建设，使企业沿着更加规范、更加科学的轨道高速、稳健发展。

廣州太平洋馬口鐵有限公司

GUANGZHOU PACIFIC TINPLATE CO., LTD.

广州太平洋马口铁有限公司于1994年12月成立，1997年4月25日全面投产，是由日本新日铁住金株式会社、三井物产株式会社、伊藤忠丸红钢铁株式会社、香港北海集团、广州开发区工业发展集团有限公司、广州轻工集团有限公司共同投资兴建，投资总额10800万美元，注册资金3600万美元。公司所在地为广州经济技术开发区友谊路102号。

公司引进日本具有国际先进水平的生产线和管理技术，采用新日铁经严格检验合格的原板为基板组织生产，年产能力20万吨高品质电镀锡薄钢板，产品主要用于饮料罐(红牛、加多宝、娃哈哈等)、气雾罐(榄菊、枪手等)、奶粉罐(安利、美赞臣、雀巢)等包装容器，近年来还开发和生产出电子零件的新用途产品，公司产品质量和服务在广大用户中获得了良好声誉。

公司秉持“专业是我们的精神，质量是我们的荣誉，环境保护，人人有责，依法经营，持续发展”的质量、环境方针，现已通过ISO9001、ISO14001和OHSAS18001质量、环境和职业健康安全的三体系认证。

公司在注重产品质量的同时，也尤其重视环保，在“节能、降耗、减污、增效”的理念下持续开展清洁生产工作，获得了广州市清洁生产优秀企业、广东省清洁生产企业和广州市环境友好企业称号。在环保方面，公司始终走在行业前列，现已实现生产废水重金属零排放，中水回用率75%的水平，目前正新增一套水处理设施，功能实现后，公司生产废水处理后将达到地表水Ⅳ类的标准。

物资集团有限公司
Materials Group Co., Ltd.

总经理 郭旭东

西安海关现场查验进出口资料

西安海关现场查验进出口产品

陕西省煤炭物资供应公司

陕西煤业化工物资集团有限公司是陕西煤业化工集团有限责任公司的全资子公司，是立足陕西煤炭化工企业，面向社会，集供应链综合服务、第三方物流、物流增值服务、电子商务、保税仓储、货运代理业务为一身的陕西首家 AAAAA 级综合服务型物流企业。总部位于西安市高新区，注册资本 5 亿元，资产总额 25 亿元，职工 805 人，是中国物流与采购联合会副会长单位。2013 年，物资集团实现销售收入 109 亿元；2014 年 1 ~ 10 月，实现销售收入 176.95 亿元。

陕西省煤炭物资供应公司系物资集团下属公司，为海关 AA 类企业。成立于 1970 年，注册资本 7713.5 万元，资产总额 16.28 亿元，是一家专业承担集团公司物资集中采购、进出口贸易经营、招投标代理等业务的国际化物资贸易公司。近 4 年进出口贸易额约 3.94 亿美元。

公司具有国家商务部审定核发的对外贸易业务经营资格，是陕煤化集团从事外贸专业的唯一对外经营机构，进出口业务涵盖陕煤化集团下属 60 余家企业的新建、改建、扩建、技改项目所需的煤矿化工专用设备、工程机械设备、机电设备及配件的全球采购，技术引进、技术交流、项目调研、项目考察等咨询服务，陕煤化集团所属企业产品的出口销售、国际市场的培育开发。公司作为陕煤化集团大宗物资集中采购工作的实施单位，承担着集团每年 200 多亿元的物资采购任务，拥有庞大的优质采购网络。

公司始终追求价值服务，2013 年获得海关 AA 类企业管理资质；同年被西安海关确定为全省重点行业、重点区域、重点产业 10 家战略合作企业之一，签订了关企战略合作备忘录；2014 年获得国家质检总局信用管理 AA 资质，并签订了检企战略合作备忘录。由此，公司可享受海关和检验检疫局最优惠的通关便利、政策支持和优质的进出口业务咨询与策划，最大限度保障客户利益和业务增值，全面提供进出口一体化服务。截至目前，公司的合作伙伴涉及欧洲、美洲、大洋洲、非洲等地区，合作类别涵盖煤炭、化工、水泥、电力、钢铁、机械制造等多个行业。

2014 年 10 月，公司申请设立的公用型保税仓库在榆林市神木县通过海关验收并挂牌运营，也成为陕北地区第一家保税仓库，涉及的业务有进口物资报关、国际物流、保税仓储、进出口代理等，将为陕煤化集团及周边能源化工型企业提供完善的备配件物资保障。

“诚信服务、合作共赢”是公司的价值观，公司将依托陕煤化集团强大的产业优势，加快外向型、全球化业务拓展的步伐，以提供价值服务为己任，全力打造“具备核心竞争力的工程服务和供应链服务企业”，以可持续竞争力优势，与合作伙伴互补优势、共享利益、实现共赢。

深圳市天成食品有限公司

深圳市天成食品有限公司位于深圳市盐田区沙头角保税区，紧靠大鹏湾盐田港口，环境优雅，交通便利。公司成立于1988年，注册资金3000万，具备进出口资质，经营进口食品20多年，拥有良好信誉。2011年荣获中华人民共和国海关AA类企业荣誉，同时还是中国银行核心合作伙伴，广东省食品流通协会副会长，深圳企业家协会会员单位，食品科学技术学会优秀会员单位。

在食品安全成为问题的时代，深圳市天成食品有限公司时刻牢记“民以食为天，食品质量大于天”，秉承“精品，健康，诚信，共赢”的核心企业文化，20多年来一直被誉为“业界良心”。

公司旗下三大支柱产业均力行此理念，把食品安全放在第一位：只代理信誉良好的名牌进口食品；从源头把关，开辟有机芦荟种植基地；加大企业自助创新力度，由惠州天成生物科技有限公司独立研发生产。

同时，天成也十分重视企业社会责任，自四川汶川地震以来，公司捐款捐进口食品，累计价值人民币400多万元，用于支援灾区，关爱弱势群体，捐助农村学校教育，帮助农村修路和进行路灯建设，实现了积德行善、助人为乐、回报人民的心愿！多年来，公司荣获深圳市慈善会授予“关爱弱势群体”证书，深圳市盐田区人民政府授予“三星级慈善单位”等荣誉称号。

2013年12月14日，公司捐万瓶“美姿美”健康饮料，价值10万元，助力深圳公益金百万行的万人步行健身活动。

祝愿中华民族人人强健，乘着改革创新的东风，早圆中国梦，实现民族富强。

广东省燃料公司

广东省燃料公司始建于1958年，隶属于中国政府重点培育的15强流通企业之一、广东省政府授权国有资产经营大型集团——广东物资集团公司全资子公司，主营煤炭、石油化工（含成品油）等大宗商品。公司注册资金人民币1.8亿元，资产实力雄厚；拥有3000吨级集装箱码头、5000吨级油码头各一个；物流仓储占地面积近15万平方米。近年来公司经营稳健发展，保持50亿元人民币以上的经营规模，并连年递增。

公司是广物集团煤炭业务板块的龙头企业，经营煤炭贸易逾半个世纪，是华南地区具有最长历史的煤炭经销商。近年来，不断加快资源布局：在国内与神华、中煤、伊泰等大型煤炭企业合作悠久；海外资源渠道遍及全球，来自俄罗斯、越南、印尼、澳洲、南非、哥伦比亚等国（地区），并与出口国顶级矿商及国际煤炭实力雄厚的大型贸易商建立长期战略合作关系。公司销售以广州港、珠海神华港、阳江港等港口为依托，销售区域覆盖广东，辐射华东、华南等中国沿海地区，向贵州、湖南、湖北等内陆省份延伸；客户面向国家五大电力集团属下电厂及大型地方电厂，同时服务于建材、造纸等化工、建材行业终端客户。公司煤炭销售量在广东煤炭市场上居于前茅，进口煤炭贸易在全国煤炭进口商中排名前五，确立了公司在中国煤炭行业的重要地位和影响力，在国内、国际煤炭市场上享有较高的声誉。

公司立足高起点，致力于通过产品结构、购销渠道和产业链的建设满足客户的多样化需求，不断提升性价比和服务优势。2009年以来，公司整合资源，以全新战略定位切入石油化工产品市场，与中石油、中石化、中海油及“壳牌”石油等蜚声国际石化行业巨头强强联合，大力发展沥青、成品油、燃料油等业务，石油化工相关联产品经营取得飞跃式发展，销售份额快速攀升，目前已比肩公司煤炭业务，呈现出煤炭、石油化工两个主营品种齐头并进的趋势，逐步树立起华南地区专业石化贸易商品牌。

展望未来，广东省燃料公司将秉承“诚信经营、持续发展”的宗旨，坚持不断进取、开拓发展的战略，追求以优秀的业务管理能力和高水平的资源配置能力服务客户，提升社会效益，实现公司持续健康发展，树立高端物流企业形象。

企业荣誉

- 全国燃料流通行业十大品牌企业
- 广东省商业服务业改革开放30周年杰出贡献企业
- 中国企业信息化500强
- 华南最长历史的煤炭经销商
- 企业信用评价AAA级信用企业
- 连续21年广东省守合同重信用企业

公司电话：020-82213741　/公司地址：广州市萝岗区东江大道136号　/公司网站：www.gdrl.com.cn

唐山瑞丰钢铁（集团）有限公司

(Copy)

Certificate

Certificate No.:11409Q10066R0M

This is to certify that the Quality Management System of

TANGSHAN RUIFENG STEEL&IRON (GROUP) CO., LTD.

Has been audited to conform to the following Quality Management System standard:

GB/T 19001-2000 idt ISO 9001:2000

This Quality Management System is valid for the

Continuous casting billet manufacturing and hot-rolled strip steel production

Issued by: BEIJING EAST ALLREACH CERTIFICATION CENTER

唐山瑞丰钢铁（集团）有限公司是一家以钢铁生产为主的大型综合性钢铁联合企业。公司资产总规模60亿元，员工7000余人，年产带钢750万吨。

公司坐落于河北省唐山市丰南工业区，地处津京和环渤海双重经济圈腹地，是中国北方重要的制造业、新型材料生产基地，矿产资源极其丰富。同时紧邻京津，交通发达，津唐高速公路、唐港高速公路、津榆公路横穿全区；东有秦皇岛港，西有天津港，南有京唐港，距离世界天然深水良港——曹妃甸港仅有50公里，除首钢京唐钢铁企业坐落在曹妃甸之外，瑞丰公司是距离曹妃甸港最近的钢铁企业，地理位置得天独厚。

瑞丰公司是目前国内一流的、规模最大的热轧窄带钢生产基地及核心供应商之一，专业生产宽度为145～880mm，厚度为1.5～6.0mm热轧窄带产品，主要材质为Q195L、Q195、Q215、Q235、Q345；拥有集烧结、炼铁、炼钢、连铸、热轧为一体，先进、高效、紧凑的现代化钢铁生产线，钢铁生产技术跻身国内先进水平。

经过多年发展，瑞丰公司建立起了辐射华北、华东、华南市场的贸易网络，获2013中国企业500强第286位，获2013中国对外贸易民营500强企业第102位，2014年7月获中华人民共和国海关AA类企业的荣誉，曾获“河北省百强民营企业”、“河北省著名商标企业”、“河北省守合同重信用企业”、“唐山市光彩之星”、“唐山市银行业最守信用贷款企业”、“安全生产标准化二级企业”、“唐山市安全生产工作先进单位”，2004年通过ISO9001质量管理体系和ISO14001环境管理体系认证，2009年2月通过职业健康安全管理体系认证，2012年通过能源管理体系认证，2007年和2011年两次通过省级清洁生产审核验收，连续多年被评为全国“安康杯”竞赛优胜单位。

arts electronics co., ltd.
雅士電子有限公司

东莞雅士电子有限公司

雅士电子有限公司于 1970 年 9 月 10 日在香港成立，是从事消费电子产品的专业生产厂家。

东莞雅士电子有限公司是由香港雅士电子有限公司于 1994 年 9 月 2 日在东莞市长安镇注资成立的企业，是一家生产高档次的家庭电子消费产品的专业厂家，包括组合音响、超小型迷你组合音响、iPod/iPhone/iPad docking 、闹钟台灯、LED 灯等。

公司在 OEM 领域拥有精良的 AUDIO 生产设备和一帮技术精湛的开发设计人才。随着公司新业务的开展，在新的商业理念推动之下，近 5 年，雅士的运作正由最基本的 OEM 步向 ODM AUDIO/LED 灯的多技能供应商，并以 LED 灯生产为主导将企业做强做大。

本公司从生产 LED 灯到现在，总量已经超过 6000 万个，其中 2012 年生产了 2200 万个 LED 灯泡，成为全球最大的 LED 灯泡制造厂；2013 年 LED 灯生产再创新高，年产量达到 2800 万个，依然名列前茅。

雅士的经营宗旨是客户满意，品质第一。公司以各项能力及灵活性为客户提供服务，在业界享有极高的商誉。

体系

公司于 1999 年 7 月 23 日通过了 ISO9001 质量体系认证，2004 年 8 月 8 日通过 ISO14001 环境体系认证，2010 年 2 月 17 日通 FSC 体系认证，ISO/TS16949 汽车行业体系认证也在进行中。

荣誉

被评为 2011 年度长安出口创汇前 10 名外资企业　第十名

被评为 2012 年度长安出口创汇前 10 名外资企业　第八名

被评为 2013 年度长安出口创汇前 10 名外资企业　第六名

被评为 2014 年第三届全球 LED 行业风云榜最具竞争力企业

北方国际

NORINCO international

北方国际合作股份有限公司

北方国际合作股份有限公司是中国北方工业公司的国际经济技术合作业务板块，2001 年经改制在中国深圳证券交易所挂牌上市。经过在国际市场多年的经营，公司已经发展成为具有从项目融资、设计、采购、施工、运营到系统集成能力的综合型国际工程总承包商。

北方国际是中国对外承包工程商会、中国机电产品进出口商会、中俄机电商会和中国国际经济合作学会会员。公司具有国家住建部颁发的市政公用工程、房屋建筑工程等施工总承包一级资质和建筑幕墙工程施工和设计一级资质；具有国家商务部颁发的对外承包工程资格，是商务部首批对外援助 A 级成套项目施工企业，并被中国机电产品进出口商会和中国对外承包工程商会评为“AAA 级信用企业”。公司还通过了质量（GB/T19001-2008）、环境（GB/T24001-2004）、职业健康（GB/T28001-2011）管理体系，工程建设施工企业质量管理规范（GB/T50430-2007）和中国方圆产品质量认证。

长期以来，北方国际的工程总承包业务专注于国际市场轨道交通、电力、石油与矿产设施建设、工业、农业、市政、房建等专业领域，同世界许多国家和地区建立了广泛的经济技术合作和贸易往来关系，先后在亚洲、非洲、中东等地区，通过国际竞标、议标以 EPC、BOT 方式总承包了几十个大中型工程项目。

“传承卓越、共铸价值、分享成功”是北方国际一直秉承的价值理念， 公司依靠多年培养的具有丰富国际市场经验的项目管理团队及市场渠道资源，充分发挥公司的系统集成能力、专业管理能力及较强的融资实力，希望进一步加强同海内外各界的业务联系与合作，不断地为客户提供满意的服务，以持续的优良业绩回报股东、奉献社会。

公司荣誉与获奖情况

2011 ~ 2014 年上半年，公司获得中国对外承包工程商会“AAA”级信用企业、中国机电产品进出口商会 “AAA”级信用企业、中国证券金紫荆奖、2013 ~ 2014 年纳税信用 A 级企业、北京市中关村园区“十百千”第三批培育企业、中关村丰台科技园经济发展突出贡献企业等奖项。

中天科技光纤有限公司

中天科技光纤有限公司作为国家高新技术企业，系江苏中天科技股份有限公司控股子公司，成立于2003年年初，是一家专业从事光纤生产的高科技制造商，位于江苏南通经济技术开发区。公司主营G.652、G.655、G657等系列光纤，产品广泛用于中国移动、中国电信、中国联通等通信运营商，以及电力、广电、交通、教育、国防、航天、化工、石油、医疗等领域，并远销美国、日本、韩国、东南亚、中东、非洲等50多个国家和地区。公司拥有国际先进的制造、检测设备和一支较强创新能力的研发团队，在产、供、销等各个环节采用先进的信息化手段，确保产品品质和效率。目前，市场占有率居国内前三、世界前十。

公司注重开拓创新，产品生产管理软件系统使得先进的网络技术应用到生产的每一环节，每道工序都得到严格有效的控制，质量达到国际先进水平，自始至终严格按照ISO9001: 2008质量管理体系模式和要求进行管理，2007年11月，公司通过英国BSI的质量、环境和职业健康安全管理体系的认证，获得三标体系证书，成为业内唯一同时获得ISO9001:2008、ISO14001:2004、OHSAS18001:2007国际著名审核公司BSI审核通过的现代化企业。

公司积累了丰富的研发及产业化项目管理经验，取得了丰硕成果，先后获得“江苏省高新技术企业”、“国家高新技术企业”、“中国电子信息百强企业”等荣誉；近年来，承担了“大型预制棒拉丝”等3个国家火炬计划项目；“海洋风电海底光纤复合电力电缆”项目获江苏省科学技术进步奖三等奖；“高强度大盘长海底光缆用单模光纤”等3个项目获南通市科学技术进步奖三等奖；“宽带低水峰抗弯曲单模光纤”、“新型高带宽多模光纤”两项产品获国家重点新产品；“超低偏振模低水峰非零色散位移单模光纤”等5项产品获江苏省重点新产品。同时，公司承担了多项国家、行业标准的制订及修订工作，如《通信用单模光纤第7部分：接入网用弯曲损耗不敏感单模光纤特性》（标准号：GB/T9771.7-2012）、《光纤试验方法规范第48部分：传输特性和光纤特性的测量方法和试验程序－偏振模色散》（标准号：GB/T15972.48-201x代替GB/T18900-2002）、《接入网用单模光纤不敏感单模光纤特性 》（标准号：YD/T1954-xxxx代替YD/T1954-2009）等。在知识产权方面，公司获得了1个PCT国际发明专利、26个国家专利，其中发明专利9项，实用新型专利17项，在SCI及国内核心技术期刊发表高水平论文10余篇。

单位环境

车间工作环境

公司全景图

国航进出口有限公司简介

国航进出口有限公司，英文名称“Air China Import & Export Co., Ltd.”（简称 AIE），是中国国际航空股份有限公司的全资子公司，前身是成立于 1993 年 9 月的国航集团进出口贸易公司，注册资本 9500 万元，员工 200 余名，并投资、控股多家航空企业。其主营业务包括飞机、航材、机电产品、机供品等的进出口贸易，保税仓储，报关报检，物流，招标代理，航空咨询等。公司于 1996 年跻身全国进出口企业 500 强，并荣膺 2013 年对外贸易 500 强企业第 79 名。被海关总署评定为 AA 类企业，被国家外汇管理局、国家税务总局、国家质量监督检验检疫总局分别评定为行业 A 类企业。2003 年年底，公司成为中国外贸企业信用体系指定示范单位。

成立以来，公司始终与世界先进的航空公司、飞机制造商、大型航空维修企业和公务机公司保持良好的合作关系。在进出口贸易方面，努力降低航材成本，加快通关速度，为用户提供多种高效、优质的服务；在飞机通关与租赁方面与多国供应商合作，积累了丰富的经验；在冗余器材进出口和仓储物流领域，公司所辖航材寄售中心、报关服务中心已具规模；在招标代理业务上，专业化的团队技艺精湛，流程管理日趋完善。公司秉承“航空为主、多种经营、进出并举、客户满意”的方针，努力为客户提供专业化解决方案，降低贸易环节成本，创造客户价值。

唐山燕山钢铁有限公司

唐山燕山钢铁有限公司成立于2002年7月8日，坐落在美丽的钢城——河北省迁安市，公司占地面积8000亩，地理位置优越，交通条件便利，是集炼铁、炼钢、轧钢为一体的钢铁联合型企业，主营热轧中宽带钢、方坯、矩形坯、板坯、大板坯、窄带、热卷等。现已形成年产1000万吨钢、1 000万吨铁、650万吨轧材的生产规模，为社会提供就业岗位13000个，实现年产值296亿元，年利税15亿元，年利润5亿元左右。公司产品主要销往天津、上海、广东、东北、山东及唐山等地，带钢产品还销往中东、越南等地。公司已通过包括英国、美国、德国、韩国等9家船级社认证，产品可直接出口欧洲。公司自成立以来始终坚持以人为本，肩负社会责任，多次荣获全国百强民营企业、纳税明星企业、出口创汇明星企业等荣誉，秉承惠泽员工，奉献社会，造福一方的经营理念，追求卓越，自强不息。

中海油田服务股份有限公司

中海油田服务股份有限公司（下称中海油服）是中国近海市场最具规模的综合型油田服务供应商。服务贯穿海上石油及天然气勘探、开发及生产的各个阶段。公司业务分为四大类：物探勘察服务、钻井服务、油田技术服务及船舶服务。其于 2002 年 11 月和 2007 年 9 月分别在香港和上海两地上市。

中海油服拥有亚洲最强大的海上油田服务装备群。其中，运营物探勘察船（队）17 艘（支）：物探船 8 艘，勘察船 7 艘，海底电缆队两支；运营钻井装备 55 座（台）：半潜式平台 10 座，自升式平台 32 座，模块钻机 5 座，生活平台 2 座，陆地钻机 3 台，多功能支持平台 3 座；运营和管理中国最大、功能最齐备的近海工作船舶 124 艘：各类工作船 69 艘，油轮 3 艘，化学品船 4 艘，液货船 3 艘，租赁工作船 45 艘；拥有自主研发的 LWD（随钻测井仪）、FET（地层评价测试仪）等超过 400 台套先进的测井、泥浆、定向井、固井和修井等油田技术服务设备。

中海油服既可以为客户提供单一业务的作业服务，也可以为客户提供一体化整装、总承包作业服务。公司服务区域涵盖中国所有海域，并延伸至东南亚、中东、北欧、美洲和非洲等 30 个国家和地区。

在“我们必须做得更好”企业理念下，中海油服竭诚为中外客户提供安全、优质、高效和环保的服务，实现与股东、客户、员工、伙伴的共赢，向国际一流油田服务公司迈进。

- 连续 12 年保持高新技术企业资质；
- 连续 5 届获授中国社会责任典范企业；
- 荣获中国上市公司市值管理绩效“百佳”、资本品牌价值“百强”及国有控股上市公司市值管理 50 强；
- 被国际权威财经杂志《机构投资者》评选为“亚洲最受尊崇公司”，同时获得油气板块“最佳投资者关系公司”第 3 名。

Havaianas被誉为“市场上最著名的橡胶人字拖品牌之一”。自面世以来，产量超过2亿双，产品畅销全球。1962年，第一双Havaianas天然橡胶人字拖于巴西诞生。

Havaianas人字拖由总部位于巴西的Alpargatas公司设计，并百分之百于巴西制造。Havaianas人字拖以独有配方的橡胶原料制成，因此具有柔软舒适、富有弹性、轻盈且耐用的特点。

每双Havaianas人字拖拥有以下基本特征：

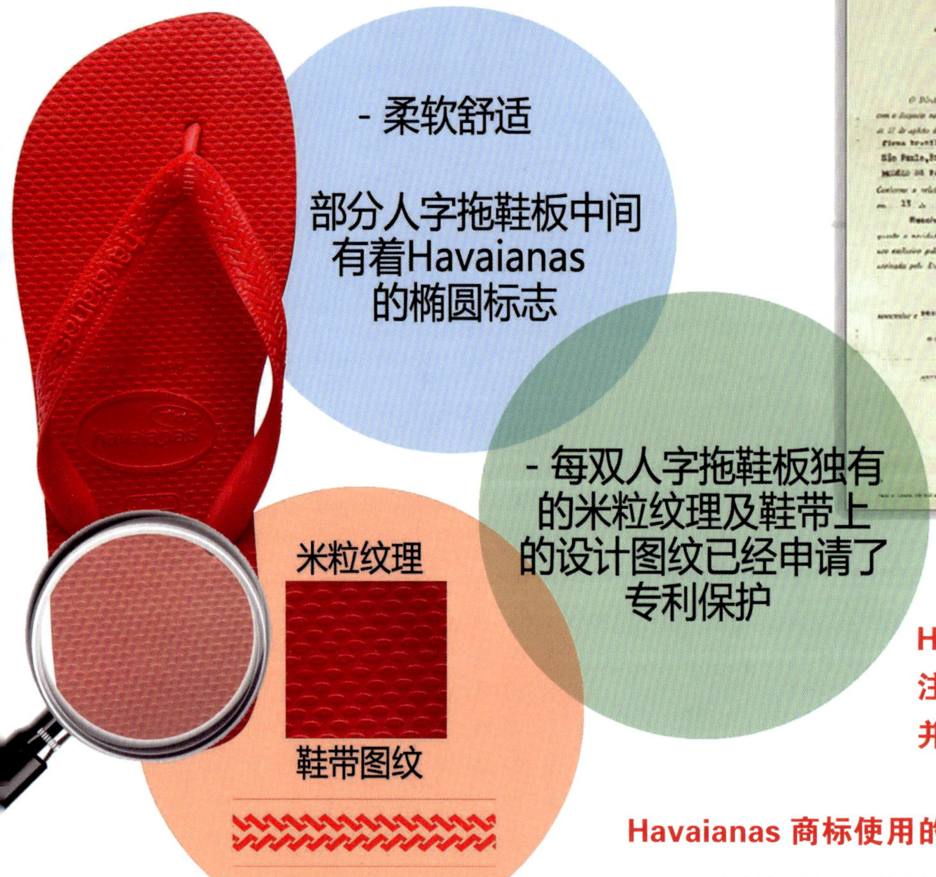

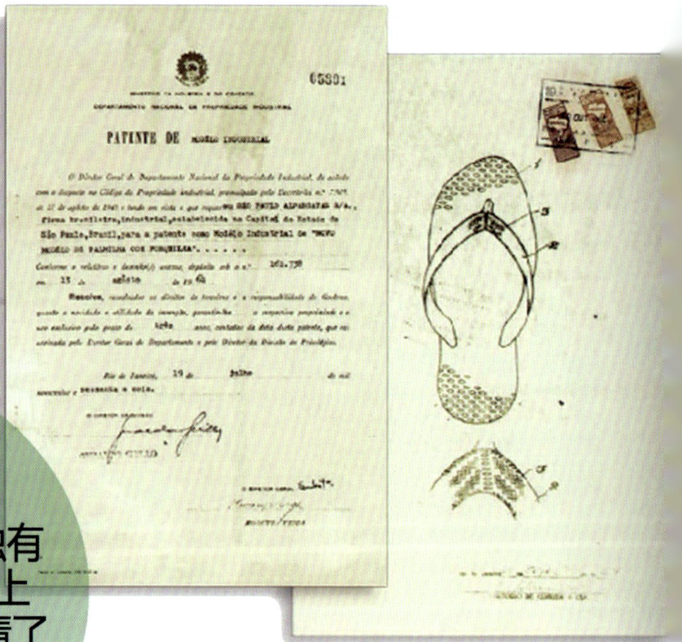

Havaianas及　　商标的中国注册号分别为913298和7302479，并均已在中国海关登记备案。

Havaianas商标使用的主要商品范围：

人字拖、袜子、鞋（包括布鞋、皮鞋、运动鞋）、服装（包括运动服）、钥匙圈、充气水床、手机吊饰、手机套、布袋、毛巾。

商标使用的主要商品范围：

套装、球衣、皮大衣、运动夹克、运动服、T恤衫、短衬裤、百慕达短裤、茄克（服装）、短裤、服装、外套、大衣、短裙、长裙、紧身衣、运动裤、休闲裤、休闲衬衫、制服、内裤、运动衫、长运动裤、女式服装、比基尼泳装、足球鞋、体操鞋、鞋、浴室拖鞋、浴室凉鞋、网球鞋、运动鞋、练习用运动鞋、练习用运动靴、靴子、休闲鞋、凉鞋、短靴、遮阳帽、帽、帽子、长袜、短袜、袜。

Havaianas的维权联络（中国及香港独家代理）

The Collective Limited　+852 25449020

Rexroth
Bosch Group

博世力士乐（北京）液压有限公司，是由罗伯特博世控股（荷兰）公司和博世（中国）投资有限公司共同投资成立的公司，总投资金额约 8.4 亿原人民币。公司座落在北京经济技术开发区，拥有 2 个厂区，总占地面积 16 万平方米，现有员工 1000 多人。博世作为一个国际化的大公司，一直严格遵守法律法规，为海关信用 A 级企业。

博世力士乐（北京）液压有限公司作为博世力士乐中国最重要的生产基地之一，正在为中国制造业的蓬勃发展贡献着重要力量。凭借 200 多年的深厚积淀和不断探索的创新精神，博世力士乐专为中国客户度身打造的产品和解决方案，以其成熟的制造工艺和先进的技术为客户提供行走、回转、卷扬减速机、液压泵和马达等产品与服务。这些产品具有高效率、紧凑结构、易操作、低噪音等特点，它们为行走机械提供强劲的动力、可靠稳定的性能，以及人性化的操作方式，同时显著降低其运作成本和节省油料，帮助中国客户跻身世界先进制造者行列。

公司价值观：

面向未来，注重成效；服务大众，尽责社会锐意进取，有行必果；公开透明，相互信任；
公平公正，合作双赢；诚信可靠，奉公守法；文化多样，和谐共进。

社会责任：

博世公司不仅担负着对员工及产品的责任，而且积极发挥着对社会的责任感。对公众的承诺是“最重要的是，我们的产品和服务将人们的安全问题放在首位，有效地使用有限的资源，以环保为己任。” 节能环保对于博世力士乐北京工厂来说是一个永恒的话题。在大家的共同努力下，北京工厂的节能减排取得了显著的成果。同时，博世为自己制定的目标是在相较于 2007 年的水平，2020 年二氧化碳排放量降低 25%。

社会认可度：

2014 年，博世第三次荣获由国际独立人力资源实践评估与认证机构 CRF（联合调查机构）评选出的“中国杰出雇主”的认证称号。

meeting your creativity
EASTAR

江苏国泰亿达实业有限公司

江苏国泰亿达实业有限公司是江苏国泰国际集团下属核心企业，1992 年建立，注册资本 12088 万元，主营服装、纱线、面料、床上用品，年进出口总额超 2.5 亿美元。

公司严格按照 ISO9001:2000 质量管理体系运行，全面应用 ERP 管理系统，贯穿“优质产品，高效服务，持续改进，专业经营”理念，拥有卓越的商业信誉，贸易伙伴遍及全球。同时，凭借强大的资金实力，公司信用在供应商队伍中历来为人称道。因此，拥有无数合作多年的忠诚供应商。

稳定的生产基地、庞大的供货能力，是亿达公司出口业务连年发展的关键。

目前，公司旗下拥有众多的服装加工企业，遍及江苏、安徽、山东、河南、江西等省份。其中，自有工厂六家；外发工厂近一百家。公司累计拥有可调度的服装缝制工人一万名以上，月产各类服装七百万件左右。

公司擅长于生产五大类别的服装产品：针织男女休闲装；梭织男女外套，衬衫及裤子；各类童装；各类毛衣；男女睡衣及男士内裤。

在过去的 5 年内，公司通过了 Wal-mart、Disney、BSCI、Lindex、Redcats、Sedex、Debenhams、Li&Fung、Target Corporation、Reebok、Okaidi、Linmark、Guess、JCPenney、CHICO’S、Dickies、Wayloo、Matalan、Wrap、Inditex、ICS、GRMBOREE、N.Y Company、JONES、Macy's、vss 等国际知名服装零售商及人权组织的验厂审核。未来，公司将会为更多的工厂提供验厂工作的指导和帮助。

在未来的 5 年内，公司仍将大力推进服装加工基地的建设，将以直接投资或参股的形式，选择劳动力成本相对低廉的内地省份，再建立两至三家大型服装加工厂（1000 人以上），以保证公司的服装出口业务能够持续增长。

公司的企业文化：阳光 诚信 团队 创新

“亿达”今天所具备的优势，不只来自于强大的企业，更来自于二十年来企业成长中所形成的“亿达”文化。

阳光： 朝气勃发的亿达人，总是以快乐的心态应对挑战，实现对未来的美妙构想。

诚信： 真实而坦诚的对待每一个客户，让诚信的精神贯彻在生产的每个细节之中。

团队： 以彼此协作让挑战迎刃而解，以每个人的全力以赴实现高效的“亿达”团队。

创新： 专注新产品开发，不遗余力地致力创新型人才引进，创新的精神是亿达恒久前进的动力。

河北津西钢铁集团股份有限公司

河北津西钢铁集团股份有限公司（简称津西），始建于 1986 年 10 月。2009 年 12 月，以津西为核心企业成立河北津西钢铁集团。经多年来的持续发展，河北津西钢铁集团已成为集钢铁冶炼、装备制造、节能环保、金融租赁、高新技术、绿色地产等六大板块为一体的多元化大型企业集团，旗下中国东方集团控股有限公司在香港联交所上市。

津西现拥有境内外控股公司 21 家，总资产超过 350 亿元，年销售收入超 500 亿元，钢铁板块具备年产钢 1100 万吨生产能力。其中，津西股份年产钢 700 万吨，主导产品已形成 H 型钢、工字钢和板桩等 75 个系列、134 个规格，连续五年出口量位居全国第一，现已成为全国最大型钢生产基地，全国首家“型钢标准研发基地”。“津西”文字商标被认定为“中国驰名商标”，并于 2013 年成为国家《钢铁行业规范条件》合规性企业之一，连续 12 年跻身中国企业 500 强，2014 年名列中国企业 500 强第 234 位，中国制造业 500 强第 110 位，中国上市公司 500 强第 165 位，中国民营企业 500 强第 41 位，中国民企制造业 500 强第 27 位。

到“十二五”末，津西将实现销售收入超 1000 亿元，进入中国企业 500 强前 100 位的“千亿百强”奋斗目标，为钢铁企业绿色崛起、转型升级作出新的更大贡献。

海南华信国际控股有限公司

海南华信国际控股有限公司是中国华信能源有限公司下属一级公司，成立于 2011 年 1 月 12 日，注册资本为 505000 万元人民币。公司以全面实施中国华信战略为己任，开展石油物资国家储备与商业储备、石油产品加工生产;以贸易和产业投资为主，进行石油、化工、及天然气产品进出口贸易和对港口、码头、油库、海洋运输的投资及管理。

海口海关向海南华信颁发 AA 类企业匾牌

中国华信自入驻海南以来，在董事局叶简明主席的战略部署和总部的支持下，完成的省内贸易额逐年飞跃增长，2013 年全年的贸易总额已超过 560 亿元人民币，为海南省的经济发展作出了巨大的贡献，先后获得海关总署 AA 类企业管理资质、2014 年海南省企业 100 强第 3 位、2014 年中国对外贸易民营 500 强企业第 250 位、“海南省 2013 年度批发业先进单位”等荣誉。2014 年海南华信的贸易将会取得更大的突破。

2011 年，中国华信在海南洋浦经济开发区投资 105 亿元建设 1200 万立方米石油储备库项目，共占地 3300 亩，项目分三期建设，滚动发展。一期用地 800 亩，建设总库容 280 万立方米的石油储备库，其中原油 180 万立方米、燃料油 60 万立方米、成品油 40 万立方米。项目三期 1200 万立方米全部建成后年油品周转量达 1 亿吨，年营业收入超 5000 亿元。项目主要面向国际和国内市场，开展原油的国家储备及原油、燃料油的保税仓储、国际中转、代储销售等经营业务。

洋浦经济开发区海关
到华信洋浦石油储备基地考察

商贸通 TRADE-LINK
专业 专注 共创未来

深圳市商贸通供应链管理有限公司

深圳市商贸通供应链管理有限公司成立于2001年6月，具有进出口经营权、国际货代、运输、代理报关报检、医疗器械经营许可、危险化学品经营许可、酒类批发经营许可、煤炭经营许可等多项经营资质，先后被深圳市交通运输委员会等相关政府部门认定为“深圳市重点物流企业”、“国家高新技术企业”、“深圳市高新技术企业”，同时也获得了“深圳市知名品牌企业”、“深圳市直通车服务企业”及“重点纳税企业”等多项荣誉称号。

公司总部目前投资控股了10余家分、子公司和多个办事处，建立了以深圳为中心的华南运营中心，以上海为中心的华东运营中心，以北京为中心的华北运营中心，以西安、重庆为中心的西部运营中心，辐射全国各地。同时，组建了一支专业的、高素质的物流、供应链专家服务团队，搭建了商流、物流、信息流、资金流“四流一体”的供应链可视化服务平台，良好的物流基础设施、优秀的运营技术和高效的运作效率赢得了大量电子、机电、化工、医疗设备、酒类、食品、煤炭、大宗商品等行业知名客户的深度合作，建立了良好的合作伙伴关系。

在经营业绩飞速增长的同时，公司始终谨记企业的社会责任，坚持依法纳税，努力为社会制造更多的就业机会，为社会的发展和行业的进步作出了突出贡献。公司正以自身的实际行动和努力去构建一个“充满和谐和爱心的社会品牌”，如2008年向汶川捐款赈灾；2010年向青海玉树捐款赈灾；2011年响应中央援疆政策，积极支持深圳市政府贯彻落实援疆任务，参与支援推动新疆喀什产业和民生跨越式发展，身体力行体现企业社会责任承担，公司张经平董事长兼总裁慷慨解囊，捐赠100万元资助喀什扶贫助教、扶贫助学民生项目，弘扬慈善爱心奉献，发扬公益精神。

展望未来，公司仍然坚持秉承“以客户为中心，为客户创造价值，与客户共成长”的理念，致力于成为“中国最优秀的专业供应链服务商”，通过卓越的管理模式、赢利模式和服务模式的持续创新，为全球客户提供专业、全方位、个性化的供应链服务，协助客户优化供应链，提升核心竞争力，最大限度地创造价值。

山东中外运弘志物流有限公司

SINOTRANS SHANDONG HONGZHI LOGISTICS CO.,LTD.

山东中外运弘志物流有限公司是中国外运长航集团所属企业，是交通运输部批准的无船承运人及道路运输企业，是中国国际货运代理协会会员，是山东报关协会常务理事单位，淄博市物流协会副会长单位，适用海关AA类管理的代理报关企业。公司于2010年获评“山东省服务名牌”，2009年和2012年分别被中国报关协会评为“全国优秀报关企业”，2012年被中国物流与采购联合会评定为国家AAAA级物流企业。

公司现已形成集海运、陆运（铁路）、空运进出口货运代理及集装箱场站、公路集装箱汽车运输、仓储、国内干线运输、城市配送、报关报验、海关预录入、大宗散杂货储运、金融物流等于一体的综合物流企业。

公司可办理海关企业备案注册业务，进出口货物的报关、转关、货物查验、进出口商品检验业务，国际中转、过境、分拨货物报关申报业务，并代为办理通关无纸化及中国电子口岸相关业务。为方便济南省会城市圈进出口企业办理货物的通关业务，公司在淄博、滨州、潍坊、寿光、青州、聊城、莱芜、济南、德州、东营等地海关设立专门的报关机构，配备专业的人员，通过区域通关平台的建设，保证了进出口物流的高效运转。

金盛国际物流服务有限公司

金盛国际物流服务有限公司2003年经国家商务部批准成立，位于广东省东莞市凤岗镇玉泉工业园。公司总投资3000多万元人民币，总公司办公楼场所面积为1300平方米，现有职员250多名，设有市场拓展部、船务部、操作部等部门，是集报关、报检、船务、运输等多元化为一体的综合性专业国际物流服务公司。

金盛公司于2009年被评为A类报关企业，并于2006年、2009年、2012年连续三届被评为 “全国优秀报关企业”。公司坚持“团结奋进，务实高效”的服务理念，不断创新管理模式，规范高效运作，打造诚信服务品牌，以促进健康发展。

金盛公司拥有一支有经验、专业的报关、报检、运输队伍，在物流领域为提高物流整体运作效率起到了促进作用。同时，公司拥有完善的IT信息管理系统、预录入系统、运输管理系统，实现了规范、高效的运作。

金盛公司一直秉承“客户至上，诚信服务”的理念。对于不同的业务类别，设定统一的承诺时间表，在日常的工作中，真正落实“客户的事就是我们的事”、“急客户之所急”的理念，并把这样的理念融入公司的管理制度当中，要求全体员工落实在行动中，努力打造诚信、优质服务的品牌。

“乘风破浪会有时，直挂云帆济沧海。”十载的创业历程激励着金盛公司不断创新管理理念，规范运作流程，提高服务水平。展望未来，金盛公司将把“诚信置业、开拓创新、崇尚用心、自律规范、务实高效”的行业精神扎实贯彻在实践当中，在企业健康发展的道路上努力奋进，为行业争先、为社会奉献。

前言 FOREWORD

2008年4月1日出台的《中华人民共和国海关企业分类管理办法》（2008年1月30日海关总署令第170号公布，2010年11月15日海关总署令第197号修订），标志着海关建立起以企业分类为核心的信用管理制度。多年来，海关按照“诚信守法便利，失信违法惩戒”的原则，根据企业守法和经营管理状况，按照全国统一的评定标准和程序对企业信用进行认定，并按照守法便利的原则，对高信用企业适用通关便利措施，对低信用企业适用严密监管措施。

AA类企业作为海关分类管理体系中最高信用等级的企业，不但可以在海关通关全过程、各环节享受一系列的优惠、便利措施，而且是海关倡导诚信守法企业的典范。为了大力推进社会信用体系建设，在海关管理中发挥高信用企业在守法、内控、贸易安全方面的表率作用，并满足社会各界对当前AA类企业检索、查阅的需要，从2011年起由海关总署稽查司组织编写了《中华人民共和国海关AA类企业年鉴》，受到企业的欢迎。

目前，海关改革现行企业信用管理制度，对《中华人民共和国海关企业分类管理办法》（海关总署令第197号）进行修订，出台了《中华人民共和国海关企业信用管理暂行办法》（海关总署令第225号，2014年12月1日正式实施）及其相关配套措施，企业管理办法将发生变化。2014年版年鉴主要收录2013年海关高信用企业情况分析及AA类企业信息，因此，书名仍延用《中华人民共和国海关AA类企业年鉴》。

2014年版《中华人民共和国海关AA类企业年鉴》企业信息篇收录了全国范围内适用AA类企业管理的3000余家企业的基本信息，包括企业名称、海关编码、所属海关、通讯地址、邮政编码、注册日期、注册资本、类别评定时间、报关有效期、法定代表人、经营范围等内容。在编排上分进出口收发货人和报关企业，每部分按照注册海关关区范围依次排列，方便读者检索和使用。本书是目前比较全面、翔实和权威的进出口领域行业工具书，也是广大读者了解国际贸易领域发展现状、行业分布状况的重要参考，更是国内外从事进出口贸易业务的企业寻求诚信合作伙伴、开拓国内外市场的有力指南。企业信息篇资料截至2014年9月30日。

此外，本书政策导读篇对海关企业注册登记制度改革进行了解读，还收录了今年新近出台的《中华人民共和国海关报关单位注册登记管理规定》（海关总署令第221号），以及中国海关和新加坡、韩国、中国香港、欧盟海关签订的AEO互认安排的公告。工作综述篇对全国高信用企业分布情况、2013年的进出口情况及守法规范状况进行了分析综述，并收录了直属海关关区企业综合情况分析。AEO制度篇向读者介绍了世界海关组织《全球贸易安全与便利标准框架》基本内容，以及国际海关AEO制度最新进展。

希望本书的出版能够扩大以AA类企业为代表的海关高信用企业的社会影响力，促成AA类企业与广大国内外进出口企业更为全面的商业合作，能够成为社会各界了解海关企业信用管理制度，查询相关企业信息的窗口，并为推进社会信用体系建设，促进我国对外经济贸易发展贡献绵薄的力量。

本书的编写得到全国海关及协编单位的大力支持,在此表示诚挚的感谢!

《中华人民共和国海关AA类企业年鉴》编委会

2014年10月

目录 CONTENTS

企业信息篇 157

进出口货物收发货人

报关企业

总述 SUMMARY

《中华人民共和国海关企业分类管理办法》施行以来，企业分类管理作为一项基础性制度正在海关信用管理制度中扮演着越来越重要的角色。实施企业分类管理，对高类别守法企业，简化了通关手续，加快了通关速度，降低了通关成本，给企业带来实实在在的便捷和效益，增强了企业的竞争力。同时，海关有限的监管力量将主要用于对低类别失信企业的严密监管上，让企业切身体会到不诚信守法所付出的代价，从而促进企业规范其进出口行为，同时也对其他企业起到了警示、教育和预防作用。通过企业分类管理制度的实施，海关监管方式实现了从单一的对货物实施监管向以企业为单元管理的重大转变，为保障进出口贸易的安全与便利，促进企业诚信守法，合理配置海关管理资源，有效实施海关管理提供重要支持。

AA类企业是现行海关企业分类管理体系中最高信用等级的企业，接受了内部控制、财务状况、守法规范、贸易安全等四方面严格标准的认证后，可以在通关过程中享受适用较低查验率，免担保验放，不实行银行保证金台账制度，优先办理货物申报、查验、放行及加工贸易备案、变更、报核，优先安排在非工作时间和节假日办理预约通关手续，指派专人负责协调解决企业办理海关事务的疑难问题等通关便利措施。

中国海关正在大力推进和其他国家（地区）海关的AEO互认工作。目前，我国海关已经同新加坡、韩国、中国香港、欧盟海关签订了AEO互认安排，基本完成了与中国台湾AEO互认磋商，与美国、以色列、哈萨克斯坦的AEO互认磋商也正在进行中，并与俄罗斯、澳大利亚、印度、瑞士等多个国家开展了AEO互认方面的初步接触。到2020年，我国将实现同世界主要经济体的AEO互认，中国的AA类企业将可享受AEO互认国家（地区）的通关便利措施。

与此同时，面对贸易形势、监管环境的日益变化，海关对企业管理领域的相关制度进行了修订与完善。2014年3月13日，海关总署公布了《海关报关单位注册登记管理规定》（海关总署令第221号），新规章是由《海关对报关单位注册登记管理规定》（海关总署令第127号）、《海关对报关员记分考核管理办法》（海关总署令第119号）和《海关报关员执业管理办法》（海关总署令第146号）三部行政规章合并修订而成。此次规章修订，同国家商事制度改革接轨，在报关单位及其所属报关人员注册或备案管理、报关企业报关管理等方面做出了重大调整，充分体现了国务院转变职能、简政放权的要求和公平、公正的原则和精神，并通过信用管理和差别化管理措施引导企业规范申报、自觉诚信守法。

另外，根据国家《社会信用体系建设规划纲要2014~2020》总体要求及海关管理需要，海关改革现行企业信用管理制度，对《中华人民共和国海关企业分类管理办法》（海关总署令第197号）进行修订，出台了《中华人民共和国海关企业信用管理暂行办法》（海关总署令第225号，并于2014年12月1日正式实施）及其相关配套措施，充分体现公平正义要求和诚信守法便利、失信违法惩戒原则。主要修订内容包括：取消高信用企业规模限制，对大中小企业一视同仁，充分体现企业信用管理公平公正原则；与国际海关AEO制度接轨，建立对高信用企业的认证制度；调整信用评定指标设置，更为科学、合理和动态；建立企业信用信息公示制度，通过统一平台对外公示企业基本信息、处罚案件等信息，形成社会监督合力。

ZHENGCE DAODU PIAN

政策导读篇

中华人民共和国海关报关单位注册登记管理规定

（2014年3月13日海关总署令第221号发布，自2014年3月13日起施行）

第一章　总　则

第一条　为了规范海关对报关单位的注册登记管理，根据《中华人民共和国海关法》（以下简称《海关法》）以及其他有关法律和行政法规，制定本规定。

第二条　中华人民共和国海关是报关单位注册登记管理的主管机关。

第三条　报关单位办理报关业务应当遵守国家有关法律、行政法规和海关规章的规定，承担相应的法律责任。

报关单位对其所属报关人员的报关行为应当承担相应的法律责任。

第四条　除法律、行政法规或者海关规章另有规定外，办理报关业务的报关单位，应当按照本规定到海关办理注册登记。

第五条　报关单位注册登记分为报关企业注册登记和进出口货物收发货人注册登记。

报关企业应当经所在地直属海关或者其授权的隶属海关办理注册登记许可后，方能办理报关业务。

进出口货物收发货人可以直接到所在地海关办理注册登记。

报关单位应当在每年6月30日前向注册地海关提交《报关单位注册信息年度报告》。

报关单位所属人员从事报关业务的，报关单位应当到海关办理备案手续，海关予以核发证明。

报关单位可以在办理注册登记手续的同时办理所属报关人员备案。

第六条　进出口货物收发货人应当通过本单位所属的报关人员办理报关业务，或者委托海关准予注册登记的报关企业，由报关企业所属的报关人员代为办理报关业务。

海关可以将报关单位的报关业务情况以及所属报关人员的执业情况予以公布。

第七条　已经在海关办理注册登记的报关单位，再次向海关提出注册登记申请的，海关不予受理。

第二章　报关企业注册登记

第八条　报关企业应当具备下列条件：

（一）具备境内企业法人资格条件；

（二）法定代表人无走私记录；

（三）无因走私违法行为被海关撤销注册登记许可记录；

（四）有符合从事报关服务所必需的固定经营场所和设施；

（五）海关监管所需要的其他条件。

第九条　申请报关企业注册登记许可，应当提交下列文件材料：

（一）“报关单位情况登记表”；

（二）企业法人营业执照副本复印件以及组织机构代码证书副本复印件；

（三）报关服务营业场所所有权证明或者使用权证明；

（四）其他与申请注册登记许可相关的材料。

申请人按照本条第一款规定提交复印件的，应当同时向海关交验原件。

第十条 申请人应当到所在地海关提出申请并递交申请注册登记许可材料。

直属海关应当对外公布受理申请的场所。

第十一条 申请人可以委托代理人提出注册登记许可申请。

申请人委托代理人代为提出申请的，应当出具授权委托书。

第十二条 对申请人提出的申请，海关应当根据下列情况分别作出处理：

（一）申请人不具备报关企业注册登记许可申请资格的，应当作出不予受理的决定；

（二）申请材料不齐全或者不符合法定形式的，应当当场或者在签收申请材料后五日内一次告知申请人需要补正的全部内容，逾期不告知的，自收到申请材料之日起即为受理；

（三）申请材料仅存在文字性或者技术性等可以当场更正的错误的，应当允许申请人当场更正，并且由申请人对更正内容予以签章确认；

（四）申请材料齐全、符合法定形式，或者申请人按照海关的要求提交全部补正申请材料的，应当受理报关企业注册登记许可申请，并作出受理决定。

第十三条 所在地海关受理申请后，应当根据法定条件和程序进行全面审查，并且于受理注册登记许可申请之日起20日内审查完毕。

直属海关未授权隶属海关办理注册登记许可的，应当自收到所在地海关报送的审查意见之日起20日内作出决定。

直属海关授权隶属海关办理注册登记许可的，隶属海关应当自受理或者收到所在地海关报送的审查意见之日起20日内作出决定。

第十四条 申请人的申请符合法定条件的，海关应当依法作出准予注册登记许可的书面决定，并送达申请人，同时核发“中华人民共和国海关报关单位注册登记证书”。

申请人的申请不符合法定条件的，海关应当依法作出不准予注册登记许可的书面决定，并且告知申请人享有依法申请行政复议或者提起行政诉讼的权利。

第十五条 报关企业在取得注册登记许可的直属海关关区外从事报关服务的，应当依法设立分支机构，并且向分支机构所在地海关备案。

报关企业在取得注册登记许可的直属海关关区内从事报关服务的，可以设立分支机构，并且向分支机构所在地海关备案。

报关企业分支机构可以在备案海关关区内从事报关服务。备案海关为隶属海关的，报关企业分支机构可以在备案海关所属直属海关关区内从事报关服务。

报关企业对其分支机构的行为承担法律责任。

第十六条 报关企业设立分支机构应当向其分支机构所在地海关提交下列备案材料：

（一）“报关单位情况登记表”；

（二）报关企业“中华人民共和国海关报关单位注册登记证书”复印件；

（三）分支机构营业执照副本复印件以及组织机构代码证书副本复印件；

（四）报关服务营业场所所有权证明复印件或者使用权证明复印件；

（五）海关要求提交的其他备案材料。

申请人按照本条第一款规定提交复印件的，应当同时向海关交验原件。

经审查符合备案条件的，海关应当核发“中华人民共和国海关报关单位注册登记证书”。

第十七条　报关企业注册登记许可期限为2年。被许可人需要延续注册登记许可有效期的，应当办理注册登记许可延续手续。

报关企业分支机构备案有效期为2年，报关企业分支机构应当在有效期届满前30日持本规定第十六条规定的材料到分支机构所在地海关办理换证手续。

第十八条　报关企业的企业名称、法定代表人发生变更的，应当持“报关单位情况登记表”、“中华人民共和国海关报关单位注册登记证书”、变更后的工商营业执照或者其他批准文件及复印件，以书面形式到注册地海关申请变更注册登记许可。

报关企业分支机构企业名称、企业性质、企业住所、负责人等海关备案内容发生变更的，应当自变更生效之日起30日内，持变更后的营业执照副本或者其他批准文件及复印件，到所在地海关办理变更手续。

所属报关人员备案内容发生变更的，报关企业及其分支机构应当在变更事实发生之日起30日内，持变更证明文件等相关材料到注册地海关办理变更手续。

第十九条　对被许可人提出的变更注册登记许可申请，注册地海关应当参照注册登记许可程序进行审查。经审查符合注册登记许可条件的，应当作出准予变更的决定，同时办理注册信息变更手续。

经审查不符合注册登记许可条件的，海关不予变更其注册登记许可。

第二十条　报关企业办理注册登记许可延续手续，应当在有效期届满40日前向海关提出申请，同时提交本规定第九条第一款第（一）项至第（四）项规定的文件材料。依照海关规定提交复印件的，还应当同时交验原件。

报关企业应当在办理注册登记许可延续的同时办理换领“中华人民共和国海关报关单位注册登记证书”手续。

报关企业未按照本条第一款规定的时限提出延续申请的，海关不再受理其注册登记许可延续申请。

第二十一条　海关应当参照注册登记许可程序在有效期届满前对报关企业的延续申请予以审查。经审查认定符合注册登记许可条件，以及法律、行政法规、海关规章规定的延续注册登记许可应当具备的其他条件的，应当依法作出准予延续2年有效期的决定。

海关应当在注册登记许可有效期届满前作出是否准予延续的决定。有效期届满时仍未作出决定的，视为准予延续，海关应当依法为其办理注册登记许可延续手续。

海关对不再具备注册登记许可条件，或者不符合法律、行政法规、海关规章规定的延续注册登记许可应当具备的其他条件的报关企业，不准予延续其注册登记许可。

第二十二条　有下列情形之一的，海关应当依法注销注册登记许可：

（一）有效期届满未申请延续的；

（二）报关企业依法终止的；

（三）注册登记许可依法被撤销、撤回，或者注册登记许可证件依法被吊销的；

（四）由于不可抗力导致注册登记许可事项无法实施的；

（五）法律、行政法规规定的应当注销注册登记许可的其他情形。

海关依据本条第一款规定注销报关企业注册登记许可的，应当同时注销该报关企业设立的所有分支机构。

第三章　进出口货物收发货人注册登记

第二十三条　进出口货物收发货人应当按照规定到所在地海关办理报关单位注册登记手续。

进出口货物收发货人在海关办理注册登记后可以在中华人民共和国关境内口岸或者海关监管业务集中的地点办理本企业的报关业务。

第二十四条 进出口货物收发货人申请办理注册登记，应当提交下列文件材料，另有规定的除外：

（一）“报关单位情况登记表”；

（二）营业执照副本复印件以及组织机构代码证书副本复印件；

（三）对外贸易经营者备案登记表复印件或者外商投资企业（台港澳侨投资企业）批准证书复印件；

（四）其他与注册登记有关的文件材料。

申请人按照本条第一款规定提交复印件的，应当同时向海关交验原件。

第二十五条 注册地海关依法对申请注册登记材料进行核对。经核对申请材料齐全、符合法定形式的，应当核发“中华人民共和国海关报关单位注册登记证书”。

第二十六条 除海关另有规定外，进出口货物收发货人“中华人民共和国海关报关单位注册登记证书”长期有效。

第二十七条 下列单位未取得对外贸易经营者备案登记表，按照国家有关规定需要从事非贸易性进出口活动的，应当办理临时注册登记手续：

（一）境外企业、新闻、经贸机构、文化团体等依法在中国境内设立的常驻代表机构；

（二）少量货样进出境的单位；

（三）国家机关、学校、科研院所等组织机构；

（四）临时接受捐赠、礼品、国际援助的单位；

（五）其他可以从事非贸易性进出口活动的单位。

第二十八条 临时注册登记单位在向海关申报前，应当向所在地海关办理备案手续。特殊情况下可以向拟进出境口岸或者海关监管业务集中地海关办理备案手续。

第二十九条 办理临时注册登记，应当持本单位出具的委派证明或者授权证明以及非贸易性活动证明材料。

第三十条 临时注册登记的，海关可以出具临时注册登记证明，但是不予核发注册登记证书。

临时注册登记有效期最长为1年，有效期届满后应当重新办理临时注册登记手续。

已经办理报关注册登记的进出口货物收发货人，海关不予办理临时注册登记手续。

第三十一条 进出口货物收发货人企业名称、企业性质、企业住所、法定代表人（负责人）等海关注册登记内容发生变更的，应当自变更生效之日起30日内，持变更后的营业执照副本或者其他批准文件以及复印件，到注册地海关办理变更手续。

所属报关人员发生变更的，进出口货物收发货人应当在变更事实发生之日起30日内，持变更证明文件等相关材料到注册地海关办理变更手续。

第三十二条 进出口货物收发货人有下列情形之一的，应当以书面形式向注册地海关办理注销手续。海关在办结有关手续后，应当依法办理注销注册登记手续。

（一）破产、解散、自行放弃报关权或者分立成两个以上新企业的；

（二）被工商行政管理机关注销登记或者吊销营业执照的；

（三）丧失独立承担责任能力的；

（四）对外贸易经营者备案登记表或者外商投资企业批准证书失效的；

（五）其他依法应当注销注册登记的情形。

进出口货物收发货人未依照本条第一款主动办理注销手续的，海关可以在办结有关手续后，依法注销其注册登记。

第四章　报关单位的管理

第三十三条　报关单位有权向海关查询其办理的报关业务情况。

第三十四条　报关单位应当妥善保管海关核发的注册登记证书等相关证明文件。发生遗失的，报关单位应当及时书面向海关报告并说明情况。

海关应当自收到情况说明之日起20日内予以补发相关证明文件。遗失的注册登记证书等相关证明文件在补办期间仍然处于有效期间的，报关单位可以办理报关业务。

第三十五条　报关单位向海关提交的纸质进出口货物报关单应当加盖本单位的报关专用章。

报关专用章应当按照海关总署统一规定的要求刻制。

报关企业及其分支机构的报关专用章仅限在其取得注册登记许可或者备案的直属海关关区内使用。

进出口货物收发货人的报关专用章可以在全关境内使用。

第三十六条　报关单位在办理注册登记业务时，应当对所提交的申请材料以及所填报信息内容的真实性负责并且承担法律责任。

第三十七条　海关依法对报关单位从事报关活动及其经营场所进行监督和实地检查，依法查阅或者要求报关单位报送有关材料。报关单位应当积极配合，如实提供有关情况和材料。

第三十八条　海关对报关单位办理海关业务中出现的报关差错予以记录，并且公布记录情况的查询方式。

报关单位对报关差错记录有异议的，可以自报关差错记录之日起15日内向记录海关以书面方式申请复核。

海关应当自收到书面申请之日起15日内进行复核，对记录错误的予以更正。

第五章　附　则

第三十九条　报关单位、报关人员违反本规定，构成走私行为、违反海关监管规定行为或者其他违反《海关法》行为的，由海关依照《海关法》和《中华人民共和国海关行政处罚实施条例》的有关规定予以处理；构成犯罪的，依法追究刑事责任。

第四十条　报关单位有下列情形之一的，海关予以警告，责令其改正，可以处1万元以下罚款：

（一）报关单位企业名称、企业性质、企业住所、法定代表人（负责人）等海关注册登记内容发生变更，未按照规定向海关办理变更手续的；

（二）向海关提交的注册信息中隐瞒真实情况、弄虚作假的。

第四十一条　“中华人民共和国海关报关单位注册登记证书”、“报关单位情况登记表”、《报关单位注册信息年度报告》等法律文书以及格式文本，由海关总署另行制定公布。

第四十二条　本规定规定的期限以工作日计算，不含法定节假日、休息日。

第四十三条　本规定中下列用语的含义：

报关单位，是指按照本规定在海关注册登记的报关企业和进出口货物收发货人。

报关企业，是指按照本规定经海关准予注册登记，接受进出口货物收发货人的委托，以委托人的名义或者以自己的名义，向海关办理代理报关业务，从事报关服务的中华人民共和国关境内的企业法人。

进出口货物收发货人，是指依法直接进口或者出口货物的中华人民共和国关境内的法人、其他组织或者个人。

报关人员，是指经报关单位向海关备案，专门负责办理所在单位报关业务的人员。

报关差错率，是指报关单位被记录报关差错的总次数，除以同期申报总次数的百分比。

第四十四条 海关特殊监管区域内企业可以申请注册登记成为特殊监管区域双重身份企业，海关按照报关企业有关规定办理注册登记手续。

特殊监管区域双重身份企业在海关特殊监管区域内拥有进出口货物收发货人和报关企业双重身份，在海关特殊监管区外仅具报关企业身份。

除海关特殊监管区域双重身份企业外，报关单位不得同时在海关注册登记为进出口货物收发货人和报关企业。

第四十五条 本规定由海关总署负责解释。

第四十六条 本规定自公布之日起施行。2005 年 3 月 31 日以海关总署令第 127 号发布的《中华人民共和国海关对报关单位注册登记管理规定》同时废止。

三令优化合一　改革报关管理*

——访海关总署稽查司司长葛连成

2014年3月13日，海关总署发布《中华人民共和国海关报关单位注册登记管理规定》（海关总署令第221号），新规章是由《中华人民共和国海关对报关单位注册登记管理规定》（海关总署令第127号）、《中华人民共和国海关对报关员记分考核管理办法》（海关总署令第119号）和《中华人民共和国海关报关员执业管理办法》（海关总署令第146号）三部行政规章合并修订而成。海关总署稽查司司长葛连成表示，此次规章修订，在报关单位及其所属报关人员注册或备案管理、报关企业报关管理等方面做出了重大调整，充分体现了国务院转变职能、简政放权的要求和公平、公正的原则和精神。

《中国海关》：海关此次修订海关总署规章，将119号令、127号令、146号令三令合一的核心内容是什么？

葛连成：2013年9月25日，国务院第25次常务会审议通过了第三批取消和下放的行政审批项目，海关总署上报的“报关员资格核准”是其中取消的行政审批项目之一。于广洲署长批示：“要以壮士断腕的劲头不折不扣地落实好中央关于简政放权、转变职能的要求。”这次三部规章的修订就是针对报关员资格核准行政审批取消所做出的重大制度调整。修订后，三部规章合并为一部。主要修订内容包括以下六个方面：**一是**取消了报关员的注册登记，改为以报关企业名义对其所属从业人员进行备案；**二是**取消了报关员记分考核管理，不再对报关人员进行记分和考核管理，改为对报关单位报关差错进行记录；**三是**取消报关企业分支机构注册登记行政许可，进一步方便企业并降低企业成本，在将要实施的京津一体化通关业务改革中，试点“一地注册，两地报关”，打破报关企业报关区域限制；**四是**降低报关企业注册门槛，取消注册资本、报关员人数等条件限制；**五是**简化报关企业注册登记程序，将报关企业行政许可与注册程序合二为一，同时减少审批层级；**六是**大幅简化报关企业注册提交材料。

《中国海关》：报关员资格核准行政审批取消后，海关对报关企业和报关人员将采取哪些措施进行管理？

葛连成：报关人员资格核准行政审批取消后，海关将按照“由企及人”的管理理念，通过指导、督促报关企业加强内部管理，实现对其所属报关从业人员的间接管理，进而实现企业作为市场主体的自主管理、报关协会作为社会组织的自律管理及海关作为政府部门的行政管理三者有机结合。主要管理措施有以下几个方面：

一是在信用管理方面。海关将优化完善企业信用管理制度，只要报关企业诚信守法，无论规模大小，都有资格申请成为高信用企业。通过信用管理和差别化管理措施引导报关企业规范申报、自觉诚信守法。

二是在规范管理方面。一方面，海关将通过与企业建立合作伙伴关系，及时向企业推送海关政策措施，让企业知晓其在报关过程中存在的问题，并提出规范整改意见；另一方面，对报关

* 该篇访谈刊发于《中国海关》2014年第4期。

不规范、差错率较高的报关企业，海关会采取风险管理和后续稽查管理等手段，督促企业进行整改，加强对其所属报关人员业务、技能等方面的培训和规范管理。

三是在社会监督方面。海关将通过互联网、政府公示平台等形式，向社会公布报关企业信用信息、报关差错率等情况，引导进出口企业与信用好、报关规范的报关企业合作，形成“好好结合”、“强强联合”。通过市场竞争，逐渐淘汰失信违法、报关质量极差的报关企业。

四是在行业自律管理方面。海关将大力支持报关协会构建“报关后备人才培养—报关水平测试—职业技能鉴定”的报关人才成长体系，按照“自愿参加、市场检验、社会认可”的原则，开展对从事报关人员业务知识和技能水平的综合评价及职业等级鉴定等工作，为报关市场培养更多高水平、高等级的报关从业人员。

《中国海关》：一方面，海关简化了对报关企业行政许可条件和注册程序；另一方面，海关通过对报关单位的管理来规范报关人员的报关行为。这对报关行业会有哪些重大影响？

葛连成：新规定实施后，对报关行业的影响主要有以下几个方面：

一是激发报关市场活力。新规定充分体现了国务院转变职能、简政放权的精神和要求，实施后将有利于发挥市场在资源配置中的决定性作用，降低就业门槛，释放就业活力，激发创业热情，将对报关服务市场起到较大的促进作用。

二是降低了报关企业经营成本。新规定大幅降低了报关企业注册登记门槛标准，如取消了150万注册资本和报关人员人数限制，取消了报关企业关区内分支机构行政许可，简化了注册登记手续。这些都将降低报关企业的经营成本，有利于促进企业发展。

三是扩大了企业自主用人权力。由于取消了报关员资格行政审批，对报关人员不再设置门槛，企业可根据本企业经营情况自主聘用报关人员。

四是增加了报关企业管理责任。由于海关实行了“由企及人”的管理措施，因此对报关人员规范管理责任，将全部落在了企业的身上，这对企业提出了更高的要求。企业必须完善内部控制，加强对其所属报关人员的业务培训和规范管理，不断提升报关业务水平。

五是增加了报关协会行业自律管理责任。今后对报关企业的管理将会更多地由报关协会实行行业自律管理。针对目前部分省份还未设立报关协会的现状，海关将积极向有关管理部门呼吁，协助中国报关协会尽快建立行业组织。

《中国海关》：海关对报关单位进行信用管理，使诚信守法企业便利通关、失信违法企业被重点监管，但是，对那些通过改变名称重新注册来使失信违法行为“清零”的报关企业，海关是否有更加严格的审查管理措施？

葛连成：这种情形在实践中确实存在，对此，我们将主要采取以下措施：一方面建立失信违法企业法定代表人数据库，对以失信违法企业法定代表人名义重新注册的企业，海关会将其列入高风险企业，通过风险布控、后续稽查、实地巡查等手段，来防范企业通过“失信记录清零”手法进行违法活动。另一方面，通过对外公布报关企业信用情况和实施差别化管理措施，引导进出口企业选择报关规范高信用企业进行报关，充分发挥市场作用，使失信违法报关企业在报关市场中无立足之地。

《中国海关》：于广洲署长在今年的全国海关关长会议上提出“改革企业分类管理，推进企业信用管理体系建设”的要求。据了解，海关近期正在开展优化企业信用管理制度的工作，在这里您能否透露一下新制度的设计思路？

葛连成：根据国家《社会信用体系建设规划纲要2014—2020》总体要求及海关管理需要，海关将改革企业信用管理制度，推进海关信用体系建设作为2014年重点工作之一，并将修订《海关企业分类管理办法》（海关总署令第197号）列入2014年海关一类立法计划。目前，已提出初步优化完善方案，将对包括规章名称、信用管理对象、信用类别设置、信用指标和评定标准、评定程序、信用管理措施、信用信息公示等方面内容进行全面修订和完善，出台《中华人民共和国海关信用管理办法》及其相关配套措施，充分体现公平正义要求和诚信守法便利、失信违法惩戒原则。计划于今年6月底前完成修订工作并对外公布施行。

其主要修订内容包括：**一是**充分体现企业信用管理公平公正原则，对大中小企业一视同仁，只要能够诚信守法经营，都可以申请成为高信用企业；**二是**建立对高信用企业的认证制度，与国际海关AEO制度接轨，将对高信用企业的验证稽查改为企业认证；**三是**调整信用评定指标设置，区分为刚性指标和弹性指标，更加科学、合理和动态；**四是**简化企业信用评定程序，减少评定提交材料，缩短评定时限，更加便利企业申请成为高信用企业；**五是**充分体现诚信守法便利和失信违法惩戒原则，将企业信用类别与海关差别化管理措施联动，建立高信用企业激励机制和低信用企业惩戒机制；**六是**建立企业信用信息公示制度，通过统一平台对外公示企业基本信息、处罚案件等信息，形成社会监督合力。

海关总署关于与新加坡关税局全面实施“经认证的经营者（AEO）”互认的公告

（中华人民共和国海关总署公告 2013 年第 13 号）

2012 年 6 月，海关总署与新加坡关税局正式签署了《中华人民共和国海关总署和新加坡关税局关于〈中华人民共和国海关企业分类管理办法〉和〈新加坡安全贸易伙伴计划〉互认的安排》。经与新加坡关税局协商，海关总署决定从 2013 年 3 月 15 日起全面实施该互认安排。现就有关事项公告如下：

一、从 2013 年 3 月 15 日起，我国海关接受新加坡关税局认证的 STP-Plus 企业为新加坡的“经认证的经营者（AEO）”企业，新加坡关税局接受我国海关认证的 AA 类企业为我国的 AEO 企业。

二、我国海关和新加坡海关互相给予来自对方 AEO 企业的进口货物如下通关便利措施：实施较低比例查验，予以快速通关；对需要进行查验的货物优先予以查验；在通关过程中给予优先处理待遇；如果国际贸易发生中断，尽力提供快速通关。

三、我国 AA 类进出口企业以自己名义直接出口到新加坡的货物，可以享受新加坡海关给予的通关便利措施。AA 类企业必须向新加坡进口企业提供自己的企业管理类别和在中国海关的 10 位注册编码，并由新加坡进口企业在向新加坡海关进口申报时按有关规定将 AEO 代码录入新加坡海关 TradeNet 报关系统，新加坡海关在通关过程中才能识别我国的 AA 类企业为 AEO 企业并给予相应的通关便利措施。AEO 代码由“AEO”、“CN”和企业在中国海关的 10 位注册编码组成。

四、新加坡 STP-Plus 企业以自己的名义直接出口到中国的货物，可以享受到我国海关给予的通关便利措施。我国企业申报从新加坡 STP-Plus 企业进口货物时，必须在进口报关单“备注栏”处填注统一的新加坡出口企业的 AEO 编码，我国的报关系统才能识别新加坡的 STP-Plus 企业为 AEO 企业并给予相应的通关便利措施。填注方式为：“AEO（英文半角大写）”+“<”+“SG”+“12 位 AEO 企业编码”+“>”。例如，新加坡 STP-Plus 企业的编码为 AEOSG123456789012，则填注：“AEO<SG123456789012>”。

特此公告。

海关总署

2013 年 3 月 14 日

海关总署关于正式实施中韩海关“经认证的经营者（AEO）”互认的公告

（中华人民共和国海关总署公告2014年第20号）

2013年6月，中韩两国海关正式签署了《中华人民共和国海关总署和大韩民国关税厅关于中华人民共和国海关企业分类管理制度与大韩民国进出口安全管理优秀认证企业制度的互认安排》。近日，两国海关完成了互认正式实施前的试点工作，并决定自2014年4月1日起正式实施该互认安排。现就有关事项公告如下：

一、我国海关接受韩国海关认证的进出口安全管理优秀企业（以下简称“认证企业”）为韩国的“经认证的经营者”企业（简称AEO企业），韩国海关接受我国海关认证的AA类进出口企业为我国的AEO企业。

二、双方海关相互给予对方AEO企业的进口货物如下通关便利措施：降低进口货物查验率；简化进口货物单证审核；进口货物优先通关；设立海关联络员，协调解决企业通关中的问题；非常时期的优先处置。

三、我国海关认证的AEO企业直接出口到韩国的货物，可以享受韩国海关给予的通关便利措施。我国AEO企业向韩国出口货物时，应将AEO认证编码（AEOCN+在中国海关注册的10位企业编码）通报给韩国进口商，由韩国进口商据此向韩国海关获取与认证编码相匹配的海外业务伙伴代码（CN+6位企业名称+4位编码+1位验证码），并录入认证企业信息。韩国进口商进口申报时，韩国海关将该认证企业信息和中国海关事先提供的认证企业信息进行对碰，在两者一致的情况下，进口通关环节自动适用便利措施。

四、韩国海关认证的AEO企业直接出口到我国的货物，可以享受到我国海关给予的通关便利措施。我国进口商向我国海关申报从韩国AEO企业进口货物时，应在进口报关单“备注栏”处填入由韩国海关认证的AEO编码。填写方式为：“AEO”（英文半角大写）+“<”（英文半角）+“KR”+“7位认证企业编码”+“>”（英文半角），例如，韩国海关认证的AEO企业的编码为KRAEO1234567，则填注：“AEO<KR1234567>”。我国海关将该编码与韩国海关事先提供的认证企业信息进行对碰，在两者一致的情况下，进口通关环节自动适用便利措施。

特此公告。

海关总署

2014年3月5日

海关总署关于全面实施内港海关“经认证的经营者（AEO）”互认的公告

（中华人民共和国海关总署公告2014年第64号）

2013年10月，内地海关和香港海关正式签署了《海关总署与香港海关关于〈中华人民共和国海关企业分类管理办法〉与〈香港认可经济营运商计划〉的互认安排》，并已于2014年5月18日起在陆路口岸实施互认安排。为进一步扩大企业受惠范围，经与香港海关磋商，双方决定将内港海关实施互认的范围增加空运和海运口岸，于2014年9月1日起全面实施互认安排，现将有关事项公告如下：

一、内地海关接受香港海关认证的“香港认可经济营运商”为香港的“经认证的经营者”企业（简称“AEO企业”），香港海关接受内地海关认证的AA类进出口企业为内地的AEO企业。

二、内港海关在陆运、空运、海运口岸全领域实施AEO互认，并相互给予对方AEO企业的进口货物如下通关便利措施：降低进口货物查验率；简化进口货物单证审核；进口货物优先通关；设立海关联络员，协调解决企业通关中的问题；非常时期优先处置。

三、内地海关认证的AEO企业直接出口到香港的货物，可以享受香港海关给予的通关便利措施。

内地AEO企业通过陆路方式向香港出口货物时，应将其AEO认证编码（AEOCN+在中国海关注册的10位企业编码）、企业名称和地址（名称和地址必须与向海关注册登记的信息完全一致）通报给香港进口商。香港进口商或其代理人以电子方式向香港海关“道路货物资料系统”申报时，一并录入内地AEO企业的上述信息。

内地AEO企业通过海运或空运方式向香港出口货物时，应将其名称和地址（名称和地址必须与向海关注册登记的信息完全一致）通报给内地承运人（即航空公司或船公司），并告知该内地承运人通过港方承运人或货站营运商向香港海关申报货物资料时，一并提交上述信息。

香港海关在收到进口申报后，利用系统将有关信息与内地海关提供的AEO企业信息进行对碰，确认其真实后，进口通关环节自动适用便利措施。

四、香港海关认证的AEO企业直接出口到内地的货物，可以享受到内地海关给予的通关便利措施。内地进口商向内地海关申报从香港AEO企业进口货物时，应在进口报关单“备注栏”填入由香港海关认证的AEO编码。填写方式为：“AEO”（英文半角大写）+“<”（英文半角）+“HK”+“10位认证企业数字编码”+“>”（英文半角），例如，香港海关认证的AEO企业的编码为AEOHK1234567890，则填注：“AEO<HK1234567890>”。内地海关将该编码与香港海关事先提供的认证企业信息进行对碰，在两者一致的情况下，进口通关环节自动适用便利措施。

特此公告。

海关总署

2014年8月27日

ZONGHE FENXI PIAN

综合分析篇

全国高信用企业情况综述

据统计，截至 2013 年年底，全国海关注册企业为 59.44 万家，有进出口业务的企业为 34.56 万家，占全部注册企业的 58.14%。以下分析中，高信用企业是指 AA 类、A 类进出口企业，有关数据为 2013 年进出口企业的全口径数据（包括贸易统计、单项统计、不统计数据）。

一、高信用企业总体情况

截至 2013 年年底，全国高信用企业共计 36937 家。其中，AA 类企业 2916 家，A 类企业 34021 家。此外，B 类企业为 556015 家，C 类企业为 1073 家，D 类企业为 420 家。（详见表 1）

表 1　2013 年全国海关企业分类情况表

企业类别	AA 类	A 类	B 类	C 类	D 类
数量（家）	2916	34021	556015	1073	420

2013 年，全国海关新增 AA 类、A 类企业分别为 474 家、6846 家，高信用企业净增长（新增企业减去下调企业）5184 家，增幅明显。（详见表 2）

表 2　2013 年全国海关高信用企业调整情况表

注册海关	上调			下调							
	A-AA	B-A	小计	AA-A	AA-B	AA-C	AA-D	A-B	A-C	A-D	小计
合计	474	6846	7320	12	68	1	1	1993	45	16	2136

高信用企业注册地以沿海大关为主，注册区域较为集中。AA 类企业数超过 100 家的有上海、深圳、青岛、南京、黄埔、广州、拱北、北京、杭州、天津 10 个海关，计 1980 家企业，占 AA 类企业总数的 67.9%，较 2012 年超百家的 8 个海关计 1465 家企业，企业数增加 35.15%。A 类企业数超过 1000 家的有杭州、上海、深圳、宁波、青岛、南京、厦门、黄埔、广州 9 个海关，计 24177 家，占 A 类企业总数的 71.06%，较 2012 年超千家的 8 个海关计 20225 家企业，企业数增长 19.54%。（详见表 3，其中济南海关为新设关区，因此没有同比数据。）

表 3　2013 年全国海关高信用企业情况表

注册海关	AA 类			A 类		
	数值	同比（%）	占比（%）	数值	同比（%）	占比（%）
北京关区	126	10.53	4.32	674	11.22	1.98
天津关区	113	9.71	3.88	765	16.79	2.25
石家庄区	43	258.33	1.47	499	24.13	1.47
太原海关	20	42.86	0.69	150	41.51	0.44
满洲里关	0	0.00	0.00	28	100.00	0.08
呼特关区	6	50.00	0.21	55	7.84	0.16
沈阳关区	12	9.09	0.41	108	13.68	0.32
大连海关	30	7.14	1.03	469	15.23	1.38
长春关区	22	22.22	0.75	139	33.65	0.41

（续表）

注册海关	AA 类			A 类		
	数值	同比（%）	占比（%）	数值	同比（%）	占比（%）
哈尔滨区	9	28.57	0.31	82	10.81	0.24
上海海关	387	26.89	13.27	3052	47.87	8.97
南京海关	191	24.84	6.55	2409	14.50	7.08
杭州关区	123	32.26	4.22	6383	9.28	18.76
宁波关区	80	21.21	2.74	2713	17.75	7.97
合肥海关	50	61.29	1.71	607	64.95	1.78
福州关区	73	28.07	2.50	654	21.79	1.92
厦门关区	64	18.52	2.19	1610	21.23	4.73
南昌关区	28	12.00	0.96	285	13.10	0.84
青岛海关	226	–7.76	7.75	2443	–9.65	7.18
济南海关	68		2.33	920		2.70
郑州关区	73	19.67	2.50	455	14.04	1.34
武汉海关	30	15.38	1.03	246	13.36	0.72
长沙关区	30	30.43	1.03	331	39.66	0.97
广州海关	167	9.87	5.73	1065	6.93	3.13
黄埔关区	184	35.29	6.31	1543	5.54	4.54
深圳海关	324	14.49	11.11	2959	4.23	8.70
拱北关区	139	1.46	4.77	722	10.91	2.12
汕头海关	38	31.03	1.30	544	–12.96	1.60
海口关区	19	35.71	0.65	57	16.33	0.17
湛江关区	14	7.69	0.48	98	6.52	0.29
江门关区	28	16.67	0.96	355	2.60	1.04
南宁关区	27	50.00	0.93	250	21.36	0.73
成都关区	28	16.67	0.96	286	29.41	0.84
重庆关区	26	36.84	0.89	130	15.04	0.38
贵阳海关	4	0.00	0.14	54	3.85	0.16
昆明关区	26	23.81	0.89	152	18.75	0.45
拉萨海关	0	0.00	0.00	5	25.00	0.01
西安关区	33	26.92	1.13	431	28.66	1.27
乌关区	39	11.43	1.34	152	22.58	0.45
兰州关区	5	25.00	0.17	54	28.57	0.16
银川海关	7	16.67	0.24	50	6.38	0.15
西宁关区	4	300.00	0.14	37	8.82	0.11
合计	2916	21.70		34021	16.37	

二、高信用企业进出口总体情况

截至 2013 年年底，高信用进出口企业占有进出口业务企业总数（下同）的 10.59%，同比增长 19.24%。其中，AA 类企业 2837 家，占 0.82%；A 类企业 33743 家，占 9.76%。进出口活动率为 99.03%，高出企业平均活动率，进出口活跃度高。

2013 年，全国企业进出口总值为 5.21 万亿美元，申报报关单 6162.15 万票，监管货物量为 29.1 亿吨，纳税额为 1.55 万亿元。高信用企业中，AA 类企业进出口总值为 1.47 万亿美元，申报报关单 977.91 万票，监管货物量为 8.47 亿吨，纳税额为 5356.9 亿元，同比分别上升 19.66%、17.26%、23.91%、9.08%；A 类企业进出口总值为 1.87 万亿美元，申报报关单 2239.98 万票，监管货物量为 10.3 亿吨，纳税额为 5281.65 亿元，同比分别上升 1.67%、11.54%、12.98%、1.71%。各项指标与 2012 年的相比，呈较快增长态势，AA 类企业尤为明显。（详见表 4）

表 4　2013 年全国海关高信用企业进出口情况表

	进出口企业	AA 类	A 类	生产型	非生产型
数量（家）	345568	2837	33743	178372	166743
同比（%）	4.97	17.82	15.44	4.94	6.67
进出口额（万美元）	521460016.6	146951865	187689305	286366246.55	234741603.58
同比（%）	7.82	19.66	1.67	4.74	12.48
报关单票数（票）	61621490	9779134	22399716	36036872	25528973
同比（%）	5.94	17.26	11.54	6.31	5.88
监管货物量（万吨）	291388.08	84706.37	102986.34	129715.03	161559.78
同比（%）	10.62	23.91	12.98	11.48	10.18
纳税额（万元）	154734813.8	53568974	52816519.5	72940621.75	81702921.17
同比（%）	2.91	9.08	1.71	2.75	3.31

高信用企业中，AA 类生产型企业进出口总值为 1.03 万亿美元，申报报关单票 681.58 万票，监管货物量为 5.25 亿吨，纳税额为 3350.12 亿元，同比分别上升 18.47%、16.35%、16.89%、5.24%；AA 类非生产型企业进出口总值为 4360.96 亿美元，申报报关单票 295.99 万票，监管货物量为 3.22 亿吨，纳税额为 2006.7 亿元，同比分别上升 22.89%、19.70%、37.37 %、16.21%。高信用企业中，A 类生产型企业进出口总值为 1.08 万亿美元，申报报关单票 1406.1 万票，监管货物量为 4.16 亿吨，纳税额为 2061.43 亿元，同比分别下降 1.84% 和上升 9.76%、12.47%、3.06%；A 类非生产型企业进出口总值为 7988.94 亿美元，申报报关单票 830.7 万票，监管货物量为 6.13 亿吨，纳税额为 3216.12 万元，同比分别上升 7.19%、15.29%、13.42%、1.06%。（详见表 5）

表 5　2013 年全国海关高信用企业分类型进出口情况表

	AA 类		A 类	
	生产型	非生产型	生产型	非生产型
数量（家）	2034	797	22704	10987
同比（%）	18.95	17.38	12.26	25.01
进出口额（万美元）	103325672.41	43609600.66	107611485.86	79889438.83
同比（%）	18.47	22.89	−1.84	7.19
报关单票数（票）	6815780	2959865	14060951	8306942
同比（%）	16.35	19.70	9.76	15.29

（续表）

	AA类		A类	
	生产型	非生产型	生产型	非生产型
监管货物量（万吨）	52488.90	32213.88	41611.23	61349.45
同比（%）	16.89	37.37	12.47	13.42
纳税额（万元）	33501209.45	20067010.83	20614318.34	32161169.60
同比（%）	5.24	16.21	3.06	1.06

三、高信用企业享受的通关便利措施及查获情况

A类企业在通关过程中享受不实行银行保证金台账制度（或者银行保证金台账空转），优先办理货物申报、查验、放行、加工贸易备案、变更、报核等通关手续，优先安排在非工作时间和节假日办理预约通关手续等通关便利措施。AA类作为海关企业分类体系中最高信用等级的企业，在A类企业的基础上，在通关过程中还可以享受适用较低查验率、免担保验放、指派专人负责协调解决企业办理海关事务的疑难问题等通关便利措施。

2013年，全国查获进出口企业报关单数为45.14万票，查获率为14.66%，高信用企业报关单14.32万票，其中AA类企业查获数和查获率分别为3.44万票和15.41%， A类企业查获数和查获率分别为10.88万票和13.49%。（详见表6）

表6　2013年全国海关高信用企业通关规范情况表

企业类型	查获数（票）	查获率（%）
进出口企业	451430	14.66
AA类	34411	15.41
A类	108787	13.49

四、小结

（一）全国高信用企业数量显著增加

通过近年来的宣传推广，《中华人民共和国海关企业分类管理办法》已为进出口企业所熟知，企业对分类管理的认同感明显增强，申请适用高资信管理类别的企业数稳步增长，高信用企业数量增长明显。高信用企业进口业务量大，活跃度高，已经在国家进出口活动中占支柱地位，并成为关企合作的中坚力量。2013年全国收发货人企业提交升级申请十分踊跃，大批符合条件的企业成功晋级为A类企业。这些晋级的企业不仅数量多，而且经营状况良好，行业分布广泛，企业性质多样化，充分体现了海关对于多种所有制经济的充分支持。同时，它们的成功晋级，极大程度地推动了全国企业分类管理工作的开展，为服务经济发展带来积极的影响。

（二）全国高信用企业公信力得到认可

随着海关高信用资质社会认可度的增加，高资信企业更加珍惜自身荣誉，严于律己，主动提升自身管理水平。数据同样表明，高信用企业无论是通关作业规范度还是守法状况，都明显好于其他类别企业，在业内起到了模范带头作用。高信用企业较其他类别企业更加规范和守法，其规范经营对于改善全国整体通关环境有着重要的意义。但是，企业报关不规范及轻微违法的情形也时有发生，仍占用了不少海关管理资源，也应引起重视，尤其是上海、深圳、南京、青岛、黄埔等高信用企业进出口量大、活动频繁的口岸海关需要关注。

（三）全国类别调整工作执行规范

高信用企业培育工作成效明显，各直属海关纷纷对辖区企业开展了培育辅导和预警提示等工作，主

动帮助符合晋级条件的企业，给予企业晋级提示和辅导，使更多的企业提出晋级申请并成功晋级为高信用企业，从而能够享受到海关的通关便利措施。对于发生违法情事的企业，各直属海关能够刚性执行《海关企业分类管理办法》，严格下调其管理类别，也起到了良好的警示作用，“守法便利、违法惩戒”的管理理念深入人心。同时，广大企业对海关提供通关便利措施、优惠扶持政策的需求也越发迫切。

北京海关企业综合情况分析

一、企业总体情况

截至2013年12月31日，北京关区共有注册有效企业26719家（注册有效企业，以下简称北京企业）。其中，进出口收发货人26461家，占99.03%；报关企业258家，占0.97%。从企业性质来看，国有性质企业2373家，占8.88%；外商投资企业4672家，占17.49%；民营企业18472家，占84.81%；其他性质企业944家，占3.53%。

北京关区共有AA类企业126家，A类企业674家，B类企业25883家，C类企业23家，D类企业13家。2013年新增AA类企业19家，新增A类企业135家，降级企业78家。

二、企业进出口情况

2013年共有13779家北京企业发生进出口业务，占北京企业数量的51.57%，同比增长3.9%。其中，有10374家北京企业在北京关区发生进出口业务，同比增长3.23%。

北京企业进出口总额达5283.45亿美元，同比增长9.1%，在全国海关排名第四，占全国海关进出口总额的7.52%；报关单统计实征税额4264.96亿元，同比减少4.18%，在全国海关排名第一，占全国海关实征税总额的24.86%。

在进出口方式上，北京企业以进口为主。其中，进口总额为4263.54亿美元，占进出口总额的80.69%，同比增长6.46%；出口总额为1019.91亿美元，占进出口总额的19.31%，同比增长12.16%。

北京企业的进出口业务主要发生在异地关区，2013年在异地关区进出口总额为4251.11亿美元，占进出口总额的80.48%；纳税额为3775.24亿元人民币，占纳税总额的88.51%。在北京口岸进出口总额为1031.34亿美元，占进出口总额的19.52%；纳税额为489.72亿元人民币，占纳税总额的11.48%

2013年，北京企业中AA类企业进出口总额为2282.72亿美元，同比增长10.96%，占进出口总额的43.21%；纳税额为2056.56亿元人民币，同比增长5.38%，占纳税总额的48.22%。A类企业进出口总额为1580.46亿美元，同比增长0.18%，占进出口总额的29.91%；纳税额为1520.54亿元人民币，同比减少12.33%，占纳税总额的35.65%。A类、AA类高资信企业进出口总额为3863.18亿美元，占进出口总额的73.12%；纳税额为3577.1亿元人民币，占纳税总额的83.87%。

2013年，北京企业中国有性质企业进出口额为3839.4亿美元，同比增长14.45%，占进出口总额的72.67%；纳税额为2660.12亿元人民币，同比减少3.35%，占纳税总额的62.37%；外商投资企业进出口额为1051.61亿，同比增长3.79%，占进出口总额的19.9%，纳税额为1427.53亿元人民币，同比减少3.04%，占纳税总额的33.47%。

三、企业守法情况

2013年，北京企业在全国发生走私违规等案件801起，同比增加12.66%；涉及企业598家，同比增长20.33%。其中，走私罪案件11起，同比增长120%，占走私违规案件总数的1.37%；走私行为案件9起，同比减少18.18%，占走私违规案件总数的1.12%；违规案件781起，同比增长12.37%，占走私违规案件总数的97.5%。

北京企业在北京关区涉案254起，同比增长53.94%，占走私违规案件总数的31.71%；异地关区涉案547起，同比增长0.18%，占走私违规案件总数的68.29%。北京企业在异地关区涉案最多的关区为天津海关，涉案 316 起，同比增长 25.4%，占走私违规案件总数的 39.45%。

按企业性质统计，国有企业涉案 283 起，同比减少 1.74%，占走私违规案件总数的 35.33%；外商投资企业涉案 172 起，同比减少 3.91%，占走私违规案件总数的 21.47%；其他性质企业 346 起，同比增加 41.8%，占走私违规案件总数的 43.2%。

涉案的 598 家北京注册企业中，有 98 家企业涉案 2 次以上，占走私违规案件总数的 16.39%，共涉案 300 起，占走私违规案件总数的 37.45%。

天津海关企业综合情况分析

一、AA 类企业总体情况

截至 2013 年年底，天津关区共有 AA 类企业 113 家，比 2012 年增加 9 家。其中，收发货人 101 家，比 2012 年增加 9 家；报关企业 12 家，与 2012 年持平。

行业分布方面，截至 2013 年年底，关区 AA 类收发货人中，电子行业为 31 家，汽车及零部件行业为 14 家，机械行业为 12 家，贸易物流行业为 8 家，石油化工行业为 12 家，以及其他行业为 24 家。

（一）报关单量与进出口总值

2013 年度，天津关区 AA 类收发货人企业整体进出口情况良好，报关单量和进出口总值都有不同程度的增长。

据统计，2013 年度 AA 类收发货人共申报报关单 55.7 万份，比 2012 年同期增长 4.4%，占天津关区全部注册登记收发货人申报总量的 28.6%。其中，出口报关单 28.4 万份，同比增长 7.7%；进口报关单 27.3 万份，同比增长 1.2%。

进出口总值方面，2013 年度 AA 类收发货人贸易统计进出口总值为 493.94 亿美元，同比增长 1.2%，占天津关区全部注册登记收发货人贸易统计进出口总量的 38.4%。其中，出口 181.82 亿美元，同比减少 11.8%；进口 312.12 亿美元，同比增长 10.7 %。

（二）一般贸易情况

一般贸易方面，天津关区情况十分良好，增长势头明显。

据统计，2013 年度天津关区 AA 类企业一般贸易进出口总值达到 161.13 亿美元，同比增长 17.5%，占天津关区全部注册登记收发货人一般贸易进出口总量的 26.0%。其中，出口总值为 16.03 亿美元，同比增长 5.2%；进口总值为 145.11 亿美元，同比增长 19.0%。

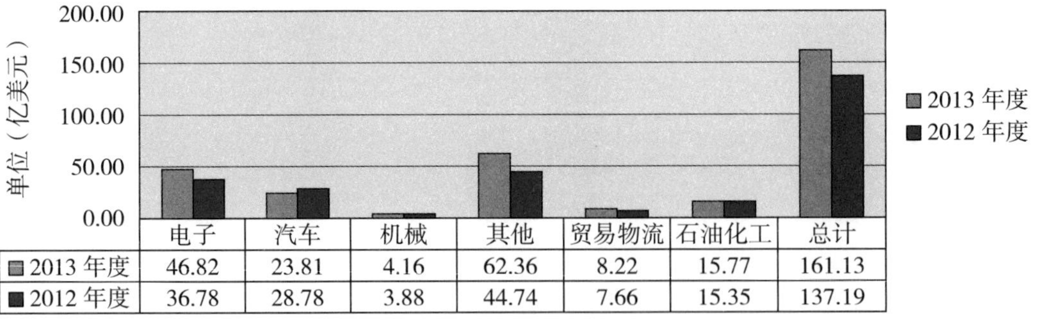

	电子	汽车	机械	其他	贸易物流	石油化工	总计
2013 年度	46.82	23.81	4.16	62.36	8.22	15.77	161.13
2012 年度	36.78	28.78	3.88	44.74	7.66	15.35	137.19

图 1　2012~2013 年度 AA 企业一般贸易进出口总值对比图

与此同时，AA 类收发货人一般贸易实征税款也有较快增长。据统计，2013 年度 AA 类企业一般贸易实征税收为 205.94 亿元，比 2012 年同期增长 10.8%，占天津关区全部注册登记收发货人一般贸易实征税款的 25.6%。

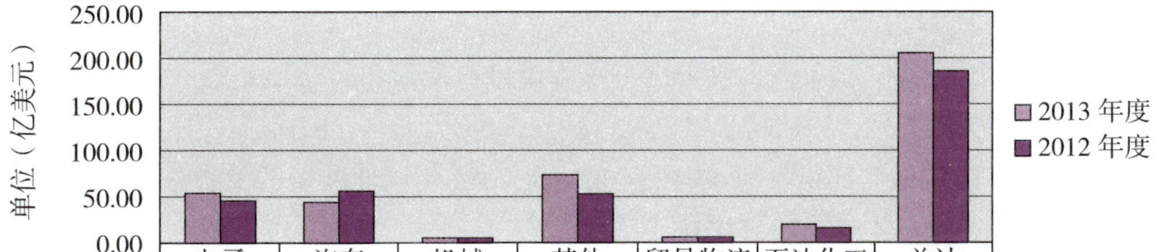

	电子	汽车	机械	其他	贸易物流	石油化工	总计
2013 年度	53.74	44.48	4.08	74.36	7.21	22.07	205.94
2012 年度	46.50	55.25	3.99	54.77	6.76	18.66	185.94

图 2　2012~2013 年度 AA 企业一般贸易实征税款对比图

二、重点行业进出口情况简析

天津关区 AA 类收发货人种类较多，行业分布广泛。在这些行业中，电子行业和汽车行业在企业数量、申报单量、进出口总值及实征税款等方面都占据了较大份额，对关区 AA 类企业整体情况有着较大的影响。

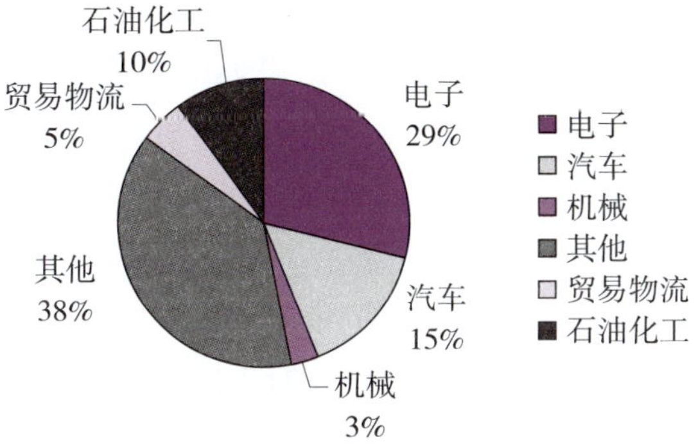

图 3　2013 年度 AA 类企业一般贸易进出口总值分行业比重图

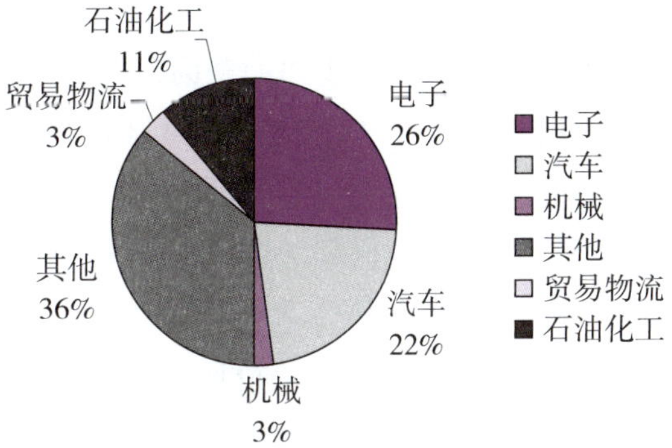

图 4　2013 年度 AA 类企业一般贸易实征税款分行业比重图

（一）电子行业概况

2013 年度，AA 类电子行业企业进出口保持迅速增长势头，申报报关单量、进出口总量和实征税收均有所增长，是推动 2013 年度天津关区 AA 类企业进出口总值增长的主要动力之一。

据统计，AA 类企业中，电子行业共申报报关单 40.5 万份，比 2012 年增长 5.4%，占所有 AA 类收发货人申报总量的 72.6%。其中，申报出口报关单 22.7 万份，同比增长 6.8%；申报进口报关单 17.7 万份，同比增长 3.5%。

2013 年度，AA 类企业中电子行业贸易统计进出口总额 300.82 亿美元，同比减少 0.8 %，占所有 AA 类收发货人进出口总值的 61.1%。其中，出口 141.00 亿美元，同比减少 13.5%；进口 159.83 亿美元，同比增长 14.0 %。

一般贸易方面，2013 年度 AA 类企业中电子行业进出口总值达 46.82 亿美元，同比增长 27.3%。其中，出口 5.81 亿美元，同比增长 15.5%；进口 41.01 亿美元，同比增长 29.2%。

良好的进出口形势使电子行业实征税款也得到大幅增长。2013 年度，电子行业企业一般贸易缴纳税款 53.74 亿元，同比增长 15.6%，增加了约 7.23 亿元。

（二）汽车及零部件行业概况

2013 年度，AA 类企业中汽车行业申报报关单数略有增长，但进出口总量和实征税收有所下降。

据统计，AA 类企业中，汽车行业共申报报关单 39894 份，同比增长 5.9%。其中，申报出口报关单 7042 份，同比增长 12.9%；申报进口报关单 32852 份，同比增长 4.5%。

2013 度，AA 类企业中汽车及零部件行业贸易统计进出口总值达到 35.33 亿美元，同比减少 11.9%。其中，出口6.76亿美元，同比增长1.3%；进口28.57亿美元，同比减少14.5%。

一般贸易方面，2013年度，AA类企业中汽车及零部件行业进出口总值达到23.81亿美元，同比减少17.2%。其中，出口0.97亿美元，同比增长6.2%；进口22.84亿美元，同比减少18.0%。

此外，汽车行业一般贸易实征税收为44.48亿元，比2012年同期减少了19.5%。

三、给予AA类企业通关便利服务措施

为贯彻落实海关总署促进外贸稳定增长的部署，充分发挥海关工作服务大局、服务企业发展的重要作用，在严峻经济形势下缓解企业经营困难，不断优化海关监管与服务，按照“由企及物”和实施差别化管理理念，引导、鼓励企业规范管理，诚信经营，真正发挥守法便利的示范带动作用，天津海关认真执行海关总署分类管理措施，并结合本关工作实际，对AA类企业提供以下通关便利：

（一）AA类进出口货物收发货人企业通关便利服务措施

1. 在专用窗口办理海关业务（经营单位、报关代理单位须均为AA类）。海关在各业务现场设立“AA类企业专用窗口”，优先办理货物申报、查验、放行，以及减免税审批、加工贸易审批等手续。受场地和人员限制无法单独设立窗口的现场，应优先接受AA类企业办理海关业务。

2. 预约下厂查验。对确因特殊原因无法在监管查验现场查验的进口货物，经企业申请，在保证海关有效监管的前提下，海关可以派员到企业实施查验。

3. 天津海关实施辖区通关管理，由辖区海关对辖区内企业实施便捷通关措施。

4. 提前办理通关手续。进口货物在舱单信息（或港务局动态信息）齐备的情况下，允许提前申报。并可按照《天津海关进口货物价格预审核管理暂行办法》办理价格预审核手续。对于出口应税商品，如果存在价格疑问但伪瞒报风险较低，可以暂按申报价格征税，货物放行后通过后续价格跟踪核查等手段审定完税价格。

5. 在特殊监管区和保税仓库内可以享受“分批出区集中申报”的申报模式。

（二）AA类报关企业通关便利服务措施

1. AA类报关企业可在“AA类企业专用窗口”办理通关业务，但委托代理报关的进出口货物收发货人的管理类别也应为AA类。

2. 可优先选择作为无纸化通关等海关便捷通关试点或国际合作试点。

3. 可在正常工作时间内向接单现场预约时间进行申报。

4. 海关指派专人负责协调解决该企业代理的AA类收发货人在办理海关事务中遇到的疑难问题。

石家庄海关企业综合情况分析

一、企业总体情况

截至2013年年底，石家庄关区共注册企业16814家，其中有实际进出口业务的企业8957家，2013年实现进出口总额5445363.38万美元，报关单总量达570954票，监管货物总量达14776.15万吨，实际税款总额达2313244.73万元。

二、企业分类及进出口情况

截至2013年年底，石家庄关区有AA类企业43家，A类企业499家，C类企业40家，D类企业11家，其余均为B类企业。2013年度，关区AA类企业累计实现进出口额897341.95万美元，报关单量33468票，监管货物量4814.10万吨，实际征税额689418.60万元，分别占关区总额的16.48%、5.86%、32.58%、29.80%。

三、对AA类企业支持措施

（一）以引导AA类企业“诚信、守法、自律”为目标，进一步转变“以查为主”的观念

正确处理查发问题与规范管理的关系，对企业内控、财务状况、守法经营、贸易安全等方面进行全面体检。在履行稽查职能的同时，注意发现企业经营管理薄弱环节，督促企业规范整改，并引导企业根据《验证稽查作业标准》进行自查自纠，严格贯彻“守法便利，违法惩戒”的理念，做好企业规范培训工作，努力实现企业诚信、守法、自律。

（二）创新“二八定律”管理模式，提升差别化作业效能

一是始终坚持“由企及物”的理念，以“管少、管精、管好”为目标，创新性地提出具有本关区特色的“二八定律”管理模式。管住“少而精”的20%的AA类企业，就可以管好80%的进出口业务。二是对高资信企业，采取常规稽查的方式，及时发现并纠正企业存在的问题，敦促企业整改，帮扶企业完善内控机制，有效规范企业运营，降低关区分类通关风险，营造关区健康、守法的进出口秩序。

（三）真情服务，加强对AA企业扶持力度，促进企业健康发展

一是严把AA类企业“准入关”，确保验证稽查质量，将真正的守法企业“验”出来。2013年，石家庄海关专门召开“进出口企业座谈会暨AA类管理企业授牌仪式”，核准升级17家AA类企业。二是宣传海关政策，了解企业需求，倾听企业呼声，畅通海关与企业的对话渠道，推动海关与企业合作伙伴关系的进一步发展。三是真情服务，为企排忧。该关始终以促进企业健康发展为立足点，完善突发情况应急预案，方便企业在系统转换等突发状况下方便快捷及时通关。

（四）加大扶持高资信企业，提供各项优惠措施

一是加强执法统一性建设，确保企业在关区内外享受同等优惠政策。下发《石家庄海关关于进一步加强企业分类管理执法统一性工作的通知》并在全关区进行推广，加强关区执法统一性建设，积极落实差别化海关管理制度，协调落实关区内外AA类、A类企业在不同关区享受同等待遇。二是专人负责AA类、A类企业，为企业提供主动服务，通过网上、电话、传真等多种途径，对关区43家AA类企业和499家A类企业实现“全覆盖”通知，提醒企业报送材料相关要求和为企业解决实际问题。三是AA类进出口企业享受“担保验放”、“通关作业无纸化”等便利措施。

（五）区域通关措施为企业降低成本

一是企业适用 AA 类、A 类管理后，可享受“属地申报，口岸验放”模式，集装箱可直接运抵码头，并由码头将其快速显示在关岗信息平台，为快捷通关奠定了不可或缺的优良基础。二是企业适用 AA 类管理后运抵费大幅减少。AA 类企业在我关内陆港申报货物的查验率相对较低，不仅节省查验费用，而且从内陆港申报货物可直接集港到码头，与申报货物运抵堆场后由堆场代为集港到码头相比，节省了运抵堆场到码头的费用。

太原海关企业综合情况分析

一、企业总体情况分析

从2013年外贸数据来看，太原关区注册登记的进出口企业突破4000家，为4182家，同比增加9.25%，创历史新高；有效企业数为2431家，同比增加69.82%；当年新增企业数425家，同比增加51.79%。其中，AA类企业18家，A类企业149家，B类企业4002家，C类企业9家，D类企业4家。

2013年山西省克服资源性产品进出口下滑的不利影响，外贸进出口呈现稳中有进、稳中向好的局面，全年进出口总值再创历史新高，外贸发展的质量和效益得到进一步提升。其中，手机出口成为全年外贸的最大亮点和新的增长点。

从外贸主体结构来看，外商投资企业、民营企业占比进一步提升。2013年，两者合计占全省外贸总值的7成，民营企业进出口再次超过一直占主导地位的国企。从产品结构来看，出口产品中，过去多年唱主角的煤、焦、不锈钢等资源性产品被机电产品、高新技术产品所取代。其中，仅手机一项就出口1442万台，同比增长90.3%，成为2013年山西省外贸的最大亮点和新增长点。

2013年，山西省承接加工贸易梯度转移成效显著，占到全省进出口总值的近4成，达到历史最好水平。同时，太原、运城和吕梁3个市的进出口值占全省进出口总值的75%，龙头城市的带动引领作用更加突出。这也进一步表明山西省加快产业结构调整，积极转变经济发展方式取得显著成效。

随着太原武宿综合保税区的投入运营及企业的转型升级，2014年，山西省外贸保持稳定增长势头。

二、企业进出口情况分析

2013年，山西省进出口总值为980.6亿元，扣除汇率因素（下同）同比增长5%，居全国第24位，增速居第26位。其中，出口496.1亿元，同比增长14%，居全国第23位，增速居第14位；进口484.5亿元，同比下降2.8%，居全国第25位，增速居第27位。全年实现贸易顺差11.6亿元。

2013年，太原关区征税额为48.02亿元，同比增长0.36%，再创历史新高；监管货运量为2442万吨，同比增长27.2%；货值为49.3亿美元，同比增长15.2%；监管飞机2886架次，同比增长26.3 %；进出境人员为33.17万人次，同比增长41.6 %。其他主要业务指标均创历史最好水平。

从进出口结构上看，太原关区贸易结构更趋优化，加工贸易和保税仓库进出境货物增长较快。2013年全年加工贸易进出口值为57亿美元，同比增长28.9%，占全省外贸总值的36.1%；保税仓库进出境货物进出口9.6亿美元，同比增长32.1%，占全省外贸总值的6.1%；一般贸易进出口90.4亿美元，同比下降7%，占全省外贸总值的57.2%。

从外贸主体上看，结构更趋合理，外商投资企业、民营企业占比提升。2013年，全省外商投资企业进出口值为54.2亿美元，同比增长22.3%，占全省外贸总值的34.3%，比重较2012年提高4.8个百分点；民营企业进出口值为56.7亿美元，同比增长5.3%，占全省外贸总值的35.9%，比重较2012年提高0.1个百分点；国有企业进出口值为46.9亿美元，同比下降10%，占全省外贸总值的29.7%，比重较2012年减少4.9个百分点。

（一）贸易结构更趋优化：加工贸易和保税仓库进出境货物大幅增长。全年山西省加工贸易进出口值为57亿美元，加工贸易的比重较2012年增加6.7个百分点，较2011年增加16.4个百分点，比重创历史新高。加工贸易的高速发展显示出承接东部地区加工贸易梯度转移效果显著。保税仓库进出境货物进出口9.6亿美元，同比增长32.1%，占全省外贸总值的6.1%，海关特殊监管场所对促进开放型经济发展作用进一步显现。一般贸易进出口90.4亿美元，同比下降7%，占全省外贸总值的57.2%。

（二）贸易伙伴更趋多元：金砖国家、非洲国家等新兴市场成为新的增长点。2013年，山西省的贸易伙伴由2012年的175个增至180个。其中，山西省对欧盟进出口值为31.5亿美元，同比增长24.9%。

（三）龙头城市作用更加突出：太原、运城进出口占7成。2013年，太原市进出口值为91.6亿美元，同比增长8.2%；运城市进出口值为17.5亿美元，同比增长64%。两市进出口值合计占山西外贸总值的7成。同期，吕梁进出口7.5亿美元，同比增长30.1%，其余8个市进出口均有不同程度的下降。出口方面，吕梁市出口值为1.6亿美元，同比增长47.3%；朔州市出口值为0.2亿美元，同比增长34. 3%；太原市出口值为52.9亿美元，同比增长24.8%；运城市出口值为4.8亿美元，同比增长24.2%；晋城市出口值为2.6亿美元，同比增长5.5%。此外，临汾、阳泉出口分别下降41.5%和23%，降幅较大。

（四）外贸主体结构更趋合理：外商投资企业、民营企业占比提升。2013年，山西省外商投资企业进出口值为54.2亿美元，同比增长22.3%，占全省外贸总值的34.3%，比重较2012年提高4.8个百分点；民营企业进出口值为56.7亿美元，同比增长5.3%，占全省外贸总值的35.9%，比重较2012年提高0.1个百分点；国有企业进出口值为46.9亿美元，同比下降10%，占全省外贸总值的29.7%，比重较2012年减少4.9个百分点。

（五）出口商品结构更趋优化：初级产品出口比重进一步下降。2013年，山西省出口初级产品5.5亿美元，同比下降21.7%，仅占出口总额的6.9%，比重较2012年下降3.2个百分点。

（六）贸易条件更趋改善：主要资源型产品进口量增价跌。2013年，山西省进口矿产品等初级产品43.9亿美元，同比增长6.1%，占进口总值的56.2%。

三、企业通关规范情况分析

根据执法评估系统统计，2013年太原海关共监管进出口货物可实施查验报关单4652票，共查获75票，查获率为23.73%；关区报关差错率为4.65%，同比降低16.21%。

四、AA类企业守法状况分析

2013年1~12月份（以报关单申报时间和经营单位口径统计），AA类企业申报报关单3610票（占同期关区申报报关单总数6567票的54.97%），可实施查验报关单1931票（占同期关区可实施查验报关单总数4657票的41.46 %）。AA类企业查验率较2012年下降3.38个百分点，表明AA类企业通关便利化水平趋于提升；AA类企业查获率为21.36%（同期关区整体查获率为18.03%），该项指标较2012年下降5.77个百分点，表明对AA类企业整体风险防控能力有所提升。

上述数据表明，AA类企业查验率和查获率指标均有向好趋势，优化监管查验工作成效初显。

五、为AA类企业提供的优惠便利措施

一是组织关区18家AA类企业集中签订《适用担保验放通关程序责任担保书》。二是最高诚信等级AA类企业在全国海关享受15项通关便利措施。三是服务山西外贸发展，先后与18家AA类企业签订合作备忘录，建立了沟通顺畅的紧密合作机制。四是与上海、杭州、宁波、福州、厦门、郑州、江门、南宁等8个海关正式确立“属地申报，口岸验放”通关模式，区域通关口岸增至19个，进一步畅通了转关和区域通关渠道。五是推进转关作业无纸化，实现转关监管全程电子化。

呼和浩特海关企业综合情况分析

一、企业总体情况

截至 2013 年 12 月 31 日，呼和浩特关区注册有效企业 2236 家。其中，进出口收发货人 2134 家，占比 95.4%；报关企业 94 家，占比 4.2%；加工生产企业 8 家，占比 0.36%。

从企业类别情况看，AA 类企业 有 6 家，占比 0.26%；A 类企业有 56 家，占比 2.5 %；B 类企业有 2161 家，占比 96.64 %；C 类企业有 9 家，占比 0.4%；D 类企业有 4 家，占比 0.17%。

从关区分布情况看，呼和浩特、二连浩特海关企业较多，分别占呼和浩特关区的 27.86%、23.65%；二者 A 类以上企业数占比在呼和浩特关区内较高，分别为 22.58%、27.41%。

表 1　呼和浩特关区有效企业情况表

关别	AA		A		B		C		D		关区合计	
	数量（家）	占比（%）	数量（家）	占比（%）	数量（家）	占比（%）	数量（家）	占比（%）	数量（家）	占比（%）	数量（家）	占比（%）
呼和浩特海关	3	50.00	11	19.64	608	28.13	1	11.11			623	27.86
二连浩特海关			17	30.35	511	23.64	1	11.11			529	23.65
包头海关	2	33.33	13	23.21	399	18.46	1	11.11			415	18.55
乌拉特海关			4	7.14	299	13.83	2	22.22	4	100.00	309	13.81
鄂尔多斯海关	1	16.67	6	10.71	204	9.40	2	22.22			213	9.52
额济纳海关			4	7.14	82	3.79	1	11.11			87	3.89
东乌海关			1	1.78	58	2.60	1	11.11			60	2.68
呼和浩特关区	6		56		2161		9		4		2236	

二、企业进出口情况分析

（一）本地企业在呼和浩特海关关区进出口情况

2013 年，呼和浩特关区本地注册企业在本关区有进出口业务的共 436 家，进出口报关单为 84955 份，进出口值为 451337 万美元，征收税款为 367691 万元。高信用企业（AA、A 类）数量及报关单量占比虽不大，但是进出口值及纳税额占比较高，分别为 49%、30%。

表 2　2013 年本地企业从呼和浩特关区进出口情况表　（按企业类别）

企业类别	企业数量（家）	企业数量占比（%）	报关单数量（份）	报关单量占比（%）	进出口值（万美元）	进出口值占比（%）	纳税额（万元）	纳税额占比（%）
AA	2	0.45	234	0.27	22661	0.50	6971	0.83
A	40	9.17	38941	45.83	217718	48.23	201635	28.75
B	390	89.44	45643	53.72	208271	46.14	156255	65.65
C	0	0.00	0		0	0.00	0	0.00
D	4	0.91	137	0.16	2687	0. 59	2830	0.34
合计	436		84955		451337		367691	

（二）所有企业在呼和浩特海关关区进出口情况

2013 年，呼和浩特海关关区有进出口业务的企业共 2355 家，进出口报关单为 121961 份，进出口值为 702332 万美元，征收税款为 549109 万元。高信用企业（AA、A 类）数量虽只占整个进出口企业数量的 21%，但是进出口额、纳税额均比企业数量占 78% 的 B 类高，分别为 53% 和 59%。

表 3　2013 年所有企业从呼和浩特关区进出口情况表　（按企业类别）

企业类别	企业数量（家）	企业数量占比（%）	报关单数量(份)	报关单量占比（%）	进出口值（万美元）	进出口值占比（%）	纳税额（万元）	纳税额占比（%）
AA	87	3.60	2274	1.90	87550	12.50	70207	12.70
A	409	17.40	44984	36.80	290132	41.30	259528	47.30
B	1851	78.50	74503	61.00	321847	45.80	216410	39.40
C	4	0.20	63	0.05	116	0.01	134	0.02
D	4	0.20	137	0.11	2687	0.38	2830	0.50
合计	2355		121961		702332		549109	

三、呼和浩特关区企业海关监管情况

（一）关区企业进口监管情况

2013 年，呼和浩特海关进口报关单查获率为 15.94 %，删、改单率为 25.41%。

从企业类别情况看，AA 类企业的查获率为 1.67%，A 类企业的查获率为 19.16%，B 类企业的查获率为 15.67%，C 企业的查获率为 3.33%，D 类企业的查获率为 1.49%。

表 4　2013 年呼和浩特关区企业进口查获情况表（按企业类别）

企业类别	查获数		查获率	
	数值（票）	同比（%）	查获率（%）	同比（%）
AA	1	0.00	1.67	1500.00
A	227	97.39	19.16	218.78
B	368	105.59	15.67	21.80
C	1		3.33	30.00
D	2		1.49	134

表 5　2013 年呼和浩特关区企业进口删、改单情况表

关别	删、改单数			删、改单率（%）		申报报关单数		
	数值(票)	同比(%)	占比(%)	数值(票)	同比	数值(票)	同比(%)	占比(%)
呼和浩特海关	140	–42.62	1.48	18.94	–15.57	739	4.53	1.98
二连浩特海关	4814	62.20	50.88	17.38	5.35	27696	12.32	74.37
包头海关	323	–4.72	3.41	67.71	15.16	477	–26.05	1.28
呼关邮办	23	21.05	0.24	76.67	35.36	30	–34.78	0.08
二连浩特公路	559	–6.21	5.91	38.34	3.77	1458	–15.43	3.91
额济纳海关	196	39.01	2.07	11.91	4.36	1646	–11.84	4.42
乌拉特海关	274	37.69	2.90	11.03	5.31	2485	–28.63	6.67
满都拉口岸	59	–94.00	0.62	35.54	–43.56	166	–86.66	0.45
东乌海关	526	–22.07	5.56	61.31	–37.52	858	25.62	2.30
呼和浩特海关驻白塔机场办事处	144	63.64	1.52	33.88	8.52	425	22.48	1.14
呼和浩特海关驻出口加工区办事处	96	100.00	1.01	24.94	7.85	385	37.01	1.03

（续表）

关别	删、改单数			删、改单率（%）		申报报关单数		
	数值（票）	同比（%）	占比（%）	数值（票）	同比	数值（票）	同比（%）	占比（%）
鄂尔多斯海关	2308	76.32	24.39	262.87	101.46	878	8.26	2.36
呼特关区	9462	24.34		25.41	15.88	37243	2.05	

（二）关区企业出口监管情况

2013 年，呼和浩特海关出口报关单查获率为 19.12%，删、改单率为 6.88%。

从企业类别情况看，AA 类企业的查获率为 2.86%，A 类企业的查获率为 13.96%，B 类企业的查获率为 20.48%，C 类企业的查获率为 37.5%，D 类企业的查获率为 33.33%。

表 6　2013 年呼和浩特关区企业出口查获情况表（按企业类别）

企业类别	查获数		查获率	
	数值（票）	同比（%）	查获率（%）	同比（%）
AA	1	0.00	2.86	35.00
A	117	36.05	13.96	-25.75
B	705	34.29	20.48	262.36
C	3	200.00	37.50	-57.14
D	1	0.00	33.33	0.00

表 7　2013 年呼和浩特关区企业出口删、改单情况表

关别	删、改单数			删、改单率（%）		申报报关单数		
	数值（票）	同比（%）	占比（%）	数值（票）	同比	数值（票）	同比（%）	占比（%）
呼和浩特	6	-	0.10	5.41	5.41	111	11000.00	0.13
二连海关	605	-6.06	10.36	4.09	0.08	14808	-7.89	17.44
包头海关	24	14.29	0.41	27.27	-2.73	88	25.71	0.10
呼关邮办	8	100.00	0.14	6.30	-2.79	127	188.64	0.15
二连公路	3700	7.37	63.33	5.86	0.44	63137	-0.61	74.35
额济纳海关	104	-2.80	1.78	26.33	0.48	395	-4.59	0.47
乌拉特海关	315	-45.41	5.39	10.93	-2.76	2882	-31.63	3.39
满都拉口岸	16	14.29	0.27	80.00	60.82	20	-72.60	0.02
东乌海关	356	45.31	6.09	15.57	6.65	2287	-16.75	2.69
呼和浩特海关驻白塔机场办事处	3	-25.00	0.05	5.77	3.62	52	-72.04	0.06
呼和浩特海关驻出口加工区办事处	45	40.63	0.77	6.36	0.49	707	29.72	0.83
鄂尔多斯海关	660	-61.13	11.30	215.69	45.55	306	-69.34	0.36
呼特关区	5842	-13.99		6.88	39.16	84920	-4.47	

四、高信用企业（AA、A）守法状况分析

2013 年，呼和浩特关区注册企业涉案 57 次，涉及企业 47 家。其中，违规行为占比为 92.98%，AA 类企业不存在任何走私、违规案件，A 类企业存在一定的违规案件，B 类企业走私、违规、侵权案件集中，C、D 类企业存在一定的违规行为。从企业类别调整看，2013 年，AA 类企业没有被降级的；A 类企业被下调

管理类别的全部为降级至 B 类，没有降级为 C、D 类的。由此可见，呼和浩特关区高信用企业没有重大违法情形发生，整体守法状况良好。

表 8　企业管理类别下调情况表

类型	AA				A			B		总计
	AA-A	AA-B	AA-C	AA-D	A-B	A-C	A-D	B-C	B-D	
数量	0	0	0	0	5	0	0	5	5	15

满洲里海关企业综合情况分析

一、企业概况

（一）注册企业多集中在满洲里地区

截至2013年12月31日，满洲里关区注册企业共计1080家。其中，满洲里海关注册企业585家，占注册企业总数的54%；海拉尔海关注册企业64家，占注册企业总数的6%；额尔古纳海关注册企业24家，占注册企业总数的2%；驻赤峰办事处注册企业226家，占注册企业总数的21%；驻通辽办事处注册企业181家，占注册企业总数的17%。

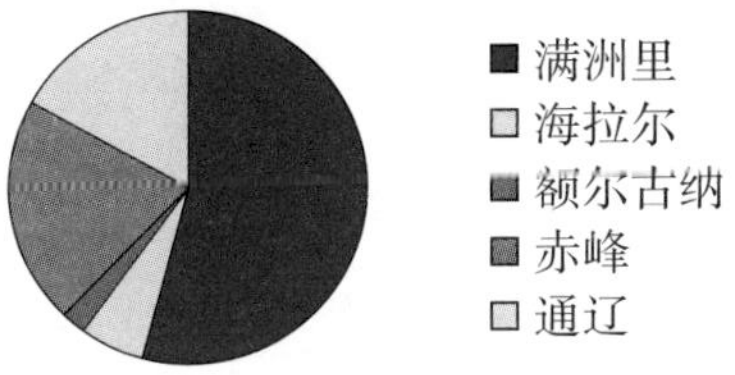

图1　2013年满洲里关区企业分布图

（二）经营类别中，进出口货物收发货人占绝对比重

报关单位中，进出口货物收发货人占有显著比重。具体来看，进出口货物收发货人为1028家，占注册企业总数的95%；报关企业为52家，占注册企业总数的5%。

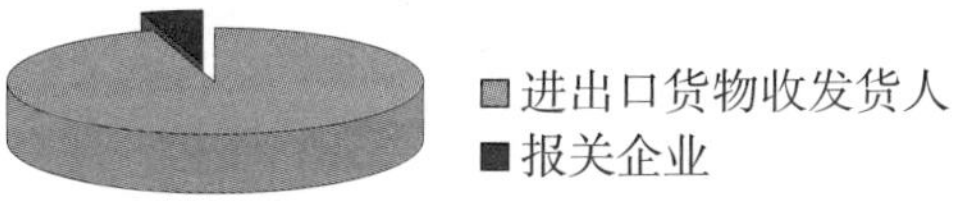

图2　2013年满洲里关区企业经营类别占比图

（三）管理类别分布呈橄榄形

管理类别分布中，常规管理企业占绝对比重，高资信企业和低资信企业相对较少。其中，A类企业为28家，占注册企业的2.6%；B类企业为1048家，占注册企业的97%；C类企业为3家，占注册企业的0.3%；D类企业有1家，占注册企业的0.1%。

（四）企业性质分布中，私营企业占较大比重

私营企业占较大比重，占进出口货物收发货人的89%；其他性质企业相对较少。1028家进出口货物收发货人中，国有企业56家，合资企业23家，独资企业21家，集体企业9家，私营企业910家，个体工商户9家。

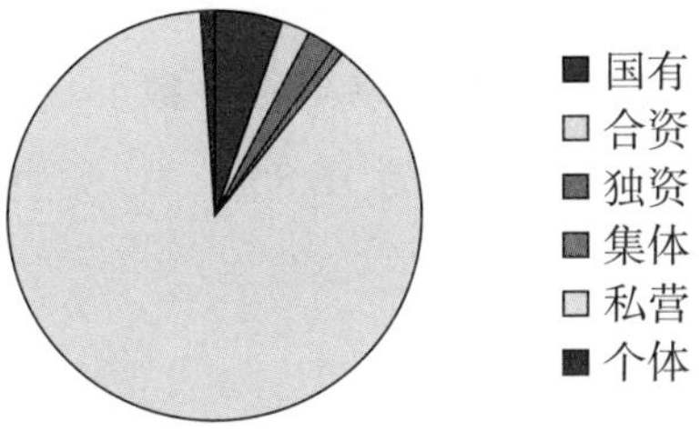

图3　2013年满洲里关区企业性质分布图

（五）有进出口业务的企业占注册企业比重近一半

报关企业的进出口活动相对活跃，有进出口业务的报关企业在报关企业中占绝对比重。

据企业信息管理系统显示，1080家注册企业中，有进出口业务的企业为501家，占注册企业的46%。其中，有进出口业务的进出口货物收发货人454家，占进出口货物收发货人总数的44%；有进出口业务的报关企业47家，占报关企业总数的90%。

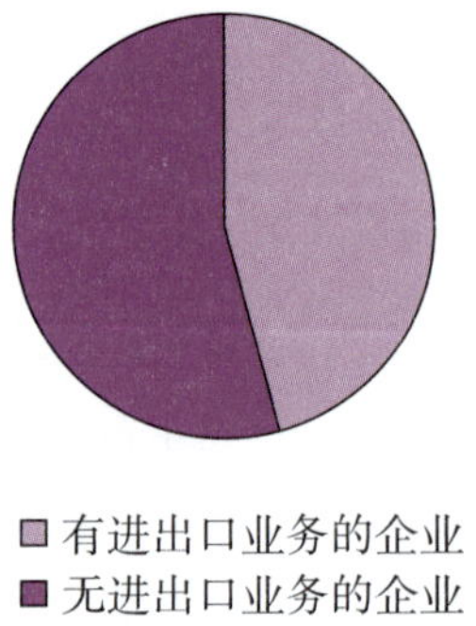

图4　2013年满洲里关区注册企业进出口业务对比图

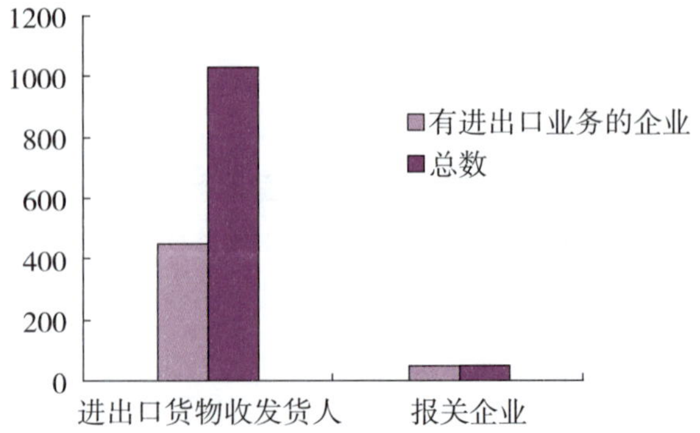

图5　2013年满洲里关区有进出口业务企业情况图

二、企业进出口情况

（一）有进出口业务的企业大部分集中在满洲里地区

据企业信息管理系统数据显示，关区有进出口业务的企业为501家。从行政区域分布来看，有进出口业务的企业72%集中在在满洲里地区，其次是赤峰、通辽、海拉尔、额尔古纳。

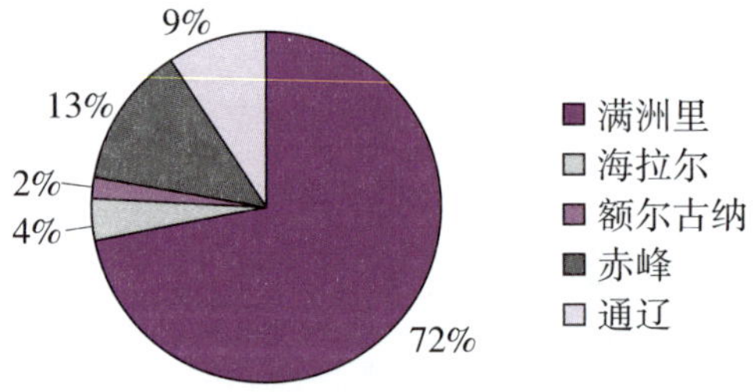

图6　2013年满洲里关区有进出口业务企业分布图

（二）满洲里地区企业进出口活动比较活跃

从企业的进出口情况来看，满洲里地区的企业进出口活动比较活跃，无论是进出口额、报关单量、监管货物量还是纳税额都在关区占有重要地位。

满洲里地区企业进出口额为214374.12万美元，占关区进出口额的66%；报关单量为117755票，占关区报关单量的94%；监管货物量达778.96万吨，占监管货物总量的89%；纳税额为179237.21万元，占纳税总额的66%；减免税额为18878.97万元，占减免总额的69%。

三、企业通关规范情况

（一）高信用企业查获率均低于关区平均水平

2013年，关区企业平均查获率为16.85%。高信用企业查获率为16.09%，低于关区16.85%的平均水平。

（二）各管理类别企业的查获率基本与其信用水平相一致

A类企业查获率为16.09%，B类企业查获率为16.85%，C类企业查获率为50%，D类企业查获率为40%，基本与其信用水平相符。

（三）高信用企业守法程度和申报质量较高

2013年，据企业信息系统数据显示，全关区无走私案件。违规案件共58起，其中A类企业违规11起，占关区案件总数的19%；B类企业违规47起，占关区案件的81%；C、D类企业无案件发生。企业的违规案件大多出现在申报环节，多为商品品名或数量申报错误。C、D类企业全年业务量较小，申报质量也有所提高。

大连海关企业综合情况分析

一、企业总体情况

2013 年，大连关区新增进出口收发货人 3241 家，新增报关企业 53 家。截至 2013 年 12 月 31 日，大连关区注册有效期内的企业共 15409 家，其中有进出口记录的进出口收发货人企业 8892 家。

2013 年，大连关区审核下调企业类别 42 家：A 类降 B 类的 11 家，A 类降 C 类的 1 家，A 类降为 D 类的 1 家；B 类降 C 类的 19 家，B 类降 D 类的 9 家；C 类降 D 类 1 家。同时，经审批新增 A 类企业 72 家（包括 14 家报关企业），由 C 类上调为 B 类管理的企业 20 家，另有 11 家申请 AA 类管理的企业正在实施验证稽查。截至 2013 年 12 月 31 日，大连关区共有 AA 类企业 30 家，A 类企业 466 家（包括 45 家报关企业），B 类企业 14859 家，C 类企业 41 家，D 类企业 13 家。

二、企业进出口情况

（一）适用 AA 类管理企业通关情况

大连关区 30 家 AA 类企业中，贸易型企业 7 家，生产型企业 23 家；全国申报进出口贸易额为 313.92 亿美元，实征税款 86.65 亿元，其中大连关区内贸易额为 297.13 亿美元，占 AA 类企业全国总贸易额的 94.65%，占关区总贸易额（1238.38 亿美元）的 23.99%。AA 类企业平均查验率低于同期大连关区企业的平均查验率，与 2012 年同期 AA 类企业的平均查验率相比上升 0.03 个百分点；查获率为 8.62%，明显低于关区 21.1% 的平均查获率，较 2012 年 AA 类企业 12.58% 的查获率有所下降。

AA 类企业平均差错率为 0.51%，大大低于关区企业 1.42% 的平均差错率。

（二）适用 A 类管理企业通关情况

1. A 类进出口货物收发货人（经营单位）通关情况。

大连关区 421 家 A 类进出口收发货人中，贸易型企业 76 家，生产型企业 339 家，物流型企业 6 家；全国申报进出口贸易额为 317.29 亿美元，实征税款 66.24 亿元；在大连关区内贸易额为 313.29 亿美元，占关区总贸易额的 25.3%；平均查验率低于关区平均标准；平均查获率为 10.77%，低于关区平均标准 21.1%；平均报关差错率为 1.03%。

2. A 类报关企业（申报单位）通关情况。

2013 年，大连关区有进出口业务的报关企业为 462 家，共申报报关单 150.82 万份，占同期大连关区报关单总量（159.6 万票）的 94.5%。其中，A 类报关企业 45 家，报关总票数为 58.6 万票，占关区报关企业报关票数的 38.62%，占关区报关单总数的 36.72%。A 类报关企业平均报关差错率为 0.9%。

（三）适用 C、D 类管理企业通关情况

目前仍在海关注册有效期内的 41 家 C 类企业中，29 家为进出口收发货人，其中有进出口业务的为 25 家，全国申报进出口贸易额为 2.9 亿美元，实征税款 3.85 亿元。C 类进出口收发货人在大连关区内进出口贸易额为 2.90 亿美元，贸易额占关区贸易总额的 0.23%；共查验报关单 444 份，平均查获率 43.02%。有进出口业务的 11 家 C 类报关企业共申报进出口报关单 887 票，占关区报关单总量的 0.06%。

D 类企业中有 7 家进出口货物收发货人存在进出口业务，贸易额为 0.45 亿美元。D 类进出口货物收发货人平均查获率 28.87%。

长春海关企业综合情况分析

一、企业总体情况

截至2013年年底，长春海关关区内共有有效报关单位4379家，其中报关企业42家，进出口收发货人及临时注册企业4337家；正常开展进出口业务的有1598家，近两年无进出口业务的为2781家。

二、企业分类情况

2013年，长春海关共有AA类企业22家，同比增长22.2%；A类企业139家，同比增长32.3%；C类企业13家，同比增长18.2%；D类企业2家，同比增长200%。

2013年年初，长春海关对企业分类管理制度的宣传力度加大，也适时采取了各种方式，让企业能够了解到分类措施的利弊，也有更多的企业意识到在进出口贸易这个市场中资信等级的重要性，纷纷“应邀而来”。2013年度，上调企业类别为AA类的3家，A类的46家，C类升B类的4家；下调企业类别中，A类下调为B类的4家。与2012年对比，上调企业类别明显增加，主要原因有两个：一是由于加大企业分类管理办法的宣传力度，企业的积极性提高了；二是很多企业都参与到社会诚信守法体系建设中来，守法意识有所提升。

三、主要措施

长春海关企业管理工作人员充分利用政策，送政策到企业，采取多种形式进行宣传，分会场召开企业座谈会，与企业近距离沟通，帮助企业进行规范整改，扶持企业保留原管理类别或上调管理类别，企业的反响良好，同时促进了企业守法自律。

沈阳海关企业综合情况分析

一、企业总体情况

截至2013年年底，沈阳关区共有企业5634家，其中AA类企业13家，A类企业109家，B类企业5498家，C类企业7家，D类企业7家。其中，高资信企业（AA、A类）占比为2.2%。

表1　2013年沈阳关区企业分类情况表

类别	数量	比重（%）
AA	13	0.23
A	109	1.94
B	5498	97.59
C	7	0.12
D	7	0.12
合计	5634	100.00

二、企业进出口情况

（一）有进出口业务企业情况

2013年，关区注册企业在沈阳关区有进出口业务的为1201家，其中高资信企业（AA、A类）有91家，占比为7.7%。

表2　2013年沈阳关区有进出口业务企业情况表

类别	数量	比重（%）
AA	13	1.08
A	78	6.49
B	1109	92.34
C	1	0.09
D	0	0.00
合计	1201	100.00

（二）进出口值情况

2013年，关区注册企业在沈阳关区有进出口业务的进出口值为807647万美元，其中高资信企业（AA、A类）进出口总值为649045万美元，占比为80.36%。

表3　2013年沈阳关区注册企业进出口值情况表

类别	进出口值（万美元）	比重（%）
AA	544909	67.47
A	104136	12.89
B	158598	19.64
C	4	忽略
D	0	0.00
合计	807647	100.00

（三）实征税款情况

2013 年，关区注册企业在沈阳关区缴纳税款 682247 万元，其中高资信企业（AA、A 类）实征税款 614100 万元，占比为 90%。

表 4　2013 年沈阳关区注册企业纳税情况表

类别	实征税款额（万元）	比重（%）
AA	555226	81.38
A	58874	8.63
B	68136	9.99
C	11	忽略
D	0	0.00
合计	682247	100.00

（四）报关单量情况

2013 年，关区注册企业在沈阳关区申报报关单 58575 票，其中高资信企业（AA、A 类）申报报关单 30975 票，占比为 52.88%。

表 5　2013 年沈阳关区注册企业报关单量统计表

类别	申报报关单（票）	比重（%）
AA	14888	25.42
A	16087	27.46
B	27599	47.12
C	1	忽略
D	0	0.00
合计	58575	100.00

三、企业通关规范情况

2013 年，关区注册企业在沈阳关区查获情况如下：

表 6　2013 年沈阳关区注册企业通关规范情况表

类别	查获率（%）
AA	13.66
A	17.67
B	14.40
C	0.00
D	0.00
合计	15.03

四、关区 A 类以上企业守法情况

（一）缉私案件办理情况

2013 年，沈阳关区注册企业在全国范围被处罚的共计 706 起，涉及企业 175 家。其中，AA 类企业涉案数为 2 家，占比为 1.14%；A 类企业涉案数为 8 家，占比为 4.57%。

表 7　2013 年沈阳关区注册企业守法情况表

类别	涉案企业数	比重（%）	案件数	比重（%）
AA	2	1.14	2	0.28
A	8	4.57	9	1.27
B、C、D	165	94.29	695	98.45
总计	175	100.00	706	100.00

（二）企业类别下调情况

按照《中华人民共和国海关企业分类管理办法》的规定，企业有走私罪、走私行为、违规行为和侵犯知识产权行为的，拖欠应纳税款、应缴罚没款项的应予以下调管理类别。2013 年，沈阳关区共下调企业管理类别 22 家，其中 A 类企业下调为 B 类的 7 家，AA 类企业无下调。

表 8　2013 年沈阳关区企业类别调整情况表

类别调整	企业数
A–B	7
B–C	6
B–D	7
C–D	2
总计	22

五、高资信企业情况分析

（一）高资信企业海关管理地位突出

高资信企业（AA、A 类）仅占沈阳关区所有企业数的 2.17%，但是其报关单量却约占关区报关单总量的 52.88%，进出口额约占关区进出口总额的 80.36%，海关管理地位非常突出。如果高资信企业都能规范经营，则关区的通关压力就会大大降低，通关速度也能大大加快。

（二）高资信企业守法情况总体较好

2013 年，有 7 家 A 类企业被下调管理类别，占高资信企业的 5.4%，AA 类企业则无一出现降类情况，说明高资信企业守法情况总体较好。

（三）高资信企业的进出口行为仍需进一步规范

部分高资信企业存在大事不犯、小错不断的现象，对于此类企业，海关通过告知、约谈或者布控等手段进行教育、引导和警示，促使企业进一步规范进出口行为。

哈尔滨海关企业综合情况分析

一、企业总体情况

截至2013年年底，哈尔滨关区共有注册企业5461家，占全国注册企业的0.92%。其中，AA类企业9家，占关区注册企业的0.16%，同比增长28.57%；A类企业82家，占比1.50%，同比增长10.81%；B类企业5346家，占比97.89%%，同比增长2.57%；C类企业19家，占比0.35%，同比减少29.63%；D类企业5家，占比0.09%，同比减少28.57%。2013年，关区新增AA类企业8家，新增A类企业121家。

二、企业进出口情况

2013年，哈尔滨关区有进出口活动的企业2301家，占关区企业总数的42.14%；关区企业进出口总值为3669156.13万美元；报关单量为403024票。

2013年，哈尔滨关区高信用企业（AA类、A类）进出口值为1848033.91万美元，占关区企业进出口总值的50.37%；报关单量55770票，占关区企业报关单量的13.84%。其中，AA类企业进出口值为1076091.03万美元，占关区企业进出口总值的29.33%；报关单量为2307票，占关区总报关单量的0.57%。A类企业进出口值为771942.88万美元，占关区企业进出口总值的21.04%；报关单量为53463票，占关区总报关单量的13.27%。

三、企业通关规范情况

2013年，哈尔滨关区报关单查获率为22.84%，其中AA类企业报关单查获率为45.96%。

上海海关企业综合情况分析

一、关区企业总体情况

截至 2013 年年底，上海关区共有注册企业 55724 家，占全国海关注册企业数的 9.4%，在全国各直属关区中排名第三。其中，AA 类企业 387 家，同比增加 27%，占全国 AA 类企业数的 13.27%，排名全国第一；A 类企业 3052 家，同比增加 48%，占全国 A 类企业数的 8.97%；B 类企业 52215 家，同比增加 8%，占全国 B 类企业数的 9.39%；C 类企业 59 家，同比降低 16%，占全国 C 类企业数的 5.5%；D 类企业 11 家，同比增加 22%，占全国 D 类企业数的 2.62%。

2013 年度，上海口岸企业进出口活跃度高，全年企业进出口额达 113128142 万美元，同比增加 1.9%，占全国进出口总额的 19.48%；全年报关单量达 19629882 票，同比增加 6.46%，占全国总额的 28.96%；全年纳税额为 34875140 万元，同比增加 2.56%，占全国总额的 20.38%。上海口岸进出口额、报关单量及纳税额均排名全国各直属关第一。

表 1　2013 年度上海口岸进出口额统计表

	数值（万美元）	占比（%）	与 2012 年相比增幅（%）	占全国比重（%）
进出口收发货人自行申报	7919996	7.00	-15.48	9.48
报关企业代理申报	105208147	93.00	3.50	21.16
合计	113128142		1.90	19.48

表 2　2013 年度上海口岸报关单量统计表

	数值（票）	占比（%）	与 2012 年相比增幅（%）	占全国比重（%）
进出口收发货人自行申报	1022167	5.21	-9.93	15.24
报关企业代理申报	18607715	94.79	7.53	30.47
合计	19629882		6.46	28.96

表 3　2013 年度上海口岸纳税额统计表

	数值（万元）	占比（%）	与 2012 年相比增幅（%）	占全国比重（%）
进出口收发货人自行申报	1013573.67	2.91	-13.89	5.54
报关企业代理申报	33861566.62	97.09	3.15	22.15
合计	34875140.29		2.56	20.38

二、关区企业升降级情况

（一）基本情况

2013 年，上海海关向上调整企业类别 1261 家，同比增加 60%。其中，由 A 类向上调整为 AA 类的 67 家，同比减少 29%；由 B 类向上调整为 A 类的 1167 家，同比增加 72%；由 C 类向上调整为 B 类的 26 家，同比增加 136%；由 D 类向上调整为 C 类的 1 家。

同期，共做出向下调整企业类别 83 家，同比减少 37%。其中，由 A 类以上降级为 B 类管理的 54 家，同比减少 35%；由 A 类以上降级为 C 类管理的 1 家，与 2012 年持平；由 B 类降为 C 类管理的 22 家，同比减少 44%；由 B 类降为 D 类管理的 6 家，同比增加 20%。

（二）工作特点

一是高资信企业数量显著增长，企业培育工作成效明显。通过一系列的宣传推广，使《海关企业分类管理办法》为进出口企业所熟知，企业对分类管理的认同感明显增强，普遍认为管理类别的适用直接关系到企业形象和诚信度，申请适用高资信管理类别的企业数稳步增长。

二是企业分类下调的刚性执行，对规范企业经营行为，减少企业走私违规，起到了积极作用。根据海关总署的要求，采取了刚性执行的标准，对于发生违法情事的企业严格下调管理类别，在企业中起到良好的警示作用，在打击低资信企业的同时，也使高资信企业更加严于律己，保持了海关A类以上企业队伍的良好资质。目前，因走私违规等情事被海关下调管理类别的情况占总下调企业比率也呈逐年下降趋势。

三、AA类企业守法状况分析

（一）AA类企业查验率较低

2013年度，上海海关查验AA类企业报关单52822票，占可查验报关单总数的0.3%，查验率低于平均查验率3.12个百分点。

（二）AA类企业查获率较低

2013年度，查获AA类企业报关单8262票，查获率为15.64%，低于平均查获率0.34个百分点。

（三）AA类企业报关质量较高

2013年度，AA类企业删改报关单数203101票，占删、改单总数的5.77%，删改单率为6.35%，比平均删、改单率低11.57个百分点（详见表5）。

表5　企业删改单情况表

企业类别	删、改单数		申报报关单数		删、改单率（%）
	数值	占比（%）	数值	占比（%）	
AA	203101	5.77	3198017	16.42	6.35
合计	3517872		19629877		17.92

（四）AA类企业重大违法情形少

2013年全年，上海关区AA类企业无走私案件立案情况；行政案件立案105件，占所有行政立案总数的6.3%。其中已结案案件处理结果均显示为统计处罚类微小差错，没有重大违法情形。

上海AA类企业数量稳步上升，没有AA类企业由于走私违规被降级情况。

四、为AA类企业提供的主要优惠便利措施

一是有力推动高资信企业各项守法便利原则。给予AA类诚信企业预归类、预审价、原产地预确定、联网报关、快速转关、加急通关等便捷监管措施，推进跨国公司地区总部及大型高新技术生产企业提高产业创新能力和国际竞争力，促进自由贸易区新型业态及张江中小微企业发展。

二是积极开展高资信企业协调员试点工作。通过制定《海关企业协调员工作管理办法（试行）》，全面开展上海海关企业协调员试点工作，服务AA类高资信企业。利用协调员机制畅通与企业的联系渠道，协调解决企业通关疑难问题，引导和促进企业守法经营和规范管理。

三是努力保障AA类企业各项便利措施顺利实施。通过制定并实施《上海海关关于进一步落实企业通关便利措施的实施意见》，努力将AA类企业的便利措施落到实处；对于AA类企业适用“担保验放”便利措施中存在的难点，通过多方协调使高资信企业能够顺利享受通关便利措施，促进贸易便利化进程，保障高资信企业通关受益。

南京海关企业综合情况分析

一、南京关区企业总体情况

截至 2013 年 12 月 31 日，南京关区共注册有效企业数为 76019 家，占全国注册企业总数的 12.78 %，其中进出口收发货人 75417 家，报关企业 602 家（根据 HQ 系统统计，下同）。2013 年 1~12 月，关区有进出口活动记录的有效企业数（统计范围为贸易统计，下同）为 47609 家，整体活动率为 62.64%。

关区企业按管理类别分：AA 类企业 188 家，占有效企业数的 0.25%；A 类 2347 家，占比 3.09%；B 类 73380 家；C 类 65 家；D 类 39 家。

关区企业按企业性质分：国有企业 93 家 6，中外合作企业 157 家，中外合资企业 5766 家，外商独资企业 15192 家，集体企业 553 家，私营企业 51128 家，个体及其他 2287 家；

2013 年，南京关区企业数稳步增长，全年累计净增加 7069 家，月均净增加 589 家，其中 AA 类企业增加 41 家，增长幅度为 27.89%。

二、企业进出口情况分析

2013 年，南京关区注册企业在江苏口岸进出口的共计 26356 家，进出口值为 2860.15 亿美元，进出口值同比下降 0.89%；在全国口岸进出口的共计 47609 家，进出口值为 5500.86 亿美元，进出口值同比增长 1.74%。具体情况详见下表。

表 1　2013 年南京关区企业在江苏口岸进出口情况统计表

注册海关	有进出口企业数		进出口额		报关单量		监管货物量		纳税额		减免税款额	
南京海关	数值（家）	同比（%）	数值（万美元）	同比（%）	数值（票）	同比（%）	数值（万吨）	同比（%）	数值（万元）	同比（%）	数值（万元）	同比（%）
	26356	-0.36	28601460	-0.89	3002132	2.62	14837	4.13	6614274	4.74	14279878	0.43

表 2　2013 年度南京关区企业在全国的进出口情况统计表

注册海关	有进出口企业数		进出口额		报关单量		监管货物量		纳税额	
南京海关	数值（家）	同比（%）	数值（万美元）	同比（%）	数值（票）	同比（%）	数值（万吨）	同比（%）	数值（万元）	同比（%）
	47609	5.57	55007957	1.74	8858320	6.26	24815	8.94	11573505	6.32

同期，关区高资信企业（AA 类及 A 类，下同）进出口情况与 2012 年相比保持稳定，在全国口岸的进出口值为 3095.05 亿美元，占关区注册企业在全国进出总值的 56.26%。

三、企业通关情况分析

2013 年，南京关区企业在全国口岸申报报关单总数为 654 万票，查获率为 15.64%。具体情况详见下表。

表 3　2013 年度南京关区企业通关情况表

企业类别	查获数		查获率		申报报关单数	
	数值（票）	同比（%）	数值（%）	同比（%）	数值（票）	同比（%）
AA	2857	-18.00	11.22	3.73	1171258	24.90
A	13731	10.36	14.03	2.27	3017592	5.42
B	25305	23.72	17.60	6.99	2342358	-8.95

（续表）

企业类别	查获数		查获率		申报报关单数	
	数值（票）	同比（%）	数值（%）	同比（%）	数值（票）	同比（%）
C	299	103.40	10.62	56.83	7958	51.21
D	157	481.48	15.78	90.53	1318	92.69
合计	42349	15.99	15.64	1.71	6540484	2.41

2013年1~12月，查验率从B类到AA类逐级下降，高资信企业在通关环节享受较低的查验率。

四、企业守法状况分析

2013年，南京关区注册企业在全国共有3969条（已办结行政、刑事案件）案件记录，涉及企业2404家。从企业的违规率看，从D类至AA类企业比重逐步下降，显示企业守法程度与企业类别相匹配。详见下表。

表4　2013年南京关区各类别企业案件情况统计表

企业类别	走私罪		走私行为		违规行为		侵权案件		总计	
	次数	家数	次数	家数	次数	家数	次数	家数	次数	家数
AA	0	0	0	0	299	64	0	0	299	64
A	0	0	0	0	784	405	3	3	787	408
B	1	1	4	4	2646	1800	66	54	2717	1859
C	1	1	10	10	78	30	22	8	111	49
D	18	18	1	1	36	5	0	0	55	24
合计	20	20	15	15	3843	2304	91	65	3969	2404

表5　2013年南京关区各类别企业违规率统计表

类别	违规行为	报关单量（票）	违规率（%）
AA	299	1171284	0.026
A	784	3017571	0.026
B	2646	2342353	0.113
C	78	7958	0.98
D	36	1318	2.731

五、南京海关为AA类企业提供的优惠便利措施

（一）对AA类企业启动担保验放优惠措施

2013年11月，南京海关在关区正式开展担保验放试点工作，首批42家AA类企业参与签约。截至2013年12月底，关区共接受申报担保验放报关单233票，全部为进口报关单，涉及税款3.66亿元。该项优惠措施一是保证了企业货物到港后及时卸货，确保企业顺利办理海关放行手续；二是有利于担保验放企业的资金周转，节省利息费用。2014年，南京海关在前期试点工作的基础上对关区AA类企业全面开展该项优惠措施。

（二）加强对AA类企业政策宣传力度

随着我国与韩国、欧盟等AEO国际互认工作的开展，互认国海关给予中国AA类企业享受降低进口货物查验率、简化进口货物单证审核等越来越多的便利措施。南京海关通过“12360”政策宣讲、企业沙龙等多种形式，告知企业应该享受的互认国通关措施，为南京关区AA类企业提供政策支持，帮助江苏企业走出去。同时，积极推进南京海关与韩国大邱海关的关际合作项目，提升江苏企业的海外竞争能力。

（三）对 AA 类企业实施较低查验率

南京海关分类通关作业中将申报单位在 A 类以上、经营单位为 AA 类企业的非涉证涉税报关单，实施较低的查验率。

（四）给予加工贸易优惠措施

南京海关对 AA 类企业加工贸易给予相应的优惠措施，不实行银行保证金台账制度；对 A 类企业实行银行保证金台账“空转”，优先办理加工贸易备案、变更、报核等手续。

（五）建立和落实客户联络员专人协调制度

南京海关从 2010 年起即为本关区 AA 类企业配备了海关客户联络员，为企业提供一对一的专人服务，进行经常性沟通，提供海关政策法规咨询，掌握企业生产经营状况，反馈企业守法经营的信用信息，了解掌握企业在涉及海关监管方面的疑难问题，听取企业对海关工作的需求、建议和意见。同时，保持与大型国有集团的合作，建立关企合作平台，改进服务方式，指导企业守法自律。

（六）营造区域内无差别通关环境

积极参与长江经济带海关区域通关一体化改革，加强与兄弟海关的联系配合，推动优化南京关区 AA 类企业信用管理制度，营造区域内无差别通关环境。

杭州海关企业综合情况分析

一、企业总体注册及分类评审情况

（一）企业分类情况

截至2013年年底，杭州关区AA类企业为123家，A类企业为6665家，C类企业为132家，D类企业为36家，占比分别为0.25%、14%、0.27%、0.07%。2013年，AA类企业增加24家，A类企业增加624家。528家企业按照规定进行了类别下调和处置，其中AA类降至B类的企业2家，A类降至B类的企业421家，A类降至C类的企业9家，A类降至D类的企业2家；B类降至C类的企业76家，B类降至D类的企业14家；C类降至D类的企业3家。此外，暂停AA类管理措施企业1家。

（二）有进出口业务记录企业情况

截至2013年年底，杭州海关注册进出口企业88242家。2013年1~12月，有进出口业务活动记录的企业42133家，占注册进出口企业的比重为47.7%。

二、企业进出口情况

（一）企业总体进出口情况

2013年，杭州关区注册的有进出口业务记录的42133家企业进出口总值为2377.2亿美元，申报进出口报关单478.4万票，缴纳税款507.4亿元人民币。其中，129家AA类企业进出口总值为159.5亿美元，申报进出口报关单21.7万票，缴纳税款67.5亿元人民币；6619家A类企业进出口总值为1187.9亿美元，申报进出口报关单213万票，缴纳税款267.4亿元人民币。

（二）高资信企业进出口情况

关区高资信企业（AA、A类）数占有进出口记录企业总数的16%，进出口值占进出口总值的56.6%，报关单量占进出口报关单总量49%，纳税额占纳税总额的66%。由此可见，高信用企业在数量上虽占少数（16%），但在海关主要业务指标上却占较大比重，已经成为杭州关区进出口业务的主要力量。

三、企业通关规范情况

（一）企业总体查获情况

2013年，杭州关区共计查获有效报关单（包括进出口，下同）17508票，查获率为33.54%。其中，AA类查获有效报关单125票，查获率为12.33%；A类查获有效报关单1601票，查获率为9.53%；B类查获有效报关单15744票，查获率为46.18%；C类查获有效报关单36票，查获率为15.45%；D类查获有效报关单6票，查获率为8.82%。

（二）高资信企业查获情况

杭州关区内A类、AA类企业查获率分别为9.53%和12.33%，明显低于关区33.54%的查获率。随着企业级别的降低，企业的查获率也逐渐加大，说明当前的企业分类管理有效性尚可，下一步工作应在企业分类管理的基础上继续深入贯彻“由企及物”的管理理念。

四、AA类企业守法状况

纵观2013年杭州关区123家AA类企业信用记录，仅有1家企业被海关查发涉嫌走私罪，暂停了AA类管理措施，未发现其余AA类企业有违法、违规记录。

宁波海关企业综合情况分析

一、企业总体情况

截至 2013 年 12 月 31 日，宁波关区注册企业为 29272 家，其中 AA 类企业 80 家，A 类企业 2709 家，B 类企业 26398 家，C 类企业 66 家，D 类企业 19 家。具体情况如下：

表 1　企业类别总体情况表

类别	进出口收发货人（家）	报关企业（家）	加工企业（家）	合计（家）	比例（%）
AA	75	5	0	80	0.27
A	2602	107	0	2709	9.25
B	24982	225	1191	26398	90.18
C	61	5	0	66	0.23
D	16	3	0	19	0.06
合计	27736	345	1191	29272	100.00

二、企业进出口业务情况

表 2　各类别企业进出口情况表

类别	贸易额（万美元）	占比（%）	报关单量（票）	占比（%）	纳税额（万元）	占比（%）
AA	1565964.02	15.61	229902	9.91	661160.64	21.91
A	5075806.26	50.59	1154036	49.73	1389165.74	46.03
B	3355359.18	33.44	926174	39.91	943072.97	31.25
C	35961.22	0.36	9926	0.43	24551.32	0.81
D	836.81	0.01	416	0.02	130.54	0.00
合计	10033927.49	100.00	2320454	100.00	3018081.21	100.00

虽然 AA 类企业仅占全部企业数量的 0.41%，但是其贸易额占比却达 15.61%，报关单量占比达 9.91%，纳税额占比达 21.91%，管理重要性非常突出。

三、企业通关规范情况

（一）查获率

表 3　2013 年各类别企业在宁波口岸查获情况表

企业类别	查获率（%）
AA	16.42
A	13.62
B	21.01
C	15.40
D	9.31

按照有关规定，对于废货需进行 100% 查验，这导致 2013 年 AA 类企业的查验率较高。此外，企业类别的动态调整也会影响查获率。

（二）报关差错率

2013 年，有 1 家 AA 类企业的报关差错率超过 3%，其他 AA 类企业的报关差错率都低于 3%，其中有 67 家报关差错率为 0。

四、AA 类企业守法状况

（一）企业降类情况

2013 年，无 AA 类企业因走私、违规、侵犯知识产权或者欠税行为等被降类。

（二）企业违规情况

2013 年，全国海关有 215 起办结案件涉及 26 家在宁波关区注册的 AA 类企业，其中案件数超过 10 起的企业有 5 家；处罚金额超过 1 万、低于 3 万的案件有 11 起，其他 214 起案件处罚金额低于 1 万元。

合肥海关企业综合情况分析

一、企业总体情况

（一）企业管理类别情况

截至 2013 年 12 月 31 日，合肥海关共有注册企业 9798 家，其中 AA 类企业 47 家，A 类企业 557 家，B 类企业 9169 家，C 类企业 20 家，D 类企业 5 家；享受担保验放企业 28 家。2013 年，合肥海关上调为 AA 类企业的 17 家，上调为 A 类企业的 252 家，上调为 B 类企业的 2 家；下调企业共 42 家；办理担保验放企业 5 家。

（二）企业进出口活动情况

2013 年，合肥海关注册企业在全国海关报关的有 5524 家，占全部注册企业的 56.38%，同比增长 8.68%；在本关区报关的企业有 1313 家，同比增长 22.03%。

表 1　2013 年安徽省进出口企业性质总值表

企业性质	进出口合计		出口		进口	
	1~12 月（万美元）	同比（%）	1~12 月（万美元）	同比（%）	1~12 月（万美元）	同比（%）
合计	4563375	16.2	2825638	5.6	1737737	38.6
私营企业	1973279	11.4	1696839	6.5	276440	54.2
国有企业	1304315	21.7	522527	-4.0	781787	48.1
外商投资企业	1198067	20.1	526624	14.7	671442	24.7
集体企业	85078	0.6	77089	0.6	7988	0.2
其他企业	100	7.9	22	0	77	-16.1

二、企业进出口情况分析

（一）进出口值

2013 年，安徽省企业进出口总值为 456.34 亿美元，居全国第 14 位，扣除汇率因素，同比增长 16.2%。其中，出口 282.56 亿美元，居全国第 14 位，同比增长 5.6%；进口 173.77 亿美元，居全国第 16 位，同比增长 38.6%。进出口、进口增速分别高出全国平均增速 8.6 个、31.3 个百分点，出口增速则低于全国平均增速 2.3 个百分点。

（二）征税额

2013 年，安徽省进出口企业在全国海关纳税 169.13 亿元，其中在合肥海关纳税 99.31 亿元，在其他海关纳税 69.82 亿元。税基总额同比增加 19.9 亿元，增幅为 13.3%；异地纳税同比增加 7.0 亿元，增幅为 11.1%。

2013 年，合肥海关税源企业总数为 801 家，比 2012 年增加 123 家。其中，排名前 20 位税源企业合计纳税 81.4 亿元，占关区税收总额的 78.3%；亿元以上税源企业达 16 家，比 2012 年增加 4 家。

（三）报关单量

2013 年，安徽省进出口企业在全国海关报关单量达 70 万票，其中在合肥关区报关 15 万票。

三、企业通关规范情况分析

（一）本地业务统计

2013 年合肥海关监管进出口货物总值 162.47 亿美元，货运量 1718 万吨，同比分别增长 45.5% 和 6.7%；征税入库 103.94 亿元（含非本地注册企业），同比增长 15.3%；审核报关单 171765 票，同比增长 71.5%。

1. 企业查获情况。2013 年，合肥海关报关单总数为 171765 票，其中可实施查验报关单 169275 票，总体平均查获率为 12.69%。

2. 转关及区域通关情况。2013 年，合肥海关办理转关及区域通关报关单 105634 票，货运量为 1649.9 万吨，货值为 160.7 亿美元。其中，区域通关报关单总数为 16119 票，进出口货运量为 1314.4 万吨，进出口货值为 83.2 亿美元。查获 7 票，平均查获率为 3.89%。

（二）报关质量情况

截至 2013 年年底，合肥关区 18 个报关现场（含工作组）有注册报关企业 39 家及其设立的分支机构 37 家，合计 76 家。其中，AA 类报关企业 2 家，A 类报关企业 6 家，C 类报关企业 1 家，其余为 B 类报关企业。

2013 年，合肥关区报关单量为 171765 票，其中报关企业代理报关 171580 票，同比增长 74.77%。报关企业报关数量排名前三位的是江苏亨通海晨物流有限公司合肥分公司、安徽芜湖中外运有限公司、安徽国际货物运输公司。

四、AA 类企业守法状况分析

2013 年，合肥关区共有 AA 类企业 47 家，当年新增 17 家，同比增长 100%，其中生产型 34 家，非生产型 13 家。从 AA 类企业守法情况来看，由于 AA 类非生产型企业主要是贸易型企业，开展非本企业自用的进出口贸易，其进出口品种多、申报口岸环节多，遇到的问题也较多，通常会遇到商品归类、知识产权等方面的争议及由此引发的案件，但均未出现主观故意违规方面的问题。

五、为 AA 类企业提供的优惠便利措施

一是简政放权，提高审批效率。认真落实国务院“简政放权”精神和《海关总署关于印发海关促进外贸稳定增长若干措施的通知》要求，对 AA 类企业开展区域通关、出具守法状况证明、无纸化通关资格审批，下放、简化审批权限，缩短审批时间，使 AA 类企业尽快享受海关各项优惠政策。

二是实行约谈，有效规避风险。对上调为 AA 类的企业采取定期召集企业负责人约谈座谈形式，及时提示和预警企业加强内控，注意通关过程可能出现的问题，减少报关差错，有效规避企业降级的风险。

三是主动宣传，把握海关新政。专门召开由合肥关区所有 AA 类企业及部分 A 类生产型企业参加的关企座谈会，宣传海关 AEO 政策，为 AA 类企业充分掌握信息政策资源，享受开展国际贸易便利化带来的更多好处。

福州海关企业综合情况分析

据统计，截至2013年12月底，福州关区注册企业共8793家，同比增长85.2%；有进出口业务的企业5114家，占关区注册企业的58.15%。其中，进出口收发货人8728家，占关区注册企业数的99.26%，报关企业65家，占关区注册企业数的0.74%。以下分析中，有关数据为2013年进出口收发货人的全口径数据（包括贸易统计、单项统计、不统计数据）。

一、企业总体情况

（一）企业管理类别情况

截至2013年12月底，福州关区共有AA类企业73家，同比增长28.07%；A类企业654家，同比增长21.79%；B类企业8050家，同比增长10.56%；C类企业13家，同比减少18.75%；D类企业3家，同比减少70%。2013年，上调AA类企业16家，A类企业182家，B类企业5家，合计上调类别203家。高信用企业共计727家，占有进出口业务企业数的14.2%。企业遵纪守法、诚信经营的理念不断完善和提高。

（二）企业进出口活动区域较广，口岸相对集中

2013年，企业进出口活动主要集中在福州、厦门、上海、宁波、深圳、皇岗等口岸。

二、企业进出口情况

2013年，福州关区企业外贸进出口值为431.6亿美元，同比增长0.3%。其中，进口147.2亿美元，同比增长22%；出口284.4亿美元，同比下降8.1%。贸易顺差137.2亿美元。从企业性质看，民营企业进出口187.2亿美元，同比下降5.6%；外商投资企业进出口158.2亿美元，同比下降3.4%。福州关区企业的主要贸易伙伴为美国、东盟、欧盟，与这三个贸易伙伴分别进出口80亿美元、67.2亿美元、61.6亿美元，同比分别增长1.5%、2.9%和下降13.6%。

2013年，福州关区企业征收进出口税款（含内销税款）120亿元人民币，同比增长6.5%。其中，进口征收119.3亿元，同比增长7.3%；出口征收0.7亿元，同比下降52%。同年，福州关区企业征收进出口关税17.6亿元，同比增长0.03%。其中，进口征收16.9亿元，同比增长5.1%；出口征收0.7亿元，同比下降52%。

2013年，福州口岸进出口报关单总数达52.4万，同比增长2.4% 。其中，记录条总数达129.2万条，同比增长7%。进出口货运量达6185万吨，同比增长14.2%。其中，进口5241万吨，同比增加21.5%；出口944万吨，同比减少14.5%。进出口集装箱87.2万箱次，同比增长0.7%。

三、 企业通关规范情况

2013年，福州关区AA类企业查验率低于关区平均查验率1.78个百分比，查获率为13.03%，查验成案率为0.06%；A类企业查获率为17.99%，查验成案率为0.089%；B类企业报关单查获率为15.78%，查验成案率为0.2%。与B类企业相比，高诚信企业（含AA、A类企业）查验成案率较低。

四、高信用企业守法状况

（一）高信用企业违法情形较少

2013年，福州关区企业走私案件有5件，违规案件共771件，侵权案件有56件。其中，高信用企业违规案件218件，侵权案件2件，无走私案件。具体看，AA类企业违规案件13件，占关区企业违规案件的1.68%；A类企业违规案件205件，占关区企业违规案件的26.58%，侵权案件2件，占关区侵权案件的3.57%。B类企业走私案件5件，占关区企业走私案件的100%；违规545件，占关区企业违规案件的70.68%；侵权案件42件，占关区侵权案件的75%。高信用企业无走私案件。

从企业类别调整情况看，2013年没有AA类企业被下调管理类别。A类企业下调为C类、D类的有3家和1家，占下调企业数的7.4%。

（二）高信用企业报关单涉案率低

AA类、A类企业案件数占报关单比重分别为0.007%和0.068%，即AA类企业每10万票报关单涉案只有7票，A类企业每万票报关单涉案不足7票。B类企业案件数占报关单比重为1.3%，即B类企业每万票报关单涉案130票。

五、为AA类企业提供的优惠便利措施

在享受A类企业的便利措施的基础上，AA类企业可以申请凭“进（出）口货物担保验放清单”先行办理担保验放手续（国家对进出境货物有限制规定的情形除外），通关现场适用较低的查验率，对从事加工贸易的企业不实行保证金台账制度，可申请无纸通关、单证暂存、自动放行等。

厦门海关企业综合情况分析

一、企业总体情况

截至2013年年底，厦门关区注册企业达22004家。其中，进出口货物收发货人21834家，占关区注册企业数的99.23%；报关企业170家，占关区注册企业数的0.77%。有进出口业务的企业13009家，占注册企业数的59.12%。以下有关数据为2013年进出口货物收发货人的全口径数据（包括贸易统计、单项统计、不统计数据）。

二、AA类企业进出口总体情况

（一）AA类企业进出口活动居关区重要地位

截至2013年年底，厦门关区AA类企业计64家，占有进出口业务企业总数的0.49%。其中，生产型企业44家，占68.75%；非生产型20家，占31.25%。AA类企业进出口活动率达100%，高出关区企业平均活动率42.4个百分点。A、B、C、D类企业进出口活动率分别为99.63%、54.97%、66.67%、67.74%。

2013年，AA类企业进出口总值、实征税款额、进出口报关单分别为3705866万美元、2296127万人民币、237719票，同比分别占关区进出口总值的21.30%、关区实征税款额的41.81%、关区进出口报关单的9.98%，进出口总值、实征税款额、报关单量同比分别增长5.44%、3.61%、18.23%。（详见表1、2）

表1　企业管理类别情况表

企业类别	有效企业		有进出口业务企业		进出口活动率（%）
	数值（家）	占比（%）	数值（家）	占比（%）	
AA	64	0.29	64	0.49	100.00
A	1608	7.31	1604	12.33	99.75
B	20241	91.99	11280	86.71	55.73
C	60	0.27	40	0.31	66.67
D	31	0.14	21	0.16	67.74
合计	22004	100.00	13009	100.00	59.12

表2　企业进出口情况表

企业类别	进出口值			实征税款额			报关单		
	数值（万美元）	占比（%）	同比（%）	数值（万元）	占比（%）	同比（%）	数值（票）	占比（%）	同比（%）
AA	3705866	21.30	5.43	2296127	41.81	3.61	237719	9.98	18.23
A	8251463	47.44	14.14	2048502	37.30	7.58	1144319	48.05	9.39
B	5393505	31.01	13.15	1124519	20.48	2.81	990654	41.60	7.21
C	39124	0.22	-10.39	20809	0.38	-14.48	8177	0.34	29.59
D	5478	0.03	-2.21	1674	0.03	1.08	751	0.03	22.91
合计	17395436	100.00	11.79	5491631	100.00	4.80	2381620	100.00	9.35

（二）AA类企业数量持续增长，分布区域较为集中

2013年，厦门关区新增AA类企业9家，净增长9家，增幅16.36%。

AA 类企业分布以厦门市、泉州市行政辖区为主。其中，厦门市行政辖区 30 家，占关区 AA 类企业总数的 46.88%；泉州市行政辖区 26 家，占关区 AA 类企业总数的 40.63%；漳州市行政辖区 7 家，占关区 AA 类企业总数的 10.93%；东山县行政辖区 1 家，占关区 AA 类企业总数的 1.56%。（详见表 3）

表 3　企业管理类别向上调整情况表

类型	A-AA	B-A	C-B	D-C	小计
数量	9	403	20	6	438

三、AA 类企业通关规范状况

（一）AA 类企业查验率低于关区平均

2013 年，厦门关区查验 AA 类企业报关单查验率低于关区平均查验率 3.95 个百分点（详见表 4）；有查验记录的 AA 类企业为 61 家，查验覆盖率为 95.31%。（详见表 4、5）

表 4　企业查验覆盖情况表

企业类别	有进出口企业数（家）	有查验记录企业数（家）	查验企业覆盖率（%）
AA	64	61	95.31
A	1604	1600	99.75
B	11280	9881	87.60
C	40	33	82.50
D	21	14	66.67
合计	13009	11589	89.08

（二）AA 类企业查获率较低

2013 年，查获 AA 类企业报关单 247 票，查获率 9.93%。与 A 类企业和 B 类企业相比，AA 类企业查获率分别低 25% 和 22.96%。（详见附表 5、6）

表 5　企业查获情况表

企业类别	报关单		查获数		查获率（%）
	票数	占比（%）	票数	占比（%）	
AA	274144	11.41	304	1.93	10.39
A	1113354	46.33	4226	26.86	12.81
B	1006704	41.89	10605	67.40	13.10
C	8073	0.34	544	3.46	17.63
D	706	0.03	56	0.35	8.10
合计	2402981	100.00	15735	100.00	13.04

表 6　企业查获明细情况表

代码	查获情形	AA 类		A 类		B 类		C 类		D 类	
		数值	占比（%）	数值	占比（%）	数值	占比（%）	数值	占比（%）	数值	占比（%）
2	正常放行	2193	74.92	30461	92.36	66063	81.60	2554	82.72	673	97.40
4	补税放行	31	1.06	814	2.47	2166	2.68	370	11.99	16	2.32
5	补证放行	3	0.10	42	0.13	95	0.12	0	0.00	1	0.14
7	退运	0	0.00	5	0.02	37	0.05	1	0.03	0	0.00
8	移送缉私	1	0.03	29	0.09	83	0.10	2	0.06	0	0.00

（续表）

代码	查获情形	AA 类		A 类		B 类		C 类		D 类	
		数值	占比（%）	数值	占比（%）	数值	占比（%）	数值	占比（%）	数值	占比（%）
11	补证补税放行	1	0.03	192	0.58	34	0.04	0	0.00	0	0.00
12	处罚后放行	5	0.17	72	0.22	225	0.03	14	0.45	0	0.00
13	改单放行	177	6.05	2781	8.43	6160	7.60	162	5.24	46	6.66
14	担保放行	19	0.65	235	0.71	247	0.31	7	0.23	1	0.14
15	删单	0	0.00	2	0.006	20	0.02	2	0.06	0	0.00
16	没收	0	0.00	29	0.08	10	0.01	0	0.00	0	0.00
18	移交法规	0	0.00	3	0.009	11	0.01	0	0.00	0	0.00
19	其他	10	0.34	463	1.40	728	0.90	19	0.62	1	0.14

（三）AA 类企业报关质量高

2013 年，AA 类企业删改报关单数 177 票，占删改单总数的 1.89%，删改单率为 0.07%，比 A、B、C、D 类企业分别低 70.83%、88.7%、96.5%、98.86%。（详见表 7）

表 7　企业删改单情况表

企业类别	删、改单数		申报报关单数		删、改单率（%）
	数值	占比（%）	数值	占比（%）	
AA	177	1.89	237719	9.98	0.07
A	2783	29.76	1144356	48.04	0.24
B	6180	66.10	991211	41.61	0.62
C	164	1.75	8177	0.34	2.00
D	46	0.49	751	0.03	6.13
合计	9350	100.00	2382214	100.00	0.39

四、AA 类企业守法状况

（一）AA 类企业未涉及重大违法情事

2013 年，厦门关区 AA 类企业行政立案 25 件，占行政立案总数的 1.10%。其中，走私案件 0 件，违规案件 25 件。另外从企业类别调整看，2013 年，AA 类企业无下调企业管理类别情况。（详见表 8、9）

表 8　企业违法情况表

企业类别	立案性质	立案数 / 企业数	走私案件数占比（%）	报关单数（万）	案件数占报关单比重（%）
AA	走私罪	0	0.00	237719	0.01
	走私行为	0			
	违规	25/17			
	侵权	0			
A	走私罪	0	0.00	1144356	0.05
	走私行为	0			
	违规	585/281			
	侵权	6/4			

（续表）

企业类别	立案性质	立案数 / 企业数	走私案件数占比（%）	报关单数（万）	案件数占报关单比重（%）
B	走私罪	0	0.26	991211	0.16
	走私行为	4/4			
	违规	1455/753			
	侵权	82/45			
C	走私罪	0	8.26	8177	1.33
	走私行为	9/8			
	违规	75/14			
	侵权	25/9			
D	走私罪	7/7	35.00	751	2.66
	走私行为	0			
	违规	8/4			
	侵权	5/2			
总计	走私罪	7/7	0.87	2382208	0.09
	走私行为	13/12			
	违规	2148/1069			
	侵权	118/60			

表 9　企业管理类别下调情况表

类型	AA				A			B		C	总计
	AA–A	AA–B	AA–C	AA–D	A–B	A–C	A–D	B–C	B–D	C–D	
数量	0	0	0	0	65	1	1	20	12	1	100

（二）AA 类企业涉案率低

2013 年，AA 类企业案件数占申报报关单比重为 0.0105%，即每 1 万份报关单涉案不足 2 份。A、B、C、D 类企业每 1 万份报关单涉案分别为 6 份、20 份、95 份、293 份。

五、AA 类企业通关便利举措

（一）创新差别化管理措施

制定《厦门海关 A 类以上企业差别化管理指导意见》，从“业务优先、放宽截单时间、政策优先提示、审价绿色通道、查验便利措施、实施总担保、稽核查工作”等方面为高信用企业提供通关便利。

（二）“一对一”重点帮扶企业

建立《厦门海关重点企业联络员制度》，指定专人为 AA 类企业协调处理办理海关业务过程中遇到的疑难问题。

（三）优化查验效能

严格控制对 AA 类企业查验率，有效降低企业通关成本，提高企业通关效率。

南昌海关企业综合情况分析

一、企业总体情况

截至 2013 年 12 月 31 日，南昌关区有效注册登记企业 6183 家，其中 AA 类企业 28 家，A 类企业 286 家，B 类企业 5819 家，C 类企业 37 家，D 类企业 13 家。其中共有 3018 家企业在全国有进出口业务（以经营单位统计，包括 28 家报关企业及少数无进出口经营权的加工生产企业），占有效注册企业的 48.8%。具体情况见表 1。

表 1　企业管理类别情况表

企业类别	有效企业		有进出口企业		进出口活动率（%）
	数值（家）	占比（%）	数值（家）	占比（%）	
AA	28	0.40	27	100.00	100.00
A	286	4.50	280	100.00	98.00
B	5819	950	2699	100.00	46.30
C	37	0.50	11	100.00	29.70
D	13	0.10	1	100.00	7.60
合计	6183	100.00	3018	100.00	48.90

高信用企业进出口占主导地位。截至 2013 年年底，南昌海关共有高信用企业 314 家，占有进出口业务企业总数的 10.07%。其中，生产型企业 241 家，占 79%；非生产型企业 63 家，占 21%。高信用企业进出口活动率为 100%，高出企业平均活动率 51.1 个百分点；B、C、D 类企业进出口活动率分别为 46.3%、29.7%、7.6%。

高信用企业进出口总值、实征税款额、进出口报关单分别为 159.65 亿美元、34.03 亿元、13.4 万票，分别占全部的 41%、74%、28%。AA 类企业尤其明显，其进出口值、报关单数与 2012 年相比分别增长 32%、28.95%。（见表 2）

表 2　企业进出口情况表

企业类别	进出口值			实征税款额			报关单数	
	数值（万美元）	占比（%）	同比（%）	数值（万元）	占比（%）	同比（%）	数值（票）	同比（%）
AA	775445.54	20.07	32.16	231656.28	50.42	-24.27	21258	28.95
A	821137.98	21.25	-18.85	108655.42	23.65	-39.62	113588	14.81
B	2255277.39	58.36	33.61	110170.92	23.98	3.76	339046	35.29
C	11928.18	0.31	61.97	8977.15	1.95	257.00	420	-34.88
D	3.38	0.0008	-96.31	0	0.00	0.00	1	-94.74
合计	3863792.47	100.00	17.03	459459.77	100.00	-23.00	474313	28.98

南昌关区高信用企业分布较集中，经济活跃地区高信用企业较多，如省会南昌，沿江地区九江、新余等地；异地通关口岸大多集中在上海、深圳、宁波、黄埔、广州。（见表 3）

2013 年，南昌关区企业管理类别向上调整相对平稳。（见表 4）

表3　关区企业类别分布情况表

	AA	A	B	C	D	合计
九江海关	7	34	695	2	2	740
赣州海关	2	37	555	0	0	594
吉安海关	1	29	557	3	0	590
景德镇海关	1	25	172	3	0	201
新余海关	5	57	1080	10	5	1157
高新办事处	9	65	1811	17	5	1907
龙南办事处	0	17	210	0	0	227
上饶办事处	3	22	739	2	1	767
合计	28	286	5819	37	13	6183

表4　企业管理类别向上调整情况表

类型	A–AA	B–A	C–B	D–C	小计
数量	4	57	3	0	64

二、高信用企业通关规范情况

从查获率上看，2013年南昌关区A类及以上企业查获率为19.81%，高于B类企业的19.51%。（详见表5）

表5　企业查获情况表

企业类别	报关单		查获数		查获率（%）
	票数	占比（%）	票数	占比（%）	
AA	21258	4.48	36	4.38	15.70
A	113588	23.95	276	33.62	19.81
B	339046	71.48	500	60.90	19.51
C	420	0.0088	9	1.09	50.00
D	1	0.0002	0	0.00	0.00
合计	474313	100.00	821	100.00	19.74

三、高信用企业守法状况

高信用企业违法情事少。2013年，南昌海关高信用企业主要集中在高新办事处、新余海关、九江海关、赣州海关等地，占全部注册企业的6成以上。全年对高信用企业行政立案63起，涉及47家企业，其中AA类企业9起，占关区立案件数的0.06%；A类企业54起，占关区立案件数的3.6%。相比B类、C类、D类企业，高信用企业违规情事大幅降低，无走私案件。从企业类别调整看，2013年全年调整企业类别41家，没有AA类企业降为C、D类企业；A类企业降为B类数为14家，降为C类企业仅为3家，D类没有。数据显示，A类以上管理类别企业守法状况相对于B、C、D类企业较好。（详见表6）

表6　企业管理类别下调情况表

类别	AA				A			B		C	总计
	AA–A	AA–B	AA–C	AA–D	A–B	A–C	A–D	B–C	B–D	C–D	
数量	0	1	0	0	4	3	0	6	2	5	41

四、优惠便利措施

南昌海关为AA类企业采取24小时预约通关，5+2快速通关，在业务现场设有专窗为AA类企业办理紧急通关，以及享受属地报关、属地验放等便利通关措施。

青岛海关企业综合情况分析

一、企业总体情况

2013年，青岛关区有进出口活动的企业为23179家，占注册企业总数的51.45%；报关单量为401.7万票，进出口总值2878.30亿美元，监管货物量4.4亿吨，同比分别上升7%、9.6%、6.3%；纳税额1532.7亿元；查获报关单23014票，查获率16.95%。

二、企业分类情况

截至2013年12月31日，青岛关区AA类企业为226家，A类企业为2443家，B类企业为38873家，C类企业为62家，D类企业为40家。AA类企业报关单量达51.9万票，占全部报关单量的8.20%；AA类企业进出口总值为1311.89亿美元，占全部进出口总值的69.92%；AA类企业查获率为16.93%。

三、为AA类企业提供的优惠便利措施

（一）试点企业协调员工作机制

1.成立"青岛海关关企合作委员会"，各隶属海关也分别成立关企合作领导小组，加强对辖区相关工作的领导和组织；在职能部门、隶属海关、报关协会选拔54名企业协调员，负责AA类企业及重点扶持企业的协调联系工作；制订《青岛海关企业协调员工作规程（试行）》（以下简称《规程》）、《青岛海关企业协调员制度试点工作方案》，设计《企业协调员制度合作备忘录》模本，做好制度保障；建立协调员工作周报制度，对企业提出的疑难问题跟踪落实。同时，与"12360"热线建立联系配合机制，从中获取1.3万条企业咨询的疑难问题并进行分析归纳，研究总结企业关注的海关业务问题和多发疑难问题，为企业协调员工作持续推进提供着力点。

试点工作开展以来，青岛海关先后与372家AA类企业及重点扶持企业签订推进企业协调员制度合作备忘录，涉及钢铁、纺织、化工、汽车、通信、轮胎、生物技术等行业。其间，青岛海关组织业务骨干对企业开展各类政策宣讲会42次，接受企业业务咨询21次，帮助企业实际解决难题26件。同时，青岛海关根据有关规定，向29家企业下达了守法改进建议书，督促企业改进其在进出口过程中出现的问题。

2.对辖区内的AA类企业和需要重点支持的企业进行汇总，在对企业生产情况、守法状况等进行调查和评估后，青岛海关与其中的372家企业签订合作备忘录。共举办15场宣讲说明会，400余名企业代表参加，10余家媒体进行集中宣传，邀请地方政府、商务部门代表及企业协会负责人等参加说明会，并通过召开座谈会等方式加强沟通，积极推广介绍企业协调员制度，争取理解和支持。发挥新型网络平台优势，开通"关企交流QQ群"和"关企合作微信群"，及时发布海关新政，实时关注和解答企业提出的问题，实现关企直接、高效的沟通交流。企业协调员主动开展工作，深入企业送政策上门，及时了解并处置企业在通关过程中遇到的困难和问题，助力企业发展。黄岛辖区某韩国AEO企业进口货物无法正常通关，该关企业协调员接到企业求助后，迅速向有关领导汇报并联系通关处和物流监控处，经妥善解决后该批货物得以及时放行，保证了企业正常生产。

（二）保障AA类企业切实享受通关便利措施

一是制定《青岛海关企业分类管理措施操作指引》和《青岛海关客户联络员工作规程》等文件，保障AA类企业切实享受通关便利措施。二是做好免担保验放，先放行货物后征收税款，2013年共涉及42519票报关单，税款总额为184.96亿元，同比分别增长4%和22%。三是适用较低查验率，2013年AA

类企业查验率比B类企业降低54.83%；减少单证审核，进口通关用时8.68小时，出口通关用时0.37小时，比B类企业分别降低33.38%和78.23%。四是提供客户联络员服务，帮助企业解决实际通关困难，全年共为企业提供咨询、解决问题1000余次。

（三）积极推进AEO国际合作

青岛海关结合贸易形势及企业特点，积极推动AEO互认合作，助力高资信企业发展，为外贸发展创造良好的条件。利用政府会议、关企座谈会、门户网站、新闻媒介等多种渠道，向政府部门、广大企业及协会推广介绍AEO制度，鼓励更多的企业参与到AEO国际合作中来。结合近年来青岛关区对韩贸易快速发展，对韩贸易企业已达11970家，占全省进出口企业总数21.08%的实际，有针对性地加强对韩贸易宣传，以承办“第一轮中韩AEO互认联合说明会”为契机，精选200余家企业参加，介绍中韩海关通关流程及AEO准入等内容，并邀请10余家中外新闻媒体参与报道，取得良好的社会反响；派员赴韩国参加互认说明会，鼓励韩国企业进一步加强与青岛关区企业的经贸合作。

对已实施的互认安排，例如中新（新加坡）合作，及时发布互认协定文本及通关流程介绍，鼓励企业积极扩大对新加坡的进出口贸易，2013年山东省对新加坡贸易额达34.65亿美元，其中AA类企业为9.28亿美元，占比为26.78%。对处于试点阶段的项目，例如中韩合作，筛选9家企业参加互认放行时间研究项目，为互认正式实施打好基础。以承接AEO互认会议、派员参与谈判等方式，力促中欧、海峡两岸海关AEO互认合作，从降低进口货物查验率、简化进口货物单证审核、进口货物优先通关、设立海关联络员等方面，为青岛关区认证企业争取更多的互认便利措施，帮助企业进一步扩大对外贸易。

2014年，青岛海关将以中美海关开展环渤海湾地区AEO联合验证为契机，力推山东省优质企业加入中美AEO合作，扩大对美贸易，促进外贸稳定增长。将以海关企业协调员试点为契机，从机构设置、人员配备、关企MOU签订、职责完善等角度，细化、落实协调员制度，保障AA类企业和需要重点扶持的企业能够进一步享受海关专业服务。同时，通过关企座谈会、海关网站以及新闻媒体等载体，继续向社会各界普及、宣传AEO制度，让更多的企业参与到AEO合作队伍中来，扩大AEO互认合作的影响力。

济南海关企业综合情况分析

一、企业总体情况

2013年，济南关区报关有效期内注册企业有16292家，其中AA类企业74家，A类企业931家，B类企业15278家（其中9877家为B类生产型企业），C类企业5家，D类企业4家。

二、企业进出口情况分析

2013年，济南海关税收入库193.5亿元，同比增长9.4%，列全国第16位；监管进出境货物1.1亿吨，同比增长46.2%，列全国第11位；进出口总值为403.7亿美元，同比增长7.2%，列全国第19位。其中，AA类企业年进出口总值230.4亿美元，占全部进出口总值的57.1%。

三、企业通关监管情况

2013年，济南关区报关单量为56.25万票，查获报关单7254票，查获率为20.8%。其中，AA类企业报关单量为14.8万票，占全部报关单量的26.4%；查获率为26.5%。

四、为AA类企业提供的优惠便利措施

2013年，济南海关坚持“双轨并行、分步实施”，全面完成业务切换，实现直属海关业务独立运行。该关推出一系列服务区域经济发展措施，使关区包括74家AA类企业在内的外贸企业切实享受到政策利好带来的红利。

一是主动对接“两区一圈一带”发展战略，促进贸易便利，落实简政放权，努力建设一流营商环境。就“建设国际铁路大通道”、“拓展跨境电子商务”、“创建济南航空城”等提出18项支持举措。

二是出台并落实“支持全省外贸稳增长、调结构19条措施”。

三是拓展关际合作，签署青济两关《关于建立更加紧密关系的合作备忘录》，与17个直属海关签署区域通关协议。

四是开展“人民海关为人民”主题实践活动，召开六市关、地、企三方恳谈会，解决问题84个，量身定制专项扶助措施102项，向1128家企业宣讲优惠政策。

五是推动济南、潍坊综合保税区顺利通过国家十部委正式验收，滨州鲁中运达保税物流中心获批设立。

六是启动两单一审、分类查验、监管袋等业务改革，企业通关持续提速；无纸化通关报关单比重达69.9%，列全国第1位。

七是开通黄岛至潍坊燃料油运输监管通道，每年节约运费3.5亿元；协调恢复东营废铜进口转关业务，降低运营成本17亿元。

八是推出展前一次性备案、展出地集中验放等便利举措，高效服务“十艺节”等会展交流活动。

九是上报两项税政调研建议，获国家税则委员会采纳，每年为企业节约8000万元。

武汉海关企业综合情况分析

一、企业总体情况

截至2013年12月31日，武汉海关注册企业7637家，有进出口业务企业4118家，占全部注册企业的53.92%。其中，进出口收发货人7573家，占注册企业的99.16%；报关企业64家，占注册企业的0.84%。

二、高信用企业[①]进出口总体情况

（一）高信用企业进出口活跃度高

截至2013年12月31日，武汉海关高信用企业计258家，占有进出口业务企业总数（下同）的6.7%。其中，生产型企业208家，占80.62 %；非生产型企业50家，占19.38 %。高信用企业进出口活动率为100%，高出关区企业平均活动率46.08个百分点；B、C、D类企业进出口活动率分别为52.51%、22.22%、0。（详见表1）

表1　企业管理类别情况表

企业类别	有效企业		有进出口企业		进出口活动率（%）
	数值（家）	占比（%）	数值（家）	占比（%）	
AA	30	0.39	26	0.63	100.00
A	246	3.22	232	5.63	100.00
B	7347	96.2	3858	93.69	52.51
C	9	0.12	2	0.05	22.22
D	5	0.07	0	0.00	0.00
合计	7637	100.00	4118	100.00	53.92

（二）高信用企业进出口占支柱地位

高信用企业进出口总值、缴纳税款额、进出口报关单分别为1735310万美元、810004万元、106713票，分别占关区全部的80.58%、66.73%、44.72%，高信用企业进出口总值、缴纳税款额占关区的主导地位。（详见表2）

表2　企业进出口情况表

企业类别	进出口值		纳税款额		报关单	
	数值（万美元）	占比（%）	数值（万元）	占比（%）	数值（票）	占比（%）
AA	1104759	51.30	569015	46.88	53741	22.52
A	630551	29.28	240989	19.85	52972	22.20
关区	2153545	100.00	1213752	100.00	238612	100.00

（三）高信用企业数量增长明显

2013年，武汉关区新增AA、A类企业分别为5家、56家；高信用企业净增长（新增企业减去下调企业）39家，同比增长25.8%。（详见表3）

① 高信用企业均指有进出口业务的AA、A类进出口收发货人，有关数据均采集于企业信息管理系统，采集范围为武汉关区，采集时间段为2013年1月1日至2013年12月31日。

表 3　企业管理类别向上调整情况表

类型	A-AA	B-A	C-B	D-C	小计
数量	5	56	2	0	63

三、高信用企业通关规范状况

（一）高信用企业查验率、查验覆盖率较低

2013 年，武汉关区查验高信用企业报关单 3780 票，占查验报关单总数的 29.91%，查验率为 3.54%，低于关区平均查验率 1.76 个百分点。其中，AA 类、A 类企业查验率分别为 3.09%、4.01%。

（二）高信用企业查获率较高，实质性查获率较低

2013 年上半年，查获高信用企业报关单 607 票，查获率为 16.06%。其中，AA 类企业查获率、实质性查获率分别为 11.22%、1.27%，A 类企业查获率、实质性查获率分别为 22.34%、2.63%。与关区平均相比，AA 类企业查获率和实质性查获率分别低 13.33% 和 1.89%，A 类企业查获率和实质性查获率分别低 2.21% 和 0.53%。

表 4　企业查获情况表

企业类别	查获数（份）	报关单查获率（%）	实质性查获率（%）	规范性查获率（%）
AA	133	11.22	1.27	9.95
A	474	22.34	2.63	19.7
关区	3103	24.55	3.16	21.39

四、高信用企业守法状况

2013 年，关区高信用企业被行政立案 51 件，占行政立案总数的 7.85%，全部为违规案件（详见表 5）。另外，从企业类别调整看，2013 年，AA 类企业没有下调类别情事；A 类企业下调企业数量为 21 家，其中降为 B 类的为 20 家，降为 C 类的为 1 家。

表 5　企业违法情况表

企业类型	AA	A	B	C	D	小计
走私	0	0	0	2	0	2
违规	7	44	513	80	5	649

注：企业违法数据为全国海关数据。

五、高信用企业情况简析

（一）高信用企业培育工作成效明显

数据表明，武汉关区高信用企业数量增长明显，进口业务量大，活跃度高，已经成为关区进出口活动的主要经济主体。

（二）高信用企业公信力得到充分认可

数据表明，高信用企业无论是通关作业规范度还是守法状况可靠度，都明显好于其他类别企业，其公信力值得充分认可。

（三）高信用企业存在规范管理的空间

高信用企业较其他类别企业更加规范和守法，但企业查获率还是偏高，其中规范性查获占了相当大的比重，企业报关不规范及违法的情形也时有发生，必须引起重视。

六、加大高资信企业的扶植培育力度，扩宽海关优惠政策的惠及面

一是稳步推进 AA 类企业扶持工作，对具备申请 AA 类条件的企业，督促企业完善内部管理，对照

AA类标准做好自我评估，在验证稽查前加以指导，争取一次申请、一次通过。二是积极召开政策宣讲会，重点宣传海关无纸化通关和优化查验工作机制等一系列措施，使高资信企业能够充分了解海关的通关便捷措施。武汉海关已经在隶属武汉经济技术开发区海关和荆州海关召开了两次政策宣讲会，在会上发放了印制的《高资信企业便捷通关措施简介》宣传册。三是建立AA类企业约谈制度，重点宣传海关政策法规，重申AA类企业的权利和义务，增强企业的荣誉感、责任感和使命感。武汉海关对2013年新核准的所有AA类企业进行授牌和约谈，取得了良好的效果。四是落实企业协调员制度，充分发挥协调员作用，以召开工作例会、走访企业等多种形式，了解企业实际经营状况，帮助企业解决海关事务中的问题，当好企业和海关之间的桥梁。

郑州海关企业综合情况分析

一、企业总体情况

截至 2013 年 12 月 31 日，郑州关区注册企业总量为 8536 家，其中有进出口业务的企业共 4652 家。

（一）企业管理类别情况

2013 年年底，郑州关区 AA 类企业共 74 家，A 类企业 458 家，B 类企业 7989 家，C 类企业 12 家，D 类企业 3 家。

（二）高资信企业注册区域分布情况

2013 年年底，郑州关区 AA 类企业按注册区域划分，前 3 位分别为现场业务处、安阳海关和南阳海关，占关区 AA 类企业总量的 78%；A 类企业分布区域前 3 位的为现场业务处、洛阳海关和安阳海关，占关区 A 类企业总量的 68%。

表 1　企业分类管理情况统计表

注册海关	AA		A		B		C		D	
	数值	占比（%）	数值	占比（%）	数值	占比（%）	数值	占比（%）	数值	占比（%）
现场业务处	26	35.14	204	44.54	4662	58.36	10	83.33	1	33.33
洛阳海关	7	9.46	56	12.23	883	11.05	1	8.33	1	33.33
南阳海关	10	13.51	38	8.30	707	8.85	0	0.00	0	0.00
安阳海关	22	29.73	52	11.35	760	9.51	0	0.00	1	33.33
驻出口加工区办事处	0	0.00	14	3.06	23	0.29	0	0.00	0	0.00
驻商丘办事处	1	1.35	46	10.04	254	3.18	1	8.33	0	0.00
周口海关	2	2.70	21	4.59	397	4.97	0	0.00	0	0.00
河南保税物流中心	0	0.00	1	0.22	13	0.16	0	0.00	0	0.00
郑州新郑综合保税区海关	1	1.35	1	0.22	12	0.15	0	0.00	0	0.00
焦作海关	5	6.76	11	2.40	192	2.40	0	0.00	0	0.00
三门峡海关	0	0.00	14	3.06	46	0.58	0	0.00	0	0.00
新乡海关	0	0.00	0	0.00	32	0.40	0	0.00	0	0.00
合计	74		458		7989		12		3	

二、企业进出口经营情况

（一）企业进出口贸易和纳税情况

2013 年度，郑州关区进出口额排名前 3 位的区域依次为郑州综合保税区海关、现场业务处和焦作海关，纳税额前 3 位的区域依次为现场业务处、安阳海关和焦作海关。

表 2 企业进出口贸易和纳税情况表

注册海关	有进出口企业数		进出口额		纳税额	
	数值（家）	占比（%）	数值（万美元）	占比（%）	数值（万元）	占比（%）
郑州新郑综合保税区	11	0.24	6727000.25	69.29	1906.41	0.23
现场业务处	2645	56.86	1186163.32	12.22	336175.86	40.04
焦作海关	157	3.37	413684.69	4.26	106341.7	12.66
驻出口加工区办事处	29	0.62	383615.91	3.95	711.88	0.08
安阳海关	340	7.31	300077.43	3.09	182372.41	21.72
南阳海关	406	8.73	286715.41	2.95	98493.33	11.73
洛阳海关	478	10.28	182653.48	1.88	46789.4	5.57
周口海关	211	4.54	118684.51	1.22	39116.9	4.66
新乡海关	138	2.97	44013.8	0.45	13784.1	1.64
三门峡海关	55	1.18	32011.04	0.33	3878.47	0.46
驻商丘办事处	172	3.70	30545.2	0.31	9774.67	1.16
河南保税物流中心	9	0.19	3075.21	0.03	332.87	0.04
郑州机办	1	0.02	0	0.00	0	0.00
合计	4652	100.00	9708240.24		839678	

（二）AA 类、A 类企业在进出口活动中居支柱地位

2013 年度，郑州关区注册企业进出口值（包括单项统计与海关贸易统计，下同）为 1070.34 亿美元，实征税款额为 83.97 亿美元。AA 类企业的进出口值为 614.88 亿美元，占全关区的 57%；实征税款额为 47.94 亿美元，占全关区的 57%。A 类企业的进出口值为 178.24 亿美元，占全关区的 17%；实征税款额为 20.26 亿美元，占全关区的 24%。

二者合计，A 类及以上企业 2013 年度进出口值和实征税款额分别占全关区的 74% 和 81%。

（三）企业的进出口活跃程度与管理类别成正比

依据企业信息系统对企业分类通关情况查询统计，2013 年度郑州关区企业报关单量为 397107 票，监管货运量为 2927 万吨。AA 类企业的报关单量为 113789 票，占全关区的 29%；监管货运量为 2036 万吨，占全关区的 67%。A 类企业的报关单量为 116396 票，占全关区的 29%；监管货运量为 280 万吨，占全关区的 10%。

二者合计，AA 类、A 类企业 2013 年度的报关单量和监管货运量分别占全关区的 58% 和 77%。

表 3 企业分类通关情况统计表（全部企业）

注册海关	企业数量	统计美元值	报关单量	监管货运量	实征税款额
	数值（家）	数值（万美元）	数值（票）	数值（万吨）	数值（万元）
郑州新郑综合保税区	11	7716118.21	104741	22.93	1906.41
现场业务处	2645	1186177.15	149610	1010.49	336171.7
焦作海关	157	413684.69	22152	127.46	106341.7
出口加工区办事处	29	383615.91	21783	20.12	711.88
安阳海关	340	300077.43	19218	975.49	182372.41
南阳海关	406	286715.41	28668	557.77	98493.33
洛阳海关	478	188632.98	23336	103.87	46789.4

（续表）

注册海关	企业数量	统计美元值	报关单量	监管货运量	实征税款额
	数值（家）	数值（万美元）	数值（票）	数值（万吨）	数值（万元）
周口海关	211	118684.51	14100	56.55	39116.9
新乡海关	138	44013.8	6422	19.46	13784.1
三门峡海关	55	32011.04	2917	16.24	3878.47
驻商丘办事处	172	30545.2	4061	16.67	9774.67
河南保税物流中心	9	3075.21	97	0.22	332.87
郑州机办	1	0.98	2	4.05E-05	0
合计	4652	10703352.52	397107	2927.28	839673.85

表 4　企业分类通关情况统计表（AA 类企业）

注册海关	企业数量	统计美元值	报关单量	监管货运量	实征税款额
	数值（家）	数值（万美元）	数值（票）	数值（万吨）	数值（万元）
郑州新郑综合保税区	2	5318463.7	77412	17.42	1827.72
现场业务处	22	215105.1	8539	449.72	123735.98
安阳海关	20	214348.21	6578	937.02	170670.06
焦作海关	8	207476.5	11528	81.4	57371.95
南阳海关	10	109130.49	5468	469.54	72816.20
洛阳海关	6	39446.2	861	41.81	20775.48
新乡海关	2	22020.73	2192	10.83	9589.85
周口海关	2	20417.4	1069	19.17	21884.86
三门峡海关	1	1669.93	141	1.29	0
驻商丘办事处	1	704.72	1	7.7	752.4
合计	74	6148783	113789	2035.91	479424.5

表 5　企业分类通关情况统计表（A 类企业）

注册海关	企业数量	统计美元值	报关单量	监管货运量	实征税款额
	数值（家）	数值（万美元）	数值（票）	数值（万吨）	数值（万元）
郑州新郑综合保税区	2	601695.66	11122	1.86	78.69
现场业务处	188	436271.34	46708	106.02	124501.85
出口加工区办事处	14	323173.49	19264	18.95	622.51
焦作海关	16	183847.37	5974	35.38	39917.98
洛阳海关	56	82441.32	10664	27.88	12245.83
南阳海关	39	60004.86	7721	36.45	11594.04
周口海关	19	34091.84	6050	25.73	8815.18
安阳海关	56	30376	5321	10.64	1892.07
三门峡海关	14	15875.08	1228	10.76	174.65
驻商丘办事处	45	9723.11	1658	2.45	580.21
新乡海关	6	4792.57	684	3.72	2147.14
河南保税物流中心	1	145.72	2	0.01	0
合计	456	1782438.4	116396	279.87	202570.14

（四）进出口业务趋向集中

2013年度，郑州关区4652家有进出口业务的企业中，年进出口值1000万美元以上企业394家，进出口值占全省进出口总值的91%。其中，富士康集团所属企业进出口值占全省进出口总值的59%。

2013年度，河南省进口额排名前10位企业进口额合计占全省进口总额的79.2%，出口额排名前10位企业出口额合计占全省出口总额的62.7%。

2013年度，河南省进口机电产品171.1亿美元，占全省进口总值的71.4%，铁、铅、纸浆等资源性产品所占进口比重较大；出口产品是以苹果手机和汽车为代表的机电产品，占全省出口总值的68.1%。此外，发制品、农产品、纺织品和轮胎等传统产品仍为重要出口商品。

三、企业进出口监管情况

（一）企业查获率情况

2013年度，郑州关区注册企业平均查获率为14.3%。A类企业查获率为13.66%，AA类企业查获率高达19.68%。

表6 企业查获率情况表

注册海关	全部企业	AA类	A类
	查获率（%）	查获率（%）	查获率（%）
现场业务处	13.67	12.90	13.55
洛阳海关	13.55	25.00	11.49
南阳海关	11.9	13.66	10.29
安阳海关	15.09	23.33	14.11
出口加工区办事处	12.63		12.75
驻商丘办事处	14.29		12.99
周口海关	18.25	19.67	26.36
保税物流中心	18.75		100.00
综合保税区	17.27	22.39	13.66
焦作海关	14.15	8.46	16.13
三门峡海关	9.63		10.00
新乡海关	14.56	22.22	8.70
合计	14.3	19.68	13.66

（二）违法违规案件情况

2013年度，郑州海关注册企业共涉案677宗，涉及企业282家。从案件类型看，违规案件数量占案件总数的99%，其次是知识产权侵权案件。从企业类别看，B类企业涉案396宗，占案件总数的58%；其次为A类企业，占案件总数的17%。

表7 企业违法违规案件情况表

企业类别	走私罪		走私行为		违规行为		侵权案件		总计	
	次数	家数	次数	家数	次数	家数	次数	家数	次数	家数
AA类企业	0	0	0	0	93	14	0	0	93	14
A类企业	0	0	0	0	113	61	1	1	114	62
B类企业	0	0	1	1	395	200	0	0	396	201
C类企业	0	0	0	0	3	3	0	0	3	3

（续表）

企业类别	走私罪		走私行为		违规行为		侵权案件		总计	
	次数	家数	次数	家数	次数	家数	次数	家数	次数	家数
D 类企业	0	0	0	0	66	1	5	1	71	2
合计	0	0	1	1	670	279	6	2	677	282

（三）管理类别调整情况

2013 年度，郑州海关共上调企业管理类别 100 家，下调企业管理类别 23 家。其中，A 类企业下调占比为 65%。

表 8　企业管理类别调整情况表

注册海关	上调					下调				
	A–AA	B–A	C–B	D–C	小计	AA–B	A–B	B–C	B–D	小计
现场业务处	3	37	3	0	43	2	5	2	2	11
洛阳海关	0	5	0	0	5	0	3	0	0	3
南阳海关	1	2	1	0	4	0	0	0	0	0
安阳海关	3	14	0	0	17	1	3	0	1	5
出口加工区办事处	0	4	0	0	4	0	1	0	0	1
商办	0	5	0	0	5	0	0	0	0	0
周口海关	0	5	0	0	5	0	0	0	0	0
保税物流	0	2	0	0	2	0	0	0	0	0
郑州新郑综合保税区	2	1	0	0	3	0	0	0	0	0
焦作海关	1	4	5	1	11	0	1	0	0	1
三门峡	0	0	0	0	0	0	2	0	0	2
新乡海关	0	1	0	0	1	0	0	0	0	0
合计	10	80	9	1	100	3	15	2	3	23

四、企业结构及管理分析

（一）外贸主体结构不均衡

就注册区域而言，河南省外贸主要集中在省会郑州市，其他地区发展较缓慢，且区域发展不均衡。

（二）企业类别调整表现出较强的科学性

高资信企业在全省进出口活动中比较活跃，进出口值和纳税额居支柱地位。与报关单量和进出口值相比，AA 类企业的总体守法程度较高，A 类企业总体守法程度远高于 B 类企业。企业的守法规范程度、报关质量整体状况与管理类别比较匹配。

（三）对高资信企业规范管理应作为海关管理的重点

AA、A 类企业的报关单量占关区总量的 58%，进出口值和纳税额均占关区相关业务量的近 8 成，因此，将此两类企业作为重点，在给予充分优惠便利的前提下，加强海关后续管理，特别是对其中业务不够规范、存在执法隐患的企业，通过海关稽查、巡查等手段，加大规范管理力度，以此为抓手，提高海关监管效能。

长沙海关企业综合情况分析

一、企业总体情况分析

（一）企业管理类别情况

长沙关区共有注册企业 5035 家（含报关企业 29 家）。其中，AA 类企业 29 家，占关区注册企业总数的 0.58%；A 类企业 330 家，占注册企业总数的 6.55%。2013 年，AA 类和 A 类企业数量有所增长，全年报海关总署审批同意新增 AA 类企业 6 家，新增 A 类企业 99 家。

（二）企业进出口活动情况

2013 年度，长沙关区进出口总值为 251.6 亿美元，同比增长 14.7%，较全国平均增速高 7.1 个百分点。其中，出口 148.2 亿美元，同比增长 17.6%，较全国平均增速高 9.7 个百分点；进口 103.4 亿美元，同比增长 10.7%，较全国平均增速高 3.4 个百分点。

2013 年，湖南省进出口规模列中部省份第五，增速列中部省份第三，较中部六省平均增速高 1.1 个百分点。其中，出口增速较中部六省平均增速高 3.1 个百分点，列中部第三；进口增速较中部六省平均增速低 1.3 高个百分点，列中部第二。

（三）企业实征税款情况

2013 年，长沙关区税收入库 58.82 亿元，同比上升 5.86%，入库数列全国海关第 29 位，较 2012 年上升 2 位，不仅实现了正增长，而且创造了关区年度税收入库历史新高。全年平均每个工作日入库税收 2391 万元，较 2012 年多入库 151 万元。

（四）企业报关单量情况

2013 年，长沙海关监管业务量进一步增加，累计进出口报关单 74334 份（结关数），同比增长 15.5%。

二、企业通关规范情况

（一）企业查验查获情况

2013 年，长沙海关查验报关单 3723 票，查获报关单 630 票，总体查获率为 18.89%。

（二）企业删改单情况

2013 年，长沙关区企业删改单票数 6881 票，删改单率为 8.91%。

三、AA、A 类企业守法状况分析

（一）从企业管理类别调整情况来看

2013 年，长沙关区共有 8 家企业由 A 类下调为 B 类，其中 7 家企业未能通过 2012 年度集中审核，1 家企业被发现有违规行为。

（二）从发现企业走私违规行为来看

2013 年，长沙关区共收到缉私局及各地海关寄来的行政处罚决定书 15 份，其中 1 家 A 类企业因违规行为下调为 B 类。

（三）从企业发生报关差错率来看

2013 年，长沙关区 AA 类企业报关差错率为 1.02%，较全关区企业的报关差错率 1.12% 略低。大多数 AA 类进出口货物收发货人都是代理报关，无报关差错率。

上述情况表明，大多数 AA、A 类企业重视自身的诚信守法，没有出现违法违规情形，在享受海关通关便利措施的同时，也能做到守法经营。

四、为 AA 类企业提供的便利措施

从海关管理角度来看，AA 类和 A 类企业是海关监管和服务的重点，集中资源管理和服务好这些“大企业”是海关实现严密监管和高效运作的必然选择。

（一）切实落实对 AA 类企业实施的便捷通关措施

巩固已实施的 AA 类企业通关便捷措施，重点保证 AA 类企业的担保验放，保持较低查验率，AA 类、A 类企业“属地申报、口岸验放”，优先申报，预约通关等便捷通关措施的贯彻落实，不断提升企业知法守法水平，引导企业实现自律管理，实现海关服务与管理的深度融合，推动地方经济健康发展。

（二）进一步深化关企合作

举办关企 MOU 签订仪式暨 AEO 与 C-TPAT 推介会，与资信状况好的 6 家 AA 类企业签订《关企合作备忘录》，并邀请海关总署企业管理专家讲解 AEO、C-TPAT 有关知识，有助于湖南省企业“走出去”，拓宽视野与国际合作，实现全球贸易安全与便利。

（三）建立企业协调员制度

树立“客户导向”管理理念，实行“客户管理”监管措施，制定下发了《长沙海关企业协调员工作若干暂行规定》，与 54 家年进出口总值 3000 万美元以上和行业龙头企业建立了企业协调员制度，签订《企业协调员制度合作备忘录》，确立海关与企业双方的责任，形成海关与企业的“一对一”的个性化服务，为湖南省大型企业提供专门化服务和个性化管理。

广州海关企业综合情况分析

一、企业总体情况

（一）注册企业情况

2013 年，广州关区注册企业为 24044 家，占同期广东关区注册企业总数 128428 家的 18.72%，占同期全国海关注册企业总数 618240 家的 3.89%。

表 1　2013 年注册企业经营类别情况表

编号	经营类别名称	注册企业数		
		广州关区	广东省内关区	全国海关
1	进出口货物收发货人	22317	109628	577316
2	报关企业	226	1332	6104
3	报关企业分支机构	40	324	844
4	特殊监管区“双重身份”企业	4	19	73
5	临时注册登记	12	40	1210
6	无进出口经营权加工生产企业	1405	16723	31721
7	保税仓库	40	362	972
8	出口监管仓库	–	–	–
9	进出境运输工具负责人	–	–	–
合计		24044	128428	618240

（二）报关单位注册情况[①]

2013 年，广州关区报关单位注册数为 22587 家，同比增长 8.54%。同期，广东省内关区报关单位注册数为 111278 家，同比增长 4.22%；全国海关报关单位注册数为 584321 家，同比增长 7.97%。广州关区报关单位注册数稳步增长且增幅高于同期广东关区、全国海关。从企业性质分析，广州关区报关单位以私营企业为主，占比为 66.21%，且私营企业增幅最大，同比增长 13.8%。

表 2　2013 年报关单位企业性质情况表

编号	企业性质	报关单位注册数		
		广州关区	广东省内关区	全国海关
1	国有	603	1920	15585
2	合作	189	1117	2620
3	合资	1202	4042	32041
4	独资	5143	30907	97831
5	集体	105	453	5875
6	私营	14956	70589	420132
7	个体	119	586	3238

① 指进出口货物收发货人、报关企业、报关企业分支机构和特殊监管区“双重身份”企业。

（续表）

编号	企业性质	报关单位注册数		
		广州关区	广东省内关区	全国海关
8	报关	270	1664	6999
合计		22587	111278	584321

（三）企业管理类别情况

2013 年，广州关区 AA 类企业为 167 家，占同期广东关区 AA 类企业 894 家的 18.68%，与注册企业占比基本持平；占同期全国海关 AA 类企业的 5.73%，高于注册企业占比 1.76 个百分点。

表 3　2013 年 AA 类企业情况表

编号	企业经营类别	AA 类企业数		
		广州关区	广东省内关区	全国海关
1	进出口货物收发货人	163	864	2752
2	报关企业	4	19	151
3	报关单位	167	883	2903
4	全部	167	894	2916

2013 年，广州关区 AA、A 类企业合计 1232 家，高类别企业占比 5.22%；C、D 类企业合计 56 家，低类别企业占比 0.24%。企业管理类别分布与广东省内关区、全国海关相一致，高、低类别企业与 B 类企业相比呈现橄榄形分布态势。

表 4　2013 年各类别企业情况表

编号	企业管理类别	企业数		
		广州关区	广东省内关区	全国海关
1	AA 类	167	894	2916
2	A 类	1065	7286	34021
3	B 类	22322	107526	556015
4	C 类	45	254	1073
5	D 类	11	117	420

（四）进出口活动情况

2013 年，广州关区注册的进出口货物收发货人有进出口的比重为 63.12%，与广东省内关区 62.77%、全国海关 61.25% 的比重基本持平。广州关区注册的进出口货物收发货人数量占广东省内关区的 20.47%，占全国海关的 3.98%；在广州关区口岸有进出口的进出口货物收发货人数量占广东省内关区活动企业数的 20.02%，占全国海关口岸的 4.76%。

表 5　2013 年企业进出口活动情况表

编号	进出口活动指标	有进出口的企业数		
		广州关区	广东省内关区	全国海关
1	注册的进出口货物收发货人（家）	14086	68818	353613
2	其中 AA 类（注册）	179	909	2872
3	口岸的进出口货物收发货人（家）	35753	178555	750470
4	其中 AA 类（口岸）	893	3722	13332

二、AA 类企业进出口情况分析

（一）关区注册 AA 类企业进出口情况

2013 年，广州关区注册 AA 类企业在全国的进出口额为 5098014 万美元，同比增长 12.52%；报关单量为 465691 票，同比增长 7.21%；监管货运量 1559 万吨，同比增长 19.81%；纳税额为 1240954 万元，同比增长 11.51%；减免税款额为 2657754 万元，同比增长 22.38%。

2013 年，广州关区注册 AA 类企业的进出口业务仍以本关区为主，在本关区的进出口额、报关单量、监管货运量、纳税额和减免税款额占在全国的比重分别为 76.18%、73.18%、77.42%、74.41% 和 89.18%。

表 6　2013 年 AA 类企业进出口情况表

编号	进出口指标	进出口业务量		
		本关区	全国	占比（%）
1	进出口额（万美元）	3883764	5098179	76.18
2	报关单量（票）	340318	465691	73.18
3	监管货运量（万吨）	1207	1559	77.42
4	纳税额（万元）	923581	1241127	74.41
5	减免税款额（万元）	2370166	2657754	89.18

（二）经关区口岸进出的 AA 类企业进出口情况

经广州关区口岸进出的全国海关 AA 类企业的进出口额为 4332433 万美元，同比增长 13.55%；报关单量为 412395 票，同比增长 2.95%；监管货运量 1423 万吨，同比增长 16.49%；纳税额为 1103196 万元，同比增长 9.78%；减免税款额为 2466456 万元，同比增长 24.42%。

经广州关区口岸进出的全国海关 AA 类企业中本关区注册企业仍占主导地位，本关区注册企业的进出口额、报关单量、监管货运量、纳税额和减免税款额占同期经广州关区口岸进出的 AA 类企业的比重分别为 89.64%、82.52%、84.86%、83.72% 和 96.10%。

表 7　2013 年经广州关区口岸进出的 AA 类企业进出口情况表

编号	进出口指标	进出口业务量		
		本关区	全国	占比（%）
1	进出口额（万美元）	3883764	4332433	89.64
2	报关单量（票）	340318	412395	82.52
3	监管货运量（万吨）	1207	1423	84.86
4	纳税额（万元）	923581	1103196	83.72
5	减免税款额（万元）	2370166	2466456	96.10

三、AA 类企业通关规范情况分析

（一）查验查获情况

2013 年，广州关区注册 AA 类企业在全国海关的查验率低于同期全国海关 AA 类企业平均查验率，明显低于全国海关全部注册企业整体查验率；查获率为 14.65%，均低于同期全国海关 AA 类企业平均查获率（15.18%），略低于全国海关全部注册企业整体查获率（14.66%）。

表 8　2013 年 AA 类企业查获情况表

编号	通关规范指标	统计值		
		广州关区注册 AA 类企业	全国海关注册 AA 类企业	全国海关全部注册企业
1	报关单数	465691	10792281	68015072
2	可查验报关单数	422599	10249077	64825376
3	查获报关单数	760	35852	501135
4	规范查获数	641	25655	337496
5	实质查获数	119	10786	163636

经广州关区口岸进出的本关区注册 AA 类企业和全国海关注册 AA 类企业的查验率明显低于全国海关全部注册企业整体查验率。经广州关区口岸进出的本关区注册 AA 类企业和全国海关注册 AA 类企业的查获率分别为 13.30% 和 12.27%，略低于全国海关全部注册企业整体查获率（14.66%），但实质查获率分别为 3.12% 和 2.88%，明显低于全国海关全部注册企业整体实质查获率 5.37%。

表 9　2013 年经广州关区口岸进出的 AA 类企业查获情况表

编号	通关规范指标	统计值		
		广州关区注册 AA 类企业	全国海关注册 AA 类企业	全国海关全部注册企业
1	报关单数	340318	412395	2697105
2	可查验报关单数	297453	369486	2536137
3	查获报关单数	384	528	24492
4	规范查获数	294	404	16603
5	实质查获数	90	124	7888

（二）报关质量情况

2013 年，广州关区 AA 类企业以申报单位统计记分报关单数为 3974 票，报关单票数为 542954 票，平均报关差错率为 0.63%，较同期全国海关 AA 类企业的平均报关差错率（0.68%）低了 0.05 个百分点。同期，广州关区其他类别企业以申报单位统计记分报关单数为 22913 票，报关单票数为 2680929 票，平均报关差错率为 0.85%，广州关区 AA 类企业与其他类别企业相比平均报关差错率低了 0.22 个百分点。

2013 年，广州关区 5 家 AA 类报关企业申报报关单票数为 295961 票，记分报关单数为 2765 票，平均报关差错率为 0.93%，广州关区 221 家其他类别报关企业申报报关单票数为 1817051 票，记分报关单数为 19188 票，平均报关差错率为 1.05%。广州关区 AA 类报关企业与其他类别报关企业相比平均报关差错率低了 0.12 个百分点。

表 10　2013 年 AA 类企业删改单情况表

编号	进出口指标	进出口业务量		
		本关区 AA 类	全国 AA 类	全部企业
1	申报单位记分报关单数（票）	3542	101768	670285
2	申报单位报关单票数（票）	557052	14931627	74533293
3	平均报关差错率（%）	0.63	0.68	0.9

四、AA 类企业守法状况分析

2013 年，广州关区及全国海关注册 AA 类企业均未有走私罪、走私行为的违法案件。其他管理类别的企业有178宗走私罪案件，涉及178家企业；有335宗走私行为案件，涉及280家企业。广州关区及全国海关注册AA类企业每万票报关单的违规次数分别为2.9次和1.3次，其他管理类别的企业每万票报关单的违规次数为10.5次，AA类违规率最低。

表11 2013年AA类企业案件情况表

编号	进出口指标	企业案件情况		
		本关区AA类	全国AA类	全部企业
1	走私罪（次数/家数）	0/0	0/0	178/178
2	走私行为（次数/家数）	0/0	0/0	335/280
3	违规行为（次数/家数）	118/58	1421/560	58647/24928
4	侵权案件（次数/家数）	2/1	20/11	2118/1143
5	总计（次数/家数）	120/59	1441/571	61278/26529
6	报关单票数（万票）	41.2395	1079.2365	6801.5067

深圳海关企业综合情况分析

一、企业总体情况

截至 2013 年 12 月 31 日，深圳关区共有注册有效企业 50850 家，同比下降 2.12%，占广东省内关区注册企业总数的 44.42%，占全国关区注册企业总数的 8.69%。其中，进出口收发货人 48739 家，占比 95.85%；报关企业 670 家，占比 1.32%；加工生产企业 1390 家，占比 2.73%；其他企业 51 家，占比 0.10%。

（一）企业管理类别情况

截至 2013 年，深圳关区 AA 类企业为 324 家，占关区有效企业数的 0.64%；A 类企业为 2959 家，占关区有效企业数的 5.8%；B 类企业为 47417 家，占关区有效企业数的 93.25%；C 类企业为 104 家，占关区有效企业数的 0.20%；D 类企业为 46 家，占关区有效企业数的 0.09%。B 类企业所占比重超过关区企业总数的 93%，高信用企业（AA、A 类）约占 6.5%，低信用企业（C、D 类）约占 0.3%。在关区企业总数同比下降的情况下，高信用企业和低信用企业数量同比出现不同程度的增长。

表 1　截至 2013 年 12 月 31 日深圳关区企业类别分布情况表

企业类别	数值	同比（%）	占比（%）
AA	324	18.68	0.64
A	2959	24.38	5.82
B	47417	–3.57	93.25
C	104	11.83	0.2
D	46	100.00	0.09
合计	50850		

（二）进出口收发货人情况

2013 年，深圳关区 AA 类进出口收发货人有 308 家，占进出口收发货人企业总数的 0.63%；A 类进出口收发货人有 2696 家，占比 5.53%；B 类进出口收发货人有 45597 家，占比 93.55%；C 类进出口收发货人有 96 家，占比 0.20%；D 类进出口收发货人有 42 家，占比 0.09%。

（三）报关企业情况

2013 年，深圳关区 AA 类报关企业有 9 家，占报关企业总数的 1.34%；A 类报关企业 122 家，占比 18.21%；B 类报关企业 535 家，占比 79.85%；C 类报关企业 3 家，占比 0.45%；D 类报关企业 1 家，占比 0.15%。

（四）企业管理类别调整情况

2013 年，深圳关区企业管理类别上调 655 家，下调 590 家，主要集中在 B 类企业向 A 类上调和 A 类企业向 B 类下调。

表 2　2013 年深圳关区企业管理类别调整情况表

关别	上调企业数（家）					下调企业数（家）										
	A–AA	B–A	C–B	D–C	小计	AA–A	AA–B	AA–C	AA–D	A–B	A–C	A–D	B–C	B–D	C–D	小计
深圳	57	576	20	2	655	6	14	0	0	387	1	2	111	65	4	590

二、深圳关区企业进出口情况

2013 年，深圳关区有进出口活动的企业共计 216186 家，报关单为 996.64 万票，进出口值为 10066.32 亿美元。其中，深圳本地注册企业 28608 家，占有进出活动企业数的 13.23%；进出口报关单为 575.42 万票，占有进出口活动企业报关单总量的 57.73%；进出口值为 6929.28 亿美元，占有进出活动企业进出口总值的 68.84%。

其中，AA 类、A 类企业数量分别占企业总数的 0.64%、5.82%（两者合计占 6.46%），其进出口值分别占 26.95%、36.24%（两者合计占 63.19%），纳税额分别占 31.96%、35.26%（两者合计占 67.22%）；B 类企业数量占企业总数的 93.25%，进出口值占 36.67%，纳税额占 32.29%。数据显示，AA 类、A 类企业合计进出口总值、纳税额占比均超 6 成，关区进出口业务、税收来源相对集中于高信用大型企业。

表 3　2013 年深圳关区企业本地进出口情况表（按企业类别）

企业类别	报关单量		进出口值		纳税额	
	（票）	占比（%）	（亿美元）	占比（%）	（亿人民币）	占比（%）
AA	1369524	23.80	1793.75	26.95	372.26	31.96
A	2111842	36.70	2489.39	36.24	410.64	35.26
B	2249748	39.09	2613.77	36.67	377.26	32.39
C	18934	0.33	30.66	0.11	4.49	0.38
D	4173	0.07	1.71	0.02	0.014	0.001
总 计	5754221		6929.28		1164.66	

三、深圳关区企业通关规范情况

2013 年，深圳海关共对全国企业共计 482983 票进出口报关单实施查验，查获率为 15.01%。其中，对 243903 票深圳关区企业进出口报关单实施查验，查获率为 15.78%。

（一）监管查验力度基本与企业类别相匹配

2013 年，深圳关区对 AA 类、A 类、B 类、C 类、D 类企业查获率分别为 20.87%、17.13%、15.02%、8.7% 及 10.33%，查验资源分配与查获率都基本与企业类别相匹配。

（二）AA 类企业实质性查获率远低于其他类别企业

自从 2013 年 8 月实施优化监管查验机制以来，深圳关区口岸对 AA 类企业的查验率呈下降态势。AA 类企业实质性查获率明显低于其他类别企业及全关区的平均水平。

四、深圳关区企业守法状况

（一）企业案件结案情况

2013 年，深圳关区注册企业涉案 6969 次，涉及企业 3945 家。其中以违规行为案件居多，违规行为为 6530 次，违规行为涉及企业 3706 家。此外，走私罪案件涉及企业 12 家；走私行为涉案 123 次，涉及企业 87 家。

表 4　2013 年深圳关区企业结案情况表（按企业管理类别）

企业管理类别	走私罪		走私行为		违规行为		侵权案件		总 计	
	次数	家数	次数	家数	次数	家数	次数	家数	次数	家数
AA	0	0	0	0	98	63	0	0	98	63
A	0	0	4	3	638	436	3	3	645	442
B	0	0	95	62	5723	3161	224	107	6042	3330
C	0	0	0	0	3	3	0	0	3	3
0	19	19	50	32	40	19	109	70	71	2
D	12	12	5	3	21	14	37	11	75	40
合 计	12	12	123	87	6530	3706	304	140	6969	3945

注：本表中走私罪以法院判决日期为统计口径，走私行为、违规行为、侵权案件均以处罚决定书作出时间为统计口径。

（二）AA 类企业守法状况

2013 年，关区 AA 类企业守法状况总体较好，无走私罪、走私及侵权案件，涉案全部为违规案件，共计 98 宗，涉及企业 63 家，其中 94 宗案件为罚款 3 万元以下的申报不实等轻微违规案件，占比为 96%。

AA、A 类企业因年度核定、违规等情形被下调类别全年共计 407 家，占下调管理类别企业总量的 68%。其中 205 家企业因为未按规定提交年度《企业经营管理状况评估报告》和逾期换领海关注册登记证书被降级，131 家企业因违规、侵权行为或报关差错率过高被降级，反映出该部分企业在管理上存在漏洞，以及对海关法律法规的重视程度不够，海关将进一步加大对相关政策法规的宣传力度，促进企业自身规范管理。同时，有 71 家企业因上年度进出口额不达标而被降级，反映出在现阶段经济形势低迷的情况下，部分企业生产经营面临较大困难，进出口规模进一步缩减。广大企业对海关提供通关便利措施、优惠扶持政策的需求越来越迫切，企业管理部门将进一步贯彻落实海关总署“稳增长、促发展”的政策，加大扶持企业力度。

拱北海关企业综合情况分析

一、企业总体情况

据统计，截至2013年年底，拱北关区共有注册企业9889家，有进出口业务的企业5797家，占全部注册企业的58.6%。其中，进出口收发货人5684家，占有进出口业务企业的98.05%；报关企业94家，占有进出口业务企业的0.95%。

截至2013年年底，拱北关区共有AA类企业140家，占有效企业总数的1.41%；A类企业725家，占有效企业总数的7.33%；B类企业8944家，占有效企业总数的90.44%；C类企业42家，占有效企业总数的0.42%；D类企业38家，占有效企业总数的0.38%。企业类别分布呈现“高、低类别两头少，中间类别占大多数”的特点。高信用企业（指AA类、A类企业）的进出口活动率达100%，B 、C、D类企业进出口活动率分别为54.83%、50%、18.42%，企业管理类别越高，进出口活动率越高。（详见表1）

表1 企业管理类别和进出口活动情况表

企业类别	有效企业		有进出口企业		进出口活动率（%）
	数值（家）	占比（%）	数值（家）	占比（%）	
AA	140	1.41	140	2.41	100.00
A	725	7.33	725	12.5	100.00
B	8944	90.44	4904	84.59	54.83
C	42	0.42	21	0.36	50.00
D	38	0.38	7	0.12	18.42
合计	9889	100.00	5797	100.00	58.62

2013年，拱北关区新增AA、A类企业分别为9家、115家，高信用企业净增长（新增企业减去下调企业）89家，增幅11.48%。（详见表2）

表2 企业管理类别向上调整情况表

类型	A-AA	B-A	C-B	D-C	小计
数量	9	115	9	0	133

二、企业进出口情况分析

高信用企业进出口总值、纳税额、进出口报关单分别为6188092万美元、631957万元、942742票，分别占全部企业的57.34%、28.29%、55.81%，各项指标同比呈增长态势。（详见表3）

表3 企业进出口情况表

企业类别	进出口值			纳税额			报关单		
	数值（万美元）	占比（%）	同比（%）	数值（万元）	占比（%）	同比（%）	数值（票）	占比（%）	同比（%）
AA	3042309.04	28.19	2.94	410667.03	18.38	22.05	363897	21.54	0.81
A	3145783.07	29.15	14.56	221289.82	9.91	17.43	578845	34.27	10.06
B	4196921.35	38.89	9.90	1584588.23	70.93	25.65	713495	42.24	1.62
C	406207.55	3.76	213.91	17089.82	0.77	39.80	32848	1.94	108.41

（续表）

企业类别	进出口值			纳税额			报关单		
	数值（万美元）	占比（%）	同比（%）	数值（万元）	占比（%）	同比（%）	数值（票）	占比（%）	同比（%）
D	896.90	0.01	−75.82	281.50	0.01	−77.85	205	0.01	−70.92
合计	10792117.91	100.00	13.49	2233916.4	100.00	18.87	1689290	100.00	5.20

三、企业通关规范情况分析

2013 年，拱北关区高信用企业查验率低于关区平均查验率 2.25 个百分点，呈现管理类别越低，查验率越高的特点。（详见表 4）

表 4　企业查获情况表

企业类别	报关单		可查验报关单		查获数		查获率（%）
	票数	占比（%）	票数	占比（%）	票数	占比（%）	
AA	363897	21.54	322178	21.22	780	6.94	13.48
A	578845	34.27	516711	34.03	2309	20.54	13.31
B	713495	42.24	649498	42.78	7310	65.01	14.98
C	32848	1.94	29798	1.96	842	7.49	21.39
D	205	0.01	169	0.01	3	0.03	2.07
合计	1689290	100.00	1518354	100.00	11244	100.00	14.79

2013 年，查获高信用企业报关单 3089 票，查获率、实体查获率、查验成案率分别为 13.35%、2.34%、0.16%。其中，AA 类企业查获率、实体查获率、查验成案率分别为 13.48%、2.14%、0.19%，A 类企业分别为 13.31%、2.40%、0.16%。此外，B 类企业分别为 14.98%、2.14%、0.32%。

四、AA 类企业守法状况分析

2013 年，拱北关区的高信用企业立案 183 件，占立案总数的 24.37%，其中无走私案件。高信用企业重大违法情形少，AA、A 类企业案件数占报关单比重分别为 0.014% 和 0.023%，即 AA 企业每 1 万份报关单涉案不足 2 份，A 类企业不足 3 份（详见表 5）。从企业类别调整看，AA 类企业没有降至 C、D 类，信用状况较好（详见表 6）。

表 5　企业违法情况表

企业类别	立案性质	立案案件数	走私案件数占比（%）	报关单数	案件数占报关单比重（%）
AA	走私	0	0.00	363897	0.014
	违规	50			
A	走私	0	0.00	578845	0.023
	违规	133			
B	走私	20	4.02	713495	0.070
	违规	478			
C	走私	8	12.5	32848	0.195
	违规	56			
D	走私	0	0.00	205	2.927
	违规	6			
总计	走私	28	3.73	1689290	0.044

注：1. 走私案件数占比：指走私案件数占该类别案件总数的比重，表明该类别企业违法的严重性。
2. 案件数占报关单比重：指该类别案件数与该类别企业进出口报关单的比重，表明该类别企业的守法性。

表 6　企业管理类别下调情况表

类型	AA				A			B		C	总计
	AA-A	AA-B	AA-C	AA-D	A-B	A-C	A-D	B-C	B-D	C-D	
数量	0	7	0	0	28	0	0	10	6	0	51

五、为 AA 类企业提供的优惠便利措施

（一）对 AA 类企业适用担保验放。规定本关区 AA 类企业在提交担保验放申请和担保书并获批后，只需在现场海关备案即可适用担保验放。

（二）在通关改革中，优先选择 AA 类企业试点“通关无纸化”、“属地申报，口岸验放”等便捷监管模式。

（三）优先安排在非工作时间和节假日办理 AA 类企业预约通关手续，在业务现场设立 AA 类企业专用窗口，或在电子叫号系统中对 AA 类企业进行优先设置，使 AA 类企业可优先办理通关、换证、加贸手册报核、商品归类和化验等手续。

（四）创新打造 AA 类企业海关事务协调专用电子平台，从科技上提高 AA 类企业通关疑难问题协调效能。

2011 年，拱北海关加大科技投入，依托关企通等系统自主研发了 AA 类企业海关事务协调专用电子系统和协调事务处置系统，在全国海关创新打造了 AA 类企业电子协调服务平台，利用科技手段凝聚各职能部门、现场海关的力量，为 AA 类企业提供“首问一口对外、后台一体联动、处置一目了然”的电子协调服务，为关区 AA 企业享受通关便利措施、快速解决疑难问题提供了有力保障。平台自 2011 年 6 月上线以来，共协调解决 AA 类企业办理海关事务百余项，有效提升了 AA 类企业海关事务疑难问题的协调效能。

（五）利用关企通系统在全国海关率先实行 AA 类企业电子报送年度材料（每年 4 月 30 前报送上年度企业经营管理状况评估报告、进出口业务情况表、审计报告，7 月 31 日前报送上半年进出口业务情况表），有效减少企业报送成本，方便海关各业务部门共享利用。

汕头海关企业综合情况分析

一、企业总体情况

2013 年，汕头海关企业总数为 5894 家，其中有进出口活动的企业为 3884 家，AA 类企业有 37 家。

二、企业进出口情况分析

同期，有进出口活动企业的报关单数为 410170 票，其中 AA 类企业报关单数为 44777 票，占总数的 10.9%；进出口总值达 2626151 万美元，其中 AA 类企业进出口总值达 514626 万美元，占总数的 19.6%；总纳税额约 56 亿元，其中 AA 类企业纳税额约 14 亿元，占总数的 25%。

三、企业通关规范情况分析

2013 年，汕头关区内企业进出口报关单数为 372385 票，查获票数为 3394 票，占总报关单数的 0.9%。其中，关区内 AA 类企业进出口报关单数为 35952 票，占总企业票数的 0.18%，占总 AA 类企业票数的 1.87%；查获票数为 73 票，占总企业票数的 0.02%，占总 AA 类企业票数的 2.03%。

2013 年度企业进出口报关差错率为 0.87%，其中 AA 类企业进出口报关差错率占 0.55%。

四、AA 类企业守法状况分析

2013 年，汕头关区 AA 类企业中有 9 家存在违规情事，涉及案值约 183 万元，罚款金额合计约 5 万元，均不涉及类别调整。

五、对 AA 类企业便利措施

为进一步贯彻“由企及物”管理理念和“守法便利”原则，发挥 AA 类企业的引领作用，汕头海关在海关总署便利措施的基础上，对 AA 类企业实施以下便利：

（一）优先办理货物申报、查验和放行手续。

（二）优先签发已结关出口报关单证明联。

（三）全天候接受企业预约通关申请，按“24 小时预约通关”规定办理通关手续。

（四）对进出口货物适用较低查验率。

（五）对应当查验又不便在通关现场实施查验的进出境货物，经企业申请，现场海关批准，海关优先派员到企业结合生产或装卸环节实施查验。

（六）除布控、查验及涉案的报关单外，对企业在海关发现前主动报告其申报环节存在非实质性错误的，现场海关经核准后可同意企业修改报关单，确有必要时才实施查验作业。

（七）给予享受海关预归类、预审价、原产地预审核、税费电子方式支付等纳税便利措施。

（八）优先办理进出口货物的商品归类和化验手续；对长期在汕头关区内同一口岸进口同一高风险商品的，经海关取样送检显示企业申报正确，且商品信息明确的，口岸海关可以同该企业签订协议书，协议期内一般情况下应取样留存备查，可不实施送检。

（九）经企业申请，海关可免除其纳税担保。

（十）加工贸易企业内销货物实行“集中申报”模式且无须提供担保。

（十一）优先提供优质统计信息服务，提供相关统计分析和监测预警信息。

（十二）实行“AA 类企业海关联络专员制度”，海关联络专员为企业提供海关政策、法规咨询服务和办事指引，协助企业解决通关过程中的疑难问题。

黄埔海关企业综合情况分析

一、企业总体情况

截至2013年年底，黄埔关区注册有效企业19404家，占全国海关注册企业585263家的3.32%。主要集中在东莞海关、凤岗办、常平办。其中，进出口收发货人17614家，占关区有效企业数的90.78%；报关企业（含分支机构）493家，占关区有效企业数的2.54%；加工生产型企业1297家，占关区有效企业数的6.68%。

2013年，黄埔海关AA类企业为184家，占关区有效企业数的0.95%；A类企业为1544家，占关区有效企业数的7.96%；B类企业为17610家，占关区有效企业数的90.75%；C类企业为35家，占关区有效企业数的0.18%；D类企业为31家，占关区有效企业数的0.16%。

表1　2013年黄埔关区有效企业情况表

注册海关	合计		AA		A		B		C		D	
	数值	占比（%）	数值	占比（%）	数值	占比（%）	数值	占比（%）	数值	占比（%）	数值	占比（%）
老港	526	2.71	7	3.80	32	2.07	484	2.75	3	8.57	0	0.00
新港	84	0.43	0	0.00	3	0.19	81	0.46	0	0.00	0	0.00
新塘	730	3.76	10	5.43	45	2.91	673	3.82	1	2.86	1	3.23
东莞	6457	33.28	49	26.63	500	32.38	5893	33.46	10	28.57	5	16.13
太平	1537	7.92	16	8.70	133	8.61	1383	7.85	0	0.00	5	16.13
凤岗办	3542	18.25	31	16.85	326	21.11	3173	18.02	5	14.29	7	22.58
开发办	1412	7.28	22	11.96	112	7.25	1276	7.25	1	2.86	1	3.23
新沙	127	0.65	3	1.63	7	0.45	116	0.66	1	2.86	0	0.00
长安办	2062	10.63	21	11.41	150	9.72	1880	10.68	6	17.14	5	16.13
常平办	2625	13.53	20	10.87	209	13.54	2383	13.53	6	17.14	7	22.58
沙田办	302	1.56	5	2.72	27	1.75	268	1.52	2	5.71	0	0.00
合计	19404	100.00	184		1544		17610		35		31	

从黄埔关区企业投资国别（地区）分布情况看，在78个投资国别（地区）中以国内投资企业最多，其次为我国香港地区。

表2　2013年黄埔关区企业投资国别（地区）排名前10位情况表
（按企业数量）

投资国别	AA		A		B		C		D		合计
	数量（家）	占比（%）	数量（家）	占比（%）	数量（家）	占比（%）	数量（家）	占比（%）	数量（家）	占比（%）	
中国	148	43.15	530	26.94	16174	57.19	39	43.82	12	15.58	16903
中国香港	94	27.41	859	43.67	7431	26.27	24	26.97	39	50.65	8447
台澎金马关税区	6	1.75	71	3.61	1477	5.22	11	12.36	11	14.29	1576
英属维尔京群岛	31	9.04	135	6.86	625	2.21	7	7.87	1	1.30	799

（续表）

投资国别	AA		A		B		C		D		合计
	数量（家）	占比（%）	数量（家）	占比（%）	数量（家）	占比（%）	数量（家）	占比（%）	数量（家）	占比（%）	
萨摩亚	6	1.75	78	3.97	546	1.93	2	2.25	3	3.90	635
日本	20	5.83	65	3.30	297	1.05	0	0.00	2	2.60	384
美国	6	1.75	37	1.88	273	0.97	1	1.12	1	1.30	318
韩国	5	1.46	18	0.92	207	0.73	2	2.25	1	1.30	233
文莱	1	0.29	25	1.27	188	0.66	0	0.00	2	2.60	216
新加坡	4	1.17	30	1.53	133	0.47	1	1.12	0	0.00	168

注：由于一家企业可能有多个投资国别（地区），因此部分企业按其投资国别（地区）被多次统计。占比为该投资国别（地区）各类别企业占黄埔海关注册企业对应类别企业的比重。

就投资金额来看，黄埔海关注册企业以我国香港地区和境内投资为主，分别占黄埔海关投资金额的43.60%和41.76%。

表3　2013年黄埔关区企业投资国别（地区）排名前10位情况表

（按投资金额）

投资国别	AA		A		B		C		D		合计	占比（%）
	投资金额（万美元）	占比（%）	投资金额（万美元）	占比（%）	投资金额（万美元）	占比（%）	投资金额（万美元）	占比（%）	投资金额（万美元）	占比（%）		
中国香港	1004886	59.28	16077553	63.21	85242541	41.26	6633	30.11	13159	1.35	102344770	43.60
中国	252071	14.87	7996070	31.43	88809223	42.99	2969	13.48	953396	97.81	98013729	41.76
韩国	47133	2.78	12210	0.05	15148590	7.33	262	1.19	100	0.01	15208294	6.48
英属维尔京群岛	92367	5.45	423430	1.66	8041575	3.89	5080	23.06	105	0.01	8562556	3.65
台澎金马关税区	26574	1.57	50798	0.20	7376559	3.57	6084	27.62	2912	0.30	7462928	3.18
日本	54136	3.19	380066	1.49	1001250	0.48	0	0.00	2174	0.22	1437626	0.61
萨摩亚	24536	1.45	105632	0.42	217779	0.11	363	1.65	1360	0.14	349670	0.15
新加坡	27574	1.63	61485	0.24	159942	0.08	102	0.46	0	0.00	249103	0.11
英国	53942	3.18	39690	0.16	54720	0.03	0	0.00	154	0.02	148505	0.06
美国	14944	0.88	31066	0.12	95163	0.05	337	1.53	144	0.01	141653	0.06

二、企业进出口情况

（一）黄埔关区企业在本地运作情况

2013年，黄埔关区各口岸有进出口活动的企业共计38612家，报关单为469.52万份，进出口值为3329.18亿美元。其中，本关区注册企业9990家，占有进出口活动企业总数的25.87%；进出口报关单为391.11万份，占有进出口活动企业报关单总量的83.30%；进出口值为2419.72亿美元，占有进出口活动企业进出口总值的72.68%。

表 4　2013 年从黄埔口岸进出口报关单及进出口值表①

报关单数					进出口值				
合计	本地		异地		合计	本地		异地	
万份	万份	占比（%）	万份	占比（%）	亿美元	亿美元	占比（%）	亿美元	占比（%）
469.52	391.11	83.30	78.41	16.7	3329.18	2419.72	72.68	909.46	27.32

从企业进出口规模情况看，有 77% 的企业 2013 年进出口值小于 1000 万美元；2013 年进出口值大于（含）1 亿美元的企业数只占 3.37%，而进出口值却占关区总额的 59.82%，报关单占关区总量的 45.85%。

表 5　2013 年黄埔关区企业本地进出口情况表
（按企业进出口规模）

进出口规模	企业数量（家）	企业数量占比（%）	报关单量（份）	报关单占比（%）	进出口值（亿美元）	进出口值占比（%）
大于或等于 10 亿	36	0.36	753109	19.26	300.32	26.35
小于 10 亿且大于或等于 1 亿	301	3.01	1039854	26.59	381.47	33.47
小于 1 亿且大于等于 5000 万	313	3.13	442879	11.32	113.23	9.94
小于 5000 万且大于或等于 1000 万	1604	16.06	971334	24.84	209.08	18.34
小于 1000 万	7736	77.44	703877	18.00	135.60	11.90
合计	9990	100.00	3911053	100.00	1139.70	100.00

从企业经济类型情况看，以独资、私营企业为主。其中，独资企业为 6455 家，占企业总数的 64.61%，其报关单量占 73.12%，进出口值占 72.60%；私营企业 3040 家，占企业总数的 30.43%，其报关单量占 14.36%，进出口值占 15.16%。

表 6　2013 年黄埔关区企业本地进出口情况表
（按企业经济类型）

企业性质	企业数量（家）	企业数量占比（%）	报关单数（份）	报关单数占比（%）	进出口值（万美元）	进出口值占比（%）
1 国有	40	0.40	244153	6.24	1437125	5.94
2 合作	71	0.71	24098	0.62	100936	0.42
3 合资	336	3.36	179982	4.60	1334408	5.51
4 独资	6455	64.61	2859887	73.12	17567249	72.60
5 集体	22	0.22	40442	1.03	87150	0.36
6 私营	3040	30.43	561640	14.36	3668409	15.16
7 个体	18	0.18	819	0.02	1792	0.01
9 其他	8	0.08	32	0.00	175	0.00
合计	9990	100.00	3911053	100.00	24197244	100.00

从企业管理类别情况看，A 类以上企业数量占企业总数的 14.97%，其进出口值则占企业进出口总值的 60.41%；B 类企业数量占企业总数的 84.80%，进出口值占企业进出口总值的 39.48%。

① 本文中涉及报关单的数据，均以经营单位为统计对象。

表 7　2013 年黄埔关区企业本地进出口情况表
（按企业管理类别）

企业管理类别	企业数量（家）	企业数量占比（%）	报关单数（份）	报关单数占比（%）	进出口值（万美元）	进出口值占比（%）
AA	139	1.39	583088	14.91	6257035	25.86
A	1357	13.58	1779346	45.50	10349951	42.77
B	8472	84.80	1543981	39.48	7570568	31.29
C	15	0.15	4391	0.11	17682	0.07
D	7	0.07	247	0.01	2007	0.01
合计	9990	100.00	3911053	100.00	24197244	100.00

就企业数量关区分布来看，从本关进出口的本地企业主要集中在东莞（占 30%）、凤岗（占 21%）和常平办（占 13%）。

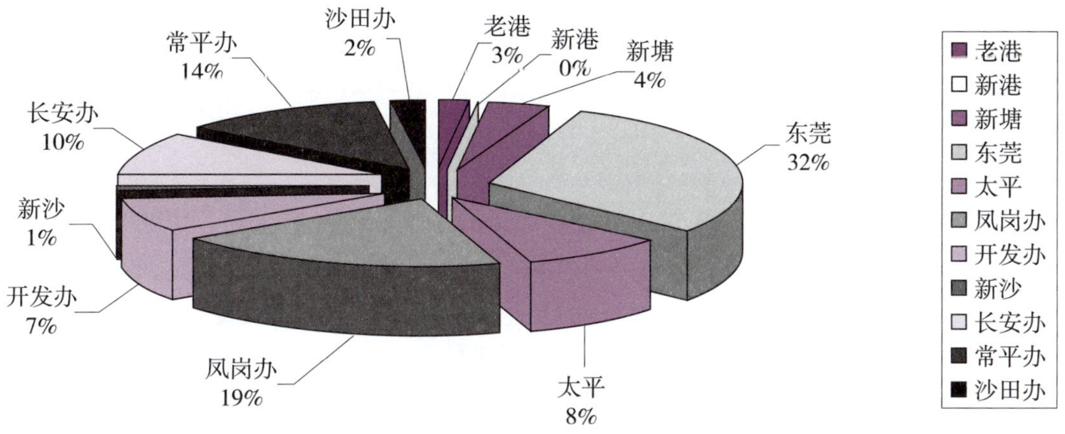

图 1　2013 年黄埔关区企业本地进出口情况表
（企业数量关区分布情况）

就企业进出口值关区分布来看，从本关进出口的本地企业进出口值主要集中在东莞（占 40%）、凤岗（占 15%）和开发办（占 17%）。

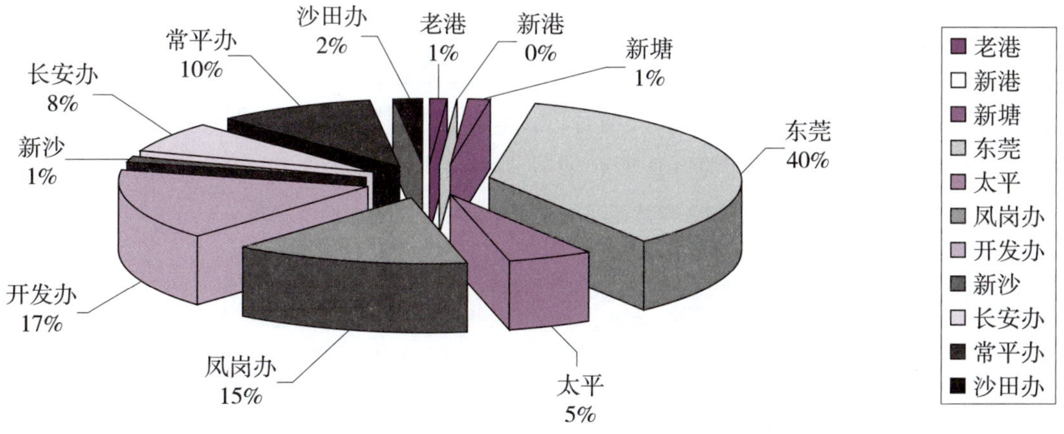

图 2　2013 年黄埔关区企业本地进出口情况表
（进出口值关区分布情况）

（二）黄埔关区企业在异地运作情况

2013 年，黄埔海关注册企业中有进出口活动的共计 12449 家，占关区有效企业数的 64.22%；报关单为 506.01 万份；进出口值为 3000.52 亿美元。其中，在异地（非黄埔海关口岸）进出口活动的共计 8727

家，占关区有进出口活动企业数的 70.1%；报关单为 114.9 万份，占关区有进出活动企业报关单总量的 22.7%；进出口值为 580.8 亿美元，占关区有进出口活动企业进出口总值的 19.36%。

表 8　2013 年黄埔海关注册企业异地进出口情况表

（按关别）

注册海关	报关单数（票）	占比（%）	进出口值（亿美元）	占比（%）	进出口值（万美元）
老港	14387	1.25	7	1.28	6257035
新塘	34892	3.04	17.75	3.06	10349951
东莞	433366	37.72	211.83	36.47	
太平	77108	6.71	48.37	8.33	
凤岗办	156344	13.61	54.97	9.46	
开发办	175027	15.23	117.26	20.19	
新沙	17721	1.54	11.48	1.98	
长安办	101813	8.86	60.74	10.46	
常平办	127601	11.10	47.59	8.19	
沙田办	10782	0.94	3.38	0.58	
合计	1149041		580.80		

从企业管理类别情况看，AA 类、A 类以上企业数量占企业总数的 23.75%，其进出口值则占企业进出口总值的 61.97%；B 类企业数量占企业总数的 76.14%，进出口值占企业进出口总值的 37.97%。

表 9　2013 年上半年黄埔海关注册企业在全国进出口情况表

（按企业管理类别）

企业类别	企业数量	占比（%）	报关单数（票）	占比（%）	进出口值（万美元）	占比（%）
AA	1241	3.68	143152	12.46	1626068	28.00
A	6768	20.07	383660	33.39	1972710	33.97
B	25680	76.14	621577	54.10	2205457	37.97
C	26	0.08	571	0.05	3276	0.06
D	13	0.04	81	0.01	488	0.01
合计	33728		1149041		5808000	

黄埔海关注册企业在全国 35 个直属海关均有进出口活动，其中在深圳和上海关区的进出口值分别为 190.4 亿美元和 25.79 亿美元，占黄埔关区注册企业异地报关进出口值的 32.79% 和 25.79%。

表 10　2013 年黄埔海关注册企业在全国进出口情况表

（按申报关区划分，以进出口值排序前 10 名）

序号	申报关区	企业数量（家）	报关单量（票）	占比（%）	进出口值（万美元）	占比（%）
1	53 深圳	20644	553919	48.21	1904173	32.79
2	22 上海	2127	142870	12.43	1498162	25.79
3	51 广州	5548	119419	10.39	605826	10.43
4	23 南京	1487	128177	11.16	575534	9.91
5	31 宁波	388	61794	5.38	234745	4.04
6	01 北京	121	8084	0.70	184807	3.18
7	37 厦门	379	19491	1.70	172650	2.97

（续表）

序号	申报关区	企业数量（家）	报关单量（票）	占比（%）	进出口值（万美元）	占比（%）
8	02 天津	259	12000	1.04	169666	2.92
9	42 青岛	648	24001	2.09	164039	2.82
10	29 杭州	82	19149	1.67	87434	1.51

三、企业通关规范情况

2013 年，黄埔海关进出口报关单查获率为 18.33%。其中，AA 类企业报关单的查获率为 14.06%，无 AA 类企业因为各种违规被降级的情况；A 类企业报关单的查获率为 16.73%；B 类企业报关单的查获率为 18.94%；C 类企业报关单的查获率为 18.78%；D 类企业报关单的查获率为 27.12%。

表 11　2013 年黄埔关区进出口查获情况表

企业级别	报关单数	查获报关单数	查获率（%）
AA	721764	929	14.06
A	1569448	7258	16.73
B	1511051	28655	18.94
C	5154	277	18.78
D	1185	112	27.12
合计	3808602	37231	18.33

表 12　2013 年黄埔关区进口查获情况表

企业级别	报关单数	查获报关单数	查获率（%）
AA	277313	395	11.83
A	515284	2785	14.25
B	402193	8445	15.21
C	3469	162	14.43
D	235	17	16.50
合计	1198494	11804	14.83

表 13　2013 年黄埔关区出口查获情况表

企业级别	报关单数	查获报关单数	查获率（%）
AA	444451	534	16.34
A	1054164	4473	18.76
B	1108858	20210	21.11
C	1685	115	32.67
D	950	95	30.65
合计	2610108	25427	20.58

四、企业守法状况

2013 年，黄埔关区注册企业涉案 2317 次，涉及企业 1641 家，以违规行为案件居多，约占 98.06%；涉及走私罪的企业也有 31 家。

表 14 2013 年黄埔关区企业结案情况表（按关别）

注册海关	走私罪		走私行为		违规行为		侵权案件		总计	
	次数	家数	次数	家数	次数	家数	次数	家数	次数	家数
老港海关	0	0	1	1	87	29	0	0	88	30
新港海关	0	0	0	0	1	1	0	0	1	1
新塘海关	3	3	0	0	84	55	0	0	87	58
东莞	8	8	4	4	806	513	1	1	819	526
太平海关	1	1	0	0	119	102	1	1	121	104
凤岗办	1	1	0	0	17	16	0	0	18	17
开发办	6	6	0	0	455	334	0	0	461	340
常平办	0	0	0	0	192	131	0	0	192	131
长安办	0	0	0	0	8	7	0	0	8	7
沙田办	4	4	6	4	137	122	0	0	147	130
新沙海关	8	8	1	1	366	288	0	0	375	297
合计	31	31	12	10	2272	1598	2	2	2317	1641

表 15 2013 年黄埔关区企业结案情况表（按企业类别）

企业管理类别	走私罪		走私行为		违规行为		侵权案件		合计	
	次数	家数	次数	家数	次数	家数	次数	家数	次数	家数
AA	0	0	0	0	30	24	0	0	30	24
A	0	0	1	1	251	128	1	1	253	130
B	6	6	3	3	1981	1439	1	1	1991	1449
C	2	2	5	5	7	5	0	0	14	12
D	23	23	3	1	3	2	0	0	29	26
合计	31	31	12	10	2272	1598	2	2	2317	1641

2013 年，黄埔关区企业管理类别上调 297 家，下调 121 家，主要集中在 B 类企业向 A 类上调和 A 类企业向 B 类下调。

表 16 2013 年黄埔关区企业类别调整情况表

注册海关	上调					下调										
	A–AA	B–A	C–B	D–C	小计	AA–A	AA–B	AA–C	AA–D	A–B	A–C	A–D	B–C	B–D	C–D	小计
老港海关	1	10	0	0	11	0	0	0	0	0	0	0	2	0	0	2
新港海关	0	2	1	0	3	0	0	0	0	0	0	0	1	0	0	1
新塘海关	2	7	0	0	9	0	0	0	0	1	0	0	0	2	0	3
东莞海关	14	59	4	0	77	0	4	0	0	23	0	0	2	7	0	36
太平海关	10	25	3	0	38	0	0	0	0	12	0	0	1	1	0	14
凤岗办	9	31	8	1	49	0	0	0	0	13	0	0	0	9	0	22
开发办	3	25	0	0	28	0	0	0	0	3	0	0	1	0	0	4
新沙海关	1	0	1	0	2	0	0	0	0	0	0	0	1	0	0	1
长安办	4	26	5	2	37	0	0	0	0	8	0	0	4	6	0	18
常平办	4	27	3	0	34	0	1	0	0	9	0	0	4	5	0	19

（续表）

注册海关	上调					下调										
	A–AA	B–A	C–B	D–C	小计	AA–A	AA–B	AA–C	AA–D	A–B	A–C	A–D	B–C	B–D	C–D	小计
沙田办	1	7	0	1	9	0	0	0	0	1	0	0	0	0	0	1
合计	49	219	25	4	297	0	5	0	0	70	0	0	16	30	0	121

五、AA 类企业优惠措施

对 AA 类企业的优惠措施主要是与所有的协调员企业签订了合作备忘录，提供多个方面的优惠措施，包括属地申报、就地报关的便捷条件，最大限度实现 AA 类企业通关数据计算机系统自动审结；减少通关审单环节的人为干预；对 AA 类企业进出口货物适用较低查验率；为 AA 类企业进出口货物提供预归类、预审价和原产地预确认等服务，增强企业对通关的预见性；在关税部门办理相关审批备案手续后，AA 类企业在黄埔关区各口岸凭相关资料适用担保验放便利措施；为 AA 类企业指定企业协调员，负责协调解决在海关事务中遇到的各类疑难问题；AA 类企业在办理货物进出口通关时，可以适用“属地申报，口岸验放”通关模式，符合条件的，可自主选择办理申报及货物放行手续的海关。

江门海关企业综合情况分析

一、企业总体情况

截至2013年年底，江门关区注册有效企业为3619家 。其中，进出口收发货人3509家，占比96.96%；报关企业27家，占比0.75%；加工生产企业69家，占比1.91%；其他企业14家，占比0.39%。

（一）企业性质情况

2013年，江门关区注册企业中，国有企业为32家，占比0.88%；中外合作企业为79家，占比2.18%；中外合资企业为230家，占比6.36%；外商独资企业为1160家，占比32.05%；私营企业1994家，占比55.10%。

表1　2013年江门关区企业性质情况表

注册海关	国有	中外合作	中外合资	外商独资	集体	私营	个体	报关企业	加工企业	保税仓	总计
江门高沙	7	25	83	348	6	694	9	12	30	2	1216
新会海关	3	16	50	218	1	290		6	13	2	599
台山海关	2	3	23	172	1	100		1	8		310
开平海关	3	3	24	140		118		1	5	1	295
恩平海关	3	1	6	49	1	79		1	1		141
鹤山海关	3	6	21	166	1	231		3	5		436
阳江海关	11	25	23	67	4	482		3	7		622
总计	32	79	230	1160	14	1994	9	27	69	5	3619

（二）企业管理类别情况表

2013年，江门关区共有AA类企业26家（另有2家AA类企业于12月份注销登记），占比0.72%；A类企业359家，占比9.92%；B类企业3229家，占比89.22%；C类企业3家，占比0.08%；D类企业2家，占比0.06%。

表2　2013年江门关区企业性质情况表

注册海关	AA类		A类		B类		C类		D类		总计	
	数量（家）	占比（%）	数量（家）	占比（%）	数量（家）	占比（%）	数量（家）	占比（%）	数量（家）	占比（%）	数量（家）	占比（%）
江门高沙	0	0.00	88	24.51	1125	34.84	2	66.67	1	50	1216	33.60
新会海关	9	34.62	78	21.73	511	15.83			1		599	16.55
台山海关	7	26.92	37	10.31	266	8.24					310	8.57
开平海关	3	11.54	33	9.19	259	8.02					295	8.15
恩平海关	0	0.00	14	3.90	127	3.93					141	3.90
鹤山海关	5	19.23	43	11.98	387	11.99	1	33.33		50	436	12.05
阳江海关	2	7.69	66	18.38	554	17.16					622	17.19
总计	26		359		3229		3		2		3619	

注：占比为该关区各类别有效企业数占江门关区对应类别企业总数的比重。

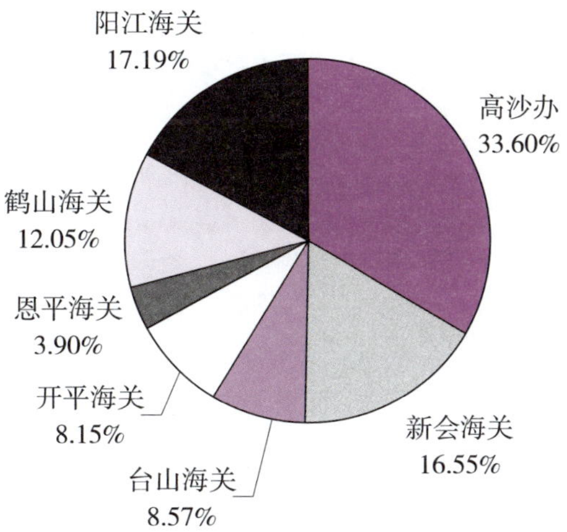

图 1　2013 年江门关区有效企业分布图

（三）投资国别（地区）分布情况

在 130 个投资国别（地区）中以国内投资企业最多，占江门关区注册有效企业数的 67.97%；其次为我国香港地区，占比为 25.2%。

表 3　2013 年江门关区有效企业投资国别（地区）排名前 10 位情况表

投资国别（地区）	关区合计		AA		A		B		C		D	
	数量（家）	占比（%）	数量（家）	占比（%）	数量（家）	占比（%）	数量（家）	占比（%）	数量（家）	占比（%）	数量（家）	占比（%）
中国	2460	67.97	14	53.85	198	55.15	2246	69.56	1	33.33	1	50
中国香港	912	25.20	10	38.46	138	38.44	761	23.57	2	66.67	1	50
台澎金马关税区	95	2.63	2	7.69	18	5.01	75	2.32				
澳门	79	2.18	1	3.85	4	1.11	74	2.29				
美国	68	1.88			8	2.23	60	1.86				
英属维尔京群岛	43	1.19	1	3.85	5	1.39	37	1.15				
日本	30	0.83	1	3.85	5	1.39	24	0.74				
新加坡	24	0.66			7	1.95	17	0.53				
韩国	24	0.66			2	0.56	22	0.68				
萨摩亚	24	0.66			4	1.11	20	0.62				
江门关区有效企业	3619		26		359		3229		3		2	

注：由于一家企业可能有多个投资国别（地区），因此部分企业按其投资国别（地区）被多次统计。占比为在该投资国别（地区）各类别企业数占江门关区对应类别企业总数的比重。

二、江门关区企业进出口情况

（一）企业整体进出口情况

2013 年度，江门关区 3619 家有效企业中，共有 2341 家企业有进出口活动，进出口总值为 260.57 亿美元，进出口报关单票数共 513134 票，实征税款 45.28 亿元，监管货运量 1106 万吨。

表 4　2013 年江门关区企业进出口值统计表

注册海关	总计		AA 类		A 类		B 类		C 类		D 类	
	进出口值（亿美元）	占比（%）	进出口值（亿美元）	占比（%）	进出口值（亿美元）	占比（%）	进出口值（亿美元）	占比（%）	进出口值（亿美元）	占比（%）	进出口值（亿美元）	占比（%）
江门高沙	79.37	30.46			42.70	35.03	36.21	38.87	0.46	34.89		
新会海关	60.18	23.10	17.96	40.68	22.38	18.36	19.78	21.23			0.05	100
恩平海关	5.16	1.98			3.24	2.66	1.91	2.05				
鹤山海关	32.23	12.37	9.07	20.54	13.96	11.46	8.96	9.62	0.24	18.32		
开平海关	30.86	11.84	3.66	8.29	21.46	17.61	5.74	6.16				
台山海关	26.89	10.32	11.61	26.28	10.03	8.23	5.25	5.64				
阳江海关	25.88	9.93	1.86	4.20	8.10	6.65	15.31	16.43	0.61	46.79		
总计	260.57		44.16		121.88		93.17		1.31		0.05	

表 5　2013 年江门关区企业报关单量统计表

注册海关	总计		AA 类		A 类		B 类		C 类		D 类	
	报关单量（票）	占比（%）	报关单量（票）	占比（%）	报关单量（票）	占比（%）	报关单量（票）	占比（%）	报关单量（票）	占比（%）	报关单量（票）	占比（%）
江门高沙	173878	33.89			78891	34.45	93978	39.88	1009	32.52		
新会海关	115444	22.50	15606	34.53	57733	25.21	41894	17.78			211	100
开平海关	39943	7.78	3765	8.33	23871	10.42	12307	5.22				
台山海关	42876	8.36	8965	19.84	15985	6.98	17926	7.61				
恩平海关	9121	1.78		0	5014	2.19	4107	1.74				
鹤山海关	73209	14.27	15862	35.10	28327	12.37	27566	11.70	1454	46.86		
阳江海关	58663	11.43	991	2.19	19171	8.37	37861	16.07	640	20.63		
总计	513134		45189		228992		235639		3103		211	

表 6　2013 年江门关区企业实征税款统计表

注册海关	总计		AA 类		A 类		B 类		C 类		D 类	
	实征税款额（万元）	占比（%）	实征税款额（万元）	占比（%）	实征税款额（万元）	占比（%）	实征税款额（万元）	占比（%）	实征税款额（万元）	占比（%）	实征税款额（万元）	占比（%）
江门高沙	155552	34.35			44982	29.14	109029	54.55	1541	97.33		
新会海关	181919	40.18	55434	57.19	62225	40.31	64233	32.14			27	100
开平海关	12052	2.66	185	0.19	6416	4.16	5451	2.73				
台山海关	42431	9.37	24504	25.28	13543	8.77	4384	2.19				
恩平海关	3477	0.77			507	0.33	2970	1.49				
鹤山海关	24341	5.38	3777	3.90	11288	7.31	9234	4.62	42	2.67		
阳江海关	33042	7.30	13035	13.45	15424	9.99	4583	2.29				
总计	452814		96935		154386		199883		1583		27	

（二）不同类别企业进出口情况

2013 年，江门关区 AA 类、A 类企业分别占企业总数的 1.28%、16.49%（两者合计占 17.77%），其进出口值分别占 16.95%、46.77%（两者合计占 63.72%）；B 类企业数量占企业总数的 81.89%，进出口值占 35.76%。

表 7　2013 年江门关区不同管理类别企业进出口情况统计表

企业类型	企业数		进出口值		申报报关单		实征税款额		监管货运量	
	（家）	占比（%）	（亿美元）	占比（%）	（票）	占比（%）	（万元）	占比（%）	（万吨）	占比（%）
AA	30	1.28	44.16	16.95	45189	8.81	96935	21.41	237	21.46
A	386	16.49	121.88	46.77	228992	44.63	154386	34.09	457	41.35
B	1917	81.89	93.17	35.76	235639	45.92	199883	44.14	407	36.82
C	7	0.30	1.31	0.50	3103	0.60	1583	0.35	4	0.36
D	1	0.04	0.05	0.02	211	0.04	27	0.01	0	0.01
总计	2341		260.57		513134		452814		1106	

（三）不同企业性质进出口情况

2013 年，江门关区企业以外商独资企业和私营企业为主，其中外商独资企业 865 家，占企业总数的 36.95%，进出口值占 43.53%，报关单量占 42.30%；私营企业 1220 家，占企业总数的 52.11%，进出口值占 36.73%，报关单量占 44.45%。

表 8　2013 年江门关区不同性质企业进出口情况统计表

企业性质	企业数		进出口值		申报报关单		实征税款额		监管货运量	
	（家）	占比（%）	（亿美元）	占比（%）	（票）	占比（%）	（亿美元）	占比（%）	（万吨）	占比（%）
国有	26	1.11	6.91	2.65	11344	2.21	4.40	2.65	31.17	2.82
中外合作	60	2.56	6.04	2.32	13234	2.58	0.52	2.32	15.43	1.40
中外合资	154	6.58	37.57	33.13	40723	7.94	10.74	14.42	121.17	10.96
外商独资	865	36.95	113.43	43.53	217049	42.30	11.72	43.53	435.97	39.42
集体	12	0.51	0.91	0.35	2621	0.51	0.07	0.35	2.06	0.19
私营	1220	52.11	95.70	36.73	228092	44.45	17.83	36.73	500.05	45.22
个体	4	0.17	0.01	0.00	71	0.01	0	0.00	0.04	0.00
总计	2341		260.57		513134		45.28		1105.90	

（四）企业进出口规模情况

2013 年，江门关区企业中，进出口值超过 1 亿美元的企业有 45 家，进出口值合计 97.10 亿美元，占 37.27%；小于 1 亿且大于或等于 1000 万美元的企业有 430 家，进出口值合计 123.62 亿美元，占比 47.44%。进出口值 1000 万美元以上的企业合计 475 家，进出口值为 220.72 亿美元，占比 84.71%。

三、企业通关规范情况分析

（一）进出口查获情况

2013 年，全国海关对江门企业查获 3968 票，查获率 14.65%。其中，AA 类企业查获率为 9.49%，非 AA 类企业查获率为 14.83%。

表 9　2013 年江门关区企业进出口查获情况表

注册海关	AA	非 AA 类	A 类	B 类	C 类	D 类
	查获率（%）	查获率（%）	查获率（%）	查获率（%）	查获率（%）	查获率（%）
江门高沙	0.00	16.44	14.68	17.53	10.73	0.00
新会海关	7.06	12.15	9.96	14.71	0.00	22.00

（续表）

注册海关	AA	非 AA 类	A 类	B 类	C 类	D 类
	查获率（%）	查获率（%）	查获率（%）	查获率（%）	查获率（%）	查获率（%）
开平海关	17.66	13.21	9.22	17.12	0.00	0.00
台山海关	11.07	12.37	10.53	13.43	0.00	0.00
恩平海关	0.00	12.10	11.78	12.36	0.00	0.00
鹤山海关	7.08	17.12	14.44	18.82	13.00	0.00
阳江海关	11.15	14.99	13.46	15.24	29.00	0.00
总计	9.49	14.83	12.35	16.45	15.94	22.00

（二）企业报关差错率情况

2013 年，江门海关企业共有 513134 票报关单。从申报单位角度统计，记分次数为 1491 次，报关差错率为 1.30%。其中，AA 类企业报关差错率为 0.89%，A 类企业报关差错率为 1.17%。

表 10　2013 年江门关区企业报关差错情况表

注册海关	AA 类			A 类			B 类			C 类			D 类			合计		
	报关单（票）	记分次数	报关差错率（%）	报关单（票）	记分次数	报关差错率（%）	报关单（票）	记分次数	报关差错率（%）	报关单（票）	记分次数	报关差错率（%）	报关单（票）	记分次数	报关差错率（%）	报关单（票）	记分次数	报关差错率（%）
江门高沙	–	–	–	78891	1109	1.41	93978	1584	1.69	1009	15	1.49	–	–	–	173878	2708	1.56
新会海关	15606	140	0.90	57733	599	1.04	41894	590	1.41	–	–	–	211	3	1.42	115444	1332	1.15
开平海关	3765	57	1.51	23871	261	1.09	12307	213	1.73	–	–	–	–	–	–	39943	531	1.33
台山海关	8965	102	1.14	15985	158	0.99	17926	208	1.16	–	–	–	–	–	–	42876	468	1.09
恩平海关	–	–	–	5014	59	1.18	4107	80	1.95	–	–	–	–	–	–	9121	139	1.52
鹤山海关	15862	74	0.47	28327	354	1.25	27566	561	2.04	1454	12	0.83	–	–	–	73209	1001	1.37
阳江海关	991	28	2.83	19171	134	0.70	37861	308	0.81	640	7	1.09	–	–	–	58663	477	0.81
总计	45189	401	0.89	228992	2674	1.17	235639	3544	1.50	3103	34	1.10	211	3	1.42	513134	6656	1.30

四、江门关区企业守法情况分析

（一）企业案件结案情况

2013 年，江门关区注册企业涉案 733 次，涉及企业 441 家，其中以违规行为案件居多，违规行为为 704 次，违规行为企业有 420 家。走私罪案件涉及企业 3 家，走私行为案件涉及企业 3 家，侵权行为案件涉及企业 23 家。

（二）不同类别企业涉案情况

2013 年，26 家 AA 类企业中有 5 家企业有违规行为，AA 类企业守法率为 80.77%；A 类企业中有 97 家企业涉案，企业守法率为 72.98%；B 类企业中有 332 家企业涉案，企业守法率为 89.72%。

表 11　2013 年江门关区企业结案情况表（按注册海关）

注册海关	走私罪		走私行为		违规行为		侵权行为		总计	
	次数	家数	次数	家数	次数	家数	次数	家数	次数	家数
江门海关	2	2	1	1	282	152	9	8	294	163
新会海关	1	1	0	0	58	45	3	2	62	48
开平海关	0	0	0	0	29	26	0	0	29	26
台山海关	0	0	0	0	50	33	0	0	50	33
恩平海关	0	0	0	0	13	9	2	2	15	11
鹤山海关	0	0	1	1	81	52	0	0	82	52
阳江海关	0	0	1	1	191	103	9	3	201	106
总计	3	3	3	3	704	420	23	15	733	441

表 12　2013 年江门关区企业结案情况表（按企业管理类别）

管理类别	走私罪		走私行为		违规行为		侵权行为		总计	
	次数	家数	次数	家数	次数	家数	次数	家数	次数	家数
AA	0	0	0	0	5	5	0	0	5	5
A	0	0	0	0	187	92	5	5	192	97
B	0	0	2	2	502	321	17	9	521	332
C	1	1	1	1	8	1	1	1	11	4
D	2	2	0	0	2	1	0	0	4	3
总计	3	3	3	3	704	420	23	15	733	441

湛江海关企业综合情况分析

一、企业总体情况

截至2013年年底，湛江海关注册登记企业1415家，有进出口业务企业709家，占全部注册企业的50%。其中，进出口收发货人690家，占有进出口业务企业的97%；报关企业19家，占有进出口业务企业的3%。

二、企业管理类别情况

截至2013年年底，在湛江海关注册的企业中，AA类企业有14家，A类企业有96家，B类企业有1302家，C类企业有3家，无D类企业。

表1 湛江海关注册企业类别情况表

关 区	AA类	A类	B类	C类	D类	合计
湛江片	14	55	677	1	0	747
茂名片	0	34	581	2	0	617
徐闻片	0	7	44	0	0	51
合 计	14	96	1302	3	0	1415

三、企业进出口总体情况

2013年，湛江关区进出口企业数量达到1202家，合计完成进出口值319.2亿美元，同比增长1.4%。其中，出口企业727家，合计完成出口值38.6亿美元，同比增长5.2%；进口企业565家，合计完成进口值280.6亿美元，同比增长0.9%。

四、监管查验状况

2013年，湛江关区共有可实施查验报关单48782份，实查获报关单650份。根据《创新观念优化监管查验工作机制实施方案》和《海关总署关于调整有关监管查验指标统计口径的通知》的有关要求，在统计报关单查验率和查获率时将AA类企业的报关单予以剔除，并单独计算。

（一）报关单查验率和查获率双双提升

2013年，湛江关区报关单（不含AA类企业）查获率为18.93%，较2013年前三季度提高1.89个百分点。特别是优化监管查验机制实施后的8~12月，湛江关区报关单查验率较前7个月提高了2.31个百分点；查获率为23.51%，较前7个月提高了8.19个百分点。在查验率提高的同时，查获率也明显提升，说明湛江关区业务改革工作取得了初步成效。

（二）B类企业的查验均匀性更加优化

查验离散度是逆向指标，离散度越低，说明对B类企业查验的覆盖面越广，查验力度越均匀。2013年，湛江关区B类企业进口查验离散度为59.47，较2012年离散度下降18.64；出口查验离散度为75.58，较2012年离散度下降6.89。这说明湛江关区对B类企业的查验均匀性呈向好态势，其中B类进口企业的均匀性优于出口企业的均匀性。

（三）重点查验企业有效率大幅提高

2013年，湛江关区共有进出口企业1205家，涉及查验企业541家，其中查验率偏高的企业为84家，重点查验有效企业为 50 家，关区重点查验企业有效率较 2012 年提高 17.41 个百分点。

（四）AA 类企业查验率有所下降，查获率上升

2013 年，湛江关区 AA 类企业查验率较 2013 年前三季度下降 0.27 个百分点；查获率为 9.88%，较 2013 年前三季度提高 1.04 个百分点。

五、通关效能状况

2013 年，湛江海关进口主动查验有效性评价有待提高，出口主动查验有效性评价为满分

六、为 AA 类企业提供的优惠便利措施

（一）企业可自主选择金融机构保函、保证金、税款总担保方式，申请办理税款担保。

（二）可申请开通无纸化通关业务，对符合单证暂存的企业提供相关业务规范指导。

（三）经海关同意，可安排在非工作时间办理通关手续。

（四）经海关同意，实施“属地报关，口岸验放”便捷监管模式。

（五）对应当查验又不便在通关现场实施查验的进出境货物，经企业申请，海关优先派员到企业结合生产或装卸环节实施查验。

（六）经海关同意，可办理进口提前报关。

（七）经过海关审核，可申请预归类、预审价。

（八）可申请实行电子账册联网管理。

（九）保税加贸货物内销集中申报。

（十）减少下厂核查次数。

（十一）对从事加工贸易的 AA 类企业，不实行银行保证金台账制度。

南宁海关企业综合情况分析

一、企业总体情况

截至 2013 年 12 月 31 日，南宁关区共有注册企业 6071 家。其中，进出口收发货人 5938 家，占注册企业总数的 97.81%；报关企业 133 家，占注册企业总数的 2.19%。南宁关区共有 AA 类企业 27 家，A 类企业 250 家，B 类企业 5777 家，C 类企业 14 家，D 类企业 3 家。

2013 年，南宁关区有进出口业务的企业 2701 家，占注册企业总数的 44.49%。其中，AA 类企业 27 家，占有进出口业务企业总数（下同）的 10%，进出口活动率为 100%；A 类企业 244 家，占 9.03%，进出口活动率为 97.6 %；B 、C、D 类企业进出口活动率分别为 43.22%、71.43 %、100 %。

南宁关区注册企业呈现以下特点：

（一）高信用企业数量增长较快

2013 年，南宁关区高信用企业（AA、A 类企业，下同）共 277 家，占注册企业总数的 4.56%。高信用企业数量增长较快，全年共增长 53 家，同比增长 23.66%，高于关区企业总数 5.93% 的增长速度，呈现出企业积极申请更高管理类别的态势。

（二）高信用企业活动率较高

AA 类、A 类企业活动率分别为 100% 和 97.6%，高于关区全部企业 44.49% 的平均活动率，反映出高信用企业整体进出口状况活跃，呈良性发展态势。

（三）关区企业总体进出口活动率偏低

2013 年，南宁关区共 44.49% 的企业有进出口业务，其中 B 类企业活动率最低，为 43.22%；有 3280 家 B 类企业无进出口业务，占关区注册企业总数的 54.03%。

二、企业进出口情况分析

2013 年，南宁关区企业进出口统计美元值为 367.45 亿美元，监管货运量为 5561.79 万吨，实征税款额 129.39 亿人民币，进出口报关单为 274438 票。（详见表 1）

表 1　2013 年各类别企业进出口情况表

企业类别	企业数量数值（家）	报关单量数值（票）	统计美元值数值（万美元）	监管货运量数值（万吨）	实征税款额数值（万元）
AA	27	16110	331637.81	462.61	1855823
A	244	82001	1421345.7	2947.36	664353
B	2417	174737	1909480	2125.04	431538
C	10	1585	11614.57	25.79	11947
D	3	5	419.74	0.98	448
合计	2701	274438	3674497.8	5561.79	1293869

南宁关区企业进出口情况呈现以下特点：

（一）关区企业进出口业务稳步发展

2013年，南宁关区注册企业的进出口总值、实征税款额、进出口报关单分别比2012年增长45.52亿美元、4.29 亿元、16580 票，增幅分别为 14.14%、3.42%、6.43%。

（二）高信用企业进出口居支柱地位

2013 年，南宁关区高信用企业进出口总值、实征税款额、进出口报关单分别为 175.30 亿美元、84.99 亿元、98111 票，分别占关区总数的 48%、75%、35.75%，是关区主要税源企业。

（三）高信用企业进出口呈快速增长态势

与 2012 年相比，2013 年南宁关区高信用企业进出口总值、实征税款额、进出口报关单分别增长 32.52 亿美元、14.89 亿美元、21139 票，增幅分别为 22.78%、21.24%、27.47%。

三、企业通关规范情况分析

2013 年，南宁关区口岸查验本关区企业报关单 13026 票，查获报关单 2173 票，查获率 16.68%；删改报关单 11858 票，删改单率 7.15%；记分 2721 次，平均报关差错率为 1.28%。报关差错率大于 3% 的申报企业共 23 家，其中 A 类企业 6 家，B 类企业 17 家。

南宁关区企业通关规范情况呈现以下特点：

（一）对高信用企业的查验率低于关区平均查验率

2013 年，南宁关区共查验高信用企业报关单 2872 票，查验率较关区平均查验率低 1.3 个百分点。其中，2013 年 1~8 月，关区对 AA 类企业共查验报关单 58 份，查验率低于关区 7.86% 的平均查验率。自 2013 年 8 月起，南宁海关认真落实海关总署关于《创新观念优化监管查验工作机制实施方案》的有关要求，逐步降低对 AA 类企业的查验率，8~12 月关区对 AA 类企业共查验报关单 24 份，查验率较方案实施之前降低了 1.17 个百分点。2013 年，南宁海关共对 128 家高信用企业进行了查验。

（二）AA 类企业通关规范程度较高

2013 年，南宁关区共查获报关单 2173 票，查获率为 19.26%。其中，查获 AA 类企业报关单 10 票，实质性查获 3 票，实质性查获率为 3.66%。

（三）高信用企业报关质量较高

2013 年，南宁关区共对高信用企业报关员记分 230 次，占关区记分总次数的 8.45%。高信用企业报关差错率为 0.23%，低于关区 1.28% 的报关差错率。

四、AA 类企业守法状况分析

（一）AA 类企业未发生具有主观故意的违法行为

2013 年，南宁关区 AA 类企业无走私罪、走私行为。AA 类企业共发生 10 起违反海关监管规定案件，8 家被行政处罚，除 1 家企业在外关区被行政处罚超过 3 万元外，其余 9 起案件处罚金额均不超过 3000 元。

（二）高信用企业报关单涉案率低

2013 年，南宁关区 AA、A 类企业案件数占报关单比重分别为 0.062% 和 0.134%，B、C、D 类企业案件数占报关单比重分别为 0.312%、2.776%、60%。从高类别到低类别企业，案件数占报关单比重逐级明显增高。

（三）AA 类企业未被下调管理类别

2013 年，南宁关区无 AA 类企业下调管理类别。

五、为 AA 类企业提供的优惠便利措施

南宁海关积极落实 AA 类企业的优惠便利措施，通过服务与规范并重，深化海关与 AA 类企业合作伙伴关系，营造诚信守法便利、关企合作共赢的和谐局面，取得了明显成效。

一是为 AA 类企业设立协调员。与 AA 类企业签订合作备忘录，紧贴企业个性化需求开展政策宣传，实行企业协调员“首问负责，全程解决”的一站式业务咨询协调模式，对于企业咨询和需要解决的海关事务由企业协调员统一受理和答复，使关企沟通更加及时、灵活和高效。同时，针对企业存在的不规范

问题提出整改建议，促进企业持续保持良好守法状态。2013年，为合作企业量身打造了9项税收征管措施，简化进出口货物单证审核，优先办理进出口货物通关手续，保持较低的进出口货物查验率，确保进出口货物快速通关。

二是积极引导AA类企业申请适用免担保放行便利措施。截至2013年年底，南宁关区共有6家符合条件的AA类企业适用免担保放行便利措施，全年进口报关单量为621票，纳税额达15.78亿元。

三是广泛宣传和落实AEO制度便利措施。以海关AEO（经授权经营者）国际互认合作为契机，积极宣传AEO制度，落实AEO互认便利措施，让企业切实享受AEO互认国家或者地区海关提供的通关便利措施，不断提升企业国际竞争力，有力支持广西企业实施“走出去”战略。

海口海关企业综合情况分析

一、企业总体情况

（一）总体概况

截至 2013 年 12 月 31 日，海口关区注册登记有效企业为 1819 家。其中，进出口收发货人 1796 家，占比 98.74%；报关企业 23 家，占比 1.26%。报关人员注册备案 273 人。

表 1　关区企业及报关人员在各业务现场的分布表

现场名称	企业数量						报关人员
	AA 类	A 类	B 类	C 类	D 类	合计	
海口港海关	11	28	848	0	0	887	144
三亚海关	0	2	155	0	0	157	18
八所海关	3	0	78	0	0	81	6
洋浦海关	2	11	148	0	0	161	38
清澜海关	0	4	130	0	0	134	2
综保区海关	1	7	66	0	0	74	12
现场业务处	0	2	322	1	0	325	53
合计	17	54	1747	1	0	1819	273

关区有效企业中，AA 类企业 17 家，占比 0.93%；A 类企业 54 家，占比 2.97%；B 类企业 1747 家，占比 96.04%；C 类企业 1 家，占比 0.06%；无 D 类企业。

在进出口收发货人中，AA 类企业 17 家，占进出口收发货人企业总数的 0.95%；A 类企业 54 家，占比 3%；B 类企业 1724 家，占比 96.99%；C 类企业 1 家，占比 0.06%；无 D 类企业。

至于报关企业的管理类别，23 家报关企业均为 B 类企业。

（二）关区企业注册登记及性质情况

近 3 年，海口关区注册企业每年以同比 9% 的态势小幅增长。私营企业继续保持增长状态，近 3 年每年同比增加 13% 左右，占有效企业的 78%，是关区注册企业主要组成部分。注册的私营企业大多是从事科技、医药、贸易服务类的中小微企业，这与近两年国家和海南省市地方出台多项支持中小微企业健康发展的优惠政策有关。近 3 年外资企业注册总数呈下降趋势，每年同比下降 8% 左右，行业种类以农渔养殖销售、医药、旅游居多。

表 2　关区内企业按性质分类及最近 3 年注册登记情况表

企业性质	2011 年度	2012 年度	2013 年度	目前企业数量（截至 2014 年 6 月）
国有企业	88	87	90	89
中外合作	28	22	13	10
中外合资	80	81	76	75
外商独资	167	154	140	142
集体	71	70	75	73

（续表）

企业性质	2011 年度	2012 年度	2013 年度	目前企业数量（截至 2014 年 6 月）
私营	1079	1238	1400	1450
个体工商户	2	1	2	2
报关企业	16	16	23	24
合计	1531	1669	1819	1865

二、企业进出口情况

（一）高信用企业进出口活跃度高，居支柱地位

海口关区 2013 年度共有高信用企业 71 家，占有进出口业务企业总数（下同）的 8.2%。其中，生产型企业家 54 家，占 6.2%；非生产型企业 17 家，占 2%。高信用企业进出口活动率为 97.18%，高出企业平均活动率 49.85 个百分点；B、C 类企业进出口活动率分别为 45.28%、100%。

表 3　企业管理类别情况表

企业类别	有效企业		有进出口企业		进出口活动率（%）
	数值（家）	占比（%）	数值（家）	占比（%）	
AA	17	0.93	17	1.97	100.00
A	54	2.97	52	6.04	96.3
B	1747	96.04	791	91.87	45.28
C	1	0.06	1	0.12	100.00
D	0	0.00	0	0.00	0.00
合计	1819	100.00	861	100.00	47.33

表 4　企业进出口情况表

企业类别	进出口值		实征税款额		报关单	
	数值（亿美元）	占比（%）	数值（亿元）	占比（%）	数值（票）	占比（%）
AA	20.86	11.81	7.83	8.98	10204	29.38
A	122.26	62.25	62.84	72.06	10663	30.69
B	33.38	18.91	16.46	18.87	13852	39.88
C	0.06	0.03	0.08	0.09	17	0.05
D	0	0.00	0	0.00	0	0.00
合计	176.56	100.00	87.21	100.00	34736	100.00

以上数据表明高信用企业活跃度高，进出口业务量大，已成为关区、国家进出口活动的主要经济主体。

（二）高信用企业数量增长平稳

2013 年，海口关区新增 AA 类、A 类企业分别为 3 家、10 家，同比分别增长 21.4%、10.2%。

表 5　企业管理类别上调情况表

类型	A–AA	B–A	C–B	D–C	小计
数量	3	10	4	0	17

表 6　企业管理类别下调情况表

类型	AA– A	A –B	B–C	B –D	小计
数量	0	2	1	1	3

三、企业通关规范状况

2013 年，海口关区高信用查验率低于全国平均查验率 1.21 个百分点。

表 7　企业查获情况表

企业类别	报关单		查获率		查获率（%）
	票数	占比（%）	票数	占比（%）	
AA	10204	29.38	25	6.13	10.33
A	10663	30.69	83	20.34	16.47
B	13852	39.88	300	73.53	20.79
C	17	0.05	0	0.00	0.00
D	0	0.00	0	0.00	0.00
合计	34736	100.00	408	100.00	18.59

2013 年，高信用企业删改报关单数 2520 票，占删改单总数的 49.5%，删改单率为 12.08%。其中，AA 类企业删改单率为 10.82%，比 B 类企业低 7.69 个百分点；A 类企业删改单率为 13.28%，比 B 类企业低 5.23 个百分点。

表 8　企业删改单情况表

企业类别	删、改单数		申报报关单单数		删、改单率（%）
	数值	占比（%）	数值	占比（%）	
AA	1104	21.69	10204	29.38	10.82
A	1416	27.81	10663	30.69	13.28
B	2563	50.34	13852	39.88	18.51
C	8	0.16	17	0.05	47.06
D	0	0.00	0	0.00	0.00
合计	5091	100.00	34736	100.00	14.65

四、高信用企业守法状况

2013 年，海口关区对高信用企业行政立案 2 件（违规），占行政立案总数的 2.15%。数据表明，高信用企业无论是通关作业规范度还是守法状况度，均明显高于其他类别企业。

五、高信用企业通关便利措施

高信用企业在海口关区内享受的通关便利措施有以下几个方面：可免除提供银行保函或保证金，只要凭与海关签订的通关责任担保书就可办理担保验放手续，缓解企业资金压力（AA 类企业适用）；可享受“属地申报，口岸验放”和“海南虚拟统一通关现场模式”等便捷监管模式，实现海关通关“一次报关、一次查验、一次放行”；可申请适用无纸化通关作业模式，申报时可不向海关发送随附单证电子数据，简化报关程序；在海关通关现场享受分类通关便捷和一般情况不予查验的待遇；对从事加工贸易的，可不实行银行保证金台账制度，海关一般不下场核查。这些便捷通关措施，对缩短企业通关时间、降低贸易成本、提高核心竞争力和风险抵御能力都有着现实而重要的作用。

重庆海关企业综合情况分析

一、企业总体情况

截至2013年12月31日，重庆关区有效注册企业共计5089家，全年有进出口业务记录的企业2548家，占企业有效注册数的50%。有效注册企业中，AA类企业25家，A类企业129家，B类企业4875家，C类企业31家，D类企业29家。

二、企业进出口情况分析

截至2013年12月31日，重庆关区注册企业在全国范围（含本地申报）进出口总值（贸易统计）为686.76亿美元，同比增长31.89%；报关单量为93.41万票，同比增长29.25%；实征税款额为119.48亿元，同比增长14.54%。其中，AA类、A类企业全国范围（含本地申报）进出口总值（贸易统计）分别为76.1亿美元、311.98亿美元，报关单量分别为5万票、41.08票，实征税款额分别为53.42亿元、33.17亿元。

2013年全年，重庆关区注册企业本地申报进出口总值（贸易统计）为498.69亿美元，占进出口总额的72.61%；本地申报报关单票数为69.15万票，占申报总票数的74.08%；本地实征税款额82.42亿元，占实征税款总额的68.98%。

表1　企业全国进出口情况表

企业类别	进出口值（贸易统计）			实征税款额			报关单		
	数值（亿美元）	占比（%）	同比（%）	数值（亿元）	占比（%）	同比（%）	数值（万票）	占比(%)	同比(%)
AA	76.1	11.08	84.75	53.42	44.71	37.83	5	5.35	63.22
A	311.97	45.42	65.49	33.17	27.76	14.57	41.08	43.98	51.58
B	298.55	43.48	2.73	32.75	27.41	–10.26	47.31	50.65	12.57
C	0.14	0.02	–2.50	0.14	0.12	68.40	0.02	0.02	–58.39
D	0	0.00	0.00	0	0.00	0.00	0	0.00	0.00
合计	686.76	100.00	84.75	119.48	100.00	14.54	93.41	100.00	29.25

表2　企业本地申报进出口情况表

企业类别	进出口值（贸易统计）			实征税款额			报关单		
	数值（亿美元）	占比（%）	同比（%）	数值（亿元）	占比（%）	同比（%）	数值（万票）	占比(%)	同比(%)
AA	65.39	13.11	96.91	46.75	56.72	40.48	4	5.78	103.37
A	291.6	58.47	69.05	15.18	18.42	–7.42	39.47	57.08	52.91
B	141.58	28.4	38.49	20.37	24.71	6.75	25.67	37.13	15.89
C	0.12	0.02	66.24	0.12	0.15	58.30	0.01	0.01	–43.40
D	0	0.00	0.00	0	0.00	0.00	0	0.00	0.00
合计	498.68	100.00	61.91	82.42	100.00	19.74	69.15	100	38.43

三、企业管理类别调整情况

2013年，重庆海关对94家企业的管理类别进行了调整，其中上调管理类别55家，下调管理类别39家。

表 3　企业管理类别调整表

类型	上调			下调			
	A–AA	B–A	C–B	A–B	B–C	B–D	C–D
数量	6	48	1	14	12	8	5

四、企业通关规范情况分析

2013 年，重庆关区注册企业本地查获率为 16.51%，其中 AA 类、A 类企业查获率为 14.27%、13.9%。重庆关区注册企业本地申报票数为 69.15 万票，删、改单票数为 4.11 万票，同比增长 1.83%；删、改单率为 5.94%，同比降低 45.71%。

五、企业守法状况分析

2013 年，重庆关区注册企业违法次数 1152 次，涉及 318 家企业。其中，AA 类企业违规次数 9 次，涉及企业 5 家；A 类企业违规次数 57 次，涉及企业 31 家；B 类企业违规次数 903 次，涉及企业 261 家；C 类企业违规次数 129 次，涉及企业 12 家；D 类企业违规次数 54 次，涉及企业 9 家。

表 4　企业违法情况表

企业类别	走私罪		走私行为		违规行为		侵权案件		总计	
	次数	家数	次数	家数	次数	家数	次数	家数	次数	家数
AA	0	0	0	0	9	5	0	0	9	5
A	0	0	0	0	57	31	0	0	57	31
B	0	0	0	0	888	250	15	11	903	261
C	0	0	3	3	121	6	5	3	129	12
D	0	0	1	1	40	3	13	5	54	9
合计	0	0	4	4	1115	295	33	19	1152	318

六、对 AA 类企业提供的便利措施

（一）优先选择作为海关便捷通关试点。

（二）经企业申请，海关对其实施“属地申报，口岸验放”等便捷监管模式。

（三）对应当查验又不便在通关现场实施查验的进出境货物，经企业申请，海关优先派员到企业结合生产或装卸环节实施查验。

（四）优先办理货物申报、查验和放行手续。

（五）优先安排在非工作时间和节假日办理预约通关手续。

（六）优先办理进出口商品归类和化验手续。

（七）进出口货物报关单电子数据经海关接受申报后，在确定商品归类、海关估价和提供有效报关单证、缴清税费或者办结其他海关手续前，企业可以凭“进（出）口货物担保验放清单”先行办理担保验放手续，国家对进出境货物有限制性规定的情形除外。

（八）对从事加工贸易的企业，不实行银行保证金台账制度；对加工贸易企业一般不下厂核查；优先办理加工贸易备案、变更、报核等手续。

（九）优先实行电子账册联网管理。

（十）优先办理企业注册登记换证及报关人员登记手续，优先办理报关注册登记许可延续和分支机构备案手续。

（十一）根据企业申请，专门组织对该企业报关人员的报关业务培训和岗位考核。

（十二）指派专人负责协调解决企业办理海关事务的疑难问题。

成都海关企业综合情况分析

一、企业总体情况

2013年，成都关区共有注册企业7880家，同比增长6.88%；新注册企业1579家，同比增长58.06%。报关单位中，进出口收发货人为7770家，报关企业为87家，加工生产企业为10家，共计7867家。进出口收发货人按照企业经济类型分类，包括：国有企业548家，中外合作企业13家，中外合资企业404家，外商独资企业514家，集体企业117家，私营企业6158家，个体工商户15家，其他类型1家。

（一）AA类企业情况

2013年，成都关区的AA类企业共有28家，新增2家，分别为英特尔产品（成都）有限公司、四川大西洋焊接材料股份有限公司；以注册海关划分，成都海关19家，乐山海关1家，绵阳海关3家，成都海关驻自贡办事处3家，成都海关驻宜宾办事处2家，综合保税区海关1家。

（二）A类企业情况

2013年，成都关区的A类企业共有286家，新增A类企业78家。以注册海关划分，成都海关168家，乐山海关11家，攀枝花海关7家，绵阳海关26家，成都海关驻自贡办事处27家，成都加工区办事处1家，成都海关驻泸州办事处6家，成都海关驻宜宾办事处8家，成都海关驻南充办事处11家，绵阳出口加工区3家，综合保税区海关18家。

（三）B类企业情况

2013年，成都关区的B类企业共有7548家，新增B类企业78家。以注册海关划分，成都海关5758家，乐山海关336家，攀枝花海关132家，绵阳海关420家，成都海关驻自贡办事处286家，成都加工区办事处3家，成都海关驻泸州办事处121家，成都海关驻宜宾办事处133家，成都海关驻南充办事处313家，绵阳出口加工区4家，综合保税区海关42家。

（四）C类、D类企业情况

2013年，成都关区C类企业14家，以注册海关划分，成都海关13家，乐山海关1家；D类企业4家，均为成都海关注册企业。

二、企业进出口情况

（一）企业总体进出口情况

2013年，成都关区共办理报关单56万份，同比增长17.8%，排名全国第15位；监管进出口货值389亿美元，同比增长8.6%，排名全国第19位；入库两税115亿元人民币，同比增长11.5%，是全国16个征税百亿元以上实现正增长的海关之一，排名全国第24位。在可实施查验的报关货物，成都关区查获率18.83%。

（二）AA类企业进出口贸易情况

2013年，在成都关区注册的AA类企业为28家，进出口总值为115.89亿美元，同比增长6%，占该关区进出口总值的29.79%，其中出口总值为47.98亿美元，进口总值为67.91亿美元。以贸易方式划分，主要包括：一般贸易27.18亿美元，加工贸易65.3亿美元，对外承包工程11.91亿美元，租赁贸易4.27亿美元，海关特殊监管区域物流货物1.75亿美元，保税监管场所进出境货物1.32亿美元。

三、AA 类企业通关规范情况

2013 年，成都关区注册的 AA 类企业查获率为 14.96%，低于关区平均查获率。

四、AA 类企业通关优惠便利措施

（一）通过与 AA 类企业签订关企合作备忘录，明确其享受的通关优惠便利措施。签订相关协议后，凭“进（出）口货物担保验放清单”先行办理担保验放手续；通关现场一般情况下不查验；对从事加工贸易的企业，不实行银行保证金台账制度；关区指派专人负责协调解决企业办理海关事务的疑难问题，建立辅导制度；完善处长回访制度，了解企业对通关环节等海关工作的需求和遇到的问题，集中商讨解决。

（二）对 AA 类企业宣讲 AEO 制度，明确提出与 AEO 制度对接、认证的重要性和必要性，为开展相关 AEO 相关工作做好准备工作。

（三）加强企业联络员制度，通过与 AA 类企业的联系沟通，拓展辐射到与海关业务工作有较大关联的行业协会、商会，扩大联络员制度作用，形成有效的互动机制。

贵阳海关企业综合情况分析

一、企业总体情况

2013年，在贵阳关区注册的有效企业数为1584家，其中AA类企业4家，A类企业48家，B类企业1520家，C类企业7家，D类企业5家。2013年，贵阳关区共办理升A类企业9家；动态管理下调企业类别14家，其中下调A类企业7家。全年关区共注册企业360家，同比下降12.6%。

二、企业进出口情况

2013年，企业在贵阳关区的进出口总体情况是：进出口总值13万美元，同比增长13.5%，其中进口8万美元，同比增长23%，出口5万美元，同比增长2.2%；货运量447吨，同比增长74.1%，其中进口364吨，同比增长86.8%，出口83吨，同比增长34.3%；全年报关单量5176份，同比增长9.9%，其中进口3280份，同比增长16.7%，出口1896份，同比下降0.3%；全年查验数358份，同比减少19%，其中进口查验282份，同比下降6.3%，出口查验76份，同比下降46.1%；全年征收税费8.27亿元人民币，同比增长23.3%，其中进口关税0.26亿，同比下降19.4%，出口关税1.36亿，同比增长15.5%，环节税6.65亿，同比增长27.6%。

三、企业通关规范情况

2013年，贵阳关区报关单查验率比全国平均水平高2.49个百分点；查获率为21.02%，比全国平均水平高2.53个百分点。其中，规范性查获率为18.97%，比全国平均水平高8.11个百分点；实质性查获率为2.05%，比全国平均水平低3.92个百分点。

四、高资信企业情况

高资信企业是贵阳关区的纳税大户。2013年，贵阳关区主要税源是首钢水城钢铁集团进出口有限公司（AA企业）、贵州轮胎进出口有限责任公司（A类企业）、贵州开磷化肥有限责任公司（A类企业）3家企业，合计纳税占关区税收总额的84.9%。

2013年，贵州企业异地纳税14.34亿元。其中，瓮福国际贸易股份有限公司（A类企业）、贵州航天工业有限责任公司、首钢水城钢铁集团进出口有限公司（AA企业）、贵州航天工业物资有限公司（A类企业）为异地纳税前4位企业。

昆明海关企业综合情况分析

一、企业总体情况分析

（一）注册企业简况

截至2013年12月，昆明海关共有有效注册企业4473家，占同期全国有效企业的0.76%。其中，AA类企业24家，占比0.53%；A类企业150家，占比3.35%；B类企业4280家，占比95.69%；C类企业12家，0.27%；D类企业1家，0.02%。

（二）开展进出口活动情况

2013年，昆明关区开展进出口业务的企业共有1802家，占有效企业的40.29%。2013年进出口总值排名前10位的企业中，AA类企业4家，A类企业1家，B类企业4家，D类企业1家，10家企业的进出口总值占关区进出口总值的34.30%。

二、企业进出口情况分析

2013年，昆明关区主要进口商品集中于资源性商品，出口产品集中于化肥和初加工产品，附加值较低。

（一）进出口总值及税收情况

2013年，昆明关区进出口总值为258.29亿美元，同比增长22.97%。关区两税入库26.77亿元，同比增长41.04%。其中，关税入库1.99亿元，同比减少1.48%；进口环节税入库24.78亿元，同比增长46.19%。累计税收入库数超出预算7.77亿元，完成19亿元税收预算安排的140.89%。

（二）进出口税源商品情况

1. 进口主要税源商品情况。2013年，昆明关区共进口1787项商品，其中涉税商品1016项，占进口商品总项数的56.85%。关区进口前10位税源商品主要是红木原木、锡矿砂及其精矿、铜矿砂及其精矿等，征收税款14.29亿元，同比增长78.40%，占征收税款总额的53.38%。

2. 出口主要税源商品情况。随着出口关税政策的调整及国际需求变化，出口征税货物明显减少，2013年，昆明关区征收出口关税4679.88万元，同比下降56.07%，比2012年同期减收602万元。关区出口前10位税源商品主要是磷酸氢二铵、轧制凸凹变形及扭曲的普通钢铁的其他条/杆、尿素等，征收税款4372.49万元，同比下降59.14%，占征收税款总额的1.64%。

三、企业通关规范情况分析

2013年，昆明关区累计接受申报报关单148605份，AA类、A类、B类、C类企业的查获率分别为12.72%、16.05%、18.18%、14.71%。

四、AA类企业基本情况分析

昆明关区AA类企业比重虽不大，但进出口活跃，在通关规范、遵纪守法、配合海关工作等方面都有良好的示范作用。AA类企业多为云南省内大型龙头企业，对行业的标榜和带头作用较为明显。

（一）基本情况

截至2013年12月，昆明关区共有AA类企业24家，其中国有企业为13家，占AA类企业总数的54.17%，多为云南省大型龙头企业，如云南铜业股份有限公司等。

（二）进出口业务情况

2013年，24家AA类企业中，1家无进出口业务，其余23家企业的进出口总值为56.15亿美元，进出口税额为38.53亿元，进出口货运量为810.03万吨，进出口报关单为11204票。

（三）守法、规范状况

2013年，关区24家AA类企业中仅有1家企业发生1起违反海关监管规定的情事，但不影响其管理类别，AA类企业守法状况良好。24家AA类企业中，有19家委托报关企业代理报关，5家企业自行报关，报关差错率最高为1.68%，最低为0，报关行为较为规范。

五、AA类企业个性化服务措施

昆明海关积极服务AA类企业，除了《企业分类管理措施目录》外，结合关区实际，切实支持、服务云南省AA类企业的外向发展，措施有力，针对性强。

（一）关企联络员制度

为加强海关与企业的沟通联系，建立紧密合作伙伴关系，促进守法规范企业的健康发展，提高海关通关效率和管理效能，昆明海关自2012年8月1日实施了《昆明海关关企联络员制度（总关试行）》。目前纳入关企联络管理的主要是3类企业：昆明地区注册的AA类管理企业；与昆明海关签订合作备忘录的企业；因监管工作需要，昆明海关决定实行关企联络员制度管理的其他企业。关企联络员制度的工作模式是以关企联络员和企业联络员为主，由部门业务骨干提供辅助支持，重大性疑难问题由分管关领导协调解决。

（二）签署合作备忘录（MOU）机制

自2004年起，昆明海关积极构建海关与企业的战略合作伙伴关系，大力推行与省内大型诚信企业签署合作备忘录，以促进云南省外向型经济发展，积极营造海关与企业和谐共赢的局面。在这一机制下，昆明海关还形成了对MOU企业的回访机制，由分管关领导带有关处室负责人及相关人员对企业进行实地回访，收集、听取企业的疑难问题及对海关工作的意见和建议，并有针对性地帮助企业解决困难和问题。

拉萨海关企业综合情况分析

一、企业总体情况

截至2013年年底，拉萨关区共有注册企业272家，占全国注册企业的0.05%。其中，AA类企业0家；A类企业5家，占关区企业的1.84%，同比增长25.00%；B类企业254家，占比93.38%，同比增长7.63%；C类企业6家，占比2.21%；D类企业7家，占比2.57%，同比增长40%。

二、企业进出口情况

2013年，拉萨关区有进出口活动的企业134家，占关区企业总数的49.26%；关区企业进出口总值为323027.44万美元，报关单量为18327票。其中，A类企业进出口值38522.98万美元，占关区企业进出口总值的11.93%；报关单994票，占关区总报关单量的5.42%。

三、企业通关规范情况

2013年，拉萨关区报关单查获率为17.67%，删改单率为21.48%。

四、AA类企业守法情况

拉萨海关目前仅有一家AA类企业——西藏航空有限公司，于2014年2月19日调整为AA类企业。该企业2013年报关单差错率为0，进出口活动真实合法，未发现涉嫌走私或违规、需追征税款、违反海关监管规定的情形。

西安海关企业综合情况分析

一、企业总体情况

截至2013年，西安关区有效企业共4528家。其中，进出口货物收发货人4482家，占比98.98%；报关企业36家，占比0.80%；加工企业8家，占比0.18%；其他企业2家，占比0.04%。

有效企业中，AA类企业31家，占比0.69%；A类企业431家，占比9.52%；B类企业4060家，占比89.66%；C类企业6家，占比0.13%；无D类企业。

在进出口收发货人中，AA类企业28家，占进出口收发货人企业总数的0.63%；A类企业423家，占比9.44%；B类企业4025家，占比89.80%；C类企业6家，占比0.13%；无D类企业。

在报关企业中，AA类企业3家，占报关企业总数的8.33%；A类企业6家，占比16.67%；B类企业27家，占比75%；无C、D类企业。

从企业经济类型看，进出口收发货人中以私营企业为主，共3594家，占进出口收发货人总数的80.19%。

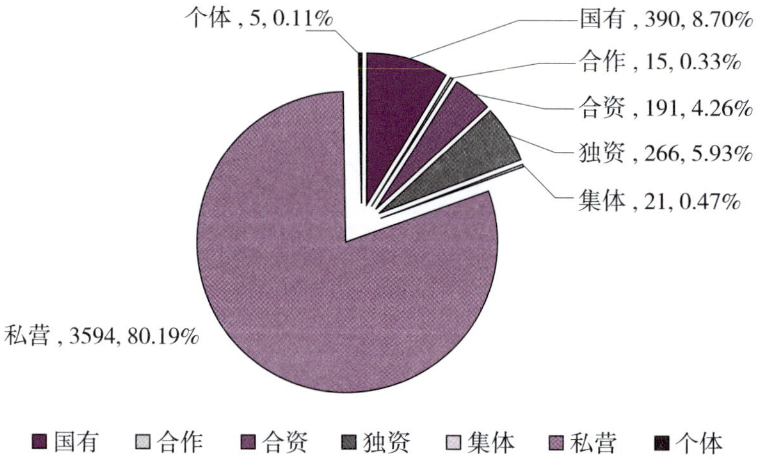

图1　西安海关有效进出口收发货人经济类型情况图

二、关区企业进出口情况

2013年度，西安关区注册企业有进出口业务的共2408家，进出口报关单共20.70万票，进出口总值的256.17亿美元。其中，A类以上企业进出口报关单共15.05万票，占进出口报关单总数的72.71%；进出口总值221.59亿美元，占进出口总值的86.50%。

（一）本地进出口情况

2013年度，西安关区注册企业中有1276家在本地有进出口记录，进出口报关单共11.06万票，进出口总值187.88亿美元。其中，A类以上企业进出口报关单共9.87万票，占本地进出口报关单总数的89.24%；进出口总值175.65亿美元，占本地进出口总值的93.49%。

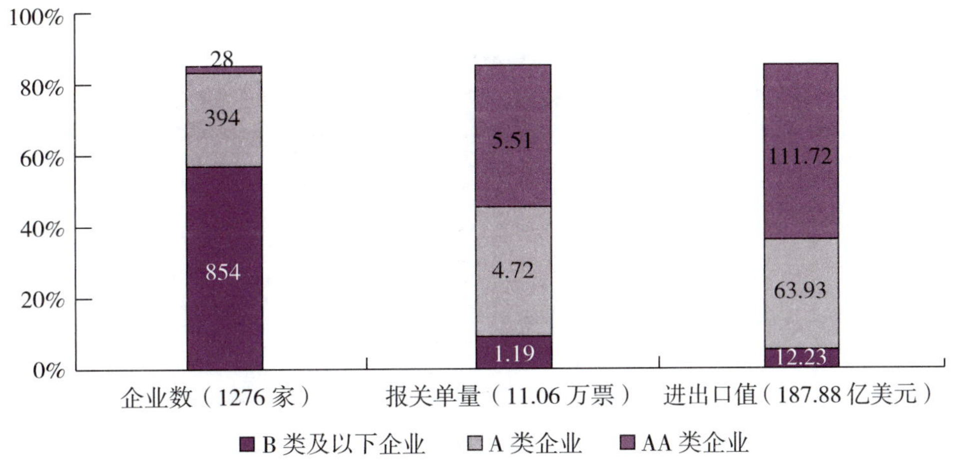

图 2　2013 年度西安关区企业本地进出口情况图

（二）企业本地进出口规模情况

2013 年度进出口总值超过 10 亿美元的企业有 2 家，进出口值 103.94 亿美元，占关区注册企业本地进出口总值的 55.32%；进出口值大于 1 亿美元但不超过 10 亿美元的企业有 23 家，进出口值合计 51.40 亿美元，占关区注册企业本地进出口总值的 27.36%。

表 1　企业本地进出口规模情况表

本地进出口规模	企业数（家）	占比（%）	报关单量（万票）	占比（%）	进出口总值（亿美元）	占比（%）
超过 10 亿	2	2.52	3.91	56.10	103.94	85.11
小于 10 亿且大于或等于 1 亿	23		1.91		51.40	
小于 1 亿且大于或等于 1000 万	89	15.13	2.52	27.36	24.47	11.70
1000 万以下	1162	82.35	2.73	16.54	8.07	3.19
合计	357	100.00	6.47	100.00	187.88	100.00

（三）异地进出口情况

2013 年度，西安关区注册企业中有 2010 家在异地有进出口记录，进出口报关单共 9.64 万票，进出口总值 68.29 亿美元。其中，A 类以上企业进出口报关单共 5.18 万票，占关区注册企业异地报关单量的 53.73%；进出口总值 45.94 亿美元，占关区注册企业异地进出口总值的 67.27%。

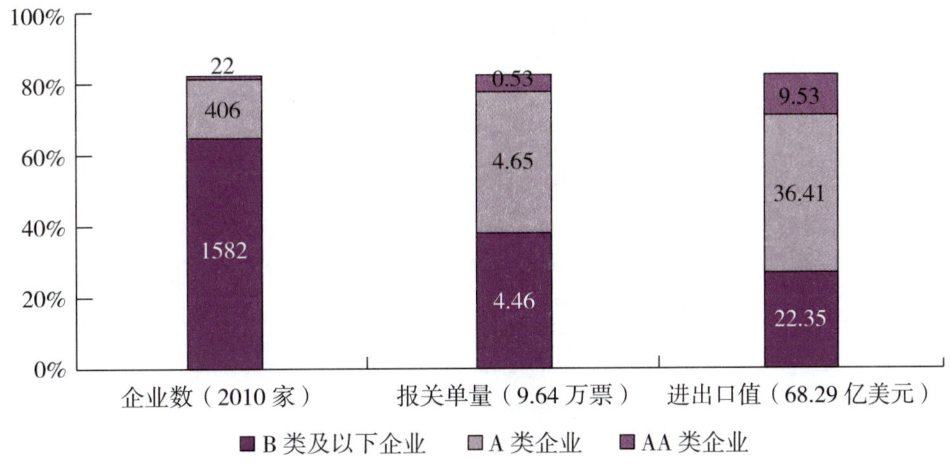

图 3　2013 年度西安关区企业异地进出口情况图

（四）企业异地进出口岸情况

2013 年度，西安关区注册企业在全国 42 个直属关区均有进出口记录，异地关区进出最多的口岸是上海、深圳、青岛、天津关区，进出口总值共48.73亿美元，占关区企业在异地关区进出口总值的71.36%。

表2 企业异地进出口岸情况表

关区	报关单票数（万票）	占比（%）	进出口总值（亿美元）	占比（%）
上海	2.29	23.76	15.67	22.95
深圳	1.75	18.15	12.06	17.66
青岛	1.13	11.72	10.54	15.43
天津	1.70	17.64	10.46	15.32
其他	2.77	28.73	19.56	28.64
合计	9.64	100.00	68.29	100.00

三、企业进出口监管情况

2013年度，西安海关共对关区企业的5232票进出口报关单实施查验，查获457票，平均查获率8.73%。其中，AA类企业平均查获率为4.07%。

表3 企业进出口监管情况表

类别	查获数（票）	占比（%）	查获率（%）
AA类	50	10.94	4.07
A类	288	63.02	10.34
B类及以下	119	26.04	9.79
合计	457	100.00	8.73

2013年8月1日海关总署优化监管查验工作机制实施后，西安海关共对关区AA类企业的272票进出口报关单实施查验，查获7票，平均查获率2.57%。AA类企业查验率比实施前下降2.09%。

2013年度，西安关区AA类企业共被立案24次。其中，涉及报关企业3家，共15次，进出口货物收发货人6家，共9次。

2013年度，西安关区AA类企业共有8家开展报关业务，其中报关企业3家，进出口货物收发货人5家，共申报报关单6.56万份，占关区报关单总量的54.80%，报关差错率为0.71%，低于关区平均水平（1.05%）0.34个百分点。

四、对AA类企业提供的优惠便利措施

（一）实施“高信用企业倍增计划”成效显著

针对陕西省对外贸易基础较弱，高资信企业数量较少的特殊情况，陕西省政府提出了“新增一批A类、AA类外贸企业”的目标，西安海关在2012年提出了“高资信企业倍增计划”，大胆提出“凡是诚信守法企业，就主动帮助提升管理类别”的工作理念，全面考虑企业的诚信守法状况、后续发展能力和企业分类管理刚性标准。

创新对AA类企业验证稽查工作方法，推行验证稽查先期辅导制度，将企业自报与现场稽查相结合，精炼稽查过程，缩短AA类企业办理时限。通过举办“海关AA类企业”授牌仪式，扩大高信用企业的示范和带动作用，积极营造“诚信守法便利，失信违法惩戒”的良好氛围。截至2013年，西安关区AA类企业达31家，A类企业达431家，均在2012年基础上实现了倍增，关区高信用企业占比达到10%，占比排名全国第三，高于全国平均水平4个百分点。2013年，关区高信用企业进出口业务（进出口值与报关单量）占到关区进出口业务的8成，也就是说，关区8成的进出口业务均可享受到海关的便捷通关措施。通过实施该计划，有力地促进了陕西省开放型经济的发展。

（二）努力构建关企合作新模式，实现海关与企业的双赢

与关区 10 家 AA 类企业签订了关企业合作备忘录，成立了关企合作委员会，建立了关企战略合作联席会议制度，通过 QQ、微信及时向合作企业发布海关新政策及政策解读，解决企业遇到的问题，取得了明显成效。一方面，合作企业享受到了海关的优质服务，降低了企业通关成本，促进了企业发展；另一方面，合作企业积极参与海关的业务改革，宣传海关的举措，也使海关的便捷通关措施惠及更多企业，促进了陕西省开放型经济快速发展，既实现了海关与企业的双赢，也得到了总署及省政府的肯定。

（三）积极参与 AEO 海关互认，强化对企业服务

主动延伸服务，大胆开展工作，加强请示汇报。成功承办两岸海关 AEO 互认合作专家组第三次会议及中欧海关 AEO 互认工作组第五次会议。向关区有出口货物至新加坡、韩国、我国香港地区的 AA 类企业及时告知海关 AEO 政策，服务和引导陕西省 AEO 企业享受国际贸易活动中的便利。探索降级预警新途径，建立高信用企业报关差错率、年审时间提醒机制，及时提示企业降级风险，指导企业制定整改措施，帮助企业及时消除降级隐患。

兰州海关企业综合情况分析

一、企业总体情况

2013 年 1~12 月，兰州关区新增注册企业 310 家，同比增长 40%。同期，实有备案企业 1350 家，其中私营企业 1126 家，占比 83.4%；国有企业 113 家，占比 8.4%；其他类型企业 111 家，占比 8.2%。2013 年，兰州海关共调整企业类别 21 家，其中上调管理类别 14 家，下调企业 7 家。关区共有 AA 类企业 5 家，A 类企业 54 家，B 类企业 1279 家，C 类企业 10 家，D 类企业 2 家。2013 年，新注册报关企业 1 家，共有报关企业 8 家。关区有进出口企业 549 家，进出口额为 108.17 亿美元，报关单量为 76488 票，纳税额为 54.77 亿元。

二、企业通关规范情况分析

2013 年，兰州关区申报报关单 8708 票，其中删、改、退报关单 2808 票，查获报关单 46 票，查获率为 10.93%。主要呈现以下特点：

一是报关业务量同比下降，报关公司代理报关业务占绝对比重。2013 年申报报关单票数 8708 票，与 2012 年同期相比减少 17%。报关企业代理报关 8568 票，占申报报关单总量的 98.3%，同比减少 14%；3 家进出口货物收发货人自理报关申报 140 票，占比 1.6%，同比减少 31.4%。

二是代理报关差错率高于自理报关差错率。代理报关平均差错率为 1.6%，自理报关平均差错率为 0.7%。记分报关单 140 票，其中报关企业记分 139 票，占比 99.3%；进出口货物收发货人记分 1 票，占比 0.7%。

三是关区规范申报质量有所提升。关区报关单位平均报关差错率为 1.6%，同比下降 0.4 个百分点；代理报关差错率为 1.6%，同比下降 0.4 个百分点；自理报关差错率为 0.7%，同比下降 0.2 个百分点。

三、AA 类企业守法状况分析

2013 年度，兰州关区 5 家 AA 类企业均无违法违规情况，守法状况良好。

四、为 AA 类企业提供的优惠便利措施

兰州海关依据《企业分类管理措施目录》，积极落实分类管理办法和措施，进一步优化监管服务，不断提高工作效率，对关区 AA 类企业指派专人负责，实行区域通关、无纸化通关等便捷通关模式，并在通关监管、加工贸易监管、企业管理方面为 AA 类企业提供优先办理服务。

（一）加强宣传，突出 AA 类企业服务

一是加强企业分类管理的政策宣传工作，对关区符合升级条件的守法企业主动送政策上门，引导信誉好的 A 类企业参加 AA 类企业评定，提高对企业升级评定的工作效率。二是积极落实《企业分类管理措施目录》，引导企业规范管理，主动作为。注重从企业分类管理条件、内控管理等方面进行辅导，帮助其自查问题、完善管理，营造“守法便利、失信惩戒”的诚信建设氛围。三是加强与 AA 类企业的联系沟通，建立定期层级沟通机制；指定联络员负责协调解决 AA 类企业存在的疑难问题，各作业环节指定专人办理 AA 类企业通关事宜，缩短审核时限；落实对 AA 类企业在办理企业注册登记、现场通关等方面的便捷措施，确保把关与服务两不误。

（二）先行试点通关作业无纸化改革

选取关区 3 家 AA 类企业作为试点企业，加强宣传引导，召开重点企业座谈会，做好政策宣传和业务

推广工作。同时，开展《试点企业与代理报关单位业务操作》的培训，进一步提升关区 AA 类企业的业务能力和水平。

（三）实施“属地申报，口岸验放”和“属地申报、属地放行”通关模式

兰州海关与天津、南京、上海、青岛、乌鲁木齐、西安等 11 个直属海关签订了区域通关协议，基本满足了关区企业进出口贸易需求。近年来该模式在兰州海关运转正常，业务量稳定增长，进一步节省了关区企业往返于属地海关和口岸海关之间办理海关手续的人力、时间和成本，在简化手续、提高效率、降低成本等方面取得了显著成效和良好的社会效应。

西宁海关企业综合情况分析

一、企业总体情况

截至2013年12月，西宁关区共474家注册企业，其中AA类企业4家，A类企业36家，B类企业433家，C类企业1家。管理类别为A类及以上企业共40家，占关区注册企业总数的8.43%，占关区有进出口活动企业总数的28.2%。

二、企业进出口情况

2013年，西宁海关注册企业中有进出口行为的企业142家，同比增长5.97%，其中AA类企业4家，A类企业36家；报关单量11482票，同比增长93.33%，其中AA类企业2095票，A类企业3241票；进出口值133486.94万美元，同比增长37.11%，其中AA类企业21085.57万美元，A类企业41636.15万美元；监管货运量333.09万吨，同比增长89.24%，其中AA类企业11.39万吨，A类企业24.51万吨；实征税款额83329.64万元，同比增长15.69%，其中AA类企业17180.11万元，A类企业26316.87万元；查获率13.68%，其中AA类企业查获率5.56%，A类企业查获率20.87%。

三、企业守法情况分析

2013年，西宁关区企业共有161次违规。其中，AA类企业39次违规，分别为22次申报不实，13次其他违法方式，2次申报品名不实，1次申报税则号列不实，1次侵犯知识产权；A类企业46次违规，基本属于申报不实违规；B类企业66次违规，基本属于申报不实违规。

四、强化沟通联系高资信企业，优化完善服务企业机制

2013年，西宁海关企业管理部门结合青海省外贸发展现状和关区业务运行水平，认真落实关党组部署要求，稳步持续推进企业管理工作，现场业务人员和职能管理人员完成大量实际工作，确保在“管得住”的前提下，实现关区企业的“通得快”。

（一）主动服务关区企业，通过各种形式宣传最新政策

通过召开专题政策宣介会、海关企业座谈会、制发业务宣传手册、企业实地走访、个别企业约谈、发布网站信息、报关大厅显示器宣传等各种途径，主动服务关区企业，送政策、送措施上门，使关区企业及时了解掌握海关最新政策措施，扎实推进海关各项规定有效落实。2013年，关区召开关企座谈会1次，约谈企业12家，实地考察企业24家，官方网站发布信息12条，印发宣传材料270余份，接听企业业务咨询电话89个，帮助36家企业解决实际通关难题，收集企业意见建议4条，密切了海关企业沟通联系，改进了工作方式方法，营造了相互理解相互支持、关企合作共赢的良好工作格局。

（二）强化与相关部门联系配合，因地制宜宣传贯彻政策措施

一是针对关区企业降级均是因为侵犯知识产权被行政处罚降级的客观现实，西宁海关企管部门联合法规部门，坚持与关区重点监管任务相结合，向进出参展商、企业负责人、公众宣讲知识产权海关保护制度，以引起企业对海关知识产权保护的重视。二是加强与企业管理相关部门沟通合作，积极参加社会信用体系建设，主动宣传海关企业分类管理制度，深入落实“由企及物”的海关企业管理理念和“守法便利”的管理原则。三是强化与口岸海关联系配合，全面贯彻支持企业“走出去”有关政策，大力宣传“经认证的经营者”（AEO）政策优惠措施，主动电话联系关区对AEO互认国贸易往来多的企业，重点介绍具体详细的通关便利措施，给企业带来实实在在的利益。

（三）优化完善服务企业机制，实现服务监管协调统一

一是根据西宁海关打造精品业务方案精神，结合关区企业经营管理实际状况，每季度前 10 个工作日通报关区上一季度企业管理工作情况，每月前 5 个工作日通报上一月度关区企业违规情况和关区报关企业报关差错率，并通过海关管理网（HB2004）、综合业务管理平台（HZ2011）、西宁海关官方网站等多种渠道选择性对内、对外发布，接受本关各部门和外部社会对关区企业和企业管理工作的实时监督。二是创新工作方式，提升服务质量。西宁海关在做好资质审核、征求相关部门意见、规范作业流程基础上，加班加点赶进度，2013 年所有 B 类上调 A 类企业类别操作均在一个月内完成，甚至为使个别企业尽快享受区域通关改革带来的便利，在 7 个工作日内容完成类别上调工作，深受关区企业欢迎，取得社会各界一致好评。

银川海关企业综合情况分析

一、企业总体情况

截至2013年12月，银川关区注册企业共计2596家，其中AA类6家，A类52家，B类2527家，C类5家，D类5家；外贸进出口总额为32.2亿美元，其中出口总值25.5亿美元，进口总值6.7亿美元。

二、AA类企业进出口情况

2013年，银川关区有6家AA类企业，分别是宁夏小巨人机床有限公司、有色金属进出口有限公司、埃肯碳素（中国）有限公司、银川佳通轮胎有限公司、青铜峡铝业股份有限公司、舍弗勒（宁夏）股份有限公司。

上述6家企业2013年进出口总值为40323万美元，其中进口32893万美元，出口7430万美元；年报关单总量2729份，其中进口1730份，出口999份；纳税额36062万元，主要进出口口岸为天津新港、北京机场、青岛大港、上海。上述6家AA类企业在通关过程中遵纪守法情况和报关质量良好。

三、主要工作措施

银川海关以服务地方经济为己任，积极营造投资发展优质环境，积极开动脑筋，制定了系列扶持企业发展尤其是AA类企业发展的具体措施，努力开创企业管理新局面。

（一）加大优质企业的扶持力度，引导进出口企业享受最大通关便利

着力宣传好、落实好国家相关优惠政策。一是做好企业分类管理工作，主动发现和培育优质企业，引导扶持更多企业加入AA类和A类管理类别，使其更大程度享受海关便利化监管待遇。二是鼓励并指导企业按照海关AA类、A类企业各项标准规范内部管理，针对企业提出的业务疑问，进行“面对面”、“一对一”的点播式专业解答；安排专人走访希望晋升AA类管理类别的企业，对照“海关验证稽查测试表”，对企业进行全面体检，有针对性地开展实地指导；保持与企业管理人员的后续联系沟通，特别是对未达到验证项目指标要求的企业，协助其完善内部管理，争取达到海关监管要求。三是通过无纸化通关改革，将企业分类与企业信用深度融合，与企业进出口活动深度融合，促进企业诚信守法，保障高信用企业享受更多的优惠待遇，切实树立高信用企业公信力。

（二）推进企业动态管理，及时了解企业需求，解决企业困难

充分发挥企业管理部门深入企业的手段优势，积极推动贸易便利化举措的贯彻落实，顺应宁夏地方经济需求，以“促发展”为目的，以关区生产型企业为重点，逐一落实实地巡访计划，建立良好的“关企伙伴”关系。通过经常性的业务观察、综合分析和政策执行，及时掌握企业动态，有针对性地开展企业管理答疑，并及时将企业的困难和诉求反馈给相关部门，力争对企业出现的新情况、新问题予以合理、圆满解决，确保企业通关顺利。

（三）丰富和提高服务手段，做好政策跟进，构建关企沟通平台

除通过关企座谈会、政策宣讲会、赴企业调研等形式主动宣传国家进出口政策和海关相关规定外，以“创新服务”为依托，借助信息化手段，积极开通海关“企业短信平台”，向企业及时发布有关管理资讯，提供服务与预警作用，尤其突出“提醒方式”，对关区A类及以上企业进行主动提醒，避免企业因漏交、迟交相关业务报表而被降级，使海关服务更贴心、更细致。同时，利用前台“窗口”优势，将企业最关注的各项业务、办事指南及时予以宣传公布，节省企业往返海关的成本和时间。对于海关重大政策调整

变化，利用地方各主要新闻媒体进行集中报道，使海关服务全方位、多元化。

（四）缩短工作流程，公开对外承诺，提高办事效率

将涉及企业注册审批、类别调整、稽查及行政许可等8方面职责的工作时限，在海关总署规定的工作日内进行了大幅缩减。

（五）提升和完善企业协调员管理效能，优化海关监管服务

在现有的3家企业协调员基础上，进一步探索监督机制，为推进海关与企业合作伙伴关系建设制度化、长效化打下坚实基础。定期进行总结评估，分析周期内工作情况，汇总企业协调员工作情况，对企业提出的疑难问题跟踪落实，对问题处理方式和结果加强分析评估，并开展相关培训，有针对性地提高协调能力。强化联系沟通，通过走访、座谈等多渠道收集企业意见，不断完善协调模式，畅通快速处置渠道，实现关企直接、高效的沟通交流。

乌鲁木齐海关企业综合情况分析

一、企业总体情况及分类概况

截至 2013 年 12 月，乌鲁木齐关区共注册有效企业 5981 家，其中 AA 类企业 39 家，A 类企业 152 家，C 类企业 18 家，D 类企业 1 家；关区报关企业 140 家，报关从业人员 925 人。2013 年，乌鲁木齐关区注册有实际贸易额的企业为 2482 家。

二、企业进出口情况

乌鲁木齐关区 2013 年有进出口活动的企业为 2448 家，共完成贸易额 284.62 亿美元，其中 34 家 AA 类企业完成贸易额 47.43 亿美元，139 家 A 类企业完成贸易额 49.43 亿美元，AA 类和 A 类企业共 173 家企业合计完成贸易额 96.86 亿美元。在乌鲁木齐关区注册且有实际进出口业绩的企业中，7% 的高类别企业完成 34% 的进出口业绩。

乌鲁木齐关区各海关 2013 年共监管进出口贸易额 446.4 亿美元，对应报关单 317837 份。其中，有 430.28 亿美元的贸易额及对应的 297957 份报关单为关区报关企业申报，代理率分别达 96.39% 和 93.75%。

乌鲁木齐关区 6 家 AA 类报关企业代理申报贸易额 23.52 亿美元，报关单 37744 份；19 家 A 类报关企业代理申报贸易额 262.08 亿美元，报关单 98162 份。关区 17.86% 的高类别报关企业代理申报关区 63.98% 的贸易额和 42.76% 的报关单。

三、AA 类企业守法状况分析

乌鲁木齐关区 2013 年共有 377 家注册企业涉及案件 1161 起，分别涉及走私罪 1 起，走私行为 2 起，侵权行为 41 起，其余为违规行为。其中，AA 类企业涉案 22 起，均为违规行为；A 类企业涉案 180 起，含 2 起侵权，其余为违规行为。AA 类企业涉案占比为 1.89%，A 类企业涉案占比为 15.5%。

四、企业特点及企业管理工作分析

（一）企业分类工作已取得初步成效，但还需要继续深入开展

已评出的高信用企业涉案占比较低，重大违法情况少。占贸易额 34% 的高信用企业，占案件总数的 17.4%，且高信用企业无重大违法情事，表明当前获评的高信用企业守法情况良好，公信力值得肯定。与此同时，A 类企业涉案比较高，虽不构成重大违法，但也必须加以规范。

（二）高信用企业进出口较活跃，贸易体量较大，企业评级依然有潜可挖

乌鲁木齐关区注册的 AA 类和 A 类企业已占据新疆进出口贸易总额的 1/3 强，通过对进出口企业的分类管理，拉开监管上的落差，使守法企业贸易便利，让优质企业做大做强等这些分类管理的目标已初步实现，分类管理取得阶段性成果。

同时，在全国范围内，占有贸易额企业 10.48% 的 AA 类和 A 类企业，完成了全国进出口总额的 64.59%。对比乌鲁木齐关区 7% 的高信用企业完成新疆 34% 的进出口业绩，关区企业管理部门将继续通过各单位的宣传、推介、辅导，尽可能多地将好企业纳入到 AA 类、A 类管理范畴，进一步提高 AA 类、A 类企在进出口贸易中所占的比重，助力诚信守法企业做大做强。

AEO ZHIDU PIAN

AEO 制度篇

全球贸易安全与便利标准框架

一、《全球贸易安全与便利标准框架》概述

（一）《全球贸易安全与便利标准框架》的制定与实施

近年来，全球产业结构调整步伐加快，世界多极化、经济全球化趋势日趋凸现。但全球贸易体制极易受到走私及恐怖分子等的利用，从而严重损害整个全球经济。日益猖獗的恐怖主义和跨境走私犯罪行为对国际海关界提出了更高要求。为了应对上述挑战，世界海关组织于2005年6月第105/106届理事会年会通过了《全球贸易安全与便利标准框架》（以下简称《标准框架》），其内容涉及海关的全面业务和全方位改革方向，描述和规划了现代海关发展的模式和蓝图，代表了海关的未来发展方向。《标准框架》通过后，包括中国在内的许多世界海关组织成员海关签署了实施《标准框架》的意向书。

世界海关组织秘书处为了推进《标准框架》的实施，还推出了一个配套的能力建设项目——“哥伦布计划”，该计划的实施分为3个阶段：第一个阶段是组织为相关成员海关提供诊断支持，第二个阶段是根据诊断结果制定《标准框架》实施行动计划并开展实施，第三个阶段是对《标准框架》的实施情况进行评估。

（二）《标准框架》的基本内容

《标准框架》是世界海关组织为保证海关有效履行边境保护、反恐、税收征管和便利贸易等方面职责，在充分吸收各成员海关和商界意见、建议的基础上形成的关于保障国际贸易供应链安全和促进贸易便利的文件。《标准框架》旨在制定全球范围供应链安全与便利的标准，提高国际贸易的稳定性和可预见性；形成适用于所有运输方式的一体化供应链管理；增强海关应对21世纪挑战和机遇的作用、职能和能力；加强成员海关之间的合作，提高甄别高风险货物的能力；加强海关与商界的合作；通过保护国际贸易供应链安全，促进货物流动的畅通。《标准框架》包含了4个核心元素：第一，《标准框架》协调了对进口、出口和转运货物提前递交的电子货物信息的要求；第二，加入《标准框架》的成员都承诺针对安全威胁采用一致的风险管理手段；第三，《标准框架》提出，应进口国的合理要求，出口国海关基于可比的风险布控手段，应对出口的高风险集装箱和货物进行查验，最好使用非侵入式查验设备，如大型X光机和放射性探测仪；第四，《标准框架》规定了成员海关要向达到供应链安全的最低标准并采纳最佳做法的企业提供相应的便利。基于上述4个要素，《标准框架》构建于2个支柱之上，即海关与海关之间的合作和海关与商界之间的合作。

（三）实施《标准框架》带来的益处

1. 对于国家和政府的益处

《标准框架》的主要目的之一就是保护和便利全球贸易，以推动经济的增长和发展。在保护全球贸易免受恐怖主义袭击的同时，使海关能够推动合法贸易的流动，并加快海关业务的现代化进程，继而有利于征收税款和正确实施国家的法律法规。因此，《标准框架》将在保护经济和社会安全，促进外商投资方面起到重要作用。

《标准框架》还鼓励海关和其他政府部门之间的合作，并认可其他现有的国际标准。它将帮助政府实施统一的边境管理和控制，通过采取必要的措施，使政府能够扩大海关在这个领域中的权限和职责。

2. 对于海关的益处

《标准框架》的主张之一就是要建立海关与海关之间的合作网络，以推动货物在安全的国际贸易供应链中畅通无阻。此外，合作网络将带来及时、正确的信息交换，使海关的风险管理建立在更加有效的基础之上。它不仅能提高海关甄别高风险货物的能力，还能加强海关对国际贸易供应链的监管，并使海关资源得到更好和更有效的配置。这一网络能加深海关之间的合作，使他们尽早地在供应链中发挥监管作用，例如进口地海关委托出口地海关进行查验等。《标准框架》还规定各海关在具体形势下相互承认监管结果。实施《标准框架》能使海关对全球贸易供应链有一个更开阔、更全面的认识，还可以避免重复和多次申报。

3. 对于商界的益处

《标准框架》不仅创造了保护国际贸易安全的环境，还促进了国际贸易的发展。它鼓励并且便利买卖双方进行跨国贸易。它的一个主要原则就是建立一套国际标准，以实现一致性和可预见性，并能减少重复和多次申报。对“经认证经营者”来说，企业可以看到投资建设安全体系和实施相应措施的利益所在，比如说减少风险评估和查验，使货物的通关速度加快，从而节约了时间和成本等。

（四）《标准框架》的两大支柱

1. 支柱一：海关与海关之间的合作

为了尽可能地确保货物和集装箱在国际贸易供应链中的安全和便利，海关间必须以共同接受的标准为基础加强合作。支柱一正是为保护国际贸易供应链的安全不受恐怖主义和其他跨国犯罪的影响而提供的有效机制。其中心原则是运用提前获得的电子信息来识别高风险的集装箱或货物。运用自动风险布控手段，海关可以在货物准备出港甚至之前尽早识别供应链中的高风险集装箱。为保证通关效率，海关应当利用现代科技手段对高风险货物进行查验，如利用大型 X 光机、伽马射线机和放射性探测仪等非侵入式设备对货物进行查验，以保持货物和集装箱的完整性。支柱一包括以下 11 个方面的标准：

（1）一体化供应链管理

海关应遵守世界海关组织《一体化供应链管理指南》规定的海关监管制度。

（2）货物查验权力

海关有权力对启运地货物、过境货物、出口货物（包括仍在船上的货物）及转运货物进行查验。

（3）现代化技术在查验设备中的运用

只要条件允许并且符合风险评估的要求，非侵入式检查设备和放射性探测仪应尽可能运用于查验环节。这类设备对快速查验高风险集装箱和贸易是必要的，同时不阻碍合法贸易的流动。

（4）风险管理系统

海关应当建立一个自动化的风险管理系统来识别潜在的高风险货物。该系统应当包括风险评估、风险布控和最佳做法选择机制。

（5）高风险货物或集装箱

高风险货物或集装箱是指没有充分的信息可以将货物确认为低风险的，战术情报显示为高风险，以安全相关数据为基础的风险指数评估确认为高风险的货物或集装箱。

（6）提前电子信息

海关应当提前获取货物和集装箱的电子信息，并进行及时准确的风险评估。

（7）布控和交流

海关应进行联合布控和筛选，布控采用标准化的做法和可兼容的交流（通信）与 / 或信息交换机制，这些要素将有助于建立相互承认监管结果这一制度。

（8）绩效评估

海关应对各项措施的实施情况做出统计报告，主要内容包括：审查货物的数量，高风险货物目标，对高风险货物的查验情况，利用非侵入式检查技术对高风险货物进行查验的情况，非侵入式检查技术与人工查验相结合对高风险货物进行查验的情况，利用人工查验方式对高风险货物进行查验的情况，通关时间及各项措施取得的成效和带来的正负面影响等。

（9）安全评估

海关应当与其他职能机构合作，对国际贸易供应链中货物的流动进行安全评估，并尽快解决发现的问题。

（10）廉政

海关和其他职能机构应当开展反腐倡廉的活动，并查处腐败行为。

（11）出口安全查验

若进口国的要求合理，出口国海关应对出口的高风险集装箱和货物实施查验。

2. 支柱二：海关与商界的合作

为了保证国际贸易供应链的安全，各海关都应该与企业建立合作伙伴关系。支柱二的核心是要建立一个国际化的企业识别系统，并将在供应链中具有高度安全保障的企业纳入其中，而这些企业也应在上述伙伴关系中通过便捷通关或其他便利措施获得切实的益处。

海关与商界的这种合作伙伴关系是非常重要的。海关可以依靠商业伙伴对贸易环节中存在的风险因素进行评估和识别，从而降低海关所面临的风险。同样，企业采取相应的措施来加强供应链安全也将使其自身受益。支柱二的各种体系必须建立在海关对企业的资质鉴定基础上，运用信息技术，便利所有与进出口贸易有关的手续，并向进口商、出口商、报关人、货运代理人、承运人和其他合格的服务供应商提供优惠。支柱二包括以下 6 方面的标准：

（1）伙伴关系

国际贸易供应链中经认证的经营者应当采用自我评估体系，该体系以预先制定的安全标准和最佳做法为参照，以确保其内部政策及制度可以保障货物和集装箱运至海关监管目的地和验放前是安全的。

（2）安全

经认证的经营者应当将预先制定的保障安全最佳做法融入到其现行的商业行为当中。

（3）授权认证

海关应当和商界代表一起设计一套确认体系或者资质鉴定制度，使企业通过获取经认证的经营者资格而得到激励。

（4）技术

各相关方都将使用现代化技术来保障货物和集装箱的完整。

（5）交流

海关应当定期更新海关与商界伙伴关系项目，以推广最低安全标准和供应链安全的最佳做法。

（6）便利

海关应当与经认证的经营者加强合作，最大限度地保障从该关境开始或途经该关境的国际贸易供应链的安全与便利。

二、经认证的经营者（AEO）制度

（一）AEO 制度的定义

AEO（Authorized Economic Operator）制度，是世界海关组织为了实现《标准框架》，构建海关与商界之间的伙伴关系，实现贸易安全与便利目标而引入的一项制度。AEO 制度是海关对守法程度、信用状况和安全水平较高的企业进行认证、认可，从而给予其切实便利和优惠措施的制度。

AEO 在《标准框架》中的定义为：货物在国际流通中，其职能已由海关确认符合世界海关组织或相应供应链安全标准的相关各方，包括生产商、进口商、出口商、报关行、承运商、理货人、中间商、口岸和机场各方、货站经营者、综合经营者、仓储业经营者和分销商。

（二）AEO 的相关要求

《标准框架》考虑到国际贸易供应链的复杂性，认可应用和实施以风险分析为基础的安全措施。因此，《标准框架》考虑到基于 AEO 的商业模式，制定了 AEO 的最佳安全标准和做法。若想获得 AEO 身份的商界成员，应在风险评估和自身运营模式的基础上，将这些标准、做法和程序融入到日常经营行为中。在 AEO 制度中，《标准框架》对海关和商界双方都提出了要求。

1. 遵守海关规定的证明

当企业申请 AEO 身份时，海关应考虑其遵守法规承担义务的证明，主要包括以下几点：

（1）企业应当自申请之日起前 3 年无严重违反或重复违反海关法规的情事；

（2）企业成立不足 3 年的，将根据其所有可获得的记录和信息进行鉴定；

（3）企业的法定代表人应当在同期具有良好的海关守法记录及财务记录，企业的海关事务负责人也应当在同期具有良好的海关守法记录。

2. 具有符合要求的贸易记录管理系统

维护有效的贸易记录是保证国际贸易供应链安全的基本要素。AEO 应当定期维护与进出口活动相关的记录，确保数据的准确、完整和有效。具体要求如下：

（1）应当对货物进出口活动记录系统进行维护，以使海关能够实施任何需要的稽查；

（2）应当根据国家有关规定，向海关提供所有的贸易记录；

（3）应当具备符合海关管理要求的内部记录和控制机制；

（4）应当适当维护和获得有效的任何与进出口贸易相关的海关授权、代理权和许可；

（5）应当按照国家有关规定，妥善保存生产记录档案供海关核查。

（6）应当应用充足的信息安全技术措施，以防止未经授权者的侵入。

3. 财务偿付能力

AEO 财务状况的稳定性，是其在维持和改进供应链安全能力方面的重要指标。AEO 不论以前或现在，都不应当存在任何无力偿付债务的情事。

4. 磋商、合作和交流

不同层级的海关、其他主管机构和 AEO 应定期对涉及共同利益的事务进行磋商，包括供应链安全与便利措施。

（1）对于 AEO 的要求

①应提供能清楚识别和随时可联络到的当地联络点或联络法人，以便在确定发生与海关守法和执法利益相关的所有事务时能够迅速予以协调处置（货物预订、货物跟踪、人员信息等）。

②应个别或适当地通过行业协会，与海关进行公开、持续的信息交换，有关执法敏感性的、法规或其他惯例规定的不能发布的信息除外。

③应当在国家 AEO 项目中，通过建立特别机制，向适当的海关通报任何异常或可疑货物的单证及异常的装船信息需求。

④应当在国家 AEO 项目中，通过建立特别机制，及时将发现的非法的、可疑或无法解释清楚的货物

通知海关或其他管理机构。在适当的情况下，应对上述货物实施保护。

（2）对于海关的要求

①在与 AEO 或其代理人磋商后，海关应建立如发生质询或涉嫌海关违规情事后的处置程序；

②应当在适当时机及可行的情况下，在国家和本地级别，致力于与国际供应链各方的常规磋商，以讨论共同关心的事务，包括涉及企业场所和货物安全的海关规定、程序和要求；

③在海关风险管理战略发展中应给予 AEO 适当的机会进行了解和参与意见；

④如 AEO 提出请求，则应对其执行与国际供应链相关的安全事务的情况做出专门反馈；

⑤应向 AEO 或其代理提供相应的海关高级官员的电话联系方式。

5. 教育、培训和认知

海关和 AEO 应当建立和发展对人员进行安全政策教育和培训的机制，以识别违反安全政策的行为，并采取必要的措施应对安全失误。

（1）对 AEO 的要求

①应当基于其商业模式，尽力对其雇员及其贸易伙伴，进行国际贸易供应链中涉及货物流通风险的教育；

②应当对所有与相关贸易链相关的人员，如安全人员、货物处理人员、货物单证制作人员，以及在 AEO 控制范围内的货物装运、收货区域的雇员，提供必要的识别潜在可疑货物的教育材料、专家指导和培训；

③应当对教育的方式、提供的指导和开展的培训进行适当的记录，以便为类似项目提供文件资料；

④应当使雇员了解 AEO 设置的有关可疑情况识别和报告的程序制度；

⑤应当实施特别的培训，以帮助雇员保持货物完整、识别内部潜在的安全威胁及采取保护控制措施；

⑥如有要求或切实可行，应当让海关熟悉相关内部信息、安全系统和程序，并提供适当培训以帮助海关获得在货站、运输工具和 AEO 控制的商业操作等方面的调查方法。

（2）对海关的要求

①应当努力与 AEO 合作，对海关关员进行国际贸易供应链中涉及货物流通风险的教育；

②应当为所有从事与安全相关业务的海关关员提供关于识别潜在可疑货物的培训材料和专家指导；

③应当将海关管理程序中识别和处理可疑事件的指定联系人通知 AEO；

④应当实施特别的培训，以帮助海关人员保持货物完整，识别潜在的安全威胁和采取保护控制措施；

⑤如有要求或如切实可行，应当让 AEO 熟悉相关的海关信息和程序，以帮助海关进行适当的培训和研究；

⑥如有要求或如切实可行，帮助 AEO 发展和实施自愿的公司指南、安全标准、最佳作法、培训、认证方案和有关材料的行动计划，以适当提高安全意识并采取措施使恐怖活动风险减少到最小；

⑦为 AEO 所有相关安全、货物处理和货物单证人员提供必要的识别潜在可疑货物的培训材料和专家指导；

⑧帮助 AEO 从海关的角度识别潜在的安全威胁。

6. 信息交换、准入和保密

保证电子和手工单证的处理安全，确保信息及时和准确，保护信息以免被滥用、误用。

（1）对 AEO 和海关的共同要求

①保证商业和安全敏感数据的保密性，提供的信息应仅用于所提供之用途；

②各方应完全并及时地实施电子数据交换，不应继续依赖单证和手工签名；

③各方应采用国际标准的电子数据结构和通讯目录。

（2）对 AEO 的要求

①备有书面的信息安全政策；

②适当监控计算机系统；

③根据工作职责和信息安全程度对进入数据系统进行监控；

④确保电子系统具有必要的备份功能，并能够根据国家法律对人员使用系统进行监控；

（3）对海关的要求

①在适当的情况下，海关应当让 AEO 的工作人员了解海关电子通讯系统的需求，并建立最后一刻货物和信息修正的特殊报告系统；

②应尽可能地推动政府采用单一窗口系统以及能实现所有经营者将所有相关的运输和货物信息单一传输至某一指定政府机构的制度；

7. 货物安全

货物安全包括防止未经授权获取或处置货物的措施，如使用封志或集装箱安全进出监控措施。其目的是加强货物的安全和完整，加强货物在 AEO 监控期间的监管。

（1）对 AEO 的要求

①开发和维护安全保险手册，该手册涵盖从收货至最终运输期间应遵循制度的详细指南；

②建立相应的制度，在装箱前核实集装箱内实物的完整性，包括集装箱门锁装置的安全性。

③检查集装箱安全和监控程序，确保货物始终在其监管下，以防止未授权人接近货物或授权人不正当地操作、移动或搬运货物；

④将集装箱存放在监管区域内，并建立报告未经许可进入集装箱存储区的制度。

⑤在商业允许的情况下，应当核实在卸货地收货的承运人的身份。

（2）对海关的要求

如果海关认为有必要对货物进行查验，一般情况下，应当邀请 AEO 的一名代表监控实物查验或为查验移动货物的整个过程。AEO 代表没有到场的，海关在查验后应立刻通知保护货物安全的 AEO，以防发生索赔责任。

8. 运输工具安全

通过加强运输工具安全提高供应链安全。

（1）对 AEO 的要求

①确保所有运输工具的安全；

②在无人看管的情况下保护运输工具安全，并于运输工具返回后进行安全检查；

③应确保运输工具操作人受过专业培训，以保护运输工具和货物在整个运输过程中的安全；

④应鼓励运输工具操作人对出现的真实或可疑事故进行报告，以便安全部门人员进行深入调查；

⑤应定期对运输工具上可能藏匿非法货物的区域进行查验，保护运输工具内外舱和面板的安全。应对所查验的区域做出记录，并保留相关查验记录。

（2）对海关的要求

应提醒运输工具的操作人员可能隐藏非法货物的部位。

9. 货站安全

货站安全包括实物安全和准入管理。目的是通过加强货站安全增强供应链和货物的安全。

（1）对 AEO 的要求

实施安全措施，保证建筑物及监控、管理企业场所的内外部设备的安全；实施准入管理，防止未经授权的人员接近企业设施，干扰运输，进入装船码头和货物堆场。如果无法实施准入管理，应增强其他安全方面的防范措施。

（2）对海关的要求

能够使用安全监控系统。根据国家法律，并应请求，获取有关在设施内延期工作的人员的资料信息。

10. 人员安全

通过人员监控及核实人员背景提高供应链安全。

（1）对 AEO 的要求

①如国家法律允许，应采取一切合理的预防措施，核实新聘用人员没有涉及安全犯罪、违反海关法行为和吸毒历史的行为；

②定期考察安全岗位人员的工作情况，特别注意上述人员社会、经济情况的异常变化；

③制定人员身份识别制度，要求所有人员随身携带附有照片、姓名及机构标志的身份证明；

④制定识别和处埋未授权或未经确认人员身份识别的适当制度，如：来访者或货主进入应提供带照片的身份证明；

⑤制定解除已无雇佣关系人员的合法身份及信息系统进出权限的适当制度。

（2）对海关的要求

①制定人员身份识别制度，要求所有海关关员随身携带附有照片、姓名和机构标识的身份证明；

②保证实施准入管理的操作人员能够独立地验核海关关员出示的身份证明；

③制定解除已无雇佣关系人员的合法身份及信息系统进出权限的适当制度。

11. 商业伙伴安全

贸易伙伴安全将供应链安全扩大到 AEO 的供货人和客户，目的是扩大供应链安全范围。

对 AEO 的要求是，当国际供应链中的贸易伙伴、供货商或承包商的合同协议生效时，应鼓励贸易伙伴、供应商或承包商在需要的情况下评估和提高供应链安全；在履行合同前，AEO 应审核客户的商业信息。

12. 危机管理和灾难防御制度

危机管理和灾难防御制度包括预先计划和建立特殊情况下的操作程序。目的是将事故影响最小化，保障安全和便利国际贸易。

对 AEO 的要求是，AEO 应与有关权力机构协作，制定紧急安全和灾难防御的措施。紧急措施应包括定期进行人员培训和检测计划。

13. 衡量、分析和改进制度

AEO 应当计划和实施监控，衡量、分析和改进程序，以便评估指南的一致性；确保安全管理系统的完整性和准确性；为加强供应链安全，识别改进安全管理系统潜在的区域。

对 AEO 的要求是：

（1）对操作过程中的安全风险进行评估，并采取适当的措施降低上述风险；

（2）定期对其安全管理系统进行自我评估；

（3）将自我评估和责任方形成书面文件；

（4）在检查评估结果时，从指定方得到反馈意见和有关改进今后工作计划的建议，以确保今后一个时期内安全管理系统的持续稳定。

（三）AEO 的受益

《标准框架》包含和基于的核心元素中规定了成员海关要向满足供应链安全的最低标准并采纳最佳做法的商界提供相应的便利。AEO 的受益分为以下两种：

1. 由于海关特别认证而获得的益处，包括：

（1）加速放行；

（2）减少查验；

（3）具有记账式处理能力

（4）在参与者同意的情况下知晓其他 AEO 的名称；

（5）低风险货物免于查验；

（6）全天候海关服务；

（7）简化后续手续；

（8）被视为低风险贸易商；

（9）简化海关手续；

（10）在装船时受到最少的海关执法干预；

（11）获得海关行政执法程序中的优惠待遇。

2. 由于“AEO”地位和参与《标准框架》而自然获得的益处：

（1）提高生产力；

（2）更好利用资源；

（3）减少成本；

（4）更为准确和及时的信息；

（5）减少港口堵塞；

（6）协调手续；

（7）统一适用法律

（8）减少在边境等待的时间；

（9）增强自律；

（10）减少涉及供应链的恐怖风险；

（11） 完善的反窃装置，从而提高便利和效率；

（12）在发生情况时受到最小的影响，并能很快地恢复正常运作；

（13）加强货物的整体安全；

（14）加强海关与商界的关系；

（15）更安全的工作环境；

（16）加快货物放行。

（四）AEO 的确认和认证

《标准框架》中包含了确认和认证体系的要求。海关设计并实施的确认和认证体系应与《标准框架》及其附件里规定的标准相一致，并考虑现有各国海关—商界供应链安全管理项目中的最佳做法。认证体系将至少达到文件《标准框架》中所述 AEO 制度中所表述的最低标准，这个体系应当包含一个奖励机制，还应考虑在贸易供应链中的各种活动的不同风险级别。

1. 申请及授权

AEO 应当与海关配合，遵守申请和授权体系以实施《标准框架》所规定的供应链安全标准，并且与自己的贸易实务结合起来。这样就能建立起一套自我评估机制来管理和监控商业活动。为了有效地实施自我评估，AEO应在管理层中指定专人来负责所有供应链安全方面的措施。同时，还要负责与海关在AEO资格认可及标准维护方面进行沟通。企业要在海关规定的期限内完成相关的条件和要求。

2. 确认体系

对于《标准框架》里包含的安全体系和海关认定的最佳做法要求，由海关来完成确认程序。在这个过程中，海关要检查AEO为履行职责所采取的措施，包括实施《标准框架》所规定的标准。作为确认体系的一部分，海关将记录并评估AEO对于海关法律、法规和行政规章的守法水平。海关还将考虑AEO遵守其他国际组织如国际海事组织、国际民航组织等安全标准的情况。

对于在确认程序中及认证范围内所涉及的信息，将只限于海关和各个AEO之间，这些信息只能用于特定的用途而且要予以保密。

3. 检查与维护

为保持守法及安全水平，海关与AEO要定期开展交流与联合检查。这些检查将有助于AEO尽快改进安全项目，并且为海关建立一种保持AEO标准的机制以避免发生认证无效事件。

为了保障定期交流，作为认证制度的一部分，海关会要求AEO完成定期报告，提供《标准框架》中AEO制度所规定的信息。

为了建立并保持有效的AEO认证制度，海关会定期举办研讨会以讨论国家安全项目的进展情况，找出普遍问题并交流最佳做法。

（五）AEO国际互认

相互认可是一个国际性的概念，指某个行动、决定或某个认证过程为一个行政机构所认可的同时，另一个行政机构也给予相同的认可。相互认可可以避免重复监管，并在很大程度上给贸易带来便利。

在各国海关纷纷建立起本国AEO认证制度的基础上，AEO的国际互认就成为下一步的发展趋势。AEO的国际互认是指各国海关通过双边、次区域、区域及未来全球范围多个渠道上实现AEO的互认。在这种互认下，由一国海关认可的认证制度在另一成员国同样适用，这将给AEO带来好处，并会提高这些国家商业活动的可预见性和经营效率。

世界主要国家和地区海关 AEO 制度介绍

一、美国海关“海关 – 商界反恐伙伴计划”

（一）“海关—商界反恐伙伴计划”概述

美国海关的 AEO 项目名称为“海关 – 商界反恐伙伴计划”（Customs–Trade Partnership Against Terrorism，以下简称 C–TPAT）。C–TPAT 是美国海关与边境保护局（以下简称 CBP）在 2001 年“9·11”事件发生后倡议成立的安全计划，于 2001 年 11 月 27 日正式实行。C–TPAT 是一个建立在自愿基础上的政府和商界的合作项目，旨在通过海关与相关业界建立合作关系，以加强与提高国际供应链和美国边境的安全，从而保护合法贸易，打击恐怖主义分子和走私者。

C–TPAT 的成员范围包括空运公司、海运公司、铁路运输公司、边境公路运输公司（墨西哥和加拿大）、进口商、报关企业、空运代理公司、海运代理公司、无船共同承运公司（NVOCC）、海港管理机构、货运站经营者和部分外国制造商。对于未纳入其成员的进口供应链上的出口国的生产商和承运商，C–TPAT 通过对美国进口商的合伙伙伴——海外供应商和承运商进行海外验证的方式予以验证，从而保证了供应链上所有参与环节的企业都纳入验证的范围。

一般来说，成为 C–TPAT 成员可以获得以下优惠待遇：一是较低的查验率；二是在货物需要查验时可以优先进行；三是海关可以为企业指定专人提供专门的海关业务咨询和帮助；四是海关可以通过企业自我评估和认证帮助企业改进管理水平；五是企业可以参加海关的 C–TPAT 安全培训；六是可以获得其他 C–TPAT 成员名单；七是其他收益，比如，在港口因紧急事件中断运作后，C–TPAT 成员企业享有优先恢复贸易运输链的权利。

CBP 对所有参加 C–TPAT 的企业进行分级认证管理，认证分为 3 级。企业通过申请并提供相关材料，经 CBP 审核批准后，即可获得 1 级认证；申请 2、3 级认证的企业除要完成 1 级认证的相关程序外，还要接受 CBP 对企业进行的实地验证。为保证整个贸易供应链的安全，CBP 在对美国本土的成员企业进行实地验证的同时，还要对上述企业的海外合作伙伴，如海外生产商、承运商进行安全验证。评估合格后，企业可获得 2、3 级认证。C–TPAT 成员企业根据不同认证级别可享受不同的优惠通关措施，3 级企业货物在美通关时可享受 95% 左右的免验率。

（二）C–TPAT 的安全标准

CBP 针对每类成员企业的行业特点制定了不同的最低安全标准，企业要成为 C–TPAT 的成员必须达到其最低安全标准。以下以进口商为例详细说明最低安全标准的内容：

1. 对业务伙伴的要求

业务伙伴包括客户、供应商、卡车运输 / 集装箱陆地运输、货运中转公司、海运 / 空运公司或转包商等。

（1）安全程序

进口商必须确保业务伙伴制定安全程序，安全程序必须符合 C–TPAT 安全标准 。

（2）起始地点

进口商必须确保商业伙伴遵照 C–TPAT 安全标准制定安全程序和规程，以强化在原发点装运、组装或制造的完整性，并根据风险的性质对商业伙伴的程序和设施定期进行审核，保持外国制造商所要求的安全标准。

（3）可供选择的其他内部标准

进口商必须具有健全的财务，以及发现和根据需要纠正安全问题的内部管理能力。

2. 集装箱及拖车的安全

必须保证集装箱安全，禁止装入未经授权的货物；在从装货地点向最终目的地运输的过程中，禁止未经授权人员接触货物。

（1）集装箱检查

必须制定在装货前核查集装箱结构完整性的程序，包括门的锁闭系统的可靠性。

（2）集装箱的封条

集装箱的封条，包括封条持续的完整性，是一条安全的供应链的重要组成部分。必须确保在运往美国的所有载货集装箱上加上高度安全的封条。所有封条都必须符合或超出现行 PAS ISO 17712 对高度安全封条的标准。

（3）集装箱的存放

集装箱必须储存在安全的区域，防止未经授权的人员接触或破坏。应该有报告和解决未经许可擅自进入集装箱或集装箱的存放区域的程序。

3. 物理进入控制

进入控制是用来防止未经许可进入有关设施。进入控制必须包括在所有的进入点对所有雇员、来访者和卖主进行识别。

（1）雇员

应该安装雇员识别系统以便进行识别和进入控制，确保只有工作需要的人才能进入安全区域。公司管理人员或安全人员必须对雇员、来访者和卖主的识别标志的发放和回收进行适当的控制。发放和回收识别标志及更换进入手段（比如钥匙、钥匙卡等）的程序必须被记录在案。

（2）来访者

来访者在抵达时必须出示带有照片的身份证明以作记录。所有来访者都必须有人陪同，并且必须出示临时性的识别标志。

（3）卖主

所有卖主在抵达时必须出示卖主身份或带有照片的身份证明以作记录。所有运达的包裹和邮件在散发出去前必须定期进行检查。

（4）质询及将未经许可进入的人员带离现场

应该有识别、质询和确认未经许可进入或身份不明的人员的程序。

4. 人员安全

应该有审查预期雇佣雇员和定期审查现有雇员的程序。

（1）雇佣前审核

在雇佣员工前应审核申请表信息，比如雇员的工作经历和推荐信。

（2）背景检查 / 调查

对于预期雇佣的雇员应按照外国和美国联邦、州及地方法规的规定检查和调查其背景情况。在雇佣员工后，应根据事情的原由或雇员职位的敏感性对其进行定期检查和调查。

（3）个人离职程序

公司对于离职的雇员必须有去除身份证明标志、设备和进入系统设施的程序。

5. 程序安全

应该制定有确保供应链中货物在运输、搬运和存放过程中完整性和安全性的安全措施。

（1）文档程序

应该制定程序确保用于商品 / 货物的所有信息易读、完整、准确，以及不会被更改、丢失或引入错误的信息。文档控制必须包括保护计算机不被擅自闯入及保护计算机信息的程序。

（2）报告程序

为确保货物的完整性，对从商业伙伴处接收到的信息，必须有被准确和及时报告的程序。

（3）装运和接收货物

被装运后将要离岸的货物应该与货物单的信息相符。货物应该被准确地描述，重量、标签、标记和件数应被列明和核准。应当将离岸货物与购货订单或装运订单上的内容进行校对。在货物被接收或发放前应对装运或接收货物的驾驶员进行身份认定。同时，还应该建立跟踪进出货物动向的程序。

（4）货物差异

所有货物的短缺、超额和其他重大的差异或异常情况都必须得到相应的解决或调查。如果发现有异常情况、非法或可疑活动，必须报告海关或其他执法机关。

6. 物理安全

位于国际场所的货物搬运和存放处必须安置有物理障碍物和制止物以阻止未经许可人员进入里面。在适当的范围内，进口商应在它们的供应链中始终遵循以下的 C–TPAT 物理安全标准。

（1）围栏

货物搬运和存放处的区域四周必须用围栏包围起来。货物搬运处应该有内部围栏将国内、国际、高价值和危险品货物隔离开。必须经常检查围栏是否完整或被损坏。

（2）大门和门房

应当在车辆和人员进出的大门设置人员把守或监控。在保证进出和安全的情况下，大门的数量应该设置的最少。

（3）停车场

私人车辆应当禁止进入停车场或驶近货物搬运和存放区域。

（4）建筑物

建筑物的建筑材料应能阻止非法进入。要定期检查和维修，保持建筑物的完整性。

（5）锁闭装置和钥匙控制

所有外部和内部的窗子、大门和围栏都必须有锁闭装置以确保安全。管理人员或安全人员必须对所有锁和钥匙的发放进行控制。

（6）照明

在设施的内部和外部如进口和出口、货物搬运和存放区域、围栏线和停车场等应该有适当的照明设施。

（7）警报系统和监视摄像头

应该安装警报系统和监视摄像头监视货物搬运和存放场所，以及防止未经许可的人员进入货物搬运和存放区域。

7. 信息技术安全

（1）口令保护

自动化系统必须使用需要定期更换口令的个人账户。必须制定并实施信息技术安全政策、程序和标准，同时应对雇员进行培训。

（2）违反处分

必须有识别滥用信息技术，包括不当进入、干扰或篡改商业数据的体系。所有扰乱系统的人都必须因其滥用信息技术的行为而受到适当的纪律处分。

8. 安全培训及忧患意识

应该制定忧患意识计划以防控恐怖分子和走私者对供应链上的各个点所带来的威胁。雇员必须了解公司应对某种状况及如何进行报告的程序。对在装运和接收货物领域工作及接收和打开信件的雇员应该进行额外的培训。

（三）C–TPAT 的申请和认证程序

C–TPAT 是在企业自愿加入的基础上，海关给予企业高度的信任。企业必须是遵纪守法企业，一旦有违法违纪或瞒骗行为发生，则会直接影响 C–TPAT 的资格。C–TPAT 的申请程序如下：

1. 企业自愿填写申请表并签署《供应链安全项目协议书》。

2. 企业进行内部自我评估并提交安全评估报告。申请企业必须满足所有 C–TPAT 安全标准并提供具体安全程序或现有程序。

3. 海关初审，对不符合标准的企业提出整改建议。

4. 对符合标准的企业或整改后符合标准的企业进行复核，通过审核的企业海关授予 1 级成员资格。

5. 对通过审核的成员企业的海外生产商、供应商进行实地安全验证，对没能通过验证的企业提出整改建议并决定维持、暂停或开除其成员资格，对通过验证的企业视情授予 2 级或 3 级成员的资格。

6. 企业按年度进行自我评估，海关跟踪监控。

（四）C–TPAT 的实地验证

1. 验证目的

C–TPAT 认证的核心环节是对申请企业及其海外合作伙伴的实地验证。验证的主要目的是确保 C–TPAT 参与方提交的国际供应链安全措施已经实施，并落实了 C–TPAT 标准或指导原则。验证小组将对参与企业提交的国际供应链安全措施中的最关键安全措施的落实状态和有效性进行评估，并视情承认其做法或就其存在的不足提出建议。

2. 验证的选择过程

根据美国《安全港口法》规定，参与企业在获准加入此项目后一年内必须接受验证，并且以后每四年至少再验证一次。根据参与企业的进口供应链风险来选择接受验证的公司及验证地点。风险因素包括与风险有关的异常现象、供应链的复杂性、地理因素所构成的潜在威胁、进口货运量及其他相关风险信息。

3. 验证团队

一个 C–TPAT 验证团队通常由两名 CBP 供应链安全专家和一名 C–TPAT 参与方代表组成。供应链安全专家掌握丰富的国际供应链安全知识，并接受供应链安全培训，使他们能够与业界代表合作提高供应链安全计划的有效性。

4. 验证前准备

在验证开始前，C–TPAT 供应链安全专家小组将评估参与企业的 C–TPAT 安全方案、企业所提供的任何附加信息及 CBP 总部的指令，借此来决定验证的范围。

5. 验证地点

典型的验证过程是先由 C–TPAT 的参与企业通过电话或在该公司驻美总部进行简要情况介绍。验证小组将讨论参与企业在 C–TPAT 项目中的角色。验证小组还将专门讨论验证的范围，其中包括对该公司全部国际供应链进行验证访问的地点。如果需要更多的信息来验证 C–TPAT 参与企业供应链的某一部分，验证小组将就此请示并与公司协调。

6. 验证访问

验证访问是对参与企业的供应链安全制度进行详细评估，以确定安全制度是否满足当前 C-TPAT 指导原则或标准的要求。验证访问的地点将根据 C-TPAT 供应链安全专家的验证风险分析来确定，且会与 C-TPAT 参与企业代表协调。海关验证地点的选择必须经 C-TPAT 项目主管批准。一次验证可能要对国内及海外地点进行多次访问。每次国内访问都会在一天内结束。对进口商的验证通常要对公司的集团总部、国内（美国）分销中心、海外制造地和海外物流供应商的设施进行访问和考察。对物流供应商的访问包括高速公路承运人、海运承运人、空运承运人及联运中心。海外验证访问通常需要 2 天，一天用于访问制造地点，另一天用于访问物流供应商。

在验证访问中，供应链安全专家将根据验证企业的类型（生产商或者承运商）讨论和评估 C-TPAT 的 8 个安全标准。验证的方法主要是通过询问、查阅有关文件和单证及实地观察相结合，对照参与企业是否落实了 C-TPAT 的 8 个方面的安全措施。

7. 验证报告

验证访问结果将写入验证报告，并交给 C-TPAT 参与方。报告中将列明供应商安全措施、建议或最佳做法。如发现重大供应链安全漏洞，将有可能中止向该企业提供 C-TPAT 优惠或视情取消该企业的 C-TPAT 项目。如果企业被中止提供 C-TPAT 优惠，C-TPAT 将建议该企业执行有关行动计划，包括执行改正措施以弥补供应链安全方面存在的漏洞。

二、欧盟海关 AEO 制度

（一）欧盟海关 AEO 制度概述

欧盟海关的 AEO 制度，是指海关对在供应链中符合相关标准并且具有较高安全等级的可靠的经营者进行资格认可，经认证的经营者可以享受简化海关手续及安全方面的优惠待遇。这项制度主要体现在 648/2005 号欧盟海关法修正案中，配套的规定和措施包括 1875/2006 号欧盟海关法实施细则、AEO 指南、企业自我评估工具、AEO 共享数据库，自 2008 年 1 月 1 日起正式实施。

欧盟成员国可以给任何在欧盟范围内设立并满足相关标准的经营者授予 AEO 的资格，相关标准包括经营者控制制度、财务偿付能力、守法记录及符合要求的安全标准。在一个成员国内认证的 AEO 应当在其他成员国中得到承认。可以申请 AEO 资格的经营者有国际供应链上的生产商、出口商、货运代理人、仓库经营企业、报关代理人、承运人和进口商。此外，任何在欧盟范围内从事国际供应链操作并与海关活动相关的经营者都可以申请 AEO 资格。

欧盟海关将安全方面的要求与传统的海关简化手续相结合，提供更便捷的简化手续。因此，欧盟的 AEO 可以申请享受简化海关手续及海关监管的便利。但欧盟的 AEO 是一个自愿的项目，企业没有成为 AEO 的法定义务，也没有必须成为 AEO 才可从海关简化手续中获益的规定。

欧盟的 AEO 分为 3 种类型：一是享受简化海关手续的 AEO, 二是享受相关安全便利措施的 AEO，三是可同时享受简化海关手续和相关安全便利措施的 AEO。

（二）欧盟 AEO 制度的主要标准

欧盟海关的 AEO 制度参考世界海关组织的 AEO 标准制定了相关标准，主要包括以下几个方面：

1. 遵守海关法规。要求申请企业及企业的主要负责人等连续 3 年没有违反海关法规情事。

2. 要有符合要求的商业管理和运输记录系统。申请人应该满足下列要求：

（1）具有一个与成员国公认会计准则一致，且便于海关稽查的财务系统。

（2）允许海关进行纸面或者电子核查其贸易或者运输记录。

（3）有一套区分欧盟和非欧盟货物的物流系统。

（4）有一套与其经营类型和规模相符合，负责货物流通管理的管理机构，以及发现非法交易或不正当交易的内控机制。

（5）与贸易管制措施或农产品交易相关的许可证批准的管理程序要符合要求。

3. 经证实的财务偿付能力。财务偿付能力要求是为了保证申请企业能够支付海关税款。

（1）如果申请人申请前 3 年的财务偿付能力已经得到证实，则可以认定其符合财务偿付能力。

（2）如果申请人成立未满 3 年，应当按照可以获得的全部记录和信息审核其财务偿付能力是否符合要求。

4. 安全标准。对于申请安全便利的 AEO，还需达到以下安全标准：

（1）教育培训，增强安全意识。欧盟海关要求申请企业应当保证其员工积极地参加有关安全意识方面的项目。

（2）信息交换、存取和保密的要求。要求申请企业具有符合要求的程序，管理公司的记录和信息，并保证这些记录和信息不会丢失；具有符合要求的信息技术安全措施，以保护申请人的电脑系统及文件免受非法侵入。

（3）货物和运输工具安全。要求处理货物的措施应当包括保护货物的进出和交换，或者避免任何材料或货物的丢失和损害；要有符合要求的进入控制，以防止未经授权人员进入运输区域、装货甲板和货物区域。

（4）建筑物安全。要求建筑物应当使用能够防止不法进入的材料，以保证不会被非法侵入。

（5）人员安全。要求申请人应当在法律允许范围内，最大限度地对从事安全敏感岗位的雇员进行有关安全筛选工作，并对其以前的雇主进行走访，定期开展背景调查。

（6）对商业伙伴的要求。申请人应当采取措施明确其商业伙伴的身份以保证国际供应链的安全。

如果申请人持有国际认可的安全证书，且此类证书是依据国际公约由国际认证组织或欧盟认证组织签发的，如 ISPS、ISO，可认为证书的标准与海关所要求的安全标准相似。

在执行标准方面，欧盟海关认为所有企业的标准是相同的。但是根据 AEO 的规模和性质，具体的执行标准不尽相同。与大公司相比，小公司可采取不同方法达到同样的标准。

（三）AEO 认证和监控

欧盟的 AEO 制度建立在海关与企业的合作伙伴关系之上。因此，在 AEO 认证之前，海关鼓励企业增强自我管理和自我评估，以减少海关的直接干预。

欧盟所有成员国都适用一套 AEO 系统，任何一个成员国取得的 AEO 资格在所有成员国都有效。

欧盟海关对申请 AEO 的企业必须进行验证（包括场所核查），而且必须在接受企业申请之日起 90 天至 120 天内作出决定。如果海关不予授予其 AEO 资格，企业可以要求进行复议和听证。海关对于授予 AEO 资格的企业，要进行经常性的检查，如果对其 AEO 资格有怀疑时，可以进行重新评估。

（四）AEO 资格的中止和撤销

如果海关发现 AEO 企业不符合 AEO 的相关条件时，可以要求 AEO 企业在 30 天之内予以改正。如果 AEO 企业不符合相关条件或者在 30 天之内未达到整改的要求，海关可以作出撤销企业 AEO 资格的决定。一旦海关作出撤销企业的 AEO 资格的决定，该企业在 3 年之内不能再申请 AEO 资格。但在海关作出中止或撤销的决定之前，AEO 有权要求听证。

（五）AEO 得到的益处

任何一个在欧盟区域内被授予 AEO 资格的企业，在所有欧盟成员国家内都将被认可，并享受同等待遇。

1. 享受相关安全便利措施的 AEO 可以获得以下益处：

（1）国际贸易中安全的贸易商；

（2）在以安全为目的的风险分析中，风险等级较低；

（3）抵港 / 离港前申报的数据较少；

（4）查验时，海关可以通知 AEO 到场；

（5）优先监管；

（6）与第三国的 AEO 相互认可；

（7）装运过程中，海关直接干预较少；

（8）海关执行过程中，从最有利于企业的角度考虑；

（9）增强企业自我管理，提高货物的安全性，减少偷盗及由此而减少的保险费用，安全的工作环境和资源的有效利用；

（10）更流畅的内部程序，海关与商界之间的良性关系。

2. 享受简化海关手续的 AEO 可以获得包括本地清关、免担保、简化铁路中转手续等好处。

三、新加坡海关的“安全贸易伙伴”计划

（一）“安全贸易伙伴”计划概述

新加坡的 AEO 制度被称为“安全贸易伙伴”（以下简称 STP）计划。该制度自 2007 年 5 月 25 日起开始实施。STP 计划是新加坡海关制定的一项自愿性计划，企业可以自愿申请该计划，新加坡海关对申请企业进行认证来帮助企业采取安全措施以提高全球供应链安全。

STP 计划向供应链上所有经营者开放，包括进口商、出口商、仓储经营者、承运人、码头经营者等。STP 计划向企业提供一份指南以指导企业制定、实施、监控和检查他们的供应链安全措施。企业要申请加入 STP 计划，需要证明他们采取并实施了符合要求的安全措施并愿意承担继续保持其供应链安全的责任。新加坡海关作为 STP 计划的主管部门，负责对参加 STP 计划的企业进行验证并进行授权。

STP 计划是以世界海关组织的《标准框架》为标准来制定指南和标准的相关内容。STP 认证分为两级。一级为普通的 STP 计划成员，这种认证以 STP 指南为标准，企业只要达到指南所述的标准并经海关验证即可以获得 STP 计划成员资格。另一种为高级 STP 计划成员，这种认证以 STP 标准为标准，企业需要全部达到 STP 标准并经海关验证后方可获得高级 STP 成员资格。STP 标准比 STP 指南的要求更高，高级 STP 成员资格获得的好处也比 STP 普通成员要多。

（二）STP 计划指南

STP 指南介绍了供应链上的企业应该达到的要求，以便提高其操作和供应链安全。企业达到这些要求之后将会由新加坡海关授予 STP 成员的资格。STP 指南要求企业具备安全管理制度，对企业运作进行风险评估，并且实施 STP 指南要求的保证供应链安全的有关措施。

1. 安全管理制度

企业应该建立一个安全管理制度，以发展、记录、实施、保持和检查公司的供应链安全措施和实践。安全管理制度主要包括以下几点：

（1）安全政策和安全措施的相关制度。

（2）保证企业内部更好地交流的制度。

（3）保证持续关注和完善的检查制度。

2. 风险评估

STP 鼓励企业根据企业商业模式的风险特点开展风险分析并实施安全措施。企业应该对其操作过程和供应链开展风险评估，以降低供应链操作中的风险和薄弱点。

（1）制造商、供应商

制造商和供应商通常是处于产品供应链的开始环节。原材料和产品离开他们的工厂时应该在最开始时进行适当的记录，以减少数据的错误或者在供应链后面环节需要时验证相关内容。有了准确的舱单、包装破损记录和完善的交接记录，生产商和供应商就可以将他们的货物完好地交给仓库经营者和运输企业等货物操作代理。

（2）仓库经营者和所有者

仓库经营者和所有者从生产商、运输商或其他中介那里接收货物、储存货物，然后将货物交给其他的中介，通常采用不同的方式。因此，他们应该有一个好的信息系统以跟踪货物的处理和储存状态，并能够向下一个供应链环节提供相关的货物信息。除此之外，他们的建筑应该适合安全要求以保证存放在里面的货物的完好和安全。

（3）运输企业

运输企业要有防止其运输车辆被劫持或破坏的措施，同时也应该有一个好的信息系统以监控和跟踪他们承运的货物。此外，运输企业还应该保证他们的车辆和所运输的货物不容易遭受破坏。

（4）码头、航空站经营者

码头和航空站经营者在将货物装上船舶或飞机之前有责任保管好货物和集装箱。一般来说他们是货物和集装箱离开之前的最后一道环节，也是货物和集装箱到达之后的第一道环节。他们的场所应该符合安全要求，以保证存在那里的货物和集装箱的完好和安全。

（5）海运和空运经营者

海运和空运代理要有防止其运输工具在运输过程被劫持或遭受破坏的措施，同时要有一个好的信息系统以监控和跟踪他们承运的货物。此外，海运和空运代理应该保证他们的运输船舶或飞机及被运送到船舶或飞机上的货物不容易受到破坏。

3. 安全措施

STP 指南要求企业达到 8 个方面的要求，即场所安全和进入控制、人员安全、商业伙伴安全、货物安全、运输工具安全、信息和信息技术安全、事故处理和调查、危机管理和事故恢复。企业采取并实施的这些安全措施必须是根据企业的风险特点制定的。

考虑到供应链上不同环节、不同类型企业的运作模式、规模和风险存在很大差异，STP 指南在标准的制定上有一定的灵活性，可以根据企业的特点定制安全措施。

企业需要申请成为 STP 普通成员，首先要按照 STP 指南的要求进行自我评估，以保证他们的内部制度、程序等符合要求。

（三）STP 计划标准

STP 标准包括了一套最低标准，于 2008 年 10 月 1 日起实施。企业达到这个标准之后可以获得 STP 高级会员资格。STP 标准比 STP 指南要严格，因此 STP 高级成员也比 STP 普通成员获得更大的优惠。企业可以根据 STP 指南要求申请成为 STP 成员，也可以根据 STP 标准要求申请成为 STP 高级成员。STP 标准是为了给那些想得到更高水平资格的企业制定的，获得这个资格的企业可以参加与外国海关进行 AEO 互认项目。

STP 标准与 STP 指南的区别在于安全措施的标准不同。STP 指南对于安全标准采取比较灵活的标准，而 STP 标准则比较刚性和严格。

（四）STP 计划的好处

STP 成员企业被新加坡海关认为是受信企业并享受下列好处：

1. 货物适用较低的查验率；

2. 企业被认为是低风险企业，提高企业品牌效应；

3. 减少查验率或者加速清关的资格可以得到外国海关的承认。

此外，STP 高级成员可以从参加与外国海关进行 AEO 互认项目中受益。

四、日本海关 AEO 制度

（一）日本海关 AEO 制度概述

日本海关的 AEO 制度于 2007 年 4 月建立，并于 2008 年进行了完善。日本海关的 AEO 制度是一项海关与商界的合作项目，企业可以自愿申请加入，经海关对守法记录、财务状况和安全要求认证后成为 AEO 成员，享受海关给予的通关便利措施。日本的 AEO 制度范围包括进口商、出口商、保税仓库经营者、报关行和其他物流经营者（承运人和货运代理）。

日本海关在东京设立 AEO 中心，负责全国 AEO 申请的最后审核，另外在全国设立 8 个 AEO 工作办公室，负责接受当地企业的申请、初核和验证。

日本海关建立和完善自身 AEO 制度的同时致力于开展与其他国家海关的 AEO 合作。目前日本海关已经与新西兰、美国的和欧盟签署了 AEO 互认安排，并且正与中国、韩国、加拿大等海关开展 AEO 互认合作磋商。

（二）日本海关 AEO 制度的标准

日本海关的 AEO 标准与世界海关组织的《标准框架》的要求相一致。其主要包括：

1. 具有良好的守法记录。要求申请企业具有符合规定的守法记录，在规定期限内没有违反海关相关的法律法规，要求企业具有 3 年以上的经营记录。

2. 安装与海关通关系统相连的电子系统。这是企业使用海关通关系统的基本要求。

3. 财务状况良好。

4. 符合安全要求。其包括成立专门的机构负责安全事务，对商业伙伴的要求，货物、运输工具、经营场所的安全，符合要求的海关程序，与海关和其他政府部门的合作，危机管理，教育培训和内部审计等。

（三）便利措施

日本海关根据 AEO 类型给予不同的便利措施：

1. 进口商 AEO：适用较低查验率，进口提前申报，减少正常工作时间以外时间办理海关手续的费用，先放后税，集中申报纳税。

2. 出口商 AEO：免除申报时货物需在场的义务，适用较低查验率，减少正常工作时间以外时间办理海关手续的费用。

3. 保税仓库经营者 AEO：通知海关即可设立新的保税仓库，简化许可程序，减少每月费用。

4. 报关行 AEO：由经认证的报关行（AEO）代理申报的进口货物，可以在办理关税申报手续和缴纳关税之前予以放行；由经认证的报关行（AEO）代理申报的出口货物，如果由该 AEO 报关行对代理人的出口货物进行检查，并且这些货物被带到集装箱堆场后由经认证的运输企业装运，则可以允许其货物在出口商所在地或其他装卸点进行出口申报。

5. 承运人和货运代理 AEO：简化海关转运手续（正常程序要求对每次转运都递交舱单数据，对于 AEO 企业只要求在 NACCS 系统中规定路线的转运才递交舱单数据）。

（四）认证程序

1. 申请

（1）与海关进行前期磋商。企业在申请 AEO 资格之前首先要和海关进行磋商。磋商的内容包括由海关向企业解释 AEO 的要求及检查清单的内容，企业向海关说明现行货物装卸的操作流程及需要检查的点，并准备申请报告。

（2）做好相关工作提出申请。申请企业需要根据检查清单进行自我评估，检查货物装卸的操作流程及和商业伙伴的相关合同，向海关提交申请表和相关资料。

2. 海关认证

（1）检查申请资料。检查申请表、检查清单和相关证明资料。

（2）现场验证。到企业现场实地验证检查清单上所列安全措施的实际执行情况及检查出口程序是否符合海关相关规定。

（3）认证。对符合要求的申请企业进行授权认证。

3. 事后稽查

对 AEO 进行定期稽查，发现有不符合相关要求的进行相关处理。

（五） 整改和撤销

当海关发现 AEO 出口商不遵守 AEO 的要求时，海关会向该 AEO 出口商发出整改的行政通知。

当海关发现 AEO 有下列情形之一的，海关将撤销其 AEO 的资格：

1. AEO 出口商违反海关或其他法律；

2. 账册或记录有瞒骗或欺诈的情况；

3. 当 AEO 接到海关的整改通知后在规定期限内没有采取补救措施或所采取的措施没有达到海关要求。

中美 C-TPAT 联合验证详解

问：什么是 C-TPAT？

答：C-TPAT，全称“海关—商界反恐伙伴计划”（Customs-Trade Partnership Against Terrorism），是美国海关与边境保护局（U.S. Customs and Border Protection, 以下简称 CBP）在 “9·11”事件发生后倡议成立的安全计划，于 2002 年 4 月 16 日正式实行。C-TPAT 是一个建立在自愿基础上的政府和商界的合作项目，旨在通过海关与商界建立合作关系，以加强与提高国际供应链和美国边境的安全，从而保护合法贸易，打击恐怖主义分子和走私者。

C-TPAT 以通关便利等一系列优惠待遇为条件，要求成员按照 CBP 制定的“最低安全标准”，建立公司内部安全控制制度，自主规避安全风险。CBP 根据达标情况对企业实行分级管理，C-TPAT 成员企业根据不同认证级别可享受不同的优惠，如享受较低的查验率等。

问：C-TPAT 针对的是哪些企业?

答：C-TPAT 主要针对输美供应链上的企业，分为 10 种类型：进口商、空运商、高速公路运输商、边境公路运输公司(墨西哥和加拿大)、铁路运输商、海运商、外国制造商、报关代理商、港口 / 机场经营商、第三方物流提供商。为保证整个贸易供应链的安全，CBP 在对美国本土的成员企业进行实地验证的同时，还要对上述企业的海外合作伙伴，如海外生产商、供应商和承运商进行安全验证。

问：什么是中美 C-TPAT 联合验证?

答：随着中美经贸关系的发展，中美两国当前已互为第二大贸易伙伴，在 C-TPAT 的成员中，有大量企业贸易供应链源于中国。如果双方加强合作，提升上述企业的 C-TPAT 认证级别，不仅使美国贸易企业受益，相关的中国生产商、供应商和承运商也能获得通关便利等优惠待遇，且对中国海关实施世界海关组织倡导的《全球贸易安全与便利标准框架》具有借鉴意义。

中美 C-TPAT 联合验证的主要目标是对我国有输美货物的生产商、供应商和承运商进行实地验证，以确保他们在企业的日常管理中已经建立落实了国际供应链安全措施，并正在遵循 C-TPAT 建立的标准操作。这些企业都是美国 C-TPAT 成员企业的海外合作伙伴，联合验证就是要通过对这些企业现有的安全规范和程序的有效性进行评估，指出企业在安全方面的薄弱环节，适当提出完善建议，以帮助企业制定纠正措施。同时，发现企业在落实安全标准中比较好的做法，并对此作出肯定。

问：当前中美 C-TPAT 联合验证的开展情况如何?

答：截至 2014 年 9 月底，已开展了 11 批验证，共有 361 家中国企业参加，其中 290 家通过，80.3% 通过率。

问：中国企业参加中美 C-TPAT 联合验证是否需支付费用?

答：中国海关对参加中美 C-TPAT 联合验证的企业不收取任何费用，但企业为了达到 C-TPAT 安全标准可能需要投入一定的人力、物力。

问：中国企业参与并通过中美 C-TPAT 联合验证有何益处?

答：中国企业参与并通过中美 C-TPAT 联合验证，能享受到以下益处：

1. 输美出口货物在美通关时可享受较低的查验率。

2. 增加企业的商誉，有助于提高企业在美国市场的竞争力。

3. 企业可以通过自我评估和验证发现问题，改进管理水平。

4. 企业可以参加海关提供的 C-TPAT 安全培训。

5. 企业可以密切与中国海关的联系，获得海关在企业分类管理等方面的指导。

问：哪些中国企业可以参加中美 C-TPAT 联合验证？

答：只要是美国 C-TPAT 成员在中国的海外合作伙伴，包括海外生产商、供应商和承运商，同时是中国海关注册企业，即可申请参加中美 C-TPAT 联合验证，但是否能参加中美 C-TPAT 联合验证需中美海关最终共同的确认。

问：中国企业如何申请参加中美 C-TPAT 联合验证？

答：中国企业可以向注册地的直属海关提出参加中美 C-TPAT 联合验证的申请。申请材料包括：

1. 关于参加中美 C-TPAT 联合验证的申请；

2. 中美 C-TPAT 联合验证项目企业自我评估表。

最终参加中美 C-TPAT 联合验证的企业名单由海关总署根据企业申请的情况与 CBP 共同确定。具体验证的行程由中美双方分别通知中方企业及美方进口商。

问：中美 C-TPAT 联合验证依据的标准和内容是什么？

答：中美 C-TPAT 联合验证所依据的标准是 C-TPAT 安全标准，如《C-TPAT 外国制造商安全标准》等，主要包括商业伙伴安全、集装箱及拖车的安全、进入控制、人员安全、程序安全、安全培训和警觉意识、场所安全、信息技术安全等 8 个方面的内容。

问：开展中美 C-TPAT 联合验证的主要流程是什么？

答：中美海关将组成联合验证小组对每个企业开展实地验证，其主要步骤如下：

1. 对企业基本经营状况进行全面了解，掌握企业与 C-TPAT 验证有关的基本情况；

2. 考察企业在 C-TPAT 安全标准各方面的执行情况，并要求企业提供相关的程序文件或者记录加以证实；

3. 通过察看企业的装箱区、成品仓库、门卫室、监控室、大门、围墙等，对企业安全状况进行实地考察；

4. 经联合验证小组充分讨论，得出验证结果，对企业尚不完善的部分提出“改进建议”，同时针对企业比较好的做法，提出企业的“最佳实践”。

问：中美 C-TPAT 联合验证的结果有哪几种？

答：中美 C-TPAT 联合验证的结果有 3 种：通过验证、不通过验证和暂缓通过。对于暂缓通过的企业，可给予 90 日的整改期限，并在整改完成后由验证小组中方人员再次对企业进行验证，根据整改达标情况由中美双方共同决定企业是否予以通过。

问：通过中美 C-TPAT 联合验证的企业是否能获颁证书？

答：中美海关将联合对通过验证的企业颁发证书。

海关—商界反恐伙伴计划（C-TPAT）外国制造商安全标准

本最低安全标准是为使外国制造商实施高效安全实务以优化供应链的绩效，从而减少恐怖分子及恐怖主义的实施行为通过丢失、盗窃和走私货物渗入全球供应链的危险而设计的基本结构单元。犯罪团伙通过内部阴谋破坏世界商贸活动的倾向和活动范围要求公司，尤其是外国制造商，提高它们的安全实务。

外国制造至少必须每年一次，或者根据情况的需要，比如在高度警戒、发生安全违反或安全事故的期间，根据下面所述的C-TPAT安全标准对它们的国际供应链进行全面评估。如果外国制造商将它们供应链的某些部分外包或承包给比如另一个外国机构、仓库或其他部门，则外国制造商必须与这些商业伙伴一起确保在整个供应链中相关的安全措施都得以实施和遵守。C-TPAT所定义的供应链是指从原发点（制造商／供应商／卖主）一直到销售点的整个过程，并且适用于C-TPAT成员所使用的各种不同的商业模式。

C-TPAT认识到国际供应链及安全实务的复杂性，并且支持基于风险的存在而对安全措施的应用和实施①。因此，本计划允许基于成员的商业模式而灵活实施客户化的安全计划。

本文所列举的适当的安全措施必须基于风险的性质在外国制造商的整个供应链中得以实施和维持②。

商业伙伴要求

外国制造商对于商业伙伴的选择，包括承运人、其他制造商、产品供应商和卖主（零件和原材料供应商等）必须有书面的、可核准的程序。

● **安全程序**

对于那些符合C-TPAT认证条件的商业伙伴（承运人、进口商、港口、码头、经纪人、并装业者等），外国制造商必须有文件证据（比如C-TPAT证书、SVI编号等）表明这些商业伙伴是否经过C-TPAT认证。

对那些不符合C-TPAT认证条件的商业伙伴，外国制造商应要求它们的商业伙伴出示它们达到C-TPAT安全标准的书面／电子确认书（比如合同义务，由商业伙伴的一位高级官员签字保证合规的信件，由商业伙伴出示一份书面声明表明其符合C-TPAT安全标准或一个外国海关主管部门管理为世界海关组织所认可的同等安全计划的要求，或者提供一份完整的外国制造商安全问卷）。基于一项被记录的风险评估程序，外国制造商必须对不符合C-TPAT条件的商业伙伴进行核准，以验证其是否达到C-TPAT的安全标准。

● **原发点**

外国制造商必须确保商业伙伴遵照C-TPAT安全标准制定安全程序和规程，以强化在原发点装运、组装或制造的完整性。基于风险的性质，应对商业伙伴的程序和设施定期进行审核，并且保持外国制造商所要求的安全标准。

● **参与外国海关主管机关的供应链安全计划及获得认证的情况**

获得外国海关主管机关管理的供应链安全计划认证的当前或未来的商业伙伴应被要求向外国制造商

---

① 外国制造商应基于它们的商业模式对它们整个供应链中存在的风险有记录在案的、可核准的确定程序（运输量、原产地、航线、C-TPAT成员资格、通过公开信息渠道获悉的潜在恐怖威胁、存在的安全隐患、过去的安全事故等）。

② 外国制造商应基于它们的商业模式对它们整个供应链中存在的风险有记录在案的、可核准的确定程序（运输量、原产地、航线、C-TPAT成员资格、通过公开信息渠道获悉的潜在恐怖威胁等）。

表明其参与计划的状况。

● **安全程序**

对于运往美国的货物，外国制造商应监督将运输服务分包给其他承运人的 C-TPAT 承运人用的是其他为 C-TPAT 所批准的承运人，或者如果是非 C-TPAT 批准的承运人，则其达到商业伙伴要求里所描述的 C-TPAT 安全标准。

因为外国制造商须对将货物装运上拖车或集装箱负责，因此它们应该与承运人一起工作，以确保在装运时实施了有效的安全程序和控制措施。

集装箱及拖车的安全

集装箱及拖车的完整性应得到维护以确保不会混入未经许可的物品和 / 或人。在装运货物的时候，应该有恰当地贴封条和保持装运集装箱和拖车的完整性的程序。所有运往美国的装有货物的集装箱和拖车都必须贴上高度安全封条。所有封条都必须符合或超出现行 PAS ISO 17712 对高度安全封条的标准。

在风险评估有理由要求检查集装箱或拖车是否藏匿有人员或走私货物的地理区域，在制造场所或装运地应该有检查是否存在该等风险的程序。

● **集装箱检查**

在装运前应该有查验集装箱结构物理完整性的程序，包括门的锁闭系统的可靠性。本计划建议对所有集装箱进行如下 7 点检查程序：

▷ 前壁

▷ 左侧

▷ 右侧

▷ 地板

▷ 顶部

▷ 内 / 外门

▷ 外部 / 起落架

● **拖车检查**

在装运前应该有查验拖车结构物理完整性的程序，包括门的锁闭系统的可靠性。本计划建议对所有集装箱进行如下 7 点检查程序：

▷ 第五轮区域——检查自然隔间 / 车底护板

▷ 外部——前面 / 侧面

▷ 尾部——保险杠 / 门

▷ 前壁

▷ 左侧

▷ 右侧

▷ 地板

▷ 顶部

▷ 内 / 外门

▷ 外部 / 起落架

● **集装箱及拖车的封条**

集装箱和拖车的封条，包括封条持续的完整性，是一条安全的供应链的重要组成部分，并且是外国制造商忠实执行 C-TPAT 计划的关键部分。外国制造商必须给所有运往美国的装有货物的集装箱和拖车贴上高度安全封条。所有封条都必须符合或超出现行 PAS ISO 17712 对高度安全封条的标准。

应该制定书面的程序规定对封条的管理及如何贴到装有货物的集装箱和拖车上，包括识别和向美国海关和边境保护局或适当的外国主管部门报告受损的封条或集装箱 / 拖车的程序。只有被指定的雇员才能分发表示完整性的封条。

● **集装箱和拖车的存放**

受外国制造商控制或位于外国制造商场所的集装箱和拖车必须被存放在安全的区域以免有未经许可的人员进入或篡改。应该有报告和解决未经许可擅自进入集装箱 / 拖车或集装箱 / 拖车的存放区域的程序。

物理进入控制

进入控制用来防止未经许可进入设施的现象，维持对雇员和来访者的控制及保护公司的财产。进入控制必须包括在所有的进入点对所有雇员、来访者和卖主的积极识别。

● **雇员**

应该安装雇员识别系统以便进行积极的识别和进入控制。只有确有工作需要的人才能被允许进入安全区域。公司管理人员或安全人员必须对雇员、来访者和卖主的识别标志的发放和回收进行恰当的控制。发放和回收识别标志及更换进入手段（比如钥匙、钥匙卡等）的程序必须被记录在案。

● **来访者**

来访者在抵达时必须出示带有照片的身份证明以作记录。所有来访者都必须有人陪同，并且必须可视地展示临时性的识别标志。

● **交货（包括邮件）**

所有卖主在抵达时必须出示适当的卖主身份和 / 或带有照片的身份证明以作记录。所有运达的包裹和邮件在散发出去前必须定期进行检查。

● **质询及将未经许可进入的人员带离现场**

应该有识别、质询和确认未经许可进入 / 身份不明的人员的程序。

个人安全

应该有审查预期雇佣的雇员和定期审查现有雇员的程序。

● **雇佣前审核**

在雇佣员工前应审核申请表信息，比如雇员的工作经历和推荐信。

● **背景检查 / 调查**

对于预期雇佣的雇员应按照外国法规的规定检查和调查其背景情况。在雇佣员工后，应根据事情的原由和 / 或雇员职位的敏感性对其进行定期检查和调查。

● **个人离职程序**

公司对于离职的雇员必须有去除身份证明标志、设备和进入系统设施的程序。

程序安全

应该制定有确保供应链中货物在运输、搬运和存放过程中的完整性和安全性的安全措施。

● **文档程序**

应该制定有程序确保用于商品 / 货物清理的所有信息易读、完整、准确，以及不会被更改、丢失或引入错误的信息。文档控制必须包括保护计算机不被擅自闯入及保护计算机信息的程序。

● **报告程序**

为确保货物的完整性，必须有确保从商业伙伴处接收到的信息被准确和及时报告的程序。

● **装运和接收货物**

被装运后将要离岸的货物应该与货物单的信息相符。货物应该被准确地描述，重量、标签、标记和件数应被列明和核准。离岸的货物应该与购货订单或装运订单上的内容进行校对。在货物被接收或发放前应对装运或接收货物的驾驶员进行积极的身份认定。同时，还应该建立跟踪进出货物即时动向的程序。

● 货物差异

所有货物的短缺、超额和其他重大的差异或异常情况都必须得到合理的解决和/或调查。如果发现有异常情况、非法或可疑活动，必须报告海关和/或其他适当的执法机关。

物理安全

位于国际场所的货物搬运和存放设施必须安置有物理障碍物和制止物以阻止人员未经许可进入里面。在适用的范围内，外国制造商应在它们的供应链中始终遵循以下的C-TPAT物理安全标准。

● 围栏

货物搬运和存放设施的区域四周必须用围栏包围起来。货物搬运装置应该有内部围栏以将国内、国际、高价值和危险品货物隔离开。所有的围栏都必须经常检查其完整性及是否有损坏现象。

● 大门和门房

车辆和人员进出的大门应该有人把守或被监视。大门的数量应该在保证适当进出和安全的基础上尽可能保持最少。

● 停车场

私人载客车辆应被禁止进入停车场或临近货物搬运和存放区域。

● 建筑物

建筑物的建筑材料应能阻止非法进入。通过定期检查和维修保持建筑物的完整性。

● 锁闭装置和钥匙控制

所有外部和内部的窗子、大门和围栏都必须有锁闭装置以确保安全。管理人员或安全人员必须控制所有锁和钥匙的发放。

● 照明

在设施的内部和外部应该有适当的照明设施，包括在以下一些区域：进口和出口、货物搬运和存放区域、围栏线和停车场。

● 警报系统和监视摄像头

应该安装警报系统和监视摄像头以监视货物搬运和存放场所，以及防止未经许可的人员进入货物搬运和存放区域。

信息技术安全

● 口令保护

自动化系统必须使用需要定期更换口令的个人担保账户。必须制定并实施信息技术安全政策、程序和标准，同时应对雇员进行培训。

● 解释责任

必须有识别滥用信息技术，包括不当进入、干扰或篡改商业数据的体系。所有扰乱系统的人都必须因其滥用信息技术的行为而受到适当的纪律处分。

安全培训及忧患意识

安全人员应该制定并保持一项忧患意识计划以便识别及培养对供应链的各个点上恐怖分子和走私者所带来的威胁的意识。雇员必须了解公司应对某种状况及如何进行报告的程序。对在装运和接收货物领域工作及接收和打开信件的雇员应该进行额外的培训。

此外，应该提供特定的培训以帮助雇员保持货物的完整性、识别内部阴谋及保护进出控制。这些计划应该给积极参与的雇员提供奖励。

QIYE XINXI PIAN

企业信息篇*

*　“企业信息篇”收录的企业信息中，因有部分企业主营范围涉及的有关单证正在办理延期，故其有效期为延期前的日期。部分企业注册资本为0的，为分支机构。企业“注册日期”晚于“评定时间”的，该企业曾重新注册。

进出口货物收发货人

北京关区

企业名称	中国新时代科技有限公司			海关编码	1101919016	所属海关	北京关区
通讯地址	北京市东城区朝阳门北大街 1 号新保利大厦 25 层 B 区			邮政编码	100010	法人姓名	张连生
评定时间	2009.9.16	注册日期	1993.12.28	报关有效期	长期	注册资本	10000 万人民币
主营范围	进出口业务，机械设备、电子产品、化工原料（危险品除外）、通讯设备及器材、仪器仪表、电子计算机及辅助设备、成套设备、汽车零配件、建筑装饰材料、橡胶及橡胶制品、家用电器、办公设备及用品、照相器材、针纺织品、家具销售和仓储。						

企业名称	中国黄金集团公司			海关编码	1101919040	所属海关	北京关区
通讯地址	北京市东城区柳荫公园南街 1 号			邮政编码	100011	法人姓名	孙兆学
评定时间	2012.3.13	注册日期	1992.11.16	报关有效期	长期	注册资本	200000 万人民币
主营范围	许可经营项目：对外派遣与其实力、规模、业绩相适应的国外工程项目所需的劳务人员（有效期至 2013 年 4 月 21 日）。一般经营项目：组织黄金系统的地址勘查、生产、冶炼、工程招标，黄金生产的副产品及其制品的销售、仓储，承担本行业的各类国外承包工程及工程所需设备、材料的出口，进出口业务，技术咨询，技术服务。						

企业名称	中粮集团有限公司			海关编码	1101919151	所属海关	北京关区
通讯地址	北京市朝阳区朝阳门南大街 8 号			邮政编码	100020	法人姓名	宁高宁
评定时间	2011.7.5	注册日期	1993.12.1	报关有效期	长期	注册资本	197776.8 万人民币
主营范围	许可经营项目：粮食收购，批发预包装食品（有效期至 2016 年 9 月 8 日），境外期货业务（品种范围以许可证为准，有效期至 2014 年 12 月 28 日）。一般经营项目：进出口业务（自营及代理）；从事对外咨询服务；广告、展览及技术交流业务；酒店的投资管理；房地产开发经营；物业管理，物业代理，自有房屋出租。						

企业名称	中土畜雪莲股份有限公司			海关编码	1101919177	所属海关	北京关区
通讯地址	北京市东城区安定门外大街 208 号			邮政编码	100011	法人姓名	王震
评定时间	2009.6.16	注册日期	2014.4.3	报关有效期	长期	注册资本	17500 万人民币
主营范围	许可经营项目：批发预包装食品（食品流通许可证有效期至 2015 年 7 月 2 日）。一般经营项目：自营和代理除国家组织统一联合经营的出口商品和国家实行核定公司经营的进口商品以外的其他商品及技术的进出口业务，经营进料加工和“三来一补”业务，经营对销贸易和转口贸易，畜产品、化工原料及产品、五金交电、针纺织品、百货、木材、机械、电子设备、计算机及办公设备、通讯设备的销售，服装面料技术检测，经济信息咨询，会议服务，承办展览展示活动，计算机软件开发，技术服务。						

企业名称	中纺粮油进出口有限责任公司			海关编码	1101919224	所属海关	北京关区
通讯地址	北京市东城区建国门内大街 19 号中纺大厦 9007			邮政编码	100005	法人姓名	王进
评定时间	2011.7.5	注册日期	2002.5.13	报关有效期	长期	注册资本	39000 万人民币
主营范围	许可经营项目：粮食收购。一般经营项目：进出口业务，建筑材料、装饰材料、轻纺织品、日用百货、五金交电、化工材料（不含危险化学品）、机械设备、工艺美术品的销售，货物仓储，与上述业务相关的咨询服务，饲料及其添加剂的销售，大蒜的收购及销售。						

企业名称	中国神华能源股份有限公司			海关编码	1101919246	所属海关	北京关区
通讯地址	北京市东城区安定门西滨河路22号			邮政编码	100011	法人姓名	张喜武
评定时间	2010.4.12	注册日期	2004.12.30	报关有效期	长期	注册资本	1988962.045万人民币
主营范围	许可经营项目：煤矿开采、煤炭经营。一般经营项目：项目投资，煤炭的洗选、加工，矿产品的开发与经营，专有铁路内部运输，电力生产，开展煤炭、铁路、电力经营的配套服务，船舶的维修，能源与环保技术开发与利用，技术转让、技术咨询、技术服务，进出口业务，化工产品、化工材料、建筑材料、机械设备的销售，物业管理。						

企业名称	北京远东罗斯蒙特仪表有限公司			海关编码	1101930348	所属海关	北京关区
通讯地址	北京市东城区和平里北街6号			邮政编码	100013	法人姓名	斯考特·奥森
评定时间	2009.6.15	注册日期	1996.5.7	报关有效期	长期	注册资本	500万美元
主营范围	生产工业用传感器、变送器、传感器用产品、传感用零配件、变送器用产品、变送器零配件，销售自产产品，代理（拍卖除外）、批发、零售他人及关联公司的生产工业用传感器、变送器、传感器用产品、传感器零配件、变送器用产品、变送器零配件产品，提供上述产品的安装、调试、维修，技术咨询、技术培训。						

企业名称	佳能（中国）有限公司			海关编码	1101940118	所属海关	北京关区
通讯地址	北京市东城区金宝街89号金宝大厦2、15~17层，地下3层1单元			邮政编码	100005	法人姓名	小泽秀树
评定时间	2008.12.2	注册日期	1997.11.11	报关有效期	长期	注册资本	5605万美元
主营范围	（一）在国家允许外商投资的领域依法进行投资。（二）在中国境内设立科研开发中心或部门，从事新产品及高新技术的研究开发，转让其研究开发成果，并提供相应的技术服务。（三）受所投资企业的书面委托（经董事会一致通过），向其所投资企业提供下列服务：1. 协助或代理其所投资的企业从国内外采购该企业自用的机器设备、办公设备和生产所需的原材料、元器件、零部件；2. 在国内外销售其所投资企业生产的产品、并提供售后服务；3. 为其所投资企业提供运输、仓储等综合服务；4. 在外汇管理部门的同意和监督下，在其所投资企业之间平衡外汇；5. 协助其所投资企业招聘人员并提供技术培训、市场开发及咨询；6. 协助其所投资企业寻求贷款及提供担保。（四）为其投资者及其子公司提供咨询服务。（五）以代理、经销或设立出口采购机构（包括内部机构）的方式出口境内商品，并可按有关规定办理出口退税。（六）为其所投资企业的产品的国内经销商，代理商，以及与投资性公司、其母公司或其关联公司签有技术转让协议的国内公司、企业提供相关的技术培训。（七）购买所投资企业生产的产品进行系统集成后在国内外销售，如所投资企业生产的产品不能完全满足系统集成需要，允许其在国内外采购系统集成配套产品。（八）在其所投资企业投产前或其所投资企业新产品投产前，为进行产品市场开发，允许投资性公司从其母公司进口与其所投资企业生产产品相关的母公司产品在国内试销。（九）为其所投资企业提供机器和办公设备的经营性租赁服务，或依法设立经营性租赁公司。（十）为其投资者生产的产品提供售后服务。（十一）进口并在国内销售投资者及其控股的关联公司的产品。（十二）进口为所投资企业、投资者所属公司集团的母公司产品提供维修服务所需的原辅材料及零配件。（十三）承接境内外企业的服务外包业务。（十四）根据有关规定，从事物流配送服务。（十五）经中国银行业监督管理委员会批准，设立财务公司，向投资性公司及其所投资企业提供相关规定，从事物流配送服务。（十六）经商务部批准，从事国外工程承包业务和境外投资，设立融资租赁公司并提供相关服务。（十七）从事货物进出口或技术出口业务。（十八）从事商品（特定商品除外）的佣金代理（拍卖除外）、批发、零售。（二十一）经外汇管理机关批准，对境内关联公司的外汇资金进行集中管理，在境内银行开立离岸账户集中管理境外关联公司外汇资金和境内关联公司经外汇管理机关批准用于境外放款的外汇资金。（二十二）从事医疗器械（具体内容与“医疗器械经营企业许可证”一致）的进口、销售及售后服务业务。（二十三）从事上述产品相关的技术培训、咨询服务、维修服务、售后服务。						

企业名称	艾默生（北京）仪表有限公司			海关编码	1101940180	所属海关	北京关区
通讯地址	北京市东城区和平里北街 6 号 EK 楼 5 层			邮政编码	100013	法人姓名	马克·舒马赫
评定时间	2009.6.15	注册日期	2002.8.7	报关有效期	长期	注册资本	600 万美元
主营范围	设计、生产、组装控制仪表的生产设备及其配件，自产产品安装、调试、维修和技术咨询，销售自产产品，代理、批发他人及关联公司的生产工业用传感器、变送器、传感器用品、传感器零配件、变送器用品、变送器零配件产品，并提供以上产品的安装、调试、维修，技术咨询、技术培训。（涉及配额许可证管理，专项规定管理的商品按照国家有关规定办理）						

企业名称	华展鑫荣国际招标代理（北京）有限公司			海关编码	1101960222	所属海关	北京关区
通讯地址	北京市东城区北三环东路 36 号环球贸易中心 B 座 2503~09			邮政编码	100029	法人姓名	杨瑞
评定时间	2010.11.17	注册日期	2005.8.3	报关有效期	长期	注册资本	3700 万人民币
主营范围	许可经营项目：销售医疗器械。一般经营项目：招标代理，国际货运代理，货物进出口、代理进出口、技术进出口，仓储服务，销售重油。						

企业名称	国信招标集团股份有限公司			海关编码	1102910087	所属海关	北京关区
通讯地址	北京市海淀区首体南路 22 号楼 10 层			邮政编码	100044	法人姓名	袁炳玉
评定时间	2011.8.29	注册日期	2002.2.6	报关有效期	长期	注册资本	15210.61 万人民币
主营范围	国内招标与投标服务；国内资金采购；机电产品的国际招标业务；工程管理、投资、商务及其他经济信息咨询；工程及设备安装监理；高新技术项目、实业项目的投资；自营和代理各类商品及技术的进出口业务，但国家限定公司经营或禁止进出口的商品及技术除外；经营进料加工和“三来一补”业务；经营对销贸易和转口贸易；承办国内高新技术成果及产品展览，相关业务人员培训。（未取得行政许可的项目除外）						

企业名称	中国船舶重工国际贸易有限公司			海关编码	1102919020	所属海关	北京关区
通讯地址	北京市西城区月坛北小街 10 号			邮政编码	100861	法人姓名	董强
评定时间	2009.9.16	注册日期	1993.1.18	报关有效期	长期	注册资本	43200 万人民币
主营范围	许可经营项目：对外派遣与其实力、规模、业绩相适应的境外工程所需的劳务人员。一般经营项目：军用船舶产品和技术出口，对外军用船舶工程承包；船舶及船用设备、海洋工程及设备的设计、研制、生产、维修、租赁、销售；进出口业务；承包境外海洋石油及相关工程和境内国际招标工程；对外提供工程勘察和设计及相关的咨询服务；承包冶金、石化、建筑、电站、城建、港口工程；水利工程设备的销售；废旧船舶销售；物业管理。						

企业名称	中国石油工程建设公司			海关编码	1102919059	所属海关	北京关区
通讯地址	北京市西城区六铺炕街 6 号			邮政编码	100011	法人姓名	侯浩杰
评定时间	2008.12.2	注册日期	2002.11.17	报关有效期	长期	注册资本	240956.2 万人民币
主营范围	许可经营项目：对外派遣实施境外工程所需的劳务人员（有效期至 2013 年 8 月 18 日）。一般经营项目：境内外石油天然气、石油化工、工业与民用建筑工程，道路、市政、电力工程的咨询、规划、设计、勘察、项目管理，安装、施工总承包及设计、采购、施工（EPC），总承包地质工程、岩土工程，工程监理、工程造价、安全环保技术服务、咨询，物资、工程招标及招标代理，进出口业务，工业新工艺、新技术、计算机软、硬件开发、咨询、服务、转让，各类石油石化设备、轻型结构、钢结构设计、制造、安装、工程机械、机电产品、化工产品（不含危险化学品）、建筑材料、金属材料、轻工产品、家用电器、日用百货的销售。						

企业名称	中国原子能工业有限公司	海关编码	1102919056	所属海关	北京关区
通讯地址	北京市西城区远华街 9 号楼	邮政编码	100032	法人姓名	刘春胜
评定时间	2012.10.16 注册日期 1992.11.25	报关有效期	长期	注册资本	6459.1 万人民币
主营范围	进出口业务，举办经济技术展览会，对外经济贸易咨询服务及技术交流，招标代理业务，五金交电、化工产品（不含危险化学品）、针纺织品、日用百货、建筑材料、仪器仪表、汽车配件的销售和仓储。				

企业名称	中国石油技术开发公司	海关编码	1102919062	所属海关	北京关区
通讯地址	北京市西城区德胜门东大街 8 号 5 层 1~4	邮政编码	100009	法人姓名	毕跃明
评定时间	2012.10.16 注册日期 1992.12.15	报关有效期	长期	注册资本	44347.2 万人民币
主营范围	许可经营项目：对外派遣实施境外工程所需的劳务人员，危险化学品经营（有效期至 2013 年 11 月 29 日）。一般经营项目：进出口业务，易货贸易，寄售业务，承办海运、铁路运输、航空运输、公路运输进出口货物的国际运输代理业务，设备租赁、招标代理业务，对外经济技术交流，技术咨询、技术服务、技术转让和技术合作开发，承包境外石油化工工程，小轿车销售。				

企业名称	中国兵工物资集团有限公司	海关编码	1102919076	所属海关	北京关区
通讯地址	北京市海淀区车道沟 10 号院科技 1 号楼 4~5 层	邮政编码	100089	法人姓名	白长治
评定时间	2009.4.20 注册日期 1994.7.2	报关有效期	长期	注册资本	217336.7788 万人民币
主营范围	许可经营项目：兵工系统内汽油、煤油、柴油批发业务，经营危险化学品（许可范围以许可证为准，有效期至 2012 年 5 月 24 日）。一般经营许可：金属材料、重油、机电产品、成套设备、建筑材料、化工产品（危险化学品除外）、汽车的销售，进出口业务，与上述业务相关的技术咨询、信息服务，五金交电、针纺织品、橡胶制品、塑料制品、电子产品及通信设备、体育用品、服装、百货、皮革及制品、文教用具、纸、纸制品的销售，电子产品的研发、生产及销售，摩托车的维修及租赁。				

企业名称	中设国际贸易有限责任公司	海关编码	1102919107	所属海关	北京关区
通讯地址	北京市西城区广安门外大街 178 号	邮政编码	100055	法人姓名	阙呈新
评定时间	2010.4.22 注册日期 1995.5.26	报关有效期	长期	注册资本	800 万人民币
主营范围	经营和代理经贸部批准的进出口业务，经营易货贸易和转口贸易业务，承办中外合资经营、合作生产和“三来一补”业务，销售机械电器设备、汽车（不含 9 座以下乘用车）、金属材料、金属矿石、矿产制品、金属制品、建筑材料、装饰材料、机械电器设备、化工产品、医疗器械、工艺美术品、电子计算机软件和硬件及外部设备、百货、针纺织品、重油，专业承包，信息咨询（中介除外），技术开发、技术转让、技术服务。				

企业名称	中国牧工商（集团）总公司	海关编码	1102919118	所属海关	北京关区
通讯地址	北京市丰台区南四环西路 188 号 11 区 20 号楼	邮政编码	100070	法人姓名	张春新
评定时间	2013.12.30 注册日期 1996.3.4	报关有效期	长期	注册资本	78311.7 万人民币
主营范围	许可经营项目：兽药经营（具体范围以许可证为准，有效期至 2015 年 12 月 15 日），批发预包装食品、乳制品（含婴幼儿配方乳粉，有效期至 2016 年 5 月 4 日），粮食的收购。一般经营项目：畜牧产品业的投资与管理，草产品饲料、饲料添加剂、大宗饲料原料、宠物食品的销售，进出口业务，技术咨询、技术服务，仪器机械设备、化工产品（危险化学品除外）、汽车的销售，自有房屋出租，物业管理，化肥的销售，仓储业务。				

企业名称	中国石油物资公司	海关编码	1102919123	所属海关	北京关区
通讯地址	北京市西城区鼓楼外大街 5 号	邮政编码	100029	法人姓名	王光军
评定时间	2013.11.1 注册日期 1996.4.12	报关有效期	长期	注册资本	135175.4 万人民币
主营范围	许可经营项目：经营甲基苯、丙酮、甲基乙基酮、盐酸、硫酸、2- 丁醇、2- 甲基戊烷、苯乙烯（抑制了的）、1- 己烯、2- 甲基丁烷、环戊烷、二甲苯异构体混合物、环己酮、环己烷、甲醇、溶剂苯、石脑油、四氢呋喃、正丁醇、苯酚、丙烯酸（抑制了的）、氢氧化钠、四氯化钛、乙酸（含量＞80%）、环氧乙烷、硫磺、镁粉、三乙基铝、三异丁基铝、碳化钙。一般经营项目：黑色金属、有色金属、工业废金属、焦炭、炉料、重油（含烧用原油）、木材、水泥、建材、金刚石、化工产品（危险品除外）、油田专用化学产品、泥浆材料、纸袋纸、橡胶及制品、轮胎、塑料及制品、工业锅炉、拖拉机、电线、电缆、机电设备及其配件、工具、仪器、元器件、通讯器材设备的供应、销售，汽车的批发、零售，招标代理，设备和工具的租赁，与主管项目有关的技术咨询、技术服务、信息服务，进出口业务，国际货运代理业务，石油专用管材的检测、仓储服务，房屋租赁。				

企业名称	中化国际招标有限责任公司	海关编码	1102919142	所属海关	北京关区
通讯地址	北京市西城区复兴门外大街 A2 号中化大厦	邮政编码	100045	法人姓名	王铁林
评定时间	2008.12.2 注册日期 1997.7.11	报关有效期	长期	注册资本	3577 万人民币
主营范围	批发兼零售预包装食品（有效期至 2017 年 5 月 18 日），从事国际和国内招标、投标、采购及相关代理业务，咨询服务，科技推广及应用服务，进出口业务，纺织、服装、家庭用品、建材及化工产品（不含危险化学品）、机械设备、五金产品、电子产品、百货、金属材料、工艺美术品的销售，从事展览、广告和仓储业务，设备维修服务，节能环保相关的技术服务及咨询服务。（依法须经批准的项目，经相关部门批准后方可开展经营活动）				

企业名称	中国机械进出口（集团）有限公司	海关编码	1102919145	所属海关	北京关区
通讯地址	北京市西城区阜成门外大街 1 号	邮政编码	100037	法人姓名	王旭升
评定时间	2013.11.1 注册日期 1993.12.17	报关有效期	长期	注册资本	30000 万人民币
主营范围	自营和代理除国家组织统一联合经营的 16 种出口商品以外的其他商品及技术的出口业务；自营和代理国家实行核定公司经营的 14 种进口商品以外的其他商品技术的进口业务，钢材的进口业务；开展“三来一补”业务；经营寄售、维修、技术服务业务；承办国内外咨询服务、展览宣传及技术交流业务；经营外国政府、国际金融组织提供资金、贷款项下的招标、投标、采购业务；承包国（境）外各类工程和境内国际招标工程，向国（境）外派遣各类工程、生产和服务行业的劳务人员；承办中外合资经营、合作生产业务；以上进出口商品的国内销售（国家有专项专营规定的除外）。				

企业名称	中化塑料有限公司	海关编码	1102919255	所属海关	北京关区
通讯地址	北京市西城区复兴门外大街 A2 号中化大厦 703 室	邮政编码	100045	法人姓名	张晓雷
评定时间	2011.12.28 注册日期 2004.2.13	报关有效期	长期	注册资本	20000 万人民币
主营范围	销售危险化学品（凭危险化学品经营许可证经营，不带存储设施经营，危险化学品经营许可证有效期至 2015 年 3 月 18 日），批发预包装食品、乳制品（不含婴幼儿配方乳粉），货物进出口、技术进出口、代理进出口，承办中外合资经营、合作生产业务。				

企业名称	北京松下普天通信设备有限公司	海关编码	1102930048	所属海关	北京关区
通讯地址	北京市顺义区天竺空港工业区天柱东路 19 号	邮政编码	101312	法人姓名	王忠夫
评定时间	2009.2.4 注册日期 1992.12.5	报关有效期	长期	注册资本	2493.55 万美元
主营范围	设计、生产、销售无线电寻呼机、移动电话机和有线电话产品及其零部件产品，自产产品的维修，技术咨询、技术培训，销售自产产品。				

企业名称	北京索爱普天移动通信有限公司	海关编码	1102930399	所属海关	北京关区
通讯地址	北京市顺义区天竺空港工业区 A 区天柱西路	邮政编码	101312	法人姓名	邢炜
评定时间	2008.12.2	注册日期	2002.5.22	报关有效期	长期
注册资本	3000 万美元				
主营范围	许可经营项目：生产、制造电脑、平板电脑、电子产品（不含表面处理作业）、蜂窝移动通信系统及产品，包括 GSM 基地站和手持机，TACS 基地站和手持机，蜂窝移动通信系统的电源，移动交换中心及其他系统元件和配套设备及相关设备，工装夹具及零配件。一般经营项目：提供该合营公司系统产品的售前、售中、售后服务（包括网络设计等），从事非配额许可证管理、非专营商品的收购出口业务，从事该合营公司产品的工业化设计工作，销售自产产品。				

企业名称	中国石化国际事业有限公司	海关编码	1105919057	所属海关	北京关区
通讯地址	北京市朝阳区朝阳门北大街中国石化大厦 5–6 层	邮政编码	100101	法人姓名	蒋振盈
评定时间	2009.2.24	注册日期	1992.11.26	报关有效期	长期
注册资本	140000 万人民币				
主营范围	货物进出口，技术进出口，代理进出口；销售石油及化工产品、机械设备、电气仪表、汽车配件、木材、建筑材料、金属材料、汽车（含小轿车）、化肥；石油化工及其产品的存储、运输（仅限分公司经营）；利用国外贷款和国内资金采购机电产品的国际招标业务和其他国际国内招标业务；技术改造项目设备招标及相关服务；承办国际金融组织贷款项目下的国际招标采购业务；承包境外工程和境内国际招标工程；对外派遣实施上述境外工程所需的劳务人员；承办展览展示，组织国内企业出国（境）参、办展；境外期货业务；设备租赁；煤炭批发（限分支机构经营）。				

企业名称	北京中物振华贸易有限公司	海关编码	1104960006	所属海关	北京关区
通讯地址	北京市西城区半步桥街 13 号甲 602 室	邮政编码	100054	法人姓名	周文
评定时间	2011.12.5	注册日期	2002.10.22	报关有效期	长期
注册资本	5000 万人民币				
主营范围	销售化工产品、建筑材料、道路沥青、装饰材料、金属材料、通讯设备、机电设备、计算机及外围设备；技术开发、转让及培训；企业形象策划服务；为商品展览展示提供服务；经济信息咨询（不含中介服务）；仓储服务；自营和代理各类商品及技术的进出口，但国家限定公司经营或禁止进出口的商品和技术除外。				

企业名称	中国航空技术北京有限公司	海关编码	1105910050	所属海关	北京关区
通讯地址	北京经济技术开发区宏达北路 16 号 6 号楼	邮政编码	100040	法人姓名	邹康宁
评定时间	2009.11.18	注册日期	1994.5.30	报关有效期	长期
注册资本	80000 万人民币				
主营范围	货物进出口，代理进出口，技术进出口；投资及投资管理；物业管理；销售建筑材料、汽车配件、金属材料、通讯设备（需经专项审批的项目除外）；承包境外机电行业工程和境内国际招标工程；对外派遣实施上述境外工程所需的劳务人员。				

企业名称	北京铜牛进出口有限公司	海关编码	1105910056	所属海关	北京关区
通讯地址	北京市朝阳区金台里甲 9 号（铜牛大厦）4 层	邮政编码	100026	法人姓名	张为民
评定时间	2009.6.15	注册日期	1993.11.18	报关有效期	长期
注册资本	2000 万人民币				
主营范围	许可经营项目：货运险，仓储货物的财产保险。一般经营范围：自营和代理各类商品及技术的进出口业务，但国家限定公司经营或禁止进出口的商品及技术除外；经营进料加工和“三来一补”业务；经营对销贸易和转口贸易；承办中外合资经营、合作生产；销售日用品、针纺织品、服装、鞋帽、工艺品、玩具、文具用品、体育用品、化工产品（不含危险化学品）。				

企业名称	瑞钢联集团有限公司			海关编码	1105910279	所属海关	北京关区
通讯地址	北京市东城区朝阳门北大街 1 号北京新保利大厦 19 层（电梯层 23 层）A、B 区			邮政编码	100027	法人姓名	游振武
评定时间	2009.9.16	注册日期	2003.9.17	报关有效期	长期	注册资本	20000 万人民币
主营范围	货物进出口，技术进出口，代理进出口；销售建筑材料、装饰材料、金属材料、生铁、钢材及其压延产品、矿产品、木材、五金交电、机械设备、电器设备、汽车配件、化工产品（不含危险化学品及一类易制毒化学品）、润滑油、润滑脂、百货、焦碳、纸浆；仓储服务；经济信息咨询（不含中介）；劳务服务。						

企业名称	中国国际石油化工联合有限责任公司			海关编码	1105919023	所属海关	北京关区
通讯地址	北京市朝阳区朝阳门北大街 22 号			邮政编码	100728	法人姓名	陈波
评定时间	2009.11.18	注册日期	1993.5.7	报关有效期	长期	注册资本	300000 万人民币
主营范围	自营和代理各类商品及技术的进出口业务，包括原油、成品油的进出口（其他国家规定的专营进出口商品和国家禁止进出口的特殊商品除外）；经营进料加工和“三来一补”业务；开展对销和转口贸易、境外期货业务。						

企业名称	万宝矿产有限公司			海关编码	1104919040	所属海关	北京关区
通讯地址	北京市丰台区科学城星火路 10 号 2 号楼 528 室			邮政编码	100070	法人姓名	陈德芳
评定时间	2011.12.20	注册日期	2005.2.24	报关有效期	长期	注册资本	130000 万人民币
主营范围	许可经营项目：矿石及矿产品加工。一般经营项目：项目投资，投资管理；货物进出口，技术进出口，代理进出口。						

企业名称	中国出国人员服务总公司			海关编码	1105919061	所属海关	北京关区
通讯地址	北京市朝阳区惠新东街 4 号			邮政编码	100029	法人姓名	盛华
评定时间	2009.6.16	注册日期	1992.12.11	报关有效期	长期	注册资本	52500 万人民币
主营范围	经营出国人员免税外汇商品业务，向境外派遣各类劳务人员（不含海员，有效期至 2017 年 11 月 1 日），批发预包装食品、乳制品（含婴幼儿配方乳粉）、食用农产品（含冷鲜畜禽产品，有效期至 2017 年 4 月 19 日）；III，II 类：医用电子仪器设备，医用光学器具、仪器及内窥镜设备（角膜接触镜除外），体外循环及血液处理设备，手术室、急救室、诊疗室设备及器具，注射穿刺器械，口腔科材料，医用卫生材料及敷料，医用缝合材料及黏合剂，医用高分子材料及制品；II 类：口腔科设备及器具，病房护理设备及器具，耳鼻喉科手术器械，胸腔心血管外科手术器械，矫形外科（骨科）手术器械（有效期至 2018 年 11 月 11 日）；向境外企业、新闻、贸易等组织驻华机构的常驻人员和外商投资企业的外方常驻人员提供自用安家物品，向驻外机构提供生活物资，进出口贸易，化妆品、钢铁、金属材料、机械设备、电子产品、计算机及软件、办公设备、汽车及汽车配件的销售，纺织品、针织品及原料销售，绢纺原料的销售，旅游、商务、出国人员涉外事务的咨询，计算机技术服务，会展服务，代办仓储运输手续，房屋租赁，物业管理，家用电器的保修、维修及零配件零售。						

企业名称	中航国际航空发展有限公司			海关编码	1105919093	所属海关	北京关区
通讯地址	北京市朝阳区北辰东路 18 号中航技大厦 6 层			邮政编码	100101	法人姓名	张辉
评定时间	2008.12.2	注册日期	1994.8.18	报关有效期	长期	注册资本	49000 万人民币
主营范围	经营本系统所产运输工具、机械设备的出口业务，经营本系统所需运输工具、机械设备的进口业务；接受本系统单位的委托，代理上述进出口业务；经营本系统技术进出口业务；承办中外合资、合作生产业务；承办来料加工、来样加工、来件装配业务；开展补偿贸易业务；经营与原苏联、东欧国家易货贸易业务；从事对外咨询服务，展览、技术交流业务；经贸部批准的其他商品的进出口业务；经营或代理除国家组织统一联合经营的 16 种出口商品和实行核定公司经营的 12 种进口商品以外的其他商品的进出口业务；代理货物运输保险；购销机械电器设备（汽车除外）、五金交电化工产品（未取得专项许可的项目除外）。						

企业名称	中粮贸易有限公司			海关编码	1105919128	所属海关	北京关区
通讯地址	北京市朝阳区朝阳门南大街8号7层			邮政编码	100020	法人姓名	迟京涛
评定时间	2011.1.7	注册日期	1995.5.17	报关有效期	长期	注册资本	56783.32万人民币
主营范围	粮食收购，批发（非实物方式）预包装食品（有效期至2015年3月21日），进出口业务，饲料、饲料添加剂、针纺织品、机械电器设备、纸张的销售，信息咨询。						

企业名称	中海石油化工进出口有限公司			海关编码	1105919216	所属海关	北京关区
通讯地址	北京市东城区朝阳门北大街25号9层（901~919）			邮政编码	100010	法人姓名	郑保国
评定时间	2009.12.25	注册日期	2001.7.23	报关有效期	长期	注册资本	113243.04万人民币
主营范围	许可经营项目：成品油（柴油、汽油、航空煤油、蜡油、石脑油、燃料油等）国营贸易进口经营业务，经营成品油（液化气）、易制毒化学品及其他危险化学品（共计83种，有效期至2015年11月29日）。一般经营项目：自营和代理各类商品及技术的进出口业务（国家限定公司经营或禁止进出口的商品及技术除外），经营进料加工和“三来一补”业务，经营对销贸易和转口贸易。						

企业名称	中国乡镇企业总公司			海关编码	1105919152	所属海关	北京关区
通讯地址	北京市朝阳区农展南路5号京朝大厦8层			邮政编码	100026	法人姓名	史明山
评定时间	2009.7.13	注册日期	1995.5.30	报关有效期	长期	注册资本	6351万人民币
主营范围	许可经营项目：海洋渔业系统内汽油、煤油、柴油的批发（有效期至2015年6月21日），医疗器械的经营（具体项目以许可证为准，有效期至2015年6月16日），农作物种子的进出口（有效期至2013年4月1日），草种经营（有效期至2015年1月24日），批发（非实物方式）预包装食品、散装食品（含水产品，有效期至2013年2月28日）。一般经营项目：钢材、有色金属、轻纺和化工原料及产品、矿产品、建筑材料、木材、机电设备、仪器、五金交电、汽车、摩托车及零配件、饲料及农畜产品、化肥的经营，绿化工程设计、施工，机电设备招标和招标代理，进出口业务，室内、外装饰装潢，组织园林设计，绿化工程的设计、施工，提供与主营业务有关的咨询服务、信息服务。						

企业名称	中航技国际经贸发展有限公司			海关编码	1105919158	所属海关	北京关区
通讯地址	北京市朝阳区慧忠路5号B座2001.02.03.05.06.07			邮政编码	100101	法人姓名	彭牧
评定时间	2011.7.5	注册日期	1996.11.14	报关有效期	长期	注册资本	6000万人民币
主营范围	销售建筑材料、装饰材料、汽车、机电设备、五金交电、化工材料、计算机软硬件及辅助设备、仪器仪表、针纺织品、日用百货，经营或代理除国家组织统一联合经营的16种出口商品及国家实行核定公司经营的12种进口商品以外的其他商品和技术的进出口业务，承办中外合资经营、合作生产、“三来一补”、易货贸易、对销贸易业务，从事对外经济贸易信息咨询服务及技术交流业务，国际招标及工程招标代理业务。						

企业名称	中国交通进出口总公司			海关编码	1105919200	所属海关	北京关区
通讯地址	北京市朝阳区建国路118号招商局大厦6层			邮政编码	100022	法人姓名	何玉龙
评定时间	2009.6.15	注册日期	1993.12.31	报关有效期	长期	注册资本	0万人民币
主营范围	许可经营项目：对外派遣实施境外工程所需的劳务人员（有效期至2009年12月31日）。一般经营项目：进出口业务，对外经济技术交流业务，交通设备的销售、租赁，船舶和汽车等交通运输设备及配件、建筑材料及产品、化工产品及产品、五金材料及产品、筑路和养护设备及沥青、重油、电子产品、通讯设备及材料、印刷设备、轻工、纺织设备、成套机械设备、汽车、日用百货的销售，对外修船业务，招标代理业务。						

企业名称	中信国际招标有限公司			海关编码	1105919214	所属海关	北京关区
通讯地址	北京市朝阳区北苑路 108 号 A12 楼 102 室			邮政编码	100012	法人姓名	孟宪礼
评定时间	2011.12.5	注册日期	2001.6.20	报关有效期	长期	注册资本	3000 万人民币
主营范围	机电产品国际招标代理，工程招标代理，货物和服务招标、竞争性谈判、询价等采购代理业务，政府采购咨询服务；货物进出口，技术进出口，代理进出口；项目投资，投资管理，资产管理；信息咨询；建设工程项目管理。						

企业名称	国航进出口有限公司			海关编码	1105919117	所属海关	北京关区
通讯地址	北京市顺义区首都机场国航基地四号			邮政编码	100621	法人姓名	高利华
评定时间	2009.9.16	注册日期	1993.9.24	报关有效期	长期	注册资本	9508.08 万人民币
主营范围	自营和代理各类商品及技术的进出口业务；经营进料加工和“三来一补”业务；经营转口贸易和对销贸易；技术咨询，技术服务；仓储服务；自有房产进行物业管理；自有房产的物业管理（出租写字间）；飞行器租赁；机电产品招标代理。						

企业名称	北京飞机维修工程有限公司			海关编码	1105930284	所属海关	北京关区
通讯地址	北京市顺义区首都国际机场			邮政编码	100621	法人姓名	宋志勇
评定时间	2011.12.5	注册日期	1992.12.17	报关有效期	长期	注册资本	18753.3 万美元
主营范围	为国内外用户维护、维修和翻新飞机和发动机，包括辅助动力装置和附件；地面设备的制造和修理；为国内外航空公司提供机务勤务保证；派遣工程技术人员在外站提供维修和技术服务；发动机、附件和其他部件的分包管理；器材管理；维修开发；人员培训；技术咨询服务；校验服务；工程服务。						

企业名称	北京松下控制装置有限公司			海关编码	1105930620	所属海关	北京关区
通讯地址	北京市朝阳区酒仙桥路 14 号			邮政编码	100015	法人姓名	刘会阳
评定时间	2009.6.15	注册日期	1994.3.7	报关有效期	长期	注册资本	3380 万美元
主营范围	许可经营项目：生产控制装置和零部件，机械加工及模具制造。一般经营项目：开发、设计控制装置和零部件，销售自产产品，上述产品的批发，提供相关服务和技术咨询及售后服务，货物进出口（涉及配额许可证管理、专项规定管理的商品按照国家有关规定办理）。						

企业名称	诺基亚通信有限公司			海关编码	1105930838	所属海关	北京关区
通讯地址	北京市经济技术开发区东环中路 5 号			邮政编码	100176	法人姓名	林启中
评定时间	2008.12.2	注册日期	1995.10.19	报关有效期	长期	注册资本	13820 万美元
主营范围	开发、生产、销售移动通信手机和网络基础设施（包括基站、交换设备、固定宽带接入设备、无线接入设备和数字集群系统设备），为自产产品提供售后服务、技术支持和其他客户服务（包括提供零配件、配套设备、元器件及维修服务），国内采购商品的批发及零售，进口与合资公司生产的产品同类的商品进行批发及零售。						

企业名称	北京 ABB 电气传动系统有限公司			海关编码	1105931251	所属海关	北京关区
通讯地址	北京市朝阳区酒仙桥北露甲 10 号 D 区 1 号			邮政编码	100015	法人姓名	顾纯元
评定时间	2009.6.16	注册日期	2004.6.7	报关有效期	长期	注册资本	500 万美元
主营范围	各类电气传动装置及控制系统工程成套设备的设计、生产、维修，提供相关服务及技术培训，销售自产产品。						

企业名称	松下电器（中国）有限公司			海关编码	1105940705	所属海关	北京关区
通讯地址	北京市朝阳区景华南街5号远洋光华中心C座3层、6层			邮政编码	100025	法人姓名	大泽英俊
评定时间	2011.8.29	注册日期	2014.3.7	报关有效期	长期	注册资本	10326.75万美元
主营范围	（一）在中国对电器、电子及其他鼓励和允许类产品进行投资。（二）研究、开发、制造民用和工业用电子电器产品、设备及其零部件和元器件，并在国内外销售本公司生产的产品（上述两项内容待具体产品及项目确定后，按有关法律规定逐项另行报批）。（三）受所投资企业（包括投资者和/或本公司在中国投资的企业，以下简称“企业”）董事会的书面委托（经董事会全体成员一致同意），为其提供以下业务：1.协助或代理其所投资的企业从国内外采购该企业的自用的机器、设备和生产所需的原材料、元器件、零部件；2.在国内外市场以代理或经销的方式销售其所投资企业生产的产品，并提供售后服务；3.人才培训，市场开发及咨询服务；4.协助企业招收、招聘人员；5.在外汇管理部门的同意和监督下，谋求企业之间的平衡汇率；6.协助企业寻求贷款及提供担保。（四）为其投资者提供咨询服务，为其关联公司提供与其投资有关的市场信息、投资政策等咨询服务。（五）依照国家有关规定，以代理、经销或设立出口采购机构（包括内部机构）的方式出口境内商品，并可按有关规定办理出口退税。（六）从事新产品及高新技术的研究开发，转让其研究开发成果并提供相应的技术服务。（七）为其所投资企业的产品的国内经销商、代理商以及与投资性公司、其母公司或其关联公司签有技术转让协议的国内各企业提供相关的技术培训。（八）购买企业的产品进行系统集成后在国内外销售，如果企业生产的产品不能完全满足系统集成需要，可以在国内外采购系统集成配套产品。（九）进口并在国内销售投资者所属公司集团的母公司及其控股关联企业的产品。（十）经批准，向投资性公司及其所投资企业提供相关财务服务。（十一）从事经营性租赁业务。（十二）为所进口的产品提供售后服务。（十三）进口为企业、投资者所属集团的母公司的产品提供维修服务所需的原辅材料及零配件。（十四）承接境内外企业的服务外包业务。（十五）根据有关规定，从事物流配送服务。（十六）经批准，设立财务公司，向本公司及企业提供相关财务服务。（十七）经批准，从事境外工程承包业务和境外投资，设立融资租赁公司并提供相关服务。（十八）委托境内其他企业生产、加工本公司或投资者的产品并在国内外销售。（十九）从事电子、通信设备/仪器仪表及文化、办公用机械/普通机械/专用设备/医疗器械等有关产品（特种商品除外）的批发、零售（不设立店铺）、佣金代理（拍卖除外）、进出口及其他相关配套服务。（二十）从事汽车电子装置/电子电器材料、装置/住宅建材、家具、照明器具相关产品（特种商品除外）的批发、佣金代理、进出口及相关配套业务。							

企业名称	三星（中国）投资有限公司			海关编码	1105941006	所属海关	北京关区
通讯地址	北京市朝阳区建国路118号航华科贸中心招商局大厦2208-13单元			邮政编码	100022	法人姓名	朴载淳
评定时间	2013.7.18	注册日期	2005.11.4	报关有效期	长期	注册资本	16329.61万美元
主营范围	（一）在国家允许外商投资的领域依法进行投资。（二）受其所投资企业的书面委托（经董一会一致通过），向其提供下列服务：1.以代理或经销的方式销售其所投资企业生产的产品，采购该企业的机器设备、办公设备和生产所需要的原材料、元器件、零部件，并提供售后服务；2.在国家外汇管理部门的同意和监督下，在其所投资企业之间平衡外汇；3.协助所投资企业招聘人员并在公司内设立研修中心，为其提供技术培训、市场开发和咨询服务；4.为其所投资企业提供运输、仓储等综合服务；5.协助其所投资企业寻求贷款及提供担保。（三）在公司内部建立研究与开发中心，从事其投资领域内的技术研究与开发工作。（四）依照国家有关规定，以代理、经销或设立出口采购机构（包括内部机构）的方式出口境内商品，并可按有关规定办理出口退税。（五）为其投资者提供咨询服务。（六）为其关联公司提供与其投资有关的市场信息、投资政策等咨询服务。（七）购买所投资企业生产的产品进行系统集成后在国内外销售，如所投资企业生产的产品不能完全满足系统集成需要，则在国内外采购系统集成配套产品，但所购买的系统集成配套产品的价值不应超过系统集成所需全部产品价值的50%。（八）为其所投资企业的产品的国内经销商、代理商以及与公司、其母公司或其关联公司签有技术转让协议的国内公司、企业提供相关的技术培训。（九）为其所投资企业提供机器和办公设备的经营性租凭服务。（十）为其母公司生产的产品提供售后服务。（十一）进口并在国内销售跨国公司的产品。（十二）进口为所投资企业、跨国公司的产品提供维修服务所需的原辅材料及零配件。（十三）承接境内外企业的服务外包业务。（十四）根据有关规定，从事物流配送服务。（十五）经中国银行业监督管理委员会批准，设立财务公司，向公司及所投资企业提供相关财务服务。（十六）经商务部批准，从事境外工程承包业务和境外投资，设立融资租凭公司或其他经营性租凭公司并提供相关服务。（十七）进口并在国内销售［批发、佣金代理（拍卖除外）］国家允许范围内的商品，在国内采购并销售［批发、佣金代理（拍卖除外）］国家允许范围内的商品。							

企业名称	电装（中国）投资有限公司			海关编码	1105940715	所属海关	北京关区
通讯地址	北京市朝阳区东三环北路 5 号 1 幢 518 室			邮政编码	100004	法人姓名	村上幸彦
评定时间	2011.7.5	注册日期	2003.4.14	报关有效期	长期	注册资本	26609.69 万美元
主营范围	(一)在国家允许外商投资的领域依法进行投资。(二)以代理、经销或设立出口采购机构的方式出口境内商品。(三)购买投资企业生产的产品进行系统集成后在国内外销售。(四)在投资企业投产前或其新产品投产前，为进行产品市场开发，从公司投资者进口并在国内试销与投资企业生产产品相关的公司投资者产品。(五)为投资企业提供机器和办公设备的经营性租赁服务，或依法设立经营性租赁公司。(六)在所投资领域内设立科研开发中心部门，从事新产品及高新技术的研究开发，转让其研究开发成果，并提供相应的技术服务。(七)为投资企业产品的国内经销商、代理商以及与公司、公司投资者或其关联公司签有技术转让协议的国内公司和企业提供相关的技术培训。(八)为公司投资者提供咨询服务，为关联公司提供与其投资有关的市场信息、投资政策等咨询服务。(九)为公司投资者生产的产品提供售后服务。(十)受公司所投资企业的书面委托(经董事会一致通过)，向所投资企业提供下列服务：1. 协助或代理投资企业从国内外采购其自用机器设备，办公设备，生产所需的原材料、元器件、零部(配)件；2. 在国内外市场以代理方式或经销方式销售投资企业生产的产品并提供售后服务；3. 协助投资企业招聘人员并提供技术培训、市场开发及咨询；4. 为投资企业提供产品生产、销售和市场开发过程中的技术支持、员工培训、企业内部人事管理等服务；5. 协助投资企业寻求贷款及提供担保；6. 在外汇管理部门的同意和监督下，在投资企业之间平衡外汇；7. 为投资企业提供运输、仓储等综合服务。(十一)公司在境内销售从母公司进口的产品(不包括零售)。(十二)从事母公司及其控股关联公司的产品及同类产品的进口、批发及出口业务，国内采购商品(特种商品除外)的批发及出口业务。						

企业名称	宝马（中国）汽车贸易有限公司			海关编码	1105941016	所属海关	北京关区
通讯地址	北京市朝阳区东三环北路霞光里 18 号佳程广场 B 座 28 层			邮政编码	100027	法人姓名	史登科
评定时间	2009.5.22	注册日期	2005.11.23	报关有效期	长期	注册资本	2500 万欧元
主营范围	作为宝马集团 BMW（宝马）、MINI（迷你）和 ROLIS-ROYCE（劳斯莱斯）品牌进口汽车在国内的总经销商，从事 BMW（宝马）、MINI（迷你）和 ROLIS-ROVCE（劳斯莱斯）品牌非中国制造的汽车和摩托车及上述品牌原装零部件的进口、销售（不含零售）、市场营销及服务，进口并经营 BMW（宝马）、MINI（迷你）和 ROLLS-ROYCE（劳斯莱斯）生活方式用品，其他相关配套业务（包括存货管理，发送服务，存储仓储服务，产品促销、营销，包括维修保养在内的售后服务，培训服务，经销商网络管理）及商务咨询服务，销售 BMW（宝马）、MINI（迷你）和 ROLLS-ROYCE（劳斯莱斯）品牌二手车，销售并出口中国本地生产的用于 BMW（宝马）、MINI（迷你）、ROLLS-ROYCE（劳斯莱斯）品牌汽车的零部件。						

企业名称	路易达孚（北京）贸易有限责任公司			海关编码	1105941043	所属海关	北京关区
通讯地址	北京市朝阳区东三环中路 1 号环球金融中心东楼 14 层 1~4 单元及 6~11 单元			邮政编码	100022	法人姓名	陈涛
评定时间	2012.10.16	注册日期	2005.12.28	报关有效期	长期	注册资本	5000 万美元
主营范围	许可经营项目：从事预包装食品、散装食品、乳制品（含婴幼儿配方乳粉）的批发及进出口（不含配额、许可证、专项规定管理商品，食品流通许可证有效期至 2014 年 7 月 7 日）。一般经营项目：从事谷物、农副产品、有色金属、聚合物和化工产品（不包括化肥、成品油和原油）的批发，从事谷物、农副产品、有色金属、聚合物和化学产品的进出口（不含配额、许可证、专项规定管理商品），铜、铝、橡胶原材料及相关产品的批发及进出口（上述涉及配额许可证管理、专项管理规定的商品按照国家有关规定办理），提供佣金代理业务及服务。						

企业名称	戴姆勒东北亚零部件贸易服务有限公司			海关编码	1105941678	所属海关	北京关区
通讯地址	北京市朝阳区酒仙桥路 20 号 17 层			邮政编码	100016	法人姓名	方敬言
评定时间	2013.3.15	注册日期	2008.7.18	报关有效期	长期	注册资本	2200 万美元
主营范围	批发汽车零部件及附属产品、汽车专用工具、品牌汽车生活用品（包括服装、鞋帽、工艺品），货物进出口，技术服务、技术交流，上述产品的技术培训。						

企业名称	冠捷科技（北京）有限公司			海关编码	1105941047	所属海关	北京关区
通讯地址	北京市朝阳区酒仙桥路 10 号			邮政编码	100016	法人姓名	宣建生
评定时间	2008.12.2	注册日期	2006.1.10	报关有效期	长期	注册资本	32000 万人民币
主营范围	许可经营项目：生产彩色显示器、液晶数字电视、等离子数字电视机、显像管数字电视机、投影仪、多媒体产品网络产品，塑料加工，制造电子产品及工模具。一般经营项目：开发、销售彩色显示器、液晶数字电视、等离子数字电视机、显像管数字电视机、投影仪、多媒体产品网络产品，销售自产产品，上述产品的同类商品的进口批发业务，国内采购商品（特定商品除外）的批发业务，提供相关配套服务。						

企业名称	徕卡测量系统贸易（北京）有限公司			海关编码	1105941262	所属海关	北京关区
通讯地址	北京市朝阳区朝阳门外大街 16 号中国人寿大厦 2002–2005 室			邮政编码	100020	法人姓名	杜滨
评定时间	2012.3.13	注册日期	2006.11.2	报关有效期	长期	注册资本	100 万美元
主营范围	从事国产和进口测量设备、航空相机遥感设备、GIS 专用软件，以及用于实现 3D 空间数据采集、可视化和处理的其他产品与系统及其附件、零部件、软件的批发和进出口，并为中国及海外用户提供售后服务，以及技术咨询、培训和技术服务。（涉及配额许可证管理、专项规定管理的商品按照国家有关规定办理）						

企业名称	中粮肉食（北京）有限公司			海关编码	1105941986	所属海关	北京关区
通讯地址	北京市朝阳区朝阳门南大街 8 号中粮福临门大厦 801 室			邮政编码	100020	法人姓名	徐稼农
评定时间	2014.4.11	注册日期	2012.9.29	报关有效期	长期	注册资本	1000 万美元
主营范围	许可经营项目：批发预包装食品、乳制品（含婴幼儿配方乳粉）（食品流通许可证有效期至 2015 年 9 月 17 日），零售预包装食品、散装食品、批发散装食品（限分支机构经营，以食品流通许可证为准）。一般经营项目：肉食品的进出口，肉食品加工设备的批发及进出口，技术进出口（涉及配额许可证管理、专项规定管理的商品按照国家有关规定办理），贸易信息咨询，技术咨询。						

企业名称	中国惠普有限公司			海关编码	1105943046	所属海关	北京关区
通讯地址	北京市朝阳区建国路 112 号			邮政编码	100022	法人姓名	毛渝南
评定时间	2009.6.10	注册日期	2014.9.28	报关有效期	长期	注册资本	1000 万美元
主营范围	研制开发、生产制造（包括委托加工）包括计算机硬件、软件及其外围设备，以及相关配套系列产品、零部件在内的电子产品及其他惠普产品（外商投资限制类及国家有专项规定的除外）；进口及经营并向国内外客户直接或通过渠道销售上述本企业产品，以及国内外惠普或其他厂商生产的品牌电子产品及其他相关配套产品，经营业务包括对上述产品进口、出口、仓储、批发、零售、佣金代理、维修服务、技术咨询与技术转让（受配额许可证管理或专营商品除外）；惠普和其他品牌电子及其他产品的维修与维护服务，技术咨询与技术转让；计算机系统集成，网络工程设计、施工、布线、设备安装、调试及技术服务；对国内外客户及惠普的关联公司提供公司基础设施、职能部门（如 IT 机房、呼叫、客户服务、打印文传、财务或商务流程运作中心）外包服务，开发和讲授与上述各项产品和服务有关的技术与商务培训课程；经营性租赁业务，包括计算机硬件、软件及外围设备在内的电子产品和其他设备的租赁和对租赁物品的残值处理，提供上列租赁物品的技术咨询、支持与维修等相关的租赁服务。						

企业名称	北京爱慕国际商贸有限公司			海关编码	1105962439	所属海关	北京关区
通讯地址	北京市朝阳区望京开发区利泽中园二区 220 楼 6 层			邮政编码	100102	法人姓名	孙薇
评定时间	2014.4.25	注册日期	2013.10.11	报关有效期	长期	注册资本	100 万人民币
主营范围	销售服饰、工艺美术品、纺织品、化妆品、日用品、文具用品；货物进出口，代理进出口，技术进出口；承办展览展示；委托加工服装。						

企业名称	西门子工厂自动化工程有限公司			海关编码	1105942817	所属海关	北京关区
通讯地址	北京市朝阳区酒仙桥东路 1 号			邮政编码	100016	法人姓名	秦政
评定时间	2012.3.12	注册日期	1993.10.12	报关有效期	长期	注册资本	350 万欧元
主营范围	许可经营项目：生产工厂自动化所需的电控柜与相关的自动化产品，中、低压电柜，国内外工厂自动化工程项目中机械产品。一般经营项目：开发、研制工厂自动化所需的电控柜与相关的自动化产品，承接国内外工厂自动化工程设计、软件编制、安装调试及相关服务，承揽国内外工厂自动化工程项目中的机械产品的设计、装配、安装调试及相关服务，受西门子公司的委托对其自动化产品进行售前技术支持和售后服务，研制开发、设计中低压电柜并进行售后服务，销售自产产品，开展西门子自动化产品的技术咨询与培训，出口在维修业务中已更换的西门子自动化产品的部件，工厂自动化产品及生产所需的相关产品的批发和进出口（涉及配额许可证管理、专项规定管理的商品按照国家有关规定办理）。						

企业名称	国投中鲁果汁股份有限公司			海关编码	1106319002	所属海关	北京关区
通讯地址	北京市丰台区科兴路 7 号 205 室			邮政编码	100070	法人姓名	郝建
评定时间	2010.8.6	注册日期	2001.8.15	报关有效期	长期	注册资本	20170 万人民币
主营范围	许可经营项目：生产浓缩果蔬汁、饮料，农副产品的深加工（限分公司经营）。一般经营项目：农业生物产业项目的投资，经营本企业和成员企业自产产品及技术出口业务，本企业和成员企业生产所需的原辅材料、仪器仪表、机械设备、零配件及技术的进口业务（国家限定公司经营和国家禁止进出口的商品除外），经营进料加工和“三来一补”业务，办公用房出租，商业用房出租。						

企业名称	中海油中石化联合国际贸易有限责任公司			海关编码	1106919249	所属海关	北京关区
通讯地址	北京市东城区朝阳门北大街 25 号中国海油大厦 902~906 室			邮政编码	100010	法人姓名	郑保国
评定时间	2009.12.25	注册日期	2004.4.12	报关有效期	长期	注册资本	20000 万人民币
主营范围	许可经营项目：经营原油进口业务，经营成品油出口业务。一般经营项目：货物进出口，技术进出口，代理进出口。						

企业名称	中国电子进出口总公司			海关编码	1108919050	所属海关	北京关区
通讯地址	北京市海淀区复兴路 17 号 A 座（6~23 层）			邮政编码	100036	法人姓名	曲惠民
评定时间	2009.6.15	注册日期	1994.4.6	报关有效期	长期	注册资本	69421.6 万人民币
主营范围	许可经营项目：向境外派遣与其实力、规模、业绩相适应的国外工程项目的劳务人员（有效期至 2018 年 2 月 16 日）。一般经营项目：进出口业务；承办对外贸易展览展销；招标代理业务；承包与其实力、规模、业绩相适应的国外工程项目；小轿车销售；与以上业务有关的仓储、包装业务，技术咨询，技术服务，信息服务；汽车零配件的销售；物业管理，房屋设施的维修，承揽室内装修和装修材料的销售；房屋出租；保洁服务及保洁材料销售；家用电器维修；计算机网络系统集成、计算机软件及外部设备的研制、销售；燃料油、重油产品销售。						

企业名称	中国国际图书贸易集团有限公司			海关编码	1108919052	所属海关	北京关区
通讯地址	北京市海淀区车公庄西路 35 号			邮政编码	100048	法人姓名	孟祥杰
评定时间	2011.12.20	注册日期	1993.8.7	报关有效期	长期	注册资本	35000 万人民币
主营范围	许可经营项目：图书总发行，批发、零售图书、期刊、报纸，零售音像制品、图书、报纸、期刊、电子文献、缩微制品的进口业务。一般经营项目：货物进出口，代理进出口，技术进出口，承办中外合作生产（出版）业务，承办展览展示活动，技术推广，缩微制品、工艺品（金、银饰品除外）、轻工业品的海外寄售，自有房屋出租，销售工艺品、乐器、服装、摄影器材、舞台设备、演出器材、印刷器材、仪器仪表及文化、办公用机械。						

企业名称	中国仪器进出口（集团）公司			海关编码	1108919068	所属海关	北京关区
通讯地址	北京市西城区西直门外大街6号			邮政编码	100044	法人姓名	安丰收
评定时间	2011.7.5	注册日期	1992.11.23	报关有效期	长期	注册资本	30000万人民币
主营范围	许可经营项目：医疗器械（II类、III类）的经营（范围见许可证，有效期至2015年4月13日）；销售V类放射源，销售III类射线装置（有效期至2017年8月2日）；向境外派遣各类劳务人员（不含海员，有效期至2017年9月1日）；批发预包装食品（有效期至2016年6月26日）。一般经营项目：广播电视设备、电子产品、通讯设备、计算机设备、网络设备及软件、安防产品、安保产品、风力及水力发电设备、污水处理设备、垃圾处理设备、太阳能产品的销售；进出口业务；从事对外咨询服务，技术交流，仪器仪表维修；招标代理业务；主办境内对外经济技术展览会，设备租赁；家电、日用百货、五金器材、仪器仪表的销售；安防产品的技术服务；信息系统集成；仓储服务。						

企业名称	中国技术进出口总公司			海关编码	1108919071	所属海关	北京关区
通讯地址	北京市丰台区西四环南路101号（园区）			邮政编码	100070	法人姓名	唐毅
评定时间	2013.5.7	注册日期	1993.12.24	报关有效期	长期	注册资本	60000万人民币
主营范围	许可经营项目：向境外派遣劳务人员（不含海员，有效期至2011年10月26日），批发（非实物方式）预包装食品、乳制品（不含婴儿配方乳粉，有效期至2014年8月30日）。一般经营项目：进出口业务，承办国（境）外各类工程项目和境内国际招标工程、国（境）外承包工程和海外企业所需设备材料出口，经营国内外工程承包，项目投资咨询服务，对外经济贸易咨询服务，展览，技术交流及技术服务，技术和成套设备的寄售和维修服务，国内外招标业务，广告设计、制作发布，铁精粉、钢材、建材、纺织品、轻工产品、木材及制品的销售。						

企业名称	中技国际招标公司			海关编码	1108919100	所属海关	北京关区
通讯地址	北京市丰台区西四环南路101号（园区）			邮政编码	100070	法人姓名	刘德冰
评定时间	2010.6.30	注册日期	1993.12.18	报关有效期	长期	注册资本	3000万人民币
主营范围	办理国际和国内招标业务，从事国内外咨询服务、技术培训及技术交流业务，货物进出口，技术进出口，自营和代理进出口，承担土建工程及有关的重要设备、材料采购招标的代理业务，经营材料加工和“三来一补”业务，经营对销贸易和转口贸易。（法律、行政法规、国务院决定禁止的，不得经营；法律、行政法规、国务院决定规定应经许可的，经审批机关批准并经工商行政管理机关登记注册后方可经营；法律、行政法规、国务院决定未规定许可的，自主选择经营项目开展经营活动）						

企业名称	北新建材集团有限公司			海关编码	1108919158	所属海关	北京关区
通讯地址	北京市海淀区首体南路9号4楼10层1001号			邮政编码	100048	法人姓名	宋志平
评定时间	2014.5.12	注册日期	1997.10.23	报关有效期	长期	注册资本	64181万人民币
主营范围	许可经营项目：制造新型建筑材料、装饰材料及配套产品、机械设备、金属房屋，销售煤炭，汽车货运，承包与其实力、规模、业绩相适应的国外工程项目，对外派遣实施上述境外工程所需的劳务人员。一般经营项目：自营和代理各类商品和技术的进出口业务，但国家限定经营或禁止进出口的商品和技术除外；房地产开发，销售商品房；新型建筑材料、装饰材料及配套产品、机械设备、金属房屋的技术开发、销售、技术服务；销售金属材料、木材、建筑机械、汽车配件、五金交电化工、矿产品；仓储服务；经营本企业的进料加工和“三来一补”业务。						

企业名称	中国进口汽车贸易有限公司			海关编码	1108919225	所属海关	北京关区
通讯地址	北京市海淀区中关村南三街6号北楼			邮政编码	100190	法人姓名	贾屹
评定时间	2013.1.18	注册日期	2006.1.9	报关有效期	长期	注册资本	81811.72万人民币
主营范围	各类进口汽车、国产车、二手车及其配件的销售，进出口业务，自有房屋出租，信息交流，仓储服务，国内货运代理。						

企业名称	中国电子器材总公司		海关编码	1108919118	所属海关	北京关区
通讯地址	北京市海淀区复兴路 49 号		邮政编码	100036	法人姓名	宋健
评定时间	2009.5.22	注册日期	1995.7.6	报关有效期	长期	注册资本	11899.5 万人民币
主营范围	许可经营项目：医疗器械的销售（产品范围以许可证为准，有效期至 2015 年 7 月 25 日），组办本行业企业出国（境）参、办经济贸易展览会，普通运输（有效期至 2017 年 11 月 7 日）。一般经营项目：电子整机（含无线电通讯机、广播通讯设备）、电子元器件及材料、电子仪器仪表、电子产品（含彩电批发、零售）、计算机及外部设备、空白录像带、电子成套设备的销售和代购、代销，电子系统工程设计、安装，电子产品展览，举办境内对外经济技术展览会，承办展览（销）会广告，设计、制作路牌、印刷品、影视广告，代理制作广告的发布业务，进出口业务，家电维修，包装材料、建筑装修材料、机电设备、五金交电、化工产品（危险化学品除外）、针纺织品、日用百货、服装、办公设备、文化用品、照相器材、工艺美术品（金、银饰品除外）的销售，仓储运输，与上述业务、技术服务和信息服务、摄影、扩印、打字，汽车的销售，计算机、电子、通信的技术与开发、技术转让。					

企业名称	中国医药对外贸易公司		海关编码	1108919226	所属海关	北京关区
通讯地址	北京市朝阳区惠新东街 4 号		邮政编码	100029	法人姓名	严兵
评定时间	2008.12.2	注册日期	2000.1.11	报关有效期	长期	注册资本	28050 万人民币
主营范围	许可经营项目：医疗器械经营（经营范围以许可证为准，有效期至 2015 年 12 月 13 日），批发（非实物方式）预包装食品（有效期至 2013 年 8 月 9 日），经营保健食品（有效期至 2016 年 1 月 10 日），危险化学品经营（经营范围以许可证为准，有效期至 2015 年 5 月 13 日），药品批发（经营范围以许可证为准，有效期值 2014 年 11 月 29 日）。 一般经营项目：医药行业对外咨询及技术交流，进出口业务，汽车销售，承包境外医药行业工程和境内国际招标工程，货物仓储，公共保税库的投资与管理，房屋租赁，设备租赁，化妆品销售，计算机软硬件及外部设备销售，计算机系统集成服务。					

企业名称	通用国际贸易有限责任公司		海关编码	1108919245	所属海关	北京关区
通讯地址	北京市朝阳区劲松九区 910 楼		邮政编码	100021	法人姓名	王晖
评定时间	2012.6.4	注册日期	2002.7.3	报关有效期	长期	注册资本	13000 万人民币
主营范围	许可经营项目：对外派遣境外机电工程所需的劳务人员（有效期至 2012 年 12 月 10 日）。一般经营项目：进出口业务，承包境外机电工程和境内国际招标工程。					

企业名称	中粮饲料有限公司		海关编码	1108919254	所属海关	北京关区
通讯地址	北京市西城区南大安胡同 6 号 4 层		邮政编码	100035	法人姓名	许峰
评定时间	2013.3.15	注册日期	2003.9.5	报关有效期	长期	注册资本	2480 万人民币
主营范围	许可经营项目：粮食收购，批发粮油食品，经营饲料。一般经营项目：饲料原辅材料的购销、仓储、加工；机械设备、包装物品的加工、制造、销售，饲料添加剂、建筑材料、装饰材料、钢材、机电设备、汽车（小轿车除外）及配件、计算机及办公用品、日用百货、五金交电、针纺织品、服装鞋帽、照相器材、文化用品、工艺美术品、电子产品的仓储、销售，粮油的仓储，粮油包装储运器材、检化验机具仪器销售，经营和代理各类商品和技术的进出口（国家限定公司经营或禁止进出口的商品和技术除外），与以上业务相关的咨询、信息服务，国内举办展览、展示，物业管理，房屋出租。					

企业名称	北京星宇车科技有限公司		海关编码	1116940058	所属海关	平谷海关
通讯地址	北京市平谷区兴谷路 28 号		邮政编码	101200	法人姓名	李命根
评定时间	2010.4.12	注册日期	2004.5.8	报关有效期	长期	注册资本	2800 万美元
主营范围	生产汽车零部件及用于制造汽车零部件的精冲模、模具标准件、夹具、精密在线测量仪器，提供、设计技术、工程技术的咨询服务，销售自产产品。					

企业名称	中航技进出口有限责任公司			海关编码	1113219005	所属海关	北京关区
通讯地址	北京市北京经济技术开发区西环南路18号			邮政编码	100176	法人姓名	马志平
评定时间	2012.4.5	注册日期	2009.5.31	报关有效期	长期	注册资本	140000万人民币
主营范围	航空器及相关装备、配套系统等产品的国际市场开拓，国际技术合作及相关产品的维修保障和服务，进出口业务，航空工业及相关行业投资、设备开发，仓储物流，展览服务，相关业务的技术转让、咨询和技术服务，国内贸易和咨询服务。						

企业名称	北京华阳服装厂			海关编码	1116950001	所属海关	平谷海关
通讯地址	北京市平谷区夏各庄镇夏各庄北街84号			邮政编码	101213	法人姓名	见立荣
评定时间	2009.9.16	注册日期	2002.5.22	报关有效期	长期	注册资本	3000万人民币
主营范围	制造服装；销售服装服饰、日用百货、针纺织品，经营本企业自产产品及相关技术出口业务，经营本企业生产、科研所需原辅材料、机械设备、仪器仪表、零配件等商品相关技术的进出口业务，承办中外合资经营、合作生产及开展“三来一补”业务。						

企业名称	神州数码（中国）有限公司			海关编码	1108340289	所属海关	京中关村
通讯地址	北京市海淀区上地九街9号数码科技广场一段7层A区			邮政编码	100085	法人姓名	郭为
评定时间	2012.12.17	注册日期	2002.5.24	报关有效期	长期	注册资本	100000万港币
主营范围	许可经营项目：批发III、II类；医用电子仪器设备，医用高频仪器设备，体外循环及血液处理设备，植入器材，植入性人工器管，支架，医用卫生材料及敷料，医用高分子材料及制品；II类，物理治疗及康复设备，手术室、急救室、诊疗室设备及器具，病房护理设备及器具。一般经营项目：研究、开发计算机硬件、软件系统配套零件，网络产品，多媒体产品，电子信息产品及通讯产品；办公自动化设备、仪器仪表、电气及印刷照排设备、计算机应用系统的安装和维修；自产产品的技术咨询、技术服务、技术转让、技术培训；经营自产产品的出口业务；代理销售计算机硬件、软件及外围设施；商务电子信息服务，商务信息咨询、管理信息咨询服务；开发、设计和生产税控收款机；销售自产产品。（不涉及国营贸易管理商品，涉及配额、许可证管理商品的按国家有关规定办理申请手续，未经专项审批的项目除外）						

企业名称	金诚信矿业管理股份有限公司			海关编码	1118960317	所属海关	平谷海关
通讯地址	北京市密云县经济开发区水源西路28号院1号楼101室			邮政编码	101501	法人姓名	王先成
评定时间	2014.4.14	注册日期	2010.11.9	报关有效期	长期	注册资本	28000万人民币
主营范围	许可经营项目：承包与其实力、规模、业绩相适应的国外工程项目，对外派遣实施上述境外工程所需的劳务人员。一般经营项目：矿业管路，为矿山企业提供采矿委托管理和咨询服务，矿业技术研究开发、技术转让，承包工程，销售、维修矿业无轨采、运、装矿业设备，机械设备租赁，货物进出口，技术进出口，代理进出口，建设工程咨询，矿产斟探。						

企业名称	北京首钢微电子有限公司			海关编码	1107966666	所属海关	京中关村
通讯地址	北京市石景山区八大处路45号			邮政编码	100144	法人姓名	强伟
评定时间	2008.11.24	注册日期	2014.1.16	报关有效期	长期	注册资本	127686.93万人民币
主营范围	许可经营项目：制造集成电路及大规模集成电路产品。一般经营项目：技术开发、技术咨询、技术转让、技术服务，销售电子产品、机械设备，货物进出口。						

企业名称	北京科园信海医药经营有限公司			海关编码	1106330035	所属海关	京中关村
通讯地址	北京市丰台区南四环西路 186 号四区 1 号楼 8-9 层			邮政编码	100160	法人姓名	于锐
评定时间	2011.1.20	注册日期	2014.8.8	报关有效期	长期	注册资本	30000 万人民币
主营范围	许可经营项目：货物运输，货物专用运输（冷藏保鲜），批发中成药、化学原料药、化学药制剂、抗生素、生物制品、生化药品、疫苗、体外诊断试剂、第二类精神药品制剂、蛋白同化制剂和肽类激素、医疗器械。一般经营项目：批发五金交电、建筑材料、百货，技术开发，技术服务，劳务服务，技术咨询，信息咨询，组织体育交流活动，人员培训，货物进出口，代理进出口，技术进出口。						

企业名称	中电科技国际贸易有限公司			海关编码	1108319007	所属海关	京中关村
通讯地址	北京市西城区五路通北街 5 号院 2 号楼			邮政编码	100120	法人姓名	赵明
评定时间	2010.4.22	注册日期	2002.8.15	报关有效期	长期	注册资本	27000 万人民币
主营范围	许可经营项目：对外派遣与其实力、规模、业绩相适应的境外工程所需的劳务人员。一般经营项目：进出口业务；招投标业务；承包工程；雷达及配套设备、电子产品、通信器材及设备的研发、生产及销售；汽车（含小轿车）、摩托车及零配件、机械设备、计算机及辅助设备、纺织品、服装及日用品、文具、家用电器、五金交电、金属产品、体育用品及器材、建材及化工产品（不含危险化学品）、家具及室内装修材料的销售；贸易经纪与代理；国内展览展示；对外贸易咨询；仓储服务；农、林、牧、鱼的技术咨询服务；技术开发，技术转让，技术推广，技术咨询，技术服务。						

企业名称	联想（北京）有限公司			海关编码	1108340221	所属海关	京中关村
通讯地址	北京市海淀区上地信息产业基地创业路 6 号			邮政编码	100085	法人姓名	杨元庆
评定时间	2009.2.4	注册日期	1998.8.21	报关有效期	长期	注册资本	17548.13 万港币
主营范围	许可经营项目：无。一般经营项目：研发、生产、维修、测试电子计算机及其零部件、电子计算机外部设备、软件、信息系统及网络产品、电子信息产品及通讯设备、办公自动化设备、仪器仪表及文化办公用机械、电器印刷设备；委托加工、维修、测试税控收款机、税控器、家用视听设备、打印机复印机用墨；上述商品、办公家具的批发零售、佣金代理（拍卖除外）和进出口；自产产品出租；网络系统集成；数据管理服务；客户支援服务；工业产品设计服务；网页设计服务；软件服务；技术开发，技术咨询，技术培训服务；科技交流和推广服务；管理咨询服务；技术进出口；回收批发废旧电子产品；网络储存产品的推广和代理。						

企业名称	北京赤尾时装有限公司			海关编码	1118940014	所属海关	平谷海关
通讯地址	北京密云县密云镇大唐庄村			邮政编码	101500	法人姓名	赤尾秀树
评定时间	2009.6.17	注册日期	2002.5.22	报关有效期	长期	注册资本	682.5 万美元
主营范围	生产服装，销售自产产品。						

企业名称	北京华油国际物流工程服务有限公司			海关编码	1108910232	所属海关	京中关村
通讯地址	北京市海淀区牡丹园北里 3 号楼 1707 号（住宅）			邮政编码	100191	法人姓名	陈冬梅
评定时间	2012.10.16	注册日期	2002.11.12	报关有效期	长期	注册资本	3500 万人民币
主营范围	许可经营项目：无船承运，普通货运。一般经营项目：承办海运、空运进出口货物的国际运输代理业务；自营和代理各类商品及技术的进出口，但国家限定公司经营或禁止进出口的商品和技术除外；销售汽车（不含小轿车）；仓储服务；零售汽车配件、机械设备、金属材料、石油制品、化工产品（不含危险化学品及一类易制毒化学品）；汽车租赁。（未取得行政许可的项目除外）						

企业名称	熊猫（北京）国际信息技术有限公司	海关编码	1108910310	所属海关	京中关村
通讯地址	北京市海淀区曙光花园中路 11 号北京农科大厦 A 座 710 室	邮政编码	100097	法人姓名	孙苏辉
评定时间	2011.7.5	注册日期	2004.8.3	报关有效期	长期
注册资本	2000 万人民币				
主营范围	许可经营项目：无。一般经营项目：技术推广，货物进出口，技术进出口，代理进出口。（法律、行政法规禁止的，不得经营；法律、行政法规规定应经许可的，经审批机关批准并经工商行政管理机关登记注册后方可经营；法律、行政法规未规定许可的，自主选择经营项目开展经营活动）				

企业名称	北京铁总物通国际贸易有限公司	海关编码	1108910462	所属海关	京中关村
通讯地址	北京市海淀区中关村南大街甲 18 号院 1-4 号楼 D 座 13-13D	邮政编码	100081	法人姓名	林万里
评定时间	2012.4.5	注册日期	2006.7.7	报关有效期	长期
注册资本	5000 万人民币				
主营范围	许可经营项目：无。一般经营项目：货物进出口，技术进出口，代理进出口，投资与资产管理，销售非金属矿石及制品、金属矿石、金属材料、建筑材料、机械设备、电子产品，经济贸易咨询。（未取得行政许可的项目除外）				

企业名称	中国电子器件工业有限公司	海关编码	1108910696	所属海关	京中关村
通讯地址	北京市海淀区复兴路甲 65 号	邮政编码	100036	法人姓名	关东玉
评定时间	2011.12.20	注册日期	2009.5.21	报关有效期	长期
注册资本	19403.8 万人民币				
主营范围	医疗器械 III、II 类的经营（III 类：医用电子仪器设备，医用光学器具、仪器及内窥镜设备，医用超声仪器及有关设备，医用激光仪器设备，医用高频仪器设备，医用磁共振设备，医用 X 射线设备，医用 X 射线附属设备及部件，医用化验和基础设备器具，体外循环及血液处理设备，手术室、急救室、诊疗室设备及器具，医用高分子材料及制品；II 类：物理治疗及健康设备，体外检验分析器，病房护理设备及器具），批发预包装食品，电子元器件、设备、专用材料、电子产品及应用产品的设计、开发、生产、销售、售后服务及维修，电子器件系统工程的总承包，承办组织进出口货源和配套服务，进出口业务，五金交电、通讯器材、计算机及外部设备、钢材、木材、建筑材料、照明设备、仪器仪表、一般化工材料、办公用品及设备、服装、百货的销售，与上述业务有关的技术咨询、技术服务、信息服务，物业管理。（依法须经批准的项目，经相关部门批准后方可开展经营活动）				

企业名称	浦华环保有限公司	海关编码	1108930823	所属海关	京中关村
通讯地址	北京市海淀区中关村东路 1 号科技大厦 C 座 27 层 A03	邮政编码	100084	法人姓名	李星文
评定时间	2013.11.1	注册日期	2008.10.14	报关有效期	长期
注册资本	22145 万人民币				
主营范围	许可经营项目：批发医疗器械 II、III 类（以“医疗器械经营企业许可证”核定的范围为准），环境污染治理设施运营。一般经营项目：环保工程专项承包；环境工程咨询服务；市政公用行业（环境卫生、排水）主导工艺设计；委托加工生产环保设备；销售自产产品以及安装服务；环保设备、软件、医疗器械 I 类的批发；货物进出口，技术进出口（不涉及国营贸易管理商品；涉及配额许可证管理商品的，按国家有关规定办理申请手续）；建设项目环境影响评价，开工建设项目水土保持方案评价，环境科学技术研究。（该企业 2008 年 9 月 5 日前为内资企业，于 2008 年 9 月 5 日变更为外商投资企业）				

企业名称	北京国信国际贸易有限公司	海关编码	1108964158	所属海关	京中关村
通讯地址	北京市海淀区车公庄西路 19 号 68 号楼 1 层	邮政编码	100048	法人姓名	刘晔
评定时间	2013.9.5	注册日期	2012.3.1	报关有效期	长期
注册资本	2000 万人民币				
主营范围	许可经营项目：批发预包装食品（食品流通许可证有效期至 2015 年 6 月 19 日）。一般经营项目：销售金属材料，货物进出口，技术进出口，代理进出口，经济贸易咨询，投资管理，投资咨询。（未取得行政许可的项目除外）				

企业名称	瑞萨半导体（北京）有限公司		海关编码	1108941142	所属海关	京中关村
通讯地址	北京市海淀区上地信息产业基地 8 街 7 号		邮政编码	100085	法人姓名	小野泽俊明
评定时间	2012.8.29	注册日期 2003.6.11	报关有效期	长期	注册资本	9044.38 万美元
主营范围	许可经营项目：制造半导体。一般经营项目：设计、开发半导体及其相关软件产品；在国内外销售本公司产品，并提供售后服务；承接半导体的委托生产业务、半导体的受托检查业务；自有厂房出租业务（仅限房产证京房权证市海涉外字第 10275 号，位于第二层的部分厂房，面积 5200 平方米，用于厂房及配套用房）。					

企业名称	北京中原合聚经贸有限公司		海关编码	1108960012	所属海关	京中关村
通讯地址	北京市海淀区西四环北路 63 号馨雅大厦三层 C 区 308 室		邮政编码	100195	法人姓名	方之宁
评定时间	2010.8.6	注册日期 2001.12.13	报关有效期	长期	注册资本	1160.27 万人民币
主营范围	销售危险化学品（不储存经营，以“危险化学品经营许可证”核定的范围为准）；销售医疗器械 II、III 类（医疗器械经营企业许可证有效期至 2015 年 8 月 2 日）；销售化学产品（不含一类易制毒化学品），机械设备，计算机，软件及辅助设备，针、纺织品，日用品，五金，交电，工艺品，金属材料，建筑材料；技术开发，技术转让，技术咨询，技术服务；计算机技术培训；技术进出口，货物进出口，代理进出口。（依法须经批准的项目，经相关部门批准后方可开展经营活动）					

企业名称	北京正元创新国际贸易有限公司		海关编码	1108961248	所属海关	京中关村
通讯地址	北京市海淀区复兴路 31 号 31 号楼 209、210 室		邮政编码	100036	法人姓名	张丽华
评定时间	2011.8.29	注册日期 2006.12.20	报关有效期	长期	注册资本	200 万人民币
主营范围	法律、行政法规禁止的，不得经营；法律、行政法规规定应经许可的，经审批机关批准并经工商行政管理机关登记注册后方可经营；法律、行政法规未规定许可的，自主选择经营项目开发经营活动。					

企业名称	北京德尔福万源发动机管理系统有限公司		海关编码	1113230073	所属海关	京开发区
通讯地址	北京市经济技术开发区同济北路 6 号		邮政编码	100176	法人姓名	白美璋
评定时间	2009.6.15	注册日期 1997.12.25	报关有效期	长期	注册资本	1600 万美元
主营范围	许可经营项目：生产汽车发动机电子控制系统及关键零部件。一般经营项目：销售自产产品，提供汽车零部件技术服务，技术咨询。					

企业名称	利乐包装（北京）有限公司		海关编码	1113230107	所属海关	京开发区
通讯地址	北京市经济技术开发区东环南路 15 号		邮政编码	100176	法人姓名	殷长勋
评定时间	2012.3.13	注册日期 2003.7.1	报关有效期	长期	注册资本	3000 万欧元
主营范围	许可经营项目：生产无菌包装材料、设备、原材料及辅助材料。一般经营项目：销售自产产品，经营性租赁利乐饮料和乳制品加工及包装设备，上述产品及零配件的批发，进出口业务（涉及配额许可证管理、专项规定管理的商品，按照国家有关规定办理），上述产品和配套设备的安装、调试、维修、保养、技术咨询、技术培训、技术服务，提供售后服务。					

企业名称	北京京东方光电科技有限公司			海关编码	1113230109	所属海关	京开发区
通讯地址	北京市经济技术开发区西环中路 8 号			邮政编码	100176	法人姓名	陈炎顺
评定时间	2009.9.16	注册日期	2003.8.19	报关有效期	长期	注册资本	64911 万美元
主营范围	许可经营项目：生产薄膜晶体管液晶显示器件。一般经营项目：技术开发，技术咨询，技术服务；研发、设计薄膜晶体管液晶显示器件；销售自产产品；薄膜晶体管液晶显示器件、液晶显示器、液晶电视及电子显示产品的批发；进出口业务。（涉及配额许可证管理、专项规定管理的商品，按国家有关规定办理）						

企业名称	冠捷显示科技（中国）有限公司			海关编码	1113230236	所属海关	京开发区
通讯地址	北京市经济技术开发区经海三路 106 号			邮政编码	100176	法人姓名	谢继琮
评定时间	2008.11.24	注册日期	2010.8.6	报关有效期	长期	注册资本	2000 万美元
主营范围	许可经营项目：生产液晶数字电视、液晶显示器、等离子数字电视、液晶显示模组及零部件和半成品、生产用工模具，塑料加工。一般经营项目：开发液晶数字电视、液晶显示器、等离子数字电视及零部件和半成品、生产用工模具，销售自产产品，上述产品的批发、进出口业务(涉及专项规定管理的商品，按国家有关规定办理)，技术咨询，技术服务，技术转让。						

企业名称	SMC（中国）有限公司			海关编码	1113240003	所属海关	京开发区
通讯地址	北京市经济技术开发区兴盛街甲 2 号			邮政编码	100176	法人姓名	薄井郁二
评定时间	2008.12.2	注册日期	1995.6.6	报关有效期	长期	注册资本	2100000 万日元
主营范围	生产、加工、研发各种气动元件、装置及辅助元件、低功率电磁控制阀、机电一体化元件及工业自动化装置、元件；各种过滤装置及以上各种产品的售后服务；销售自产产品；从事非配额许可证管理、非专营商品的收购出口业务；普通货运；仓储；进口母公司生产的与公司产品配套的其他气动元件，并在中国国内批发。						

企业名称	北京通用电气华伦医疗设备有限公司			海关编码	1113240051	所属海关	京开发区
通讯地址	北京市经济技术开发区永昌北路 1 号			邮政编码	100176	法人姓名	宋默杰
评定时间	2014.7.28	注册日期	2000.11.15	报关有效期	长期	注册资本	3870 万美元
主营范围	许可经营项目：生产医疗器械Ⅲ、Ⅱ类［Ⅲ类：Ⅲ -6828-1 医用磁共振成像设备（MRI）、Ⅲ -6830-2X 射线诊断设备及高压发生装置、Ⅲ -6830-3X 射线手术影像设备、Ⅲ -6830-4X 射线计算机断层摄影设备（CT）、Ⅲ -6833-2 放射性核素诊断设备、Ⅲ -6870-2 诊断图像处理软件；Ⅱ类：Ⅱ -6831-3X 线机配套用患者或部件支撑装置（电动）、Ⅱ -6831-2 医用 X 线影像系统及成像器件。医疗器械生产企业许可证有效期至 2015 年 6 月 24 日］。一般经营项目：研究、开发医用 X 射线诊断设备及高压发生装置、X 射线手术影像设备、X 射线计算机断层摄影设备、放射性核素诊断设备、医用磁共振成像设备，以及上述装置的附属设备、软件和零部件；销售自产产品；提供自产产品的安装、调试、维修、技术咨询、技术服务；开发、生产软件产品；从事非配额许可证管理、非专营商品的收购出口业务。（法律、法规规定需要专项审批的，未取得审批前，不得开展经营活动）						

企业名称	北京三箭和众鼎电子有限公司			海关编码	1113240063	所属海关	京开发区
通讯地址	北京市经济技术开发区锦绣街甲 16 号			邮政编码	100176	法人姓名	高瑞三
评定时间	2011.12.5	注册日期	2001.10.8	报关有效期	长期	注册资本	2600 万美元
主营范围	许可经营项目：生产底片塑胶按键、塑料按键、导电硅胶零配件及配套包装工具。一般经营项目：底片塑胶按键、塑料按键、导电硅胶零配件及配套包装工具的研究、开发，销售自产产品，提供以上产品的技术咨询、技术服务和技术转让。						

企业名称	威讯联合半导体（北京）有限公司			海关编码	1113240064	所属海关	京开发区
通讯地址	北京市经济技术开发区同济中路 17 号			邮政编码	100176	法人姓名	王大卫
评定时间	2009.12.9	注册日期	2001.11.1	报关有效期	长期	注册资本	3800 万美元
主营范围	开发、生产、测试、加工集成电路产品及专用设备、仪器、材料，销售自产产品，自产产品的安装、调试、维护、技术咨询、技术服务。						

企业名称	松下电气机器（北京）有限公司			海关编码	1113240081	所属海关	京开发区
通讯地址	北京市经济技术开发区同济北路 1 号			邮政编码	100176	法人姓名	北野亮
评定时间	2009.6.16	注册日期	2002.7.4	报关有效期	长期	注册资本	4000 万美元
主营范围	许可经营项目：生产、加工电气机械器具、液体分离及纯净设备、医疗器具（中国医疗器具产品分类目录第三类产品除外）、门控系统（自动门、轨道交通屏蔽门系统、出入口控制系统、门控五金产品）及其零部件。一般经营项目：开发、设计、批发电气机械器具、液体分离及纯净设备、医疗器具（中国医疗器具产品分类目录第三类产品除外）、门控系统（自动门、轨道交通屏蔽门系统、出入口控制系统、门控五金产品）及其零部件；提供上述产品的有关安装、调试、维修、技术咨询、技术培训及售后服务。						

企业名称	北京光宝移动电子电信部件有限公司			海关编码	1113240102	所属海关	京开发区
通讯地址	北京市经济技术开发区景园街 15 号			邮政编码	100176	法人姓名	萨瑞斯
评定时间	2011.4.22	注册日期	2003.5.15	报关有效期	长期	注册资本	1600 万美元
主营范围	许可经营项目：生产电子、电信、计算机和医疗器械行业用注塑零件、金属冲压件、部件、组装件、塑料件及金属零件用模具和工具，以及上述产品的自动化装配线。一般经营项目：开发、设计电子、电信、计算机和医疗器械行业用注塑零件、金属冲压件、部件、组装件、塑料件及金属零件用模具和工具，以及上述产品的自动化装配线；销售自产产品；自产产品的安装、调试、技术培训、技术咨询服务、提供管理咨询服务（限非专项许可业务）。						

企业名称	艾尼克斯电子（北京）有限公司			海关编码	1113240171	所属海关	京开发区
通讯地址	北京市经济技术开发区科创二街 9 号 新城工业园 A6 号			邮政编码	100023	法人姓名	派特里·赫林
评定时间	2012.4.5	注册日期	2005.9.16	报关有效期	长期	注册资本	750 万欧元
主营范围	开发、生产三维 CAD、CAT、CAM、CAE 及其他计算应用系统、软件产品、半导体及元器件所需的专用材料、精密在线测量仪器、安全生产和环境保护测试工具的新技术设备、水质和烟雾在线探测工具的新技术设备、水文资料收集、处理传送及洪水警告的工具和设备、新型仪表零件和材料，销售自产产品，上述产品的批发、佣金代理（拍卖除外）、进出口业务（涉及配额许可证管理、专项规定管理的商品，按照国家有关规定办理），提供技术咨询、技术服务。						

企业名称	瓦里安医疗设备（中国）有限公司			海关编码	1113240203	所属海关	京开发区
通讯地址	北京市经济技术开发区运成街 8 号			邮政编码	100176	法人姓名	张晓
评定时间	2013.9.5	注册日期	2013.7.31	报关有效期	长期	注册资本	2000 万美元
主营范围	许可经营项目：生产医疗器械 III、II 类（III 类：III–6832–1 医用高能射线治疗设备；II 类：II–6831–1 医用 X 射线管、管组件或源组件）。 一般经营项目：研究医用辐射技术，开发医疗器械 III、II 类（III 类：III–6832–1 医用高能射线治疗设备；II 类：II–6831–1 医用 X 射线管、管组件或源组件），销售自产产品，提供自行开发技术的转让及医用辐射技术服务、技术咨询（涉及专项审批的，获取后主可经营），工业用 X 射线附属设备及部件、III 类（医用高能射线设备、医用电子仪器设备、软件）、II 类（医用 X 射线附属设备及部件的批发、佣金代理（拍卖除外）、研发和进出口业务（涉及配额许可证管理、专项规定管理的商品，按照国家有关规定办理），上述产品的技术咨询、技术服务、商务咨询。						

企业名称	诺基亚（中国）投资有限公司			海关编码	1113240265	所属海关	京开发区
通讯地址	北京市经济技术开发区东环中路5号办公楼二层			邮政编码	100176	法人姓名	James Lin（林启中）
评定时间	2011.1.7	注册日期	2008.2.22	报关有效期	长期	注册资本	3000万美元
主营范围	（一）在通讯、电子工业领域从事投资和/或再投资。（二）建立科研开发中心或部门，从事与通讯、电子技术和产品有关的研究和开发，转让其研究开发成果并提供相应的技术服务。（三）受所投资企业的书面委托（经董事会一致通过），向其提供下列服务：1.协助或代理所投资企业从国内外采购或进口该企业自用的机器设备、办公设备和生产所需的原材料、组件、零部件和备件；2.从国内购买并向所投资企业供应该企业自用的机器设备、办公设备和生产所需的原材料、组件、零部件和备件；3.以代理或经销方式在中国境内外销售其所投资企业生产的产品，并为该等产品提供应用和销售服务；4.向所投资企业提供市场开发和相关咨询服务；5.为所投资企业提供仓储综合服务；6.协助所投资企业招聘人员并提供技术培训；7.协助所投资企业寻求贷款并为其提供担保；8.在外汇管理部门的同意和监督下，在其所投资企业之间平衡外汇。（四）为其所投资企业的产品的国内经销商、代理商及与投资性公司、其母公司签订有技术转让协议的国内公司、企业提供相关的技术培训。（五）购买所投资企业生产的产品进行系统集成后在国内外销售，并在国内外采购系统集成配套产品。（六）从公司进口少量与所投资企业生产产品相同的、相似的非进口配额管理的产品在国内试销。（七）在中国境内收购不涉及出口配额、出口许可证的商品出口。（八）为投资者提供咨询服务。（九）国内采购商品的批发与零售。（十）进口母公司及其控股的关联公司的产品及其同类的商品，并进行批发及零售。（十一）以特许经营方式从事商业活动。						

企业名称	安迅（北京）金融设备系统有限公司			海关编码	1113240274	所属海关	京开发区
通讯地址	北京市经济技术开发区宏达北路22号			邮政编码	100176	法人姓名	缪刚
评定时间	2009.11.18	注册日期	2008.5.30	报关有效期	长期	注册资本	3064万美元
主营范围	许可经营项目：生产自动柜员机、自动柜员机亭、支付及零售用自动化设备及其零部件。一般经营项目：开发自动柜员机、自动柜员机亭、支付及零售用自动化设备及其零部件，销售自产产品，自动柜员机、自动柜员机亭、支付及零售用自动化设备、计算机整机、计算机软件及上述设备零部件的批发、佣金代理（拍卖除外）、进出口业务（涉及配额许可证管理、专项规定管理的商品，按照国家有关规定办理），提供自动柜员机、自动柜员机亭、支付及零售用自动化设备的商务咨询、技术咨询、技术服务和计算机网络技术服务。						

企业名称	冠捷显示科技（中国）有限公司			海关编码	1113240325	所属海关	京开发区
通讯地址	北京市经济技术开发区经海三路106号			邮政编码	100176	法人姓名	谢继琮
评定时间	2013.2.18	注册日期	2010.8.6	报关有效期	长期	注册资本	2000万美元
主营范围	许可经营项目：生产液晶数字电视、液晶显示器、等离子数字电视、液晶显示模组及零部件和半成品、生产用工模具，塑料加工。一般经营项目：开发液晶数字电视、液晶显示器、等离子数字电视及零部件和半成品、生产用工模具，销售自产产品，上述产品的批发、进出口业务（涉及专项规定管理的商品，按国家有关规定办理），技术咨询、技术服务、技术转让。						

企业名称	住化华北电子材料科技（北京）有限公司			海关编码	1113240331	所属海关	京开发区
通讯地址	北京市经济技术开发区科创十街21号			邮政编码	100176	法人姓名	佐佐木康彰
评定时间	2014.7.28	注册日期	2010.10.19	报关有效期	长期	注册资本	4366万美元
主营范围	许可经营项目：生产TFT-LCD平板显示屏材料。一般经营项目：TFT-LCD平板显示屏材料的开发，技术咨询、技术服务，销售自产产品，TFT-LCD平板显示屏材料的批发、佣金代理（拍卖除外）、进出口业务（涉及配额许可证管理、专项规定管理的商品，按照国家有关规定办理）。						

企业名称	北京京东方茶谷电子有限公司			海关编码	1113260079	所属海关	京开发区
通讯地址	北京市经济技术开发区经海一路 118 号 3 幢二层			邮政编码	100176	法人姓名	赵铮骁
评定时间	2013.7.18	注册日期	2005.4.20	报关有效期	长期	注册资本	3724.42 万人民币
主营范围	生产新型平板显示器及配件，生产液晶电视，技术开发、技术咨询、技术服务，销售自产产品。						

企业名称	纽朗包装机械（北京）有限公司			海关编码	1113940055	所属海关	京开发区
通讯地址	北京市大兴区黄村镇康庄路口东			邮政编码	102600	法人姓名	近藤清吉
评定时间	2013.7.18	注册日期	1995.12.20	报关有效期	长期	注册资本	827 万美元
主营范围	生产医药产品、化工产品、商品用包装设备，制造高技术含量特种工业缝纫机、全自动灌包机、印刷机（多色柔版，凸、凹、胶印）、制袋机，销售自产产品，自产产品的售后服务。						

企业名称	北京华腾橡塑乳胶制品有限公司			海关编码	1114910083	所属海关	京开发区
通讯地址	北京市通州区台湖镇北神树村东光机电一体化产业基地兴光五街 6 号			邮政编码	101111	法人姓名	董宝印
评定时间	2009.6.16	注册日期	2008.5.12	报关有效期	长期	注册资本	13040.12 万人民币
主营范围	许可经营项目：制造乳胶制品及杂品、再生橡胶、橡胶制品专用设备及模具、建筑材料、塑料制品、汽车配件，加工橡胶专业设备及模具、仪器仪表，货物运输。一般经营项目：修理、安装橡胶专业设备及模具、仪器仪表，销售乳胶制品、橡胶制品及杂品、塑料制品、橡胶乳胶原材料、汽车配件、建筑材料、橡胶专用设备及模具、百货、计算机、软件及辅助设备，基础软件服务，应用软件服务，货物进出口业务，租赁机械设备（不含汽车租赁），出租工业用房。						

企业名称	北京博格华纳汽车传动器有限公司			海关编码	1114930278	所属海关	京开发区
通讯地址	北京市通州区潞城中路 5 号			邮政编码	101107	法人姓名	斯坦芬蒂姆
评定时间	2012.10.16	注册日期	2001.2.22	报关有效期	长期	注册资本	376.43 万美元
主营范围	许可经营项目：制造汽车扭矩管理系统和传动产品、各种分动器、自动变速器执行器（电磁阀）、智能扭矩管理系统（ITM）、粘性连轴器、动力转换装置和其他汽车动力产品，以及上述产品的零部件。一般经营项目：开发汽车扭矩管理系统和传动产品、各种分动器、自动变速器执行器（电磁阀）、智能扭矩管理系统（ITM）、粘性连轴器、动力转换装置和其他汽车动力产品，以及上述产品的零部件，并提供相关服务，销售自产产品。						

企业名称	北京通美晶体技术有限公司			海关编码	1114940095	所属海关	京开发区
通讯地址	北京市通州区工业开发区东二街 4 号			邮政编码	101113	法人姓名	莫里斯·杨
评定时间	2009.6.16	注册日期	1999.1.14	报关有效期	长期	注册资本	3913 万美元
主营范围	许可经营项目：生产单晶抛光片及相关的半导体材料和超纯元素。一般经营项目：研究、开发单晶抛光片及相关的半导体材料和超纯元素，销售自产产品，从事半导体材料与产品的批发、佣金代理（拍卖除外）、进出口（不涉及国营贸易管理商品；涉及配额、许可证管理商品的，按照国家有关规定办理申请），提供咨询、技术和售后服务。						

企业名称	北京顺美服装股份有限公司			海关编码	1111930045	所属海关	京顺义办
通讯地址	北京市顺义区顺平路 505 号			邮政编码	101300	法人姓名	孟宪红
评定时间	2009.6.15	注册日期	2002.5.22	报关有效期	长期	注册资本	6000 万人民币
主营范围	许可经营项目：生产服装、服饰、皮鞋、箱包、领带、毛衣及服装辅料。一般经营项目：在境内外市场销售自产产品。						

企业名称	威乐（中国）水泵系统有限公司			海关编码	1111940105	所属海关	京顺义办
通讯地址	北京市顺义区空港工业区 C 区兆丰一街			邮政编码	101300	法人姓名	朱恩惠
评定时间	2013.12.30	注册日期	2002.5.22	报关有效期	长期	注册资本	1374.5 万美元
主营范围	许可经营项目：生产水泵、水泵部件和水泵系统零部件。一般经营项目：设计水泵、水泵部件和水泵系统零部件；安装、维修水泵、水泵部件和水泵系统零部件；提供售后服务；上述商品的进出口和分销；佣金代理（拍卖除外）；有关水泵产品的技术咨询；技术开发，技术转让，技术咨询，技术服务。						

企业名称	北京泛美服装有限公司			海关编码	1111930462	所属海关	京顺义办
通讯地址	北京市顺义区平各庄顺通路 29 号			邮政编码	101300	法人姓名	刘玉凯
评定时间	2009.2.4	注册日期	2002.8.20	报关有效期	长期	注册资本	833 万美元
主营范围	生产服装、服饰；销售自产产品。						

企业名称	北京现代汽车有限公司			海关编码	1111930468	所属海关	京顺义办
通讯地址	北京市顺义区林河工业开发区顺通路 18 号			邮政编码	101300	法人姓名	徐和谊
评定时间	2009.11.18	注册日期	2002.10.17	报关有效期	长期	注册资本	90006.8 万美元
主营范围	许可经营项目：生产轿车、RV（RECREATION VEHICLE）、卡车整车、发动机及其零部件。一般经营项目：设计、开发和销售轿车、RV（RECREATION VEHICLE）、卡车整车、发动机及其零部件；为合资公司生产并销售的产品提供售后服务；为进行上述业务，合资公司可以在法律允许的范围内从事与其相关的其他业务。						

企业名称	北京大发正大有限公司			海关编码	1111930533	所属海关	京顺义办
通讯地址	北京市顺义区杨镇地区杜庄村北			邮政编码	101309	法人姓名	崔文广
评定时间	2009.9.16	注册日期	2006.4.28	报关有效期	长期	注册资本	2868.61 万美元
主营范围	许可经营项目：饲养父母代种鸡和商品肉鸡，卵孵化肉鸡及家禽产品，屠宰、加工白条鸡、分割鸡、西装鸡、肉鸡熟食制品，以猪肉、牛肉、羊肉为主要原料的熟食制品及肉类制品、速冻食品（工业产品生产许可证有效期至 2013 年 12 月 10 日），加工、生产饲料、饲料原料、添加剂。一般经营项目：销售自产产品，货物进出口、技术进出口及代理进出口（营业期限至 2021 年 11 月 12 日）。						

企业名称	北京恩布拉科雪花压缩机有限公司			海关编码	1111930547	所属海关	京顺义办
通讯地址	北京市顺义区北京天竺空港工业区 B 区裕华路 29 号			邮政编码	101312	法人姓名	李玎
评定时间	2013.5.7	注册日期	2007.1.22	报关有效期	长期	注册资本	9415 万美元
主营范围	许可经营项目：生产制冷密封压缩机及其零部件。一般经营项目：维修自产的制冷密封式压缩机及其零部件，销售自产产品。						

企业名称	玛氏食品（中国）有限公司			海关编码	1115940019	所属海关	京顺义办
通讯地址	北京市怀柔区雁栖经济开发区			邮政编码	101407	法人姓名	易瀚博
评定时间	2009.9.16	注册日期	2002.5.22	报关有效期	长期	注册资本	6100 万美元
主营范围	研制、生产食品、宠物食品和宠物护理产品（须国家专门审批的除外），开发食品、宠物食品和宠物护理产品（须国家专门审批的除外），销售自产产品，以批发的方式在国内销售和进出口非自产的食品、宠物食品、宠物护理产品及其他同类产品（须国家专门审批的除外），技术支持，技术咨询，商务咨询。						

企业名称	北京嘉寓门窗幕墙股份有限公司		海关编码	1111930549	所属海关	京顺义办
通讯地址	北京市顺义区牛栏山牛富路 1 号		邮政编码	101301	法人姓名	陈其泽
评定时间	2012.7.27	注册日期	2007.4.12	报关有效期	长期	注册资本	21720 万人民币
主营范围	许可经营项目：制造金属门窗、防火门、防盗门、塑钢门窗、木质门窗，建筑幕墙加工。一般经营项目：专业承包，装横设计，建筑幕墙设计、安装，销售自产产品。						

企业名称	罗森伯格亚太电子有限公司		海关编码	1111940074	所属海关	京顺义办
通讯地址	北京市顺义区北京天竺空港工业区 B 区安详路 3 号		邮政编码	101300	法人姓名	罗汉
评定时间	2009.9.16	注册日期	2002.5.22	报关有效期	长期	注册资本	750 万美元
主营范围	许可经营项目：生产无线通讯电子配件产品。一般经营项目：研发无线通讯电子配件产品，销售自产产品。						

企业名称	洪进（北京）体育用品有限公司		海关编码	1111940112	所属海关	京顺义办
通讯地址	北京市顺义区杨镇顺平路沙岭段 95 号		邮政编码	101309	法人姓名	洪锡重
评定时间	2010.4.12	注册日期	2002.5.22	报关有效期	长期	注册资本	1000 万美元
主营范围	许可经营范围：生产摩托车头盔、摩托车体育用品、工程塑料。一般经营范围：销售自产产品。						

企业名称	奥凯航空有限公司		海关编码	1111960135	所属海关	京顺义办
通讯地址	北京市顺义区顺平路 579 号 1 幢 1 层 101 室		邮政编码	101300	法人姓名	刘伟宁
评定时间	2013.11.1	注册日期	2005.7.4	报关有效期	长期	注册资本	60000 万人民币
主营范围	许可经营项目：国内（含港澳台）航空客货运输业务，至周边国家的国际航空客货运输业务（通用航空经营许可证有效期至 2014 年 8 月 31 日）。一般经营项目：货物进出口，技术进出口，代理进出口。						

企业名称	江河创建集团股份有限公司		海关编码	1111960179	所属海关	京顺义办
通讯地址	北京市顺义区牛汇北五街 5 号		邮政编码	101300	法人姓名	刘载望
评定时间	2011.7.5	注册日期	2006.6.5	报关有效期	长期	注册资本	115405 万人民币
主营范围	制造各类幕墙、门窗、钢结构产品，加工各类玻璃、铝材、石材、钢材、金属五金制品等建筑装饰材料，对外派遣实施本公司境外工程所需的劳务人员，专业承包，建筑幕墙工程设计，建筑装饰设计，销售各类幕墙、门窗、钢结构产品，销售各类玻璃、铝材、石材、钢材、金属五金制品等建筑装饰材料，技术咨询、技术服务，货物进出口、技术进出口、代理进出口，承包境外建筑幕墙工程和境内国际招标工程，上述境外工程所需的设备、材料出口，技术开发。						

企业名称	SMC（北京）制造有限公司		海关编码	1111640012	所属海关	北京海关天竺综合保税区
通讯地址	北京市顺义区竺园路一街 7 号（天竺综合保税区）		邮政编码	101312	法人姓名	薄井郁二
评定时间	2013.9.5	注册日期	2010.6.11	报关有效期	长期	注册资本	2500000 万日元
主营范围	制造气动元件与装置及其他辅助元件、工业自动化元件装置及相关电子元器件，开发气动元件与装置及其他辅助元件、工业自动化元件装置及相关电子元器件，上述产品及原材料、零部件、配件的批发，自产产品的技术咨询、技术服务，销售自产产品，货物进出口（不涉及国营贸易管理商品；涉及配额、许可证管理商品的，按国家有关规定办理申请），以承接服务外包方式从事技术和业务服务，仓储服务（不含危险化学品）。						

天津关区

企业名称	天津物产集团有限公司			海关编码	1201911197	所属海关	天津海关
通讯地址	天津市和平区营口道4号			邮政编码	300041	法人姓名	王玉柱
评定时间	2013.10.21	注册日期	2011.11.23	报关有效期	长期	注册资本	246712.9万人民币
主营范围	货物及技术的进出口业务，金属材料、煤炭、化工（危险品除外）、木材、汽车（含小轿车）、五金、矿产的销售，废旧金属的回收、加工、销售，设备租赁，仓储（危险品除外），经济信息咨询服务，市场开发与管理服务，预包装食品兼散装食品的批发兼零售，食用农产品、粮油、油料植物、糖料植物、水产动物产品、水产综合利用初加工品的销售。（以上经营范围涉及行业许可的，凭许可证件在有效期限内经营；国家有专项专营规定的，按规定办理）						

企业名称	天津万泰进出口贸易有限公司			海关编码	1202910027	所属海关	天津海关
通讯地址	天津市河东区九纬路103号			邮政编码	300171	法人姓名	于一起
评定时间	2011.8.11	注册日期	2002.8.28	报关有效期	长期	注册资本	1009.8万人民币
主营范围	自营和代理各类商品和技术的进出口，但国家限定公司经营或禁止进出口的商品和技术除外；针纺织品、服装批发；预包装食品、酒、饮料的批发兼零售；商品展览、展示；计算机软件开发及服务；房屋租赁，资产经营与管理；以自有资金对外投资，投资咨询服务。						

企业名称	天津市浩瑞矿产有限公司			海关编码	1202936258	所属海关	天津海关
通讯地址	天津市河东区津滨大道59号-1301			邮政编码	300161	法人姓名	赵文凯
评定时间	2010.11.30	注册日期	2008.2.26	报关有效期	长期	注册资本	7129万美元
主营范围	矿产品加工配送（限分支机构经营），焦炭、化工产品（危险品、易制毒品除外）、有色金属、金属材料及制品的批发、进出口及其相关技术开发与服务，转口贸易。						

企业名称	天津力神电池股份有限公司			海关编码	1204311166	所属海关	天津海关
通讯地址	天津滨海高新技术产业区开发区华苑产业园区兰苑路6号			邮政编码	300384	法人姓名	郑长波
评定时间	2008.10.15	注册日期	2000.2.3	报关有效期	长期	注册资本	125000万人民币
主营范围	电池、充电器、超级电容器、太阳能电池组件、太阳能储能产品、风光储能产品、储能电子元器件的原材料、元器件、半成品、产成品、生产设备、仪器、配套产品的研制、生产、销售，与之相关的技术咨询、转让、工程承揽业务和进出口业务；太阳能电站项目的开发、设计、管理，与之相关的技术咨询；合同能源管理服务；自有房屋租赁；物业管理；电子设备、机械设备及电池相关设备的租赁业务；经营进料加工和“三来一补”业务。						

企业名称	天津世纪五矿贸易有限公司			海关编码	1204311561	所属海关	天津海关
通讯地址	天津滨海高新区华苑产业区海泰发展六道6号海泰绿色产业基地F座1门301室			邮政编码	300384	法人姓名	董玉柱
评定时间	2009.11.24	注册日期	2003.10.29	报关有效期	长期	注册资本	1200万人民币
主营范围	金属材料及制品、机械设备、电器设备、化工、矿产品的批发兼零售；自营和代理各类商品和技术的进出口，但国家限定公司经营或禁止进出口的商品及技术除外；商业信息咨询、服务；自有房屋租赁；肉类、水产品的批发；预包装食品的批发。						

企业名称	天津三美电机有限公司			海关编码	1204340175	所属海关	天津海关
通讯地址	天津新技术产业园区华苑产业区（环外）海泰华科大街 1 号			邮政编码	300384	法人姓名	古川富士夫
评定时间	2008.10.15	注册日期	1992.6.3	报关有效期	长期	注册资本	4082.5 万美元
主营范围	生产、销售音频调谐器、视频调谐器、调制解调器、电源器件、光盘驱动器、发送接受模块等电子零部件、生产用模具、治工具、自动化设备，以及非配额许可证管理、非专营商品的收购出口业务。						

企业名称	天津爱普生有限公司			海关编码	1204932406	所属海关	天津海关
通讯地址	天津市南开区红旗路北草坝计算机工业小区			邮政编码	300190	法人姓名	小池清文
评定时间	2008.10.15	注册日期	1989.6.16	报关有效期	长期	注册资本	275101.48 万日元
主营范围	生产、销售打印机用打印头、墨盒及打印机其他零部件。						

企业名称	中国大冢制药有限公司			海关编码	1211932013	所属海关	天津海关
通讯地址	天津市西青区南河镇津文公路西			邮政编码	300040	法人姓名	李志新
评定时间	2013.10.17	注册日期	1985.12.20	报关有效期	长期	注册资本	31500 万人民币
主营范围	制造、销售注射剂“MEPTIN”片剂和其他片剂、滴眼剂，盐酸丙卡特罗气雾剂、美普清糖浆的进口分装并兼营药品的输出业务。						

企业名称	天津一汽丰田发动机有限公司			海关编码	1211935455	所属海关	天津海关
通讯地址	天津市西青区杨柳青西青道 266 号			邮政编码	300380	法人姓名	王刚
评定时间	2009.10.19	注册日期	1996.11.12	报关有效期	长期	注册资本	33291 万美元
主营范围	汽车用发动机、铸件和其他零部件及其组件的设计、开发、制造，在国内外市场的销售及售后服务。						

企业名称	中芯国际集成电路制造（天津）有限公司			海关编码	1211940356	所属海关	天津海关
通讯地址	天津市西青经济开发区兴华道 19 号			邮政编码	300385	法人姓名	邱慈云
评定时间	2008.10.15	注册日期	2003.11.12	报关有效期	长期	注册资本	69000 万美元
主营范围	半导体集成电路芯片制造、针测及测试，与集成电路有关的开发、设计服务、技术服务，光掩膜制造、测试封装，销售自产产品，提供以上相关服务，自有房屋租赁。						

企业名称	天津松下电子部品有限公司			海关编码	1211940549	所属海关	天津海关
通讯地址	天津市西青经济技术开发区兴华五支路 1 号			邮政编码	300385	法人姓名	大野茂
评定时间	2013.2.25	注册日期	2012.6.19	报关有效期	长期	注册资本	800000 万日本元
主营范围	电子元器件及其材料的设计、开发、制造、加工、组装、销售，以及相关售后服务、技术服务和咨询；公司自产产品的同类商品及相关产品、材料的批发、佣金代理及相关的进出口业务。						

企业名称	天津中联进出口贸易有限公司			海关编码	1212960015	所属海关	天津海关
通讯地址	天津市津南区葛沽镇滨海工业园区			邮政编码	300352	法人姓名	张立华
评定时间	2009.1.6	注册日期	2004.4.20	报关有效期	长期	注册资本	88200万人民币
主营范围	各类商品及相关技术的进出口业务，钢材、矿石、矿粉、金属制品、化工产品、橡胶制品、塑料制品、机械设备的批发、零售，煤炭、焦炭的批发、零售。						

企业名称	伍德沃德（天津）控制器有限公司			海关编码	1213940118	所属海关	天津海关
通讯地址	天津市北辰区新技术产业园区北辰科技工业园内红旗路西			邮政编码	300410	法人姓名	颜执中
评定时间	2009.3.6	注册日期	1997.8.11	报关有效期	长期	注册资本	210万美元
主营范围	设计、开发、制造、集成、销售控制系统、燃料喷射系统和相关产品及备件，相关咨询和技术服务。						

企业名称	天津大丰橡胶工业有限公司			海关编码	1213947551	所属海关	天津海关
通讯地址	天津市北辰区经济开发小区			邮政编码	300400	法人姓名	陈秀雄
评定时间	2014.6.5	注册日期	1996.10.12	报关有效期	长期	注册资本	1800万美元
主营范围	生产、销售橡胶原料、橡胶制品、车胎及相关配套产品并提供技术咨询服务（国家有专营、专项规定的，按专营、专项规定办理）。						

企业名称	天津市南风贸易有限公司			海关编码	1207211529	所属海关	津开发区
通讯地址	天津经济技术开发区第二大街27号A座404室			邮政编码	300457	法人姓名	王耀刚
评定时间	2009.11.24	注册日期	2003.7.11	报关有效期	长期	注册资本	503.3万人民币
主营范围	进出口经营权；自营和代理各类商品和技术的进出口，但国家限定公司经营或禁止进出口的商品和技术除外；化肥批发；工业生产用二类1项易燃气体、二类2项不燃气体、二类3项有毒气体、三类1项低闪点液体、三类2项中闪点液体、三类3项高闪点液体、四类1项易燃固体、四类2项自燃物品、四类3项遇湿易燃物品、五类1项氧化剂、五类2项有机过氧化物、六类1项毒害品、八类1项酸性腐蚀品、八类2项碱性腐蚀品、八类3项其他腐蚀品（剧毒、监控、一类易制毒化学品除外，凭许可证在有效期内经营）。（国家有专营、专项规定的，按专营专项规定办理）						

企业名称	施维雅（天津）制药有限公司			海关编码	1207221143	所属海关	津开发区
通讯地址	天津经济技术开发区第十大街			邮政编码	300457	法人姓名	Didier Mochon
评定时间	2014.9.26	注册日期	2001.3.23	报关有效期	长期	注册资本	612万欧元
主营范围	制造、销售西药、成药并从事相关的服务（以上经营范围涉及行业许可的，凭许可证件在有效期限内经营；国家有专项专营规定的，按规定办理）。						

企业名称	天津三星视界移动有限公司			海关编码	1207230012	所属海关	津开发区
通讯地址	天津经济技术开发区微电子工业区微四路25号			邮政编码	300385	法人姓名	LEE SUN YONG（李善镕）
评定时间	2009.1.6	注册日期	2004.8.3	报关有效期	长期	注册资本	9980万美元
主营范围	移动通信显示器件、其他电子产品显示器件及其相关产品的开发、设计、生产、加工、修理、修配、销售，并提供相关的技术咨询服务；移动通信显示器件及其他电子产品显示器件的相关零配件、半成品、成品的批发、零售（不设店铺）。（以上经营范围涉及行业许可的，凭许可证件在有效期限内经营；国家有专项专营规定的，按规定办理）						

企业名称	天津乐金渤海化学有限公司			海关编码	1207230036	所属海关	津开发区
通讯地址	天津经济技术开发区第四大街 59 号 2-102			邮政编码	300457	法人姓名	MOK KYEONG SOO（睦泂洙）
评定时间	2009.10.30	注册日期	2005.3.30	报关有效期	长期	注册资本	10000 万美元
主营范围	开发、生产、制造氯乙烯、二氯乙烷、烧碱、盐酸、氢气、次氯酸钠、蒸汽、水及相关副产品，销售自产产品；仓储及自有厂房租赁；工业用水处理。（以上经营范围涉及行业许可的，凭许可证件在有效期限内经营；国家有专项专营规定的，按规定办理）						

企业名称	奥的斯电梯（中国）有限公司			海关编码	1207230068	所属海关	津开发区
通讯地址	天津经济技术开发区第九大街 71 号			邮政编码	300457	法人姓名	曹立志
评定时间	2009.3.6	注册日期	2006.1.10	报关有效期	长期	注册资本	20000 万人民币
主营范围	研究、设计、生产、加工、集成、推广、销售、安装和维修、保养、改造用于各种住宅楼、商用楼、医院、购物中心、展览馆，以及港口、地铁、火车站、机场等建筑和公共场所的货运和客运电梯、自动扶梯、自动人行道、杂物梯及相关传送装置、屏蔽门、动力门及以上产品的控制柜、门机及操纵盘等数控系统、交流伺服电机装置、永磁同步电机及用于永磁同步电机的定转子和冲片等新型机电元件、缓冲器（含液压缓冲器）及其他相关产品及零部件；从事同类或类似商品的进出口、批发、零售及佣金代理（拍卖除外）。						

企业名称	天津药明康德新药开发有限公司			海关编码	1207230092	所属海关	津开发区
通讯地址	天津经济技术开发区黄海路 111 号			邮政编码	300457	法人姓名	LI GE
评定时间	2014.9.26	注册日期	2006.10.13	报关有效期	长期	注册资本	3000 万美元
主营范围	从事药用化合物、中间体和精细化工产品的研发和生产，从事生物靶标、药物分子设计及筛选等领域的研究与开发，开发、研制植物提取物及相关产品，为医药、饮料、健康食品等行业提供服务，提供企业孵化器服务，物业管理，自有厂房租赁［限一幢科研楼（9568 平方米）］，相关技术、管理、信息咨询等服务，销售本公司产品。（以上经营范围涉及行业许可的，凭许可证件在有效期限内经营；国家有专项专营规定的，按规定办理）						

企业名称	天津三星泰科光电子有限公司			海关编码	1207230146	所属海关	津开发区
通讯地址	天津经济技术开发区微电子工业区微六路 11 号 K017			邮政编码	300457	法人姓名	郑淳贤
评定时间	2011.2.22	注册日期	2009.1.19	报关有效期	长期	注册资本	1000 万美元
主营范围	研究、开发、设计、生产、销售手机摄像头、电子元器件及移动通讯、数码照相机及相关零部件、视频展示台、监控系统及零部件、光学仪器、精密电机及相关产品，并提供售后服务；安全技术防范系统的设计、维修、销售、安装，以及同类产品的进出口及批发业务（以上商品进出口不涉及国营贸易、进出口配额许可证、出口配额招标、出口许可证等商品，其他专项规定管理的商品按照国家有关规定办理）。						

企业名称	天津雅马哈电子乐器有限公司			海关编码	1207232365	所属海关	津开发区
通讯地址	天津经济技术开发区			邮政编码	300457	法人姓名	饭塚朗
评定时间	2008.10.15	注册日期	1989.2.20	报关有效期	长期	注册资本	225000 万日元
主营范围	生产、销售乐器、电子乐器并提供售后服务。						

企业名称	中粮北海粮油工业（天津）有限公司			海关编码	1207232445	所属海关	津开发区
通讯地址	天津经济技术开发区			邮政编码	300457	法人姓名	曾宪锋
评定时间	2009.11.24	注册日期	2002.3.11	报关有效期	长期	注册资本	5155.7 万美元
主营范围	生产、加工、销售各类油籽、油料、动植物油脂，生产销售各种规格的油脂、粮食食品、饲料和深加工产品的包装材料，仓储服务相关业务。（以上经营范围涉及行业许可的，凭许可证件在有效期限内经营；国家有专项专营规定的，按规定办理）						

企业名称	中远关西涂料化工（天津）有限公司			海关编码	1207232447	所属海关	津开发区
通讯地址	天津经济技术开发区第五大街 42 号			邮政编码	300457	法人姓名	徐政军
评定时间	2013.10.17	注册日期	1992.6.6	报关有效期	长期	注册资本	500 万美元
主营范围	生产、销售船舶涂料、集装箱涂料、钢铁重防腐涂料、防火涂料及相关化工产品，并从事上述新产品的开发、咨询服务，以及上述产品及同类产品的进出口及批发零售（如设店铺另行报批）。（涉及危险化学品项目，以安全生产许可证、危险化学品使用批准证书、危险化学品生产经营批准证书为准；以上经营范围涉及行业许可的，凭许可证件在有效期限内经营；国家有专项专营规定的，按规定办理）						

企业名称	天津三星电子有限公司			海关编码	1207234240	所属海关	津开发区
通讯地址	天津经济技术开发区西区江泰路 20 号			邮政编码	300462	法人姓名	金圣植
评定时间	2008.10.15	注册日期	1994.3.3	报关有效期	长期	注册资本	19294 万美元
主营范围	激光视盘机、功放、音箱、摄像机、数码照相机、液晶显示模组、显示器、监视器、新型平板显示器件、数字和模拟彩色电视机、投影设备、计算机、LED 照明设备、背光单元模组及相关产品和零部件的开发、设计、制造、销售、维修和科技咨询服务，上述及同类产品的进出口及批发、零售（不设店铺），货物进出口，三星电子产品展示。（以上经营范围涉及行业许可的，凭许可证件在有效期限内经营；国家有专项专营规定的，按规定办理）						

企业名称	天津三星光电子有限公司			海关编码	1207234361	所属海关	津开发区
通讯地址	天津经济技术开发区洞庭路 133 号			邮政编码	300457	法人姓名	孙荣泽（SON YOUNGTAEK）
评定时间	2008.10.15	注册日期	1994.5.18	报关有效期	长期	注册资本	2500 万美元
主营范围	生产、销售照相机、摄像机、移动电话终端、视频展示台、监控系统及零配套件、光学仪器、精密电机，并提供售后服务，与上述同类产品的进出口及批发业务；SAMSUNG 牌贴片机、涡轮空气压缩机维修服务；从事非配额许可证管理、非专营商品的收购出口业务；电子产品加工及组装项目。（以上经营范围涉及行业许可的，凭许可证件在有效期限内经营；国家有专项专营规定的，按规定办理）						

企业名称	天津津住汽车线束有限公司			海关编码	1207234892	所属海关	津开发区
通讯地址	天津经济技术开发区洞庭路 21 号			邮政编码	300000	法人姓名	牧户政己
评定时间	2009.3.19	注册日期	1995.1.31	报关有效期	长期	注册资本	7500 万人民币
主营范围	生产、销售汽车线束及其零部件，汽车电子控制系统输入、输出部件；开发研制新型汽车线束产品，并对产品进行售后维修服务；汽车线束产品及相关材料、设备的进出口、批发、零售（不设店铺）。						

企业名称	天津阿尔卑斯电子有限公司	海关编码	1207235114	所属海关	津开发区
通讯地址	天津经济技术开发区微电子工业区微七路1号	邮政编码	300385	法人姓名	勾坂行男
评定时间	2008.10.15 注册日期 1995.9.25	报关有效期	长期	注册资本	1700万美元
主营范围	生产、加工、销售精密模具、精密电子元器件、液晶显示器，生产、组装计算机输入设备及上述相关产品的零配件，与上述产品相关生产设备、工器具的生产、销售。				

企业名称	普利司通（天津）轮胎有限公司	海关编码	1207235119	所属海关	津开发区
通讯地址	天津经济技术开发区洞庭一街2号	邮政编码	300400	法人姓名	深浦治（FUKAURA OSAMU）
评定时间	2008.10.15 注册日期 1995.9.29	报关有效期	长期	注册资本	10593.9万美元
主营范围	子午线轮胎及相关产品的研究、开发、生产、销售，并提供相关的售后服务、技术咨询服务及仓储服务。				

企业名称	亚光耐普罗精密注塑（天津）有限公司	海关编码	1207235154	所属海关	津开发区
通讯地址	天津经济技术开发区洞庭路131号	邮政编码	300457	法人姓名	Sergio Alonso Cadavid
评定时间	2009.5.27 注册日期 1995.11.10	报关有效期	长期	注册资本	1225.5万美元
主营范围	设计、生产、销售精密注模塑料制品，注模塑料业务所使用的铸模、相关设备，新型塑料电子元器件，并提供相关服务。（依法须经批准的项目，经相关部门批准后方可开展经营活动）				

企业名称	天津三星电机有限公司	海关编码	1207235155	所属海关	津开发区
通讯地址	天津经济技术开发区西区夏青路80号	邮政编码	300210	法人姓名	权祥勋（KWON SANGHOON）
评定时间	2008.10.15 注册日期 1994.2.26	报关有效期	长期	注册资本	9333万美元
主营范围	研究、开发、生产、销售新型电子元器件，包括移动通讯、卫星通讯、计算机、办公自动化、数字化视听产品等用贴片元件，计算机光盘驱动器用电机、声表面滤波器、激光二极管、烧结ND磁石（瓷缸）、霍尔器件、陶瓷滤波器、电机、调谐器、混合集成电路等关联部品，无线电子价格标签的生产、销售，提供相关技术服务；片式多层瓷介电容器（MLCC）生产用材料的生产及销售；国内外采购电子零部件的批发、出口及售后服务。（以上经营范围涉及行业许可的，凭许可证件在有效期限内经营；国家有专项专营规定的，按规定办理）				

企业名称	天津燕桥焊接材料有限公司	海关编码	1207235271	所属海关	津开发区
通讯地址	天津经济技术开发区中信工业区	邮政编码	300300	法人姓名	侯胜昌
评定时间	2010.10.26 注册日期 1996.2.12	报关有效期	长期	注册资本	1000万人民币
主营范围	生产、销售焊条、焊丝、焊粉、水玻璃及相关产品。				

企业名称	天津乐金大沽化学有限公司	海关编码	1207235349	所属海关	津开发区
通讯地址	天津经济技术开发区海晶工业区	邮政编码	300455	法人姓名	MOK KYEONG SOO（睦浭洙）
评定时间	2008.10.15 注册日期 1996.5.16	报关有效期	长期	注册资本	4840万美元
主营范围	生产、销售PVC树脂，并提供相关的技术服务。				

企业名称	天津南华制鞋有限公司			海关编码	1207235382	所属海关	津开发区
通讯地址	天津经济技术开发区洞庭二街 24 号			邮政编码	300140	法人姓名	吴旭峰
评定时间	2009.3.6	注册日期	1996.6.21	报关有效期	长期	注册资本	3610.02 万人民币
主营范围	生产、销售各种鞋及制鞋的各种材料、皮革制品和皮革机械、皮革化工产品，相关技术测试（须经行业主管部门批准方可进行）及咨询服务。						

企业名称	天津三星视界有限公司			海关编码	1207235419	所属海关	津开发区
通讯地址	天津经济技术开发区			邮政编码	301726	法人姓名	YUN NEUNG YONG（尹能容）
评定时间	2008.10.15	注册日期	1996.9.13	报关有效期	长期	注册资本	10470 万美元
主营范围	开发、设计、生产锂离子电池、电动电池、极板及配套件（易燃、易爆、危险化学品除外），从事公司产品的销售和售后服务。（依法须经批准的项目，经相关部门批准后方可开展经营活动）						

企业名称	天津富士通天电子有限公司			海关编码	1207235477	所属海关	津开发区
通讯地址	天津开发区黄海二街 5 号			邮政编码	300457	法人姓名	YAMAUCHI MASAHIRO（山内真弘）
评定时间	2008.10.15	注册日期	1996.12.10	报关有效期	长期	注册资本	1372 万美元
主营范围	汽车电子产品及相关零部件的制造、加工、销售、修理及相关服务，与上述产品相关的设备、模具、工装夹具等的制造、销售、修理及提供服务；上述产品及相关产品、零部件的批发、零售（不设店铺）、进出口、佣金代理（拍卖除外）。（依法须经批准的项目，经相关部门批准后方可开展经营活动）						

企业名称	天津津亚电子有限公司			海关编码	1207235610	所属海关	津开发区
通讯地址	天津开发区南海路 95 号			邮政编码	300457	法人姓名	贝原邦辉
评定时间	2009.6.10	注册日期	1997.10.29	报关有效期	长期	注册资本	6200 万美元
主营范围	开发、生产、销售电子通信器材，LED（发光二极管）照明设备，电子元器件、机电设备及相关测试仪，注塑产品，模具，机械设备及其零部件，新型平板显示器件，数字电视机，数字机、视频编码设备，数码相机，多媒体播放器，新型仪表元器件和材料，电子产品控制器及变流器，汽车电子产品，高压输变电数控设备，无汞碱锰电池、动力镍氢电池及充电器；太阳能电池及其相关产品的批发、零售业务（不设店铺）；提供以上相关项目的咨询服务。						

企业名称	三星高新电机（天津）有限公司			海关编码	1207235979	所属海关	津开发区
通讯地址	天津经济技术开发区			邮政编码	300385	法人姓名	申詠雨（SHIN YOUNGWOO）
评定时间	2008.10.15	注册日期	2001.3.30	报关有效期	长期	注册资本	3242.1 万美元
主营范围	研究、开发、生产、销售新型电子元器件，包括移动通讯、卫星通讯、计算机、办公自动化用贴片元件、片式电阻、摄像头、混合集成电路、计算机光盘驱动器用电机、振子、微型电机、聚集促动器等关联部品，并提供相关技术服务；国内外采购电子零部件的批发、出口及售后服务；自有设备的租赁。（以上经营范围涉及行业许可的，凭许可证件在有效期限内经营；国家有专项专营规定的，按规定办理）						

企业名称	天津一汽丰田汽车有限公司			海关编码	1207235985	所属海关	津开发区
通讯地址	天津经济技术开发区内			邮政编码	300457	法人姓名	徐建一
评定时间	2009.3.6	注册日期	2001.4.12	报关有效期	长期	注册资本	40803 万美元
主营范围	乘用车及其零部件的开发、制造，以及合营公司产品在国内外市场的销售和售后服务；汽车零部件（整车除外）的批发（不设店铺）、佣金代理（拍卖除外）、维修、售后服务及其他相关服务。						

企业名称	天津三星通信技术有限公司			海关编码	1207235998	所属海关	津开发区
通讯地址	天津经济技术开发区微电子区			邮政编码	300385	法人姓名	申宗旼
评定时间	2010.3.25	注册日期	2001.5.22	报关有效期	长期	注册资本	10400 万美元
主营范围	开发、生产、销售移动电话终端，数据通信多媒体产品，接入网络通信系统设备，通讯网新技术设备，宽带综合业务数字网设备，新型电子元器件，电话机，便携式微型计算机、照相机；上述产品及相关零部件的批发及进出口；提供相关的技术咨询和服务。（以上经营范围涉及行业许可的，凭许可证件在有效期限内经营；国家有专项专营规定的，按规定办理）						

企业名称	京瓷（大津）太阳能有限公司			海关编码	1207236175	所属海关	津开发区
通讯地址	天津经济技术开发区相安路 11 号			邮政编码	300457	法人姓名	KITAMURA NOBUO（北村信夫）
评定时间	2010.6.17	注册日期	2003.7.15	报关有效期	长期	注册资本	3020 万美元
主营范围	高科技绿色能源太阳能电池组件、太阳能发电系统及应用商品的设计、开发、制造、销售，以及相应的安装工程，并提供相关售后服务、技术服务及咨询服务。						

企业名称	京瓷（中国）商贸有限公司			海关编码	1207236216	所属海关	津开发区
通讯地址	天津经济技术开发区翠园别墅 3 号			邮政编码	300457	法人姓名	YAMAGUCHI GORO（山口悟郎）
评定时间	2012.11.9	注册日期	2003.4.11	报关有效期	长期	注册资本	1000 万美元
主营范围	通信设备、电子产品、办公用品、光学产品、陶瓷产品、太阳能产品等产品的批发、零售，自营产品的维修及其他相关配套服务和其他相关咨询服务，组织国内产品出口，自营产品的进出口业务和佣金代理业务（拍卖除外）。其中，涉及特种行业经营的商品和配额、许可证管理的进出口商品，应当按照国家有关规定办理审批手续。						

企业名称	SEW- 工业减速机（天津）有限公司			海关编码	1207240104	所属海关	津开发区
通讯地址	天津经济技术开发区第七大街 46 号			邮政编码	300457	法人姓名	Mr. Jurgen D. Blickle
评定时间	2010.8.30	注册日期	2002.6.20	报关有效期	长期	注册资本	8156 万美元
主营范围	生产、制造、销售电子专用设备、多轴联动的数控系统及伺服装置等相关配套设备，减速机、减速电机及其零部件，并提供相关技术咨询服务。						

企业名称	出光润滑油（中国）有限公司			海关编码	1207240205	所属海关	津开发区
通讯地址	天津经济技术开发区泰华路 81 号			邮政编码	300457	法人姓名	河下一郎
评定时间	2010.10.26	注册日期	2003.9.30	报关有效期	长期	注册资本	1006 万美元
主营范围	研究、开发石油添加剂新技术，生产、销售石油添加剂新产品、高性能润滑油，润滑油再生，并提供相关的技术咨询和售后服务；与上述产品同类商品的进出口及国内商品的批发业务、佣金代理（拍卖除外），以及其他相关配套服务。（涉及配额许可证管理、专项规定管理的，商品按国家有关规定办理）						

企业名称	天津丰田通商钢业有限公司			海关编码	1207240246	所属海关	津开发区
通讯地址	天津经济技术开发区华阳路 15 号			邮政编码	300457	法人姓名	秦直之（HATA NAOYUKI）
评定时间	2010.10.26	注册日期	2004.3.12	报关有效期	长期	注册资本	2746 万美元
主营范围	镀锌及耐高腐蚀性铝锌合金板、涂层及彩涂板的生产、加工、销售，钢板切割加工、销售，钢材的进出口、批发和佣金代理（拍卖除外）业务，并提供相关的技术咨询和服务；自有房屋租赁。（依法须经批准的项目，经相关部门批准后方可开展经营活动）						

企业名称	飞思卡尔半导体（中国）有限公司			海关编码	1207240253	所属海关	津开发区
通讯地址	天津经济技术开发区第四大街 80 号天大科技园 A1 区三楼			邮政编码	300457	法人姓名	Randy Allen Hyzak
评定时间	2008.10.15	注册日期	2004.4.16	报关有效期	长期	注册资本	28400 万美元
主营范围	设计、开发和制造集成电路芯片；在国内外销售本公司产品；为进行市场测试进口并销售少量其母公司生产的高新技术产品；为本公司产品及进口的飞思卡尔产品提供售后服务；在中国境内采购或代理出口不涉及出口配额、出口许可证管理的商品；直接提供与飞思卡尔业务有关的联络、市场和技术咨询服务，以及为飞思卡尔组织统一的市场推广活动（不包括广告业务），提供管理咨询服务及相关服务；进口公司自产产品同类商品的批发、零售（固定地点）、佣金代理（拍卖除外）业务；国内采购商品（特种商品除外）的批发、零售（固定地点）、佣金代理（拍卖除外）业务，提供相关配套服务。						

企业名称	天津摩比斯汽车零部件有限公司			海关编码	1207240276	所属海关	津开发区
通讯地址	天津经济技术开发区第九大街 12 号			邮政编码	300457	法人姓名	YOO KIL HWAN（柳吉焕）
评定时间	2009.1.6	注册日期	2004.7.14	报关有效期	长期	注册资本	1800 万美元
主营范围	生产、加工、研发、销售汽车电子控制制动防抱死系统、安全气囊及其他汽车电子设备，上述产品及同类商品的批发、零售（不设店铺，不涉及进出口），并提供相关技术咨询及售后服务。（依法须经批准的项目，经相关部门批准后方可开展经营活动）						

企业名称	天津丰田纺汽车部件有限公司			海关编码	1207240287	所属海关	津开发区
通讯地址	天津经济技术开发区洞庭路 166 号			邮政编码	300457	法人姓名	山本直
评定时间	2013.11.4	注册日期	2004.8.13	报关有效期	长期	注册资本	230 万美元
主营范围	摩托车及汽车用空气滤清器、油液滤清器、车厢内滤清器及相关零部件的生产、销售，提供相关的技术咨询和售后服务，与上述产品同类商品的进出口、批发、零售（如设店铺另行报批）。						

企业名称	富智康（天津）精密工业有限公司			海关编码	1207240343	所属海关	津开发区
通讯地址	天津经济技术开发区南海路 207 号			邮政编码	300457	法人姓名	熊乃斌
评定时间	2009.1.6	注册日期	2005.6.20	报关有效期	长期	注册资本	5280 万美元
主营范围	开发、生产、加工、销售及维修第三代及后续移动通信系统手机，新型电子元器件，移动通信系统、基站、交换设备及数字集群系统设备及其零部件，电子产品测试仪器，数字照相机及关键件，以及与以上产品相关的模具，并提供相关的技术咨询和售后服务。（以上经营范围涉及行业许可的，凭许可证件在有效期限内经营；国家有专项专营规定的，按规定办理）						

企业名称	天津电装电子有限公司		海关编码	1207240350	所属海关	津开发区
通讯地址	天津经济技术开发区洞庭路 166 号		邮政编码	300457	法人姓名	白崎慎二
评定时间	2009.3.6	注册日期	1998.3.9	报关有效期	长期	注册资本	4741.47 万美元
主营范围	用于混合动力汽车、电动汽车、插电式混合动力汽车的电池管理系统、电机管理系统 DC/DC 变压器、大功率电子器件和其他相关电子产品及其构成零部件、汽车用组合仪表、柴油机燃油泵及其他底盘控制系统、车身电子控制系统等汽车电子控制装置，包括电子控制燃油喷射装置在内的汽车发动机控制系统，其他汽车相关电子产品及其构成零部件、附带零部件的生产、销售、进出口、采购、批发、零售（不设店铺）及售后服务，并提供相关技术服务。（以上经营范围涉及行业许可的，凭许可证件在有效期限内经营；国家有专项专营规定的，按规定办理）						

企业名称	维斯塔斯风力技术（中国）有限公司		海关编码	1207240372	所属海关	津开发区
通讯地址	天津开发区西区新兴路 9 号		邮政编码	300462	法人姓名	CHRISTOPHER STUART BEAUFAIT
评定时间	2009.3.19	注册日期	2005.10.13	报关有效期	长期	注册资本	13364 万美元
主营范围	研究和开发节约能源技术和产品；组装及制造风力发电设备及其零部件，包括叶片、机舱、塔身、控制系统；进出口、批发、零售（不设店铺）和佣金代理（拍卖除外）上述同类产品；提供与安装、维修和维护风力发电设备和风力发电站建设相关的服务，以及提供相关售后服务；自有厂房的租赁；企业管理和咨询服务。（依法须经批准的项目，经相关部门批准后方可开展经营活动）						

企业名称	天津丰爱汽车座椅部件有限公司		海关编码	1207240389	所属海关	津开发区
通讯地址	天津经济技术开发区泰丰路 135 号		邮政编码	300457	法人姓名	矢木伸介
评定时间	2013.11.4	注册日期	2005.12.6	报关有效期	长期	注册资本	1650 万美元
主营范围	各种汽车座椅骨架、座椅调角器、滑轨及汽车冲压件、焊接件、涂装件的开发、生产，销售本企业产品，上述同类产品及其相关零部件的进出口、批发及佣金代理（拍卖除外），提供相关技术咨询和售后服务。						

企业名称	大陆汽车系统（天津）有限公司		海关编码	1207240455	所属海关	津开发区
通讯地址	天津经济技术开发区渤海路 2 号		邮政编码	300457	法人姓名	DR.RALF HANS CRAMER
评定时间	2009.1.6	注册日期	2006.12.4	报关有效期	长期	注册资本	6000 万美元
主营范围	研究、开发、设计、制造汽车电子、控制单元、车身电子、车载信息处理产品、动力传动总成产品和电子防抱死制动系统，以及构成汽车产品所需的其他相关设备；在国内外销售［批发、零售和佣金代理（拍卖除外）］本公司制造的产品及其同类商品、委托境内其他企业生产加工的产品及其同类产品；进口同类商品和产品；为上述产品和商品提供维修服务、售后服务和其他相关服务。						

企业名称	霍尼韦尔环境自控产品（天津）有限公司		海关编码	1207240528	所属海关	津开发区
通讯地址	天津经济技术开发区南海路 158 号		邮政编码	300457	法人姓名	Stephen Wai Lip Shang（盛伟立）
评定时间	2011.11.29	注册日期	2008.5.15	报关有效期	长期	注册资本	500 万美元
主营范围	研究、设计、生产、销售关于环境及燃烧控制的产品；提供有关加热、通风、冷却和冷冻、空气净化、分区、加湿、除湿、空调、开关、传感器和控制器、地板采暖、水处理、阀门、太阳能集热板、太阳能控制器、太阳能热水器、太阳能工程、光伏电池板、光伏电站(离网及并网)、智能电网能源管理产品、工业及家居燃烧过程控制产品(包括但不限于热水器、采暖、锅炉）集成产品解决方案；印刷电路板组装的生产及销售；机电类产品的进出口、批发；提供安装调试、保养、维修、技术培训及相关配套性服务。（以上经营范围涉及行业许可的，凭许可证件在有效期限内经营；国家有专项专营规定的，按规定办理）						

企业名称	天津三星 LED 有限公司			海关编码	1207240564	所属海关	津开发区
通讯地址	天津经济技术开发区微电子工业区微四路 6 号			邮政编码	300385	法人姓名	文点柱
评定时间	2012.5.24	注册日期	2009.4.30	报关有效期	长期	注册资本	8000 万美元
主营范围	研究、开发、生产、销售新型电子元器件、移动通讯、平板电视、液晶显示器、照明设备相关的激光半导体、背光单元模组、LED 照明设备，并提供相关技术服务；上述同类产品的批发、零售、进出口及售后服务（不设店铺）。						

企业名称	摩托罗拉移动技术（中国）有限公司			海关编码	1207240590	所属海关	津开发区
通讯地址	天津经济技术开发区第四大街 10 号			邮政编码	300457	法人姓名	JEFFEREY GORDON CANTLEBARY
评定时间	2012.2.10	注册日期	2010.1.26	报关有效期	长期	注册资本	3000 万美元
主营范围	研究、开发、设计、制造通讯整机和系统产品（包括传呼机、双向无线电、数字终端机）及零部件，汽车电子、控制单元、车身单子、车载信息处理产品、动力传动总成产品和其他需包含汽车产品的相关设备，计算机硬件、软件及其相关系统设备，宽带系统产品；委托境内其他企业生产、加工上述产品或其母公司和关联公司产品；提供嵌入式计算机市场服务；有关计算机、通讯系统产品的安装（不含土木工程）、系统集成及优化服务；销售［批发、零售、佣金代理（拍卖除外）］条码扫描器、扫描引擎、移动数据终端、无线射频识别技术产品、有线或无线网络和通信设备；销售［批发、零售、佣金代理（拍卖除外）］本公司产品、母公司和关联公司产品及其同类产品，委托境内其他企业生产、加工的产品及其同类商品；为本公司产品、本公司销售的产品、母公司和关联公司产品及本公司产品同类的产品提供维修服务、售后服务及其他相关服务；直接提供与本公司业务及其母公司和关联公司业务有关的研发服务、市场和技术的咨询服务，以及为本公司及其母公司和关联公司进行统一的市场推广活动（不包括广告业务）、管理咨询服务及相关服务；自有设备租赁（不含融资租赁）。（以上经营范围涉及行业许可的，凭许可证件在有效期限内经营；国家有专项专营规定的，按规定办理）						

企业名称	诺基亚通信（天津）有限公司			海关编码	1207240610	所属海关	津开发区
通讯地址	天津经济技术开发区第四大街 10 号 A 区			邮政编码	300457	法人姓名	Bert Sagebaum
评定时间	2013.4.15	注册日期	2010.11.26	报关有效期	长期	注册资本	15000 万人民币
主营范围	从事与通讯、电子技术和相关产品有关的研究开发、生产和销售；转让其研究开发成果，并提供相应的技术服务；通讯和电子设备、产品、零部件、配件的进出口、批发业务和零售（不设店铺），并提供安装、维修服务和售后服务；提供技术支持、技术培训、技术咨询、技术测试；承接其母公司和关联企业的服务外包业务。（以上经营范围涉及行业许可的，凭许可证件在有效期限内经营；国家有专项专营规定的，按规定办理）						

企业名称	天津矢崎汽车配件有限公司			海关编码	1207244111	所属海关	津开发区
通讯地址	天津经济技术开发区洞庭路 138 号			邮政编码	300457	法人姓名	冈田弘次（Okada Hirotsugu）
评定时间	2008.10.15	注册日期	1988.5.16	报关有效期	长期	注册资本	1963.4 万美元
主营范围	汽车札线、汽车仪表、汽车轧线部品及其模具、电线的设计、制造、销售、检测和销售后的修理服务（不含国家禁止和限制的项目），上述自产产品的原料及部件、同类产品的批发、零售（不设店铺）、佣金代理、进出口及售后服务。（以上经营范围涉及行业许可的，凭许可证件在有效期限内经营；国家有专项专营规定的，按规定办理）						

企业名称	霍尼韦尔（天津）有限公司			海关编码	1207246309	所属海关	津开发区
通讯地址	天津经济技术开发区南海路 156 号津滨发展通厂 21 栋			邮政编码	300457	法人姓名	陈文法
评定时间	2010.12.17	注册日期	2011.4.26	报关有效期	长期	注册资本	1000 万美元
主营范围	用于楼宇、工业、商业及其他领域自动控制产品及系统，包括用于楼宇智能自控的消防、安保产品及系统和燃气调压器的设计、开发、组装、制造、加工、销售；为上述产品及系统提供培训、技术咨询及服务、调试、维护及保养、升级改造；配件及零件加工、配件及零件销售，并为本公司产品及进口的霍尼韦尔产品提供售后服务；提供建筑智能化系统集成、设计、安装、楼宇智能化系统总包施工管理、售后服务及能源咨询服务，包括合同能源管理服务，节能方案的设计、改造、可再生能源，生态城市建设的技术咨询与工程服务及其他服务。（以上经营范围涉及行业许可的，凭许可证件在有效期限内经营；国家有专项专营规定的，按规定办理）						

企业名称	天津新兴数字电子有限公司			海关编码	1207246508	所属海关	津开发区
通讯地址	天津市东丽区经济开发区			邮政编码	300300	法人姓名	郑圭亨
评定时间	2009.4.9	注册日期	1994.6.23	报关有效期	长期	注册资本	1550 万美元
主营范围	小型电子产品、模具、相关零配件的生产、销售及技术咨询服务，非本公司生产的相关产品采购出口（许可证、配额产品除外）。						

企业名称	SEW- 传动设备（天津）有限公司			海关编码	1207246655	所属海关	津开发区
通讯地址	天津经济技术开发区第十三大街 78 号			邮政编码	300457	法人姓名	JURGEN D.BLICKLE
评定时间	2009.1.6	注册日期	1994.8.11	报关有效期	长期	注册资本	5350 万美元
主营范围	生产、制造电动机、减速机、减速器、变速器、伺服装置、制动器及其零部件，相关机电配套设备；销售本公司产品，并提供相关技术咨询服务及售后服务。（以上经营范围涉及行业许可的，凭许可证件在有效期限内经营；国家有专项专营规定的，按规定办理）						

企业名称	PPG 涂料（天津）有限公司			海关编码	1207246796	所属海关	津开发区
通讯地址	天津经济技术开发区黄海路 192 号			邮政编码	300457	法人姓名	吴春平
评定时间	2009.3.6	注册日期	1994.9.13	报关有效期	长期	注册资本	2550 万美元
主营范围	研究、开发、生产、加工及销售适用于汽车、工业和其他领域的涂料，并从事技术及售后服务，以及上述产品的同类商品的进出口和批发零售（涉及危险化学品的，以危险化学品生产许可证项目为准）。（以上经营范围涉及行业许可的，凭许可证件在有效期限内经营；国家有专项专营规定的，按规定办理）						

企业名称	浦项（天津）钢材加工有限公司			海关编码	1207247074	所属海关	津开发区
通讯地址	天津经济技术开发区韩国工业团地内			邮政编码	300457	法人姓名	权锡哲
评定时间	2009.3.6	注册日期	1995.1.6	报关有效期	长期	注册资本	2170 万美元
主营范围	镀锌及耐高腐蚀性铝锌合金板、涂层板的加工，钢材切割加工，销售公司自产产品，并提供相关的技术咨询和服务；上述产品及同类商品的批发、零售（不设店铺）、进出口（上述涉及配额许可证管理、专项规定管理的商品，按照国家有关规定办理）；自有厂房（限黄海路 168 号地块）及设备的租赁；国内国际货物运输代理业务及仓储业务。（以上经营范围涉及行业许可的，凭许可证件在有效期限内经营；国家有专项专营规定的，按规定办理）						

企业名称	诺和诺德（中国）制药有限公司			海关编码	1207247106	所属海关	津开发区
通讯地址	天津经济技术开发区南海路			邮政编码	300457	法人姓名	Kare Schultz
评定时间	2008.10.15	注册日期	1995.1.20	报关有效期	长期	注册资本	38780万美元
主营范围	经行业主管部门批准后，生产、销售胰岛素及胰岛素笔式释放器、化学类、生物化学类、基因工程药品、包括糖尿病、妇女保健和生长保健药品，并提供售后服务；上述产品说明书、包装物及释放器部件的进出口、批发、零售（不设店铺）；胰岛素及胰岛素笔式释放器、化学类、生物化学类、基因工程药品，包括糖尿病、妇女保健和生长保健药品的市场和技术咨询服务、市场推广活动(不包括广告业务)、企业管理咨询及相关服务；在上述领域内研制和开发新产品。						

企业名称	壳牌（天津）石油化工有限公司			海关编码	1207947170	所属海关	津开发区
通讯地址	天津市滨海新区塘沽天津港南疆开发区南三路286号			邮政编码	300450	法人姓名	黄志昌
评定时间	2013.6.13	注册日期	1995.3.10	报关有效期	长期	注册资本	3456万美元
主营范围	生产、加工润滑油产品、沥青产品及其相关产品，销售上述产品并提供售后服务，以及向其他企业提供仓储服务、技术、咨询等服务；矿产品（铁矿石、原油、盐除外）、化学工业品及其相关产品、其他壳牌关联公司产品（成品油及化学危险品除外）及相关配套产品的进出口；国内采购、批发、佣金代理（拍卖除外）及其他相关配套业务。（上述涉及配额许可证管理、专项规定管理的产品，按照国家有关规定办理）						

企业名称	埃克森美孚（天津）石油有限公司			海关编码	1207947260	所属海关	津开发区
通讯地址	天津市塘沽区新港南港路2486号			邮政编码	300452	法人姓名	TEOH SONG PING（张松彬）
评定时间	2009.5.27	注册日期	1995.4.21	报关有效期	长期	注册资本	2527.5万美元
主营范围	生产、制造调配润滑油、润滑脂，相关石化产品的加工及上述产品的销售，基础油、润滑油、润滑脂、乳化脂、添加剂和埃克森美孚关联公司产品的批发、进出口、佣金代理（拍卖除外）和技术进口，向公司其他关联企业提供石化产品有关的技术咨询和仓储。						

企业名称	通用半导体（中国）有限公司			海关编码	1207247474	所属海关	津开发区
通讯地址	天津经济技术开发区第六大街88号			邮政编码	300457	法人姓名	Tan Cheng Poh@ Christopher Tan
评定时间	2008.10.15	注册日期	1995.9.4	报关有效期	长期	注册资本	7080万美元
主营范围	研制、开发、生产、加工、销售电子元器件及半导体分离元器件及其新产品，新型电子元器件（含片式元器件及电力电子元器件），并从事技术咨询服务及售后服务。						

企业名称	卓轮（天津）机械有限公司			海关编码	1207248755	所属海关	津开发区
通讯地址	天津经济技术开发区第十一大街79号			邮政编码	300457	法人姓名	叶柏东
评定时间	2011.3.22	注册日期	1997.10.28	报关有效期	长期	注册资本	229.09万美元
主营范围	生产、销售减速机及派生的卷扬机和回转机构，汽车用铸锻毛坯件，汽油机、柴油机用涡轮增压器；提供相关的售后服务。						

企业名称	西迪斯（天津）电子有限公司			海关编码	1207249625	所属海关	津开发区
通讯地址	天津经济技术开发区			邮政编码	300457	法人姓名	Kieran Martin O. Sullivan
评定时间	2008.10.15	注册日期	1999.2.12	报关有效期	长期	注册资本	3270 万美元
主营范围	研究、设计、开发、制造用于通讯终端和 / 或系统产品及其他产品的电子产品及元器件，包括但不限于石英、晶体、陶瓷及振荡器产品，销售公司自产产品并提供售后服务。						

企业名称	博爱（中国）膨化芯材有限公司			海关编码	1207249849	所属海关	津开发区
通讯地址	天津经济技术开发区第七大街 49 号			邮政编码	300457	法人姓名	SILVERIO BARANZANO
评定时间	2009.1.6	注册日期	1999.11.3	报关有效期	长期	注册资本	2860 万美元
主营范围	研究、开发、生产主要用于妇女卫生巾用品的吸湿产品、纸尿布用吸水芯材料、高质量的湿润擦拭产品，销售自产产品并提供相关技术咨询服务；非织造布及其加工制品，相关原材料及其相关产品的进出口及批发。						

企业名称	美克国际家私（天津）制造有限公司			海关编码	1207260792	所属海关	津开发区
通讯地址	天津经济技术开发区第七大街 53 号			邮政编码	300457	法人姓名	寇卫平
评定时间	2009.7.13	注册日期	1998.4.7	报关有效期	长期	注册资本	8280 万人民币
主营范围	法律、法规禁止的不得经营；应经审批的，未获批准前不得经营；法律、法规未规定审批的，自主经营；国家有专营、专项规定的，按专营专项规定办理。						

企业名称	中海石油（中国）有限公司			海关编码	1207949807	所属海关	津开发区
通讯地址	天津市塘沽石油新村			邮政编码	300452	法人姓名	杨华
评定时间	2008.10.15	注册日期	1999.11.29	报关有效期	长期	注册资本	2000000 万人民币
主营范围	海上石油天然气的勘探、开发、生产、仓储和销售（包括合作油气田外国合同者在境内销售的分成油），与海上石油天热气的勘探、开发和生产相关的科技研究、技术咨询、技术服务和技术转让，页岩气勘探。						

企业名称	天津重钢机械装备股份有限公司			海关编码	1207960183	所属海关	津开发区
通讯地址	天津市滨海新区塘沽厦门路 139 号			邮政编码	300459	法人姓名	李坤
评定时间	2014.9.26	注册日期	2007.12.17	报关有效期	长期	注册资本	7560 万人民币
主营范围	物料搬运机械（车辆除外）、连续搬运装备（造桥机械、港口机械、矿山机械、索道设备）的研发、制造、安装、维修及相关技术服务（经特种设备安全监察部门许可后经营）；起重机械、压力容器、冶金设备、环保设备及电厂设备的制造及相关技术服务（经特种设备安全监察部门许可后经营）；船舶舾装件的制造及相关技术服务；船舶修理；钢制品加工机械研发；钢结构的制造、安装；彩色压型钢板的加工、安装；劳务服务；仓储（不含煤炭、危险品及有污染性货物）；厂房租赁、机械设备（汽车除外）租赁；对外贸易经营；金属材料、建筑材料、五金交电的批发兼零售及进出口贸易（法律、行政法规另有规定的除外）。（以上范围内国家有专营专项规定的按规定办理）						

企业名称	天津日石润滑油脂有限公司			海关编码	1208935135	所属海关	津开发区
通讯地址	天津市滨海新区汉沽经济开发小区			邮政编码	300480	法人姓名	蒋蕴德
评定时间	2013.11.4	注册日期	1995.10.20	报关有效期	长期	注册资本	6100 万人民币
主营范围	润滑油、润滑脂、润滑剂、添加剂及相关产品的生产经营、批发及进出口，普通货运，货物专用运输（罐式）。（上述涉及配额许可证管理、专项规定管理的商品，按照国家有关规定办理）						

企业名称	雅士佳（天津）汽车零件有限公司			海关编码	1208944012	所属海关	津开发区
通讯地址	天津市滨海新区汉沽紫东街 88 号			邮政编码	300480	法人姓名	James Brett McBrayer
评定时间	2009.3.19	注册日期	1992.4.15	报关有效期	长期	注册资本	800 万美元
主营范围	生产、加工、销售各类汽车零件及其他机械加工产品，并提供相关技术咨询及服务。（国家有专营专项规定的，按专营专项规定办理）						

企业名称	天津富士达自行车有限公司			海关编码	1210934643	所属海关	津机场办
通讯地址	天津市东丽区军粮城道口南			邮政编码	300301	法人姓名	赵丽华
评定时间	2008.10.15	注册日期	1994.9.16	报关有效期	长期	注册资本	1170 万美元
主营范围	生产和销售各类自行车、电动车、汽油机助力车及其零部件、健身运动器材、铁木家具，自有房屋租赁。						

企业名称	天津电装电机有限公司			海关编码	1210940147	所属海关	津机场办
通讯地址	天津市东丽经济开发区六经路 3 号			邮政编码	300300	法人姓名	臼井定广
评定时间	2009.5.27	注册日期	1995.12.29	报关有效期	长期	注册资本	13800 万人民币
主营范围	发电机、起动机及传感器在内的汽车电子控制装置及零部件的制造、销售、维修，上述产品的进出口、销售（批发）、采购及售后服务。（上述涉及国家专项管理规定的商品，按照有关规定办理）						

企业名称	天津国际物流中心			海关编码	1207411541	所属海关	津保税区
通讯地址	天津港保税区津滨大道 169 号			邮政编码	300461	法人姓名	边旭臣
评定时间	2010.1.11	注册日期	2003.10.16	报关有效期	长期	注册资本	10000 万人民币
主营范围	国际贸易及简单加工，物流分拨，保税仓储，海上国际货物运输代理，航空国际货物运输代理，陆路国际货物运输代理，汽车、机电产品、纺织服装、建材、环保产品、钢材、石化产品、金属材料、五金交电、化工产品、塑料制品、机械设备、电子设备、日用百货、木制品、矿石、铁精粉、焦炭、煤炭的销售，自营和代理货物及技术的进出口业务，房屋租赁，商务信息咨询，无船承运业务，预包装食品、酒精饮料、乳制品、婴幼儿乳粉的批发。（依法须经批准的项目，经相关部门批准后方可开展经营活动）						

企业名称	天津华铁隆津泰储运有限公司			海关编码	1207434803	所属海关	津保税区
通讯地址	天津港保税区新港大道 155 号			邮政编码	300461	法人姓名	霍红光
评定时间	2010.10.26	注册日期	2004.7.30	报关有效期	长期	注册资本	2000 万美元
主营范围	承办海运、空运、陆运进出口货物的国际运输代理业务，包括揽货、订舱、仓储、中转、集装箱拼装拆箱、结算运杂费、报关、报验、保险、相关的运输服务及咨询业务；普通货运、货物专用运输（集装箱）。						

企业名称	东方瑞泰（天津）国际物流有限公司			海关编码	1207435992	所属海关	津保税区
通讯地址	天津港保税区海滨六路 58 号			邮政编码	300461	法人姓名	郭越悦
评定时间	2010.3.3	注册日期	2004.8.6	报关有效期	长期	注册资本	160 万美元
主营范围	国际贸易，保税货物仓储，物流配送，简单加工，商品展示，经济技术咨询服务，电子产品及零部件、印刷设备及耗材、保温棉的批发、进出口。						

企业名称	亚实动力系统（天津）有限公司			海关编码	1207440121	所属海关	津保税区
通讯地址	天津港保税区（空港）西二道 2 号			邮政编码	300461	法人姓名	JENNIFER ANN WOLFENBARGER
评定时间	2013.1.17	注册日期	2004.12.27	报关有效期	长期	注册资本	1907 万美元
主营范围	制造、组装、销售柴油、燃气及燃气涡轮发电机组及以上相关零部件，并提供相关的售后服务；国际贸易。						

企业名称	天津叶水福物流有限公司			海关编码	1207440202	所属海关	津保税区
通讯地址	天津港保税区新港大道 196 号			邮政编码	300461	法人姓名	叶进强
评定时间	2010.1.11	注册日期	2005.4.15	报关有效期	长期	注册资本	300 万美元
主营范围	专业物流方案设计及咨询服务，保税货物仓储、装卸、加工、包装、配送、信息处理及相关的物流一体化服务，国际贸易。						

企业名称	嘉里粮油（天津）有限公司			海关编码	1207440378	所属海关	津保税区
通讯地址	天津港保税区津滨大道 95 号（2005 津保关 307）			邮政编码	300461	法人姓名	穆彦魁
评定时间	2010.12.17	注册日期	2005.6.9	报关有效期	长期	注册资本	3160 万美元
主营范围	生产、加工、精炼及分装各类植物油和各类动植物油脂产品；生产人造黄油、起酥油及各类食品和非食品工业特种油脂（以上不包括许可证管理的品种），生产供食用油及油脂包装用的包装材料；经营各类动植物油脂的仓储业务和保税仓储业务；国际贸易；为集团内企业提供产品的分拨服务；食用植物油油料、油脂、食品及食品添加剂的批发、佣金代理（拍卖除外）、进出口及其他相关配套业务。（涉及配额许可证管理、专项规定管理的商品，按国家有关规定办理）						

企业名称	天津新龙桥工程塑料有限公司			海关编码	1207440540	所属海关	津保税区
通讯地址	天津港保税区东方大道 166 号 305 室			邮政编码	300452	法人姓名	廖振铎
评定时间	2010.1.11	注册日期	2004.12.23	报关有效期	长期	注册资本	3500 万美元
主营范围	生产和销售一般级及工程级聚苯乙烯工程塑料及其制品、加工品，并提供相关技术服务及咨询服务。						

企业名称	丰田通商（天津）有限公司			海关编码	1207448782	所属海关	津保税区
通讯地址	天津港保税区海滨八路 171 号			邮政编码	300461	法人姓名	KONDO TAKAHIRO
评定时间	2010.9.14	注册日期	2005.2.23	报关有效期	长期	注册资本	200 万美元
主营范围	承办海运、陆运、空运进出口货物的国际运输代理业务，包括仓储、中转、运输咨询、报关、报验、报检、相关的短途运输服务业务；国际贸易，简单加工，代办保税货物仓储；物流配套服务、汽车技术服务；高科技产品的研制、引进、开发、转让；商品展示；丰田通商销售的设备的安装工程，设备及其附带器具维修（不含汽车维修）；各种机械设备及其零部件、汽车零部件、电气电子通信设备及其元器件、各种仪器仪表及测量设备、计算机及计算机软件、通信系统、金属材料、有色金属及其制品、塑料及其制品、化工产品、合成树脂、橡胶制品、针棉织品、纺织原料、纺织制品、服装鞋帽、旅游制品、各种纤维原料及其制品、皮革、纸浆、纸及其制品、五金交电、农用机械、文化用品、建材、贱金属、合成橡胶、工程机械及工厂内专用机动车辆、润滑油的批发、零售及进出口、佣金代理业务（拍卖除外）；钢材及其制品、贵金属的进口、批发业务，并提供相关咨询服务及售后服务。以下产品限分支机构经营：预包装食品、散装食品、粮食及其制品、肉及肉制品、罐头、水产品及其制品、调味料、豆制品、水果蔬菜类制品、面包改良剂的批发兼零售。（以上商品进出口不涉及国营贸易、进出口配额许可证、出口配额招标、出口许可证等商品；其他专项规定管理的商品，按照国际有关规定办理；以上经营范围涉及行业许可的，凭许可证件在有效期限内经营；国家有专项专营规定的，按规定办理）						

企业名称	亚实履带（天津）有限公司			海关编码	1207448798	所属海关	津保税区
通讯地址	天津港保税区海滨九路 169			邮政编码	300461	法人姓名	KENNETH JAMES HOEFLING
评定时间	2010.10.26	注册日期	2004.12.24	报关有效期	长期	注册资本	3447.5 万美元
主营范围	生产、组装、销售农业、建筑、开矿和工业设备的底盘部件及其他配件，从事非自产农业、建筑、开矿和工业设备的底盘部件及其他配件的批发、佣金代理（拍卖除外）、进出口及其他配套业务，提供相关售后服务和咨询服务，承接加工业务。（依法须经批准的项目，经相关部门批准后方可开展经营活动）						

企业名称	雪佛龙（天津）润滑油有限公司			海关编码	1207448839	所属海关	津保税区
通讯地址	天津港保税区东方大道 32 号			邮政编码	300461	法人姓名	WALDEN CHRISTOPHER PAUL
评定时间	2012.2.10	注册日期	2006.8.23	报关有效期	长期	注册资本	3610 万美元
主营范围	以石化产品为主的仓储、生产、包装和销售；国际贸易；润滑油、润滑脂、燃油系统清洁剂、防冻剂等石油化工产品的进出口分销业务；从事国内采购的石油化工产品及从事公司或控股的关联公司进口的同类商品（国家有专门规定的商品除外）的佣金代理（拍卖除外）、批发及进出口业务，以及有关的技术咨询、培训及售后服务。（涉及配额许可证管理、专项规定管理的商品，按国家有关规定办理）						

企业名称	中冀斯巴鲁（天津）汽车销售有限公司			海关编码	1207460441	所属海关	津保税区
通讯地址	天津港保税区津滨大道 199 号			邮政编码	300461	法人姓名	李金勇
评定时间	2010.11.30	注册日期	2008.4.8	报关有效期	长期	注册资本	15000 万人民币
主营范围	进口斯巴鲁品牌汽车及汽车零配件的经营，经济贸易咨询服务，货物及技术的进出口，自有房屋租赁，保税仓储服务。（以上经营范围涉及行业许可证的，凭许可证件在有效期限内经营；国家有专项专营规定的，按规定办理）。						

企业名称	天津普林电路股份有限公司			海关编码	1210919099	所属海关	津保税区
通讯地址	天津空港经济区航海路 53 号			邮政编码	300308	法人姓名	曲德福
评定时间	2010.4.27	注册日期	2006.1.25	报关有效期	长期	注册资本	24584.98 万人民币
主营范围	印刷电路板及相关产品的生产、销售、委托加工，上述产品及其同类商品和技术的研发、设计、咨询及服务，自营或代理货物及技术的进出口，自有房屋及设备租赁。						

企业名称	中石化国际事业天津有限公司			海关编码	1210919103	所属海关	津保税区
通讯地址	天津空港经济区西二道 82 号丽港大厦三号楼九层 918			邮政编码	300308	法人姓名	张建利
评定时间	2013.5.16	注册日期	2010.9.15	报关有效期	长期	注册资本	2000 万人民币
主营范围	自营和代理货物及技术进出口，化工产品（涉及危险化学品的，以危险化学品经营许可证核定内容为准）的批发（无存储、租赁仓储及物流行为），海上国际货物运输代理，航空国际货物运输代理，陆路国际货物运输代理，机械设备、仪器仪表、汽车配件、建筑材料、木材、金属材料、煤炭的批发兼零售，汽车（不含小轿车）的销售。						

企业名称	海洋石油工程股份有限公司			海关编码	1210919106	所属海关	津保税区
通讯地址	天津空港经济区西二道 82 号丽港大厦裙房二层 202-F105 室			邮政编码	300451	法人姓名	周学仲
评定时间	2013.9.6	注册日期	2011.8.18	报关有效期	长期	注册资本	442135.48 万人民币
主营范围	工程总承包；石油天然气（海洋石油工程、石油机械制造与修理工程、管道输送工程、油气处理加工工程、油气化工及综合利用工作）及建筑工程的设计；承担各类海洋石油建设工程的施工和其他海洋工程施工；承担各种类型的钢结构、网架工程的制作与安装；压力容器制造；经营本企业自产产品及技术的出口业务；经营本企业生产所需的原辅材料、仪器仪表、机械设备、零配件及技术的进出口业务；经营进料加工和“三来一补”业务；承包境外海洋石油工程和境内国际招标工程；承包上述境外工程的勘测、咨询、设计和监理项目；上述境外工程所需的设备、材料的出口；对外派遣实施上述境外工程所需的劳务人员、国内沿海普通货船运输；国际航线普通货物运输；自有房屋租赁；钢材、管件、电缆、阀门、仪器仪表、五金交电销售。（以上经营范围涉及行业许可证的，凭许可证件在有效期内经营；国家有专项专营规定的，按规定办理）						

企业名称	天津天狮生物发展有限公司			海关编码	1215930041	所属海关	武清海关
通讯地址	天津市武清开发区新源道 16 号			邮政编码	301700	法人姓名	李宝兰
评定时间	2010.6.17	注册日期	2008.3.17	报关有效期	长期	注册资本	1000 万美元
主营范围	生物工程技术的开发、转让、咨询服务；生产、销售保健食品（天狮牌营养高钙冲剂、天狮牌舒糖高钙冲剂、天狮牌儿童型营养高钙冲剂、天狮牌梦珍冲剂、天狮牌爽咽粒粒饮、天狮牌卵磷脂高钙胶囊、天狮牌锌补晶、天狮牌益康胶囊、天狮牌甲壳质胶囊、天狮牌虫草菌丝体胶囊、天狮牌活力康胶囊、天狮牌螺旋藻胶囊、天狮牌三高丹舒胶囊、天狮牌维康软胶囊、天狮牌减肥茶、天狮牌降脂茶）、日化产品、化妆品、仪器仪表、不锈钢制品及上述产品生产线的配套设施；生产、加工饮料（固体饮料：强化型固体饮料）、含茶制品和代用茶（含茶制品：其他类）、乳制品（乳粉：调制乳粉）；提供技术咨询服务；受企业委托对企业员工进行培训；自有设备租赁。（以上经营范围涉及行业许可的，凭许可证件在有效期限内经营；国家有专项专营规定的，按规定办理）						

企业名称	天津达祥精密工业有限公司			海关编码	1215940108	所属海关	武清海关
通讯地址	天津新技术产业园区武清开发区			邮政编码	301700	法人姓名	陈友三
评定时间	2009.3.6	注册日期	2003.6.27	报关有效期	长期	注册资本	3800 万美元
主营范围	生产并销售耐热钢材质的涡轮增压器、连体排气管涡轮增压器、轿车用排气管、汽油机用涡轮增压器、蠕墨高硅钼涡轮增压器与排气管、汽车用铸锻毛坯件及涡轮增压器，发动机零部件的制造、加工、装配及销售，相关高新产品的开发与技术咨询服务。						

企业名称	天津磁化电子有限公司			海关编码	1215940240	所属海关	武清海关
通讯地址	天津新技术产业园区武清开发区泉兴路 6 号			邮政编码	301700	法人姓名	金粲容
评定时间	2009.4.22	注册日期	2009.2.26	报关有效期	长期	注册资本	1280 万美元
主营范围	生产、销售新型电子元器件（含片式元器件），其他电子产品及包装产品，提供相关技术咨询服务，非配额许可证管理商品、非专管商品的收购出口业务。						

企业名称	天津杰麦多乐器有限公司			海关编码	1215944433	所属海关	武清海关
通讯地址	天津市武清区经济开发区			邮政编码	301700	法人姓名	李界寿
评定时间	2008.10.15	注册日期	1993.1.12	报关有效期	长期	注册资本	3056.4 万美元
主营范围	生产并销售乐器、乐器支架及塑料制品配件、管乐器、打击乐器、弦乐器、簧乐器、音响喇叭、音箱、扩音器及其压铸件、鼓皮、鼓框、盒子、电子产品、五金零件、金属零部件、车辆装饰品，不锈钢产品和金属表面的抛光及电镀加工。						

企业名称	天津大真空有限公司			海关编码	1215945628	所属海关	武清海关
通讯地址	天津新技术产业园区武清开发区			邮政编码	301700	法人姓名	石井孝利
评定时间	2008.10.15	注册日期	1993.10.7	报关有效期	长期	注册资本	497000 万日本元
主营范围	生产、销售水晶制品、陶瓷制品、光学制品、五金、电子产品，上述商品和所需原材料、消耗品的批发、零售及进出口。（上述涉及配额许可证管理、专项规定管理的商品，按照国家有关规定办理）						

企业名称	天津润雅科技发展有限公司			海关编码	1215960012	所属海关	武清海关
通讯地址	天津市武清开发区广源道 6 号			邮政编码	301700	法人姓名	杨志华
评定时间	2012.12.25	注册日期	2003.9.19	报关有效期	长期	注册资本	500 万人民币
主营范围	纺织品、服装、鞋帽、日用百货、五金交电、化工产品、建筑材料、金属材料、机械电子设备的批发兼零售；经营预包装食品兼散装食品、乳制品；电子产品的技术开发、咨询、服务、转让；自营和代理各类商品和技术的进出口，但国家规定公司经营或禁止出口的商品和技术除外。						

企业名称	天津金轮自行车集团有限公司			海关编码	1215950437	所属海关	武清海关
通讯地址	天津市武清区南蔡村镇			邮政编码	301709	法人姓名	杨茂秀
评定时间	2009.11.24	注册日期	1999.10.15	报关有效期	长期	注册资本	6970 万人民币
主营范围	自行车及其零件、电器元件、制冷设备的制造、加工；喷烤漆加工；电动自行车的组装、加工、销售；日用百货、服装鞋帽、纺织品、化妆品、灯具、文具、体育用品、工艺美术品、装饰装修材料、建筑材料、化工产品（危险品及易制毒品除外）、五金、电器设备、通讯器材、计算机及辅助设备、铁木家具的销售；烟零售；房屋建筑工程施工；从事广告业务、会议服务、展览展示服务；自行车、电动自行车技术的开发、咨询、转让；汽车（小轿车除外）的销售；货物及技术进出口（法律、行政法规另有规定的除外）；普通货运。（以上经营范围涉及行业许可的，凭许可证件在有效期内经营；国家有专项专营规定的，按规定办理）						

企业名称	天津富禄通信技术有限公司			海关编码	1215947525	所属海关	武清海关
通讯地址	天津新技术产业园区武清开发区			邮政编码	301700	法人姓名	金钟圭
评定时间	2009.1.6	注册日期	1995.9.26	报关有效期	长期	注册资本	2250 万美元
主营范围	通信技术开发、生产、加工，销售电子报警器、通讯机器及配件。						

企业名称	丹佛斯（天津）有限公司			海关编码	1215947662	所属海关	武清海关
通讯地址	天津新技术产业园区武清开发区福源道 5 号			邮政编码	301700	法人姓名	Mogens Terp Paulsen
评定时间	2008.10.15	注册日期	1995.9.28	报关有效期	长期	注册资本	4206.4 万美元
主营范围	研究、开发、生产、销售阀门、热量表、工业控制产品、自动控制产品、传动装置、压缩机及相关产品，以及供热、通风制冷、空调及水控制产品、系统、组件和部件；技术咨询服务、售后服务；以上商品及相关产品的批发、佣金代理（拍卖除外）、进出口及其他相关业务。（上述涉及配额许可证管理、专项规定管理的商品，按照国家有关规定办理；依法须经批准的项目，经相关部门批准后方可开展经营活动）						

<table>
<tr><td>企业名称</td><td colspan="3">戴纳派克（中国）压实摊铺设备有限公司</td><td>海关编码</td><td>1215949923</td><td>所属海关</td><td>武清海关</td></tr>
<tr><td>通讯地址</td><td colspan="3">天津新技术产业园区武清开发区泉旺路</td><td>邮政编码</td><td>301700</td><td>法人姓名</td><td>龚元相</td></tr>
<tr><td>评定时间</td><td>2014.3.14</td><td>注册日期</td><td>2014.2.10</td><td>报关有效期</td><td>长期</td><td>注册资本</td><td>500 万美元</td></tr>
<tr><td>主营范围</td><td colspan="7">建筑机械，包括但不限于混凝土设备，破碎机，筛分机，筛网给料机与破碎系统及压路机，摊铺机，轻型压实设备，矿山、矿物处理设备，散状物料输送设备，以及上述设备的零配件的生产、组装、销售和租赁，并提供咨询服务、售后服务，与上述产品相关的工艺、工程设计和安装指导，以及维修、大修服务；上述同类相关产品的进出口、批发、佣金代理（拍卖除外）和其他相关配套业务。（上述涉及配额许可证管理、专项规定管理的商品，按照国家有关规定办理）</td></tr>
</table>

<table>
<tr><td>企业名称</td><td colspan="3">光宝电子（天津）有限公司</td><td>海关编码</td><td>1215947522</td><td>所属海关</td><td>武清海关</td></tr>
<tr><td>通讯地址</td><td colspan="3">天津新技术产业园区武清开发区</td><td>邮政编码</td><td>301700</td><td>法人姓名</td><td>宋恭源</td></tr>
<tr><td>评定时间</td><td>2008.10.15</td><td>注册日期</td><td>1995.9.25</td><td>报关有效期</td><td>长期</td><td>注册资本</td><td>45404 万美元</td></tr>
<tr><td>主营范围</td><td colspan="7">主要从事生产光电、电源供应器、变压器、二极体显示器及其他发光二极体和相关机器设备的制造等，在国内外销售本企业产品并进行售后服务。</td></tr>
</table>

<table>
<tr><td>企业名称</td><td colspan="3">空中客车（天津）总装有限公司</td><td>海关编码</td><td>1210630001</td><td>所属海关</td><td>天津滨海新区综合保税区</td></tr>
<tr><td>通讯地址</td><td colspan="3">天津空港经济区综合保税区西九道 2 号</td><td>邮政编码</td><td>300308</td><td>法人姓名</td><td>徐岗</td></tr>
<tr><td>评定时间</td><td>2013.5.16</td><td>注册日期</td><td>2009.1.6</td><td>报关有效期</td><td>长期</td><td>注册资本</td><td>6000 万欧元</td></tr>
<tr><td>主营范围</td><td colspan="7">接受完全装配并经测试的飞机部件，向空中客车公司提供总装服务，包括飞机的总装、喷漆、测试和飞行测试，并向飞机交付中心移交经组装和测试的总装线飞机。</td></tr>
</table>

<table>
<tr><td>企业名称</td><td colspan="3">天津鑫山家具有限公司</td><td>海关编码</td><td>1216940095</td><td>所属海关</td><td>静海海关</td></tr>
<tr><td>通讯地址</td><td colspan="3">天津市静海经济开发区</td><td>邮政编码</td><td>301600</td><td>法人姓名</td><td>白麒麟</td></tr>
<tr><td>评定时间</td><td>2009.6.26</td><td>注册日期</td><td>2009.2.11</td><td>报关有效期</td><td>长期</td><td>注册资本</td><td>1200 万美元</td></tr>
<tr><td>主营范围</td><td colspan="7">生产、销售金属家具。</td></tr>
</table>

石家庄关区

企业名称	河北省纺织品进出口股份有限公司			海关编码	1301910118	所属海关	石家庄关
通讯地址	河北省石家庄市西三庄街42号			邮政编码	050000	法人姓名	孔爱民
评定时间	2013.2.25	注册日期	1999.6.2	报关有效期	长期	注册资本	2000万人民币
主营范围	经营本企业产品。						

企业名称	石家庄常山纺织股份有限公司			海关编码	1301910134	所属海关	石家庄关
通讯地址	河北省石家庄市长安区和平东路183号			邮政编码	050011	法人姓名	汤彰明
评定时间	2013.12.20	注册日期	2000.2.25	报关有效期	长期	注册资本	71886万人民币
主营范围	天然纤维和人造纤维的纺织产品、针织品、服装的加工；家用服饰、纺织品、产业用纺织品的设计、开发、制造（限分支机构经营）、销售；本企业和本企业成员企业自产产品及相关技术的出口业务，但国家限定公司经营或禁止出口的商品除外；经营本企业和本企业成员企业生产、科研所需的原辅材料、机械设备、仪器仪表、零配件及相关技术的进口业务，但国家限定公司经营或禁止进口的商品除外；经营本企业的进料加工和“三来一补”业务；棉花的批发、零售；房屋租赁。						

企业名称	华北制药股份有限公司			海关编码	1301910224	所属海关	石家庄关
通讯地址	河北省石家庄市和平东路388号			邮政编码	050015	法人姓名	王社平
评定时间	2014.1.8	注册日期	2004.1.30	报关有效期	长期	注册资本	163080.47万人民币
主营范围	粉针剂、片剂、颗粒剂、原料药、无菌原料药、硬胶囊剂、软胶囊剂、滴眼剂、口服溶液剂、小容量注射剂、精神药品、凝胶剂、冻干粉针剂、大容量注射剂的生产（具体品种以许可证为准，许可证有效期至2015年12月31日）；6%春雷霉素可湿性粉剂、47%春雷霉素、王铜可湿性粉剂、2%春雷霉素水剂、40%多菌灵、嘧霉胺可湿性粉剂、72%农用硫酸链霉素可溶性粉剂的加工；医药中间体、植物提取物、食品添加剂（番茄红素、β-胡萝卜素）的生产、销售；货物仓储、运输（许可证有效期至2014年6月14日）；商品及技术的进出口业务，但国家限定公司经营或禁止进出口的商品及技术除外；医药化工技术转让、技术开发、技术咨询服务；机器设备清洗、机电仪安装、检定检修；粮食、包装材料、化妆品、办公用品、劳保用品、日常百货、服装、建筑材料、通讯器材、电子产品、塑橡制品、汽车配件、办公家具、润滑油、五金、仪器仪表、药用玻璃制品、化学试剂、机械设备、电器机械及零配件的批发、零售；卫生用品的销售；国内劳务派遣。以下限项目分支机构经营：药用辅料、栓剂、酊剂、散剂、空心胶囊、合剂、滴丸剂、口服液、溶液剂的生产；兽药销售；中成药、化学原料药及其制剂，抗生素原料药及其制剂，生化药品，生物制品，第二类精神药品制剂的批发；计生用品、保健品、药用中间体、植物提取物的零售；药用玻璃瓶、日用玻璃制品、工业氧气的生产；预包装食品、化工产品、钢材及其制品、铝材及其制品、纸张、有色金属、焦炭的批发、零售；中药类产品、中西药、生物技术产品、农兽药及综合技术的研发。						

企业名称	河北钢铁集团有限公司			海关编码	1301910288	所属海关	石家庄关
通讯地址	河北省石家庄市裕华西路40号			邮政编码	050000	法人姓名	于勇
评定时间	2013.2.25	注册日期	2009.4.8	报关有效期	长期	注册资本	2000000万人民币
主营范围	对所投资企业资产进行运营管理；冶金技术研发及咨询服务；资产租赁；钢铁、炉料销售；国内劳务派遣；其他投资兴业，包括钢铁及其深加工行业、钒钛及其深加工行业、采矿业、房地产开发、机电设备制造及机械加工业、餐饮服务业、再生资源利用行业、建筑安装行业、物流服务行业、煤化工行业、旅游业；国际、国内贸易；金属及非金属矿石、焦炭、耐火材料的销售；自营和代理商品和技术进出口业务（国家限制或禁止经营的除外）。						

企业名称	中化河北有限公司			海关编码	1301915012	所属海关	石家庄关
通讯地址	河北省石家庄市联盟路 707 号中化大厦			邮政编码	050072	法人姓名	赵彩军
评定时间	2009.1.13	注册日期	1992.11.13	报关有效期	长期	注册资本	47332.27 万人民币
主营范围	危险化学品批发（具体品种以危险化学品经营许可证核定经营范围为准，有效期至 2016 年 10 月 19 日）；自营和代理各类商品和技术的进出口，但国家限定公司经营或者禁止进出口的商品和技术除外；钢材、生铁、铁合金产品（法律、法规禁止或者限制经营的除外）的批发、零售；进出口咨询服务；自由房屋租赁；铬矿、锰矿、硼矿、锡矿、铅矿、镍矿等原矿石及锑精矿石、锌精矿石、天青矿石的销售；批发兼零售预包装食品（许可证有效期至 2014 年 9 月 25 日）。						

企业名称	河北机械进出口有限公司			海关编码	1301915013	所属海关	石家庄关
通讯地址	河北省石家庄市泰华街 181 号			邮政编码	050051	法人姓名	欧建军
评定时间	2013.2.25	注册日期	1992.11.17	报关有效期	长期	注册资本	5260 万人民币
主营范围	自营和代理各类商品和技术的进出口业务，但国家限定公司经营或者禁止进出口的商品和技术除外；钢材、工程机械设备的销售；国内招投标代理；自有房屋租赁；三类［6823-2 彩色超声成像设备及超声介入 / 腔内诊断设备、6828-1 医用磁共振成像设备（MRI）、6830-4X 射线计算机断层摄影设备（CT）、6832-1 医用高能射线治疗设备、6845-4 血液净化设备、6854-2 呼吸设备］、二类（助听器除外）医疗器械的销售（有效期至 2016 年 9 月 18 日）；承包与其实力、规模、业绩相适应的国外工程项目，对外派遣实施上述境外工程所需的劳务人员；机械设备（特种设备除外）技术研发、技术转让、技术咨询及维修。（法律、法规禁止或者限制的事项不得经营；需其他部门审批的事项，待批准后方可经营）						

企业名称	河北省机械设备进出口公司			海关编码	1301915018	所属海关	石家庄关
通讯地址	河北省石家庄市合作路 71 号			邮政编码	050051	法人姓名	任远
评定时间	2009.10.30	注册日期	1992.12.5	报关有效期	长期	注册资本	1473 万人民币
主营范围	主营：自营和代理各类商品和及技术的进出口业务（国家规定的专营进出口商品和国家禁止进出口的特殊商品除外），经营进料加工和“三来一补”业务，开展对销贸易和转口贸易。 兼营：自有房屋租赁，纺织品、土产日杂、五金交电、日用百货、建材、钢材、铬矿石、汽车零配件、机械零配件、化工原料（法律、法规禁止或需审批的除外）、钨合金的批发、零售。						

企业名称	河北华润进出口有限责任公司			海关编码	1301915044	所属海关	石家庄关
通讯地址	河北省石家庄市新华区西三庄 42 号			邮政编码	050072	法人姓名	郭同庆
评定时间	2013.10.29	注册日期	1995.9.22	报关有效期	长期	注册资本	500 万人民币
主营范围	货物和技术的进出口，化工产品（危险化学品、监控品、易制毒品、易燃易爆品等法律法规规定需经审批的除外）的批发零售，预包装食品、乳制品（含婴幼儿配方乳粉）的批发、零售（许可证有效期至 2015 年 7 月 17 日）。						

企业名称	河北东明皮革有限公司			海关编码	1301920054	所属海关	石家庄关
通讯地址	河北省辛集市制革工业区			邮政编码	052360	法人姓名	谢少达
评定时间	2013.10.29	注册日期	2005.8.29	报关有效期	长期	注册资本	100 万美元
主营范围	生产加工皮革、裘革、革皮服装，销售自产产品；非配额许可证管理的商品、非专营商品的收购出口业务（不含分销业务）。						

企业名称	河北东明牛皮制革有限公司	海关编码	1301920055	所属海关	石家庄关
通讯地址	河北省辛集市制革工业区	邮政编码	052360	法人姓名	谢胜虎
评定时间	2011.9.19　注册日期　2006.9.12	报关有效期	长期	注册资本	600 万美元
主营范围	生产皮革、胶原、裘革、革皮服装，销售自产产品。				

企业名称	辛集市宝得福皮业有限公司	海关编码	1301920057	所属海关	石家庄关
通讯地址	河北省辛集市制革工业区	邮政编码	052360	法人姓名	董建明
评定时间	2014.2.25　注册日期　2007.12.7	报关有效期	长期	注册资本	1500 万美元
主营范围	收购生皮（企业自用），加工皮毛一体革、皮革，生产服装、鞋材、皮鞋及其他皮革、皮毛制品，销售自产产品。				

企业名称	石家庄博仁塑料制品有限公司	海关编码	1301930703	所属海关	石家庄关
通讯地址	河北省正定县南牛乡河里村西	邮政编码	050000	法人姓名	封联法
评定时间	2014.1.8　注册日期　1999.7.1	报关有效期	长期	注册资本	440 万人民币
主营范围	生产 PVC 手套，销售自产产品。				

企业名称	石家庄万力塑胶制品有限公司	海关编码	1301930752	所属海关	石家庄关
通讯地址	河北省晋州市通达路 78 号	邮政编码	052260	法人姓名	郑敬雷
评定时间	2013.10.29　注册日期　2001.8.30	报关有效期	长期	注册资本	396 万人民币
主营范围	生产一次性 PVC 乳胶手套，销售自产产品。				

企业名称	河北华明光学有限公司	海关编码	1301930888	所属海关	石家庄关
通讯地址	河北省辛集市东巴营村	邮政编码	052360	法人姓名	田欢
评定时间	2013.10.29　注册日期　2006.7.20	报关有效期	长期	注册资本	260 万美元
主营范围	生产和销售光学眼镜片、眼镜架、太阳镜、玻璃模具、光学仪器及设备。				

企业名称	石家庄钢铁有限责任公司	海关编码	1301930945	所属海关	石家庄关
通讯地址	河北省石家庄市和平东路 363 号	邮政编码	050031	法人姓名	王立平
评定时间	2014.1.8　注册日期　2011.8.18	报关有效期	长期	注册资本	200000 万人民币
主营范围	生铁及高炉水渣的生产、销售及进出口；钢、钢材及钢副产品、钢渣及制品的生产、销售及进出口；钢材深加工；铁矿砂产品的进出口及国内销售；冶金用原料的进出口及批发、零售（不涉及国营贸易管理商品；涉及配额、许可证管理商品的，按国家有关规定办理申请；涉及行政许可的，凭许可证经营）；房屋、机械设备的租赁、转让；冶金技术的进出口业务、技术服务及技术转让；冶金备件进出口业务；压缩氧气、液氧、压缩氮气、液氮、压缩氩气、液氩的生产和销售（安全生产许可证有效期至 2014 年 7 月 29 日）；空分生产技术咨询、技术服务。				

企业名称	泛亚金属制品（石家庄）有限公司	海关编码	1301940084	所属海关	石家庄关
通讯地址	河北省石家庄市新华区友谊北大街西营西路 100 号	邮政编码	050051	法人姓名	杨桦
评定时间	2013.10.29　注册日期　1994.1.10	报关有效期	长期	注册资本	40.58 万美元
主营范围	生产金属、非金属室内外装饰用品、园艺饰品（限分公司生产），销售自产产品。				

企业名称	石家庄明旺乳业有限公司			海关编码	1301940208	所属海关	石家庄关
通讯地址	河北省石家庄市行唐县食品工业区北区 1 号			邮政编码	050600	法人姓名	林镇世
评定时间	2014.2.25	注册日期	2007.3.28	报关有效期	长期	注册资本	2275 万美元
主营范围	生产乳制品［液体乳（调制乳）、其他乳制品（炼乳）］（许可经营至 2017 年 3 月 28 日）、饮料（蛋白饮料类、其他饮料类）（许可经营至 2017 年 10 月 28 日），销售自产产品，乳制品（不含婴幼儿配方乳粉）的批发（食品流通许可证有效期至 2014 年 11 月 23 日）。（以上经营范围涉及许可经营项目的，应在取得有关部门的许可后方可经营）						

企业名称	河北轻工进出口集团股份有限公司			海关编码	1301950037	所属海关	石家庄关
通讯地址	河北省石家庄市友谊北大街钟久路 26 号			邮政编码	050072	法人姓名	孙新强
评定时间	2008.11.19	注册日期	1999.1.14	报关有效期	长期	注册资本	3750 万人民币
主营范围	自营和代理各类商品和技术的进出口业务（国家有限制的除外），办公设备的批发、零售，酒类商品的批发（有效期至 2016 年 12 月 31 日），自有房屋租赁，煤炭批发经营（许可证有效期至 2016 年 5 月 26 日）。						

企业名称	河北敬业钢铁有限公司			海关编码	1301950126	所属海关	石家庄关
通讯地址	河北省平山县南甸镇			邮政编码	050400	法人姓名	王国太
评定时间	2013.2.25	注册日期	2003.12.1	报关有效期	长期	注册资本	10000 万人民币
主营范围	炼钢，轧钢，制氧，制氮；氧气、氮气、钢渣的批发、零售；废旧金属收购（非生产性），铁矿沙进口、销售，进出口贸易；工业旅游项目开发。（涉及专项审批的，未经审批不得经营）						

企业名称	河北苹乐面粉机械集团有限公司			海关编码	1301960007	所属海关	石家庄关
通讯地址	河北省石家庄市正定县西平乐乡东安丰村南			邮政编码	050800	法人姓名	李建军
评定时间	2013.12.20	注册日期	2000.1.21	报关有效期	长期	注册资本	3860 万人民币
主营范围	面粉、谷物、农副产品、仓储机械设备及其配件、低压成套开关设备的制造，机电设备安装工程，粮食机械租赁；自营和代理一般经营项目商品和技术的进出口业务，但国家限定公司经营或禁止进出口的商品和技术除外。（以上全部范围法律、法规禁止或者限制的事项，不得经营；需其他部门审批的事项，待批准后，方可经营）						

企业名称	河北先施进出口贸易有限公司			海关编码	1301960075	所属海关	石家庄关
通讯地址	河北省石家庄市中华北大街 50 号军创国际商务花园 902 室			邮政编码	050061	法人姓名	陈良
评定时间	2014.9.3	注册日期	2002.3.4	报关有效期	长期	注册资本	400 万人民币
主营范围	自营和代理各类商品和技术的进出口（国家限定公司经营或禁止进出口的商品和技术除外）。塑料制品（医用品除外）、机械设备、电力设备的销售，化工原料（国家专控除外）的销售；易燃固体、自燃和遇湿易燃物品（1，5二硝基萘、六亚甲基四胺）、易燃液体（粗苯、甲醇、糠醛、乙醇、乙醛、正丁腈）、腐蚀品（邻苯二甲酸酐）、压缩气体及液化气体（氯乙烯、四氟乙烯）、氧化剂和有机过氧化物（亚硝酸钠）的销售（有效期至 2015 年 8 月 27 日）。						

企业名称	石家庄千祥贸易有限公司			海关编码	1301960087	所属海关	石家庄关
通讯地址	河北省石家庄市光华路 8 号			邮政编码	050011	法人姓名	师向明
评定时间	2014.9.3	注册日期	2002.4.4	报关有效期	长期	注册资本	1000 万人民币
主营范围	纺织品、纺织原料、建材、机械设备、电子产品、五金产品、日用百货、饲料、化工产品（易燃易爆危险化学品除外，国家专控除外）的批发、零售，黑白花奶牛（养殖除外）的销售，货物进出口、技术进出口。（法律法规规定需专项审批的，在未批准前不得开展经营活动）						

企业名称	辛集市梅花皮业有限公司			海关编码	1301960105	所属海关	石家庄关
通讯地址	河北省辛集市制革工业区			邮政编码	052360	法人姓名	董建明
评定时间	2014.2.25	注册日期	2002.5.15	报关有效期	长期	注册资本	4000 万人民币
主营范围	加工、销售毛革一体成品皮、皮衣、服装及皮革制品、皮毛制品、皮鞋、箱包；收购生羊皮、生牛皮、生马皮、生兔皮、生狐狸皮、生貂皮（需专项审批和国家禁止经营的品种除外）；经营本企业自产产品和技术的出口业务和本企业所需的原辅材料、机械设备、零配件及技术的进口业务，但国家限定公司经营和禁止进出口的商品及技术除外。						

企业名称	石家庄市达美贸易有限公司			海关编码	1301960413	所属海关	石家庄关
通讯地址	河北省石家庄市新华区合作路 286 号			邮政编码	050000	法人姓名	朱江
评定时间	2014.7.2	注册日期	2004.2.6	报关有效期	长期	注册资本	3000 万人民币
主营范围	货物及技术进出口（法律法规规定需专项审批的，在未批准前不得开展经营活动）。						

企业名称	石家庄方大包装材料有限公司			海关编码	1301960434	所属海关	石家庄关
通讯地址	河北省元氏县元氏大街 405 号			邮政编码	050091	法人姓名	杨志
评定时间	2014.7.2	注册日期	2004.8.11	报关有效期	长期	注册资本	518 万人民币
主营范围	塑料包装制袋胶粘材料的研制、开发、生产、销售；经营本公司自产产品及技术的进出口业务和本企业所需要的机械设备、零配件、原辅材料及技术的进出口业务，但国家限定的除外。						

企业名称	河北兴业恒通国际贸易有限公司			海关编码	1301960610	所属海关	石家庄关
通讯地址	河北省石家庄市桥东区中山东路 166 号			邮政编码	050071	法人姓名	张敏
评定时间	2014.4.10	注册日期	2004.6.7	报关有效期	长期	注册资本	1500 万人民币
主营范围	机电设备（小轿车除外）、仪器仪表及零配件、钢材、木材、建材、化学试剂的批发零售；自营和代理各类商品和技术的进出口，但国家限定公司经营或禁止进出口的商品和技术除外。						

企业名称	河北鑫益贸易有限公司			海关编码	1301960673	所属海关	石家庄关
通讯地址	河北省石家庄市新华区新华路 199 号			邮政编码	050000	法人姓名	杨荣平
评定时间	2014.8.11	注册日期	2004.7.15	报关有效期	长期	注册资本	600 万人民币
主营范围	有色金属（国控除外）、黑金属非金属矿产品（国控除外）、钢材的批发（法律、法规规定需专项审批的，在未批准前不得开展经营活动）。						

企业名称	河北明迈特贸易有限公司			海关编码	1301960801	所属海关	石家庄关
通讯地址	河北省石家庄市新华区新华路 337 号			邮政编码	050000	法人姓名	扈克标
评定时间	2010.12.1	注册日期	2004.9.24	报关有效期	长期	注册资本	3000 万人民币
主营范围	五金、钢材、金属制品、矿产品（国控除外）、机械设备、针纺织品、服装、食品、饮料的零售、批发；自营和代理各类商品和技术的进出口，但国家限定公司经营或禁止进出口的商品及技术除外。（法律、法规规定需专项审批的，在未批准前不得开展经营活动）						

企业名称	河北方达国际贸易有限责任公司			海关编码	1301961256	所属海关	石家庄关
通讯地址	河北省石家庄市西三庄街 42 号			邮政编码	050071	法人姓名	李笑军
评定时间	2013.2.25	注册日期	2005.10.19	报关有效期	长期	注册资本	800 万人民币
主营范围	未经加工的初级农产品、毛皮制品（国家限制除外）、五金、建材（木材除外）、工艺美术品、日用百货、汽车装饰品、机械设备、电子产品的销售，针纺织品、服装的生产销售，自营和代理各类商品和技术进出口业务（国家限定公司经营或禁止进出口的商品和技术除外），预包装食品的批发与零售（有效期至 2014 年 12 月 6 日）。（以上全部范围法律、法规禁止或者限制的事项不得经营；需要其他部门审批事项，待批准后方可经营）						

企业名称	石家庄盛华企业集团有限公司			海关编码	1301962566	所属海关	石家庄关
通讯地址	河北省正定县诸福屯村西南			邮政编码	050800	法人姓名	彭新华
评定时间	2013.2.25	注册日期	2008.10.29	报关有效期	长期	注册资本	3200 万人民币
主营范围	生产精密铸造件、机械零件、汽车零件及其他各类零部件、阀门的加工制造；各类商品和技术的进出口（不另附进出口商品目录），但国家限定公司经营或禁止进出口的商品及技术除外；房屋租赁。（以上全部范围法律、法规及国务院决定禁止或者限制的事项不得经营；需其他部门审批的事项，待批准后方可经营）						

企业名称	河北华泰纸业有限公司			海关编码	1301963223	所属海关	石家庄关
通讯地址	河北省赵县石塔西路			邮政编码	051530	法人姓名	田居龙
评定时间	2013.2.25	注册日期	2009.12.30	报关有效期	长期	注册资本	149169.54 万人民币
主营范围	新闻纸和其他印刷用纸的生产及上述产品的进出口业务。						

企业名称	石家庄鸿鹰塑料制品有限公司			海关编码	1301964642	所属海关	石家庄关
通讯地址	河北省石家庄市和平路 685 号			邮政编码	050000	法人姓名	郝俊杰
评定时间	2012.2.23	注册日期	2012.2.3	报关有效期	长期	注册资本	1000 万人民币
主营范围	生产 PVC 手套，经营本企业自产品及技术的出口业务和本企业所需的机械设备、零配件、原辅材料及技术的进口业务。（以上全部范围法律、法规禁止或者限制的事项不得经营；需其他部门审批的事项，待批准后方可经营）						

企业名称	秦皇岛金海粮油工业有限公司			海关编码	1303230493	所属海关	秦皇岛关
通讯地址	河北省秦皇岛市海港区海滨路 35 号丙码头			邮政编码	066002	法人姓名	邢录珍
评定时间	2008.11.19	注册日期	2000.7.17	报关有效期	长期	注册资本	35075 万人民币
主营范围	生产、加工、销售食用植物油（全国工业产品许可证有效期至 2015 年 3 月 26 日）、饲料，大豆深加工、仓储、中转、销售（中华人民共和国农业转基因生物加工许可证有效期至 2015 年 5 月），销售油籽、大豆相关产品包装材料，从事非配额许可证管理、非专营商品的收购出口业务。						

企业名称	秦皇岛金海食品工业有限公司			海关编码	1303240157	所属海关	秦皇岛关
通讯地址	河北省秦皇岛经济技术开发区东区金海道 1 号			邮政编码	066206	法人姓名	穆彦魁
评定时间	2012.9.3	注册日期	2002.7.19	报关有效期	长期	注册资本	10940 万美元
主营范围	大米的分装、销售（全国工业产品生产许可证有效期至 2015 年 4 月 12 日），其他粮食加工品（谷物碾磨加工品、谷物加工品）（全国工业产品生产许可证有效期至 2017 年 4 月 10 日）、豆制品（其他豆制品）（全国工业产品生产许可证有效期至 2017 年 1 月 17 日）、食品添加剂、单一饲料、食用植物油（全精炼、半精炼）（全国工业产品生产许可证有效期至 2015 年 9 月 28 日）、饮料（固体饮料）（全国工业产品生产许可证有效期至 2017 年 5 月 18 日）的加工、销售，食品用塑料容器（全国工业产品生产许可证有效期至 2016 年 5 月 16 日）的生产、销售，仓储服务（危险化学品除外）。						

企业名称	山海关船舶重工有限责任公司			海关编码	1303910046	所属海关	秦皇岛关
通讯地址	河北省秦皇岛市山海关经济技术开发区船厂路 1 号			邮政编码	066206	法人姓名	王长洲
评定时间	2013.2.25	注册日期	1997.8.1	报关有效期	长期	注册资本	95743 万人民币
主营范围	许可经营项目：桥式起重机 B 级、C 级，门式起重机 C 级的制造（形式、型号 / 参数按起重机械特种设备制造许可证从事经营活动）（特种设备制造许可证有效期至 2014 年 9 月 26 日）；门式起重机 A 级、门座起重机 A 级的制造（形式、型号 / 参数按起重机械特种设备制造许可证从事经营活动）（特种设备制造许可证有效期至 2014 年 10 月 18 日）；桥式起重机、门式起重机、门座起重机（级别 A）的安装、改造、维修（特种设备安装改造维修许可证有效期至 2016 年 1 月 14 日），按秦皇岛市港航管理局核发的港口经营许可证从事经营活动（港口经营许可证有效期至 2016 年 3 月 8 日），拆船（按秦皇岛市环境保护局秦环审函 [2010]27 号批复从事经营活动）。一般经营项目（项目中属于禁止经营和许可经营的除外）：金属船舶、海洋工程结构物的设计制造、修理，金属结构设计制造，机械加工，工业产品（危险化学品除外）的存储、分装，热镀锌、钢材、建材、煤炭、焦炭、焊接材料、有色金属（专营除外）、机电设备（专营除外）、电线电缆的销售及相关货物的进出口、技术进出口业务。						

企业名称	承德舒适家用品有限公司			海关编码	1308920008	所属海关	秦皇岛关
通讯地址	河北省平泉县工业聚集区西河路 3 号			邮政编码	067500	法人姓名	李庆三
评定时间	2013.10.29	注册日期	2004.3.19	报关有效期	长期	注册资本	39.8 万美元
主营范围	生产销售日用金属制品、玻璃纤维制品、铝制品、木制品。						

企业名称	惠达卫浴股份有限公司			海关编码	1302910067	所属海关	唐山海关
通讯地址	河北省唐山市丰南区黄各庄镇惠达路 7 号			邮政编码	063307	法人姓名	王惠文
评定时间	2013.3.19	注册日期	1999.3.31	报关有效期	长期	注册资本	21311.11 万人民币
主营范围	生产和销售卫生陶瓷制品、建筑陶瓷制品、卫生陶瓷洁具配件、整体浴室、整体橱柜、建筑装饰、装修材料、高中档系列抛光砖、墙地板、坐便盖、水箱配件、塑料制品、卫生瓷配套产品；文化用纸、胶印纸的加工；原纸销售；纸板、纸箱加工；本企业生产、科研所需的原辅材料、机械设备、仪器、仪表及零配件的进口业务；木制门窗批发，零售；普通货运（经营至 2016 年 3 月 12 日）；网上销售本公司自产的产品；自营代理各类商品和技术的进出口业务，但国家限制和禁止的除外。						

企业名称	唐山钢铁集团有限责任公司			海关编码	1302910004	所属海关	唐山海关
通讯地址	河北省唐山市路北区滨河路 9 号			邮政编码	063016	法人姓名	王兰玉
评定时间	2008.11.19	注册日期	1992.12.13	报关有效期	长期	注册资本	514303.25 万人民币
主营范围	资产经营；外经外贸（详见进出口商品目录）；冶金技术开发、咨询、服务；机电修理；职业技工；教育培训。以下限分支经营：矿山开采；焦化产品；钢铁冶炼；钢材轧制；钢材加工；建筑安装；工程设计研究；普通货运，危险货物运输（2 类 1 项、2 类 2 项、第 3 类）（许可至 2015 年 10 月 11 日）；货运站（场）经营（仓储、配载、理货、信息服务、装卸）（有效期限至 2016 年 03 月 18 日）；国际货运代理；煤气、二次及多次能源、资源再利用产品的生产和销售；节能、新材料技术推广服务；合同能源管理；机械设备及其零部件修理；液压设备、液压管件的生产、维修；劳务输出；电子产品、建材（木材、石灰除外）、钢材的批发、零售；信息技术管理及相关咨询；计算机软件开发、硬件集成及系统服务；计算机及辅助设备、办公设备、计算机耗材、工业自动化控制系统装置、通讯设备的批发、零售；焦炭、煤焦油、纯苯、甲苯、二甲苯、重苯、苯酚的生产销售；住宿、生活美容、理发、正餐；预包装食品零售，日用品、针纺织品、陶瓷制品、烟酒零售，国内版图书零售；洗衣服务；汽车租赁。（以上各项涉及法律、法规专项审批的，未经批准，不得经营）						

企业名称	中材建设有限公司			海关编码	1302910119	所属海关	唐山海关
通讯地址	河北省唐山市丰润区幸福道 7 号			邮政编码	063030	法人姓名	彭建新
评定时间	2014.7.2	注册日期	2003.6.18	报关有效期	长期	注册资本	7258 万人民币
主营范围	冶炼工程，房屋建筑工程总承包；冶炼机电设备安装，起重设备安装，防腐保温工程，炉窑工程专业承包；设备成套，冶炼设备制造；压力容器、钢结构、网架结构制造安装；工程咨询；自营和代理各类商品和技术的进出口（国家限定公司经营或禁止进出口商品和技术除外），经营进料加工和“三来一补”业务，经营对销贸易和转口贸易；承包境外工程和境内国际招标工程；对外派遣实施境外工程所需的劳务人员，同时经营上述外工程所需设备、材料的出口业务；普通货运，货物专用运输（罐式）（有效期至 2014 年 11 月 10 日）；易燃液体：苯、二甲苯异构体混合物、甲基苯、甲基叔丁基醚、石脑油、正乙烷（有效期至 2014 年 11 月 27 日）						

企业名称	唐山松下产业机器有限公司			海关编码	1302930345	所属海关	唐山海关
通讯地址	河北省唐山市高新技术开发区内			邮政编码	063020	法人姓名	柳宝诚
评定时间	2013.10.29	注册日期	1994.5.11	报关有效期	长期	注册资本	80000 万日元
主营范围	电焊机、切割机及相关产品的制造，垂直多关节工业机器人及其装置设备的制造，销售本公司产品，并提供上述产品的售后服务及维修。						

企业名称	唐山翔宇家俱有限公司			海关编码	1302930559	所属海关	唐山海关
通讯地址	河北省唐山芦台经济开发区东部工业园区（原三分场）			邮政编码	301505	法人姓名	于克奇
评定时间	2013.10.29	注册日期	1999.11.1	报关有效期	长期	注册资本	57.97 万美元
主营范围	生产室内外钢木家具，加工制作各种规格高频焊管及其他金属配件，销售本公司产品。						

企业名称	河北津西钢铁集团股份有限公司			海关编码	1302930630	所属海关	唐山海关
通讯地址	河北省迁西县三屯营镇东			邮政编码	064302	法人姓名	韩力
评定时间	2014.7.2	注册日期	2003.3.24	报关有效期	长期	注册资本	22863.56 万人民币
主营范围	矿山开发、开采，矿石磁选，炉料的加工生产；生铁、钢坯冶炼，钢材轧制；经营本企业自产产品，并提供售后服务；工业用氧、氮、纯氩的生产、自用（在“现场供气备案告知书”规定的期限内生产）。（涉及行政许可的，凭许可证经营）						

企业名称	河北永新纸业有限公司			海关编码	1302930650	所属海关	唐山海关
通讯地址	河北省滦南县城关西马路 88 号			邮政编码	063500	法人姓名	张茵
评定时间	2014.7.2	注册日期	2004.4.16	报关有效期	长期	注册资本	6899.53 万美元
主营范围	生产各类中、高档牛皮箱板，瓦楞纸，灰底白板等包装材料及相关包装制品；销售本公司产品；本公司生产产品所需原料的收购；道路普通货运，道路货物专用运输（集装箱）（道路运输经营许可证有效期至 2016 年 11 月 22 日）。						

企业名称	唐山国丰钢铁有限公司			海关编码	1302940145	所属海关	唐山海关
通讯地址	河北省唐山市丰南区青年路 193 号			邮政编码	063300	法人姓名	张震
评定时间	2013.10.29	注册日期	2005.5.11	报关有效期	长期	注册资本	40316.76 万美元
主营范围	生产烧结矿、生铁、钢锭、钢材（普通钢、特种钢、低合金材质钢材）、压缩和液化气体产品（全国工业产品申报产许可证有效期至 2016 年 6 月 2 日）、热轧卷板、镀锌板、彩涂板，销售本公司产品。（依法须经批准的项目，经相关部门批准后方可开展经营活动）						

企业名称	唐山市冀东物贸企业集团进出口有限公司			海关编码	1302950054	所属海关	唐山海关
通讯地址	河北省唐山市冀东物贸企业集团公司物贸大厦（滦县经济技术开发区）			邮政编码	063700	法人姓名	牛文辉
评定时间	2014.2.25	注册日期	2002.12.26	报关有效期	长期	注册资本	12000 万人民币
主营范围	汽车（不含小轿车）及配件、摩托车及配件、金属材料、建筑材料、百货、针纺织品、五金交电、电子产品、电器机械设备、土产品、五金矿产品、农机具、工艺品、土畜产品销售；防滑钉安装及服务，技术开发咨询、服务转让；粮油进出口（食品流通许可证有效期至 2015 年 12 月 10 日）；棉、麻采购及销售；仓储服务（化学危险品及剧毒化学品除外）；自营和代理各类商品和技术的进出口，但国家限定公司经营或禁止进出口的商品和技术除外。						

企业名称	唐山燕山钢铁有限公司			海关编码	1302960114	所属海关	唐山海关
通讯地址	河北省唐山市迁安火车站西侧			邮政编码	064403	法人姓名	王树立
评定时间	2014.7.7	注册日期	2003.4.23	报关有效期	长期	注册资本	200000 万人民币
主营范围	钢铁、金属化球团冶炼，钢材轧制，铁精矿粉销售，货物进出口，技术进出口。（法律、行政法规禁止的项目除外；法律、行政法规限制的，取得许可后方可经营）						

企业名称	唐山瑞丰钢铁（集团）有限公司			海关编码	1302960164	所属海关	唐山海关
通讯地址	河北省唐山市丰南区小集镇古庄			邮政编码	063303	法人姓名	王振军
评定时间	2014.7.2	注册日期	2003.10.14	报关有效期	长期	注册资本	80000 万人民币
主营范围	连铸钢坯制造，经营企业自产产品及技术的出口业务和本企业所需的机械设备、零配件、原辅材料及技术的进口业务（国家限定公司经营或禁止进出口的商品及技术除外），带钢型管材轧制。以下限分支机构凭许可证在有效期内经营：普通货运，氧气、氮气的生产，矿渣超细粉加工销售。						

企业名称	唐山梦牌瓷业有限公司			海关编码	1302960607	所属海关	唐山海关
通讯地址	河北省唐山市丰南区西葛镇东尖坨			邮政编码	063314	法人姓名	孟令来
评定时间	2014.2.25	注册日期	2005.6.24	报关有效期	长期	注册资本	8396 万人民币
主营范围	生产卫生陶瓷制品，销售本公司产品，自营进出口卫浴设施。						

企业名称	富智康精密电子（廊坊）有限公司			海关编码	1310930458	所属海关	廊坊海关
通讯地址	河北省廊坊经济技术开发区友谊路18号			邮政编码	065000	法人姓名	李哲生
评定时间	2013.2.25	注册日期	2007.5.15	报关有效期	长期	注册资本	47550万美元
主营范围	开发、生产、加工新型电子元器件，移动通信系统、手机、基站、交换设备及数字集群系统设备及其零部件，便携性微型计算机、轻型平板显示器及其零部件，电子产品测试仪器，数字照相机及其关键件，以及与以上产品相关的模具；多媒体电子产品、电子设备及其零部件制造；汽车零部件及配件制造；提供相关的检测业务及自行开发技术的技术服务、技术咨询、技术培训与售后服务；销售本公司自产产品；上述产品的同类商品的批发、进出口（涉及配额许可证管理、专项规定管理的商品，按国家有关规定办理）、佣金代理业务（拍卖除外）。						

企业名称	山特维克工具制造（廊坊）有限公司			海关编码	1310940006	所属海关	廊坊海关
通讯地址	河北省廊坊市经济技术开发区			邮政编码	065001	法人姓名	Elisabeth Lindstrom-Dupuy
评定时间	2013.2.25	注册日期	1993.7.26	报关有效期	长期	注册资本	26559.27万人民币
主营范围	生产、加工、组装和销售精密数控加工用高速超硬刀具、切削工具、钻机工具、据及工具、钢制标准件、硬直合金非标准件、特种陶瓷制品、食品及化工加工机械，相关产品的技术服务和培训。						

企业名称	廊坊立邦涂料有限公司			海关编码	1310940035	所属海关	廊坊海关
通讯地址	河北省廊坊经济技术开发区富中路48号			邮政编码	065000	法人姓名	WEE SIEW KIM
评定时间	2013.10.29	注册日期	1995.11.16	报关有效期	长期	注册资本	838万美元
主营范围	生产销售涂料、辅助材料调色机械，防水、防火、保温隔热、复合材料等建筑装修装饰材料（限分公司生产），提供相关的售后服务，以及仅与涂料相关的建筑涂装工程、防腐涂装工程、涂装工程监理、外墙保温工程、涂装工程咨询，相关原材料的进出口、批发，建筑材料、装饰装修材料、机械设备、五金交电、家用电器、居家装饰用品、家具及家具饰品、电子产品、通讯器材、纺织品、服装及日用百货的网上零售、进出口、批发、佣金代理（拍卖品除外）及其他相关的咨询配套业务。（法律法规规定涉及配额、许可证经营的商品，凭配额、许可证经营；法律、法规规定禁止的商品，不得经营）						

企业名称	河北前进钢铁集团有限公司			海关编码	1310960045	所属海关	廊坊海关
通讯地址	河北省霸州市胜芳镇开发区中星园区			邮政编码	065701	法人姓名	马西波
评定时间	2013.10.29	注册日期	2003.4.15	报关有效期	长期	注册资本	100000万人民币
主营范围	生产销售不锈钢、钢铁冶炼、带钢轧制及制管；钢材改制及销售；经营本企业自产产品出口业务和本企业所需的机械设备、零配件原辅材料的进口业务，进出口的商品按资格证书的目录经营。						

企业名称	英利能源（中国）有限公司			海关编码	1306340020	所属海关	保定海关
通讯地址	河北省保定市朝阳北大街3399号			邮政编码	071051	法人姓名	苗连生
评定时间	2013.10.29	注册日期	2008.1.3	报关有效期	长期	注册资本	43468万美元
主营范围	硅太阳能电池及其相关配套产品、风机及其相关配套产品、热发电产品、控制器、逆变器、兆瓦级跟踪器的研发、生产、销售、技术咨询及服务；太阳能光伏电站工程的设计、安装、施工；光伏发电系统的批发、零售，并提供相关产品的技术咨询与服务；太阳能发电；承包与其实力、规模、业绩相适应的国外工程项目；对外派遣实施上述境外工程所需的劳务人员。						

企业名称	定州东方铸造有限公司			海关编码	1306930364	所属海关	保定海关
通讯地址	河北省定州市砖路镇砖路村			邮政编码	073007	法人姓名	陈占营
评定时间	2009.1.13	注册日期	1998.12.25	报关有效期	长期	注册资本	6200 万人民币
主营范围	生产黑色、有色金属铸件（不含金、银稀有金属），销售本公司产品；从事非配额许可证、非专营商品收购出口业务，并可以参加自产产品的出口配额招标。						

企业名称	河北华夏实业有限公司			海关编码	1306940109	所属海关	保定海关
通讯地址	河北省涿州市永乐村			邮政编码	072750	法人姓名	王凤
评定时间	2013.10.29	注册日期	2003.2.14	报关有效期	长期	注册资本	2200 万美元
主营范围	生产各种胶粘制品、塑料、化工品（危险化学品除外）、机械设备、电子设备（国家限制类除外），销售本公司自产产品。						

企业名称	河北义厚成日用品有限公司			海关编码	1306960187	所属海关	保定海关
通讯地址	河北省保定市满城建业路 333 号			邮政编码	071000	法人姓名	白红敏
评定时间	2014.9.3	注册日期	2003.11.18	报关有效期	长期	注册资本	20000 万人民币
主营范围	卫生巾、卫生护垫、湿巾、卫生湿巾、尿布、隔尿垫、纸巾纸、卫生纸的生产、销售（消毒产品生产企业卫生许可证有效期至 2015 年 3 月 17 日）；货物进出口与技术进出口贸易，但国家限定公司经营或禁止进出口的货物和技术除外；服装、鞋帽、文具用品、其他日用品的销售。（经营范围中属于法律、行政法规规定须经批准的项目，应当依法经过批准后方可经营）						

企业名称	巨力索具股份有限公司			海关编码	1306960366	所属海关	保定海关
通讯地址	河北省保定市徐水县巨力路			邮政编码	072550	法人姓名	杨建忠
评定时间	2009.1.13	注册日期	2005.1.6	报关有效期	长期	注册资本	96000 万人民币
主营范围	钢丝绳、钢丝绳索具、钢丝、钢绞线、化纤类索具、捆绑索具、牵引索具、缆绳、链条、链条索具、冶金吊夹具、吊梁、建筑钢拉杆、抽油杆及其接箍、石油钻杆及其接头、桥梁建筑缆索、锻压类索具、桥式、门式、冶金起重机、抓斗、滑车、滑轮、石油吊环、汽车配件、索具制造设备的生产、销售；金属材料及产品的检测（以认可证书核定为准，限分支机构经营）及检测实验设备的研发、制造；预应力工程专业承包（以认可资质证书为准）；钢铁材料、化纤材料、有色金属材料的销售；货物和技术的进出口业务（国家禁止的除外）。						

企业名称	河北宏润新型面料有限公司			海关编码	1306960575	所属海关	保定海关
通讯地址	河北省高阳县西环西侧			邮政编码	071500	法人姓名	王超
评定时间	2013.10.29	注册日期	2006.5.11	报关有效期	长期	注册资本	36000 万人民币
主营范围	纺织品、服装、产业用布、羊毛脂、无纺布、家纺织品、针织面料、功能性纺织品的开发、研制和销售；合线加工；中水回用染纱及高档毛浴巾针织染整；自有房屋出租；农作物种植；普通货物运输；棉花和羊毛的收购、加工、经营（棉花加工资格认定书有效期至 2017 年 9 月 11 日）；经营本企业自产产品及技术的出口业务和本企业所需的机械设备、零配件、原辅材料及技术的进口业务，但国家限定公司经营和禁止进出口的商品及技术除外。						

企业名称	阿特拉斯·科普柯（张家口）建筑矿山设备有限公司			海关编码	1307940033	所属海关	张家口海关
通讯地址	河北省张家口市宣化区长治南路 1 号			邮政编码	075105	法人姓名	LINA NYMAN
评定时间	2014.8.11	注册日期	2003.7.3	报关有效期	长期	注册资本	400 万美元
主营范围	生产、销售钻车、潜孔冲击器、钎头配件、建筑矿山机械产品，提供售后服务。						

企业名称	河北四通新型金属材料股份有限公司			海关编码	1306960826	所属海关	保定海关
通讯地址	河北省保定市清苑县望亭乡东安村			邮政编码	071105	法人姓名	臧立国
评定时间	2014.9.3	注册日期	2007.11.20	报关有效期	长期	注册资本	6060 万人民币
主营范围	铝基中间合金、铜基中间合金、铁基中间合金、镍基中间合金、锌基中间合金、铅基中间合金及特殊合金材料的制造、销售，金属添加剂、金属熔剂（不含危险品）的制造、销售，经营本企业自产产品的出口业务和本企业所需机械设备、零配件、原辅材料的进口业务，新型金属材料的研究、开发和技术转让。（法律、行政法规规定须报经审批的项目，未获批准前不准经营）						

企业名称	光为绿色新能源股份有限公司			海关编码	1306961018	所属海关	保定海关
通讯地址	河北省高碑店市新工业区（高固路北侧东盛办事处钱家营村东南侧）			邮政编码	074000	法人姓名	魏强
评定时间	2014.8.11	注册日期	2009.1.12	报关有效期	长期	注册资本	45000 万人民币
主营范围	太阳能光伏产品的生产、销售，太阳能光伏电站工程的设计、安装、施工（凭资质证书经营），进口本公司所需设备、原料、技术，出口本公司产品。（法律、行政法规规定须报经批准的项目，未获批准前不准经营）						

企业名称	新兴铸管股份有限公司			海关编码	1304910063	所属海关	石家庄海关驻邯郸办事处
通讯地址	河北省武安市上洛阳村北			邮政编码	056300	法人姓名	李成章
评定时间	2013.2.25	注册日期	2002.1.25	报关有效期	长期	注册资本	242887.16 万人民币
主营范围	离心球墨铸铁管、灰铁排水管、新型复合管材及配套管件、铸造及机械设备及相关产品、焦炭及其副产品粗笨、焦油、农用化肥硫胺等、氧气制备及其副产品氩气、氮气的生产、销售（安全生产许可证有效期至 2014 年 10 月 11 日）；钢铁冶炼及压延加工；钢铁、铸管生产过程的副产品及相关辅助材料的销售；与上述业务相关的技术开发、技术服务、工程设计、工程建设承包（凭资质证书经营）；受托代收电费服务；货物和技术的进出口，但国家限定公司经营或禁止进出口的商品和技术除外；与上述业务相关的原材料（铁矿石、铁精粉、烧结矿、球团矿、焦炭、焦粉、焦粒）、合金料、钢材的销售。						

企业名称	河北泛美服装有限公司			海关编码	1309930356	所属海关	沧州海关
通讯地址	河北省沧州市献县工业区			邮政编码	062250	法人姓名	刘玉凯
评定时间	2013.2.25	注册日期	2006.5.10	报关有效期	长期	注册资本	3862.75 万人民币
主营范围	生产服装、服饰、鞋帽，销售本公司产品。						

企业名称	邢台钢铁有限责任公司			海关编码	1305940055	所属海关	邢台海关
通讯地址	河北省邢台市钢铁南路 262 号			邮政编码	054027	法人姓名	袁世臻
评定时间	2014.7.2	注册日期	2012.7.18	报关有效期	长期	注册资本	60000 万人民币
主营范围	钢铁冶炼、轧制压延、钢铁产品深加工，高档五金件、建筑五金件的开发生产，汽车关键零部件制造（不含发动机），焦炭及粗苯、煤焦油、煤气、硫酸铵副产品的生产（安全生产许可证有效期至 2015 年 7 月 1 日），销售自产产品，冶炼技术开发、服务，技术、货物进出口业务（国家限制的除外，不含分销业务），与上述自产产品同类及相关产品的批发和零售。（不涉及国营贸易管理商品；涉及配额、许可证管理商品的，按国家有关规定办理申请）						

企业名称	唐山三友集团兴达化纤有限公司			海关编码	1302910140	所属海关	石家庄海关驻曹妃甸港区办事处
通讯地址	河北省唐山市南堡开发区创业路东荣达道北（原三友化纤公司）			邮政编码	063305	法人姓名	张会平
评定时间	2013.10.29	注册日期	2007.8.27	报关有效期	长期	注册资本	121026.39 万人民币
主营范围	化纤产品及相关产品的生产和销售（河北省排放污染物许可证有效期至 2014 年 8 月 19 日）；粘胶纤维的加工及技术咨询、转让、科研开发；工程设计；化纤机械及配件、纺织机械及配件、工业通用设备及专用设备的加工；纺织机械设备安装维修；纺织技术服务；化纤工程设计及相关服务；废化纤、包装袋的加工及销售；劳保用品（不含特殊劳保用品）、水暖器材的销售；普通货运（道路运输经营许可证有效期至 2017 年 11 月 14 日）；经营本企业的来料加工业务，本企业所需原辅材料、机械设备及相关技术的进口业务，经营本企业自产产品及相关技术的出口业务，但国家限定公司经营和禁止进出口商品和技术除外。						

企业名称	特瑞堡轮胎工业（河北）有限公司			海关编码	1305940054	所属海关	邢台海关
通讯地址	河北省邢台市中兴西大街 788 号			邮政编码	054019	法人姓名	JEAN PAULE MINDERMANN
评定时间	2014.8.11	注册日期	2006.6.30	报关有效期	长期	注册资本	1200 万美元
主营范围	制造、销售轮胎外胎、内胎、垫带、实心轮胎、橡胶制品、轮胎配件及装配，机械加工及维修。						

企业名称	河北精信化工集团有限公司			海关编码	1311960442	所属海关	衡水海关
通讯地址	河北省衡水市京衡北大街 1000 号			邮政编码	053000	法人姓名	张建辉
评定时间	2014.4.10	注册日期	2006.6.19	报关有效期	长期	注册资本	9000 万人民币
主营范围	聚氯乙烯、热稳定剂、助剂、型材、复合材料的生产、销售及进出口，玻璃钢的销售及进出口。（法律法规禁止的不得经营，应审批的未获审批前不得经营）						

企业名称	河北海伟集团电子材料有限公司			海关编码	1311960508	所属海关	衡水海关
通讯地址	河北省景县经济技术开发区			邮政编码	053500	法人姓名	宋文兰
评定时间	2014.4.10	注册日期	2006.12.26	报关有效期	长期	注册资本	6000 万人民币
主营范围	生产、销售 BOPP 薄膜、电容膜、镀铝膜、印刷膜，自营进出口业务（凭资格证书）。						

企业名称	衡水京华化工有限公司			海关编码	1311961514	所属海关	衡水海关
通讯地址	河北省衡水市桃城区北外环路			邮政编码	053000	法人姓名	吴国庆
评定时间	2013.10.29	注册日期	2010.10.27	报关有效期	长期	注册资本	3000 万人民币
主营范围	癸二酸二甲酯及副产品的生产、销售，出口本企业自产的化工产品（国家组织统一联合经营的出口商品除外），进口本企业生产、科研所需的原辅材料、机械设备、仪器仪表、零配件及相关技术（国家实行核定公司经营的进口商品除外）。（法律、法规禁止经营的，不得经营；需国家专项审批的，未获审批前不得经营）						

太原关区

企业名称	富士康精密电子（太原）有限公司			海关编码	1401230013	所属海关	并关监管
通讯地址	山西省太原市经济技术开发区龙飞街一号			邮政编码	030032	法人姓名	林振甫
评定时间	2013.1.18	注册日期	2006.9.8	报关有效期	长期	注册资本	47350 万美元
主营范围	开发、生产、加工新型电子元器件，移动通信系统、基站、交换设备及数字集群系统设备及其零部件，电子产品测试仪器，数字照相机及关键件，第三代及后续移动通信系统手机、基站、核心网设备及网络检测设备及上述产品相关的模具；提供相关的技术咨询与售后服务；销售公司自产产品；从事上述相关产品的进出口业务。						

企业名称	鸿富晋精密工业（太原）有限公司			海关编码	1401240003	所属海关	并关监管
通讯地址	山西省太原市经济技术开发区龙飞街1号			邮政编码	030032	法人姓名	洪志谦
评定时间	2008.10.15	注册日期	2002.9.26	报关有效期	长期	注册资本	41000 万美元
主营范围	生产新型合金材料、精密模具、新型电子元器件、便携式计算机及上述产品的零配件，新型建筑材料、铝合金建筑型材、建筑门窗及建筑幕墙、汽车、电子相关铝合金零组件；生产经营新型环保节能灯具；生产、经营金属显示器外壳、金属汽车零组件；生产、经营及安装金属建筑材料；销售公司自产产品并提供售后服务；生产销售桶装饮用水。						

企业名称	山西杏花村国贸投资公司			海关编码	1401910002	所属海关	并关监管
通讯地址	山西省太原市解放路 38 号汾酒大厦			邮政编码	030002	法人姓名	李卫平
评定时间	2008.10.15	注册日期	1992.12.15	报关有效期	长期	注册资本	100000 万人民币
主营范围	经营本企业产品的出口及生产所需设备、原辅材料的进出口业务，出口与本企业自产产品配套的相关或同类的商品（仅限酒类、五矿机电、食品饮料、轻工、医保、化工产品），自营和代理各类商品及技术的进出口业务（国家限制或禁止的商品及技术除外）。						

企业名称	太原钢铁（集团）国际经济贸易有限公司			海关编码	1401910005	所属海关	并关监管
通讯地址	山西省太原市尖草坪 2 号			邮政编码	030003	法人姓名	高祥明
评定时间	2011.2.28	注册日期	1993.1.1	报关有效期	长期	注册资本	50000 万人民币
主营范围	本企业生产所需原辅材料、设备、技术、所产产品相关技术的进出口（以批准的进出口商品目录为准）；出口与本企业自产产品配套的相关或同类的商品（仅限钢铁产品、生产、化工机电、焦炭）；承办本企业中外合资经营、合作生产、来料来样加工及补偿贸易业务；对东欧及原苏联的易货贸易；主营项目的国内批发零售；钢材进口；自营和代理各类商品及技术的进出口业务，但国家限定公司经营或禁止进出口的商品及技术除外；经营进料加工和三来一补业务；经营转口贸易和对销贸易；从事利用国内资金采购机电产品的国际招标业务（凭资质证经营）。						

企业名称	山西煤炭进出口集团有限公司			海关编码	1401910025	所属海关	并关监管
通讯地址	山西省太原市长风街 115 号			邮政编码	030002	法人姓名	郭海
评定时间	2008.10.15	注册日期	1993.12.1	报关有效期	长期	注册资本	200000 万人民币
主营范围	许可经营项目：煤炭经营（有效期至 2015 年 12 月 31 日），焦炭经营（有效期至 2016 年 4 月 30 日）。						

企业名称	山西丰瑞环宇科技有限公司			海关编码	1401910154	所属海关	并关监管
通讯地址	山西省太原市小店区平阳南路 32 号 C 座 1501 室			邮政编码	030002	法人姓名	郑毅平
评定时间	2011.12.5	注册日期	2002.2.25	报关有效期	长期	注册资本	500 万人民币
主营范围	有色金属、废旧物资的销售（国家禁止的除外），钢材、矿产品（国家专控的除外）、塑料制品、化工产品（火工及化学危险品除外）、日用百货、科教仪器、工艺美术品（金银饰品除外）、土产日杂、针纺织品、服装、工矿机械配件、普通机械、电器机械、建材、生铁、计算机、办公自动化设备、五金交电、汽车配件的销售，计算机安装，进出口业务。（法律、法规禁止经营的不得经营，需获审批未经批准前不得经营，许可项目在许可证有效期限内经营）						

企业名称	太原重工股份有限公司			海关编码	1401910172	所属海关	并关监管
通讯地址	山西省太原高新技术产业开发区（万柏林区玉河街 53 号）			邮政编码	030024	法人姓名	王创民
评定时间	2009.11.4	注册日期	2002.9.9	报关有效期	长期	注册资本	242395.5 万人民币
主营范围	制造销售火车轴、冶金、轧钢、锻压、起重、非标设备、加压气化炉、压力容器、工矿配件、油膜轴承、精密锻件、结构件、齿轮及汽车变速箱；机电技术服务；机械设备安装、调试、修理、改造；经营本企业自产产品的出口业务和本企业所需的机械设备、零配件、原辅材料的进口业务，但国家限定公司经营或禁止进出口的商品及技术除外；公路汽车货运、挖掘设备、减速机、钢轮产品的销售；国际货物运输代理业务；钢锭、铸件、热处理件、制模、包装、精铸设备、精铸材料的生产、销售、技术服务；工业炉窑的技术服务；铸、锻件、热处理件和冶炼技术咨询服务；综合技术开发服务；电子计算机应用及软件开发；电气自动化成套设备的设计、制造、安装及销售。						

企业名称	山西太钢不锈钢股份有限公司			海关编码	1401910225	所属海关	并关监管
通讯地址	山西省太原市尖草坪街 2 号			邮政编码	030003	法人姓名	李晓波
评定时间	2011.9.20	注册日期	2005.10.28	报关有效期	长期	注册资本	569624 万人民币
主营范围	不锈钢及其他钢材、钢坯、钢锭、黑色金属、铁合金、金属制品的生产、销售；钢铁生所需原辅材料的国内贸易和进出口；批发零售建材、普通机械及配件、电器机械及器材；技术咨询服务；冶金技术开发、转让；冶金新技术新产品、新材料的推广；铁矿及伴生矿的生产、销售；化肥的生产、销售；生产、销售电子产品、仪器、仪表；称重系统、工业自动化工程、工业电视设计安装、计量、检测；代理通讯业务收费业务；为公司承揽连接至公用通信网的用户通信管道、用户通信线路、综合布线及其配套的设备工程建设业务；工程设计、施工；承包本行业境外工程和境内国际招标，以及所需的设备、材料和零配件的进出口；对外派遣本行业工程生产及服务的劳务人员。						

企业名称	山西金石达国际贸易有限公司			海关编码	1401910232	所属海关	并关监管
通讯地址	山西省太原市小店区长风街 115 号 27 层			邮政编码	030002	法人姓名	李乃鹏
评定时间	2013.9.4	注册日期	2006.3.9	报关有效期	长期	注册资本	5000 万人民币
主营范围	许可经营项目：煤炭批发经营。						

企业名称	山煤煤炭进出口有限公司			海关编码	1401910242	所属海关	并关监管
通讯地址	山西省太原市府西街 9 号			邮政编码	030002	法人姓名	郭毅
评定时间	2013.9.4	注册日期	2007.4.27	报关有效期	长期	注册资本	10000 万人民币
主营范围	焦炭的储运、销售；煤炭，焦炭及副产品的出口业务；自营和代理除国家组织统一经营以外的商品和技术进出口业务；开展“三来一补”进料加工业务，经营对销贸易和转口贸易；对煤炭、焦炭行业的投资；外事咨询服务；房地产开发；批发零售机械设备、日用百货、建材（不含木材）；煤炭批发经营。						

企业名称	太原矿山机器进出口有限公司			海关编码	1401910249	所属海关	并关监管
通讯地址	山西省太原经济技术开发区电子街25号			邮政编码	030032	法人姓名	贾增耀
评定时间	2014.9.28	注册日期	2008.9.24	报关有效期	长期	注册资本	500万人民币
主营范围	进出口贸易，普通机械和电器及配件的设计、技术开发与服务，商务信息咨询服务。（法律、法规禁止经营的不得经营，需经审批未获批准前不得经营）						

企业名称	山西方瑞金属贸易有限公司			海关编码	1401960785	所属海关	并关监管
通讯地址	山西省太原市杏花岭区三墙路东大盛华庭A1座2102			邮政编码	030009	法人姓名	刘昀
评定时间	2013.9.4	注册日期	2007.10.25	报关有效期	长期	注册资本	2100万人民币
主营范围	金属材料（不含贵稀金属）、塑料制品、建筑材料、工矿机械设备、化工产品（不含危险品）、五金交电、服装的销售，进出口贸易，企业营销策划。（法律、法规禁止经营的不得经营，需获审批的未经批准前不得经营，许可项目按许可证在有效期内经营）						

企业名称	首钢长治钢铁有限公司			海关编码	1404910002	所属海关	并关监管
通讯地址	山西省长治市故县东大街9号			邮政编码	046031	法人姓名	郭士强
评定时间	2011.12.5	注册日期	1994.4.25	报关有效期	长期	注册资本	70000万人民币
主营范围	钢铁冶炼，钢压延加工，矿山开采加工，煤焦生产，耐火材料生产等；紧固件制品、金属制品、合金材料制品、五金交电制品、电器机械的制造；化工产品、建材的生产；房地产开发；铁路公路客货运输（铁路运输仅限自备列）；住宿餐饮服务；劳务输出及进出口业务；技术开发咨询及设计咨询。						

企业名称	山西中阳钢铁有限公司			海关编码	1409950004	所属海关	并关监管
通讯地址	山西省吕梁市中阳县城北郊区			邮政编码	033400	法人姓名	袁玉珠
评定时间	2011.12.5	注册日期	2003.4.10	报关有效期	长期	注册资本	60000万人民币
主营范围	冶炼生铁、钢，销售钢材，经营本企业自产产品的出口业务和本企业所需的机械设备、零配件、原辅材料的进口业务。						

企业名称	汾州裕源土特产品有限公司			海关编码	1409960042	所属海关	并关监管
通讯地址	山西省汾军高速汾阳西出口（裕源产业园）			邮政编码	032200	法人姓名	俞翠萍
评定时间	2011.12.5	注册日期	2005.1.31	报关有效期	长期	注册资本	10000万人民币
主营范围	农副产品、干鲜果品、蔬菜的加工、销售，粮油制品、禽蛋的收购、加工、销售，水产品、日用杂品、茶叶的零售，卷烟、雪茄烟的零售，本企业自产产品及技术的出口业务和企业所需的机械设备、零配件、原辅材料及技术的进口业务（国家限定公司经营或禁止进出口的商品及技术除外）。						

企业名称	大同煤矿集团有限责任公司			海关编码	1402910013	所属海关	大同海关
通讯地址	山西省大同市矿区新平旺			邮政编码	037003	法人姓名	张有喜
评定时间	2011.11.9	注册日期	1997.12.15	报关有效期	长期	注册资本	1703464.16 万人民币
主营范围	煤炭生产加工，机械制造，工程建筑施工，工业设备（含锅炉、电梯）的安装、租赁，生铁冶炼，建材生产，仪器仪表制造、维修，专网通讯，饮用及工业用水的生产、销售，煤矿工程的设计及技术咨询，林木种植，园林绿化工程，房地产开发，饮食、住宿、文化娱乐服务，医疗服务，地质水文勘测，经营本企业自产产品及相关技术的出口业务，经营本企业生产、科研所需的原辅材料、机械设备、仪器仪表、零配件及相关技术的进口业务，经营本企业的进料加工和“三来一补”业务（上述经营范围中，按许可证、特行证经营，而证件又直接核发给公司所属分支机构的，仅限相应持证单位经营，其他单位不得经营），煤炭资源生产经营管理（仅限分支机构经营），物业管理，污水处理，供暖设备安装、维修服务。						

企业名称	中煤平朔集团有限公司			海关编码	1406910013	所属海关	大同海关
通讯地址	山西省朔州市朔城区平朔生活区			邮政编码	036006	法人姓名	高建军
评定时间	2011.11.9	注册日期	2008.11.3	报关有效期	长期	注册资本	1607828.8 万人民币
主营范围	许可经营项目：煤炭开采，电力生产（仅限下属分支机构经营），煤炭销售，进出口业务（国家专项审批的除外），农、林、牧产品开发与经营，食品仓储。一般经营项目：煤炭、铁路、新能源项目的投资与管理，煤化工产品的生产与销售（不含危险品），煤矸石、粉煤灰系列产品的开发与经营，煤矿机械设备的研发、制造与销售，工程设计、勘察、建设施工、招投标代理的咨询服务，矿产品及伴生资源（国家限制品除外）的应用开发与经营，房地产开发经营与物业管理，一般仓储（危险品除外），建筑材料的生产与销售。						

企业名称	富晋精密工业（晋城）有限公司			海关编码	1405930037	所属海关	侯马海关
通讯地址	山西省晋城经济技术开发区			邮政编码	048026	法人姓名	洪志谦
评定时间	2008.10.15	注册日期	2008.7.17	报关有效期	长期	注册资本	66700 万美元
主营范围	电子零组件的精密模具零组件、自动化机械精密零组件、金属模具零组件等工业用精密模具的开发、设计、生产和销售；模具专业人才培训；开发、生产、销售半导体元器件专用材料，自动化机器人及其关键零组件，新型电子元器件、电子专用设备、陶瓷原料的标准化精制及精密塑胶制品，并提供售后服务；数字照相机及关键件开发与生产；自动化设备（含高档数控机床、模治具设备、光通讯装用设备、影像专用设备）及关键零组件的开发、设计、生产、销售、配套服务；劳务派遣（仅限中国境内富士康科技集团内部使用）。						

满洲里关区

企业名称	赤峰东黎绒毛制品有限公司			海关编码	1504939098	所属海关	满赤峰办
通讯地址	内蒙古自治区赤峰市红山区火花路南段			邮政编码	024000	法人姓名	程旭东
评定时间	2014.5.27	注册日期	2001.4.23	报关有效期	长期	注册资本	831.74 万美元
主营范围	生产、加工销售各类绒毛制品。						

呼和浩特关区

企业名称	内蒙古伊利实业集团股份有限公司			海关编码	1501910643	所属海关	呼和浩特
通讯地址	内蒙古自治区呼和浩特市金川开发区金四路 8 号			邮政编码	010031	法人姓名	潘刚
评定时间	2009.5.31	注册日期	1998.6.12	报关有效期	长期	注册资本	79932.28 万人民币
主营范围	乳制品制造，食品、饮料加工；农畜产品及饲料加工，牲畜、家禽饲养；经销食品、饮料加工设备；生产和销售包装材料及包装用品、五金工具、化工产品（专营除外）、农副产品、日用百货；汽车货物运输；饮食服务；经营本企业产的乳制品、食品、畜禽产品、饮料；进口本企业生产、科研所需的原辅材料、机械设备、仪器仪表及零配件；经营乳制品及乳品原料；经营本企业自产产品及相关技术的出口业务。						

企业名称	创维电子（内蒙古）有限公司			海关编码	1501930283	所属海关	呼和浩特
通讯地址	内蒙古自治区呼和浩特经济技术开发区如意区东区远六纬路南			邮政编码	010010	法人姓名	刘棠枝
评定时间	2013.8.7	注册日期	2005.3.25	报关有效期	长期	注册资本	2340 万美元
主营范围	从事各种型号的彩色电视机、监视器、显示器、视听器材、通讯器材、声光电子玩具、与彩色电视机配套的接插件、注塑件、包装材料、五金配件及新型电子元器件的研发、生产、销售及售后服务，从事兼容数字电视、高清晰度电视、数字播放器、接入网络信息系统设备的研发、生产、销售及售后服务，以旧换新电器电子产品的销售及回收，家用电器产品的批发、进出口及相关配套业务，自有物业租赁。						

企业名称	内蒙古阜丰生物科技有限公司			海关编码	1501940084	所属海关	呼和浩特
通讯地址	内蒙古自治区呼和浩特市经济技术开发区金川区经二路			邮政编码	010070	法人姓名	王均成
评定时间	2014.3.28	注册日期	2006.11.20	报关有效期	长期	注册资本	64000 万港币
主营范围	生产和销售淀粉、淀粉糖、氨基酸、谷氨酸钠、味精、黄原胶、食品添加剂及副产物、复合肥及各种有机无机专用复混肥氨基酸配方肥料、硫酸铵（化肥）、硫酸、合成氨、单一饲料、混凝土砌块、生物发酵肥、淀粉副产品、味素、调味品、土壤调理剂。						

企业名称	金河生物科技股份有限公司			海关编码	1501960287	所属海关	呼和浩特
通讯地址	内蒙古自治区托克托县新坪路 71 号			邮政编码	010200	法人姓名	王东晓
评定时间	2013.8.7	注册日期	2006.1.12	报关有效期	长期	注册资本	21784 万人民币
主营范围	预混剂（金霉素全发酵）、原料药（盐酸金霉素）、饲用金霉素、盐酸素预混剂、莫能菌预混剂（抗生素发酵）、非无菌原料药（土霉素、四环素）的生产（兽药生产许可证有效期至 2018 年 1 月 5 日），经营种植业、养殖业，对外贸易。						

企业名称	包钢集团国际经济贸易有限公司			海关编码	1502910432	所属海关	包头海关
通讯地址	内蒙古自治区包头市昆区河西工业区			邮政编码	014010	法人姓名	潘瑛
评定时间	2014.8.11	注册日期	2005.5.19	报关有效期	长期	注册资本	3000 万人民币
主营范围	除国家组织统一联合经营的出口商品和国家实行核定公司经营的进口商品以外的商品及技术的进出口业务及加工贸易业务，除国家实行核定公司经营的商品以外的商品及技术的国内贸易业务。						

企业名称	内蒙古北方重型汽车股份有限公司		海关编码	1502930002	所属海关	包头海关
通讯地址	内蒙古自治区包头稀土高新技术产业开发区		邮政编码	014033	法人姓名	李建平
评定时间	2010.12.23	注册日期 1993.1.1	报关有效期	长期	注册资本	17000 万人民币
主营范围	生产、销售“特雷克斯”各种不同型号的非公路自卸岛筒运机、装载机、推土机等工程机械及相应的零部件，上述产品的售后服务，进出口贸易。					

企业名称	包头华鼎铜业发展有限公司		海关编码	1502930035	所属海关	包头海关
通讯地址	内蒙古自治区包头稀土高新区希望工业园区		邮政编码	014010	法人姓名	王贺平
评定时间	2008.12.18	注册日期 2004.11.20	报关有效期	长期	注册资本	5295.65 万美元
主营范围	铜矿冶炼及其附属产品的冶炼，加工和产成品的销售，国内贸易，实业投资，仓储，咨询服务。					

企业名称	内蒙古鄂尔多斯国际贸易有限公司		海关编码	1512910002	所属海关	鄂尔多斯海关
通讯地址	内蒙古自治区鄂尔多斯市东胜区达拉特南路 102 号		邮政编码	017000	法人姓名	訾计生
评定时间	2009.3.24	注册日期 1997.12.4	报关有效期	长期	注册资本	4000 万人民币
主营范围	许可经营项目：无。一般经营项目：经营鄂尔多斯集团新生产产品及相关技术的出口业务；经营鄂尔多斯集团生产所需的原辅材料、设备技术的进出口业务；经营鄂尔多斯集团中外合资经营、合作生产业务；承办本企业来料加工、来样加工、来件装配业务；开展本企业补偿贸易业务；出口本企业自产产品配套的相关或同类的商品（仅限纺织品）；公司自产产品碳化硅和玻化砖的出口；自营和代理各类商品和技术的进出口，但国家限定公司经营或禁止进出口的商品和技术除外。（经营范围中涉及专项审批的，凭专项审批证件经营；法律、行政法规规定应经许可的，未获许可不得生产经营）					

企业名称	鄂尔多斯市源盛光电有限责任公司		海关编码	1512910006	所属海关	鄂尔多斯海关
通讯地址	内蒙古自治区鄂尔多斯市东胜区鄂尔多斯装备制造基地科学大道 37 号		邮政编码	017020	法人姓名	陈炎顺
评定时间	2014.7.9	注册日期 2012.3.5	报关有效期	长期	注册资本	610400 万人民币
主营范围	主动矩阵有机发光二极管显示器件相关产品及其配套产品的研发、生产、销售，技术开发、转让、咨询、服务；自营和代理各类商品和技术的进出口业务，但国家限定企业经营或者禁止的商品和技术除外；企业管理咨询及服务；房屋租赁；显示器件相关设备的租赁及转让（专项审批的除外）。（依法须经批准的项目，经相关部门批准后方可开展经营活动）					

沈阳关区

企业名称	沈阳金杯江森自控汽车内饰件有限公司			海关编码	2101330254	所属海关	沈阳海关
通讯地址	辽宁省沈阳市浑南新区后榆树台村3号			邮政编码	110000	法人姓名	约翰尼斯·娄特斯
评定时间	2013.12.24	注册日期	2000.4.19	报关有效期	长期	注册资本	807万美元
主营范围	设计、生产、销售汽车座椅总成、座椅部件及汽车内饰件，并提供售后技术指导和服务。						

企业名称	沈阳华晨金杯汽车有限公司			海关编码	2101930012	所属海关	沈阳海关
通讯地址	辽宁省沈阳市大东区东望街39号			邮政编码	110044	法人姓名	祁玉民
评定时间	2014.4.8	注册日期	1993.12.25	报关有效期	长期	注册资本	44416万美元
主营范围	设计制造和销售各种轻型客车、轿车及其零部件（含进口件），并提供售后服务；进口或在国内购买所需的生产设备及轻型客车、轿车零部件；改装各种轻型客车、轿车，开发有关技术咨询服务项目；开展与上述经营有关的其他经济活动。						

企业名称	上海通用（沈阳）北盛汽车有限公司			海关编码	2101930017	所属海关	沈阳海关
通讯地址	辽宁省沈阳市大东区北大营街15号			邮政编码	110015	法人姓名	丹·阿曼
评定时间	2009.3.26	注册日期	1992.11.28	报关有效期	长期	注册资本	22700万美元
主营范围	生产和销售汽车及其零部件，并提供售后服务；进口或在国内购买生产设备及汽车零部件；开展与上述经营有关的其他活动。						

企业名称	华晨宝马汽车有限公司			海关编码	2101933478	所属海关	沈阳海关
通讯地址	辽宁省沈阳市大东区山嘴子路14号			邮政编码	110044	法人姓名	吴小安
评定时间	2010.8.24	注册日期	2003.6.16	报关有效期	长期	注册资本	17400万美元
主营范围	生产宝马桥车及其发动机、零部件和配件；销售自己生产的产品，并就其产品提供售后服务（包括备件）；自营和代理各类商品和技术的进出口业务，但国家限定公司经营或禁止进出口的商品及技术除外；批发、零售汽车零部件、配件、车上用品及宝马生活方式用品；从事汽车生产销售相关配套业务，包括技术咨询、技术服务、加工服务、存货管理、发送服务、存储仓储服务、产品促销、营销、包括维修保养在内的售后服务、培训服务及经销商网络管理。						

企业名称	德科斯米尔（沈阳）汽车配件有限公司			海关编码	2101941300	所属海关	沈阳海关
通讯地址	辽宁省沈阳市大东区文官街6号			邮政编码	110003	法人姓名	齐格菲尔德·安哥勒
评定时间	2012.6.25	注册日期	2003.9.29	报关有效期	长期	注册资本	510万美元
主营范围	汽车线束、汽车电子设备系统、组合仪表、内饰品、装饰品和其他汽车配件的生产；产品包装材料、辅助工具、零部件的生产；办公礼品及计算机软件、硬件的开发和生产。						

企业名称	中信锦州金属股份有限公司			海关编码	2107960181	所属海关	锦州海关
通讯地址	辽宁省锦州市太和区合金里59号			邮政编码	121005	法人姓名	齐牧
评定时间	2014.3.19	注册日期	2007.5.16	报关有效期	长期	注册资本	73022.06万人民币
主营范围	铁合金、黑色金属、有色金属冶炼；本公司的磁选铁渣、电炉冶炼渣、灰渣、化工尾渣、化工废液的再生利用、废旧物资回收、加工；化工产品加工；普通货运；经营货物及进出口。						

企业名称	锦州中石油国际事业有限公司			海关编码	2107910010	所属海关	锦州海关
通讯地址	辽宁省锦州市古塔区重庆路 2 段 7 号			邮政编码	121001	法人姓名	张红岩
评定时间	2009.4.1	注册日期	2002.5.22	报关有效期	长期	注册资本	660 万人民币
主营范围	自营和代理各类商品和技术的进出口，但国家限定公司经营或禁止进出口的商品和技术除外；钢材、建筑材料、电子计算机、矿产品、耐火材料、现代办公用品、石油制品（法律法规实行许可经营或限制品种除外）的销售；商业经济与代理；国际货运代理业务；化工产品仓储；易燃液体（成品油除外）、毒害品的销售；仪器仪表、分析仪器、机械设备租赁；化工产品（危险品仅限丁二烯、丙烯、甲基叔丁基醚、苯、甲苯、二甲苯、混合苯、苯乙烯、异丙醇、丁酮、硫磺、苯酐、液碱、三乙烯四胺、燃料油、乙醇、石脑油、丁烯、异丁烯、抽余油、四乙烯五胺，以上项目经营期限至 2015 年 3 月 6 日）、化肥、沥青的销售。						

企业名称	特变电工沈阳变压器集团有限公司			海关编码	2101210029	所属海关	沈开发区
通讯地址	辽宁省沈阳经济技术开发区开发大路 32 号			邮政编码	110141	法人姓名	叶军
评定时间	2012.5.10	注册日期	2004.2.18	报关有效期	长期	注册资本	100800 万人民币
主营范围	变压器、电抗器的设计、制造、销售、安装、维修服务；自营和代理各类商品和技术的进出口，但国家限定公司经营或禁止进出口的商品和技术除外；经营本企业的进料加工和“三来一补”业务；承包境外与出口自产设备相关的工程和境内国际招标工程；上述境外工程所需的设备、材料的出口；对外派遣实施上述境外工程所需的劳务人员；输配电及控制设备技术开发、咨询服务、成果转让。						

企业名称	北方重工集团有限公司			海关编码	2101210045	所属海关	沈开发区
通讯地址	辽宁省沈阳经济技术开发区开发大路 16 号			邮政编码	110141	法人姓名	耿洪臣
评定时间	2013.12.3	注册日期	2007.7.20	报关有效期	长期	注册资本	100000 万人民币
主营范围	专用设备及配件、重型、矿山、建工、建材、运输、工程机械设备、汽车零部件的加工、制造；橡胶制品的加工、制造；环保设备及配件的制造、安装、调试；钢产品的制造、加工；土建设备的安装、调试（持资质证经营）；工程成套；金属制品、普通材料的销售；专用设备及配件的设计、技术转让、技术开发、信息咨询、进出口业务（国家限定或禁止的业务除外）。						

企业名称	沈阳李尔汽车座椅内饰系统有限公司			海关编码	2101230354	所属海关	沈开发区
通讯地址	辽宁省沈阳经济技术开发区开发大路 6 甲 2 号			邮政编码	110141	法人姓名	沈毅
评定时间	2013.4.7	注册日期	2003.6.25	报关有效期	长期	注册资本	300 万美元
主营范围	制造、加工、组装、销售车辆用坐椅、内饰件、组合仪表板及相关零部件，提供售后服务。						

企业名称	沈阳中光电子有限公司			海关编码	2101240008	所属海关	沈开发区
通讯地址	辽宁省沈阳经济技术开发区四号街 16 号			邮政编码	110141	法人姓名	李康实
评定时间	2009.4.1	注册日期	1992.8.22	报关有效期	长期	注册资本	654.6 万美元
主营范围	半导体元件、事务自动化设备等电子元件 及器材的生产和销售。						

企业名称	米其林沈阳轮胎有限公司			海关编码	2101240186	所属海关	沈开发区
通讯地址	辽宁省沈阳经济技术开发区沈新路15号			邮政编码	万能毅	法人姓名	110141
评定时间	2009.4.1	注册日期	1995.12.26	报关有效期	长期	注册资本	58389.2万美元
主营范围	制造、加工、委托加工、组装、营销、销售和经销轮胎（包括但不限于子午轿车轮胎、轻卡轮胎、卡车和公共汽车轮胎）、轮胎组件、相关的橡胶产品和辅助产品，并就此等产品提供售后服务；翻新子午线卡车和公共汽车轮胎。						

企业名称	安川电机（沈阳）有限公司			海关编码	2101240264	所属海关	沈开发区
通讯地址	辽宁省沈阳经济技术开发区开发大路34甲5			邮政编码	110141	法人姓名	熊谷彰
评定时间	2014.8.12	注册日期	2008.11.27	报关有效期	长期	注册资本	4760万美元
主营范围	伺服装置、电动机、控制机器及相关零部件的制造、售后服务、技术服务，电动机、控制机器及相关零部件的批发。（涉及配额、许可证管理商品的，按国家有关规定办理）						

企业名称	渤海船舶重工有限责任公司			海关编码	2114910012	所属海关	葫芦岛关
通讯地址	辽宁省葫芦岛市龙港区锦葫路132号			邮政编码	125004	法人姓名	李天宝
评定时间	2010.3.8	注册日期	1997.11.27	报关有效期	长期	注册资本	164155万人民币
主营范围	船舶制造。						

企业名称	葫芦岛锌业股份有限公司			海关编码	2114910017	所属海关	葫芦岛关
通讯地址	辽宁省葫芦岛市龙港区锌厂路24号			邮政编码	125003	法人姓名	王明辉
评定时间	2010.3.8	注册日期	2001.10.16	报关有效期	长期	注册资本	14098.69万人民币
主营范围	锌、铜、铅冶炼及深加工成品的加工。						

大连关区

企业名称	中床进出口大连有限公司			海关编码	2102210084	所属海关	大连海关
通讯地址	辽宁省大连经济技术开发区怡海园15号			邮政编码	116011	法人姓名	刘俐波
评定时间	2008.10.15	注册日期	1999.1.19	报关有效期	长期	注册资本	5000万人民币
主营范围	货物进出口，技术进出口，贸易中介代理，国内一般贸易（法律、行政法规禁止的项目除外；法律、行政法规限制的项目，取得许可后方可经营），经营陆路、航空、海上国际货运代理业务（含报关、报验）。						

企业名称	大连西太平洋石油化工有限公司			海关编码	2102230068	所属海关	大连海关
通讯地址	辽宁省大连经济技术开发区海青岛			邮政编码	116610	法人姓名	郝相民
评定时间	2008.10.15	注册日期	1992.11.15	报关有效期	长期	注册资本	25800万美元
主营范围	生产和销售石油产品和石油化工产品。						

企业名称	斯大精密（大连）有限公司			海关编码	2102240020	所属海关	大连海关
通讯地址	辽宁省大连经济技术开发区黄海街2号			邮政编码	116600	法人姓名	杉浦启之
评定时间	2008.10.15	注册日期	1995.11.15	报关有效期	长期	注册资本	6788.55万美元
主营范围	制造并销售自产的圆点字模打印机、电子蜂鸣器、精密加工零件、听写机器、数控机床及零部件产品、语音传声器和接收器、传感器、模具产品，从事非配额许可证管理、非专营商品的收购出口，注塑成形产品、冲压加工产品、组立加工、电子产品，计算机及其外部设备的零部件的加工和制造，通讯器材部件的加工制造，机电一体化设备的零部件的加工和制造，自有房屋的出租。						

企业名称	东芝大连有限公司			海关编码	2102240029	所属海关	大连海关
通讯地址	辽宁省大连经济技术开发区鞍山街6号			邮政编码	116600	法人姓名	隅田敏
评定时间	2009.2.3	注册日期	1992.11.15	报关有效期	长期	注册资本	840000万日本元
主营范围	生产电动机、泵、彩色电视机用偏转线圈，印刷线路板组件及录放相机用磁鼓组件，电磁延迟线，声表面波滤波器等电器机械器具及电子零部件、元器件等，医疗器械部件、组件；螺旋扫描X射线CT装置，采用了可进行数字图像处理的高频变频技术的医用X射线装置，以彩色数字为首的超声波诊断仪、全自动免疫检查等生物化学分析装置的生产及销售；从事非配额许可证管理、非专营商品的收购出口业务；电动机设计业务及映像机器设计业务；计算机用高频调谐器，用于数字照相机、数字移动电话、数字式映像机器的实装基板及线路板的生产和销售；制动器电动机的生产和销售；数字音、视频编解码设备的生产及销售（自产产品销售）；医疗器械设计开发业务；电子元器件、电路板的批发；无线应用制品等无线装置的制造（限人工组装，且不得超出许可范围）、设计和售后服务。（不涉及国营贸易管理商品；涉及配额、许可证管理商品的，按国家有关规定办理申请）						

企业名称	佳能大连办公设备有限公司			海关编码	2102240031	所属海关	大连海关
通讯地址	辽宁省大连经济技术开发区淮河西路23号			邮政编码	116600	法人姓名	金子惠一
评定时间	2014.4.8	注册日期	1989.9.9	报关有效期	长期	注册资本	13342.39万美元
主营范围	办公设备专用复印机暗盒、激光打印机、喷墨传真机及有机半导体感光鼓（OPC鼓）、套筒、模压件及其他零部件的生产和销售（含用毕印暗盒的分解、再加工）。						

企业名称	日本电产（大连）有限公司			海关编码	2102240033	所属海关	大连海关
通讯地址	辽宁省大连经济技术开发区东北五街2号			邮政编码	116600	法人姓名	辰野仁司
评定时间	2008.10.15	注册日期	1992.2.14	报关有效期	长期	注册资本	3650万美元
主营范围	生产小型电机、轴流风机、电源装置，上述产品的零部件及模具的开发、制作，自产产品的销售，汽车零部件、配件制造，货物、技术进出口。（进口商品分销和法律、行政法规禁止的项目除外；法律、行政法规限制的项目，取得许可证后方可经营）						

企业名称	万宝至马达大连有限公司			海关编码	2102240036	所属海关	大连海关
通讯地址	辽宁省大连经济技术开发区哈尔滨路41号			邮政编码	116600	法人姓名	龟井高
评定时间	2009.2.3	注册日期	1992.11.15	报关有效期	长期	注册资本	650000万日本元
主营范围	生产和销售微型马达和零配件，生产微型马达用的专用设备、模具、工夹具，承接适量的钢板剪切和发泡盒的带料加工，从事公司产品的销售及售后服务，从事非许可证管理、非专营口商品的收购出口。						

企业名称	欧姆龙（大连）有限公司			海关编码	2102240054	所属海关	大连海关
通讯地址	辽宁省大连经济技术开发区松江路3号			邮政编码	116600	法人姓名	见置昌弘
评定时间	2009.2.3	注册日期	1991.12.19	报关有效期	长期	注册资本	239340万日本元
主营范围	研究、开发、生产、销售电子血压计、电子体温计、低周波治疗器、印刷配线板、计步器、体脂肪计、按摩器、吸入器、睡眠计等电子类治疗诊察康复类产品，医用电子仪器设备，手术室、急救室、诊疗室设备及器具，家庭用美容、保健电器具（涉及II、III类医疗器械的，取得许可证后方可经营）；上述机器附属零部件的生产、维修服务、技术服务、技术咨询、技术转让；金属塑料工具设备的设计、加工、生产、销售（涉及行政许可的，须凭许可证经营）；上述产品及同类商品的批发、零售（不设店铺）（涉及配额许可证管理、专项规定管理的商品，应按国家有关规定办理）；货物进出口，技术进出口。（进口分销和法律、行政法规禁止的项目除外；法律、行政法规限制的项目，取得许可证后方可经营）						

企业名称	TDK大连电子有限公司			海关编码	2102240069	所属海关	大连海关
通讯地址	辽宁省大连市开发区淮河西路68号			邮政编码	116600	法人姓名	臼井秀明
评定时间	2008.10.15	注册日期	1992.11.15	报关有效期	长期	注册资本	6681.6万美元
主营范围	铁氧体材料，铁氧体磁心，线圈，滤波器，彩色显示器用偏转线圈，传输变压器，功率放大器用绝缘体，片状陶瓷电容及有机EL（电子有机冷光显示屏），可录类光盘等电子零部件、元器件的生产和研究开发，以及向国内外企业提供技术服务业务；上述产品及相关产品的批发、零售（不设店铺）、佣金代理（拍卖除外）；货物出口。（法律、行政法规禁止的项目除外；法律、行政法规限制的项目，取得许可证后方可经营）						

企业名称	大连藤洋钢材加工有限公司			海关编码	2102240077	所属海关	大连海关
通讯地址	辽宁省大连经济技术开发区东北三街23号			邮政编码	116600	法人姓名	永石畅洋
评定时间	2008.10.15	注册日期	1993.8.21	报关有效期	长期	注册资本	93504.15万日本元
主营范围	金属制品加工，电子专用设备配件加工，工模具加工，金属制品工模具加工技术服务，钢板（卷材）、硬质合金的国内外采购、国内批发。						

企业名称	柯尼卡美能达精密光学（大连）有限公司			海关编码	2102240103	所属海关	大连海关
通讯地址	辽宁省大连经济技术开发区东北二街20号			邮政编码	116600	法人姓名	柴谷宏伸
评定时间	2008.10.15	注册日期	1994.7.29	报关有效期	长期	注册资本	330000万日本元
主营范围	光学关联制品及数码相机的制造，上述商品的批发（涉及配额许可证管理、专项规定管理的商品，应按国家有关规定办理），货物进出口，技术进出口。（进口商品分销和法律、行政法规禁止的项目除外；法律、行政法规限制的项目，取得许可证后方可经营）						

企业名称	大连东芝电视有限公司			海关编码	2102240901	所属海关	大连海关
通讯地址	辽宁省大连经济技术开发区鞍山街8号			邮政编码	116600	法人姓名	柴田淳志
评定时间	2013.6.14	注册日期	2012.2.21	报关有效期	长期	注册资本	9605.65万美元
主营范围	从事彩色电视机、DVD产品，以及此类产品的组件、软件及相关产品的技术开发，产品的设计、制造；从事本公司各种产品的销售和产品售后维修服务；与上述产品同一品种的产品的批发、零售（不开设店铺）；从事非配额许可证管理、非特别规定管理产品的采购与出口业务；从事东芝品牌的电子电器产品、设备及其产品的部件的批发或佣金代理，以及伴随上述内容所涉及的进出口、售后服务及附属业务（上述中与配额许可证管理及专营规定管理相关的产品，要遵循国家的相关规定，需要行政部门批准的事项以营业执照为准）；货物、技术进出口。（进口商品分销和法律、行政法规禁止的项目除外；法律、行政法规限制的项目，取得许可后方可经营）						

企业名称	骊住通世泰建材（大连）有限公司			海关编码	2102240673	所属海关	大连海关
通讯地址	辽宁省大连经济技术开发区东北大街25号			邮政编码	116600	法人姓名	安部佳秀
评定时间	2008.10.15	注册日期	2001.5.25	报关有效期	长期	注册资本	4350万美元
主营范围	生产新型室内外建筑装饰装修材料、产品及配件，建筑门窗、建筑幕墙、建筑用型材（包括铝合金）及配件，室内木制建材（包括地板）及配件，整体浴室、系列厨房及配件，钢质防火门、木质防火门、钢木质防火门及其他材质防火门，外墙材料及产品，安全玻璃，相关设备、相关模具，与上述所有业务有关的材料、产品和配件（法律、行政法规禁止的项目除外；法律、行政法规限制的项目，取得许可证后方可经营）；销售自产产品并进行相关产品的技术开发；从事非配额许可证管理、非专营商品的收购出口业务；从事软件技术开发业务；从事室内外建筑装饰装修材料及同类产品的批发、零售业务；提供产品的机械性能检测及环境检测及后续服务（涉及行政许可的，须凭许可证经营）；纸箱（商标标志）印制。						

企业名称	莫莱克斯（大连）有限公司			海关编码	2102240670	所属海关	大连海关
通讯地址	辽宁省大连经济技术开发区港顺大街27号			邮政编码	116600	法人姓名	梶纯一
评定时间	2014.4.8	注册日期	2000.12.20	报关有效期	长期	注册资本	5100万美元
主营范围	电线组装、基板组装、接插件、插座、开闭器关联部件、模具及模具部件的加工制造，电子接插件及相关产品的批发。（涉及配额许可证管理、专项规定管理的商品，按国家有关规定办理）						

企业名称	辉瑞制药有限公司			海关编码	2102240799	所属海关	大连海关
通讯地址	辽宁省大连经济技术开发区大庆路22号			邮政编码	116600	法人姓名	吴晓滨
评定时间	2009.12.10	注册日期	2009.9.7	报关有效期	长期	注册资本	5040万美元
主营范围	生产经营化学药品原料药、制剂药，畜用化学药品原料药、制剂药，农用杀菌剂、植物生长激素、微生物农药原料药；货物进出口，技术进出口。（进口商品分销和法律、行政法规禁止的项目除外；法律、行政法规限制的项目，取得许可证后方可经营）						

企业名称	大连经济技术开发区汇远经贸有限公司			海关编码	2102260031	所属海关	大连海关
通讯地址	辽宁省大连经济技术技术开发区东北大街38号			邮政编码	116600	法人姓名	李铁民
评定时间	2011.5.26	注册日期	2003.5.29	报关有效期	长期	注册资本	10500万人民币
主营范围	自营和代理各类商品和技术的进出口，但国家限定公司经营或禁止进出口的商品和技术除外；日用百货、五金交电、汽车配件、电器空调、化工商品（易燃易爆危险品除外）的销售；计算机软件的研究开发；经济信息咨询（专项审批的除外）。						

企业名称	大连捷通物流有限公司			海关编码	2102260287	所属海关	大连海关
通讯地址	辽宁省大连经济技术开发区淮河西路30号			邮政编码	116600	法人姓名	李滨
评定时间	2014.3.3	注册日期	2006.4.10	报关有效期	长期	注册资本	4000万人民币
主营范围	国际货运代理及业务咨询，国内贸易，货物进出口，技术进出口，仓储及保税货物的仓储（法律、行政法规禁止的项目除外；法律、行政法规限制的项目，取得许可后方可经营），普通货运，货运站（场）经营（三级集装箱中转站），房屋出租。						

企业名称	大连华信计算机技术股份有限公司			海关编码	2102330180	所属海关	大连海关
通讯地址	辽宁省大连市高新园区七贤岭高新街6号			邮政编码	116023	法人姓名	刘军
评定时间	2009.9.25	注册日期	2001.10.15	报关有效期	长期	注册资本	13470.495万人民币
主营范围	计算机、通讯、电子技术的开发、研制及经营，引进计算机、通讯、电子技术开发及咨询服务。						

企业名称	辽宁时代万恒股份有限公司			海关编码	2102912005	所属海关	大连海关
通讯地址	辽宁省大连市中山区港湾街7号			邮政编码	116001	法人姓名	魏钢
评定时间	2008.10.15	注册日期	1992.11.15	报关有效期	长期	注册资本	18020万人民币
主营范围	自营和代理各类商品及技术的进出口业务，但国家规定的专营进出口商品和国家禁止进出口等特殊商品除外；上述商品的研究、设计、开发和内销业务；项目投资及投资项目管理；服装加工生产；仓储服务；写字间出租及物业管理。						

企业名称	大连爱丽思欧雅玛工贸有限公司			海关编码	2102440164	所属海关	大连海关
通讯地址	辽宁省大连保税区工业仓储小区113-16			邮政编码	116600	法人姓名	大山晃弘
评定时间	2010.11.30	注册日期	1996.5.27	报关有效期	长期	注册资本	1500万美元
主营范围	保税区内国际贸易、转口贸易，加工、仓储，商品展销，软件开发。						

企业名称	大连爱丽思生活用品有限公司			海关编码	2102540007	所属海关	大连海关
通讯地址	辽宁省大连出口加工区IIA-23			邮政编码	116600	法人姓名	大山晃弘
评定时间	2010.11.30	注册日期	2001.4.16	报关有效期	长期	注册资本	1500万美元
主营范围	家具、宠物用品、园林用机械设备、办公设备、LED电器制品、口罩、家用电器及其他生活用品的加工，商品展示，仓储，本企业物品物流，软件开发。						

<table>
<tr><td>企业名称</td><td colspan="3">辽宁竞大国际物流有限公司</td><td>海关编码</td><td>2102660002</td><td>所属海关</td><td>大连海关</td></tr>
<tr><td>通讯地址</td><td colspan="3">辽宁省大连保税物流园区公共仓库区办公楼 201-202 号</td><td>邮政编码</td><td>116600</td><td>法人姓名</td><td>宋贵增</td></tr>
<tr><td>评定时间</td><td>2014.3.3</td><td>注册日期</td><td>2007.9.25</td><td>报关有效期</td><td>长期</td><td>注册资本</td><td>500 万人民币</td></tr>
<tr><td>主营范围</td><td colspan="7">进出口货物仓储、拼装、分拨、分拣、配送、商业性简单加工，国际贸易，转口贸易，商品展示，信息咨询服务（不含专项），国际货运代理（含报关、报验）。（涉及行政许可，凭许可证生产经营）</td></tr>
</table>

<table>
<tr><td>企业名称</td><td colspan="3">东北中石油国际事业有限公司</td><td>海关编码</td><td>2102911039</td><td>所属海关</td><td>大连海关</td></tr>
<tr><td>通讯地址</td><td colspan="3">辽宁省大连保税区国际贸易中心 E 座 1401 室</td><td>邮政编码</td><td>116001</td><td>法人姓名</td><td>张红岩</td></tr>
<tr><td>评定时间</td><td>2010.4.19</td><td>注册日期</td><td>1995.12.29</td><td>报关有效期</td><td>长期</td><td>注册资本</td><td>14000 万人民币</td></tr>
<tr><td>主营范围</td><td colspan="7">进出口业务，“三来一补”业务，易货贸易，仓储，公路运输，石化产品、机电仪器产品的引进销售及技术服务，粮油、饲料、土畜产品、建筑材料、五交化商品、百货的销售，化肥、重油、渣油的销售，原油销售业务，天然气、液化石油气经营结算业务（不含仓储、运输，经营终端加气和管道气，许可证有效期至 2017 年 12 月 31 日）。</td></tr>
</table>

<table>
<tr><td>企业名称</td><td colspan="3">大化国际经济贸易公司</td><td>海关编码</td><td>2102913013</td><td>所属海关</td><td>大连海关</td></tr>
<tr><td>通讯地址</td><td colspan="3">辽宁省大连市甘井子区甘欣街 3 号</td><td>邮政编码</td><td>116031</td><td>法人姓名</td><td>隗治洪</td></tr>
<tr><td>评定时间</td><td>2008.10.15</td><td>注册日期</td><td>1992.11.15</td><td>报关有效期</td><td>长期</td><td>注册资本</td><td>6000 万人民币</td></tr>
<tr><td>主营范围</td><td colspan="7">主营：自营和代理各类商品及技术的进出口业务（不另附进出口商品目录，国家规定的专营进出口商品和国家禁止进出口等特殊商品除外），经营进料加工和“三来一补”业务，开展对销贸易和转口贸易，化肥、塑料制品的销售，批发预包装食品，国内一般贸易。（法律、法规禁止的项目除外；法律、法规限制的项目，取得许可证后方可经营）
兼营：对外派遣劳务人员。</td></tr>
</table>

<table>
<tr><td>企业名称</td><td colspan="3">大连船舶重工集团有限公司</td><td>海关编码</td><td>2102913258</td><td>所属海关</td><td>大连海关</td></tr>
<tr><td>通讯地址</td><td colspan="3">辽宁省大连市西岗区沿海街 1 号</td><td>邮政编码</td><td>116005</td><td>法人姓名</td><td>孙波</td></tr>
<tr><td>评定时间</td><td>2008.10.15</td><td>注册日期</td><td>2006.1.13</td><td>报关有效期</td><td>长期</td><td>注册资本</td><td>578000 万人民币</td></tr>
<tr><td>主营范围</td><td colspan="7">各种船舶、海洋工程及其配套设备的开发、设计、建造、修理、改装、销售；各类机电设备、压力容器、玻璃钢制品、金属结构件及其配件的设计、制造、安装、销售；钢材、木材的加工、销售；工程项目的科研论证、技术咨询；专利、非专利技术及其他工业产权的转让、许可使用和技术服务；承包境外船舶行业工程及境内国际招标工程；上述境外工程所需设备、材料的出口，以及上述境外工程所需劳务人员的对外派遣、输出；对外产业投资和引进技术、经济信息咨询、提供劳务；设备、设施、场地租赁；汽车大修；危险货物运输、普通货运、大件运输、搬运装卸、道路运输、土石方运输。</td></tr>
</table>

<table>
<tr><td>企业名称</td><td colspan="3">大连中远船务工程有限公司</td><td>海关编码</td><td>2102930618</td><td>所属海关</td><td>大连海关</td></tr>
<tr><td>通讯地址</td><td colspan="3">辽宁省大连市甘井子区中远路 80 号</td><td>邮政编码</td><td>116113</td><td>法人姓名</td><td>梁岩峰</td></tr>
<tr><td>评定时间</td><td>2008.10.15</td><td>注册日期</td><td>1993.8.1</td><td>报关有效期</td><td>长期</td><td>注册资本</td><td>12788.63 万美元</td></tr>
<tr><td>主营范围</td><td colspan="7">建设港口船坞基地，船舶修理，集装箱修理，拆船，港口装卸、储运，海洋岸外工程设备修理，造船。</td></tr>
</table>

企业名称	中国华录·松下电子信息有限公司			海关编码	2102931237	所属海关	大连海关
通讯地址	辽宁省大连高新技术产业园区七贤岭华路1号			邮政编码	116023	法人姓名	陈润生
评定时间	2009.2.3	注册日期	1994.7.1	报关有效期	长期	注册资本	2400000万日元
主营范围	录像机整机及关键件、光碟产品（VCD及CD播放机、DVD播放机及刻录机、BD播放机及刻录机的整机）及关键件（含无线数据传输功能的产品及关键件）、投影机产品及关键件（含无线数据传输功能的产品及关键件）、家庭影院及关键件（含无线数据传输功能的产品及关键件）、上述光碟产品以外的光碟产品的关键件、数字AV网络系统领域的其他产品及关键件（含无限数据传输功能的产品及关键件）的设计、开发、生产、销售及售后服务。						

企业名称	大连中远川崎船舶工程有限公司			海关编码	2102933138	所属海关	大连海关
通讯地址	辽宁省大连旅顺经济开发区顺达路1号			邮政编码	116052	法人姓名	李玉平
评定时间	2012.6.17	注册日期	2007.12.26	报关有效期	长期	注册资本	262000万人民币
主营范围	船舶的设计、制造、销售、修理（不含军用船舶）；承包境外机电工程和境内国际招标工程；境外承包工程所需设备、材料的出口，对外派遣境外工程所需劳务人员，其他相关业务（以上经营项目涉及行政许可的，取得许可证后方可经营）；货物、技术进出口（法律、行政法规禁止的项目除外；法律、行政法规限制的项目，取得许可证后方可经营）						

企业名称	大连今冈船务工程有限公司			海关编码	2102941043	所属海关	大连海关
通讯地址	辽宁省大连旅顺经济开发区兴港路16号			邮政编码	116052	法人姓名	桧垣和幸
评定时间	2008.10.15	注册日期	2003.2.25	报关有效期	长期	注册资本	12740万美元
主营范围	船舶设计制造及修理，船用舾装件、各种钢结构件和船舶分段制造（不含特种船、高性能船舶的修理、设计与制造；涉及行政许可的，须凭许可证经营）；码头和其他港口设施经营，以及在港区内从事货物装卸、驳运、仓储经营；船舶建造配套设备、港口运输配套设备、大件运搬装置的制造；气体过滤装置的批发；货物、技术进出口（进品商品分销和法律、行政法规禁止的项目除外；法律、行政法规限制的项目，取得许可证后方可经营）；汽车驱动桥总成、空气悬架的制造和销售（限自产产品）。						

企业名称	大连阿尔卑斯电子有限公司			海关编码	2102941983	所属海关	大连海关
通讯地址	辽宁省大连市金州区汉正路6号			邮政编码	116100	法人姓名	勾坂行男
评定时间	2009.8.19	注册日期	2008.12.5	报关有效期	长期	注册资本	1836.2万美元
主营范围	各种系列电位器、电子元器件、车载电子部件及专用设备和模具的生产及售后服务、技术服务，技术开发和技术（自有自用）的进出口。						

企业名称	大杨集团有限责任公司			海关编码	2102950037	所属海关	大连海关
通讯地址	辽宁省大连市杨树房经济开发小区			邮政编码	116215	法人姓名	李桂莲
评定时间	2010.4.19	注册日期	1993.3.23	报关有效期	长期	注册资本	18000万人民币
主营范围	服装制造，机械、化工、电子产品加工、制造，纺织印染，商业贸易，进出口贸易（以上均在许可范围内），向境外提供劳务（不含海员），因特网信息服务业务。						

企业名称	大连阿尔派电子有限公司			海关编码	2102941965	所属海关	大连海关
通讯地址	辽宁省大连市金州经济开发区迎宾路2号			邮政编码	116100	法人姓名	水野直树
评定时间	2014.4.8	注册日期	2008.11.3	报关有效期	长期	注册资本	2040 万美元
主营范围	汽车音响产品、汽车通讯器械及汽车导航系统产品、汽车电子设备产品、相关零部件的组装、加工、生产，提供售后服务和技术服务；货物进出口、技术进出口。（进口商品分销和法律、行政法规禁止的项目除外；法律、行政法规限制的项目，取得许可证后方可经营）						

企业名称	大连天宝绿色食品股份有限公司			海关编码	2102960032	所属海关	大连海关
通讯地址	辽宁省大连市金州区拥政街道三里村624号			邮政编码	116100	法人姓名	黄作庆
评定时间	2014.4.8	注册日期	2001.8.10	报关有效期	长期	注册资本	46472.72 万人民币
主营范围	进出口业务（许可范围内），经营本企业的进料加工和“三来一补”业务，农副产品（不含粮油）、土畜产品的种植、收购、加工、销售，水产品的收购、加工、销售，豆制品、冷冻食品的生产、加工、销售，仓储，服装、针纺织品、木材、木制品的销售，高科技农业技术的研究开发。						

企业名称	本钢集团国际经济贸易有限公司			海关编码	2105910002	所属海关	大连海关驻本溪办事处
通讯地址	辽宁省本溪市平山区东明路			邮政编码	117000	法人姓名	吴绍刚
评定时间	2008.10.15	注册日期	1993.1.11	报关有效期	长期	注册资本	10000 万人民币
主营范围	承办本企业中外合资经营、合作生产业务，自营和代理各类商品及技术的进出口业务（国家规定的专营进出口商品和国家禁止进出口等特殊商品除外），经营进料加工和“三来一补”业务，开展对销贸易和转口贸易，金属材料、冶金炉料、矿产品（不含煤炭）、机电产品、化工产品的销售（不含危险、监控化学品），钢材加工及货运代理服务。						

企业名称	营口东盛实业有限公司			海关编码	2108931148	所属海关	营口海关
通讯地址	辽宁省营口高新技术产业开发区站前工业园区青花大街 88 号			邮政编码	115000	法人姓名	文起东
评定时间	2012.11.22	注册日期	2007.1.18	报关有效期	长期	注册资本	130 万美元
主营范围	生产塑料制品、气球、纸制品，进出口业务（不含进口商品分销）。						

企业名称	鞍钢集团国际经济贸易公司			海关编码	2103910049	所属海关	鞍山海关
通讯地址	辽宁省鞍山市铁东区南中华路 322 号			邮政编码	114002	法人姓名	张晓刚
评定时间	2008.10.15	注册日期	1992.11.26	报关有效期	长期	注册资本	34612 万人民币
主营范围	自营和代理各类商品及技术的进出口业务，但国家规定的专营进出口商品和国家禁止出口等特殊商品除外；经营进料加工和“三来一补”业务，开展直销贸易和转口贸易；承包境外工业、民用建筑工程和境内国际招标工程所需设备材料等。						

长春关区

企业名称	大陆汽车电子（长春）有限公司	海关编码	2201340022	所属海关	长春海关
通讯地址	吉林省长春市经济开发区武汉路1981号	邮政编码	130012	法人姓名	Dr.Ralf Hans Cramer
评定时间	2008.10.23	注册日期	1995.5.25	报关有效期	长期	注册资本	59405.96万人民币
主营范围	汽车电子、电气、机械及电子机械产品部件，家用电子控制部件、汽车电子燃油喷射系统产品的生产、开发、批发、零售；佣金代理（拍卖除外）；其他相关配套服务。				

企业名称	长春海德世汽车拉索有限公司	海关编码	2201340060	所属海关	长春海关
通讯地址	吉林省长春市高新开发区超群街2723号	邮政编码	130012	法人姓名	张本焱
评定时间	2013.4.18	注册日期	2008.1.18	报关有效期	长期	注册资本	4582万人民币
主营范围	车用操纵拉索、玻璃升降器、遥控操作系统的有关零部件的研究开发、生产、销售及技术服务（在该许可的有效期内从事经营；以上各项法律法规禁止的不得经营；应经专项审批的项目未获批准之前不得经营；依法须经批准的项目，经相关部门批准后方可开展经营活动）。				

企业名称	吉林粮食集团进出口有限公司	海关编码	2201910187	所属海关	长春海关
通讯地址	吉林省长春市春城大街1515号	邮政编码	130062	法人姓名	刘野钊
评定时间	2011.6.16	注册日期	2011.4.20	报关有效期	长期	注册资本	5000万人民币
主营范围	粮食、油脂、油料、饲料及农副产品的购销，自营吉林省玉米、大米的出口业务，接受委托代理黑龙江、辽宁省、内蒙古自治区玉米、大米的出口业务，境外期货业务。				

企业名称	吉林省福达集团有限公司	海关编码	2201918010	所属海关	长春海关
通讯地址	吉林省长春市朝阳区西民主大街355号	邮政编码	130061	法人姓名	程晓东
评定时间	2008.12.18	注册日期	1995.8.21	报关有效期	长期	注册资本	1008万人民币
主营范围	自营和代理各类商品及技术的进出口业务（不另附进出口商品目录），包括进口钢材，其他国家规定的专营进出口商品和国家禁止进出口等特殊商品除外；经营进料加工和“三来一补”业务，开展对销贸易和转口贸易；钢材、铜、铝、橡胶、服装、五金、针织品的批发、零售、代购、代销；计算机软件开发；商务信息咨询；种植业。				

企业名称	中国第一汽车集团进出口有限公司	海关编码	2201918046	所属海关	长春海关
通讯地址	吉林省长春市东风大街3025号	邮政编码	130011	法人姓名	金毅
评定时间	2008.12.18	注册日期	1995.8.16	报关有效期	长期	注册资本	147185万人民币
主营范围	承包本行业境外工程和境内国际招标工程；上述境外工程所需的设备、材料的出口；对外派遣本行业工程、生产及服务行业的劳务人员；经营和代理各类商品及技术的进出口业务（不另附进出口商品目录），包括钢材和天然橡胶、胶合板的进口，其他国家规定的专营进出口商品和国家禁止进出口的特殊商品除外；机电产品、小轿车的购销；利用国内资金采购机电产品国际招标业务；海上、陆路国际货运代理；仓储、保管、理货和信息服务。（法律、法规禁止的项目不得经营，许可经营项目凭有效许可证或批准文件并在其核准的期限与范围内经营，一般经营项目可自主选择经营）				

企业名称	长春长客进出口有限公司		海关编码	2201918080	所属海关	长春海关
通讯地址	吉林省长春市青荫路 435 号		邮政编码	130062	法人姓名	董晓峰
评定时间	2008.12.18	注册日期 1997.1.1	报关有效期	长期	注册资本	2000 万人民币
主营范围	自营和代理各类商品和技术的进出口，但国家限定公司经营或禁止进出口的商品和技术除外。					

企业名称	一汽一大众汽车有限公司		海关编码	2201930032	所属海关	长春海关
通讯地址	吉林省长春市东风大街		邮政编码	130011	法人姓名	徐建一
评定时间	2008.10.23	注册日期 1993.8.24	报关有效期	长期	注册资本	2125000 万人民币
主营范围	生产德国大众、奥迪 ABCD 级系列轿车、奥迪 V6 系列发动机及其总成、零部件，并销售自产产品，提供售后服务。					

企业名称	伟巴斯特车顶系统（长春）有限公司		海关编码	2201940808	所属海关	长春海关
通讯地址	吉林省汽车产业开发区富奥大路 1398 号		邮政编码	130011	法人姓名	贺雷德
评定时间	2013.3.5	注册日期 2009.7.23	报关有效期	长期	注册资本	235 万美元
主营范围	汽车天窗、加热器的生产、组装、研发及售后服务。					

企业名称	嘉吉生化有限公司		海关编码	2217940007	所属海关	长春海关
通讯地址	吉林省松原市江南工业开发区		邮政编码	138000	法人姓名	刘军
评定时间	2011.1.24	注册日期 2010.12.23	报关有效期	长期	注册资本	209420 万人民币
主营范围	开发、生产、加工商品淀粉（包括食用玉米淀粉、工业变性淀粉、食用变性淀粉、蜡质玉米淀粉）、淀粉糖（包括麦芽糊精、果葡糖浆、葡萄糖、麦芽糖、葡萄糖浆、啤酒用糖浆、玉米淀粉高水解液、固体玉米糖浆）、液体山梨醇、酒精及相关副产品（包括玉米蛋白粉、饲料用玉米蛋白粉、玉米胚芽饼、玉米胚、饲料用玉米浸泡液）、纤维饲料（包括喷浆玉米皮）、玉米油、玉米毛油、果胶和卡拉胶，向嘉吉关联公司提供技术咨询、技术服务、市场信息和技术培训，从事相关新产品的研究开发，在国内外市场上销售企业自产产品并提供相关的售后服务，配套发电，批发粮油、化肥，预包装食品、散装食品的批发、零售。（以上项目国家有专项专营规定的，按照规定执行；涉及行业许可的，凭行业批准文件、相关资质及许可证件经营）					

企业名称	临江禄林木业有限责任公司		海关编码	2206960023	所属海关	临江海关
通讯地址	吉林省临江市三公里森工街 18 号		邮政编码	134600	法人姓名	王波
评定时间	2014.1.9	注册日期 2006.3.15	报关有效期	长期	注册资本	1772.69 万人民币
主营范围	锯材、木制品的加工、销售，以火山灰为原料环保壁材、环保瓷砖、环保壁纸、环保装饰板的加工、销售，农副产品的收购、销售、进料加工。					

企业名称	临江市对外经济贸易进出口公司		海关编码	2206960120	所属海关	临江海关
通讯地址	吉林省临江市新市街广厦综合楼（临江市大街 567 号）		邮政编码	134600	法人姓名	王朝福
评定时间	2013.6.26	注册日期 1994.11.30	报关有效期	长期	注册资本	1000 万人民币
主营范围	自营和代理各类商品及技术的进出口业务（国家规定的专营进出口商品和国家禁止进出口等特殊商品除外），经营进料加工和“三来一补”业务，经营对销贸易和转口贸易，经营打单服务、土特产品、废钢铁、废有色金属。					

企业名称	通化钢铁集团进出口有限公司		海关编码	2205910018	所属海关	集安海关
通讯地址	吉林省通化四萍公路（通化经济开发区冶金产业园区）		邮政编码	134003	法人姓名	马春刚
评定时间	2008.10.23	注册日期 1999.1.28	报关有效期	长期	注册资本	22000 万人民币
主营范围	自营和代理各类商品及技术的进出口业务（不另附进出口商品目录，国家规定的专营进出口商品和国家禁止进出口等特殊商品除外）。					

企业名称	通化东宝进出口有限公司		海关编码	2205950005	所属海关	集安海关
通讯地址	吉林省通化县东宝新村		邮政编码	134123	法人姓名	程建华
评定时间	2008.12.18	注册日期 2003.9.18	报关有效期	长期	注册资本	1000 万人民币
主营范围	国内商业（涉及专项审批的，按照审批范围经营）；自营和代理各类商品和技术的进出口，但国家限定公司经营或禁止进出口的商品和技术除外。					

企业名称	吉林恩智浦半导体有限公司		海关编码	2202340015	所属海关	吉林海关
通讯地址	吉林省吉林市高新区深圳街 99 号		邮政编码	132013	法人姓名	MICHAEL THOMAS HOFFMANN
评定时间	2008.12.18	注册日期 2004.3.8	报关有效期	长期	注册资本	1500 万美元
主营范围	开发、设计、生产、市场开发及销售半导体产品，并提供相关的售后服务。					

企业名称	吉林吉恩镍业股份有限公司		海关编码	2202910029	所属海关	吉林海关
通讯地址	吉林省磐石市红旗岭镇红旗大街 54 号		邮政编码	132311	法人姓名	吴术
评定时间	2010.1.11	注册日期 1997.5.8	报关有效期	长期	注册资本	81112 万人民币
主营范围	镍、铜、钴、硫冶炼及副产品加工，经营本企业自产产品及相关技术的出口业务，经营本企业生产、科研所需的原辅材料、机械设备、仪器仪表、零配件及相关技术的进口业务，经营本企业的进料加工和“三来一补”业务，工业硫酸生产，镍矿开采。					

企业名称	吉林华微电子股份有限公司		海关编码	2202910064	所属海关	吉林海关
通讯地址	吉林省吉林市深圳街 99 号		邮政编码	132013	法人姓名	夏增文
评定时间	2008.12.18	注册日期 2000.12.21	报关有效期	长期	注册资本	73808 万人民币
主营范围	半导体分立器件、集成电路、电力电子产品、汽车电子产品、自动化仪表、电子元件、应用软件的设计、开发、制造与销售；经营本企业自产产品及相关技术的出口业务，但国家限定公司经营或禁止出口的商品除外；经营本企业生产、科研所需的原辅材料、机械设备、仪器仪表、零配件及相关技术的进出口业务，但国家限定公司经营或禁止进口的商品除外；经营本企业进料加工和“三来一补”业务；氢气、氧气、压缩空气、氮气的生产、销售。					

企业名称	吉林化纤股份有限公司		海关编码	2202910080	所属海关	吉林海关
通讯地址	吉林省吉林市九站街 516-1 号		邮政编码	132101	法人姓名	宋德武
评定时间	2008.12.18	注册日期 2003.4.28	报关有效期	长期	注册资本	37825 万人民币
主营范围	粘胶纤维、合成纤维及其深加工品；机械设备、仪表安装（凭资质证书经营）；工业控制系统组态安装；经营本企业自产产品的出口业务和本企业所需的机械设备、零配件、原辅材料的进出口业务，但国家限定公司经营或禁止进出口的商品及技术除外；进出口贸易（国家限定品种除外）。					

企业名称	吉林炭素进出口有限公司			海关编码	2202918024	所属海关	吉林海关
通讯地址	吉林省吉林市哈达湾和平街9号			邮政编码	132002	法人姓名	朱国斌
评定时间	2010.1.11	注册日期	1992.12.17	报关有效期	长期	注册资本	5000万人民币
主营范围	炭素及石墨制品的销售及技术开发；经营和代理各类商品、设备及技术的进出口业务，但国家限定公司经营或禁止进出口的商品及技术除外。（依法须经批准的项目，经相关部门批准后方可开展经营活动）						

企业名称	吉林晨鸣纸业有限责任公司			海关编码	2202930317	所属海关	吉林海关
通讯地址	吉林省吉林市龙潭区晨鸣路1号			邮政编码	132002	法人姓名	陈洪国
评定时间	2014.3.11	注册日期	2012.10.26	报关有效期	长期	注册资本	150000万人民币
主营范围	机制纸、纸板、纸制品、纸浆、造纸机械设备的加工和销售，机械设备安装，经营本企业自产产品及技术的进出口业务，经营本企业生产、科研所需的原辅材料、仪器、仪表、机械设备、零配件及技术的进出口业务（国家限定公司经营和国家禁止进出口的商品除外），收购农副产品（不含粮油）。						

企业名称	吉林昊宇电气股份有限公司			海关编码	2202960321	所属海关	吉林海关
通讯地址	吉林省吉林市江南乡裕民村			邮政编码	132013	法人姓名	孙国奎
评定时间	2011.3.31	注册日期	2008.5.8	报关有效期	长期	注册资本	30000万人民币
主营范围	管道安装，生产制造石油化工、电力企业所需各种管件［压力管道元件仅限A（1）（3）级钢制无缝管件、B2级钢制有缝管件］，制造属于电厂辅助设备的高温炉烟管道、声波吹灰器，压力容器制造（仅限D1第一类压力容器、D2第二类低、中压容器），制造A1、A2第三类压力容器、核电主管道及大型锻件、生产水工金属结构（由公司所属分支机构经营，应单独办理营业执照）。						

企业名称	天池集团有限公司			海关编码	2210961045	所属海关	延吉海关
通讯地址	吉林省和龙市同心东路73号			邮政编码	133500	法人姓名	赵长寿
评定时间	2009.2.11	注册日期	2004.1.30	报关有效期	长期	注册资本	5000万人民币
主营范围	针纺织品、农副产品（不含国家专营项目）、电子产品、普通机械、五金、交电、工艺美术品（不含金银首饰）、日用百货、建筑材料的销售；自营和代理各类商品和技术的进出口业务（冶金矿产品及国家限制或禁止进出口的商品及技术除外），通过边境小额贸易方式向毗领国家开展各类商品及技术的进出口业务（冶金矿产品及国家限制或禁止进出口的商品及技术除外）；保税仓库货物；仓储。						

企业名称	延吉秀爱食品有限公司			海关编码	2218940014	所属海关	延吉海关
通讯地址	吉林省延吉市长白山东路1767号			邮政编码	133000	法人姓名	正木博
评定时间	2009.2.11	注册日期	2004.8.17	报关有效期	长期	注册资本	806.2万美元
主营范围	坚果、干果的加工、销售，果脯、冰激凌（分支机构经营）的批发、零售。						

哈尔滨关区

企业名称	哈药集团股份有限公司			海关编码	2301910035	所属海关	哈尔滨关
通讯地址	黑龙江省哈尔滨市南岗区昆仑商城隆顺街 2 号			邮政编码	150010	法人姓名	张利君
评定时间	2010.1.6	注册日期	1993.7.22	报关有效期	长期	注册资本	191748 万人民币
主营范围	自营和代理各类商品和技术的进出口，但国家限定公司经营或禁止进出口的商品和技术除外。						

企业名称	齐齐哈尔二机床（集团）有限责任公司			海关编码	2302910064	所属海关	齐齐哈尔
通讯地址	黑龙江省齐齐哈尔市龙沙区永安大街 239 号			邮政编码	161005	法人姓名	周辉
评定时间	2012.12.10	注册日期	2004.3.25	报关有效期	长期	注册资本	73766 万人民币
主营范围	一般经营项目：金属切削机床、锻压机械、纺织工业机械、石油设备、金属模具、液压件、铸件的制造；机械加工；设备改造及维修；经营本企业自产产品及技术的出口业务和本企业所需的机械设备、零配件、原材料及技术的进口业务，但国家限定公司经营或禁止进出口的商品及技术除外；房屋租赁。						

企业名称	齐齐哈尔轨道交通装备有限责任公司			海关编码	2302919007	所属海关	齐齐哈尔
通讯地址	黑龙江省齐齐哈尔市铁锋区厂前一路 36 号			邮政编码	161002	法人姓名	谷春阳
评定时间	2013.12.19	注册日期	2007.9.4	报关有效期	长期	注册资本	77800 万人民币
主营范围	许可经营项目：内燃铁路起重机（A 级）制造（“特种设备制造许可证”有效期至 2017 年 6 月 18 日）。一般经营项目：铁路运输装备及配件制造、修理；集装箱制造和维修；机械设备制造安装；零部件加工；计算机软件开发；计量检测；铁道车辆、机械工程、自动控制专业技术开发、技术转让、技术咨询、技术服务；房屋、机械设备租赁；自营进出口业务，但国家限定公司经营或禁止进出口的商品及技术除外；承包境外铁道工程和境内国际招标工程；铁路车辆及部件、集装箱的试验；压力容器设计、制造。						

企业名称	中国第一重型机械股份公司			海关编码	2302919009	所属海关	齐齐哈尔
通讯地址	黑龙江省齐齐哈尔市富拉尔基区红宝石办事处厂前路 9 号			邮政编码	161042	法人姓名	吴生富
评定时间	2012.12.10	注册日期	2009.1.14	报关有效期	长期	注册资本	653800 万人民币
主营范围	许可经营项目：压力容器（仅限单层），第三类低、中压容器（有效期至 2018 年 4 月 20 日）。一般经营项目：重型机械及成套设备、金属制品的设计、制造、安装、修理，金属冶炼及加工，金属材料的销售，工业气体制造及销售，冶金工程设计，技术咨询服务，承包境外成套工程及境内国际招标工程，进出口业务。						

企业名称	中国石油技术开发大庆公司			海关编码	2306910006	所属海关	大庆海关
通讯地址	黑龙江省大庆市龙凤区卧里屯大庆石油化工总厂			邮政编码	163714	法人姓名	曹成才
评定时间	2012.10.12	注册日期	1991.12.27	报关有效期	长期	注册资本	220 万人民币
主营范围	许可经营项目：经营石油系统所产化工类、机械设备等商品的出口业务，机械设备、仪器仪表等商品的进出口业务，代理本系统单位的进出口业务，经营进出口业务（按对外经济贸易合作部批准文件执行）。						

企业名称	大庆中石油国际事业有限公司			海关编码	2306910022	所属海关	大庆海关
通讯地址	黑龙江省大庆市高新区火炬新街 40 号			邮政编码	163316	法人姓名	丛云波
评定时间	2008.11.12	注册日期	2002.11.6	报关有效期	长期	注册资本	10000 万人民币
主营范围	危险化学品的批发（无仓储）（见“危险化学品经营许可证”，有效期至 2016 年 7 月 8 日）；原油的销售（见“原油销售经营批准证书”，有效期至 2018 年 5 月 6 日）；自营和代理各类商品和技术的进出口，但国家限定公司经营或禁止进出口的商品和技术除外。（依法须经批准的项目，经相关部门批准后方可开展经营活动）						

企业名称	黑龙江天狼星电站设备有限公司			海关编码	2301260192	所属海关	哈开发区
通讯地址	黑龙江省哈尔滨开发区南岗集中区华山路 10 号万达商务楼 2 号楼 3–4 层			邮政编码	150090	法人姓名	陶然
评定时间	2014.9.29	注册日期	2007.10.8	报关有效期	长期	注册资本	10000 万人民币
主营范围	一般经营项目：电站技术开发、技术咨询，从事货物进出口、技术进出口。（法律、行政法规禁止的项目除外；法律、行政法规限制的项目，取得许可后方可经营）						

企业名称	哈尔滨电机厂有限责任公司			海关编码	2301310322	所属海关	哈开发区
通讯地址	黑龙江省哈尔滨市南岗区赣水路二号楼			邮政编码	150040	法人姓名	邱希亮
评定时间	2013.10.10	注册日期	2005.7.7	报关有效期	长期	注册资本	70923 万人民币
主营范围	水轮发电机、汽轮发电机、水轮机、主阀、调速机、油压设备、电站自动化及控制、氢油水、励磁系统、交直流电机、电动机、绝缘材料及制品、数控切割机械、水泵、同步调相机、直流测功机、锅流测功机、环保设备及成套、电源机组的制造，上述产品的相关咨询、安装调试及技术服务。（以上项目需国家专项审批的除外）。						

企业名称	哈尔滨汽轮机厂有限责任公司			海关编码	2301916173	所属海关	哈开发区
通讯地址	黑龙江省哈尔滨市南岗区高科技生产基地 3 号楼			邮政编码	150046	法人姓名	陈冬石
评定时间	2011.12.8	注册日期	1997.11.24	报关有效期	长期	注册资本	85972 万人民币
主营范围	一般经营项目：电站汽轮机、核电汽轮机、工业汽轮机、燃气轮机、船用汽轮机、汽轮机辅机、各类风机及透平机械类设备、低温核供热装置、自动化控制系统、粮油食品机械、电站成套设备、风力发电设备、新型发电设备，以及以上产品和备品配件的制造、安装调试、检修、技术服务、技术转让；机械产品加工；高新技术及产品的开发、生产、销售，以及与开发项目配套产品的销售（以上项目国家有规定的除外）；外经贸部批准的进出口经营项目。						

企业名称	哈尔滨安博威飞机工业有限公司			海关编码	2301931300	所属海关	哈开发区
通讯地址	黑龙江省哈尔滨市哈平路集中区烟台路 1 号			邮政编码	150066	法人姓名	郭殿满
评定时间	2008.10.17	注册日期	2003.4.29	报关有效期	长期	注册资本	2500 万美元
主营范围	一般经营项目：在中国生产、销售 ERJ145 系列飞机，包括 ERJ145 系列飞机、零售件和地面支持设备；提供包括大修和维护在内的售后支援。						

上海关区

企业名称	上海宝钢国际经济贸易有限公司			海关编码	3112915001	所属海关	吴淞海关
通讯地址	上海市浦东浦电路 370 号			邮政编码	200122	法人姓名	姚林龙
评定时间	2009.1.6	注册日期	1993.8.17	报关有效期	长期	注册资本	224887.86 万人民币
主营范围	自营和代理经外经贸部批准的商品和技术进出口，钢材、废铜、废钢进口，进料加工和“三来一补”对销，转口贸易，国外承包工程劳务合作，国际招标，国内商业及物资供销（专项规定的除外），经营废钢、煤炭、燃料油，水路货运代理，船舶代理，化学危险品（限批发），工程招标代理，天然橡胶进口。（上述经营范围涉及许可经营的，凭许可证经营）						

企业名称	宝山钢铁股份有限公司			海关编码	3112915006	所属海关	吴淞海关
通讯地址	上海市宝山区富锦路 885 号			邮政编码	201900	法人姓名	何文波
评定时间	2008.10.31	注册日期	2001.3.14	报关有效期	长期	注册资本	1647172.49 万人民币
主营范围	钢铁冶炼加工，电力煤炭工业气体生产，码头仓储、运输等，与钢铁相关的业务技术开发、技术转让、技术服务和技术管理咨询服务，汽车修理，商品和技术的进出口，有色金属冶炼及压延加工，工业炉窑化工原料及产品的生产和销售，金属矿石、煤炭、钢铁、非金属矿石装卸港区服务、水路货运代理、水路货物装卸联运船舶代理、国外承包工程劳务合作、国际招标工程招标代理，国内贸易、对销、转口贸易，经营废钢、煤炭、燃料油、化学危险品（限批发）（限分支机构经营），机动车安检。（企业经营涉及行政许可的，凭许可证件经营）						

企业名称	上海新格有色金属有限公司			海关编码	3112920015	所属海关	吴淞海关
通讯地址	上海市宝山区富联三路 369 号			邮政编码	201906	法人姓名	黄耀滨
评定时间	2008.10.31	注册日期	1993.2.4	报关有效期	长期	注册资本	5780 万美元
主营范围	各种金属废料拆解、分选，铜铝锌合金锭熔炼、制造，铜铝型材的铸造、挤压，销售自产产品，上述同类商品的批发、进出口，提供相关配套服务。（涉及非配额许可证管理、专项规定管理的商品，按照国家有关规定办理；涉及许可经营的，凭许可证经营）						

企业名称	上海中集冷藏箱有限公司			海关编码	3112935072	所属海关	吴淞海关
通讯地址	上海市宝山区罗南镇工业开发区			邮政编码	201908	法人姓名	黄田化
评定时间	2008.10.31	注册日期	1995.7.17	报关有效期	长期	注册资本	3100 万美元
主营范围	研究、开发、生产冷藏集装箱、冷藏车和保温车的冷藏保温装置，其他特种集装箱及其零部件；销售自产产品；提供有关的技术咨询、维修服务。（涉及许可经营的，凭许可证经营）						

企业名称	上海东圣电子进出口有限公司			海关编码	3112955006	所属海关	吴淞海关
通讯地址	上海市宝山区罗店镇月罗公路 2255 号			邮政编码	201908	法人姓名	钱培胜
评定时间	2010.1.8	注册日期	2000.6.1	报关有效期	长期	注册资本	500 万人民币
主营范围	经营和代理各类商品及技术的进出口业务，但国家限定公司经营或禁止进出口的商品及技术除外。						

企业名称	上海三菱电梯有限公司			海关编码	3111230051	所属海关	闵开发区
通讯地址	上海市闵行区江川路 811 号			邮政编码	200245	法人姓名	范秉勋
评定时间	2008.10.31	注册日期	1986.12.2	报关有效期	长期	注册资本	15526.9363 万美元
主营范围	生产电梯、自动扶梯、自动人行道，大楼自动化管理和安保系统，销售自产产品，提供相应的安装、改造和维修保养，配套销售日本三菱高档电梯相关产品。（涉及行政许可的，凭许可证经营）						

企业名称	中美上海施贵宝制药有限公司			海关编码	3111230053	所属海关	闵开发区
通讯地址	上海市闵行区剑川路 1315 号			邮政编码	200240	法人姓名	杨苏鸣
评定时间	2010.7.28	注册日期	1995.1.12	报关有效期	长期	注册资本	1844 万美元
主营范围	制造药品，在国内外市场销售自产产品，并独立进行经营、推广；经营进口和出口等业务；从事药品的研究开发，包括组织新药临床试验，收集和保存临床试验数据，申请新药证书、新药专利和商标等；转让自研成果，并提供相应的技术服务；提供市场营销咨询服务、贸易信息咨询服务。（涉及行政许可的，凭许可证经营）						

企业名称	欧诺法装饰材料（上海）有限公司			海关编码	3111240219	所属海关	闵开发区
通讯地址	上海市闵行经济技术开发区文井路 469 号			邮政编码	200245	法人姓名	Frank Paul Robers
评定时间	2011.11.22	注册日期	2000.2.14	报关有效期	长期	注册资本	1122.1821 万美元
主营范围	生产新型装饰装修材料和新型防水材料，并销售自产的产品；上述产品同类商品的批发、进出口、佣金代理（拍卖除外），并提供相关配套服务。（不涉及国营贸易管理商品；涉及配额、许可证管理、专项规定、质检、安检管理要求的，需按照国家有关部门规定取得许可证后开展经营业务；涉及行政许可的，凭许可证经营）						

企业名称	上海米其林轮胎有限公司			海关编码	3111240246	所属海关	闵开发区
通讯地址	上海市闵行区剑川路 2915 号			邮政编码	201103	法人姓名	Philippe Verneuil
评定时间	2010.7.9	注册日期	2001.3.23	报关有效期	长期	注册资本	111320 万人民币
主营范围	制造、加工高级子午线轮胎、与轮胎相关的钢丝，以及其他与轮胎相关的产品；销售自产产品，并提供相关服务。（涉及许可经营的，凭许可证经营）						

企业名称	上海虎生电子电器有限公司			海关编码	3111340004	所属海关	闵开发区
通讯地址	上海市闵行区陈行镇三鲁路 4228 号			邮政编码	201114	法人姓名	林裕原
评定时间	2009.3.5	注册日期	2006.11.27	报关有效期	长期	注册资本	835 万美元
主营范围	生产小家电用品（产品出口不涉及许可证管理范围）、煤元炉、调整机、料理架、空气清净机、净水器、冰水筒及其配件的卫星接收器的零配件，销售自产产品，从事非配额许可证管理、非专营商品的收购出口业务。（涉及许可经营的，凭许可证经营）						

企业名称	柯惠医疗器材制造（上海）有限公司			海关编码	3111541433	所属海关	闵开发区
通讯地址	上海市闵行区漕河泾出口加工区浦星路 789 号 10 号楼			邮政编码	201114	法人姓名	王艳
评定时间	2013.7.9	注册日期	2007.2.5	报关有效期	长期	注册资本	1350 万美元
主营范围	生产和装配医用缝合材料及粘合剂，医用高频仪器设备，腹部外科手术器械，手术室、急救室、诊疗设备及器具；从事医疗器材的研发；销售自产产品；提供技术咨询和产品售后服务。						

企业名称	东方航空进出口有限公司			海关编码	3122210001	所属海关	浦东海关
通讯地址	上海市浦东机场综合保税区闻居路1333号公共服务中心一期B区七层719/716室、720/721室			邮政编码	201202	法人姓名	唐建国
评定时间	2011.10.21	注册日期	1993.7.28	报关有效期	长期	注册资本	8000万人民币
主营范围	航空器及零附件、机上用品、生产所需原辅材料、机械设备、仪器仪表、特种车辆的进出口，仓储，寄售，报关，集团产品内销，承包境外航空工程和境内国际招标工程，上述境外工程所需的设备、材料的出口，对外派遣航空行业的劳务人员，国内贸易（专项审批除外），汽车销售（含小轿车经营），仓储租赁，航空器材及其他设备租赁（金融租赁除外），食品销售管理（非实物方式），酒类批发。（企业经营涉及行政许可的，凭许可证件经营）						

企业名称	上海申航进出口有限公司			海关编码	3122210006	所属海关	浦东海关
通讯地址	上海市浦东新区唐镇龙东大道4493号2幢三楼308室			邮政编码	201210	法人姓名	张建功
评定时间	2013.10.17	注册日期	1993.12.31	报关有效期	长期	注册资本	3000万人民币
主营范围	从事货物与技术的进出口业务，货运代理，仓储（危险品除外），自有房屋租赁，物业管理，国内商业（专项规定的除外），挂车或者汽车列车销售，预包装食品（含冷冻冷藏，不含熟食卤味）、乳制品（不含婴幼儿配方乳粉）的批发（非实物方式，凭许可证经营）。（依法须经批准的项目，经相关部门批准后方可开展经营活动）						

企业名称	上海八达纺织印染服装有限公司			海关编码	3122210068	所属海关	浦东海关
通讯地址	上海市浦东新区洪山路176号116室			邮政编码	200125	法人姓名	王秋蓉
评定时间	2014.1.6	注册日期	1993.4.8	报关有效期	长期	注册资本	8500万人民币
主营范围	针织品、编织品、服装鞋帽、皮革、纺织品及原料、服装辅料、染化料的研发及销售，仪器配件、五金交电、机械设备、建筑材料、金属材料、电子产品的销售，印染及其技术的研发，从事货物与技术的进出口业务，纺织品、服装领域内的技术咨询、技术服务、技术开发、技术转让。（企业经营涉及行政许可的，凭许可证件经营）						

企业名称	上海申达进出口有限公司			海关编码	3122210107	所属海关	浦东海关
通讯地址	上海市浦东新区洪山路176号117室			邮政编码	200060	法人姓名	王秋蓉
评定时间	2014.1.6	注册日期	1993.8.30	报关有效期	长期	注册资本	5500万人民币
主营范围	自营和代理各类商品及技术的进出口业务，但国家限定公司经营或禁止进出口的商品及技术除外；经营进料加工和“三来一补”业务；经营对销贸易和转口贸易；国内贸易（专项审批的除外）；预包装食品（含冷冻冷藏，不含熟食卤味）、乳制品（含婴幼儿配方乳粉）的批发（凭许可证经营）。（企业经营涉及行政许可的，凭许可证件经营）						

企业名称	东方国际创业浦东服装进出口有限公司			海关编码	3122210120	所属海关	浦东海关
通讯地址	上海市浦东新区东园三村335号1001室			邮政编码	200120	法人姓名	金卫栋
评定时间	2009.9.4	注册日期	1994.1.30	报关有效期	长期	注册资本	1000万人民币
主营范围	经营阿拉伯袍裤和服装纺织品的出口和服装服装面料纺织品的进口（按1992年4月章程），以及其他三类商品；承办上述进出口代理、中外合资合作和“三来一补”业务，对销贸易，经贸咨询；国内商业批发、零售（专项规定的除外）。						

企业名称	上海东裕物资有限公司			海关编码	3122210351	所属海关	浦东海关
通讯地址	上海市浦东新区凌河路 184 号 205 室			邮政编码	200122	法人姓名	张蓓华
评定时间	2011.7.22	注册日期	1995.11.23	报关有效期	长期	注册资本	3900 万人民币
主营范围	上海市外经贸委批准的进口业务、出口业务，承办“三来一补”业务，仓储（危险品除外），国际货运代理，金属材料、化工原料及产品、冶金炉料、五金交电、百货、纺织原料、纺织品、汽车（含轿车）、汽车配件、摩托车经销，经济信息咨询、房地产信息咨询（以上咨询除经纪外），室内装潢。（企业经营涉及行政许可的，凭许可证经营）						

企业名称	上海新发展进出口贸易实业有限公司			海关编码	3122210380	所属海关	浦东海关
通讯地址	上海市浦东新区张杨路 601 号 6M 室			邮政编码	200120	法人姓名	蒋琪民
评定时间	2011.1.13	注册日期	1996.2.17	报关有效期	长期	注册资本	1000 万人民币
主营范围	自营和代理各类商品及技术的进出口业务，但国家规定的专营进出口商品和国家禁止进出口等特殊商品除外；百货、服装、皮革制品、办公用品、化妆品、玩具、食用农产品的销售；预包装食品（不含熟食卤味、冷冻冷藏）、乳制品（含婴幼儿配方乳粉）的批发非实物方式（凭许可证经营）；经营进料加工和“三来一补”业务；开展对销贸易和转口贸易；承办中外合资、合作业务；商务咨询服务（经纪除外）；国际货代理；物流服务及管理。（企业经营涉及行政许可的，凭许可证件经营）						

企业名称	上海市轻工业品进出口有限公司			海关编码	3122210408	所属海关	浦东海关
通讯地址	上海市浦东新区东园三村 335 号 2402 室			邮政编码	200063	法人姓名	戴志伟
评定时间	2011.7.8	注册日期	2000.3.30	报关有效期	长期	注册资本	7800 万人民币
主营范围	经营和代理轻工业品、服装等商品的进出口业务，承办中外合资经营、合作生产及“三来一补”业务，从事对外贸易咨询业务，国内商业业务（国家专项规定的除外），仓储（危险品除外）。（涉及许可经营的，凭许可证经营）						

企业名称	上海浦东国际机场进出口有限公司			海关编码	3122210414	所属海关	浦东海关
通讯地址	上海市浦东机场纬一路 100 号			邮政编码	201202	法人姓名	陈维龙
评定时间	2012.12.26	注册日期	1996.5.15	报关有效期	长期	注册资本	1000 万人民币
主营范围	上海市外经贸委批准的进出口业务，自用成品油的进口业务，上海市政府采购招标中介业务，国内机电设备招标代理业务，国内贸易（专项规定的除外）。						

企业名称	上海船厂船舶有限公司			海关编码	3122210464	所属海关	浦东海关
通讯地址	上海浦东新区即墨路 1 号			邮政编码	200120	法人姓名	顾逖泉
评定时间	2009.2.2	注册日期	1997.1.16	报关有效期	长期	注册资本	97692 万人民币
主营范围	船舶、普通机械、钢结构件、空调制冷设备、五金工具、机电配件、起重机械电子产品、电器设备、通讯器材、木制品的制造、销售及修理，建筑装饰业务，涂装装潢，外经贸部批准的自营进出口业务，开展本企业“三来一补”业务，附设分支机构。（涉及许可经营的，凭许可证经营）						

企业名称	上海东松国际贸易有限公司			海关编码	3122210519	所属海关	浦东海关
通讯地址	上海市浦东新区花木镇高科西路1862号			邮政编码	200125	法人姓名	钟伟民
评定时间	2013.7.9	注册日期	1997.11.25	报关有效期	长期	注册资本	1730万人民币
主营范围	从事货物及技术的进出口业务，国际招标，国内贸易（专项规定的除外），汽车（含小轿车）的销售，政府采购代理，食用农产品（不含生猪产品）、食品添加剂的销售，货运代理，装卸服务，仓储（危险品除外），自有设备租赁（不得从事金融租赁），商务咨询（不得从事经纪），会展会务服务，预包装食品（含冷冻冷藏，含熟食卤味）、乳制品（含婴幼儿配方乳粉）的批发（凭许可证经营），危险化学品（范围详见许可证）的批发（租用储存设施，凭许可证经营），医疗器械、煤炭的销售（上述两项凭许可证经营）。						

企业名称	上海通贸国际供应链管理有限公司			海关编码	3122210536	所属海关	浦东海关
通讯地址	上海市浦东新区世纪大道211号2202室			邮政编码	200122	法人姓名	冯武锋
评定时间	2012.3.14	注册日期	1998.3.30	报关有效期	长期	注册资本	7000万人民币
主营范围	供应链管理；计算机、网络信息技术专业领域内的技术开发、技术咨询、技术服务、技术转让；从事货物与技术的进出口，转口贸易，开展“三来一补”业务；承办海运、空运进出口货物的国际运输代理业务，包括揽货、订舱、仓储、中转、集装箱拼装拆箱、结算运杂费、报关、报验、保险、相关的短途运输服务及咨询业务；办理国际快递业务（信件及具有信件性质的物品除外）；道路货物运输（普通货物）；工艺礼品、日用百货、通信及电子设备材料的销售；会展服务；通信工程施工（按许可资质经营）；自有机械设备及房屋的融物租赁；卷烟及雪茄烟的零售(限分支机构经营)；附设分支机构；批发预包装食品(不含熟食卤味、冷冻冷藏，含酒类)。（企业经营涉及行政许可的，凭许可证件经营）						

企业名称	上海海外国际贸易有限公司			海关编码	3122210541	所属海关	浦东海关
通讯地址	上海市浦东新区浦东大道1539号1101室A座			邮政编码	200135	法人姓名	徐成武
评定时间	2009.7.6	注册日期	1998.5.14	报关有效期	长期	注册资本	1000万人民币
主营范围	经营和代理除国家组织统一联合经营的出口商品和国家实行核定经营的进口商品以外的商品及技术的进出口业务，经营“三来一补”和进料加工业务，经营对销、转口贸易，外贸咨询，经营国内贸易批发(专项规定的除外)、零售业务。						

企业名称	沪东重机有限公司			海关编码	3122210594	所属海关	浦东海关
通讯地址	上海市浦东新区浦东大道2851号346幢			邮政编码	200129	法人姓名	江民达
评定时间	2010.4.6	注册日期	1999.3.24	报关有效期	长期	注册资本	284599万人民币
主营范围	船用柴油机及备配件、铸锻件的设计、制造、销售，电站设备、工程机械成套设备、机电设备的设计、制造、安装、维修及相关的技术咨询和技术服务，非标准钢结构制作，从事货物与技术的进出口业务。（涉及行政许可的，凭许可证经营）						

企业名称	上海远洋国际贸易有限公司			海关编码	3122210671	所属海关	浦东海关
通讯地址	上海市浦东新区乳山路227号3楼D-423室			邮政编码	200135	法人姓名	孙定山
评定时间	2009.11.16	注册日期	2000.5.18	报关有效期	长期	注册资本	1000万人民币
主营范围	经营和代理按上海市外贸委核准的进出口业务，承办中外合资、合作生产业务，开展“三来一补”业务，经营转口贸易和对销贸易，船舶、化工原料及产品（危险品除外）、百货、五金交电、建筑装潢材料、机电设备、仪器仪表及配件、针纺织品、金属材料、工艺品、珠宝、金银首饰、钻石的销售，室内装潢。（以上项目涉及许可经营的，凭许可证经营）。						

企业名称	沪东中华造船（集团）有限公司		海关编码	3122210769	所属海关	浦东海关
通讯地址	上海市浦东新区浦东大道 2851 号		邮政编码	200129	法人姓名	孙云飞
评定时间	2008.10.31	注册日期	2001.8.7	报关有效期	长期	注册资本	76094.107 万人民币
主营范围	军、民用船舶，海洋工程，船用柴油机的设计、制造、服务及修理；160 吨及以下桥式起重机、600 吨及以下门式起重机、高层建筑钢结构、桥梁及大型钢结构、市政工程建筑、金属结构、网架工程（壹级）的制造、安装及施工；经外经贸部批准的自营进出口业务及进料加工、“三来一补”业务；机械设备设计、制造；工业设备工程安装、修理；一级起重机械安装；船用配件的设计、制造、服务及修理；铸钢件生产；承包与其实力、规模、业绩相适应的国外工程项目，对外派遣实施上述境外工程所需的劳务人员。（企业经营涉及行政许可的，凭许可证件经营）						

企业名称	上海外高桥造船有限公司			海关编码	3122210856	所属海关	浦东海关
通讯地址	上海市浦东新区外高桥洲海路 3001 号			邮政编码	200137	法人姓名	黄永锡
评定时间	2008.10.31	注册日期	2002.1.9	报关有效期	长期	注册资本	286000 万人民币
主营范围	船舶、港口机械、起重运输机械、压力容器、冶金矿山设备、水利电力设备、石油化工设备、钢结构件的设计、制造、修理；海洋工程、建筑桥梁、机电成套工程、船舶相关材料设备的销售；经营本企业自产产品及技术的出口业务，经营本企业生产、科研所需的原辅材料、仪器仪表、机械设备、零配件及技术的进口业务，但国家限定公司经营或禁止进出口的商品及技术除外；经营进料加工和“三来一补”业务；提供以上相关咨询服务。（以上涉及行政许可的，凭许可证经营）						

企业名称	上海东浩工艺品股份有限公司			海关编码	3122210874	所属海关	浦东海关
通讯地址	上海市浦东新区福山路 450 号 13 楼 C 室			邮政编码	200122	法人姓名	高文伟
评定时间	2013.10.21	注册日期	2002.2.25	报关有效期	长期	注册资本	3000 万人民币
主营范围	自营和代理各类商品及技术的进出口业务，但国家限定公司经营和禁止进出口的商品及技术除外；开展“三来一补”业务；经营转口贸易、对销贸易；企业策划、设计；公共关系服务；会议及展览服务；服装、日用品、工艺品、化妆品、玩具、文具用品、体育用品、化工产品及原料（危险化学品、监控化学品、烟花爆竹、民用爆炸物品、易制毒化学品除外）、食用农产品（生猪产品、石油制品除外，专控除外）、建筑材料的批发和零售；国内贸易（专控除外）；预包装食品（不含熟食卤味、冷冻冷藏）的批发兼零售。（经营项目涉及行政许可的，凭许可证件经营）						

企业名称	上海丝绸集团股份有限公司			海关编码	3122211067	所属海关	浦东海关
通讯地址	上海市浦东新区世纪大道 1500 号			邮政编码	200122	法人姓名	徐伟民
评定时间	2011.11.22	注册日期	2003.1.27	报关有效期	长期	注册资本	10000 万人民币
主营范围	国内贸易（专项规定的除外）；实业投资；企业管理；自营和代理各类商品和技术的进出口，但国家限定公司经营或禁止进出口的商品及技术除外。						

企业名称	上海海棕榈进出口有限公司			海关编码	3122211136	所属海关	浦东海关
通讯地址	上海市浦东新区杨高北路 528 号 14 幢 2011 室			邮政编码	200137	法人姓名	易淑坤
评定时间	2011.8.26	注册日期	2003.7.15	报关有效期	长期	注册资本	500 万人民币
主营范围	从事货物及技术的进出口业务，汽车配件、金属材料、普通机械、电器机械及器材、五金交电、通讯器材、电子产品、化工产品及原料（危险品除外）、建筑材料、木材、服装、针纺织品及原料（棉花收购除外）、百货的销售，咨询服务，货运代理，仓储服务（危险品除外），预包装食品（含冷冻冷藏，不含熟食卤味）、乳制品（含婴幼儿配方乳粉）的批发非实物方式（凭许可证），国际货运代理。（企业经营涉及行政许可的，凭许可证件经营）						

企业名称	上海东源华裕工艺品有限公司			海关编码	3122211137	所属海关	浦东海关
通讯地址	上海市浦东新区金桥路 1389 号 906 室			邮政编码	201206	法人姓名	吉鸣平
评定时间	2014.6.6	注册日期	2003.7.17	报关有效期	长期	注册资本	250 万人民币
主营范围	自营和代理各类商品和技术的进出口，但国家限定公司经营或禁止进出口的商品和技术除外；工艺品、玩具、服饰、纺织用品的销售；通讯设备的维修（卫星电视广播地面接收设施除外）。（企业经营涉及行政许可的，凭许可证件经营）						

企业名称	上海外联发进出口有限公司			海关编码	3122211217	所属海关	浦东海关
通讯地址	上海市浦东新区花山路 1199 号 20 楼 2003B、C 室			邮政编码	200131	法人姓名	蒋琪民
评定时间	2013.4.3	注册日期	2004.6.10	报关有效期	长期	注册资本	500 万人民币
主营范围	经营各类商品和技术的进出口，但国家限定公司经营或禁止进出口的商品及技术除外；医疗器械（具体项目见许可证，凭许可证经营）、食用农产品的销售；预包装食品（不含熟食卤味、冷冻冷藏，凭许可证经营）的批发非实物方式；咨询服务。（企业经营涉及行政许可的，凭许可证件经营）						

企业名称	东方国际集团上海家纺有限公司			海关编码	3122211224	所属海关	浦东海关
通讯地址	上海市浦东新区东方路 135 号 10–12 层			邮政编码	200120	法人姓名	钟伟民
评定时间	2012.8.31	注册日期	2004.7.19	报关有效期	长期	注册资本	5400 万人民币
主营范围	国内贸易，经营各类商品和技术的进出口（国家限定公司经营或禁止进出口的商品及技术除外），商务服务，房屋租赁，以及以上相关业务的咨询服务。（经纪除外；涉及许可经营的，凭许可证经营）						

企业名称	昆仑国际贸易有限公司			海关编码	3122211240	所属海关	浦东海关
通讯地址	上海市浦东新区北张家浜路 68 号			邮政编码	200120	法人姓名	王晖
评定时间	2013.5.24	注册日期	2005.1.27	报关有效期	长期	注册资本	1000 万人民币
主营范围	煤炭批发经营，进出口贸易，棉花、橡胶、木材、有色金属、贵金属、黑色金属的销售，实业投资，企业收购、兼并，技术开发及技术转让，上述业务的咨询与咨询服务。						

企业名称	宝钢资源有限公司			海关编码	3122211310	所属海关	浦东海关
通讯地址	上海市浦东新区金海路 3288 号 F3208 室			邮政编码	200122	法人姓名	戴志浩
评定时间	2014.1.6	注册日期	2009.9.3	报关有效期	长期	注册资本	240987 万人民币
主营范围	货物与技术的进出口，国内贸易（专项规定的除外），货运代理，船舶代理，实业投资，煤炭批发（凭许可证经营），生产性废旧金属的收购（限合同收购），第三方物流服务（不得从事运输）。（企业经营涉及行政许可的，凭许可证件经营）						

企业名称	上海汉森环宇进出口有限公司			海关编码	3122211321	所属海关	浦东海关
通讯地址	上海市浦东新区昌里路 335 号 4 层 412 室			邮政编码	200126	法人姓名	尹国华
评定时间	2010.4.21	注册日期	2006.12.18	报关有效期	长期	注册资本	3000 万人民币
主营范围	从事货物和技术的进出口业务，手帕、服装服饰、纺织品及原辅料（棉花收购除外）、机电设备、五金交电、文体用品、化妆品、化工原料及产品（危险品限批发，详见许可证）、建筑装潢材料、汽车配件、酒、茶叶、食用农产品、食品添加剂、第一类医疗器械、卫生洁具、宠物用品、工艺礼品、民用游艇、金属材料、木材、照相摄像器材的销售，预包装食品（含冷冻冷藏、熟食卤味）、乳制品（含婴幼儿配方乳粉）的批发，牛羊肉品零售（以上食品均凭许可证经营），包装设计，以上相关业务的咨询服务（经纪除外），实业投资，附设分支机构。（企业经营涉及行政许可的，凭许可证件经营）						

企业名称	上海江南长兴造船有限责任公司			海关编码	3122211333	所属海关	浦东海关
通讯地址	上海市崇明县长兴镇长兴江南大道 2468 号			邮政编码	201913	法人姓名	王勇
评定时间	2010.5.20	注册日期	2007.3.21	报关有效期	长期	注册资本	230910.77 万人民币
主营范围	船舶、船舶设备、港口机械、机械电子设备、冶金矿山设备、水利电力设备、石油化工设备、钢结构、起重机械的销售、设计、制造、改造、安装、维修及以上自有设备的租赁，船舶、船用设备、海洋工程项目的投资，从事货物及技术的进出口业务，造船和钢结构专用领域的技术开发、技术转让、技术服务、技术咨询。（企业经营涉及行政许可的，凭许可证件经营）						

企业名称	上海江南长兴重工有限责任公司			海关编码	3122211335	所属海关	浦东海关
通讯地址	上海市浦东大道 1 号 2203 室			邮政编码	201913	法人姓名	黄永锡
评定时间	2010.11.22	注册日期	2007.5.9	报关有效期	长期	注册资本	242487 万人民币
主营范围	钢结构、港口机械、机械电子设备、船舶、船用设备、冶金矿山设备、水利电力设备、石油化工设备的销售、设计、制造、修理及以上自有设备的租赁，船舶、海洋工程项目的投资，从事货物及技术的进出口业务，造船和钢结构专业领域内的技术开发、技术转让、技术服务、技术咨询。（涉及行政许可的，凭许可证经营）						

企业名称	上海华力微电子有限公司			海关编码	3122211409	所属海关	浦东海关
通讯地址	上海市浦东新区张江高科技园区高斯路 568 号			邮政编码	201203	法人姓名	傅文彪
评定时间	2013.9.9	注册日期	2010.3.5	报关有效期	长期	注册资本	790000 万人民币
主营范围	开发、设计、加工、制造和销售集成电路和相关产品，从事货物及技术的进出口业务。（企业经营涉及行政许可的，凭许可证件经营）						

企业名称	上海医药分销控股有限公司			海关编码	3122211417	所属海关	浦东海关
通讯地址	上海市浦东新区枣庄路 677 号			邮政编码	200136	法人姓名	楼定波
评定时间	2014.1.6	注册日期	2010.6.1	报关有效期	长期	注册资本	339312.78 万人民币
主营范围	中成药、化学药制剂、化学原料药、抗生素、生化药品、生物制品、麻醉药品、精神药品、医疗用毒性药品（与经营范围相适应）、疫苗、药品类体外诊断试剂、蛋白同化制剂、肽类激素（凭许可证）、各类医疗器械（详见许可证）、化工原料及产品（危险品详见许可证）、制药设备、化妆品、日用百货的销售及以上相关业务的咨询服务，预包装食品（不含熟食卤味、冷冻冷藏）、乳制品（含婴幼儿配方乳粉）的批发（凭许可证），计算机系统集成，商务咨询（经纪除外），从事货物与技术的进出口业务，自有制药设备、医疗器械及设备、仪器的租赁、仓储（危险品除外），海上、陆路、航空货运代理业务，自有房屋租赁，广告的设计制作，机动车维修（限分支机构经营）。（企业经营涉及行政许可的，凭许可证件经营）						

企业名称	中石化国际事业上海有限公司			海关编码	3122211423	所属海关	浦东海关
通讯地址	上海市浦东新区杨高北路 528 号 14 幢 1E17 室			邮政编码	200137	法人姓名	沈荣民
评定时间	2013.7.2	注册日期	2010.8.17	报关有效期	长期	注册资本	2000 万人民币
主营范围	从事货物及技术的进出口业务，石油制品（成品油除外）、化工产品（危险化学品范围详见许可证）、机械设备、电气仪表、汽车配件、木材、建筑材料、金属材料、化肥的销售、仓储（危险品除外），展览展示服务，自有设备租赁（不得从事金融租赁）。（企业经营涉及行政许可的，凭许可证件经营）						

企业名称	上海贝尔股份有限公司			海关编码	3122230089	所属海关	浦东海关
通讯地址	上海市浦东新区金桥出口加工区宁桥路388号			邮政编码	201206	法人姓名	袁欣
评定时间	2008.10.31	注册日期	1993.3.1	报关有效期	长期	注册资本	693257.95万人民币
主营范围	科研开发、设计、制造并在国内外销售各类信息网络及交换网络、移动通信网络、数据通信网络、接入网络、各类信息通信终端和光电传输网络、网络管理及应用、企业和社区信息通信网络系统及超大规模集成电路和其他因特网产品，包括日后问世的各类新一代信息通信网络和相关产品，但不包括海底光缆及空间卫星通信产品；为上述各类产品和网络系统提供科研开发、销售、工程设计、安装维护和售后服务等；承包境外机电和境内国际招标工程；上述境外工程所需的设备、材料的出口，对外派遣实施上述境外工程所需的劳务人员。（涉及许可经营的，凭许可证经营）						

企业名称	诺基亚通信（上海）有限公司			海关编码	3122230814	所属海关	浦东海关
通讯地址	上海市浦东川桥路777号			邮政编码	201206	法人姓名	蒋松涛
评定时间	2008.12.5	注册日期	1994.3.28	报关有效期	长期	注册资本	10000万欧元
主营范围	生产和销售无线基站设备、移动用户终端设备、公众移动通信系统设备、数字通信产品、数字网络系统设备；无绳电话产品及相关的工程设计、施工、安装、开通和维护业务；维修诺基亚西门子通信移动终端产品、无线基站设备、公众移动通信系统设备、数字通信产品、数字网络系统设备及西门子无绳电话产品；从事非配额许可证管理、非专营商品的收购出口业务；各类电器设备（含零配件）及各类电子元器件的国内外销售、批发、进出口、佣金代理（拍卖除外），并提供相关的配套服务。（涉及行政许可的，凭许可证经营）						

企业名称	上海振华重工（集团）股份有限公司			海关编码	3122231355	所属海关	浦东海关
通讯地址	上海市浦东南路3470号			邮政编码	200125	法人姓名	宋海良
评定时间	2008.10.31	注册日期	1996.6.17	报关有效期	长期	注册资本	439029.46万人民币
主营范围	设计、建造和安装大型港口装卸系统和设备、海上重型装备、工程机械、工程船舶和大型金属结构件及部件、配件，船舶修理，自产起重机租赁业务，销售公司自产产品，可用整机运输专用船从事国际海运，钢结构工程专业承包。（涉及许可经营的，凭许可证经营）						

企业名称	上海夏普电器有限公司			海关编码	3122231435	所属海关	浦东海关
通讯地址	上海市浦东新区金桥经济技术开发区金海路1111号			邮政编码	201206	法人姓名	于东
评定时间	2008.12.5	注册日期	1998.5.14	报关有效期	长期	注册资本	5136.7万美元
主营范围	空调机器、电冰箱、洗衣机、微波炉、电饭锅、电烤箱、电热水瓶、空气净化器、除湿机、吸尘器等家用电器产品及相关零部件的生产，销售自产产品，同类商品的批发和进出口。（不涉及国营贸易管理商品；涉及配额、许可证管理商品，按国家有关规定办理申请；依法须经批准的项目，经相关部门批准后方可开展经营活动）						

企业名称	上海日立家用电器有限公司			海关编码	3122231478	所属海关	浦东海关
通讯地址	上海市浦东新区金桥出口加工区金湘路1100号			邮政编码	200062	法人姓名	松田美智也
评定时间	2009.3.5	注册日期	1995.12.8	报关有效期	长期	注册资本	4867万美元
主营范围	开发、生产空调器、洗衣机、冰箱、其他家用电器、家用电器零部件和电机、相关工具与模具，销售自产产品，与自产产品同类的商品的批发、零售、进出口、佣金代理（拍卖除外），并提供相应售后服务。（不涉及国营贸易管理商品；涉及配额、许可证管理商品的，按国家有关规定办理申请；依法须经批准的项目，经相关部门批准后方可开展经营活动）						

企业名称	上海双立人亨克斯有限公司			海关编码	3122231528	所属海关	浦东海关
通讯地址	上海市浦东三林路 424 号			邮政编码	201112	法人姓名	沃尔夫加藤
评定时间	2013.12.12	注册日期	1996.1.2	报关有效期	长期	注册资本	969.37 万美元
主营范围	开发、生产、加工中西式刀具、剪刀、餐具、指甲修剪刀具、磨刀棒（器）、锅具（含不锈钢压力锅具）、厨房杂件及各类刀具盒，上述产品同类的商品及电磁灶、油烟机、饮水机、咖啡机、烤箱（特定商品除外）的批发、零售，进出口业务及相关配套服务。（涉及行政许可的，凭许可证经营）						

企业名称	联合汽车电子有限公司			海关编码	3122231545	所属海关	浦东海关
通讯地址	上海市浦东新区榕桥路 555 号			邮政编码	201206	法人姓名	陈虹
评定时间	2009.5.15	注册日期	1996.1.10	报关有效期	长期	注册资本	120000 万人民币
主营范围	开发、匹配和生产用于车辆应用的电子控制系统（汽油发动机管理系统、汽车车身电子和传动控制系统）及其零部件、混合动力汽车和电动汽车的动力系统（包含电力电子、电机、电池组和电池管理系统）及其零部件（不包括电池单元），以及为此所需的生产和维修的设备和工具；销售自产产品；自产产品和同类产品的批发、进出口和佣金代理（拍卖除外），提供相关市场开发、技术开发、咨询及售后服务等配套服务。（不涉及国营贸易管理商品；涉及配额、许可证管理商品的，按国家有关规定办理申请；涉及许可经营的，凭许可证经营）						

企业名称	上海索广映像有限公司			海关编码	3122231594	所属海关	浦东海关
通讯地址	上海市浦东新区川沙路 3777 号			邮政编码	201201	法人姓名	今村昌志
评定时间	2009.2.2	注册日期	1996.2.5	报关有效期	长期	注册资本	10258 万美元
主营范围	设计、开发、组装、制造家用影视设备、彩色显像管、高分辨率显示器及显示管、视频投影机、广播电视节目制作设备（不含国家限制或禁止类产品及有专项规定的产品）、应用电视设备、电子计算机外部设备、电视会议系统、网络摄像设备等产品及相关的零部件，在国内外销售公司产品并提供售后服务，从事非配额许可证管理、非专营商品的收购出口业务。（涉及许可经营的，凭许可证经营）						

企业名称	上海乐金广电电子有限公司			海关编码	3122231741	所属海关	浦东海关
通讯地址	上海市金桥出口加工区云桥路 600 号			邮政编码	201206	法人姓名	朴宗善 PARK JONGSUN
评定时间	2008.10.31	注册日期	1996.11.13	报关有效期	长期	注册资本	1357 万美元
主营范围	生产监控监视设备，卫星公共接收电视前端设备，录像机，激光影碟机，数字照相机，数字音、视频编解码设备，大容量光、磁盘驱动器，数字摄录机，电脑产品及光驱机芯，激光头等音频视频电子产品；销售自产产品；上述同类商品及相关零部件、附件的进出口业务及批发业务，并提供相关配套服务。（不涉及国营贸易管理商品；涉及配额、许可证管理商品的，按国家有关规定办理申请；涉及行政许可的，凭许可证经营）						

企业名称	上海通用汽车有限公司			海关编码	3122231784	所属海关	浦东海关
通讯地址	上海市浦东新区申江路 1500 号			邮政编码	201206	法人姓名	TIMOTHY EBY LEE（李添泽）
评定时间	2008.10.31	注册日期	1997.6.23	报关有效期	长期	注册资本	108300 万美元
主营范围	制造汽车、发动机、变速箱及其零部件，在国内外市场销售本公司及其国内投资企业制造的上述产品及其维修配件，从事上述产品的同类产品（《汽车品牌销售管理实施办法》规定的商品除外）的批发、零售（不开设店铺）、佣金代理（拍卖除外）及进出口代理业务，品牌汽车销售（作为通用汽车公司授权的总经销商从事别克 BUICK、雪佛兰 CHEVROLET、凯迪拉克 CADILLAC、萨博 SAAB 进口车及其配件的进口、国内批发业务及政府采购、集团客户的零售业务），从事二手车经销业务，从事非配额许可证管理、非专营商品的收购出口业务，提供上述车辆的租赁和售后服务，与上述业务相关的技术咨询和培训服务。（涉及许可经营的，凭许可证经营）						

企业名称	上海克虏伯不锈钢有限公司		海关编码	3122231855	所属海关	浦东海关
通讯地址	上海市浦东新区通耀路 21 号		邮政编码	200126	法人姓名	崔健
评定时间	2009.1.6	注册日期 1998.8.24	报关有效期	长期	注册资本	42890 万美元
主营范围	生产不锈钢和不锈钢制品，销售自产产品，并提供相关技术咨询、技术服务和售后服务（不涉及国营贸易管理商品；涉及配额、许可证管理、专项规定、质检、安检管理要求的，需按照国家有关规定取得相应许可后开展经营业务），在上海市浦东新区通耀路 21 号从事自有房屋出租。（涉及行政许可的，凭许可证经营）					

企业名称	上海理光数码设备有限公司		海关编码	3122232165	所属海关	浦东海关
通讯地址	上海市浦东新区金桥出口加工区金港路 887 号		邮政编码	201206	法人姓名	加藤荣一
评定时间	2009.4.2	注册日期 2003.11.19	报关有效期	长期	注册资本	4234 万美元
主营范围	新型打印装置、数码办公设备及相关零部件、消耗品的生产加工，精冲模、精密型腔模、模具标准的设计、制造，销售自产产品，提供相关的技术支持、技术咨询及配套计算机网络的系统集成服务，提供售后服务，多余厂房出租及配套物业管理（限关联企业）。（涉及许可证的，凭许可证经营）					

企业名称	延锋伟世通金桥汽车饰件系统有限公司		海关编码	3122232347	所属海关	浦东海关
通讯地址	上海市浦东新区金桥出口加工区巨峰路 2166 号		邮政编码	201206	法人姓名	马振刚
评定时间	2013.8.27	注册日期 2006.10.18	报关有效期	长期	注册资本	1200 万美元
主营范围	开发和制造用于汽车的座舱系统、仪表板和门板内外饰件和其他汽车内饰产品，销售自产产品，提供相关的咨询和售后服务，在上海市金穗路 778 号内从事自有生产用房出租。（依法须经批准的项目，经相关部门批准后方可开展经营活动）					

企业名称	日月光半导体（上海）有限公司		海关编码	3122232467	所属海关	浦东海关
通讯地址	上海市张江高科技园区金科路 2300 号		邮政编码	201203	法人姓名	张虔生
评定时间	2010.4.21	注册日期 2002.12.3	报关有效期	长期	注册资本	107524.96 万人民币
主营范围	研究、开发、生产和销售发光二极体、印刷电路板及光电子器材（包含其他电视摄影机）等新型电子元器件，销售自产产品，半导体原材料及半导体生产设备的批发、佣金代理（拍卖除外）和进出口，并提供其他相关配套服务。（涉及行政许可的，凭许可证经营）					

企业名称	环旭电子股份有限公司		海关编码	3122232468	所属海关	浦东海关
通讯地址	上海市张江高科技园区集成电路产业区张东路 1558 号		邮政编码	201203	法人姓名	张洪本
评定时间	2009.1.19	注册日期 2003.3.3	报关有效期	长期	注册资本	101172.38 万人民币
主营范围	提供电子产品设计制造服务（DMS），设计、生产、加工新型电子元器件、计算机高性能主机板、无线网络通信元器件、移动通信产品及模块、零配件，维修以上产品，销售自产产品，并提供相关的技术咨询服务；电子产品、通讯产品及相关零配件的批发和进出口，并提供相关配套服务。（涉及行政许可的，凭许可证经营）					

企业名称	上海兰生大宇有限公司			海关编码	3122238800	所属海关	浦东海关
通讯地址	上海市峨山路 613 号 11 幢 B525 室			邮政编码	200021	法人姓名	汪海
评定时间	2009.3.5	注册日期	1997.8.25	报关有效期	长期	注册资本	10000 万人民币
主营范围	自营和代理除国家统一经营的出口商品和核定经营的进口商品以外的商品及技术进出口业务（含转口贸易）；经营进料加工和“三来一补”业务；外汇平衡下，经营进口商品国内批发，出口商品按不超过年出口额 5% 的比率转国内批发。（涉及许可经营的，凭许可证经营）						

企业名称	欧姆龙（上海）有限公司			海关编码	3122240133	所属海关	浦东海关
通讯地址	上海市浦东新区金桥出口加工区金吉路 789 号			邮政编码	201206	法人姓名	池添贵司
评定时间	2009.2.2	注册日期	1994.9.23	报关有效期	长期	注册资本	6950 万美元
主营范围	新型仪表元器件和材料、新型电子元器件、控制系统及用于以上各项产品的生产设备的研究、开发、生产，销售自产产品，上述产品同类商品及相关零配件、控制系统用软件的批发、进出口、佣金代理（拍卖除外），提供系统集成服务，自产产品及欧姆龙集团产品的相关技术咨询、维修服务和售后服务及其他配套业务，在上海浦东新区金桥出口加工区金吉路 789 号内从事自有生产用房出租。（涉及行政许可的，凭许可证经营）						

企业名称	诺信（中国）有限公司			海关编码	3122240213	所属海关	浦东海关
通讯地址	上海市张江高科技园区郭守敬路 137 号			邮政编码	201203	法人姓名	GREGORY P.MERK
评定时间	2011.11.22	注册日期	2008.10.7	报关有效期	长期	注册资本	560 万美元
主营范围	生产喷涂、涂布设备及零配件，销售自产产品，上述产品的批发及进出口，并提供相关的配套维修、产品开发、技术咨询服务。（涉及行政许可的，凭许可证经营）						

企业名称	柯达电子（上海）有限公司			海关编码	3122240216	所属海关	浦东海关
通讯地址	上海市金桥经济技术开发区川桥路 1510 号 6 号楼 2 楼 A 区			邮政编码	201206	法人姓名	LOIS LEBEGUE
评定时间	2009.1.6	注册日期	1995.11.21	报关有效期	长期	注册资本	2920 万美元
主营范围	生产一次性、传统式和数字式照相机，民用及专业照相器材，影像设备，冲印设备，电脑直接制版机和相关电子产品及零部件；销售自产产品并提供相关技术咨询和技术服务；上述产品同类商品的批发、进出口、佣金代理（拍卖除外）；系统集成并提供相关配套服务；影像设备及精密仪器的维修；从事新产品和新技术的研发和引进；现有产品的维护和改进；研发成果的转让，并提供技术咨询及技术服务。（涉及行政许可的，凭许可证经营）						

企业名称	上海原宿电器有限公司			海关编码	3122240283	所属海关	浦东海关
通讯地址	上海市浦东新区王桥工业区王桥路 431 号			邮政编码	201200	法人姓名	小宫刚彦
评定时间	2011.11.22	注册日期	2008.12.30	报关有效期	长期	注册资本	400 万美元
主营范围	生产电子基板、充电电池、充电器、电视教育游戏机、吸尘器及配套的零部件，销售自产产品，电子产品及配件、橡塑制品的批发、佣金代理（拍卖除外）、进出口，并提供上述相关业务的售后服务、技术咨询服务。（不涉及国营贸易管理；涉及配额、许可证管理商品的，按国家有关规定办理申请；涉及行政许可的，凭许可证经营）						

企业名称	三井高科技（上海）有限公司			海关编码	3122240292	所属海关	浦东海关
通讯地址	上海市浦东新区金桥出口加工区新金桥路 2001 号			邮政编码	201206	法人姓名	HIDEKI MATSUO（松尾秀树）
评定时间	2009.2.2	注册日期	1996.7.4	报关有效期	长期	注册资本	3000 万美元
主营范围	生产高精度精密模具、集成电路引线框架、各类控制电机金属芯、电子元器件、精密磨床，销售自产产品，从事母公司、母公司下属子公司、关联公司生产的上述产品及与上述产品相关的零部件、附属品的进出口及批发业务，提供相关技术咨询、技术服务和售后服务，商务信息咨询，企业管理咨询，营销策划咨询。（涉及行政许可的，凭许可证经营）						

企业名称	远纺工业（上海）有限公司			海关编码	3122240336	所属海关	浦东海关
通讯地址	上海市浦东新区东方路 800 号宝安大厦 33 楼			邮政编码	200122	法人姓名	张立德
评定时间	2008.10.31	注册日期	1997.1.30	报关有效期	长期	注册资本	24280 万美元
主营范围	制造、加工聚脂切片、涤纶棉、涤纶丝、聚酯薄胶片（片材）及配套的后加工产品，销售公司自产产品，从事与自产产品同类商品及上下游产品（危险化学品除外）、乙二醇、精对苯二甲酸、间苯二甲酸的批发、佣金代理（拍卖除外），上述商品和技术的进出口，并提供技术咨询服务和售后服务。（不涉及国营贸易管理商品；涉及配额、许可证管理商品的，按国家有关规定办理；涉及行政许可的，凭许可证经营）						

企业名称	上海惠普有限公司			海关编码	3122240460	所属海关	浦东海关
通讯地址	上海市张江高科技园区金科路 2727 号（A 栋 1-3 楼，B 栋，C 栋 1 楼 3 楼）			邮政编码	201203	法人姓名	ROBERT YU LANG MAO（毛渝南）
评定时间	2008.10.31	注册日期	1998.7.20	报关有效期	长期	注册资本	2600 万美元
主营范围	受惠普公司和/或其下属公司、关联公司的书面委托，在中国向其提供下列服务：投资经营决策，资金运作和财务管理，运营管理，研究开发和技术支持，承接惠普内部的共享服务及境外公司的服务外包，员工培训与管理；从事计算机产品、成像及打印产品、企业服务存储和网络产品、移动通信终端及相关配套系列产品、电子信息产品、可视电话会议设备及相关配套系列产品、外围设备、零配件及相关软件产品的批发、互联网销售（包括零售）、直接或通过渠道的销售、进出口、仓储、佣金代理（拍卖除外）；研制、加工、组装、生产（包括委托加工）上述产品及其零配件，并提供维修与维护服务、技术咨询与技术转让（受配额许可证管理或专营的商品除外）；对上述产品的系统集成、设备安装、调试、应用、咨询，提供技术解决方案和其他相关配套服务（详见营业执照）。						

企业名称	巴斯夫新材料有限公司			海关编码	3122240631	所属海关	浦东海关
通讯地址	上海市浦东新区江心沙路 300 号			邮政编码	200137	法人姓名	DR.ALBERT HEUSER
评定时间	2008.10.31	注册日期	2000.5.19	报关有效期	长期	注册资本	141600 万人民币
主营范围	生产有机颜料、染料、纺织和皮革助剂、耐火液压助剂、丙稀酸分散体和丙烯酸共聚物、金属络合物染料、树脂产品；工程塑料、工艺催化剂及涂料产品的委托加工；销售自产产品；涂料产品的批发、佣金代理（拍卖除外）及进出口，以及其他配套服务（涉及配额、许可证管理、专项规定管理的商品，按国家相关规定办理）；向毗邻的巴斯夫关联公司提供公用工程、基础设施的富余能力服务（包括蒸汽和锅炉给水），以及相关技术服务；在中国境内设立科研开发中心或部门，从事新产品及高新技术的研究开发，转让其研究开发成果，并提供相应的技术服务。（涉及行政许可的，凭许可证经营）						

企业名称	中芯国际集成电路制造（上海）有限公司			海关编码	3122240755	所属海关	浦东海关
通讯地址	上海市张江高科技园区张江路 18 号			邮政编码	201203	法人姓名	邱慈云
评定时间	2008.10.31	注册日期	2001.1.21	报关有效期	长期	注册资本	174000 万美元
主营范围	半导体（硅片及各类化合物半导体）集成电路芯片制造、针测及测试，与集成电路有关的开发、设计服务、技术服务，光掩膜制造、测试封装，销售自产产品。（涉及许可经营的，凭许可证经营）						

企业名称	日月光封装测试（上海）有限公司			海关编码	3122240775	所属海关	浦东海关
通讯地址	上海市浦东张江高科技园区郭守敬路 669 号六楼			邮政编码	201203	法人姓名	张洪本
评定时间	2010.12.24	注册日期	2001.2.21	报关有效期	长期	注册资本	20358 万美元
主营范围	半导体（硅片及化合物半导体）集成电路元器件的晶圆针测、测试及封装；封装、测试的设备及软硬件设计开发；电脑软硬件设计；可靠性测试；生产光电子器件等新型电子元器件；销售自产产品，并提供相关的技术服务及咨询；半导体原材料的批发、佣金代理（拍卖除外）和进出口，并提供其他相关配套服务。（不涉及国营贸易管理商品；涉及配额、许可证管理商品的，按国家有关规定办理申请；涉及行政许可的，凭许可证经营）						

企业名称	上海宏力半导体制造有限公司			海关编码	3122240784	所属海关	浦东海关
通讯地址	上海市浦东新区张江高科技园区			邮政编码	201203	法人姓名	傅文彪
评定时间	2008.10.31	注册日期	2000.12.20	报关有效期	长期	注册资本	90000 万美元
主营范围	集成电路有关的硅片制造、针测、包装及测试，集成电路有关的开发、设计，光掩膜制作、制造、测试、封装等全系列服务，销售自产产品。（涉及许可经营的，凭许可证经营）						

企业名称	展讯通信（上海）有限公司			海关编码	3122240898	所属海关	浦东海关
通讯地址	上海市张江高科技园区祖冲之路 2288 弄展讯中心 1 号楼			邮政编码	201203	法人姓名	LIYOU LEO LI
评定时间	2012.2.8	注册日期	2001.8.27	报关有效期	长期	注册资本	2010 万美元
主营范围	无线移动通信集成电路、基带、射频，多媒体芯片和相关数字电视芯片的开发、制作；计算机软件、移动通信协议软件、数字处理软件的开发、制作；销售自产产品，提供相关技术咨询和技术服务；上述同类产品的批发、进出口、佣金代理（拍卖除外）。（涉及行政许可的，凭许可证经营）						

企业名称	泰克科技（中国）有限公司			海关编码	3122240951	所属海关	浦东海关
通讯地址	上海市浦东新区新金桥出口加工区川桥路 1227 号			邮政编码	201206	法人姓名	朱铁军
评定时间	2009.3.5	注册日期	2001.11.23	报关有效期	长期	注册资本	1200 万美元
主营范围	软件的设计、开发，电子产品及零部件的设计、开发、生产（包括电子光学仪器，通讯仪器、视频测试仪器和测量设备，计算机硬件，芯片），销售自产产品，并提供相关的技术咨询和技术服务（包括校准、维修服务）；上述同类商品的批发、进出口、佣金代理（拍卖除外），并提供相关的配套服务。（不涉及国营贸易管理商品，涉及配额、许可证管理商品的，按国家有关规定办理申请；涉及行政许可的，凭许可证经营）						

企业名称	富士胶片（中国）投资有限公司			海关编码	3122240977	所属海关	浦东海关
通讯地址	上海市浦东新区银城中路 68 号 2801 室			邮政编码	200120	法人姓名	中嶋成博
评定时间	2011.11.22	注册日期	2001.12.29	报关有效期	长期	注册资本	21339.7 万美元
主营范围	（一）在国家允许外商投资的领域进行投资。（二）受投资公司所投资企业的书面委托（经董事会一致通过），向其提供下列服务：1. 协助或代理其所投资企业从国内外采购该企业自用的机器设备、办公设备和生产所需的原材料、元器件、零部件，在国内外销售其所投资企业生产的产品，并提供售后服务；2. 在国内外市场以经销的方式销售所投资企业生产的产品，并提供售后服务；3. 在国家外汇管理部门的同意和监督下，安排组织和协调其所投资企业之间的外汇平衡；4. 为所投资企业提供产品生产、销售和市场开发过程中的技术支持、员工培训、企业内部人事管理等服务；5. 协助其所投资企业寻求必要的银行贷款及提供担保；6. 为其所投资企业提供运输、仓储等综合服务；7. 经中国银行业监督管理委员会批准，向其所投资设立的企业提供财务支持；8. 为其所投资企业提供机器和办公设备的经营性租赁。（三）向公司投资部及其相关联企业提供咨询服务。（四）在中国境内设立科研开发中心或部门，从事新产品及高新技术的研究开发，转让其研究开发成果，并提供相应的技术服务；研发、制作医疗应用软件（详见营业执照）。						

企业名称	泰瑞达（上海）有限公司			海关编码	3122241025	所属海关	浦东海关
通讯地址	上海市浦东新区桂桥路 1201 号 52 地块 10 栋			邮政编码	201206	法人姓名	CHARLES JEFFREY GRAY
评定时间	2008.10.31	注册日期	2002.3.19	报关有效期	长期	注册资本	570 万美元
主营范围	设计、开发、生产仪用接插件、移动通信系统交换设备、检测仪器与设备及相关软件，销售自产产品，提供本集团产品的维修、售后服务和技术咨询，非自产上述产品及其同类商品的批发、佣金代理（拍卖除外）和进出口业务，提供相关技术服务和售后服务，检测仪器与设备的租赁。（涉及行政许可的，凭许可证经营）						

企业名称	嘉里特种油脂（上海）有限公司			海关编码	3122241336	所属海关	浦东海关
通讯地址	上海市浦东新区高东工业园区高东路 118 号 C 区			邮政编码	200137	法人姓名	穆彦魁
评定时间	2009.11.16	注册日期	2003.3.18	报关有效期	长期	注册资本	800 万美元
主营范围	开发、生产、加工食品添加剂（氢化油、人造奶油、起酥油、代可可脂）、食用动物油（牛油）、食用油（大豆、油菜籽食用油脂除外）；销售自产产品；食用油脂、油脂制品、食品添加剂的批发、进出口、佣金代理（拍卖除外）及相关配套服务；提供相关技术和售后服务；功能食品开发，粮油、食品相关技术的研发。（不涉及国营贸易管理商品；涉及配额、许可证管理商品的，按国家有关规定办理申请；涉及行政许可的，凭许可证经营）						

企业名称	菲尼萨光电通讯（上海）有限公司			海关编码	3122241383	所属海关	浦东海关
通讯地址	上海市张江高科技园区东区汇庆路 66 号			邮政编码	201201	法人姓名	LEE LIGENG XU（许力耕）
评定时间	2013.9.9	注册日期	2003.5.8	报关有效期	长期	注册资本	3530 万美元
主营范围	生产光纤元器件、光纤光隔离器、光学晶体、宽带光源、滤波器、可调色散补偿器、高速率光收发模块、光开关、高速率半导体激光器发射模块、高速率光接收模块、有源光缆、有源光器件、无源光器件，销售自产产品，提供相关技术咨询服务。（涉及许可经营的，凭许可证经营）						

企业名称	亚东石化（上海）有限公司			海关编码	3122241401	所属海关	浦东海关
通讯地址	上海市浦东新区东方路 800 号 32 楼 3201 室			邮政编码	200122	法人姓名	张立德
评定时间	2011.11.22	注册日期	2003.5.29	报关有效期	长期	注册资本	19731 万美元
主营范围	生产和销售精对苯二甲酸，销售自产产品；从事自产产品同类产品、化纤原料及上下游产品（特殊商品和危险品除外）、对二甲苯（PX）、冰醋酸（HAC）、乙二醇、聚酯切片、涤纶长丝、涤纶短纤的批发［涉及危险化学品经营的，限批发易燃液体、高闪点液体、腐蚀品（酸性腐蚀品），不包括剧毒化学品，住所地不准存放危险化学品］、佣金代理（拍卖除外）、进出口，并提供相关配套业务。（涉及配额、许可证或国家专项规定管理规定的，应按国家有关规定报批并凭证经营；涉及行政许可的，凭许可证经营）						

企业名称	奇华顿日用香精香料（上海）有限公司			海关编码	3122241490	所属海关	浦东海关
通讯地址	上海市浦东新区张江高科技园区李时珍路 298 号			邮政编码	201203	法人姓名	HELGE HEINRICH STOBBE
评定时间	2011.1.13	注册日期	2003.10.15	报关有效期	长期	注册资本	775 万美元
主营范围	生产日用香精和食用香精化合物，生产香水类产品，销售自产产品，与上述产品同类商品（特定商品除外）的批发、佣金代理（拍卖除外）和进出口业务，相关辅助咨询服务、技术咨询服务，技术研究开发及自有技术成果的转让。（涉及行政许可的，凭许可证经营）						

企业名称	格科微电子（上海）有限公司			海关编码	3122241620	所属海关	浦东海关
通讯地址	上海市张江高科技园区盛夏路 560 号 2 幢第 11 层整层、第 12 层整层			邮政编码	201203	法人姓名	赵立新
评定时间	2011.5.27	注册日期	2004.4.2	报关有效期	长期	注册资本	180 万美元
主营范围	集成电路及相关电子产品的设计、研发、测试，图像传感器的生产，销售自产产品，并提供相关技术咨询与技术服务。（涉及许可经营的，凭许可证经营）						

企业名称	巴斯夫（中国）有限公司			海关编码	3122241734	所属海关	浦东海关
通讯地址	上海市浦东新区江心沙路 300 号			邮政编码	200127	法人姓名	关志华
评定时间	2010.10.9	注册日期	2004.7.23	报关有效期	长期	注册资本	14000 万美元
主营范围	（一）在化学工业及相关工业进行投资或再投资。（二）受巴斯夫投资企业书面委托（经董事会一致通过），向其提供相关服务（具体内容详见批准证书）。（三）在中国境内收购不涉及出口配额、出口许可证管理的商品出口。（四）向公司投资者、巴斯夫附属公司提供有偿的顾问和协调服务。（五）向非关联方提供与经营活动相关的环保、健康和安全领域内的咨询服务和业务支持。（六）为巴斯夫投资企业产品的国内经销商、代理商，以及与公司、投资者或其关联公司签有技术转让协议的国内公司、企业提供相关技术培训。（七）在巴斯夫投资企业投产前或新产品投产前，为进行产品市场开发，进口相关产品在国内试销；委托境内其他企业生产、加工其产品或投资者产品并在国内外销售。（八）在中国境内设立科研开发中心或部门，从事新产品及高新技术的研究开发，转让其研究开发成果，并提供相应的技术服务。（九）为其所投资企业提供机器和办公设备的经营性租赁服务。（详见营业执照）						

企业名称	捷伸电子科技（上海）有限公司			海关编码	3122241765	所属海关	浦东海关
通讯地址	上海市浦东新区金桥出口加工区金海路 1000 号 1 幢 4 楼			邮政编码	201203	法人姓名	DANIEL DELBERT ANDERSON
评定时间	2013.10.11	注册日期	2004.8.24	报关有效期	长期	注册资本	500 万美元
主营范围	电子产品及其零部件和相关软件的研发、设计和生产，销售自产产品，上述产品同类商品的批发、佣金代理（拍卖除外）和进出口，并提供相关的技术咨询和技术服务。（涉及配额许可证管理、专项规定管理的商品，按照国家有关规定办理；涉及行政许可的，凭许可证经营）						

企业名称	赫比（上海）通讯科技有限公司			海关编码	3122241888	所属海关	浦东海关
通讯地址	上海市浦东新区顾高路 3151 号 2 幢			邮政编码	201206	法人姓名	YAO HSIAO TUNG（姚晓东）
评定时间	2013.12.12	注册日期	2005.1.6	报关有效期	长期	注册资本	950 万美元
主营范围	研究、加工、组装、制造电子通讯设备及其零部件、精密模具及模具标准件、塑料汽车零部件、小家电及其零部件、与注塑有关的工装夹具、检测测试设备及其辅助设备，销售自产产品，上述同类商品的批发、进出口（不涉及国营贸易管理；涉及配额、许可证管理商品的，按国家有关规定办理申请），提供相关维修服务和技术咨询，模具技术、专用工具技术的研发、设计，自有技术成果的转让。（涉及行政许可的，凭许可证经营）						

企业名称	巴斯夫聚氨酯特种产品（中国）有限公司			海关编码	3122242087	所属海关	浦东海关
通讯地址	上海市浦东新区江心沙路 300 号			邮政编码	200137	法人姓名	JIAN FENG LOU
评定时间	2011.5.27	注册日期	2005.7.26	报关有效期	长期	注册资本	34450 万人民币
主营范围	工程塑料、合成材料、聚氨酯及其生产原料和聚氨酯橡胶产品的研发、生产，销售自产产品，转让自研成果，提供相关的技术应用和咨询服务，从事与上述产品同类的商品（特定商品包括成品油除外）的进出口、批发、佣金代理（拍卖除外）及其他相关配套业务。（不涉及国营贸易管理商品；涉及配额、许可证、危险化学品经营的，需按国家有关规定取得相应许可证后开展经营业务；涉及行政许可的，凭许可证经营）						

企业名称	上海京瓷电子有限公司			海关编码	3122242197	所属海关	浦东海关
通讯地址	上海市浦东新区金桥出口加工区新金桥路 2077 号			邮政编码	201206	法人姓名	山口悟郎
评定时间	2009.7.6	注册日期	2005.10.26	报关有效期	长期	注册资本	1732060 万日元
主营范围	生产新型电子元器件、半导体、元器件专用材料，以及其专用的辅助工具、模具等；销售自产产品，并提供相关技术及咨询服务；在金桥开发区宁桥路 999 号 T15-7，新金桥路 2077 号 1-2、4-18 幢内从事自有生产用房出租；企业管理咨询，商务咨询。（依法须经批准的项目，经相关部门批准后方可开展经营活动）						

企业名称	上海华虹 NEC 电子有限公司			海关编码	3122242350	所属海关	浦东海关
通讯地址	上海市浦东新区川桥路 1188 号			邮政编码	201206	法人姓名	傅文彪
评定时间	2008.10.31	注册日期	2006.3.1	报关有效期	长期	注册资本	86208 万美元
主营范围	设计、开发、制造（硅片加工）、销售大规模集成电路产品，并提供相关技术支持，经营其他相关业务。（涉及许可经营的，凭许可证经营）						

企业名称	李尔汽车电子电器（上海）有限公司			海关编码	3122243403	所属海关	浦东海关
通讯地址	上海市张江高科技产业东区仁庆路 509 号 5 号楼			邮政编码	201201	法人姓名	TANG QINGFENG
评定时间	2014.1.7	注册日期	2011.1.10	报关有效期	长期	注册资本	500 万美元
主营范围	汽车电子、汽车电器及其检测设备的研发（限分支机构），生产自有成果的转让，销售自产产品，上述产品同类商品的批发，佣金代理（拍卖除外）和进出口，并提供相关的维修和技术咨询服务。（涉及行政许可的，凭许可证经营）						

企业名称	通用电气药业（上海）有限公司			海关编码	3122242391	所属海关	浦东海关
通讯地址	上海市浦东新区张江高科技园区牛顿路 1 号			邮政编码	201203	法人姓名	李庆
评定时间	2009.11.16	注册日期	2006.3.22	报关有效期	长期	注册资本	3215 万美元
主营范围	生产非离子型造影剂、离子型造影剂、药品制剂和营养补充剂，销售自产产品。（涉及许可经营的，凭许可证经营）						

企业名称	上海创诺医药集团有限公司			海关编码	3122242528	所属海关	浦东海关
通讯地址	上海市张江高科技园区郭守敬路 351 号 2 号楼 687-21 室			邮政编码	201204	法人姓名	徐胜平
评定时间	2014.1.6	注册日期	2009.6.24	报关有效期	长期	注册资本	30000 万人民币
主营范围	医药产品和生物技术产品的研究开发，研发项目的中试，自有研发成果的转让，提供相关的技术支持和技术服务，货物与技术进出口（不含分销）业务。（涉及行政许可的，凭许可证经营）						

企业名称	瀚钰通国际货运代理（上海）有限公司			海关编码	3122243185	所属海关	浦东海关
通讯地址	上海市浦东新区高科西路 551 号上电实业大厦二楼北部 228 室			邮政编码	200126	法人姓名	冯春
评定时间	2013.12.12	注册日期	2010.9.2	报关有效期	长期	注册资本	120 万美元
主营范围	承办海运、陆运、空运进出口货物、国际展品、私人物品及过境货物国际运输代理业务，包括揽货、订舱、托运、仓储、包装；货物的监装、监卸、集装箱拼装拆箱、分拨、中转及相关的短途运输服务；代理报关、报检、报验、保险；缮制有关单证、交付运费、结算及交付杂费及相关咨询业务；从事服装、饰品（金银饰品除外）、鞋类、皮革制品的进出口业务及相关的配套服务。（涉及配额许可证管理、专项规定管理的商品，按国家有关规定办理；涉及行政许可的，凭许可证经营）						

企业名称	宜家（中国）投资有限公司			海关编码	3122243315	所属海关	浦东海关
通讯地址	上海市浦东新区临御路 550 号 3 层			邮政编码	201619	法人姓名	苏欣
评定时间	2011.2.10	注册日期	2007.11.20	报关有效期	长期	注册资本	22442 万美元
主营范围	（一）在国家法律鼓励和允许外商投资范围内进行投资。（二）受公司所投资企业的书面委托（经董事会一致通过），向所投资企业提供下列服务：1. 协助或代理本公司所投资企业从国内外采购该企业自用的机器设备、办公设备和生产所需的原材料、元器件、零部件，在国内外销售本公司所投资企业生产的产品，并提供售后服务；2. 在外汇管理部门的同意和监督下，在所投资企业之间平衡外汇；3. 为所投资企业提供产品生产、销售和市场开发过程中的技术支持、员工培训、企业内部人事管理等服务；4. 协助所投资企业寻求贷款及提供担保。（三）在中国境内设立科研开发中心或部门，从事新产品及高新技术的研究开发，转让其研究开发成果，并提供相应的技术服务。（四）为投资方及其关联公司提供咨询服务。（五）承接投资方和关联公司的服务外包业务。（六）委托境内其他企业生产、加工其产品或其母公司产品并在国内外销售。（七）从事家具、家居用品、器具及玩具、绿色植物、食品、饮料、酒类、大型家用电器、设备包装及相关材料，以及任何与所有上述产品的零部件和原材料的批发、进出口及售后服务。（八）允许公司依法设立的分公司在公司的业务范围内从事经营活动。（涉及行政许可的，凭许可证经营）						

企业名称	葛兰素史克（上海）医药研发有限公司			海关编码	3122243497	所属海关	浦东海关
通讯地址	上海市张江高科技园区哈雷路 898 弄 3 号			邮政编码	201203	法人姓名	MOHAMED M.SLAOUI
评定时间	2012.2.8	注册日期	2008.3.13	报关有效期	长期	注册资本	1600 万美元
主营范围	医学、药物和生技药品及基相关技术的研发，医学、药物和生技药品研发的技术成果转让，提供与医学、药物和生技药品研发的技术成果转让相关的技术咨询及服务，以及以委托或联合开发形式和其他科研机构实施研发项目。（涉及行政许可的，凭许可证经营）						

企业名称	上海华虹宏力半导体制造有限公司			海关编码	3122248276	所属海关	浦东海关
通讯地址	上海市浦东新区张江高科技园区祖冲之路 1399 号			邮政编码	201203	法人姓名	傅文彪
评定时间	2013.5.16	注册日期	2013.2.22	报关有效期	长期	注册资本	586553.78 万人民币
主营范围	集成电路产品有关的设计、开发、制造、测试、封装，销售集成电路产品并提供相关技术支持，销售自产产品。（依法须经批准的项目，经相关部门批准后方可开展经营活动）						

企业名称	上海纪元微科电子有限公司			海关编码	3122248428	所属海关	浦东海关
通讯地址	上海市浦东新区郭守敬路 351 号			邮政编码	201203	法人姓名	DAVID IAN MCCOMB
评定时间	2008.10.31	注册日期	1995.11.1	报关有效期	长期	注册资本	2500 万美元
主营范围	半导体器件和相关产品的封装、测试，在国内、外市场销售公司产品，并提供相关服务。（涉及许可经营的，凭许可证经营）						

企业名称	上海皇冠制罐有限公司			海关编码	3122248501	所属海关	浦东海关
通讯地址	上海市浦东金桥出口加工区金湘路 800 号			邮政编码	201206	法人姓名	JOZEF SALAERTS
评定时间	2011.2.25	注册日期	1993.1.30	报关有效期	长期	注册资本	1400 万美元
主营范围	生产金属材料罐身、盖和其他各种材料的包装容器，销售自产产品，上述产品同类商品的进出口和批发业务，提供有关生产、咨询、技术、售后服务，印刷普通商标（不含人用药品及烟草品商标印刷），出租多余场地、厂房（对象限关联企业），出口和内销生产过程所滋生的废料，研制和开发包装新产品。（涉及行政许可的，凭许可证经营）						

企业名称	日月光半导体（上海）有限公司			海关编码	3122248643	所属海关	浦东海关
通讯地址	上海市张江高科技园区金科路 2300 号			邮政编码	201203	法人姓名	张虔生
评定时间	2010.4.21	注册日期	2002.12.3	报关有效期	长期	注册资本	107524.96 万人民币
主营范围	研究、开发、生产和销售发光二极体、印刷电路板及光电子器材（包含其他电视摄影机）等新型电子元器件，销售自产产品，半导体原材料及半导体生产设备的批发、佣金代理（拍卖除外）和进出口，并提供其他相关配套服务。（涉及行政许可的，凭许可证经营）						

企业名称	上海上实外联发进出口有限公司			海关编码	3122250085	所属海关	浦东海关
通讯地址	上海市浦东新区张江镇张衡路 1999 号 7 幢 5-55，56			邮政编码	201210	法人姓名	徐峰
评定时间	2011.11.22	注册日期	2003.2.26	报关有效期	长期	注册资本	180 万人民币
主营范围	自营和代理各类商品和技术的进出口，但国家限定公司经营或禁止进出口的商品及技术除外；机电设备，仪器仪表、汽车配件、化工原料（危险化学品、监控化学品、烟花爆竹、民用爆炸物品、易制毒化学品除外）、针纺织品、建筑材料、装潢材料、办公用品、医疗器械（经营范围详见许可证，凭许可证经营）的销售；预包装食品（不含熟食卤味、冷冻冷藏，凭许可证经营）的批发；仪器仪表的维修、仓储；自有设备的租赁（金融租赁除外）。（企业经营涉及行政许可的，凭许可证经营）						

<table>
<tr><td>企业名称</td><td colspan="3">上海泓明供应链有限公司</td><td>海关编码</td><td>3122260284</td><td>所属海关</td><td>浦东海关</td></tr>
<tr><td>通讯地址</td><td colspan="3">上海市浦东新区北张家浜路 128 号 202–C 室</td><td>邮政编码</td><td>200131</td><td>法人姓名</td><td>曹明</td></tr>
<tr><td>评定时间</td><td>2011.12.28</td><td>注册日期</td><td>2002.7.15</td><td>报关有效期</td><td>长期</td><td>注册资本</td><td>5000 万人民币</td></tr>
<tr><td>主营范围</td><td colspan="7">供应链管理服务，从事货物及技术的进出口业务，展览、展示服务，计算机软硬件开发设计、销售（计算机信息系统安全专用产品除外），系统集成及提供信息技术服务，保税仓库（凭许可证），货运代理，物流业务，普通货运，国际国内航行船舶物料供应（凭许可证经营），国际货运代理，工业专用设备及部件的销售、维修、仓储（危险品除外），实业投资，投资咨询及以上相关业务的咨询服务（经纪除外）。（企业经营涉及行政许可的，凭许可证件经营）</td></tr>
</table>

<table>
<tr><td>企业名称</td><td colspan="3">上海协源国际贸易有限公司</td><td>海关编码</td><td>3122261011</td><td>所属海关</td><td>浦东海关</td></tr>
<tr><td>通讯地址</td><td colspan="3">上海市浦东新区乳山路 227 号 3 楼 D–342 室</td><td>邮政编码</td><td>200120</td><td>法人姓名</td><td>吴红军</td></tr>
<tr><td>评定时间</td><td>2013.12.12</td><td>注册日期</td><td>2002.12.12</td><td>报关有效期</td><td>长期</td><td>注册资本</td><td>100 万人民币</td></tr>
<tr><td>主营范围</td><td colspan="7">经营各类商品和技术的进出口，但国家限定公司经营或禁止进出口的商品和技术除外；机电产品、电力设备、汽车配件、电子产品、纺织品、环保产品、计算机及配件、家用电器、办公用品、通讯器材、化工产品（危险品除外）、建筑装潢材料、百货的销售，并提供以上相关业务的咨询服务。（涉及许可经营的，凭许可证经营）</td></tr>
</table>

<table>
<tr><td>企业名称</td><td colspan="3">上海澳威菱供应链管理有限公司</td><td>海关编码</td><td>3122261753</td><td>所属海关</td><td>浦东海关</td></tr>
<tr><td>通讯地址</td><td colspan="3">上海市浦东新区凌兆路 555 弄 20 号 247 室</td><td>邮政编码</td><td>200051</td><td>法人姓名</td><td>张经平</td></tr>
<tr><td>评定时间</td><td>2014.7.9</td><td>注册日期</td><td>2003.5.8</td><td>报关有效期</td><td>长期</td><td>注册资本</td><td>1000 万人民币</td></tr>
<tr><td>主营范围</td><td colspan="7">供应链管理咨询（经纪除外），针纺织品、日用百货、服装鞋帽、机电产品、电子产品、普通机械设备、橡塑制品、金属材料、建筑装潢材料、五金交电、电线电缆、通讯设备及相关产品、仪器仪表、汽车配件、电脑设备、化工原料及产品（危险化学品、监控化学品、烟花爆竹、民用爆炸物品、易制毒化学品除外）、办公用品、工艺品（文物除外）的批发，自营和代理上述商品和技术的进出口，提供相关配套业务，国内货运代理。（企业经营涉及行政许可的，凭许可证件经营）</td></tr>
</table>

<table>
<tr><td>企业名称</td><td colspan="3">上海迪捷贸易有限公司</td><td>海关编码</td><td>3122262889</td><td>所属海关</td><td>浦东海关</td></tr>
<tr><td>通讯地址</td><td colspan="3">上海市浦东新区银城中路 488 号 6 层 604B 室</td><td>邮政编码</td><td>200120</td><td>法人姓名</td><td>陆生澜</td></tr>
<tr><td>评定时间</td><td>2014.1.6</td><td>注册日期</td><td>2003.12.18</td><td>报关有效期</td><td>长期</td><td>注册资本</td><td>300 万人民币</td></tr>
<tr><td>主营范围</td><td colspan="7">自营和代理各类商品和技术的进出口，但国家限定公司经营或禁止进出口的商品和技术除外；机电产品及配件、仪器仪表、通信器材、五金交电、汽车配件、橡塑制品、纺织材料（棉花收购除外）、金属材料、塑料、日用百货、金银首饰、铂金首饰、钻石、珠宝、玉器、钟表、酒、化妆品的销售；预包装食品（含酒，不含熟食卤味、冷冻冷藏，凭许可证经营）的批发；咨询服务。（依法须经批准的项目，经相关部门批准后方可开展经营活动）</td></tr>
</table>

<table>
<tr><td>企业名称</td><td colspan="3">上海雅衡进出口贸易有限公司</td><td>海关编码</td><td>3122263843</td><td>所属海关</td><td>浦东海关</td></tr>
<tr><td>通讯地址</td><td colspan="3">上海市浦东新区峨山路 613 号 15 幢 336 室</td><td>邮政编码</td><td>200000</td><td>法人姓名</td><td>邬烈毅</td></tr>
<tr><td>评定时间</td><td>2014.6.6</td><td>注册日期</td><td>2005.1.25</td><td>报关有效期</td><td>长期</td><td>注册资本</td><td>500 万人民币</td></tr>
<tr><td>主营范围</td><td colspan="7">货物与技术的进出口，百货、服装服饰、工艺品、机械设备及配件、五金交电、电子产品、陶瓷制品、通迅设备及器材、汽摩配件、纺织原料及产品（棉花收购除外）、建材、体育用品、皮革制品、电脑及配件、化妆品的销售，企业管理咨询，投资咨询，商务咨询（经纪除外），国际货物运输代理，物流服务（不得从事运输），预包装食品（不含熟食卤味、冷冻冷藏）的批发（凭许可证经营）。（企业经营涉及行政许可的，凭许可证件经营）</td></tr>
</table>

企业名称	上海怡亚通供应链有限公司			海关编码	3122265600	所属海关	浦东海关
通讯地址	上海市浦东新区金粤路 202 号 1 幢 5 楼 A 座			邮政编码	201206	法人姓名	周国辉
评定时间	2010.10.9	注册日期	2006.5.24	报关有效期	长期	注册资本	35000 万人民币
主营范围	从事货物和技术的进出口业务，食用农产品、燃料油（不含化学危险品）、计算机及辅助设备（计算机信息系统安全专用产品除外）、机电产品、仪表仪器、通信设备及相关产品、电子元器件、钢材、建材、五金工具、化工原料（危险化学品、监控化学品、烟花爆竹、民用爆炸物品、易制毒化学品除外）、百货、橡塑制品、汽车零配件、医疗器械（一类）、酒的销售，预包装食品（含熟食卤味、冷冻冷藏）、散装食品［非直接入口食品（含冷冻冷藏）］的批发非实物方式（凭许可证经营），仓储（危险品除外），物业管理，自有房屋租赁，供应链管理，货物运输代理，第三方物流服务（不得从事运输），以及提供上述有关业务的咨询服务（经纪除外）。（企业经营涉及行政许可的，凭许可证件经营）						

企业名称	上海怡世翔商贸有限公司			海关编码	3122265813	所属海关	浦东海关
通讯地址	上海市浦东新区佳林路 115 弄 10 号底层			邮政编码	201206	法人姓名	陈征
评定时间	2013.9.9	注册日期	2009.9.29	报关有效期	长期	注册资本	500 万人民币
主营范围	从事货物与技术的进出口业务，机电产品、纺织品、五金交电、建筑材料、危险化学品（按许可证核定项目经营）、预包装食品（不含熟食卤味，含冷冻冷藏，含酒类，凭许可证经营）、临床检验分析仪器（含医疗器械类体外诊断试剂，凭许可证经营）、日用品、文化用品、机械设备、电子产品的销售。（企业经营涉及行政许可的，凭许可证件经营）						

企业名称	上海合冠供应链有限公司			海关编码	3122266210	所属海关	浦东海关
通讯地址	上海市浦东牡丹路 60 号 514-515 室			邮政编码	201204	法人姓名	黄壮勉
评定时间	2010.4.6	注册日期	2007.4.19	报关有效期	长期	注册资本	5000 万人民币
主营范围	从事货物和技术的进出口业务，计算机及配件、机电产品、仪器仪表、通信设备及相关产品、电子元器件、铜材、矿产品（专项审批的除外）、汽车零部件、五金工具、化工原料及产品（危险化学品、监控化学品、烟花爆竹、民用爆炸物品、易制毒化学品除外）、百货、橡塑制品、纺织原料及产品（棉花收购除外）、鞋帽、工艺品、家用电器、珠宝首饰、家具及其他木制品的销售，仓储（危险品除外），物流服务及以上相关业务的咨询服务，预包装食品（不含熟食卤味、冷冻冷藏）、乳制品（含婴幼儿配方乳粉，以上食品凭许可证经营）的批发非实物方式，国际货运代理。（企业经营涉及行政许可的，凭许可证件经营）						

企业名称	上海威盛国际物流有限公司			海关编码	3122267111	所属海关	浦东海关
通讯地址	上海市浦东新区杨园南路 116 号 3 幢 301 室			邮政编码	201203	法人姓名	毛嘉元
评定时间	2012.3.14	注册日期	2008.12.15	报关有效期	长期	注册资本	1000 万人民币
主营范围	国际货运代理，从事货物和技术的进出口业务，仓储（危险品除外），提供以上相关业务的咨询服务。（涉及许可经营的，凭许可证经营）						

企业名称	东方国际集团上海市纺织品进出口有限公司			海关编码	3101915073	所属海关	卢湾监管
通讯地址	上海市虹口区四平路 200 号盛泰国际大厦			邮政编码	200086	法人姓名	龚培德
评定时间	2014.1.6	注册日期	2000.10.10	报关有效期	长期	注册资本	5016.8 万人民币
主营范围	自营和代理各类商品及技术的进出口业务，但国家规定的专营进出口商品和国家禁止进出口等到特殊商品除外；经营进料加工和“三来一补”业务；开展对销贸易和转口贸易；中外合资合作业务；自有房产租赁；房产咨询。						

企业名称	中国烟草上海进出口有限责任公司			海关编码	3101915092	所属海关	卢湾监管
通讯地址	上海市延安东路 500 号			邮政编码	200001	法人姓名	吴菊民
评定时间	2009.1.6	注册日期	2000.2.28	报关有效期	长期	注册资本	5845.809 万人民币
主营范围	烟草及其制品、烟草行业专用物资、专用机械及配套物资的进出口，从事货物及技术的进出口业务，企业投资及资产管理，仓储，自有房屋租赁，物业管理，承包国内外烟厂工程建设项目，技术服务，熏蒸，国内贸易（专项规定的除外）。						

企业名称	上海汽车进出口有限公司			海关编码	3103915005	所属海关	卢湾监管
通讯地址	上海市威海路 489 号 7–8 层			邮政编码	200041	法人姓名	陈德美
评定时间	2011.3.10	注册日期	1997.5.8	报关有效期	长期	注册资本	40000 万人民币
主营范围	自营和代理除国家组织统一联合经营的出口商品和国家实行核定公司经营的进口商品以外的商品及技术进出口业务，钢材进口，船舶进口，经营“三来一补”业务，开展对销贸易和转口贸易，经营机械用润滑油、木材、汽车（含小轿车）、化工产品（危险化学品、监控化学品、烟花爆竹、民用爆炸物品、易制毒化学品除外），经贸咨询服务，国内贸易（专项规定的除外）。（企业经营涉及行政许可的，凭许可证件经营）						

企业名称	江南造船（集团）有限责任公司			海关编码	3103915011	所属海关	卢湾监管
通讯地址	上海市高雄路 2 号			邮政编码	200011	法人姓名	陈小津
评定时间	2009.2.2	注册日期	1997.1.7	报关有效期	长期	注册资本	144179.87 万人民币
主营范围	军工产品、船舶修造，各类机电设备、相关技术与劳务及经贸部批准的自营进出口业务（按章程），压力容器、起重机械钢结构制造。						

企业名称	上海环宇进出口有限公司			海关编码	3103915047	所属海关	卢湾监管
通讯地址	上海市黄浦区瞿溪路 691 号 1 号楼 405 室			邮政编码	200023	法人姓名	王毅
评定时间	2012.12.26	注册日期	2005.6.14	报关有效期	长期	注册资本	1500 万人民币
主营范围	从事货物及技术的进出口业务，国内商业批发（专项规定的除外）。（涉及行政许可的，凭许可证经营）						

企业名称	上海三电贝洱汽车空调有限公司			海关编码	3103935031	所属海关	卢湾监管
通讯地址	上海市马当路 347 号			邮政编码	200025	法人姓名	张海涛
评定时间	2009.5.15	注册日期	1993.1.1	报关有效期	长期	注册资本	2984 万美元
主营范围	开发、生产汽车空调系统、发动机冷却系统、压缩机、蒸发箱、冷凝器、储液器、散热器、暖风机、软管油冷器、中冷器等总成及零部件，销售自产产品并提供维修服务。						

企业名称	柯尼卡美能达办公系统（中国）有限公司			海关编码	3103945086	所属海关	卢湾监管
通讯地址	上海市黄浦区淮海中路 98 号金钟广场 18 楼			邮政编码	200020	法人姓名	岡本圭司
评定时间	2014.1.28	注册日期	2008.12.30	报关有效期	长期	注册资本	1200 万美元
主营范围	复印机、数码复合机、打印机、传真机、扫描仪等办公设备、耗材、零部件、软件的批发、佣金代理（拍卖除外）、进出口及维修服务、售后服务、咨询服务，办公设备租赁（不含金融租赁），以及其他相关配套业务。（涉及行政许可的，凭许可证经营）						

企业名称	中国航空技术上海有限公司			海关编码	3106915085	所属海关	卢湾监管
通讯地址	上海市静安区江宁路212号28层A室			邮政编码	200041	法人姓名	孙燕
评定时间	2013.5.17	注册日期	2008.3.13	报关有效期	长期	注册资本	40100万人民币
主营范围	经营和代理除国家组织统一联合经营的16种出口商品和实行核定公司经营的12种进口商品以外的其他进出口业务，承办中外合资合作、“三来一补”业务，技术进出口，对销及转口贸易，承包境外机电工程和境内国际招标工程，上述境外工程所需的设备、材料的出口，对外派遣实施上述境外工程所需的劳务人员，销售仪器仪表、摩托车，化工产品批发（危险化学品、监控化学品、烟花爆竹、民用爆炸物品、易制毒化学品除外），针纺织品、日用百货、照相器材、工艺美术品、化纤、金属材料、机电设备、电子计算机及配套设备、五金交电、农业机械、其他机械设备及电子产品的批发，船舶领域内的技术开发、技术服务，水上运输设备租赁服务，第三方物流服务（不得从事运输），展览展示服务，会务服务，商务信息咨询，企业营销策划，运输咨询（不得从事经纪、道路运输、实业投资），预包装食品（不含熟食卤味、冷冻冷藏）的批发非实物方式。						

企业名称	上海沪南对外经济有限公司			海关编码	3117910003	所属海关	奉贤海关
通讯地址	上海市奉贤区南桥镇远东路143号			邮政编码	201400	法人姓名	张德美
评定时间	2013.5.15	注册日期	1999.8.4	报关有效期	长期	注册资本	150万人民币
主营范围	自理和代理除国家组织统一联合经营的出口商品和国家实行核定公司经营的进口商品以外的其他商品及技术的进出口业务，经营进料加工和“三来一补”业务，经营对销贸易和转口贸易，劳务输出，招标招商引资，商检代理报验服务（金属材料、机电产品、五金工具、建筑材料、化工产品、有毒易制毒及危险品除外）。（上述经营范围涉及许可经营的，凭许可证经营）						

企业名称	上海联吉合纤有限公司			海关编码	3117910016	所属海关	奉贤海关
通讯地址	上海市星火开发区明城路195号			邮政编码	201419	法人姓名	成建国
评定时间	2011.1.13	注册日期	1996.7.9	报关有效期	长期	注册资本	38952.85万人民币
主营范围	生产和销售聚酯切片和聚酯短纤维，从事货物及技术的进出口业务。（企业经营涉及行政许可的，凭许可证件经营）						

企业名称	上海通用电气广电有限公司			海关编码	3117930401	所属海关	奉贤海关
通讯地址	上海市奉贤区奉浦工业区奉浦大道111号			邮政编码	201400	法人姓名	陈炜
评定时间	2009.11.25	注册日期	1999.11.25	报关有效期	长期	注册资本	2750万美元
主营范围	生产电气控制设备及节能变压器，销售公司自产产品。（涉及许可经营的，凭许可证经营）						

企业名称	上海采埃孚伦福德底盘技术有限公司			海关编码	3117930573	所属海关	奉贤海关
通讯地址	上海市奉贤区环城北路1088号			邮政编码	201401	法人姓名	沈荣根
评定时间	2014.6.6	注册日期	2005.11.7	报关有效期	长期	注册资本	2551万美元
主营范围	设计、开发和生产轿车、客车和卡车的电动助力转向系统及其部件、空气悬架、前后悬架及其部件，销售公司自产产品，提供相关的技术服务和咨询。（涉及行政许可的，凭许可证经营）						

企业名称	先锋高科技（上海）有限公司			海关编码	3117940120	所属海关	奉贤海关
通讯地址	上海市工业综合开发区奉浦北路 1 号			邮政编码	201401	法人姓名	森谷浩一
评定时间	2008.10.31	注册日期	2000.12.29	报关有效期	长期	注册资本	4000 万美元
主营范围	生产大容量数字式光盘存储器产品、车用多功能 DVD 产品及相关零部件，销售自产产品；从事高级数字化电子产品及生产技术的研究和开发，并提供相关技术支持及售后服务；从事非配额许可证管理、非专营商品的收购出口业务，与上述产品同类商品的进出口、批发、佣金代理（拍卖除外），提供相关配套业务。（不涉及国营贸易管理商品；涉及配额、许可证管理的商品，按照国家有关规定办理申请；涉及许可经营的，凭许可证经营）						

企业名称	湛新树脂（上海）有限公司			海关编码	3117940173	所属海关	奉贤海关
通讯地址	上海市奉贤区庄行镇姚新路 251–301 号			邮政编码	201415	法人姓名	丁志刚
评定时间	2010.4.6	注册日期	1998.5.19	报关有效期	长期	注册资本	4500 万美元
主营范围	生产高性能涂料和各种涂料用树脂和添加剂，各种配方树脂，聚合物添加剂，表面活性剂，冶金和洗矿用化学品，乳液用单体及聚合物、中间体及稳定剂，磷化氢及其衍生物，异氰酸酯类产品，聚氨脂类产品，丙稀腈和丙稀酰胺类产品，粘合剂和压敏胶，高级工程材料（包括复合材料和预浸料坯）；销售自产产品；与上述产品同类商品（特定商品除外）的进出口、批发和佣金代理（拍卖除外）业务。（涉及行政许可的，凭许可证经营）						

企业名称	米思米（中国）精密机械贸易有限公司			海关编码	3117940258	所属海关	奉贤海关
通讯地址	上海市工业综合开发区龙洋工业园区 38 号厂房			邮政编码	201401	法人姓名	SHIODA KATSUNOBU
评定时间	2014.9.28	注册日期	2003.8.4	报关有效期	长期	注册资本	450000 万日元
主营范围	模具零部件，自动化机械部件，机械加工用工具，安全、劳动、个人和工场的防护用品，钢板制品，模架，电线电缆、电线组件、插头插座、低压电器、信号技术设备、电子元器件的研发设计、批发零售、佣金代理（拍卖除外），提供维修、售后服务、咨询服务（特种设备设计、安装、维修除外）。（涉及配额许可证管理、专项规定管理的商品，按照国家有关规定办理；涉及行政许可的，凭许可证经营）						

企业名称	能率（上海）住宅设备有限公司			海关编码	3117940314	所属海关	奉贤海关
通讯地址	上海市奉贤区大叶公路 7318 号			邮政编码	201405	法人姓名	廣澤正峰
评定时间	2014.7.25	注册日期	2004.8.2	报关有效期	长期	注册资本	3600 万美元
主营范围	研制、开发、生产热水器，空调设备，供暖设备、居室、厨房、浴室、卫生间住宅设备及其配套产品；销售自产产品，并提供售后安装、维修、技术服务。（涉及许可经营的，凭许可证经营）						

企业名称	上海亚虹模具股份有限公司			海关编码	3117960021	所属海关	奉贤海关
通讯地址	上海市奉贤区沪杭公路 732 号			邮政编码	201401	法人姓名	谢亚明
评定时间	2014.9.4	注册日期	2002.6.7	报关有效期	长期	注册资本	7500 万人民币
主营范围	精密模具及产品的研发、设计、加工，注塑，塑料涂装，其他印刷，家电组装、批发、零售，汽车配件、塑料制品（购物袋除外）、金属制品的加工，从事货物及技术进出口业务。（企业经营涉及行政许可的，凭许可证件经营）						

企业名称	上海闵行国际物流中心有限公司			海关编码	3111915028	所属海关	莘庄海关
通讯地址	上海市闵行区莘庄工业区金都路 3688 号			邮政编码	201108	法人姓名	朱光权
评定时间	2010.12.24	注册日期	2005.8.24	报关有效期	长期	注册资本	7000 万人民币
主营范围	仓储；经营物业管理，搬运装卸服务，货物包装服务，货运代理及相关咨询服务；商务咨询（咨询类项目除经纪外）；电子产品、五金交电、家用电器、化工产品（危险品除外）的销售；从事货物及技术的进出口业务。						

企业名称	上海明芳汽车零件有限公司			海关编码	3111930179	所属海关	莘庄海关
通讯地址	上海市闵行区七莘路 1357 号			邮政编码	201100	法人姓名	陆建新
评定时间	2009.3.5	注册日期	1995.11.23	报关有效期	长期	注册资本	1650 万美元
主营范围	生产各类汽车座椅零件、其他汽车零件及五金零件、家电配件、模具，销售自产产品，钢板的批发、进出口及相关配套业务。（涉及配额、许可证管理、专项规定管理的商品，按国家相关规定办理；涉及行政许可的，凭许可证经营）						

企业名称	上海索广电子有限公司			海关编码	3111930403	所属海关	莘庄海关
通讯地址	上海市闵行区剑川路 930 号			邮政编码	200240	法人姓名	石塚茂树
评定时间	2008.12.5	注册日期	1996.5.31	报关有效期	长期	注册资本	1600 万美元
主营范围	生产摄像录像一体机、激光视盘机、数码相机、数字录放机和其他音频视频电子产品、通讯产品、电脑产品及其生产设备与零组件，销售自产产品和相关零组件，提供索尼相关产品的维修技术服务，从事非配额许可证管理、非专营商品的收购出口业务。						

企业名称	上海实达精密不锈钢有限公司			海关编码	3111930507	所属海关	莘庄海关
通讯地址	上海市闵行区华锦路 291 号			邮政编码	201108	法人姓名	何汝迎
评定时间	2011.11.22	注册日期	1995.12.26	报关有效期	长期	注册资本	9656 万美元
主营范围	生产精密不锈钢、黑色金属板带及制品，销售自产产品，以及提供上述同类商品的进出口、批发、佣金代理（拍卖除外）的业务。（涉及行政许可的，凭许可证经营）						

企业名称	上海氯碱化工股份有限公司			海关编码	3111935015	所属海关	莘庄海关
通讯地址	上海市闵行区龙吴路 4747，4800 号			邮政编码	200241	法人姓名	李军
评定时间	2010.5.20	注册日期	1993.1.1	报关有效期	长期	注册资本	115640 万人民币
主营范围	生产烧碱、氯、氟和聚氯乙烯系统化工原料及加工产品，化工机械设备，生产用化学品，原辅材料，包装材料；货物运输；销售自产产品及自产产品的同类商品；与自产产品同类的商品的进出口、批发、佣金代理（不含拍卖），并提供相关配套服务。（以上经营范围涉及配额许可证管理、危险化学品管理及专项规定管理的商品，按照国家有关规定办理；涉及许可经营的，凭许可证经营）						

企业名称	上海福伊特水电设备有限公司			海关编码	3111935037	所属海关	莘庄海关
通讯地址	上海市闵行区江川路 555 号			邮政编码	200240	法人姓名	郑建华
评定时间	2011.11.7	注册日期	1995.8.9	报关有效期	长期	注册资本	4333.37 万美元
主营范围	生产大型抽水蓄能式、贯流式等各型水轮发电机组、调速励磁控制系统等相关的配套设备，销售自产产品，并提供相关产品的技术安装、调试和咨询服务。（涉及许可经营的，凭许可证经营）						

企业名称	巴斯夫上海涂料有限公司			海关编码	3111935047	所属海关	莘庄海关
通讯地址	上海市颛桥镇光华路 521 号			邮政编码	201108	法人姓名	黄志勇
评定时间	2009.3.27	注册日期	1996.1.10	报关有效期	长期	注册资本	25527.7 万人民币
主营范围	生产 OEM 汽车涂料、汽车零部件涂料和摩托车涂料产品，销售自产产品并提供技术和咨询服务，从事上述产品同类商品的进出口、批发、佣金代理（拍卖除外）及其他配套服务。						

企业名称	三菱电机上海机电电梯有限公司			海关编码	3111935120	所属海关	莘庄海关
通讯地址	上海市闵行区中春路 1211 号			邮政编码	201109	法人姓名	范秉勋
评定时间	2010.11.22	注册日期	2002.8.22	报关有效期	长期	注册资本	5300 万美元
主营范围	电梯及大楼管理系统，以及其零部件的制造及销售；电梯、自动扶梯、自动人行道及大楼管理系统的相关产品及零部件的销售；提供有关上述所有设备的非标工程设计、安装、改造、质量管理、维修保养等服务（涉及许可经营的，凭许可证经营）；上述所有设备相关的应用开发、要素技术开发（包括软件开发）等受托的开发。						

企业名称	奥特斯（中国）有限公司			海关编码	3111945022	所属海关	莘庄海关
通讯地址	上海市金都路 5000 号			邮政编码	201108	法人姓名	ANDREAS MARTIN GERSTENMAYER
评定时间	2008.12.5	注册日期	2001.6.4	报关有效期	长期	注册资本	15189.3 万欧元
主营范围	生产印刷电路板及其他高密度微积体电子组件，其中包括高密度互联机线路板、超微孔线路板、高效能线路板、多层线路板、超薄线路板、柔韧线路板、有机芯片载体 SC 平台高密度双层线路板、高效能内层零件嵌入线路板、其他高密度微积体电子组件；销售自产产品并提供相关售后服务，包括技术咨询、技术支持、维修及维护。						

企业名称	英特尔亚太研发有限公司			海关编码	3111945044	所属海关	莘庄海关
通讯地址	上海市闵行区紫竹科学园区紫星路 880 号			邮政编码	200241	法人姓名	TIFFANY DOON SILVA
评定时间	2014.5.6	注册日期	2004.12.3	报关有效期	长期	注册资本	1200 万美元
主营范围	在高科技信息和通信领域内（包括电子商务技术解决方案）的研究、开发、中试，研发成果的转让和许可，为英特尔产品（包括母公司和关联公司）提供安装、调试、维护、咨询、技术解决方案等技术服务。						

企业名称	英特尔（中国）有限公司			海关编码	3111945196	所属海关	莘庄海关
通讯地址	上海市闵行区紫竹科学园区紫日路 751 号 2 层			邮政编码	200241	法人姓名	TIFFANY D.SILVA
评定时间	2014.3.12	注册日期	2007.8.24	报关有效期	长期	注册资本	16372 万美元
主营范围	（一）在国家鼓励和允许利用外商投资的计算机软件、元件（微处理器、网络产品、单片机）和网络产业、信息技术产业、邮电通讯产业和其他相关产业进行投资。（二）受所托投资企业的书面委托（经董事会一致通过），向所投资企业提供下列服务：1. 协助或代理其所投资的企业，从国外采购该企业自用的机器设备、办公设备和生产所用的原材料、元器件、零部件；2. 在国家外汇管理部门的同意和监督下，在其所投资企业之间平衡外汇；3. 为其所投资企业提供产品生产、销售和市场开发过程中的技术支持、员工培训、企业内部人事管理等服务；4. 协助其所投资企业寻求贷款及提供担保。（三）在中国境内设立科研开发中心或部门，从事新产品及高新技术的研究开发，转让其研究开发成果，并提供相应的技术服务。（四）为其投资者提供咨询服务，为其关联公司提供与其投资有关的市场信息、投资政策等咨询服务。（五）承接境内外公司的服务外包业务。（六）进口或在国内采购并以批发的方式在国内销售或在国内采购并出口计算机软件、电机电器设备及其零件、自动数据处理设备及其部件、磁性或光学阅读机等产品及其原材料和零配件（需要许可证或配额经营的产品除外），代理电子产品及其相关零配件的进出口业务，并提供相关售后服务。（七）从事物流配送服务。（八）经中国银行业监督管理委员会批准，设立财务公司，向其自身及其所投资企业提供相关财务服务。（九）经商务部批准，从事境外工程承包业务和境外投资，设立融资租赁公司并提供相关服务。（十）委托境内其他企业生产、加工其产品或其母公司产品并在国内外销售。（十一）提供机器和办公设备的经营性租赁服务，或依法设立经营性租赁公司。（十二）计算机系统集成及技术服务。						

企业名称	晟碟半导体（上海）有限公司			海关编码	3111945106	所属海关	莘庄海关
通讯地址	上海市闵行区江川东路388号			邮政编码	200241	法人姓名	JUDY BRUNER
评定时间	2012.8.31	注册日期	2006.9.18	报关有效期	长期	注册资本	22900万美元
主营范围	设计、研发、测试、封装及生产半导体集成电路器件及产品，销售自产产品，并提供相关的技术及咨询服务。（涉及行政许可的，凭许可证经营）						

企业名称	上海题桥纺织染纱有限公司			海关编码	3111965001	所属海关	莘庄海关
通讯地址	上海市闵行区立跃路519号			邮政编码	201114	法人姓名	潘玉明
评定时间	2014.1.6	注册日期	1999.4.23	报关有效期	长期	注册资本	16000万人民币
主营范围	本企业自产的服装、纺织品的出口，从事货物及技术的进出口业务，本企业生产及科研所需的原辅材料、机械设备、仪器、仪表及零配件的进口，自有厂房的租赁，服装、百货的销售，五金工具的研发及销售。（企业经营涉及行政许可的，凭许可证件经营）						

企业名称	上海安普泰科电子有限公司			海关编码	3104330048	所属海关	漕河泾发
通讯地址	上海市漕河泾新兴技术开发区桂平路668号			邮政编码	200233	法人姓名	于志亮
评定时间	2008.10.31	注册日期	1992.3.31	报关有效期	长期	注册资本	1950万美元
主营范围	生产、制造电子电气光电和无线元件连接器和互连系统（及相关产品），并制造高精度冲压模具、塑料铸模、螺旋机器零件、备用工具零部件和应用工夹具（及相关的机器和产品），以及董事会不时决定的其他产品（需经审批部门批准），在国际和国内市场上销售自产产品，并为自制产品提供服务；研究开发国际和国内市场需要的各类电子元器件及专用工具和设备。（涉及许可经营的，凭许可证经营）						

企业名称	上海先进半导体制造股份有限公司			海关编码	3104330051	所属海关	漕河泾发
通讯地址	上海市虹漕路385号			邮政编码	200233	法人姓名	陈建明
评定时间	2008.10.31	注册日期	2014.3.10	报关有效期	长期	注册资本	153422.7万人民币
主营范围	集成电路和半导体芯片的制造、针测、封装、测试及相关服务，与集成电路有关的开发、设计服务、技术服务与咨询，光掩膜制造，在国内外销售公司产品及就公司产品提供售后服务。（涉及许可经营的，凭许可证经营）						

企业名称	3M中国有限公司			海关编码	3104340042	所属海关	漕河泾发
通讯地址	上海市田林路222号			邮政编码	200233	法人姓名	JAMES W MCSHEFFREY
评定时间	2013.9.9	注册日期	1984.11.9	报关有效期	长期	注册资本	6500万美元
主营范围	研发、生产、销售压敏胶带及包装机械，通信设备及其他电子设备，电气机械及器材，交通安全材料，安全系列产品，特种劳动防护用品，磁性介质产品，控制静电产品，研磨产品，医疗和齿科产品，用于保温、过滤、阻燃、耐高温、绝缘等材料的化学纤维，非金属矿物制品，防火和耐火材料，光学仪器，文教用品，日用杂品，氟化物系列等化学原料及化学制品，各类膜制品及膜结构，数据存储系统，防伪系统产品；研发、生产、销售3M公司其他产品；维修和保养3M公司生产的部分医疗设备及机械设备；从事非配额许可证管理商品、非专营商品的收购出口业务；销售自产产品；从事上述产品同类产品（需前置许可的二类、三类医疗器械除外）及化妆品、家用及商用电器设备、照明器具及相关零部件、五金配件、眼镜（隐形眼镜除外）的批发、进出口及相关配套业务；零售汽车装潢用品；进口自营产品；提供零售产品的售后服务和售后培训；汽车快速保养服务，提供汽车装潢服务及相关咨询服务。（涉及行政许可的，凭许可证经营）						

企业名称	英华达（上海）电子有限公司			海关编码	3104340043	所属海关	漕河泾发
通讯地址	上海市桂箐路 7 号			邮政编码	200233	法人姓名	张景嵩
评定时间	2008.12.5	注册日期	2002.7.8	报关有效期	长期	注册资本	5160 万美元
主营范围	开发、设计、生产计算机、计算器、电子字典与记忆卡片、电子笔记本、电子翻译机、电子数据库、电话机、录音机、无线通讯产品、计算机服务器、数字照相机、数字放声设备、移动通信系统（含 GSM/TD-SCDMA 制式手机）、数字电视、数字摄录放设备、家用 / 商用 / 车用数字多媒体影音设备、车用无线通讯设备（GPS 除外）、无线刷卡系统设备制造等及其相关产品（包括其零部件）、计算机软硬件、通讯设备及相关产品、3D 打印设备及其相关产品，提供电子技术开发及技术服务，提供上述同类产品的进出口、批发业务（拍卖除外），以及非配额许可证管理商品、非专营商品的收购出口业务。（涉及行政许可的，凭许可证经营）						

企业名称	上海先锋电声器材有限公司			海关编码	3114920058	所属海关	嘉定海关
通讯地址	上海市嘉定区江桥镇星华公路 642、728 号			邮政编码	201812	法人姓名	铃木隆
评定时间	2008.10.31	注册日期	1995.7.17	报关有效期	长期	注册资本	6770 万美元
主营范围	生产数字录放机、数字放声设备、电子专用设备、五金冲压件、注塑件和工业自动化设备及相关零配件、工模具；销售自产产品并提供售后服务；上述产品的同类商品的批发、进出口、佣金代理（拍卖除外），并提供相关配套服务。（涉及行政许可的，凭许可证经营）						

企业名称	上海科世达—华阳汽车电器有限公司			海关编码	3114930344	所属海关	嘉定海关
通讯地址	上海市嘉定区安亭镇园高路 77 号			邮政编码	201814	法人姓名	ANDREASkostal
评定时间	2011.3.10	注册日期	1995.5.9	报关有效期	长期	注册资本	4177.5 万欧元
主营范围	生产汽车电子设备系统，销售本公司自产产品，提供售后服务，收购非配额、非专营商品出口，自产产品及同类商品的批发、进出口业务、佣金代理（拍卖除外）并提供相关配套服务。（涉及配额许可证管理、专项规定管理的商品，按照国家有关规定办理；涉及行政许可的，凭许可证经营）						

企业名称	德尔福派克电气系统有限公司			海关编码	3114930401	所属海关	嘉定海关
通讯地址	上海市嘉定区安亭镇园国路 60 号			邮政编码	201814	法人姓名	艾博彬
评定时间	2011.1.13	注册日期	1995.9.5	报关有效期	长期	注册资本	4536 万美元
主营范围	设计、生产、开发和销售汽车线束系统、连接器系统、电缆系统和其他汽车相关零部件，并提供与产品相关的工程技术和售后服务；从事非配额许可证管理和非专营商品收购的出口业务；自产产品的同类商品的批发、进出口。（涉及许可经营的，凭许可证经营）						

企业名称	上海荣威塑胶工业有限公司			海关编码	3114930509	所属海关	嘉定海关
通讯地址	上海市嘉定区封浜镇曹安路 3065 号			邮政编码	201812	法人姓名	刘峰
评定时间	2011.11.22	注册日期	1999.6.25	报关有效期	长期	注册资本	1652.67 万美元
主营范围	生产 PVC 薄膜、塑胶玩具及文体旅游用品，销售本公司自产品。						

企业名称	凤凰光学（上海）有限公司			海关编码	3114930670	所属海关	嘉定海关
通讯地址	上海市嘉定区胜辛北路 2199 号			邮政编码	201807	法人姓名	缪建新
评定时间	2010.11.22	注册日期	2004.4.22	报关有效期	长期	注册资本	12500 万人民币
主营范围	开发生产数字照相机及关键件、数字投影仪镜头及关键件、手机照相模组及关键件、光电开关、光电子器件、激光打印及扫描仪表等电脑外围设备、精密注塑件，模具设计与制作，销售自产产品。（涉及行政许可的，凭许可证经营）						

企业名称	上海采埃孚变速器有限公司			海关编码	3114930692	所属海关	嘉定海关
通讯地址	上海市嘉定区汇旺路 649 号			邮政编码	201822	法人姓名	钱向阳
评定时间	2010.4.21	注册日期	2004.10.14	报关有效期	长期	注册资本	1659 万欧元
主营范围	乘用轿车自动变速箱和相关产品及其零部件的生产、组装、测试，销售本公司自产产品。（涉及许可经营的，凭许可证经营）						

企业名称	上海大众动力总成有限公司			海关编码	3114930738	所属海关	嘉定海关
通讯地址	上海市嘉定工业区城北路			邮政编码	201807	法人姓名	UWE THESLING
评定时间	2011.11.22	注册日期	2005.6.14	报关有效期	长期	注册资本	150830 万人民币
主营范围	装配、制造、销售合资公司生产的汽车发动机总成及其零部件（包括研发），并向主机厂提供售后服务。（涉及行政许可的，凭许可证经营）						

企业名称	上海皮尔博格有色零部件有限公司			海关编码	3114930939	所属海关	嘉定海关
通讯地址	上海市嘉定工业区兴贤路 1288 号			邮政编码	201815	法人姓名	张海涛
评定时间	2011.11.22	注册日期	2001.3.27	报关有效期	长期	注册资本	1936 万美元
主营范围	开发、生产、组装用于汽车和其他行业的有色铸造零部件、模块、模具和工具，包括气缸盖、进气模块、排气再循环系统、机油泵、水泵及真空泵；销售自产产品。（涉及许可经营的，凭许可证经营）						

企业名称	上海大众汽车有限公司			海关编码	3114935024	所属海关	嘉定海关
通讯地址	上海市嘉定区安亭于田路 123 号			邮政编码	201805	法人姓名	胡茂元
评定时间	2008.10.31	注册日期	1993.1.2	报关有效期	长期	注册资本	1150000 万人民币
主营范围	开发、制造、销售汽车、零部件、配件、附件，并提供售后服务；出口汽车、零部件、配件、附件和冲压模具；进口汽车零部件、配件等；进出口业务（不含分销）。（涉及行政许可的，凭许可证经营）						

企业名称	富士通将军（上海）有限公司			海关编码	3114940094	所属海关	嘉定海关
通讯地址	上海市嘉定区回城南路 1720 号			邮政编码	201821	法人姓名	松本清二
评定时间	2008.10.31	注册日期	1994.12.30	报关有效期	长期	注册资本	7600 万美元
主营范围	生产各类空调器（机）产品及其配套零部件，销售自产产品，从事空调器（机）产品及其相关制造技术的开发研究，从事非配额许可证管理、非专营商品的收购出口业务。（涉及许可证经营的，凭许可证经营）						

企业名称	吉利德显示元器件（上海）有限公司			海关编码	3114940360	所属海关	嘉定海关
通讯地址	上海市嘉定区马陆镇北管村浏翔公路东侧			邮政编码	201801	法人姓名	吉见浩一
评定时间	2013.4.17	注册日期	2000.8.12	报关有效期	长期	注册资本	160 万美元
主营范围	生产液晶显示器零部件和新型电子元器件，销售本公司自产产品。（涉及行政许可的，凭许可证经营）						

企业名称	上海惠亚电子有限公司		海关编码	3114940381	所属海关	嘉定海关
通讯地址	上海市嘉定区南翔镇西开发区惠亚 8 号		邮政编码	201802	法人姓名	卫博达
评定时间	2009.4.2	注册日期	2000.11.16	报关有效期	长期	注册资本	2000 万美元
主营范围	研发、生产、加工光交叉连接设备、IP 数据通信系统、汽车电子装置、电力电子器件、数字交叉连接设备、数据通信多媒体设备，组装服装加工用数控设备及机械电子设备，销售本公司自产产品，上述产品同类商品及相关零配件的批发、进出口、佣金代理（拍卖除外），并提供相关配套服务。（不涉及国营贸易管理商品；涉及配额、许可证管理商品的，按照国家有关规定办理申请；涉及行政许可的，凭许可证经营）						

企业名称	乔山健康科技（上海）有限公司		海关编码	3114940390	所属海关	嘉定海关
通讯地址	上海市嘉定区马陆园区希望路 535 号		邮政编码	201801	法人姓名	罗崑泉
评定时间	2008.10.31	注册日期	2000.12.19	报关有效期	长期	注册资本	3050 万美元
主营范围	生产健身器材、医疗康复器材（需审批的医疗器械除外）及相关配件、健身器材、医疗康复器材专用模具；销售本企业自产产品；与上述产品的同类商品（特定商品除外）、护肤品、化妆品、香水、洗护染发用品、日用品的进出口、批发、零售（限分支机构）、佣金代理（拍卖除外）及相关配套业务，并提供相关技术咨询服务。（不涉及国营贸易管理商品；涉及配额、许可证管理商品的，按照国家有关规定办理申请；涉及行政许可的，凭许可证经营）					

企业名称	伟创力电子科技（上海）有限公司		海关编码	3114940584	所属海关	嘉定海关
通讯地址	上海市嘉定区马陆镇永盛路 77 号 2 幢		邮政编码	201801	法人姓名	MANNYmarimuthu
评定时间	2011.2.22	注册日期	2002.3.15	报关有效期	长期	注册资本	3000 万美元
主营范围	生产和研发新型打印装置、新型电子元器件和数字音、视频编解码设备、移动通信系统基站、交换设备及数字集群系统设备、高端路由器、千兆比以上网络交换机、宽带接入网通信系统设备、IP 数据通信系统、电子设备、IC 卡读写机具、汽车电子产品、测试仪器，销售本公司自产产品，并提供相关电子产品的维修及售后服务；研发电子学习机和相关测试设备；企业管理咨询、市场信息咨询（市场调查除外）、技术咨询、技术服务，转让研发成果；从事本公司自产产品的同类商品、电子元器件、组装件、电池、风扇、焊线机器零部件的批发、进出口、佣金代理（拍卖除外），并提供相关配套服务。（不涉及国营贸易管理商品；涉及配额、许可证管理商品的，按照国家有关规定办理申请；涉及行政许可的，凭许可证经营）					

企业名称	格朗吉斯铝业（上海）有限公司		海关编码	3114940770	所属海关	嘉定海关
通讯地址	上海市嘉定区娄塘镇嘉唐公路 1111 号		邮政编码	201807	法人姓名	Johan Menckel（马越寒）
评定时间	2009.1.6	注册日期	2003.3.13	报关有效期	长期	注册资本	5584 万美元
主营范围	生产热交换器用复合和非复合铝合金热传输带材，利用本厂边角料生产其他铝合金材料产品，销售自产产品。（涉及行政许可的，凭许可证经营）					

企业名称	舍弗勒贸易（上海）有限公司		海关编码	3114941374	所属海关	嘉定海关
通讯地址	上海市嘉定区安拓路 1 号 1 幢 2 层		邮政编码	201804	法人姓名	YILIN ZHANG
评定时间	2011.12.14	注册日期	2006.9.20	报关有效期	长期	注册资本	1383.47 万欧元
主营范围	用于汽车和其他车辆，铁路机车，航空器，通用机械，高精度装置和其他设备的滚动轴承，轴颈轴承，辅助装置及其他元件、部件、零部件，以及用于生产上述产品的机器和设备的批发、佣金代理（拍卖除外）、进出口；以委托加工的方式提供上述产品的深加工、修复、维修和检修服务，提供售后服务、咨询服务和其他相关服务。（不涉及国营贸易管理商品；涉及配额、许可证管理商品的，按照国家有关规定办理申请；涉及行政许可的，凭许可证经营）					

企业名称	紘华电子科技（上海）有限公司			海关编码	3114941464	所属海关	嘉定海关
通讯地址	上海市嘉定区马陆镇陈宝路 66 弄 8 号			邮政编码	201801	法人姓名	李聪结
评定时间	2013.4.17	注册日期	2007.5.22	报关有效期	长期	注册资本	2000 万美元
主营范围	设计、研发、封装、测试、生产电子电器元器件、电子电器系统集成产品、通讯产品、影像处理产品、LED照明电器、计算机及其应用软件、家用电器、办公电器及相关产品，上述产品及同类商品（音像、出版物除外）的批发、进出口、佣金代理（拍卖除外），并提供安装及维修服务等相关配套服务。（不涉及国营贸易管理商品；涉及配额、许可证管理商品的，按照国家有关规定办理申请；涉及行政许可的，凭许可证经营）						

企业名称	富世华（中国）机械制造有限公司			海关编码	3114941636	所属海关	嘉定海关
通讯地址	上海市嘉定区马陆镇嘉新公路 1355 号			邮政编码	201801	法人姓名	ULFpeter MIKAELliljedahl
评定时间	2014.7.25	注册日期	2008.11.21	报关有效期	长期	注册资本	1200 万美元
主营范围	生产园林机械产品及其零配件、小型发电机；研发设计上述产品及提供相关配套服务；销售本公司自产产品并提供售后服务；上述产品及其同类商品的进出口、批发、佣金代理（拍卖除外），并提供相关配套服务。（涉及配额许可证管理、专项规定管理的商品，按照国家有关规定办理；涉及行政许可的，凭许可证经营）						

企业名称	上海外高桥保税区玖益物资贸易有限公司			海关编码	3122410752	所属海关	外高桥关
通讯地址	中国（上海）自由贸易试验区加太路 78 号			邮政编码	200131	法人姓名	王海松
评定时间	2012.9.27	注册日期	1996.6.13	报关有效期	长期	注册资本	1690 万美元
主营范围	自营和代理各类商品和技术的进出口，但国家限定公司经营或禁止进出口的商品及技术除外；区内企业间的贸易及代理；仓储（危险品除外）；区内运输；货运代理服务；海上、航空、陆路国际货运代理业务；商业性简单加工及商务咨询服务；空调维修、保养及相关服务；物业务管理，房屋租赁；附设分支机构。下列仅限分支机构经营：林木苗圃内对各种林木林苗的种植和培育，草及观赏植物、食品、日用杂品的销售，餐饮服务。（依法须经批准的项目，经相关部门批准后方可开展经营活动）						

企业名称	上海外高桥国际物流有限公司			海关编码	3122410895	所属海关	外高桥关
通讯地址	中国（上海）自由贸易试验区日樱北路 499 号			邮政编码	200131	法人姓名	蒋琪民
评定时间	2012.5.22	注册日期	1997.12.15	报关有效期	长期	注册资本	3033.4 万人民币
主营范围	自营和代理各类商品和技术的进出口，但国家限定公司经营或禁止进出口的商品及技术除外；区内企业间的贸易及代理；商业性加工；铁路延伸服务；承办海运、陆运进出口货物的国际运输代理业务，包括揽货、订舱、仓储、中转、集装箱拼拆箱、结算运杂费、报关、报验、保险相关的短途运输及咨询服务（经纪除外）；货物搬运及装卸；设备（融物）租赁；协助上海出入境检验检疫局区内办事处在日樱北路（航津路）查验场地开展检验检疫查验辅助服务；协助区内海关在日樱北路（航津路）查验场地开展海关查验辅助服务；预包装食品（不含熟食卤味、冷冻冷藏）的销售。（依法须经批准的项目，经相关部门批准后方可开展经营活动）						

企业名称	上海保税商品交易市场第二市场有限公司			海关编码	3122411054	所属海关	外高桥关
通讯地址	中国（上海）自由贸易试验区港澳路 389 号 5 号厂房 5 层 C 部位			邮政编码	200131	法人姓名	蒋琪民
评定时间	2012.5.7	注册日期	1999.7.5	报关有效期	长期	注册资本	880 万人民币
主营范围	保税商品的现货交易，现货合同转让，配套设施及后勤服务，区内仓储租赁业务，从事货物及技术进出口业务，转口贸易，区内企业间的贸易及代理，区内商业性简单加工，商务咨询服务，经济信息咨询服务，投资咨询服务，财务咨询服务，代理记账服务，企业管理咨询服务（经纪除外）及企业登记代理服务，人才推荐，人才招聘，才人咨询。（依法须经批准的项目，经相关部门批准后方可开展经营活动）						

企业名称	上海外高桥医药分销中心有限公司			海关编码	3122411311	所属海关	外高桥关
通讯地址	中国（上海）自由贸易试验区富特西一路 439 号 1 号楼 A 部位			邮政编码	200131	法人姓名	李云章
评定时间	2012.5.7	注册日期	2001.10.8	报关有效期	长期	注册资本	2000 万人民币
主营范围	药品、医疗器械、兽药、保健品、酒类、食品、乳制品（含婴幼儿配方乳粉）、化妆品的销售，国际贸易，区内仓储（危险品除外），分拨，商品展示，商业简单加工及咨询服务，从事货物和技术的进出口，医疗器械融物租赁，企业登记代理。（依法须经批准的项目，经相关部门批准后方可开展经营活动）						

企业名称	上海新金桥国际物流分拨有限公司			海关编码	3122411356	所属海关	外高桥关
通讯地址	中国（上海）自由贸易试验区韩城路 189 号 1 号楼			邮政编码	200131	法人姓名	赵进
评定时间	2012.8.31	注册日期	2003.11.24	报关有效期	长期	注册资本	1000 万人民币
主营范围	经营各类商品和技术的进出口（不另附进出口商品目录），但国家限定公司经营或禁止进出口的商品及技术除外；以汽车（不含轿车）为主的国际贸易，转口贸易，仓储，分拨，分拣业务，保税区内企业间的贸易代理；保税区内商业性简单加工及商务咨询服务（经纪除外）；附设分支机构。（涉及许可经营的，凭许可证经营）						

企业名称	上海外联发国际物流有限公司			海关编码	3122411373	所属海关	外高桥关
通讯地址	上海市外高桥保税区冰克路 500 号			邮政编码	200131	法人姓名	蒋琪民
评定时间	2012.5.22	注册日期	2004.11.10	报关有效期	长期	注册资本	2069.17 万人民币
主营范围	区内仓储、运输及相关的服务；承办海运、空运进出口货物、国际展品、私人物品及过境货物的国际运输代理业务，包括揽货、托运、订舱、仓储、中转、集装箱装拆箱、结算及交付运杂费、报关、报检、保险、相关的短途运输服务；从事货物进出口业务，保税区企业间的贸易及区内贸易代理；区内商业性简单加工及贸易，房产，商务咨询服务(经纪除外)；区内配套设卖品部及餐饮服务；进行进出口货物查验场地内的相关配套服务；装卸，货运代理服务。（涉及许可经营的，凭许可证经营）						

企业名称	上海畅联国际物流股份有限公司			海关编码	3122411388	所属海关	外高桥关
通讯地址	上海市外高桥保税区冰克路 500 号 5-6 幢			邮政编码	200131	法人姓名	徐峰
评定时间	2013.3.11	注册日期	2001.6.26	报关有效期	长期	注册资本	23333.33 万人民币
主营范围	医疗器械第三方物流储运；仓储、分拨、配送业务及仓库管理，自有物业租赁业务；普通货运；国际海上货物运输代理服务，航空国际货物运输代理服务；国际公路货物运输代理服务，道路货物运输代理服务；保税区内商品展示及会务服务，商业性简单加工及商品维修；商务，物流业务咨询服务（经纪除外）；从事货物及技术的进出口业务；转口贸易，保税区内企业间的贸易；国内航空货运销售代理。（企业经营涉及行政许可的，凭许可证件经营）						

企业名称	上海通晨物流有限公司		海关编码	3122411402	所属海关	外高桥关
通讯地址	中国（上海）自由贸易试验区富特北路 289 号		邮政编码	200131	法人姓名	杨笑宇
评定时间	2013.1.15	注册日期 2008.1.16	报关有效期	长期	注册资本	530 万人民币
主营范围	区内仓储业务，货物装卸服务，货运代理服务；仓储业务（限分支机构经营）；国际贸易，转口贸易；从事技术与货物的进出口业务；区内商业性简单加工及商务咨询服务（经纪除外）。（依法须经批准的项目，经相关部门批准后方可开展经营活动）					

企业名称	上海高扬国际烟草有限公司		海关编码	3122430262	所属海关	外高桥关
通讯地址	上海市外高桥保税区富特北路 88 号		邮政编码	200131	法人姓名	周永森
评定时间	2013.1.15	注册日期 1993.9.23	报关有效期	长期	注册资本	4500 万美元
主营范围	生产销售烟草制品及烟草专用设备和材料；国际贸易（与国内非保税区有外贸经营权企业的贸易），国内保税区企业间的贸易，区内进出口代理；仓储，运输；在受让土地使用权地块内的房产经营；技术咨询服务；矿泉水生产及销售。（涉及许可经营的，凭许可证经营）					

企业名称	上海虹日国际电子有限公司		海关编码	3122430440	所属海关	外高桥关
通讯地址	上海市外高桥保税区富特东三路 76 号 32 号厂房 3 层东部位		邮政编码	200131	法人姓名	顾晓春
评定时间	2009.2.2	注册日期 1997.8.1	报关有效期	长期	注册资本	500 万美元
主营范围	区内以电子产品、半导体产品、塑料制品及其零部件为主的仓储分拨业务及商业性简单加工；与各类电子产品、半导体产品、塑料制品及其零部件有关的国际贸易、转口贸易及贸易咨询和相关技术咨询服务；保税区企业间的贸易，区内贸易及非保税区有外贸经营权的中国企业间的贸易；电子产品、半导体产品、塑料制品及其零部件的批发、佣金代理（拍卖除外），以及其他相关配套业务；上述产品及技术的进出口业务。（涉及配额许可证管理、专项规定管理的商品，按照国家有关规定办理；涉及许可经营的，凭许可证经营）					

企业名称	上海恩坦华汽车门系统有限公司		海关编码	3122430545	所属海关	外高桥关
通讯地址	上海市浦东外高桥保税区富特中路 401 号		邮政编码	200131	法人姓名	LON A OFFENBACHER
评定时间	2012.5.28	注册日期 2001.9.13	报关有效期	长期	注册资本	600 万美元
主营范围	开发、生产汽车门锁执行器、汽车门锁、一体化门锁系统、汽车门系统，销售自产产品，并提供相关技术咨询和售后服务；上述产品及同类商品的批发、佣金代理（拍卖除外）、进出口及其他相关配套服务；保税区内国际贸易，转口贸易，保税区企业间贸易及区内贸易代理；区内仓储（危险品除外）；保税商品展示。（不涉及国营贸易管理商品；涉及配额、许可证管理商品的，按国家有关规定办理申请；涉及许可经营的，凭许可证经营）					

企业名称	上海药明康德新药开发有限公司		海关编码	3122430678	所属海关	外高桥关
通讯地址	中国（上海）自由贸易试验区富特中路 288 号 1 号楼		邮政编码	200131	法人姓名	李革
评定时间	2012.5.7	注册日期 2002.5.16	报关有效期	长期	注册资本	2980 万美元
主营范围	保税区内合成药物性小分子化合物和化合物库、精细化工产品的制造、加工；新药、计算机软件及数据库的开发、研制；组合化学、药品相关的咨询服务；经营本企业自产产品的进出口业务和本企业所需的机械设备、零配件、原辅材料的进口业务（不另附进出口商品目录），但国家限定公司经营或禁止进出口的商品及技术除外；自有批租土地的房产开发经营。（涉及许可经营的，凭许可证经营）					

企业名称	三菱商事（上海）有限公司			海关编码	3122440101	所属海关	外高桥关
通讯地址	上海市外高桥保税区台中南路 2 号新贸楼 312 室			邮政编码	200131	法人姓名	平井康光
评定时间	2013.12.23	注册日期	1998.2.9	报关有效期	长期	注册资本	9100 万美元
主营范围	保税区内国际贸易，转口贸易（含医疗器械），区内贸易代理业务及有关委托业务，外高桥保税区内的贸易业务，与非保税区有外贸经营权的中国企业的贸易，提供与国际贸易以及企业投资咨询服务有关的业务；从事分级、分装、包装、挑选等简单加工；农畜产品，动植物油、脂及其制品，粮食，食品，饮料（含酒类），乳制品（含婴幼儿配方乳粉），能源，矿产，金属及其制品，纺织原料及其制品，化妆品，服装及日用品，建材及化工产品，塑料，橡胶及其制品，造纸原料及纸制品，机电设备，工程机械，五金交电，电子产品，精密仪器，医疗器械及其零部件，运输设备及其零部件，文教体育用品，计算机软件的进口及国内批发；国内商品的批发、出口及技术的进出口、佣金代理（拍卖除外）业务，与前述业务有关的配套业务（包括库存保管、商品分拨、包装、商品策划和促销、信息收集、咨询业务、安装、技术培训、售后服务等）；工业设备的租赁，贵金属制造的化工、冶金等行业生产线关键设备及零部件、料件的租赁，向国外租赁或购买租赁财产，租赁财产的残值处理及维修，提供技术支持及相关配套业务。（不涉及国营贸易管理商品；涉及配额、许可证管理商品的，按国家有关规定办理申请；涉及许可经营的，凭许可证经营）						

企业名称	日东电工（上海浦东新区）有限公司			海关编码	3122440398	所属海关	外高桥关
通讯地址	中国（上海）自由贸易试验区富特北路 217 号 2 层 A 部位			邮政编码	200131	法人姓名	有本雅彦
评定时间	2012.5.7	注册日期	1995.1.23	报关有效期	长期	注册资本	300 万美元
主营范围	区内研究、开发、生产高分子复合材料系列产品，销售自产产品，并提供上述产品及其生产设备的技术咨询和技术支持；区内保管仓库及分拨业务；国际贸易，转口贸易，区内企业间的贸易及贸易代理；通过国内有进出口经营权的企业代理与非区内企业从事贸易业务；区内商品的展示，商业性简单加工及商务咨询服务；上述产品同类商品的批发、佣金代理（拍卖除外），以及其他相关配套业务；上述货物及技术的进出口业务。（经营项目涉及行政许可的，凭许可证件经营）						

企业名称	统能克斯工贸（上海）有限公司			海关编码	3122440436	所属海关	外高桥关
通讯地址	上海市外高桥保税区港澳路 271 号			邮政编码	200131	法人姓名	松井周生
评定时间	2012.5.7	注册日期	1995.3.25	报关有效期	长期	注册资本	250 万美元
主营范围	区内吸烟环境系统系列产品、室内空气调节装置、室内空气卫生装置、防灾储备箱及上述产品零部件的生产，销售自产产品，并提供相关售后服务；国际贸易，转口贸易，保税区企业间的贸易及区内贸易代理；货物及技术进出口（不含分销及国家禁止项目）。（涉及许可经营的，凭许可证经营）						

企业名称	通用电气医疗系统贸易发展（上海）有限公司			海关编码	3122440524	所属海关	外高桥关
通讯地址	上海市外高桥保税区意威路 96 号 1 幢			邮政编码	200131	法人姓名	夏学军
评定时间	2012.5.7	注册日期	1995.6.13	报关有效期	长期	注册资本	110 万美元
主营范围	电气、电子与工业设备，医疗设备，实验仪器，生物试剂（医用、兽用生物试剂和药品除外），化学试剂（危险品除外），通用电气集团所产产品及系统集成产品，以及其相关零部件、配套试剂的批发、租赁、进出口和佣金代理（拍卖除外）及其相关配套业务；采购用于租赁的设备及租赁设备的残值处理和维修；上述经营产品的仓储、仓储分拨、安装、装配、测试、调试、维修和保养等售后服务；产品翻新，商业性简单加工；产品研发、培训、市场营销和咨询、技术交流；保税区内国际贸易。（不涉及国营贸易管理商品；涉及配额、许可证管理商品的，按国家有关规定办理申请；涉及许可经营的，凭许可证经营）						

企业名称	伍尔特国际贸易（上海）有限公司			海关编码	3122440634	所属海关	外高桥关
通讯地址	中国（上海）自由贸易试验区台中南路2号新贸楼307室			邮政编码	200131	法人姓名	KNUD ERIK CLAUSEN
评定时间	2014.3.12	注册日期	1995.11.3	报关有效期	长期	注册资本	50万美元
主营范围	紧固件与装配工具及其零部件、化工产品（特种化学品除外）、劳保用品和衣物、电子产品和零配件、家居用品及运动用品的批发、佣金代理（拍卖除外）和进出口，上述产品的仓储、技术培训、咨询服务，以及其他相关配套业务；为集团内关联企业提供企业管理咨询、采购管理咨询；国际贸易，转口贸易，保税区企业间的贸易及区内贸易代理；区内商业性简单加工，保税区内商品展示及区内贸易咨询服务。（涉及配额许可证管理、专项规定管理的商品，按照国家有关规定办理；涉及许可经营的，凭许可证经营）						

企业名称	惠普信息技术研发（上海）有限公司			海关编码	3122440669	所属海关	外高桥关
通讯地址	上海市外高桥保税区加枫路20号三层，四层东南部			邮政编码	200131	法人姓名	仪晓辉
评定时间	2008.10.31	注册日期	1995.12.26	报关有效期	长期	注册资本	4500万美元
主营范围	从事信息技术、打印和影像及其他有关领域的软硬件产品（含配套产品、外围设备及零部件、软件及其他电子信息类产品）、材料、工艺、全球市场和技术等的研究开发、试验；新产品试生产；研究成果的转让和许可，以及前述相关的技术合作、技术咨询和技术服务、研究开发、测试；全球市场研究等业务管理中心，为惠普产品（包括母公司和关联公司）提供集成、安装（不含涉及资质的安装）、调试、应用、维护、咨询、技术解决方案等技术服务。（涉及许可经营的，凭许可证经营）						

企业名称	大昌洋行（上海）有限公司			海关编码	3122440706	所属海关	外高桥关
通讯地址	上海市外高桥保税区巴圣路275号40号楼第一层西部位			邮政编码	200131	法人姓名	YAN YONG WOO
评定时间	2014.6.3	注册日期	1996.2.8	报关有效期	长期	注册资本	100万美元
主营范围	保税区内仓储，物流；保税区内食品、食品添加剂、家庭日用品、化妆品、保健品、药品、眼科产品、医疗仪器设备、医疗耗材、化学试剂、纺织面料、复合饲料和饲料添加剂、兽药产品、消毒产品、机械设备、精密仪器、餐饮设备等产品的仓储、分拨业务及相关产品的售后服务；食品的批发、进出口、佣金代理（拍卖除外）及相关配套服务；国际贸易，转口贸易，保税区企业间的贸易及贸易代理；保税区内商业性简单加工及商品展示；医药信息咨询，相关技术咨询，贸易咨询服务，仓储管理咨询。（以上不涉及国营贸易管理商品；涉及配额、许可证管理、专项规定管理的商品，按照国家有关规定办理；涉及许可经营的，凭许可证经营）						

企业名称	松下电器机电（中国）有限公司			海关编码	3122440803	所属海关	外高桥关
通讯地址	上海市外高桥保税区马吉路88号C区7、8号楼			邮政编码	200131	法人姓名	日置吉光
评定时间	2012.5.7	注册日期	1996.6.5	报关有效期	长期	注册资本	1295万美元
主营范围	松下集团及关联企业产品（含软件）的仓储、销售业务；松下产品的设计、研发、测试、销售、维修及售后服务；松下产品的保税展示；技术支持，技术服务，技术培训及简易加工；国际贸易，转口贸易，保税区企业间的贸易及贸易代理，与保税区内外有进出口权企业间的直接贸易；保税区内物流业务；向松下集团及其他企业提供相关中国业务的经营管理、财务、技术、人事、培训的咨询业务；高科技产品的研究开发并提供综合技术解决方案；电子部件及器件（半导体、显示器件、电动压缩机）、汽车零部件（汽车音响、导航设备、摄像监视系统等）、工厂自动化设备及备件等的批发、佣金代理（拍卖除外）和其他相关配套业务；商品和技术的进出口业务。（涉及许可经营的，凭许可证经营）						

企业名称	欧姆龙自动化（中国）有限公司			海关编码	3122440826	所属海关	外高桥关
通讯地址	上海市外高桥保税区爱都路 253 号 4 号楼第 4 层 B1-1 部位			邮政编码	200131	法人姓名	OBA GOSHI（大场合志）
评定时间	2014.9.4	注册日期	1996.7.5	报关有效期	长期	注册资本	680 万美元
主营范围	工业自动化产品及配件系统软件的研发，欧姆龙集团产品相关的技术咨询和培训、维修服务和售后服务，区内商业性简单加工，电机电器设备及其零件、仪器仪表及其零件、控制系统设备及其零件、配套外围设备零件的保税和非保税仓储、批发、佣金代理（拍卖除外）、进出口、系统集成及其他相关配套业务。（涉及配额许可证管理、专项规定管理的商品，按照国家有关规定办理；涉及许可经营的，凭许可证经营）						

企业名称	天田国际工贸（上海）有限公司			海关编码	3122440841	所属海关	外高桥关
通讯地址	中国（上海）自由贸易试验区富特东二路 500 号 28 号楼 B 部位			邮政编码	200131	法人姓名	井上洋祐
评定时间	2012.5.7	注册日期	1998.7.2	报关有效期	长期	注册资本	50 万美元
主营范围	设计、开发、加工、组装、销售模具、扳金加工机械和锯床、锯条，并提供产品的售后服务；区内仓储，商品展示及区内模具修理；国际贸易，转口贸易，保税区企业间的贸易及区内贸易代理；贸易和有关技术咨询及培训服务；上述产品同类商品的批发、进出口业务，并提供相关配套服务。（涉及许可经营的，凭许可证经营）						

企业名称	伟创力（上海）金属件有限公司			海关编码	3122440877	所属海关	外高桥关
通讯地址	上海市外高桥保税区 GFM13-10 地块标准厂房 15			邮政编码	200131	法人姓名	MANNY MARIMUTHU
评定时间	2012.5.7	注册日期	1996.9.2	报关有效期	长期	注册资本	200 万美元
主营范围	区内金属元件、模具、电子元器件的制造、冲压、组装和售后服务；电脑、电路板的测试、维修服务；国际贸易，保税区企业间的贸易及区内贸易代理；区内仓储及商业性简单加工。（涉及许可经营的，凭可证经营）						

企业名称	上海国际商业机器工程技术有限公司			海关编码	3122441071	所属海关	外高桥关
通讯地址	上海市外高桥保税区港澳路 389 号			邮政编码	200131	法人姓名	李耀波（LEE HILBERT）
评定时间	2009.2.2	注册日期	1997.4.1	报关有效期	长期	注册资本	500 万美元
主营范围	生产销售以 IBM 公司为主的信息技术产品；IBM 公司产品为主的仓储分拨业务（危险品除外）；商业性简单加工及产品展示；国际贸易，转口贸易，保税区企业间的贸易及区内贸易代理；提供 IBM 公司为主的信息技术产品的批发、佣金代理（拍卖除外）、进出口及其他相关配套业务；信息系统、计算机系列和相关产品的维修、售后服务及相关技术服务；信息技术开发及系统集成、重建和备援服务；提供计算机信息系统、网络系统的开发、设计、安装、运维管理及其他相关服务；提供计算机数据处理和制表服务及计算机实时服务和计算机分时服务；投资咨询，管理信息和技术咨询及市场策划；贸易咨询及保税区内的物流服务；提供半导体、集成电路、软硬件系统相关的技术咨询与技术设计服务；建筑智能化项目的设计和施工，机电设备安装工程施工，建筑装修装饰工程施工。（涉及建筑业资质要求的，须在取得相应资质后开展经营业务；不涉及国营贸易管理商品；涉及配额、许可证管理商品的，按国家有关规定办理申请；涉及许可经营的，凭许可证经营）						

企业名称	德尔福（上海）动力推进系统有限公司	海关编码	3122441076	所属海关	外高桥关
通讯地址	上海市外高桥保税区希雅路 150 号	邮政编码	200131	法人姓名	KEN CAO
评定时间	2011.5.27 注册日期 1997.4.3	报关有效期	长期	注册资本	1600 万美元
主营范围	设计、生产汽车、摩托车发动机零部件、电子控制燃油喷射系统、后续处理系统及有关零部件；油泵的委托加工；销售自产产品及德尔福集团内的公司生产的产品；上述产品及同类产品的批发、进出口、佣金代理（拍卖除外）及相关配套业务；提供技术工程服务和售后服务；从事上海外高桥保税区内仓储、贸易代理和贸易咨询服务；相关产品的分拨；国际贸易，转口贸易和保税区内企业间的贸易；保税区内商业性简单加工；从事保税区内自置房产的经营。（不涉及国营贸易管理商品；涉及配额、许可证管理、专项规定管理的商品，按照国家有关规定办理；涉及许可经营的，凭许可证经营）				

企业名称	依必安派特风机（上海）有限公司	海关编码	3122441112	所属海关	外高桥关
通讯地址	上海市外高桥保税区华京路 418（B）号	邮政编码	200131	法人姓名	THOMAS BORST
评定时间	2013.1.15 注册日期 1997.5.5	报关有效期	长期	注册资本	120 万美元
主营范围	电动机、风机的生产性加工和销售；区内仓储业务及商品展示；国际贸易，转口贸易，保税区企业间的贸易及区内贸易代理；技术及贸易咨询服务。（涉及许可经营的，凭许可证经营）				

企业名称	明尼苏达矿业制造（上海）国际贸易有限公司	海关编码	3122441352	所属海关	外高桥关
通讯地址	中国（上海）自由贸易试验区英伦路 858 号	邮政编码	200131	法人姓名	JAMES W MCSHEFFREY
评定时间	2009.11.16 注册日期 1998.1.13	报关有效期	长期	注册资本	70 万美元
主营范围	保税区内从事以 3M 公司产品（包括医疗器械产品、精密投影镜头产品）为主的物流、仓储分拨业务（危险品除外），以及相关产品和设备的维修、售后服务、技术检测；国际贸易，转口贸易，保税区企业间的贸易，区内贸易代理及贸易咨询；保税区内商业性简单加工；保税区内咨询及培训服务；化工产品（特种化学品除外，非药品类易制毒化学品经营备案证明）、塑料制品（天然橡胶除外）、纺织制品（棉花除外）、石料制品、贱金属制品、电气设备及其零部件、光学产品、医疗器械设备及其零部件、过滤产品、防伪技术产品（防伪标识产品和防伪材料产品）的批发、佣金代理（拍卖除外）、进出口及其他相关配套业务。（不涉及国营贸易管理商品；涉及配额、许可证管理、专项规定管理的商品，按照国家有关规定办理；经营项目涉及行政许可的，凭许可证件经营）				

企业名称	伊顿流体动力（上海）有限公司	海关编码	3122441388	所属海关	外高桥关
通讯地址	中国（上海）自由贸易试验区爱都路 388 号 23 号楼东部位	邮政编码	200131	法人姓名	FRANK HERR
评定时间	2012.8.31 注册日期 1998.2.27	报关有效期	长期	注册资本	210 万美元
主营范围	设计、开发、装配、制造、加工和销售高质量液压系统、静液压传动装置、液压泵和马达及其他液压零部件；上述产品同类商品的批发及进出口业务（涉及配额许可证管理、专项规定管理的商品，按照国家有关规定办理）；提供贸易及技术咨询、培训以及售后服务；国际贸易，转口贸易，保税区企业间的贸易及区内贸易代理；区内仓储业务及商品展示。（涉及许可经营的，凭许可证经营）				

企业名称	日立化成工业（上海）有限公司			海关编码	3122441410	所属海关	外高桥关
通讯地址	上海市外高桥保税区荷丹路 188 号			邮政编码	200131	法人姓名	山森昌美
评定时间	2014.9.29	注册日期	1998.3.16	报关有效期	长期	注册资本	360 万美元
主营范围	生产、加工有关印刷电路板生产用抗蚀干膜和导向导电膜，销售自产产品；国际贸易及转口贸易，贸易及技术咨询服务；保税区企业间的贸易及贸易代理；区内仓储（危险品除外）及商业性简单加工；印刷电路板生产用抗蚀干膜、异向导电膜、液晶显示材料及其制品、其他相关化工产品、塑料及其制品、印刷电路板材料及其制品、电机、电气设备及其零件，以及汽车零部件的进出口、批发、佣金代理（不含拍卖），并提供相关配套服务。（以上不涉及国营贸易管理商品；涉及配额、许可证管理、专项规定管理的商品，按照国家有关规定办理；涉及许可经营的，凭许可证经营）						

企业名称	上海华长贸易有限公司			海关编码	3122441535	所属海关	外高桥关
通讯地址	上海市外高桥保税区基隆路 1 号塔楼 14 层 1422 室			邮政编码	200131	法人姓名	黄明煌
评定时间	2013.10.30	注册日期	1998.5.18	报关有效期	长期	注册资本	240 万美元
主营范围	国际贸易，转口贸易，保税区企业间的贸易及贸易代理；保税区内商业性简单加工；保税区内商务咨询服务；化工产品（特种化学品、易制毒产品除外；详见许可证，有效期至 2010 年 3 月 19 日）、合成树脂及其制品、贱金属及其制品（钢材除外）、玻璃制品、机械器具及零部件、皮革制品、纺织品的批发、佣金代理（拍卖除外）；上述产品及相关技术的进出口，其他相关配套业务。（涉及配额许可证管理、专项规定管理的商品，按照国家有关规定办理；涉及许可证经营的，凭许可证经营）						

企业名称	上海莫仕连接器有限公司			海关编码	3122441621	所属海关	外高桥关
通讯地址	中国（上海）自由贸易试验区英伦路 889 号			邮政编码	200131	法人姓名	WISDOM LIN
评定时间	2010.12.24	注册日期	1998.2.24	报关有效期	长期	注册资本	3900 万美元
主营范围	电子连接器及其相关产品的设计、开发、生产制造和销售，相关产品的技术咨询及售后服务；国际贸易，区内贸易及区内贸易代理；通过国内有进出口经营权的企业代理与非保税区企业从事贸易业务；区内仓储及商业性简单加工；贸易咨询服务。（涉及许可经营的，凭许可证经营）						

企业名称	刻意创键计算机配套设备（上海）有限公司			海关编码	3122441662	所属海关	外高桥关
通讯地址	上海市外高桥保税区希雅路 6 号通用厂房二层 A 部位			邮政编码	200131	法人姓名	CRAIG D.GATES
评定时间	2012.9.27	注册日期	1998.9.8	报关有效期	长期	注册资本	170 万美元
主营范围	设计、生产、销售电子线路板、计算机外围设备、电子游戏机、电源开关等电子产品和设备，并提供相关产品的技术支持、维修及售后服务；区内仓储（危险品除外）及商业展示；国际贸易，转口贸易，保税区企业间的贸易；货物及技术进出口（不含分销及国家禁止项目）。（涉及许可经营的，凭许可证经营）						

企业名称	索尼物流贸易（中国）有限公司			海关编码	3122441677	所属海关	外高桥关
通讯地址	中国（上海）自由贸易试验区马吉路88号11号楼			邮政编码	200131	法人姓名	川崎成一
评定时间	2011.12.28	注册日期	1998.9.14	报关有效期	长期	注册资本	750万美元
主营范围	受母公司授权，为其关联公司提供物流、贸易业务管理及相关的管理咨询服务；从事区内仓储（危险品除外）、物流业务；租赁业务；以索尼产品为主的培训、展示、技术开发、售后服务；以索尼产品为主的技术、商务咨询服务；区内国际贸易，转口贸易，区内企业间贸易及区内贸易代理；区内商业性简单加工；从事进出中华人民共和国港口货物运输的无船承运业务；数码产品零部件、计算机零部件、投影机零部件、显示器单元及零部件、音响设备及其零部件、索尼相关产品的维修部件、电子电气产品、机械设备、检测设备、塑料及其制品、五金交电的批发、进出口、佣金代理（拍卖除外）及相关配套业务（不涉及国营贸易管理商品；涉及配额、许可证管理商品的，按国家有关规定办理申请）；索尼相关液晶电视、数码产品、视频及音频产品的零部件、组装配件及维修部件的委托加工；上述委托加工相关的冲压模具、成型模具及相关的辅助制造工具的租赁业务；承办海运、空运、陆运进出口货物、国际展品及私人物品的国际运输代理业务，包括揽货、订舱、仓储（危险品除外）、中转、集装箱拼装拆箱、结算运杂费、报关、报验、保险、相关的短途运输服务及咨询业务；道路普通货物运输及国内公路货代，仓储（不含危险品），以及相关咨询服务；国内速递（仅限索尼品牌产品及其相关产品）。（依法须经批准的项目，经相关部门批准后方可开展经营活动）							

企业名称	英格索兰机械（上海）有限公司			海关编码	3122441738	所属海关	外高桥关
通讯地址	中国（上海）自由贸易试验区希雅路301号21号楼			邮政编码	200131	法人姓名	朱安国
评定时间	2012.5.7	注册日期	1998.12.2	报关有效期	长期	注册资本	100万美元
主营范围	空压机整机及零配件、气动工具、手掌识别系统及相关产品的生产、加工组装，销售自产产品及英格索兰系统内的产品；上述产品的同类商品的批发、进出口、佣金代理（拍卖除外）；机械设备及手掌识别系统的安装、调试、维修及售后服务；空压机整机、气动工具及手掌识别系统的租赁；区内仓储及商品展示；国际贸易，转口贸易，保税区企业间的贸易。（不涉及国营贸易管理商品；涉及配额、许可证管理、专项规定管理的商品，按照国家有关规定办理；涉及许可经营的，凭许可证经营）							

企业名称	埃地沃兹贸易（上海）有限公司			海关编码	3122441757	所属海关	外高桥关
通讯地址	上海市外高桥保税区富特北路23号			邮政编码	200131	法人姓名	NEIL LAVENDER JONES
评定时间	2012.5.7	注册日期	1998.12.30	报关有效期	长期	注册资本	1060万美元
主营范围	以工业气体、真空设备和其他有关设备为主的区内仓储、分拨、测试和售后服务及维修业务；国际贸易及区内企业间贸易；区内商业性简单加工及贸易、技术咨询；润滑剂、硫化橡胶（硬质橡胶除外）的其他制品、钢铁制品、机械设备及其零部件、电气设备、测量控制仪器及其零部件的批发、佣金代理（拍卖除外）、进出口，以及其他相关配套业务。（涉及配额许可证管理、专项规定管理的商品，按照国家有关规定办理；涉及许可经营的，凭许可证经营）							

企业名称	上海近铁国际物流有限公司			海关编码	3122441782	所属海关	外高桥关
通讯地址	中国（上海）自由贸易试验区澳尼路588号67号厂房			邮政编码	200131	法人姓名	YOSHIHIRO SHIRAI（白井由浩）
评定时间	2010.10.9	注册日期	1999.2.8	报关有效期	长期	注册资本	140万美元
主营范围	保税区内以电子产品为主的仓储（危险品除外）业务，商业性简单加工及相关产品的售后服务；保税区内国际贸易，转口贸易，保税区企业间的贸易；保税区内贸易代理及贸易咨询服务；货物运输保险兼业代理；道路普通货物运输，道路货物专运输（冷藏保鲜，集装箱）；承办海运、空运进出口货物的国际运输代理业务，包括揽货、订舱、仓储（危险品除外）、中转、集装箱拼装拆箱、结算运杂费、报关、报验、保险、相关的短途运输服务及咨询业务。（涉及许可证经营的，凭许可证经营）							

<table>
<tr><td>企业名称</td><td colspan="3">惠普贸易（上海）有限公司</td><td>海关编码</td><td>3122441811</td><td>所属海关</td><td>外高桥关</td></tr>
<tr><td>通讯地址</td><td colspan="3">中国（上海）自由贸易试验区加枫路20号一层</td><td>邮政编码</td><td>200131</td><td>法人姓名</td><td>金松华</td></tr>
<tr><td>评定时间</td><td>2008.10.31</td><td>注册日期</td><td>1999.3.10</td><td>报关有效期</td><td>长期</td><td>注册资本</td><td>320 万美元</td></tr>
<tr><td>主营范围</td><td colspan="7">从事计算机设备、打印设备和影像设备及相关零部件、软件产品的批发、佣金代理（拍卖除外）、进出口及其他相关配套业务；以前述产品和其他电子及信息技术类产品为主的区内仓储分拨业务、产品维修及售后服务；国际贸易，转口贸易，保税区企业间贸易及贸易代理；区内商业性简单加工；贸易及技术咨询服务，技术开发及系统集成服务。（涉及配额许可证管理、专项规定管理的商品，按照国家有关规定办理；涉及许可经营的，凭许可证经营）</td></tr>
</table>

<table>
<tr><td>企业名称</td><td colspan="3">丹沙物流（上海）有限公司</td><td>海关编码</td><td>3122441823</td><td>所属海关</td><td>外高桥关</td></tr>
<tr><td>通讯地址</td><td colspan="3">中国（上海）自由贸易试验区芬菊路308号新发展6号厂房第一层全部位</td><td>邮政编码</td><td>200131</td><td>法人姓名</td><td>陈志宏</td></tr>
<tr><td>评定时间</td><td>2013.6.14</td><td>注册日期</td><td>2001.9.27</td><td>报关有效期</td><td>长期</td><td>注册资本</td><td>20 万美元</td></tr>
<tr><td>主营范围</td><td colspan="7">区内以高科技电子产品、药品、服装及生产原料为主的仓储业务；国际贸易，转口贸易，保税区企业间贸易及贸易代理；区内商业性简单加工；仓储管理及相关技术及贸易咨询服务；酒类商品的批发、佣金代理（拍卖除外）、进出口及其他相关配套业务。（不涉及国营贸易管理商品；涉及配额、许可证管理商品的，按国家有关规定办理申请；涉及许可经营的，凭许可证经营）</td></tr>
</table>

<table>
<tr><td>企业名称</td><td colspan="3">康明斯发动机（上海）贸易服务有限公司</td><td>海关编码</td><td>3122441874</td><td>所属海关</td><td>外高桥关</td></tr>
<tr><td>通讯地址</td><td colspan="3">中国（上海）自由贸易试验区英伦路999号14幢一层B部位</td><td>邮政编码</td><td>200131</td><td>法人姓名</td><td>YOSHINOBU MARC GOTOH</td></tr>
<tr><td>评定时间</td><td>2012.5.7</td><td>注册日期</td><td>1999.4.12</td><td>报关有效期</td><td>长期</td><td>注册资本</td><td>100 万美元</td></tr>
<tr><td>主营范围</td><td colspan="7">国际贸易，转口贸易，保税区内企业间的贸易及区内贸易代理；区内商业性简单加工，技术咨询及培训；贸易咨询服务；仓储服务；发动机、发电机、发电机组及其系统和零部件的批发、佣金代理（拍卖除外）、进出口及其相关的配套服务。（不涉及国营贸易管理商品；涉及配额、许可证管理、专项规定管理的商品，按照国家有关规定办理；涉及许可经营的，凭许可证经营）</td></tr>
</table>

<table>
<tr><td>企业名称</td><td colspan="3">奥林巴斯贸易（上海）有限公司</td><td>海关编码</td><td>3122441895</td><td>所属海关</td><td>外高桥关</td></tr>
<tr><td>通讯地址</td><td colspan="3">中国（上海）自由贸易试验区泰谷路185号第三层E、F部位</td><td>邮政编码</td><td>200131</td><td>法人姓名</td><td>彦坂充洋（HIKOSAKA MITSUHIRO）</td></tr>
<tr><td>评定时间</td><td>2009.1.6</td><td>注册日期</td><td>1999.7.5</td><td>报关有效期</td><td>长期</td><td>注册资本</td><td>100 万美元</td></tr>
<tr><td>主营范围</td><td colspan="7">区内以精密及光学仪器产品及零部件、医疗器械及零部件为主的仓储、分拨业务及维修、展示、促销、技术培训、售后服务；国际贸易，转口贸易，区内企业间的贸易及贸易代理；区内商业性简单加工；医疗器械及其零部件（限许可证许可范围）、精密及光学仪器产品及零部件、影像产品及零部件、化学产品（限许可证经营，易制毒化学品、特殊化学品除外）、家具、机电产品的批发、进出口、佣金代理（拍卖除外），并提供相关配套业务；医疗器械经营性租赁（限许可证许可范围）。（不涉及国营贸易管理商品；涉及配额、许可证管理、专项规定管理的商品，按照国家有关规定办理；依法须经批准的项目，经相关部门批准后方可开展经营活动）</td></tr>
</table>

企业名称	岛津企业管理（中国）有限公司			海关编码	3122441936	所属海关	外高桥关
通讯地址	上海市外高桥保税区富特西一路 381 号汤臣园区 A1 楼第 6 层 B 部位			邮政编码	200131	法人姓名	古泽宏二
评定时间	2012.5.7	注册日期	1999.8.23	报关有效期	长期	注册资本	800 万美元
主营范围	受岛津集团及其在国内外所设立企业的委托，向其提供下列服务：投资经营决策、市场营销服务、资金运作与财务管理、技术支持与研究开发、信息服务、员工培训与管理；承接集团内部的共享服务和境外公司的服务外包；从事医疗器械、精密分析仪器、工业用泵、工业用锅炉产品的进出口、批发、佣金代理（拍卖除外），并提供相关配套服务；保税区内以医疗器械、精密分析仪器、工业用泵、工业用锅炉产品及相关产品及零备件为主的仓储、分拨业务及相关产品的技术服务；保税区内国际贸易、转口贸易、保税区企业间的贸易及贸易代理；保税区内商业性简单加工；保税区内商品展示及商务咨询服务。（不涉及国营贸易管理商品；涉及配额、许可证管理商品的，按国家有关规定办理申请；涉及许可经营的，凭许可证经营）						

企业名称	易格斯拖链轴承仓储贸易（上海）有限公司			海关编码	3122441938	所属海关	外高桥关
通讯地址	上海市外高桥保税区德堡路 11 号 46 号厂房 A 部位			邮政编码	200131	法人姓名	NEHRING HARALD
评定时间	2012.5.7	注册日期	1999.8.23	报关有效期	长期	注册资本	100 万美元
主营范围	拖链、轴承和电缆及其相关配套产品的批发、进出口、佣金代理（拍卖除外）及其相亲配套业务；区内以上述产品为主的仓储、分拨业务及相关产品的售后服务、技术培训；国际贸易，保税区企业间的贸易，区内贸易代理及贸易咨询；区内商业性简单加工；区内商品展示。（不涉及国营贸易管理商品；涉及配额、许可证管理、专项规定管理的商品，按照国家有关规定办理；涉及许可经营的，凭许可证经营）						

企业名称	希革斯贸易（上海）有限公司			海关编码	3122441944	所属海关	外高桥关
通讯地址	上海市外高桥保税区富特东一路 350 号			邮政编码	200131	法人姓名	松下宇一郎（MATSUSHITA UICHIRO）
评定时间	2012.5.7	注册日期	1999.8.31	报关有效期	长期	注册资本	300 万美元
主营范围	区内以电子电器产品及零部件为主的仓储、分拨业务；国际贸易，转口贸易，保税区企业间贸易及区内贸易代理；贸易咨询服务；区内商业性简单加工；塑料及其制品、橡胶制品、纸制品、贱金属制品、机械器具、电气设备及其零件、光学产品、液晶装置的批发、佣金代理（拍卖除外）、进出口及其他相关配套业务。（涉及配额许可证管理、专项规定管理的商品，按照国家有关规定办理；涉及许可经营的，凭许可证经营）						

企业名称	上海贝尔信息产品有限公司			海关编码	3122441997	所属海关	外高桥关
通讯地址	上海市外高桥保税区巴圣路 275 号 41 号楼第一层西部			邮政编码	200131	法人姓名	PHILIPPE ANDRE MAURICE MASSELIN
评定时间	2012.5.7	注册日期	1999.11.9	报关有效期	长期	注册资本	232 万美元
主营范围	研究、开发、设计、制造计算机信息网络及交换网络设备、移动通信网络设备、数据通信网络设备、接入网络设备、信息通信终端和光电传输网络设备；上述产品同类商品的批发、进出口、佣金代理（拍卖除外），并为上述各类产品提供维护、维修、售后服务、技术咨询、技术培训等相关配套业务；保税区内仓储、物流业务；软件产品的开发、生产和销售；国际贸易，保税区企业间的贸易，保税区内贸易代理及咨询服务；保税区内商业性简单加工；保税区商品展示。（不涉及国营贸易管理商品；涉及配额、许可证管理、专项规定管理的商品，按照国家有关规定办理；涉及许可经营的，凭许可证经营）						

企业名称	沙伯基础创新塑料（上海）有限公司			海关编码	3122442019	所属海关	外高桥关
通讯地址	上海市外高桥保税区 F-10 地块			邮政编码	200131	法人姓名	尹泽生
评定时间	2010.10.9	注册日期	1999.12.16	报关有效期	长期	注册资本	2696 万美元
主营范围	热塑性工程塑料产品、塑料合金、板材、薄膜和其他相关产品的研制、开发、生产（含委托加工）、销售，并提供售后服务、咨询；与上述产品同类商品（特定商品除外）的进出口、批发、佣金代理（拍卖除外），并提供相关附属服务；保税仓储及技术许可转让；国际贸易，转口贸易，保税区企业间的贸易及贸易代理；区内商业性简单加工；区内商务咨询。（涉及配额许可证管理、专项规定管理的商品，按照国家有关规定办理；涉及许可经营的，凭许可证经营）						

企业名称	上海杰世腾连接器有限公司			海关编码	3122442045	所属海关	外高桥关
通讯地址	上海市外高桥保税区富特南路 55 号			邮政编码	200131	法人姓名	吉村正雄
评定时间	2009.3.27	注册日期	2000.1.24	报关有效期	长期	注册资本	5800 万美元
主营范围	连接器、冲压件、注塑件、电子电器部件、连接器制造设备工具（精密模具、组装机器、检测机器仪器等）及其零部件的加工制造、研究开发，销售自产产品；上述产品和技术的国际贸易、转口贸易及贸易咨询服务；上述产品和技术的批发、佣金代理（拍卖除外）、进出口及其他相关配套业务；上述产品的区内仓储、展示、技术培训及售后服务；区内受让地块内房产经营业务。（涉及许可经营的，凭许可证经营）						

企业名称	安迪苏生命科学制品（上海）有限公司			海关编码	3122442078	所属海关	外高桥关
通讯地址	中国（上海）自由贸易试验区杨高北路 2001 号 F 区 1 地块展示交易中心楼第 1 层 C 部位			邮政编码	200131	法人姓名	JEAN-MARC DUBLANC
评定时间	2011.12.28	注册日期	2000.3.13	报关有效期	长期	注册资本	70 万美元
主营范围	区内以药品、农化制品、动物营养品和生物制品（疫苗）为主的仓储、分拨业务，并提供相关产品的售后服务及技术、管理方面的支持、培训和咨询服务；国际贸易，转口贸易，区内企业间的贸易及贸易代理；通过与国内有进出口经营权的企业签订贸易代理合同，可与非保税区企业从事贸易业务；区内商业性简单加工；农化制品、动物营养品、生物制品和机器设备的批发、进出口、佣金代理（拍卖除外）、网上零售，以及其他相关辅助服务；技术咨询和商业咨询服务；机器设备的经营性租赁。（不涉及国营贸易管理商品；涉及配额、许可证管理商品的，按国家有关规定办理申请；经营项目涉及行政许可的，凭许可证件经营）						

企业名称	瑞表企业管理（上海）有限公司			海关编码	3122442135	所属海关	外高桥关
通讯地址	中国（上海）自由贸易试验区富特北路 399 号加工厂房第四层 B 部位			邮政编码	200131	法人姓名	GEORGES NICOLAS HAYEK
评定时间	2010.11.22	注册日期	2000.5.29	报关有效期	长期	注册资本	200 万美元
主营范围	受母公司及其所投资企业委托，为其提供下列服务：投资经营决策服务、市场营销服务、财务管理服务、信息技术支持、技术开发服务、员工培训与管理服务；钟表及其零部件、品牌相关纪念品、珠宝首饰（毛钻、裸钻除外）、工艺品（文物除外）、化妆品、香水、办公用品、皮具、服装、配饰、箱包、鞋帽、运动用品、食品、饮料（含酒精饮料）、日用杂货、电子电器、半导体器件、模具及通讯产品的进出口、批发、零售、佣金代理（拍卖除外），并提供相关配套业务、商务咨询、技术支持和售后服务（以上商品进出口不涉及国营贸易、进出口配额许可证、出口配额招标、出口许可证等专项管理的商品）；提供和体育赛事有关的计时、计分及数据处理的技术支持服务；在保税区内以上述产品为主的仓储（危险品除外）、分拨业务及售后维修服务和技术支持；保税区内国际贸易、转口贸易、保税区企业间的贸易及贸易代理。（涉及许可经营的，凭许可证经营）						

<table>
<tr><td>企业名称</td><td colspan="3">维兰德金属（上海）有限公司</td><td>海关编码</td><td>3122442219</td><td>所属海关</td><td>外高桥关</td></tr>
<tr><td>通讯地址</td><td colspan="3">中国（上海）自由贸易试验区富特中路 399 号</td><td>邮政编码</td><td>200131</td><td>法人姓名</td><td>高桂花</td></tr>
<tr><td>评定时间</td><td>2012.5.28</td><td>注册日期</td><td>2000.8.29</td><td>报关有效期</td><td>长期</td><td>注册资本</td><td>600 万美元</td></tr>
<tr><td>主营范围</td><td colspan="7">生产、加工、金属制品，销售自产产品，相关产品的技术咨询和售后服务，国际贸易、转口贸易、保税区企业间的贸易及区内贸易代理，通过国内有进出口经营权的企业代理与非保税区企业从事贸易业务，区内商品展示。（涉及许可经营的，凭许可证经营）</td></tr>
</table>

<table>
<tr><td>企业名称</td><td colspan="3">阿科玛（上海）化工有限公司</td><td>海关编码</td><td>3122442220</td><td>所属海关</td><td>外高桥关</td></tr>
<tr><td>通讯地址</td><td colspan="3">中国（上海）自由贸易试验区富特东二路 500 号 28 号楼底层 D 部位</td><td>邮政编码</td><td>200131</td><td>法人姓名</td><td>XAVIER DURAND-DELACRE</td></tr>
<tr><td>评定时间</td><td>2012.5.7</td><td>注册日期</td><td>2000.8.28</td><td>报关有效期</td><td>长期</td><td>注册资本</td><td>20 万美元</td></tr>
<tr><td>主营范围</td><td colspan="7">区内以化工产品和塑料产品为主的仓储、分拨业务，国际贸易、转口贸易、保税区企业间的贸易及贸易代理，区内商业性简单加工及商品展示，贸易咨询服务，化工产品和塑料产品的批发，前述产品的进出口、佣金代理（拍卖除外），提供相关配套服务。（涉及配额许可证管理、专项规定管理的商品，按照国家有关规定办理；涉及许可经营的，凭许可证经营）</td></tr>
</table>

<table>
<tr><td>企业名称</td><td colspan="3">德尔格医疗设备（上海）有限公司</td><td>海关编码</td><td>3122442229</td><td>所属海关</td><td>外高桥关</td></tr>
<tr><td>通讯地址</td><td colspan="3">中国（上海）自由贸易试验区杨高北路 2001 号市场商务楼一层 1-109 室，1-113 室</td><td>邮政编码</td><td>200131</td><td>法人姓名</td><td>王晓勇</td></tr>
<tr><td>评定时间</td><td>2013.1.15</td><td>注册日期</td><td>2000.9.12</td><td>报关有效期</td><td>长期</td><td>注册资本</td><td>120 万美元</td></tr>
<tr><td>主营范围</td><td colspan="7">区内以医疗器械、安全设备为主的仓储（危险品除外）、分拨业务，提供相关产品的维修、售后服务及技术支持；国际贸易、转口贸易、区内企业间的贸易及贸易代理；医疗器械（限经营许可证）、安全设备的批发、佣金代理（拍卖除外）、进出口及其他相关配套业务；区内商业性简单加工；区内贸易咨询服务；机电设备设计、安装、维修；压力管道设计、安装和维修（特种设备除外）。（不涉及国营贸易管理商品；涉及配额、许可证管理商品的，按国家有关规定办理申请；依法须经批准的项目，经相关部门批准后方可开展经营活动）</td></tr>
</table>

<table>
<tr><td>企业名称</td><td colspan="3">柯惠医疗器材国际贸易（上海）有限公司</td><td>海关编码</td><td>3122442262</td><td>所属海关</td><td>外高桥关</td></tr>
<tr><td>通讯地址</td><td colspan="3">中国（上海）自由贸易试验区法赛路 556 号 2 幢 102 部位</td><td>邮政编码</td><td>200131</td><td>法人姓名</td><td>ALEX YUSHAO GU</td></tr>
<tr><td>评定时间</td><td>2012.5.22</td><td>注册日期</td><td>2000.10.26</td><td>报关有效期</td><td>长期</td><td>注册资本</td><td>350 万美元</td></tr>
<tr><td>主营范围</td><td colspan="7">区内以医疗器材为主的仓储、分拨业务及相关产品的技术服务，国际贸易、转口贸易、保税区内企业间的贸易及贸易代理，区内商业性简单加工及贸易咨询服务，医疗器械的批发、进出口、佣金代理（拍卖除外）、安装维修、技术培训等相关配套业务，为母公司集团内所有关联企业提供关于该关联企业产品的咨询服务。（以上业务不得涉及国营贸易管理商品；涉及配额、许可证管理、专项规定管理的商品，按照国家有关规定办理；涉及许可经营的，凭许可证经营）</td></tr>
</table>

企业名称	罗氏诊断产品（上海）有限公司			海关编码	3122442271	所属海关	外高桥关
通讯地址	上海市外高桥保税区希雅路 330 号 7 号厂房第二层 I 部位			邮政编码	200031	法人姓名	LANCE JAMES LITTLE
评定时间	2013.3.11	注册日期	2000.11.2	报关有效期	长期	注册资本	3100 万美元
主营范围	区内以诊断产品为主的仓储（危险品除外）、分拨业务及技术支持、咨询和售后服务（包括提供维修和零部件）；国际贸易、转口贸易、保税区企业间的贸易及区内贸易代理；通过国内有进出口经营权的企业代理，与非保税区企业从事贸易业务；区内商业性简单加工及商品展示；贸易咨询服务；诊断产品的批发、进出口、佣金代理（拍卖除外）、售后服务，以及其他相关辅助服务和技术咨询服务；生物分析仪器、体外诊断仪器及其他医疗器械的租赁；上述租赁设备的维修及残值处理，并提供相关技术服务。（不涉及国营贸易管理商品；涉及配额、许可证管理商品的，按国家有关规定办理申请；涉及许可经营的，凭许可证经营）						

企业名称	全球物流（上海）有限公司			海关编码	3122442317	所属海关	外高桥关
通讯地址	上海市外高桥保税区意威路 266 号 2 幢楼 1 层 A 部位			邮政编码	200131	法人姓名	KARL-HEINZ EMBERGER
评定时间	2013.1.15	注册日期	2000.12.12	报关有效期	长期	注册资本	20 万美元
主营范围	区内仓储物流业务；国际贸易、转口贸易、保税区企业间的贸易及贸易代理；通过国内有进出口经营权的企业代理，与非保税区企业从事贸易业务；区内商业性简单加工；区内商务咨询服务；从事进出中华人民共和国港口货物运输的无船承运业务。（涉及许可经营的，凭许可证经营）						

企业名称	安靠封装测试（上海）有限公司			海关编码	3122442400	所属海关	外高桥关
通讯地址	中国（上海）自由贸易试验区英伦路 111 号			邮政编码	200131	法人姓名	JOANNE SOLOMON
评定时间	2009.2.2	注册日期	2001.3.27	报关有效期	长期	注册资本	21500 万美元
主营范围	集成电路产品的封装、测试、加工业务，销售自产产品；区内以集成电路产品为主的仓储、分拨业务及相关产品的售后服务、咨询、技术维修及研发；区内商业性简单加工及商品展示；国际贸易、转口贸易、保税区企业间的贸易及区内贸易代理；通过国内有进出口经营权的企业代理，与非保税区企业从事贸易业务。（涉及许可经营的，凭许可证经营）						

企业名称	藤仓电子（上海）有限公司			海关编码	3122442457	所属海关	外高桥关
通讯地址	上海市外高桥保税区日樱北路 199 号 56 号第一层 A 部位、第二层 A 部位、第三层 A 部位和第四层 A 部位			邮政编码	200131	法人姓名	滝沢功（TAKIZAWA TAKASHI）
评定时间	2012.5.7	注册日期	2001.4.28	报关有效期	长期	注册资本	1200 万美元
主营范围	电子配线系统及其零部件的生产、加工、组装，销售自产产品；相关产品的仓储、分拨业务及技术咨询和售后服务；国际贸易、转口贸易、保税区企业间的贸易及贸易代理；通过国内有进出口经营权的企业代理，与非保税区企业从事贸易业务；区内商业性简单加工及商品展示。						

企业名称	魏德米勒电联接（上海）有限公司			海关编码	3122442487	所属海关	外高桥关
通讯地址	上海市外高桥保税区韩城路 101 号 63 号厂房 A 部位			邮政编码	200131	法人姓名	VOLPERT BRIEL
评定时间	2011.5.27	注册日期	2001.6.6	报关有效期	长期	注册资本	398 万美元
主营范围	电联接器件及相关产品的设计、研发；机器、机械器具、电机、电器设备及其零件、手工工具、精密仪器及其零件、塑料制品、贱金属制品、纸制品、化学产品（危险化学品、易制毒化学品、特种化学品除外）的批发、佣金代理（拍卖除外）、进出口及相关配套业务；区内以电联接器件及相关产品为主的仓储和分拨；区内提供电联接器元件及相关产品的维修、售后服务和技术支持；国际贸易、转口贸易、保税区企业间的贸易及区内贸易代理；区内商业性简单加工及贸易咨询服务。（不涉及国营贸易管理商品；涉及配额、许可证管理、专项规定管理的商品，按照国家有关规定办理；涉及许可经营的，凭许可证经营）						

企业名称	依必安派特电气（上海）有限公司			海关编码	3122442520	所属海关	外高桥关
通讯地址	上海市外高桥保税区 F13 地块			邮政编码	200131	法人姓名	THOMAS WAGNER
评定时间	2013.1.15	注册日期	2001.6.29	报关有效期	长期	注册资本	1040 万美元
主营范围	电子、通讯等行业用温度控制装置的生产，电动机、风机的加工，自产产品的销售，检测维修及相关售后服务（包括技术咨询、技术培训）；区内仓储（危险品除外）业务，商业性简单加工及商品展示；国际贸易、转口贸易、保税区企业间的贸易及贸易代理；通过国内有进出口经营权的企业代理，与非保税区企业从事贸易、贸易咨询服务。（涉及许可经营的，凭许可证经营）						

企业名称	罗克韦尔自动化（中国）有限公司			海关编码	3122442540	所属海关	外高桥关
通讯地址	上海市外高桥保税区台南东路 95 号新发展物流园区四期仓库东部位			邮政编码	200131	法人姓名	KENNETH JAMES KOFSKY
评定时间	2012.5.7	注册日期	2001.7.18	报关有效期	长期	注册资本	840 万美元
主营范围	受母公司及其所投资企业的委托，为母公司及其他关联企业提供经营决策和管理咨询服务，提供财务管理咨询、资金管理，提供产品采购的质量监控和管理，提供信息服务、员工培训和管理；研究、开发工业自动化技术，转让自行研发成果；保税区内从事以工业自动化产品为主的组装、仓储（危险品除外）、分拨业务和商业性简单加工；从事工业自动化产品、系统、辅助装置和零配件的进出口、批发、佣金代理（拍卖除外）及相关的配套业务，并提供产品设计、安装、维修、技术培训等售后服务和与产品销售有关的咨询及应用工程服务。（涉及许可经营的，凭许可证经营）						

企业名称	泛达网络产品国际贸易（上海）有限公司			海关编码	3122442600	所属海关	外高桥关
通讯地址	上海市外高桥保税区美桂南路 331 号 58 号厂房第二层			邮政编码	200131	法人姓名	JACK E. CAVENEY JR
评定时间	2013.1.15	注册日期	2001.8.31	报关有效期	长期	注册资本	200 万美元
主营范围	保税区内电信网络配线及相关电子产品的仓储、分拨业务及区内售后服务；国际贸易、转口贸易、保税区内贸易及贸易代理；区内商业性简单加工及贸易咨询服务；电信网络配线及相关电子产品、计算机软件（音像出版物除外）的批发、佣金代理（拍卖除外）、进出口，并提供相关技术服务、技术培训和其他相关配套服务；以承接服务外包方式从事业务流程外包服务（不得涉及增值电信服务）。（不涉及国营贸易管理商品；涉及配额、许可证管理商品的，按国家有关规定办理申请；涉及许可经营的，凭许可证经营）						

企业名称	汎韩物流（上海）有限公司			海关编码	3122442630	所属海关	外高桥关
通讯地址	中国（上海）自由贸易试验区英伦路999号15幢一层第三单元A部位			邮政编码	200131	法人姓名	LEE SEUNG KYU（李承奎）
评定时间	2013.1.15	注册日期	2001.9.11	报关有效期	长期	注册资本	100万美元
主营范围	区内仓储（危险品除外）物流及提供相关物流服务；区内国际贸易、转口贸易、区企业间的贸易及区内贸易代理；货物及技术进出口（不含分销及国家禁止项目）；区内商业性简单加工；区内商务咨询服务；无船承运业务；承办海运、空运进出口货物的国际运输代理业务，包括揽货、订舱、仓储（危险品除外）、中转、集装箱拼装拆箱、报关、报检及相关的短途运输服务；道路普通货运（详见许可证，有效期至2010年8月9日）。（依法须经批准的项目，经相关部门批准后方可开展经营活动）						

企业名称	强生（上海）医疗器材有限公司			海关编码	3122442648	所属海关	外高桥关
通讯地址	上海市外高桥保税区富特西一路439号第一、二、三层C部位			邮政编码	200131	法人姓名	宋为群
评定时间	2013.4.23	注册日期	2001.9.19	报关有效期	长期	注册资本	35万美元
主营范围	健康护理用品及杂项化学产品（危险品除外）、实验室仪器和耗材、医疗器材及零配件、消毒剂和消毒器械（进口产品限卫生部许可批件核定的产品）及零配件、耗材的批发、佣金代理（拍卖除外）、进出口及其他相关配套业务，保税区内以上述产品为主的分拨业务，国际贸易、转口贸易、保税区企业间的贸易及贸易代理，区内商业性简单加工及保税区商品展示，贸易咨询服务，实验室仪器、医疗器材、消毒器械（进口产品限卫生部许可批件核定的产品）的经营性租赁，为企业、医院提供管理咨询服务、市场营销服务、技术咨询和技术服务。（不涉及国营贸易管理商品；涉及配额、许可证管理、专项规定管理的商品，按照国家有关规定办理；涉及许可经营的，凭许可证经营）						

企业名称	宇达电脑（上海）有限公司			海关编码	3122442712	所属海关	外高桥关
通讯地址	上海市外高桥保税区富特北路129号第二层全部位			邮政编码	200131	法人姓名	何继武
评定时间	2012.5.22	注册日期	2001.11.8	报关有效期	长期	注册资本	100万美元
主营范围	保税区内生产、组装计算机、计算机部件及外围设备；销售自产产品；保税区内以计算机配件及无线网络产品设备、移动通讯产品及设备相关产品为主的仓储、分拨、测试、维修、展示及相关产品的技术咨询和售后服务；国际贸易、转口贸易、保税区内企业间的贸易及贸易代理；通过国内有进出口经营权的企业代理，与非保税区企业从事贸易业务；货物及技术进出口（不含分销及国家禁止项目）；保税区内商业性简单加工及商务咨询服务。（涉及许可经营的，凭许可证经营）						

企业名称	住化电子材料科技（上海）有限公司			海关编码	3122442714	所属海关	外高桥关
通讯地址	上海市外高桥保税区希雅路69号15号楼第一层B部位			邮政编码	200131	法人姓名	SASAKI YASUAKI 佐佐木康彰
评定时间	2012.8.31	注册日期	2001.11.26	报关有效期	长期	注册资本	777.78万美元
主营范围	保税区内光学用多功能薄膜的生产加工；光学用多功能薄膜加工设备、器械（斜角剪切机、压力贴合机、半裁机、万能剪切机、重绕机）的制造；金属镓的精制、加工；应用于液晶面板及半导体前制程的溅射靶材与靶材衬底的贴合加工，以及其他有关液晶显示器用零部件的制造；销售自产产品；保税区内以上述产品为主的仓储、分拨业务及相关的技术咨询和售后服务；保税区内商业性简单加工；国际贸易、转口贸易、保税区内企业间的贸易及区内贸易代理；通过国内有进出口经营权的企业代理，与非保税区企业从事贸易业务。（不涉及国营贸易管理商品；涉及配额、许可证管理、专项规定管理的商品，按照国家有关规定办理；涉及许可经营的，凭许可证经营）						

企业名称	珊华电子科技（上海）有限公司			海关编码	3122442753	所属海关	外高桥关
通讯地址	中国（上海）自由贸易试验区奥纳路18号第三层东单元C，D部位			邮政编码	200131	法人姓名	田中八重子
评定时间	2013.12.12	注册日期	2001.12.5	报关有效期	长期	注册资本	400万美元
主营范围	国际贸易、转口贸易、保税区企业间的贸易及区内贸易代理，保税区内商业性简单加工，保税区内商务咨询服务，以电子产品、电气产品、机械产品为主的仓储、分拨业务，机械设备、电子产品、电气产品及其零部件的批发、佣金代理（拍卖除外）、进出口及其他相关配套业务。（涉及配额许可证管理、专项规定管理的商品，按照国家有关规定办理；涉及许可经营的，凭许可证经营）						

企业名称	英运物流（上海）有限公司			海关编码	3122442757	所属海关	外高桥关
通讯地址	上海市外高桥保税区法赛路556号42号厂房南部位			邮政编码	200131	法人姓名	莫志明
评定时间	2013.12.12	注册日期	2001.12.5	报关有效期	长期	注册资本	20万美元
主营范围	保税区内仓储、物流业务（不得从事易燃易爆危险物品相关业务）；国际贸易、转口贸易、保税区企业间的贸易及保税区内贸易代理；通过与国内有进出口经营权的企业代理，与非保税区企业从事贸易业务；保税区内商业性简单加工；保税区内商务咨询服务。（涉及许可经营的，凭许可证经营）						

企业名称	美题隆精密光学（上海）有限公司			海关编码	3122442758	所属海关	外高桥关
通讯地址	上海市外高桥保税区富特东三路76号33号全部位			邮政编码	200131	法人姓名	RICHARD SAGER
评定时间	2012.5.7	注册日期	2001.12.5	报关有效期	长期	注册资本	1200万美元
主营范围	保税区内生产、加工、组装各类光学组件（包括偏振分光片），销售自产产品；公司相关产品的技术咨询、维护及售后服务；国际贸易、转口贸易、保税区内企业间的贸易及贸易代理；通过国内有进出口经营权的企业代理，与非保税区企业从事贸易业务；保税区内商业性简单加工及商品展示；保税区内仓储及贸易咨询服务。（涉及许可经营的，凭许可证经营）						

企业名称	丹佛斯自动控制管理（上海）有限公司			海关编码	3122442766	所属海关	外高桥关
通讯地址	上海市外高桥保税区巴圣路360号第23号厂房			邮政编码	200131	法人姓名	CHRISTIAN MONRAD OVERGAARD
评定时间	2012.5.7	注册日期	2001.12.13	报关有效期	长期	注册资本	325.39万美元
主营范围	受母公司及其授权管理的中国境内外企业的委托，为其下提供下列服务：投资经营决策和业务管理，资金运作和财务管理，研究开发和技术支持；承接本公司集团内部的共享服务及境外公司的服务外包、员工培训与管理、市场营销服务及相关咨询服务；提供原材料采购管理及生产调度和物流分拨控制管理；从事制冷与空调产品、工业控制产品、传动及自动化控制产品、采暖产品、阀门及流体控制领域产品的批发、进出口、佣金代理（拍卖除外），并提供售后服务、维修、技术培训服务、物流运输、仓储等相关配套服务；从事保税区内国际贸易、转口贸易、保税区企业间的贸易；保税区内商业性简单加工及商务咨询服务。（不涉及国营贸易管理商品；涉及配额、许可证管理商品的，按国家有关规定办理申请；涉及许可经营的凭许可证经营）						

企业名称	日通国际物流（上海）有限公司			海关编码	3122442880	所属海关	外高桥关
通讯地址	上海市外高桥保税区德堡路 11 号第一层			邮政编码	200131	法人姓名	和田贵志
评定时间	2010.10.9	注册日期	2002.3.1	报关有效期	长期	注册资本	81 万美元
主营范围	承办海运、陆运、空运进出口货物、国际展品、私人物品及过境货物的国际货物运输代理业务，包括揽货、订舱、托运、仓储、中转、集装箱拼装拆箱、结算运杂费、报关、报验、报检、保险、相关的短途运输服务及运输咨询业务、道路普通货运；保税区内仓储物流、货物运输业务及相关咨询服务；保税区内国际贸易，保税区内转口贸易、保税区内企业间的贸易及区内贸易代理；通过国内有进出口经营权的企业代理，与非保税区企业从事贸易业务；保税区物流及贸易咨询业务；保税区内商业性简单加工；保税区内商品展示。（涉及许可经营的，凭许可证经营）						

企业名称	东电半导体设备（上海）有限公司			海关编码	3122442920	所属海关	外高桥关
通讯地址	上海市外高桥保税区荷丹路 126 号第一层全部位			邮政编码	200131	法人姓名	伊东晃（ITO HIKARU）
评定时间	2011.8.26	注册日期	2002.3.25	报关有效期	长期	注册资本	500 万美元
主营范围	以半导体制造装置、LCD 制造装置及相关零部件、耗材为主的保税区内的仓储、分拨业务及相关产品的商业性简单加工、技术咨询及售后服务，国际贸易、转口贸易、保税区企业间的贸易及区内贸易代理，半导体及其零部件、半导体用石英制品的批发、佣金代理（拍卖除外）、进出口及其他相关配套业务。（不涉及国营贸易管理商品；涉及配额、许可证管理、专项规定管理的商品，按照国家有关规定办理；涉及许可经营的，凭许可证经营）						

企业名称	博士视听系统（上海）有限公司			海关编码	3122442965	所属海关	外高桥关
通讯地址	中国（上海）自由贸易试验区日樱北路 353 号 9 号厂房 C 部位			邮政编码	200131	法人姓名	ROBERT L. MARESCA
评定时间	2013.5.16	注册日期	2002.4.12	报关有效期	长期	注册资本	100 万美元
主营范围	从事视听系统产品、智能仪器及设备、相关配件及零部件、博士商标的礼品（包括皮革制品、服装及配件、钟表、体育用品、书写用具）的批发、零售、佣金代理（拍卖除外）、进出口及其他相关配套业务，视听系统产品的智能化系统集成，上述产品的研究开发及转让相关的技术成果，提供相关的维修、技术咨询（产品设计、安装、调试）和售前、售后服务、技术培训、产品展示及商务咨询服务，保税区内上述产品为主的仓储及分拨业务，国际贸易、转口贸易、保税区内商业性简单加工。（涉及配额许可证管理、专项规定管理的商品，按照国家有关规定办理；涉及许可经营的凭许可证经营）						

企业名称	菱技树脂产品（上海）有限公司			海关编码	3122442975	所属海关	外高桥关
通讯地址	上海市外高桥保税区富特西一路 439 号 1 号楼第 1、2、3 层 B 部位			邮政编码	200131	法人姓名	早濑纯一
评定时间	2013.1.15	注册日期	2002.4.19	报关有效期	长期	注册资本	450 万美元
主营范围	保税区内生产、加工各种树脂产品，销售自产产品；树脂产品的设计开发、技术咨询、技术培训及售后服务；国际贸易、转口贸易、保税区企业间的贸易及贸易代理；通过国内有进出口经营权的企业代理，与非保税区企业从事贸易业务；保税区内仓储及保税商品展示；商务咨询服务。（涉及许可经营的，凭许可证经营）						

企业名称	威雅利电子（上海）有限公司			海关编码	3122443040	所属海关	外高桥关
通讯地址	中国（上海）自由贸易试验区希雅路69号16号楼5层B部位			邮政编码	200131	法人姓名	梁振华
评定时间	2012.5.7	注册日期	2002.5.21	报关有效期	长期	注册资本	700万美元
主营范围	电子元器件及其相关配套的零配件的批发、佣金代理（拍卖除外）、进出口及其他相关配套业务，保税区内以电子元器件为主的仓储、分拨业务，国际贸易、转口贸易、保税区内企业间的贸易及区内贸易代理，保税区内商业性简单加工，保税区内商务咨询服务。（涉及配额许可证管理、专项规定管理的商品，按照国家有关规定办理；涉及许可经营的，凭许可证经营）						

企业名称	三运物流（上海）有限公司			海关编码	3122443221	所属海关	外高桥关
通讯地址	中国（上海）自由贸易试验区华申路27号B1栋二层A部位			邮政编码	200131	法人姓名	ITO HIROSHI 伊藤博
评定时间	2012.5.7	注册日期	2002.8.14	报关有效期	长期	注册资本	500万美元
主营范围	保税区内物流业务；以机械电子、电脑及通讯器材等产品为主的仓储、分拨业务及相关产品的技术培训、技术支持、维修和售后服务；保税区内国际贸易、转口贸易、保税区企业间的贸易及贸易代理；保税区内、外仓储业务；商业性简单加工及商务咨询服务；承办海运、陆运、空运进出口货物、国际展品、私人物品及过境货物的国际运输代理业务，包括揽货、托运、订舱、仓储、中转、集装箱拼装拆箱、结算运杂费、报关、报验、保险、相关的短途运输服务及运输咨询业务；国内货运代理；无船承运业务；道路普通货运；道路货物专用运输（集装箱）；针纺织品、服装鞋帽、日用品、化妆品、体育用品及器材、机械设备、五金交电、电子产品、包装材料、箱包、家具的批发、佣金代理（拍卖除外）、进出口业务，提供售后服务等相关配套服务。（不涉及国营贸易管理商品；涉及配额、许可证管理商品的，按国家有关规定办理申请；涉及许可经营的，凭许可证经营）						

企业名称	帝人化成复合塑料（上海）有限公司			海关编码	3122443293	所属海关	外高桥关
通讯地址	上海市外高桥保税区华京路310号			邮政编码	200131	法人姓名	武居靖道
评定时间	2009.3.27	注册日期	2002.9.13	报关有效期	长期	注册资本	1780万美元
主营范围	保税区内树脂和树脂制品及化学品的生产、加工和销售，上述产品同类商品的批发、进出口、佣金代理（拍卖除外）、技术咨询、售后服务及其他相关配套业务（危险品、特种化学品、易制毒产品除外；涉及配额许可证管理、专项规定管理的商品，按照国家有关规定办理），相关产品的技术咨询服务，保税区内仓储业务和商品展示，国际贸易、转口贸易、保税区企业间的贸易及贸易代理。（涉及许可经营的，凭许可证经营）						

企业名称	赫斯基注塑系统（上海）有限公司			海关编码	3122443343	所属海关	外高桥关
通讯地址	上海市外高桥保税区巴圣路101号			邮政编码	200131	法人姓名	GERARDO CHIAIA
评定时间	2012.8.31	注册日期	2002.10.17	报关有效期	长期	注册资本	1800万美元
主营范围	保税区内研究、开发、生产、加工和组装注塑设备、模具、自动化机械设备及其零配件，并提供相关技术咨询、技术培训和售后服务；上述产品的批发、进出口、佣金代理（不含拍卖）及其他相关配套业务；维修和测试上述产品；保税区内仓储分拨业务；国际贸易、转口贸易、保税区企业间的贸易及贸易代理；区内保税商品的展示和商务咨询服务。（涉及配额许可证管理、专项规定管理的商品，按照国家有关规定办理；涉及许可经营的，凭许可证经营）						

企业名称	万宝至马达（上海）有限公司			海关编码	3122443465	所属海关	外高桥关
通讯地址	上海市外高桥保税区新灵路 258 号第一层 B 部位			邮政编码	200131	法人姓名	KAMEI TAKASHI 龟井高
评定时间	2012.9.27	注册日期	2002.12.17	报关有效期	长期	注册资本	50 万美元
主营范围	保税区内以微型马达为主的仓储（危险品除外）、分拨业务，相关产品的技术咨询和售后服务；机电设备及配件的批发、佣金代理（拍卖除外）、进出口及其他相关配套业务；国际贸易、转口贸易、保保税区企业间的贸易及区内贸易代理；保税区内商业性简单加工；保税区内商品展示及咨询服务。（不涉及国营贸易管理商品；涉及配额、许可证管理、专项规定管理的商品，按照国家有关规定办理；涉及许可经营的，凭许可证经营）						

企业名称	乾景国际物流（上海）有限公司			海关编码	3122443509	所属海关	外高桥关
通讯地址	中国（上海）自由贸易试验区富特北路 318 号			邮政编码	200131	法人姓名	宋剑
评定时间	2013.1.15	注册日期	2003.1.8	报关有效期	长期	注册资本	105 万美元
主营范围	区内仓储、物流业务，区内自有房产的经营业务，国际贸易、转口贸易、区内企业间的贸易及区内贸易代理，预包装食品（不含熟食卤味、冷冻冷藏）、酒类、日用品、服装服饰、橡胶制品、木质材料及制品、工艺品、玉制品及配件、纸制品、机械设备及配件、五金交电、电子产品及配件、陶瓷制品、玻璃制品、通讯设备及器材、汽车配件、摩托车配件、纺织原料及产品（棉花收购除外）、矿产品、建材、文化、体育用品及器材、皮革制品、计算机及配件（计算机信息系统安全专用产品除外）、化工产品及原料（危险化学品、特种化学品、易制毒化学品除外）、化妆品、金属材料及制品的批发、佣金代理（拍卖除外）、进出口及其他相关配套业务，区内商业性简单加工，区内贸易咨询服务，企业管理咨询，投资咨询。（以上咨询均除经纪外；经营项目涉及行政许可的，凭许可证件经营）						

企业名称	虎伯拉铰接系统（上海）有限公司			海关编码	3122443749	所属海关	外高桥关
通讯地址	上海市外高桥保税区德林路 90 号 81 号楼			邮政编码	200131	法人姓名	REINHARD OSKAR HUBNER
评定时间	2014.9.3	注册日期	2003.4.16	报关有效期	长期	注册资本	140 万美元
主营范围	生产、加工用于交通工具过道和机械加工设备的铰接系统及配件；保税区内以交通工具过道和机械加工设备的铰接系统及配件为主的仓储、分拨业务和相关产品的技术咨询、维修和售后服务；销售公司自产产品，并提供产品的技术服务；上述同类产品的批发、佣金代理（拍卖除外）、进出口及其他相关配套业务；国际贸易、转口贸易、保税区企业间的贸易及贸易代理；贸易咨询服务；保税区内商业性简单加工及商品展示。（以上不涉及国营贸易管理商品；涉及配额、许可证管理、专项规定管理的商品，按照国家有关规定办理；涉及许可经营的，凭许可证经营）						

企业名称	六发（上海）国际贸易有限公司			海关编码	3122443859	所属海关	外高桥关
通讯地址	中国（上海）自由贸易试验区新灵路 118 号 312 室			邮政编码	200131	法人姓名	颜宇河
评定时间	2013.4.3	注册日期	2003.6.2	报关有效期	长期	注册资本	105 万美元
主营范围	国际贸易、转口贸易、保税区企业间的贸易及贸易代理，保税区内商业性简单加工，保税区内商务咨询服务，化工产品（危险品、特种化学品及易制毒产品除外）、塑料制品、机电产品的批发、佣金代理（拍卖除外）及提供相关配套业务。（涉及配额许可证管理、专项规定管理的商品，按照国家有关规定办理；涉及许可经营的，凭许可证经营）						

企业名称	易络盟电子（中国）有限公司		海关编码	3122443971	所属海关	外高桥关
通讯地址	上海市外高桥保税区日樱北路 180 号 57 号楼第一层 A 部位		邮政编码	200131	法人姓名	LAURENCE BAIN
评定时间	2012.8.31	注册日期 2003.7.21	报关有效期	长期	注册资本	1600 万美元
主营范围	保税区内以电子、电气及机械部件等工业品和相关产品、相关配件部件为主的仓储、分拨业务，相关技术咨询、技术培训、售后服务和产品展示；国际贸易、转口贸易、保税区内企业间的贸易及区内贸易代理；保税区内商业性简单加工和商务咨询服务；塑料制品、五金制品及工具、电子元器件、仪器仪表、劳防用品、软件（音像出版物除外）的进出口、批发和佣金代理（拍卖除外），并提供相关配套业务。（不涉及国营贸易管理商品；涉及配额、许可证管理商品的，按国家有关规定办理申请；涉及许可经营的，凭许可证经营）					

企业名称	藤仓（中国）有限公司		海关编码	3122444020	所属海关	外高桥关
通讯地址	中国（上海）自由贸易试验区华京路 8 号 510 室		邮政编码	200131	法人姓名	小曽根直人
评定时间	2012.5.7	注册日期 2003.8.5	报关有效期	长期	注册资本	4900 万美元
主营范围	（一）在国家鼓励和允许外商投资的领域依法进行投资。（二）受公司所投资企业的书面委托（经董事会一致通过），向其提供下列服务：1. 协助和代理公司所投资企业从国内外采购该企业自用的机器设备、办公设备和生产所需的原材料、元器件、零部件，在国内外销售其所投资企业生产的产品，并提供售后服务；2. 在外汇管理部门的同意和监督下，在其所投资企业之间平衡外汇；3. 为公司所投资企业提供产品生产、销售和市场开发过程中的技术支持、员工培训、企业内部人事管理服务；4. 协助公司所投资企业寻求贷款及提供担保。（三）在中国境内设立科研开发中心或部门，从事新产品及高新技术的研究开发，转让其研究开发成果，并提供相应的技术服务；从事通讯光纤、光缆和电缆及其附件的研究开发。（四）为其投资方提供咨询服务，为其关联公司提供与其投资有关的市场信息、投资政策等咨询服务。（五）承接其母公司和关联公司的服务外包业务。（六）承接境外公司的服务外包业务。（七）国际贸易、转口贸易、保税区企业间贸易及区内贸易代理，通讯光纤、光缆和电缆及其附件、原材料和设备、印刷电路板、电子产品、塑料和橡胶（天然橡胶除外）及其制品的批发、佣金代理（拍卖除外）、进出口及相关配套业务，区内商业性简单加工及区内商品展示，区内贸易咨询服务。（涉及配额许可证管理、专项规定管理的商品，按照国家有关规定办理；涉及许可经营的，凭许可证经营）					

企业名称	优特联运物流（上海）有限公司		海关编码	3122444235	所属海关	外高桥关
通讯地址	上海市外高桥保税区美桂南路 331 号 57 号楼第二层北部位		邮政编码	200131	法人姓名	何焯勤
评定时间	2013.1.15	注册日期 2003.11.6	报关有效期	长期	注册资本	110 万美元
主营范围	保税区内仓储物流业务；保税区内以电子产品、医疗设备及零部件为主的分拨业务，相关产品的售后服务；国际贸易、转口贸易、保税区企业间的贸易及贸易代理；货物及技术进出口（不含分销及国家禁止项目）；保税区内商业性简单加工；保税区内商务咨询服务。（涉及许可经营的，凭许可证经营）					

企业名称	小松产业机械（上海）有限公司		海关编码	3122444329	所属海关	外高桥关
通讯地址	中国（上海）自由贸易试验区富特西一路 477 号四层 A27 室		邮政编码	200131	法人姓名	福里宗伸
评定时间	2012.5.7	注册日期 2003.12.11	报关有效期	长期	注册资本	20 万美元
主营范围	机械设备、机床、工业机器人、半导体光刻光源、半导体设备、光学机械及零部件的进出口、批发、委托加工、佣金代理（拍卖除外）及相关配套业务；小松产业机械产品、机床、工业机器人、半导体光刻光源、半导体设备、光学机械及零部件，以及相关产品的售后服务、技术咨询、技术支援；国际贸易、转口贸易、区内企业间贸易及区内贸易代理；区内商业性简单加工；商务咨询服务。（不涉及国营贸易管理商品；涉及配额、许可证管理、专项规定管理的商品，按照国家有关规定办理；经营项目涉及行政许可的，凭许可证件经营）					

企业名称	爱博斯迪科化学（上海）有限公司			海关编码	3122444407	所属海关	外高桥关
通讯地址	上海市外高桥保税区美桂南路 332 号			邮政编码	200131	法人姓名	LUC FERNAND MICHEL GODEFROID
评定时间	2011.4.12	注册日期	2004.1.19	报关有效期	长期	注册资本	500 万美元
主营范围	保税区内研发、生产电子用高科技化学产品（粘合剂、封装材料、涂料），上述同类化工产品（危险品、特种化学品及易制毒产品除外）及配套机械设备的批发业务、佣金代理（不含拍卖）、进出口业务及相关配套业务（涉及配额许可证管理、专项规定管理的商品，按照国家有关规定办理），国际贸易、转口贸易、保税区内企业间的贸易及区内贸易代理，保税区内商业性简单加工，保税区内商务咨询服务，保税区内仓储业务。（涉及许可经营的，凭许可证经营）						

企业名称	安捷伦科技贸易（上海）有限公司			海关编码	3122444506	所属海关	外高桥关
通讯地址	中国（上海）自由贸易试验区英伦路 412 号一层			邮政编码	200131	法人姓名	霍丰
评定时间	2012.5.7	注册日期	2004.3.12	报关有效期	长期	注册资本	20 万美元
主营范围	国际贸易、转口贸易、区内企业间的贸易及贸易代理，区内商业性简单加工，区内贸易咨询服务，以化工产品及其附属试剂和仪器（危险化学品、特种化学品和易制毒化学品除外）、电子测量仪器、生命科学和化学分析仪器及配套元器件、配套软件及其零部件为主的区内仓储、分拨业务及相关产品的售后服务，化工产品及其附属试剂和仪器（危险化学品凭许可证经营）、电子测量仪器、生命科学和化学分析仪器及配套元器件、配套软件及其零部件的批发、佣金代理（拍卖除外）、进出口，为上述商品提供市场营销咨询、采购咨询、展示、维修等其他相关配套业务。（不涉及国营贸易管理商品；涉及配额、许可证管理、专项规定管理的商品，按照国家有关规定办理；依法须经批准的项目，经相关部门批准后方可开展经营活动）						

企业名称	陶氏化学（上海）有限公司			海关编码	3122444702	所属海关	外高桥关
通讯地址	中国（上海）自由贸易试验区泰谷路 185 号一层 D 座			邮政编码	200131	法人姓名	黄祝龄
评定时间	2012.5.7	注册日期	2004.6.7	报关有效期	长期	注册资本	20 万美元
主营范围	区内以化学品、化工产品、塑料及农药产品为主的分拨、展示、技术咨询及售后服务；区内仓储、物流业务；区内国际贸易、转口贸易、区内企业间的贸易及贸易代理；通过国内有进出口经营权的企业代理，与非自贸区企业从事贸易业务；贸易咨询业务；区内商业性简单加工；化学品、化工产品、塑料、农药产品、食品添加剂和建筑材料等相关产品的批发、进出口、佣金代理（拍卖除外）及其他相关配套业务。（不涉及国营贸易管理商品；涉及配额、许可证管理商品的，按国家有关规定办理申请；经营项目涉及行政许可的，凭许可证件经营）						

企业名称	乌中冶金制品（上海）有限公司			海关编码	3122444926	所属海关	外高桥关
通讯地址	中国（上海）自由贸易试验区富特西一路 139 号 602、603 室			邮政编码	200131	法人姓名	YURIY SHAKHVOROSTOV
评定时间	2012.9.27	注册日期	2004.9.6	报关有效期	长期	注册资本	20 万美元
主营范围	保税区内以冶金制品为主的仓储、分拨业务及相关产品的售后服务，国际贸易、转口贸易、保税区企业间的贸易及区内贸易代理，货物及技术进出口（不含分销及国家禁止项目），保税区内商业性简单加工，保税区内商务咨询服务。（涉及许可经营的，凭许可证经营）						

企业名称	金士顿科技（上海）有限公司			海关编码	3122445095	所属海关	外高桥关
通讯地址	上海市外高桥保税区英伦路 1 号			邮政编码	200131	法人姓名	王之
评定时间	2012.5.7	注册日期	2004.12.2	报关有效期	长期	注册资本	3000 万美元
主营范围	保税区内生产存储模块及数码产品相关零部件；相关产品的研发；销售自产产品；区内仓储、分拨业务及相关产品的售后服务、咨询、技术维修；国际贸易、转口贸易、保税区企业间的贸易及贸易代理；通过国内有进出口经营权的企业代理，与非保税区企业从事贸易业务；货物及技术进出口（不含分销及国家禁止项目）；区内商业性简单加工及商务咨询服务。（以上范围涉及许可经营的，须凭许可证经营）						

企业名称	欧姆龙电子部件贸易（上海）有限公司			海关编码	3122445275	所属海关	外高桥关
通讯地址	中国（上海）自由贸易试验区华京路 8 号办公楼 721 室			邮政编码	200131	法人姓名	染田义弘（SOMEDA YOSHIHIRO）
评定时间	2012.8.31	注册日期	2005.3.22	报关有效期	长期	注册资本	350 万美元
主营范围	电子机械部件、传感器、液晶显示器用背光源、计算机软硬件产品（音像制品除外）的批发、佣金代理（拍卖除外）、进出口及其他相关配套业务，计算机软件的设计、开发、制作及其维护（计算机信息系统安全专用产品除外），提供相关的技术咨询、技术服务，自有研发成果的技术转让，国际贸易、转口贸易、保税区企业间的贸易及区内贸易代理，保税区内商业性简单加工，贸易咨询服务。（涉及配额许可证管理、专项规定管理的商品，按照国家有关规定办理；涉及许可经营的，凭许可证经营）						

企业名称	上海日东光学有限公司			海关编码	3122445594	所属海关	外高桥关
通讯地址	上海市外高桥保税区日樱北路 210 号			邮政编码	200131	法人姓名	高桥直树（TAKAHASHI NAOKI）
评定时间	2012.8.31	注册日期	2005.8.10	报关有效期	长期	注册资本	1320 万美元
主营范围	保税区内研究、开发、生产光学薄膜，销售自产产品，并提供上述产品及其生产设备的技术咨询和技术支持；保税区内保管仓库及分拨业务；国际贸易、转口贸易、保税区企业间的贸易及区内贸易代理；通过国内有进出口经营权的企业代理，与非保税区企业从事贸易业务；区内保税商品的展示，商业性简单加工及商务咨询服务。（涉及许可经营的，凭许可证经营）						

企业名称	康德乐（上海）医药物流营运有限公司			海关编码	3122445760	所属海关	外高桥关
通讯地址	上海市外高桥保税区巴圣路 275 号 39 号楼第一层西部位			邮政编码	200131	法人姓名	ERIC VON ZWISLER
评定时间	2012.5.7	注册日期	1998.9.14	报关有效期	长期	注册资本	101.4 万美元
主营范围	区内以医药产品为主的仓储（危险品除外）及分拨业务；区内商业性简单加工业务；国际贸易；通过国内有进出口经营权的企业代理，与非保税区企业从事贸易业务；保税区企业间的贸易及贸易代理；贸易咨询服务。（涉及许可经营的，凭许可证经营）						

企业名称	上海群志光电有限公司			海关编码	3122445934	所属海关	外高桥关
通讯地址	中国（上海）自由贸易试验区巴圣路 272-2 号			邮政编码	200131	法人姓名	郑乃监 NAII-JIA JEHNG
评定时间	2012.5.22	注册日期	2006.1.23	报关有效期	长期	注册资本	2100 万美元
主营范围	研发、生产液晶体显示器（LCD）、显示器组件、汽车配套电子元件和其他相关电子产品，销售自产产品，并提供相关售后服务；上述产品的进出口、批发、佣金代理（拍卖除外）、进出口及其他相关配套业务；保税区内国际贸易、转口贸易、区内贸易代理；区内仓储分拨、运输和简单商业性加工，提供管理咨询服务。（不涉及国营贸易管理商品；涉及配额、许可证管理、专项规定管理的商品，按照国家有关部门规定办理；涉及行政许可的，凭许可证经营）						

企业名称	埃地沃兹真空泵制造（上海）有限公司		海关编码	3122446049	所属海关	外高桥关
通讯地址	中国（上海）自由贸易试验区富特北路 29 号 A 部位		邮政编码	200131	法人姓名	NEIL ANTHONY LAVENDER JONES
评定时间	2012.5.7	注册日期 2006.4.6	报关有效期	长期	注册资本	165 万美元
主营范围	区内真空泵及其系统的设计、研发、加工、测试，销售自产产品，并提供上述产品的售后服务、技术咨询；国际贸易、转口贸易、区内企业间的贸易及贸易代理；货物及技术进出口（不含分销及国家禁止项目）。（依法须经批准的项目，经相关部门批准后方可开展经营活动）					

企业名称	瞻航物流（上海）有限公司		海关编码	3122446179	所属海关	外高桥关
通讯地址	上海市外高桥保税区富特北路 516 号		邮政编码	200131	法人姓名	刘伟康
评定时间	2012.5.7	注册日期 2006.7.20	报关有效期	长期	注册资本	108 万美元
主营范围	保税区仓储（危险品除外）、物流业务；保税区内国际贸易、转口贸易、保税区企业间的贸易及区内贸易代理；保税区内商业性简单加工；橡塑制品、金属制品、电机、电气设备及其零部件、纺织制品（原材料除外）、木制制品（原木除外）、仪器仪表及其零部件、化工产品（不含危险品）、纸制品、家居用品的批发、佣金代理（拍卖除外）、进出口及其他相关配套业务（不涉及国营贸易管理商品；涉及配额、许可证管理商品的，按国家有关规定办理申请）；承办海运、陆运、空运进出口货物、国际展品、私人物品及过境货物的国际货物运输代理业务，包括揽货、订舱、托运、仓储、包装、集装箱拼装拆箱、分拨、中转、结算运杂费、报关、报验、报检、保险、相关的短途运输服务及运输咨询业务；保税区内商务咨询服务。（涉及许可经营的，凭许可证经营）					

企业名称	英特乐传送带（上海）有限公司		海关编码	3122446295	所属海关	外高桥关
通讯地址	中国（上海）自由贸易试验区日京路 150 号 23 号仓库 2 层 201 部位		邮政编码	200131	法人姓名	DONALD B.SOBORNE
评定时间	2012.5.7	注册日期 2006.11.30	报关有效期	长期	注册资本	150 万美元
主营范围	开发、生产传送带、传送机及相关配件，销售自产产品，并提供相关的技术咨询和售后服务（包括安装服务）；上述同类产品的批发、佣金代理（拍卖除外）、进出口，以及其他配套业务。（不涉及国营贸易管理商品；涉及配额、许可证管理商品的，按国家有关规定办理申请；涉及许可经营的凭许可证经营）					

企业名称	联想（上海）电子科技有限公司		海关编码	3122446359	所属海关	外高桥关
通讯地址	中国（上海）自由贸易试验区芬菊路 199 号 68 号厂房		邮政编码	200131	法人姓名	杨元庆
评定时间	2010.5.20	注册日期 2007.3.15	报关有效期	长期	注册资本	541.63 万美元
主营范围	研发、生产计算机硬件、软件系统及配套零部件、网络产品、多媒体产品、电子信息产品及通讯产品（掌上电脑、个人信息助理）、办公自动化设备［打印机、扫描机、传真机、投影仪、数码相机（不涉及内销标贴）］，销售自产产品；上述产品的同类商品的批发、进出口、佣金代理（拍卖除外）及相关配套业务；计算机应用系统的安装和维修，提供相关的技术咨询、技术服务和技术转让；保税区内以电子产品为主的仓储、分拨业务（危险品除外）及相关产品的维修、测试、售后服务；商业性简单加工；国际贸易、转口贸易及贸易咨询。（不涉及国营贸易管理商品；涉及配额、许可证管理、专项规定管理的商品，按照国家有关规定办理；涉及许可经营的，凭许可证经营）					

企业名称	莫仕商贸（上海）有限公司	海关编码	3122446444	所属海关	外高桥关
通讯地址	中国（上海）自由贸易试验区台中南路2号新贸楼343室	邮政编码	200131	法人姓名	洪俊英
评定时间	2013.1.15　注册日期　2007.7.10	报关有效期	长期	注册资本	210万美元
主营范围	保税区内国际贸易、转口贸易、保税区企业间的贸易及区内贸易代理，保税区内仓储及商业性简单加工，保税区内商务咨询服务，电子连接器及其相关产品及零部件、电机、电气设备及零部件的批发、佣金代理（拍卖除外）、进出口及其他相关配套业务。（涉及配额许可证管理、专项规定管理的商品，按照国家有关规定办理；涉及许可经营的，凭许可证经营）				

企业名称	大赛璐药物手性技术（上海）有限公司	海关编码	3122446793	所属海关	外高桥关
通讯地址	中国（上海）自由贸易试验区荷香路32号第3层	邮政编码	200131	法人姓名	DIETER HECKMANN
评定时间	2012.5.7　注册日期　2007.9.30	报关有效期	长期	注册资本	1000万人民币
主营范围	手性化合物的合成、制备，手性色谱技术的开发，相关技术咨询及服务，手性色谱柱、手性色谱填料、化合物原料及中间体的批发、佣金代理（拍卖除外）、进出口及相关配套业务，国际贸易、转口贸易、保税区企业间的贸易及贸易代理，保税区内商业性简单加工，保税区内商务咨询服务。（涉及配额许可证管理、专项规定管理的商品，按照国家有关规定办理；涉及许可经营的，凭许可证经营）				

企业名称	圣皮尔精品酒业（上海）有限公司	海关编码	3122447017	所属海关	外高桥关
通讯地址	上海市外高桥保税区日樱北路499号（F区F5-6地块）3幢第一层5K部位	邮政编码	200131	法人姓名	MATSUMOTO YOICHI
评定时间	2014.9.2　注册日期　2008.12.18	报关有效期	长期	注册资本	75万美元
主营范围	以葡萄酒、酒具及橄榄油为主的区内仓储、分拨业务，并提供相关产品的售后服务、技术支持和咨询服务；葡萄酒及酒具、饮料的批发、零售、佣金代理（拍卖除外）、进出口及其他相关配套业务；保税区内国际贸易、转口贸易、保税区内企业间的贸易及贸易代理；保税区内商业性简单加工；保税区商品展示，贸易咨询服务。（不涉及国营贸易管理商品；涉及配额、许可证管理商品的，按国家有关规定办理申请；涉及许可经营的，凭许可证经营）				

企业名称	住化电子管理（上海）有限公司	海关编码	3122447052	所属海关	外高桥关
通讯地址	上海市外高桥保税区华京路2号417室	邮政编码	200131	法人姓名	SASAKI YASUAKI 佐佐木康彰
评定时间	2012.5.22　注册日期　2009.3.25	报关有效期	长期	注册资本	200万美元
主营范围	受母公司及其所投资企业的委托，提供投资经营决策和管理咨询服务、市场营销服务、财务管理服务、资金管理、产品采购的质量监控和管理服务、员工培训和管理服务、技术支持；承接本公司集团内部的共享服务及境外公司的服务外；电子产品、贱金属及其制品（钢铁除外）、塑料及其制品、化工原料及其制品（危险化学品限许可证核定的范围，在符合条件的场所存放；燃气、剧毒化学品、特定种类危险化学品除外）、机器、机械器具、光学、照相仪器设备及其零部件、精密仪器设备及其零部件的批发、佣金代理（拍卖除外）、进出口及其他相关配套业务；保税区内以上述产品为主的仓储、分拨业务和相关产品的技术咨询和售后服务；塑料、化工原料及其制品的研究开发；国际贸易、转口贸易、保税区企业间的贸易及区内贸易代理；保税区内商业性简单加工；保税区内贸易咨询服务及保税区内商品展示。（以上商品进出口不涉及国营贸易、进出口配额许可证、出口配额招标、出口许可证等专项管理的商品；涉及许可经营的，凭许可证经营）				

企业名称	克康（上海）排气控制系统有限公司			海关编码	3122447088	所属海关	外高桥关
通讯地址	上海市外高桥保税区富特西三路 77 号 6 幢一层			邮政编码	200131	法人姓名	FERNANDO J.TURNER
评定时间	2012.8.31	注册日期	2009.6.30	报关有效期	长期	注册资本	250 万美元
主营范围	汽车和摩托车催化转换器及其零部件、汽车排气控制系统及其零部件、尾气净化剂的生产、加工、组装、设计开发，销售自产产品及本集团内生产的产品，并提供相关产品的技术咨询、技术培训、工程服务和售后服务；区内以汽车排气控制系统及其零部件为主的仓储、分拨业务；商业性简单加工及商品展示；国际贸易、转口贸易、保税区企业间的贸易及区内贸易代理；通过国内有进出口经营权的企业代理，与非保税区企业从事贸易业务；商务咨询服务。（涉及配额许可证管理、专项规定管理的商品，按照国家有关规定办理；涉及许可经营的，凭许可证经营）						

企业名称	东芝物流（上海）有限公司			海关编码	3122447089	所属海关	外高桥关
通讯地址	上海市外高桥保税区意威路 280 号 F23 地块 76 号仓库一层及二层 A 部位			邮政编码	200131	法人姓名	山中尚美
评定时间	2012.5.28	注册日期	2009.6.30	报关有效期	长期	注册资本	150 万美元
主营范围	承办海运、陆运、空运进出口货物、国际展品、私人物品及过境货物的国际运输代理业务，包括揽货、托运、订舱、中转、集装箱拼装拆箱、结算运杂费、报关、报验、保险、相关的短途运输服务及运输咨询业务；保税区内仓储（危险品除外）、物流咨询业务；保税区内商业性简单加工；从事货物及技术进出口业务；保税区内国际贸易、转口贸易、保税区内企业间的贸易及区内贸易代理；商品展示及贸易咨询服务。（涉及许可经营的，凭许可证经营）						

企业名称	美光半导体技术（上海）有限公司			海关编码	3122447112	所属海关	外高桥关
通讯地址	上海市外高桥保税区法赛路 601 号 70 楼第 1-2 层全部位			邮政编码	200131	法人姓名	BRIAN MICHAEL SHIRLEY
评定时间	2014.9.28	注册日期	2009.9.24	报关有效期	长期	注册资本	1200 万美元
主营范围	自行或以服务外包方式从事半导体器件及其产品的电路设计、封装设计，以及与半导体相关新产品、新工艺、新技术、新材料的研究、开发及测试；软件开发；自有技术成果转让；提供有关技术咨询、技术服务、企业管理咨询。（涉及许可经营的，凭许可证经营）						

企业名称	安捷伦科技（上海）有限公司			海关编码	3122447375	所属海关	外高桥关
通讯地址	上海市外高桥保税区英伦路 412 号			邮政编码	200131	法人姓名	MICHAEL RAYMOND MC MULLEN
评定时间	2012.3.31	注册日期	2001.3.12	报关有效期	长期	注册资本	1525.9 万美元
主营范围	研究开发、生产化学分析仪器、自动测试仪器、通信测试设备及生命科学产品，研究开发、制作软件产品，销售自产产品，从事国际贸易，货物及技术进出口（不含分销及国家禁止项目），仓储（危险品除外）和分销服务，提供技术支持、维修及其他相关配套业务。（涉及许可经营的，凭许可证经营）						

企业名称	上海大田物流有限公司			海关编码	3122460105	所属海关	外高桥关
通讯地址	上海市外高桥保税区美盛路 168 号 6 层			邮政编码	200131	法人姓名	王树盛
评定时间	2012.8.31	注册日期	2002.9.9	报关有效期	长期	注册资本	1710 万人民币
主营范围	保税区内仓储、运输业务；航空国际货物运输代理业务，陆路国际货物运输代理业务，海上国际货物运输代理业务；经营各类商品和技术的进出口（不另附进出口的商品），但国家限定公司经营或禁止进出口的商品及技术除外；转口贸易，保税区企业间的贸易；保税区内商业性简单加工及商务咨询服务。（涉及许可经营的，凭许可证经营）						

企业名称	上海恩诺物流有限公司			海关编码	3122460170	所属海关	外高桥关
通讯地址	中国（上海）自由贸易试验区富特东一路 70 号第一层 B 部位			邮政编码	200131	法人姓名	韩春
评定时间	2010.12.24	注册日期	2003.7.10	报关有效期	长期	注册资本	1000 万人民币
主营范围	海上、陆路、航空国际货运代理业务，区内仓储（危险品除外）、运输业务，从事货物及技术的进出口业务，转口贸易，区内企业间的贸易及代理，区内商业性简单加工及商务咨询服务（经纪除外），化妆品、医疗器械（详见许可证）、电子产品、仪器仪表、五金交电、建筑材料的销售，计算机技术专业领域内的技术研发、技术咨询、技术服务、技术转让。（依法须经批准的项目，经相关部门批准后方可开展经营活动）						

企业名称	上海怡世翔物流有限公司			海关编码	3122460171	所属海关	外高桥关
通讯地址	上海市浦东新区外高桥保税区德堡路 379 号 60 号楼第一层东部位			邮政编码	200131	法人姓名	刘鸿静
评定时间	2011.8.26	注册日期	2003.7.10	报关有效期	长期	注册资本	700 万人民币
主营范围	保税区内物流业务；从事货物及技术的进出口业务；转口贸易，保税区内企业间的贸易及代理；从事机械、电子、电脑及通讯器材产品领域内的“四技”服务；保税区内商业性简单加工及商务咨询服务（经纪除外）；附设分支机构。（企业经营涉及行政许可的，凭许可证件经营）						

企业名称	上海东方久信集团有限公司			海关编码	3122460319	所属海关	外高桥关
通讯地址	中国（上海）自由贸易试验区马吉路 28 号 1908 室			邮政编码	200131	法人姓名	张逢春
评定时间	2011.11.22	注册日期	2005.3.8	报关有效期	长期	注册资本	10000 万人民币
主营范围	普通货物运输（货运五级）；承办海运、空运进出口货物的国际运输代理业务，包括揽货、订舱、仓储、中转、集装箱拼装拆箱、结算运杂费、报关、报验、保险、运输咨询业务；从事计算机软硬件开发，计算机网络工程；从事货物与技术进出口业务；转口贸易，保税区内企业间的贸易及代理；乳制品（含婴幼儿配方乳粉）、预包装食品（含冷冻冷藏，不含熟食卤味）的销售；自有房屋租赁业务。（经营项目涉及行政许可的，凭许可证件经营）						

企业名称	上海兆龙国际物流有限公司			海关编码	3122460380	所属海关	外高桥关
通讯地址	上海市外高桥保税区富特北路 353 号凯邦大楼第三层			邮政编码	200131	法人姓名	凌骁
评定时间	2013.8.27	注册日期	2005.10.26	报关有效期	长期	注册资本	500 万人民币
主营范围	保税区内仓储（危险品除外）、分拨业务，货运代理业务；普通货运，海上、陆路、航空国际货运代理业务；从事货物进出口业务；转口贸易，保税区内企业间的贸易及代理；保税区内商品展示；商业性简单加工及商务咨询服务（经纪除外）。（涉及许可经营的，凭许可证经营）						

企业名称	上海超诚国际贸易有限公司			海关编码	3122460461	所属海关	外高桥关
通讯地址	中国（上海）自由贸易试验区泰谷路 2 号一层 B 部位			邮政编码	200131	法人姓名	王寅
评定时间	2013.8.27	注册日期	2006.7.6	报关有效期	长期	注册资本	350 万人民币
主营范围	从事货物及技术的进出口业务；转口贸易，保税区内企业间的贸易及代理；保税区内商业性简单加工及商务咨询服务（经纪除外）；保税区内仓储业务。（涉及许可经营的，凭许可证经营）						

企业名称	上海新郁宁物流有限公司			海关编码	3122460611	所属海关	外高桥关
通讯地址	中国（上海）自由贸易试验区富特北路 240 号二层 H 部位			邮政编码	200131	法人姓名	王雅军
评定时间	2013.1.15	注册日期	2007.12.27	报关有效期	长期	注册资本	1000 万人民币
主营范围	保税区内仓储、分拨业务；货物装卸服务；从事货物出口业务；转口贸易，保税区企业间的贸易及贸易代理；保税区内商业性简单加工及商务咨询服务（经纪除外）。（涉及许可经营的，凭许可证经营）						

企业名称	上海盟通物流有限公司			海关编码	3122710002	所属海关	外高桥关
通讯地址	中国（上海）自由贸易试验区物流园区申亚路 1 号 A 幢三楼 B 座			邮政编码	200137	法人姓名	徐峰
评定时间	2013.12.12	注册日期	2004.7.7	报关有效期	长期	注册资本	500 万人民币
主营范围	保税区内仓储、分拨、运输业务；从事货物进出口和技术进出口业务；转口贸易，保税区内企业间的贸易；保税区内商业性简单加工；商务咨询服务及物流待业的咨询服务（经纪除外）；商品展示；物业管理。（涉及许可经营的，凭许可证经营）						

企业名称	上海外高桥保税物流园区嘉里大通物流有限公司			海关编码	3122710007	所属海关	外高桥关
通讯地址	上海市外高桥保税物流园区申非路 C1–4 部位			邮政编码	200131	法人姓名	陈锦宾
评定时间	2012.5.7	注册日期	2007.2.17	报关有效期	长期	注册资本	500 万人民币
主营范围	保税区内仓储、物流业务；国际贸易，转口贸易，保税区内企业间的贸易及代理；从事货物与技术的进出口业务；保税区内商业性简单加工及商品展示。（涉及许可经营的，凭许可证经营）						

企业名称	世天威物流（上海外高桥保税物流园区）有限公司			海关编码	3122740003	所属海关	外高桥关
通讯地址	中国（上海）自由贸易试验区申亚路 1 号 A 幢 2 层 C 座			邮政编码	200131	法人姓名	TEO CHEE KHNG
评定时间	2013.6.14	注册日期	2005.4.7	报关有效期	长期	注册资本	2800 万美元
主营范围	承办海运、陆运、空运进出口货物、国际展品、私人物品及过境货物的国际运输代理业务，包括揽货、订舱、仓储、中转、集装箱拼装拆箱、结算运杂费、报关、报验、相关的短途运输服务及运输咨询服务；国内货运代理；以有色金属、稀有金属、铁合金、农产品及化工产品为主的仓储（危险品除外）业务及商业性简单加工；区内国际贸易、转口贸易、区内企业间的贸易及贸易代理。（经营项目涉及行政许可的，凭许可证件经营）						

企业名称	上海尼赛拉传感器有限公司			海关编码	3109935066	所属海关	杨浦监管
通讯地址	上海市汶水东路 888 号 1 号楼			邮政编码	200434	法人姓名	郭英
评定时间	2009.2.2	注册日期	1993.1.2	报关有效期	长期	注册资本	14780.8 万人民币
主营范围	开发、生产传感器、滤光片、电子磁性器件及有关产品，安全防范等系统的设计和安装工程，与上述业务有关的技术开发、转让和服务，销售自产产品。（涉及许可经营的，凭许可证经营）						

企业名称	上海凤凰进出口有限公司			海关编码	3110915032	所属海关	杨浦监管
通讯地址	上海市高阳路 168 号			邮政编码	201103	法人姓名	王朝阳
评定时间	2010.12.24	注册日期	2014.2.20	报关有效期	长期	注册资本	2900 万人民币
主营范围	自营和代理各类商品及技术的进出口业务（不另附进出口商品目录），但国家限定公司经营和国家禁止进出口的商品及技术除外；经营进料加工和“三来一补”业务；开展对销贸易和转口贸易。（涉及许可经营的，凭许可证经营）						

企业名称	中国金山联合贸易有限责任公司			海关编码	3119915001	所属海关	金山海关
通讯地址	上海市金山区金一东路 1 号金山宾馆南 8 楼			邮政编码	200540	法人姓名	王治卿
评定时间	2009.4.7	注册日期	1993.1.2	报关有效期	长期	注册资本	2500 万人民币
主营范围	从事货物进出口及技术进出口业务，经营化工原料及产品（危险品详见许可证）。（涉及行政许可的，凭许可证经营）						

企业名称	巴斯夫护理化学品（上海）有限公司			海关编码	3119920047	所属海关	金山海关
通讯地址	上海市金山卫镇板桥西路 2449 号			邮政编码	201512	法人姓名	MORRISON BRADLEY RONALD
评定时间	2011.1.13	注册日期	2001.7.2	报关有效期	长期	注册资本	5830 万美元
主营范围	生产销售天然或合成油脂化学品和聚合物及它们的衍生物、混合物和深加工产品，并提供有关服务；与上述产品同类的商品（成品油除外）、食品［限批发非实物方式预包装食品（含冷冻冷藏，不含熟食卤味）］及食品添加剂的批发、佣金代理（拍卖除外）、进出口及其他相关配套服务。（涉及行政许可的，凭许可证经营）						

企业名称	上海亨井联接件有限公司			海关编码	3119940070	所属海关	金山海关
通讯地址	上海市金山区亭林镇亭卫公路 9655 号			邮政编码	201505	法人姓名	张颖
评定时间	2008.10.31	注册日期	1999.12.15	报关有效期	长期	注册资本	900 万美元
主营范围	生产通讯线、电脑线、联接器件、接插件、室内外天线及其零配件、游乐器主机及摇杆、电脑键盘、转换器、数据处理器、鼠标、手机天线、充电器及改性塑胶粒及塑胶外壳、模具制造、读卡机、指纹辨别器、生产网络卡、PC 卡、USB 卡、低功率无线局线网路卡、数据机、调试解调机、桥接器、电脑周边设备，销售公司自产产品，并从事非配额许可证管理、非专营商品的收购出口业务。（涉及行政许可的，凭许可证经营）						

企业名称	上海向隆电子科技有限公司			海关编码	3119940095	所属海关	金山海关
通讯地址	上海市金山区山阳镇亭卫公路 1468 号			邮政编码	201508	法人姓名	李满祥
评定时间	2009.2.2	注册日期	2014.3.12	报关有效期	长期	注册资本	2000 万美元
主营范围	生产钢模制品、计算机周边设备、键盘、电子接插件及配套的塑料制品，销售自产产品。（涉及许可经营的，凭许可证经营）						

企业名称	上海东洋电装有限公司			海关编码	3118920016	所属海关	松江海关
通讯地址	上海市松江区荣乐东路 1988 号			邮政编码	201613	法人姓名	小出洁
评定时间	2008.10.31	注册日期	1995.11.10	报关有效期	长期	注册资本	2385 万美元
主营范围	生产销售摩托车及汽车零部件、通用接配线及其开关、精冲模、精密型腔模、模具标准件产品；自产产品及同类商品的进出口业务、分销、佣金代理（拍卖除外）、进出口贸易，并提供相关配套服务（涉及配额许可证管理、专项规定管理、质检、安检管理的，按照国家有关规定办理）；汽车、摩托车技术研究设计开发中心。（涉及许可经营的，凭许可证经营）						

企业名称	上海意力速电子工业有限公司			海关编码	3118920031	所属海关	松江海关
通讯地址	上海市松江区荣乐东路 2388 号			邮政编码	201600	法人姓名	筐森公彰
评定时间	2008.10.31	注册日期	1993.6.30	报关有效期	长期	注册资本	3230 万美元
主营范围	生产电子仪器连接器及其配套附件，从事非配额许可证管理、非专营商品的收购出口业务，销售自产产品。（涉及许可经营的，凭许可证经营）						

企业名称	上海比亚迪有限公司			海关编码	3118930433	所属海关	松江海关
通讯地址	上海市松江工业区 1129 号地块			邮政编码	201611	法人姓名	王传福
评定时间	2010.6.23	注册日期	2002.10.9	报关有效期	长期	注册资本	6350 万美元
主营范围	生产锂离子电池及其零部件和部件、新型平板显示器件、新型电子元器件及相关零配件，汽车饰件模具设计、制造，手机整机及零部件设计、研发与技术转让，有色金属复合材料、新型合金材料生产及深加工，太阳能电池组件制造， 销售公司自产产品。（涉及配额、许可证、专项规定、质检、安检等管理要求的，需按照国家有关规定取得相应许可证后开展经营业务；涉及行政许可的，凭许可证经营）						

企业名称	上海纳博特斯克液压有限公司			海关编码	3118935038	所属海关	松江海关
通讯地址	上海市松江区荣乐东路 905 号			邮政编码	201613	法人姓名	葛志伟
评定时间	2011.4.12	注册日期	1996.8.13	报关有效期	长期	注册资本	1450 万美元
主营范围	液压装置、减速装置及其部件的设计、制造，销售自产产品和服务；从事上述产品及其同类商品（特定商品除外）的批发、佣金代理（拍卖除外）、进出口业务，并提供相关配套服务。（涉及配额许可证管理、专项规定管理的商品，按照国家有关规定办理；涉及行政许可的，凭许可证经营）						

企业名称	延锋伟世通汽车电子有限公司			海关编码	3118935050	所属海关	松江海关
通讯地址	上海市松江区美能达路 300 号			邮政编码	201600	法人姓名	Daniel Linder
评定时间	2011.11.22	注册日期	2001.8.24	报关有效期	长期	注册资本	2412.3 万美元
主营范围	生产汽车和摩托车电子、仪表，销售自产产品；自产产品及同类商品的批发、进出口和佣金代理（拍卖除外），并提供相关技术配套服务。（涉及行政许可的，凭许可证经营）						

企业名称	上海凯虹电子有限公司			海关编码	3118940066	所属海关	松江海关
通讯地址	上海市松江区新桥镇东首			邮政编码	201612	法人姓名	宋恭源
评定时间	2012.2.1	注册日期	1995.11.4	报关有效期	长期	注册资本	4350 万美元
主营范围	生产表面贴装型（SMD）的功率分离器件及集成电路产品，销售公司自产产品，从事非配额许可证管理、非专营商品收购出口业务。（涉及许可经营的，凭许可证经营）						

企业名称	上海大赛璐塑料工业有限公司			海关编码	3118940085	所属海关	松江海关
通讯地址	上海市松江县泗泾镇松江第136号地块			邮政编码	201601	法人姓名	八木幹夫
评定时间	2012.8.31	注册日期	1994.12.22	报关有效期	长期	注册资本	900万美元
主营范围	生产和进料加工塑料粉料、粒料、制品、乳液及助剂（以不涉及出口许可证商品管理的产品为准），销售自产产品及技术服务。（涉及许可经营的，凭许可证经营）						

企业名称	上海美维电子有限公司			海关编码	3118940172	所属海关	松江海关
通讯地址	上海市松江工业区江田东路200号			邮政编码	201613	法人姓名	唐庆年
评定时间	2008.10.31	注册日期	1995.12.15	报关有效期	长期	注册资本	6750万美元
主营范围	研发、生产各类新型电子元器件，销售自产产品。（涉及行政许可的，凭许可证经营）						

企业名称	上海旭福电子有限公司			海关编码	3118940200	所属海关	松江海关
通讯地址	上海市松江区洞泾镇工业开发区振业路6号			邮政编码	201619	法人姓名	宋恭源
评定时间	2009.7.6	注册日期	1993.2.1	报关有效期	长期	注册资本	2600万美元
主营范围	生产新型电子元器件（片式元器件、电力电子器件）及晶片、晶粒等半导体专用材料零部件，来料加工晶片、晶粒等半导体专用材料零部件；销售自产产品和零部件。（涉及许可经营的，凭许可证经营）						

企业名称	复盛易利达（上海）压缩机有限公司			海关编码	3118940356	所属海关	松江海关
通讯地址	上海市松江区新桥镇民益路28号10幢厂房			邮政编码	201612	法人姓名	郭龙德
评定时间	2014.9.4	注册日期	1999.1.22	报关有效期	长期	注册资本	240万美元
主营范围	生产离心式压缩机及相关辅机和零部件，销售公司自产产品，并提供售后服务、技术咨询及技术服务。（涉及许可经营的，凭许可证经营）						

企业名称	箭牌糖类（上海）有限公司			海关编码	3118940618	所属海关	松江海关
通讯地址	上海市松江工业区松胜路888号			邮政编码	201613	法人姓名	YUI YUEN MICHAEL YEUNG
评定时间	2010.5.20	注册日期	2001.9.14	报关有效期	长期	注册资本	4600万美元
主营范围	糖类等农作物优质高产新品种新技术的开发，生产食品添加剂、糖果及巧克力，销售自产产品。（涉及行政许可的，凭许可证经营）						

企业名称	大同利美特（上海）有限公司			海关编码	3118940772	所属海关	松江海关
通讯地址	上海市松江区方塔北路618号			邮政编码	201613	法人姓名	齐藤文孝
评定时间	2009.11.16	注册日期	1994.8.3	报关有效期	长期	注册资本	5608万美元
主营范围	设计、生产（含织染和后整理加工）高级毛纺织品、针织品、服装和服饰，销售自产产品，与上述产品同类商品的进出口、批发、零售、佣金代理（拍卖除外），并提供相关配套服务。（不涉及国营贸易管理商品；涉及配额、许可证管理商品的，按国家有关规定办理申请；涉及行政许可的凭许可证经营）						

企业名称	台积电（中国）有限公司			海关编码	3118940992	所属海关	松江海关
通讯地址	上海市松江区文翔路4000号			邮政编码	201616	法人姓名	曾繁城
评定时间	2009.1.6	注册日期	2003.8.28	报关有效期	长期	注册资本	59600万美元
主营范围	线宽0.35微米及以下大规模集成电路生产，光掩膜的制造、针测、封装、测试及其相关服务，与集成电路有关的开发、设计服务、技术服务与咨询，销售公司自产产品并提供技术售后服务。（涉及许可经营的，凭许可证经营）						

企业名称	上海建伍电子有限公司			海关编码	3118941019	所属海关	松江海关
通讯地址	上海市松江区荣乐东路2160号			邮政编码	201613	法人姓名	吹田隆
评定时间	2009.1.6	注册日期	2003.10.16	报关有效期	长期	注册资本	1350万美元
主营范围	制造音响设备及器材、映视设备及器材、打印设备、导航产品、通信器材产品、防爆对讲机，以及其相关的零部件；从事非配额许可证管理、非专营商品的收购出口业务；销售公司自产产品并提供售后服务。（涉及许可经营的，凭许可证经营）						

企业名称	富士迈半导体精密工业（上海）有限公司			海关编码	3118941136	所属海关	松江海关
通讯地址	上海市松江工业区西部科技园区文吉路500号			邮政编码	201616	法人姓名	刘应光
评定时间	2013.6.21	注册日期	2004.5.19	报关有效期	长期	注册资本	1200万美元
主营范围	研发、生产和加工电子专用设备、测试仪器、工模具、新型电子元器件，制造数字电视机、数字摄录机、数字录放机、宽带接入网通信系统设备、LED照明装置，销售公司自产产品，提供相关软件开发、维修和技术咨询服务，精密仪器、设备维修和技术咨询服务，上述产品同类商品的进出口业务、批发业务、佣金代理（拍卖除外）及其他相关配套业务。（涉及行政许可的，凭许可证经营）						

企业名称	宜家采购（上海）有限公司			海关编码	3118941235	所属海关	松江海关
通讯地址	上海市松江区洞泾镇洞业路888号			邮政编码	201619	法人姓名	PER HORNELL
评定时间	2014.9.28	注册日期	2004.11.24	报关有效期	长期	注册资本	3242万美元
主营范围	商品批发；商品进出口；存货管理，整批货物的集中、分类和分级，整批货物的拆包和拆零，送货服务，冷藏、存贮、仓储，泊车服务，促销、营销和广告（限自我宣传），安装，以及包括维修、信息咨询和培训服务在内的售后服务的相关附属服务；承办海运、陆运进出口货物和国际展品的国际运输代理业务，包括订舱（船租、包舱）、托运、仓储、包装，货物的监装、监卸、集装箱拼装拆装、分拨、中转及相关的短途运输服务，代理报关、报验、报检、保险，缮制有关单证、交付运费、结算及交付杂费；提供国际货运代理咨询业务。（商品包括家具、居家用品、器具及玩具、绿色植物、大型家用电器、设备包装及相关材料，以及任何和所有上述产品的零部件和原材料。不涉及国营贸易管理商品；涉及配额、许可证管理商品的，按国家有关规定办理申请；涉及行政许可证的，凭许可证经营）						

企业名称	柯尼卡美能达光学仪器（上海）有限公司			海关编码	3118941519	所属海关	松江海关
通讯地址	上海市松江工业区美能达路368号			邮政编码	201613	法人姓名	柴谷宏伸
评定时间	2008.10.31	注册日期	2006.10.8	报关有效期	长期	注册资本	1494.5万美元
主营范围	生产加工数码照相机关键件、各类镜头及光学产品、大屏幕彩色投影显示器用光学引擎、新型电子元器件、光电子器件、高密度数字光盘机用关键件，销售自产产品，提供相关技术服务。（涉及行政许可的，凭许可证经营）。						

企业名称	上海塔汇针织厂			海关编码	3118955001	所属海关	松江海关
通讯地址	上海市松江区李塔汇镇			邮政编码	201617	法人姓名	虞剑芬
评定时间	2011.11.22	注册日期	1999.5.11	报关有效期	长期	注册资本	3007.56 万人民币
主营范围	针织服装、床上用品、服饰、纺织品、五金、家用电器的生产，服装服饰设计，服装原料领域内的技术开发及技术服务，从事货物及技术的进出口业务。（企业经营涉及行政许可的，凭许可证件经营）						

企业名称	上海合安防护科技有限公司			海关编码	3118960496	所属海关	松江海关
通讯地址	上海市松江区南乐路 1276 弄 115 号 4 幢 3 层			邮政编码	201611	法人姓名	谢世利
评定时间	2011.10.21	注册日期	2005.1.13	报关有效期	长期	注册资本	1050 万人民币
主营范围	安全科技领域内的技术开发、技术咨询、技术服务、技术转让，安全设备的研发与销售，职业健康、安全、环境、卫生、消防领域内的技术开发、技术咨询、技术服务、技术转让及产品开发，机电设备及配件、通讯设备、电脑及配件、建材、消防设备及产品、化工原料及产品（危险品除外）、仪器仪表、电子产品、建筑装饰材料、金属材料、电子设备、家用电器、针纺织品、工艺品、办公用品、灯具、家具、化妆品、安全防护器材、一般防护用品、特种防护用品的销售，从事货物及技术的进出口业务，电子商务（不得从事增值电信、金融业务），经营二类医用卫生材料及敷料。（企业经营涉及行政许可的，凭许可证件经营）						

企业名称	上海保隆工贸有限公司			海关编码	3118961069	所属海关	松江海关
通讯地址	上海市松江区洞泾镇沈砖公路 5500 号 1 幢 2 楼			邮政编码	201619	法人姓名	张祖秋
评定时间	2010.6.23	注册日期	2007.4.28	报关有效期	长期	注册资本	2000 万人民币
主营范围	销售汽配、机电产品、电子元件、化工原料及产品（危险品除外）、机械化设备及配件、五金交电、网络设备、金属材料、建材、工艺品（金银除外），机械设备安装（特种设备除外），仓储（危险品除外），从事货物及技术的进出口业务。（上述经营范围涉及行政许可的，凭许可证经营）						

企业名称	上海晨兴希姆通电子科技有限公司			海关编码	3120930591	所属海关	青浦海关
通讯地址	上海市青浦工业园区胜利路 888 号（崧泽大道 10055 号）			邮政编码	201799	法人姓名	唐融融
评定时间	2011.9.26	注册日期	2009.3.24	报关有效期	长期	注册资本	20000 万人民币
主营范围	设计、开发、生产液晶显示模块等新型平板显示器件，数字音、视频编解码设备，移动通信产品及相关软件产品；销售自产产品，并提供相关技术服务和售后服务。（企业经营涉及行政许可的，凭许可证件经营）						

企业名称	上海美蓓亚精密机电有限公司			海关编码	3120940017	所属海关	青浦海关
通讯地址	上海市青浦区金泽镇沪青平公路 8313 号			邮政编码	201721	法人姓名	竹下浩一
评定时间	2008.10.31	注册日期	2001.12.11	报关有效期	长期	注册资本	23906 万美元
主营范围	生产、加工、检测、维修精密轴承、精密机械零部件、微电机、计测仪器、橡胶加工制品、电子仪表等机电产品及部件、新型平板显示器及部件；销售自产产品；提供售后服务、技术服务；维修非自产上述相关产品；从事上述同类商品及其零部件、汽车制动系统、转向系统等车用零部件、航空用轴承、电气设备、机械器具等机电产品、通讯设备、电子产品、各类模具及其上述商品的零部件和钢材的批发、进出口、佣金代理（拍卖除外），并提供检测维修、技术咨询等相关配套服务。（涉及许可经营的，凭许可证经营；涉及规定管理的商品，按国家有关规定办理）						

企业名称	上海服良时装有限公司		海关编码	3120940040	所属海关	青浦海关
通讯地址	上海市青浦区重固镇北青公路 9478 号		邮政编码	201707	法人姓名	打越昌次
评定时间	2010.5.20	注册日期 1994.6.14	报关有效期	长期	注册资本	285 万美元
主营范围	生产各类服装、服饰，承接服装、服饰及其辅料的仓储业务，销售公司自产产品，从事非配额许可证管理、非专营商品的收购出口业务。（涉及许可经营的，凭许可证经营）					

企业名称	星科金朋（上海）有限公司		海关编码	3120940048	所属海关	青浦海关
通讯地址	上海市青浦区徐泾镇华徐路 188 号		邮政编码	201702	法人姓名	LEE YIK CHOONG
评定时间	2009.3.5	注册日期 1994.7.18	报关有效期	长期	注册资本	32910 万美元
主营范围	生产以半导体元器件为主的电子元器件，并提供相关技术服务；销售自产产品。（依法须经批准的项目，经相关部门批准后方可开展经营活动）					

企业名称	上海奂鑫电子有限公司		海关编码	3120940153	所属海关	青浦海关
通讯地址	上海市青浦区华新镇北青公路 4469 号		邮政编码	201705	法人姓名	徐鸿钧
评定时间	2009.2.2	注册日期 2014.3.31	报关有效期	长期	注册资本	720 万美元
主营范围	生产电子零配件、塑料制品、不涉及出口许可证管理范围的铜线、铜箔丝、电线、电缆、电话线、塑胶粒、电话插头、插座、连接器、计算器、手提电脑包及其他箱包，便携式计算机产品的加工及配套组装，销售公司自产产品，从事非配额许可证管理、非专营商品的收购出口业务。（涉及行政许可的，凭许可证经营）					

企业名称	上海英济电子塑胶有限公司		海关编码	3120940212	所属海关	青浦海关
通讯地址	上海市青浦工业园区新业路 885 号		邮政编码	201700	法人姓名	徐文麟
评定时间	2010.7.28	注册日期 1994.4.23	报关有效期	长期	注册资本	1550 万美元
主营范围	生产、加工塑胶制品、精密模具、工具、夹具、光盘驱动器、电子计算机外部设备、电子线路板，销售公司自产产品，并从事上述同类产品的商品批发、进出口、佣金代理（拍卖除外）及其他相关配套服务。（不涉及国营贸易管理商品；涉及配额许可证管理、专项规定管理的商品，按照国家有关规定办理；涉及行政许可的，凭许可证经营）					

企业名称	上海美津浓有限公司		海关编码	3120940932	所属海关	青浦海关
通讯地址	上海市青浦区朱家角镇沈砖公路 505 号		邮政编码	201714	法人姓名	七條毅（TAKESHI SHICHI JO）
评定时间	2011.11.22	注册日期 2007.7.12	报关有效期	长期	注册资本	1500 万美元
主营范围	开发、设计、生产、加工体育用品，销售公司自产产品，并从事上述产品的商业性检测服务；提供体育用品和相关设备的技术咨询服务。（涉及行政许可的，凭许可证经营）					

企业名称	上海金发科技发展有限公司		海关编码	3120965305	所属海关	青浦海关
通讯地址	上海市青浦区朱家角镇工业园区康园路 88 号		邮政编码	201714	法人姓名	黄河生
评定时间	2010.1.8	注册日期 2004.7.15	报关有效期	长期	注册资本	37000 万人民币
主营范围	塑料、化工产品、日用机械、金属制品新材料和新产品的开发研究、技术服务、技术转让；塑料、日用机械、金属制品新材料和新产品的加工、销售、粘合剂、高分子材料及其助剂的销售；经营本企业自产产品的出口业务和本企业所需的机械设备、零配件、原辅料材料的进口业务（不另附进出口商品目录），但国家限定公司经营或禁止进出口的商品及技术除外。（涉及许可经营的，凭许可证经营）					

企业名称	上海中船三井造船柴油机有限公司			海关编码	3116230002	所属海关	南汇海关
通讯地址	上海市浦东新区新元南路6号			邮政编码	201306	法人姓名	钱德英
评定时间	2011.11.22	注册日期	2007.8.29	报关有效期	长期	注册资本	70600万人民币
主营范围	船用低速柴油机、发电用低速柴油机及设备、配件的设计、制造、销售及维修，机电设备的设计、制造、销售及维修，相关的技术服务与咨询，自营进出口业务，在港区内从事货物装卸、驳运、仓储经营，起重机械设备的现场维修及保养等技术服务。（涉及行政许可的，凭许可证经营）						

企业名称	卡哥特科工业（中国）有限公司			海关编码	3116240004	所属海关	南汇海关
通讯地址	上海市浦东新区新元南路550号			邮政编码	201306	法人姓名	Adam Wojciech Ryniak
评定时间	2011.11.22	注册日期	2005.5.25	报关有效期	长期	注册资本	1400万美元
主营范围	船舶、海洋石油、港口、林业及废物处理等机械装运设备及其备件和零配件的开发、设计、制造，起重机械和场（厂）内车辆的开发、设计、制造、安装、改造和维修，销售公司自产产品，提供相关的售后及技术咨询服务，上述同类产品的批发、佣金代理（拍卖除外）、进出口业务及相关配套服务。（不涉及国营贸易管理商品；涉及配额、许可证管理商品的，按国家有关规定办理申请；涉及行政许可的，凭许可证经营）						

企业名称	上海开联制衣厂有限公司			海关编码	3116920072	所属海关	南汇海关
通讯地址	上海市浦东新区新场镇申江南路5700号			邮政编码	201314	法人姓名	胡兆康
评定时间	2008.12.5	注册日期	1993.1.1	报关有效期	长期	注册资本	3710.9万人民币
主营范围	生产高、中档服装及户外运动服饰、手套、脚套、帽子、睡袋、包装袋，销售自产产品，上述产品同类商品的批发、佣金代理（拍卖除外）、进出口，提供配套服务。（不涉及国营贸易管理商品；涉及配额、许可证管理商品的，按国家有关规定办理申请；涉及许可经营的，凭许可证经营）						

企业名称	上海延锋江森座椅有限公司			海关编码	3116930331	所属海关	南汇海关
通讯地址	上海市浦东康桥工业区康安路669号			邮政编码	201315	法人姓名	马振刚
评定时间	2008.10.31	注册日期	2001.10.15	报关有效期	长期	注册资本	2477.07万美元
主营范围	设计、开发、生产汽车座椅、顶蓬、遮阳板、顶饰系统及以上产品的部件，并提供以上产品的技术工程服务；从事非配额许可证管理、非专营商品的收购出口业务；销售自产产品。（涉及许可经营的，凭许可证经营）						

企业名称	上海森松化工成套装备有限公司			海关编码	3116930432	所属海关	南汇海关
通讯地址	上海市浦东新区祝桥镇空港工业区金闻路29号3幢			邮政编码	201323	法人姓名	松久信夫
评定时间	2014.9.29	注册日期	2005.8.17	报关有效期	长期	注册资本	5000万美元
主营范围	开发、生产、安装电厂脱硫设备、大型耐高温、耐酸袋式除尘器、垃圾焚烧炉等化工成套设备，销售公司自产产品，并提供相关的技术咨询和售后服务；承包与其实力、规模、业绩相适应的国外工程项目，并对外派遣实施上述境外工程所需的劳务人员。（涉及行政许可的，凭许可证经营）						

企业名称	汉高股份有限公司			海关编码	3116930497	所属海关	南汇海关
通讯地址	上海市南汇区沪南路 2502 号			邮政编码	201324	法人姓名	NIYAZI FARUK ARIG
评定时间	2013.8.19	注册日期	2009.1.12	报关有效期	长期	注册资本	30929.54 万人民币
主营范围	生产、研究和开发各类表面技术、化妆品、洗涤剂、粘合剂和水处理及环保产品，委托加工口腔清洁用品、消毒卫生用品，销售自产产品，自产产品及同类商品的进出口、批发及相关配套服务。（涉及行政许可的，凭许可证经营）						

企业名称	上海纳铁福传动系统有限公司			海关编码	3116935021	所属海关	南汇海关
通讯地址	上海市浦东新区康桥路 950 号			邮政编码	201315	法人姓名	沈建华
评定时间	2009.3.27	注册日期	1993.1.2	报关有效期	长期	注册资本	12600 万欧元
主营范围	设计、开发、生产及销售各类车用传动系统及其他传动系列产品、锻压及零部件，自研成果的转让，并提供国内销售服务、技术咨询及仓储服务。（涉及行政许可的，凭许可证经营）						

企业名称	上海施耐德配电电器有限公司			海关编码	3116935030	所属海关	南汇海关
通讯地址	上海市浦东康桥工业开发区康桥路 833 号			邮政编码	201315	法人姓名	薛伟平
评定时间	2009.3.27	注册日期	1996.1.3	报关有效期	长期	注册资本	1100 万美元
主营范围	生产低压空气断路器、低压盘柜（包括半成品及零配件），销售自产产品，上述产品同类商品及零配件的批发、佣金代理（拍卖除外）、进出口业务。（涉及行政许可的，凭许可证经营）						

企业名称	安特金属成形（上海）有限公司			海关编码	3116940283	所属海关	南汇海关
通讯地址	上海市南汇工业园区宣黄公路 819 号			邮政编码	201300	法人姓名	ANG TONG HUAT
评定时间	2009.9.4	注册日期	2004.10.25	报关有效期	长期	注册资本	1800 万美元
主营范围	设计、生产汽车用驱动桥总成、变速器、滤清器（三滤）、等速万向节、减震器、专用高强度紧固件及汽车零件及汽车模具（含冲模、注塑模、模压模）、夹具（焊接夹具、检验夹具等），数字音、视频编解码设备，数字有线电视系统设备，高档服务器及相关零配件，电子电器设备的相关零配件（侧板、框架、支架、底盖等）；提供相关售后服务；上述产品及同类产品的批发、进出口、佣金代理（拍卖除外）。（涉及配额许可证管理、专项规定管理的商品，按照国家有关规定办理；涉及行政许可的，凭许可证经营）						

企业名称	昌硕科技（上海）有限公司			海关编码	3116940310	所属海关	南汇海关
通讯地址	上海市浦东康桥工业区沪南路 2502 号			邮政编码	201315	法人姓名	张天宝
评定时间	2009.3.5	注册日期	2005.6.22	报关有效期	长期	注册资本	30800 万美元
主营范围	研发、生产、组装卫星通信系统设备制造、卫星导航定位接收设备及关键零部件制造、手机，第三代及后续移动通信手机、基站、核心网设备及网络检测设备，大、中型电子计算机，便携式微型电子计算机，高档服务器，大容量光、磁盘驱动器及其部件，新型打印设备（激光、喷墨打印机），数字电视、数字音视频编码设备及其相关零部件，车载电子技术及装置（包含汽车信息系统和导航系统），网络通信设备，高端路由器，新型电子元器件，数字照相机及关键件；销售自产产品；提供售后服务及相关技术服务；以上产品及其相关零部件的批发、佣金代理（拍卖除外）；相关产品的维修、物流服务及相关信息技术服务；工业设计、产品设计（外观设计、结构设计、电路设计及平面设计等）、展览（示）设计；进出口业务，并提供相关的配套业务。（涉及行政许可的，凭许可证经营）						

企业名称	依必安派特电机（上海）有限公司			海关编码	3116940331	所属海关	南汇海关
通讯地址	上海市南汇工业园区宣中路 399 号 24 幢厂房			邮政编码	201300	法人姓名	Thomas Siegfried Wagner
评定时间	2013.12.12	注册日期	2005.11.24	报关有效期	长期	注册资本	1650 万美元
主营范围	生产电子、通讯等行业通风装置，加工装配电动机、风机，生产新型电子元器件及相关部件（新型机电元件），销售公司自产产品，提供相关售后服务，上述同类商品的批发、进出口、佣金代理（拍卖除外）及其他相关的配套服务。（涉及许可经营的，凭许可证经营）						

企业名称	上海西门子医疗器械有限公司			海关编码	3116940378	所属海关	南汇海关
通讯地址	上海市康桥工业区康士路 21 号			邮政编码	201315	法人姓名	WALTER MAERZENDORFER
评定时间	2011.11.22	注册日期	2006.9.22	报关有效期	长期	注册资本	2949 万美元
主营范围	研发、设计、制造、销售、租赁、安装、维修及翻新公司产品，包括但不限于计算机断层扫描设备、心血管及 X 射线产品、超声诊断仪及其他医疗设备和零配件；自产产品零部件系统集成，并提供技术和咨询服务；以上产品同类商品的批发、佣金代理（拍卖除外）、进出口及其他相关配套业务。（涉及行政许可的，凭许可证经营）						

企业名称	威宏电子（上海）有限公司			海关编码	3116940423	所属海关	南汇海关
通讯地址	上海市浦东新区康桥工业区沪南公路 2502 号 123 室			邮政编码	201315	法人姓名	王庆贤
评定时间	2013.6.14	注册日期	2007.7.2	报关有效期	长期	注册资本	13290.9044 万美元
主营范围	研发、设计、生产、组装电子计算机、掌上电脑、手机（100% 外销）及上述产品的零组件和配件，设计、开发计算机软件，销售公司自产产品，并提供相关的技术咨询和技术服务。（涉及行政许可的，凭许可证经营）						

企业名称	上海宏和电子材料有限公司			海关编码	3116940471	所属海关	南汇海关
通讯地址	上海市浦东康桥工业区沪南公路 2502 号 306 室			邮政编码	201315	法人姓名	谢坤洲
评定时间	2009.1.6	注册日期	2001.10.15	报关有效期	长期	注册资本	6400 万美元
主营范围	生产电子级玻璃纤维布，销售自产产品。（涉及许可经营的，凭许可证经营）						

企业名称	上海迈润国际贸易有限公司			海关编码	3116962035	所属海关	南汇海关
通讯地址	上海市浦东新区广丹路 222 弄 6 号			邮政编码	201318	法人姓名	刘强
评定时间	2012.9.27	注册日期	2003.9.18	报关有效期	长期	注册资本	200 万人民币
主营范围	自营和代理各类商品和技术的进出口，但国家限定公司经营或禁止进出口的商品和技术除外；机械设备、通讯设备、建材、五金交电、计算机及配件、金属材料、汽配、化工原料及产品（危险品除外）、百货、针纺织品的销售。（依法须经批准的项目，经相关部门批准后方可开展经营活动）						

<table>
<tr><td>企业名称</td><td colspan="3">上海市纺织原料公司</td><td>海关编码</td><td>3107915005</td><td>所属海关</td><td>普陀区站</td></tr>
<tr><td>通讯地址</td><td colspan="3">上海市长寿路 652 号</td><td>邮政编码</td><td>200060</td><td>法人姓名</td><td>郑伯华</td></tr>
<tr><td>评定时间</td><td>2012.3.14</td><td>注册日期</td><td>1995.10.27</td><td>报关有效期</td><td>长期</td><td>注册资本</td><td>18070 万人民币</td></tr>
<tr><td>主营范围</td><td colspan="7">销售纺织原料及产品、化纤原料及制品、化工原料及产品（危险化学品、监控化学品、烟花爆竹、民用爆炸物品、易制毒化学品除外）、日用百货、建筑材料、木材、钢材、畜牧产品、机械设备、通信设备及相关产品、电子产品、五金交电、摩托车及配件、家具、文教用品、花卉、电器设备、化妆品、金属材料及制品、矿产品（专项除外）、珠宝首饰，食品销售管理（非实物方式），零售酒类（不含散装酒），从事各类货物及技术的进出口业务，自有房屋租赁。（涉及行政许可经营的，凭许可证经营）</td></tr>
</table>

<table>
<tr><td>企业名称</td><td colspan="3">上海外高桥西北保税物流有限公司</td><td>海关编码</td><td>3107919915</td><td>所属海关</td><td>普陀区站</td></tr>
<tr><td>通讯地址</td><td colspan="3">上海市普陀区金通路 999 号 16 栋 6 楼 601 室</td><td>邮政编码</td><td>200331</td><td>法人姓名</td><td>刘宏</td></tr>
<tr><td>评定时间</td><td>2014.7.25</td><td>注册日期</td><td>2010.11.18</td><td>报关有效期</td><td>长期</td><td>注册资本</td><td>2000 万人民币</td></tr>
<tr><td>主营范围</td><td colspan="7">区内仓储，物流设施租赁和管理，物业管理，区内进出口货物仓储物流（运输除外）分拨配送，集装箱业务，国际贸易，商品展示及经营货物的进出口业务代理，区内商业性简单加工，区内工程承包，商务信息咨询及物流行业的技术咨询（均除经纪外），海上国际货物运输代理，陆路国际货物运输代理。（企业经营涉及行政许可的，凭许可证经营）</td></tr>
</table>

<table>
<tr><td>企业名称</td><td colspan="3">高斯图文印刷系统（中国）有限公司</td><td>海关编码</td><td>3107966698</td><td>所属海关</td><td>普陀区站</td></tr>
<tr><td>通讯地址</td><td colspan="3">上海市云岭东路 286 号</td><td>邮政编码</td><td>200062</td><td>法人姓名</td><td>刘国平</td></tr>
<tr><td>评定时间</td><td>2012.8.31</td><td>注册日期</td><td>1997.5.16</td><td>报关有效期</td><td>长期</td><td>注册资本</td><td>13268.01 万人民币</td></tr>
<tr><td>主营范围</td><td colspan="7">印刷机械及其零部件的研发、生产、销售、维修（特种设备除外）、安装，从事货物及技术的进出口业务。（企业经营涉及行政许可的，凭许可证件经营）</td></tr>
</table>

<table>
<tr><td>企业名称</td><td colspan="3">上海五金矿产发展有限公司</td><td>海关编码</td><td>3108915063</td><td>所属海关</td><td>普陀区站</td></tr>
<tr><td>通讯地址</td><td colspan="3">上海市闸北区光复路 757 号 2 幢 18 楼</td><td>邮政编码</td><td>200070</td><td>法人姓名</td><td>钮为民</td></tr>
<tr><td>评定时间</td><td>2013.12.4</td><td>注册日期</td><td>1993.3.1</td><td>报关有效期</td><td>长期</td><td>注册资本</td><td>7550 万人民币</td></tr>
<tr><td>主营范围</td><td colspan="7">自营和代理各类商品和技术的进出口业务（国家规定的专营进口商品和国家禁止进出口等特殊商品除外），经营进料加工和“三来一补”业务，开展对销贸易和转口贸易，国内商业批发（含生产资料），包装种子，棉花（收购除外）、 白银、饲料、轮胎、黄金制品、食品添加剂的销售， 煤炭经营（取得许可证后方可从事经营活动），经贸咨询。（企业经营涉及行政许可的，凭许可证件经营）</td></tr>
</table>

<table>
<tr><td>企业名称</td><td colspan="3">迅达（中国）电梯有限公司</td><td>海关编码</td><td>3108945012</td><td>所属海关</td><td>普陀区站</td></tr>
<tr><td>通讯地址</td><td colspan="3">上海市汶水路 40 号</td><td>邮政编码</td><td>200072</td><td>法人姓名</td><td>郑瑞恒</td></tr>
<tr><td>评定时间</td><td>2008.10.31</td><td>注册日期</td><td>2003.8.14</td><td>报关有效期</td><td>长期</td><td>注册资本</td><td>56460.1796 万人民币</td></tr>
<tr><td>主营范围</td><td colspan="7">生产、开发、安装、保养、维修和改造电梯、自动扶梯、自动人行道及其辅助设备和零部件，设计新产品和开发相关技术，销售迅达牌的上述产品。（涉及许可证的，凭许可证经营）</td></tr>
</table>

企业名称	威旭半导体（上海）有限公司		海关编码	3108945028	所属海关	普陀区站
通讯地址	上海市江场西路 501 号		邮政编码	200436	法人姓名	罗继宗
评定时间	2009.2.2	注册日期	2006.4.4	报关有效期	长期	注册资本	3810 万美元
主营范围	主要从事研制开发、生产新型电子元器件，销售自产产品并提供售后服务。（涉及行政许可的，凭许可证经营）						

企业名称	上海外高桥西北保税物流有限公司		海关编码	3107W60006	所属海关	普陀区站	
通讯地址	上海市普陀区金通路 999 号 16 栋 6 楼 601 室		邮政编码	200331	法人姓名	刘宏	
评定时间	2014.7.25	注册日期	2010.11.18	报关有效期	长期	注册资本	2000 万人民币
主营范围	区内仓储，物流设施租赁和管理，物业管理，区内进出口货物仓储物流（运输除外）分拨配送，集装箱业务，国际贸易，商品展示及经营货物的进出口业务代理，区内商业性简单加工，区内工程承包，商务信息咨询及物流行业的技术咨询（均除经纪外），海上国际货物运输代理，陆路国际货物运输代理。（企业经营涉及行政许可的，凭许可证经营）						

企业名称	上海新联纺进出口有限公司		海关编码	3105915011	所属海关	长宁区站	
通讯地址	上海市愚园路 1341 号		邮政编码	200050	法人姓名	黄勤	
评定时间	2009.7.6	注册日期	1985.2.26	报关有效期	长期	注册资本	10000 万人民币
主营范围	上海市外经贸委批准的进出口业务（按章程），实业投资，房地产开发，经营国内贸易（专项规定的除外），信息咨询。						

企业名称	中化农化有限公司		海关编码	3105915023	所属海关	长宁区站	
通讯地址	上海市河南南路 33 号 17 层 -19 层		邮政编码	200002	法人姓名	李彬	
评定时间	2009.3.5	注册日期	1993.1.2	报关有效期	长期	注册资本	68000 万人民币
主营范围	从事货物及技术的进出口业务；物业管理；农药经营；化肥经营；化工原料及产品经营；原粮，成品粮，油料，油脂及其副产品，金属材料，燃料油，汽车（含轿车）及零、配件进口经营权；仓储（限分公司经营）。（企业经营涉及行政许可的，凭许可证件经营）						

企业名称	东方国际创业股份有限公司		海关编码	3105915026	所属海关	长宁区站	
通讯地址	上海市浦东新区浦东大道 1476 号 1010 室		邮政编码	200336	法人姓名	吕勇明	
评定时间	2009.9.4	注册日期	1999.3.24	报关有效期	长期	注册资本	52224.17 万人民币
主营范围	自营和代理除国家统一组织或核定经营的进出口商品以外的商品和技术进出口业务，“三来一补”和进料加工业务、生物、医药化工产品的开发、生产、销售，国际货运代理，实业和高新技术产业投资，对销贸易，转口贸易和服务贸易，预包装食品（含冷冻冷藏，不含熟食卤味）、乳制品（含婴幼儿配方乳粉）的批发非实物方式。						

企业名称	上海新康电子有限公司		海关编码	3105935042	所属海关	长宁区站	
通讯地址	上海市长宁路 865 号		邮政编码	200050	法人姓名	CHRISTOPHER TAN	
评定时间	2008.10.31	注册日期	1993.9.21	报关有效期	长期	注册资本	5310 万美元
主营范围	生产表面安装的功率电子器件和其他器件，销售自产产品。						

企业名称	上海东方航空食品有限公司			海关编码	3105935066	所属海关	长宁区站
通讯地址	上海市虹桥路 2550 号			邮政编码	200335	法人姓名	杨旭
评定时间	2009.1.6	注册日期	1993.1.2	报关有效期	长期	注册资本	2960 万美元
主营范围	为中国民航及外航公司提供餐食饮料和劳务，接受国内城市的定单提供餐食饮料制作、餐食原料服务。						

企业名称	蝶理（中国）商业有限公司			海关编码	3105940313	所属海关	长宁区站
通讯地址	上海市延安西路 2201 号上海国际贸易中心 1201 室			邮政编码	200336	法人姓名	井上邦久
评定时间	2011.8.26	注册日期	2005.9.7	报关有效期	长期	注册资本	700 万美元
主营范围	纺织原料及制品、化工品、机械设备和化工制造设备及成套设备、太阳电池、矿产品（铁矿石除外）、塑料及其制品、橡胶及其制品（天然橡胶除外）、木及木制品、木炭的批发、佣金代理（拍卖除外）、进出口业务。（详见营业执照）						

企业名称	上海松下半导体有限公司			海关编码	3104935168	所属海关	徐汇区站
通讯地址	上海市漕溪路 258 弄 25 号			邮政编码	200233	法人姓名	倪子泓
评定时间	2008.10.31	注册日期	1995.4.20	报关有效期	长期	注册资本	872932.12 万日元
主营范围	生产民用半导体，销售自产产品。（涉及许可经营的，凭许可证经营）						

企业名称	达功（上海）电脑有限公司			海关编码	3118540001	所属海关	松江加工
通讯地址	上海市松江出口加工区三庄路 68 号			邮政编码	201613	法人姓名	黄健堂
评定时间	2010.7.28	注册日期	2000.12.25	报关有效期	长期	注册资本	12810 万美元
主营范围	生产主机板、微型计算机、高档服务器、掌上电脑、新型平板显示器、液晶电视、接入网通信系统设备、移动通信系统手机、网络电话、多媒体终端、数字摄录机、数字录放机、数字照相机、数字音视频编解码设备、数字多媒体存储播放设备（MP3、MP4）、收音机、电子专用设备、测试仪器及以上产品的相关半成品和零部件，销售公司自产产品，并为自有产品及集团内企业产品提供维修测试服务；电子产品的生产技术、品质保证、产品开发、应用功能的研究、开发和中试（包括与国内科研院所合作研发），转让自研成果，与本公司研发成果技术转让有关的技术咨询、技术服务；商业性检测；相关精密仪器和设备维修、售后服务；进出口业务、批发业务、佣金代理（拍卖除外）及其他配套业务；相关信息处理服务和有关咨询业务。						

企业名称	达丰（上海）电脑有限公司			海关编码	3118540002	所属海关	松江加工
通讯地址	上海市松江出口加工区三庄路 58 弄 2 号			邮政编码	201613	法人姓名	黄健堂
评定时间	2010.7.28	注册日期	2000.12.7	报关有效期	长期	注册资本	12005 万美元
主营范围	生产主机板、微型计算机、高档服务器、掌上电脑、新型平板显示器、液晶电视、接入网通信系统设备、移动通信系统手机、网络电话、卫星导航定位接收设备、高技术电池、存储系统及设备、信息识别处理终端系统、多媒体终端、电子专用设备、测试测量和检验仪器、数码 / 电子产品及以上产品的相关半成品的零部件，销售公司自产产品，从事非配额许可管理、非专营商品的收购出口业务，相关精密仪器和设备维修、售后服务，并为自有产品及集团内企业产品提供维修测试服务；电子产品的生产技术、品质保证、产品开发、应用功能的研究、开发及中试（包括与国内科研院所合作开发），转让自研成果，与本公司研发成果技术转让有关技术咨询、技术服务；商业性检测；进出口业务、批发业务、佣金代理（除拍卖外）及相关其他配套业务；相关信息处理服务和有关咨询业务。（依法须经批准的项目，经相关部门批准后方可开展经营活动）						

企业名称	豪威半导体（上海）有限责任公司			海关编码	3118540006	所属海关	松江加工
通讯地址	上海市松江区莘华路 211 号			邮政编码	201611	法人姓名	XIAO-YING HONG
评定时间	2013.5.24	注册日期	2001.3.16	报关有效期	长期	注册资本	3000 万美元
主营范围	研究开发、生产 CMOS 图像传感器、图像感应集成芯片及相关零部件和模具，硅基液晶产品及相关零部件；销售公司自产产品；提供上述产品的商业性检测、仓储服务。（涉及行政许可的，凭许可证经营）						

企业名称	达利（上海）电脑有限公司			海关编码	3118540009	所属海关	松江加工
通讯地址	上海市松江出口加工区莘江路 68 号 F 栋			邮政编码	201613	法人姓名	黄健堂
评定时间	2013.10.11	注册日期	2000.11.14	报关有效期	长期	注册资本	800 万美元
主营范围	生产主机板、微型计算机、高档服务器、掌上电脑、新型平板显示器、液晶电视、接入网通信系统设备、移动通信系统手机，以及以上产品的相关半成品和零部件；销售公司自产产品；提供家电、车用产品、电源供应器、通信器材、广播电视、视听产品、电动工具、医疗器材、玩具、无线电通讯产品的商业性检测及相关咨询服务，并提供相关产品的维修服务；上述产品的进出口、批发业务、佣金代理（拍卖除外）及相关其他配套业务；相关信息处理服务和有关咨询业务。（涉及行政许可的，凭许可证经营）						

企业名称	达人（上海）电脑有限公司			海关编码	3118540011	所属海关	松江加工
通讯地址	上海市松江出口加工区莘江路68号A、B、C栋			邮政编码	201613	法人姓名	黄健堂
评定时间	2010.7.28	注册日期	2001.3.16	报关有效期	长期	注册资本	990 万美元
主营范围	生产主机板、微型计算机、高档服务器、新型平板显示器、液晶电视、接入网通信系统设备、电话手机、卫星导航定位接收设备、数码产品、高技术电池、存储系统及设备、信息识别处理终端系统、多媒体终端、电子专用设备、测试测量和检验仪器、电子产品及以上产品的半成品和相关产品，销售公司自产产品，并提供售后服务；计算机网络设备、计算机软件的设计、开发、制作，电子产品的生产技术、品质保证、产品开发、应用功能的研究、开发及中试（包括与国内科研院所合作研发）；转让自研成果；与本公司研发成果技术转让有关技术咨询、技术服务、商业性检测；上述产品的进出口业务、批发业务、佣金代理（拍卖除外）及相关其他配套业务；相关信息处理和有关咨询业务。						

企业名称	友达光电（上海）有限公司			海关编码	3118540054	所属海关	松江加工
通讯地址	上海市松江出口加工区三庄路 58 弄 3 号			邮政编码	201613	法人姓名	彭双浪
评定时间	2011.5.27	注册日期	2003.6.5	报关有效期	长期	注册资本	10800 万美元
主营范围	液晶显示屏等新型显示器件和以上产品的相关零部件制造及相关产品的组装；相关精密仪器和设备维修，并提供技术及售后服务；销售公司自产产品；提供同类商品的批发、进出口、佣金代理（拍卖除外）；在出口加工区内从事商业性检测和维修业务。（涉及许可的，凭许可证经营）						

企业名称	上海凯虹科技电子有限公司			海关编码	3118540063	所属海关	松江加工
通讯地址	上海市松江出口加工区松开 III-10 地块 1 号标准厂房			邮政编码	201612	法人姓名	宋恭源
评定时间	2013.4.17	注册日期	2004.7.1	报关有效期	长期	注册资本	1850 万美元
主营范围	生产表面贴装型（SMD）的功率分离器及集成电路产品、半导体功能模块、多芯片组合封装、裸装芯片封装、大功率器件封装，销售公司自产产品并提供售后技术服务。（涉及许可经营的，凭许可证经营）						

企业名称	国基电子（上海）有限公司			海关编码	3118540055	所属海关	松江加工
通讯地址	上海市松江工业区南乐路 1925 号			邮政编码	201613	法人姓名	黄干
评定时间	2010.7.28	注册日期	2003.7.25	报关有效期	长期	注册资本	7340 万美元
主营范围	研发、生产、加工新型电子元器件［片式电子元器件（信号滤波器）、电力电子器件（数位 / 宽频调制解调器、逆变器、直流转直流源供应器、交流转直流电源供应器）、光电子器件、敏感元器件及传感器（光纤数字收发模块、光收发转换器光发射模块用光次组件、光接收模块用光次组件、光发射 / 接收模块用电次组件、激光器筒形封装、光接收筒形封装、光电集线器）、功率放大器、低噪声放大器、无线传输模块］，数字音、视频编解码设备［STB 机顶盒、用户端接入媒体网关（IAD、MTA）、视讯电话、语音分线器］，网络通信系统设备，异步转移模式（ATM）及 IP 数据通信系统，网络交换机，路由器，数字微波同步系列传达输设备，光同步、光交叉系列传输连接设备，笔记本电脑外壳及模块，液晶显示器外壳及模块，手机外壳及模块，电脑散热装置及模块，精密模具及模具标准件；线缆、连接器、电子零件及上述产品的零配件生产和相关软件的开发；销售公司自产产品，并胆供售后技术咨询服务；精密仪器、设备维修与售后服务。（涉及行政许可的，凭许可证经营）						

企业名称	达伟（上海）物流仓储有限公司			海关编码	3118540084	所属海关	松江加工
通讯地址	上海市松江出口加工区三庄路 58 弄 9 号			邮政编码	201613	法人姓名	黄健堂
评定时间	2010.7.28	注册日期	2006.7.6	报关有效期	长期	注册资本	950 万美元
主营范围	提供仓储服务；承办海运、陆运、空运进出口货物、国际展品、私人物品及过境货物的国际运输代理业务，包括揽货、托运、订舱、仓储、中转、集装箱拆箱、结算运杂费、报关、报检、报验、保险、相关的短途运输服务及运输咨询业务；国内货物的运输代理业务；普通货物装卸、产品整理、分拣包装及流通加工；电子、通信设备及其半成品和零部件的维修服务、进出口业务、批发业务、佣金代理（拍卖除外）及与保税物流相关的其他配套业务；相关信息处理服务和有关咨询服务。（涉及配额许可证管理、专项规定管理的商品，按照国家有关规定办理）						

企业名称	上海华松物流有限公司			海关编码	3118560087	所属海关	松江加工
通讯地址	上海市松江出口加工区华哲路 260 弄 1 号			邮政编码	201611	法人姓名	张帆
评定时间	2013.10.21	注册日期	2006.9.25	报关有效期	长期	注册资本	500 万人民币
主营范围	仓储。						

企业名称	上海基森仓储有限公司			海关编码	3118560096	所属海关	松江加工
通讯地址	上海市松江区茸华北路 268 号			邮政编码	201610	法人姓名	张绮
评定时间	2011.5.27	注册日期	2007.10.26	报关有效期	长期	注册资本	2750 万人民币
主营范围	仓储及自有房屋的租赁，货物运输代理，从事货物及技术的进出口业务，电子产品、电脑软件的技术开发，企业管理咨询（经纪除外），食品存储（不含冷冻冷藏，限许可证地址经营）。（经营项目涉及行政许可的，凭许可证经营）						

企业名称	保思乐紧固件（上海）有限公司			海关编码	3118541001	所属海关	上海松江出口加工区 B 区
通讯地址	上海市松江出口加工区 B 区 111–1 号地块			邮政编码	201613	法人姓名	Guenther R.Kram
评定时间	2011.11.22	注册日期	2004.11.2	报关有效期	长期	注册资本	1600 万美元
主营范围	加工和生产紧固件及其工具和其他相关产品，销售公司自产产品，并提供技术咨询服务。（涉及许可经营的，凭许可证经营）						

企业名称	日立海立汽车部件（上海）有限公司			海关编码	3120530001	所属海关	上海青浦出口加工区
通讯地址	上海市青浦区北青公路8228号二区8号			邮政编码	201707	法人姓名	金口和正
评定时间	2014.5.6	注册日期	2004.3.24	报关有效期	长期	注册资本	2100万美元
主营范围	汽车起动机及其部件，汽车发电机及其部件，以及其他汽车部件的设计、生产；销售公司自产产品；上述产品同类商品的批发、进出口、佣金代理（拍卖除外），并提供相关配套服务。（涉及行政许可的，凭许可证经营）						

企业名称	上海欧菲滤清器有限公司			海关编码	3120530006	所属海关	上海青浦出口加工区
通讯地址	上海市青浦区北青公路8228号二区28号			邮政编码	201707	法人姓名	乔基奥·基隆迪
评定时间	2011.12.28	注册日期	2005.5.31	报关有效期	长期	注册资本	500万美元
主营范围	开发、设计、生产汽车滤清器（三滤）及相关配件，销售公司自产产品，并提供产品售后服务和技术支持。（涉及行政许可的，凭许可证经营）						

企业名称	上海普惠飞机发动机维修有限公司			海关编码	3120530017	所属海关	上海青浦出口加工区
通讯地址	上海市北青公路8228号青浦出口加工区1区8号			邮政编码	201707	法人姓名	冯亮
评定时间	2013.8.27	注册日期	2008.3.10	报关有效期	长期	注册资本	3950万美元
主营范围	飞机发动机及其相关零部件的修理、维护及大修服务的开发与提供；发动机在翼维修及现场修理支持服务，发动机拆卸，零部件管理及销售服务；发动机相关材料、工具及报废零件的批发；提供发动机租赁服务，发动机相关材料仓储及物流。（涉及行政许可的，凭许可证经营）						

企业名称	创见资讯（上海）有限公司			海关编码	3117540002	所属海关	上海闵行出口加工区
通讯地址	上海市奉贤区闵行出口加工区中央大道1号			邮政编码	201401	法人姓名	束崇政
评定时间	2012.3.14	注册日期	2005.4.19	报关有效期	长期	注册资本	3460万美元
主营范围	生产扩充内存模块、外接式存储装置（内存、外接式内存、硬盘）及相关存储类设备，销售公司自产产品，上述产品原物料及半成品的批发、进出口。（涉及行政许可的，凭许可证经营）						

企业名称	赫科玛电缆（上海）有限公司			海关编码	3117540005	所属海关	上海闵行出口加工区
通讯地址	上海市闵行出口加工区1-2号地块			邮政编码	201401	法人姓名	KARI VIRTANEN
评定时间	2011.8.26	注册日期	2006.1.25	报关有效期	长期	注册资本	370万美元
主营范围	开发、设计、组装、制造、生产电子光纤电缆及相关的电缆产品，销售自产产品并提供售后服务；上述同类产品及其相关原材料、附件、机器设备、半成品的进出口、批发、佣金代理（拍卖除外）。（涉及行政许可的，凭许可证经营）						

<table>
<tr><td>企业名称</td><td colspan="3">英顺达科技有限公司</td><td>海关编码</td><td>3111540001</td><td>所属海关</td><td>上海漕河泾出口加工区</td></tr>
<tr><td>通讯地址</td><td colspan="3">上海市闵行区浦星路 699 号</td><td>邮政编码</td><td>201114</td><td>法人姓名</td><td>李诗钦</td></tr>
<tr><td>评定时间</td><td>2010.12.24</td><td>注册日期</td><td>2004.2.9</td><td>报关有效期</td><td>长期</td><td>注册资本</td><td>5000 万美元</td></tr>
<tr><td>主营范围</td><td colspan="7">设计、开发、生产中大型电子计算机，携带式微型计算机，微机计算机，高档服务器，新型电子元器件，数字电视机，移动通信设备（即交换设备），数字音、视频编解码设备，数字有线电视系统设备，游戏机及上述产品的零部件与模块；销售自产产品；提供产品售后服务。（涉及许可经营的，凭许可证经营）</td></tr>
</table>

<table>
<tr><td>企业名称</td><td colspan="3">英华达（上海）科技有限公司</td><td>海关编码</td><td>3111540002</td><td>所属海关</td><td>上海漕河泾出口加工区</td></tr>
<tr><td>通讯地址</td><td colspan="3">上海市漕河泾出口加工区内浦星路 789 号 1–3 幢</td><td>邮政编码</td><td>201114</td><td>法人姓名</td><td>张景嵩</td></tr>
<tr><td>评定时间</td><td>2011.1.17</td><td>注册日期</td><td>2004.4.1</td><td>报关有效期</td><td>长期</td><td>注册资本</td><td>7700 万美元</td></tr>
<tr><td>主营范围</td><td colspan="7">开发、设计、生产计算机、计算器，无线通讯产品（网络通讯产品）及零部件制造，数字照相机、数字放声设备（多媒体录放装置）及零部件制造，移动通讯设备及零部件制造，电话机、录音机、个人数字助理（PDA）及其相关零部件、车载无线电导航设备及零部件制造，有线与无线刷卡系统设备及零部件制造，数字多媒体影音设备及零部件制造，提供电子技术开发及技术服务，销售自产产品，保税物流，自产产品维修，商业性检测。（涉及行政许可的，凭许可证经营）</td></tr>
</table>

<table>
<tr><td>企业名称</td><td colspan="3">英业达科技有限公司</td><td>海关编码</td><td>3111540003</td><td>所属海关</td><td>上海漕河泾出口加工区</td></tr>
<tr><td>通讯地址</td><td colspan="3">上海市漕河泾出口加工区内浦星路 789 号</td><td>邮政编码</td><td>201114</td><td>法人姓名</td><td>李诗钦</td></tr>
<tr><td>评定时间</td><td>2010.12.24</td><td>注册日期</td><td>2004.6.22</td><td>报关有效期</td><td>长期</td><td>注册资本</td><td>5000 万美元</td></tr>
<tr><td>主营范围</td><td colspan="7">设计、开发、生产大中型电子计算机，便携式微型计算机，高档服务器，新型电子元器件，数字电视机，数字音、视频编译码设备，数字有线电视系统设备；销售自产产品；提供产品售后服务。（涉及许可经营的，凭许可证经营）</td></tr>
</table>

<table>
<tr><td>企业名称</td><td colspan="3">英源达科技有限公司</td><td>海关编码</td><td>3111540004</td><td>所属海关</td><td>上海漕河泾出口加工区</td></tr>
<tr><td>通讯地址</td><td colspan="3">上海市漕河泾出口加工区浦星路 789 号</td><td>邮政编码</td><td>201114</td><td>法人姓名</td><td>李诗钦</td></tr>
<tr><td>评定时间</td><td>2010.12.24</td><td>注册日期</td><td>2005.5.8</td><td>报关有效期</td><td>长期</td><td>注册资本</td><td>5000 万美元</td></tr>
<tr><td>主营范围</td><td colspan="7">设计、开发、生产中大型电子计算机，携带式微型计算机，高档服务器，新型电子元器件，移动通讯终端设备，车载，手持导航设备及零部件（100% 外销），数字电视机，数字音、视频编译码设备，数字有线电视系统设备，数码照相机，监视器，（数字）摄录设备，感应读卡器，数字对讲设备，以及上述产品的零部件及模块；销售自产产品；提供产品的技术咨询及售后服务。（涉及行政许可的，凭许可证经营）</td></tr>
</table>

<table>
<tr><td>企业名称</td><td colspan="3">费斯托（中国）自动化制造有限公司</td><td>海关编码</td><td>3122540019</td><td>所属海关</td><td>沪金桥办</td></tr>
<tr><td>通讯地址</td><td colspan="3">上海市金桥出口加工区（南区）龙沪路 143 号</td><td>邮政编码</td><td>201201</td><td>法人姓名</td><td>CLAUS JESSEN</td></tr>
<tr><td>评定时间</td><td>2014.1.28</td><td>注册日期</td><td>2006.6.5</td><td>报关有效期</td><td>长期</td><td>注册资本</td><td>1000 万美元</td></tr>
<tr><td>主营范围</td><td colspan="7">设计、加工、生产工业自动化产品、系统、辅助设备及零配件，销售自产产品；上述产品同类商品及费斯托集团相关产品的批发、进出口、佣金代理（拍卖除外），并提供相关配套业务、相关的技术支持和技术咨询服务。（不涉及国营贸易管理商品；涉及配额、许可证管理商品的，按照国家有关规定办理申请；涉及行政许可的，凭许可证经营）</td></tr>
</table>

企业名称	上海赛科石油化工有限责任公司			海关编码	3119938001	所属海关	上海海关驻化学工业区办事处
通讯地址	上海市化学工业区 A1、A2、A3、B1 地块			邮政编码	201507	法人姓名	王治卿
评定时间	2011.2.10	注册日期	2005.7.11	报关有效期	长期	注册资本	105152.66 万美元
主营范围	生产乙烯、聚乙烯、苯乙烯、聚苯乙烯、丙烯、丙烯腈、聚丙烯、丁二烯、芳烃及副产品；销售上述产品并提供售后服务及相关的技术咨询；从事聚合物应用开发，并向供应商和加工商提供附属公用工程服务。（涉及许可经营的，凭许可证经营）						

企业名称	上海联恒异氰酸酯有限公司			海关编码	3119938005	所属海关	上海海关驻化学工业区办事处
通讯地址	上海市上海化学工业区神工路 127 号			邮政编码	201507	法人姓名	JOHNNY CHI WAH KWAN
评定时间	2013.1.15	注册日期	2005.7.28	报关有效期	长期	注册资本	93307.7 万人民币
主营范围	生产苯胺、硝基苯、粗 MDI 和相关产品，销售自产产品，向上海亨斯迈聚氨酯有限公司和上海巴斯夫聚氨酯有限公司提供相关的技术服务和基础设施及公用设施服务（如水、蒸汽服务等）。（涉及许可经营的，凭许可证经营）						

企业名称	璐彩特国际（中国）化工有限公司			海关编码	3119948001	所属海关	上海海关驻化学工业区办事处
通讯地址	上海市漕泾上海化学工业园区 A1-1 地块			邮政编码	201507	法人姓名	刘锡金
评定时间	2011.2.10	注册日期	2003.12.3	报关有效期	长期	注册资本	5505 万美元
主营范围	生产、销售甲基丙烯酸甲酯单体；当公司甲基丙烯酸甲酯单体装置生产有问题时，销售公司生产的富余的丙酮氢醇；当公司生产原料氢氰酸供应不足时，进口丙酮氢醇作为公司生产甲基丙烯酸甲酯单体的原料。（涉及许可经营的，凭许可证经营）						

企业名称	拜耳材料科技（中国）有限公司			海关编码	3119948009	所属海关	上海海关驻化学工业区办事处
通讯地址	上海市漕泾上海化学工业区目华路 82 号			邮政编码	201507	法人姓名	WOLFGANG WERNER MIEBACH
评定时间	2011.1.28	注册日期	2005.8.16	报关有效期	长期	注册资本	152463.96 万美元
主营范围	开发、生产聚碳酸酯，双酚 A，碳酸二苯酯及聚碳酸酯与其他聚合物的掺混料，MDI、TDI、PEI、PET 组合料，改性 MDI 及相关的中间产品，涂料、粘合剂及其副产品；销售自产产品；生产氯并销售自产的富余氯；从事上述产品、其他化学产品及化学加工设备的进出口、批发、佣金代理（拍卖除外），提供相关技术服务和售后服务，以及提供公用设施和基础设施服务（如水、蒸汽服务等）；提供咨询服务；从事与所有上述化学产品有关的新产品及技术的研究开发。（涉及许可经营的，凭许可证经营）						

南京关区

企业名称	益海（连云港）粮油工业有限公司			海关编码	3207230165	所属海关	连云港关
通讯地址	江苏省连云港经济技术开发区黄海大道东路 1 号			邮政编码	222042	法人姓名	孙立家
评定时间	2008.10.15	注册日期	2000.11.23	报关有效期	长期	注册资本	45522 万人民币
主营范围	许可经营项目：粮食、蔬菜及其他相关植物产品的储藏深加工，蛋白饲料的开发、生产，棕榈油及其衍生产品（起酥油）的深加工，销售上述自产产品。一般经营项目：大豆制品及其副产品的生产、加工、仓储，食品塑料包装制品的生产，销售上述自产产品，植物油仓储。						

企业名称	大陆汽车电子（连云港）有限公司			海关编码	3207240045	所属海关	连云港关
通讯地址	江苏省连云港经济技术开发区宋跳工业区高新四路 17 号			邮政编码	222006	法人姓名	马场璋
评定时间	2012.4.23	注册日期	1997.3.26	报关有效期	长期	注册资本	1876.66 万美元
主营范围	许可经营项目：无。一般经营项目：ABS 防滑制动系统传感器、传感器线圈、电源装置及其他车用传感器、汽车用主动与被动式安全系统产品的生产、开发、测试技术及实验服务，销售自产产品，从事自产产品及相关产品、机器设备的进出口及批发业务。						

企业名称	江苏润邦重工股份有限公司			海关编码	3206230175	所属海关	南通海关
通讯地址	江苏省南通经济技术开发区振兴西路 9 号			邮政编码	226010	法人姓名	吴建
评定时间	2008.10.15	注册日期	2004.5.13	报关有效期	长期	注册资本	36000 万人民币
主营范围	生产、销售、安装重型钢结构、船舶机械及其设备、工程钢结构、智能型立体停车系统，并提供售后服务与技术指导。						

企业名称	嘉吉粮油（南通）有限公司			海关编码	3206240166	所属海关	南通海关
通讯地址	江苏省南通经济技术开发区同兴路 1 号			邮政编码	226009	法人姓名	陈立新
评定时间	2010.1.11	注册日期	2006.1.11	报关有效期	长期	注册资本	11520 万美元
主营范围	许可经营项目：生产单一饲料（大豆粕）；加工食用植物油（全精炼）、食用油脂制品［食用氢化油、人造奶油（人造黄油）、起酥油、代可可脂］；货物专用运输（集装箱），货物专用运输（罐式）；批发预包装食品兼散装食品。（按商务局部门批准证书所核经营范围凭许可证经营；不涉及国营贸易管理商品；涉及配额、许可证管理商品的，按国家有关规定办理申请）一般经营项目：开发、生产以油籽为加工原料的相关产品、禽性能淀粉涂料，生产销售食品添加剂大豆磷脂，生产所需要原料的国内、国外采购，提供与上述产品有关的市场及技术咨询服务，粮食、植物油的仓储服务，食品添加剂的进出口、批发和佣金代理（拍卖除外），豆粕、玉米的批发和佣金代理（拍卖除外）。（不涉及国营贸易管理商品；涉及配额、许可证管理商品的，按国家有关规定办理申请；涉及许可证经营的除外）						

企业名称	南通中集顺达集装箱有限公司			海关编码	3206930008	所属海关	南通海关
通讯地址	江苏省南通市港闸区城港路 169 号 1 幢			邮政编码	226003	法人姓名	张宝清
评定时间	2013.4.12	注册日期	1992.12.5	报关有效期	长期	注册资本	770 万美元
主营范围	许可经营项目：无。一般经营项目：生产、销售集装箱及钢结构件，国内货运代理。						

企业名称	南通中远船务工程有限公司		海关编码	3206930028	所属海关	南通海关
通讯地址	江苏省南通市中远路1号		邮政编码	226000	法人姓名	梁岩峰
评定时间	2010.12.16	注册日期	1993.8.25	报关有效期	长期	注册资本	12323万美元
主营范围	建造、销售、修理各类船舶、海洋工程装备，建造、销售港口及起重机械等。						

企业名称	南通醋酸纤维有限公司			海关编码	3206930060	所属海关	南通海关
通讯地址	江苏省南通市钟秀东路27号			邮政编码	226008	法人姓名	刘敬如
评定时间	2009.1.22	注册日期	1990.8.1	报关有效期	长期	注册资本	30370.4万美元
主营范围	纤维制品的销售及生产。						

企业名称	南通中远川崎船舶工程有限公司			海关编码	3206930353	所属海关	南通海关
通讯地址	江苏省南通市临江路117号			邮政编码	226005	法人姓名	神林伸光
评定时间	2009.5.11	注册日期	1999.1.18	报关有效期	长期	注册资本	146220万人民币
主营范围	建造、销售、检修船舶等，详见营业执照。						

企业名称	南通中集特种运输设备制造有限公司			海关编码	3206930356	所属海关	南通海关
通讯地址	江苏省南通市港闸区芦泾路55号6幢			邮政编码	226003	法人姓名	张宝清
评定时间	2013.4.12	注册日期	1999.4.30	报关有效期	长期	注册资本	1000万美元
主营范围	许可经营项目：无。一般经营项目：生产、销售和修理各类介质的特种槽、罐及各类专用贮、运设备及其部件，国内货运代理。						

企业名称	南通中集罐式储运设备制造有限公司			海关编码	3206930450	所属海关	南通海关
通讯地址	江苏省南通市城港路159号			邮政编码	226003	法人姓名	高翔
评定时间	2009.6.10	注册日期	2003.8.28	报关有效期	长期	注册资本	2500万美元
主营范围	许可经营项目：普通货运。一般经营项目：设计、开发、生产和销售石化产品等介质的移动及固定储运设备及部件，并提供相关设备的维修、保养、翻新、销售和服务；国内、国际货运代理。						

企业名称	南通海一电子有限公司			海关编码	3206932352	所属海关	南通海关
通讯地址	江苏省通州市平潮镇通扬南路519号			邮政编码	226361	法人姓名	施克俭
评定时间	2014.7.14	注册日期	2003.12.4	报关有效期	长期	注册资本	5380万人民币
主营范围	电子生产及销售等。						

企业名称	江苏联发纺织股份有限公司			海关编码	3206935136	所属海关	南通海关
通讯地址	江苏省海安县城东镇恒联路 88 号			邮政编码	226600	法人姓名	薛庆龙
评定时间	2011.12.28	注册日期	2003.1.13	报关有效期	长期	注册资本	32370 万人民币
主营范围	生产及销售色纱、纤维、纱线、色织布、纺织品、印染品、服装及相关产品，自有厂房、设备租赁，非自产纺织品、服装、服装面辅料的批发、进出口、佣金代理（拍卖除外）。（不涉及国营贸易管理商品；涉及配额许可证管理商品的，按国家有关规定办理申请；依法须经批准的项目，经相关部门批准的方可开展经营活动）						

企业名称	南亚塑胶工业（南通）有限公司			海关编码	3206940061	所属海关	南通海关
通讯地址	江苏省南通市通京大道 101 号			邮政编码	226008	法人姓名	吴嘉昭
评定时间	2009.4.2	注册日期	1996.3.25	报关有效期	长期	注册资本	7420 万美元
主营范围	许可经营项目：无。一般经营项目：生产及销售 PVC 胶皮、胶布、纸管、塑料类建筑防水卷材及废料粉碎加工、PU 合成皮、PP 不织布、起毛布、PU 合成树脂、PU、PVC 表面处理剂、印墨、色膏、PU 建材、印刷电路板，煤洁净燃烧热电站的建设、经营。						

企业名称	南亚电气（南通）有限公司			海关编码	3206940117	所属海关	南通海关
通讯地址	江苏省南通市通京大道 101 号			邮政编码	226008	法人姓名	吴嘉昭
评定时间	2014.8.6	注册日期	2000.11.8	报关有效期	长期	注册资本	1000 万美元
主营范围	许可经营项目：无。一般经营项目：规划、设计、生产、销售及安装新型仪表元器件和输配电控制设备及轮模具。						

企业名称	南通润邦重机有限公司			海关编码	3206960855	所属海关	南通海关
通讯地址	江苏省南通市船舶配套工业园区荣盛路 88 号			邮政编码	226013	法人姓名	吴建
评定时间	2013.3.11	注册日期	2007.5.10	报关有效期	长期	注册资本	15000 万人民币
主营范围	港口机械、压力容器及锅炉设备、重型钢结构件、船舶配套钢结构件及设备工程钢结构件的生产、销售，以及售后服务与技术指导；起重机械的制造、销售、安装、改造、维修及其配件的销售；经营本企业自产产品及技术的出口业务和本企业所需的机械设备、零配件、原辅材料及技术的进出口业务，但国家限定公司经营或禁止进出口的商品及技术除外。（经营范围中涉及国家专项审批的，需办理专项审批后方可经营）						

企业名称	江苏中新资源集团有限公司			海关编码	3206962009	所属海关	南通海关
通讯地址	江苏省南通市通州区先锋镇苏家埭村七组			邮政编码	226316	法人姓名	朱卫强
评定时间	2009.4.2	注册日期	2002.1.25	报关有效期	长期	注册资本	7452 万人民币
主营范围	许可经营项目：剧毒化学品［丙烯醛、丙烯腈、丙炔醇（炔丙醇）、3，4- 二甲基吡啶、重铬酸钠、氰化钠、氰化钾、二氯化苄、丙酮氰醇（氰丙醇）、4- 氨基吡啶、三氯氧磷、三氯化磷、氯乙酸］、其他危险化学品、第 3 类易燃液体、第 4 类易燃固体、自燃物品和遇湿易燃物品、第 5 类氧化剂和有机过氧化物、第 6 类 1 项毒害品、第 8 类腐蚀品（所有品种和类项不得储存）的批发。一般经营项目：腈纶毛条、绒线、针织绒线、针织品、仿丝棉、针刺绵、床上用品的制造、加工，棉织品、化纤制品、羊毛制品及其原辅材料的加工、销售，染料、印染助剂（化学危险品除外）、纺织机械及配件、服装、鞋帽、绣品、五金交电、建材、塑料制品、日用百货、面料的销售，染色，从事上述商品的进出口业务。（有专项规定的，从其规定）						

企业名称	南通海星电子股份有限公司			海关编码	3206962888	所属海关	南通海关
通讯地址	江苏省南通市通州区平潮镇通扬南路518号			邮政编码	226361	法人姓名	严季新
评定时间	2008.11.10	注册日期	1998.3.13	报关有效期	长期	注册资本	15600万人民币
主营范围	生产销售电极箔（化成箔、腐蚀箔）、电极箔生产设备及备件。						

企业名称	苏州新宁公共保税仓储有限公司			海关编码	3205331799	所属海关	苏州海关
通讯地址	江苏省苏州高新区珠江路515号			邮政编码	215129	法人姓名	王雅军
评定时间	2012.4.23	注册日期	2004.8.27	报关有效期	长期	注册资本	100万美元
主营范围	许可经营项目：进口货物的仓储。一般经营项目：集装箱堆存及有关配套业务，保税仓库内货物的代理报关、报检业务，库区货物的分级、分装、挑选、制贴商标、整理，货物配送等。（涉及许可证的，凭许可证经营）						

企业名称	苏州佳世达电通有限公司			海关编码	3205341024	所属海关	苏州海关
通讯地址	江苏省苏州市新区珠江路169号			邮政编码	215011	法人姓名	吴清模
评定时间	2008.12.24	注册日期	1993.7.12	报关有效期	长期	注册资本	7400万美元
主营范围	许可经营项目：二类医疗器械［6821医用电子仪器设备，6840临床检验分析仪器（不含体外诊断试剂）］的批发、采购。一般经营项目：研发、生产液晶显示器，等离子显示器，电脑及周边产品，数字交叉连接设备，异步传输模式集成存取设备，多速率数字用户线路由器，SDH IP\ATM路由器，本地多点分配接入系统（LMDS）等接入网系统设备，大容量光、磁盘驱动器及其部件，移动通信终端产品（含GSM\CDMA、移动电话机），数字电视机，LED灯具，以及上述产品的零组件；销售自产产品并提供相关的售后服务；以上产品的同类商品的批发、采购；血压计、家用血糖仪、血糖试纸条的批发、采购。						

企业名称	苏州日本电波工业有限公司			海关编码	3205341038	所属海关	苏州海关
通讯地址	江苏省苏州市苏州新区竹园路20号			邮政编码	215011	法人姓名	竹内宽
评定时间	2009.7.28	注册日期	1994.2.23	报关有效期	长期	注册资本	4720万美元
主营范围	生产、设计、销售水晶片、水晶振动子、各种电子机器、人造水晶、水溶性结晶及融液水晶等系列产品，以上产品的同类商品的采购、批发及销售业务。						

企业名称	迪睿合电子材料（苏州）有限公司			海关编码	3205341045	所属海关	苏州海关
通讯地址	江苏省苏州市新区竹园路19号			邮政编码	215011	法人姓名	安藤尚
评定时间	2008.12.1	注册日期	1994.4.1	报关有效期	长期	注册资本	3815万美元
主营范围	许可经营项目：无。一般经营项目：生产销售异方性导电膜、挠性印刷线路板及其相关的电子电气元器件、触摸屏等新型平板显示器件、水处理剂、高性能热传导膜，金属材料及制品（贵金属除外）、非危险化工产品（危险化学品、监控化学品、易制毒化学品、烟花爆竹、民用爆炸物品除外）的批发、佣金代理（拍卖除外）、进出口业务。（不涉及国营贸易管理商品；涉及配额、许可证管理商品的，按国家有关规定办理申请）						

企业名称	苏州板硝子电子有限公司			海关编码	3205341085	所属海关	苏州海关
通讯地址	江苏省苏州市苏州新区珠江路 106 号			邮政编码	215011	法人姓名	渡边泰之
评定时间	2008.12.1	注册日期	1995.9.7	报关有效期	长期	注册资本	502200 万日本元
主营范围	许可经营项目：无。一般经营项目：生产、销售平面镶嵌液晶显示用机板玻璃、办公机器用玻璃板、办公机器及通讯用光学系列微型特种玻璃材料，研发、生产高强度玻璃线束等高性能无机非金属复合材料及其制品，销售自产产品并提供相关技术和售后服务，从事高强度玻璃线速等高性能无机非金属复合材料及制品的进出口、批发业务。（不涉及国营贸易管理商品；涉及配额、许可证管理商品的，按国家有关规定办理）						

企业名称	苏州富士胶片映像机器有限公司			海关编码	3205341090	所属海关	苏州海关
通讯地址	江苏省苏州市苏州新区长江路 138 号			邮政编码	215011	法人姓名	TANAKA HIROSHI 田中弘志
评定时间	2009.7.28	注册日期	1995.10.6	报关有效期	长期	注册资本	8950 万美元
主营范围	许可经营项目：生产二类 6831 医用 X 射线附属设备及部件、6830 医用 X 射线设备、6840 临床检验分析仪器、6822 医用光学器具、仪器及内窥镜设备（按照医疗器械生产企业许可证核准范围生产）。一般经营项目：生产以一次性成像照相机、电子照相机为主的各种照相机、各种电子映像机器及其元器件、一次性快速成像胶片及其关联材料、一类医疗器械及部件、动物用检验分析仪器及部件，提供产品售后技术服务，从事以上同类产品的收购、批发及修理业务。（涉及配额及许可证管理、专项规定管理的商品，按国家有关规定办理）						

企业名称	晶端显示精密电子（苏州）有限公司			海关编码	3205341119	所属海关	苏州海关
通讯地址	江苏省苏州高新区金枫路 168 号			邮政编码	215004	法人姓名	清水操
评定时间	2008.10.15	注册日期	1996.2.17	报关有效期	长期	注册资本	12600 万美元
主营范围	许可经营项目：无。一般经营项目：开发、设计、生产液晶显示器、半导体等电子应用机械类产品和相关零部件，销售本公司自产产品及进行售后服务；进出口同类产品；清洗用于防尘车间的防尘衣物；为外部公司提供各种物质成分、种类、构造等相关分析业务；以承接服务外包方式提供系统应用管理和维护、信息技术支持、软件开发、数据处理等相关业务流程的服务。						

企业名称	国巨电子（中国）有限公司			海关编码	3205341121	所属海关	苏州海关
通讯地址	江苏省苏州市苏州新区竹园路 10 号			邮政编码	215011	法人姓名	颜荣昆
评定时间	2010.12.16	注册日期	1996.3.20	报关有效期	长期	注册资本	22197.7 万美元
主营范围	许可经营项目：无。一般经营项目：研究、开发、生产贴片式电阻器、积体陶瓷电容器、电感器、浆料（限分支机构生产）及其他。						

企业名称	苏州佳世达光电有限公司			海关编码	3205341310	所属海关	苏州海关
通讯地址	江苏省苏州市新区珠江路 169 号			邮政编码	215011	法人姓名	吴清模
评定时间	2008.12.1	注册日期	2000.8.15	报关有效期	长期	注册资本	1246 万美元
主营范围	许可经营项目：无。一般经营项目：研发、生产各类光电器件，新型打印装置（激光、喷墨打印机），数码相机和光驱，光盘刻录机，DVD 光驱等光驱产品，数码投影仪，数字电视机，新型平板显示器件，无线通讯终端产品，电子阅读器，多媒体路由器及其相关产品，数字化视频光盘播放机等数字视频信号录制、重放设备，塑胶产品，MP3 播放器，以及上列产品的零组件（上列产品不涉及国家外商投资产业指导目录中限制类和禁止类产品）；销售自产产品并提供相关的售后服务；以上产品的同类商品的批发、采购。（不涉及国营贸易管理商品；涉及配额、许可证管理商品的，按国家有关规定办理申请）						

企业名称	豪雅光电科技（苏州）有限公司			海关编码	3205341621	所属海关	苏州海关
通讯地址	江苏省苏州市苏州高新区泰山路229号			邮政编码	215219	法人姓名	奥村徹也
评定时间	2012.12.7	注册日期	2003.6.6	报关有效期	长期	注册资本	2600万美元
主营范围	许可经营项目：无。一般经营项目：各类数字相机，大容量光、磁盘驱动器，光通讯等光电产品用等精密镜头、镜头组件、光学玻璃制品及其关键部件的研发开发、设计和制造；精密光学镜头、玻璃加工模具等相关设备的加工制造；销售自产产品；提供相关的技术和售后服务。						

企业名称	无锡高新物流中心有限公司			海关编码	3202311071	所属海关	无锡海关
通讯地址	江苏省无锡市高浪东路1号			邮政编码	214028	法人姓名	朱斌
评定时间	2013.5.16	注册日期	2005.9.6	报关有效期	长期	注册资本	44570万人民币
主营范围	许可经营项目：普通货运，综合货运站（场）（仓储）。一般经营项目：搬运装卸，货运代理（代办，凭许可证经营）；设备租赁；国际货运代理；自营各类商品和技术的进出口业务，但国家限定企业经营或禁止进出口的商品和技术除外；经海关批准可进入保税仓库存放货物（凭海关保税仓储注册登记证书经营）；负载进出口加工区的项目投资，标准厂房租赁，园区物业管理服务；经济信息咨询服务；国内贸易。（上述经营范围中涉及行政许可的，经许可后方可经营；涉及专项审批的，经批准后方可经营）						

企业名称	无锡夏普电子元器件有限公司			海关编码	3202330019	所属海关	无锡海关
通讯地址	江苏省无锡国家高新技术产业开发区54号地块			邮政编码	214028	法人姓名	新原伸一（NIIHARA SHINICHI）
评定时间	2009.11.10	注册日期	1995.1.14	报关有效期	长期	注册资本	3150万美元
主营范围	许可经营项目：无。一般经营项目：开发、生产、加工液晶显示装置及其配套零部件，用于有线电视、卫星电视接收机、液晶电视、计算机的高科技调谐器及一般电子调谐器，射频调制器，激光拾音器及其配套零部件，高性能电源，高频信号分配器，电子部品的贴片，新型电子元器件，数字照相机关键件，卫星导航定位接收设备及关键部件，发光二极管照明器具（限分公司经营）；从事上述产品的批发、佣金代理（拍卖除外）、进出口业务。（以上商品进出口不涉及国营贸易管理商品；涉及配额、许可证管理商品的，按国家有关规定办理申请）						

企业名称	博世汽车柴油系统有限公司			海关编码	3202330049	所属海关	无锡海关
通讯地址	江苏省无锡新区新华路17号			邮政编码	214028	法人姓名	BOHLER KLAUS
评定时间	2011.11.30	注册日期	1995.7.28	报关有效期	长期	注册资本	24100万美元
主营范围	柴油燃油喷射系统、尾气后处理系统、燃气/双燃料系统及其组件的开发、制造、应用和销售，以及其他相关服务；汽油系统高压泵体的制造；以批发的方式在国内销售、进口及出口非自产的柴油燃油喷射系统、尾气后处理系统、燃气/双燃料系统及其组件；柴油燃油喷射系统、尾气后处理系统、燃气/双燃料系统及其组件的再制造业务。						

企业名称	松下能源（无锡）有限公司			海关编码	3202340239	所属海关	无锡海关
通讯地址	江苏省无锡国家高新技术产业开发区59号地块			邮政编码	214028	法人姓名	坂本真治（SAKAMOTO SHINJI）
评定时间	2014.7.21	注册日期	2001.9.10	报关有效期	长期	注册资本	600000万日本元
主营范围	许可经营项目：无。一般经营项目：开发生产锂离子电池、无汞二次电池、充电器及配件，并提供技术服务、技术转让。（不含国家禁止、限制类技术）						

企业名称	尼康光学仪器（中国）有限公司			海关编码	3202340364	所属海关	无锡海关
通讯地址	江苏省无锡国家高新技术产业开发区72-B地块			214028	214028	法人姓名	黑泽知至
评定时间	2013.12.4	注册日期	2002.7.19	报关有效期	长期	注册资本	3200万美元
主营范围	研究开发光学仪器，开发生产数码照相机、其他照相机及关键件、镜片、测试仪器及零部件、配件，销售本公司自产产品并提供售后服务，软件开发与设计，精密仪器、设备的维修与售后服务。（涉及行政许可的，凭有效许可证件明经营）						

企业名称	索尼数字产品（无锡）有限公司			海关编码	3202341124	所属海关	无锡海关
通讯地址	江苏省无锡国家高新技术产业开发区64号地块			邮政编码	214028	法人姓名	佐藤裕之（SATO HIROYUKI）
评定时间	2013.3.11	注册日期	2005.12.9	报关有效期	长期	注册资本	6372万美元
主营范围	开发、生产、加工数字照相机及关键件、移动通信设备零部件、数字技术产品、液晶显示板等新型显示器件、电荷耦合器件（CCD）、锂离子二次电池及其他电池、音视产品、液晶投影仪、记录媒体、多媒体网络产品、计算机及其外围设备、软件开发、信息和广播电视设备及其集成系统（硬件和软件）、新型电力电子元器件、半导体光电专用材料、电子电器设备、仪器工模具、环保新材料及装置(以上产品中，国家禁止生产的产品除外)，提供信息和广播电视设备集成系统相关的咨询、设计、技术服务（包括安装、组织培训、教育），从事非配额许可证管理、非专营商品的收购出口，数字照相机及其零部件、摄像机及其零部件、液晶显示板等新型显示器件、锂离子二次电池及其零部件的批发、零售，提供企业管理咨询服务和技术咨询服务，提供索尼产品的维修服务，自有房屋和机械设备的租赁。（不含国家限制及禁止类项目；如需许可证的，凭有效许可证明经营；租赁业务仅限30年；依法须经批准的项目，经相关部门批准后方可开展经营活动）						

企业名称	无锡杰夫电声有限公司			海关编码	3202966245	所属海关	无锡海关
通讯地址	江苏省锡山区锡北镇八士芙蓉桥堍			邮政编码	214192	法人姓名	蒋正祥
评定时间	2011.12.28	注册日期	2008.8.1	报关有效期	长期	注册资本	4980万人民币
主营范围	电子元器件及电子产品的研发、设计、加工、制造及销售；塑料制品、普通机械、模具的生产；数控金属切削加工；经营本企业和本企业成员企业自产产品及相关技术的出口业务，但国家限定公司经营或禁止出口的商品除外；经营本企业和本企业成员企业生产、科研所需要的原辅材料、机械设备、仪器仪表、零配件及相关技术的进出口业务，但国家限定公司经营或禁止进口的商品除外；经营本企业的进料加工和“三来一补”业务。（上述经营范围涉及行政许可的，凭有效许可证明经营）						

企业名称	江苏国泰亿达实业有限公司			海关编码	3215910113	所属海关	张家港关
通讯地址	江苏省张家港市杨舍镇人民中路125号（国泰新世纪广场）B1901-2401			邮政编码	215600	法人姓名	才东升
评定时间	2014.8.6	注册日期	1999.12.7	报关有效期	长期	注册资本	12088万人民币
主营范围	许可经营项目：无。一般经营项目：批发、零售贸易，自营和代理各类商品及技术的进出口业务，服装、针织类制造、加工、销售。						

企业名称	江苏国泰国华实业有限公司			海关编码	3215910116	所属海关	张家港关
通讯地址	江苏省张家港市人民路国泰大厦15-17楼			邮政编码	215600	法人姓名	张子燕
评定时间	2011.12.28	注册日期	2000.11.2	报关有效期	长期	注册资本	11800万人民币
主营范围	许可经营项目：无。一般经营项目：汽车及汽车零部件的购销；自营和代理各类商品及技术的进出口业务，但国家限定公司经营或进出口的商品及技术除外；针纺织品、百货的批发、零售；纺织品检整；服装、毛衫的制造、加工、销售。						

企业名称	江苏澳洋顺昌股份有限公司		海关编码	3215930527	所属海关	张家港关
通讯地址	江苏省张家港市杨舍镇新泾中路10号		邮政编码	215618	法人姓名	沈学如
评定时间	2008.10.15	注册日期 2002.11.8	报关有效期	长期	注册资本	36480万人民币
主营范围	从事冷轧钢板的涂层生产及涂层板、镀锌板、铝合金板等金属材料的加工，电子元器件专用材料开发、生产，提供原材料供给方案的技术服务，销售、仓储、配送自产产品。（外资比率低于25%）					

企业名称	联峰钢铁（张家港）有限公司		海关编码	3215932737	所属海关	张家港关
通讯地址	江苏省张家港市南丰镇永联村		邮政编码	215628	法人姓名	吴耀芳
评定时间	2014.1.13	注册日期 2003.3.21	报关有效期	长期	注册资本	23798万美元
主营范围	许可经营项目：生产氧（压缩的）、氧（液化的）、氮（压缩的）、氮（液化的）、氩（压缩的）、氩（液化的）。一般经营项目：生产普通钢连铸小方坯、钢绞线，销售自产产品。					

企业名称	张家港爱丽塑料有限公司		海关编码	3215933123	所属海关	张家港关
通讯地址	江苏省张家港市锦丰镇合兴街道		邮政编码	215626	法人姓名	宋正兴
评定时间	2014.6.9	注册日期 2000.1.5	报关有效期	长期	注册资本	665万美元
主营范围	许可经营项目：无。一般经营项目：生产塑料地砖及相关塑料制品，销售自产产品。					

企业名称	中粮东海粮油工业（张家港）有限公司		海关编码	3215941126	所属海关	张家港关
通讯地址	江苏省张家港市金港镇		邮政编码	215634	法人姓名	曾宪锋
评定时间	2014.1.13	注册日期 2002.2.26	报关有效期	长期	注册资本	14500万美元
主营范围	粮食收购，生产、加工和经营各种油籽、油料、动植物油脂、植物蛋白、面粉、麦芽、大米、饲料和大麦等粮油产品及其深加工产品，生产、经营各种规格的油脂、粮油食品、饲料和深加工产品的包装材料，从事上述商品的运输、批发、进出口及佣金代理（不含拍卖），自有码头和其他港口设施经营，在港区内从事货物装卸、驳运、仓储经营，港口机械、设施、设备租赁经营。（限按许可证所列项目经营）					

企业名称	张家港市易华塑料有限公司		海关编码	3215950209	所属海关	张家港关
通讯地址	江苏省杨舍镇工业开发区		邮政编码	215600	法人姓名	孙永华
评定时间	2010.2.9	注册日期 1999.12.21	报关有效期	长期	注册资本	308万人民币
主营范围	PVC塑料地砖、贴墙板、离型纸、塑料片材的生产、回收，出口本企业自产的塑料地砖、贴墙板、离型纸、人造革、塑料片材等塑料制品，进出口本企业生产、科研所需的原辅材料、机械设备、仪器仪表、零配件、塑料管材。					

企业名称	江苏沙钢国际贸易有限公司		海关编码	3215950214	所属海关	张家港关
通讯地址	江苏省锦丰镇沙钢大厦五楼		邮政编码	215625	法人姓名	王兴红
评定时间	2010.4.16	注册日期 2002.9.2	报关有效期	长期	注册资本	100000万人民币
主营范围	许可经营项目：预包装食品批发和零售。一般经营项目：自营和代理各类商品和技术的进出口。					

企业名称	光硝子（常州）光学有限公司			海关编码	3204330038	所属海关	常州海关
通讯地址	江苏省常州市新北区金沙江路 4 号			邮政编码	213000	法人姓名	儿玉宏之
评定时间	2013.9.10	注册日期	2002.7.16	报关有效期	长期	注册资本	360 万美元
主营范围	许可经营项目：无。一般经营项目：用于数字相机、数字摄像机、液晶投影机的光电子器件及数字照相机关键件的制造，从事相关技术开发、技术咨询服务，销售自产产品，从事上述同类产品及其原材料的进出口业务和国内批发业务。（不涉及国营贸易管理商品；涉及配额、许可证管理商品的，按国家有关规定办理申请）						

企业名称	永祺（常州）车业有限公司			海关编码	3204340007	所属海关	常州海关
通讯地址	江苏省常州市新北区通江中路 689 号			邮政编码	213000	法人姓名	张泰山
评定时间	2011.12.28	注册日期	2000.7.11	报关有效期	长期	注册资本	5810 万美元
主营范围	许可经营项目：无。一般经营项目：从事自行车、电动自行车、三轮车、电动三轮车、滑板车、电动滑板车、电动车整车及其零部件、摩托车零配件、汽车零配件的制造、维修，销售自产产品，从事自行车、电动自行车、摩托车及其零配件的进出口和国内批发业务。（不涉及国营贸易管理商品；涉及配额、许可证管理商品的，按国家有关规定办理申请）						

企业名称	常州大华进出口（集团）有限公司			海关编码	3204910110	所属海关	常州海关
通讯地址	江苏省常州市关河西路 180 号			邮政编码	213000	法人姓名	凌子学
评定时间	2012.4.27	注册日期	1998.7.9	报关有效期	长期	注册资本	2000 万人民币
主营范围	许可经营项目：各类定型包装食品销售。一般经营项目：自营和代理除国家组织统一联合经营的出口商品和国家实行核定公司经营的进口商品以外的其他商品及技术的进出口业务，经营“三来一补”业务，组织出口货源的收购、调拨、仓储业务，国内贸易业务、经济技术交流及咨询服务，工业生产资料（专项规定除外）销售。						

企业名称	常柴股份有限公司			海关编码	3204912004	所属海关	常州海关
通讯地址	江苏省常州市怀德中路 123 号			邮政编码	213000	法人姓名	薛国俊
评定时间	2014.1.15	注册日期	2004.9.10	报关有效期	长期	注册资本	56137.43 万人民币
主营范围	许可经营项目：无。一般经营项目：柴油机、柴油机配件及铸件、汽油机、汽油机配件、谷物收获机械、旋耕机、手扶拖拉机、模具、夹具的制造、销售，柴油机配套机组、汽油机配套机组的组装与销售，工业生产资料（国家专项规定除外）的销售，本企业生产产品及相关技术的出口业务，生产所需原辅材料、设备及技术的进出口业务，企业中外合资经营、合作生产业务，承办本企业“三来一补”业务。						

企业名称	常州宝菱重工机械有限公司			海关编码	3204930676	所属海关	常州海关
通讯地址	江苏省常州高新技术产业开发区内			邮政编码	213000	法人姓名	朱国敏
评定时间	2010.11.30	注册日期	1995.12.28	报关有效期	长期	注册资本	7300 万美元
主营范围	许可经营项目：无。一般经营项目：冶金设备（包含薄板坯连铸机）及其备品备件的研发、设计、制造及销售，普通机械设备及其备品备件的研发、设计、制造及销售。						

企业名称	常州昌瑞汽车部品制造有限公司			海关编码	3204932023	所属海关	常州海关
通讯地址	江苏省常州钟楼经济开发区香樟路 68 号			邮政编码	213000	法人姓名	张文昌
评定时间	2010.11.30	注册日期	2004.7.28	报关有效期	长期	注册资本	800 万美元
主营范围	许可经营项目：无。 一般经营项目：汽车安全气囊、坐椅坐套、汽车装饰布及其他汽车部品的生产，落料再生粒子的生产（限分支机构生产），销售自产产品。						

企业名称	常州旭荣针织印染有限公司			海关编码	3204941028	所属海关	常州海关
通讯地址	江苏省常州市天宁区青洋北路 132 号			邮政编码	213018	法人姓名	黄庄芳容
评定时间	2011.12.28	注册日期	2006.3.8	报关有效期	长期	注册资本	2998 万美元
主营范围	许可经营项目：无。一般经营项目：从事高档针织面料的织染及后整理加工，服装、服饰的生产，销售自产产品，高档针织面料的研究开发，服装、服饰的进出口及国内采购、批发和零售业务。（不涉及国营贸易管理商品；涉及配额、许可证管理商品的，按国家有关规定办理申请）						

企业名称	兴勤（常州）电子有限公司			海关编码	3204943027	所属海关	常州海关
通讯地址	江苏省武进高新技术产业开发区			邮政编码	213000	法人姓名	隋台中
评定时间	2012.2.7	注册日期	1996.3.28	报关有效期	长期	注册资本	2126 万美元
主营范围	许可经营项目：无。一般经营项目：从事压敏电阻器、热敏电阻器及其电子陶瓷元器件、电脑传感器、汽车传感器、家电传感器及其配件、线材及其配件的制造，销售自产产品，从事压敏电阻器、热敏电阻器及其电子陶瓷元器件、电脑传感器、汽车传感器、家电传感器及其配件、保险丝及其配件、二极管及其配件、太阳光电接线盒的进出口、国内采购、批发业务。（不涉及国营贸易管理商品；涉及配额、许可证管理商品的，按国家有关规定办理申请）						

企业名称	江苏贝尔装饰材料有限公司			海关编码	3204943143	所属海关	常州海关
通讯地址	江苏省常州市武进区横林镇工业集中区			邮政编码	213000	法人姓名	张小玲
评定时间	2013.1.5	注册日期	2005.12.23	报关有效期	长期	注册资本	420 万美元
主营范围	许可经营项目：无。一般经营项目：新型建筑装饰材料（复合强化地板、钢地板）、PVC 地板、竹木制品、家具的制造和加工，销售自产产品。						

企业名称	瑞声光电科技（常州）有限公司			海关编码	3204943165	所属海关	常州海关
通讯地址	江苏省常州市武进高新技术产业开发区常漕路 8 号			邮政编码	213167	法人姓名	吴国林
评定时间	2012.12.13	注册日期	2006.6.9	报关有效期	长期	注册资本	9280 万美元
主营范围	研究开发、制造数字相机及关键件、新型电子元器件（光电子器件、片式元器件、敏感元器件及传感器、频率控制与选择元件、混合集成电路、新型机电元件）、直线电机、平面电机。						

企业名称	瓦卢瑞克无缝钢管（常州）有限公司			海关编码	3204945105	所属海关	常州海关
通讯地址	江苏省常州市新北区新民东路 88 号			邮政编码	213033	法人姓名	Barthelemy Longueville
评定时间	2011.12.20	注册日期	2005.10.19	报关有效期	长期	注册资本	29121.77 万美元
主营范围	开发、设计和生产机车车辆主要部件和特种无缝钢管，提供相关技术及咨询服务。（依法须经批准的项目，经相关部门批准后方可开展经营活动）						

企业名称	常州天合光能有限公司			海关编码	3204945156	所属海关	常州海关
通讯地址	江苏省常州市新北区电子产业园天合路2号			邮政编码	213000	法人姓名	高纪凡
评定时间	2010.1.11	注册日期	2007.4.2	报关有效期	长期	注册资本	42000万美元
主营范围	许可经营项目：无。一般经营项目：太阳能光伏电站设备的制造，太阳能光伏电站设备及系统装置安装，多晶铸锭、单晶硅棒、硅片、太阳能电池片、光伏组件的制造，太阳能、光能技术开发，销售自产产品，从事多晶硅、机械设备、太阳能光伏电站设备及系统集成装置的进出口和国内批发业务（不涉及国营贸易商品；涉及配额、许可证管理商品的，按照国家有关规定办理申请），从事太阳能电站的建设和经营（取得相关资质后方可开展经营）。						

企业名称	常州艾贝服饰有限公司			海关编码	3204961756	所属海关	常州海关
通讯地址	江苏省常州市天宁区青洋北路69号			邮政编码	213021	法人姓名	刘泽明
评定时间	2012.8.31	注册日期	2012.4.18	报关有效期	长期	注册资本	1655.36万人民币
主营范围	许可经营项目：无。一般经营项目：服装、服饰、箱包、针纺织品及面辅料的制造及销售；自营和代理各类商品和技术的进出口业务，但国家限定公司经营或禁止进出口的商品和技术除外。						

企业名称	江苏洛基木业有限公司			海关编码	3204963035	所属海关	常州海关
通讯地址	江苏省常州市武进区横林镇镇北工业集中区			邮政编码	213000	法人姓名	沈鸣生
评定时间	2012.2.2	注册日期	2003.3.25	报关有效期	长期	注册资本	2180万人民币
主营范围	许可经营项目：无。一般经营项目：装饰板、复合强化地板、实木复合强化地板、实木地板、PVC塑胶地板、木门、木线条的制造；装饰纸加工；自营和代理各类商品及技术的进出口业务，但国家限定企业经营或禁止进出口的商品和技术除外。						

企业名称	中天钢铁集团有限公司			海关编码	3204963085	所属海关	常州海关
通讯地址	江苏省常州市武进区遥观镇印墅村312国道旁			邮政编码	213011	法人姓名	董才平
评定时间	2014.7.14	注册日期	2003.9.4	报关有效期	长期	注册资本	15000万人民币
主营范围	生产经营管坯钢、合金带钢、工业固钢、工业线材等。						

企业名称	江苏友奥电器有限公司			海关编码	3204963506	所属海关	常州海关
通讯地址	江苏省常州市武进区礼嘉镇礼嘉村			邮政编码	213000	法人姓名	黄小燕
评定时间	2013.10.9	注册日期	2005.9.15	报关有效期	长期	注册资本	2000万人民币
主营范围	许可经营项目：无。一般经营项目：空调器、冰箱、烤箱、抽湿机、电暖器、空气净化器、电风扇、洗衣机、干衣机、冷柜及配件、冷藏库、家用冷冻箱、加湿机、热水器、商用空气调节器、通风电器、制冷电器、冲压件、空调器配件、模具的制造、加工、销售；空调器安装、维修、检测；机械零部件、塑料制品（医用塑料制品除外）的制造、加工；家用电器、金属材料、塑料粒子、建筑材料的销售；自营和代理各类商品及技术的进出口业务，但国家限定企业经营或禁止进出口的商品和技术除外。						

企业名称	常州亿晶光电科技有限公司			海关编码	3204966410	所属海关	常州海关
通讯地址	江苏省金坛市尧塘镇金武路 18 号			邮政编码	213213	法人姓名	荀建华
评定时间	2013.1.21	注册日期	2012.5.15	报关有效期	长期	注册资本	35860 万人民币
主营范围	单晶硅（单晶硅棒、单晶硅片）、多晶硅、石英制品、太阳能电池片及组件的研发生产；单晶炉、电控设备的生产；销售自产产品；太阳能光伏发电系统，太阳能、风能、柴油发电互补发电系统工程的设计、安装、施工、承包、转包项目；相关设备的研发和国内批发业务及其配套服务；太阳能发电；国内采购光伏材料的出口业务。（不涉及国营贸易管理商品；涉及配额、许可证管理商品的，按国家有关规定办理申请）						

企业名称	金东纸业（江苏）股份有限公司			海关编码	3211931356	所属海关	镇江海关
通讯地址	江苏省镇江市大港兴港东路 8 号			邮政编码	212132	法人姓名	黄志源
评定时间	2008.12.24	注册日期	1997.6.10	报关有效期	长期	注册资本	1430473.17 万人民币
主营范围	许可经营项目：道路货物运输，招待所住宿服务，自用码头经营（仅限港口经营许可证核定的范围）。一般经营项目：生产加工各类纸浆、纸张、纸板、纸制品、医疗影像专用相纸、化工产品（危险化学品除外）、机械设备及相关产品、按林纸一体化建设的化学机械木浆，销售上述自产产品，提供售后服务及技术咨询服务，以及其相关技术开发、转让；软件开发及转让；软件咨询服务；业务流程管理服务；信息系统服务；硫酸铵的生产；货物装卸；水电汽生产供应；环保代处理服务；粉煤灰的综合利用及其制成品销售；浆、纸、纸制品及原辅材料检验服务；自有厂房和设施设备的租赁；工业观光服务；从事木片、纸浆、纸及纸制品、化工材料（不含危险化学品）的批发、代理及进出口业务；煤炭的进口及批发业务；转口贸易；货物仓储服务（不含危险化学品）。（上述经营范围不包括国家禁止、限制企业经营的项目及须国家专项审批的项目）						

企业名称	江苏领先电子有限公司			海关编码	3211946115	所属海关	镇江海关
通讯地址	江苏省镇江市丹徒新城韦家巷 99 号			邮政编码	212143	法人姓名	林弘育
评定时间	2011.5.13	注册日期	2003.1.9	报关有效期	长期	注册资本	862.5 万美元
主营范围	生产变压器、整流器、充电器、电话语音系统、线材、塑胶制品、电源供应器、电子式安定器、LED 灯驱动器、照明灯具、LED 光源及其他电子产品。						

企业名称	盐城国际妇女时装有限公司			海关编码	3209930027	所属海关	盐城海关
通讯地址	江苏省盐城市青年东路 8 号			邮政编码	224002	法人姓名	Oliver Michael Spiesshofer
评定时间	2013.1.21	注册日期	1993.1.18	报关有效期	长期	注册资本	1500 万美元
主营范围	一般经营项目：内衣、成衣、睡衣、泳装、休闲服、运动服及其他服装、服装辅助件的制造，与本公司自产产品同类的商品的批发、零售、佣金代理（拍卖除外）。						

企业名称	江苏江动集团进出口有限公司			海关编码	3209960091	所属海关	盐城海关
通讯地址	江苏省盐城经济技术开发区希望大道南路 58 号 1 幢			邮政编码	224007	法人姓名	胡尔广
评定时间	2014.2.17	注册日期	2004.5.8	报关有效期	长期	注册资本	1000 万人民币
主营范围	许可经营项目：无。一般经营项目：自营和代理各类商品和技术的进出口业务（国家限定企业经营或禁止进出口的商品和技术除外）。						

企业名称	扬州大洋造船有限公司		海关编码	3210932393	所属海关	扬州海关
通讯地址	江苏省扬州市广陵区李典镇新坝沈王村		邮政编码	225006	法人姓名	梁小雷
评定时间	2009.3.2	注册日期	2004.1.17	报关有效期	长期	注册资本	5280 万美元
主营范围	许可经营项目：在如下经营范围开展对外承包工程业务：1. 承包境外钢质船舶的设计与建造工程和境内国际招标工程；2. 上述境外工程所需要的设备、材料的出口；3. 对外派遣实施上述境外工程所需要的劳务人员。						

企业名称	扬州英谛车材实业有限公司			海关编码	3210941589	所属海关	扬州海关
通讯地址	江苏省扬州市宝塔南路 5 号			邮政编码	225009	法人姓名	翁文钟
评定时间	2008.12.24	注册日期	2000.12.12	报关有效期	长期	注册资本	1970 万美元
主营范围	生产车用散热器及汽车配件、各种中冷器，各种汽车零配件的批发及进出口，热交换系统研发。						

企业名称	创利皮革（扬州）有限公司			海关编码	3210941641	所属海关	扬州海关
通讯地址	江苏省扬州市开发区金山东路 111 号			邮政编码	225131	法人姓名	潘用达
评定时间	2010.1.11	注册日期	2001.11.14	报关有效期	长期	注册资本	1200 万美元
主营范围	生产加工皮革及制成品，销售本公司自产产品。						

企业名称	可瑞尔科技（扬州）有限公司			海关编码	3210941682	所属海关	扬州海关
通讯地址	江苏省扬州市开发区兴扬路 28 号			邮政编码	225009	法人姓名	蔡传忠
评定时间	2009.4.2	注册日期	2002.4.24	报关有效期	长期	注册资本	500 万美元
主营范围	研发、制造传感器、衡器及其延伸产品，销售本公司自产产品。						

企业名称	江苏金飞达电动工具有限公司			海关编码	3210960118	所属海关	扬州海关
通讯地址	江苏省高邮市卸甲镇东风街 156 号			邮政编码	225644	法人姓名	张庆奇
评定时间	2013.9.10	注册日期	2000.11.20	报关有效期	长期	注册资本	1378.08 万人民币
主营范围	电器机械、仪器仪表、电动工具的制造、销售，本企业生产所需材料、设备、技术的购销，本企业自产机电产品、成套设备及相关技术的出口业务，本企业生产、科研所需的原辅材料、机械设备、仪器仪表、备品备件、零配件及技术的进口业务。						

企业名称	徐州工程机械集团进出口有限公司			海关编码	3203910034	所属海关	徐州海关
通讯地址	江苏省徐州经济开发区工业一区			邮政编码	221004	法人姓名	王岩松
评定时间	2014.7.14	注册日期	1997.9.8	报关有效期	长期	注册资本	50000 万人民币
主营范围	许可经营项目：无。一般经营项目：经营和代理各类商品及技术的进出口业务，但国家限定公司经营或禁止进出口的商品或技术除外；与出口自产成套设备相关的境外工程的境内国际招标工程的承包；与上述境外工程相关服务的劳务人员对外派遣；承办“三来一补”业务；普通机械、电子产品、工程机械配件的销售；工程机械维修、租赁。						

企业名称	江苏世纪天虹纺织有限公司			海关编码	3203940060	所属海关	徐州海关
通讯地址	江苏省徐州市睢宁县府前西街 33 号			邮政编码	221000	法人姓名	李坤
评定时间	2009.4.2	注册日期	2000.8.23	报关有效期	长期	注册资本	1038.75 万美元
主营范围	许可经营项目：无。一般经营项目：生产纱、坯布、印染布、针织服装，销售自产产品，棉花批发，纺织原料、纱线、坯布、印染布等纺织品的进出口、批发。						

企业名称	卡特彼勒（徐州）有限公司			海关编码	3203942032	所属海关	徐州海关
通讯地址	江苏省徐州金山桥经济开发区南区			邮政编码	221000	法人姓名	ROBERT P.GLINKE
评定时间	2013.12.5	注册日期	2013.10.22	报关有效期	长期	注册资本	9300 万美元
主营范围	许可经营项目：无。一般经营项目：生产液压挖掘机、履带式推土机及相关土方和工程机械产品和零部件，销售自产产品，并提供售后服务及相关的咨询服务；从事用于上述产品的非自产零部件、维护保养工具的批发、佣金代理（拍卖除外）、进出口及其他相关配套业务。（不涉及国营贸易管理商品；涉及配额、许可证管理商品的，按国家有关规定办理申请）						

企业名称	徐州富山医疗制品有限公司			海关编码	3203947008	所属海关	徐州海关
通讯地址	江苏省邳州市议堂镇滨河工业园（滨河路东、江阴路北）			邮政编码	221000	法人姓名	CURTIS PETER HAMANN
评定时间	2013.7.19	注册日期	2006.8.25	报关有效期	长期	注册资本	2600 万美元
主营范围	许可经营项目：无。一般经营项目：生产医用 PVC 手套及相关手套，销售自产产品，从事医用 PVC 手套和相关手套的批发及进出口。						

企业名称	江苏蓝丰生物化工股份有限公司			海关编码	3203960245	所属海关	徐州海关
通讯地址	江苏省新沂经济开发区苏化路 1 号			邮政编码	221400	法人姓名	杨振华
评定时间	2012.12.4	注册日期	2005.1.11	报关有效期	长期	注册资本	21312 万人民币
主营范围	许可经营项目：杀虫剂原药及剂型、杀菌剂原料及剂型、除草剂原药及剂型、化工产品（其中危险化学品按安全生产许可证许可范围经营）的生产、销售、出口。一般经营项目：进口本公司生产、科研所需的原辅材料、机械设备、仪器仪表及零配件，农膜销售，农药、化工产品生产技术转让，氧气销售（限分支机构经营）。						

企业名称	法尔胜集团进出口有限公司			海关编码	3216910619	所属海关	江阴海关
通讯地址	江苏省江阴市澄江中路 165 号			邮政编码	214400	法人姓名	刘翔
评定时间	2009.6.10	注册日期	1997.3.12	报关有效期	长期	注册资本	10000 万人民币
主营范围	许可经营项目：无。一般经营项目：自营和代理各类商品及技术的进出口业务，但国家限定企业经营或禁止进出口的商品和技术除外。						

企业名称	中船澄西船舶修造有限公司			海关编码	3216910620	所属海关	江阴海关
通讯地址	江苏省江阴市衡山路 1 号			邮政编码	214433	法人姓名	殷学明
评定时间	2008.11.11	注册日期	1997.3.12	报关有效期	长期	注册资本	76000 万人民币
主营范围	许可经营项目：船舶拆解。一般经营项目：船舶的修造；船舶拆解物资的回收（不含生产性废旧金属）；海洋工程装备制造、修理；钢结构工程的施工；钢结构件的制造、修理；起重机械、机电设备制造及其他加工业务；高空作业车、工程车辆、机电设备的修理；拆船物资的销售；船舶工程的技术开发、培训、咨询服务；船舶工程的设计；机械设备的租赁；自营和代理各类商品及技术的进出口业务，但国家限定企业经营或禁止进出口的商品和技术除外；承包境外与出口自产设备相关的工程和境内国际招标工程及出口境外所需的设备材料。（以上项目不含国家法律、行政法规限制、禁止类）						

企业名称	江苏兴业塑化股份有限公司			海关编码	3216930843	所属海关	江阴海关
通讯地址	江苏省江阴市周庄镇澄鹿路 1388 号			邮政编码	214423	法人姓名	薛纪良
评定时间	2008.12.24	注册日期	2000.1.6	报关有效期	长期	注册资本	21000 万人民币
主营范围	生产 PBT、PET 树脂及其制品，销售本公司产品。						

企业名称	江苏爱康科技股份有限公司			海关编码	3216932213	所属海关	江阴海关
通讯地址	江苏省江阴市华士工业集中区红苗园区勤丰路 1015 号			邮政编码	214425	法人姓名	邹承慧
评定时间	2013.1.6	注册日期	2012.3.9	报关有效期	长期	注册资本	30000 万人民币
主营范围	一般经营项目：研究、开发、生产、加工太阳能器材专用高档五金件、太阳能发电安装系统、太联能发电板封装膜，太阳能发电系统的设计、施工，从事铝锭的批发及进出口业务。（不涉及国营贸易管理商品；涉及配额、许可证管理商品的，按国家有关规定办理申请；涉及专项审批的，经批准后方可经营）						

企业名称	帝斯曼工程塑料（江苏）有限公司			海关编码	3216940904	所属海关	江阴海关
通讯地址	江苏省江阴经济开发区蟠龙山路 18 号			邮政编码	214432	法人姓名	IVO CONSTANTIJN LANSBERGEN
评定时间	2008.10.15	注册日期	2000.10.31	报关有效期	长期	注册资本	6040 万美元
主营范围	一般经营项目：生产化工产品（限工程塑料），并提供相关的技术服务和应用开发支持；从事与公司自产产品同类的化工产品（限合成材料）的批发业务。（涉级配额许可证管理、专项规定管理的商品，按国家有关规定办理）						

企业名称	江阴福汇纺织有限公司			海关编码	3216941138	所属海关	江阴海关
通讯地址	江苏省江阴市萧山路 9 号			邮政编码	214434	法人姓名	李兰
评定时间	2009.7.28	注册日期	2002.6.27	报关有效期	长期	注册资本	11000 万美元
主营范围	许可经营项目：无。一般经营项目：从事高档针织面料的织染及后整理加工，针织服装的生产，新型纺织机械的研发及生产，从事与公司自产产品同类的纺织品及服装的批发、零售，从事纺织机械及其零部件的批发、进出口业务。（不涉及国营贸易管理商品；涉及配额、许可证管理商品的，按照国家有关规定办理申请）						

企业名称	阿法拉伐（江阴）设备制造有限公司			海关编码	3216941996	所属海关	江阴海关
通讯地址	江苏省江阴市霞客镇峭岐人民路 465 号			邮政编码	214408	法人姓名	GORAN MATHIASSON
评定时间	2013.1.21	注册日期	2005.8.17	报关有效期	长期	注册资本	1750 万美元
主营范围	一般经营项目：生产板式换热器、钎焊换热器、全焊式换热器及其零部件、板片密封垫、卧式离心机、清洗枪、高速分离机，从事上述商品及零配件的批发、佣金代理、进出口业务，提供相关技术和维修服务。						

企业名称	江苏扬子江船厂有限公司			海关编码	3216942419	所属海关	江阴海关
通讯地址	江苏省江阴市鲥鱼港路 38 号			邮政编码	214431	法人姓名	任元林
评定时间	2008.12.1	注册日期	2006.10.11	报关有效期	长期	注册资本	62260 万人民币
主营范围	一般经营项目：从事 5.5 万吨以下船舶的制造、修理和拆解，大型钢结构及起重机械、带式输送机械产品的制造和加工，气瓶充装、无缝气瓶检验，提供相关的技术咨询及售后服务。						

企业名称	江苏阳光股份有限公司			海关编码	3216950057	所属海关	江阴海关
通讯地址	江苏省江阴市新桥镇马嘶桥			邮政编码	214426	法人姓名	陈丽芬
评定时间	2008.12.24	注册日期	1999.12.8	报关有效期	长期	注册资本	178334.03 万人民币
主营范围	一般经营项目：呢绒、毛纱、毛线、针纺织品、服装、纺织机械及配件的制造、销售；毛洗净分梳；纺织原料（不含棉花、蚕茧）、金属材料、建筑用材料、装饰装修材料、五金、电子产品、通讯及广播电视设备（不含卫星电视广播地面接收设施及发射装置）、玻璃的销售；自营和代理各类商品及技术的进出口业务，但国家限定企业经营或禁止进出口的商品及技术除外。						

企业名称	江阴市红柳被单厂有限公司			海关编码	3216950600	所属海关	江阴海关
通讯地址	江苏省江阴市花东路 15 号			邮政编码	214432	法人姓名	黄建钧
评定时间	2009.5.11	注册日期	1996.1.2	报关有效期	长期	注册资本	6500 万人民币
主营范围	一般经营项目：床上用品和装饰布的染色、印花制造、加工；被单布、装饰布、纯棉坯布、涤棉坯布、工艺品、文具用品、一类医疗器械、二类医疗器械（不含需领取许可证经营的项目）的销售；发电，供气（仅供本公司内部使用）；自营和代理各类商品及技术的进出口业务，但国家限定企业经营或禁止进出口的商品和技术除外。						

企业名称	江阴市舒乐家用纺织品有限公司			海关编码	3216950964	所属海关	江阴海关
通讯地址	江苏省江阴市花东路 11 号			邮政编码	214432	法人姓名	韩洪华
评定时间	2013.3.11	注册日期	2001.5.11	报关有效期	长期	注册资本	580 万人民币
主营范围	一般经营项目：针织品、纺织品的销售；自营和代理各类商品及技术的进出口业务，但国家限定企业经营或禁止进出口的商品和技术除外。						

企业名称	江苏长电科技股份有限公司			海关编码	3216960940	所属海关	江阴海关
通讯地址	江苏省江阴市澄江镇长山路 78 号			邮政编码	214431	法人姓名	王新潮
评定时间	2013.10.9	注册日期	2001.2.26	报关有效期	长期	注册资本	85313.361 万人民币
主营范围	研制、开发、生产、销售半导体电子元件等，详见营业执照。						

企业名称	江阴市新暨阳石油有限公司			海关编码	3216961062	所属海关	江阴海关
通讯地址	江苏省江阴市临港新城夏港街道滨江西路2号7幢308室			邮政编码	214431	法人姓名	胡祖芬
评定时间	2011.11.30	注册日期	2002.1.21	人民币	长期	注册资本	10000万人民币
主营范围	汽油、柴油、燃料油、化工产品的批发，润滑油、化工原料、纺织原料、纺织品、五金交电、橡胶制品、金属材料、建筑材料、装潢材料、机械设备、电子产品、汽车的销售。						

企业名称	江阴市金桥化工有限公司			海关编码	3216961209	所属海关	江阴海关
通讯地址	江苏省华东石化物资交易市场（江阴市林港新城夏港街道滨江西路2号1号楼201室）			邮政编码	214431	法人姓名	孙芳
评定时间	2008.12.24	注册日期	2002.12.10	报关有效期	长期	注册资本	5000万人民币
主营范围	许可经营项目：危险化学品的批发（凭危险化学品经营许可经营）。一般经营项目：化工产品（不含危险品）、燃料油、润滑油、基础油、金属材料、五金工具、纺织面料、仪器仪表及其他机械设备、建材的销售；自营和代理各类商品及技术的进出口业务，但国家限定企业经营或禁止进出口的商品和技术除外。						

企业名称	江苏倪家巷集团精毛纺织有限公司			海关编码	3216961235	所属海关	江阴海关
通讯地址	江苏省江阴市周庄镇倪家巷村倪家巷			邮政编码	214423	法人姓名	吴岳忠
评定时间	2013.12.19	注册日期	2009.3.2	报关有效期	长期	注册资本	10000万人民币
主营范围	一般经营项目：毛纺织品、服装、化纤产品、纱、线的制造、加工；各种面料的后整理；自营和代理各类商品及技术的进出口业务，但国家限定企业经营或禁止进出口的商品和技术除外。						

企业名称	江苏吉鑫风能科技股份有限公司			海关编码	3216961896	所属海关	江阴海关
通讯地址	江苏省江阴市云亭街道工业园区那巷路8号			邮政编码	214422	法人姓名	包士金
评定时间	2013.2.19	注册日期	2005.4.27	报关有效期	长期	注册资本	99176万人民币
主营范围	一般经营项目：风能发电机及零配件的技术开发、技术转让、技术服务及销售；液压机械设备、建筑机械设备、纺织机械设备、五金加工机械设备的制造、加工、销售；钢铁铸件制造；铸件的热处理；汽车发动机零部件、五金件的制造、加工；铸造模具的设计、制造、销售；铸造材料的分析和测试；铸件的无损控伤；自营和代理各类商品及技术的进出口业务，但国家限定企业经营或禁止进出口的商品和技术除外。						

企业名称	江苏省华贸进出口有限公司			海关编码	3216961991	所属海关	江阴海关
通讯地址	江苏省江阴临港新城申港镇镇澄路1298号			邮政编码	214400	法人姓名	汤国华
评定时间	2008.12.1	注册日期	2005.8.17	报关有效期	长期	注册资本	8000万人民币
主营范围	自营和代理各类商品及技术的进出口，但国家限定公司经营或禁止进出口的商品和技术除外；机械设备、五金交电、电子产品、针织品、纺织品、服装、建材、化工产品（不含危险品）、金属及金属矿的销售。						

企业名称	顺德工业（江苏）有限公司			海关编码	3215440114	所属海关	张保税区
通讯地址	江苏省张家港保税区上海路			邮政编码	215634	法人姓名	陈朝明
评定时间	2014.6.24	注册日期	1998.5.14	报关有效期	长期	注册资本	3500万美元
主营范围	许可经营项目：无。一般经营项目：生产、加工集成电路框架、模具、金属材料和文具，销售自产产品，集成电路框架和文具的批发、进出口及佣金代理（不含拍卖）。（涉及专项审批的，凭许可证经营）						

企业名称	丰立集团有限公司			海关编码	3215460280	所属海关	张保税区
通讯地址	江苏省张家港保税区金税大厦508C室			邮政编码	215634	法人姓名	吴惠娣
评定时间	2014.6.26	注册日期	2005.3.9	报关有效期	长期	注册资本	120000万人民币
主营范围	许可经营项目：煤炭的批发（限制按煤炭经营资格证经营）。一般经营项目：废旧金属（废钢）的贸易，矿产品的购销，对实业及贸易业的投资，自营和代理各类商品及技术的进出口业务（国家限定公司经营或禁止进出口的商品及技术除外），以金属材料、化工产品（危险化学品除外）、五金机电产品、纺织品为主的转口贸易，国内保税区企业间的贸易，与区外有进出口经营权企业间的贸易，与贸易有关的代理业务。（涉及专项审批的，凭许可证经营）						

企业名称	三星电子（苏州）半导体有限公司			海关编码	3205240009	所属海关	苏工业区
通讯地址	江苏省苏州工业园区金鸡湖路15号			邮政编码	215021	法人姓名	JAIKYEONG SHINN
评定时间	2009.5.11	注册日期	1995.1.20	报关有效期	长期	注册资本	29000万美元
主营范围	一般经营项目：生产半导体产品，销售本公司所生产的产品。						

企业名称	力成科技（苏州）有限公司			海关编码	3205240020	所属海关	苏工业区
通讯地址	江苏省苏州工业园区星海街33号			邮政编码	215021	法人姓名	吉红斌
评定时间	2008.11.11	注册日期	1995.9.25	报关有效期	长期	注册资本	7200万美元
主营范围	一般经营项目：组装、测试集成电路和电子器件，销售所生产的产品并提供相关服务。						

企业名称	瑞萨半导体（苏州）有限公司			海关编码	3205240038	所属海关	苏工业区
通讯地址	江苏省苏州工业园区中新大道西176号			邮政编码	215021	法人姓名	林大介
评定时间	2008.10.15	注册日期	1995.12.22	报关有效期	长期	注册资本	4322.59万美元
主营范围	一般经营项目：开发、设计、制造半导体及相关产品，销售其产品，提供售后服务。						

企业名称	康普通讯技术（中国）有限公司			海关编码	3205240042	所属海关	苏工业区
通讯地址	江苏省苏州工业园区苏虹西路68号			邮政编码	215021	法人姓名	MICHAEL DAVID COPPIN
评定时间	2012.8.31	注册日期	2011.12.26	报关有效期	长期	注册资本	3434万美元
主营范围	研究、开发、测试、装配、加工、生产波导管、射屏电缆、连接器及其附件，通讯、天气、空中交通管制天线及附件、功放器、滤波器及相关产品，手机附件，以及其他在中国不受禁止的相关产品，并提供安装和其他售后服务；从事非配额许可证管理商品、非专营商品的收购出口业务。						

企业名称	金红叶纸业集团有限公司			海关编码	3205240068	所属海关	苏工业区
通讯地址	江苏省苏州工业园区金胜路 1 号			邮政编码	215126	法人姓名	JACKSON WIJAYA LIMANTARA（黄杰胜）
评定时间	2009.11.10	注册日期	1996.3.29	报关有效期	长期	注册资本	114165 万美元
主营范围	许可经营项目：无。一般经营项目：生产各种涂布白卡纸、卷筒卫生纸、餐巾纸、面巾纸、手巾纸、婴儿纸尿布、卫生巾、湿巾纸、短衬裤等纸制品及相关产品，并销售其产品；出租本公司自有多余标准产房（出租对象仅限于与本公司生产经营直接关联的或集团内部的企业）；本公司生产产品的同类商品、纸类、无纺布制品、办公用纸、文具用品、日化用品、小家电、日杂用品、机械设备的批发、进出口、转口贸易、佣金代理（拍卖除外）及相关业务；提供纸制品有关的技术服务和技术转让业务。						

企业名称	伟创力电子技术（苏州）有限公司			海关编码	3205240081	所属海关	苏工业区
通讯地址	江苏省苏州工业园区苏茜路 9 号			邮政编码	215021	法人姓名	MANNY MARIMUTHU
评定时间	2011.5.13	注册日期	1996.3.29	报关有效期	长期	注册资本	33521.59 万美元
主营范围	许可经营项目：无。一般经营项目：制造印刷电路板组件及其系统集成产品，并销售其产品；承接国内外客户印刷电路板及其他电子组件的加工装配；从事数字移动终端产品及整机的加工与组装；从事非配额许可证管理商品、非专营商品的收购出口业务；提供计算机、通信设备、精密仪器及元件的维修、维护、技术咨询、技术服务；从事本公司生产产品的同类商品及原材料的批发、进出口、佣金代理及相关业务。						

企业名称	联建（中国）科技有限公司			海关编码	3205240177	所属海关	苏工业区
通讯地址	江苏省苏州工业园区苏虹西路 99 号			邮政编码	215021	法人姓名	黄显雄
评定时间	2008.10.15	注册日期	1999.12.2	报关有效期	长期	注册资本	13300 万美元
主营范围	研发、设计、制造新型平板显示器及其相关电子零组件、五金配件及相关产品，销售本公司产品并提供维修及相关服务，从事非配额许可证管理商品、非专管商品的收购出口业务，从事与本公司同类商品的批发、佣金代理及进出口业务。						

企业名称	晶端显示器件（苏州）有限公司			海关编码	3205240219	所属海关	苏工业区
通讯地址	江苏省苏州工业园区中新大道西 162 号			邮政编码	215021	法人姓名	黑川一成
评定时间	2009.5.11	注册日期	2000.9.28	报关有效期	长期	注册资本	4500 万美元
主营范围	显示器件产品及设备、治工具类产品的设计、制造，销售本公司所生产的产品，并提供售后服务及其他相关服务；从事以上领域本公司同类商品的批发、进出口业务。						

企业名称	天弘（苏州）科技有限公司			海关编码	3205240233	所属海关	苏工业区
通讯地址	江苏省苏州工业园区苏虹中路 448 号			邮政编码	215021	法人姓名	YAP KHEOK JOO
评定时间	2013.3.11	注册日期	2001.1.20	报关有效期	长期	注册资本	4000 万美元
主营范围	一般经营项目：电子产品制造服务和研发，包括印刷线路板组装、底板及电缆组装、注塑、金属加工（冲压、成型、镀漆）；电脑及电脑周边产品、服务器、通讯器材及网络系统、数控产品的整机、干式激光成像仪制造、服务及维修，销售本公司生产的产品，并提供以上产品和相关产品的仓储服务；从事非配额许可证管理商品、非专营商品的收购出口业务；从其母公司或关联公司进口非配额管理的产品在国内外试销（进口数量与价值需经原审批机构批准）。						

企业名称	友达光电（苏州）有限公司			海关编码	3205240272	所属海关	苏工业区
通讯地址	江苏省苏州工业园区苏虹中路398号			邮政编码	215027	法人姓名	彭双浪
评定时间	2008.12.1	注册日期	2001.8.7	报关有效期	长期	注册资本	27800万美元
主营范围	许可经营项目：无。一般经营项目：研发、制造、组装液晶显示屏等新型显示器件、液晶显示器、液晶电视、触摸控制玻璃、薄膜电晶体液晶显示面板（触控产品及3D产品）；以上产品相关零组件的组装；提供相关技术及售后服务、维修，并销售本企业所生产的产品；自有多余厂房出租（出租对象仅限于与本公司生产经营直接关联的或集团内部的企业）；合同能源管理。						

企业名称	和舰科技（苏州）有限公司			海关编码	3205240306	所属海关	苏工业区
通讯地址	江苏省苏州工业园区星华街333号			邮政编码	215025	法人姓名	尤朝生
评定时间	2008.11.11	注册日期	2001.12.13	报关有效期	长期	注册资本	38000万美元
主营范围	研究、开发、设计、制造以下产品：集成电路；各种半导体零组件，包括混合电路（HYBRID CIRCUIT）、集成电路（IC）卡及电路模块；微处理器、外围支持的零组件及系统产品，包括密着型影像传感器（CIS）、液晶显示器（LCD）、半导体记忆体记忆零组件及其系统产品；太阳能电池及其相关的系统模组与产品。集成电路测试与包装；光罩制作；在国内外销售本公司的产品并提供相关服务；从事本公司生产产品的同类商品的批发、佣金代理（拍卖除外）及相关业务；相关半导体工程设计咨询、工程管理咨询、经营管理咨询及相关配套服务。						

企业名称	苏州智能泰克有限公司			海关编码	3205240371	所属海关	苏工业区
通讯地址	江苏省苏州工业园区扬东路180号			邮政编码	215122	法人姓名	柴笃志
评定时间	2009.6.10	注册日期	2002.6.17	报关有效期	长期	注册资本	470万美元
主营范围	一般经营项目：开发、生产数码相机、液晶投影仪、视频展示台及其他光学设备及部品，销售本公司所生产的产品并提供售后服务；以上领域的非本公司生产同类产品的批发及进出口业务；提供ERP系统产品的佣金代理（拍卖除外）及相关技术服务。						

企业名称	苏州三星显示有限公司			海关编码	3205240476	所属海关	苏工业区
通讯地址	江苏省苏州工业园区方洲路318号			邮政编码	215123	法人姓名	KEE YOUN LEE
评定时间	2008.10.15	注册日期	2002.12.13	报关有效期	长期	注册资本	19000万美元
主营范围	设计、生产、加工液晶显示器及其相关产品，销售本公司产品并提供售后服务，从事电子产品的维修服务。						

企业名称	威刚科技（苏州）有限公司			海关编码	3205240636	所属海关	苏工业区
通讯地址	江苏省苏州工业园区新发路28号			邮政编码	215123	法人姓名	林天琮
评定时间	2009.5.11	注册日期	2004.2.17	报关有效期	长期	注册资本	4000万美元
主营范围	许可经营项目：无。一般经营项目：内存模块及闪存记忆体、计算机外设产品、变压器、整流器、电感器、灯具及LED节能照明装置的研发、生产、组装、测试、维修，销售本公司所生产的产品并提供相关服务；从事本公司生产产品的同类商品及电子元器件、包装物、家用电器及电子产品的批发、佣金代理（拍卖除外）、进出口及相关配套业务；自有多余厂房出租。						

企业名称	超威半导体技术（中国）有限公司			海关编码	3205240681	所属海关	苏工业区
通讯地址	江苏省苏州工业园区苏桐路 88 号			邮政编码	215021	法人姓名	DEVINDER KUMAR
评定时间	2008.10.15	注册日期	2004.4.29	报关有效期	长期	注册资本	13338 万美元
主营范围	许可经营项目：无。一般经营项目：生产集成电路和电子元件，销售本公司所生产的产品并提供有关的售后服务及相关服务，提供维修业务及为相关产品提供技术服务，自有多余厂房出租。						

企业名称	江苏理士电池有限公司			海关编码	3208940029	所属海关	淮安海关
通讯地址	江苏省淮安市金湖县工业园区神华大道北侧、同泰大道西侧			邮政编码	211600	法人姓名	印海燕
评定时间	2009.2.17	注册日期	2003.3.13	报关有效期	长期	注册资本	3924.52 万美元
主营范围	一般经营项目：铅酸免维护蓄电池、镍氢电池、锂电池、镍镉电池、充电器、控制器及相关的注塑、模具、汽车配件、电动车及其配件、铁路机车车辆用蓄电池配件、机电设备及配件、应急灯的设计开发和生产，销售本公司产品，报废电池的收集回收，蓄电池的安装调试，电池温控柜、节能服务的技术支持、咨询。						

企业名称	南通荣威娱乐用品有限公司			海关编码	3206944124	所属海关	如皋海关
通讯地址	江苏省如皋市如城镇（经济开发区）			邮政编码	226500	法人姓名	王海青
评定时间	2013.12.4	注册日期	2008.9.3	报关有效期	长期	注册资本	3300 万美元
主营范围	生产 PVC 薄膜、塑料玩具及充气床垫，销售自产产品并提供售后服务。						

企业名称	南京爱立信熊猫通信有限公司			海关编码	3201331654	所属海关	金陵海关
通讯地址	江苏省南京高新开发区 15 幢 716 室			邮政编码	211100	法人姓名	MATS H OLSSON
评定时间	2008.12.24	注册日期	1993.12.30	报关有效期	长期	注册资本	2090 万美元
主营范围	制造、安装、销售蜂房移动电话产品及通信系统设备及其附件，并提供售后服务；承包境外机电工程和境内国际招标工程；上述境外工程所需的设备、材料的出口；对外派遣实施上述境外工程所需的劳务人员；维修境内外爱立信移动通信系统产品。						

企业名称	华宝通讯（南京）有限公司			海关编码	3201545000 3201645002	所属海关	金陵海关
通讯地址	江苏省南京综合保税区（江宁）			邮政编码	211100	法人姓名	陈招成
评定时间	2014.8.7	注册日期	2003.12.8	报关有效期	长期	注册资本	2200 万美元
主营范围	许可经营项目：无。一般经营项目：研发、生产和代加工笔记本电脑、移动通信系统手机暨电池模组、无线上网卡、无线上网设备、平板电脑、光场相机、其他相关产品及零配件，销售自产产品并提供售后服务。						

企业名称	南京中电熊猫液晶显示科技有限公司			海关编码	3201918021	所属海关	金陵海关
通讯地址	江苏省南京经济技术开发区恒谊路9号			邮政编码	210033	法人姓名	赖伟德
评定时间	2013.10.9	注册日期	2010.2.3	报关有效期	长期	注册资本	480000万人民币
主营范围	许可经营项目：无。一般经营项目：TFT-LCD面板、液晶显示器、电视机、仪器仪表、机械设备及配件的研发、生产、销售、技术服务；自营和代理各类商品及技术的进出口业务，但国家限定公司经营或禁止进出口的商品和技术除外。						

企业名称	南京LG新港显示有限公司			海关编码	3201932598	所属海关	金陵海关
通讯地址	江苏省南京经济技术开发区尧新大道346号			邮政编码	210038	法人姓名	具浩男
评定时间	2009.4.2	注册日期	1998.2.19	报关有效期	长期	注册资本	2392万美元
主营范围	许可经营项目：无。一般经营项目：设计、生产各种显示器及其零部件、各种平板数字电视机及其零部件、个人电脑及其零部件，销售自产产品并提供相关服务，公司自产产品的同类个人电脑、电视机、显示器零部件、模具、夹具等商品的进出口及批发业务。（涉及法律、法规禁止经营的，不得经营；涉及许可证经营的，凭许可证经营）						

企业名称	南京群志光电有限公司			海关编码	3201942929	所属海关	金陵海关
通讯地址	江苏省南京江宁经济技术开发区佛城西路93号			邮政编码	211100	法人姓名	郑乃监
评定时间	2008.10.15	注册日期	2001.10.23	报关有效期	长期	注册资本	14200万美元
主营范围	一般经营项目：低温多晶硅薄膜电晶体液晶显示器（LTPS TFT LCD）、扭曲向列型液晶显示器（TN/STN LCD）、新型平板显示器件、背光模块、液晶显示器及相关零组件、其他新型显示器件的生产、进出口、批发业务，销售自产产品，并提供相关技术及售后维修服务。						

企业名称	仕达利恩（南京）光电有限公司			海关编码	3201943055	所属海关	金陵海关
通讯地址	江苏省南京经济技术开发区恒飞路、31号			邮政编码	210038	法人姓名	LEE YONE SUNG
评定时间	2010.4.16	注册日期	2003.2.20	报关有效期	长期	注册资本	1000万美元
主营范围	许可经营项目：无。一般经营项目：研发、生产TFT-LCD背光模组（B/L）模块、液晶模组（LCM），加工精冲模、精密型腔膜、模具及标准件和TFT-LCD用各类高精密金属元器件、零组件，TFT-LCD用背光灯（LAMP）组装，销售自产产品，并提供相关服务。						

企业名称	喜星电子（南京）有限公司			海关编码	3201943060	所属海关	金陵海关
通讯地址	江苏省南京经济技术开发区兴友路30号			邮政编码	210046	法人姓名	柳哲坤
评定时间	2009.4.2	注册日期	2003.3.3	报关有效期	长期	注册资本	3400万美元
主营范围	许可经营项目：无。一般经营项目：研究、开发、生产TFT-LCD背光模组、背光零组件、TFT-LCD模组、显示器及零部件、平板数字电视机及平板数字电视机零部件，销售自产产品，并提供相关服务。						

企业名称	英华达（南京）科技有限公司			海关编码	3201943202	所属海关	金陵海关
通讯地址	江苏省南京市江宁经济技术开发区将军大道 133 号			邮政编码	211153	法人姓名	张景嵩
评定时间	2013.10.14	注册日期	2004.3.10	报关有效期	长期	注册资本	5800 万美元
主营范围	许可经营项目：无。一般经营项目：开发、设计、生产移动通信系统手机（含第三代及后续移动通信系统手机），数字放声设备（多媒体录入装置），无线市话（PHS），无线通讯产品，网络通讯产品，计算机，家用音、视频设备及配件，电话机及相关通信产品；销售自产产品；提供电子技术开发及技术服务。						

企业名称	艾默生过程控制流量技术有限公司			海关编码	3201947061	所属海关	金陵海关
通讯地址	江苏省南京市江宁区兴民南路 111 号			邮政编码	211102	法人姓名	NEAL MASON INGRAM
评定时间	2014.8.7	注册日期	2007.8.14	报关有效期	长期	注册资本	1200 万美元
主营范围	许可经营项目：无。一般经营项目：设计、研发、集成、生产精密在线测量仪器（含分析仪器、系统等），销售自产产品，经营前述各项仪器、系统及其零部件的进出口、采购、批发、佣金代理（拍卖除外）（涉及配额及许可证管理、专项规定管理的商品，按照国家有关规定办理），向国内和国际客户提供精密在线测量仪器（含分析仪器、系统等）及其零部件的修理、维护、调试技术咨询等技术服务。						

企业名称	博西华电器（江苏）有限公司			海关编码	3201948022	所属海关	金陵海关
通讯地址	江苏省南京市经济技术开发区尧新大道 208 号			邮政编码	210046	法人姓名	柯赫
评定时间	2010.11.30	注册日期	2004.12.3	报关有效期	长期	注册资本	6300 万美元
主营范围	许可经营项目：无。一般经营项目：开发、生产并销售家用电器和燃气用具，如灶具（电气 / 燃气）、烤箱（电气 / 燃气）、微波炉、蒸汽炉、炊具（电气 / 燃气）、加温器、消毒柜、抽油烟机、吸尘器、熨斗、电水壶、吐司机、咖啡壶、搅拌器、食品加工器、热水器、洗衣机、干衣机、洗衣干衣机；开发、生产并销售家用电器的电动发动机及上述所有产品各自的部件、备件及元器件；为上述产品提供售后服务；研究和开发家用电器产品，并提供相关技术咨询和技术转让；从事上述同类产品及其部件、备件及元器件的进出口、批发及佣金代理业务。						

企业名称	阿特拉斯科普柯（南京）建筑矿山设备有限公司			海关编码	3201948040	所属海关	金陵海关
通讯地址	江苏省南京经济技术开发区恒泰路 2 号			邮政编码	210033	法人姓名	SHEN YIZHANG
评定时间	2012.12.13	注册日期	2005.12.13	报关有效期	长期	注册资本	2060 万美元
主营范围	许可经营项目：无。一般经营项目：生产隧道挖掘机、矿用装载机、露天凿岩设备及其他相关设备，销售自产产品，并提供相关服务；从事上述自有工程机械设备的租赁业务；从事上述产品的研发、自研技术的转让和技术服务；从事上述同类商品及其零部件、润滑油、润滑脂的进出口及批发业务。（涉及法律、法规禁止经营的，不得经营；涉及许可证经营的，凭许可证经营）						

企业名称	南京夏普电子有限公司			海关编码	3201948042	所属海关	金陵海关
通讯地址	江苏省南京经济技术开发区尧新路 318 号			邮政编码	210038	法人姓名	菅野信行
评定时间	2011.11.30	注册日期	2005.12.23	报关有效期	长期	注册资本	10058 万美元
主营范围	许可经营项目：无。一般经营项目：研究、开发、生产模拟、数字电视机，液晶显示器，TFT-LCD 模组等新型平板显示器件，大屏幕彩色投影显示器用光学引擎、光源及整机，数字摄录产品，数字录放机及放声设备；销售自产产品，并提供相应售后服务；从事上述同类产品及其零部件的进出口、批发及佣金代理（拍卖除外）业务（不涉及国营贸易管理商品；涉及配额、许可证管理商品的，按国家有关规定办理申请）；机电相关的技术咨询、指导服务及商务咨询服务；自有房屋租赁；非政府配额管理商品和非专管商品的采购再出口业务。						

企业名称	常熟三爱富中昊化工新材料有限公司			海关编码	3214930840	所属海关	常熟海关
通讯地址	江苏省常熟经济开发区氟化工业园兴虞路 10 号			邮政编码	215522	法人姓名	金健
评定时间	2012.8.31	注册日期	2011.10.21	报关有效期	长期	注册资本	10000 万人民币
主营范围	许可经营项目：危险化学品生产［氟化氢（无水）、氯二氟甲烷、1，1- 二氟乙烷、二氟氯乙烷、盐酸、氢氟酸、氟硅酸、乙炔（溶于介质的）、四氟乙烯（抑制了的）、六氟丙烷、八氟环丁烷］。一般经营项目：含氟精细化工的技术开发、技术转让、技术服务、技术咨询；氟利昂气瓶检测；改性聚四氟乙烯抗低落剂（AD541）及配套 PTFE（聚四氟乙烯分散乳液）的销售；从事货物及技术进出口业务，但国家限定公司经营或禁止进出口的商品及技术除外。（外资比率小于 25%）						

企业名称	夏普办公设备（常熟）有限公司			海关编码	3214940017	所属海关	常熟海关
通讯地址	江苏省常熟经济开发区黄河路			邮政编码	215500	法人姓名	川村浩一
评定时间	2009.4.2	注册日期	1993.12.7	报关有效期	长期	注册资本	5440 万美元
主营范围	研究、开发、设计、生产复印机、打印机等办公设备，传真机，便携式微型计算机，电子收款机，POS 系统终端，新型平板显示器及监视器，空气净化器，线路板组件，以及上述产品的有关零部件（含墨粉、载体、感光鼓等耗材）；相关软件的技术开发；销售自产产品，并提供相应的售后服务和技术咨询服务；本公司自产产品的同类商品（含零部件、选购件、耗材等）的批发、佣金代理（拍卖除外）、进出口及其他相关配套业务。（上述涉及配额、许可证管理及专项管理的商品，根据国家有关规定办理）						

企业名称	芬欧汇川（中国）有限公司			海关编码	3214940051	所属海关	常熟海关
通讯地址	江苏省常熟经济技术开发区兴业路 2 号			邮政编码	215536	法人姓名	KIM PETER POULSEN
评定时间	2008.10.15	注册日期	1995.12.21	报关有效期	长期	注册资本	64871 万美元
主营范围	生产、加工、销售各类纸品、纸板及其他纸类产品，本企业的蒸汽、电力供应，通过自备电站锅炉氨法脱硫生产副产品硫酸铵，自用物资和自产产品的装卸、运输；从事各类纸品、纸板及其他纸类产品，纸浆，胶合板、锯材、木材、加工产品及木塑复合材料制成品，原木、木片和木屑棒的批发、佣金代理（不含拍卖）及进出口业务（不涉及国营贸易管理商品；涉及配额、许可证管理的，按国家有关规定办理申请）；码头和港口设施服务；货物装卸、仓储服务；港口设施、设备和港口机械的租赁、维修服务；以服务外包方式从事集团公司内关联企业的财务、税务、人力资源管理、法律咨询、产品的研究与开发、系统应用管理和维护、信息技术支持管理、市场开发，以及与生产相关的原材料、机器设备及零部件的采购等服务。（依法须经批准的项目，经相关部门批准后方可开展经营活动）						

企业名称	常熟华新特殊钢有限公司			海关编码	3214940089	所属海关	常熟海关
通讯地址	江苏省常熟市海虞镇海阳路 2 号			邮政编码	215519	法人姓名	张文春
评定时间	2008.11.11	注册日期	1998.9.28	报关有效期	长期	注册资本	9700 万美元
主营范围	许可经营项目：无。一般经营项目：从事特殊钢管、棒、线材、不锈钢钢丝绳、镍基无缝钢管、钛合金无缝钢管、高档建筑五金件、水暖器材及相关管道零件、工模具的开发、设计、生产。						

企业名称	烨辉（中国）科技材料有限公司			海关编码	3214940158	所属海关	常熟海关
通讯地址	江苏省常熟市经济开发区沿江工业区烨辉路 1 号			邮政编码	215536	法人姓名	吴林茂
评定时间	2008.11.11	注册日期	2002.6.26	报关有效期	长期	注册资本	23350 万美元
主营范围	许可经营项目：无。一般经营项目：生产酸洗涂油卷板、冷轧卷板、镀锌卷板、彩涂卷板及其他相关制品，热轧卷板的批发及进出口业务。						

企业名称	江苏新宁现代物流股份有限公司		海关编码	3223930513	所属海关	昆山海关
通讯地址	江苏省昆山市张浦镇阳光西路 760 号		邮政编码	215300	法人姓名	王雅军
评定时间	2010.11.30	注册日期 1997.2.24	报关有效期	长期	注册资本	9000 万人民币
主营范围	进出口货物的仓储，集装箱堆存及有关配套业务；保税仓库内货物的代理报关、报检、运输代理业务；库内货物的分级、分装、挑选、贴商标、制标签、整理等；供应链管理技术转让、技术开发和相关的技术咨询，技术服务业务等。（涉及许可证的，凭许可证生产经营）					

企业名称	富士康（昆山）电脑接插件有限公司		海关编码	3223940025	所属海关	昆山海关
通讯地址	江苏省昆山市经济技术开发区高科技工业园北门路 999 号		邮政编码	215316	法人姓名	何有明
评定时间	2008.12.24	注册日期 1998.5.20	报关有效期	长期	注册资本	4460 万美元
主营范围	许可经营项目：无。一般经营项目：研制、生产、加工用于电脑及电脑周边设备，服务器、手机及网络通讯设备，音像、影视设备等，汽车电气系统的新型机电组件、光电子器件等新型电子元器件，游戏机配套用接插件（不含整机），仪用接插件等新型仪表元器件，精冲模、精密型腔模、模具标准件及其上述产品零配件，线缆及线缆组件，塑胶粒及其再生处理，太阳能光伏电池零组件；销售自产产品。以下产品限分公司生产：节庆用饰品、装饰灯及其零配件。					

企业名称	捷安特（中国）有限公司		海关编码	3223940065	所属海关	昆山海关
通讯地址	江苏省昆山开发区顺帆路		邮政编码	215300	法人姓名	刘金标
评定时间	2014.6.9	注册日期 1994.12.15	报关有效期	长期	注册资本	3750 万美元
主营范围	生产成人及儿童自行车、助动自行车、电动自行车及其零配件、儿童三轮车等儿童玩具；割草机、割草机引擎、电动车用蓄电池、原电池、自行车用仪表、自行车车锁、自行车置物篮、自行车用手工具、自行车相关塑料制品、橡胶制品、自行车用照明器具、体育用品、金属家具、零件表面烘覆型防锈涂膜的生产和零售业务；销售自产产品，并提供售后服务及维修；从事非配额许可证管理商品、非专管商品的收购出口业务；从事与本企业生产同类产品的商业批发、佣金代理（拍卖除外）、零售（如开设店铺需另行报批）及进出口业务；自行车租赁；工艺品、文具、服装、服饰、箱包、陶瓷、日用品等百货类商品的批发、零售。（涉及配额许可证管理、专项规定管理的商品，按国家有关规定办理；涉及许可证的，凭许可证生产经营）					

企业名称	牧田（中国）有限公司		海关编码	3223940152	所属海关	昆山海关
通讯地址	江苏省昆山开发区黄浦江南路 288 号		邮政编码	215300	法人姓名	金子哲久
评定时间	2009.5.11	注册日期 1994.2.1	报关有效期	长期	注册资本	8000 万美元
主营范围	许可经营项目：无。一般经营项目：生产电动工具、气动工具、引擎工具及其零部件；生产农业机具、吸尘器、高压清洗器、抽水机、小型柴油发电机、各类电动自行车，以及与电动工具、气动工具、引擎工具相关的生产设备；销售自产产品，提供相关售后服务；对上述产品及其相关的产品和附属品进行开发、试验；开展非配额许可证管理、非专营商品的收购出口业务；从事与本企业生产产品的同类商品及纺织品、劳保用品、体育用品、电子、家电商品的商业批发及相关进出口业务，并提供相关技术服务。					

<table>
<tr><td>企业名称</td><td colspan="3">四海电子（昆山）有限公司</td><td>海关编码</td><td>3223940155</td><td>所属海关</td><td>昆山海关</td></tr>
<tr><td>通讯地址</td><td colspan="3">江苏省昆山开发区青阳南路 312 号</td><td>邮政编码</td><td>215300</td><td>法人姓名</td><td>PAK KEUNG CHAN</td></tr>
<tr><td>评定时间</td><td>2008.11.11</td><td>注册日期</td><td>1994.6.15</td><td>报关有效期</td><td>长期</td><td>注册资本</td><td>3600 万美元</td></tr>
<tr><td>主营范围</td><td colspan="7">许可经营项目：制造二类 6821 医用电子仪器设备、6831 医用 X 射线附属设备及部件，销售自产产品。一般经营项目：制造商业自动化设备的部件和产品；制造 IC 卡读写机；制造、加工电脑主机板及电脑系统产品及部件、印刷电路板组合、新型电子元器件和光电器件、计算机应用系统、安全警报系统产品及部件、汽车电子零件组件、数字电缆机顶盒；后板、系统集成和电线、电缆的组装和装配；制造无线通信系统产品及其相关部件；开发其他相关软件；销售公司自产产品，并为公司生产的产品和与此类似的产品提供修理和售后服务；从事与本企业生产的同类商品批发及进出口业务。（涉及专项管理规定的，按有关规定办理；以上商品进出口不涉及国营贸易、进出口配额许可证、出口配额招标和出口许可证等专项管理）</td></tr>
</table>

<table>
<tr><td>企业名称</td><td colspan="3">利乐包装（昆山）有限公司</td><td>海关编码</td><td>3223940158</td><td>所属海关</td><td>昆山海关</td></tr>
<tr><td>通讯地址</td><td colspan="3">江苏省昆山开发区顺帆路西侧</td><td>邮政编码</td><td>215301</td><td>法人姓名</td><td>STEVE YIN</td></tr>
<tr><td>评定时间</td><td>2008.12.1</td><td>注册日期</td><td>1994.4.20</td><td>报关有效期</td><td>长期</td><td>注册资本</td><td>4510 万美元</td></tr>
<tr><td>主营范围</td><td colspan="7">许可经营项目：承印商标。一般经营项目：从事融资租赁业务；生产销售包装材料及制品；生产、组装、销售、安装、维修及经营性租赁利乐饮料和乳制品加工及包装设备，并提供技术培训；从事与本企业生产同类产品及相关零部件的商业批发和进出口业务；提供相关的售后服务和配套业务，包括维修保养等技术服务和技术支持。</td></tr>
</table>

<table>
<tr><td>企业名称</td><td colspan="3">仁宝电脑工业（中国）有限公司</td><td>海关编码</td><td>3223940317</td><td>所属海关</td><td>昆山海关</td></tr>
<tr><td>通讯地址</td><td colspan="3">江苏省昆山市开发区同丰东路</td><td>邮政编码</td><td>215300</td><td>法人姓名</td><td>许胜雄</td></tr>
<tr><td>评定时间</td><td>2009.5.11</td><td>注册日期</td><td>1996.10.10</td><td>报关有效期</td><td>长期</td><td>注册资本</td><td>3700 万美元</td></tr>
<tr><td>主营范围</td><td colspan="7">生产影像管监视器、液晶监视器、笔记本电脑、塑胶外壳及相关零部件，销售公司自产产品并提供售后服务。</td></tr>
</table>

<table>
<tr><td>企业名称</td><td colspan="3">昆山中辰矽晶有限公司</td><td>海关编码</td><td>3223940667</td><td>所属海关</td><td>昆山海关</td></tr>
<tr><td>通讯地址</td><td colspan="3">江苏省昆山开发区高科技工业园汉浦路 303 号</td><td>邮政编码</td><td>215300</td><td>法人姓名</td><td>姚宕梁</td></tr>
<tr><td>评定时间</td><td>2010.11.30</td><td>注册日期</td><td>2014.4.1</td><td>报关有效期</td><td>长期</td><td>注册资本</td><td>2500 万美元</td></tr>
<tr><td>主营范围</td><td colspan="7">许可经营项目：无。一般经营项目：生产加工硅晶圆、硅晶粒等硅晶产品及微电子技术产品，高级整流器、变阻器、热电子元件等产品；销售自产产品；从事与本企业生产的同类产品及蓝宝石晶片的商业批发、佣金代理（拍卖除外）、进出口业务。</td></tr>
</table>

<table>
<tr><td>企业名称</td><td colspan="3">研华科技（中国）有限公司</td><td>海关编码</td><td>3223940878</td><td>所属海关</td><td>昆山海关</td></tr>
<tr><td>通讯地址</td><td colspan="3">江苏省昆山市玉山镇汉浦路 600 号</td><td>邮政编码</td><td>215316</td><td>法人姓名</td><td>刘克振</td></tr>
<tr><td>评定时间</td><td>2008.11.11</td><td>注册日期</td><td>2000.11.28</td><td>报关有效期</td><td>长期</td><td>注册资本</td><td>4165 万美元</td></tr>
<tr><td>主营范围</td><td colspan="7">许可经营项目：无。一般经营项目：制造大中型电子计算机、商业用电子计算机及其周边设备、小型专用工业电子计算机及其周边设备、零组件、敏感元器件及传感器、计算机辅助系统（CAD、CAT、CAM、CAE）、电子信息、通信系统网络技术、各类平面显示器及显示屏、工业控制及自动化软件，以及以上产品的安装、调试和售后服务；设立研发中心，从事上述产品的研究与开发；销售自产产品；对上述产品及同类产品提供全球性维修和相关的技术咨询服务；从事与本企业生产同类产品及相关材料零配件的商业批发及进出口业务。（不涉及国营贸易管理商品；涉及配额、许可证管理的商品的，按国家有关规定办理申请）</td></tr>
</table>

企业名称	万福阁家具（昆山）有限公司			海关编码	3223941286	所属海关	昆山海关
通讯地址	江苏省昆山经济技术开发区太湖南路8号			邮政编码	215300	法人姓名	TODD WANEK
评定时间	2009.7.28	注册日期	2002.2.9	报关有效期	长期	注册资本	1200万美元
主营范围	许可经营项目：无。一般经营项目：设计、开发、生产和加工（使用供应材料和进口材料，包括但不限于织物、皮革、木材、玻璃、金属和石材）各种家具、家具相关产品及部件、聚氨酯泡沫、金属制品及配件，以及各种室内装潢面料、装饰材料和家居产品和部件；提供上述产品的技术支持和售后服务；销售自产产品；从事与本企业生产同类产品及相关产品的商业批发、零售、佣金代理（拍卖除外）和进出口业务，并提供配套服务；提供仓储服务（不含运输）。						

企业名称	微盟电子（昆山）有限公司			海关编码	3223941302	所属海关	昆山海关
通讯地址	江苏省昆山开发区前进东路88号			邮政编码	215300	法人姓名	黄金请
评定时间	2008.10.15	注册日期	2002.3.7	报关有效期	长期	注册资本	5100万美元
主营范围	生产研发大中小型各类服务器，光电产品（光驱、DVD-ROM的光驱、CD-RW的光盘刻录机、LCD显示器），笔记本电脑、电脑主机板、显示卡、电脑、掌上型电脑、机顶盒、电脑游戏机（100%出口），各种软件及各类电脑相关零配件，通讯产品（高端路由器、调制解调器、无线传输装置、讯号调节卡）及各种介面卡，电视卡、电视盒，大容量光、磁盘驱动器及其部件，数字录放机、数字放声设备，便携式多媒体录放机、多功能MP3播放机、优盘、便携式DVD播放机，网络电话、网络闸道器；销售自产产品并提供相关技术咨询；网络工程及售后服务。（国家限制和禁止生产的电子通讯类产品除外）						

企业名称	富港电子（昆山）有限公司			海关编码	3223941375	所属海关	昆山海关
通讯地址	江苏省昆山市锦溪镇正崴西路6号			邮政编码	215324	法人姓名	林坤煌
评定时间	2008.12.1	注册日期	2002.5.9	报关有效期	长期	注册资本	12150万美元
主营范围	许可经营项目：无。一般经营项目：生产手机、笔记本电脑用动力镍氢、锂离子等高新技术绿色电池；智能型传感器等新型电子元器件制造；液晶显示屏等TFT-LCD平板显示屏及显示屏材料制造；塑胶成型模具等非金属模具制造；CDMA等第三代及后续移动通信系统手机开发制造；汽车空调电子传感器等电子控制系统输入部件制造；无限传输蓝牙等数字微波同步系列传输设备，仪用接插件等新型仪表元器件，硬盘等大容量光、磁盘驱动器及其部件开发与制造；销售自产产品。						

企业名称	连展科技电子（昆山）有限公司			海关编码	3223941719	所属海关	昆山海关
通讯地址	江苏省昆山市张浦镇花园东侧			邮政编码	215321	法人姓名	林肇聪
评定时间	2010.2.9	注册日期	2003.4.30	报关有效期	长期	注册资本	1640万美元
主营范围	许可经营项目：无。一般经营项目：生产仪用接插件及高频极细同轴线，高频频率器件手机天线、GPS天线、笔记本电脑天线等新型电子元器件，锂离子电池、动力镍氢电池、燃料电池等高技术绿色电池，LED产品，植物培养机；手机及移动通信终端设备的设计、研发、生产；销售自产产品及相关售后技术服务。（以上均不含专营、专控、专卖商品及限制项目）						

企业名称	东阳精密机器（昆山）有限公司			海关编码	3223942337	所属海关	昆山海关
通讯地址	江苏省昆山开发区高鼎路188号			邮政编码	215300	法人姓名	小林一朗
评定时间	2009.7.28	注册日期	2005.1.26	报关有效期	长期	注册资本	1000万美元
主营范围	许可经营项目：无。一般经营项目：设计、开发、生产高档建筑五金件、精冲模、模具标准件，销售自产产品及进行组装，并提供售后服务。						

企业名称	捷奥比电动车有限公司			海关编码	3223943134	所属海关	昆山海关
通讯地址	江苏省昆山市陆家镇陆丰东路10号（好孩子工业园）			邮政编码	215331	法人姓名	王曙光
评定时间	2013.1.6	注册日期	2007.9.27	报关有效期	长期	注册资本	1892万美元
主营范围	许可经营项目：经营二类6856病房护理设备及器具（电动轮椅车、手动轮椅车）。一般经营项目：生产生活用品和健康用品，包括自行车、电动自行车、三轮车、电动三轮车、电视架、晾衣架、挂衣桶、电动代步车、电动四轮车（高尔夫球车、旅游观光车、环卫保洁车、电动货车、电动汽车、场地搬运车、牵引车等）、电子卡、控制器、锂电池、电瓶车（儿童车、残障人士车、老人车等）、床、木制家具、马桶椅子、轮椅、浴椅、躺椅、办公家具配件、玩具车、活动舞台、体育用品、小型手推车辆（超市购物车）、健康和保健用品、残障人士用品、老人用品和相关产品；销售自产产品并提供相关技术服务与咨询；从事非配额许可证管理商品、非专营商品收购出口业务。（涉及许可证的，凭许可证生产经营）						

企业名称	江苏恒力化纤股份有限公司			海关编码	3225930565	所属海关	吴江海关
通讯地址	江苏省吴江市盛泽镇南麻工业区恒力路1号			邮政编码	215226	法人姓名	陈建华
评定时间	2010.1.11	注册日期	2002.12.19	报关有效期	长期	注册资本	220800万人民币
主营范围	生产纤维用聚酯和差别化化学纤维，销售本公司自产产品。						

企业名称	江苏盛虹科技股份有限公司			海关编码	3225930568	所属海关	吴江海关
通讯地址	江苏省吴江市盛泽纺织科技示范园			邮政编码	216000	法人姓名	缪汉根
评定时间	2010.1.11	注册日期	2003.2.13	报关有效期	长期	注册资本	299274.11万人民币
主营范围	许可经营项目：无。一般经营项目：差别化化学纤维的研发、生产，化工产品及原料（不含危险化学品和易制毒品）的销售，从事机器设备的批发、佣金代理（拍卖除外）及进出口业务。						

企业名称	华映视讯（吴江）有限公司			海关编码	3225930735	所属海关	吴江海关
通讯地址	江苏省吴江经济技术开发区江兴东路555号			邮政编码	215217	法人姓名	许翼材
评定时间	2010.4.26	注册日期	2010.2.26	报关有效期	长期	注册资本	12000万美元
主营范围	许可经营项目：无。一般经营项目：平板显示器、笔记本电脑、液晶电视及液晶显示屏模组的制造、维修与销售，从事非配额许可证管理、非专营商品的收购出口业务，提供管理与技术咨询服务。						

企业名称	高创（苏州）电子有限公司			海关编码	3225940073	所属海关	吴江海关
通讯地址	江苏省吴江市松陵镇中山北路1700号			邮政编码	215200	法人姓名	董强
评定时间	2008.11.11	注册日期	1998.10.6	报关有效期	长期	注册资本	1770万美元
主营范围	许可经营项目：无。一般经营项目：生产新型显示器（平板显示器）、可兼容数字电视、液晶显示高档微型计算机、大屏幕液晶投影电视机等新型通讯电子产品及上述各类产品的零组件，销售本公司自产产品；从事非配额许可证管理、非专营商品的收购出口业务，并可参加自产产品的出口配额招标。						

<table>
<tr><td>企业名称</td><td colspan="3">中达电子（江苏）有限公司</td><td>海关编码</td><td>3225940109</td><td>所属海关</td><td>吴江海关</td></tr>
<tr><td>通讯地址</td><td colspan="3">江苏省吴江经济技术开发区江兴东路 1688 号</td><td>邮政编码</td><td>215200</td><td>法人姓名</td><td>郑崇华</td></tr>
<tr><td>评定时间</td><td>2008.11.11</td><td>注册日期</td><td>2000.1.13</td><td>报关有效期</td><td>长期</td><td>注册资本</td><td>4000 万美元</td></tr>
<tr><td>主营范围</td><td colspan="7">许可经营项目：无。一般经营项目：生产电子专用设备、测试仪器、工模具，计算机数字信号处理系统及板卡，无线局域网（广域网）设备，交流调频压牵引装置，无线通信模块，新型电子元器件，第三代及后续移动通信基站设备；研发、制造制冷空调设备及关键零部件、冷水机组、机房空调、空气处理装置、空调用电子控制系统、恒温恒湿机及其零部件；销售本公司自产产品；从事电子产品、设备的批发及进出口业务（不涉及国营贸易管理商品；涉及配额、许可证管理商品的，按国家有关规定办理申请）；提供机电产品、电子产品及其他工业产品的质量分析、监测，有害物质分析，质量改善指导及相关技术服务；提供技术咨询和维修服务。</td></tr>
</table>

<table>
<tr><td>企业名称</td><td colspan="3">大同电子科技（江苏）有限公司</td><td>海关编码</td><td>3225940113</td><td>所属海关</td><td>吴江海关</td></tr>
<tr><td>通讯地址</td><td colspan="3">江苏省吴江经济技术开发区江兴东路 555 号</td><td>邮政编码</td><td>215200</td><td>法人姓名</td><td>纪辉镜</td></tr>
<tr><td>评定时间</td><td>2008.12.24</td><td>注册日期</td><td>2000.1.27</td><td>报关有效期</td><td>长期</td><td>注册资本</td><td>2540 万美元</td></tr>
<tr><td>主营范围</td><td colspan="7">生产与销售新型显示器（平板显示器），可兼容数字电视，桌上电脑，笔记型电脑，平面显示板，主基板，高压包，家用电器及上述产品的 CKD、SKD 组件，数字音、视频编译码设备（语言学习机、DVD 播放器、MP3）和其他新型资讯通信电子产品及相关软件；从事非配额许可证管理、非专营商品的收购出口业务。（依法须经批准的项目，经相关部门批准后方可开展经营活动）</td></tr>
</table>

<table>
<tr><td>企业名称</td><td colspan="3">中达光电工业（吴江）有限公司</td><td>海关编码</td><td>3225940184</td><td>所属海关</td><td>吴江海关</td></tr>
<tr><td>通讯地址</td><td colspan="3">江苏省吴江市运东开发区江兴东路 1688 号</td><td>邮政编码</td><td>215200</td><td>法人姓名</td><td>郑崇华</td></tr>
<tr><td>评定时间</td><td>2014.6.25</td><td>注册日期</td><td>2001.2.15</td><td>报关有效期</td><td>长期</td><td>注册资本</td><td>2900 万美元</td></tr>
<tr><td>主营范围</td><td colspan="7">许可经营项目：无。一般经营项目：大容量光、磁盘存储器及其部件，光盘驱动器、光盘存载器、光盘读取头，光电器件、敏感元器件及传感器，光机引擎、电流传感器，电子专用设备、仪器、工模具，图形图像识别和处理系统，新型电子元器件，交流调频调压牵引装置，数据通信多媒体系统设备，DVD 激光视盘机、MP3 播放机、数位相机，新能源汽车关键零部件，电动汽车驱动电机、启动发电一体机电机的生产；非专营商品的收购出口业务，本公司自产产品的销售。</td></tr>
</table>

<table>
<tr><td>企业名称</td><td colspan="3">亚旭电子科技（江苏）有限公司</td><td>海关编码</td><td>3225940246</td><td>所属海关</td><td>吴江海关</td></tr>
<tr><td>通讯地址</td><td colspan="3">江苏省吴江经济技术开发区交通路 1388 号</td><td>邮政编码</td><td>215200</td><td>法人姓名</td><td>林成贵</td></tr>
<tr><td>评定时间</td><td>2008.12.1</td><td>注册日期</td><td>2001.9.26</td><td>报关有效期</td><td>长期</td><td>注册资本</td><td>9000 万美元</td></tr>
<tr><td>主营范围</td><td colspan="7">许可经营项目：医疗器械产品制造（二类 6840 临床检验分析仪器）。一般经营项目：数字录放机制造，数字放声设备制造；数字音、视频编解码设备，数字有线电视系统设备制造；便携式微型计算机制造；大容量光、磁盘驱动器及其部件开发与制造；软件产品开发、生产；高密度数字光盘机用关键件开发与生产；10 千兆比 / 秒以上光同步系列传输设备制造；宽带接入网通信系统设备制造；异步转移模式（ATM）及 IP 数据通信系统设备制造；高端路由器、千兆比以上网络交换机开发、制造；移动通信系统（含 GSM、CDMA、DCS1800、DECT、IMT2000 等）手机、基站、交换设备及数字集群系统设备制造；第三代及后续移动通信系统手机、基站、核心网设备，以及网络检测设备开发与制造；大屏幕彩色投影显示器用光学引擎、光源、投影屏、高清晰度投影管和微显投影设备模块等关键件制造；高速、容量 100TB 及以上存储系统及智能化存储设备制造；新型电子元器件制造；新型机电元件、敏感元器件及传感器、频率控制及选择元件、光电子器件制造；卫星导航定位接收设备及关键部件制造；无线局域网（广域网）设备制造；图形图像识别和处理系统制造；电量量测产品制造（具有无线通信功能）；集成电路设计，线宽 0.18 微米及以下大规模数字集成电路制造，0.8 微米及以下模拟、数模集成电路制造及 BGA、PGA、CSP、MCM 等先进封装与测试；计算机及其零部件、音视频、家电产品及其关键件制造；防盗装置及其零部件制造；车用电子装置及零部件制造；销售本公司自产产品及自产产品的修理修配；对外贸易经营业务（无进口商品分销业务）。</td></tr>
</table>

企业名称	瑞仪光电（苏州）有限公司			海关编码	3225940314	所属海关	吴江海关
通讯地址	江苏省吴江经济技术开发区江兴东路 1621 号			邮政编码	215200	法人姓名	王本钦
评定时间	2010.2.9	注册日期	2002.5.22	报关有效期	长期	注册资本	9300 万美元
主营范围	许可经营项目：无。一般经营项目：新型电子元器件（光电子器件）、TFT-LCD 平板显示屏及显示屏材料（导光板、背光模组、真空成型盒、塑胶框、膜片）、光学零组件的研发、生产，本公司自产产品的销售，并提供相关售后维修服务；从事与本公司生产产品同类商品的批发及进出口业务。（不涉及国营贸易管理商品；涉及配额、许可证管理商品的，按国家有关规定办理申请）						

企业名称	辅讯光电工业（苏州）有限公司			海关编码	3225940357	所属海关	吴江海关
通讯地址	江苏省吴江经济技术开发区锦湖路 399 号			邮政编码	215200	法人姓名	邱逢梁
评定时间	2011.12.28	注册日期	2002.10.25	报关有效期	长期	注册资本	3500 万美元
主营范围	生产新型平板显示器件、新型电子元器件（光电器件）、照明灯具及其周边零组件与控制系统，精度高于 0.02 毫米（含 0.02 毫米）精密冲压模具、精度高于 0.05 毫米（含 0.05 毫米）精密型腔模具、模具标准件和精密金属配件；研发、设计、制造 TFT-LCD、PDP、FED（含 SED 等）显示屏材料（金属外框、背板、电路盖板）和金属板材；本公司自产产品的销售；从事本公司同类产品及其原辅材料的批发及进出口业务。（涉及配额及许可证管理、专项规定管理的商品，应按国家有关规定办理）						

企业名称	泰金宝电子（苏州）有限公司			海关编码	3225940371	所属海关	吴江海关
通讯地址	江苏省吴江经济开发区（江兴东路 2288 号）			邮政编码	215200	法人姓名	许胜雄
评定时间	2008.11.11	注册日期	2002.11.25	报关有效期	长期	注册资本	2718 万美元
主营范围	许可经营项目：无。一般经营项目：电源供应器；移动外接式硬盘，新型打印装置，新型平板显示器件，数字照相机，数字录放机，便携式微型计算机，宽带接入网通信系统设备，移动通信系统（含 GSM、CDMA、DCS1800、PHS、DECT、IMT2000）手机、基站、交换设备及数字集群系统设备，数字电视机，新型电子元器件，大容量光磁盘驱动器及其部件，以及上述产品的 CKD（零件组成半成品）、SKD 组件（以零件方式成套散件）的研发并生产；本公司自产产品的销售；技术进出口、货物进出口。						

企业名称	泰金宝光电（苏州）有限公司			海关编码	3225940518	所属海关	吴江海关
通讯地址	江苏省吴江经济开发区（江兴东路 2288 号）			邮政编码	215200	法人姓名	沈轼荣
评定时间	2008.11.11	注册日期	2004.1.12	报关有效期	长期	注册资本	4130 万美元
主营范围	许可经营项目：无。一般经营项目：LED 灯、新型打印装置、新型平板显示器件、数字照相机、数字电视机、数字录放机、便携式微型计算机、宽带接入网通信系统设备、新型电子元器件、大容量光磁盘驱动器及其部件及上述产品的 CKD（零件组成半成品）、SKD 组件（以零件方式成套散件）的生产，同类商品的收购出口业务，本公司自产产品的销售。						

企业名称	长富不锈钢中心（苏州）有限公司			海关编码	3226930506	所属海关	太仓海关
通讯地址	江苏省太仓经济开发区广州东路 7 号			邮政编码	215400	法人姓名	相原博行
评定时间	2011.2.10	注册日期	1995.12.19	报关有效期	长期	注册资本	1800 万美元
主营范围	加工各种钢材及有色金属（铜板、铝板），销售公司自产产品，从事本公司生产的同类商品的批发、进出口业务（不涉及国营贸易管理商品；涉及配额、许可证管理商品的，按国家有关规定办理申请），金属材料信息咨询。（依法须经批准的项目，经相关部门批准后方可开展经营活动）						

企业名称	太仓中化环保化工有限公司			海关编码	3226930644	所属海关	太仓海关
通讯地址	江苏省太仓港港口开发区石化区滨江南路 18 号			邮政编码	215433	法人姓名	王水耀
评定时间	2011.11.30	注册日期	2005.11.28	报关有效期	长期	注册资本	41300 万人民币
主营范围	许可经营项目：研发、生产氟氯烃替代物 HFC-134a（四氟乙烷）和 HFC-125（五氟乙烷）等相关产品，生产四氢呋喃，销售自产产品。（凭安全生产许可证核定的范围经营）一般经营项目：氢氟烃混合制冷剂 R410A、催化剂及其他精细化工产品和高分子新型材料的生产、销售，相关生产技术及信息的研究、开发与服务，空余厂房出租。						

企业名称	苏州华苏塑料有限公司			海关编码	3226930678	所属海关	太仓海关
通讯地址	江苏省太仓港港口开发区石化区（浏家港）华苏东路 8 号			邮政编码	215433	法人姓名	ROBERT FORD BUESINGER
评定时间	2008.11.11	注册日期	2007.1.5	报关有效期	长期	注册资本	3800 万美元
主营范围	生产氯乙烯为原料的聚氯乙烯树脂和塑料制品及相关产品，并在国内外市场上销售上述产品。						

企业名称	玖龙纸业（太仓）有限公司			海关编码	3226930679	所属海关	太仓海关
通讯地址	江苏省太仓市港口开发区浮桥镇杨林河北			邮政编码	215434	法人姓名	张茵
评定时间	2011.11.30	注册日期	2007.1.18	报关有效期	长期	注册资本	45072 万美元
主营范围	生产高档纸及纸板(不含新闻纸)及配套建设自备热电厂，自备兼公用码头(限分公司经营)，销售公司自产产品。（以上涉及许可经营的，凭许可证经营）						

企业名称	怡球金属资源再生（中国）股份有限公司			海关编码	3226930735	所属海关	太仓海关
通讯地址	江苏省太仓市浮桥镇沪浮璜公路 88 号			邮政编码	215434	法人姓名	黄崇胜
评定时间	2013.5.16	注册日期	2009.11.25	报关有效期	长期	注册资本	53300 万人民币
主营范围	生产、加工新型合金材料和各类新型有色金属材料、黑色金属材料及其制品、环保机械设备、熔炼设备、分选设备，销售公司自产产品，从事与本企业生产的同类商品及矿产品的进出口、批发业务。（不含铁矿石、氧化铝、铝土矿；不涉及国营贸易管理商品；涉及配额、许可证管理商品的，按国家有关规定办理申请；依法须经批准的项目，经相关部门批准后方可开展经营活动）						

企业名称	天顺风能（苏州）股份有限公司			海关编码	3226930738	所属海关	太仓海关
通讯地址	江苏省太仓经济开发区宁波东路 28 号			邮政编码	215400	法人姓名	严俊旭
评定时间	2011.12.20	注册日期	2010.1.7	报关有效期	长期	注册资本	20575 万人民币
主营范围	从事设计、生产、加工各类电力设备(风力发电设备)、船舶设备、起重设备(新型港口机械)、锅炉配套设备，销售公司自产产品，并提供相关技术咨询、技术服务。						

企业名称	克恩—里伯斯（太仓）有限公司			海关编码	3226940020	所属海关	太仓海关
通讯地址	江苏省太仓经济开发区南京东路88-8号			邮政编码	215400	法人姓名	UDO SCHNELL
评定时间	2011.11.30	注册日期	1993.8.20	报关有效期	长期	注册资本	748.65万欧元
主营范围	许可经营项目：无。一般经营项目：生产汽车安全带弹簧及其系列产品、活塞环配件、各类精密模具、夹具及冲压件、电器组件、各类针织元件、剪切钢带、园林机械、柴油机燃油泵及五金件，生产、加工真空淬火件、渗碳件、氮化件、普通淬火件、特种钢材，销售公司自产产品。						

企业名称	星光印刷（苏州）有限公司			海关编码	3226940133	所属海关	太仓海关
通讯地址	江苏省太仓市浏河镇沪太新路98号			邮政编码	215431	法人姓名	林光如
评定时间	2011.12.28	注册日期	2002.5.9	报关有效期	长期	注册资本	2000万美元
主营范围	生产包装装潢印刷品，包括商标标志、广告宣传品及产品包装装潢；销售公司自产产品；以承接服务外包的形式从事包装装潢印刷品印刷业务；从事本企业生产的同类商品的批发、进出口业务。（不含许可项目；不涉及国营贸易管理商品；涉及配额、许可证管理商品的，按国家有关规定办理申请；依法须经批准的项目，经相关部门批准后方可开展经营活动）						

企业名称	特灵空调系统（中国）有限公司			海关编码	3226940495	所属海关	太仓海关
通讯地址	江苏省太仓市苏州东路88号			邮政编码	215400	法人姓名	黄柏榕
评定时间	2011.2.10	注册日期	2002.5.13	报关有效期	长期	注册资本	5908.54万美元
主营范围	许可经营项目：无。一般经营项目：研究、开发、设计、生产采暖、通风、大型中央空调产品、中小型商用及家用空调产品、空调控制及楼宇自动化控制产品及相关零部件；加工销售空调产品及其相关零部件；从事上述产品，食品和水产品的贮藏、保鲜、运输设备，运输用发电机组，冷藏、冷却、冷冻设备，冷藏展示陈列设备，制热设备，空气调节设备，节能设备，相关制冷和控制系统及其相关产品的批发、零售、佣金代理（拍卖除外）及进出口业务；提供检测、调试、工程、安装、培训、咨询、维修等售后服务和技术服务。						

企业名称	太仓阿尔派电子有限公司			海关编码	3226940559	所属海关	太仓海关
通讯地址	江苏省太仓经济开发区广州西路1号			邮政编码	215400	法人姓名	水野直树
评定时间	2011.2.10	注册日期	2002.10.16	报关有效期	长期	注册资本	2500万美元
主营范围	许可经营项目：无。一般经营项目：汽车电子设备系统、汽车通讯设备、汽车导航系统产品及相关产品和零部件的组装、加工、生产，销售公司自产产品并提供产品售后技术服务，从事本企业生产的同类商品的进出口、批发业务。（不涉及国营贸易管理商品；涉及配额、许可证管理商品的，按国家有关规定办理申请）						

企业名称	丰武光电（苏州）有限公司			海关编码	3226940728	所属海关	太仓海关
通讯地址	江苏省太仓市沙溪镇岳王工业开发区新港中路218号			邮政编码	215437	法人姓名	田中肇
评定时间	2013.1.6	注册日期	2004.6.10	报关有效期	长期	注册资本	1672.5万美元
主营范围	许可经营项目：包装装潢印刷品印刷。一般经营项目：生产新型平板显示器件（LCD-TFT导光板、塑框、背光模组）、数码相机关键件（外装零部件及机构组件等）及精密电子制品的零部件、电子专用工模具（外装零件、机构零件及LCD-TFT导电板、塑框、背光模组等产品的模具）、数字摄录机、数字录放机、汽车用塑料零部件，销售公司自产产品，从事本企业生产的同类商品的进出口、批发及佣金代理（拍卖除外）业务。（不涉及国营贸易管理商品；涉及配额、许可证管理商品的，按国家有关规定办理申请）						

企业名称	孚尔默（太仓）机械有限公司			海关编码	3226940730	所属海关	太仓海关
通讯地址	江苏省太仓经济开发区朝阳东路 12 号			邮政编码	215400	法人姓名	STEFAN BRAND
评定时间	2013.5.16	注册日期	2004.6.17	报关有效期	长期	注册资本	175 万欧元
主营范围	许可经营项目: 无。一般经营项目: 开发、制造三轴以上联动的数控机床、数控系统及伺服装置，并提供相关咨询、售后服务；销售公司自产产品；从事与本企业生产的同类产品的进出口、批发业务。						

企业名称	耐克体育（中国）有限公司			海关编码	3226940872	所属海关	太仓海关
通讯地址	江苏省太仓经济开发区广州西路 88 号			邮政编码	215400	法人姓名	MICHAEL SPILLANE
评定时间	2013.1.5	注册日期	2005.12.2	报关有效期	长期	注册资本	28043.15 万人民币
主营范围	许可经营项目：无。一般经营项目：从事鞋类、服装、运动配饰、运动设备等运动产品及相关产品的零售业务、批发业务、进出口业务，相关的仓储、装卸、加工、包装、配送，以及相关的货运代理、信息处理、咨询等现代物流（不含道路运输）。						

企业名称	江苏申久化纤有限公司			海关编码	3226950033	所属海关	太仓海关
通讯地址	江苏省太仓市鹿河新明村			邮政编码	215428	法人姓名	沈彭斐
评定时间	2011.2.10	注册日期	2003.5.29	报关有效期	长期	注册资本	25000 万人民币
主营范围	许可经营项目：无。一般经营项目：生产、加工、销售（含出口）化纤丝、聚酯切片及弹力丝织物；进口本企业所需的原辅材料、机械设备、仪器仪表、零配件及其相关技术，但国家限定或禁止进出口的商品及技术除外；经销聚酯化纤产品、聚酯原辅材料；自有设备及房屋租赁。						

企业名称	太仓市同维电子有限公司			海关编码	3226960401	所属海关	太仓海关
通讯地址	江苏省太仓市陆渡镇江南路 89 号			邮政编码	215412	法人姓名	汪大维
评定时间	2013.7.5	注册日期	2009.6.30	报关有效期	长期	注册资本	20500 万人民币
主营范围	许可经营项目: 无。一般经营项目: 研发、生产、加工、销售宽带通信设备、无线通信设备、网络设备、机顶盒、计算机板卡；经销计算机软硬件、电子产品；自营和代理各类商品和技术的进出口业务，但国家限定企业经营或禁止进出口的商品和技术除外。						

企业名称	三洋能源（苏州）有限公司			海关编码	3205932765	所属海关	苏吴县办
通讯地址	江苏省苏州市吴中区胥口镇孙武路 86 号			邮政编码	215164	法人姓名	坂本真治
评定时间	2008.12.24	注册日期	2000.11.3	报关有效期	长期	注册资本	18547.03 万美元
主营范围	许可经营项目: 无。一般经营项目: 镍镉电池、镍氢电池、动力镍氢电池、锂离子电池等和这些电池的电池组，以及使用这些电池的电动剃刀、手提电灯等各种电器、充电器以及零部件的开发、制造、销售、维修等业务及进出口业务（不含分销业务）。						

企业名称	远东服装（苏州）有限公司			海关编码	3205942151	所属海关	苏吴县办
通讯地址	江苏省苏州吴中经济开发区天灵路 88 号			邮政编码	215128	法人姓名	胡正隆
评定时间	2009.5.11	注册日期	2010.1.18	报关有效期	长期	注册资本	2600 万美元
主营范围	生产销售各类针织服装、梭织服装、寝饰用品和服装配件，从事自产产品、织物面料、织染面料及同类产品的批发、进出口业务，从事日用百货电讯器材、数码产品、箱包袋类、陶瓷玻璃器皿的批发业务。（涉及配额许可证管理、专项规定管理的商品，按国家有关规定办理）						

企业名称	迎新科技（中国）有限公司			海关编码	3205942375	所属海关	苏吴县办
通讯地址	江苏省苏州市吴中区角直镇浦澄中路 666 号			邮政编码	215127	法人姓名	赖文贤
评定时间	2009.7.28	注册日期	2001.9.17	报关有效期	长期	注册资本	2950 万美元
主营范围	研发、生产、销售新型电子元器件（含片式元器件）及电力电子元器件，电子专用设备、仪器、工模具制造，精冲模、精密型腔模、模具标准件、非金属制品模具和 LED 产品制造及销售，上述产品及同类产品的进出口、批发、佣金代理业务（拍卖业务除外）。						

企业名称	禾邦电子（苏州）有限公司			海关编码	3205942499	所属海关	苏吴县办
通讯地址	江苏省苏州市相城区黄埭镇潘阳工业园			邮政编码	215143	法人姓名	郑敦仁
评定时间	2013.7.19	注册日期	2002.4.28	报关有效期	长期	注册资本	1100 万美元
主营范围	许可经营项目：无。一般经营项目：生产新型电子元器件（片式元器件、敏感元器件及传感器、频率控制与选择元件、混合集成电路、电力电子器件、光电子器件、新型机电元件、高密谋互连积层板、多层挠性板、刚挠印刷电路板及封装载板）；RFID 芯片开发与制造，民用卫星零部件制造，卫星导航定位接收设备及关键部件制造，无线局域网（广域网）设备制造；销售公司自产产品；从事与本企业生产相同产品的批发及进出口业务。（以上商品不涉及国营贸易；涉及许可证管理、专项规定管理的，按国家有关规定办理）						

企业名称	苏州住电装有限公司			海关编码	3205942582	所属海关	苏吴县办
通讯地址	江苏省苏州市相城区黄埭镇潘阳工业园住友电装路 15 号			邮政编码	215143	法人姓名	牧户政已
评定时间	2008.11.11	注册日期	2002.8.2	报关有效期	长期	注册资本	4275 万美元
主营范围	许可经营项目：无。一般经营项目：新型仪表元器件和材料、新型机电元件、汽车电子设备系统的制造、销售及研发设计，从事自产产品同类商品及相关材料的批发和进出口业务（不涉及国营贸易管理商品；涉及配额、许可证管理商品的，按国家有关规定办理申请），自有设备租赁，并从事上述产品及业务相关的服务。						

企业名称	南通太平洋海洋工程有限公司			海关编码	3224930361	所属海关	通启东办
通讯地址	江苏省启东市海工大道 888 号			邮政编码	226200	法人姓名	梁小雷
评定时间	2014.8.27	注册日期	2010.9.15	报关有效期	长期	注册资本	14990 万美元
主营范围	许可经营项目：无。一般经营项目：海洋工程船舶的制造、改装、修理；船用液罐及液化系统、海洋工程吊车、平台及模块的制造、销售、安装；钢结构、加工、制造、销售、安装（凭资质）；船舶配套及特种设备系统的设计制作；船舶装饰服务；船舶及海洋工程领域内技术开发及转让服务；电动工具、机械设备制造销售；专业设备、生产设施和经营场所的租赁服务；自营和代理各类货物及技术的进出口业务，但国家限定公司经营或禁止进出口的货物及技术除外（不涉及国营贸易管理商品；涉及配额许可证管理商品的，按国家有关规定办理申请）；从事为船舶提供码头设施服务和货物装卸的港口经营（集装箱、危险品货物除外）。						

企业名称	韩华新能源（启东）有限公司			海关编码	3224940161	所属海关	通启东办
通讯地址	江苏省启东经济开发区林洋路 888 号			邮政编码	226200	法人姓名	KI JOON HONG
评定时间	2012.12.13	注册日期	2007.3.16	报关有效期	长期	注册资本	52100 万美元
主营范围	节约能源技术研发，制造销售多晶及单晶硅片、光伏组件、光伏电池、太阳能幕墙，光伏复位及配套设备、太阳能光伏系统、光伏建筑一体化的安装、调试，进出口业务（非配额许可证管理商品、非专管商品的收购出口业务，不含分销业务和国内贸易），太阳能发电。（依法须经批准的项目，经相关部门批准后方可开展经营活动）						

企业名称	新浦化学（泰兴）有限公司			海关编码	3212941199	所属海关	泰州海关驻泰兴办事处
通讯地址	江苏省泰兴市经济开发区疏港路1号			邮政编码	225400	法人姓名	曾宪相
评定时间	2008.10.15	注册日期	1995.12.30	报关有效期	长期	注册资本	17550万美元
主营范围	许可经营项目：危险化学品生产［硝基苯、苯胺、盐酸、离子膜烧碱、液氯、氢气（压缩的）、氯乙烯、二氯乙烷、次氯酸钠溶液（含有效氯＞5%）、苯乙烯］，销售本企业所生产的产品（含中间产品和副产品：蒸汽、纯水、液氮、液氧、甲苯、乙苯），危险化学品批发［苯、乙烯（液化的）、硫酸］，自备热电厂，在港区内从事货物装卸经营（按“港口经营许可证”许可的范围经营），危险化学品［乙烯、苯、1，2二氯乙烷（EDC）］仓储。						

企业名称	江苏中丹化工进出口有限公司			海关编码	3212950511	所属海关	泰州海关驻泰兴办事处
通讯地址	江苏省泰兴市虹桥镇中丹路1号			邮政编码	225400	法人姓名	张家庆
评定时间	2009.7.28	注册日期	2002.1.11	报关有效期	长期	注册资本	5000万人民币
主营范围	许可经营项目：化工产品批发（不含监控化学品，其中涉及危险化学品经营项目的，按“危险化学品经营许可证”所列范围经营），预包装食品零售。一般经营项目：化工设备、机电及零部件批发、零售；自营和代理各类商品及技术的进出口业务，但国家限定公司经营或禁止进出口的商品及技术除外；经营进料加工和“三来一补”业务；经营对销贸易和转口贸易。						

企业名称	雅柯斯发电机（常州）有限公司			海关编码	3204540002	所属海关	常州海关驻出口加工区办事处
通讯地址	江苏省常州新北区出口加工区新纬一路			邮政编码	213000	法人姓名	NECATI BAYKAL
评定时间	2011.12.28	注册日期	2007.3.13	报关有效期	长期	注册资本	440万美元
主营范围	许可经营项目：无。一般经营项目：从事发电机组的制造及售后服务，销售自产产品。						

企业名称	通用电气传感与检测（常州）有限公司			海关编码	3204943224	所属海关	常州海关驻武进办事处
通讯地址	江苏省武进高新技术产业开发区西湖路8号津通国际工业园9号厂房			邮政编码	213164	法人姓名	徐晓
评定时间	2014.7.14	注册日期	2007.11.21	报关有效期	长期	注册资本	800万美元
主营范围	新型电子元器件（敏感元器件及传感器）的开发、设计和制造，传感测量和检测产品、仪器、设备及相关软件的设计、开发、制造、加工、组装，销售自产产品，并提供传感测量和检测产品的售前、售后服务和技术支持。（依法须经批准的项目，经相关部门批准后方可开展经营活动）						

企业名称	光宝科技（常州）有限公司			海关编码	3204541001	所属海关	江苏武进出口加工区
通讯地址	江苏省武进高新技术产业开发区阳湖路88号（出口加工区）			邮政编码	213164	法人姓名	宋恭源
评定时间	2013.1.21	注册日期	2010.2.12	报关有效期	长期	注册资本	7000万美元
主营范围	开发、生产、加工、装配电源供应器、变压器、新型电子元器件、电脑配件（包括电脑键盘、鼠标、触控面板、输入装置）、高速网络卡、调制解调器、无线网络设备、蓝牙模块，销售自产产品，提供相关的技术咨询，以及精密仪器、设备维修和售后服务。						

企业名称	江苏千仞岗服饰有限公司			海关编码	3217960160	所属海关	中华人民共和国宿迁海关
通讯地址	江苏省宿迁市泗阳县经济开发区（东区）			邮政编码	223700	法人姓名	宗仁元
评定时间	2013.5.16	注册日期	2006.6.20	报关有效期	长期	注册资本	5280万人民币
主营范围	羽绒制品、服装的制造、加工、销售；经营本企业自产产品及技术的出口业务，经营本企业生产、科研所需的原辅材料、仪器仪表、机械设备、零配件及技术的进口业务，但国家限定公司经营和国家禁止进出口的商品及技术除外；经营进料加工和“三来一补”业务。						

企业名称	纬创资通（泰州）有限公司			海关编码	3212540001	所属海关	泰州海关驻出口加工区办事处
通讯地址	江苏省泰州经济开发区出口加工区			邮政编码	225300	法人姓名	黄柏溥
评定时间	2014.1.13	注册日期	2010.12.17	报关有效期	长期	注册资本	16000万美元
主营范围	许可经营项目：无。一般经营项目：生产、研发、维修、销售大中型电子计算机、便携式微型计算机、各式微型计算机、服务器及相关接口设备、新型电子元器件、有线或无线通讯传输设备、手动等移动通信设备、数据通信多媒体系统［多媒体数位解码器、各种数位—1—解码器］、MP3播放器、卫星通信系统设备、PDA等无线网络产品、无线数据传输功能卡、高端路由器、千兆比以上网络交换机、接入网通信系统设备（宽频正域网络交换系统、用户回路网络收取/传输系统等其他数据式处理设备、网络电话）、数字电视机（等离子液晶背光板等）、显示器（平板及液晶）、光碟机、PDP电浆电视机、液晶背光板、降频头、卫星导航定位接收设备及关键部件、电子专用设备、测试仪器、IP数据通信系统、POS机、自动柜员机等电子及通信产品的产成品、半成品及相关零组件（国家禁止、限制及需要国民经济综合平衡的电子通信类产品除外；涉及许可证的，凭许可证生产经营），软件开发、生产、销售（国家禁止、限制类除外）及技术咨询服务。						

企业名称	名硕电脑（苏州）有限公司			海关编码	3205641024	所属海关	苏州高新技术产业开发区综合保税区
通讯地址	江苏省苏州新区金枫路233号			邮政编码	215011	法人姓名	吴宗达
评定时间	2012.12.21	注册日期	2011.9.29	报关有效期	长期	注册资本	22859万美元
主营范围	从事电脑及电脑应用系统、笔记本电脑及电脑主机板、光驱、硬盘及其部件、附加卡、电源供应器等电脑周边产品，PDA，多功能（扫描、传真、复印）新型打印机（喷墨、激光），ADSL与Cable Modem等高新技术产品，数字音视频解码等消费性电子产品，车用导航器等汽车电子，液晶电视等家用电器相关产品和零部件的检测、生产、组装、销售、维修和研发、中试，以及自行研发成果的转让、技术咨询和服务，并提供售后服务；从事上述相关产品、零部件的批发、佣金代理（拍卖除外）、进出口贸易等业务；在苏州新区出口加工区开展卫星电视接收设施加工贸易业务。（不涉及国营贸易管理商品；涉及配额、许可证管理商品的，按照国家有关规定办理申请）						

企业名称	昆山飞力仓储服务有限公司			海关编码	3223630001	所属海关	昆山综合保税区
通讯地址	江苏省昆山综合保税区新竹路58号			邮政编码	215300	法人姓名	吴有毅
评定时间	2011.6.14	注册日期	2011.1.17	报关有效期	长期	注册资本	122万美元
主营范围	许可经营范围：预包装食品批发。一般经营范围：承办海运、陆运、空运、进出口货物的国际运输代理业务，包括揽运、托运、订舱、仓储、中转、物流分拨、集装箱拼箱拆箱、结算运杂费、报关、报检、保险、相关的短途运输服务及运输咨询业务；监管运输；保税商品简单加工；转口贸易；保税企业间贸易及进出口贸易；物流信息咨询。						

<table>
<tr><td>企业名称</td><td colspan="3">牧田（昆山）有限公司</td><td>海关编码</td><td>3223640011</td><td>所属海关</td><td>昆山综合保税区</td></tr>
<tr><td>通讯地址</td><td colspan="3">江苏省昆山综合保税区楠梓路</td><td>邮政编码</td><td>215300</td><td>法人姓名</td><td>金子哲久</td></tr>
<tr><td>评定时间</td><td>2011.6.14</td><td>注册日期</td><td>2011.1.17</td><td>报关有效期</td><td>长期</td><td>注册资本</td><td>2500 万美元</td></tr>
<tr><td>主营范围</td><td colspan="7">许可经营项目：无。一般经营项目：生产电动工具、气动工具、木工机械、引擎、内燃机及其零部件；生产农业机具、引擎工具、吸尘器、高压清洗器、抽水机、小型柴油发电机、各类电动自行车，以及与电动工具、气动工具、引擎工具相关的生产设备；销售自产产品并提供售后服务；从事进出口业务（不含分销业务）。</td></tr>
</table>

<table>
<tr><td>企业名称</td><td colspan="3">纬新资通（昆山）有限公司</td><td>海关编码</td><td>3223640063</td><td>所属海关</td><td>昆山综合保税区</td></tr>
<tr><td>通讯地址</td><td colspan="3">江苏省昆山综合保税区第一大道</td><td>邮政编码</td><td>215300</td><td>法人姓名</td><td>黄柏溥</td></tr>
<tr><td>评定时间</td><td>2012.6.6</td><td>注册日期</td><td>2011.1.18</td><td>报关有效期</td><td>长期</td><td>注册资本</td><td>2800 万美元</td></tr>
<tr><td>主营范围</td><td colspan="7">许可经营项目：无。一般经营项目：生产、研发、维修、销售各式电子计算机及其外部设备、配套产品、存储设备，电子计算机应用产品，计算机网络设备，数字视听设备（影视设备、音响设备、放声设备等），通信设备（通信传输设备、交换设备、终端设备及移动通信设备等），游戏机，高频头、降频头，电子专用设备、测试仪器，通用仪器仪表，新型电子元器件，GPS 导航仪，以及前述产品的产成品、半成品、组件、零部件、配套件；前述产品相关的技术咨询、售后有偿服务；前述产品的其组件、零部件、配套件、包装材料的批发、进出口及其相关配套业务；自用研究开发及生产设备的进出口业务；软件开发、生产、销售及技术咨询服务。</td></tr>
</table>

<table>
<tr><td>企业名称</td><td colspan="3">昆山世远物流有限公司</td><td>海关编码</td><td>3223660001</td><td>所属海关</td><td>昆山综合保税区</td></tr>
<tr><td>通讯地址</td><td colspan="3">江苏省昆山开发区综合保税区新巷路116 号 3 号房</td><td>邮政编码</td><td>215300</td><td>法人姓名</td><td>陆惠英</td></tr>
<tr><td>评定时间</td><td>2011.11.3</td><td>注册日期</td><td>2011.1.10</td><td>报关有效期</td><td>长期</td><td>注册资本</td><td>8000 万人民币</td></tr>
<tr><td>主营范围</td><td colspan="7">承办海运、陆运、空运国际运输代理业务，包括揽货、托运、订舱、仓储、中转、集装箱拼装拆箱、结算运杂费、报关、报检、保险、相关的运输咨询业务；代订票务；汽车租赁；自营和代理各类商品及技术的进出口业务；货运业务过程中的简单的加工修理业务（不含许可经营项目）。</td></tr>
</table>

<table>
<tr><td>企业名称</td><td colspan="3">昆山正天物流有限公司</td><td>海关编码</td><td>3223660002</td><td>所属海关</td><td>昆山综合保税区</td></tr>
<tr><td>通讯地址</td><td colspan="3">江苏省昆山综合保税区中央大道 99 号4 号仓库 C 单元</td><td>邮政编码</td><td>215300</td><td>法人姓名</td><td>唐明贤</td></tr>
<tr><td>评定时间</td><td>2013.3.11</td><td>注册日期</td><td>2011.1.17</td><td>报关有效期</td><td>长期</td><td>注册资本</td><td>5000 万人民币</td></tr>
<tr><td>主营范围</td><td colspan="7">许可经营项目：无。一般经营项目：承办海运、陆运、空运进出口货物的国际运输代理业务，包括揽货、订舱、仓储、集装箱拼装拆箱、结算运杂费、报关、报检、相关的短途运输及运输咨询业务；保税商品简单加工，转口贸易；保税企业间贸易及进出口贸易；物流信息咨询。</td></tr>
</table>

<table>
<tr><td>企业名称</td><td colspan="3">昆山天隽物流有限公司</td><td>海关编码</td><td>3223660003</td><td>所属海关</td><td>昆山综合保税区</td></tr>
<tr><td>通讯地址</td><td colspan="3">江苏省昆山综合保税区中央大道 89 号12 号仓库 A–B 单元</td><td>邮政编码</td><td>215301</td><td>法人姓名</td><td>李步广</td></tr>
<tr><td>评定时间</td><td>2013.3.11</td><td>注册日期</td><td>2011.1.19</td><td>报关有效期</td><td>长期</td><td>注册资本</td><td>500 万人民币</td></tr>
<tr><td>主营范围</td><td colspan="7">许可经营项目：道路普通货运。一般经营项目：承办海运、陆运、空运进出口货物的国际运输代理业务，包括揽货、订舱、仓储、中转、集装箱拼箱拆箱、结算运杂费、报关、报检、保险、相关的短途运输服务及运输咨询业务；货物及技术的进出口业务；对代理的仓储物品进行检测及上门维修。</td></tr>
</table>

企业名称	昆山安凯物流有限公司			海关编码	3223660005	所属海关	昆山综合保税区
通讯地址	江苏省昆山综合保税区中央大道 89 号 10 号仓库			邮政编码	215300	法人姓名	靳海滨
评定时间	2013.1.21	注册日期	2011.1.19	报关有效期	长期	注册资本	1000 万人民币
主营范围	许可经营项目：无。一般经营项目：承办海运、陆运、空运、进出口货物的国际运输代理业务，包括揽货、托运、订舱、仓储、中转、集装箱拼装拆箱、结算运杂费、报关、报验、保险、相关的短途运输服务及运输咨询业务；自营和代理各类商品及技术的进出口贸易及中转、分拨、配送服务，但国家限定公司经营或禁止进出口的商品和技术除外；仓储服务及对代理的仓储物品进行上门检测服务；物流信息咨询。						

企业名称	昆山新宁物流有限公司			海关编码	3223660006	所属海关	昆山综合保税区
通讯地址	江苏省昆山综合保税区 B 区桂林路 69 号			邮政编码	215300	法人姓名	王雅军
评定时间	2011.3.25	注册日期	2014.1.19	报关有效期	长期	注册资本	6000 万人民币
主营范围	许可经营项目：道路普通货运。一般经营项目：承办海运、陆运、空运进出口货物的国际运输代理业务，包括揽运、托运、订舱、仓储、中转、分拨、集装箱拼箱拆箱、结算运杂费、报关报检、保险、相关短途运输服务及配送服务；货物及技术的进出业务；物品快递服务。						

企业名称	海太半导体（无锡）有限公司			海关编码	3202630003	所属海关	无锡高新区综合保税区
通讯地址	江苏省无锡市新区出口加工区 K5、K6 地块			邮政编码	214028	法人姓名	顾斌
评定时间	2013.3.11	注册日期	2009.11.18	报关有效期	长期	注册资本	17500 万美元
主营范围	许可经营项目：无。一般经营项目：半导体产品的探针测试、封装、封装测试、模块装配和模块测试。						

企业名称	SK 海力士半导体（中国）有限公司			海关编码	3202630008	所属海关	无锡高新区综合保税区
通讯地址	江苏省无锡高新区综合保税区 K7 地块			邮政编码	214028	法人姓名	朴星昱（PARK SUNG WOOK）
评定时间	2013.12.4	注册日期	2011.5.16	报关有效期	长期	注册资本	195000 万美元
主营范围	许可经营项目：无。一般经营项目：生产、加工和销售 8 英寸和 12 英寸集成电路芯片，主要产品为 0.11 微米及以下线宽的存储器、消费类产品、SOC 芯片。						

企业名称	敦南微电子（无锡）有限公司			海关编码	3202640014	所属海关	无锡高新区综合保税区
通讯地址	江苏省无锡出口加工区 J7、J8 号地块			邮政编码	214028	法人姓名	宋恭源
评定时间	2010.12.16	注册日期	2004.11.1	报关有效期	长期	注册资本	3000 万美元
主营范围	许可经营项目：无。一般经营项目：新型电子元器件、半导体分立器件、半导体集成电路晶片、半导体集成电路的设计、生产、封装，计算机辅助测试及其技术服务。						

杭州关区

企业名称	杭州海康威视数字技术股份有限公司			海关编码	3301330039	所属海关	杭州海关
通讯地址	浙江省杭州市西湖区马塍路 36 号			邮政编码	310012	法人姓名	陈宗年
评定时间	2011.5.30	注册日期	2008.2.20	报关有效期	长期	注册资本	401722.32 万人民币
主营范围	电子产品的研发、生产，销售自产产品，提供技术服务，电子设备安装，电子工程及智能系统工程的设计、施工及维护。（国家禁止和限制的项目除外）						

企业名称	UT 斯达康通讯有限公司			海关编码	3301340036	所属海关	杭州海关
通讯地址	浙江省杭州市滨江区秋溢路 500 号 3 号楼 5 层			邮政编码	310052	法人姓名	黄照晨
评定时间	2009.3.10	注册日期	2002.5.14	报关有效期	长期	注册资本	9800 万美元
主营范围	设计、开发、配套、生产、销售、安装高科技通讯设备软件、硬件，包括电信综合数字和宽带接入网系统、光传输设备、智能网系统、个人通讯及多媒体、数据和信息网络及其他通讯系统终端设备（国家限制和禁止的项目除外；涉及前置审批项目的，在有效期内方可经营）；提供本公司产品的维修、技术咨询、技术服务；从事非配额许可证管理、非专营商品的收购出口业务。						

企业名称	杭州华三通信技术有限公司			海关编码	3301340066	所属海关	杭州海关
通讯地址	浙江省杭州市滨江区长河路 466 号			邮政编码	310052	法人姓名	MATTHEW GERALD GREENLY
评定时间	2009.3.10	注册日期	2003.11.12	报关有效期	长期	注册资本	8000 万美元
主营范围	技术开发、技术服务、技术咨询、成果转让，生产、销售电子产品、软件、（数据）通信设备、宽带接入设备、网络安全设备、网关、计算机、服务器、存储设备、智能化技术设备、智能家居设备、云计算产品、互联网信息技术产品，以及前述产品的配套设备、零部件、配套软件；系统集成；以上电子设备和相关设备的租赁；以上产品及同类商品的批发、佣金代理（拍卖除外）及进出口业务；成年人的非证书劳动职业技能培训。（涉及前置审批的项目除外；国家禁止和限制的项目除外；涉及许可证的，凭证经营；依法须经批准的项目，经相关部门批准后方可开展经营活动）						

企业名称	杭州市轻工工艺纺织品进出口有限公司			海关编码	3301910001	所属海关	杭州海关
通讯地址	浙江省杭州市西湖科技经济园区西园一路 6 号			邮政编码	310030	法人姓名	张为民
评定时间	2011.12.30	注册日期	1992.12.17	报关有效期	长期	注册资本	5000 万人民币
主营范围	经营进出口业务。						

<table>
<tr><td>企业名称</td><td colspan="3">浙江省纺织品进出口集团有限公司</td><td>海关编码</td><td>3301910045</td><td>所属海关</td><td>杭州海关</td></tr>
<tr><td>通讯地址</td><td colspan="3">浙江省杭州市中河中路 165 号</td><td>邮政编码</td><td>310001</td><td>法人姓名</td><td>黄道领</td></tr>
<tr><td>评定时间</td><td>2013.8.8</td><td>注册日期</td><td>1992.12.22</td><td>报关有效期</td><td>长期</td><td>注册资本</td><td>6480 万人民币</td></tr>
<tr><td>主营范围</td><td colspan="7">许可经营项目：预包装食品（详见“食品流通许可证”，有效期至 2015 年 6 月 14 日）。一般经营项目：经营进出口业务（范围详见外经贸部门批文）；纺织品及原料、服装、日用百货、家用电器、橡胶及制品、五金交电、化工产品（不含危险品）、机电设备、家用电器、土畜产品（不含食品）、工艺美术品（黄金饰品除外）、包装材料、办公自动化设备、金属制品、纸浆、农副产品（不含食品）、有色金属材料（贵金属除外）及制品、黑色金属、石油制品（不含成品油及化学危险品）、汽车、摩托车、电动自行车零配件的销售，技术咨询服务，房地产资讯服务，自有房屋租赁，物业管理，实业投资，投资管理，经济信息咨询。（上述经营范围不含国家法律法规规定禁止、限制和许可经营的项目）</td></tr>
</table>

<table>
<tr><td>企业名称</td><td colspan="3">浙江惠灵对外贸易有限责任公司</td><td>海关编码</td><td>3301910224</td><td>所属海关</td><td>杭州海关</td></tr>
<tr><td>通讯地址</td><td colspan="3">浙江省杭州下城区中山北路 308 号</td><td>邮政编码</td><td>310003</td><td>法人姓名</td><td>高秉学</td></tr>
<tr><td>评定时间</td><td>2012.8.15</td><td>注册日期</td><td>1999.6.23</td><td>报关有效期</td><td>长期</td><td>注册资本</td><td>3088.1 万人民币</td></tr>
<tr><td>主营范围</td><td colspan="7">经营进出口业务，批发兼零售预包装食品、乳制品（含婴幼儿配方乳粉）、酒类（详见“食品流通许可证”，有效期至 2015 年 9 月 24 日），医疗器械销售（详见“医疗器械经营企业许可证”，有效期至 2019 年 9 月 14 日），公司出口商品的外转内和进口商品的国内销售，建筑装饰材料、金属材料、百货、五金交电、纺织品、化工产品（不含危险品及易制毒化学品）、日用杂货、初级食用农产品的销售，经营国家允许的其他国内贸易业务，经营信息咨询（不含证券、期货咨询），仓储（不含危险品），包装业务。（依法须经批准的项目，经相关部门批准后方可开展经营活动）</td></tr>
</table>

<table>
<tr><td>企业名称</td><td colspan="3">浙江惠隆对外贸易有限责任公司</td><td>海关编码</td><td>3301910225</td><td>所属海关</td><td>杭州海关</td></tr>
<tr><td>通讯地址</td><td colspan="3">浙江省杭州下城区中山北路 308 号</td><td>邮政编码</td><td>310003</td><td>法人姓名</td><td>高秉学</td></tr>
<tr><td>评定时间</td><td>2011.12.7</td><td>注册日期</td><td>1999.6.24</td><td>报关有效期</td><td>长期</td><td>注册资本</td><td>3020.98 万人民币</td></tr>
<tr><td>主营范围</td><td colspan="7">许可经营项目：预包装食品、乳制品（含婴幼儿配方乳粉）的销售（“食品流通许可证”有效期至 2015 年 7 月 19 日）。一般经营项目：经营进出口业务（详见外经贸部批文和进出口企业资格证书），公司出口商品的外转内和进口商品的国内销售，建筑装饰材料、金属材料、百货、五金交电、纺织品、化工产品（不含危险品及易制毒化学品）、日用杂品的销售，经营国家允许的其他国内贸易业务，经营信息咨询（不含证券、期货咨询），仓储（不含危险品），包装业务。（上述经营范围不含国家法律法规规定禁止、限制和许可经营的项目）</td></tr>
</table>

<table>
<tr><td>企业名称</td><td colspan="3">浙江惠元对外贸易有限责任公司</td><td>海关编码</td><td>3301910226</td><td>所属海关</td><td>杭州海关</td></tr>
<tr><td>通讯地址</td><td colspan="3">浙江省杭州下城区中山北路 308 号</td><td>邮政编码</td><td>310003</td><td>法人姓名</td><td>高秉学</td></tr>
<tr><td>评定时间</td><td>2013.9.30</td><td>注册日期</td><td>1999.6.24</td><td>报关有效期</td><td>长期</td><td>注册资本</td><td>2890.92 万人民币</td></tr>
<tr><td>主营范围</td><td colspan="7">经营进出口业务（详见外经贸部批文和进出口企业资格证书），公司出口商品的外转内和进出口商品的国内销售，建筑装饰材料、金属材料、百货、五金交电、纺织品、化工产品（不含危险品）、日用杂品的销售，经营国家允许的其他国内贸易业务，经营信息咨询（不含证券、期货咨询），仓储运输，包装业务。</td></tr>
</table>

<table>
<tr><td>企业名称</td><td colspan="3">浙江省茶叶集团股份有限公司</td><td>海关编码</td><td>3301910288</td><td>所属海关</td><td>杭州海关</td></tr>
<tr><td>通讯地址</td><td colspan="3">浙江省杭州市庆春路 135 号 1、2 层</td><td>邮政编码</td><td>310006</td><td>法人姓名</td><td>施建强</td></tr>
<tr><td>评定时间</td><td>2011.11.14</td><td>注册日期</td><td>1981.7.2</td><td>报关有效期</td><td>长期</td><td>注册资本</td><td>10400 万人民币</td></tr>
<tr><td>主营范围</td><td colspan="7">经营预包装食品、乳制品（含婴幼儿配方乳粉）（详见“食品流通许可证”，有效期至 2017 年 3 月 10 日），茶叶加工机械及配件、服装、针纺织品、农作物副产品、土特产品（不含食品）、工艺美术品、金属材料、建筑材料、百货、五金交电、化工原料及产品（不含危险品及易制毒化学品）、通讯器材（不含无线）、仪器仪表、机电设备（不含汽车）、焦炭的销售，实业开发投资，仓储业务，技术咨询服务，经营进出口业务（国家法律法规禁止、限制、许可经营的除外）。（依法须经批准的项目，经相关部门批准后方可开展）</td></tr>
</table>

企业名称	杭州热联集团股份有限公司			海关编码	3301910357	所属海关	杭州海关
通讯地址	浙江省杭州市下城区环城北路 167 号			邮政编码	310020	法人姓名	聂忠海
评定时间	2013.12.2	注册日期	2002.8.28	报关有效期	长期	注册资本	50000 万人民币
主营范围	许可经营项目：批发预包装食品、酒类（上述经营范围应在批准的有效期内方可经营）。一般经营项目：批发、零售煤炭（无存储），有色金属，钢铁原料及制品，木材，化工原料（化学危险品及易制毒化学品除外），纸张，塑料原料及制品，普通机械，建筑材料，五金交电，电器机械及器材，针、纺织品，水暖器材，汽车配件，电子计算机及配件，仪器仪表，农副产品（食品除外）；机械设备、电子计算机及配件、仪器仪表的维修；货物进出口（法律、行政法规禁止经营的项目除外，法律、行政法规限制的项目取得许可后方可经营）；其他无须报经审批的一切合法项目。（上述经营范围不含国家法律法规规定禁止、限制和许可经营的项目）						

企业名称	杭芝机电有限公司			海关编码	3301930139	所属海关	杭州海关
通讯地址	浙江省杭州市教工路 27 号			邮政编码	310012	法人姓名	隅田敏
评定时间	2009.3.10	注册日期	1992.12.6	报关有效期	长期	注册资本	70000 万日本元
主营范围	信息、通信系统、电子元器件、强电设备、家用电器、办公设备、空调等电子机械产品及所有使用材料、零（部）件、工夹模具、设备、车用空调风扇马达的制造、批发、进出口业务；第二类医院用 X 射线附属设备及附件（X 射线影像增强器、旋转阳极 X 射线管）的制造（上述经营范围中涉及前置审批项目的，在批准的有效期内方可经营）；环保产品的批发、进出口业务；计算机软件开发；管理咨询服务。（涉及许可证的，凭证经营；依法须经批准的项目，经相关部门批准后方可展开经营活动）						

企业名称	国际香料香精（杭州）有限公司			海关编码	3301930918	所属海关	杭州海关
通讯地址	浙江省杭州市建德市洋溪街道国香路 88 号			邮政编码	311600	法人姓名	ROBERTUS JOHANNES MARIA EDELMAN
评定时间	2009.3.10	注册日期	1994.2.7	报关有效期	长期	注册资本	3242.22 万美元
主营范围	生产经营香料、香精、香水等产品（包括一类易制毒化学品，具体详见许可证）。						

企业名称	浙江正泰太阳能科技有限公司			海关编码	3301932080	所属海关	杭州海关
通讯地址	浙江省杭州市滨江区滨安路 1335 号 1 幢			邮政编码	310052	法人姓名	南存辉
评定时间	2011.11.14	注册日期	2006.12.27	报关有效期	长期	注册资本	26245 万美元
主营范围	晶体硅和薄膜太阳能电池、电池组件、光伏发电系统设备的研究，多晶硅光伏电池、单晶硅光伏电池、晶硅光伏电池组件的生产，销售自产产品，系统集成软件开发。						

企业名称	浙江物产国际贸易有限公司			海关编码	3301932199	所属海关	杭州海关
通讯地址	浙江省杭州市凯旋路 445 号			邮政编码	310020	法人姓名	董明生
评定时间	2010.12.17	注册日期	2010.11.17	报关有效期	长期	注册资本	48328.75 万人民币
主营范围	矿产品、建材、化工产品（不含危险品和易制毒化学品）、矿物油（不含成品油）、汽车的批发、佣金代理（拍卖除外）和进出口业务，废旧金属制品的回收。（涉及配额、许可证等专项规定的，按国家有关规定办理）						

企业名称	杭州福星工贸有限公司			海关编码	3301960251	所属海关	杭州海关
通讯地址	浙江省杭州市拱墅区德胜路385号（银都大厦22、23楼）			邮政编码	310015	法人姓名	赵军
评定时间	2012.2.29	注册日期	2003.2.14	报关有效期	长期	注册资本	500万人民币
主营范围	服装、服饰、针织品、纺织品及原料、工艺品、玩具、文教用品、五金工具、电子产品的销售，货物进出口。（含下属分支机构经营范围）						

企业名称	杭州信凯实业有限公司			海关编码	3301960639	所属海关	杭州海关
通讯地址	浙江省杭州市西湖区三墩镇振中路208号2号北面第四层			邮政编码	310030	法人姓名	李治
评定时间	2014.6.4	注册日期	2008.4.18	报关有效期	长期	注册资本	1000万人民币
主营范围	货物进出口，技术进出口（法律法规禁止的项目除外，国家法律、法规限制的项目取得许可证后方可经营），化工原料及产品（化学危险品及第一类易制毒化学品除外）、五金交电、建筑材料的批发零售，化工产品的技术开发、咨询、服务。（含下属分支机构经营范围）						

企业名称	利尔达科技集团股份有限公司			海关编码	3301962651	所属海关	杭州海关
通讯地址	浙江省杭州市拱墅区和睦院18幢A区1201室			邮政编码	310011	法人姓名	叶文光
评定时间	2012.12.28	注册日期	2007.2.14	报关有效期	长期	注册资本	7500万人民币
主营范围	许可经营项目：第二类增值电信业务中的信息服务业务（限互联网信息服务业务，不包含新闻、出版、教育、医疗保健、药品和医疗器械、文化、广播电影电视节目和电子公告等内容的信息服务；增值电信业务经营许可证有效期至2017年7月23日），电子产品的生产、加工。一般经营项目：单片机、集成电路、计算机软硬件、网络产品、电子产品、物联网的技术开发、技术服务；电子产品的销售；货物进出口；成年人的非证书劳动职业技能培训（涉及前置审批的项目除外），其他无须报经审批的一切合法项目。						

企业名称	杭州巨星科技股份有限公司			海关编码	3301963158	所属海关	杭州海关
通讯地址	浙江省杭州市江干区九环路35号			邮政编码	310019	法人姓名	仇建平
评定时间	2013.2.21	注册日期	2007.11.21	报关有效期	长期	注册资本	101400万人民币
主营范围	五金工具、塑料制品的生产，五金产品、五金工具、木工工具、建筑工具、电动工具、塑料制品、灯具、手电筒、文教用品、家具、户外用品、包装材料、激光测量仪、钻切工具、汽车配件、电子产品、电气设备及零件、机电设备、金属制品、办公用品、日用品的销售，广告制作、代理，经营进出口业务。（法律、行政法规禁止经营的项目除外，法律、行政法规限制经营的项目取得许可证后方可经营）						

企业名称	浙江省科学器材进出口有限责任公司			海关编码	3301963257	所属海关	杭州海关
通讯地址	浙江省杭州市天目山路97号			邮政编码	310007	法人姓名	唐吉昌
评定时间	2013.5.30	注册日期	2008.1.23	报关有效期	长期	注册资本	2000万人民币
主营范围	许可经营项目：从事放射性同位素工作（范围详见许可证，有效期至2017年9月12日），经营医疗器械（范围详见“医疗器械经营企业许可证”，有效期至2017年10月15日）。一般经营项目：经营进出口业务（范围详见外经贸部批文），机电设备、金属材料、建筑材料、化学纤维、化工原料及产品（不含危险品及易制毒化学品）、五金交电、照相器材、办公自动化设备、科学器材的销售，技术咨询，科学器材设备维修。（上述经营范围不含国家法律法规规定禁止、限制和许可经营的项目）						

企业名称	杭州娃哈哈保健食品有限公司			海关编码	3301964661	所属海关	杭州海关
通讯地址	浙江省杭州市清泰街160号			邮政编码	310009	法人姓名	宗庆后
评定时间	2011.11.14	注册日期	2010.2.25	报关有效期	长期	注册资本	19968万人民币
主营范围	许可经营项目：批发兼零售预包装食品、乳制品（含婴幼儿配方乳粉）、乳制品（不含婴幼儿配方乳粉）（有效期至2014年1月3日），普通货运（本单位运输，有效期至2013年3月18日）。一般经营项目：批发、零售农副产品（食品除外）、食品添加剂、塑料原料（化学危险品及易制毒化学品除外）、机械设备及配件、包装材料，收购本公司销售所需的农副产品（限直接向第一产业的原始生产者收购），货物进出口（法律、行政法规禁止的项目除外，法律、行政法规限制的项目取得许可后方可经营），含下属分支机构经营范围。（上述经营范围不含国家法律法规规定禁止、限制和许可经营的项目）						

企业名称	杭州福斯特光伏材料股份有限公司			海关编码	3301965922	所属海关	杭州海关
通讯地址	浙江省临安市锦北街道保锦路			邮政编码	311300	法人姓名	林建华
评定时间	2013.2.21	注册日期	2011.7.8	报关有效期	长期	注册资本	34200万人民币
主营范围	许可经营项目：无。一般经营项目：EVA太阳能电池胶膜、太阳能电池背板、热熔胶膜（热熔胶）、热熔网膜（双面胶）、服装辅料（衬布）的生产，销售本公司生产的产品，新材料、新能源、新设备的技术开发，经营进出口业务。（上述经营范围不含国家法律法规规定禁止、限制和许可经营的项目）						

企业名称	温州帝邦鞋业有限公司			海关编码	3303930333	所属海关	温州海关
通讯地址	浙江省温州双屿中国鞋都产业园区帝邦工业园			邮政编码	325007	法人姓名	谢仁兴
评定时间	2010.4.23	注册日期	1999.5.24	报关有效期	长期	注册资本	274.7万美元
主营范围	生产销售皮鞋及皮革制品。						

企业名称	温州市冠盛汽车零部件集团股份有限公司			海关编码	3303930586	所属海关	温州海关
通讯地址	浙江省温州市瓯海高新技术产业园区高翔路1号			邮政编码	325006	法人姓名	周家儒
评定时间	2010.8.16	注册日期	2006.2.14	报关有效期	长期	注册资本	12000万人民币
主营范围	制造销售汽车零配件、石化设备配件、摩托车零配件。						

企业名称	浙江禾本科技有限公司			海关编码	3303950049	所属海关	温州海关
通讯地址	浙江省温州市沿江工业区后京村连墩路			邮政编码	325008	法人姓名	曾挺
评定时间	2013.12.2	注册日期	2000.2.28	报关有效期	长期	注册资本	7000万人民币
主营范围	许可经营项目：农药生产（产品明细具体见农药生产批准证书，在全国工业产品生产许可证、农药生产批准证书有效期限内经营）。一般经营项目：货物进出口，技术进出口，自有厂房出租，下设农药销售分支机构。（上述经营范围不含国家法律法规规定禁止、限制和许可经营的项目）						

企业名称	巨一集团有限公司			海关编码	3303960018	所属海关	温州海关
通讯地址	浙江省温州中国鞋都产业园区			邮政编码	325007	法人姓名	李爱莲
评定时间	2009.3.24	注册日期	1999.3.23	报关有效期	长期	注册资本	10500 万人民币
主营范围	许可经营项目：无。一般经营项目：鞋、皮革制品、塑料制品、汽摩配件的制造、销售，化妆品、建筑材料、金属材料、日用百货、工艺品、帽、箱包、手表、服装、服装饰品、针纺织品、家用电器、化工原料（不含危险化学品）的销售，对房地产业、采矿业的投资，自有房屋出租，经济信息咨询（不含证券、期货咨询）服务，货物进出口、技术进出口。（上述经营范围不含国家法律法规规定禁止、限制和许可经营的项目）						

企业名称	泰力实业有限公司			海关编码	3303960388	所属海关	温州海关
通讯地址	浙江省温州市高新技术产业园区炬光园北路 1 号			邮政编码	325029	法人姓名	郑祥波
评定时间	2014.9.23	注册日期	2002.7.26	报关有效期	长期	注册资本	11000 万人民币
主营范围	家用电器、照明电器、电工器材、低压电器、电线电缆、小功率电动机、五金制品、锁具、电器附件、排油烟机、消毒柜、电热水器、文具、笔、塑料制品和家具的制造；经营本企业自产产品及技术的出口业务，经营本企业生产科研所需的原辅材料、仪器仪表、机械设备、零配件及技术的进口业务，但国家限定公司经营或国家禁止进出口商品及技术除外；经营进料加工和“三来一补”业务。（法律法规禁止的不得经营，应经审批的未获审批前不得经营）						

企业名称	康奈集团有限公司			海关编码	3303960433	所属海关	温州海关
通讯地址	浙江省温州市双屿中国鞋都产业园康奈工业园			邮政编码	325007	法人姓名	郑秀康
评定时间	2014.1.9	注册日期	2002.10.21	报关有效期	长期	注册资本	12500 万人民币
主营范围	皮鞋、皮革制品、运动鞋、内衣、皮具、鞋材（不含化学危险物品）、服装的加工、制造、销售；五金交电、日用百货、普通机械、建筑材料的销售，计算机网络工程的设计、开发、安装、维修，经营自产产品及相关技术的出口业务，经营本企业或本企业成员企业生产科研所需的原辅材料、机械设备、仪器仪表、零配件及相关技术的进口业务，经营本企业的进料加工和“三来一补业务（国家实行进出口许可证管理的商品除外）。						

企业名称	东艺鞋业有限公司			海关编码	3303963224	所属海关	温州海关
通讯地址	浙江省温州市鹿城区双屿前陈鞋都一期 24 号地块			邮政编码	325000	法人姓名	陈国荣
评定时间	2009.9.15	注册日期	2008.3.18	报关有效期	长期	注册资本	8000 万人民币
主营范围	许可经营项目：无。一般经营项目：生产销售皮鞋、皮鞋半成品（鞋包、大底、中底、鞋扣、鞋带及零配件）、皮具、皮革制品，非配额许可证管理、非专营商品的收购出口业务，仓储业务，货物进出口（国家法律、行政法规禁止的除外；国家法律、行政法规限制的项目取得许可证后方可经营）。（上述经营范围不含国家法律法规规定禁止、限制和许可经营的项目）						

企业名称	泰马鞋业有限公司			海关编码	3303965215	所属海关	温州海关
通讯地址	浙江省温州市鹿城区仰义街道沿繁路 35 号			邮政编码	325000	法人姓名	廖跃
评定时间	2011.11.21	注册日期	2010.8.19	报关有效期	长期	注册资本	12000 万人民币
主营范围	许可经营项目：普通货运（在道路运输经营许可证有效期内经营）。一般经营项目：皮鞋、皮件、特种劳动防护用品（凭有效许可证经营）的制造、加工、销售，货物进出口、技术进出口，自有房产出租。（上述经营范围不含国家法律法规规定禁止、限制和许可经营的项目）						

企业名称	浙江禾本科技有限公司			海关编码	33039609HL	所属海关	温州海关
通讯地址	温州市沿江工业区后京村连墩路			邮政编码	325008	法人姓名	曾挺
评定时间	2013.12.2	注册日期	2000.2.28	报关有效期	长期	注册资本	7000 万人民币
主营范围	许可经营项目：农药生产（产品明细具体见农药生产批准证书，在全国工业产品生产许可证、农药生产批准证书有效期限内经营）。一般经营项目：货物进出口、技术进出口，自有厂房出租，下设农药销售分支机构。（上述经营范围不含国家法律法规规定禁止、限制和许可经营的项目）						

企业名称	中国水产舟山海洋渔业公司			海关编码	3309913129	所属海关	舟山海关
通讯地址	浙江省舟山市普陀区沈家门街道兴海路 1 号（普陀区平阳浦）			邮政编码	316101	法人姓名	胡世保
评定时间	2011.8.15	注册日期	2003.2.14	报关有效期	长期	注册资本	29100 万人民币
主营范围	许可经营项目：水产加工品、速冻食品、其他水产加工品、罐头的制造、销售（具体详见“全国工业产品生产许可证”，有效期至 2017 年）。一般经营项目：海洋捕捞，水产养殖；渔轮渔机修造，绳网加工；本公司自产的食品（含水产品及其制品）、饲料的出口和生产所需机械设备、船用仪器仪表、原辅材料、船舶、渔网渔具的进出口业务，承办“三来一补”业务；电力转售；航道疏浚工程；货物及技术进出口。						

企业名称	舟山中远船务工程有限公司			海关编码	3309913227	所属海关	舟山海关
通讯地址	浙江省舟山市普陀区六横镇龙山西浪咀			邮政编码	316131	法人姓名	梁岩峰
评定时间	2013.11.4	注册日期	2007.1.15	报关有效期	长期	注册资本	100000 万人民币
主营范围	许可经营项目：无。一般经营项目：船舶制造、修理、销售，提供相关服务；海洋工程装备的修理、建造、改装；陆用、船用金属结构件及船舶配件的生产、销售；船舶及海洋工程修造代理。（凡涉及许可和资质的，凭证经营）						

企业名称	中化兴中石油转运（舟山）有限公司			海关编码	3309931005	所属海关	舟山海关
通讯地址	浙江省舟山市定海区兴中路 1 号			邮政编码	316000	法人姓名	唐炳文
评定时间	2014.7.21	注册日期	1995.4.16	报关有效期	长期	注册资本	4093.45 万美元
主营范围	经营自建码头、储罐，为用户提供石油和石化产品及非直接食用植物油的装卸、储存、中转、分运服务。（上述涉及行政许可的，凭许可证经营）						

企业名称	台州齐合天地金属有限公司			海关编码	3311942552	所属海关	台州海关
通讯地址	浙江省台州市路桥区金属再生园区北路 1 号			邮政编码	318054	法人姓名	方安空
评定时间	2013.9.30	注册日期	2004.6.1	报关有效期	长期	注册资本	5268.2 万美元
主营范围	生产销售有色金属复合材料、建筑五金制品、塑料制品及废旧金属，废旧电器设备拆解深加工。						

企业名称	浙江九洲药业股份有限公司			海关编码	3311950273	所属海关	台州海关
通讯地址	浙江省台州市椒江区外沙工业区			邮政编码	318000	法人姓名	花轩德
评定时间	2008.12.1	注册日期	1994.2.25	报关有效期	长期	注册资本	15582 万人民币
主营范围	许可经营项目：化学原料药、医药中间体的生产。一般经营项目：化工原料（不含化学危险品及易制毒品）、机械设备、仪器仪表的制造、销售，医药、化工产品的研究开发、技术咨询服务，经营进出口业务。（上述经营范围不含国家法律法规规定禁止、限制和许可经营的项目）						

企业名称	浙江吉鑫祥叉车制造有限公司			海关编码	3311965407	所属海关	台州海关
通讯地址	浙江省台州经济开发区滨海工业区块F区块			邮政编码	318057	法人姓名	张正茂
评定时间	2014.3.6	注册日期	2008.3.19	报关有效期	长期	注册资本	5000万人民币
主营范围	叉车及门架总成、叉车属具及叉车配件、蓄电池搬运车、液压搬运车、液压工程机械设备的研发、制造、销售（机动车及需经前置审批的除外），发动机销售。						

企业名称	市下控股有限公司			海关编码	3323961285	所属海关	台州海关
通讯地址	浙江省台州市黄岩经济开发区北院大道19号			邮政编码	318020	法人姓名	李冠军
评定时间	2013.3.12	注册日期	2002.1.10	报关有效期	长期	注册资本	5036.9万人民币
主营范围	许可经营项目：包装装潢、其他印刷品印刷（许可证有效期至2017年年底）。一般经营项目：国家法律、法规和政策允许的投资业务，喷雾器、塑料制品、机械化农业及园艺机具、清洗机、通用汽油机、模具、计算机及网络设备、其他电子设备、汽车配件、摩托车配件（不含发动机）、自动机械手、发电机、水泵、阀门、机械零部件、其他服装加工专用设备、塑料加工专用设备、太阳能热水器、木制、铁制工艺品、鞋帽服装、船用环保设备、家用制冷电器具、空气调节器、家用美容、保健电器具、玩具的制造、销售，房地产开发（凭资质证书经营），技术进出口和货物进出口。						

企业名称	永高股份有限公司			海关编码	3323964450	所属海关	台州海关
通讯地址	浙江省台州市黄岩区东城经济开发区埭西路2号			邮政编码	318020	法人姓名	卢震宇
评定时间	2013.11.4	注册日期	2007.1.8	报关有效期	长期	注册资本	43200万人民币
主营范围	生产销售日用塑胶制品、塑料管、塑料管子接头、塑料异型材、塑料板材、塑料棒材、塑胶阀门、塑料窨井盖、保温容器、橡胶密封垫圈、模具、水暖管道零件、金属紧固件、逆变器，铁法兰、PPR剪刀、PPR熔接器的销售，管道施工、设计、安装。（依法须经批准的项目，经相关部门批准后方可开展经营活动）						

企业名称	浙江古纤道新材料股份有限公司			海关编码	3306931691	所属海关	绍兴海关
通讯地址	浙江省绍兴市袍江工业区越东路			邮政编码	312000	法人姓名	施建强
评定时间	2009.3.13	注册日期	2004.3.5	报关有效期	长期	注册资本	48000万人民币
主营范围	生产改性聚酯切片、涤纶工业丝及其他涤纶制品、锦纶纤维及制品；销售自产产品；聚酯切片原辅材料、化工原料及产品（化学危险品除外）的销售；无储存批发经营；1，4-二甲苯及甲醇（经营场所不得存放危险化学品，危险化学品经营许可证有效期至2015年11月15日）；佣金代理（拍卖除外）及其进出口业务。（上述商品进出口不涉及国营贸易、进出口配额许可证、出口配额招标、出口许可证等专项管理的商品，上述经营范围不含国家法律法规规定禁止、限制和许可经营的项目）						

企业名称	浙江绍兴三圆石化有限公司			海关编码	3306932221	所属海关	绍兴海关
通讯地址	浙江省绍兴袍江工业区越秀路			邮政编码	312075	法人姓名	钟建明
评定时间	2011.1.11	注册日期	2005.8.25	报关有效期	长期	注册资本	2610万美元
主营范围	生产、销售多功能改性聚丙烯原料及农膜（危险化学品及其他需要审批的项目除外）。						

企业名称	浙江红绿蓝纺织印染有限公司		海关编码	3306948680	所属海关	绍兴海关
通讯地址	浙江省绍兴县马鞍镇新钱清村		邮政编码	312000	法人姓名	陈宇鸣
评定时间	2013.8.16	注册日期	2012.5.9	报关有效期	长期	注册资本	13227 万人民币
主营范围	高档织物面料的织造、印染及后整理加工，销售自产产品。						

企业名称	浙江远东新聚酯有限公司			海关编码	3306953706	所属海关	绍兴海关
通讯地址	浙江省绍兴县滨海工业区			邮政编码	312073	法人姓名	周吉元
评定时间	2009.3.13	注册日期	2000.11.15	报关有效期	长期	注册资本	30600 万人民币
主营范围	许可经营项目：无。一般经营项目：生产化纤原料、纺织品；经营本企业自产产品及技术的出口业务，经营本企业生产所需的原辅材料、仪器仪表、机械设备、零配件及技术的进口业务，但国家限定公司经营和国家禁止进出口的商品及技术除外；经营进料加工和“三来一补”业务；农作物种植，水产养殖；代理货物进出口（法律、行政法规禁止的除外）。（经营范围中涉及许可证的项目，凭证生产、经营；上述经营范围不含国家法律法规规定禁止、限制和许可经营的项目）						

企业名称	浙江嘉业印染有限公司			海关编码	3306960238	所属海关	绍兴海关
通讯地址	浙江省绍兴县滨海工业区			邮政编码	312030	法人姓名	周传根
评定时间	2013.9.30	注册日期	2007.8.30	报关有效期	长期	注册资本	3008 万人民币
主营范围	纺织品印染、后整理，生产、加工针纺织品、经编织物、服装、无纺布，批发、零售针纺织品、经编织物、服装、无纺布、轻纺原料、化工助剂（化学危险品除外）、五金建材（化学危险品除外），货物进出口。（经营范围中涉及许可证的项目，凭证经营）						

企业名称	浙江宝纺印染有限公司			海关编码	3306968400	所属海关	绍兴海关
通讯地址	浙江省绍兴县滨海工业区兴滨路			邮政编码	312073	法人姓名	虞宝木
评定时间	2014.1.13	注册日期	2004.3.29	报关有效期	长期	注册资本	10000 万人民币
主营范围	一般经营项目：印花染色，化纤织品生产，自营进出口业务，纺织品经销。（上述经营范围不含国家法律法规规定禁止、限制和许可经营的项目）						

企业名称	浙江凯利新材料股份有限公司			海关编码	3306969988	所属海关	绍兴海关
通讯地址	浙江省绍兴市柯桥街道柯东高新技术园区镜水路 889 号			邮政编码	312030	法人姓名	陈利锋
评定时间	2013.12.19	注册日期	2013.4.27	报关有效期	长期	注册资本	7200 万人民币
主营范围	许可经营项目：无。一般经营项目：生产、销售包装多功能塑料薄膜、高阻隔金属化膜包装材料，销售塑料原料（危险化学品、易制毒化学品除外）、矿产品（石油制品除外）、煤炭（无储存），货物进出口。（上述经营范围不含国家法律法规规定禁止、限制和许可经营的项目）						

企业名称	升华集团德清华源颜料有限公司			海关编码	3305930416	所属海关	湖州海关
通讯地址	浙江省德清县钟管镇山水渡			邮政编码	313220	法人姓名	竺增林
评定时间	2009.10.23	注册日期	1996.1.23	报关有效期	长期	注册资本	450 万美元
主营范围	生产氧化铁颜料、涂料（化学危险品除外），非配额许可证管理、非专营商品的收购出口业务，余热发电。（涉及许可证或专项审批的，凭证或审批后经营）						

企业名称	浙江德清华丝纺织有限公司		海关编码	3305930579	所属海关	湖州海关
通讯地址	浙江省德清县武康镇凯喜雅工业园 2 号		邮政编码	313200	法人姓名	凌人才
评定时间	2009.11.16	注册日期	2002.2.5	报关有效期	长期	注册资本	240 万美元
主营范围	生产和销售服装及纺织品（不涉及出口许可证和配额管理商品）。						

企业名称	浙江尤夫高新纤维股份有限公司			海关编码	3305930666	所属海关	湖州海关
通讯地址	浙江省湖州市和孚镇工业园区			邮政编码	313017	法人姓名	茅惠新
评定时间	2011.11.28	注册日期	2003.11.4	报关有效期	长期	注册资本	23819.59 万人民币
主营范围	生产差别化 FDY 聚酯纤维及特种工业用布、聚酯线带，销售本公司生产产品。						

企业名称	浙江泰普森休闲用品有限公司			海关编码	3305930946	所属海关	湖州海关
通讯地址	浙江省德清县武康镇北湖东街 860 号			邮政编码	313200	法人姓名	杨宝庆
评定时间	2009.10.23	注册日期	2008.2.22	报关有效期	长期	注册资本	1200 万美元
主营范围	轻金属家具、钓鱼用品、箱包、体育用品、鞋帽、服装及相关塑料制品的生产、加工、销售，一般货物的仓储及仓储信息化管理。（涉及许可经营的，凭许可经营）						

企业名称	浙江诺力机械股份有限公司			海关编码	3305960014	所属海关	湖州海关
通讯地址	浙江省湖州市长兴县经济开发区经一路			邮政编码	313100	法人姓名	丁毅
评定时间	2013.8.8	注册日期	2003.4.17	报关有效期	长期	注册资本	6000 万人民币
主营范围	许可经营项目：叉车设计、制造、销售（凭有效许可证件经营）。一般经营项目：仓储设备、液压搬运机械、起重运输设备配件、塑料机械及模具、五金工具、煤矿机械配件、节能荧光灯、照明器材、电子电器的制造、加工、销售，经营进出口业务。（上述经营范围不含国家法律法规规定禁止、限制和许可经营的项目）						

企业名称	浙江恒林椅业股份有限公司			海关编码	3305960042	所属海关	湖州海关
通讯地址	浙江省递铺镇阳光工业园三区			邮政编码	313300	法人姓名	王江林
评定时间	2009.11.16	注册日期	2001.11.1	报关有效期	长期	注册资本	6000 万人民币
主营范围	钢塑制品、转椅配件、办公家具、竹木制品的制造、销售；汽车货运；经营本企业自产产品及技术的出口业务，经营本企业生产、科研究所需的原辅材料、机械设备、仪器仪表、零配件及技术的进口业务，但国家限定公司经营和国家禁止进出口的商品及技术除外；经营进料加工和“三来一补”业务。						

企业名称	浙江中新毛纺织有限公司			海关编码	3305960070	所属海关	湖州海关
通讯地址	浙江省湖州市织里镇大港路 888 号			邮政编码	313008	法人姓名	邱淦新
评定时间	2010.8.20	注册日期	2002.5.30	报关有效期	长期	注册资本	5168 万人民币
主营范围	羊（毛、绒）收购，洗毛、梳绒、制条、防缩、丝光、染色、纺纱，羊毛制品、羊绒制品、针织服装的制造加工、批发零售，自营和代理各类商品及技术的进出口业务。（涉及行政许可的，凭行政许可证件经营）						

企业名称	大康控股集团有限公司			海关编码	3305960320	所属海关	湖州海关
通讯地址	浙江省安吉县递铺镇梅康桥村			邮政编码	313300	法人姓名	毛如佳
评定时间	2014.6.20	注册日期	2004.4.28	报关有效期	长期	注册资本	8018 万人民币
主营范围	家具、文教用品、竹木制品、服装、重革、轻革、纺织品、玩具、塑料薄膜、金属门窗、金属加工机械、纸箱的制造、加工、销售，挂盐水专用椅、电动病床、电动按摩座具（第二、三类医疗器械除外）的制造、加工、销售，五金、交电、化工材料（化学危险品除外）的批发，普通货运，自营进出口业务（详见“进出口企业资格证书”），静电喷塑。（经营范围涉及许可证项目的凭证经营）						

企业名称	浙江美欣达印染集团股份有限公司			海关编码	3305960498	所属海关	湖州海关
通讯地址	浙江省湖州市美欣达路 588 号			邮政编码	313000	法人姓名	芮勇
评定时间	2008.12.1	注册日期	2005.4.13	报关有效期	长期	注册资本	8112 万人民币
主营范围	经营进出口业务（详见外经贸部批文），各类纺织品、服装的印染、制造、加工、销售，房屋租赁。						

企业名称	浙江先登电工器材股份有限公司			海关编码	3305960509	所属海关	湖州海关
通讯地址	浙江省湖州市双林镇阳道工业区			邮政编码	313012	法人姓名	干梅林
评定时间	2013.5.14	注册日期	2014.4.8	报关有效期	长期	注册资本	3000 万人民币
主营范围	许可经营项目：无。一般经营项目：电磁线、无氧圆铜杆、电工机械、电器元件的制造、销售；金属材料、建筑材料、化工原料（不含危险品）的销售，经营进出口业务（详见浙江省外经贸厅批文）。（上述经营范围不含国家法律法规规定禁止、限制和许可经营的项目）						

企业名称	浙江久立特材科技股份有限公司			海关编码	3305960607	所属海关	湖州海关
通讯地址	浙江省湖州市双林镇镇西			邮政编码	313012	法人姓名	周志江
评定时间	2013.2.17	注册日期	2005.10.20	报关有效期	长期	注册资本	20800 万人民币
主营范围	不锈钢焊接管、不锈钢无缝管、金属管材、水暖器材的制造、销售，金属材料（除稀贵金属）、纸张销售。						

企业名称	浙江德华兔宝宝进出口有限公司			海关编码	3305960896	所属海关	湖州海关
通讯地址	浙江省德清县洛舍镇杨树湾工业园区			邮政编码	313218	法人姓名	陆利华
评定时间	2011.11.28	注册日期	2007.4.12	报关有效期	长期	注册资本	5000 万人民币
主营范围	人造板、装饰贴面板、其他装饰材料、竹木制品的进出口业务，原木、板材的进出口业务。（上述经营范围不含国家法律法规规定禁止、限制和许可经营项目）						

企业名称	浙江升华拜克生物股份有限公司			海关编码	3305961430	所属海关	湖州海关
通讯地址	浙江省德清县钟管工业区			邮政编码	313220	法人姓名	沈德堂
评定时间	2009.4.27	注册日期	2009.4.16	报关有效期	长期	注册资本	40554.92 万人民币
主营范围	马杜霉素、阿维菌素、盐霉素兽药、农药原料药及制品，相关饲料添加剂的生产、销售；兽药生产（范围详见“中华人民共和国兽药生产许可证”，有效期至 2015 年 11 月 7 日）；肥料生产、热电联供（均凭有关许可证经营）；农药的销售（详见“农药经营许可证”，有效期至 2016 年 9 月 23 日）；出口本企业自产的医药及化工产品；进口本企业生产、科研所需的原辅材料、机械设备、仪器仪表及零配件（凭外经贸部批准文件）。（依法须经批准的项目，经相关部门批准后方可开展经营活动）						

企业名称	汇信进出口集团股份有限公司			海关编码	3304910041	所属海关	嘉兴海关
通讯地址	浙江省嘉兴市开禧路 39 号			邮政编码	314033	法人姓名	李俊
评定时间	2013.9.4	注册日期	1999.10.9	报关有效期	长期	注册资本	6200 万人民币
主营范围	许可经营项目：无。一般经营项目：经营进出口业务，仓储服务（不含危险品），经济信息咨询（期货、证券咨询除外），计算机软件开发，箱包的检测服务，国际货运代理。（上述经营范围不含国家法律法规规定禁止、限制和许可经营的项目）						

企业名称	浙江卫星石化股份有限公司			海关编码	3304931386	所属海关	嘉兴海关
通讯地址	浙江省嘉兴市嘉兴工业园区步焦路			邮政编码	314000	法人姓名	马国林
评定时间	2013.8.8	注册日期	2005.8.24	报关有效期	长期	注册资本	800000 万人民币
主营范围	丙烯酸、丙烯酸甲酯、丙烯酸乙酯、丙烯酸正丁酯、丙烯酸异辛酯、丙烯酸及酯类重组分、织物涂层胶（以上产品凭有效的“嘉兴市危险化学品生产、储存批准证书”生产）、高吸水性树脂、喷水（汽）织机防水浆料、小雪胶片的生产，丙烷、丙烯、乙醇、丁醇、异丁醇、2- 辛醇、对苯二酚的批发及其进出口业务（“危险化学品经营许可证”有效期至 2015 年 7 月 25 日）。（以上商品不涉及国营贸易、进出口配额许可证、出口配额招标、出口许可证等专项管理的商品）						

企业名称	浙江景兴板纸有限公司			海关编码	3304931490	所属海关	嘉兴海关
通讯地址	浙江省平湖市曹桥街道九里亭景兴工业园区			邮政编码	314214	法人姓名	朱在龙
评定时间	2010.12.28	注册日期	2009.7.14	报关有效期	长期	注册资本	4450 万美元
主营范围	高档纸、纸板（绿色环保再生纸、特种纸及其他纸品）、纸制品及造纸原料的制造、销售。						

企业名称	浙江欧迪恩传动科技股份有限公司			海关编码	3304931671	所属海关	嘉兴海关
通讯地址	浙江省平湖经济开发区昌盛路 1000 号			邮政编码	314200	法人姓名	李秀蓉
评定时间	2013.9.30	注册日期	2011.3.10	报关有效期	长期	注册资本	9000 万人民币
主营范围	汽车用球笼式等速万向节、减震器、驱动轴总成及其零部件汽车配件的研发、生产、销售。						

企业名称	韩泰轮胎有限公司			海关编码	3304940069	所属海关	嘉兴海关
通讯地址	浙江省嘉兴市经济开发区东方路			邮政编码	314000	法人姓名	李秀日
评定时间	2011.4.7	注册日期	1996.3.21	报关有效期	长期	注册资本	19953.9 万美元
主营范围	载重汽车和公共汽车、轻型载重汽车、轿车、工程车、农业车辆和其他车辆用子午线轮胎、内胎的生产，在国内外销售公司自产产品，并提供售后服务。						

企业名称	斯比泰电子（嘉兴）有限公司			海关编码	3304940379	所属海关	嘉兴海关
通讯地址	浙江省嘉兴经济开发区禾平路标准厂房 3 号厂房			邮政编码	314001	法人姓名	陈世林
评定时间	2010.1.4	注册日期	2003.1.6	报关有效期	长期	注册资本	1310 万美元
主营范围	新型电力电子器件（低功率稳压电源、移动通信系统手机和交换设备的控制板卡）的开发与制造，大容量光、磁盘驱动器部件的开发与制造，数字照相机及关键件（控制电器）的开发与生产，计算机辅助工程（CAE）系统及其他计算机应用系统制造（个人电子助理、电子收款终端、掌上电脑、工业控制器）。（不涉及配额及许可证管理；依法须经批准的项目，经相关部门批准后方可开展经营活动）						

企业名称	日本电产科宝电子（浙江）有限公司			海关编码	3304940386	所属海关	嘉兴海关
通讯地址	浙江省平湖经济开发区繁荣路 519 号			邮政编码	314200	法人姓名	森田英夫
评定时间	2010.12.28	注册日期	2003.1.27	报关有效期	长期	注册资本	1720 万美元
主营范围	设计、生产、销售控制用旋转电机、电路零件、合金制控制器、压力传感器及零部件。						

企业名称	帝人聚碳酸酯有限公司			海关编码	3304940442	所属海关	嘉兴海关
通讯地址	浙江省嘉兴市乍浦经济开发区雅山西路 888 号			邮政编码	314201	法人姓名	武居靖道
评定时间	2009.5.5	注册日期	2003.7.1	报关有效期	长期	注册资本	9000 万美元
主营范围	聚碳酸酯树脂及其他树脂、塑料制品、化学品的生产、销售（不含化学危险品和易制毒品）。						

企业名称	嘉兴敏惠汽车零部件有限公司			海关编码	3304940474	所属海关	嘉兴海关
通讯地址	浙江省嘉兴市南湖区亚中路 1 号			邮政编码	314000	法人姓名	秦荣华
评定时间	2012.10.11	注册日期	2003.9.2	报关有效期	长期	注册资本	9351 万美元
主营范围	生产、销售汽车关键零部件、制动器总成、驱动桥总成、汽车灯具、后视镜、后尾、密封件、汽车装饰用金属塑料工艺品（不含金饰品），汽车关键零部件（不含发动机）的设计与研发，自有房屋出租。						

企业名称	恒诺微电子（嘉兴）有限公司			海关编码	3304940628	所属海关	嘉兴海关
通讯地址	浙江省嘉兴市秀洲区新塍镇工业园恒诺路 18 号			邮政编码	314015	法人姓名	理查德·大卫·韩
评定时间	2011.1.13	注册日期	2004.7.19	报关有效期	长期	注册资本	4500 万美元
主营范围	片式元器件、混合集成电路、光电子器件、新型机电元件的开发、生产和销售，半导体封装、微电子组装及相关的光机电产品的生产和销售。						

企业名称	玛氏食品（嘉兴）有限公司			海关编码	3304940844	所属海关	嘉兴海关
通讯地址	浙江省嘉兴经济技术开发区圣堂路 505 号			邮政编码	314001	法人姓名	麦伟坚
评定时间	2011.12.7	注册日期	2005.11.14	报关有效期	长期	注册资本	3000 万美元
主营范围	糖果制品（巧克力及巧克力制品）的生产（凭“全国工业产品生产许可证”经营，有效期至 2016 年 2 月 8 日）、研究，经营糖果、巧克力的原料、制成品和半制成品的进出口业务（上述商品进出口不涉及国营贸易、进出口配额许可证、出口配额招标、出口许可证等专营管理的商品）。						

企业名称	浙江嘉欣丝绸股份有限公司			海关编码	3304950113	所属海关	嘉兴海关
通讯地址	浙江省嘉兴市中环西路 588 号			邮政编码	314033	法人姓名	周国建
评定时间	2010.12.28	注册日期	2001.2.27	报关有效期	长期	注册资本	26032.5 万人民币
主营范围	许可经营项目：无。一般经营项目：经营茧（不含鲜茧收购）、丝、绸商品；制丝；纺织品的织造、印染；服装、金属小五金、铝制品的生产、销售；纺织机械及配件、纺织品、丝绸制品、办公用品、皮革制品、工艺品（金、银饰品除外）、染化料、印染助剂、玩具、劳保用品、日用百货、农副产品（不含食品）的销售；仓储服务；技术咨询服务；企业营销策划服务；旅游服务（不含旅行社）；展销展览；受委托代收付水、电、蒸汽、排污费用；房屋及设备租赁；经营进出口业务（国家法律法规禁止、限制的除外）。（上述经营范围不含国家法律法规规定禁止、限制和许可经营的项目）						

企业名称	浙江景兴纸业股份有限公司			海关编码	3304961221	所属海关	嘉兴海关
通讯地址	浙江省平湖市曹桥街道九里亭景兴工业园区			邮政编码	314214	法人姓名	朱在龙
评定时间	2011.1.30	注册日期	2006.8.14	报关有效期	长期	注册资本	109395.1 万人民币
主营范围	许可经营项目：无。一般经营项目：绿色环保再生纸、特种纸及其他纸品及纸制品、造纸原料的制造、销售。（上述经营范围不含国家法律法规规定禁止、限制和许可经营的项目。）						

企业名称	乐金电子（杭州）有限公司			海关编码	3301230096	所属海关	杭经开关
通讯地址	浙江省杭州经济技术开发区23号大街9号			邮政编码	310018	法人姓名	宋小春
评定时间	2009.2.1	注册日期	2004.3.24	报关有效期	长期	注册资本	1200 万美元
主营范围	研究、生产空白录像带、可移动存储器、IT附属类产品（包括键盘、鼠标、音箱、耳机、耳麦及MP3）、显示器原材料（增光扩散膜）、太阳能电池片电极浆料、水处理膜、闪存卡（安全数码卡）、数字多媒体播放器（“杭州市污染物排放许可证”有效期至2014年12月30日）、PDP Panel电极浆料、3D眼镜、阴极射线反应膜（CRF膜）、透明导电膜（AWF膜）、防窥膜（经向环保部门排污申报后方可经营），销售本公司生产的产品，从事电池隔膜、与以上产品同类的商品及相关零部件和附件的批发及进出口业务，提供相关的售后服务。（以上商品进出口不涉及国营贸易、进出口配额许可证、出口配额招标、出口许可证等专项管理的商品。）						

企业名称	杭州松下家用电器有限公司			海关编码	3301230121	所属海关	杭经开关
通讯地址	浙江省杭州经济技术开发区松下杭州工业园（松乔街6号）			邮政编码	310018	法人姓名	秦吉强
评定时间	2008.12.1	注册日期	2006.4.29	报关有效期	长期	注册资本	300000 万日元
主营范围	生产、销售洗衣机、干衣机、洗碗机（生产场地另设）及其部件，与上述产品同类商品（特定商品除外）的采购、批发及进出口业务，家用电器的佣金代理（拍卖除外），经营进出口业务（不含进口商品分销业务）。						

企业名称	浙江恒逸聚合物有限公司			海关编码	3316950077	所属海关	杭关萧办
通讯地址	浙江省杭州市萧山区衙前镇项漾村（优胜村）			邮政编码	311209	法人姓名	方贤水
评定时间	2009.3.23	注册日期	2001.3.13	报关有效期	长期	注册资本	25000 万人民币
主营范围	许可经营项目：无。一般经营项目：生产、加工、销售聚酯切片、POY丝、化纤原料、纺织面料、服装，经营本企业自产产品及技术的出口业务，经营本企业生产所需的原辅材料、仪器仪表、机械设备、零配件及技术的进口业务（国家限定公司经营和国家禁止进出口的商品及技术除外），经营进料加工和“三来一补”业务。（上述经营范围不含国家法律法规规定禁止、限制和许可经营的项目。）						

企业名称	浙江遂昌遂钢金属制品有限公司			海关编码	3310950003	所属海关	丽水海关
通讯地址	浙江省遂昌县上江工业园区			邮政编码	323300	法人姓名	叶新华
评定时间	2014.9.25	注册日期	1999.3.31	报关有效期	长期	注册资本	15000 万人民币
主营范围	镀锌铁丝、铁钉等金属制品的加工及销售，焊接材料销售，出口本企业自产的机电产品，进口本企业生产、科研所需的原辅材料、机械设备、仪器仪表及零配件。（凡涉及许可经营的凭许可证经营。）						

企业名称	浙江纳爱斯化工股份有限公司			海关编码	3310950022	所属海关	丽水海关
通讯地址	浙江省丽水市上水南3号			邮政编码	323000	法人姓名	庄启传
评定时间	2009.11.16	注册日期	2000.9.5	报关有效期	长期	注册资本	3000 万人民币
主营范围	日用化工、洗涤用品、化妆品、包装用品的制造、销售，化工原料（不含危险品）的销售。						

企业名称	浙江凯恩特种材料股份有限公司			海关编码	3310950029	所属海关	丽水海关
通讯地址	浙江省遂昌县凯恩路 1008 号			邮政编码	323300	法人姓名	计皓
评定时间	2013.3.12	注册日期	2001.1.19	报关有效期	长期	注册资本	46762.55 万人民币
主营范围	许可经营项目：无。一般经营项目：电子材料、纸及纸制品的制造、加工、销售，造纸原料化工产品（不含化学危险品）的销售。（上述经营范围不含国家法律法规规定禁止、限制和许可经营的项目。）						

企业名称	天喜控股集团有限公司			海关编码	3310960527	所属海关	丽水海关
通讯地址	浙江省缙云县壶镇保安路七号			邮政编码	321404	法人姓名	吕天喜
评定时间	2014.1.24	注册日期	2008.5.19	报关有效期	长期	注册资本	8986 万人民币
主营范围	许可经营项目：新型压力锅制造（凭有效许可证经营）。一般经营项目：实业投资；企业资产管理；厨房及炊事用具、厨房小家电制造、销售；化工产品（不含危险品）、门系列、家用不锈钢制品、五金配件制造、销售；食用消毒器研制；铝板加工，电机制造、销售；纺织机械及专用配件、道路监控系统器材制造、销售；自营和代理国家准许的商品及技术的进出口业务；汽车货运（自备）。（上述经营范围不含国家法律法规规定禁止、限制和许可经营的项目。）						

企业名称	浙江能福旅游用品有限公司			海关编码	3310960543	所属海关	丽水海关
通讯地址	浙江省龙泉市工业小区			邮政编码	323700	法人姓名	李能福
评定时间	2011.12.9	注册日期	2008.6.20	报关有效期	长期	注册资本	5000 万人民币
主营范围	制造、销售旅游用品、太阳伞系列产品及其原材料、竹木制品、五金配件。（凭有效许可证经营。）						

企业名称	浙江明旺乳业有限公司			海关编码	3308930229	所属海关	衢州海关
通讯地址	浙江省衢州经济开发区东港工业园区东港三路 9 号			邮政编码	324022	法人姓名	林镇世
评定时间	2013.7.4	注册日期	2005.9.6	报关有效期	长期	注册资本	7910 万美元
主营范围	生产乳制品［液体乳（调制乳）］（有效期至 2017 年 3 月 3 日止），生产饮料（蛋白饮料类、果汁和蔬菜汁、其他饮料类）（有效期至 2015 年 9 月 16 日止），金属包装制品（厚度 0.3 毫米以下）生产、加工及销售，批发兼零售预包装食品、乳制品（不含婴幼儿配方乳粉）、酒、饮料、其他食品（有效期至 2017 年 8 月 21 止）。						

企业名称	浙江通天星集团股份有限公司			海关编码	3308950006	所属海关	衢州海关
通讯地址	浙江省衢州市荷花一路 39 号			邮政编码	324000	法人姓名	郑继行
评定时间	2011.4.18	注册日期	1999.4.29	报关有效期	长期	注册资本	12652 万人民币
主营范围	皮革及制品、包装箱、造纸材料、机械及配件、化工（不含危险品）、建筑材料的生产、销售，包装材料的印刷。						

企业名称	杭州海虹精细化工有限公司			海关编码	3301939078	所属海关	杭关余办
通讯地址	浙江省杭州市余杭区良渚镇			邮政编码	311113	法人姓名	俞志军
评定时间	2014.8.5	注册日期	2000.11.14	报关有效期	长期	注册资本	3500 万人民币
主营范围	加工、生产橡塑助剂，销售本公司生产的产品。						

企业名称	杭州益利素勒精线有限公司		海关编码	3301949105	所属海关	杭关余办
通讯地址	浙江省杭州市余杭区瓶窑镇小岭头		邮政编码	311115	法人姓名	Bernt Gramann
评定时间	2008.12.1	注册日期 2004.6.4	报关有效期	长期	注册资本	4000 万美元
主营范围	生产精细和超精细漆包线；开发高新科技电气和电子部件，并提供售后技术服务。经营精细和超精细漆包线批发及其进出口业务。经营进出口业务（不含除精细和超精细漆包线以外的进口商品分销。）					

企业名称	欧文斯科宁复合材料（中国）有限公司			海关编码	3301949229	所属海关	杭关余办
通讯地址	浙江省杭州市余杭区余杭经济开发区东湖北路 116-32 号			邮政编码	310022	法人姓名	Marcio Anacleto Sandri
评定时间	2012.10.30	注册日期	2009.3.23	报关有效期	长期	注册资本	6250 万美元
主营范围	玻璃纤维及玻璃纤维制品的研究、开发、生产、销售；玻璃纤维技术的开发；玻璃纤维设备的生产；上述产品有关原料和设备的采购、佣金代理（拍卖除外）、批发、进出口，并提供相应的技术服务和技术咨询。（上述范围不含涉及配额、许可证及专项规定管理的商品。）						

企业名称	杭州杰丰服装有限公司			海关编码	3301959005	所属海关	杭关余办
通讯地址	浙江省杭州市余杭区南苑街道联胜村			邮政编码	311100	法人姓名	高礼根
评定时间	2010.4.8	注册日期	1998.7.3	报关有效期	长期	注册资本	1550 万人民币
主营范围	许可经营项目：服装、服饰、床上用品生产。（上述经营范围中涉及前置审批项目的，在批准的有效期内方可经营）一般经营项目：货物进出口（法律、行政法规禁止的项目除外，法律、行政法规限制的项目取得许可后方可以从事经营活动），含下属分公司经营范围。（上述经营范围不含国家法律法规规定禁止、限制和许可经营的项目。）						

企业名称	杭州顿力进出口有限公司			海关编码	3301959011	所属海关	杭关余办
通讯地址	浙江省杭州余杭区仁和街道顿力路 1 号			邮政编码	311107	法人姓名	王志根
评定时间	2013.9.4	注册日期	2000.7.4	报关有效期	长期	注册资本	1000 万人民币
主营范围	许可经营项目：无。一般经营项目：货物进出口（法律、行政法规禁止的项目除外，法律、行政法规限制的项目取得许可后方可经营）。（上述经营范围不含国家法律法规规定禁止、限制和许可经营的项目。）						

企业名称	杭州诺邦无纺股份有限公司			海关编码	3301969099	所属海关	杭关余办
通讯地址	浙江省杭州市余杭经济技术开发区宏达路 16 号			邮政编码	311102	法人姓名	任建华
评定时间	2011.12.30	注册日期	2003.10.21	报关有效期	长期	注册资本	3000 万人民币
主营范围	许可经营项目：生产水刺无纺布（上述经营范围在批准的有效期内方可经营）。一般经营项目：销售无纺布，货物进出口（法律、行政法规禁止的项目除外，法律、行政法规限制的项目取得许可证后方可经营），其他无需报经审批的一切合法项目。（上述经营范围不含国家法律法规规定禁止、限制和许可经营的项目。）						

企业名称	南方泵业股份有限公司			海关编码	3301969457	所属海关	杭关余办
通讯地址	浙江省杭州市余杭区仁和镇			邮政编码	311107	法人姓名	沈金浩
评定时间	2014.7.21	注册日期	2006.11.7	报关有效期	长期	注册资本	14509.1 万人民币
主营范围	许可经营项目：无。一般经营项目：水泵、电机、金属冲压件、紧固件、不锈钢精密铸件、供水设备、配电柜的制造，木板加工，金属切削加工；收购本企业生产所需的原辅材料，经营进出口业务。（上述经营范围不含国家法律法规规定禁止、限制和许可经营的项目。）						

企业名称	杭州柯力达家纺有限公司			海关编码	3301969818	所属海关	杭关余办
通讯地址	浙江省杭州市余杭区仁和镇葛墩村			邮政编码	311107	法人姓名	尤恩校
评定时间	2014.8.28	注册日期	2009.4.3	报关有效期	长期	注册资本	2629 万人民币
主营范围	许可经营项目：生产纺织品、家纺成品。一般经营项目：销售纺织品、家纺成品、家具、纺织原料，货物进出口（法律、行政法规禁止的项目除外，法律、行政法规限制的项目取得许可后方可以从事经营活动）。（上述经营范围不含国家法律法规规定禁止、限制和许可经营的项目。）						

企业名称	杭州日月电子有限公司			海关编码	3301937006	所属海关	杭富阳办
通讯地址	浙江省富阳市鹿山街道日月大道 2 号			邮政编码	311407	法人姓名	汪丁成
评定时间	2009.3.20	注册日期	2014.1.8	报关有效期	长期	注册资本	345 万美元
主营范围	生产微型机电、反光板、快门。						

企业名称	杭州科宝电子有限公司			海关编码	3301937073	所属海关	杭富阳办
通讯地址	浙江省富阳市鹿山街道日月大道 2 号			邮政编码	311407	法人姓名	汪丁成
评定时间	2009.3.20	注册日期	2002.12.5	报关有效期	长期	注册资本	100 万美元
主营范围	电子元器件的生产。						

企业名称	武义周一机电有限公司			海关编码	3307930333	所属海关	金华海关
通讯地址	浙江省武义县泉溪镇金岩山工业功能区			邮政编码	321201	法人姓名	周振浪
评定时间	2014.8.28	注册日期	2005.1.28	报关有效期	长期	注册资本	630 万欧元
主营范围	许可经营项目：无。一般经营项目：五金机械、电子电器、园林工具、建筑门窗的生产（上述经营范围不含外商投资产业指导目录限制和禁止类项目，不含国家法律法规规定禁止、限制和许可经营的项目）。						

企业名称	浙江今飞凯达轮毂股份有限公司			海关编码	3307930336	所属海关	金华海关
通讯地址	浙江省金华市工业园区仙华南街 800 号			邮政编码	321000	法人姓名	葛炳灶
评定时间	2012.10.10	注册日期	2005.3.14	报关有效期	长期	注册资本	16600 万人民币
主营范围	汽车、摩托车轮毂及组件的生产、销售，机械模具开发、设计、制造（凡涉及许可证和专项审批的凭证件经营）。						

企业名称	浙江巴奥米特医药产品有限公司			海关编码	3307940063	所属海关	金华海关
通讯地址	浙江省金华市神丽路 980 号			邮政编码	321016	法人姓名	王雪梅
评定时间	2014.1.9	注册日期	2003.3.6	报关有效期	长期	注册资本	1210 万美元
主营范围	第一类、第二类、第三类医疗器械产品的生产和销售，骨科手术工具类产品的生产和销售（第二类、第三类医疗器械成品仅限出口）（以上内容凡涉及许可证和专项审批的凭证件经营）。						

企业名称	浙江哈尔斯真空器皿股份有限公司			海关编码	3307960098	所属海关	金华海关
通讯地址	浙江省永康经济开发区哈尔斯路 1 号			邮政编码	321300	法人姓名	吕强
评定时间	2012.10.10	注册日期	2001.9.18	报关有效期	长期	注册资本	9120 万人民币
主营范围	许可经营项目：无。一般经营项目：不锈钢真空器皿、不锈钢制品、家用电器、塑料制品、玻璃制品、机械设备(除发动机）的制造、加工、销售，玻璃陶瓷制品的销售，经营进出口业务。（上述经营范围不含国家法律法规规定禁止、限制和许可经营的项目。）						

企业名称	浙江亚星纤维有限公司			海关编码	3307960357	所属海关	金华海关
通讯地址	浙江省浦江县恒昌大道 588 号			邮政编码	322200	法人姓名	郑期中
评定时间	2013.9.30	注册日期	2003.4.4	报关有效期	长期	注册资本	16000 万人民币
主营范围	许可经营项目：无。一般经营项目：化纤制造、销售，经营进出口业务。（上述经营范围不含国家法律法规规定禁止、限制和许可经营的项目。）						

企业名称	浙江飞神车业有限公司			海关编码	3307960638	所属海关	金华海关
通讯地址	浙江省永康市经济开发区北湖路 98 号			邮政编码	321300	法人姓名	陈向阳
评定时间	2014.1.9	注册日期	2004.4.6	报关有效期	长期	注册资本	8000 万人民币
主营范围	许可经营项目：摩托车制造。一般经营项目：电动休闲车、电动代步车、沙滩车、童车、卡丁车、行李车、通用机械设备（不含汽车）、电动滑板车、汽动滑板车、电动自行车、高尔夫球车、沙滩椅、健身器材、园林工具、汽动工具、割草机、发电机、高压清洗机、电动工具、车模、航模、摩托车配件、汽车配件、动力机械设备（不含发动机）、日用五金制品（不含计量器具）、家用电器、移动厕所、环卫设施（不含汽车、特种设备）、扫路机（不含汽车）、果壳箱（不含木竹制品）、塑料垃圾桶、模具研发、制造、销售，商用车、旅居挂车（不含九座及以下乘用车）销售，轿车租赁（不含客运经营），经营货物和技术进出口业务。（上述经营范围不含国家法律法规规定禁止、限制和许可经营的项目。）						

企业名称	浙江洋铭工贸有限公司			海关编码	3307961998	所属海关	金华海关
通讯地址	浙江省武义五金机械工业区			邮政编码	321200	法人姓名	章全美
评定时间	2013.9.30	注册日期	2007.11.12	报关有效期	长期	注册资本	1008 万人民币
主营范围	许可经营项目：无。一般经营项目：锁、金属窗、办公橱柜、金属容器、铝制品（除熔炼）、散热器、太阳能热水器、不锈钢制品、厨房用具、金属材料、滑板车、电动滑板车、气动滑板车、沙滩车、非道路用二轮越野车、电动车、电动自行车、健身器材、家用电器、电子产品（不含卫星地面接收设施）、小型发电机、旅游休闲用品的制造、加工、销售，货物进出口，技术进出口。（上述经营范围不含国家法律法规规定禁止、限制和许可经营的项目。）						

企业名称	浙江双灯家纺有限公司			海关编码	3314950008	所属海关	金华海关
通讯地址	浙江省兰溪市兰江街道雁洲路 8 号			邮政编码	321103	法人姓名	张健
评定时间	2013.10.24	注册日期	2000.5.12	报关有效期	长期	注册资本	500 万人民币
主营范围	针织品（含印花染色产品）、棉针织品、棉织品、羽毛绒制品、绗缝制品、塑料制品、工艺日用陶瓷制品、皮革制品、服装、日用文具、玩具、金属包装物品及容器（不含印刷）的生产、销售，染料购销；出口本企业自产的各类毛巾、纺织品、棉针织品、棉织品、羽毛绒制品、绗缝制品、塑料制品、工艺日用陶瓷制品、皮革制品、服装、日用文具、玩具、金属包装物品及容器；进口本企业生产、科研所需的原辅材料、机械设备、仪器仪表及零配件。（凡涉及前置审批或专项许可证的凭相关有效证件经营。）						

企业名称	兰溪市博远金属有限公司			海关编码	3314960142	所属海关	金华海关
通讯地址	浙江省兰溪市兰江街道创业大道 9 号			邮政编码	321100	法人姓名	徐浩杰
评定时间	2012.12.21	注册日期	2006.7.20	报关有效期	长期	注册资本	5000 万人民币
主营范围	许可经营项目：无。一般经营项目：再生铝合金锭、铝铸件、铜制品、五金工具、汽车配件（发动机除外）的生产，非生产性废铝购销，货物及技术进出口业务（法律法规禁止的项目除外，法律法规限制的项目取得许可方可经营）。（上述经营范围不含国家法律法规规定禁止、限制和许可经营的项目。）						

企业名称	横店集团东磁股份有限公司			海关编码	3319950045	所属海关	金华海关
通讯地址	浙江省东阳市横店工业区			邮政编码	322118	法人姓名	何时金
评定时间	2012.12.21	注册日期	2002.6.3	报关有效期	长期	注册资本	41090 万人民币
主营范围	许可经营项目：为接待本公司客人提供餐饮、住宿、舞厅、卡拉 OK 服务（凭许可证经营）。一般经营项目：磁性器材、电池、电子产品、晶体硅太阳能电池片、太阳能硅片及组件的生产、销售；净水器、水处理设备、空气净化器的销售；光伏系统工程安装，高科技产品的开发及技术咨询；实业投资；经营进出口业务（范围详见外经贸部门批文）。（依法须经批准的项目，经相关部门批准后方可开展经营活动。）						

企业名称	浙江联宜电机股份有限公司			海关编码	3319950046	所属海关	金华海关
通讯地址	浙江省东阳市横店电子产业园区			邮政编码	322118	法人姓名	许晓华
评定时间	2014.8.28	注册日期	2002.6.11	报关有效期	长期	注册资本	5000 万人民币
主营范围	许可经营项目：无。一般经营项目：电机、齿轮箱及配件、电气机械器材，通用、专用设备，通信设备、计算机及其他电子设备，电动代步车、电动轮椅，仪器仪表及文化、办公用机械的制造、销售；科技开发、咨询服务；自营进出口业务。（上述经营范围不含国家法律法规规定禁止、限制和许可经营的项目。）						

企业名称	浙江保康轮毂制造有限公司			海关编码	330796739P	所属海关	金华海关
通讯地址	浙江省武义县王宅镇江南工业区			邮政编码	321205	法人姓名	应警辉
评定时间	2012.10.10	注册日期	2006.4.21	报关有效期	长期	注册资本	2000 万人民币
主营范围	许可经营项目：无。一般经营项目：汽车、摩托车、电动车配件的研发、加工、制造与销售，汽车、摩托车用铸、锻造毛坯件制造，铝合金加工制造（汽车、摩托车发动机除外），提供产品售后服务，经营本企业的进料加工和“三来一补”业务，经营本企业自营进出口业务。（上述经营范围不含国家法律法规规定禁止、限制和许可经营的项目。）						

企业名称	浙江贝克曼股份有限公司			海关编码	3318930125	所属海关	义乌海关
通讯地址	浙江省义乌市大陈特色工业小区			邮政编码	322011	法人姓名	李兴林
评定时间	2010.1.11	注册日期	2003.10.10	报关有效期	长期	注册资本	6000 万人民币
主营范围	服装生产、销售及染色（坯布）（凡涉及许可证和专项审批的凭证件经营）。						

企业名称	华鸿控股集团有限公司			海关编码	3318950010	所属海关	义乌海关
通讯地址	浙江省义乌市佛堂镇义南工业园区大士路 1 号			邮政编码	322000	法人姓名	王爱香
评定时间	2011.3.15	注册日期	2000.6.13	报关有效期	长期	注册资本	5000 万人民币
主营范围	文具用品、纸制包装用品（不含印刷）、家具（不含木制）、镜子、相框及线条与配件的研发、加工、销售，服装、玩具、通用机械的制造、销售，货物进出口，技术进出口（法律、行政法规禁止的项目除外，法律、行政法规限制的项目取得许可证后方可经营），实业投资（国家法律、法规禁止的除外），包装装潢印刷（限分支机构经营）。						

企业名称	金帝集团有限公司			海关编码	3303260263	所属海关	温经开关
通讯地址	浙江省温州经济技术开发区滨海二道1288号			邮政编码	325025	法人姓名	诸建勇
评定时间	2010.2.26	注册日期	2012.12.3	报关有效期	长期	注册资本	11158万人民币
主营范围	许可经营项目：无。一般经营项目：皮鞋、皮革制品、鞋材、服装、服饰、金属模具的研发、设计、制造、销售，其他日用品、五金制品、家用电器的销售，货物进出口，技术进出口。						

企业名称	浙江华峰新材料股份有限公司			海关编码	3315960671	所属海关	温州海关驻瑞安办事处
通讯地址	浙江省瑞安经济开发区开发区大道1688号			邮政编码	325200	法人姓名	尤金焕
评定时间	2014.1.9	注册日期	2007.11.14	报关有效期	长期	注册资本	40000万人民币
主营范围	许可经营项目：无。一般经营项目：聚氨酯系列产品、塑料制品、鞋类产品的研发、制造和销售，塑料、化工原料（不含危险化学品）的销售，印铁制罐制造、销售；货物运输、物流服务（限分支机构经营），货物进出口，技术进出口。（上述经营范围不含国家法律法规规定禁止、限制和许可经营的项目。）						

企业名称	浙江瑞和进出口有限公司			海关编码	3303960487	所属海关	温州海关驻乐清办事处
通讯地址	浙江省乐清经济开发区纬十九路221号1号楼5~6层（不存放危险化学品）			邮政编码	325600	法人姓名	陈红胜
评定时间	2011.11.17	注册日期	2003.1.29	报关有效期	长期	注册资本	3000万人民币
主营范围	许可经营项目：批发兼零售预包装食品兼散装食品、乳制品（含婴幼儿配方乳粉）、酒类（食品流通许可证有效期至2016年3月20日），批发氯乙烯（抑制了的）、三环锡（含量大于55%）、三唑锡（危险化学品经营许可证有效期至2016年12月28日）。一般经营项目：纺织品、针织品、服装、食用农产品的销售，货物进出口，技术进出口，仓储保管服务。（上述经营范围不含国家法律法规规定禁止、限制和许可经营的项目。）						

企业名称	浙江正泰电器股份有限公司			海关编码	3303960670	所属海关	温州海关驻乐清办事处
通讯地址	浙江省乐清市北白象镇正泰工业园区正泰路1号			邮政编码	325603	法人姓名	南存辉
评定时间	2010.4.22	注册日期	2003.10.28	报关有效期	长期	注册资本	100500万人民币
主营范围	低压电器及元器件、切割及焊接设备、电子元器件、电源类产品、电力金具、电力整流器的的研发、设计、制造、加工、安装、调试、销售及相关技术服务，经营进出口业务（国家法律法规禁止和限制的除外）。						

企业名称	浙江奥康鞋业股份有限公司			海关编码	3303961123	所属海关	温州海关驻乐清办事处
通讯地址	浙江省永嘉县瓯北镇东瓯工业区奥康工业园			邮政编码	325101	法人姓名	王振滔
评定时间	2013.6.5	注册日期	2004.9.24	报关有效期	长期	注册资本	31998万人民币
主营范围	鞋及制鞋材料、皮具、服装的生产、销售，经营进出口业务（国家法律法规禁止、限制的除外），仓储服务，售后服务。						

企业名称	致远控股集团有限公司			海关编码	3303962209	所属海关	温州海关驻乐清办事处
通讯地址	浙江省乐清市虹桥镇邬家桥村石埭山			邮政编码	325608	法人姓名	林明光
评定时间	2011.11.17	注册日期	2006.9.7	报关有效期	长期	注册资本	36000 万人民币
主营范围	许可经营范围：无。一般经营项目：对实业的投资，对房地产的投资，铜、铝机械加工、销售，废旧金属回收，货物进出口，技术进出口。（法律、行政法规规定禁止的项目除外，法律、行政法规规定限制的项目在取得许可后方可经营。）						

企业名称	温州鹏程控股集团有限公司			海关编码	3303962544	所属海关	温州海关驻乐清办事处
通讯地址	浙江省永嘉县瓯北镇千石工业区			邮政编码	325101	法人姓名	陈寿清
评定时间	2011.11.17	注册日期	2007.2.28	报关有效期	长期	注册资本	10010 万人民币
主营范围	许可经营项目：危险化学品批发、零售（详见危险化学品经营许可证，在危险化学品经营许可证有效期限内经营），道路运输经营（详见道路运输经营许可证，在道路运输经营许可证有效期限内经营）。						

企业名称	浙江银轮机械股份有限公司			海关编码	3311960795	所属海关	台州海关驻临海办事处
通讯地址	浙江省天台县福溪街道交通运输机械工业园区			邮政编码	317200	法人姓名	徐小敏
评定时间	2014.1.13	注册日期	1999.3.10	报关有效期	长期	注册资本	32754 万人民币
主营范围	实业投资；汽车零部件、船用配件、摩托车配件、机械配件、电子产品、基础工程设备、化工设备的设计、制造、销售，商用车、金属材料的销售；机械技术服务；经营进出口业务。						

企业名称	浙江三维橡胶制品股份有限公司			海关编码	3311961515	所属海关	台州海关驻临海办事处
通讯地址	浙江省三门县海游镇下坑村			邮政编码	317100	法人姓名	叶继跃
评定时间	2014.1.24	注册日期	2002.9.16	报关有效期	长期	注册资本	6800 万人民币
主营范围	橡胶制品、塑料制品（不含医用）、帆布的制造、销售。						

企业名称	浙江司太立制药股份有限公司			海关编码	3311961915	所属海关	台州海关驻临海办事处
通讯地址	浙江省仙居县现代工业集聚区司太立大道 1 号			邮政编码	317300	法人姓名	胡锦生
评定时间	2012.3.9	注册日期	2003.7.28	报关有效期	长期	注册资本	9000 万人民币
主营范围	原料药（碘海醇、盐酸左氧氟水沙星）制造（药品生产许可证有效期至 2019 年 3 月 20 日）；左氧氟沙星、碘佛醇、碘曲伦、碘克沙醇的中间体制造、销售；经营本企业自产产品的出口业务和本企业所需的机械设备、零配件、原辅材料的进口业务，但国家限定公司经营或禁止进出口的商品和技术除外。（依法须经批准的项目，经相关部门批准后方可开展经营活动。）						

企业名称	浙江永强集团股份有限公司		海关编码	3311965033	所属海关	台州海关驻临海办事处
通讯地址	浙江省临海市前江南路1号		邮政编码	317000	法人姓名	谢建勇
评定时间	2011.3.10	注册日期 2007.9.7	报关有效期	长期	注册资本	47818.38万人民币
主营范围	户外用品及家具、遮阳用品、工艺品、金属铁制品的制造、销售；经营进出口业务，投资管理。					

企业名称	台州宝利特鞋业有限公司		海关编码	3311930436	所属海关	台州海关驻温岭办事处
通讯地址	浙江省温岭市泽国镇牧屿欧风路		邮政编码	317523	法人姓名	陈华根
评定时间	2008.12.1	注册日期 1995.12.15	报关有效期	长期	注册资本	458万美元
主营范围	生产、销售鞋、鞋零配件。					

企业名称	新界泵业集团股份有限公司		海关编码	3311933665	所属海关	台州海关驻温岭办事处
通讯地址	浙江省温岭市大溪镇大洋城工业区		邮政编码	317525	法人姓名	许敏田
评定时间	2014.1.13	注册日期 2005.12.21	报关有效期	长期	注册资本	16000万人民币
主营范围	泵及控制设备、风机、电机、发电机、空压机及零部件的制造、销售。					

企业名称	利欧集团股份有限公司		海关编码	3311961208	所属海关	台州海关驻温岭办事处
通讯地址	浙江省温岭市滨海镇利欧路1号		邮政编码	317503	法人姓名	王相荣
评定时间	2011.2.24	注册日期 2001.10.12	报关有效期	长期	注册资本	37273.6万人民币
主营范围	泵、园林机械、清洁机械设备、电机、汽油机、阀门、模具、五金工具、电气控制柜、成套供水设备、农业机械、机械设备、环保设备、电器零部件及相关配件的生产、销售，经营进出口业务，实业投资。（依法须经批准的项目，经相关部门批准后方可开展经营活动。）					

企业名称	浙江爱仕达电器股份有限公司		海关编码	3311965159	所属海关	台州海关驻温岭办事处
通讯地址	浙江温岭市经济开发区科技路2号		邮政编码	317500	法人姓名	陈合林
评定时间	2008.12.1	注册日期 2007.11.2	报关有效期	长期	注册资本	24000万人民币
主营范围	许可经营项目：货运（详见道路运输经营许可证，有效期至2015年5月12日）。一般经营项目：炊具及配件、餐具及配件制造、销售，日用电器、玻璃制品、金属模具、非金属模具的设计、制造，金属复合材料、化工产品（不含危险化学品、易制毒化学品及监控化学品）的销售，货物进出口，技术进出口。（上述经营范围不含国家法律法规规定禁止、限制和许可经营的项目。）					

企业名称	浙江清源水暖洁具有限公司		海关编码	3311932101	所属海关	台州海关驻玉环办事处
通讯地址	浙江玉环县机电工业园区		邮政编码	317602	法人姓名	蒋连法
评定时间	2009.7.6	注册日期 2003.12.15	报关有效期	长期	注册资本	288 万美元
主营范围	生产、销售水暖洁具、五金塑料制品。					

企业名称	浙江苏泊尔股份有限公司		海关编码	3311937511	所属海关	台州海关驻玉环办事处
通讯地址	浙江省玉环县大麦屿经济开发区		邮政编码	317604	法人姓名	苏显泽
评定时间	2009.11.23	注册日期 2009.9.21	报关有效期	长期	注册资本	63439.41 万人民币
主营范围	厨房用具、不锈钢制品、日用五金、小型家电及炊具的制造、销售、技术开发；经营进出口业务（范围详见进出口企业资格证书），电器安装及维修服务。					

企业名称	浙江双友物流器械股份有限公司		海关编码	3311964491	所属海关	台州海关驻玉环办事处
通讯地址	浙江省台州市玉环县珠港镇沙岙村（机电工业园区）		邮政编码	317600	法人姓名	阮卜琴
评定时间	2014.1.9	注册日期 2007.1.25	报关有效期	长期	注册资本	5600 万人民币
主营范围	许可经营项目：无。一般经营项目：货物运输安全固定器材、捆绑器、拉紧器、吊索、吊带，无动力车架、车箱，汽车配件，金属工具，千斤顶，塑料制品，化学纤维的制造；货物和技术进出口。（上述经营范围不含国家法律法规规定禁止、限制和许可经营的项目。）					

企业名称	浙江嘉利珂钴镍材料有限公司		海关编码	3306935633	所属海关	绍兴海关驻上虞办事处
通讯地址	浙江杭州湾上虞工业园区		邮政编码	312369	法人姓名	邵佰煊
评定时间	2011.11.22	注册日期 2004.11.17	报关有效期	长期	注册资本	2699 万美元
主营范围	生产四氧化三钴、氧化钴、草酸钴、氯酸钴、碳酸钴、硫酸钴、金属钴（块状）、电解钴、氯化钴、硫酸镍、氧化镍、氢氧化亚钴、电积铜、钴酸锂，金属制品的批发、佣金代理（拍卖除外）、进出口业务。上述凡涉及配额、许可证及专项规定管理的商品按国家有关规定办理。					

企业名称	浙江金盾压力容器有限公司		海关编码	3306935939	所属海关	绍兴海关驻上虞办事处
通讯地址	浙江省上虞市小越镇前田村		邮政编码	312367	法人姓名	周建灿
评定时间	2012.11.27	注册日期 2007.1.8	报关有效期	长期	注册资本	3428.6 万人民币
主营范围	煤气钢瓶及消防配件、灭火器、钢瓶的制造（凡涉及许可证制度的凭证经营）。					

<table>
<tr><td>企业名称</td><td colspan="3">卧龙电气集团股份有限公司</td><td>海关编码</td><td>3306955147</td><td>所属海关</td><td>绍兴海关驻上虞办事处</td></tr>
<tr><td>通讯地址</td><td colspan="3">浙江省上虞市经济开发区</td><td>邮政编码</td><td>312300</td><td>法人姓名</td><td>王建乔</td></tr>
<tr><td>评定时间</td><td>2013.12.19</td><td>注册日期</td><td>1996.3.9</td><td>报关有效期</td><td>长期</td><td>注册资本</td><td>111052 万人民币</td></tr>
<tr><td>主营范围</td><td colspan="7">许可经营项目：开展对外承包工程业务（范围详见商务部批文）。 一般经营项目：各类电机及控制设备、振动机械、输变电及配电产品、成套设备、蓄电池、整流及逆变装置、高压变频器、电气自动化及系统集成产品的研发、制造、销售、安装，经营进出口业务。（上述经营范围不含国家法律法规规定禁止、限制和许可经营的项目。）</td></tr>
</table>

<table>
<tr><td>企业名称</td><td colspan="3">浙江金科过氧化物股份有限公司</td><td>海关编码</td><td>3306964010</td><td>所属海关</td><td>绍兴海关驻上虞办事处</td></tr>
<tr><td>通讯地址</td><td colspan="3">浙江杭州湾上虞工业园区</td><td>邮政编码</td><td>312369</td><td>法人姓名</td><td>朱志刚</td></tr>
<tr><td>评定时间</td><td>2012.10.18</td><td>注册日期</td><td>2007.7.16</td><td>报关有效期</td><td>长期</td><td>注册资本</td><td>7950 万人民币</td></tr>
<tr><td>主营范围</td><td colspan="7">许可经营项目：年产过碳酸钠（SPC）10 万吨、食品级液态二氧化碳 1.2 万吨（安全生产许可证有效期至 2016 年 11 月 1 日）。一般经营项目：过碳酸钠、过硼酸钠研发，三嗪次胺基己酸系列产品、醋酸钠系列产品的研发、生产、销售及其他化工产品的研发及销售（除危险化学品及易制毒品外），进出口业务贸易。（上述经营范围不含国家法律法规规定禁止、限制和许可经营的项目。）</td></tr>
</table>

<table>
<tr><td>企业名称</td><td colspan="3">浙江富润进出口有限公司</td><td>海关编码</td><td>3322914216</td><td>所属海关</td><td>绍兴海关驻诸暨办事处</td></tr>
<tr><td>通讯地址</td><td colspan="3">浙江省诸暨市艮塔西路 128 号</td><td>邮政编码</td><td>311800</td><td>法人姓名</td><td>何海清</td></tr>
<tr><td>评定时间</td><td>2012.9.20</td><td>注册日期</td><td>2000.6.15</td><td>报关有效期</td><td>长期</td><td>注册资本</td><td>500 万人民币</td></tr>
<tr><td>主营范围</td><td colspan="7">从事货物及技术的进出口业务（法律法规禁止的不得经营，应经审批的未获准前不得经营），经销纺织原料、针纺织品、五金交电、建筑材料、机械设备、计算机、橡胶制品、百货、化工产品（除化学危险品、易制毒品、监控化学品外）、矿产品（除贵稀金属外），经营定型包装食品（含冷冻食品）、非直接入口散装食品（不含冷冻和冷藏食品）（有效期至 2012 年 5 月 15 日）。</td></tr>
</table>

<table>
<tr><td>企业名称</td><td colspan="3">浙江雅迪纤维有限公司</td><td>海关编码</td><td>3322930301</td><td>所属海关</td><td>绍兴海关驻诸暨办事处</td></tr>
<tr><td>通讯地址</td><td colspan="3">浙江省诸暨市陶朱街道望云西路 50 号</td><td>邮政编码</td><td>311800</td><td>法人姓名</td><td>戴叶飞</td></tr>
<tr><td>评定时间</td><td>2012.10.30</td><td>注册日期</td><td>2007.6.7</td><td>报关有效期</td><td>长期</td><td>注册资本</td><td>3206.22 万美元</td></tr>
<tr><td>主营范围</td><td colspan="7">生产环保型差别化功能化学纤维，销售自产产品（法律、法规禁止或需经审批的除外）。</td></tr>
</table>

<table>
<tr><td>企业名称</td><td colspan="3">浙江海亮股份有限公司</td><td>海关编码</td><td>3322934285</td><td>所属海关</td><td>绍兴海关驻诸暨办事处</td></tr>
<tr><td>通讯地址</td><td colspan="3">浙江省诸暨市店口镇工业区</td><td>邮政编码</td><td>311814</td><td>法人姓名</td><td>曹建国</td></tr>
<tr><td>评定时间</td><td>2009.3.13</td><td>注册日期</td><td>2004.1.19</td><td>报关有效期</td><td>长期</td><td>注册资本</td><td>77401.83 万人民币</td></tr>
<tr><td>主营范围</td><td colspan="7">铜管、铜板带、铜箔及其他铜制品的制造、加工。</td></tr>
</table>

企业名称	浙江美邦纺织有限公司			海关编码	3322934443	所属海关	绍兴海关驻诸暨办事处
通讯地址	浙江省诸暨市陶朱街道兴业五路 8 号			邮政编码	311800	法人姓名	陈立峰
评定时间	2009.11.20	注册日期	2003.10.15	报关有效期	长期	注册资本	5656 万美元
主营范围	生产和销售高档提花针织面料、无缝针织内衣及其他针织品。						

企业名称	浙江康宇电缆有限公司			海关编码	3322934464	所属海关	绍兴海关驻诸暨办事处
通讯地址	浙江省诸暨市陶朱街道望云西路 38 号			邮政编码	311800	法人姓名	鲁培宇
评定时间	2013.11.4	注册日期	2004.1.5	报关有效期	长期	注册资本	525 万美元
主营范围	生产电线、电缆及电器接插件，销售自产产品。						

企业名称	诸暨华海氨纶有限公司			海关编码	3322934479	所属海关	绍兴海关驻诸暨办事处
通讯地址	浙江省诸暨市大唐镇			邮政编码	311801	法人姓名	蔡华峻
评定时间	2014.2.14	注册日期	2004.3.8	报关有效期	长期	注册资本	1558 万美元
主营范围	生产和销售氨纶纤维。						

企业名称	浙江蒂娜尔时装有限公司			海关编码	3322944330	所属海关	绍兴海关驻诸暨办事处
通讯地址	浙江省诸暨市陶朱街道协和西路 5 号			邮政编码	311800	法人姓名	野坂铁郎
评定时间	2011.11.22	注册日期	2002.9.28	报关有效期	长期	注册资本	450 万美元
主营范围	生产、销售经编面料、女士内衣及服饰。						

企业名称	浙江万安科技股份有限公司			海关编码	3322960093	所属海关	绍兴海关驻诸暨办事处
通讯地址	浙江省诸暨市店口镇工业区			邮政编码	311835	法人姓名	陈利祥
评定时间	2014.1.9	注册日期	2006.5.31	报关有效期	长期	注册资本	12134.2 万人民币
主营范围	许可经营项目：无。一般经营项目：加工、销售汽车（摩托车）零配件、农机配件，货物进出口。（上述经营范围不含国家法律法规规定禁止、限制和许可经营的项目。）						

企业名称	浙江盾安国际贸易有限公司			海关编码	3322960464	所属海关	绍兴海关驻诸暨办事处
通讯地址	浙江省诸暨市店口镇工业区中央路 1 号			邮政编码	311083	法人姓名	葛亚飞
评定时间	2011.11.22	注册日期	2008.4.23	报关有效期	长期	注册资本	2000 万人民币
主营范围	许可经营项目：批发兼零售预包装食品兼散装食品、乳制品（含婴幼儿配方乳粉）、酒类（有效期至 2015 年 11 月 26 日）。一般经营项目：经营进出口业务，批发、零售制冷设备、制冷控制元器件、汽车零部件、机械检测设备、仪器仪表、家用电器、电子产品、金属材料（除贵稀金属）、五金配件、燃器具配件、建筑装潢材料（除木材外）、工艺美术品、化工产品（除化学危险品、监控化学品、易制毒品外）、文具用品。（上述经营范围不含国家法律法规规定禁止、限制和许可经营的项目。）						

企业名称	浙江大东南股份有限公司		海关编码	3322964351	所属海关	绍兴海关驻诸暨办事处
通讯地址	浙江省诸暨市城西工业区		邮政编码	311800	法人姓名	黄飞刚
评定时间	2011.4.18	注册日期 2003.1.24	报关有效期	长期	注册资本	69865.23 万人民币
主营范围	许可经营项目：无。一般经营项目：塑料薄膜、塑料包装制品、服装、纺织品的生产、销售，经营进出口业务（范围详见外经贸部门批文）。（上述经营范围不含国家法律法规规定禁止、限制和许可经营的项目。）					

企业名称	浙江天乐数码电器有限公司		海关编码	3306936420	所属海关	绍兴海关驻新嵊办事处
通讯地址	浙江省嵊州经济开发区天乐路 8 号		邮政编码	312400	法人姓名	王青春
评定时间	2014.1.9	注册日期 2004.8.20	报关有效期	长期	注册资本	724 万美元
主营范围	生产、销售新型平板显示器件、数码相机、电脑、电脑外部设备、DVD 播放机、功放、音响、家庭影院设备。					

企业名称	浙江万丰摩轮有限公司		海关编码	3306937148	所属海关	绍兴海关驻新嵊办事处
通讯地址	浙江省新昌县高新技术产业园区		邮政编码	312500	法人姓名	陈滨
评定时间	2010.3.30	注册日期 2008.9.11	报关有效期	长期	注册资本	13800 万人民币
主营范围	生产、销售摩托车铝合金车轮，相关零部件的开发和售后服务。					

企业名称	浙江新维普添加剂有限公司		海关编码	3306937205	所属海关	绍兴海关驻新嵊办事处
通讯地址	浙江省新昌县高新技术园区（二期）		邮政编码	312500	法人姓名	胡柏藩
评定时间	2014.9.23	注册日期 2004.7.16	报关有效期	长期	注册资本	800 万美元
主营范围	生产维生素（Ⅱ），维生素 E、AD3、D3、A 乙酸酯，D- 生物素，虾青素，着色剂（Ⅱ），B- 胡萝卜素，斑蝥黄。（饲料添加剂生产许可证有效期至 2016 年 3 月 31 日）					

企业名称	达利丝绸（浙江）有限公司		海关编码	3306947154	所属海关	绍兴海关驻新嵊办事处
通讯地址	浙江新昌南岩高新技术开发区		邮政编码	312500	法人姓名	林平
评定时间	2011.12.22	注册日期 2002.12.27	报关有效期	长期	注册资本	5000 万美元
主营范围	生产、销售复合丝及差别化纤维、绸缎、服装、丝绸制品及装饰品、绸缎及原料的后处理、服装辅料（法律法规规定禁止或须经审批的项目除外）。					

企业名称	浙江三花股份有限公司		海关编码	3306957129	所属海关	绍兴海关驻新嵊办事处
通讯地址	浙江省新昌县七星街道下礼泉		邮政编码	312513	法人姓名	张亚波
评定时间	2014.8.28	注册日期 2001.11.16	报关有效期	长期	注册资本	59473.73 万人民币
主营范围	截止阀、电子膨胀阀、排水泵、电磁阀、单向阀、压缩机、压力管道元件、机电液压控制泵及其他机电液压控制元器件的生产、销售。					

企业名称	美盛文化创意股份有限公司			海关编码	3306967181	所属海关	绍兴海关驻新嵊办事处
通讯地址	浙江省新昌省级高新技术园区内（南岩）			邮政编码	312500	法人姓名	赵小强
评定时间	2012.9.20	注册日期	2010.4.19	报关有效期	长期	注册资本	9350 万人民币
主营范围	许可经营项目：无。一般经营项目：动漫衍生产品设计、开发，动漫饰品、节日礼品及工艺品开发设计、生产和销售，动漫制作，服装、工艺品辅助材料的生产、销售，经营进出口业务。（上述经营范围不含国家法律法规规定禁止、限制和许可经营的项目。）						

企业名称	海宁佳联沙发有限公司			海关编码	3313930241	所属海关	嘉兴海关驻海宁办事处
通讯地址	浙江省海宁市长安镇修川路 1158 号			邮政编码	314408	法人姓名	曹静玉
评定时间	2012.10.30	注册日期	2002.10.21	报关有效期	长期	注册资本	1032 万美元
主营范围	生产、销售纺织布、沙发套及沙发、家具、皮革服装及其他缝纫制品，经营进出口业务（不含进口商品分销业务）。（依法须经批准的项目，经相关部门批准后方可开展经营活动。）						

企业名称	慕容集团有限公司			海关编码	3313960023	所属海关	嘉兴海关驻海宁办事处
通讯地址	浙江省海宁市海宁经济开发区由拳路 500 号			邮政编码	314400	法人姓名	邹格兵
评定时间	2012.10.18	注册日期	2001.8.9	报关有效期	长期	注册资本	5000 万人民币
主营范围	许可经营项目：无。一般经营项目：沙发、沙发套、家具、服装、革皮、纺织品、鞋帽、畜产品、百货、机械电子设备、颜料、染料、化工产品（均不含危险品）的批发、零售；家具、服装的研发、设计及咨询服务；股权投资；总部大楼开发经营；自营和代理各类商品及技术的进出口业务，但国家限定公司经营或禁止进出口的商品及技术除外，经营进料加工和“三来一补”业务，开发对销贸易和转口贸易。（上述经营范围不含国家法律法规规定禁止、限制和许可经营的项目。）						

企业名称	浙江华友钴业股份有限公司			海关编码	3304931243	所属海关	嘉兴海关驻桐乡办事处
通讯地址	浙江省桐乡经济开发区二期梧振路 18 号			邮政编码	314500	法人姓名	陈雪华
评定时间	2011.12.7	注册日期	2004.2.24	报关有效期	长期	注册资本	44419 万人民币
主营范围	研发、生产、销售钴、镍、铜氧化物，钴、镍、铜盐类，钴、镍、铜金属及制品，钴粉、镍粉、铜粉，钴酸锂，氯化铵；金属矿产品和粗制品进口及进口佣金代理，生产设备进口及进口佣金代理（上述涉及配额、许可证及专项规定管理的商品按国家有关规定办理）；对外承包工程业务（范围详见对外承包工程资格证书）。						

企业名称	桐乡市高桥皮革有限责任公司			海关编码	3304961347	所属海关	嘉兴海关驻桐乡办事处
通讯地址	浙江省高桥镇北西侧			邮政编码	314515	法人姓名	周志贤
评定时间	2013.9.4	注册日期	2006.12.8	报关有效期	长期	注册资本	3000 万人民币
主营范围	制革及皮革制品的生产、销售，畜产品收购，经营本企业自产产品的出口业务和进口本企业所需的设备、原辅料、零配件（法律、法规禁止的项目除外，法律、行政法规限制的项目取得许可后方可经营）。						

宁波关区

企业名称	中石化国际事业宁波有限公司	海关编码	3302911036	所属海关	镇海海关
通讯地址	浙江省宁波市镇海区蛟川街道俞范	邮政编码	315207	法人姓名	陈可美
评定时间	2013.6.21	注册日期	2010.8.5	报关有效期	长期
注册资本	5000 万人民币				
主营范围	许可经营项目：危险化学品批发。一般经营项目：自营和代理各类货物及技术的进出口，但国家限定公司经营或禁止进出口的货物和技术除外；化工产品、机械设备、电气仪表、汽车配件、木材、建筑材料、金属材料的批发、零售。（上述经营范围不含国家法律法规规定禁止、限制和许可经营的项目。）				

企业名称	宁波新翔液体化工仓储有限公司	海关编码	3302931003	所属海关	镇海海关
通讯地址	浙江省宁波市镇海区后大街 338 号	邮政编码	315200	法人姓名	庄日青
评定时间	2010.1.20	注册日期	2002.12.26	报关有效期	长期
注册资本	700 万人民币				
主营范围	许可经营项目：在镇海港区内从事二甲苯、正丁醇、异丁醇、异丙醇、正丙醇、甲醇、乙醇、乙二腈的储存。一般经营项目：液体化工产品的装卸，液体化工产品（危险化学品除外）的储存。				

企业名称	宁波宁翔液化储运码头有限公司	海关编码	3302931085	所属海关	镇海海关
通讯地址	浙江省宁波市镇海区后大街 338 号	邮政编码	315200	法人姓名	庄日青
评定时间	2010.1.20	注册日期	1993.12.27	报关有效期	长期
注册资本	1225 万人民币				
主营范围	许可经营项目：码头和其他港口设施经营，在港区内从事货物装卸经营，甲苯、二甲苯、正丁醇、异丁醇、正丙醇、甲醇、二乙醇胺、液碱、混丙醇、乙醇、二甲基甲酰胺、冰醋酸、醋酸肝、醋酸乙烯、丙醋酸丁脂、甲基丙烯酸甲脂、醋酸丁脂、醋酸正丙脂、甲基异丁甲基酮、乙二腈、苯酚、苯胺的储存。一般经营项目：普通液体化工产品的储存。				

企业名称	宁波宁兴液化储运有限公司	海关编码	3302931200	所属海关	镇海海关
通讯地址	浙江省宁波市镇海威远路 111 号	邮政编码	315200	法人姓名	黄建
评定时间	2010.1.20	注册日期	2001.8.28	报关有效期	长期
注册资本	100 万美元				
主营范围	许可经营项目：在镇海招宝山路 1 号镇海港区化工区域内从事危险液体化工产品（限危险化学品生产、储存批准证书批准种类）的储存。一般经营项目：液体化工产品装卸，液体化工产品（危险化学品除外）的储存；液体化工成品信息服务。				

企业名称	宁波阿尔卑斯电子有限公司	海关编码	3302941324	所属海关	镇海海关
通讯地址	浙江省宁波市镇海区蛟川街道金元路 299 号	邮政编码	315221	法人姓名	勾坂行男
评定时间	2010.4.8	注册日期	2008.11.3	报关有效期	长期
注册资本	4306.59 万美元				
主营范围	音响用磁头，VTR 用磁头，摄象机用磁头和磁鼓，轻触开关等新型电子元器件（敏感元器件、片式元器件）和硬盘驱动器、硬盘磁头等大容量光、磁盘驱动器及其部件，以及其他电器、电子器件和零部件（国家限制类除外）的设计、生产、销售。				

企业名称	宁波金鼎紧固件有限公司	海关编码	3302961359	所属海关	镇海海关
通讯地址	浙江省镇海区九龙湖镇西经堂村	邮政编码	315205	法人姓名	徐鹏飞
评定时间	2014.8.15 注册日期 2008.8.15	报关有效期	长期	注册资本	1008 万人民币
主营范围	一般经营项目：不锈钢紧固件、紧固件、五金件、机械配件、车辆配件制造、加工；金属材料批发、零售；进料加工；自营和代理各类货物和技术的进出口，但国家限定公司经营或禁止进出口的货物和技术除外。				

企业名称	宁波亿泰控股集团股份有限公司	海关编码	3302210012	所属海关	甬开发区
通讯地址	浙江省宁波市县级开发区联合区域伦敦楼	邮政编码	315803	法人姓名	陈伟明
评定时间	2013.4.18 注册日期 2000.9.29	报关有效期	长期	注册资本	5000 万人民币
主营范围	许可经营项目：承包境外机电工程和境内国际招标工程，上述境外工程所需的设备、材料出口，对外派遣实施上述境外工程所需的劳务人员，援外物资项目经营，预包装食品批发，乳制品批发，煤炭批发经营（在许可证有效期限内经营）。				

企业名称	宁波钢铁有限公司	海关编码	3302210025	所属海关	甬开发区
通讯地址	浙江省宁波市北仑区临港二路 168 号	邮政编码	315800	法人姓名	刘安
评定时间	2012.11.21 注册日期 2006.8.8	报关有效期	长期	注册资本	560000 万人民币
主营范围	钢铁冶炼及冷轧板、热轧板、镀锌板的生产；自营和代理货物及技术的进出口，但国家限定公司经营或禁止进出口的货物及技术除外；冶金、催化的技术开发、咨询。				

企业名称	浙江新景进出口有限公司	海关编码	3302210027	所属海关	甬开发区
通讯地址	浙江省宁波开发区金融贸易大楼 22 层 B1 号房	邮政编码	315080	法人姓名	夏祥敏
评定时间	2012.11.30 注册日期 2006.12.14	报关有效期	长期	注册资本	2000 万人民币
主营范围	自营和代理各类货物和技术的进出口业务（国家限定公司经营或禁止进出口的货物及技术除外）。				

企业名称	宁波亚洲浆纸业有限公司	海关编码	3302230156	所属海关	甬开发区
通讯地址	浙江省宁波经济技术开发区青峙工业区	邮政编码	315803	法人姓名	黄志源
评定时间	2011.1.10 注册日期 2003.2.27	报关有效期	长期	注册资本	47592 万人民币
主营范围	纸及纸板（含纸制品）制造、加工，自产产品销售；纸张、纸板及纸制品的批发。				

企业名称	浙江逸盛石化有限公司	海关编码	3302230163	所属海关	甬开发区
通讯地址	浙江省宁波市北仑区港口路 8 号	邮政编码	315803	法人姓名	邱建林
评定时间	2013.2.22 注册日期 2003.4.28	报关有效期	长期	注册资本	50042.48 万美元
主营范围	精对苯二甲酸（PTA）的生产，自营和代理各类产品和技术的进出口，第 3 类易燃液体（1，4- 二甲苯）、第 8 类腐蚀品［乙酸（含量 > 80%）］的国内批发（在许可证有效期限内经营）。（不涉及国营贸易管理商品，涉及配额、许可证管理商品的，按国家有关规定办理申请。）				

企业名称	宁波宝新不锈钢有限公司			海关编码	3302236092	所属海关	甬开发区
通讯地址	浙江省宁波市经济技术开发区			邮政编码	315800	法人姓名	崔健
评定时间	2014.3.5	注册日期	1996.3.26	报关有效期	长期	注册资本	318836 万人民币
主营范围	不锈钢卷板管制造、加工及相关技术指导、咨询，自由房屋出租。						

企业名称	宁波新桥化工有限公司			海关编码	3302240082	所属海关	甬开发区
通讯地址	浙江省宁波市北仑区金鸡山路 98 号			邮政编码	315803	法人姓名	廖振铎
评定时间	2009.3.6	注册日期	1996.3.21	报关有效期	长期	注册资本	3650 万美元
主营范围	工程塑料（可发性聚苯乙烯与通用级聚苯乙烯及其制品）的生产、加工，呋喃树脂制造、加工及咨询服务，自营货物的运输。						

企业名称	宁波新力包装材料有限公司			海关编码	3302240158	所属海关	甬开发区
通讯地址	浙江省宁波市北仑区笠山路 23 号			邮政编码	315803	法人姓名	林子建
评定时间	2010.12.17	注册日期	2002.1.30	报关有效期	长期	注册资本	438 万美元
主营范围	包装材料、包装用品等的制造。						

企业名称	宁波申洲针织有限公司			海关编码	3302240203	所属海关	甬开发区
通讯地址	浙江省宁波经济技术开发区大港工业城			邮政编码	315800	法人姓名	马建荣
评定时间	2009.11.3	注册日期	2002.10.29	报关有效期	长期	注册资本	11600 万美元
主营范围	高档织物面料（针织品、梭织品）的织染及后整理加工，服装、家用纺织品、鞋、帽的制造加工等。						

企业名称	宁波高林银箭机电有限公司			海关编码	3302240364	所属海关	甬开发区
通讯地址	浙江省宁波北仑龙潭山路 16 号			邮政编码	315806	法人姓名	陈文斌
评定时间	2010.1.21	注册日期	2005.7.5	报关有效期	长期	注册资本	3650 万美元
主营范围	高技术含量的特种工业用缝纫机的生产，高技术含量的工业缝纫机马达及相关零配件的生产，缝纫机及缝纫机马达、桌板、脚架和相关零配件的批发；自营和代理各种商品和技术的进出口业务，但国家限定公司经营和禁止进出口的货物及技术除外。						

企业名称	宁波大千纺织品有限公司			海关编码	3302240541	所属海关	甬开发区
通讯地址	浙江省宁波市北仑区龙潭山路 58 号			邮政编码	315806	法人姓名	马建荣
评定时间	2013.9.4	注册日期	2009.3.26	报关有效期	长期	注册资本	7800 万美元
主营范围	高档织物面料的织造加工、染色及后整理加工，高档服装的制造、加工。						

企业名称	三星重工业（宁波）有限公司		海关编码	3302246026	所属海关	甬开发区
通讯地址	浙江省宁波市北仑区港口路 18 号		邮政编码	315803	法人姓名	郑源泰
评定时间	2011.12.2	注册日期 1995.12.28	报关有效期	长期	注册资本	8338 万美元
主营范围	造船（包括船用零件、部件、设备和船体分段），拆船，钢制结构物、建筑机械（除起重机械）、环保设备制造，机械铸造，从事上述产品同类商品的批发、进出口、佣金代理（拍卖除外）。					

企业名称	浙江太平洋化学有限公司		海关编码	3302246044	所属海关	甬开发区
通讯地址	浙江省宁波市北仑区		邮政编码	315800	法人姓名	黄祝龄
评定时间	2009.12.8	注册日期 1998.4.21	报关有效期	长期	注册资本	5209 万美元
主营范围	生产聚醚、反渗透膜元件，销售自产产品和对销售的产品提供售后服务、技术服务及相关的咨询服务，新产品的开发及技术服务。					

企业名称	宁波宁星工贸实业有限公司		海关编码	3302260009	所属海关	甬开发区
通讯地址	浙江省宁波开发区新矸太平洋花园 B 座 606 室		邮政编码	315010	法人姓名	沙力
评定时间	2012.9.20	注册日期 2002.1.22	报关有效期	长期	注册资本	500 万人民币
主营范围	一般经营项目：服饰、化妆品、工艺品、餐具、玻璃器皿、办公用品、通讯器材的批发、零售，自营和代理各类商品及技术的进出口业务（国家限定公司经营或禁止进出口的商品及技术除外），经营进料加工和“三来一补”业务，经营对销贸易和转口贸易。许可经营项目：批发兼零售预包装食品（在许可证有效期限内经营）。					

企业名称	宁波优胜国际贸易有限公司		海关编码	3302260128	所属海关	甬开发区
通讯地址	浙江省宁波市开发区联合区域圣港楼 A315B 室		邮政编码	315800	法人姓名	陈勇珍
评定时间	2012.11.21	注册日期 2005.12.14	报关有效期	长期	注册资本	500 万人民币
主营范围	自营和代理各类货物和技术的进出口业务，国家限定公司经营或禁止进出口的货物和技术除外。					

企业名称	宁波前程家居股份有限公司		海关编码	3302260132	所属海关	甬开发区
通讯地址	浙江省宁波市北仑区戚家山街道渋江路 8 号 4 号楼 203 室		邮政编码	315803	法人姓名	李晨
评定时间	2012.11.21	注册日期 2005.12.20	报关有效期	长期	注册资本	3000 万人民币
主营范围	自营和代理各类货物及技术的进出口业务，矿产品、建材、化工产品、文化体育用品及器材、纺织原料及产品、服装、日用百货、农畜产品、机械设备、五金交电、电子产品、家居用品的批发、零售。					

企业名称	宁波凯越国际贸易有限公司		海关编码	3302260152	所属海关	甬开发区
通讯地址	浙江省宁波市开发区联合区域东区 1 幢 401 室		邮政编码	315800	法人姓名	汤一浒
评定时间	2012.11.30	注册日期 2006.2.22	报关有效期	长期	注册资本	3000 万人民币
主营范围	一般经营项目：纺织原料及产品、服装、工艺品的批发、零售等。					

企业名称	宁波美博进出口有限公司			海关编码	3302912001	所属海关	甬开发区
通讯地址	浙江省宁波市北仑区新碶街道大港中路58号			邮政编码	315040	法人姓名	梅飞珍
评定时间	2012.11.21	注册日期	2001.3.28	报关有效期	长期	注册资本	500万人民币
主营范围	经营和代理各类商品及技术的进出口业务（国家限定公司经营或禁止进出口的商品及技术除外），经营进料加工和“三来一补”业务，经营对销贸易和转口贸易。许可经营项目：批发兼零售预包装食品（在许可证件有效期限内经营）。						

企业名称	宁波成路纸品制造有限公司			海关编码	3302932157	所属海关	甬开发区
通讯地址	浙江省宁波市北仑区庐山西路45号			邮政编码	315806	法人姓名	任召国
评定时间	2011.11.8	注册日期	2007.3.19	报关有效期	长期	注册资本	4000万人民币
主营范围	许可经营项目：普通货运，出版物、包装装潢、其他印刷品印刷。						

企业名称	贝发集团股份有限公司			海关编码	3302932169	所属海关	甬开发区
通讯地址	浙江省宁波市北仑区江南东路298号			邮政编码	315801	法人姓名	邱智铭
评定时间	2009.2.16	注册日期	2008.4.9	报关有效期	长期	注册资本	12000万人民币
主营范围	文教办公用品、体育用品、玩具、工艺美术品、鞋帽、五金工具、塑料制品、日用金属制品、包装制品的制造、批发，灯具、服装、洗浴用品、家具、家居用品、汽车配件、家电、园林工具、办公设备、塑料粒子、有色金属的批发（以上商品进出口不涉及国营贸易、进出口配额许可证、出口配额招标、出口许可证等专项管理的商品）。						

企业名称	宁波赛尔国际贸易有限公司			海关编码	3302962012	所属海关	甬开发区
通讯地址	浙江省宁波北仑横河路22号5幢606室			邮政编码	315040	法人姓名	徐平炬
评定时间	2012.11.21	注册日期	2001.12.5	报关有效期	长期	注册资本	518万人民币
主营范围	自营和代理各类商品及技术的进出口业务（国家限定公司经营或禁止进出口的商品及技术除外），经营进料加工和“三来一补”业务，经营对销贸易和转口贸易，农副产品收购，社会经济咨询，装卸服务，仓储服务，自有房屋及设备出租。						

企业名称	宁波萌恒工贸有限公司			海关编码	3302962031	所属海关	甬开发区
通讯地址	浙江省宁波北仑横河路22号5幢611			邮政编码	315010	法人姓名	王春华
评定时间	2009.3.6	注册日期	2002.5.30	报关有效期	长期	注册资本	5280万人民币
主营范围	自营和代理各类商品和技术的进出口业务（国家限定公司经营和禁止进出口的商品及技术除外）。						

企业名称	宁波海洋纺织品有限公司			海关编码	3302962178	所属海关	甬开发区
通讯地址	浙江省宁波北仑横河路22号5幢401室			邮政编码	315000	法人姓名	王刚强
评定时间	2012.5.22	注册日期	2003.12.8	报关有效期	长期	注册资本	1350万人民币
主营范围	一般经营项目：纺织原料及产品（国家统一经营除外）、工艺品的批发、零售，自营和代理各类商品和技术的进出口（国家限定公司经营或禁止进出口的商品和技术除外），咨询服务（商品信息咨询除外），厂房租赁。（上述经营范围不含国家法律法规规定禁止、限制和许可经营的项目。）						

企业名称	宁波思逸倍欣进出口有限公司			海关编码	3302962326	所属海关	甬开发区
通讯地址	浙江省宁波市北仑新矸大港中路 58 号			邮政编码	315800	法人姓名	李斌
评定时间	2012.2.8	注册日期	2007.7.10	报关有效期	长期	注册资本	500 万人民币
主营范围	日用品的批发、零售，自营和代理各类货物和技术的进出口业务。						

企业名称	宁波美联外贸服务有限公司			海关编码	3302962379	所属海关	甬开发区
通讯地址	浙江省新矸镇大港中路 58 号			邮政编码	315800	法人姓名	张亿珍
评定时间	2012.2.8	注册日期	2008.6.16	报关有效期	长期	注册资本	100 万人民币
主营范围	许可经营项目：批发兼零售预包装食品、乳制品（含婴幼儿配方乳粉）。						

企业名称	万华化学（宁波）有限公司			海关编码	3302218004	所属海关	大榭海关
通讯地址	浙江省宁波大榭开发区万华工业园内			邮政编码	315812	法人姓名	廖增太
评定时间	2013.1.4	注册日期	2006.5.17	报关有效期	长期	注册资本	93600 万人民币
主营范围	许可经营项目：聚氨酯及助剂、异氰酸酯及衍生产品、化工原料及产品的生产（详见 ZJAP-B-000415 浙江省危险化学品生产、储存批准证书），氯（液化的）、氨（液化的，含氨＞ 50%）、二氧化碳和氧气混合物、稀有气体和氮气混合物、苯、甲醇、氯苯、苯胺、1，6- 己二胺、硫酸、氢氧化钠、硝酸（其中含易制爆危险化学品硝酸）的批发（以上项目在许可证有效期内经营）。						

企业名称	远大物产集团有限公司			海关编码	3302916001	所属海关	大榭海关
通讯地址	浙江省大榭金莹贸易楼			邮政编码	315812	法人姓名	金波
评定时间	2012.10.10	注册日期	1999.10.13	报关有效期	长期	注册资本	15000 万人民币
主营范围	许可经营项目：经营第 3 类易燃液体（低闪点液体、中闪点液体、高闪点液体）、第 6 类毒害品和感染性物品（毒害品）、第 8 类腐蚀品（酸性腐蚀品）（除剧毒品、一类易制毒化学品、成品油外）。一般经营项目：自营和代理各类货物和技术的进出口，但国家限定公司经营或禁止进出口的货物和技术除外；金属材料、木材、矿产品、建筑装潢材料、化工原料及产品、塑料原料及产品、针织品原料及产品、五金交电、电子产品、文具用品、体育用品、机械设备及配件、日用品、燃料油的批发、零售；实业投资；商品信息咨询服务。（上述经营范围不含国家法律法规规定禁止、限制和许可经营的项目。）						

企业名称	宁波大叶园林工业有限公司			海关编码	3312930374	所属海关	甬驻余办
通讯地址	浙江省余姚市阳明东路 518 号			邮政编码	315400	法人姓名	叶晓东
评定时间	2013.10.22	注册日期	2001.11.19	报关有效期	长期	注册资本	360 万美元
主营范围	农林节水喷洒系列设备、园林工具、塑料制品、电器配件、五金配件的制造。						

企业名称	宁波大华电器有限公司			海关编码	3312930410	所属海关	甬驻余办
通讯地址	浙江省余姚市肖东工业园区			邮政编码	315400	法人姓名	罗建元
评定时间	2012.9.29	注册日期	2003.1.6	报关有效期	长期	注册资本	1051.95 万美元
主营范围	吸尘器、电机、塑料制品、电子元件（国家限制外商投资项目除外）、家用电器及配件的制造，自营和代理货物和技术的进出口，但国家限定公司经营或禁止进出口的货物和技术除外，无进口商品分销业务。						

企业名称	宁波舜宇光电信息有限公司			海关编码	3312930510	所属海关	甬驻余办
通讯地址	浙江省余姚市舜宇路 66~68 号			邮政编码	315400	法人姓名	王文杰
评定时间	2010.8.10	注册日期	2005.12.20	报关有效期	长期	注册资本	3883.16 万美元
主营范围	光电信息技术的研究、开发、应用；手机模组、集成电路、光电信息产品的制造、加工；自营和代理各类商品和技术的进出口，但国家限定公司经营或禁止进出口的商品和技术除外，无进口商品分销业务。						

企业名称	车王电子（宁波）有限公司			海关编码	3312940057	所属海关	甬驻余办
通讯地址	浙江省余姚工业开发 A 区远东工业城			邮政编码	315400	法人姓名	蔡裕成
评定时间	2011.12.2	注册日期	1995.1.19	报关有效期	长期	注册资本	2097 万美元
主营范围	数字音视频编辑解码设备、电子专用设备、工模具、电子控制燃油喷射系统及其他汽车电子设备的系统制造。						

企业名称	宁波富佳实业有限公司			海关编码	3312940193	所属海关	甬驻余办
通讯地址	浙江省余姚经济开发区（西）区			邮政编码	315400	法人姓名	王跃旦
评定时间	2012.2.28	注册日期	2003.7.29	报关有效期	长期	注册资本	1000 万美元
主营范围	非金属制品模具的设计、制造；新型电子元器件及其他电子元器件、线路板、吸尘器及其他家电、电机、改性塑料、塑料制品的制造；自营和代理各类商品和技术的进出口，但国家限定公司经营和禁止进出口的商品和技术除外；有色金属材料及延压制品的批发（涉及配额许可证管理、专项规定管理的商品和技术按照国家有关规定办理）。						

企业名称	华鑫化纤科技集团有限公司			海关编码	3312940253	所属海关	甬驻余办
通讯地址	浙江省余姚市姚北化工新区经十路 1 号			邮政编码	315490	法人姓名	张静智
评定时间	2008.11.7	注册日期	2005.3.3	报关有效期	长期	注册资本	8350 万美元
主营范围	纤维、非纤维用聚酯及聚酯切片，涤纶纤维，化纤原料的制造；纤维新材料研发。						

企业名称	宁波大叶园林设备有限公司			海关编码	3312940313	所属海关	甬驻余办
通讯地址	浙江省余姚市锦凤路 58 号			邮政编码	315400	法人姓名	叶晓波
评定时间	2012.4.20	注册日期	2006.4.5	报关有效期	长期	注册资本	1316 万美元
主营范围	园林机械及配件、农业机具、园林机具、电动工具、清洁设备、农林节水喷洒系列设备、电器配件、电机、塑料制品、电子元器件、汽油机及模具的制造、加工；自营和代理各类货物和技术的进出口，无进口商品分销业务。（不涉及国营贸易管理商品，涉及配额、许可证管理商品的，按国家有关规定办理申请。）						

企业名称	浙江舜宇光学有限公司			海关编码	3312940338	所属海关	甬驻余办
通讯地址	浙江省余姚市舜宇路 66~68 号			邮政编码	315400	法人姓名	叶辽宁
评定时间	2010.8.10	注册日期	2006.8.11	报关有效期	长期	注册资本	43000 人民币
主营范围	光学元器件、光电信息产品的制造、加工；自营和代理各类商品和技术的进出口，但国家限定公司经营或禁止进出口的商品和技术除外，无进口商品分销业务。						

企业名称	宁波耀泰电器有限公司			海关编码	3312940362	所属海关	甬驻余办
通讯地址	浙江省余姚市远东工业城 CN8			邮政编码	315400	法人姓名	诸越华
评定时间	2012.6.14	注册日期	2007.1.29	报关有效期	长期	注册资本	800 万美元
主营范围	照明灯具、灯具配件、新型电子元器件、电器产品的制造、加工。						

企业名称	余姚市心雨洁具有限公司			海关编码	3312960260	所属海关	甬驻余办
通讯地址	浙江省余姚市陆埠镇五马工业园区			邮政编码	315420	法人姓名	沈海桥
评定时间	2011.12.2	注册日期	2003.9.22	报关有效期	长期	注册资本	658 万人民币
主营范围	卫生洁具、塑料配件、五金配件、电动工具、模具的制造、加工、销售；经营本企业自产产品及技术的出口业务和本企业所需的机械设备、零配件、原辅材料及技术的进口业务，但国家限定公司经营或禁止进出口的商品及技术除外。						

企业名称	宁波世茂铜业股份有限公司			海关编码	3312961062	所属海关	甬驻余办
通讯地址	浙江省余姚市小曹娥镇滨海产业园区曹朗水库			邮政编码	315475	法人姓名	李象高
评定时间	2011.1.5	注册日期	2007.12.21	报关有效期	长期	注册资本	11200 万人民币
主营范围	许可经营项目：无。一般经营项目：铜冶炼，紫铜丝、电线、电缆、接插件、铜棒、铜板、电机、电磁线的制造、加工；自营和代理货物和技术的进出口，但国家限定公司经营或禁止进出口的货物和技术除外。（上述经营范围不含国家法律法规规定禁止、限制和许可经营的项目）。						

企业名称	宁波西摩电器进出口有限公司			海关编码	3312962442	所属海关	甬驻余办
通讯地址	浙江省余姚市新建北路 737-1 号			邮政编码	315400	法人姓名	董越君
评定时间	2008.11.7	注册日期	1999.9.20	报关有效期	长期	注册资本	500 万人民币
主营范围	自营和代理各类商品及技术的进出口业务，国家规定的专营进出口商品和国家禁止进出口的特殊商品除外；经营进料加工和“三来一补”业务，开展对销贸易和转口贸易。经批准的进出口商品目录：粮油食品、土产畜产品、纺织丝绸、服装、工艺品、轻工业品、医药品、机电产品、运输工具。（国家规定的专营进出口商品和国家禁止进出口的商品等特殊商品除外。）						

企业名称	宁波江丰电子材料股份有限公司			海关编码	3312962544	所属海关	甬驻余办
通讯地址	浙江省余姚市经济开发区名邦科技工业园区安山路			邮政编码	315400	法人姓名	姚力军
评定时间	2013.11.27	注册日期	2009.3.10	报关有效期	长期	注册资本	16407 万人民币
主营范围	半导体、元器件专用材料开发、生产及维修；新型电子元器件制造，常用有色金属及贵金属压延加工；自营和代理货物和技术的进出口，但国家限定公司经营或禁止进出口的货物和技术除外。（依法须经批准的项目，经相关部门批准后方可开展经营活动。）						

企业名称	宁波格莱特休闲用品有限公司			海关编码	3312962595	所属海关	甬驻余办
通讯地址	浙江省余姚市黄家埠镇回龙村			邮政编码	315466	法人姓名	王华军
评定时间	2011.10.21	注册日期	2008.3.21	报关有效期	长期	注册资本	5000 万人民币
主营范围	许可经营项目：无。一般经营项目：户外休闲家具、休闲凉篷、室内休闲家具、塑料工艺品、五金制品、家用电器的制造、加工；自营和代理货物和技术的进出口，但国家限定公司经营或禁止进出口的货物和技术除外。（上述经营范围不含国家法律法规规定禁止、限制和许可经营的项目。）						

企业名称	慈溪宏一电子有限公司			海关编码	3320930259	所属海关	甬驻慈办
通讯地址	浙江省慈溪市观海卫镇工业园东区三海路 12 号			邮政编码	315314	法人姓名	沈国强
评定时间	2008.11.7	注册日期	1994.4.26	报关有效期	长期	注册资本	1328 万美元
主营范围	电子元件、电器配件、塑料制品、金属制品、家用电器、电线、电源插头、插座、定时器（限家庭用）、微电机及其他电机、灯具的制造、批发；自营和代理各类商品和技术的进出口，但国家限定公司经营或禁止进出口的商品和技术除外；光电子器件研究、开发、制造、销售；五金工具、塑料原料、铜材料批发；普通货物仓储。（不涉及国营贸易管理商品，涉及配额、许可证管理商品的，按国家有关规定办理申请。）						

企业名称	宁波兴瑞电子科技股份有限公司			海关编码	3320930646	所属海关	甬驻慈办
通讯地址	浙江省慈溪市长河镇			邮政编码	315326	法人姓名	张忠良
评定时间	2013.11.27	注册日期	2012.5.3	报关有效期	长期	注册资本	13800 万人民币
主营范围	电子元器件（包括频率控制与选择元件）、电子产品配件、塑料制品、五金配件、模具及其配件研发、设计、制造、加工，电镀加工（依法须经批准的项目，经相关部门批准后方可开展经营活动）。						

企业名称	宁波金轮进出口有限公司			海关编码	3320950001	所属海关	甬驻慈办
通讯地址	浙江省慈溪宗汉镇庙山村上篮里村（金轮开发区）			邮政编码	315301	法人姓名	陆汉振
评定时间	2008.11.7	注册日期	1993.11.25	报关有效期	长期	注册资本	3000 万人民币
主营范围	自营和代理各类商品和技术的进出口（国家限定公司经营或禁止进出口的商品和技术外）。						

企业名称	宁波喜尔美厨房用品有限公司			海关编码	3320950157	所属海关	甬驻慈办
通讯地址	浙江省慈溪市龙山镇龙头场村			邮政编码	315311	法人姓名	周国荣
评定时间	2012.11.21	注册日期	2001.6.14	报关有效期	长期	注册资本	500 万人民币
主营范围	一般经营项目：日用精铝制品、不锈钢制品、铁锅、不锈钢锅、不粘锅、五金配件的制造、加工；自营和代理货物和技术的进出口，但国家限定公司经营或禁止进出口的货物和技术除外。许可经营项目：普通货运服务。						

企业名称	宁波新海电气股份有限公司			海关编码	3320960221	所属海关	甬驻慈办
通讯地址	浙江省慈溪市崇寿镇永清南路 8 号			邮政编码	315300	法人姓名	黄新华
评定时间	2013.4.18	注册日期	2004.6.11	报关有效期	长期	注册资本	15028 万人民币
主营范围	打火机、点火枪、模具、电器配件、电子元件、塑料制品、文具的制造；家用电器、打火机、点火枪、模具的批发、零售；自营和代理货物和技术的进出口业务，但国家限定公司经营或禁止进出口的货物或技术除外。						

企业名称	慈溪摩尔顿国际贸易有限公司			海关编码	3320960315	所属海关	甬驻慈办
通讯地址	浙江省逍林镇樟新南路			邮政编码	315321	法人姓名	蔡婉儿
评定时间	2014.3.5	注册日期	2004.12.27	报关有效期	长期	注册资本	1580 万人民币
主营范围	自营和代理货物和技术的进出口，但国家限定公司经营或禁止出口的货物和技术除外。						

企业名称	宁波市慈溪进出口股份有限公司			海关编码	3320962400	所属海关	甬驻慈办
通讯地址	浙江省慈溪市浒山寺山路外贸大厦			邮政编码	315300	法人姓名	柴晨穗
评定时间	2013.4.18	注册日期	1991.1.9	报关有效期	长期	注册资本	18500 万人民币
主营范围	许可经营项目：向境外派遣各类劳务人员（不含海员），预包装食品的批发、零售。（以上经营项目在许可证件有效期限内经营。）一般经营项目：自营和代理货物和技术的进出口，但国家限定公司经营或禁止进出口的货物和技术除外；工艺美术品、针纺织品、服装、五金机械、化工产品、土畜产品、电子产品、玩具、棉纱的批发、零售；仓储业务；五金、轴承、服装、鞋、小家电的制造（限另地分支经营）；房屋租赁。（上述经营范围不含国家法律法规规定禁止、限制和许可经营的项目。）						

企业名称	宁波华翔进出口有限公司			海关编码	3302915006	所属海关	象山海关
通讯地址	浙江省象山县西周镇镇安路			邮政编码	315722	法人姓名	郑才玉
评定时间	2011.8.26	注册日期	2000.1.28	报关有效期	长期	注册资本	500 万人民币
主营范围	一般经营项目：自营和代理各类货物和技术的进出口，但国家限定公司经营或禁止进出口的货物和技术除外；机械设备租赁。						

企业名称	宁波天韵食品有限公司			海关编码	3302935188	所属海关	象山海关
通讯地址	浙江省象山县丹城九顷村			邮政编码	315700	法人姓名	周隽
评定时间	2013.8.9	注册日期	2002.12.26	报关有效期	长期	注册资本	6000 万人民币
主营范围	果蔬罐头、果冻生产（在许可证件有效期内经营），水果批发及冷藏服务，自营和代理各类货物和技术的进出口（不涉及国营贸易管理产品，涉及配额许可证管理产品的，按国家有关规定办理申请，无进口分销权）。						

企业名称	宁波富毅华进出口有限公司			海关编码	3302965013	所属海关	象山海关
通讯地址	浙江象山县丹西街道工业园区园中路 170 号			邮政编码	315700	法人姓名	俞富存
评定时间	2013.8.9	注册日期	2014.3.8	报关有效期	长期	注册资本	1000 万人民币
主营范围	水产品初加工，五金、机械、针纺织品、棉织品的批发和零售，自营和代理各类货物和技术的进出口，但国家限定公司经营或禁止进出口的货物和技术除外。（上述经营范围不含国家法律法规规定禁止、限制和许可经营的项目）						

企业名称	宁波中瑞进出口有限公司			海关编码	3302965054	所属海关	象山海关
通讯地址	浙江象山县工业示范园区			邮政编码	315010	法人姓名	吴海鹰
评定时间	2012.11.21	注册日期	2002.10.28	报关有效期	长期	注册资本	500 万人民币
主营范围	针纺织品、轻纺原料、机电产品（除汽车）、五金产品的批发、零售；自营和代理各类货物和技术的进出口，但国家限定公司经营或禁止进出口的货物和技术除外。						

企业名称	浙江启鑫新能源科技股份有限公司			海关编码	3302965303	所属海关	象山海关
通讯地址	浙江省象山县经济开发区滨海工业区金港路37~39号			邮政编码	315700	法人姓名	励小伟
评定时间	2012.11.21	注册日期	2006.10.20	报关有效期	长期	注册资本	15000万人民币
主营范围	一般经营项目：太阳能电池板、灯具的研制研发、制造、加工；太阳能晶片、太阳能电池板、硅片、灯具、自动化电子设备的批发、零售；太阳能设备、工艺品、文具、箱包、家用电器的制造、加工、批发、零售；日用品批发、零售；自营和代理货物和技术的进出口，但国家限定公司经营或禁止进出口的货物和技术除外。						

企业名称	宁波飞日水产实业有限公司			海关编码	3302965538	所属海关	象山海关
通讯地址	浙江省象山县石浦镇兴港西路1号			邮政编码	315731	法人姓名	谢定飞
评定时间	2013.7.5	注册日期	2010.5.26	报关有效期	长期	注册资本	1194.68万人民币
主营范围	许可经营项目：速冻食品［速冻其他食品（速冻肉制品）］、罐头（畜禽水产罐头）制造、加工（在许可证件有效期内经营）。						

企业名称	宁波出口加工区物流中心有限公司			海关编码	3302510002	所属海关	宁波保税区海关驻出口加工区办事处
通讯地址	浙江省宁波出口加工区珠峰路8号			邮政编码	315800	法人姓名	王志法
评定时间	2013.10.14	注册日期	2013.1.9	报关有效期	长期	注册资本	9000万人民币
主营范围	许可经营项目：普通货运，站场，货运站（场）经营（仓储理货）。一般经营项目：仓储、物流配送服务、货物装卸服务，电子产品及配件、机械设备及配件、化工原料及产品（除危险化学品）、橡胶塑料原料及制品、纺织品、仪器仪表的批发，废钢材、废木头、废塑料、废纸、废皮革的批发，自营和代理各类货物及技术的进出口业务（但国家限定公司经营或禁止进出口的货物及技术除外），电子产品、机械产品的研发、检测、维修业务。						

企业名称	宁波群辉物流有限公司			海关编码	3302540028	所属海关	宁波保税区海关驻出口加工区办事处
通讯地址	浙江省宁波出口加工区阿里山路8号			邮政编码	315800	法人姓名	郭国祥
评定时间	2012.5.22	注册日期	2008.5.9	报关有效期	长期	注册资本	400万美元
主营范围	普通货物仓储服务，国际货运代理，液晶显示器、液晶电视整机、液晶面板及零部件的维修服务，自建厂房租赁服务。						

企业名称	中化宁波（集团）有限公司			海关编码	3302910017	所属海关	宁波海关驻鄞州办事处
通讯地址	浙江省宁波市海曙区江厦街21号			邮政编码	315000	法人姓名	杜克平
评定时间	2011.1.10	注册日期	1987.1.31	报关有效期	长期	注册资本	20000万人民币
主营范围	许可经营项目：磷化锌、苯线磷、克百威、灭多威、溴敌隆、2-氯吡啶、3-氯-1、2-丙二醇、敌敌畏、放线菌素D、肾上腺素、氯化磷酸二乙酯、2-环已烯酮、杀螟硫磷、马拉硫磷的批发（无仓储），（除城镇燃气、第一类易制毒化学品、民用爆炸物品、烟花爆竹、放射性物品、核能物质、用于国防科研生产的危险化学品、剧毒化学品、易制爆危险化学品外）第2类压缩气体和液化气体、第3类易燃液体、第4类易燃固体、自燃物品和遇湿燃物品、第5类氧化剂和有机过氧化物、第6类第Ⅰ项毒害品、第8类腐蚀品的批发（无仓储藏），化学药制剂、化学原料药、抗生素原料药及制剂、生化药品、生物制品的批发，预包装食品兼散装食品、乳制品（含婴幼儿配方乳粉）的批发、零售，农药批发、零售。一般经营项目：自营和代理货物和技术的进出口，但国家限定公司经营或禁止进出口货物和技术除外；燃料油、矿产品、建材及化工产品、纺织、服装及日用品、机械设备、五金交电及电子产品、一类医疗器械、农畜产品、工艺美术品、饲料的批发、零售。						

企业名称	宁波中华纸业有限公司	海关编码	3302930111	所属海关	宁波海关驻鄞州办事处
通讯地址	浙江省宁波市海曙区段塘镇丁家街 108 号	邮政编码	315011	法人姓名	黄志源
评定时间	2008.11.7 注册日期 1993.2.16	报关有效期	长期	注册资本	184881.34 万人民币
主营范围	设计、制造、加工和销售各类纸张、纸板、纸制品，有关机械产品的生产（限制类产品除外）及公司自用原辅材料的运输。				

企业名称	宁波名古屋工业有限公司	海关编码	3302933365	所属海关	宁波海关驻鄞州办事处
通讯地址	浙江省鄞县塘溪镇黄岭	邮政编码	315142	法人姓名	董阿能
评定时间	2011.9.16 注册日期 2001.6.29	报关有效期	长期	注册资本	120 万美元
主营范围	金属制品、五金零件的制造、加工。				

企业名称	宁波汉浦工具有限公司	海关编码	3302933757	所属海关	宁波海关驻鄞州办事处
通讯地址	浙江省宁波市鄞州区横溪镇中街村	邮政编码	315131	法人姓名	陈会甫
评定时间	2014.7.21 注册日期 2009.2.6	报关有效期	长期	注册资本	442 万美元
主营范围	机电配件、电动工具、手工工具、家用电器、电子元件的制造、加工，高档建筑五金件、水暖器材及五金件的研究、开发、制造、加工。				

企业名称	宁波如意股份有限公司	海关编码	3302934186	所属海关	宁波海关驻鄞州办事处
通讯地址	浙江省宁海县城关桃源北路 656 号	邮政编码	315600	法人姓名	储吉旺
评定时间	2010.4.9 注册日期 2005.6.16	报关有效期	长期	注册资本	5000 万人民币
主营范围	拉紧器、手动液压搬运车、撬棍、锁扣、风动工具、平台车、电动车、电瓶车的制造、加工，销售自产产品。				

企业名称	重机（宁波）精密机械有限公司	海关编码	3302943162	所属海关	宁波海关驻鄞州办事处
通讯地址	浙江省宁波市鄞州区姜山镇茅山工业小区	邮政编码	315193	法人姓名	後藤博文
评定时间	2011.9.16 注册日期 2001.8.29	报关有效期	长期	注册资本	516.2 万美元
主营范围	高技术含量的特种工业缝纫机制造，精密机械及其零部件、马达的制造、加工，自营和代理各类商品和技术的进出口业务（不涉及国营贸易管理商品，涉及配额、许可证管理商品的，按国家有关规定办理申请）。				

企业名称	宁波旷世居家用品有限公司	海关编码	3302943685	所属海关	宁波海关驻鄞州办事处
通讯地址	浙江省宁波市鄞州区古林镇包家村	邮政编码	315176	法人姓名	王瑛
评定时间	2011.12.2 注册日期 2009.10.26	报关有效期	长期	注册资本	500 万美元
主营范围	蜡制品、烛台、金属制品（除集装箱）、玻璃制品、陶瓷制品、木制品、文具、家具、灯具、卫生洁具、清洁用具、家用纺织品、纸制品、工艺品的制造、加工，空气清新剂、空气加香剂、香熏制品的包装加工。				

企业名称	宁波金田铜业（集团）股份有限公司			海关编码	3302950026	所属海关	宁波海关驻鄞州办事处
通讯地址	浙江省宁波市江北区慈城城西西路 1 号			邮政编码	315034	法人姓名	楼国强
评定时间	2012.12.26	注册日期	1999.3.16	报关有效期	长期	注册资本	121496.9 万人民币
主营范围	自营和代理货物和技术的进出口，但国家限定公司经营或禁止进出口的货物和技术除外。						

企业名称	宁波李氏实业有限公司			海关编码	3302963197	所属海关	宁波海关驻鄞州办事处
通讯地址	浙江省宁波市鄞州区横溪镇			邮政编码	315135	法人姓名	李建崇
评定时间	2013.7.9	注册日期	2003.3.20	报关有效期	长期	注册资本	200 万人民币
主营范围	喷枪、喷涂机、电动往复泵、机械配件、金属制品、建筑材料、机电设备、化工原料及产品、日用百货的批发、零售；自营或代理货物和技术的进出口，但国家限定公司经营或禁止进出口的货物和技术除外。（上述经营范围不含国家法律法规规定禁止、限制和许可经营的项目。）						

企业名称	宁波瑞生世纪进出口有限公司			海关编码	3302966305	所属海关	宁波海关驻鄞州办事处
通讯地址	浙江省宁波市江北区人民路 585 号（5–1）室			邮政编码	315020	法人姓名	董德甫
评定时间	2012.11.30	注册日期	2007.6.7	报关有效期	长期	注册资本	500 万人民币
主营范围	许可经营项目：无。一般经营项目：自营和代理各类货物和技术的进出口，但国家限定公司经营或禁止进出口的货物和技术除外；金属、五金、机械设备、塑料原料及制品、橡胶原料及制品、建材、服装、纺织原料、工艺品、化工原料及产品、电子产品、电子元器件、木材、家具、化妆品、皮革制品的批发、零售。（上述经营范围不含国家法律法规规定禁止、限制和许可经营的项目。）						

企业名称	宁波亚虎进出口有限公司			海关编码	3302966787	所属海关	宁波海关驻鄞州办事处
通讯地址	浙江省宁波市江北区广元路 69 号			邮政编码	315033	法人姓名	龚利红
评定时间	2013.12.2	注册日期	2012.5.25	报关有效期	长期	注册资本	1500 万人民币
主营范围	许可经营项目：无。一般经营项目：自营和代理各类商品及技术的进出口业务（国家限定公司经营或禁止进出口的商品及技术除外），经营进料加工和“三来一补”业务，经营对销贸易和转口贸易。（上述经营范围不含国家法律法规规定禁止、限制和许可经营的项目。）						

企业名称	宁波博洋进出口有限公司			海关编码	3302968012	所属海关	宁波海关驻鄞州办事处
通讯地址	浙江省宁波市海曙区启文路 157 弄 6 号			邮政编码	315100	法人姓名	史耀海
评定时间	2013.10.30	注册日期	2003.7.10	报关有效期	长期	注册资本	2000 万人民币
主营范围	许可经营项目：预包装食品兼散装食品、乳制品（含婴幼儿配方乳粉）、酒类的批发、零售（在许可证有效期内经营）。一般经营项目：纺织品、服装、文具用品、化妆品、卫生用品、日用品、机械设备、五金交电、工艺品、玩具、金属、化肥、建材、化工产品、塑料、木材及制品的批发、零售；煤炭的批发（无储存）；技术咨询服务；本公司房屋租赁；自营和代理货物和技术的进出口，但国家限定公司经营或禁止进出口的商品和技术除外。（上述经营范围不含国家法律法规规定禁止、限制和许可经营的项目。）						

企业名称	宁波弘生进出口有限公司			海关编码	3302968057	所属海关	宁波海关驻鄞州办事处
通讯地址	浙江省宁波市海曙区碶闸街 58 号 29 楼			邮政编码	315010	法人姓名	马海健
评定时间	2012.10.9	注册日期	2004.4.27	报关有效期	长期	注册资本	500 万人民币
主营范围	自营和代理各类商品和技术的进出口，但国家限定公司经营或禁止进出口的商品和技术除外；百货、针纺织品及原材料、五金工具、建筑材料、装饰材料的批发、零售、代购代销。						

企业名称	爱伊美集团有限公司			海关编码	3321910005	所属海关	宁波海关驻鄞州办事处
通讯地址	浙江省奉化市南山北路 9 号			邮政编码	315503	法人姓名	傅志存
评定时间	2009.11.4	注册日期	1995.5.5	报关有效期	长期	注册资本	8000 万人民币
主营范围	自营和代理各类商品和技术的进出口，国家限定公司经营或禁止进出口的商品和技术外；服装制造，塑料制品制造加工、批发、零售；房地产开发；室内外装潢施工；建筑材料、装潢材料批发、零售；实业投资。						

企业名称	宁波奥克斯进出口有限公司			海关编码	3352960788	所属海关	宁波海关驻鄞州办事处
通讯地址	浙江省宁波市鄞州区龙观乡桓村			邮政编码	315191	法人姓名	钱旭峰
评定时间	2012.11.21	注册日期	2012.2.27	报关有效期	长期	注册资本	25000 万人民币
主营范围	许可经营项目：无。一般经营项目：自营和代理各类商品及技术的进出口业务，国家限定公司经营或禁止进出口的商品及技术除外。（上述经营范围不含国家法律法规规定禁止、限制和许可经营的项目。）						

企业名称	中基宁波集团股份有限公司			海关编码	33029639FS	所属海关	宁波海关驻鄞州办事处
通讯地址	浙江省宁波市鄞州区天童南路 666 号			邮政编码	315199	法人姓名	周巨乐
评定时间	2011.12.2	注册日期	2000.4.5	报关有效期	长期	注册资本	20000 万人民币
主营范围	许可经营项目：承包境外机电工程和境内国际招标工程，上述境外工程所需的设备、材料出口，向境外派遣各类劳务人员（不含海员）；经营第 3 类易燃液体（低、中、高闪点液体）、第 4 类易燃固体、自燃物品和遇湿易燃物品、第 5 类氧化剂和有机过氧化物、第 6 类毒害品和感染性物品、第 8 类腐蚀品（酸性、碱性和其他腐蚀品）（除剧毒品、一类易制毒品、成品油外）；燃料油的进口贸易。（上述经营范围在许可证件有效期内经营。）一般经营项目：自营和代理货物及技术的进出口，但国家公司限定经营或禁止进出口的货物及技术除外；农畜产品、纺织、服装及日用品、文化体育用品及器材、矿产品、建材及化工产品、机械设备、五金交电及电子产品、重油的批发、零售；实业投资；工程建筑，工程招标代理；普通货物仓储；企业管理服务；实业投资咨询服务；贸易咨询服务；商品信息咨询服务。（上述经营范围不含国家法律法规规定禁止、限制和许可经营的项目。）						

合肥关区

企业名称	浦项（芜湖）汽车配件制造有限公司			海关编码	3402240044	所属海关	芜湖海关
通讯地址	安徽省芜湖经济技术开发区银湖北路以西			邮政编码	241000	法人姓名	权锡哲
评定时间	2014.5.20	注册日期	2008.6.11	报关有效期	长期	注册资本	2951.1 万美元
主营范围	生产、加工汽车专用耐腐蚀性镀锌合金板、涂层板和高强度高张力新型合金材料及配件，汽车车身件、汽车覆盖件的进出口及销售，钢铁的进口及销售（铁矿石除外，废旧钢铁除外，国家限制、禁止类除外，涉及专项许可的凭许可证经营）。						

企业名称	芜湖德豪润达光电科技有限公司			海关编码	3402260061	所属海关	芜湖海关
通讯地址	安徽省芜湖经济技术开发区纬二次路11号			邮政编码	241000	法人姓名	王冬明
评定时间	2014.5.20	注册日期	2010.3.11	报关有效期	长期	注册资本	274417.53 万人民币
主营范围	开发、生产、销售家用电器、电机、电子产品、轻工产品、电动器具、厨房器具、发光二极管、发射接收管、数码管、半导体 LED 照明、半导体 LED 装饰灯、LED 显示屏系列、现代办公用品、通讯设备及其零配件，提供相关售后服务；开发、生产上述产品相关的控制及软件，设计、制造与上述产品相关的模具，提供上述产品及技术咨询服务；LED 芯片进出口贸易；城市及道路照明施工。						

企业名称	芜湖新联造船有限公司			海关编码	3402910053	所属海关	芜湖海关
通讯地址	安徽省芜湖市三山经济开发区峨溪路1号			邮政编码	241001	法人姓名	褚昌俊
评定时间	2010.12.30	注册日期	2004.12.22	报关有效期	长期	注册资本	20000 万人民币
主营范围	一般经营项目：造、修船，海洋工程，成套设备、机电产品、机械的制造，钢结构工程；汽车与铸造类设备材料采购与销售；各类商品和技术的进出口（国家限定公司经营或禁止进出口的商品和技术除外）；来料加工，有色金属铸造，船舶设计咨询技术服务。						

企业名称	安徽华茂进出口有限责任公司			海关编码	3408910023	所属海关	安庆海关
通讯地址	安徽省安庆市纺织南路 80 号			邮政编码	246018	法人姓名	王卫国
评定时间	2009.9.15	注册日期	1999.3.31	报关有效期	长期	注册资本	2000 万人民币
主营范围	自营和代理各类商品和技术进出口业务（国家限制企业经营或禁止进出口的商品和技术除外），仓储业务。						

企业名称	安庆帝伯格茨活塞环有限公司			海关编码	3408930126	所属海关	安庆海关
通讯地址	安徽省安庆市经济技术开发区迎宾大道 16 号区			邮政编码	246003	法人姓名	潘一新
评定时间	2011.11.23	注册日期	1996.3.28	报关有效期	长期	注册资本	2800 万美元
主营范围	生产和销售活塞环及内燃机配件，从事相关业务。						

企业名称	安庆帝伯格茨缸套有限公司			海关编码	3408930159	所属海关	安庆海关
通讯地址	安徽省安庆开发区 3.9 平方公里工业园 24 号区			邮政编码	246000	法人姓名	潘一新
评定时间	2014.6.20	注册日期	2004.8.18	报关有效期	长期	注册资本	1500 万美元
主营范围	制造、销售缸套，以及从事与之相关的业务。						

企业名称	安徽鸿润（集团）股份有限公司			海关编码	3408950002	所属海关	安庆海关
通讯地址	安徽省桐城经济开发区兴源东路 18 号			邮政编码	231400	法人姓名	夏吉国
评定时间	2011.2.23	注册日期	1997.9.22	报关有效期	长期	注册资本	7062 万人民币
主营范围	羽绒制品、皮革制品、服装、塑料制品、纺织品、针织品、机械、电子产品（不含地面卫星接收和发射产品）、玻璃纤维的生产和销售；棉花收购，日用百货的销售；经营本企业自产产品的出口业务和本企业所需的机械设备、零配件、原辅材料的进口业务，但国家限定公司及经营或禁止进出口的商品及技术除外。						

企业名称	安徽霞珍羽绒股份有限公司			海关编码	3408950003	所属海关	安庆海关
通讯地址	安徽省桐城市桐安南路			邮政编码	231422	法人姓名	胡习刚
评定时间	2013.12.5	注册日期	2000.9.25	报关有效期	长期	注册资本	3900 万人民币
主营范围	加工、销售、出口羽绒及其制品、裘皮制品，进口本企业生产、科研所需要的原辅材料、机械设备、仪器仪表及零配件，收购绒毛，本厂汽车货运，零售服装、针织品、百货、糖、烟、酒、调味品。						

企业名称	安庆市恒昌机械制造有限责任公司			海关编码	3408960019	所属海关	安庆海关
通讯地址	安徽省安庆市经济开发区小孤山路 5 号			邮政编码	246005	法人姓名	吕兆荣
评定时间	2012.2.2	注册日期	2002.11.11	报关有效期	长期	注册资本	1000 万人民币
主营范围	机械制造，模具制造，经营本企业自产产品的出口业务和本企业所需的机械设备、零配件、原辅材料的进口业务，但国家限定公司经营或禁止进出口的商品及技术除外。						

企业名称	安徽中盛粮油进出口有限公司			海关编码	3408960133	所属海关	安庆海关
通讯地址	安徽省安庆市大观区海口镇红星村			邮政编码	246003	法人姓名	乔盛阳
评定时间	2014.6.20	注册日期	2006.8.28	报关有效期	长期	注册资本	1000 万人民币
主营范围	许可经营项目：食用植物油生产（半精练，有效期至 2016 年 10 月 28 日）。一般经营项目：自营和代理各类商品及技术的进出口业务(国家限定公司经营和禁止进出口的商品及技术除外)，农副土特产品简单整理、销售。						

企业名称	安徽华泰林浆纸有限公司			海关编码	3408960248	所属海关	安庆海关
通讯地址	安徽省安庆市迎江区老峰镇西湖村林浆纸项目工业园			邮政编码	246004	法人姓名	朱万亮
评定时间	2013.10.29	注册日期	2008.4.17	报关有效期	长期	注册资本	130000 万人民币
主营范围	林木种植，商品林经营，林木加工（含家具业、制纸用木片的生产，锯木业等）及对林木加工产品的采购和销售，纸浆生产及销售，纸及纸制品生产、销售及提供相关服务；自营和代理各类商品和技术进出口业务（国家限制企业经营或禁止进出口的商品和技术除外）。						

企业名称	安徽舒美特纤维股份有限公司			海关编码	3408960341	所属海关	安庆海关
通讯地址	安徽省望江县经济开发区			邮政编码	246200	法人姓名	魏森林
评定时间	2013.9.11	注册日期	2009.7.29	报关有效期	长期	注册资本	25000 万人民币
主营范围	粘胶纤维、竹材纤维、麻材纤维、合成纤维的生产、销售，经营本企业自产产品及相关技术的出口业务，本企业生产、科研所需的原辅材料、机器设备、仪器仪表、零配件的进口业务（以上涉及前置许可的项目，凭有效许可证经营）。						

企业名称	安庆申洲进出口有限公司			海关编码	3408960419	所属海关	安庆海关
通讯地址	安徽省安庆市望江县经济开发区通港			邮政编码	246200	法人姓名	马建荣
评定时间	2013.2.26	注册日期	2010.7.13	报关有效期	长期	注册资本	500 万人民币
主营范围	纺织、服装及日用品批发；自营和代理各类商品及技术的进出口业务（国家限定公司经营或禁止进出口的商品及技术除外；应经审批的，未获审批前不得经营）。						

企业名称	大同佳乐登（马鞍山）有限公司			海关编码	3405240036 3405940036	所属海关	马鞍山海关
通讯地址	安徽省马鞍山市经济技术开发区（汇林路 352 号）			邮政编码	243000	法人姓名	渡部克男
评定时间	2014.6.19	注册日期	2001.10.8	报关有效期	长期	注册资本	381 万美元
主营范围	以针织品为主的各类服装，服饰，装饰，装饰品的设计，制造，加工及销售（限销往非配国家和地区）。						

企业名称	埃维柯阀门（安徽）有限公司			海关编码	3405940086	所属海关	马鞍山海关
通讯地址	安徽省和县横江街 20 号			邮政编码	238200	法人姓名	尼尔斯·凯也
评定时间	2014.5.20	注册日期	2011.9.20	报关有效期	长期	注册资本	3920 万港币
主营范围	研究开发、生产、销售用于给排水、供气系统、消防的阀门和橡胶组件、塑料制品、金属零部件，用于阀门制造的设备、模具、夹具，其他高档水暖器材及相关产品。						

企业名称	安徽久工健业股份有限公司			海关编码	3405960372	所属海关	马鞍山海关
通讯地址	安徽省马鞍山市和县经济开发区太阳河路			邮政编码	238200	法人姓名	韩道虎
评定时间	2011.12.30	注册日期	2011.10.18	报关有效期	长期	注册资本	4000 万人民币
主营范围	保健按摩器材、健康器材、康复护理器材、健身器材的设计、研发、制造和销售，微特电机、木制品、金属制品、缝纫制品和相关零部件的研发、制造和销售，经营本企业自产产品及自有技术的转让、咨询、服务和进出口业务。						

企业名称	黄山永新股份有限公司			海关编码	3409930002	所属海关	黄山海关
通讯地址	安徽省黄山市徽州区徽州东路 188 号			邮政编码	245900	法人姓名	江继忠
评定时间	2011.2.23	注册日期	1993.1.4	报关有效期	长期	注册资本	32575.85 万人民币
主营范围	生产经营真空镀膜、塑胶彩印复合软包装材料，生产和销售自产的新型药品包装材料、精细化工产品等高新技术产品。						

企业名称	黄山锦峰实业有限公司			海关编码	3409960004	所属海关	黄山海关
通讯地址	安徽省黄山市徽州区徽州东路 25 号			邮政编码	245061	法人姓名	章锦文
评定时间	2011.11.23	注册日期	2001.11.1	报关有效期	长期	注册资本	1000 万人民币
主营范围	合成树脂、化学助剂、塑料产品的生产、销售，化工产品及原料（除危险品）的销售，经营本企业和本企业成员企业自产产品及相关技术出口业务，经营本企业和本企业成员企业生产、科研所需的原辅材料、机械设备、仪器仪表、零配件及相关技术的进口业务（国家限定公司经营或禁止进出口的商品除外），经营本企业的进料加工和“三来一补”业务。						

企业名称	安徽恒远化工有限公司			海关编码	3409960021	所属海关	黄山海关
通讯地址	安徽省黄山市徽州区循环经济园紫金路 16 号			邮政编码	245000	法人姓名	程振朔
评定时间	2010.8.19	注册日期	2003.8.18	报关有效期	长期	注册资本	1200 万人民币
主营范围	环氧树脂、聚酯树脂、化工助剂的生产、销售及其产品和技术的出口业务，本企业所需的原辅材料、机械设备、仪器仪表、零配件及其相关技术的进口业务。（国家限定经营或禁止进出口的商品及技术除外。）						

企业名称	黄山嵘峰针织有限公司			海关编码	3409960158	所属海关	黄山海关
通讯地址	安徽省黄山市黄山经济开发区徽光路			邮政编码	245000	法人姓名	宣汉光
评定时间	2012.5.7	注册日期	2008.1.23	报关有效期	长期	注册资本	1000 万人民币
主营范围	棉、化纤针织品的制造，纺织品、针织品及原料的销售，从事商品出口业务（国家禁止经营、限制经营和指定经营的商品除外）。						

企业名称	蚌埠凤凰滤清器有限责任公司			海关编码	3403330007	所属海关	蚌埠海关
通讯地址	安徽省蚌埠市高新区黄山大道 8028 号			邮政编码	233000	法人姓名	巫界树
评定时间	2013.2.18	注册日期	2008.12.5	报关有效期	长期	注册资本	4500 万人民币
主营范围	一般经营项目：生产和销售自产的滤清器及汽车零配件。						

企业名称	安徽丰原国际贸易有限公司			海关编码	3403910043	所属海关	蚌埠海关
通讯地址	安徽省蚌埠市胜利西路 777 号			邮政编码	233010	法人姓名	贺威
评定时间	2012.12.24	注册日期	2002.6.18	报关有效期	长期	注册资本	6000 万人民币
主营范围	许可经营项目：预包装食品、乳制品的批发（以上项目有效经营期限至 2014 年 04 月 21 日止）。一般经营项目：自营和代理货物及技术进出口业务，经营进料加工和“三来一补”业务，饲料、饲料添加剂的经营及进出口贸易，开展对销和转口贸易。（以上项目前置许可的及国家禁止经营的除外。）						

企业名称	安徽泰格生物技术股份有限公司			海关编码	3403910064	所属海关	蚌埠海关
通讯地址	安徽省蚌埠市曹山路 59 号			邮政编码	233000	法人姓名	朱云
评定时间	2013.5.22	注册日期	2008.12.8	报关有效期	长期	注册资本	6500 万人民币
主营范围	许可经营项目：原料药（维生素 C）生产（其有效经营期限至 2015 年 12 月 31 日）；饲料添加剂生产、销售［维生素（I）：L– 抗坏血酸 –2– 磷酸酯、VC；维生素（II）：VC；酸度调节剂（II）：甲酸、乳酸、柠檬酸］（以上有效经营期限至 2014 年 6 月 30 日止）。一般经营项目：食品添加剂（维生素类）的生产经营（凭许可证经营）；精细化工产品的研发、生产、销售（不含危险品、危禁品及易制毒品），农副产品收购（不含粮油、甘草、麻黄草）。						

企业名称	安徽丰原国际货运有限公司			海关编码	3403910067	所属海关	蚌埠海关
通讯地址	安徽省蚌埠市胜利西路 777 号			邮政编码	233010	法人姓名	徐建国
评定时间	2013.5.22	注册日期	2010.3.18	报关有效期	长期	注册资本	1000 万人民币
主营范围	预包装食品、散装食品、乳制品（含婴幼儿配方乳粉）的经营及进出口，酒类的经营及进出口，危险化学品经营及进出口［包括易燃液体、毒害品、腐蚀品］。（以上许可经营项目凭许可证件在有效经营期限内生产经营）。煤炭经营及进出口；承办海运、空运进出口货物的国际代理业务，包括揽货、订舱、仓储、中转、集装箱拼装拆箱、结算运杂费、报验、相关的短途运输服务及运输咨询业务；食品添加剂、饲料及饲料添加剂、木材及设备、包装材料、建筑材料、电子产品、塑料制品、玻璃制品、化工产品（不含危险化学品及易制毒制品）、化妆品、炭化料、水产品、矿产品、有色金属、重油、肉类（不含肉类熟制品及肉类罐头）、饲料用乳清粉的经营及上述产品的进出口经营。（依法须经批准的项目，经相关部门批准后方可开展经营活动）。						

企业名称	安徽天润化学工业股份有限公司			海关编码	3403910083	所属海关	蚌埠海关
通讯地址	安徽省蚌埠市江淮路 71 号			邮政编码	233010	法人姓名	马东泰
评定时间	2014.9.30	注册日期	2010.8.24	报关有效期	长期	注册资本	9155 万人民币
主营范围	研发、生产、销售有机工业化学品、水处理剂、油田化学品、功能高分子精细化工产品（以上项目中涉及危险化学品生产、销售的，按批准证书批准的品种从事生产、销售）。环保、纯水和能源产品，化工和环保装备及零配件，化工、环保技术转让及技术服务，本企业自产产品出口及本企业所需的机械设备、零配件、原辅材料进口（国家限定公司经营或禁止进出口的商品及技术除外）。（2011 年 5 月 10 日由外商投资企业变更为内资企业。）						

企业名称	中粮生物化学（安徽）股份有限公司			海关编码	3403930177	所属海关	蚌埠海关
通讯地址	安徽省蚌埠市中粮大道 1 号			邮政编码	233010	法人姓名	岳国君
评定时间	2014.6.19	注册日期	2000.3.27	报关有效期	长期	注册资本	96441 万人民币
主营范围	许可经营项目：食品添加剂生产、经营，燃料酒精、食用酒精生产、储存、销售（本企业生产的产品），淀粉糖、饲料、饲料添加剂生产、销售（本企业生产的产品），粮食收购，发电，预包装食品兼散装食品、乳制品（不含婴幼儿配方乳粉）批发兼零售（以上经营范围一律按许可证许可的范围经营）。一般经营项目：生物工程的科研开发，氨基酸、复混肥料、有机肥料的生产、销售，化工产品、粮食的销售，食用农产品批发兼零售，本企业自产产品及相关技术出口，本企业生产所需原辅材料、仪器仪表、机械设备及相关技术进出口，蒸汽的生产、销售。（该公司原为内资上市公司，于 2012 年 12 月 18 日变更为外商投资上市公司。）						

企业名称	华孚色纺股份有限公司			海关编码	3406910020	所属海关	蚌埠海关
通讯地址	安徽省淮北市濉溪路庆相桥			邮政编码	235033	法人姓名	孙伟挺
评定时间	2013.12.25	注册日期	2000.12.21	报关有效期	长期	注册资本	83299.26 万人民币
主营范围	许可经营项目：棉花采购、加工。一般经营项目：纺织品、针织品、印染品、服装及其相关产品的制造、销售；纺织科学研究、信息咨询、代理服务；本企业自产产品和技术出口，本企业生产所需的原辅材料、仪器仪表、机械设备、零配件和技术进出口（国家限定公司经营和禁止进出口的商品及技术除外）。						

企业名称	铜陵有色金属集团控股有限公司		海关编码	3407910002	所属海关	铜陵海关
通讯地址	安徽省铜陵市长江西路		邮政编码	244000	法人姓名	韦江宏
评定时间	2008.11.28	注册日期 1998.7.13	报关有效期	长期	注册资本	453159.89 万人民币
主营范围	有色金属采选、冶炼、加工，地质勘查、设计、研发，硫化工、精细化工，机械制造，房地产经营，铁路、公路、水路、码头、仓储物流服务，建筑安装与矿山工程建设，以上行业投资与管理，硫酸生产，进出口业务（限“进出口企业资格证书”所列经营范围），境外期货业务（限铜），境外有色金属工程承包和境内国际工程招标，信息技术、有线电视、报纸出版发行（以上经营项目涉及专项许可或审批的，均凭有效的批准文件或许可证经营）。					

企业名称	铜陵有色金属集团股份有限公司		海关编码	3407910019	所属海关	铜陵海关
通讯地址	安徽省铜陵市长江西路		邮政编码	244000	法人姓名	韦江宏
评定时间	2011.11.23	注册日期 2000.3.1	报关有效期	长期	注册资本	129436.21 万人民币
主营范围	铜、铁采选，硫铁矿、金矿采选，有色金属冶炼及压延加工，金、银、稀有贵金属冶炼及压延加工，铁球团、硫酸、硫酸铜、电子产品生产、加工、销售；电气机械和器材、普通机械、电缆盘制造；废旧金属回收购、加工；自产产品出口，生产所需的机械设备、零配件、原辅材料进口，承接加工贸易和补偿贸易业务；生活饮用水制水、供水（限动力厂经营）；矿产品、钢材、化工产品（不含危险品）销售；信息技术（不含互联网经营）、有线电视服务产品经营及广告业务。（以上经营范围中需要许可证的一律凭证经营。）					

企业名称	金隆铜业有限公司		海关编码	3407930068	所属海关	铜陵海关
通讯地址	安徽省铜陵市金山路		邮政编码	244021	法人姓名	宋修明
评定时间	2008.11.28	注册日期 1995.8.11	报关有效期	长期	注册资本	80203.8 万人民币
主营范围	生产经营铜系列产品及冶炼副产品（黄金和白银的销售须按国家有关规定办理）。					

企业名称	铜陵洁雅生物科技股份有限公司		海关编码	3407960008	所属海关	铜陵海关
通讯地址	安徽省铜陵市狮子山经济开发区地质大道 528 号		邮政编码	244000	法人姓名	蔡英传
评定时间	2012.12.7	注册日期 2001.12.27	报关有效期	长期	注册资本	3000 万人民币
主营范围	生物萃取技术（食品、药品除外）开发、应用及技术转让，卫生用品的研发、生产及销售（湿巾、卫生湿巾的生产，消毒产品生产企业卫生许可证有效期至 2015 年 8 月 17 日），护肤类化妆品研发、生产、销售（化妆品生产企业卫生许可证有效期至 2016 年 1 月 12 日），经营本企业自产产品及技术的出口业务，经营本企业生产所需的原辅材料、仪器仪表、机械设备、零配件及技术的进口业务（国家限定公司经营和国家禁止进出口的商品及技术除外），经营进料加工和“三来一补”业务。					

企业名称	安徽巨邦香料有限公司		海关编码	3410960056	所属海关	阜阳海关
通讯地址	安徽省阜阳开发区新阳大道		邮政编码	236000	法人姓名	张培峰
评定时间	2013.12.24	注册日期 2005.3.14	报关有效期	长期	注册资本	4800 万人民币
主营范围	食品添加剂（天然薄荷脑、亚洲薄荷素油）的生产、经营（有效期至 2016 年 07 月 24 日），产品包装物生产，各类香料、农副产品、地产中药材购销（国家限制类除外）及进出口贸易（无进口商品分销业务）。					

企业名称	涡阳县道源芝麻有限公司			海关编码	3417910004	所属海关	阜阳海关
通讯地址	安徽省亳州市涡阳县双庙镇			邮政编码	233600	法人姓名	张继勤
评定时间	2013.12.24	注册日期	2001.12.30	报关有效期	长期	注册资本	65 万人民币
主营范围	脱皮芝麻仁、粮食（不含小麦、稻谷、玉米）、油料的加工、收购、批发，本企业自产的芝麻制品出口，本企业生产、科研所需的原辅材料、机械设备、仪器、仪表及零配件进口。						

企业名称	安徽协和成药业饮片有限公司			海关编码	3417950020	所属海关	阜阳海关
通讯地址	安徽省亳州市谯城区十八里工业区			邮政编码	236800	法人姓名	李素亮
评定时间	2013.12.24	注册日期	2005.5.13	报关有效期	长期	注册资本	6660 万人民币
主营范围	中药饮片（含毒性饮片，净制、切制、炒制、炙制、蒸制）代用茶生产、销售，农副产品收购；自营和代理各类商品和技术进出口业务，经营国家统管外中药材（国家限定企业经营或禁止进出口的商品和技术除外）。						

企业名称	安徽同辉香料有限公司			海关编码	3417960048	所属海关	阜阳海关
通讯地址	安徽省亳州市南部新区南一环 18 号			邮政编码	236800	法人姓名	许化学
评定时间	2013.12.24	注册日期	2006.3.28	报关有效期	长期	注册资本	1000 万人民币
主营范围	许可经营项目：食品添加剂（天然薄荷脑、亚洲薄荷素油）生产、销售（凭生产许可证经营）。一般经营项目：天然香料、合成香料的销售，农副产品购销，自营和代理各类商品和技术的进出口业务（国家限定企业经营或禁止进出口的商品和技术除外）。						

企业名称	安徽铜冠有色金属（池州）有限责任公司			海关编码	3416210001	所属海关	池州海关
通讯地址	安徽省池州市清风西路 139 号			邮政编码	247000	法人姓名	梁克明
评定时间	2011.1.30	注册日期	2007.7.31	报关有效期	长期	注册资本	30000 万人民币
主营范围	铜、铅、锌、钼等有色金属采选，有色金属冶炼，选矿产品加工，化工产品（不含化学危险品）制造、加工，硫酸、氧气生产、销售（凭危险化学品生产许可证经营），经营本企业自产产品及相关技术进口、出口业务。						

企业名称	安徽方兴实业（集团）有限公司			海关编码	3416950003	所属海关	池州海关
通讯地址	安徽省青阳县轻纺工业园 1 号			邮政编码	242805	法人姓名	方作胜
评定时间	2014.8.8	注册日期	2001.6.1	报关有效期	长期	注册资本	3000 万人民币
主营范围	铸件、泵阀、水暖器材、电机、缝纫机制造、销售（出口），经营本企业生产、科研所需的原辅材料、机械设备、仪器仪表、备品备件、零配件及技术的进口业务，开展本企业进料加工和“三来一补”业务。						

企业名称	安徽龙溪外贸麻油制造有限公司			海关编码	3416960020	所属海关	池州海关
通讯地址	安徽东至县大渡口工业园区			邮政编码	247210	法人姓名	叶发泽
评定时间	2012.2.2	注册日期	2003.11.11	报关有效期	长期	注册资本	1000 万人民币
主营范围	许可经营项目：食用油、农副产品（棉花除外）的加工、销售。一般经营项目：经营本企业自产产品及技术的出口业务和本企业所需的机械设备、零配件、原辅材料及技术的进口业务，但国家限定公司经营或禁止进出口的商品及技术除外。（依法须经批准的项目，经相关部门批准后方可开展经营活动。）						

企业名称	安徽应流机电股份有限公司			海关编码	3401230021	所属海关	合肥现场
通讯地址	安徽省合肥市经济技术开发区繁华大道 566 号			邮政编码	230601	法人姓名	杜应流
评定时间	2011.4.20	注册日期	2011.3.25	报关有效期	长期	注册资本	40001 万人民币
主营范围	通用设备、工程机械设备、交通运输设备零部件的制造、销售与技术开发。（该公司原为内资企业，2006 年 4 月 25 日变更为外商投资企业。）						

企业名称	日立建机（中国）有限公司			海关编码	3401240057	所属海关	合肥现场
通讯地址	安徽省合肥南郊新城 8 号信箱			邮政编码	231202	法人姓名	水谷努
评定时间	2008.4.1	注册日期	1998.12.10	报关有效期	长期	注册资本	150000 万人民币
主营范围	生产、销售挖掘机、起重机及其他建设机械、零部件，工程机械零部件的批发。						

企业名称	安徽国风塑业股份有限公司			海关编码	3401310017	所属海关	合肥现场
通讯地址	安徽省合肥国家高新技术产业开发区天智路 36 号			邮政编码	230088	法人姓名	黄琼宜
评定时间	2011.11.23	注册日期	2002.2.7	报关有效期	长期	注册资本	56887.49 万人民币
主营范围	一般经营项目：塑胶建材及附件、塑料薄膜、其他塑料制品、非金属材料及金属制品（不含有色金属、稀有金属和贵金属）的制造、销售，塑料门窗的制造、安装、销售，企业自产产品及相关技术出口（国家限定公司经营或禁止出口商品除外），企业生产、科研所需的原辅材料、仪器仪表、机械设备、零配件及技术进口（国家限定公司经营或禁止进口的商品除外）。						

企业名称	安徽省服装进出口股份有限公司			海关编码	3401910015	所属海关	合肥现场
通讯地址	安徽省合肥市长江中路 436 号			邮政编码	230022	法人姓名	李明菊
评定时间	2012.12.7	注册日期	1993.1.15	报关有效期	长期	注册资本	7500 万人民币
主营范围	许可经营项目：预包装食品、乳制品（含婴幼儿配方乳粉）的销售。一般经营项目：经营进出口业务，五金、矿产品、化工产品、钢铁及其制品的仓储、包装服务，组织本省企业出国（境）参、办经济贸易展览会，纺织品检验检测。						

企业名称	安徽鸿宇包装进出口有限责任公司			海关编码	3401910108	所属海关	合肥现场
通讯地址	安徽省合肥市金寨路 327 号			邮政编码	230061	法人姓名	孙维舫
评定时间	2012.12.7	注册日期	1999.6.22	报关有效期	长期	注册资本	260 万人民币
主营范围	自营和代理各类商品及技术的进出口业务（国家规定专营进出口商品和国家禁止进出口的特殊商品除外），经营进料加工，开展对销贸易和转口贸易，经营房屋租赁和物业管理，日用品、钢材、木材、纸浆、纸张、建材、五金电器、酒的销售。						

企业名称	安徽江淮汽车股份有限公司			海关编码	3401910151	所属海关	合肥现场
通讯地址	安徽省合肥市东流路 176 号			邮政编码	230022	法人姓名	左延安
评定时间	2012.11.23	注册日期	2001.2.19	报关有效期	长期	注册资本	41400.29 万人民币
主营范围	经营汽车产品。						

企业名称	安徽天彩丝绸有限公司			海关编码	3401910239	所属海关	合肥现场
通讯地址	安徽省合肥市包河区金寨路 118 号			邮政编码	230022	法人姓名	江涛
评定时间	2010.3.8	注册日期	2007.4.10	报关有效期	长期	注册资本	600 万人民币
主营范围	各类商品的进出口业务（国家限制、禁止的除外），茧丝绸及制品、纺织品加工、销售，轻工产品、机械电子产品、化工产品（不含危险品）、日用百货的销售，天然彩色茧、丝生物技术及环保纤维的研制开发与技术引进、推广、转让及技术服务。						

企业名称	安徽安粮实业发展有限公司			海关编码	3401910255	所属海关	合肥现场
通讯地址	安徽省合肥市金寨路 389 号盛安广场 13 楼			邮政编码	230061	法人姓名	石红
评定时间	2011.11.23	注册日期	2008.10.14	报关有效期	长期	注册资本	10000 万人民币
主营范围	粮油（除稻谷、大米）、食品、果蔬、畜禽、园艺、水产品的科研、开发、种植、养殖、收购、加工（限分支机构）、销售、仓储、运输（限分支机构）；小麦、皮棉销售；焦炭、钢材、金属材料、矿产品、炉料、水泥和混凝土、纺织服装、包装材料、化工原料（除危险品）销售；自营和代理各类商品、肉类进出口及技术进出口业务，经营对外贸易和转口贸易（以上范围中，国家限定公司经营或禁止进出口的商品和技术除外）。						

企业名称	安徽皖维高新材料股份有限公司			海关编码	3401910286	所属海关	合肥现场
通讯地址	安徽巢湖市巢维路 56 号			邮政编码	238002	法人姓名	吴福胜
评定时间	2014.3.20	注册日期	2011.9.19	报关有效期	长期	注册资本	149785.33 万人民币
主营范围	许可经营项目：水泥用石灰石开采，氧气、溶解乙炔、醋酸乙烯、电石、工业乙酸酐、工业冰乙酸生产。一般经营项目：各种高低聚合度和醇解度的 PVA 系列产品、高强高模聚乙烯醇纤维、超高强高模 PVA 短纤及长丝、PVA 水溶性纤维、聚乙烯醇强力纱、涤纶纤维、聚酯切片、聚醋酸乙烯乳液、高档面料、水泥、石灰的制造、销售，工业与民用建筑工程施工（限建筑分公司经营），设备安装，机械加工，铁路轨道衡计量经营，建筑用石料、水泥用混合材的加工与销售。						

企业名称	巢湖维尔服饰有限公司			海关编码	3401940408	所属海关	合肥现场
通讯地址	安徽省巢湖经济技术开发区金巢大道 8 号			邮政编码	238000	法人姓名	徐建中
评定时间	2011.11.23	注册日期	2011.9.19	报关有效期	长期	注册资本	250 万美元
主营范围	生产和销售自产的服装、针纺织品、床上用品，经营绣花加工业务；自营和代理各类商品及技术的进出口业务（国家限定企业经营或禁止进出口的商品和技术除外，不含分销及其他国家禁止、限制类项目，涉及专项审批的凭有效许可证明经营）。						

企业名称	安徽轻工国际贸易股份有限公司			海关编码	3401950065	所属海关	合肥现场
通讯地址	安徽省合肥市蜀山区梅山路 19 号			邮政编码	230022	法人姓名	柳夕良
评定时间	2009.1.15	注册日期	2004.12.16	报关有效期	长期	注册资本	2440.87 万人民币
主营范围	许可经营项目：危险化学品、医疗器械的销售。一般经营项目：自营和代理轻工、机电、纺织服装（国家法律法规禁止的除外）等各类商品和技术的进出口；工艺品、针纺织品、服装鞋帽、粮油制品、百货、五金交电、化工产品（不含危险品）、土畜产品、汽车（不含小轿车）及零配件的销售，提供仓储、运输（为本企业）、包装服务。						

企业名称	安徽省佳宝玩具（集团）有限公司			海关编码	3401960002	所属海关	合肥现场
通讯地址	安徽省合肥市龙岗工业区 B 区			邮政编码	231633	法人姓名	徐忠心
评定时间	2011.11.23	注册日期	1998.12.14	报关有效期	长期	注册资本	1008 万人民币
主营范围	本企业自产的玩具、人造毛毯、包装制品的出口，工艺礼品、服装鞋帽、玩偶、玩具辅料、包装材料、针纺织品、节日用品、宠物用品、寝具用品、娱乐用品、地毯及其他铺地制品的生产、销售。						

企业名称	安徽工艺贸易进出口有限公司			海关编码	3401960032	所属海关	合肥现场
通讯地址	安徽省合肥市阜南路 168 号			邮政编码	230061	法人姓名	薛颖
评定时间	2008.11.28	注册日期	2002.3.22	报关有效期	长期	注册资本	800 万人民币
主营范围	一般经营项目：自营和代理各类商品和技术的进出口（国家限定公司经营或禁止的进出口商品和技术除外），房屋租赁，土畜产品、饲料及添加剂、百货、服装的销售。						

企业名称	安徽省和福经贸发展有限公司			海关编码	3401960368	所属海关	合肥现场
通讯地址	安徽省合肥市濉溪路 287 号财富广场 C 座 1601 室			邮政编码	230061	法人姓名	蒋立才
评定时间	2013.12.5	注册日期	2005.8.12	报关有效期	长期	注册资本	50 万人民币
主营范围	一般经营项目：化工产品、纺织品、轻工业品、日用百货、鞋类、玩具、服装的销售，服装加工；粮油制品零售；化工产品中介服务；进出口业务（国家限定公司经营或禁止进出口的商品和技术除外）。						

企业名称	安徽齐天文具制造有限公司			海关编码	3401961549	所属海关	合肥现场
通讯地址	安徽省巢湖经济开发区花山工业园成芳路西侧			邮政编码	238000	法人姓名	郁永胜
评定时间	2013.12.5	注册日期	2011.9.20	报关有效期	长期	注册资本	500 万人民币
主营范围	许可经营项目：无。一般经营项目：办公文具、五金制品、电镀产品、金属拉丝、文教用品、塑料制品的制造、加工、销售，经营本企业产品的自营进出口业务（国家禁止或限定公司经营的除外）。						

企业名称	中达电子（芜湖）有限公司			海关编码	3402540005	所属海关	芜湖海关驻出口加工区办事处
通讯地址	安徽省芜湖市九华北路 68 号出口加工区			邮政编码	241009	法人姓名	柯子兴
评定时间	2013.7.31	注册日期	2012.12.3	报关有效期	长期	注册资本	13400 万美元
主营范围	生产、销售电子专用设备、测试仪器、工模具、新型电子光电子元器件、新型显示器件、数字电视机、太阳能源电子元器件、计算机散热风扇、照明相关产品（含镇流器、电源驱动器、变压器、点火器、控制组件及相关部件）、LED 相关产品（含灯管模块与配件）、自动化机器设备、家用电器电源、控制板及线盘、磁性元器件、汽车电子零组器件；各种电器控制及电路保护装置的组装及零件加工；自营和代理各类商品和技术的进出口业务，但国家限定或禁止企业经营的商品和技术除外。						

福州关区

企业名称	日立数字映像（中国）有限公司			海关编码	3501231487	所属海关	马尾海关
通讯地址	福建省福州市经济技术开发区快安延伸区创新楼 2 楼			邮政编码	350004	法人姓名	千歳喜弘
评定时间	2013.11.5	注册日期	2001.8.6	报关有效期	长期	注册资本	16000 万人民币
主营范围	背投电视机、彩色电视机、等离子电视机、液晶投影仪及其他的视像、信息、通讯器材的开发、制造（国家限制、禁止类产品除外），销售自产产品，进口上述产品的同类商品的批发、佣金代理（拍卖除外），国内采购商品（特定商品除外）的批发、佣金代理（拍卖除外），提供售后服务。（凡涉及审批许可项目的，只允许在审批许可的范围和有效期内从事生产经营。）						

企业名称	华映光电股份有限公司			海关编码	3501233375	所属海关	马尾海关
通讯地址	福建省福州马尾科技园区兴业路 1 号			邮政编码	350015	法人姓名	唐远生
评定时间	2009.5.18	注册日期	2002.3.20	报关有效期	长期	注册资本	232552.61 万人民币
主营范围	开发、设计、生产单色显像管、单色显示管、彩色显示管、彩色显像管、电子枪、管面涂布材料、平板显示产品及其相关零部件，平板显示产品及相关零部件的批发。						

企业名称	福建华映显示科技有限公司			海关编码	3501233682	所属海关	马尾海关
通讯地址	福建省福州马尾科技园区 77 号地			邮政编码	350015	法人姓名	唐远生
评定时间	2010.4.13	注册日期	2010.3.25	报关有效期	长期	注册资本	3000 万美元
主营范围	从事新型平板显示器件、液晶显示屏、模组及零部件的研发、设计、生产、销售和售后服务（销售限于自产产品，涉及审批许可项目的，只允许在审批许可的范围和有效期限内从事生产经营）。						

企业名称	福州开发区钜联鞋业有限公司			海关编码	3501243338	所属海关	马尾海关
通讯地址	福建省福州市马尾区上歧路 1 号			邮政编码	350015	法人姓名	梅村建二
评定时间	2013.1.16	注册日期	2001.1.10	报关有效期	长期	注册资本	2400 万美元
主营范围	生产、加工各种运动鞋、鞋面、鞋底、鞋类材料及其他鞋类系列产品。						

企业名称	东北理光（福州）印刷设备有限公司			海关编码	3501243361	所属海关	马尾海关
通讯地址	福建省福州开发区快安延伸区 M9511 工业园标准厂房 C 座 3 层			邮政编码	350015	法人姓名	上野正道
评定时间	2009.11.17	注册日期	2001.11.28	报关有效期	长期	注册资本	500 万美元
主营范围	生产及销售电子印刷机用油墨、影印版电子印刷机、印刷机配件、复印机及其配件、打印机及其配件，提供相应的售后服务；复印机、数码印刷机、打印机及其零部件的翻新及销售，提供相应售后服务。（凡涉及行政许可项目的，须取得许可后方可经营。）						

企业名称	福耀玻璃工业集团股份有限公司			海关编码	3501934016	所属海关	福清海关
通讯地址	福建省福清市福耀工业村			邮政编码	350301	法人姓名	曹德旺
评定时间	2009.5.18	注册日期	1994.6.21	报关有效期	长期	注册资本	200298.6332万人民币
主营范围	生产汽车玻璃、装饰玻璃和其他工业技术玻璃，提供玻璃安装、售后服务；开发和生产经营特种优质浮法玻璃，包括超薄玻璃、薄玻璃、透明玻璃、着色彩色玻璃；统一协调管理集团内各成员公司的经营活动，代购代销成员公司的原辅材料和产品；协助所属企业招聘人员，提供技术培训及咨询等有关业务；生产玻璃塑胶包边总成、塑料、橡胶制品；包装木料加工。（国家禁止外商投资的行业除外，国家限制外商投资的行业或有特殊规定的，须依法履行相关程序。）（涉及审批许可项目的，只允许在审批许可的范围和有效期限内从事生产经营。）						

企业名称	福建华冠光电有限公司			海关编码	3501934742	所属海关	福清海关
通讯地址	福建省福清市元洪路上郑			邮政编码	350301	法人姓名	吴炳昌
评定时间	2010.3.25	注册日期	2005.9.9	报关有效期	长期	注册资本	2250万美元
主营范围	从事新型平板显示器件、液晶显示产品、模组及产品零部件的开发、设计、生产和售后服务。（涉及审批许可项目的，只允许在审批许可的范围和有效期限内从事生产经营。）						

企业名称	明达工业（福建）有限公司			海关编码	3501944029	所属海关	福清海关
通讯地址	福建省福清宏路上郑融侨工业区			邮政编码	350301	法人姓名	徐天培
评定时间	2009.5.18	注册日期	1990.10.1	报关有效期	长期	注册资本	4580万美元
主营范围	生产塑料制品、合成橡胶、工业橡胶及塑料合金、其他金属制品、有机化学产品、合成材料、合成纤维、纺织、纸制品，废旧塑料消解和利用，高档织物面料的织染及后整理加工。						

企业名称	南方铝业（中国）有限公司			海关编码	3501944092	所属海关	福清海关
通讯地址	福建省福清市融侨经济技术开发区			邮政编码	350301	法人姓名	林文光
评定时间	2009.5.18	注册日期	1992.7.9	报关有效期	长期	注册资本	4113.8万美元
主营范围	生产散热器用复合铝箔、其他复合铝箔、中高压阴极电容铝箔、PS铝合金板、蒙皮铝合金板等有色金属复合材料、新型合金材料。						

企业名称	福建捷联电子有限公司			海关编码	3501944583	所属海关	福清海关
通讯地址	福建省福清市融侨经济技术开发区			邮政编码	350301	法人姓名	宣建生
评定时间	2009.5.18	注册日期	2002.6.14	报关有效期	长期	注册资本	4500万美元
主营范围	生产和销售电脑及其周边设备、新型平板显示器件（液晶显示屏、液晶显示器、等离子显示器）、数字电视机（液晶电视、等离子电视、视频投影机）、显象管显示器、监视器、其他显示产品及其半成品、套件、零配件等，经营电子产品的维修业务。（涉及审批许可项目的，只允许在审批许可范围和有效期限内从事生产经营。）						

企业名称	福清冠威塑料工业有限公司			海关编码	3501944758	所属海关	福清海关
通讯地址	福建省福清市石竹街道太城农场			邮政编码	350300	法人姓名	陈敏
评定时间	2014.9.29	注册日期	2005.11.14	报关有效期	长期	注册资本	1000万人民币
主营范围	PE、PET再生塑料颗粒及其他塑料成品的生产，销售自产产品（涉及审批许可项目的，只允许在审批许可的范围和有效期限内从事生产经营）。						

企业名称	睿鸿光电科技（福建）有限公司	海关编码	3501944833	所属海关	福清海关
通讯地址	福建省福清市融侨经济技术开发区	邮政编码	350300	法人姓名	陈志铭
评定时间	2011.6.1 注册日期 2007.4.3	报关有效期	长期	注册资本	2300 万美元
主营范围	从事新型平板显示器件、液晶显示产品、模组及零配件、LED 能源和太阳能源（含照明灯具）技术、薄膜太阳能电池、汽车零配件及周边零配件的开发、设计、生产，多晶硅之研发、改良应用，肉食品加工及储藏，新设备的研发、生产、制造，销售自产产品（涉及审批许可项目的，只允许在审批许可的经营范围和有效期限内从事生产经营）。				

企业名称	福州隆诚实业有限公司	海关编码	3501944835	所属海关	福清海关
通讯地址	福建省福清市江阴经济开发区	邮政编码	350309	法人姓名	施钊禀
评定时间	2012.2.8 注册日期 2012.8.15	报关有效期	长期	注册资本	10000 万人民币
主营范围	仓储，货物装卸，废旧塑料的回收、再利用，生产再生塑料产品，销售自产产品（涉及审批许可项目的，只允许在审批许可的范围和有效期限内从事生产经营）。				

企业名称	福建永强力加动力设备有限公司	海关编码	3501944852	所属海关	福清海关
通讯地址	福建省福清市阳下镇洪宽工业村	邮政编码	350323	法人姓名	卓本与
评定时间	2013.7.30 注册日期 2007.7.13	报关有效期	长期	注册资本	1490 万美元
主营范围	动力机械（柴油机、节能柴油机、汽油机、电动机、发电机、节能发电机、发电机组、舷外机、船用柴油机齿轮箱机组、灯塔式发电机组）、农业机械（电泵、水泵、水泵机组、耕作机、拖拉机）、园林机械（割草机、草坪机、喷雾机、喷粉机、清洗机）、食品加工机械（碾米机、脱谷机）、低压配电柜（含技术信息咨询）、五金、机房噪音及污染环保控制工程（含施工）的开发、生产及其相关部件的设计、加工和售后服务。（涉及专项许可的，须取得许可后方可经营。）				

企业名称	捷星显示科技（福建）有限公司	海关编码	3501944978	所属海关	福清海关
通讯地址	福建省福清市融侨经济技术开发区光电园区	邮政编码	350103	法人姓名	SEONG DEOG-KI
评定时间	2014.9.29 注册日期 2009.12.16	报关有效期	长期	注册资本	1700 万美元
主营范围	开发、设计、生产、销售 TFT-LCD 平板显示屏、显示屏材料、液晶显示屏、液晶显示器、液晶监视器、液晶电视、电脑显示器一体机、电脑电视一体机等显示产品及其零部件，提供自产产品的技术及售后维修服务。				

企业名称	国电福州发电有限公司	海关编码	3501964144	所属海关	福清海关
通讯地址	福建省福清市江阴镇口岸园区	邮政编码	350309	法人姓名	李达彪
评定时间	2013.10.14 注册日期 2010.7.16	报关有效期	长期	注册资本	84657.07 万人民币
主营范围	火力发电及相关产品的开发；自营和代理各类商品和技术的进出口，但国家限定公司经营或禁止进出口的商品和技术除外（以上经营范围涉及许可经营项目的，应在取得有关部门的许可后方可经营）。				

企业名称	福建康宏股份有限公司	海关编码	3501964598	所属海关	福清海关
通讯地址	福建省福清市元洪工业区	邮政编码	350314	法人姓名	王志强
评定时间	2011.6.1 注册日期 2002.11.12	报关有效期	长期	注册资本	10000 万人民币
主营范围	生产、加工豆粕、食用油。				

企业名称	宁德新能源科技有限公司			海关编码	3508944437	所属海关	宁德海关
通讯地址	福建省宁德市蕉城区漳湾镇新港路 1 号			邮政编码	352100	法人姓名	曾毓群
评定时间	2014.8.25	注册日期	2008.10.13	报关有效期	长期	注册资本	13000 万美元
主营范围	开发、生产和销售锂离子电池、锂聚合物电池、燃料电池、动力电池和超级电容器，提供售后服务。（以上经营范围涉及许可经营项目的，应在取得有关部门的许可后方可经营。）						

企业名称	福安远东华美电机有限公司			海关编码	3508944596	所属海关	宁德海关
通讯地址	福建省福安市秦溪洋工业园区			邮政编码	355000	法人姓名	陈鉴明
评定时间	2013.2.21	注册日期	2010.10.8	报关有效期	长期	注册资本	5000 万人民币
主营范围	电动机、发电机、水泵系列产品及其配套件的生产，发电机、电动机、电焊机、风机及其配套设备的批发，水暖器材及其五金件批发。（生产经营范围不含国家限制及禁止类品种，涉及许可的，应取得相关部门的许可后方可经营，依法须经批准的项目，经相关部门批准后方可开展经营活动。）						

企业名称	泰格工业集团有限公司			海关编码	3508964104	所属海关	宁德海关
通讯地址	福建省福安市阳头工业南路 42 号			邮政编码	355000	法人姓名	黄华堂
评定时间	2009.5.18	注册日期	2004.8.18	报关有效期	长期	注册资本	23168 万人民币
主营范围	电机制造、销售，对制造业、房地产业、建筑业、金融业、住宿与餐饮业、旅游业、租赁和商务服务业、批发和零售业的投资，仓储（不含危险品），酒店管理，纺织服装、鞋帽、体育用品、九座以上乘用车、汽车零配件、五金、电子产品、化工产品（不含危险化学品，不含易制毒化学品）、金属材料、建材、日用百货、橡胶制品的销售，货物或技术的进出口业务（国家禁止或限制进出口的货物、技术除外）。（以上经营范围涉及许可经营项目的，应在取得有关部门的许可后方可经营。）						

企业名称	福建福安闽东亚南电机有限公司			海关编码	3508964195	所属海关	宁德海关
通讯地址	福建省福安市阳泉景林路 14 号			邮政编码	355019	法人姓名	郭健
评定时间	2011.12.5	注册日期	2005.11.18	报关有效期	长期	注册资本	5208 万人民币
主营范围	生产单、三相发电机，发电机组，电动机，水泵及电机电器配件（以上经营范围涉及许可经营项目的，应在取得有关部门的许可后方可经营）。						

企业名称	福建宁德核电有限公司			海关编码	3508964328	所属海关	宁德海关
通讯地址	福建省福鼎市江滨北路 266 号（核电大厦）			邮政编码	355200	法人姓名	胡文泉
评定时间	2011.3.23	注册日期	2007.6.13	报关有效期	长期	注册资本	932000 万人民币
主营范围	一般经营项目：核电站投资、建设与经营，发电，核电站建设、运行和维修所需的机械设备、仪器仪表及零配件的进口业务（但国家限定公司经营或禁止进口的商品和技术除外），自有房地产租赁，为核电电力、常规电力企业提供技术服务和咨询。(以上经营范围涉及许可经营项目的，应在取得有关部门的许可后方可经营。)						

企业名称	福安市闽东安波电器有限公司			海关编码	350896138A	所属海关	宁德海关
通讯地址	福建省福安市秦溪洋工业园区			邮政编码	355000	法人姓名	陈少波
评定时间	2011.12.5	注册日期	1996.3.22	报关有效期	长期	注册资本	1000 万人民币
主营范围	生产 YTD 系列伺服微特电机及其他电器产品（以上经营范围凡涉及国家审批许可证项目的，只允许在审批许可的范围和有效期限内从事生产经营）。						

企业名称	福建省青山纸业股份有限公司			海关编码	3504917578	所属海关	三明海关
通讯地址	福建省福州市鼓楼区五一北路 171 号新都会花园广场 16 层			邮政编码	365506	法人姓名	潘士颖
评定时间	2009.5.18	注册日期	1997.8.7	报关有效期	长期	注册资本	106184.16 万人民币
主营范围	纸浆、纸和纸制品的生产、销售，工业生产资料、百货、日用杂货、建筑材料、木材及产品的销售，对外贸易，轻工技术咨询、技术服务。						

企业名称	福建省三农碳酸钙有限责任公司			海关编码	3504967721	所属海关	三明海关
通讯地址	福建省将乐县溪南路 37 号			邮政编码	353300	法人姓名	杨剑
评定时间	2013.10.14	注册日期	2002.7.30	报关有效期	长期	注册资本	8100 万人民币
主营范围	许可经营项目：零售预包装食品；石英，萤石，高岭土，重晶厂，碳酸钙系列产品，塑料母粒，电子、陶瓷发热器，片式多层瓷介电容器，MC 发热器元件的加工、销售。一般经营项目：自营和代理各商品和技术的进出口，批发、零售金属材料、橡胶制品、电脑配件、农产品、装饰材料、针纺织品、矿产品、建筑材料、五金交电、化工原料、机械电子设备 、工艺美术品、服装鞋帽、汽车配件、百货，化妆品，房地产的开发、销售。						

企业名称	三和进出口贸易（三明）有限公司			海关编码	3504967823	所属海关	三明海关
通讯地址	福建省沙县畔溪（三明高新技术产业开发区金沙园）			邮政编码	365500	法人姓名	赵逸平
评定时间	2012.5.30	注册日期	2004.6.22	报关有效期	长期	注册资本	2000 万人民币
主营范围	自营和代理各类商品和技术的进出口，但国家限定公司经营或禁止进出口的商品和技术除外。（以上经营范围凡涉及国家有专项专营规定的从其规定。）						

企业名称	福建三明市外贸发展有限公司			海关编码	3504967846	所属海关	三明海关
通讯地址	福建省三明市梅列区丁香新村 49 幢 7 层			邮政编码	365000	法人姓名	陈祖鹏
评定时间	2009.11.17	注册日期	2004.10.22	报关有效期	长期	注册资本	516 万人民币
主营范围	自营或代理商品和技术的进出口贸易（国家限定公司经营或禁止进出口的商品和技术除外），销售汽车（除小轿车外）及汽车配件，汽车美容（以上项目国家有专项规定的从其规定）。						

企业名称	福建协丰鞋业有限公司			海关编码	3503936001	所属海关	莆田海关
通讯地址	福建省莆田市荔城区西天尾镇洞湖口			邮政编码	351131	法人姓名	Peter Nickerson
评定时间	2009.6.4	注册日期	1992.12.2	报关有效期	长期	注册资本	1500 万美元
主营范围	生产各种鞋类、鞋类半成品、鞋类配件、运动服装、帽子、袜子、包、袋、运动保护用品及配套产品，鞋材加工，网板制作，货物、技术进出口业务（不含进口商品分销）。（凡涉及审批许可项目的，只允许在审批许可的范围和有效期限内从事经营活动。）						

企业名称	莆田新果鞋业有限公司			海关编码	3503936005	所属海关	莆田海关
通讯地址	福建省莆田市涵江区梧塘镇（在涵江区集奎村设立生产经营点）			邮政编码	351119	法人姓名	吴庆喜
评定时间	2009.5.18	注册日期	1988.8.8	报关有效期	长期	注册资本	2470 万人民币
主营范围	生产各类男女轻便鞋、运动鞋（涉及审批许可项目的，只允许在审批许可的范围和有效期限内从事经营活动）。						

企业名称	福建荔丰鞋业开发有限公司			海关编码	3503936073	所属海关	莆田海关
通讯地址	福建省莆田市涵江区梧塘镇沁溪北街888号			邮政编码	351119	法人姓名	Peter Nickerson
评定时间	2009.5.18	注册日期	1992.12.2	报关有效期	长期	注册资本	1500万美元
主营范围	生产各种鞋类、鞋类半成品、鞋类配件，各种运动服装、帽子、袜子，包、袋，各种运动保护用品及配套产品；鞋材加工；经营货物、技术进出口业务。						

企业名称	福建省莆田协丰模具有限公司			海关编码	3503936246	所属海关	莆田海关
通讯地址	福建省莆田市荔城区西天尾镇洞湖口			邮政编码	351131	法人姓名	Peter Nickerson
评定时间	2012.5.30	注册日期	1992.12.30	报关有效期	长期	注册资本	500万美元
主营范围	制造、维修模具、斩刀、楦头，射出品及金属零件加工，货物、技术进出口业务。						

企业名称	福建鼎盛五金制品有限公司			海关编码	3503937119	所属海关	莆田海关
通讯地址	福建省莆田市涵江区江口镇锦江路			邮政编码	351115	法人姓名	王伟樑
评定时间	2009.5.18	注册日期	2004.4.19	报关有效期	长期	注册资本	7507.28万港币
主营范围	铝卷材片材加工，如冷轧、表面清洗、内外涂布、切片及分条等；铝材深加工，如易拉盖及铝瓶铝罐的生产及销售等；金属包装制品的进出口业务等；精冲模具的研发，以及生产线的设计、更新及组装等。（涉及审批许可项目的，只允许在批准许可的范围和有效期限内从事经营活动。）						

企业名称	福建佳通轮胎有限公司			海关编码	3503937200	所属海关	莆田海关
通讯地址	福建省莆田市秀屿区笏石红埔工业区			邮政编码	351146	法人姓名	李怀靖
评定时间	2009.5.18	注册日期	2005.6.27	报关有效期	长期	注册资本	10670万美元
主营范围	生产斜交轮胎、子午线系列轮胎、汽车内胎、摩托车内外胎、自行车内外胎、人力车内外胎及相关橡胶制品，销售自产产品。（凡涉及审批许可项目的，只允许在审批许可的范围和有效期限内从事经营活动。）						

企业名称	福建安特微电子有限公司			海关编码	3503947037	所属海关	莆田海关
通讯地址	福建省莆田市涵江区赤港华侨经济开发区			邮政编码	351117	法人姓名	NG HON KEE
评定时间	2009.5.18	注册日期	2002.6.12	报关有效期	长期	注册资本	1680万美元
主营范围	生产线宽为0.18微米至0.5微米及以下的大规模数字、模拟、数据集成电路，MEMS和化合物半导体集成电路；BGA、PGA、CSP、MCM等先进封装与测试；经营光电子、电力电子、VDMOS、IGBT等新型电子分立器件。（以上经营范围涉及许可经营项目的，应在取得有关部门的许可后方可经营。）						

企业名称	福建省南纸股份有限公司			海关编码	3507918865	所属海关	南平海关
通讯地址	福建南平滨江北路177号			邮政编码	353000	法人姓名	张骏
评定时间	2009.5.18	注册日期	1999.6.23	报关有效期	长期	注册资本	72142万人民币
主营范围	一般经营项目：新闻纸、纸、纸制品、纸浆、林产化工产品（不含危险化学品）、电器机械及器材的制造、销售，工业生产资料（不含九座以下乘用车）、化工（不含危险化学品）产品、建筑材料的批发、零售、代购、代销，人才培训，技术咨询，轻工技术服务，对外贸易，林木种子种植，树苗种植，林木种植，木材采购、销售，造纸营林技术咨询服务。						

企业名称	福建省南平铝业有限公司			海关编码	3507918869	所属海关	南平海关
通讯地址	福建省南平市工业路 65 号			邮政编码	353000	法人姓名	李翔
评定时间	2013.10.14	注册日期	1999.11.8	报关有效期	长期	注册资本	102869.71 万人民币
主营范围	铝锭、铝材及制品，通用设备的生产、加工、销售；经营装修装饰业务；对外贸易；模具设计、制作；技术咨询，技术服务；机电设备维修、制造、安装；住宿。						

企业名称	福建南平南孚电池有限公司			海关编码	3507938064	所属海关	南平海关
通讯地址	福建省南平市工业路 109 号			邮政编码	353000	法人姓名	STASSI ANASTAS ANASTASSOV
评定时间	2009.5.18	注册日期	1988.10.10	报关有效期	长期	注册资本	3997 万美元
主营范围	生产、销售各类电池及电器具。						

企业名称	赢创嘉联白炭黑（南平）有限公司			海关编码	3507939482	所属海关	南平海关
通讯地址	福建省南平市新建路 136 号嘉联大厦			邮政编码	353000	法人姓名	卢元健
评定时间	2013.5.10	注册日期	2006.4.6	报关有效期	长期	注册资本	8768.8 万人民币
主营范围	制造白炭黑、硅酸盐及主要专用于合资公司自身生产白炭黑所用的硅酸钠，在国内和国际市场上销售自产产品，并为合资产品提供售后服务。						

企业名称	福建元力活性炭股份有限公司			海关编码	3507969347	所属海关	南平海关
通讯地址	福建省南平来舟经济开发区			邮政编码	353000	法人姓名	卢元健
评定时间	2014.7.22	注册日期	2006.8.1	报关有效期	长期	注册资本	13600 万人民币
主营范围	生产活性炭系列产品，经营本企业自产产品及技术的出口业务，经营本企业生产所需的原辅材料、机械设备、零配件及技术的进出口业务，经营进料加工和“三来一补”业务，药用辅料（药用炭）的生产。						

企业名称	福建省顺昌县升升木业有限公司			海关编码	3507969473	所属海关	南平海关
通讯地址	福建省顺昌县元坑镇谟武工业区			邮政编码	353000	法人姓名	夏克东
评定时间	2014.1.9	注册日期	2006.1.10	报关有效期	长期	注册资本	566 万人民币
主营范围	许可经营项目：杉木集成板、杉木细木工板、杉木墙裙板、杉木复合板、松木胶合板、杉木及竹制品的加工、销售。（以上经营范围凡涉及国家有专项专营规定的，从其规定）						

企业名称	浦城正大生化有限公司			海关编码	3507938522	所属海关	武夷山关
通讯地址	福建省浦城县城关正大路 305 号			邮政编码	353400	法人姓名	潘长青
评定时间	2013.6.3	注册日期	1995.9.22	报关有效期	长期	注册资本	10000 万人民币
主营范围	生产、销售饲料金霉素、盐酸盐、盐霉素等相关产品。						

企业名称	绿康生化股份有限公司	海关编码	3507949213	所属海关	武夷山关
通讯地址	福建省浦城县南浦生态工业园区 19 号	邮政编码	354300	法人姓名	赖潭平
评定时间	2013.5.10 注册日期 2007.5.31	报关有效期	长期	注册资本	9000 万人民币
主营范围	生产杆菌钛锌系列预混剂。				

企业名称	建阳市碧全工艺品有限公司	海关编码	3507969230	所属海关	武夷山关
通讯地址	福建省建阳市麻沙镇尚书岭 20 号	邮政编码	354204	法人姓名	徐道新
评定时间	2011.12.5 注册日期 2004.7.29	报关有效期	长期	注册资本	500 万人民币
主营范围	生产竹、木、铁、塑料、布、纸、陶瓷、玻璃工艺品，进出口不含配额许可证管理品种（以上经营范围凡涉及国家有专项专营规定的，从其规定）。				

企业名称	福建省建阳武夷味精有限公司	海关编码	3507969273	所属海关	武夷山关
通讯地址	福建省建阳市水东工业路 201 号	邮政编码	354200	法人姓名	李友明
评定时间	2014.9.29 注册日期 2006.6.26	报关有效期	长期	注册资本	10680 万人民币
主营范围	味精、调味品、豆制品、纸包装箱的制造，饲料生产，生物有机肥、复合肥、复混肥的生产、销售，谷氨酸钠产品的销售。				

企业名称	中铝瑞闽股份有限公司	海关编码	3501213610	所属海关	福现业处
通讯地址	福建省福州市经济技术开发区 13 号小区	邮政编码	350015	法人姓名	敖宏
评定时间	2009.5.18 注册日期 2007.11.1	报关有效期	长期	注册资本	160047 万人民币
主营范围	铝压延产品加工，金属材料的销售，对外贸易，铝加工技术研发及技术咨询，对制造业的投资。				

企业名称	福建爱普生有限公司	海关编码	3501233302	所属海关	福现业处
通讯地址	福建省福州市马尾区快安大道 M9511 工业园 1 号楼	邮政编码	350015	法人姓名	小池清文
评定时间	2011.6.1 注册日期 1998.8.22	报关有效期	长期	注册资本	700 万美元
主营范围	研究、开发、生产喷墨打印机、各种新型打印机及其他信息处理设备及其配件，销售自产产品，提供售后的维修、技术服务。（不含国家限制产品及涉及配额许可证管理品种。）				

企业名称	福州华映视讯有限公司	海关编码	3501233421	所属海关	福现业处
通讯地址	福建省福州马尾科技园区兴业路 1 号	邮政编码	350015	法人姓名	许翼材
评定时间	2009.11.17 注册日期 2004.3.8	报关有效期	长期	注册资本	500 万人民币
主营范围	平板显示产品及相关零部件的开发、设计、生产，提供售后服务。				

企业名称	福州开发区福禄鞋业有限公司		海关编码	3501243326	所属海关	福现业处
通讯地址	福建省福州开发区青州路 3 号		邮政编码	350015	法人姓名	梅村建二
评定时间	2013.1.16	注册日期	2000.1.25	报关有效期	长期	注册资本	1100 万美元
主营范围	生产运动鞋。					

企业名称	福建省长乐市对外贸易公司		海关编码	3501912518	所属海关	福现业处
通讯地址	福建省长乐市吴航镇资圣路 57 号 1 幢 2 层		邮政编码	350200	法人姓名	郑超
评定时间	2010.3.1	注册日期	1995.2.15	报关有效期	长期	注册资本	689 万人民币
主营范围	自营和代理各类商品和技术的进出口，但国家限定公司经营或禁止进出口的各类商品和技术除外；自营和代理汽车（不含小轿车）进出口和销售业务；经营进料加工和“三来一补”业务，开展对销贸易和转口贸易；承办来料加工、来样加工、来件装配业务。（依法须经批准的项目，经相关部门批准后方可开展经营活动。）					

企业名称	福建省船舶工业集团公司		海关编码	3501912733	所属海关	福现业处
通讯地址	福建省福州市群众路 27 号		邮政编码	350005	法人姓名	赵金杰
评定时间	2009.5.18	注册日期	1992.12.24	报关有效期	长期	注册资本	37287 万人民币
主营范围	自营和代理各类商品及技术的进出口业务，国家限定公司经营或禁止进出口的商品和技术除外；经营进料加工和“三来一补”业务，开展对销贸易和转口贸易；对造船、修船、拆船、钢结构件业的投资与管理；船舶及其辅机、电子产品及通信设备、工业生产资料、建筑材料、五金、交电、化工、百货的批发、零售。					

企业名称	福建省旅游贸易公司		海关编码	3501912741	所属海关	福现业处
通讯地址	福建省福州市五一北路 1 号力宝天马广场 13 层		邮政编码	350001	法人姓名	李翼
评定时间	2013.1.18	注册日期	1992.12.3	报关有效期	长期	注册资本	1500 万人民币
主营范围	纺织品、百货、日用杂货、五金、交电、化工（不含危险品）、建筑材料、农业机械、饲料（不含添加剂）、工业生产资料（不含汽车）、工艺美术品的批发、零售、对外贸易、信息服务，批发兼零售预包装食品（有效期至 2014 年 03 月 27 日）。（以上经营范围涉及许可证经营项目的，应在取得有关部门的许可后方可经营。）					

企业名称	国投京闽（福建）工贸有限公司		海关编码	3501916143	所属海关	福现业处
通讯地址	福建省福州市湖头街 89 号双安城 10 号楼 1 层		邮政编码	350025	法人姓名	姚伟
评定时间	2009.5.18	注册日期	2002.9.2	报关有效期	长期	注册资本	10000 万人民币
主营范围	许可经营项目：煤炭批发经营（有效期至 2016 年 7 月 30 日）。一般经营项目：对外贸易，焦炭、石油制品（不含成品油）、钢材、建筑材料、五金、交电、化工产品（不含危险品）的批发、零售，提供信息服务。					

企业名称	闽侯闽兴编织品有限公司		海关编码	3501930139	所属海关	福现业处
通讯地址	福建省闽侯县白沙镇仙山边 56 号		邮政编码	350001	法人姓名	林水俤
评定时间	2009.5.18	注册日期	1990.4.12	报关有效期	长期	注册资本	1877 万美元
主营范围	生产草、竹、柳、藤、芒、木、铁、玻璃等工艺制品，圣诞礼品，铁家具，木家具，铁木结构家具及包装纸箱；从事非配额许可证管理、非专营商品的收购出口业务并参加自产产品的出口配额招标。					

企业名称	福建省福建万丰鞋业有限公司			海关编码	3501930220	所属海关	福现业处
通讯地址	福建省闽侯县青口镇			邮政编码	350119	法人姓名	Peter Nickerson
评定时间	2009.5.18	注册日期	1989.12.1	报关有效期	长期	注册资本	1295 万美元
主营范围	生产各种鞋类、鞋类半成品、鞋类配件，生产各种运动服装、帽子、袜子、包、袋，生产各种运动保护用品及配套产品，鞋材加工，货物、技术进出口（不含境内分销）等。（涉及审批许可项目的，只允许在审批许可的范围和有效期限内从事生产经营。）						

企业名称	福建三丰鞋业有限公司			海关编码	3501930403	所属海关	福现业处
通讯地址	福建省福州市仓山区城门镇城门街 399 号			邮政编码	350018	法人姓名	Peter Nickerson
评定时间	2009.5.18	注册日期	1992.12.2	报关有效期	长期	注册资本	1500 万美元
主营范围	生产各种鞋类、鞋类半成品、鞋类配件，生产各种运动服装、帽子、袜子、包、袋，生产各种运动保护用品及配套产品，鞋材加工，货物、技术进出口（不含进口分销）业务。（涉及审批许可项目的、只允许在审批许可的范围和有效期内从事生产经营。）						

企业名称	福建源光电装有限公司			海关编码	3501931699	所属海关	福现业处
通讯地址	福建省福州市仓山区白湖亭仓山科技园 2 区 4 号			邮政编码	350007	法人姓名	王来春
评定时间	2009.5.18	注册日期	1993.9.14	报关有效期	长期	注册资本	560 万美元
主营范围	电子装置制造（汽车发动机控制系统、车身电子控制系统等系列）及汽车组合线束、塑胶配件等零部件制造。（涉及审批许可项目的，只允许在审批许可的范围和有效期内从事生产经营。）						

企业名称	福建嘉达纺织股份有限公司			海关编码	3501932924	所属海关	福现业处
通讯地址	福建省福州市福飞南路 198 号			邮政编码	350003	法人姓名	柯君恒
评定时间	2009.5.18	注册日期	2001.11.18	报关有效期	长期	注册资本	15004 万人民币
主营范围	研制、开发、生产各种适用民用及工业用的棉、化纤等各类纯纺及混纺纱线，高档织物面料，高仿真化纤面料，工业用特种纺织品；销售自产产品。						

企业名称	福建省金纶高纤股份有限公司			海关编码	3501936511	所属海关	福现业处
通讯地址	福建省长乐市滨海工业区			邮政编码	350206	法人姓名	郑宝佑
评定时间	2009.11.17	注册日期	2004.7.2	报关有效期	长期	注册资本	58000 万人民币
主营范围	日产 1200 吨大容量熔体直纺差别化化学纤维等高新技术化纤生产。						

企业名称	福建日立工机有限公司			海关编码	3501940164	所属海关	福现业处
通讯地址	福建省福州市福兴投资区湖塘			邮政编码	350014	法人姓名	吉田彰
评定时间	2010.12.21	注册日期	1992.12.18	报关有效期	长期	注册资本	2250 万美元
主营范围	生产各种电动工具、气动工具、引擎工具、食品机械、吸尘器、空压机、电子计算机用打印机、离心机、真空泵，并销售、维修自行生产的产品，从事非配额许可证管理、非专营商品的收购出口业务。						

企业名称	福建顺大运动用品有限公司			海关编码	3501940176	所属海关	福现业处
通讯地址	福建省福州市鼓山乡福兴投资区			邮政编码	350014	法人姓名	梅林建二
评定时间	2009.5.18	注册日期	1991.8.7	报关有效期	长期	注册资本	2600 万美元
主营范围	生产运动鞋材。						

企业名称	福州高意通讯有限公司			海关编码	3501942568	所属海关	福现业处
通讯地址	福建省福州市晋安区福兴大道 39 号			邮政编码	350014	法人姓名	Vincent D. Mattera
评定时间	2010.1.5	注册日期	2001.7.16	报关有效期	长期	注册资本	1600 万美元
主营范围	研制、开发、生产、加工光电子器件、宽带接入网通信设备、半导体元器件专用材料。						

企业名称	福州高意光学有限公司			海关编码	3501946065	所属海关	福现业处
通讯地址	福建省福州市晋安区福新东路 253 号中航技工业小区			邮政编码	350014	法人姓名	Vincent D. Mattera
评定时间	2013.9.4	注册日期	2002.5.30	报关有效期	长期	注册资本	601 万美元
主营范围	生产无机非金属材料及制品（人工晶体、特种玻璃）、新型电子元器件（光电子器件、新型机电元件），光交叉连接设备（OXC）制造，大屏幕彩色投影显示器用光学引擎、光源、投影屏和 LCOS 模块等关键件制造，开发、生产半导体、元器件专用材料，开发、制造高端路由器、千兆比以上网络交换机。（涉及审批许可项目的，只允许在审批许可的范围和有效期限内从事生产经营。）						

企业名称	连江清禄鞋业有限公司			海关编码	3501946160	所属海关	福现业处
通讯地址	福建省福州市连江县敖江投资区			邮政编码	350500	法人姓名	梅村建二
评定时间	2013.1.16	注册日期	2002.10.16	报关有效期	长期	注册资本	6800 万美元
主营范围	生产各种运动鞋、鞋面、鞋底、鞋类材料及各种运动用品、服饰、器材等系列产品（涉及审批许可项目的，只允许在审批许可的范围和有效期内从事生产经营）。						

企业名称	福建正盛日用品有限公司			海关编码	3501949514	所属海关	福现业处
通讯地址	福建省福州市仓山区盖山投资区高南路 1 号			邮政编码	350026	法人姓名	郑世平
评定时间	2009.5.18	注册日期	1996.8.14	报关有效期	长期	注册资本	1010 万美元
主营范围	生产钢木家具、日用工艺品（产品 100% 外销，出口不含许可证品种）。						

企业名称	福建锦江科技有限公司			海关编码	3501949585	所属海关	福现业处
通讯地址	福建省长乐市空港工业区			邮政编码	350212	法人姓名	陈飞
评定时间	2012.2.8	注册日期	2010.4.6	报关有效期	长期	注册资本	55000 万人民币
主营范围	差别化化学纤维等高新技术化纤的生产，化纤原料、化纤产品的仓储，单线生产能力日产 100 吨及以上聚酰胺生产（以上经营范围涉及国家有专项专营规定的，从其规定）。						

企业名称	福建富的乐运动用品有限公司			海关编码	3501949682	所属海关	福现业处
通讯地址	福建省福州市鼓山镇福兴投资区福兴路			邮政编码	350014	法人姓名	苏清禄
评定时间	2009.5.18	注册日期	1995.12.22	报关有效期	长期	注册资本	600 万美元
主营范围	生产各种高尔夫球鞋、运动鞋、鞋面、鞋材、服装、帽子、袋及鞋类系列产品及各种手套产品、高尔夫球具用品。						

企业名称	福建碧全工艺品有限公司			海关编码	3501966506	所属海关	福现业处
通讯地址	福建省福州市建新镇金岩路 157 号			邮政编码	350002	法人姓名	林枝全
评定时间	2012.2.8	注册日期	2004.4.27	报关有效期	长期	注册资本	2000 万人民币
主营范围	生产、销售竹、木、铁、塑料、玻璃、布、纸、密度板等工艺品，经营本企业自产产品及技术的出口业务，经营本企业生产所需的原辅材料、机械设备、零配件及技术的进口业务（国家限定公司经营和国家禁止进出口的商品及技术除外），经营进料加工和“三来一补”业务。（以上经营范围凡涉及国家有专项专营规定的，从其规定。）						

企业名称	福建省长乐市创造者锦纶实业有限公司			海关编码	3501966548	所属海关	福现业处
通讯地址	福建省长乐市漳兴工业区			邮政编码	350209	法人姓名	杨金富
评定时间	2012.2.8	注册日期	2004.2.12	报关有效期	长期	注册资本	28800 万人民币
主营范围	生产、经营锦纶丝及针织布料，销售化纤设备及零配件、辅料、化纤原料，经营本企业生产所需的原辅材料、机械设备、零配件及技术的进口业务（国家限定公司经营和国家禁止进出口的商品及技术除外），经营进料加工和“三来一补”业务。（以上经营范围涉及许可经营项目的，应在取得有关部门在许可后方可经营。）						

企业名称	福建省福维尔进出口有限公司			海关编码	3501966640	所属海关	福现业处
通讯地址	福建省福州市鼓楼区五四路国际大厦 8~9 层			邮政编码	350003	法人姓名	胡玉薇
评定时间	2011.6.1	注册日期	2004.4.21	报关有效期	长期	注册资本	5220 万人民币
主营范围	自营和代理各类商品和技术的进出口，但国家限定公司经营或禁止进出口的商品及技术除外。						

企业名称	福州碧全贸易有限公司			海关编码	3501966668	所属海关	福现业处
通讯地址	福建省福州市仓山区建新镇金岩路 157 号 1 号楼			邮政编码	350007	法人姓名	张祚干
评定时间	2012.2.8	注册日期	2004.5.19	报关有效期	长期	注册资本	1000 万人民币
主营范围	自营和代理各类商品和技术的进出口，但国家限定公司经营或禁止进出口的商品或技术除外。						

企业名称	福州盛科电器有限公司			海关编码	3501967929	所属海关	福现业处
通讯地址	福建省福州市鼓楼区华林路 246 号永鸿城（鸿源大厦）1 号、2 号楼连接体 5 层 10 室			邮政编码	350003	法人姓名	俞小思
评定时间	2012.5.30	注册日期	2006.11.29	报关有效期	长期	注册资本	108 万人民币
主营范围	机电产品、家用电器、电子产品、五金、交电（不含电动自行车）、电子计算机及配件、仪器仪表、建筑装潢材料、百货、工艺美术品、纺织品、化工原料（不含危险品）的批发、代购代销；自营和代理各类商品和技术的进出口，但国家限定公司经营或禁止进出口的商品和技术除外。（以上经营范围中凡涉及行政许可的项目应在取得有关部门批准后方可经营。）						

企业名称	福建凯邦锦纶科技有限公司			海关编码	3501968051	所属海关	福现业处
通讯地址	福建省福州长乐市文武砂镇东海村（滨海工业区两港路西侧）			邮政编码	350200	法人姓名	余建铣
评定时间	2013.11.5	注册日期	2007.3.7	报关有效期	长期	注册资本	23000 万人民币
主营范围	锦纶纤维、合成纤维单（聚合）体、其他合成纤维、服装的生产、加工、研发、销售（无漂染工序）；纺织品、机械设备的销售；各类合成纤维及其原料的代购代销（不含危险化学品）；自营和代理各类商品和技术的进出口，但国家限定公司经营或禁止进出口的商品和技术除外。（以上经营范围涉及许可经营项目的，应在取得有关部门的许可后方可经营。）						

企业名称	福建省永春县对外贸易公司			海关编码	3505919001	所属海关	泉州海关
通讯地址	福建省桃城镇桃城路 2 号			邮政编码	362600	法人姓名	颜秀敏
评定时间	2009.12.22	注册日期	1996.10.7	报关有效期	长期	注册资本	529 万人民币
主营范围	自营和代理国家允许的商品及技术的进出口业务，承办中外合资经营、合作生产业务，开展“三来一补”业务。（以上经营范围涉及许可经营项目的，应在取得有关部门的许可后方可经营。）						

企业名称	福建高利宝装饰礼品有限公司			海关编码	3505930620	所属海关	泉州海关
通讯地址	福建省泉州市丰泽区东海滨城工业园 EA-21			邮政编码	362000	法人姓名	李金炼
评定时间	2013.1.25	注册日期	2003.4.10	报关有效期	长期	注册资本	2900 万人民币
主营范围	生产五金装饰品（产品 70% 外销）。						

企业名称	福建联合石油化工有限公司			海关编码	3505932209	所属海关	泉州海关
通讯地址	福建省泉州市泉港区福建联合石油化工有限公司厂区办公楼			邮政编码	362800	法人姓名	陆东
评定时间	2010.2.9	注册日期	2007.4.20	报关有效期	长期	注册资本	1450600 万人民币
主营范围	汽油、航煤、煤油、液化石油气、石脑油（溶剂油）、丙烯、甲基叔丁基醚、硫磺、液氨、乙烯、苯、对二甲苯、丁二烯、甲苯、混合二甲苯、白油料、正丁烷、1- 丁烯、混合碳四（液态）、重芳烃、乙苯、苯乙烯、裂解碳五、裂解碳玖、二氧化碳的生产、加工（安全生产许可证有效期至 2014 年 12 月 23 日），在企业内销售本企业生产的产品（不含成品油零售业务），非危化品的石油、石化产品的生产、加工、销售，进出口并在国内批发汽油、煤油、柴油，进出口并在国内批发和零售液化石油气、非危化品的石油、石化产品（上述危化证有效期限至 2016 年 3 月 14 日，国家另有规定的，从其规定），从事与合营公司相关的研究开发、工程服务，向客户提供技术服务，GC2 级压力管道设计、安装（特种设备安装改造维修许可证有效期至 2015 年 11 月 15 日），第一类压力容器及第二类低、中压容器制造（特种设备制造许可证有效期至 2015 年 11 月 14 日）。（以上涉及审批许可项目的，只允许在审批许可的范围和有效期内从事生产经营。）						

企业名称	福建恒安集团有限公司			海关编码	3505933015	所属海关	泉州海关
通讯地址	福建省晋江市安海镇恒安工业城			邮政编码	362261	法人姓名	施文博
评定时间	2011.11.15	注册日期	1993.5.13	报关有效期	长期	注册资本	51140.76 万人民币
主营范围	生产妇幼卫生用品、不干胶、无纺布、塑料包装袋、个人卫生用品（出口不含配额许可证管理品种）、食品、日化产品（未取得许可证，不得从事生产经营）；代购代销成员企业原辅材料和产品，并协调管理成员企业的经营活动（涉及审批许可项目的，只允许在审批许可的范围和有效期限限内从事生产经营）。						

企业名称	游族网络股份有限公司			海关编码	3505933865	所属海关	泉州海关
通讯地址	福建省晋江市经济开发区（安东园）金山路 31 号			邮政编码	362200	法人姓名	林奇
评定时间	2013.1.25	注册日期	2006.6.23	报关有效期	长期	注册资本	27571 万人民币
主营范围	计算机技术领域内的技术开发、技术转让、技术服务、技术咨询，计算机系统集成，动漫设计，创意服务，图文设计制作，计算机软硬件及辅助设备（除计算机信息系统安全专用产品）的销售，软件技术进出口业务。（依法须经批准的项目，经相关部门批准后方可开展经营活动。）						

企业名称	福建泉州南星大理石有限公司			海关编码	3505935259	所属海关	泉州海关
通讯地址	福建省南安市水头镇海都新区			邮政编码	362342	法人姓名	蔡金星
评定时间	2009.3.24	注册日期	2001.4.24	报关有效期	长期	注册资本	10000 万人民币
主营范围	生产石板材和石雕工艺品及荒料石（不含寿山石）。						

企业名称	环球石材（福建）有限公司			海关编码	3505935276	所属海关	泉州海关
通讯地址	福建省南安市水头镇福山二期项目区			邮政编码	362342	法人姓名	朱新胜
评定时间	2011.9.6	注册日期	2008.6.20	报关有效期	长期	注册资本	2200 万美元
主营范围	生产、加工轻质高强多功能墙体材料、高档环保装饰材料，以及建筑装饰石材、石板及工艺石材制品，经营仓储业务（不含危险化学品及国家专营专控产品）。（以上经营范围涉及许可经营项目，应在取得有关部门许可后方可经营。）						

企业名称	福建和诚鞋业有限公司			海关编码	3505940953	所属海关	泉州海关
通讯地址	福建省泉州市洛江区双阳街道			邮政编码	362012	法人姓名	林文智
评定时间	2013.3.14	注册日期	2002.3.5	报关有效期	长期	注册资本	2470 万美元
主营范围	生产鞋类系列产品、鞋类半成品，裁刀加工和材料贴合。						

企业名称	泉州红瑞兴纺织有限公司			海关编码	3505941132	所属海关	泉州海关
通讯地址	福建省泉州经济技术开发区			邮政编码	362000	法人姓名	庄碧双
评定时间	2010.2.9	注册日期	2004.6.17	报关有效期	长期	注册资本	300 万美元
主营范围	生产针织布、服装（不含漂染及出口配额许可证管理品种，以上经营范围凡涉及许可经营项目的，应在取得有关部门的许可后方可经营）。						

企业名称	福建省华菲皮革制品有限公司			海关编码	3505941149	所属海关	泉州海关
通讯地址	福建省泉州市丰泽区北峰工业区丰盈路 28 号			邮政编码	362008	法人姓名	吴丽明
评定时间	2011.6.27	注册日期	2004.9.24	报关有效期	长期	注册资本	65 万美元
主营范围	生产鞋、手套、包、袋及服装。						

企业名称	菲莉集团（福建）有限公司			海关编码	3505941171	所属海关	泉州海关
通讯地址	福建省晋江市池店镇工业区			邮政编码	362212	法人姓名	杨建辉
评定时间	2009.2.4	注册日期	2005.2.5	报关有效期	长期	注册资本	10000 万港币
主营范围	生产各种家具、厨具及配件、寝具用品及服装鞋帽，协调成员企业的经营活动，代购代销成员企业的原辅材料（涉及审批许可项目的，只允许在审批许可的范围和有效期限内从事生产经营）。						

企业名称	泉州福海粮油工业有限公司			海关编码	3505942192	所属海关	泉州海关
通讯地址	福建省泉州市泉港区沙格码头			邮政编码	362804	法人姓名	穆彦魁
评定时间	2009.2.4	注册日期	2002.4.2	报关有效期	长期	注册资本	1700 万美元
主营范围	销售起酥油、人造奶油、人造黄油等制品（“食品流通许可证”有效期限至 2015 年 09 月 26 日），食用植物油及饲料用大豆粕、菜籽粕等粕类产品的生产及其配套的包装材料（食品用塑料容器）的相关业务，粮食及其制品、面粉、食用油产品的批发、仓储、中转业务（以上商品进出口不涉及国营贸易、进出口配额许可证、出口配额招标、出口许可证等专项管理的商品）。（“全国工业产品生产许可证”有效期至 2016 年 5 月 18 日，“全国工业产品生产许可证 2”有效期限至 2016 年 9 月 2 日。）						

企业名称	福建百宏聚纤科技实业有限公司			海关编码	3505944486	所属海关	泉州海关
通讯地址	福建省晋江市龙湖镇枫林工业区			邮政编码	362241	法人姓名	施天佑
评定时间	2010.2.9	注册日期	2004.9.16	报关有效期	长期	注册资本	49599 万美元
主营范围	生产差别化化学纤维。						

企业名称	福建集成伞业有限公司			海关编码	3505944589	所属海关	泉州海关
通讯地址	福建省晋江市永和镇工业园区			邮政编码	362271	法人姓名	黄文集
评定时间	2010.2.9	注册日期	2006.7.24	报关有效期	长期	注册资本	6000 万港币
主营范围	生产晴雨伞、雨具、聚酰亚胺保鲜膜、EVA 环保农用薄膜、PVC 塑料胶布、胶片和塑料文具制品（以上经营范围凡涉及国家专项专营规定的，从其规定）。						

企业名称	福建省德化协发光洋陶器有限公司			海关编码	3505948033	所属海关	泉州海关
通讯地址	福建省德化县城关龙津路南段 27 号			邮政编码	362500	法人姓名	陆镇源
评定时间	2013.4.27	注册日期	2002.6.10	报关有效期	长期	注册资本	4480 万人民币
主营范围	生产和销售陶瓷产品及相关原辅材料和配件。						

企业名称	福建泉州顺美集团有限责任公司			海关编码	3505958009	所属海关	泉州海关
通讯地址	福建省德化县城关东环路顺德工业园			邮政编码	362500	法人姓名	郑泽洽
评定时间	2013.4.8	注册日期	1998.11.23	报关有效期	长期	注册资本	5100 万人民币
主营范围	生产加工、制造及销售工艺美术瓷、日用瓷、建筑陶瓷、卫生瓷、树脂制品、紫砂制品、包装用品、纸制品、塑料制品、橡胶制品、木竹制品、精制瓷土、藤草制品、针纺织品、石材、日用杂品、家具；制造、销售蜡制品，销售玻璃制品；生物工程技术的引进、研究及咨询服务；销售陶瓷生产原辅材料、电子产品及配件、机械设备；提供饮食服务等；自营和代理各类商品和技术的进出口业务；经营进料加工和“三来一补”业务；经营对销贸易和转口贸易。（以上项目国家有专项规定的，从其规定。）						

企业名称	泉州市丽达针织制衣有限公司			海关编码	3505960011	所属海关	泉州海关
通讯地址	福建省泉州市清蒙科技工业区（4–4）号			邮政编码	362005	法人姓名	陈鼎静
评定时间	2011.6.27	注册日期	2002.7.8	报关有效期	长期	注册资本	500 万人民币
主营范围	制造、加工、销售服装、针纺品，经营本企业自产产品及技术的出口业务，经营本企业生产所需的原辅材料、仪器仪表、机械设备、零配件及技术的进口业务（国家限定公司经营和国家禁止进出口的商品除外），经营进料加工和“三来一补”业务。（以上经营范围涉及许可经营项目的，应在取得有关部门的许可后方可经营。）						

企业名称	泉州市恒鑫国际进出口有限公司			海关编码	3505960063	所属海关	泉州海关
通讯地址	福建省泉州市丰泽区丰泽街东方银座 7 幢 1101 室			邮政编码	362000	法人姓名	施养解
评定时间	2011.8.24	注册日期	2004.3.17	报关有效期	长期	注册资本	800 万人民币
主营范围	自营和代理各类商品和技术的进出口，但国家限定公司经营或禁止进出口的商品和技术除外（以上经营范围凡涉及国家有专项专营规定的从其规定。）						

企业名称	福建省晋江市进出口有限公司			海关编码	3505963012	所属海关	泉州海关
通讯地址	福建省晋江市五里经济开发区（斯兰商贸中心）			邮政编码	362200	法人姓名	黄胜伟
评定时间	2008.12.26	注册日期	2003.6.11	报关有效期	长期	注册资本	5000 万人民币
主营范围	自营和代理除国家组织统一联合经营的出口商品和国家实行核定公司经营的进口商品以外的其他商品及技术的进出口业务；经营进料加工和“三来一补“业务，经营对销贸易和转口贸易；经营仓储（不含危险品）业务；批发甲苯二异氰酸酯、二氯甲烷、甲苯苯乙烯、多次甲基多本基异氰酸酯、辛酸亚锡、氟里昂、二苯基甲烷二异氰酸酯、鞋用胶水；危险货物运输（3 类），危险货物运输（6 类 1 项）。						

企业名称	福建省闽发铝业股份有限公司			海关编码	3505965001	所属海关	泉州海关
通讯地址	福建省南安市南美综合开发区			邮政编码	362300	法人姓名	黄天火
评定时间	2011.2.12	注册日期	2000.1.26	报关有效期	长期	注册资本	17180 万人民币
主营范围	铝制品、五金制品及模具、幕墙、门窗的设计、制作、安装，镁合金制品的加工、销售，经营本企业和本企业成员企业自产产品及相关技术的出口业务，经营本企业和本企业成员企业生产、科研所需的原辅材料、机械设备、仪器仪表、零配件及相关技术的出口业务，经营本企业的进料加工和“三来一补”业务，旅游业投资。（以上经营范围涉及许可经营项目的，应在取得有关部门的许可后方可经营。）						

企业名称	南安市水头康利石材有限公司			海关编码	3505965521	所属海关	泉州海关
通讯地址	福建省南安市水头西锦工业区			邮政编码	362300	法人姓名	郑宇
评定时间	2013.4.15	注册日期	2008.9.9	报关有效期	长期	注册资本	8000 万人民币
主营范围	石板材加工（不含寿山石雕）；建筑幕墙的工程设计与施工（凭资质证书开展经营活动）；自营和代理各类商品和技术的进出口业务，但涉及前置许可、国家限定公司经营或禁止进出口的商品和技术除外。（以上经营范围涉及许可经营项目的，应在取得有关部门的许可后方可经营。）						

企业名称	福建省德化臻峰陶瓷有限公司			海关编码	3505968005	所属海关	泉州海关
通讯地址	福建省德化县世科村碳湖坂			邮政编码	362500	法人姓名	李传芳
评定时间	2013.4.27	注册日期	1999.9.9	报关有效期	长期	注册资本	860 万人民币
主营范围	美术瓷、日用瓷、树脂工艺品、蜡制工艺品、藤草工艺品的制造、销售，纸制品、瓷土、陶瓷原材料的加工、销售（以上经营范围凡涉及国家专项专营规定的从其规定）。						

企业名称	福建省石狮市通达电器有限公司			海关编码	3511940164	所属海关	泉州海关
通讯地址	福建省石狮市蚶江石湖路通达工业园			邮政编码	362700	法人姓名	王亚南
评定时间	2010.10.27	注册日期	1993.2.12	报关有效期	长期	注册资本	12000万港币
主营范围	生产各种混合集成电路、光电子器件、新型机电元件、小家电、电器装饰件。						

企业名称	福建省漳州市对外贸易有限责任公司			海关编码	3506910002	所属海关	漳州海关
通讯地址	福建省漳州市新华北路32号外贸大厦			邮政编码	363000	法人姓名	蔡浩革
评定时间	2009.1.19	注册日期	1989.11.6	报关有效期	长期	注册资本	4133.1万人民币
主营范围	自营和代理各类商品及技术的进出口业务（国家规定的专营进出口商品和国家禁止进出口等特殊商品除外），经营进料加工和“三来一补”业务，开展对销贸易和转口贸易，以及仓储、房屋出租。						

企业名称	漳州灿坤实业有限公司			海关编码	3506930217	所属海关	漳州海关
通讯地址	福建省漳州台商投资区灿坤工业园			邮政编码	363107	法人姓名	潘志荣
评定时间	2009.3.24	注册日期	2002.8.6	报关有效期	长期	注册资本	16000万美元
主营范围	开发、生产家电产品、电子产品、轻工产品、现代化办公用品、通讯器材、各种灯具及照明装置（含LED灯、太阳能、风光互补LED灯）等机电产品，设计、制造与上述产品相关的模具，加工、制造有色金属复合材料、新型合金材料，销售本公司自产产品及半成品，提供售后服务及技术服务，承揽本公司经营范围内的进料加工、“三来一补”业务（不包括国家限制及禁止类和进出口配额许可证管理品种），各类家电产品、电子产品、净水设备（含滤芯耗材）、空气净化设备、通信器材、安防产品及预包装食品的批发（商品进出口不涉及国营贸易、进出口配额许可证、出口配额招标、出口许可证等专项管理的商品）。（依法须经批准的项目，经相关部门批准后方可开展经营活动。）						

企业名称	信华食品（漳州）有限公司			海关编码	3506940195	所属海关	漳州海关
通讯地址	福建省漳州市芗城区金峰工业区前山小区			邮政编码	363000	法人姓名	杨博仁
评定时间	2008.12.26	注册日期	1995.12.27	报关有效期	长期	注册资本	1400万美元
主营范围	加工食品、家禽[仅限速冻食品，包含速冻面米食品（熟制品）、速冻其他食品（速冻肉制品）]、肉制品（酱卤肉制品、熏煮香肠火腿制品、熏烧烤肉制品）、农副产品（仅限分拣、去皮、剥壳、粉碎、清洗、切割、冷冻、打蜡、分级、包装）。（出口不涉及配额许可证管理品种，涉及审批许可项目的，只允许在审批许可的范围和有限期限内从事生产经营。）						

企业名称	长春化工（漳州）有限公司			海关编码	3506941065	所属海关	漳州海关
通讯地址	福建省漳州台商投资区龙池工业园			邮政编码	363107	法人姓名	郑正
评定时间	2009.1.19	注册日期	2004.12.28	报关有效期	长期	注册资本	7700万美元
主营范围	从事工程塑料及塑料合金、印刷电路用覆铜板、电子化学品和造纸化学品、聚对苯二甲酸丁二醇酯（PBT）的生产、加工（不含危化品），从事上述产品、半成品、塑料原料、化工原料（不含危化品）及同类产品的批发，承揽本公司经营范围内的“三来一补”业务（以上商品进出口不涉及国营贸易、进出口配额许可证、出口配额招标、出口许可证等专项管理的商品）。（依法须经批准的项目，经相关部门批准后方可开展经营活动。）						

企业名称	华阳电业有限公司			海关编码	3506941136	所属海关	漳州海关
通讯地址	福建省漳州龙海市隆教乡白坑村			邮政编码	363105	法人姓名	王瑞季
评定时间	2008.12.26	注册日期	1996.6.15	报关有效期	长期	注册资本	79500 万美元
主营范围	漳州后石电厂的建设和营运，为船舶提供码头设施，在港区内提供货物装卸、仓储服务（自用）。（以上涉及前置审批许可项目的，只允许在审批许可的范围和有效期限内从事生产经营。）						

企业名称	漳州市陈宇贸易有限公司			海关编码	3506960038	所属海关	漳州海关
通讯地址	福建省漳州市南昌东路丽园广场 1 幢 22 层			邮政编码	363000	法人姓名	陈俊兴
评定时间	2009.8.25	注册日期	2003.10.27	报关有效期	长期	注册资本	900 万人民币
主营范围	自营和代理商品及技术进出口业务（涉及前置许可审批项目、国家限制及禁止进出口的商品和技术除外）。（以上经营范围涉及许可经营项目的，应在取得有关部门的许可后方可经营。）						

企业名称	金冠（龙海）塑料包装有限公司			海关编码	3506961185	所属海关	漳州海关
通讯地址	福建省漳州龙池开发区			邮政编码	363107	法人姓名	傅丽芬
评定时间	2010.12.13	注册日期	2010.12.6	报关有效期	长期	注册资本	1408 万人民币
主营范围	生产各类塑料包装制品、包装装潢印刷品（不含出版物印刷）、纸制品包装（不含国家限制品种）；经营包装装潢印刷品、其他印刷品。（以上经营范围涉及许可经营项目的，应在取得有关部门的许可后方可经营。）						

企业名称	漳州天福茶业有限公司			海关编码	3506946246	所属海关	东山海关
通讯地址	福建省漳浦县盘陀镇			邮政编码	363202	法人姓名	李国麟
评定时间	2014.9.26	注册日期	2005.3.15	报关有效期	长期	注册资本	2500 万美元
主营范围	生产、加工茶具、茶叶[绿茶、黑茶、紧压茶、红茶、袋泡茶（分装）、乌龙茶、花茶]、蜜饯、糖果制品（糖果、巧克力及巧克力制品、代可可脂巧克力制品）、饼干、速冻食品[速冻其他食品（速冻其他类制品）]、饮料（固体饮料类）、糕点（烘烤类糕点、油炸类糕点、蒸煮类糕点、熟粉类糕点、月饼）、含茶制品及代用茶[含茶制品（其他类）、代用茶]、炒货食品及坚果制品（烘烤类、油炸类），经营茶道、茶艺及景点门票服务，从事炉具、点火器、燃香、家具、茶叶、茶具、茶叶包装物、茶艺用品、工艺品、日用品、预包装食品、散装食品的批发、零售（以上经营范围涉及审批许可的，只允许在审批许可的范围和有效期限内从事生产经营活动）。						

企业名称	东山欧凯金属塑料制品有限公司			海关编码	3506948074	所属海关	东山海关
通讯地址	福建省东山县樟塘镇南埔			邮政编码	363400	法人姓名	吕榜洲
评定时间	2014.8.8	注册日期	1994.7.3	报关有效期	长期	注册资本	360 万美元
主营范围	生产、加工渔具、钓具、人工饰品、野营用具、休闲运动用品、捕鱼的钓鱼用工艺美术制品。（出口不涉及配额许可证管理品种，涉及审批许可项目的，只允许在审批许可的范围和有效期限内从事生产经营。）						

企业名称	福建省东山县海魁水产集团有限公司			海关编码	3506948140	所属海关	东山海关
通讯地址	福建省东山经济技术开发区			邮政编码	363400	法人姓名	陈振魁
评定时间	2009.8.25	注册日期	2008.5.4	报关有效期	长期	注册资本	11388 万人民币
主营范围	水产加工品（干制水产品，分装）、水产加工品（盐渍水产品）、罐头（畜禽水产罐头）、速冻食品[速冻其他食品（速冻肉制品）]的加工（仅限于挑选、分级、去皮、脱壳、冷冻、包装）。（全国工业产品生产许可证有效期至 2015 年 6 月 15 日，以上涉及审批许可项目的，只允许在审批许可的范围和有效期限内开展生产经营。）						

企业名称	恒安（中国）卫生用品有限公司		海关编码	3505933871	所属海关	泉州海关驻石狮办事处
通讯地址	福建省晋江市五里工业园区		邮政编码	362261	法人姓名	施文博
评定时间	2010.2.9	注册日期 2006.11.7	报关有效期	长期	注册资本	1200 万美元
主营范围	生产高档纸、高档纸尿片、高档纸尿裤等妇幼卫生用品系列产品。					

企业名称	晋江市锦福化纤聚合有限公司		海关编码	3505944385	所属海关	泉州海关驻石狮办事处
通讯地址	福建省晋江市英林镇锦江工业区		邮政编码	362256	法人姓名	林爱连
评定时间	2010.2.9	注册日期 2002.10.21	报关有效期	长期	注册资本	5888 万美元
主营范围	生产差别化纤维，服装、针织布、复合超细旦纤维、化纤布及化纤前期精细加工（不含漂染及出口配额许可证管理品种）。					

企业名称	福建省亿隆家庭装饰品有限公司		海关编码	3509940118	所属海关	龙岩海关
通讯地址	福建省龙岩市龙岩经济开发区黄邦路 2 号		邮政编码	364000	法人姓名	陈惠玲
评定时间	2014.8.14	注册日期 2003.7.7	报关有效期	长期	注册资本	2032 万美元
主营范围	生产家庭装饰品、工艺制品及家具［福建省木材经营（加工）批准书有效期至 2015 年 12 月］，各类家庭装饰品、工艺制品、家具、日用百货、纺织品、文化体育用品、农副产品、五金、交电、矿产品（不含铁矿石、铝土矿）、机械产品、电器设备、金属材料、建筑材料（木材及危险化学品除外）等商品的批发、零售及技术的进出口业务。（以上商品进出口不涉及国营贸易、进出口配额许可证、出口配额招标、出口许可证等专项管理的商品，以上经营范围涉及许可经营项目的，应在取得有关部门的许可后方可经营。）					

企业名称	福建龙净环保股份有限公司		海关编码	3509960075	所属海关	龙岩海关
通讯地址	福建省龙岩市新罗区陵园路 81 号		邮政编码	364000	法人姓名	周苏华
评定时间	2014.8.14	注册日期 2006.6.2	报关有效期	长期	注册资本	42762 万人民币
主营范围	环境污染防治设备、输送设备（不含特种设备）的设计、制造、销售、安装、调试；法律法规未规定许可的，均可自主选择经营项目开展经营。（依法须经批准的项目，经相关部门批准后方可开展经营活动。）					

厦门关区

企业名称	中国新兴厦门进出口公司			海关编码	3502110146	所属海关	厦高崎办
通讯地址	福建省厦门市思明区湖滨北路振兴大厦 11 楼			邮政编码	361012	法人姓名	洪思发
评定时间	2009.2.4	注册日期	1987.7.25	报关有效期	长期	注册资本	1882.91 万人民币
主营范围	经营各类商品和技术的进出口（不另附进出口商品目录），但国家限定公司经营或禁止进出口的商品及技术除外。						

企业名称	厦门国贸船舶进出口有限公司			海关编码	3502110687	所属海关	厦高崎办
通讯地址	福建省厦门市思明区湖滨南路 388 号国贸大厦 14 层 B 室之一			邮政编码	361004	法人姓名	高少镛
评定时间	2009.2.4	注册日期	2001.9.10	报关有效期	长期	注册资本	2000 万人民币
主营范围	自营和代理除国家组织统一联合经营的出口商品和国家实行核定公司经营的进口商品以外的其他商品及技术的进出口业务，从事加工贸易、对销贸易、转口贸易业务，承办船舶信息咨询服务。（以上经营范围涉及许可经营项目的，应在取得相关部门的许可后方可经营。）						

企业名称	厦门建发金属有限公司			海关编码	3502110705	所属海关	厦高崎办
通讯地址	福建省厦门市思明区环岛东路 1699 号建发国际大厦 21 楼 B 单元			邮政编码	361001	法人姓名	郑永达
评定时间	2014.9.26	注册日期	2002.7.31	报关有效期	长期	注册资本	10000 万人民币
主营范围	自营和代理除国家组织统一联合经营的出口商品和国家实行核定公司经营的进口商品以外的其他商品及技术的进出口业务，从事加工贸易、对销贸易、转口贸易业务，批发、零售机械电子设备、五金交电、化工材料（不含化学危险品）、日用百货、服装鞋帽、纺织品、工艺美术品（不含金银首饰）、矿产品、石材、木材、建筑材料、金属材料、包装材料、饲料。（以上经营范围涉及许可经营项目的，应在取得有关部门的许可后方可经营。）						

企业名称	厦门金鹭特种合金有限公司			海关编码	3502130130	所属海关	厦高崎办
通讯地址	福建省厦门市湖里工业区兴隆路 69 号			邮政编码	361006	法人姓名	吴高潮
评定时间	2014.9.26	注册日期	1991.1.18	报关有效期	长期	注册资本	61000 万人民币
主营范围	生产钨粉、碳化钨粉、硬质合金、钨合金、钨生加工产品、钴粉、混合料、合金粉及其他金属粉末材料、难熔金属材料和氧气，生产粉末冶金机械、电气设备。						

企业名称	厦门新技术集成有限公司			海关编码	3502130336	所属海关	厦高崎办
通讯地址	福建省厦门市湖里区枋湖工业区枋湖西路 139 号			邮政编码	361009	法人姓名	李基天
评定时间	2008.12.26	注册日期	1993.6.8	报关有效期	长期	注册资本	800 万美元
主营范围	家具、家居类用品、办公类家具和庭院家具及相关配件、室内建材和装饰类制品、户外休闲用品的生产、经营，相关产品的售后服务及其相关产品的研究与开发；从事各类商品和技术的进出口，但国家限定进出口的商品和技术除外（不含分销业务）。						

企业名称	厦门太古飞机工程有限公司			海关编码	3502130364	所属海关	厦高崎办
通讯地址	福建省厦门高崎国际机场东侧埭辽路20号			邮政编码	361006	法人姓名	邓健荣
评定时间	2011.8.24	注册日期	1993.8.3	报关有效期	长期	注册资本	4150万美元
主营范围	飞机及飞机部件的维修、改装、拆分及检测，飞机零部件的生产、制造、组装，飞机机队及零部件的管理，航空工程服务，航空维修人员的培训，航空维修相关软件的开发及销售，各类飞机零部件及相关航材的进出口、批发、零售，仓储经营服务，从事其他与民用航空工业有关的或有助此等业务发展的各种经营活动。（以上经营范围涉及许可经营项目的，应在取得相关部门的许可后方可经营。）						

企业名称	联想移动通信科技有限公司			海关编码	3502130817	所属海关	厦高崎办
通讯地址	福建省厦门火炬高新区信息光电园岐山北二路999号			邮政编码	361009	法人姓名	刘军
评定时间	2009.6.30	注册日期	2005.3.4	报关有效期	长期	注册资本	18750万人民币
主营范围	研发、生产、维修、测试移动通信产品、电子信息产品、电子计算机、家用视听设备、家用电器及上述产品零部件、外部设备、软件、信息系统及网络产品，与上述各项相关的技术引进、技术开发合作、技术转让，技术进出口、技术开发、技术服务、技术咨询。（以上经营范围涉及许可经营项目的，应在取得有关部门的许可后方可经营。）						

企业名称	厦门建松电器有限公司			海关编码	3502140954	所属海关	厦高崎办
通讯地址	福建省厦门火炬高技术产业开发区创新路17号			邮政编码	361006	法人姓名	洪敏弘
评定时间	2008.7.1	注册日期	1995.12.14	报关有效期	长期	注册资本	3600万美元
主营范围	从事各种新型电子元器件、各种类型马达、各类电子产品、各类电子专用设备、各种家用电器具、空调器、数字电视机、计算机、卫星导航定位接收设备及关键部件及以上产品的零部件、半成品的研究、开发、生产、加工，测试设备、工模具的设计、制造，以及上述产品的销售、批发、进出口和售后服务。（以上商品不涉及国营贸易管理商品，涉及配额、许可证管理的，按国家有关规定办理申请，以上经营范围涉及许可经营项目的，应在取得有关部门的许可后方可经营。）						

企业名称	叶水福物流（厦门）有限公司			海关编码	3502141665	所属海关	厦高崎办
通讯地址	福建省厦门火炬高新区信息光电园岐山北二路999号联想大厦工厂第3层东西A1区			邮政编码	361001	法人姓名	叶进国
评定时间	2009.3.24	注册日期	2004.4.7	报关有效期	长期	注册资本	60万美元
主营范围	从事仓储服务、物流供应链方案设计及系统配置，电子产品的进出口，批发电子产品和化工产品（不含危险品和监控产品），道路普通货运（有效期限为2010年2月2日至2022年2月1日）。（以上商品不涉及国营贸易管理商品，涉及配额、许可证管理商品的，按国家有关规定办理申请，以上经营范围涉及许可经营项目的，应在取得有关部门的许可后方可经营。）						

企业名称	厦门合力成进出口有限公司			海关编码	3502160119	所属海关	厦高崎办
通讯地址	福建省厦门市湖里区湖里大道46号5E-1室			邮政编码	361006	法人姓名	姚国庆
评定时间	2011.2.15	注册日期	1999.9.30	报关有效期	长期	注册资本	5000万人民币
主营范围	经营各类商品和技术的进出口（不另附进出口商品目录），但国家限定公司经营或禁止进出口的商品及技术除外。						

企业名称	厦门佳事通贸易有限公司			海关编码	3502160128	所属海关	厦高崎办
通讯地址	福建省厦门市湖里区枋湖路 2362 号 803 室			邮政编码	361006	法人姓名	张贻达
评定时间	2013.9.30	注册日期	1999.11.25	报关有效期	长期	注册资本	4000 万人民币
主营范围	经营各类商品和技术的进出口（不另附进出口商品目录），但国家限定公司经营或禁止进出口的商品和技术除外；批发日用百货、化工产品（不含危险化学品及监控化学品）、工艺品、五金、矿产品（不含国家限制经营的矿产品）、纺织品、机械电子设备；提供信息咨询服务；木制品加工；竹木制品加工及包装；国内货运代理；收购农副产品（不含粮食、种子）和水产品。（以上经营范围涉及许可经营项目的，应在取得相关部门的许可后方可经营。）						

企业名称	厦门市海得信进出口有限公司			海关编码	3502160435	所属海关	厦高崎办
通讯地址	福建省厦门市思明区厦禾路 863 号 1735 室			邮政编码	361000	法人姓名	赵庆涛
评定时间	2009.1.19	注册日期	2001.9.25	报关有效期	长期	注册资本	500 万人民币
主营范围	批发、零售纺织品、工艺品、机械电子设备、服装、鞋帽、建筑材料、汽车配件、摩托车配件、国家政策允许经营的矿产品、化工材料（不含化学危险品）、金属材料、五金交电、百货，收购农副产品（不含粮食和种子），自营和代理除国家组织统一联合经营的出口商品和国家实行核定公司经营的进口商品以外的其他商品及技术的进出口业务，经营加工贸易、对销贸易、转口贸易业务。（以上经营范围涉及许可经营项目的，应在取得有关部门的许可后方可经营。）						

企业名称	福建同发食品集团有限公司			海关编码	3502161403	所属海关	厦高崎办
通讯地址	福建省厦门市思明区塔埔东路 166 号 20 层 2001 单元			邮政编码	361008	法人姓名	江永康
评定时间	2010.2.9	注册日期	2004.4.13	报关有效期	长期	注册资本	8000 万人民币
主营范围	批发兼零售预包装食品（有效期至 2016 年 7 月 29 日）；批发果露酒（有效期至 2017 年 3 月 31 日）；批发纺织品、日用百货、五金交电、化工材料（须经前置审批许可的项目除外）、建筑材料、汽车零配件、纸张、工艺品、服装鞋帽；经营各类商品和技术的进出口（不另附进出口商品目录），但国家限定公司经营或禁止进出口的商品及技术除外；经营鲜冻畜禽、水产品；批发、零售初级农产品。（以上经营范围涉及许可经营项目的，应在取得有关部门的许可后方可经营。）						

企业名称	厦门统和石业有限公司			海关编码	3502164357	所属海关	厦高崎办
通讯地址	福建省厦门市湖里区华盛路 13 号 3A			邮政编码	361004	法人姓名	许荣旗
评定时间	2014.4.10	注册日期	2007.12.20	报关有效期	长期	注册资本	1000 万人民币
主营范围	批发、零售石材；经营各类商品和技术的进出口（不另附进出口商品目录），但国家限定公司经营或禁止进出口的商品和技术除外。（以上经营范围涉及许可经营项目的，应在取得有关部门的许可后方可经营。）						

企业名称	厦门松下电子信息有限公司			海关编码	3502340009	所属海关	厦高崎办
通讯地址	福建省厦门火炬高新区火炬园火炬路 15 号			邮政编码	361006	法人姓名	杉田卓也
评定时间	2008.12.26	注册日期	1994.9.28	报关有效期	长期	注册资本	1450 万美元
主营范围	从事各种音响、映像商品、数码产品、光学器件、基板、模具、各类电子产品及其相关零部件的生产、批发、进出口及佣金代理（拍卖除外），并提供相关配套业务。（以上商品不涉及国营贸易管理商品，涉及配额、许可证管理商品的，按国家有关规定办理申请，以上经营范围涉及许可经营项目的，应在取得有关部门的许可后方可经营。）						

企业名称	利胜电光源（厦门）有限公司			海关编码	3502340016	所属海关	厦高崎办
通讯地址	福建省厦门火炬高技术开发区马垄路2号			邮政编码	361006	法人姓名	胡安华
评定时间	2008.12.26	注册日期	1995.1.18	报关有效期	长期	注册资本	4866.4万美元
主营范围	开发、生产电子节能灯及相配套的灯管、塑料、五金制品、电子变压器、电子镇流器、灯具等其他产品，制造水处理控制设备、油污处理设备，设计和制造各类塑胶、五金模具，提供电光源产品的测试及相关的技术咨询，经营日常用品的进出口。（不涉及国营贸易管理的商品，涉及配额、许可证管理商品的，按国家有关规定办理申请。）						

企业名称	瑞声达听力技术（中国）有限公司			海关编码	3502340027	所属海关	厦高崎办
通讯地址	福建省厦门火炬高技术产业开发区创新路15号			邮政编码	361006	法人姓名	Lars Kare Viksmoen
评定时间	2011.2.12	注册日期	1996.9.28	报关有效期	长期	注册资本	3400万人民币
主营范围	生产组装、研究开发各型助听器及其零部件、头戴耳机、听力测试仪，经营以上产品的批发和进出口（国家禁止经营的商品除外），提供产品售后服务、回收和利用、技术咨询服务。（以上经营范围涉及许可经营项目的，应在取得有关部门的许可后方可经营。）						

企业名称	厦门厦工国际贸易有限公司			海关编码	3502116001	所属海关	厦海沧办
通讯地址	福建省厦门市集美区灌口南路801号			邮政编码	361023	法人姓名	翁记泉
评定时间	2010.2.9	注册日期	2006.11.28	报关有效期	长期	注册资本	6100万人民币
主营范围	批发兼零售预包装食品兼散装食品（有效期2016年10月22日）；批发、零售（不含商场零售）工程机械及其零配件、金属材料、汽车零配件、五金交电、建筑材料、化工材料（不含危险化学品及监控化学品）；经营各类商品和技术的进出口（不另附进出口商品目录），但国家限定公司经营或禁止进出口的商品及技术除外；未涉及前置许可的其他经营项目。（以上经营范围涉及许可经营项目的，应在取得有关部门的许可后方可经营。）						

企业名称	翔鹭石化股份有限公司			海关编码	3502937032	所属海关	厦海沧办
通讯地址	福建省厦门海沧区南海路1180号			邮政编码	361026	法人姓名	刘德伟
评定时间	2008.12.26	注册日期	2001.3.12	报关有效期	长期	注册资本	334000万人民币
主营范围	精对苯二甲酸（PTA）、工业甲醇（ME）、醋酸甲脂（MA）的生产、加工和销售，精对苯二甲酸（PTA）、对二甲苯（PX）、醋酸（Acetic Acid）、醋酸异丁酯（IBA）的进出口、批发（涉及配额许可证管理、专项规定管理的商品按照国家有关规定办理），从事仓储业务（不得含危险化学品），从事货物专用运输（罐式容器）。						

企业名称	来福太（厦门）塑胶制品有限公司			海关编码	3502945250	所属海关	厦海沧办
通讯地址	福建省厦门市海沧区东孚镇山边路568号			邮政编码	361027	法人姓名	Barry Mower
评定时间	2009.2.4	注册日期	2003.3.17	报关有效期	长期	注册资本	2240万美元
主营范围	生产、加工塑胶、金属制品和模具，从事相关产品的研究和开发。						

企业名称	厦门 TDK 有限公司			海关编码	3502946073	所属海关	厦海沧办
通讯地址	福建省厦门市集美区同集南路 321~339 号			邮政编码	361021	法人姓名	相庭保
评定时间	2009.11.2	注册日期	1994.8.4	报关有效期	长期	注册资本	9481.9 万美元
主营范围	加工、生产新型电子元器件、组件、配件、机械设备及模具；设立研发中心，从事电子材料、元器件、组件、配件的研究开发业务，向国外企业提供技术服务业务。从事非配额许可证管理、非专营商品的收购出口业务，为本公司研发中心进行其研发产品的市场调试，进口销售少量其母公司生产的高新技术产品。（以上商品不涉及国营贸易管理商品，涉及配额、许可证管理商品的，按国家有关规定办理申请，以上经营范围涉及许可经营项目的，应在取得有关部门的许可后方可经营。）						

企业名称	路达（厦门）工业有限公司			海关编码	3502946274	所属海关	厦海沧办
通讯地址	福建省厦门市集美区杏南路 61 号（E 栋）［生产经营地址：厦门市集美区杏林南路 61 号（A 栋、B 栋、C 栋、D 栋、F 栋、G 栋、H 栋）］			邮政编码	361022	法人姓名	吴材攀
评定时间	2013.9.26	注册日期	1990.4.7	报关有效期	长期	注册资本	9487 万美元
主营范围	开发、生产加工各种高档建材五金、水暖器材及五金件，精度高于 0.02 毫米（含 0.02 毫米）精密冲压模具、精度高于 0.05 毫米（含 0.05 毫米）精密型腔模具、模具标准件的设计与制造，销售自产产品并提供相关售后服务，批发、零售橱柜及各类家具、厨卫及其他建材产品，从事非配额许可证管理、非专营商品的收购出口业务。（以上经营范围涉及许可经营项目的，应在取得有关部门的许可后方可经营。）						

企业名称	明达实业（厦门）有限公司			海关编码	3502947010	所属海关	厦海沧办
通讯地址	福建省厦门市海沧区翁角路 858 号			邮政编码	361026	法人姓名	徐天培
评定时间	2009.3.24	注册日期	1995.12.26	报关有效期	长期	注册资本	9156 万美元
主营范围	生产塑料制品、橡胶制品、其他金属制品、电气机械及器材、有机化学产品、合成材料、合成纤维、纺织、纸制品、包装装潢印刷品（待取得相关许可证后方能经营），上述自产产品的回收、分拣、监测、维修、再利用，明达实业工业园的开发建设与配套服务，化学原料及化学产品（不含危险化学品和监控化学品）的生产，非金属矿物制品的生产，专用设备制造，电子及高技术绿色电池的生产，设立研究开发中心。（以上经营范围涉及许可经营项目的，应在取得有关部门的许可后方可经营。）						

企业名称	厦门正新实业有限公司			海关编码	3502947093	所属海关	厦海沧办
通讯地址	福建省厦门市海沧区新阳街道新顺路 15 号			邮政编码	361009	法人姓名	陈秀雄
评定时间	2010.4.20	注册日期	2004.6.28	报关有效期	长期	注册资本	4500 万美元
主营范围	生产轮胎内外胎、人力车内外胎、子午线轮胎和再生胶、胶料、胶带等橡胶制品，从事橡胶机械、模具和相关配件的加工制造。						

企业名称	厦门钢宇工业有限公司			海关编码	3502947102	所属海关	厦海沧办
通讯地址	福建省厦门市海沧区东孚镇东孚工业区			邮政编码	361027	法人姓名	李明宗
评定时间	2008.12.26	注册日期	2003.9.24	报关有效期	长期	注册资本	3000 万美元
主营范围	生产加工各种运动健身器材、室内外家具、老人电动车、厨房器具、液晶电视及其零配件，从事钢铁管、钢铁板、塑料米和模具及各种运动健身器材的批发。						

企业名称	厦门通士达照明有限公司			海关编码	3502938156	所属海关	厦同安办
通讯地址	福建省厦门市同安区美溪道 676 号			邮政编码	361100	法人姓名	黄东文
评定时间	2010.2.9	注册日期	2000.6.1	报关有效期	长期	注册资本	37040 万人民币
主营范围	开发、研究和生产节能光源产品，照明设备的设计和制造，含汞废旧灯管的回收和处理，提供相关技术咨询服务。						

企业名称	高时（厦门）石业有限公司			海关编码	3502948477	所属海关	厦同安办
通讯地址	福建省厦门市同安区大同街道朝元路 999 号			邮政编码	361100	法人姓名	高忠麟
评定时间	2009.2.4	注册日期	2001.11.1	报关有效期	长期	注册资本	4000 万美元
主营范围	生产、加工各种石材产品，各种石材的批发和进出口。（国家禁止经营商品除外，上述涉及配额许可证、专项规定管理的商品按国家有关规定办理。）						

企业名称	ECCO（厦门）有限公司			海关编码	3502948608	所属海关	厦同安办
通讯地址	福建省厦门市同安区城南工业区			邮政编码	361100	法人姓名	Flemming Larsen
评定时间	2009.1.19	注册日期	2004.10.15	报关有效期	长期	注册资本	1560 万美元
主营范围	从事新技术皮革加工，包括皮革后整饰加工等工序；从事新技术制鞋和皮革半成品及成品的生产；从事中国生产的 ECCO 牌产品的仓储业务。（以上经营范围涉及许可经营项目的，应在取得有关部门的许可后方可经营。）						

企业名称	友达光电（厦门）有限公司			海关编码	3502949290	所属海关	厦同安办
通讯地址	福建省厦门市翔安区火炬高新区（翔安）产业区翔安北路 1689 号			邮政编码	361102	法人姓名	彭双浪
评定时间	2009.10.28	注册日期	2006.3.31	报关有效期	长期	注册资本	25000 万美元
主营范围	从事液晶显示屏、液晶显示器、液晶电视等新型显示器件及光电周边产品与相关零部件的生产、加工及组装；触控显示器、触控系统、触控组件、触控屏幕、触控技术、应用软件硬件、触控相关周边配件的研发、生产；提供相关技术及售后服务（含非本企业所生产的同类产品的维修），并从事上述同类产品的销售；合同能源管理。						

企业名称	厦门中禾实业有限公司			海关编码	3502968098	所属海关	厦同安办
通讯地址	福建省同安区城南工业园区			邮政编码	361100	法人姓名	陈跃钳
评定时间	2010.2.9	注册日期	2003.7.29	报关有效期	长期	注册资本	18000 万人民币
主营范围	生产食用植物油（全精炼，有效期限至 2015 年 9 月 15 日）；豆粕的销售；大豆的收购、销售；房地产开发与经营及管理；物业服务；承接土石方工程（不含开采）；经营各类商品和技术（不另附进出口商品目录）的进出口业务，以及经营本企业自产产品及技术的出口业务和本企业所需的机械设备、零配件、原辅材料及技术的进口业务（不另附进出口商品目录），但国家限定公司经营或禁止进出口的商品及技术除外。（以上经营范围涉及许可经营项目的，应在取得有关部门的许可后方可经营。）						

企业名称	瑞世达科技（厦门）有限公司			海关编码	3502138CH2	所属海关	厦同安办
通讯地址	福建省厦门火炬高新区信息光电园岐山北路503号B栋厂房1、2层			邮政编码	361006	法人姓名	江朝瑞
评定时间	2014.9.26	注册日期	2013.4.10	报关有效期	长期	注册资本	10819.28万美元
主营范围	从事各类光学玻璃、导电和非导电玻璃、触控屏电路玻璃及其他相关制品、触控显示器、触控系统、触控组件、触控屏幕、触控技术应用软件及硬件、触控相关周边配件、触控产品相关塑胶组件的研发、生产。（以上经营范围涉及许可经营项目的，应在取得有关部门的许可后方可经营。）						

企业名称	厦门京嘉光电科技有限公司			海关编码	3502149CH2	所属海关	厦同安办
通讯地址	福建省厦门火炬高新区（翔安）产业区翔明路1号中栋			邮政编码	361101	法人姓名	萧庆雄
评定时间	2014.9.26	注册日期	2007.5.28	报关有效期	长期	注册资本	360万美元
主营范围	从事平板显示器用的薄膜电子绝缘材料、光学薄膜材料，反射片、扩散片、增亮膜、导电器件、电磁屏蔽器件，光电产品用的精密金属冲压零部件的开发、生产及售后服务，上述同类商品的批发。						

南昌关区

企业名称	巨石集团九江有限公司			海关编码	3604910057	所属海关	九江海关
通讯地址	江西省九江市出口加工区锦绣大道6号			邮政编码	332005	法人姓名	张文超
评定时间	2008.10.27	注册日期	2003.1.21	报关有效期	长期	注册资本	70600万人民币
主营范围	玻璃纤维、复合材料、工程塑料及制品、玻璃纤维的化工原料、玻璃纤维设备及配件的生产、销售（以上项目涉及行政许可的凭行政许可证经营）。						

企业名称	卡博特蓝星化工（江西）有限公司			海关编码	3604930208	所属海关	九江海关
通讯地址	江西省永修县星火工业园			邮政编码	330319	法人姓名	申毅
评定时间	2013.11.4	注册日期	2004.9.20	报关有效期	长期	注册资本	2520万美元
主营范围	生产、储存、运输和销售气相二氧化硅及相关副产品，为生产过程储存和运输原材料、物料。						

企业名称	赛得利（江西）化纤有限公司			海关编码	3604940107	所属海关	九江海关
通讯地址	江西省九江市姑塘镇			邮政编码	332017	法人姓名	AUG HUI TIONG EUGENE
评定时间	2010.9.20	注册日期	2002.8.29	报关有效期	长期	注册资本	11359.7万美元
主营范围	以差别化化学纤维为主的化纤生产，并销售自产产品。						

企业名称	江西旭阳雷迪高科技股份有限公司			海关编码	3604960321	所属海关	九江海关
通讯地址	江西省九江经济开发区出口加工区外锦绣大道			邮政编码	332000	法人姓名	骆鸿
评定时间	2011.12.13	注册日期	2008.7.7	报关有效期	长期	注册资本	47900万人民币
主营范围	多晶硅产品（除原矿）的开发、生产和销售，单晶硅产品（除原矿）的开发、生产和销售，太阳能电池及相关产品的开发、生产和销售，新能源、新材料的开发、生产和销售，货物及技术进出口（以上项目国家有专项规定的除外，凡涉及行政许可的须凭许可证经营）。						

企业名称	崇义章源钨业股份有限公司			海关编码	3607960560	所属海关	赣州海关
通讯地址	江西省崇义县城塔下			邮政编码	341300	法人姓名	黄泽兰
评定时间	2011.12.13	注册日期	2000.8.23	报关有效期	长期	注册资本	42821.3646万人民币
主营范围	一般经营项目：出口钨、锡、铜、铋、钼系列产品（国家禁止经营和限制经营的商品和技术除外），开展“三来一补”业务；经销冶金矿山配件、化工产品（除危化品）、模具、五金；进口本企业生产所需的原辅材料、机械设备、仪器仪表、零配件及相关技术；水力发电；造林、营林、木材采伐。（以上项目国家有专项规定的按规定办理。）许可经营项目：钨精选，钨矿地下开采（限分支机构经营）；钨冶炼，锡、铜、铋、钼加工（限在许可证有效期内经营）；钨精矿及其冶炼产品（仲钨酸铵、钨粉末系列）、硬质合金、锡、铜、铋、钼精矿经营（限许可证有效期内经营）；压缩气体生产（限许可证有效期内经营）。						

企业名称	虔东稀土集团股份有限公司			海关编码	3607960680	所属海关	赣州海关
通讯地址	江西省赣州市章贡区水东镇虔东大道289号			邮政编码	341000	法人姓名	龚斌
评定时间	2013.5.24	注册日期	2003.3.13	报关有效期	长期	注册资本	15000万人民币
主营范围	稀土原矿灼烧、稀土化合物及稀土金属产品、稀土深加工产品、稀土新材料的生产与销售；稀土高科技应用产品的开发、生产与销售（以上凭矿产品许可证、加工许可证经营，有效期至2015年4月）；出口本企业生产的产品及技术（国家限制和禁止的项目除外），进口本企业生产、科研所需的原辅材料、机械设备、仪器仪表及零配件（国家限制和禁止的项目除外）；生产、销售冶金、机械、化工产品（除危险品），提供分析检测、技术咨询。（依法须经批准的项目，经相关部门批准后方可开展经营活动。）						

企业名称	江西昌河铃木汽车有限责任公司			海关编码	3602930068	所属海关	景德镇关
通讯地址	江西省景德镇市珠山区新厂东路206号（东郊茅家坂）			邮政编码	333000	法人姓名	蔡速平
评定时间	2008.10.27	注册日期	1995.4.5	报关有效期	长期	注册资本	31180万美元
主营范围	开发、生产系列轿车、系列微型汽车、汽车发动机及其零部件，向国内外市场销售并提供必要的售后服务（依法须经批准的项目，经相关部门批准后方可开展经营活动）。						

企业名称	红板（江西）有限公司			海关编码	3610940287	所属海关	吉安海关
通讯地址	江西井冈山经济开发区			邮政编码	343100	法人姓名	叶森然
评定时间	2010.11.30	注册日期	2007.8.6	报关有效期	长期	注册资本	37396.96万港币
主营范围	新型电子元器件的生产、销售（以上项目涉及许可的凭有效许可证经营，国家有专项规定的除外）。						

企业名称	江西井冈山盛泰通讯技术有限责任公司			海关编码	3610960333	所属海关	吉安海关
通讯地址	江西省吉安市高新技术产业开发区			邮政编码	343100	法人姓名	蔡镇滨
评定时间	2010.9.20	注册日期	2006.11.28	报关有效期	长期	注册资本	20000万人民币
主营范围	电子、通讯产品及软件的设计、开发、生产及销售，经营进出口业务（以对外贸易经营者备案登记为准）。						

企业名称	百利精密刀具（南昌）有限公司			海关编码	3601340029	所属海关	南昌海关驻高新技术产业开发区办事处
通讯地址	江西省南昌高新技术开发区火炬七路88号			邮政编码	330096	法人姓名	陶嘉莉
评定时间	2012.3.13	注册日期	2007.12.10	报关有效期	长期	注册资本	5310万美元
主营范围	半导体封装及印刷线路板用高速、超硬精密切削工具，自动化生产与检测设备、零件，切削研磨用金钢石砂轮的生产、销售及售后服务；研发、生产和销售碳化钨棒材、超微粒硬质合金材料（微粉）、塑胶制品；印刷电路板生产、加工及售后服务，机械设备零部件生产、加工、销售及售后服务（以上项目国家有专项规定的除外）。						

企业名称	江西省地质矿产开发总公司			海关编码	3601910987	所属海关	南昌海关驻高新技术产业开发区办事处
通讯地址	江西省南昌市站前路 56 号			邮政编码	330002	法人姓名	黄小海
评定时间	2010.2.10	注册日期	2004.3.19	报关有效期	长期	注册资本	854.7 万人民币
主营范围	矿产品及制品、企业自产竹木及其制品、地毯、箱包、矿山机械设备、不受配额许可证限制的其他三类商品的出口，本企业生产科研所需的原辅材料、机械设备、仪器仪表、零配件的进口（国家实行核定公司经营的14 种除外），兼营矿产地质普查与勘查，金属材料，综合技术服务，选加工和矿产品，五金交电，建筑材料，机械设备，仪器仪表，化工（化学危险品除外），轻工业品，建筑包装材料的进口，地质勘查，矿山机械设备。（以上主兼营项目国家有专项规定的除外。）						

企业名称	江西蓝海国际贸易有限公司			海关编码	3601911008	所属海关	南昌海关驻高新技术产业开发区办事处
通讯地址	江西省南昌市红谷滩新区世贸路 898 号 5A 层			邮政编码	330038	法人姓名	罗小平
评定时间	2009.11.27	注册日期	1994.7.12	报关有效期	长期	注册资本	16000 万人民币
主营范围	国内贸易，进出口贸易（实行国营贸易管理货物的进出口业务除外），租赁业务，音像制品的批发，国内版图书和电子出版物的批发兼零售，图书、只读光盘及交互光盘的进出口业务，印刷设备的安装、调试及修理，技术服务及咨询，会展服务，设备维修，电子计算机技术服务，腐蚀品批发（许可证有效期至 2014 年 8 月 25 日），煤炭批发经营（许可证有效期至 2014 年 12 月 22 日）。（以上项目国家有专项规定的除外。）						

企业名称	泰豪科技股份有限公司			海关编码	3601911448	所属海关	南昌海关驻高新技术产业开发区办事处
通讯地址	江西省南昌高新开发区清华泰豪大楼			邮政编码	330096	法人姓名	杨剑
评定时间	2012.3.13	注册日期	2000.4.11	报关有效期	长期	注册资本	50032.57 万人民币
主营范围	电力信息及自动化产品、电子产品及通信设备、输变电配套设备、发电机及发电机组、电动机及配套设备、环保及节能产品、高新技术产品的开发、生产、销售、维修服务；高科技项目咨询及高新技术转让与服务；建筑智能化工程、网络信息系统工程、电气自动化工程、中央空调工程、环保及节能工程的承接和综合技术服务；防盗报警、闭路电视监控工程的设计、安装；输变配电等电力工程的设计、安装、调试及维修；计算机产品、空调产品、汽车（小轿车除外）的销售，房屋及设备租赁；本企业自产产品及相关技术的出口业务（国家组织统一经营的出口商品除外），本企业生产、科研所需的原辅材料、机械设备、仪器仪表、零配件及相关技术的进口业务（国家实行核定公司经营的进口商品除外），本企业的进料加工和“三来一补”业务；承包国际工程和境内国际招标工程业务，以及上述境外工程所需的设备、材料出口，对外派遣实施上述境外工程所需的劳务人员。（以上项目国家有专项许可的凭证经营。）						

企业名称	江西省恒生制衣有限公司			海关编码	3601911568	所属海关	南昌海关驻高新技术产业开发区办事处
通讯地址	江西省南昌市昌东工业区昌东三路 66 号			邮政编码	330012	法人姓名	游敬
评定时间	2012.4.11	注册日期	2002.1.11	报关有效期	长期	注册资本	200 万人民币
主营范围	服装、服装半成品、服装面料及辅料的加工、制造及销售（以上项目国家有专项规定的除外）。						

企业名称	江西稀有稀土金属钨业集团进出口有限公司			海关编码	3601912020	所属海关	南昌海关驻高新技术产业开发区办事处
通讯地址	江西省南昌市北京西路 118 号			邮政编码	330046	法人姓名	廖新庚
评定时间	2012.3.13	注册日期	2005.3.28	报关有效期	长期	注册资本	10000 万人民币
主营范围	对外贸易经营（实行国营贸易管理货物的进出口业务除外），国内商业批发贸易（以上项目国家有专项规定的除外）。						

企业名称	江西江铃进出口有限责任公司			海关编码	3601932694	所属海关	南昌海关驻高新技术产业开发区办事处
通讯地址	江西省南昌市迎宾中大道 319 号（江西中南建设工程集团公司）			邮政编码	330001	法人姓名	夏英杰
评定时间	2008.10.27	注册日期	2008.8.26	报关有效期	长期	注册资本	3361.34 万人民币
主营范围	经营和代理各类商品及技术的进出口业务，销售及投资机械类等产品并提供相关服务，商品物流、包装（有专项规定管理的商品按照国家有关规定办理）。						

企业名称	泰丰轮胎（江西）有限公司			海关编码	3601941319	所属海关	南昌海关驻高新技术产业开发区办事处
通讯地址	江西省南昌市上海路 639 号			邮政编码	330029	法人姓名	马述健
评定时间	2008.10.27	注册日期	1997.1.8	报关有效期	长期	注册资本	6700 万美元
主营范围	生产各种轮胎及橡胶制品（斜胶轮胎除外）；销售自产产品；批发各种非自产轮胎（含斜胶胎）及橡胶制品；批发与轮胎生产相关的原、物料（天然胶除外），机器设备，零配件；从事上述所有商品的进出口销售（以上项目国家有专项规定的除外）。						

企业名称	捷德（中国）信息科技有限公司			海关编码	3601942416	所属海关	南昌海关驻高新技术产业开发区办事处
通讯地址	江西省南昌市高新技术开发区火炬大街			邮政编码	330096	法人姓名	肖卫
评定时间	2008.10.27	注册日期	2006.11.22	报关有效期	长期	注册资本	1141.59 万美元
主营范围	设计、研发、制造、市场营销及销售各类卡、卡系统和系统组件、相关装置、器械、材料和技术，提供相关服务等。						

企业名称	江西赣锋锂业股份有限公司			海关编码	3605960064	所属海关	新余海关
通讯地址	江西省新余经济开发区龙腾路			邮政编码	338000	法人姓名	李良彬
评定时间	2013.9.26	注册日期	2002.1.28	报关有效期	长期	注册资本	17827.23 万人民币
主营范围	有色金属、仪器仪表、机械设备的销售，经营本企业生产所需的原材料、零配件及技术进口业务，对外投资，进出口贸易（凭许可证经营），经营进料加工和“三来一补”业务（以上项目国家有专项规定除外）。						

企业名称	新余远东纺织有限公司			海关编码	3605960073	所属海关	新余海关
通讯地址	江西省新余市高新区东兴北路			邮政编码	338003	法人姓名	蔡长春
评定时间	2010.5.27	注册日期	2008.8.22	报关有效期	长期	注册资本	12600 万人民币
主营范围	纺织品生产经营，经营本企业自产产品的出口业务，经营本企业生产所需要的原辅材料、仪器仪表、机械设备、零配件及技术的进口业务，经营来料加工和“三来一补”业务，代理纺织品及原辅料进出口业务（国家有专项规定除外）。						

企业名称	上高裕盛工业有限公司			海关编码	3608940367	所属海关	新余海关
通讯地址	江西省宜春市上高县锦江镇油籽洞			邮政编码	336400	法人姓名	蓝国安
评定时间	2013.7.3	注册日期	2005.7.6	报关有效期	长期	注册资本	2924 万美元
主营范围	加工处理猪、牛、羊皮及皮革后整饰新技术，生产和销售鞋类制品，生产和销售模具制品，提供企业管理咨询、策划咨询服务，提供项目投资咨询、产品推广、市场营销策划和相关的配套服务及其他咨询服务（涉及行政许可的凭许可证经营）。						

企业名称	新余钢铁股份有限公司			海关编码	360591037Y	所属海关	新余海关
通讯地址	江西省新余市铁焦路			邮政编码	338001	法人姓名	熊小星
评定时间	2012.11.22	注册日期	2004.3.11	报关有效期	长期	注册资本	139342.95 万人民币
主营范围	生产、经营各类锰铁、生铁、矽铁、钢材、钢丝和钢绞线、铝包钢线、电线、电缆、CATV 有线电视传输线、OPGW 光纤复合电缆及延伸产品、压缩气体、液化气体、易燃液体（凭有效许可证经营，安全生产许可证有效期至 2015 年 1 月 15 日），化工产品、设备制造与销售，与本企业相关的进出口业务及“三来一补”业务，本企业附属产品、易燃液体、压缩气体、液化气体的销售（凭许可证经营）、技术咨询及服务。						

企业名称	瀚森科技（江西）有限公司			海关编码	3604540003	所属海关	九江海关驻出口加工区办事处
通讯地址	江西省九江出口加工区内			邮政编码	332000	法人姓名	黄旭锋
评定时间	2010.9.20	注册日期	2007.11.21	报关有效期	长期	注册资本	600.02 万美元
主营范围	GPS（卫星导航定位接收设备）、车充、手机、PDA 产品、MP4、塑胶制品、蓝牙及相关产品、家电产品、光电半导体、发光二极管、照明及相关产品、GPS 跟踪器的研发、制造、销售及以上项目的检测和维修（以上项目国家有专项规定的除外，涉及行政许可的凭许可证经营）。						

企业名称	江西省裕泰鞋业有限公司			海关编码	3609940488	所属海关	上饶海关
通讯地址	江西省鄱阳县田贩街镇滩口村			邮政编码	333105	法人姓名	张明忠
评定时间	2013.12.2	注册日期	2009.2.12	报关有效期	长期	注册资本	1500 万美元
主营范围	猪、牛、羊皮皮革后整饰新技术，生产和销售鞋类制品及半成品。						

企业名称	江西铜业股份有限公司			海关编码	3606930073	所属海关	鹰潭海关
通讯地址	江西省贵溪市冶金大道 15 号			邮政编码	335424	法人姓名	李保民
评定时间	2008.10.27	注册日期	1997.7.9	报关有效期	长期	注册资本	346272.94 万人民币
主营范围	有色金属、稀贵金属采、选、冶炼、加工及相关技术服务，有色金属矿、稀贵金属、非金属矿、有色金属及相关副产品的冶炼、压延加工与深加工；与上述业务相关的硫化工及其延伸产品、精细化工产品，选矿药剂、橡胶制品，毒害品、腐蚀品、压缩气体、液化气体的生产和加工；自产产品的销售及售后服务，相关的咨询服务和业务；岩土边坡、测量与涵、隧道工程；地质勘查与施工；机电、土木建筑维修与装潢；汽车与工程机械维修，流动式起重机械维修；钢丝增强液压橡胶软管组合件生产；合金耐磨产品铸造；矿山、冶炼专业设备制造、加工、安装、维修与销售；涂装、保温、防腐工程；工业设备清洗；货运代理，仓储（危险品除外）业务；从事境外期货套期保值业务；代理进出口业务（以上商品进出口不涉及国营贸易、进出口配额许可证、出口配额招标、出口许可证等专项规定管理的商品）。（安全生产许可证有效期至 2014 年 8 月 3 日，矿产资源勘查许可证有效期至 2014 年 11 月 29 日，东同矿、银山矿、德兴矿、城门山矿、武山铜矿、永平铜矿、德兴矿富家坞矿的采矿许可证有效期分别到 2018 年 12 月 19 日、2028 年 12 月 19 日、2027 年 7 月、2014 年 11 月 22 日、2013 年 12 月 16 日、2020 年 9 月、2016 年 10 月。）							

青岛关区

企业名称	大宇造船海洋（山东）有限公司			海关编码	3706247056	所属海关	烟台海关
通讯地址	山东省烟台经济技术开发区			邮政编码	264006	法人姓名	严亢燮
评定时间	2010.12.20	注册日期	2005.11.2	报关有效期	长期	注册资本	7990 万美元
主营范围	研究、生产船舶用船段和有关产品（港口经营许可证有效期至 2016 年 6 月 30 日），石油钻采专用设备设计、制作、安装、施工（国家有专项规定的除外），其他与之相关的业务，销售公司自产产品。						

企业名称	烟台鹏晖铜业有限公司			海关编码	3706917513	所属海关	烟台海关
通讯地址	山东省烟台市芝罘区化工路 45 号、47 号			邮政编码	264002	法人姓名	孙林权
评定时间	2010.9.10	注册日期	1996.4.9	报关有效期	长期	注册资本	24100 万人民币
主营范围	生产、销售电解铜等有色金属和硫酸铜、硫酸、粗硫酸镍、工业用氧，充装工业用氧，从事铜、铝、锌、镍、锡、碲、铂、钯、铋、硒及其制品和矿产品及硫酸、硫酸铜、硫酸镍、硫酸锌、硫酸铝、硫酸铅、二氧化硒的批发及进出口业务，相关技术的进出口业务（上述涉及配额许可证管理、专项规定管理的商品按国家有关规定办理）。						

企业名称	万华化学集团股份有限公司			海关编码	3706918476	所属海关	烟台海关
通讯地址	山东省烟台市幸福南路 7 号			邮政编码	264002	法人姓名	丁建生
评定时间	2008.12.3	注册日期	2000.7.10	报关有效期	长期	注册资本	216233.472 万人民币
主营范围	前置许可经营项目：安全生产许可证范围内化学危险品的生产（有效期至 2014 年 10 月 29 日）。许可证范围内铁路专用线经营，第 21 类、第 3 类（不含成品油）、第 81 类危险化学品（所有各类均不含剧毒、监控化学品、易制毒、易制爆化学品）的批发（禁止储存，有效期至 2016 年 4 月 29 日）。 一般经营项目：聚氨酯及助剂、异氰酸酯及衍生产品的开发，技术服务及相关技术人员培训，批准范围内的自营进出口业务，化工产品（不含危险化学品）销售。						

企业名称	烟台绮丽集团有限公司			海关编码	3706919758	所属海关	烟台海关
通讯地址	山东省烟台市芝罘区朝阳街 80 号			邮政编码	264001	法人姓名	李春芳
评定时间	2008.12.3	注册日期	1996.9.28	报关有效期	长期	注册资本	6000 万人民币
主营范围	服装、纺织品、抽纱制品、水产品、轻工产品、化工产品（不含化学危险品）、文体用品、五金、土畜产品、建材的批发、零售，仓储服务，租赁经营业务，许可范围内的进出口业务，服装生产。						

企业名称	益海（烟台）粮油工业有限公司			海关编码	3706938599	所属海关	烟台海关
通讯地址	山东省烟台市芝罘区港湾大道 100 号			邮政编码	264000	法人姓名	纪少波
评定时间	2008.12.3	注册日期	2001.2.9	报关有效期	长期	注册资本	27020 万人民币
主营范围	从事各类油籽、食用植物油（工业产品生产许可证有效期至 2015 年 3 月 9 日）、粮食及其相关产品的深加工、仓储（不含国家出口许可证管理的商品），并销售公司上述自产产品；上述产品有关的塑料包装制品的生产；大米、面粉和食用油产品及饲料的批发及相关辅助产品进出口业务（以上进出口商品不涉及国营贸易，涉及配额及许可证管理的商品按国家规定办理，食品流通许可证有效期限至 2016 年 10 月 11 日）。						

企业名称	烟台北方安德利果汁股份有限公司			海关编码	3706939699	所属海关	烟台海关
通讯地址	山东省烟台市牟平经济开发区安德利大街 18 号			邮政编码	264100	法人姓名	王安
评定时间	2008.12.3	注册日期	1996.5.7	报关有效期	长期	注册资本	40898.8 万人民币
主营范围	生产、销售各种原浆果汁、果蔬汁，铁制包装品的加工、销售，果渣的生物综合利用，从事各种原浆果汁、果蔬汁、果浆的批发和进出口业务（以上涉及配额许可证管理、专项管理的商品按照国家有关规定办理）。						

企业名称	烟台汇城电子有限公司			海关编码	3706947367	所属海关	烟台海关
通讯地址	山东省烟台市芝罘区荣尧街 8 号			邮政编码	264000	法人姓名	高秀好
评定时间	2008.12.3	注册日期	2003.6.18	报关有效期	长期	注册资本	155.6 万美元
主营范围	新型电子元器件、耳机及耳机线材、手机耳机、CD 耳机、随身听耳机、手机铃声扬声器及手机相关部件、片式元器件、频率控制与选择元件的生产，销售公司上述所列自产产品。						

企业名称	烟台矢崎汽车配件有限公司			海关编码	3706948630	所属海关	烟台海关
通讯地址	山东省烟台市福山高新技术产业区永达街西首			邮政编码	265500	法人姓名	小川环
评定时间	2008.12.3	注册日期	2001.3.30	报关有效期	长期	注册资本	1540 万美元
主营范围	汽车札线、汽车仪表、汽车札线部品及其模具的设计、制造、销售，提供检测和销售后修理服务（不含国家禁止和限制的项目）。						

企业名称	烟台铁姆肯有限公司			海关编码	3706949649	所属海关	烟台海关
通讯地址	山东省烟台市芝罘区青年路 7 号			邮政编码	264000	法人姓名	PETER M SPROSON（施博胜）
评定时间	2008.12.3	注册日期	2001.6.1	报关有效期	长期	注册资本	3298.28 万美元
主营范围	从事滚动轴承及其零部件、配件和轴承工程、模具及其零部件、配件的设计、制造、装配、内外销及相关的技术服务。						

企业名称	烟台北方家用纺织品有限公司			海关编码	3706960464	所属海关	烟台海关
通讯地址	山东省烟台市福山区汇福街 137 号			邮政编码	265500	法人姓名	张剑波
评定时间	2008.12.3	注册日期	2002.8.5	报关有效期	长期	注册资本	1200 万人民币
主营范围	前置许可经营项目：无。一般经营项目：针纺织品、箱包、服装的生产、销售，纺织原料、化学助剂（不含危险品）的批发、零售，经营本企业自产产品及技术的进出口业务（国家统一联合经营的商品除外），经营本企业生产、科研所需的原辅材料、仪器仪表、机械设备、零配件及技术的进口业务（国家实行核定公司经营的进口商品除外），经营本企业的进料加工和“三来一补”业务。						

企业名称	烟台华科食品有限公司			海关编码	3706968081	所属海关	烟台海关
通讯地址	山东省烟台市芝罘区环海路 29 号			邮政编码	264000	法人姓名	韩明侍
评定时间	2008.12.3	注册日期	2002.12.18	报关有效期	长期	注册资本	500 万人民币
主营范围	水产品、肉及肉制品、蔬菜制品、面食制品的加工、批发与零售；冷藏仓储；普通机械、家具、金属材料、化工产品的批发、零售；商品及技术的进出口，本企业生产科研所需的原辅料、机械设备、仪器仪表及零配件的进出口。						

企业名称	山东东方海洋科技股份有限公司			海关编码	3706968894	所属海关	烟台海关
通讯地址	山东省烟台市莱山区澳柯玛大街 18 号			邮政编码	264003	法人姓名	车轼
评定时间	2008.12.3	注册日期	2002.2.6	报关有效期	长期	注册资本	24385 万人民币
主营范围	前置许可经营项目：海水动植物养殖、育种、育苗，预包装食品批发兼零售（有效期至 2015 年 9 月 24 日）。一般经营项目：水产新技术、新成果的研究、推广应用，水产技术培训、咨询服务，水产品、果品、粮油制品、蔬菜、肉禽蛋的冷藏、储存、加工、收购、销售。经营本企业自产产品及技术的出口业务，经营本企业生产、科研所需的原辅材料、仪器仪表、机械设备、零配件及技术的进口业务（国家限定公司经营和国家禁止进出口的商品及技术除外），经营进料加工和“三来一补”业务，海上、航空、陆路国际货运代理业务，货运代理、信息配载、仓储理货，登记证书范围内保税货物的仓储业务，自建房屋租赁经营业务，木质包装盒、纸和纸板容器、塑料包装及容器的加工、生产和销售，化妆品销售，垂钓服务。						

企业名称	烟台龙大食品有限公司			海关编码	3724930209	所属海关	烟台海关
通讯地址	山东省莱阳市龙旺庄镇庙后			邮政编码	265209	法人姓名	宫学斌
评定时间	2008.12.3	注册日期	1997.4.16	报关有效期	长期	注册资本	280 万美元
主营范围	生产、加工水煮果蔬、速冻方便食品、冻鱼片、冻贝肉及片、冻寿司、冻蟹肉（以上产品 100% 出口）（有效期至 2015 年 12 月 19 日），生产、加工速冻果蔬、速冻调制食品（有效期至 2014 年 8 月 17 日）、调味酱（调味料）（有效期至 2015 年 11 月 21 日）、软包装罐头（有效期至 2016 年 2 月 10 日）（以上涉及配额许可证管理、专项管理的商品按国家有关规定办理），销售公司上述所列自产产品。						

企业名称	中煤能源山东有限公司			海关编码	3711910109	所属海关	日照海关
通讯地址	山东省日照市天津路 135 号			邮政编码	276826	法人姓名	李长立
评定时间	2008.12.3	注册日期	1999.7.26	报关有效期	长期	注册资本	10000 万人民币
主营范围	煤焦油、粗苯、甲醇、煤焦沥青、燃料油（闪点小于 60 度）、蒽油乳膏、（二）甲醚、萘、蒽油乳剂批发（不带有储存设施经营，有效期限以许可证为准）；房屋租赁；煤炭、化肥、机电设备（不含汽车）、焦炭、煤炭制品、矿产品、化工产品（不含危险化学品、易制毒化学品及国家专营专控经营产品）销售；普通货物和技术进出口，但国家限定公司经营或禁止进出口的商品和技术除外（以上范围依法须经批准的项目，经相关部门批准后方可开展经营活动）。						

企业名称	亚太森博（山东）浆纸有限公司			海关编码	3711930732	所属海关	日照海关
通讯地址	山东省日照经济开发区北京路			邮政编码	276800	法人姓名	吕建中
评定时间	2008.12.3	注册日期	2000.5.22	报关有效期	长期	注册资本	527107 万人民币
主营范围	生产浆、纸、纸板和相关产品，销售自产产品，纸浆、溶解浆、纸、纸板及其他纸类产品的进出口批发业务，自备电厂的并网发电和网上电力销售（电力业务许可证有效期限至 2030 年 7 月 5 日），造林，码头港口设施经营，港区内从事货物装卸、仓储，船舶港口服务业务经营，为船舶提供岸电（港口经营许可证有效期至 2014 年 3 月 21 日），提供相关的技术咨询、技术培训和技术转让（以上不涉及国营贸易管理商品，涉及配额、许可证管理的商品，按照国家有关规定办理，涉及许可证经营的凭有效许可证开展经营活动）。						

企业名称	日照荣兴食品有限公司			海关编码	3711931050	所属海关	日照海关
通讯地址	山东省日照市山东路中段北侧（高科园科技路中段西侧）			邮政编码	276800	法人姓名	吕元萌
评定时间	2008.12.3	注册日期	2004.2.2	报关有效期	长期	注册资本	1006 万人民币
主营范围	水产品、肉类食品、蔬菜制品、食品调料的加工、销售（凭有效食品卫生许可证开展经营活动）。						

企业名称	日照佳食食品有限公司			海关编码	3711931435	所属海关	日照海关
通讯地址	山东省日照市昭阳北路西侧（市高科园内）			邮政编码	276800	法人姓名	村上贞夫
评定时间	2009.11.23	注册日期	2005.8.25	报关有效期	长期	注册资本	0 万人民币
主营范围	初级食用水产品、初级食用农产品的加工、销售，普通商品的进出口（不含进口分销业务）（以上范围需经许可的，凭有效许可证经营）。						

企业名称	日照佳苑食品有限公司			海关编码	3711931711	所属海关	日照海关
通讯地址	山东省日照市海口路 1 号			邮政编码	276826	法人姓名	刘乃春
评定时间	2011.5.17	注册日期	2006.11.8	报关有效期	长期	注册资本	375 万美元
主营范围	初级食用水产品加工、销售，蔬菜种植，普通商品进出口（不含进口商品的分销业务）（以上范围需经许可的，凭有效许可证经营）。						

企业名称	山东昌华实业发展有限公司			海关编码	3711933070	所属海关	日照海关
通讯地址	山东省日照市岚山区安东卫街道办驻地			邮政编码	276807	法人姓名	张爱华
评定时间	2012.5.18	注册日期	2012.5.3	报关有效期	长期	注册资本	10366.6 万美元
主营范围	水产加工品（冻鱼糜制品，有效期限以许可证为准）的生产，速冻食品（速冻调制食品，有效期限以许可证为准）的生产，饲料销售，农产品、土畜产品的采购及批发（国家限制外商投资的产品除外），预包装食品兼散装食品（仅限食用植物油及相关产品、淀粉、葡萄酒）的批发（有效期限以许可证为准），塑料、金属（铁、铜）、化工产品（不含危险化学品及监控化学品等国家专项许可产品）的进出口和批发业务，大豆、木浆、纸浆的进口和批发业务，境外矿产投资（以上不涉及国营贸易管理商品，涉及配额、许可证管理的商品，按照国家有关规定办理，依法须经批准的项目，经相关部门批准后方可开展经营活动）。						

企业名称	日照钢铁控股集团有限公司			海关编码	3711950966	所属海关	日照海关
通讯地址	山东省日照市滨海路 600 号			邮政编码	276826	法人姓名	杜双华
评定时间	2012.5.3	注册日期	2003.7.4	报关有效期	长期	注册资本	80000 万人民币
主营范围	煤炭批发经营（许可证有效期至 2013 年 12 月 31 日）；发电；黑色金属冶炼、压延、加工；冶金产品及副产品、冶金辅助材料、铁合金、五金工具、焦炭的生产、销售；建筑材料（不含化学危险品）、工程机械设备、汽车及其配件（九座以下乘用车除外）的销售；硫酸铵的生产、销售（凭有效许可证经营）；普通货物和技术进出口，但国家限定公司经营或禁止进出口的商品及技术除外（以上范围涉及许可证经营的，凭有效许可证经营）。						

企业名称	山东华龙纺织有限公司			海关编码	3711960807	所属海关	日照海关
通讯地址	山东省五莲县城解放路 156 号			邮政编码	262300	法人姓名	丁宏利
评定时间	2009.2.1	注册日期	2003.1.28	报关有效期	长期	注册资本	2580 万人民币
主营范围	纺纱、织布、针织品、服装的生产、销售，棉花的收购加工，本企业自产的纱、布、针织品、服装及相关技术的出口业务，本企业所需的原辅材料、机械设备、仪器仪表、零配件及相关技术的进口业务（国家限定公司经营或禁止进出口的商品及技术除外），房屋租赁业务（需许可的凭有效许可证生产经营）。						

企业名称	莒县华洋塑料制品有限公司			海关编码	3711960860	所属海关	日照海关
通讯地址	山东省莒县刘官庄镇驻地			邮政编码	276512	法人姓名	刘贵方
评定时间	2009.11.23	注册日期	2002.5.22	报关有效期	长期	注册资本	1060万人民币
主营范围	包装装潢印刷品印刷（印刷经营许可证有效期至2014年3月31日），包装袋及橡塑制品、塑料原料（不含化学危险品）的销售，经营本企业自产产品及技术的出口业务，经营本企业生产、科研所需的原辅材料、仪器仪表、机械设备、零配件及技术的进口业务（国家限定公司经营和国家禁止进出口的商品及技术除外，涉及许可经营的凭有效许可证经营）。						

企业名称	日照中港粮油有限公司			海关编码	3711960921	所属海关	日照海关
通讯地址	山东省日照市日照港中港区			邮政编码	276826	法人姓名	苗仲林
评定时间	2011.11.15	注册日期	2003.2.28	报关有效期	长期	注册资本	1000万人民币
主营范围	批发散装食品（食品流通许可证有效期至2016年04月25日）；在港区内从事货物仓储服务（港口经营许可证有效期至2016年08月13日），钢材、沥青、电解铜、矿产品、化工原料（易制毒化学品和危险化学品及国家专项许可产品除外）的销售；普通货物和技术进出口，但国家限定公司经营或禁止进出口的商品及技术除外（以上范围需经许可的，凭有效许可证经营）。						

企业名称	山东万宝贸易有限公司			海关编码	3711960988	所属海关	日照海关
通讯地址	山东省日照市天津路51号			邮政编码	276826	法人姓名	辛为华
评定时间	2009.2.1	注册日期	2004.1.21	报关有效期	长期	注册资本	5030万人民币
主营范围	自营和代理各类商品和技术的进出口，但国家限定公司经营或禁止进出口的商品和技术除外。						

企业名称	日照中瑞物产有限公司			海关编码	3711960996	所属海关	日照海关
通讯地址	山东省日照南路48号（物资局院内办公楼3楼）			邮政编码	276800	法人姓名	高华忠
评定时间	2009.2.1	注册日期	2003.10.9	报关有效期	长期	注册资本	10223万人民币
主营范围	农（水）产品（不含食品）、日用杂品、钢材、陶瓷、仪表仪器、机电产品（小轿车除外）、化工产品、燃料油（不含闪点在60度以下的燃料油，无储运）的销售；普通货物进出口，但国家限定公司经营或禁止进出口的商品除外（以上范围不含危险化学品、易制毒化学品及国家专项经营产品，需经许可的，凭有效许可证经营）。						

企业名称	日照美佳科苑食品有限公司			海关编码	3711961301	所属海关	日照海关
通讯地址	山东省日照市滨州路以北，枣庄路以西			邮政编码	276826	法人姓名	郭晓华
评定时间	2009.11.23	注册日期	2005.1.28	报关有效期	长期	注册资本	1200万人民币
主营范围	速冻蔬菜加工、销售（仅限出口）；冷冻鱼类、虾类、雪蟹加工、销售（仅限出口，有效期限以许可证为准）；初级农（水）产品加工、销售；五金交电、日用百货、建材、化工产品、机电产品（汽车除外）的销售；普通货物和技术进出口，但国家限定公司经营或禁止进出口的商品和技术除外（以上范围不含危险化学品、易制毒及国家专项许可产品，依法须经批准的项目，经相关部门批准后方可开展经营活动）。						

<table>
<tr><td>企业名称</td><td colspan="3">山东晨曦集团有限公司</td><td>海关编码</td><td>3711962190</td><td>所属海关</td><td>日照海关</td></tr>
<tr><td>通讯地址</td><td colspan="3">山东省日照市莒县刘官庄镇驻地</td><td>邮政编码</td><td>276512</td><td>法人姓名</td><td>邵仲毅</td></tr>
<tr><td>评定时间</td><td>2011.12.22</td><td>注册日期</td><td>2009.2.4</td><td>报关有效期</td><td>长期</td><td>注册资本</td><td>23000 万人民币</td></tr>
<tr><td>主营范围</td><td colspan="7">压缩气体及液化气体、易燃液体（成品油除外）批发，无储存（危化证有效期至 2016 年 6 月 20 日）；批发、零售预包装食品（流通许可证有效期限至 2015 年 4 月 15 日）；编织袋、塑料制品、橡胶制品、塑料原料（不含化学危险品）、五金、建材、纸浆、纸张的销售，大豆购销；普通货物进出口，但国家限制经营或禁止进出口的商品除外（以上范围涉及许可经营的凭有效许可证书经营）。</td></tr>
</table>

<table>
<tr><td>企业名称</td><td colspan="3">日照美加水产食品有限公司</td><td>海关编码</td><td>3711962229</td><td>所属海关</td><td>日照海关</td></tr>
<tr><td>通讯地址</td><td colspan="3">山东省日照市海滨一路 119 号</td><td>邮政编码</td><td>276826</td><td>法人姓名</td><td>李淑利</td></tr>
<tr><td>评定时间</td><td>2009.4.20</td><td>注册日期</td><td>2009.4.8</td><td>报关有效期</td><td>长期</td><td>注册资本</td><td>400 万人民币</td></tr>
<tr><td>主营范围</td><td colspan="7">加工、销售冷冻调理水产品（仅限出口，出口食品生产企业备案证明有效期至 2015 年 10 月 31 日）；初级农（水）产品加工、销售；五金交电、日用百货、建材、化工产品、机电产品（汽车除外）的销售；普通货物和技术进出口，但国家限定公司经营或禁止进出口的商品和技术除外（以上范围不含危险化学品、易制毒及国家专项许可产品，需许可的，凭有效许可证经营）。</td></tr>
</table>

<table>
<tr><td>企业名称</td><td colspan="3">日照日荣水产食品有限公司</td><td>海关编码</td><td>3711963071</td><td>所属海关</td><td>日照海关</td></tr>
<tr><td>通讯地址</td><td colspan="3">山东省日照市富阳路</td><td>邮政编码</td><td>276826</td><td>法人姓名</td><td>吕元萌</td></tr>
<tr><td>评定时间</td><td>2012.5.3</td><td>注册日期</td><td>1993.2.25</td><td>报关有效期</td><td>长期</td><td>注册资本</td><td>120 万人民币</td></tr>
<tr><td>主营范围</td><td colspan="7">初级水产品的加工、销售；普通货物进出口，但国家限定公司经营或禁止进出口的商品除外（经营范围需经许可的，凭有效许可证经营）。</td></tr>
</table>

<table>
<tr><td>企业名称</td><td colspan="3">山东金宝电子股份有限公司</td><td>海关编码</td><td>3706931655</td><td>所属海关</td><td>龙口海关</td></tr>
<tr><td>通讯地址</td><td colspan="3">山东省招远市温泉路 128 号</td><td>邮政编码</td><td>265400</td><td>法人姓名</td><td>王茂瑞</td></tr>
<tr><td>评定时间</td><td>2008.12.3</td><td>注册日期</td><td>1993.12.30</td><td>报关有效期</td><td>长期</td><td>注册资本</td><td>32280 万人民币</td></tr>
<tr><td>主营范围</td><td colspan="7">生产和销售铜箔、覆铜板、印刷电路板、绝缘板及相关电子材料产品。</td></tr>
</table>

<table>
<tr><td>企业名称</td><td colspan="3">山东玲珑轮胎股份有限公司</td><td>海关编码</td><td>3706931794</td><td>所属海关</td><td>龙口海关</td></tr>
<tr><td>通讯地址</td><td colspan="3">山东省招远市金龙路 777 号</td><td>邮政编码</td><td>265406</td><td>法人姓名</td><td>王锋</td></tr>
<tr><td>评定时间</td><td>2008.12.3</td><td>注册日期</td><td>1994.9.10</td><td>报关有效期</td><td>长期</td><td>注册资本</td><td>100000 万人民币</td></tr>
<tr><td>主营范围</td><td colspan="7">生产、销售轮胎、橡胶制品、橡胶增强剂、钢丝；从事轮胎用化工材料（危险化学品除外）、添加剂的批发及进出口业务（依法须经批准的项目，经相关部门批准后方可开展经营活动，有效期以许可证为准）。</td></tr>
</table>

<table>
<tr><td>企业名称</td><td colspan="3">贺利氏（招远）贵金属材料有限公司</td><td>海关编码</td><td>3706931897</td><td>所属海关</td><td>龙口海关</td></tr>
<tr><td>通讯地址</td><td colspan="3">山东省招远市玲珑路 238 号</td><td>邮政编码</td><td>265400</td><td>法人姓名</td><td>本德・施登赫</td></tr>
<tr><td>评定时间</td><td>2008.12.4</td><td>注册日期</td><td>1995.9.25</td><td>报关有效期</td><td>长期</td><td>注册资本</td><td>12609.5 万人民币</td></tr>
<tr><td>主营范围</td><td colspan="7">生产和销售键合丝、 溅射靶材、蒸发材料、焊粉 。</td></tr>
</table>

企业名称	烟台双塔食品股份有限公司			海关编码	3706951131	所属海关	龙口海关
通讯地址	山东省招远金岭镇寨里			邮政编码	265404	法人姓名	杨君敏
评定时间	2011.11.14	注册日期	2014.3.12	报关有效期	长期	注册资本	43200万人民币
主营范围	预包装食品及散装食品批发、零售（有效期至2014年6月8日），食用菌菌种生产、销售（有效期至2015年7月12日），豌豆蛋白粉、淀粉及淀粉制品生产、销售（有效期至2015年3月9日）。一般经营项目：初级农产品、食用菌、饲料、金精矿粉、黄金饰品的销售，经营进出口业务。						

企业名称	山东隆基机械股份有限公司			海关编码	3718931753	所属海关	龙口海关
通讯地址	山东龙口市外向型经济开发区			邮政编码	265700	法人姓名	张海燕
评定时间	2011.5.17	注册日期	1994.6.30	报关有效期	长期	注册资本	14940万人民币
主营范围	生产、销售盘式制动器总成、制动毂、制动盘、轮毂、刹车片、刹车蹄片、锻件、铸件及木具、塑料、纸盒包装制品。						

企业名称	龙口市泛林水泥有限公司			海关编码	3718931850	所属海关	龙口海关
通讯地址	山东省龙口市丛林工业区			邮政编码	265705	法人姓名	张培良
评定时间	2008.12.4	注册日期	1995.3.24	报关有效期	长期	注册资本	10156万人民币
主营范围	生产、销售各种高标号水泥、编织袋、包装袋，水泥余热发电。						

企业名称	龙口新龙食油有限公司			海关编码	3718941815	所属海关	龙口海关
通讯地址	山东省龙口市新港路39号			邮政编码	265700	法人姓名	马汉斯·阿斯拉尼
评定时间	2008.12.5	注册日期	2008.11.11	报关有效期	长期	注册资本	2000万美元
主营范围	生产、加工初榨油、食用油及其附属产品，经营大豆进出口（不含进口商品分销业务），销售公司自产产品。						

企业名称	龙口海盟机械有限公司			海关编码	3718942086	所属海关	龙口海关
通讯地址	山东省龙口市黄山海盟工业园			邮政编码	265716	法人姓名	丹尼尔·托马斯·赛德洛克
评定时间	2008.12.4	注册日期	2008.8.13	报关有效期	长期	注册资本	902.05万美元
主营范围	生产、销售制动盘、制动毂、盘式制动器总成及其他车用制动系统部件。						

企业名称	龙口市东海贸易有限公司			海关编码	3718952298	所属海关	龙口海关
通讯地址	山东省龙口市东江镇南山村			邮政编码	265718	法人姓名	王艳丽
评定时间	2009.2.1	注册日期	2001.11.5	报关有效期	长期	注册资本	500万人民币
主营范围	经营销售纺织品、服装、家具、建材、化工产品（不含化学危险品）、娱乐用品、五金、家电通讯器材（不含移动电话）、仪器、仪表、日用百货、文体用品；自营和代理各类商品及技术的进出口业务，但国家限定公司经营或禁止进出口的商品及技术除外；经营进料加工和“三来一补”业务；经营对销贸易和转口贸易；经营仓储业务（不含危险品）。						

企业名称	道恩集团有限公司			海关编码	3718962162	所属海关	龙口海关
通讯地址	山东省龙口开发区东首			邮政编码	265703	法人姓名	于晓宁
评定时间	2011.3.9	注册日期	1999.3.31	报关有效期	长期	注册资本	10600 万人民币
主营范围	前置许可经营项目：苯酚、煤炭的销售。一般经营项目：合成树脂、染料、合成橡胶、钛白粉、天然胶、矿产品、仪器仪表、五金、矿产品、土木建筑材料、服装、纺织品、钢材、铝型材、工艺礼品、石油焦、工业用水的销售，自营和代理各类商品和技术的进出口业务，成品油零售，仓储业务，货物装卸服务，房屋、场地、设备租赁。						

企业名称	三星电子（山东）数码打印机有限公司			海关编码	3710330259	所属海关	威海海关
通讯地址	山东省威海市火炬高技术产业开发区三星路			邮政编码	264209	法人姓名	郑志鎬
评定时间	2008.12.3	注册日期	1993.6.16	报关有效期	长期	注册资本	3079.3 万美元
主营范围	生产传真机、打印机及通信电子产品，销售本公司产品，从事本公司生产的上述产品的批发、佣金代理（拍卖除外）及相关进出口业务（国家有特殊规定的除外）。						

企业名称	山东华菱电子股份有限公司			海关编码	3710330866	所属海关	威海海关
通讯地址	山东省威海市高技术产业开发区火炬路 159 号			邮政编码	264209	法人姓名	董述恂
评定时间	2008.12.3	注册日期	1995.12.13	报关有效期	长期	注册资本	16000 万人民币
主营范围	开发、设计、制造热敏打印头（TPH）及配套电子零部件产品，从事本公司产品的销售，提供售后服务，从事新产品及相关产品的研究开发。						

企业名称	威海光威集团有限责任公司			海关编码	3710350838	所属海关	威海海关
通讯地址	山东省威海市世昌大道 265 号			邮政编码	264209	法人姓名	陈亮
评定时间	2008.12.3	注册日期	1995.10.18	报关有效期	长期	注册资本	13000 万人民币
主营范围	生产、销售渔具系列产品及相关设备，体育用品、化工材料（化学危险品除外）、碳纤维复合材料及系列产品、机电产品、木材、土特产品（不含国家专控品种）的销售，金属表面处理，经国家对外贸易经济合作部批准范围内的进出口业务。						

企业名称	山东环球渔具股份有限公司			海关编码	3710910235	所属海关	威海海关
通讯地址	山东省威海市世昌大道 292 号			邮政编码	264202	法人姓名	周新良
评定时间	2008.12.3	注册日期	1993.5.31	报关有效期	长期	注册资本	4400 万人民币
主营范围	渔具及配套产品、生产设备、化纤及塑料、玻璃钢制品、碳纤维制品、纺织品的制造、销售、咨询、服务，生产、销售捻丝、钢、绳、网及其编制品，建筑材料、金属材料、木材、五金、交电、化工（不含易燃易爆危险品）、塑料原料、机械电子设备的批发、零售，房屋租赁业务，批准范围的进出口业务。						

企业名称	威海纺织集团进出口有限责任公司			海关编码	3710910366	所属海关	威海海关
通讯地址	山东省威海市解放路 7 号			邮政编码	264200	法人姓名	朱立华
评定时间	2010.2.9	注册日期	1993.9.22	报关有效期	长期	注册资本	5000 万人民币
主营范围	备案范围内的货物和技术的进出口，承包境外机电工程和境内国际招标工程，上述境外工程所需设备、材料出口，对外派遣实施上述工程所需的劳务人员，纺织品及原料、布匹、针纺织品、服装、鞋帽、床上用品、化工品、船舶、机械、设备、钢板、铁矿石、铜（含废铜）的销售。						

企业名称	威海市联桥国际合作集团有限公司			海关编码	3710911210	所属海关	威海海关
通讯地址	山东省威海高技术产业开发区吉林路106-2号			邮政编码	264209	法人姓名	慕镕键
评定时间	2009.2.1	注册日期	1999.2.10	报关有效期	长期	注册资本	5000万人民币
主营范围	前置许可经营项目：向境外派遣各类劳务人员（不含海员，有效期至2017年9月24日），承包与其实力、规模、业绩相适应的国外工程项目，对外派遣实施上述境外工程所需的劳务人员，提供自费出国留学中介服务（许可证有效期至2014年3月1日）。一般经营项目：备案范围内货物和技术进出口，凭资质从事房地产开发与经营。（法律、行政法规和国务院决定禁止经营的项目除外，法律、行政法规和国务院决定限制经营的项目取得许可证后经营。）						

企业名称	三角轮胎股份有限公司			海关编码	3710911216	所属海关	威海海关
通讯地址	山东省威海市青岛中路56号			邮政编码	264200	法人姓名	丁玉华
评定时间	2008.12.3	注册日期	1999.3.17	报关有效期	长期	注册资本	60000万人民币
主营范围	轮胎、橡胶制品、橡胶机械及仪器仪表、化工产品（不含化学危险品）、尼龙帘线、钢丝帘线、轮胎原辅材料的研制、生产、销售及技术服务，备案范围内的进出口业务，化工工程设计、安装（须凭资质证书经营），机械设备及房屋租赁，仓储（不含化学危险品）、装卸及物流服务，企业管理咨询服务，再生物资回收与批发（不含危险废物及须经许可的项目）。						

企业名称	山东鲁菱果汁有限公司			海关编码	3710930049	所属海关	威海海关
通讯地址	山东省乳山市胜利街168号			邮政编码	264500	法人姓名	张健
评定时间	2008.12.3	注册日期	1993.2.23	报关有效期	长期	注册资本	1178万美元
主营范围	生产和销售饮料（果汁及蔬菜汁类，工业产品生产许可证有效期至2016年3月27日）。						

企业名称	威海大宇电子有限公司			海关编码	3710930807	所属海关	威海海关
通讯地址	山东省威海经济技术开发区香港路26号			邮政编码	264200	法人姓名	田晓东
评定时间	2008.12.3	注册日期	1995.7.3	报关有效期	长期	注册资本	400万美元
主营范围	生产彩色显示器、计算机整机、彩色电视机及相关电子零部件，销售本企业产品并提供售后服务。						

企业名称	豪顿华工程有限公司			海关编码	3710930850	所属海关	威海海关
通讯地址	山东省威海经济技术开发区老集村			邮政编码	264205	法人姓名	伊恩布兰德
评定时间	2010.5.27	注册日期	1995.12.5	报关有效期	长期	注册资本	1200万美元
主营范围	风机、空气预热器及配套部件的设计、生产和销售，提供售后维修服务。						

企业名称	威海星地电子有限公司			海关编码	3710930950	所属海关	威海海关
通讯地址	山东省威海高技术产业开发区火炬五街34号			邮政编码	264209	法人姓名	谷亮
评定时间	2008.12.3	注册日期	1996.4.16	报关有效期	长期	注册资本	454万美元
主营范围	生产各种连接线及激光、喷墨打印机，传真机装置，配套线路板装配及其他电子产品。（依法须经批准的项目，经相关部门批准后方可开展经营活动，有效期以许可证为准。）						

企业名称	威海富电电子部品有限公司			海关编码	3710940655	所属海关	威海海关
通讯地址	山东省威海市环翠区温泉镇			邮政编码	264206	法人姓名	李硕淳
评定时间	2008.12.3	注册日期	1994.6.22	报关有效期	长期	注册资本	985 万美元
主营范围	生产手机用扬声器、受话器、耳机、麦克风、片式电子元器件、敏感元器件、频率控制元件、混合集成电路，生产线圈、变压器、蜂音器及其配套原材料，销售本公司产品。（涉及许可证或国家专项规定的，需凭许可证经营或按专项规定经营。）						

企业名称	山东东鑫电子有限公司			海关编码	3710942519	所属海关	威海海关
通讯地址	山东省威海市蓬莱路 296 号			邮政编码	264203	法人姓名	徐鸿钧
评定时间	2008.12.3	注册日期	2004.8.3	报关有效期	长期	注册资本	1900 万美元
主营范围	生产激光打印机、喷墨打印机、计算机、传真机、扫描仪、电脑、笔记本电脑、液晶电视外壳及成品等相关零部件，注塑、冲压模具开发、制作，塑胶粒、婴儿车制作，安全座椅制作，汽机车配件、手提包、箱包制造，铜线、电线、电缆、电源线、电话线、电脑连接线、电话插头、插座、连接器制作及销售业务。						

企业名称	威海威东日综合食品有限公司			海关编码	3710947212	所属海关	威海海关
通讯地址	山东省威海市经济技术开发区香港路 15 号			邮政编码	264205	法人姓名	香川雅司
评定时间	2008.12.2	注册日期	1993.12.28	报关有效期	长期	注册资本	800 万美元
主营范围	经营速冻食品［速冻面米食品（熟制品）、速冻其他食品（速冻肉制品、速冻果蔬制品、速冻其他类制品）、速冻调制品］（食品生产许可证有效期至 2016 年 7 月 10 日）、糕点（烘烤类糕点）［面包粉（糠）（食品生产许可证有效期至 2016 年 7 月 10 日）］、调味料［液体（水产调味料、蔬菜调味料）］（食品生产许可证有效期至 2014 年 6 月 29 日）。						

企业名称	威海市金猴进出口贸易有限公司			海关编码	3710951696	所属海关	威海海关
通讯地址	山东省威海市和平路 106 号			邮政编码	264200	法人姓名	杜刚
评定时间	2014.7.24	注册日期	2002.4.8	报关有效期	长期	注册资本	8000 万人民币
主营范围	易制毒化学品（甲苯）、易制爆化学品（硫磺）、易燃液体（1，2-二甲苯、1，3-二甲苯、1，4-二甲苯、2-甲基-1-丙醇（异丁醇）、苯、苯乙烯、二甲苯异构体混合物、甲醇、甲基苯、正丁醇），压缩气体及液化气体（1，3-丁二烯）的批发和零售（有效期限以许可证为准）；食用油脂、酒、饮用水及预包装食品的批发兼零售（有效期限以许可证为准）；Ⅱ、Ⅲ类医用电子仪器设备，医用光学器具、仪器及内窥镜设备（角膜接触镜及护理用液除外），医用超声仪器及有关设备，医用磁共振设备，医用 X 射线设备，临床检验分析仪器（体外诊断试剂除外），手术室、急救室、诊疗室设备及器具，Ⅱ类物理治疗及康复设备，口腔科设备及器具，病房护理设备及器具，消毒和灭菌设备及器具 ※※ 批发兼零售（有效期限以许可证为准）。出口企业资格证书批准范围内的进出口业务；机械、电子设备、家用电器、钢材、木材、皮鞋及辅料、建筑材料、装饰材料、服装、日用百货、煤炭、焦炭、燃料油、铁矿石、铁精粉、电解锌、钾长石矿石、磁铁矿石、生铁、钢坯、粮食、橡胶及橡胶制品、轮胎、饲料、棉、麻、木薯干、石蜡、化工产品（不含危险品）、矿产品、土畜产品、金属材料及制品、五金交电、仪器仪表及配件、车辆（不含 9 座以下乘用车）及配件、塑料产品、石油焦、沥青、润滑油、鲜活及冷冻冷藏海产品、食用农产品、生猪肉及生牛肉、棕榈油的批发、零售；化肥、农膜的经营。（法律、行政法规、国务院决定禁止的项目除外；依法须经批准的项目，经相关部门批准后方可开展经营活动。）						

企业名称	威海山花华宝地毯有限公司			海关编码	3710967346	所属海关	威海海关
通讯地址	山东省威海市环翠区温泉路 118 号			邮政编码	264206	法人姓名	刘新惠
评定时间	2013.1.4	注册日期	1993.2.3	报关有效期	长期	注册资本	8068.62 万人民币
主营范围	生产、销售各种机织地毯及地毯安装附属材料，研究、开发机织地毯系列产品，备案范围内的货物和技术进出口（国家禁止项目除外，需经许可经营的，须凭许可证从事生产经营）。						

企业名称	文登信亚机电有限公司			海关编码	3726941108	所属海关	威海海关
通讯地址	山东省威海市文登经济开发区深圳路 1~2 号			邮政编码	264400	法人姓名	申尊秀
评定时间	2009.2.1	注册日期	1997.11.7	报关有效期	长期	注册资本	620 万美元
主营范围	生产、销售汽车电器连接线及各种插头、插座、电动机及喇叭零部件。						

企业名称	文登市森鹿制革有限公司			海关编码	3726951000	所属海关	威海海关
通讯地址	山东省文登市米山路 173 号			邮政编码	264400	法人姓名	张锦卫
评定时间	2008.12.3	注册日期	1996.11.15	报关有效期	长期	注册资本	1890 万人民币
主营范围	各种服装革、革制品的进出口业务。						

企业名称	威海市芸祥绣品有限公司			海关编码	3726951424	所属海关	威海海关
通讯地址	山东省威海市文登经济开发区昆嵛北路 92 号			邮政编码	264400	法人姓名	王忠胜
评定时间	2008.12.3	注册日期	2000.8.24	报关有效期	长期	注册资本	518 万人民币
主营范围	抽纱、刺绣工艺品、服装、绗缝制品、毛衫制造，纺织品、家具制造及销售，布料、包装箱、喷胶棉、化纤制品、纸箱、塑料袋加工及销售，出口本企业自产的产品、抽纱品、家用纺织品及服装服饰品，进口本企业生产、科研所需的原辅材料、机械设备、仪器仪表及零配件（需经许可经营的，须凭许可证经营）。（依法须经批准的项目，经相关部门批准后方可开展经营活动。）						

企业名称	鸿富泰精密电子（烟台）有限公司			海关编码	3706538911	所属海关	烟台海关驻出口加工区 B 区办事处
通讯地址	山东省烟台经济技术开发区嘉兴路 8 号			邮政编码	264006	法人姓名	林逸松
评定时间	2009.8.25	注册日期	2009.5.14	报关有效期	长期	注册资本	14800 万美元
主营范围	生产大中型电子计算器、便携式计算器、新型电子元器件、新型仪表元器件、电子专用设备、精冲模、模具标准件、数据通信多媒体系统、游戏机、大容量光（磁）盘内存、光盘驱动器、数字录放机、DVD 播放器、便携式 DVD 播放机、数字照相机、复印机及上述产品的零配件，并从事上述公司非自产产品（游戏机除外）的进出口、批发及相关配套业务（不含专营、专控、专卖商品及限制项目）。						

企业名称	鸿富锦精密电子（烟台）有限公司			海关编码	3706548892	所属海关	烟台海关驻出口加工区 B 区办事处
通讯地址	山东省烟台经济技术开发区出口加工区 B 区			邮政编码	264006	法人姓名	郑光杰
评定时间	2011.3.9	注册日期	2007.4.10	报关有效期	长期	注册资本	7080 万美元
主营范围	开发、生产大中型计算机、便携式计算机、新型电子元器件、新型仪表元器件、电子专用设备、精冲模具、模具标准件及上述产品的零部件，销售上述公司自产产品，开发、生产、经营新型游戏机（产品 100% 出口）、大容量光（磁）盘存储器、光盘驱动器、数字录放机、DVD 播放器、便携式 DVD 播放机、数字照相机、电子玩具、血糖计［生产地址为烟台开发区嘉兴路 8 号，限 II 类临床检验分析仪器（6840），有效期至 2017 年 11 月 29 日］及上述产品的零配件，提供计算机、便携式计算机、服务器、游戏机、光电器材、数据及语言交换机、路由器、通讯及网络用相关卡板、移动电话、液晶显示器、便携式 DVD 播放机、数字相机、投影机、大容量光（磁）盘存储器、光盘驱动器、数字录放机、多功能音乐播放器、电子玩具等相关电子产品、血糖计（及其零组件和配件包）的检测、维修、简单加工包装及售后增值服务，从事五金件、电子零件、塑料零件、金属零件、包装材料、治具的批发及其进出口业务（不涉及国营贸易管理商品，涉及配额、许可证管理商品的，按国家有关规定办理）。						

企业名称	黄海造船有限公司			海关编码	3727910597	所属海关	荣成海关
通讯地址	山东荣成市石岛黄海中路 18 号			邮政编码	264309	法人姓名	张灿刚
评定时间	2008.12.4	注册日期	1997.10.29	报关有效期	长期	注册资本	50000 万人民币
主营范围	设计和制造各种船舶，设计和修造各种船用机械、渔业机械、钢结构件，经营进出口业务（国家限制或禁止进出口的商品和技术除外），批发、零售钢材、木材、五金交电、船舶备件，房屋出租。以下限分公司经营：制造各种船舶、船舶分段、船舶仓口盖、船舶舾装件、钢结构件，木材加工及销售，木制品和家具的制造与销售，船舶内装的设计、制造及安装销售，餐饮、住宿，经销日用百货、饮料、烟，内科医疗。						

企业名称	荣成泰祥食品股份有限公司			海关编码	3727930471	所属海关	荣成海关
通讯地址	山东省荣成市石岛镇渔岛路 218 号			邮政编码	264309	法人姓名	于建洋
评定时间	2008.12.3	注册日期	1994.11.11	报关有效期	长期	注册资本	7500 万人民币
主营范围	速冻调制食品的加工与销售，冷冻水产品、肉类的仓储服务。						

企业名称	固铂成山（山东）轮胎有限公司			海关编码	3727931248	所属海关	荣成海关
通讯地址	山东省荣成市南山北路 98 号			邮政编码	264300	法人姓名	Allen Tsaur
评定时间	2008.12.4	注册日期	2006.1.12	报关有效期	长期	注册资本	7680 万美元
主营范围	设计、开发、生产和销售载重子午胎、普通结构轮胎、半钢子午线客车轮胎、半钢子午线轻型卡车轮胎及相关产品，为上述产品提供技术支持和服务。（涉及需审批、许可经营的，凭有效许可证件经营。）						

企业名称	荣成伽耶船业有限公司			海关编码	3727941059	所属海关	荣成海关
通讯地址	山东省荣成市俚岛镇驻地			邮政编码	264317	法人姓名	闵庚焕
评定时间	2008.12.3	注册日期	2014.2.17	报关有效期	长期	注册资本	3387.08 万美元
主营范围	船舶、船舶部件及钢结构的设计、制造、销售（不包括特种船和高性能船）及船舶检修。						

企业名称	三星重工业（荣成）有限公司		海关编码	3727941279	所属海关	荣成海关
通讯地址	山东省荣成市俚岛镇草岛寨		邮政编码	264317	法人姓名	郑源泰
评定时间	2010.12.20	注册日期 2006.5.23	报关有效期	长期	注册资本	14730万美元
主营范围	制造船体分段和相关产品（含钢制结构物），设立研发中心（自动化水平、焊接技术、涂装技术、舾装技术及其他相关领域开发），船舶用材料加工及其产品配送，工作水深大于600米的浮式钻井系统及海上石油钻采相关设备制造，码头及其他港口设施经营，在港区内从事货物装卸（港口经营许可证有效期至2015年3月20日）。					

企业名称	青岛怡坤物流有限公司		海关编码	3702450831	所属海关	青保税区
通讯地址	山东省青岛保税区吉隆坡路11号		邮政编码	266555	法人姓名	崔强
评定时间	2010.12.20	注册日期 1998.3.16	报关有效期	长期	注册资本	860万人民币
主营范围	一般经营项目：国际贸易，转口贸易，区内企业之间贸易及贸易项下加工整理；仓储服务及相关业务代理，装卸服务，国际货运代理，报关，报检；烟叶及附产品的国际分拨和保税仓储。（以上范围需经许可经营的，须凭许可证经营。）					

企业名称	青岛尚世通国际物流有限公司		海关编码	3702461833	所属海关	青保税区
通讯地址	山东省青岛保税区北京路45号东侧1号、2号仓库附房		邮政编码	266555	法人姓名	胡媛
评定时间	2010.12.20	注册日期 2003.10.29	报关有效期	长期	注册资本	550万人民币
主营范围	一般经营项目：代理报关、报检，国际、国内货运代理及相关业务咨询服务，物流分拨（不含运输），仓储、装卸服务；国际贸易，转口贸易，区内企业之间贸易及贸易项下加工整理；自营和代理各类商品和技术的进出口。（以上范围需经许可经营的，须凭许可证经营。）					

企业名称	济宁如意印染有限公司		海关编码	3708910080	所属海关	济宁海关
通讯地址	山东省济宁太白楼西路		邮政编码	272021	法人姓名	孙利明
评定时间	2008.12.4	注册日期 1994.7.18	报关有效期	长期	注册资本	5862万人民币
主营范围	棉布及化纤布的印染，印染布、服装、染化料及助剂（不含危险品）、染整机械的生产、销售，印染技术、微机软件开发；棉制品、化纤制品的制造；纺织原料、纺织制品的销售。（涉及许可经营的须凭许可证或批准文件经营。）					

企业名称	山东山推工程机械进出口有限公司		海关编码	3708913007	所属海关	济宁海关
通讯地址	山东省济宁市高新区327国道58号		邮政编码	272023	法人姓名	程兆鸿
评定时间	2008.12.3	注册日期 1999.6.25	报关有效期	长期	注册资本	20000万人民币
主营范围	自营和代理各类商品及技术的进出口业务（国家规定专营进出口商品和国家禁止进出口特殊商品除外）；五金及工矿产品、金属材料（不含稀有金属）、电子产品、工程机械及配件、专用作业车及汽车底盘改装车的销售；工程机械维修、租赁；承办“三来一补” 业务，开展对销贸易和转口贸易；承办展览展示服务。（需专项许可经营的项目凭批准文件或许可证件经营。）					

企业名称	山东济宁如意毛纺织股份有限公司		海关编码	3708913040	所属海关	济宁海关
通讯地址	山东省济宁市高新区如意工业园		邮政编码	272149	法人姓名	邱亚夫
评定时间	2008.12.3	注册日期 2001.5.15	报关有效期	长期	注册资本	16000万人民币
主营范围	纺织品、服装、纺织机械及配件、纺织原料及辅料等相关产品的生产、销售，经营备案范围内的进出口业务。					

企业名称	小松山推工程机械有限公司			海关编码	3708930446	所属海关	济宁海关
通讯地址	山东省济宁市吴泰闸东路 69 号			邮政编码	272123	法人姓名	王子光
评定时间	2008.12.3	注册日期	1995.8.25	报关有效期	长期	注册资本	2100 万美元
主营范围	生产、销售液压挖掘机等工程机械及零部件（含装配车载通信终端），并提供生产产品的售后服务；工程机械及零部件的收购出口业务。（涉及许可经营的凭许可证经营。）						

企业名称	山东凯赛生物科技材料有限公司			海关编码	3708933052	所属海关	济宁海关
通讯地址	山东省济宁高新技术开发区 327 国道南外环路东			邮政编码	272073	法人姓名	刘修才
评定时间	2008.12.3	注册日期	2001.10.11	报关有效期	长期	注册资本	30000 万人民币
主营范围	开发、生产生物技术产品（不含药品、食品、食品添加剂、饲料、饲料添加剂等实行许可证管理的产品），销售自产产品，生物技术的研究、开发。（依法须经批准的项目，经相关部门批准后方可开展经营活动，有效期以许可证为准。）						

企业名称	山东赛瓦特动力设备有限公司			海关编码	3708933123	所属海关	济宁海关
通讯地址	山东省济宁高新区黄屯镇（济宁装备业基地 D1、D4 车间）			邮政编码	272041	法人姓名	杜维
评定时间	2010.5.27	注册日期	2006.4.25	报关有效期	长期	注册资本	3000 万港币
主营范围	从事发动机组及配套设备（不含机动车发动机）的生产，销售本公司产品及提供相关技术服务。（需许可经营的持许可证明经营。）						

企业名称	临沂蓝玫瑰华星钻石首饰有限公司			海关编码	3715931305	所属海关	临沂海关
通讯地址	山东沂水县城南环路 168 号			邮政编码	276400	法人姓名	刘玉增
评定时间	2008.12.4	注册日期	1998.2.23	报关有效期	长期	注册资本	120.5 万美元
主营范围	加工、销售钻石。						

企业名称	山东银凤股份有限公司			海关编码	3715932198	所属海关	临沂海关
通讯地址	山东省临沂市金雀山路 105 号			邮政编码	276017	法人姓名	赵春田
评定时间	2011.12.22	注册日期	2005.6.24	报关有效期	长期	注册资本	3349.2 万人民币
主营范围	陶瓷、机械磁性材料、无机非金属材料的生产、销售及技术服务，资格证书范围内的自营进出口业务。						

企业名称	山东新港企业集团有限公司			海关编码	3715932354	所属海关	临沂海关
通讯地址	山东省临沂市兰山区南坊镇			邮政编码	276037	法人姓名	姜开凤
评定时间	2010.5.27	注册日期	2008.6.2	报关有效期	长期	注册资本	5800 万人民币
主营范围	生产胶合板、贴面板、木业制品、树脂胶，销售自产产品。						

企业名称	临沂三禾永佳动力有限公司			海关编码	3715942043	所属海关	临沂海关
通讯地址	山东省临沂市兰山区兰山街道俄黄路北段			邮政编码	276012	法人姓名	陈煜林
评定时间	2011.9.28	注册日期	2003.11.4	报关有效期	长期	注册资本	14437 万人民币
主营范围	生产、销售喷杆式喷雾机和风送式喷雾喷粉机等农林机械、植保机械、汽油机及配件，经营红土镍矿石、矿粉、矿渣的进口及销售，经营塑料原料、锌合金、铝合金的销售及进出口业务（国家限制类项目及国营贸易管理商品除外；涉及配额许可证管理商品或行业有关规定的，按国家有关规定办理）。						

企业名称	临沂澳美纺织有限公司			海关编码	3715942419	所属海关	临沂海关
通讯地址	山东省临沂市河东区工业园			邮政编码	276000	法人姓名	李英让
评定时间	2012.2.16	注册日期	2011.8.22	报关有效期	长期	注册资本	9200 万人民币
主营范围	生产混纺纱、涤棉纱、棉布、涤棉、棉纱布、麻棉纱布、人棉、漂染、灯芯绒、针织品、抽纱制品、床上用品、服装，销售自产产品。						

企业名称	山东三维油脂集团股份有限公司			海关编码	3715961479	所属海关	临沂海关
通讯地址	山东省临沂市兰山区半程镇			邮政编码	276036	法人姓名	张增运
评定时间	2010.12.20	注册日期	2000.6.14	报关有效期	长期	注册资本	6000 万人民币
主营范围	前置许可经营项目：生产、加工食用植物油（许可证有效期至 2015 年 9 月 14 日）。一般经营项目：豆粕生产，花生、大豆的加工、销售，许可证范围内的进出口业务。						

企业名称	山东华盛农业药械有限责任公司			海关编码	3715961535	所属海关	临沂海关
通讯地址	山东省临沂市高新区中天路 1 号			邮政编码	276000	法人姓名	陈秀明
评定时间	2008.12.3	注册日期	2001.2.16	报关有效期	长期	注册资本	5036.93 万人民币
主营范围	机械化农业及园艺机具、建筑工程用机械、营林及木竹采伐机械、发电机及发电机组、汽油机的设计、研发、生产、销售，上述产品零部件的生产、销售，批准范围内的自营进出口业务。						

企业名称	山东佳美食品工业有限公司			海关编码	3716940252	所属海关	青菏泽办
通讯地址	山东省菏泽市沙土镇			邮政编码	274000	法人姓名	李瑞城
评定时间	2008.12.3	注册日期	1994.12.28	报关有效期	长期	注册资本	4200 万美元
主营范围	生产经营果汁及蔬菜汁类（只限果蔬汁）、其他饮料类（只限食品工业用发酵麦芽汁、燕麦浆）。（依法须经批准的项目，经相关部门批准后方可开展经营活动，有效期以许可证为准。）						

企业名称	山东尚舜化工有限公司			海关编码	3716940294	所属海关	青菏泽办
通讯地址	山东省单县经济技术开发区			邮政编码	274300	法人姓名	徐承秋
评定时间	2008.12.3	注册日期	2007.4.17	报关有效期	长期	注册资本	35000 万人民币
主营范围	生产橡胶促进剂 DCBS、橡胶促进剂 DPG、橡胶促进剂 TBBS（NS）、橡胶促进剂 TMTD、橡胶促进剂 CBS、橡胶促进剂 MBTS（DM）、流化剂 IS、防老剂 RD、橡胶防老剂 4020、橡胶防老剂中间体 RT 培司，销售本公司上述自产产品。（涉及许可证管理的商品或有行业规定的，按国家有关规定办理。）						

企业名称	山东省曹普工艺有限公司			海关编码	3716940316	所属海关	青菏泽办
通讯地址	山东省曹县青菏办事处青菏路 2888 号			邮政编码	274400	法人姓名	李金亮
评定时间	2013.1.4	注册日期	2010.7.6	报关有效期	长期	注册资本	6000 万美元
主营范围	藤条、塑木材料制作，草柳制品、家具、户外家具、户外伞、帐篷、秋千、沙滩椅等休闲家居用品的生产、加工、销售，软体家具、家具配件、家具辅料、木制品、圣诞节工艺用品、工艺品的生产、加工、销售（木材加工许可证有效期至 2018 年 12 月 17 日）。						

企业名称	山东富洋工艺有限公司			海关编码	3716940335	所属海关	青菏泽办
通讯地址	山东省曹县青菏街道办事处牡丹江路 166 号			邮政编码	274417	法人姓名	李伟
评定时间	2014.7.24	注册日期	2013.5.22	报关有效期	长期	注册资本	8000 万美元
主营范围	棺木、木质灯罩、家具生产、销售；户外家具、户外伞、帐篷、秋千、沙滩椅等休闲家居用品，软体家具，家具配件，家具辅料的生产、销售（许可证有效期至 2018 年 6 月 24 日）。						

企业名称	山东省三利轮胎制造有限公司			海关编码	3716950845	所属海关	青菏泽办
通讯地址	山东省曹县昆仑山路北段路西			邮政编码	274000	法人姓名	安军
评定时间	2014.7.24	注册日期	2000.5.11	报关有效期	长期	注册资本	8600 万人民币
主营范围	经营轮胎、三角带、传动带、农用车、汽车（不含国家专控小轿车）、农机配件、化工原料（不含化学危险品），经营本企业自产产品及技术的出口业务（国家统一联合经营的商品除外），经营本企业生产科研所需的原辅材料、仪器仪表、机械设备、零配件及技术的进出口业务（国家实行核定公司经营的进口商品除外），经营本企业的进料加工“三来一补”业务。						

企业名称	山东鑫泽铜业有限公司			海关编码	3716960741	所属海关	青菏泽办
通讯地址	山东省单县经济技术开发区煤化工工业园北			邮政编码	274300	法人姓名	张爱民
评定时间	2014.7.24	注册日期	2010.8.11	报关有效期	长期	注册资本	28000 万人民币
主营范围	前置许可经营项目：无。一般经营项目：铜材产品的生产、加工、销售，提供售后服务，自营进出口业务，废旧家电电子产品及电线电缆拆解。（需经许可或审批的，须凭许可或审批后经营。）						

企业名称	山东佳农国际贸易有限公司			海关编码	3716961096	所属海关	青菏泽办
通讯地址	山东省巨野县金山路西花冠路北			邮政编码	274900	法人姓名	刘自杰
评定时间	2014.4.10	注册日期	2013.11.5	报关有效期	长期	注册资本	5000 万人民币
主营范围	批发预包装食品、乳制品（含婴幼儿配方乳粉），农产品、水果、蔬菜、肉类（熟肉除外）、水产品、机械设备、办公家具、建筑材料（危险化学品除外）、化工产品（危险化学品除外）、纺织品、电子设备、矿石的销售及进出口业务，果蔬的挑拣与包装（有效期限以许可证为准）。（依法须经批准的项目，经相关部门批准后方可开展经营活动。）						

企业名称	枣庄华润纸业有限公司			海关编码	3704940005	所属海关	青枣庄办
通讯地址	山东省枣庄市山亭区富川路 93 号			邮政编码	277200	法人姓名	张辉
评定时间	2008.12.3	注册日期	1999.2.24	报关有效期	长期	注册资本	4496 万美元
主营范围	石膏板护面纸、白牛卡纸、工业用变性淀粉的生产、销售。（以上涉及许可经营的，凭许可证经营。）						

企业名称	山东海之杰纺织有限公司		海关编码	3704940028	所属海关	青枣庄办
通讯地址	山东省枣庄经济开发区西昌路6号		邮政编码	277100	法人姓名	阿齐兰·阿·阿齐兰
评定时间	2008.12.3	注册日期 2006.12.19	报关有效期	长期	注册资本	2138万美元
主营范围	纺织品、服装、纺织面料的生产、销售。					

企业名称	山东日盈食品有限公司		海关编码	3725930006	所属海关	青枣庄办
通讯地址	山东省滕州市洪绪镇团结村		邮政编码	277512	法人姓名	王宏岳
评定时间	2011.12.22	注册日期 2005.6.3	报关有效期	长期	注册资本	4000万人民币
主营范围	肉及肉制品（预制肉制品、熟肉制品）的加工、销售，果蔬制品（水果、蔬菜、食用菌、藻类）的收购、加工（不含粮食）、销售，畜禽养殖、销售。（以上涉及许可经营的，凭许可证经营。）					

企业名称	山东腾达不锈钢制品有限公司		海关编码	3725940009	所属海关	青枣庄办
通讯地址	山东省滕州市经济开发区益康大道东侧		邮政编码	277500	法人姓名	陈正德
评定时间	2008.12.3	注册日期 2006.2.6	报关有效期	长期	注册资本	9057港币
主营范围	不锈钢制品、不锈钢材料、新型合金特种材料、标准件、汽车配件、模具、金属成型机床、机床零部件、不锈钢压延设备的制造、加工、销售（以上涉及许可经营的，凭许可证经营）。					

企业名称	山东雄狮建筑装饰工程有限公司		海关编码	3725950003	所属海关	青枣庄办
通讯地址	山东省滕州市腾飞路699号（经济开发区）		邮政编码	277500	法人姓名	王永胜
评定时间	2011.12.22	注册日期 2008.3.10	报关有效期	长期	注册资本	8000万人民币
主营范围	承包境内外建筑幕墙、建筑装饰装修、金属门窗工程及境内国际招标工程，建筑幕墙工程的勘测、咨询、设计和监理项目，上述境外工程所需的设备、材料出口，对外派遣实施上述境外工程所需的劳务人员（以上项目凭有效对外承包工程资格证书经营，有效期限以许可证为准），金属结构制造，金属门窗制造、销售及设计，技术玻璃制品制造，建筑用石加工，建筑安装业。（以上内容涉及许可经营的，取得法定许可证后方可经营，依法须经批准的项目，经相关部门批准后方可开展经营活动。）					

企业名称	山东鲁化天诚贸易有限公司		海关编码	3725953146	所属海关	青枣庄办
通讯地址	山东省滕州市木石镇驻地		邮政编码	277527	法人姓名	李云
评定时间	2011.12.22	注册日期 2003.12.31	报关有效期	长期	注册资本	800万人民币
主营范围	前置许可项目：硫酸、盐酸、醋酸酐、丙酮、甲苯、硝酸、氢氧化钠、二甲胺、环氧乙烷、丙烯、乙烯、一甲胺、氨、甲醚、氧、氮、氩、硫化氢、六亚甲基四胺、硫磺、环已酮、苯、乙醇、2-丙醇、乙酸乙酯、1，1-二氯乙烷、乙酸正丁酯、乙酸乙烯酯、正丁醇、1，2-二甲苯、苯乙烯、N，N-二甲基甲酰胺、甲醇、苯胺、硝基苯、苯酚、二氯甲烷的销售（以上无存储，有效期至2014年4月25日），煤炭批发经营（有效期至2013年12月31日）、销售。一般经营项目：5-7号燃料油（不含有生物柴油）、化工产品（不含危险品）、化肥、建材、五金、纺织品、服装、机电产品的销售，自营和代理各类商品和技术的进出口。（以上涉及许可经营的，凭许可证经营。）					

企业名称	山东瑞宇蓄电池有限公司			海关编码	3725960017	所属海关	青枣庄办
通讯地址	山东省滕州市南沙河镇笃山口（枣木公路南 150 米）			邮政编码	277500	法人姓名	赵恒祥
评定时间	2011.12.22	注册日期	2006.9.5	报关有效期	长期	注册资本	1000 万人民币
主营范围	前置许可经营项目：普通货运（道路运输经营许可证有效期至 2014 年 8 月 8 日）。一般经营项目：蓄电池、蓄电池材料及零部件的生产、销售，相关产品的进出口业务。（以上项目中属化学危险品的除外，涉及许可经营的凭许可证经营。）						

企业名称	中商风轮轮胎有限公司			海关编码	3725960041	所属海关	青枣庄办
通讯地址	山东省滕州经济开发区恒源路东侧			邮政编码	277522	法人姓名	侯贺莉
评定时间	2011.12.22	注册日期	2007.4.26	报关有效期	长期	注册资本	9500 万人民币
主营范围	前置许可经营项目：无。一般经营项目：生产、销售轮胎；经营本企业自产产品及技术的出口业务，经营本企业生产科研所需的原辅材料、仪器仪表、机械设备、零配件及技术的进口业务（国家限定公司经营和国家禁止进出口的商品及技术除外）。（以上项目中法律、法规禁止的不得经营，涉及许可经营的凭许可证经营。）						

企业名称	滕州市三合机械股份有限公司			海关编码	3725962083	所属海关	青枣庄办
通讯地址	山东省滕州市益康大道南路 318 号			邮政编码	277500	法人姓名	徐夫成
评定时间	2011.12.22	注册日期	2002.7.9	报关有效期	长期	注册资本	4002.88 万人民币
主营范围	前置许可经营项目：普通货运（有效期至 2014 年 7 月 4 日）。一般经营项目：生产、销售机床、机床附件、锻压机械、电动工具、农机设备、五金电料、仪器仪表，经营本企业自产产品及技术的出口业务，经营本企业生产、科研所需的原辅材料、仪器仪表、机械设备、零配件及技术的进口业务（国家限定公司经营和国家禁止进出口的商品及技术除外）。（需审批的，未获批准前不得经营。）						

企业名称	青岛金晶股份有限公司			海关编码	3702219476	所属海关	青开发区
通讯地址	山东省青岛市黄岛区新街口			邮政编码	266500	法人姓名	张子芹
评定时间	2014.4.10	注册日期	2000.5.22	报关有效期	长期	注册资本	1080 万人民币
主营范围	浮法平板玻璃、压延玻璃、工业技术玻璃、深加工玻璃、玻璃器皿、玻璃家具的生产、销售，自营进出口业务（按核准商品目录经营）。						

企业名称	青岛海信国际营销股份有限公司			海关编码	3702219979	所属海关	青开发区
通讯地址	山东省青岛经济技术开发区前湾港路 218 号			邮政编码	266071	法人姓名	于淑珉
评定时间	2011.12.22	注册日期	2008.2.20	报关有效期	长期	注册资本	3000 万人民币
主营范围	一般经营项目：经营和代理货物进出口、技术进出口（法律、行政法规禁止的不得经营，法律、行政法规限制经营的，取得许可证后方可经营），企业营销策划，承办中外合资、合作生产业务，承办“三业一补”业务（以上范围需经许可经营的，须凭许可证经营）。						

企业名称	海洋石油工程（青岛）有限公司		海关编码	3702219980	所属海关	青开发区
通讯地址	山东省青岛经济技术开发区连江路492号		邮政编码	266520	法人姓名	陈宝洁
评定时间	2011.3.9	注册日期 2006.12.1	报关有效期	长期	注册资本	300000万人民币
主营范围	海洋油气开发工程及配套工程的建设与安装，石油工业工程建筑；石油天然气工程设计，舾装，油气处理工程建设及修缮；钢结构工程建设与安装；卷管建造，阳极铸造；NDT检验业务；海上构筑物安装；海洋工程、建筑工程、基础工程检测、监测、安全评估、设计维修；水上结构、管线检修；水下检测及潜水工程服务；货物进出口，技术进出口（法律、行政法规禁止的项目除外，法律、行政法规限制的项目取得许可后方可经营）；承包境外海洋石油工程和境内国际招标工程；承包上述境外工程的勘测、咨询、设计和监理项目；上述境外工程所需的设备、材料出口；对外派遣实施上述境外工程所需的劳务人员；国内沿海普通货船运输，特种起重设备制造（以上范围筹建，筹建期不得开展经营活动）；船舶制造（不含渔业船舶及国家专项审批的船舶）。（以上范围需经许可经营的，须凭许可证经营。）					

企业名称	青岛北海船舶重工有限责任公司		海关编码	3702219981	所属海关	青开发区
通讯地址	山东省青岛市经济技术开发区漓江东路369号		邮政编码	266520	法人姓名	陈靖
评定时间	2009.2.1	注册日期 2006.1.12	报关有效期	长期	注册资本	182073万人民币
主营范围	船舶制造，船舶修理，玻璃钢艇制造，玻璃钢制品制造，船用甲板机械制造、安装，非标准机械设备制造，海上平台制造、修理，金属结构桥架、罐制造，机械加工，技术服务及售后服务，进出口业务，起重、运输、国际集装箱运输服务，起重设备，船舶油污水、垃圾回收，油舱清洗作业，工业三废综合利用，仪器仪表检测修理，无损检测，增压器维修服务，防腐热喷涂加工。					

企业名称	青岛浦项不锈钢有限公司		海关编码	3702239624	所属海关	青开发区
通讯地址	山东省青岛市经济技术开发区昆仑山北路200号		邮政编码	266510	法人姓名	梁镐永
评定时间	2008.12.4	注册日期 2002.12.17	报关有效期	长期	注册资本	8990万美元
主营范围	冷轧不锈钢薄板产品生产和销售，不锈钢产品的批发，以及上述产品和货物进出口及技术进出口（法律、行政法规禁止的不得经营，法律、行政法规限制经营的，取得许可证后方可经营）。（以上范围需经许可经营的，须凭许可证经营。）					

企业名称	青岛南涯电子有限公司		海关编码	3702240067	所属海关	青开发区
通讯地址	山东省青岛胶南市灵山卫街道办事处灵海北路109号		邮政编码	266427	法人姓名	崔民
评定时间	2009.8.13	注册日期 1992.1.5	报关有效期	长期	注册资本	1868万美元
主营范围	生产、销售电子元器件。					

企业名称	青岛豪雅光电子有限公司		海关编码	3702249552	所属海关	青开发区
通讯地址	山东省青岛经济技术开发区松花江路66号		邮政编码	266555	法人姓名	安俊日
评定时间	2008.12.4	注册日期 2001.12.21	报关有效期	长期	注册资本	961万美元
主营范围	生产、销售玻璃盖片、图像传感器用玻璃盖片、图像传感器用色彩补证玻璃、滤光玻璃、光纤通信用零部件、光源产品、光纤维器械等高科技电子产品和零部件，并兼营上述产品的进出口贸易、货物批发、佣金代理。（以上范围须经许可经营的，须凭许可证经营。）					

企业名称	新都（青岛）电子有限公司			海关编码	3702249681	所属海关	青开发区
通讯地址	山东省青岛经济技术开发区峨眉山路1008号			邮政编码	266500	法人姓名	崔昶镇
评定时间	2008.12.3	注册日期	2003.8.4	报关有效期	长期	注册资本	3180万美元
主营范围	办公信息自动化设备及相关配件、消耗品的生产、销售（只限销售本企业生产的产品），商品进出口（不含进口商品分销业务）。（以上范围需经许可经营的，须凭许可证经营。）						

企业名称	青岛海华纤维有限公司			海关编码	3702249775	所属海关	青开发区
通讯地址	山东省青岛经济技术开发区淮河东路北侧			邮政编码	266500	法人姓名	天知秀介
评定时间	2009.11.23	注册日期	2004.4.30	报关有效期	长期	注册资本	360000万日元
主营范围	蛋白、其他特殊树脂生产的纤维及生活用品材料的技术开发、生产和销售（批复及批准证书有效期限以许可证为准，依法须经批准的项目，经相关部门批准后方可开展经营活动）。						

企业名称	台玻青岛玻璃有限公司			海关编码	3702249823	所属海关	青开发区
通讯地址	山东省青岛经济技术开发区红石崖办事处大殷村东侧			邮政编码	266432	法人姓名	林伯实
评定时间	2010.7.9	注册日期	2013.7.2	报关有效期	长期	注册资本	8280万美元
主营范围	生产浮法玻璃及其深加工产品（以上范围需经许可经营的，须凭许可证经营）。						

企业名称	青岛澳柯玛进出口有限公司			海关编码	3702259521	所属海关	青开发区
通讯地址	山东省青岛经济技术开发区前湾港路315号			邮政编码	266500	法人姓名	唐兴运
评定时间	2008.12.4	注册日期	2001.5.14	报关有效期	长期	注册资本	15000万人民币
主营范围	一般经营项目：货物进出口、技术进出口及国际贸易经纪服务。						

企业名称	青岛经济技术开发区海尔电器产业有限公司			海关编码	3702259769	所属海关	青开发区
通讯地址	山东省青岛经济技术开发区海尔工业园			邮政编码	266555	法人姓名	杨绵绵
评定时间	2009.2.1	注册日期	2006.5.9	报关有效期	长期	注册资本	1000万人民币
主营范围	家用电器制造、销售，仓储服务，货物进出口，技术进出口及国际贸易经纪服务（法律、行政法规禁止的不得经营，法律、行政法规限制经营的，取得许可证后方可经营）。						

企业名称	赛轮集团股份有限公司			海关编码	3702269632	所属海关	青开发区
通讯地址	山东省青岛经济技术开发区江山中路西侧（高新技术工业园）			邮政编码	266500	法人姓名	杜玉岱
评定时间	2009.2.1	注册日期	2003.1.17	报关有效期	长期	注册资本	44540 万人民币
主营范围	一般经营项目：轮胎、橡胶制品、机械设备、模具、化工产品（不含危险品）的研发、生产、销售、安装及相关服务，轮胎生产技术软件开发及相关技术的开发、销售及相关服务；货物进出口、技术进出口及相关服务，废旧轮胎收购与销售；轮胎循环利用装备、材料、产品的研发、生产与销售，轮胎循环利用技术开发、销售及相关服务（法律、行政法规禁止的项目除外，法律、行政法规限制的项目取得许可后方可经营）。（以上范围需经许可经营的，须凭许可证经营。）						

企业名称	青岛海王纸业股份有限公司			海关编码	3702919284	所属海关	青开发区
通讯地址	山东省青岛市胶南市海王路 342 号			邮政编码	266400	法人姓名	冷玉喜
评定时间	2011.11.15	注册日期	1997.1.28	报关有效期	长期	注册资本	4000 万人民币
主营范围	各类高、中档机制纸的生产制造，进出口业务（按外经贸部核准范围经营）。						

企业名称	青岛中集集装箱制造有限公司			海关编码	3702939407	所属海关	青开发区
通讯地址	山东省青岛经济技术开发区黄河东路 1 号			邮政编码	266300	法人姓名	刘学斌
评定时间	2008.12.3	注册日期	1999.2.11	报关有效期	长期	注册资本	2784 万美元
主营范围	设计、制造各种尺寸的国际标准集装箱及配件（产品 100% 外销），提供相应服务。						

企业名称	凯欧弼（青岛）医用器材有限公司			海关编码	3702939417	所属海关	青开发区
通讯地址	山东省青岛市胶南市珠峰街 77 号			邮政编码	266400	法人姓名	Gerhard Brown
评定时间	2008.12.4	注册日期	1999.3.25	报关有效期	长期	注册资本	800 万美元
主营范围	医用卫生、保健材料和敷料的开发、生产、销售及咨询服务(医疗器械生产企业许可证有效期至2015年6月8日，以上范围需经许可经营的，须凭许可证经营）。						

企业名称	青岛三洋水产有限公司			海关编码	3702940024	所属海关	青开发区
通讯地址	山东省青岛经济技术开发区秦皇岛路 9 号			邮政编码	266500	法人姓名	王泰盛
评定时间	2013.12.11	注册日期	2013.7.24	报关有效期	长期	注册资本	600 万美元
主营范围	生产加工蔬菜制品、预制水产品，木制鱼加工（允许收购水产品、蔬菜类产品出口，不含出口配额许可证管理产品）。（以上范围需经许可经营的，须凭许可证经营。）						

<table>
<tr><td>企业名称</td><td colspan="3">圣元营养食品有限公司</td><td>海关编码</td><td>3702949652</td><td>所属海关</td><td>青开发区</td></tr>
<tr><td>通讯地址</td><td colspan="3">山东省青岛胶南市圣元路 777 号</td><td>邮政编码</td><td>266400</td><td>法人姓名</td><td>李克</td></tr>
<tr><td>评定时间</td><td>2013.10.24</td><td>注册日期</td><td>2002.10.17</td><td>报关有效期</td><td>长期</td><td>注册资本</td><td>9000 万美元</td></tr>
<tr><td>主营范围</td><td colspan="7">生产、加工其他食品（无乳糖或低乳糖婴儿配方粉，早产、低出生体重婴儿配方粉，氨基酸代谢障碍婴儿配方粉，乳蛋白深度水解或氨基酸婴儿配方粉，乳蛋白部分水解婴儿配方）、乳制品（调制乳粉）、婴幼儿及其他配方谷粉（婴幼儿配方谷粉）、婴幼儿及其他配方谷粉（婴幼儿配方谷粉）、饮料（固体饮料类）（食品生产许可证 1 有效期至 2014 年 6 月 26 日，食品生产许可证 2 有效期至 2014 年 3 月 15 日，食品生产许可证 3 有效期至 2014 年 1 月 25 日，食品生产许可证 4 有效期至 2015 年 11 月 3 日，食品生产许可证 5 有效期至 2015 年 3 月 12 日），食品相关技术的开发与研究（以上范围需经许可经营的，须凭许可证经营）。</td></tr>
</table>

<table>
<tr><td>企业名称</td><td colspan="3">青岛新东洋计电有限公司</td><td>海关编码</td><td>3702949722</td><td>所属海关</td><td>青开发区</td></tr>
<tr><td>通讯地址</td><td colspan="3">山东省青岛胶南市海滨工业园</td><td>邮政编码</td><td>266400</td><td>法人姓名</td><td>宋昌洙</td></tr>
<tr><td>评定时间</td><td>2008.12.3</td><td>注册日期</td><td>2003.8.21</td><td>报关有效期</td><td>长期</td><td>注册资本</td><td>500 万美元</td></tr>
<tr><td>主营范围</td><td colspan="7">加工生产混合集成电路、电子电力器件、新型机电元件、燃料电池、数码电子产品用电源供给装置，电子设备租赁，注塑模具的批发及进出口业务。</td></tr>
</table>

<table>
<tr><td>企业名称</td><td colspan="3">青岛海容商用冷链股份有限公司</td><td>海关编码</td><td>3702969440</td><td>所属海关</td><td>青开发区</td></tr>
<tr><td>通讯地址</td><td colspan="3">山东省青岛黄岛区隐珠山路 1817 号</td><td>邮政编码</td><td>266400</td><td>法人姓名</td><td>邵伟</td></tr>
<tr><td>评定时间</td><td>2014.4.10</td><td>注册日期</td><td>2008.7.14</td><td>报关有效期</td><td>长期</td><td>注册资本</td><td>5100 万人民币</td></tr>
<tr><td>主营范围</td><td colspan="7">一般经营项目：商用冷链设备、医用冷链设备的研发、生产、销售及服务，电冰箱、电冰柜、空调及其他五金交电产品的生产、销售及技术服务，电子产品、通讯器材（不含无线发射及地面卫星接收设备）的销售，货物进出口业务。（以上范围需经许可经营的，须凭许可证经营。）</td></tr>
</table>

<table>
<tr><td>企业名称</td><td colspan="3">青岛中集冷藏箱制造有限公司</td><td>海关编码</td><td>3722939011</td><td>所属海关</td><td>青开发区</td></tr>
<tr><td>通讯地址</td><td colspan="3">山东省青岛胶州市经济技术开发区东外环路 12 号</td><td>邮政编码</td><td>266300</td><td>法人姓名</td><td>黄田化</td></tr>
<tr><td>评定时间</td><td>2008.12.3</td><td>注册日期</td><td>1999.4.28</td><td>报关有效期</td><td>长期</td><td>注册资本</td><td>8684.67 万美元</td></tr>
<tr><td>主营范围</td><td colspan="7">生产冷藏箱及其配件，并提供相关技术和服务（产品 100% 出口）。（以上范围需经许可经营的，须凭许可证经营。）</td></tr>
</table>

<table>
<tr><td>企业名称</td><td colspan="3">青岛中集特种冷藏设备有限公司</td><td>海关编码</td><td>3722939944</td><td>所属海关</td><td>青开发区</td></tr>
<tr><td>通讯地址</td><td colspan="3">山东省青岛胶州市经济技术开发区东外环路 12 号</td><td>邮政编码</td><td>266300</td><td>法人姓名</td><td>黄田化</td></tr>
<tr><td>评定时间</td><td>2008.12.3</td><td>注册日期</td><td>2004.8.16</td><td>报关有效期</td><td>长期</td><td>注册资本</td><td>1150 万美元</td></tr>
<tr><td>主营范围</td><td colspan="7">生产各种冷藏箱、保温箱、铝质集装箱和厢式半挂车及其配件，并提供售后维修和服务（以上范围需经许可经营的，须凭许可证经营）。</td></tr>
</table>

企业名称	青岛福生食品有限公司			海关编码	3722942939	所属海关	青开发区
通讯地址	山东省胶州市兰州东路台湾工业园			邮政编码	266300	法人姓名	钟玉华
评定时间	2009.2.1	注册日期	1994.12.27	报关有效期	长期	注册资本	13850 万人民币
主营范围	生产冷冻及保鲜蔬菜、冷冻水产品、合成食品、调味品、干燥食品、保鲜水产品、罐头食品、罐装食品、面食品、调理食品（不含出口许可证管理食品），生产鱼粉（非食用品、非饲料），冷库仓储。（以上范围需经许可经营的，须凭许可证经营。						

企业名称	尼得科电机（青岛）有限公司			海关编码	3722949194	所属海关	青开发区
通讯地址	山东省青岛胶州市经济技术开发区兰州东路 688 号			邮政编码	266300	法人姓名	Patrick Kevin Murphy
评定时间	2008.12.4	注册日期	2001.6.26	报关有效期	长期	注册资本	1160 万美元
主营范围	从事高新技术、高效节能电机、驱动器、控制器、自动驱动系统等工业重大技术设备的研究、开发、生产及相关的售后服务和技术服务，经营以上产品及相关产品和配套产品的进口批发和收购出口业务（涉及许可经营的凭许可证经营）。						

企业名称	阿法拉伐（青岛）工业有限公司			海关编码	3722949424	所属海关	青开发区
通讯地址	山东省胶州市广州北路 86 号			邮政编码	266300	法人姓名	Niels Tvedergaard Larsen
评定时间	2009.2.17	注册日期	2008.9.28	报关有效期	长期	注册资本	5000 万人民币
主营范围	船用辅助锅炉的全套设备、热交换器、压力容器（按取得的许可证范围经营）和相关设备及零配件的工程、设计、生产、销售（限本公司产品）及服务。（以上范围需经许可经营的，须凭许可证经营。）						

企业名称	青岛华天车辆有限公司			海关编码	3752969668	所属海关	青开发区
通讯地址	山东省青岛胶南市隐珠镇工业园			邮政编码	266431	法人姓名	刘智军
评定时间	2011.7.4	注册日期	2011.5.26	报关有效期	长期	注册资本	2360.4 万人民币
主营范围	一般经营项目：生产手推车系列产品（包括金属制品、塑料制品、橡胶制品、木制品及包装制品），机械制造，货物进出口（以上范围需经许可经营的，须凭许可证经营）。						

企业名称	蓬莱巨涛海洋工程重工有限公司			海关编码	3706936021	所属海关	蓬莱海关
通讯地址	山东省蓬莱市外向型工业加工区			邮政编码	265609	法人姓名	王立山
评定时间	2011.11.15	注册日期	2004.12.17	报关有效期	长期	注册资本	4350 万美元
主营范围	海洋石油、天然气生产开发设施，港口机械，石油化工设备及钢结构的设计、制造、安装和维修；海事后勤服务；码头及堆场服务（须凭法定的许可证经营）。						

企业名称	蓬莱汇洋食品有限公司			海关编码	3706936060	所属海关	蓬莱海关
通讯地址	山东省蓬莱市外向型加工区			邮政编码	265607	法人姓名	王轰
评定时间	2008.12.4	注册日期	2001.10.22	报关有效期	长期	注册资本	1310 万美元
主营范围	生产、加工、销售各种水果、蔬菜、肉制品、水产品及面点食品。						

企业名称	山东圣豪家纺有限公司			海关编码	3706966295	所属海关	蓬莱海关
通讯地址	山东蓬莱西城临港工业区			邮政编码	265601	法人姓名	姜乃刚
评定时间	2008.12.2	注册日期	2003.6.12	报关有效期	长期	注册资本	2900 万人民币
主营范围	生产家用纺织品、床上用品、毛纺织品、毛毯、毯被、装饰绒产品、纺纱（不增加新的生产规模）、染线和相关原辅料及其附属包装制品（不含国家纺织品配额管理的商品），并销售公司上述所列自产产品。						

企业名称	南车青岛四方机车车辆股份有限公司			海关编码	3702918007	所属海关	青机场关
通讯地址	山东省青岛市城阳区锦宏东路 88 号			邮政编码	266111	法人姓名	张在中
评定时间	2008.12.4	注册日期	2006.7.28	报关有效期	长期	注册资本	400379.41 万人民币
主营范围	一般经营项目：铁路机车、客车、城市轨道交通设备的设计、制造、修理、销售、租赁；铁路机车、客车、城市轨道交通设备配件的制造与销售；机车车辆技术服务；机械加工；铆焊加工；铸造件销售；热处理；计量检定测试；理化检验测验；销售测量设备；经营本企业进出口业务和本企业所需机械设备、零配件、原辅材料的进出口业务，但国家限定公司经营或禁止进出口商品除外；经营本企业进料加工和“三来一补”业务。						

企业名称	青岛隆源水产品有限公司			海关编码	3702930547	所属海关	青机场关
通讯地址	山东省青岛市城阳区城阳街道双元路东侧			邮政编码	266109	法人姓名	刘卫卫
评定时间	2008.12.4	注册日期	1992.11.1	报关有效期	长期	注册资本	612.44 万人民币
主营范围	水产品初加工（产品 100% 外销），水产品、蔬菜冷藏，自有房屋租赁。						

企业名称	青岛乐金浪潮数字通信有限公司			海关编码	3702938019	所属海关	青机场关
通讯地址	山东省青岛市城阳区丹山工业园			邮政编码	266107	法人姓名	辛卫华
评定时间	2008.12.4	注册日期	2003.8.7	报关有效期	长期	注册资本	1500 万美元
主营范围	无线通信设备（不含卫星接受设备）、数字信息终端、便携式自动数据处理设备及其他相关产品的研发、生产及售后服务，经营与本企业产品同类的产品、零部件、附件的批发业务及进出口业务（以上范围需经许可经营的，须凭许可证经营）。						

企业名称	青岛迦南美地家居用品有限公司			海关编码	3702938111	所属海关	青机场关
通讯地址	山东省青岛市城阳区青大工业园（棘洪滩街道）			邮政编码	266001	法人姓名	任健
评定时间	2010.7.29	注册日期	2005.7.13	报关有效期	长期	注册资本	32 万美元
主营范围	制造、加工纺织品、床上用品和绗缝用品，经营货物进出口（不含进口商品分销业务）业务，纺织产品的后整理加工业务，经济信息咨询业务（不含法律咨询、社会调查、市场调查、资信调查和评级服务）。						

企业名称	青岛大农服装有限公司			海关编码	3702943229	所属海关	青机场关
通讯地址	山东省青岛市城阳区上马街道			邮政编码	266112	法人姓名	朴桂成
评定时间	2008.12.4	注册日期	1995.9.5	报关有效期	长期	注册资本	2148 万美元
主营范围	生产化纤及其他纤维的纺纱、针织、染色、寝装、服装和皮革产品，货物进出口（不含进口商品分销业务）。						

企业名称	乐星电子科技（青岛）有限公司			海关编码	3702947173	所属海关	青机场关
通讯地址	山东省青岛市城阳区夏庄街道正阳路南侧			邮政编码	266108	法人姓名	赵昊济
评定时间	2011.3.9	注册日期	2007.2.6	报关有效期	长期	注册资本	579.25 万美元
主营范围	生产电子、电气及光纤设备的连接器和内部连接设备，电源转换及注塑、冲压、继电器、存储的控制系统，组合部件和系统，以及相关的应用工具和设备；提供日常维护和售前售后服务；开发和研制新品种（产品 60% 外销）。（以上范围需经许可经营的，须凭许可证经营）。						

企业名称	青岛迪世亚制钢有限公司			海关编码	3702947787	所属海关	青机场关
通讯地址	山东省青岛市城阳区流亭街道双元路西			邮政编码	266108	法人姓名	洪厦宗
评定时间	2011.3.9	注册日期	2011.2.9	报关有效期	长期	注册资本	1300 万美元
主营范围	新型合金材料的制造，相关产品的压延加工，碳纤维及其高新技术化纤的制造（产品 70% 外销），合金材料、碳纤维、化纤材料及相关产品的批发。						

企业名称	青岛世门皮革有限公司			海关编码	3702947837	所属海关	青机场关
通讯地址	山东省青岛市城阳区刺洪滩街道双元路西侧			邮政编码	266106	法人姓名	朴殷宽
评定时间	2011.3.9	注册日期	2005.4.8	报关有效期	长期	注册资本	1075.76 万美元
主营范围	制造高档真皮女式包，皮革新技术后整理加工（产品 100% 外销）。						

企业名称	太平洋恩利食品有限公司			海关编码	3702947934	所属海关	青机场关
通讯地址	山东省青岛市红岛经济区红岛街道垂丰路 1 号			邮政编码	266114	法人姓名	郑风英
评定时间	2010.5.27	注册日期	2005.7.29	报关有效期	长期	注册资本	11700 万美元
主营范围	生产加工预制冷冻水产品及其制品（食品卫生许可证有效期至 2016 年 3 月 1 日），海产品开发，空罐、饲料、包装物的制造，上述产品的进出口、批发业务，委托加工业务，货物仓储（涉及配额、许可证管理商品的，按国家有关规定办理，仓储不含危险化学品）。						

企业名称	青岛安普泰科电子有限公司			海关编码	3702948006	所属海关	青机场关
通讯地址	山东省青岛市城阳区德顺北路 21 号			邮政编码	266108	法人姓名	石国辉
评定时间	2008.12.4	注册日期	1996.3.30	报关有效期	长期	注册资本	3500 万美元
主营范围	生产电子、电气及光纤设备的连接器和内部连接装置、电源转换，注塑、冲压、继电器、存储和控制系统，组合部件和系统（和有关设备），以及相关的应用工具和设备（和相应的装置）；电镀的生产和加工业务；提供日常维护和售前售后服务；开发和研制新品种，产品内外销售（限销售本公司产品）。						

企业名称	青岛图南工艺品有限公司			海关编码	3702948083	所属海关	青机场关
通讯地址	山东省青岛市城阳区夏庄街道华仙路中段			邮政编码	266109	法人姓名	金英坤
评定时间	2008.12.4	注册日期	2011.7.5	报关有效期	长期	注册资本	232 万美元
主营范围	生产、加工金属人造首饰（产品 70% 外销，批准证书有效期限以许可证为准，依法须经批准的项目经相关部门批准后方可开展经营活动）。						

企业名称	青岛富元电子有限公司			海关编码	3702948100	所属海关	青机场关
通讯地址	山东省青岛市城阳区惜福镇街道正阳东路东端			邮政编码	266109	法人姓名	朴喆柱
评定时间	2008.12.4	注册日期	1997.10.8	报关有效期	长期	注册资本	500 万美元
主营范围	生产数字摄录机、耳机、麦克风、键盘、手机与照相机的零部件及相关电子零部件产品，制作模具。						

企业名称	青岛马士基集装箱工业有限公司			海关编码	3702948186	所属海关	青机场关
通讯地址	山东省青岛市城阳区流亭镇苇山村二路			邮政编码	266108	法人姓名	Peter Krogh Nymand
评定时间	2008.12.4	注册日期	1998.12.22	报关有效期	长期	注册资本	3380 万美元
主营范围	制造干箱集装箱、冷冻集装箱、特制集装箱及其他集装箱，冷机，冷机配件，相关设备，集装箱、运输设备配件、附件；从事集装箱、冷机的维修、装配和改造业务；相关技术开发、技术服务和售后服务；销售自产产品。						

企业名称	青岛维德思服装有限公司			海关编码	3702948303	所属海关	青机场关
通讯地址	山东省青岛市城阳区流亭工业园			邮政编码	266108	法人姓名	金炳元
评定时间	2008.12.4	注册日期	2011.3.28	报关有效期	长期	注册资本	235.412 万美元
主营范围	生产加工衬衣、裤子及休闲服（产品 70% 外销）。						

企业名称	青岛福库电子有限公司			海关编码	3702948511	所属海关	青机场关
通讯地址	山东省青岛市城阳区青大工业园			邮政编码	266109	法人姓名	具滋信
评定时间	2013.12.2	注册日期	2003.6.18	报关有效期	长期	注册资本	465 万美元
主营范围	智能型仪用传感器、线路板、电饭锅、压力电饭煲、加湿器、干燥机、电风扇和其他电器、电子产品、部品及半成品相关的配件的生产、维修、批发、零售及其进出口（以上范围需经许可经营的，须凭许可证经营）。						

企业名称	浦铁（青岛）钢材加工有限公司			海关编码	3702948939	所属海关	青机场关
通讯地址	山东省青岛市城阳区丹山工业园			邮政编码	266107	法人姓名	朴岛山
评定时间	2011.3.9	注册日期	2002.11.29	报关有效期	长期	注册资本	912 万美元
主营范围	加工生产热轧不锈钢板、冷轧不锈钢板、冷轧板、热轧板、锡钢片、线材、管材、镀铝板、热镀锌板、电镀锌板、镀铝锌板、彩涂板、镀锌及耐高腐蚀性铝锌合金板、涂层板金属材料；销售产品并提供经济咨询服务，产品 30% 外销；从事与本企业加工生产同类产品的商品批发业务。						

企业名称	山东环日集团有限公司			海关编码	3706955056	所属海关	莱州海关
通讯地址	山东省莱州市土山镇			邮政编码	261413	法人姓名	潘书昌
评定时间	2008.12.3	注册日期	1999.3.25	报关有效期	长期	注册资本	5500 万人民币
主营范围	制造加工钢材、铜材、刹车盘、家具、家电、橡胶制品、钢瓶、阀门、轮胎、电机，经营本企业自产机电产品、橡胶产品、五金产品、化工产品、成套设备及相关技术的出口业务，本企业生产科研所需的原辅材料、机械设备、仪器仪表、零配件的进口业务。						

企业名称	青岛海信进出口有限公司			海关编码	3702910079	所属海关	青岛大港
通讯地址	山东省青岛市经济技术开发区团结路18号			邮政编码	266071	法人姓名	林澜
评定时间	2008.12.4	注册日期	1995.6.5	报关有效期	长期	注册资本	1000 万人民币
主营范围	经营和代理各类商品及技术的进出口业务，但国家限定公司经营或禁止进出口的商品及技术除外；承办中外合资、合作生产业务；承办“三来一补”业务。						

企业名称	青岛海尔国际贸易有限公司			海关编码	3702910086	所属海关	青岛大港
通讯地址	山东省青岛市高科园海尔路海尔园内			邮政编码	266101	法人姓名	武克松
评定时间	2008.12.4	注册日期	1998.7.1	报关有效期	长期	注册资本	2000 万人民币
主营范围	自营和代理各类商品和技术的进出口，但国家限定公司经营或禁止进出口的商品和技术除外。						

企业名称	青岛益佳土畜产进出口有限公司			海关编码	3702910102	所属海关	青岛大港
通讯地址	山东省青岛市市南区香港中路 6 号 A–11			邮政编码	266071	法人姓名	滕惠丽
评定时间	2009.2.1	注册日期	1993.12.7	报关有效期	长期	注册资本	500 万人民币
主营范围	自营和代理各类商品及技术的进出口业务，但国家限定公司或禁止进出口的商品及技术除外（不另附进出口商品目录）；经营进料加工和“三来一补”业务；经营对销贸易和转口贸易。						

企业名称	青岛凤凰印染有限公司			海关编码	3702911249	所属海关	青岛大港
通讯地址	山东省青岛市李沧区永平路 4 号			邮政编码	266041	法人姓名	戴守华
评定时间	2008.12.4	注册日期	1993.5.14	报关有效期	长期	注册资本	526 万人民币
主营范围	本企业自产产品及相关技术的出口业务，本厂生产、科研所需的原辅材料、机械设备、仪器仪表、零部件及相关技术的进出口业务，开展“三来一补”业务。						

企业名称	青岛钢铁进出口有限公司			海关编码	3702912756	所属海关	青岛大港
通讯地址	山东省青岛市市南区汇泉路 17 号东海大厦公寓 15 层			邮政编码	266071	法人姓名	姜功
评定时间	2008.12.4	注册日期	1994.7.29	报关有效期	长期	注册资本	3000 万人民币
主营范围	许可经营项目：煤炭批发经营（煤炭经营资格证有限期至 2015 年 12 月 31 日）。一般经营项目：货物和技术的进出口业务，国际货运代理，批发、零售钢材、建筑材料、汽车及配件（不含小汽车）、化工产品（不含危险品）、装饰材料、冶金炉料。（以上范围需经许可经营的，须凭许可证经营。）						

企业名称	山东中地进出口有限公司			海关编码	3702914148	所属海关	青岛大港
通讯地址	山东省青岛市崂山区创业大厦			邮政编码	266000	法人姓名	王德森
评定时间	2013.8.13	注册日期	1997.9.23	报关有效期	长期	注册资本	1000 万人民币
主营范围	一般经营项目：出口资格证书批准范围内的进出口业务，资质许可证范围内的装饰装修施工（需经许可经营的，须凭许可证经营）。						

企业名称	青岛海湾集团进出口有限公司			海关编码	3702914323	所属海关	青岛大港
通讯地址	山东省青岛市市南区香港中路 100 号中商大厦 2705 房间			邮政编码	266071	法人姓名	于英明
评定时间	2008.12.4	注册日期	1998.5.14	报关有效期	长期	注册资本	300 万人民币
主营范围	一般经营项目：货物进出口，技术进出口（法律、行政法规禁止的项目除外，法律、行政法规限制的项目取得许可后方可经营），零售汽油、柴油、润滑油、化工原料及油漆（不含危险品）、五金、建筑材料（限分支机构零售）。（以上范围需经许可经营的，须凭许可证经营。）						

企业名称	山东省东方国际贸易股份有限公司			海关编码	3702914403	所属海关	青岛大港
通讯地址	山东省青岛市太平路 51 号			邮政编码	266002	法人姓名	赵广敏
评定时间	2009.2.1	注册日期	1998.9.7	报关有效期	长期	注册资本	5000 万人民币
主营范围	一般经营项目：自营和代理除国家组织统一联合经营的出口商品和国家实行核定公司经营的进口商品以外的其他商品及技术的进出口业务，经营进料加工和“三来一补”业务，经营对销贸易和转口贸易，房屋租赁，仓储服务（不含化学危险及易燃易爆物品），货物装卸服务（不含化学危险品），企业管理咨询服务，商品信息咨询服务。						

企业名称	山东锦茂国际有限公司			海关编码	3702914523	所属海关	青岛大港
通讯地址	山东省青岛市香港中路 89 号			邮政编码	266071	法人姓名	张健
评定时间	2009.2.1	注册日期	1999.4.6	报关有效期	长期	注册资本	1500 万人民币
主营范围	前置许可经营项目；无。一般经营项目：针纺织品、服装、机电产品、建筑材料、工艺美术品（不含金银首饰）、农副产品（不含专营）、矿产品（不含法律、行政法规限制产品）、化工产品（不含化学危险物品）的批发、零售，仓储服务（不含化学危险物品），批准范围内的商品及技术进出口业务，进料加工和“三来一补”业务，网络信息服务，针纺织品、服装、工艺美术品（不含金银首饰）的加工。						

企业名称	海信集团有限公司			海关编码	3702914705	所属海关	青岛大港
通讯地址	山东省青岛市市南区东海西路 17 号			邮政编码	266071	法人姓名	周厚健
评定时间	2008.12.4	注册日期	1999.12.9	报关有效期	长期	注册资本	80617 万人民币
主营范围	国有资产委托营运，电视机、影碟机、音响、广播电视设备、空调器、电子计算机、电话、通讯产品、网络产品、电子产品的制造、销售及服务，软件开发，网络服务，技术开发、咨询，自营进出口业务，对外经济技术合作业务，产权交易自营、经纪、信息服务。						

企业名称	青岛新兴东方进出口有限责任公司			海关编码	3702915395	所属海关	青岛大港
通讯地址	山东省青岛市市南区香港中路 18 号（福泰广场）B-17 层			邮政编码	266071	法人姓名	叶炳师
评定时间	2009.2.1	注册日期	2001.9.27	报关有效期	长期	注册资本	5000 万人民币
主营范围	许可经营项目：煤炭批发经营（煤炭经营资格证书有效期至 2013 年 12 月 31 日）。一般经营项目：批发、零售、代购、代销钢材、木材、建筑材料、装饰材料、防水材料、纺织品、化工原料及制品（不含危险品）、机电产品、五金、交电、劳保用品、服装、日用百货、汽车（不含小轿车）及配件，进出口业务（按外经贸部外经贸秩函 [2001]1367 号文核准的范围经营）。（以上范围需经许可经营的，须凭许可证经营。）						

企业名称	山东莱钢国际贸易有限公司		海关编码	3702915428	所属海关	青岛大港
通讯地址	山东省青岛市市南区东海路 39 号		邮政编码	266071	法人姓名	王绍强
评定时间	2013.10.24	注册日期 2001.10.23	报关有效期	长期	注册资本	6000 万人民币
主营范围	自营和代理各类商品及技术的进出口业务（国家限制经营或禁止进出口的商品及技术除外），经营进料加工和“三来一补”业务，经营对销贸易和转口贸易。					

企业名称	新华锦集团山东海锦国际贸易有限公司		海关编码	3702916868	所属海关	青岛大港
通讯地址	山东省青岛市香港中路 20 号黄金广场北楼 9 层		邮政编码	266071	法人姓名	邱文立
评定时间	2009.2.1	注册日期 2003.10.13	报关有效期	长期	注册资本	500 万人民币
主营范围	自营和代理各类商品和技术的进出口，但国家限定公司经营或禁止进出口的商品和技术除外。					

企业名称	青岛啤酒股份有限公司		海关编码	3702930083	所属海关	青岛大港
通讯地址	山东省青岛市登州路 56 号		邮政编码	266023	法人姓名	李桂荣
评定时间	2008.12.4	注册日期 1993.11.25	报关有效期	长期	注册资本	130822 万人民币
主营范围	啤酒制造，啤酒技术研究，自营进出口业务，开发转让、咨询服务。					

企业名称	青岛渤海农业发展有限公司		海关编码	3702930215	所属海关	青岛大港
通讯地址	山东省青岛市崂山区山东头路 58 号盛和大厦 2 号楼 15 层		邮政编码	266000	法人姓名	舒忠峰
评定时间	2012.5.3	注册日期 2006.3.6	报关有效期	长期	注册资本	8000 万人民币
主营范围	高蛋白植物粕及其副产品、相关包装材料的生产、加工、销售和配套仓储服务。					

企业名称	海克斯康测量技术（青岛）有限公司		海关编码	3702932066	所属海关	青岛大港
通讯地址	山东省青岛市高科技工业园株州路 188 号		邮政编码	266045	法人姓名	诺伯特·汉克
评定时间	2010.7.29	注册日期 1993.11.12	报关有效期	长期	注册资本	940 万美元
主营范围	生产、销售、开发、引进坐标测量机、测量仪器、相关产品及各种配件，并提供相关应用培训、技术服务、升级改造服务、咨询服务及测量设备有关的其他服务；批发及进出口坐标测量机、测量仪器、相关产品及各种配件。（销售本公司生产的产品，需经许可经营的，须凭许可证经营。）					

企业名称	亨斯迈纺织染化（青岛）有限公司		海关编码	3702933222	所属海关	青岛大港
通讯地址	山东省青岛市四方区兴隆路 86 号		邮政编码	266031	法人姓名	Bartholomew Griffin
评定时间	2009.2.1	注册日期 1995.9.19	报关有效期	长期	注册资本	2500 万美元
主营范围	生产和销售纺织染料、中间体和助剂，提供与纺织染料相关的技术支持和咨询服务。					

企业名称	青岛朗讯科技通讯设备有限公司			海关编码	3702933375	所属海关	青岛大港
通讯地址	山东省青岛高科技工业园株洲路 159 号			邮政编码	266101	法人姓名	范建军
评定时间	2008.12.4	注册日期	1995.11.29	报关有效期	长期	注册资本	3300 万美元
主营范围	研究、开发、生产、工程设计、装配、安装 5ESS-2000 型数字交换系统及数字程控交换机的其他相关通讯产品。						

企业名称	青岛金王应用化学股份有限公司			海关编码	3702934025	所属海关	青岛大港
通讯地址	山东省青岛即墨市环保产业园			邮政编码	266000	法人姓名	陈索斌
评定时间	2008.12.4	注册日期	1997.3.3	报关有效期	长期	注册资本	32191.66 万人民币
主营范围	新型聚合物基质复合体烛光材料及其制品的开发、生产、销售和相关的技术合作、技术咨询服务，玻璃制品、工艺品、聚合蜡、合成蜡、液体蜡、石蜡、蜡油、人造蜡及相关制品、机械设备及配件、家具饰品、洗发护发及沐浴用品、美发护肤化妆品系列、家庭清洁用品、合成香料、精油及其相关制品的生产、销售。（以上范围需经许可经营的，须凭许可证经营。）						

企业名称	青岛凤凰东翔印染有限公司			海关编码	3702936986	所属海关	青岛大港
通讯地址	山东省青岛莱西市水集工业园			邮政编码	286600	法人姓名	戴守华
评定时间	2009.2.1	注册日期	2003.11.4	报关有效期	长期	注册资本	1032 万美元
主营范围	生产印染布、服装、缝纫制品和深加工产品（产品 100%外销，以上范围需经许可证经营的，须凭许可证经营）。						

企业名称	青岛星电电子有限公司			海关编码	3702940541	所属海关	青岛大港
通讯地址	山东省青岛市李沧区重庆中路 946 号			邮政编码	266043	法人姓名	古桥健士
评定时间	2008.12.3	注册日期	1994.10.24	报关有效期	长期	注册资本	1720 万美元
主营范围	生产开关、插座、耳机喇叭、键盘、电子游戏机、电动机、液晶、手提电话天线及电子电器产品零部件、新型电子元器件（含片式元器件）及电力电子元器件、遥控器、新型电子眼镜（含 3D 系列眼镜）（以上范围需经许可经营的，须凭许可证经营）。						

企业名称	青岛耐克森轮胎有限公司			海关编码	3702940696	所属海关	青岛大港
通讯地址	山东省青岛莱西市姜山镇驻地			邮政编码	266603	法人姓名	姜镐讃
评定时间	2011.9.28	注册日期	2006.2.20	报关有效期	长期	注册资本	12217 万美元
主营范围	半钢子午轮胎及关联橡胶产品的生产（产品 50% 外销），轮胎的批发（涉及配额、许可证管理，国家专项规定管理的产品，按照国家有关规定办理），轮胎制造技术及橡胶产品研发。（以上范围需经许可经营的，须凭许可证经营。）						

企业名称	青岛泰光制鞋有限公司			海关编码	3702943387	所属海关	青岛大港
通讯地址	山东省青岛莱西市李权庄镇工业园区			邮政编码	266604	法人姓名	闵丙瑅
评定时间	2010.2.9	注册日期	1995.12.5	报关有效期	长期	注册资本	2300 万美元
主营范围	生产旅游鞋及制作自用生产设备和模具（产品 100% 外销，涉及配额许可证管理、专项规定管理的产品按照国家有关规定办理，以上范围需经许可经营的，须凭许可证经营）。						

企业名称	青岛永昌因特皮革有限公司			海关编码	3702945213	所属海关	青岛大港
通讯地址	山东省青岛莱西市沽河工业园			邮政编码	266600	法人姓名	赵幸勋
评定时间	2009.2.1	注册日期	2001.4.26	报关有效期	长期	注册资本	2000 万美元
主营范围	猪、牛、羊蓝湿皮新技术加工及皮革后整饰新技术加工，生产加工皮革及皮革制品（产品 70% 外销）。（以上范围需经许可经营的，须凭许可证经营。）						

企业名称	青岛成信马达有限公司			海关编码	3702945757	所属海关	青岛大港
通讯地址	山东省青岛市李沧区郑庄工业园			邮政编码	266100	法人姓名	裴星佑
评定时间	2008.12.4	注册日期	2002.5.29	报关有效期	长期	注册资本	550 万美元
主营范围	从事高新技术、高效节能精密电机、自动驱动系统及相关新型机电元件的生产，从事货物进出口业务（不含进口分销）。（以上范围需经许可经营的，须凭许可证经营。）						

企业名称	海尔集团电器产业有限公司			海关编码	3702954522	所属海关	青岛大港
通讯地址	山东省青岛高科技工业园海尔工业园内			邮政编码	266101	法人姓名	梁海山
评定时间	2008.12.4	注册日期	1999.4.5	报关有效期	长期	注册资本	10000 万人民币
主营范围	一般经营项目：按外经贸部核准的经营范围开展中外合作生产业务，来料来样加工、来件装配业务，补偿贸易业务；经营进出口业务（按外经贸部核准的进出口商品目录）；家用电器制造、销售、仓储、代理。（以上范围需经许可经营的，须凭许可证经营。）						

企业名称	青岛朗基实业有限公司			海关编码	3702960736	所属海关	青岛大港
通讯地址	山东省青岛市市南区山东路 2 号华仁国际大厦 24 层 B 区			邮政编码	266071	法人姓名	李丽敏
评定时间	2012.5.3	注册日期	2004.7.15	报关有效期	长期	注册资本	200 万人民币
主营范围	批发、零售建筑装饰材料、五金交电、化工产品（不含危险品）、橡胶制品、文化办公用品、日用百货、服装鞋帽、土产杂品、劳保用品、农副产品（不含粮油）、机电产品、矿产品、工艺品、玻璃制品、通讯器材（不含卫星地面接收及无线发射装置）、针纺织品、汽车（不含小轿车）、有色金属（不含稀贵金属），机械产品设计，金属材料的改进和研发，货物和技术的进出口（国家禁止的除外，国家限制经营的凭许可证经营）。以下限分支机构经营：生产加工机械、五金产品、机电产品、服装、纺织品。						

企业名称	青岛雅福达进出口有限公司			海关编码	3702962320	所属海关	青岛大港
通讯地址	山东省青岛市市南区中山路 44-60 号 3010 室			邮政编码	266001	法人姓名	程瓒
评定时间	2011.9.28	注册日期	2005.9.23	报关有效期	长期	注册资本	1000 万人民币
主营范围	批发预包装食品、乳制品（含婴幼儿配方乳粉）（食品流通许可证有效期限以许可证为准），经营货物进出口和技术进出口业务（法律、行政法规禁止的项目除外，法律、行政法规限制的项目取得许可后方可经营），批发鲜海产品、玩具、建材、包装材料、机电设备及备件、机械设备及备件、纺织品、服装鞋帽、有色金属、日用品、办公用品、装饰材料、电线电缆、五金、化工原料及产品（不含危险品）、电子产品、金属制品、矿产品（国家禁止和限制的除外）、塑料制品、钢材、工艺品、纸浆、饲料、水果、化肥、生肉。（依法须经批准的项目，经相关部门批准后方可开展经营活动。）						

企业名称	新华锦集团山东海川工艺发制品有限公司			海关编码	3702962686	所属海关	青岛大港
通讯地址	山东省青岛市南京路 66 号中天恒商务大厦 8~9 楼			邮政编码	266071	法人姓名	刘笃平
评定时间	2010.2.9	注册日期	2006.1.23	报关有效期	长期	注册资本	1300 万人民币
主营范围	发制品、草柳苇制品的加工、销售，自营和代理许可范围内的各类商品及技术的进出口业务，纺织品、工艺美术品、日用百货、机电产品、家具、服装的销售，商品信息咨询，劳务服务，物业管理。						

企业名称	青岛如隆国际贸易有限公司			海关编码	3702966435	所属海关	青岛大港
通讯地址	山东省青岛市市南区山东路 40 号			邮政编码	266071	法人姓名	侯松涛
评定时间	2013.1.4	注册日期	2003.5.21	报关有效期	长期	注册资本	1000 万人民币
主营范围	一般经营项目：自营和代理各类商品和技术的进出口（国家限定公司经营或禁止进出口的商品和技术除外），批发、零售五金交电、化工产品（不含危险品）、建筑装饰材料、机电设备、工艺品、针纺织品、服装鞋帽、百货、钢材、木材、橡塑制品、皮革制品、家具、木制品、文化办公用品、机械设备、农副产品（不含粮油）、土畜产品、汽车及配件（不含小轿车）、精密仪器及设备、计量器具、体育用品、玩具。以下范围限分支机构经营：五金、木工机械加工、制造。（以上范围需经许可经营的，须凭许可证经营。）						

企业名称	青岛金黄海集装箱有限公司			海关编码	3728920001	所属海关	青岛大港
通讯地址	山东省青岛即墨市大信镇大金家			邮政编码	266229	法人姓名	金延玉
评定时间	2013.4.15	注册日期	2003.11.27	报关有效期	长期	注册资本	268 万美元
主营范围	特种集装箱、标准集装箱制造，拖车车盘钢结构及配套件、铆焊件、冲压件、金属结构件、机械、新型平板显示器、港口新型集装箱自装自卸车及配套件的加工制造。						

企业名称	青岛如隆机械有限公司			海关编码	3728930122	所属海关	青岛大港
通讯地址	山东省青岛即墨市青岛北部工业园			邮政编码	266217	法人姓名	侯树建
评定时间	2014.4.10	注册日期	2005.4.27	报关有效期	长期	注册资本	700 万美元
主营范围	机械设备、汽车配件、五金产品的生产加工（产品 100% 外销，依法须经批准的项目，经相关部门批准后方可开展经营活动）。						

企业名称	青岛贵华针织有限公司			海关编码	3728931789	所属海关	青岛大港
通讯地址	山东省青岛即墨市贵华路 7 号			邮政编码	266200	法人姓名	宫成安
评定时间	2008.12.4	注册日期	1993.10.18	报关有效期	长期	注册资本	1057 万美元
主营范围	生产缝制品及针织面料。						

企业名称	青岛亚是加食品有限公司			海关编码	3728941305	所属海关	青岛大港
通讯地址	山东省青岛即墨市烟青路 300 号			邮政编码	266200	法人姓名	条内健男
评定时间	2008.12.12	注册日期	2008.9.5	报关有效期	长期	注册资本	573 万美元
主营范围	经营速冻食品（速冻面米食品生制品、速冻面条、速冻调制食品、速冻其他食品、速冻肉制品、速冻其他类制品、速冻裹粉水产品、速冻调制食品、寿司用北极甜虾）、糕点［烘烤类糕点（面包屑）］、罐头［其他罐头（调理米饭）］（全国工业产品生产许可证有效期至 2016 年 7 月 2 日，全国工业产品生产许可证 1 有效期至 2015 年 5 月 7 日，全国工业产品生产许可证 2 有效期至 2015 年 7 月 11 日）。（以上范围需经许可经营的，须凭许可证经营。）						

企业名称	青岛永元体育用品有限公司			海关编码	3728945185	所属海关	青岛大港
通讯地址	山东省青岛即墨市崂山一路 97 号			邮政编码	266200	法人姓名	成者鹤
评定时间	2008.12.3	注册日期	2001.4.4	报关有效期	长期	注册资本	2500 万美元
主营范围	生产及销售、经营、加工运动服、鞋帽、手套、包等体育用品。						

企业名称	青岛高丽钢线有限公司			海关编码	3728945388	所属海关	青岛大港
通讯地址	山东省青岛即墨市青威路北城西四路西（青岛服装工业园内）			邮政编码	266200	法人姓名	韩相德
评定时间	2008.12.4	注册日期	2001.11.29	报关有效期	长期	注册资本	4300 万美元
主营范围	生产、销售子午线轮胎用钢丝帘线等特种钢丝新材料。						

企业名称	创新科技（山东青岛）有限公司			海关编码	3728945917 372893099C	所属海关	青岛大港
通讯地址	山东青岛即墨市省级高新技术产业开发区			邮政编码	266216	法人姓名	陈福军
评定时间	2008.12.4	注册日期	2002.8.26	报关有效期	长期	注册资本	1460 万美元
主营范围	设计开发与生产电子计算机及周边、通讯、电子、数字多媒体产品及设备，货物进出口（不含进口商品分销业务，以上范围需经许可经营的，须凭许可证经营）。						

企业名称	青岛即发进出口有限公司			海关编码	3728954209	所属海关	青岛大港
通讯地址	山东省即墨城北三路 4 号			邮政编码	266221	法人姓名	陈玉兰
评定时间	2008.12.4	注册日期	1997.12.16	报关有效期	长期	注册资本	1000 万人民币
主营范围	经营和代理各类商品和技术的进出口业务，但国家限定公司经营或禁止进出口的商品和技术除外。						

企业名称	青岛雪达集团有限公司			海关编码	3728954555	所属海关	青岛大港
通讯地址	山东省青岛即墨市南泉镇			邮政编码	266231	法人姓名	张世安
评定时间	2012.5.3	注册日期	1999.5.25	报关有效期	长期	注册资本	1037 万人民币
主营范围	针棉织品、化纤针织品、玩具、织布制造，出口本企业自产的丝、棉、毛、麻、化纤及其他针织品、服装，进口本企业生产、科研所需的原辅材料、机械设备、零配件、仪器仪表。						

企业名称	青岛黄海集装箱厂有限公司			海关编码	3728955726	所属海关	青岛大港
通讯地址	山东省青岛即墨市大信镇大金家村			邮政编码	266229	法人姓名	金继华
评定时间	2013.4.15	注册日期	2008.5.23	报关有效期	长期	注册资本	3380 万人民币
主营范围	一般经营项目：金属集装箱制造，拖车车盘钢结构及配套件、冲压件、铆焊件、金属结构件、机械的加工制造，进出口业务，经营橡塑制品，制鞋。						

企业名称	青岛森麒麟轮胎有限公司			海关编码	3728963589	所属海关	青岛大港
通讯地址	山东省青岛市即墨大信镇天山三路 5 号			邮政编码	266229	法人姓名	秦龙
评定时间	2014.4.10	注册日期	2011.11.23	报关有效期	长期	注册资本	37477 万人民币
主营范围	一般经营项目：生产、销售、研发、翻新子午线轮胎、航空轮胎，橡胶制品及以上产品的售后服务，批发、代购、代销橡胶制品、化工产品及原料（不含危险品），货物进出口，技术进出口（法律、行政法规禁止的项目除外，法律、行政法规限制的项目取得许可后方可经营）。（以上范围需经许可经营的，须凭许可证经营。）						

企业名称	森泰达集团有限公司			海关编码	3728966424	所属海关	青岛大港
通讯地址	山东省青岛即墨市大信镇天山三路			邮政编码	266229	法人姓名	秦龙
评定时间	2012.5.3	注册日期	2008.9.27	报关有效期	长期	注册资本	5000 万人民币
主营范围	货物及技术的进出口，但国家禁止及限定公司经营的项目除外；批发、零售橡胶制品、轮胎、化工产品及原料（不含危险品）；仓储配送；自有资金对外投资及运营管理，自有建筑工程机械租赁；轮胎制造。以下限分支经营：汽车维修，旧机动车经营。（以上范围需经许可经营的，须凭许可证经营。）						

企业名称	青岛三莹电子有限公司			海关编码	3729943006	所属海关	青岛大港
通讯地址	山东省青岛平度市外向型工业加工区			邮政编码	266700	法人姓名	边东俊
评定时间	2008.12.4	注册日期	1995.3.9	报关有效期	长期	注册资本	4820 万美元
主营范围	生产加工新型电子元器件及其专用材料和电子专用设备（产品 50% 外销，以上范围需经许可经营的，须凭许可证经营）。						

企业名称	青岛裕洋电子有限公司			海关编码	370294099F	所属海关	青岛大港
通讯地址	山东省青岛莱西经济开发区南京路西龙口路北			邮政编码	266600	法人姓名	赵昭彦
评定时间	2013.7.22	注册日期	2012.9.4	报关有效期	长期	注册资本	500 万美元
主营范围	稳压电源电路板、LED 照明灯、LED 显示器的设计、开发和生产（产品 70% 外销，依法须经批准的项目，经相关部门批准后方可开展经营活动）。						

企业名称	烟台泰和新材料股份有限公司			海关编码	3706218905	所属海关	烟开发区
通讯地址	山东省烟台开发区黑龙江路 10 号			邮政编码	264006	法人姓名	孙茂建
评定时间	2008.12.3	注册日期	1998.12.3	报关有效期	长期	注册资本	50902.8 万人民币
主营范围	前置许可经营项目：无。一般经营项目：氨纶、芳纶系列产品的制造、销售，纺织品、日用百货、金属材料、建筑材料、化工产品（不含化学危险品）的批发、零售，备案范围内的进出口业务。						

企业名称	浪潮乐金数字移动通信有限公司			海关编码	3706237905	所属海关	烟开发区
通讯地址	山东省烟台经济开发区长江路 228 号			邮政编码	264006	法人姓名	辛卫华
评定时间	2008.12.4	注册日期	2002.2.21	报关有效期	长期	注册资本	3000 万美元
主营范围	CDMA（码分多址）移动电话、GSM 移动电话、移动信息终端技术及其他相关产品的研发、生产、销售和售后服务，以及从事上述产品及相关零部件、附件的批发及进出口业务。						

企业名称	上海通用东岳汽车有限公司			海关编码	3706237977	所属海关	烟开发区
通讯地址	山东省烟台经济技术开发区长江路 118 号			邮政编码	264006	法人姓名	丹·阿曼
评定时间	2013.8.23	注册日期	2013.6.20	报关有效期	长期	注册资本	167800 万人民币
主营范围	制造汽车发动机、变速箱及其零部件，以及在国内和国际市场上销售上述产品、相关配件，并提供售后服务。						

企业名称	烟台正海电子网板股份有限公司			海关编码	3706239899	所属海关	烟开发区
通讯地址	山东省烟台开发区珠江路 21 号			邮政编码	264006	法人姓名	秘波海
评定时间	2008.12.4	注册日期	1995.10.26	报关有效期	长期	注册资本	25000 万人民币
主营范围	生产、销售彩色显像管用荫罩、显示管用荫罩及相关电子产品，提供售后技术服务。						

企业名称	上海通用东岳动力总成有限公司			海关编码	3706239956	所属海关	烟开发区
通讯地址	山东省烟台经济技术开发区长江路 116 号			邮政编码	264006	法人姓名	丹·阿曼
评定时间	2013.8.23	注册日期	2013.6.20	报关有效期	长期	注册资本	349578 万人民币
主营范围	设计、开发、组装、生产汽车发动机、变速箱及零部件，在国内外市场销售上述产品并提供相关售后服务。						

企业名称	乐金电子部品（烟台）有限公司			海关编码	3706247019	所属海关	烟开发区
通讯地址	山东省烟台经济技术开发区台北北路 36 号			邮政编码	264000	法人姓名	朴昌坤
评定时间	2008.12.4	注册日期	2004.9.7	报关有效期	长期	注册资本	4340 万美元
主营范围	研发、生产、销售本公司液晶显示器件、数码摄像模块、翻盖组件、微型马达、新型电子元器件，并从事电子产品、器件和元件的批发和进出口业务。						

企业名称	宏华胜精密电子（烟台）有限公司			海关编码	3706247068	所属海关	烟开发区
通讯地址	山东省烟台经济技术开发区长沙街 18 号			邮政编码	264006	法人姓名	陈玉元
评定时间	2008.12.4	注册日期	2006.3.20	报关有效期	长期	注册资本	8580 万美元
主营范围	研究、开发、生产大中型电子计算器、便携式计算器、新型电子元器件、新型仪表元器件、电子专用设备、精冲模、模具标准件、柔性线路板及上述产品的零配件，并销售公司自产产品。						

企业名称	富士康精密电子（烟台）有限公司			海关编码	3706247079	所属海关	烟开发区
通讯地址	山东省烟台开发区 A-7 小区			邮政编码	264006	法人姓名	郑光杰
评定时间	2011.12.22	注册日期	2006.7.3	报关有效期	长期	注册资本	4100 万美元
主营范围	开发、生产、加工新型电子元器件、移动通信系统、基站、交换设备及数字集群系统设备及零部件、电子产品测试仪器、数字照相机及关键件及以上产品相关的模具，提供相关技术咨询与售后服务，并销售公司自产产品。						

企业名称	烟台富华达精密电子有限公司			海关编码	3706247199	所属海关	烟开发区
通讯地址	山东省烟台经济技术开发区 A-7 小区			邮政编码	264006	法人姓名	郑光杰
评定时间	2013.4.15	注册日期	2010.10.9	报关有效期	长期	注册资本	1000 万美元
主营范围	开发、生产、经营新型平板显示器、新型电子元器件、液晶电视机、数字电视机、金属制品模具、模具标准件、工模具制造及上述产品的零部件，组装投影机，提供相关的技术咨询与售后服务，并从事上述公司自产产品的进出口、批发及相关配套业务。						

企业名称	斗山机床（烟台）有限公司			海关编码	3706247428	所属海关	烟开发区
通讯地址	山东省烟台开发区斗山一路 1 号			邮政编码	264006	法人姓名	金泰亨
评定时间	2013.1.4	注册日期	2003.8.11	报关有效期	长期	注册资本	1000 万美元
主营范围	生产三轴以上联动的数控机床、数控系统及伺服装置、专用生产设备、自动化设备及相应配件，销售上述所列公司自产产品，提供相关售后服务；从事数控机床、数控系统及伺服装置、专用生产设备、自动化设备，上述产品所涉及的附属机械设备及相应配件，工具工装，量具量仪、原材料的进出口、批发、佣金代理和售后服务业务（国家有特殊规定的产品除外）。						

企业名称	烟台共同食品企业有限公司			海关编码	3706247470	所属海关	烟开发区
通讯地址	山东省烟台经济技术开发区嘉陵江路 89 号			邮政编码	264006	法人姓名	张苏健
评定时间	2008.12.3	注册日期	2003.12.10	报关有效期	长期	注册资本	171 万美元
主营范围	加工鱼类、贝类、虾蟹类、藻类水产品、果蔬食品（以上限外销）、速冻食品［速冻其他食品（速冻肉制品），有效期至 2013 年 12 月 20 日］，冷冻食品仓储（不含须经行政许可审批的项目），销售公司自产产品。						

企业名称	斗山工程机械（中国）有限公司			海关编码	3706249871	所属海关	烟开发区
通讯地址	山东省烟台开发区五指山路 28 号			邮政编码	264006	法人姓名	康又珪
评定时间	2008.12.4	注册日期	1994.10.3	报关有效期	长期	注册资本	6422.2222 万美元
主营范围	生产液压式挖掘机和叉车、水泥泵车、发电机组、柴油发动机、起重机、空气压缩机、工程机械零部件、精密机床、加工中心，销售公司自产产品并提供售后服务，从事工程机械、发电机组、精密机床、加工中心、柴油发动机及其相关零部件的进出口、批发、佣金代理和售后服务（国家有特殊规定的商品除外）。						

企业名称	泗水金益纸业有限公司			海关编码	3708930552	所属海关	济宁海关驻曲阜办事处
通讯地址	山东省泗水县金庄镇			邮政编码	273201	法人姓名	孔凡岗
评定时间	2008.12.3	注册日期	1995.12.29	报关有效期	长期	注册资本	840 万美元
主营范围	生产经营无碳复写 CF 原纸、文化用纸。						

企业名称	太阳纸业有限公司			海关编码	3708931895	所属海关	济宁海关驻曲阜办事处
通讯地址	山东省兖州西关大街 66 号			邮政编码	272100	法人姓名	李洪信
评定时间	2008.12.3	注册日期	1993.11.12	报关有效期	长期	注册资本	1249 万美元
主营范围	生产、销售铜版纸及其制品，生产、销售纸及系列产品（涉及许可经营的，须凭许可证经营）。						

企业名称	兖州天章纸业有限公司			海关编码	3708933050	所属海关	济宁海关驻曲阜办事处
通讯地址	山东省兖州市西关大街 66 号			邮政编码	272100	法人姓名	李洪信
评定时间	2008.12.3	注册日期	2001.9.24	报关有效期	长期	注册资本	9146 万美元
主营范围	生产、销售白卡纸、烟卡纸等包装用纸及纸板，双面胶版纸、彩色打印纸、低定量涂布纸、铜版纸等高档信息用纸。						

企业名称	倍耐力轮胎有限公司			海关编码	3708936029	所属海关	济宁海关驻曲阜办事处
通讯地址	山东省兖州市华勤工业园			邮政编码	272100	法人姓名	牛宜顺
评定时间	2008.12.4	注册日期	2005.7.15	报关有效期	长期	注册资本	172115 万人民币
主营范围	生产、销售全钢子午线轮胎、半钢子午线轮胎、钢丝帘线及相关产品，从事非自产子午线轮胎的批发、佣金代理（拍卖除外）、进出口和其他相关配套业务，高档摩托车子午线轮胎的生产及销售。						

企业名称	兖州中天纸业有限公司			海关编码	3708936066	所属海关	济宁海关驻曲阜办事处
通讯地址	山东省兖州市西关大街 66 号			邮政编码	272100	法人姓名	李洪信
评定时间	2010.2.9	注册日期	2006.5.26	报关有效期	长期	注册资本	5985 万美元
主营范围	生产、销售激光打印纸等纸和纸制品。						

企业名称	万国纸业太阳白卡纸有限公司			海关编码	3708936068	所属海关	济宁海关驻曲阜办事处
通讯地址	山东省兖州市西关大街 66 号			邮政编码	272100	法人姓名	李洪信
评定时间	2010.2.9	注册日期	2006.9.22	报关有效期	长期	注册资本	32280.8 万人民币
主营范围	包装纸板和纸产品的制造、销售、营销、分销和研发，原材料、设备及其他与经营有关材料的采购，造纸生产设施的运营管理与咨询（商务与技术）服务，一般贸易及进出口贸易。						

企业名称	山东联诚汽车零件有限公司			海关编码	3708966337	所属海关	济宁海关驻曲阜办事处
通讯地址	山东省兖州经济开发区创业路 11 号			邮政编码	272100	法人姓名	郭元强
评定时间	2013.4.15	注册日期	2011.12.8	报关有效期	长期	注册资本	4259 万人民币
主营范围	前置许可经营项目：无。一般经营项目：生产、销售汽车零部件及配件，货物及技术的进出口业务（国家限定公司经营或禁止公司经营的除外）。（以上项目涉及许可经营的，须凭许可证或批准文件经营。）						

济南关区

企业名称	山东省冶金设计院股份有限公司	海关编码	3701311863	所属海关	现场业务处
通讯地址	山东省济南市高新开发区舜华路 1969 号	邮政编码	250101	法人姓名	姚朝胜
评定时间	2011.5.11	注册日期	2004.12.28	报关有效期	长期
注册资本	34500 万人民币				
主营范围	前置许可经营项目：承包与其实力、规模、业绩相适应的国外工程项目，对外派遣实施上述境外工程所需的劳务人员。一般经营项目：工程勘察设计，工程总承包及总承包向下的设备材料销售、施工、安装、调试、建造（不含特种设备安装调试），工程监理，技术咨询，技术服务，环境影响评价（以上凭资质经营），房屋租赁。				

企业名称	中国重汽集团进出口有限公司	海关编码	3701343608	所属海关	现场业务处
通讯地址	山东省济南市高新区经十东路济南出口加工区海关卡口办公楼 305、307 房间	邮政编码	250102	法人姓名	刘伟
评定时间	2008.12.2	注册日期	2008.6.10	报关有效期	长期
注册资本	55500 万人民币				
主营范围	批准范围内的进出口业务，代理进出口业务，对外承包工程（非工程建设类），提供自产产品售后服务、信息咨询服务，汽车及配件、电子机械设备、日用百货、五金交电、计算机及配件、装饰材料、计算机软件、建筑材料的批发（以上涉及配额许可证管理、专项管理的商品按照国家有关规定办理）。				

企业名称	浪潮集团有限公司	海关编码	3701910803	所属海关	现场业务处
通讯地址	山东省济南历下区山大路 224 号	邮政编码	250014	法人姓名	孙丕恕
评定时间	2010.2.9	注册日期	1993.3.11	报关有效期	长期
注册资本	41060.93 万人民币				
主营范围	前置许可经营项目：无。一般经营项目：计算机及软件、电子及通信设备（不含无线电发射设备）的生产、销售，许可证范围内的进出口业务，电器机械、五金交电销售，计算机应用、出租及计算机人员培训服务，智能化工程设计、施工（凭资质证书经营），集成电路、半导体发光材料、管芯器件及照明应用产品的设计、开发、生产、销售、安装施工。				

企业名称	济南圣泉集团股份有限公司	海关编码	3701910849	所属海关	现场业务处
通讯地址	山东省济南市章丘市刁镇工业经济开发区	邮政编码	250204	法人姓名	唐一林
评定时间	2009.8.13	注册日期	1995.4.7	报关有效期	长期
注册资本	25748.84 万人民币				
主营范围	前置许可经营项目：呋喃树脂、糠醛、冷芯盒树脂生产（有效期至 2014 年 11 月 30 日），发电业务（有效期至 2027 年 6 月 27 日），铸造用涂料、糠醇、固化剂的批发（无仓储，不含剧毒品、成品油、第一类易制毒和第二类监控化学品，有效期至 2015 年 2 月 26 日）。一般经营项目：登记证范围内的有机肥料生产（有效期至 2014 年 9 月），聚氨酯、酚醛树脂、醋酸钠、清洗剂、防水剂、泡沫陶瓷过滤器、发热保温冒口套、木质素的生产、销售、技术服务及成果转让，备案范围的进出口业务。				

企业名称	山东济南发电设备厂有限公司	海关编码	3701910974	所属海关	现场业务处
通讯地址	山东省济南市历下区华信路18号	邮政编码	250100	法人姓名	姜守国
评定时间	2011.12.22 注册日期 1998.2.5	报关有效期	长期	注册资本	6006.93万人民币
主营范围	许可经营项目：无。一般经营项目：汽轮发电机主机、辅机及电机备件的制造、销售，汽轮机主机、辅机及备件的设计、制造、销售，锅炉及辅助设备的销售，电站设备成套技术咨询，经营本企业自产机电产品（除小轿车）、零配件、成套设备及相关技术的出口业务，经营本企业生产、科研所需的原辅材料、机械设备、仪器仪表、备品备件、零配件及技术的进口业务（国家实行核定公司经营的14种进口商品除外），开展本企业“三来一补”业务，房屋租赁。（须经审批的，未获批准前不得经营。）				

企业名称	山东钢铁股份有限公司	海关编码	3701911327	所属海关	现场业务处
通讯地址	山东省济南市工业北路21号	邮政编码	250101	法人姓名	任浩
评定时间	2008.12.4 注册日期 2002.5.28	报关有效期	长期	注册资本	643629.58万人民币
主营范围	前置许可经营项目：许可证批准范围内的危险化学品生产、销售（禁止储存，有效期至2015年6月17日），焦炉煤气供应（有效期至2016年9月20日），发电，供热。一般经营项目：钢铁冶炼、加工及技术咨询服务，钢材、大锻件、焦炭及炼焦化产品、水渣和炼钢副产品的生产及销售，铁矿石及类似矿石销售，自营进出口业务。				

企业名称	山东松下电子信息有限公司	海关编码	3701932489	所属海关	现场业务处
通讯地址	山东省济南市高新技术开发区新泺大街312号	邮政编码	250101	法人姓名	楠见雄规
评定时间	2014.1.6 注册日期 2013.11.6	报关有效期	长期	注册资本	2500万美元
主营范围	彩色电视机、各种映像设备及电子部品、部件的研究开发、制造及售后服务，与上述公司产品同类及配套的非自产产品的批发、进出口和相关服务，销售本公司生产的产品。				

企业名称	山东太古飞机工程有限公司	海关编码	3701933013	所属海关	现场业务处
通讯地址	山东省济南市历城区遥墙镇机场园内	邮政编码	250107	法人姓名	黄恩舫
评定时间	2008.12.3 注册日期 1999.1.25	报关有效期	长期	注册资本	20000万人民币
主营范围	民用飞机及部件（除整台发动机、螺旋桨以外的航空器部件）的维修、改装、检测，飞机附件与零部件的加工、制造，飞机维修工具、设备、器材的设计、加工、制作，飞机工程管理软件的开发，自制产品、软件的销售，飞机零部件及相关航材的进出口、销售，航空地面勤务（不含前置许可管理的项目），民用航空器机型培训，飞机机队及零部件的管理服务，航空工程服务，计量服务，仓储经营服务（不涉及国营贸易管理商品，涉及配额、许可证管理的，按国家有关规定办理申请，涉及许可证管理的凭许可证经营）。				

企业名称	山东冠世针织有限公司	海关编码	3701943485	所属海关	现场业务处
通讯地址	山东省章丘市明水经济开发区东风工业园	邮政编码	250200	法人姓名	广地厚
评定时间	2010.2.9 注册日期 2006.1.20	报关有效期	长期	注册资本	1755.6万美元
主营范围	设计、生产针织服装、纺织服装及辅料产品，销售本公司生产的产品，服装的批发和进出口（不含分销，不涉及国营贸易管理商品，涉及配额、许可证管理商品的，按国家有关规定办理申请）。（须经审批的，未获批准前不得经营。）				

企业名称	山东力诺进出口贸易有限公司			海关编码	3701961389	所属海关	现场业务处
通讯地址	山东省济南市历城区经十东路 30099 号			邮政编码	250103	法人姓名	周广彦
评定时间	2009.8.13	注册日期	2014.3.13	报关有效期	长期	注册资本	1500 万人民币
主营范围	许可经营项目：无。一般经营项目：进出口业务，批发、零售玻璃制品、太阳能光伏系列产品、建筑材料、五金工具、日用品、针纺织品、服装、钢材、硼酸、硼砂、聚乙烯塑料袋、工艺品、机械设备、仪器仪表、太阳能系列产品，机械零配件销售及服务。（未取得专项许可的项目除外。）						

企业名称	济南秦工国际贸易有限公司			海关编码	3701962918	所属海关	现场业务处
通讯地址	山东省济南市历下区环山路 48 号 1 幢 311、312 室			邮政编码	250014	法人姓名	杨立蕊
评定时间	2014.9.10	注册日期	2008.4.21	报关有效期	长期	注册资本	1000 万人民币
主营范围	批发、零售预包装食品、乳制品（含婴幼儿配方乳粉，有效期限以许可证为准），进出口业务，销售汽车及配件、摩托车及配件、电动车、三轮车、自行车及配件、五金交电、建筑材料、电子产品、数码产品、文具、日用品、百货、服装、针纺织品、家具、橡胶制品、化工产品（不含危险品）、计算机硬件，提供计算机技术咨询服务。（依法须经批准的项目，经相关部门批准后方可开展经营活动。）						

企业名称	济南玫德铸造有限公司			海关编码	3701964424	所属海关	现场业务处
通讯地址	山东省济南市平阴县南门路 3 号			邮政编码	250400	法人姓名	孔令磊
评定时间	2012.5.18	注册日期	2012.3.7	报关有效期	长期	注册资本	24320 万人民币
主营范围	许可经营项目：生产阀门、阀门铸造（有效期至 2017 年 1 月 15 日），普通货运（有效期至 2014 年 8 月 5 日）一般经营项目：制造玛钢管件、球铁沟槽管件、钢管接头接管、灰铸铁管件、钢管件、空调配件、电力金具、管路连接件、铸件、机械配件、螺栓螺母、橡胶圈，经营房屋租赁，销售冶金炉料、钢材、金属制品、五金交电、建材，经营进出口贸易。（须经审批的，未获批准前不得经营。）						

企业名称	山东潍柴进出口有限公司			海关编码	3707911616	所属海关	潍坊海关
通讯地址	山东省潍坊高新开发区福寿东街 197 号甲			邮政编码	261041	法人姓名	郎华
评定时间	2011.5.27	注册日期	2004.6.18	报关有效期	长期	注册资本	2000 万人民币
主营范围	前置许可经营项目：承包与其实力、规模、业绩相适应的国外工程项目，对外派遣实施上述境外工程所需的劳务人员（凭有效对外承包工程资格证书经营）。一般经营项目：自营和代理各类商品及技术的进出口业务，但国家限定公司或禁止进出口的商品及技术除外（不另附进出口商品目录），经营进料加工和“三来一补“业务，经营转口贸易和对销贸易。（以上范围不含法律法规和国家规定的禁止项目，其他依法需要取得许可方可经营的项目，凭相关许可经营，房屋租赁合同期限至 2018 年 6 月 16 日。）						

企业名称	潍坊韩一皮革服装有限公司			海关编码	3707930982	所属海关	潍坊海关
通讯地址	山东省潍坊市坊子区六马路 66 号			邮政编码	261200	法人姓名	刘山云
评定时间	2008.12.3	注册日期	1994.9.3	报关有效期	长期	注册资本	26 万美元
主营范围	服装加工销售。						

企业名称	潍坊亚星化学股份有限公司	海关编码	3707931395	所属海关	潍坊海关
通讯地址	山东省潍坊市寒亭区民主街 529 号	邮政编码	261100	法人姓名	李白贤
评定时间	2008.12.3 注册日期 1996.12.9	报关有效期	长期	注册资本	31559.4 万人民币
主营范围	生产经营烧碱、氯化聚乙烯、液氯、水合肼、ADC 发泡剂、次氯酸钠溶液、氢气、废硫酸、非药品易制毒化学品盐酸（安全生产许可证有效期至 2017 年 5 月 22 日），技术开发、服务及转让，生产经营热力、灰渣制品等。				

企业名称	潍柴动力股份有限公司	海关编码	3707932855	所属海关	潍坊海关
通讯地址	山东省潍坊市高新技术产业开发区福寿东街 197 号甲	邮政编码	261041	法人姓名	谭旭光
评定时间	2014.8.6 注册日期 2008.7.15	报关有效期	长期	注册资本	199930.9 万人民币
主营范围	柴油机及配套产品的设计、开发、生产、销售、维修、进出口，自有房屋租赁，钢材销售，企业管理服务（以上不涉及国营贸易管理商品，涉及配额、许可证管理的商品，按国家有关规定办理）。				

企业名称	新旭电子（潍坊）有限公司	海关编码	3707941390	所属海关	潍坊海关
通讯地址	山东省潍坊市坊子区凤凰大街 6 号	邮政编码	261206	法人姓名	菅野高延
评定时间	2008.12.3 注册日期 1995.12.26	报关有效期	长期	注册资本	221 万美元
主营范围	电线、磁片、耳机、话筒、电线连接器（接插件）、电子零部件的生产、加工，销售本公司产品，经营进出口业务（不含分销）。（上述范围涉及许可经营的，按许可证核定的范围及国家有关规定执行。）				

企业名称	孚日集团股份有限公司	海关编码	3707952349	所属海关	潍坊海关
通讯地址	山东省潍坊高密市孚日街 1 号	邮政编码	261500	法人姓名	孙日贵
评定时间	2008.10.20 注册日期 2002.4.4	报关有效期	长期	注册资本	90800 万人民币
主营范围	生产、销售毛巾系列产品、纺织品、针织品、床上用品、服装、工艺品，经营本企业自产产品及技术的出口业务，经营本企业生产、科研所需的原辅材料、仪器仪表、机械设备、零配件及技术的进口业务（国家限定公司经营和国家禁止进出口的商品及技术除外），经营进料加工和“三来一补”业务。				

企业名称	山东佰宜纺织有限公司	海关编码	3707962764	所属海关	潍坊海关
通讯地址	山东省潍坊高新区玉清东街 15789 号（海关大楼 12 层）	邮政编码	261061	法人姓名	范凤鸾
评定时间	2010.2.9 注册日期 2003.7.31	报关有效期	长期	注册资本	2000 万人民币
主营范围	销售针纺织品、日用百货、土产杂品、畜产品、服装鞋帽、轻工机械、建筑材料、五金交电、纸张、工艺品、浓缩饲料、配合饲料（以上不含法律法规规定的前置审批和限制经营项目）；自营各类商品和技术的进出口，但国家限定公司经营或禁止进出口的商品和技术除外。				

企业名称	山东福田雷沃重工国际贸易有限公司	海关编码	3707964015	所属海关	潍坊海关
通讯地址	山东省潍坊市坊子区北海路中段西侧	邮政编码	261206	法人姓名	王桂民
评定时间	2014.8.6 注册日期 2005.11.9	报关有效期	长期	注册资本	300 万人民币
主营范围	前置许可经营项目：无。一般经营项目：货物进出口，技术进出口，销售汽车（不含小轿车）及其零配件、摩托车及其零配件、农用机械、工程机械、农用车、助力车、电动车，招标代理（以上范围不含国家法律法规禁止或限制性项目，需资质许可的凭资质许可证开展经营）。				

企业名称	潍坊美城食品有限公司			海关编码	3707966386	所属海关	潍坊海关
通讯地址	山东省潍坊市潍城区宝通街 278 号			邮政编码	261053	法人姓名	郑培文
评定时间	2012.2.21	注册日期	2010.8.13	报关有效期	长期	注册资本	2473.52 万人民币
主营范围	前置许可经营项目：速冻食品［速冻其他食品（速冻肉制品、速冻其他类制品）、速冻面米食品（生制品）］的加工（以上范围须凭全国工业产品生产许可证核定的范围从事经营，许可证有效期至 2017 年 8 月 21 日），商品代鸡饲养（须凭有效的动物防疫条件合格证从事经营）。一般经营项目：初级农产品的销售，货物进出口，销售本公司产品。（以上范围不含国家法律法规禁止和限制性项目，需资质许可的凭资质许可证开展经营。）						

企业名称	诸城东晓生物科技有限公司			海关编码	3723930014	所属海关	潍诸城办
通讯地址	山东省诸城市辛兴镇驻地			邮政编码	262218	法人姓名	王松江
评定时间	2014.8.6	注册日期	2005.6.15	报关有效期	长期	注册资本	1158.66 万美元
主营范围	研发、加工、销售淀粉糖（葡萄糖、麦芽糖、麦芽糊精）、食品添加剂（山梨糖醇液、赤藓糖醇、麦芽糖醇液）、饲料添加剂（L- 赖氨酸盐酸盐、L- 赖氨酸硫酸盐及其发酵副产物）（有效期限以许可证为准，依法须经批准的项目，经相关部门批准后方可开展生产经营活动）。						

企业名称	希努尔男装股份有限公司			海关编码	3723938888	所属海关	潍诸城办
通讯地址	山东省诸城市东环路 58 号			邮政编码	262200	法人姓名	陈玉剑
评定时间	2011.7.4	注册日期	2008.10.8	报关有效期	长期	注册资本	32000 万人民币
主营范围	高、中档西服、衬衣、服饰、防静电工作服及阻燃防护服的制造，销售本公司制造的产品，面、辅料的物理测试和理化检测，本公司商品的周转及服务，以特许经营方式从事商业活动。						

企业名称	诸城市服装针织进出口有限责任公司			海关编码	3723951263	所属海关	潍诸城办
通讯地址	山东省诸城市广场路 16 号			邮政编码	262200	法人姓名	马春凤
评定时间	2008.12.3	注册日期	1995.6.15	报关有效期	长期	注册资本	5000 万人民币
主营范围	加工销售针织服装，经营进出口业务。						

企业名称	诸城尽美进出口有限公司			海关编码	3723960090	所属海关	潍诸城办
通讯地址	山东省诸城市密州路东首			邮政编码	262200	法人姓名	赵洪飞
评定时间	2014.8.6	注册日期	2006.9.15	报关有效期	长期	注册资本	1000 万人民币
主营范围	自营和代理各类商品和技术的进出口业务（法律、法规禁止经营的不得经营，法律、法规限制经营的需经许可经营）。						

企业名称	寿光富康制药有限公司			海关编码	3707931658	所属海关	潍坊海关驻寿光办事处
通讯地址	山东省寿光市经济技术开发区			邮政编码	262700	法人姓名	杨维国
评定时间	2008.12.3	注册日期	1997.7.18	报关有效期	长期	注册资本	140 万美元
主营范围	生产、销售原料药（甲氧苄啶）、原料药（磺胺甲噁唑）、原料药（盐酸二甲双胍、奥美拉唑、伊曲康唑、盐酸丁咯地尔、氯氮平、兰索拉唑、泮托拉唑钠）、片剂（氯氮平分散片）、ODB（2- 苯胺基 -3- 甲基 -6- 二丁氨基荧烷）、溴化钠、甲醇钠甲醇溶液、保健食品（藻中宝牌螺维素片），批发（无储存）硫酸、盐酸、有毒品［1，2- 二溴乙烷、1- 氯 -3- 溴丙烷、溴（化）乙烷］、易燃液体（1- 溴丙烷、1- 溴丁烷、2- 溴丙烷）。						

企业名称	山东晨鸣纸业集团股份有限公司			海关编码	3707931689	所属海关	潍坊海关驻寿光办事处
通讯地址	山东省寿光市圣城街 595 号			邮政编码	262700	法人姓名	陈洪国
评定时间	2008.12.3	注册日期	1997.10.21	报关有效期	长期	注册资本	193640.55 万人民币
主营范围	机制纸、纸板等纸品和造纸原料、造纸机械的生产加工、销售（国家禁止外商投资的行业除外，国家限制外商投资的行业或有特殊规定的，须依法履行相关程序）。						

企业名称	淄博张钢制铁铸管有限公司			海关编码	3703312268	所属海关	淄博海关
通讯地址	山东省淄博市张店区中心路 176 号			邮政编码	255007	法人姓名	董杰吉
评定时间	2008.12.3	注册日期	2002.8.12	报关有效期	长期	注册资本	46616 万人民币
主营范围	生铁、离心球墨铸铁管、铸管管件、高炉煤气的生产、销售；生铁、离心球墨铸铁管、含铁料、水渣、焦炭的批发、零售；矿来料加工、进料加工；供热；经营本企业自产产品及技术的出口业务和本企业所需的原辅材料、仪器仪表、机械设备、零配件及技术的进口业务，但国家限定公司经营或禁止进出口的商品及技术除外；经营本企业的进料加工和“三来一补”业务。（以上经营范围需审批或许可经营的凭审批手续或许可证经营。）						

企业名称	山东省药用玻璃股份有限公司			海关编码	3703911710	所属海关	淄博海关
通讯地址	山东省淄博市沂源县药玻路 1 号			邮政编码	256100	法人姓名	柴文
评定时间	2011.9.28	注册日期	1998.8.6	报关有效期	长期	注册资本	25738.01 万人民币
主营范围	前置许可经营项目：许可证范围内医疗器械的生产、销售（有效期至 2014 年 6 月 29 日），汽车货运（有效期至 2018 年 5 月 21 日），包装装潢印刷品印刷（有效期至 2018 年 3 月 31 日），药品包装材料和容器注册证范围内的药品包装材料和容器的生产、销售（凭注册证书经营）。以下限分支机构经营：成品油零售。一般经营项目：日用玻璃制品的生产、销售，纸箱加工、销售，玻璃生产专用设备的制造、销售，玻璃包装容器的加工、生产、销售，批准范围内的进出口业务。						

企业名称	鲁泰纺织股份有限公司			海关编码	3703930116	所属海关	淄博海关
通讯地址	山东省淄博市高新技术开发区铭波路 11 号			邮政编码	255000	法人姓名	刘石祯
评定时间	2008.12.4	注册日期	1990.5.10	报关有效期	长期	注册资本	95580.05 万人民币
主营范围	生产棉纱、色织布、衬衣、服装饰品、保健内衣、纺织品及配套产品，在国内外市场销售本公司自产产品，进行售后服务，经营非配额许可证管理、非专营商品的收购出口，从事酒店、宾馆、餐饮服务、经营（以上经营范围需审批或许可经营的凭审批手续或许可证经营）。						

企业名称	山东鲁维制药有限公司			海关编码	3703930309	所属海关	淄博海关
通讯地址	山东省淄博市淄川区双凤工业园			邮政编码	255190	法人姓名	冯帅
评定时间	2011.11.15	注册日期	2007.3.23	报关有效期	长期	注册资本	800 万美元
主营范围	生产 2– 酮基 –L– 古龙酸、古龙酸钠、维生素 C 原料药（有效期以药品生产许可证为准）、食品添加剂 [抗坏血酸钠、抗坏血酸钙、颗粒抗坏血酸（97% 压片级）] 、饲料添加剂（包衣抗坏血酸、抗坏血酸磷酸酯），销售本公司生产的产品（依法需经经批准的项目，经相关部门批准后方可开展经营活动）。						

企业名称	淄博大桓九宝恩皮革集团有限公司		海关编码	3703931913	所属海关	淄博海关
通讯地址	山东省淄博市桓台县索镇张北路 186 号		邮政编码	256400	法人姓名	周国祥
评定时间	2008.12.3	注册日期	2000.8.29	报关有效期	长期	注册资本	5000 万人民币
主营范围	生产、销售皮革及皮革制品；皮革及皮革制品，与皮革及皮革制品生产相关的原材料、包装材料、机械设备和备品备件，明胶、明胶制品及其副产品，与明胶、明胶制品及其副产品生产相关的原材料、包装材料、机械设备和备品备件的批发、销售及进出口业务。					

企业名称	淄博鑫利金属制品有限公司			海关编码	3703932020	所属海关	淄博海关
通讯地址	山东省淄博市临淄区凤凰镇			邮政编码	255418	法人姓名	路林
评定时间	2009.2.1	注册日期	2001.6.20	报关有效期	长期	注册资本	3260 万人民币
主营范围	生产、销售金属管路配件，第三类低、中压容器（特种设备制造许可证有效期至 2017 年 12 月 10 日）。（以上经营范围中涉及配额、许可证管理的商品或有行业规定的，按国家有关规定办理。）						

企业名称	蓝帆医疗股份有限公司			海关编码	3703932376	所属海关	淄博海关
通讯地址	山东省淄博市齐鲁化学工业区清田路 21 号			邮政编码	255414	法人姓名	刘文静
评定时间	2011.9.28	注册日期	2003.3.20	报关有效期	长期	注册资本	24000 万人民币
主营范围	生产加工 PVC 手套及其他塑料制品、粒料，销售本公司生产的产品，丁腈手套、乳胶手套、纸浆模塑制品、一类医疗器械产品的批发业务。（依法须经批准的项目，经相关部门批准后方可开展经营活动，有效期以许可证为准。）						

企业名称	鲁丰织染有限公司			海关编码	3703932818	所属海关	淄博海关
通讯地址	山东省淄博市淄川区黄家铺镇胶王路北			邮政编码	255100	法人姓名	刘石祯
评定时间	2010.2.9	注册日期	2004.8.2	报关有效期	长期	注册资本	70616 万人民币
主营范围	纺织印染产品生产、销售，纱线、服装服饰产品批发（以上经营范围需审批或许可经营的凭审批手续或许可证经营）。						

企业名称	淄博联昱纺织有限公司			海关编码	3703942063	所属海关	淄博海关
通讯地址	山东省淄博市高青清河经济区工业一路 6 号			邮政编码	256301	法人姓名	林兆兴
评定时间	2012.9.5	注册日期	2001.9.20	报关有效期	长期	注册资本	1539 万美元
主营范围	高档织物面料的织染及后整理加工（以上经营范围需审批或许可经营的凭审批手续或许可证经营）。						

企业名称	淄博银仕来纺织有限公司			海关编码	3703942069	所属海关	淄博海关
通讯地址	山东省淄博市博山经济开发区银龙村			邮政编码	255213	法人姓名	刘东
评定时间	2011.12.22	注册日期	2001.9.26	报关有效期	长期	注册资本	1740 万美元
主营范围	设计、研发和生产新型高档家纺织物面料及制品、新型服装织物面料及制品、棉纱和功能性差别化纤维，销售本公司生产的产品（以上经营范围需经审批或许可经营的，凭审批手续或许可证经营）。						

企业名称	淄博宝恩家私有限公司			海关编码	3703942223	所属海关	淄博海关
通讯地址	山东省淄博市桓台县205国道东甘家路段			邮政编码	256400	法人姓名	周国祥
评定时间	2008.12.3	注册日期	2002.7.8	报关有效期	长期	注册资本	765.36万美元
主营范围	生产加工真皮沙发、沙发套、座椅套、皮汽车座垫、皮衣、皮裤、皮手套，销售本公司生产的产品，经营进出口业务（不含分销）。（以上经营范围需审批或许可经营的凭审批手续或许可证经营。）						

企业名称	山东博汇纸业股份有限公司			海关编码	3703951859	所属海关	淄博海关
通讯地址	山东省淄博市桓台县马桥镇工业路北首			邮政编码	256405	法人姓名	杨延智
评定时间	2008.12.3	注册日期	2000.4.24	报关有效期	长期	注册资本	50461.95万人民币
主营范围	前置许可经营项目：无。一般经营项目：胶印纸、书写纸、包装纸、纸板、造纸木浆的生产、销售，批准范围内的自营进出口业务及“三来一补”业务。						

企业名称	山东东岳化工有限公司			海关编码	3703961655	所属海关	淄博海关
通讯地址	山东省淄博市桓台县唐山镇			邮政编码	256401	法人姓名	王维东
评定时间	2010.6.9	注册日期	1997.10.15	报关有效期	长期	注册资本	34000万人民币
主营范围	绿色制冷剂系列产品（R22、R32、R142b、R134a、R152a、R143a、R600a、R125混合物）、1，1-二氟乙烷（R152a）、硫酸、盐酸、氯二氟甲烷、氟化氢、氟化氢铵、二氟乙烷、氟硅酸、氢氟酸、1，1，1-三氟乙烷、二氟氯乙烷（R142b）、氯乙烯、四氟乙烷、二氟甲烷的生产、销售（以上范围有效期限以许可证件为准），R22厂区内管道输送（限山东东岳化工有限公司输送至山东东岳高分子材料有限公司），聚氯乙烯生产、销售，货物进出口（依法需经批准的项目，经相关部门批准后方可开展经营活动）。						

企业名称	山东清源集团有限公司			海关编码	3703961769	所属海关	淄博海关
通讯地址	山东省淄博市临淄区金岭镇西首			邮政编码	255410	法人姓名	马之清
评定时间	2011.11.15	注册日期	1999.8.4	报关有效期	长期	注册资本	63000万人民币
主营范围	前置许可经营项目：沥青、腊油、重油、溶剂油、润滑油（含基础油）、机油、建筑材料、塑料制品、油毛毡的生产、销售，沥青及其制品、建筑材料、塑料制品出口，本企业生产、科研所需的原辅材料、机械设备的进口和进料加工业务，塑料制品及塑料制品设备的研发、制造、检测，柴油、汽油零售（为办理分支机构手续用），批准范围内的铁路专用线运输，货物及技术进出口业务，危险化学品经营许可证许可经营范围内的危险化学品批发（禁止储存），煤炭批发经营（需经许可经营的，须凭许可证生产经营）。一般经营项目：钢材销售。						

企业名称	南金兆集团有限公司			海关编码	3703962367	所属海关	淄博海关
通讯地址	山东省淄博临淄区凤凰镇南金村			邮政编码	255419	法人姓名	段玉锋
评定时间	2008.12.4	注册日期	2003.3.5	报关有效期	长期	注册资本	50000万人民币
主营范围	矿山机械及配件、劳保护品、焦碳销售，货物进出口（法律、行政法规禁止经营的项目除外，法律、行政法规限制经营的项目须取得许可后经营），磁铁石选矿、球团烧结、生铁冶炼、炉前铸造、炼钢、自备发电（以上六项仅限控股子公司经营）。（上述经营范围需审批或许可经营的凭审批手续或许可证经营。）						

企业名称	山东泰山轮胎有限公司			海关编码	3709912101	所属海关	泰安海关
通讯地址	山东省肥城市泰西大街 001 号			邮政编码	271600	法人姓名	翟远新
评定时间	2008.12.3	注册日期	1995.3.31	报关有效期	长期	注册资本	5000 万人民币
主营范围	汽车轮胎、农业轮胎、工程机械轮胎、橡胶制品、轮胎汽门咀生产、销售，机械加工，橡胶、炭黑、促进剂、防老剂、金属材料（有色金属除外）、建材、汽车（小轿车除外）、废旧物资（废旧金属除外）销售，轮胎及原材料进出口业务。						

企业名称	山东岱银纺织集团股份有限公司			海关编码	3709912202	所属海关	泰安海关
通讯地址	山东省泰安市泰山区东岳大街 12 号			邮政编码	271000	法人姓名	赵焕臣
评定时间	2008.12.3	注册日期	1994.6.28	报关有效期	长期	注册资本	11390 万人民币
主营范围	前置许可经营项目：普通货运（有效期至 2015 年 2 月 20 日）。一般经营项目：纺织品、服装、纺织机械配件的制造、销售，备案范围内的进出口业务。						

企业名称	泰山玻璃纤维有限公司			海关编码	3709912376	所属海关	泰安海关
通讯地址	山东省泰安市经济开发区			邮政编码	271000	法人姓名	唐志尧
评定时间	2008.12.3	注册日期	2001.4.23	报关有效期	长期	注册资本	193471.24 万人民币
主营范围	前置许可经营项目：氧气、氮气、液氧、液氮、液氩的生产、销售（有效期至 2016 年 2 月 24 日），普通货运（有效期至 2016 年 6 月 27 日）。一般经营项目：无碱玻璃纤维及制品的制造、销售，进出口业务，金属制品、铝合金制品加工及销售，机械设备制造、加工、销售及维修。						

企业名称	山东岱银进出口有限责任公司			海关编码	3709952407	所属海关	泰安海关
通讯地址	山东省泰安市东岳大街东首凤台村南			邮政编码	271000	法人姓名	宁传军
评定时间	2014.6.30	注册日期	2001.11.16	报关有效期	长期	注册资本	1000 万人民币
主营范围	前置许可经营项目：批发兼零售预包装食品、乳制品（含婴幼儿配方乳粉，有效期至 2016 年 4 月 22 日）。一般经营项目：自营和代理各类商品及技术的进出口业务（国家限定公司经营或禁止进出口的商品及技术除外），经营进料加工和“三来一补”业务，经营对销贸易和转口贸易，汽车配件、机电产品、建材、钢材的销售。（需许可经营的，须凭许可证经营。）						

企业名称	山东石横特钢集团有限公司			海关编码	3709952616	所属海关	泰安海关
通讯地址	山东省泰安肥城市石横镇			邮政编码	271612	法人姓名	纪伟
评定时间	2011.5.27	注册日期	2004.1.13	报关有效期	长期	注册资本	100000 万人民币
主营范围	前置许可经营项目：无。一般经营项目：铁合金冶炼，炼钢，钢压延加工，钢材销售，炼铁，对工业的投资（不含金融及国家控制类），进出口资格证书范围内的进出口业务，安全生产许可证批准范围内的氧气、氩气、氮气生产，餐饮服务，煤炭批发（凭许可证经营），综合利用节能发电（以上涉及许可经营的，须凭各类许可生产经营）。						

企业名称	东营方圆有色金属有限公司			海关编码	3705932073	所属海关	东营海关
通讯地址	山东省东营经济开发区综合开发园			邮政编码	257091	法人姓名	崔志祥
评定时间	2013.11.21	注册日期	2001.4.10	报关有效期	长期	注册资本	1545 万美元
主营范围	废旧铜材的回收利用及铜制品加工、销售及进出口业务（以上不含境外废物进口业务，涉及法律法规规定须报批的，凭批准证书经营）。						

企业名称	山东华泰纸业股份有限公司	海关编码	3705952012	所属海关	东营海关
通讯地址	山东省东营市广饶县大王镇	邮政编码	257335	法人姓名	李建华
评定时间	2008.12.3 注册日期 1999.4.19	报关有效期	长期	注册资本	116756.1419 万人民币
主营范围	造纸，纸制品及纸料加工，热电、化工产品（不含化学危险品）及机械制造、销售，纸浆的生产、销售，批准范围内的本企业自产产品及相关技术的进出口业务。				

企业名称	山东恒丰橡塑有限公司	海关编码	3705952054	所属海关	东营海关
通讯地址	山东省东营市广饶县大王镇李桥西	邮政编码	257335	法人姓名	李圣法
评定时间	2008.12.3 注册日期 2000.12.14	报关有效期	长期	注册资本	22000 万人民币
主营范围	经营本企业自产产品及技术的出口业务（国家统一联合经营的商品除外），经营本企业生产、科研所需的原辅材料、仪器仪表、机械设备、零配件及技术的进口业务，经营本企业的进料加工和“三来一补”业务，生产和销售全钢子午胎、天然橡胶、合成橡胶等。				

企业名称	山东永盛橡胶集团有限公司	海关编码	3705962099	所属海关	东营海关
通讯地址	山东省广饶县大王镇	邮政编码	257335	法人姓名	刘占一
评定时间	2014.9.10 注册日期 2001.10.9	报关有效期	长期	注册资本	30180 万人民币
主营范围	生产、销售农用车、汽车、工程机械轮胎，全钢子午线轮胎，半钢子午线轮胎，充气内胎；经营本企业的进料加工和“三来一补”业务。				

企业名称	山东科瑞石油装备有限公司	海关编码	3705962300	所属海关	东营海关
通讯地址	山东省东营市东营区胜利工业园科三路	邮政编码	257000	法人姓名	杨宪
评定时间	2013.2.22 注册日期 2004.6.25	报关有效期	长期	注册资本	30000 万人民币
主营范围	前置许可经营项目：无。一般经营项目：石油机械设备、机电设备（不含专控）的生产、销售，电机、发电机组、汽车（不含小轿车）、石油测控设备、仪器仪表、钢材、化工产品（不含危险品）、石油助剂（不含危险品）、泵、锅炉、常压电器、压缩机、污水处理设备的销售，石油地面工程，污水处理技术服务，石油新技术开发及服务，网络工程（不含互联网），货物进出口业务，石油钻采装备及配套设备（石油钻机、采油机械设备、空分设备、油气工艺设备、井口设备）制造、销售，石油技术服务。（需经许可经营的，须凭许可证经营。）				

企业名称	山东万达宝通轮胎有限公司	海关编码	3705962357	所属海关	东营海关
通讯地址	山东省东营市永莘路 68 号	邮政编码	257506	法人姓名	寇汝强
评定时间	2008.12.3 注册日期 2004.11.19	报关有效期	长期	注册资本	40000 万人民币
主营范围	前置许可经营项目：无。一般经营项目：汽车轮胎、工程轮胎、农用轮胎生产、销售，乘用车轮胎、摩托车轮胎、特种轮胎、内胎、垫带、胶囊、轮毂等橡胶制品及配件的销售，自用和代理一般经营项目商品的进出口业务。（国家限制或禁止经营的除外，涉及法律法规规定需经审批的，须凭许可证经营。）				

企业名称	山东金宇实业股份有限公司			海关编码	3705962817	所属海关	东营海关
通讯地址	山东省东营市广饶县经济开发区			邮政编码	257335	法人姓名	延万华
评定时间	2014.9.10	注册日期	2008.5.19	报关有效期	长期	注册资本	18000 万人民币
主营范围	轮胎、力车胎及其配件、橡胶原辅材料、橡胶机械、模具、轮胎橡胶制品生产、销售，胶管生产、销售，轮胎生产技术咨询服务及转让，广告设计制作，房屋租赁，经核准的自营进出口业务。（以上经营事项涉及法律法规规定需报批的，凭批准证书经营。）						

企业名称	山东天圆铜业有限公司			海关编码	3705962830	所属海关	东营海关
通讯地址	山东省东营市黄河路 36 号			邮政编码	257091	法人姓名	曹福强
评定时间	2014.9.10	注册日期	2008.6.17	报关有效期	长期	注册资本	24800 万人民币
主营范围	前置许可经营项目：无。一般经营项目：铜材产品生产加工、销售及售后服务，货物仓储（不含危险品），铁路接触线制造，自营、代理各类商品的进出口业务、以回收铜为主的废电机等（凭进出口许可证经营）。						

企业名称	中冶纸业银河有限公司			海关编码	3714914025	所属海关	济南海关驻聊城办事处
通讯地址	山东省临清市西门里街			邮政编码	252600	法人姓名	李树俭
评定时间	2008.12.3	注册日期	2000.7.18	报关有效期	长期	注册资本	65439.5 万人民币
主营范围	生产、销售机制纸、纸制品，按进出口企业资格证书核准的经营范围从事进出口业务。						

企业名称	时风巨兴轮胎有限责任公司			海关编码	3714914203	所属海关	济南海关驻聊城办事处
通讯地址	山东省高唐县汇鑫路 1 号			邮政编码	252800	法人姓名	刘成勇
评定时间	2008.12.3	注册日期	2004.8.24	报关有效期	长期	注册资本	5000 万人民币
主营范围	制造、销售农用车轮胎、轻卡汽车轮胎、汽车子午线轮胎，经营本企业自产产品及技术的出口业务，经营本企业生产科研所需的原辅材料、仪器仪表、机械设备、零配件及技术的进口业务（国家限定公司经营和国家禁止进出口的商品及技术除外）。						

企业名称	中色奥博特铜铝业有限公司			海关编码	3714914728	所属海关	济南海关驻聊城办事处
通讯地址	山东省临清市东二环路			邮政编码	252600	法人姓名	刘占海
评定时间	2012.5.3	注册日期	2009.12.24	报关有效期	长期	注册资本	65827.5 万人民币
主营范围	加工制造铜材料、铝材料；经营本企业自产产品及技术的出口业务和本企业所需的机械设备、零配件、原辅料及技术的进口业务，但国家限定公司经营或禁止进出口的商品及技术除外。						

企业名称	茌平信发华宇氧化铝有限公司			海关编码	3714934317	所属海关	济南海关驻聊城办事处
通讯地址	山东省茌平县城西七公里			邮政编码	252100	法人姓名	张学信
评定时间	2009.2.1	注册日期	2005.12.19	报关有效期	长期	注册资本	2975 万美元
主营范围	氧化铝生产与经营。						

企业名称	临清三和纺织集团有限公司			海关编码	3714964048	所属海关	济南海关驻聊城办事处
通讯地址	山东省临清市大桥街1050号			邮政编码	252600	法人姓名	宛秋生
评定时间	2008.12.4	注册日期	2001.8.6	报关有效期	长期	注册资本	16000万人民币
主营范围	纺纱、染纱、织布、印染布、巾被的生产、加工、销售，经营本企业自产产品及技术的出口业务（国家统一联合经营的商品除外），经营企业生产、科研所需的原辅材料、仪器仪表、机械设备、零配件及技术的进出口业务（国家实行核定公司经营的进口商品除外），经营本企业的进料加工和“三来一补”业务。						

企业名称	阳谷祥光铜业有限公司			海关编码	3714964245	所属海关	济南海关驻聊城办事处
通讯地址	山东省阳谷县石佛镇祥光路1号			邮政编码	252325	法人姓名	刘学景
评定时间	2009.8.13	注册日期	2005.3.16	报关有效期	长期	注册资本	473000万人民币
主营范围	煤炭批发经营，余热发电、销售，硫酸、氧、氩、氮、硫酸铜生产、销售（有效期以许可证为准）；有色金属、贵金属、有色金属合金及相关副产品的冶炼、压延、加工与深加工及其技术的研发、应用、推广、销售；矿渣综合利用，金、银、铜、铂、钯、铼制工艺品、装饰品、塑料制品加工、销售（国家法律、法规禁止生产经营的除外，需前置审批的，未取得经营许可之前不得经营）；经营本企业自产产品及技术的出口业务和本企业所需的机械设备、零配件、原辅材料及技术的进出口业务，原辅材料仓储、租赁（但国家限定公司经营或禁止进口的商品及技术除外）。						

企业名称	山东金麒麟股份有限公司			海关编码	3713911118	所属海关	德州海关
通讯地址	山东省乐陵市阜乐路999号			邮政编码	253600	法人姓名	孙忠义
评定时间	2008.12.3	注册日期	2000.4.12	报关有效期	长期	注册资本	15687万人民币
主营范围	研发、制造、销售各类制动摩擦材料及制动产品，垫片、传感器、传感线、滤清器及所需原材料、零配件销售与维修，润滑油销售，货物及技术进出口业务。（依法须经批准的项目，经相关部门批准后方可开展经营活动。）						

企业名称	山东华鲁恒升化工股份有限公司			海关编码	3713911194	所属海关	德州海关
通讯地址	山东省德州市天衢西路24号			邮政编码	253024	法人姓名	常怀春
评定时间	2009.2.1	注册日期	2000.10.17	报关有效期	长期	注册资本	95362.5万人民币
主营范围	前置许可经营项目：安全生产许可证批准范围内的化工产品的生产、销售（有效期至2017年6月18日），许可证范围内的发电业务（有效期至2029年8月16日），供热（有效期至2016年6月25日）。一般经营项目：化学肥料（不含前置审批项目）生产、销售，备案范围内的进出口业务，协议并网供电业务，技术推广服务。						

企业名称	德州元济纺织有限公司			海关编码	3713940317	所属海关	德州海关
通讯地址	山东省德州市顺河西路16号			邮政编码	253002	法人姓名	徐元豪
评定时间	2008.12.4	注册日期	2004.3.29	报关有效期	长期	注册资本	2797.05万美元
主营范围	原棉化纤纺纱、织布、染整、成衣及相关产品的生产、加工，销售本公司自产产品。						

<table>
<tr><td>企业名称</td><td colspan="3">山东莱钢永锋钢铁有限公司</td><td>海关编码</td><td>3713960314</td><td>所属海关</td><td>德州海关</td></tr>
<tr><td>通讯地址</td><td colspan="3">山东省齐河经济开发区</td><td>邮政编码</td><td>251100</td><td>法人姓名</td><td>刘锋</td></tr>
<tr><td>评定时间</td><td>2010.2.9</td><td>注册日期</td><td>2004.3.31</td><td>报关有效期</td><td>长期</td><td>注册资本</td><td>83103.66 万人民币</td></tr>
<tr><td>主营范围</td><td colspan="7">配套炼铁炼钢系统工程，钢压延加工，对工业项目投资（不含金融、期货、证券），建材、钢材、木材、机电设备（不含小轿车）销售，五金配件、型钢、板带钢、炼钢炼铁副产品的生产、销售；经营本企业自产产品及技术的出口业务和本企业所需的机械设备、零配件、原辅材料及技术的进出口业务，但国家限定公司经营或禁止进出口的商品及技术除外；动力供应，技术合作。</td></tr>
</table>

<table>
<tr><td>企业名称</td><td colspan="3">金能科技股份有限公司</td><td>海关编码</td><td>3713960881</td><td>所属海关</td><td>德州海关</td></tr>
<tr><td>通讯地址</td><td colspan="3">山东省齐河县工业园区西路 1 号</td><td>邮政编码</td><td>251100</td><td>法人姓名</td><td>秦庆平</td></tr>
<tr><td>评定时间</td><td>2014.1.8</td><td>注册日期</td><td>2008.5.6</td><td>报关有效期</td><td>长期</td><td>注册资本</td><td>59863.9455 万人民币</td></tr>
<tr><td>主营范围</td><td colspan="7">生产、销售炭黑、炭黑焦油、白炭黑（二氧化硅）、城市民用煤气、工业煤气、冶金焦炭、煤焦油、洗油、工业粗笨、甲苯、精苯、二甲苯、工业萘、甲醇、二甲醚、硫铵、硫磺、煤化产品，煤炭购销（工业产品生产许可证有效期至 2018 年 9 月 26 日，安全生产许可证有效期至 2016 年 2 月 9 日，危险化学品生产许可证有效期至 2017 年 2 月 20 日），生产、销售对甲基苯酚、山梨酸、山梨酸钾（需凭有效的审批手续或许可证从事经营）。一般经营项目：本企业产品的技术研发，经营本企业生产、科研所需的原辅材料、仪器仪表、机械设备、零配件及技术的进出口业务（国家限制公司经营和国家禁止进出口的商品及技术除外），经营来料加工和“三来一补”业务。（以上经营范围需经审批或许可经营的，须凭有效的审批手续或许可证从事经营。）</td></tr>
</table>

<table>
<tr><td>企业名称</td><td colspan="3">山东福田药业有限公司</td><td>海关编码</td><td>3713960892</td><td>所属海关</td><td>德州海关</td></tr>
<tr><td>通讯地址</td><td colspan="3">山东省禹城市南环路 666 号</td><td>邮政编码</td><td>251200</td><td>法人姓名</td><td>王星云</td></tr>
<tr><td>评定时间</td><td>2009.2.2</td><td>注册日期</td><td>2008.5.26</td><td>报关有效期</td><td>长期</td><td>注册资本</td><td>29104.12 万人民币</td></tr>
<tr><td>主营范围</td><td colspan="7">前置许可经营项目：无。 一般经营项目：开发、生产木糖、木糖醇、麦芽糖醇和麦芽糖醇液、L- 阿拉伯糖、赤藓糖醇及其相关衍生产品（以上项目取得相关许可后，方可从事生产经营活动），氢气生产，原材料所需农副产品（不含粮食、棉花、鲜茧）的收购，从事公司自产产品的销售。</td></tr>
</table>

<table>
<tr><td>企业名称</td><td colspan="3">华纺股份有限公司</td><td>海关编码</td><td>3712911819</td><td>所属海关</td><td>济南海关驻滨州办事处</td></tr>
<tr><td>通讯地址</td><td colspan="3">山东省滨州市黄河二路 819 号</td><td>邮政编码</td><td>256617</td><td>法人姓名</td><td>王力民</td></tr>
<tr><td>评定时间</td><td>2014.1.8</td><td>注册日期</td><td>2000.1.10</td><td>报关有效期</td><td>长期</td><td>注册资本</td><td>42236.41 万人民币</td></tr>
<tr><td>主营范围</td><td colspan="7">热力的生产、销售，电力的生产、销售（以上项目有效期以许可证为准），棉、化纤纺织及印染精加工，棉及化纤制品、服装、服饰的生产、加工、销售，棉花收购、销售，新产品的技术开发、技术咨询服务及技术转让，机电设备、煤渣、煤灰的销售，仓储业务，进出口业务，混凝土砌块及粉煤灰砖的销售。（依法须经批准的项目，经相关部门批准后方可开展经营活动。）</td></tr>
</table>

<table>
<tr><td>企业名称</td><td colspan="3">山东滨州亚光毛巾有限公司</td><td>海关编码</td><td>3712912252</td><td>所属海关</td><td>济南海关驻滨州办事处</td></tr>
<tr><td>通讯地址</td><td colspan="3">山东省滨州市滨城区滨北镇梧桐六路 89 号</td><td>邮政编码</td><td>256651</td><td>法人姓名</td><td>王红星</td></tr>
<tr><td>评定时间</td><td>2008.12.3</td><td>注册日期</td><td>2002.7.26</td><td>报关有效期</td><td>长期</td><td>注册资本</td><td>11072 万人民币</td></tr>
<tr><td>主营范围</td><td colspan="7">前置经营许可项目：棉花加工、销售（有效期至 2015 年 8 月 31 日）。一般经营项目：经营本企业生产的毛巾及毛巾类制品、棉纺织品、化纤制品、服装及技术的出口业务，经营本企业生产、科研所需要的原材料、仪器、仪表、机械设备、零配件及技术进口业务（国家限定公司经营和国家禁止进出口的商品及技术除外）。</td></tr>
</table>

企业名称	愉悦家纺有限公司			海关编码	3712912643	所属海关	济南海关驻滨州办事处
通讯地址	山东省滨州高新技术产业开发区新二路1号			邮政编码	256623	法人姓名	刘曰兴
评定时间	2008.12.3	注册日期	2004.3.8	报关有效期	长期	注册资本	10000万人民币
主营范围	前置许可经营项目：棉花加工。一般经营项目：棉花购销，纺纱、织布、染整、经编、针织、服装、家纺用品、化工产品（危险化学品、监控化学品、易制毒化学品除外）、染料、印染助剂、装饰材料、包装材料的生产、加工、销售，新产品的技术开发、技术服务及技术转让，备案范围内的进出口业务。						

企业名称	阳信长威电子有限公司			海关编码	3712940362	所属海关	济南海关驻滨州办事处
通讯地址	山东省滨州市阳信县河流镇			邮政编码	251807	法人姓名	王秀亭
评定时间	2008.12.3	注册日期	1993.11.23	报关有效期	长期	注册资本	3300万美元
主营范围	制造、销售半导体元件、条码打印机、条码打印纸。						

企业名称	滨州亚光家纺有限公司			海关编码	3712942850	所属海关	济南海关驻滨州办事处
通讯地址	山东省滨州市滨城区滨北办事处梧桐六路87号			邮政编码	256651	法人姓名	王延平
评定时间	2014.1.8	注册日期	2006.3.29	报关有效期	长期	注册资本	2990万美元
主营范围	生产家纺及家纺类制品、棉纺织品、服装，高档织物面料的织染及后整理加工，本企业生产、科研所需要的原材料、仪器、仪表、机械设备、零配件及技术的进口业务，销售本公司产品。						

企业名称	滨州鲁牛皮业有限公司			海关编码	3712943099	所属海关	济南海关驻滨州办事处
通讯地址	山东省沾化县生态皮业城			邮政编码	256800	法人姓名	郭莹
评定时间	2014.6.30	注册日期	2008.5.22	报关有效期	长期	注册资本	17750.87万港币
主营范围	进行牛、羊、皮加工、制革，销售本公司产品。						

企业名称	魏桥纺织股份有限公司			海关编码	3712951672	所属海关	济南海关驻滨州办事处
通讯地址	山东省邹平县魏桥镇齐东路34号			邮政编码	256212	法人姓名	张红霞
评定时间	2008.12.3	注册日期	1998.1.23	报关有效期	长期	注册资本	119438.9万人民币
主营范围	棉纺、织布、印染、针织品、服装的生产、加工、销售，批准范围内的自营进出口业务，棉花收购与加工，棉花销售。						

企业名称	山东广富集团有限公司	海关编码	3712962390	所属海关	济南海关驻滨州办事处
通讯地址	山东省邹平县青龙山工业园	邮政编码	256217	法人姓名	张广富
评定时间	2014.1.8 注册日期 2003.4.8	报关有效期	长期	注册资本	10000 万人民币
主营范围	生产、销售钢筋混凝土用热轧带肋钢筋及光园盘条钢筋、焦炭；熔炼、铸造、轧钢设备及配件、冷轧、方坯等进出口企业资格证书核准的经营范围；生产、销售化工产品、洗煤、煤气，发电金属变型，炼铁，烧结，熔炼，铁水，铸造业，汽车运输，饮食，制氧，煤焦油、洗油；生产、销售不锈钢制品（圆钢、方坯、圆坯、管坯、特种钢、圆钢）、碳素结构钢、合金结构钢、轴承钢、弹簧钢、合金工具钢、碳素工具钢、高速工具钢、带钢、苯、炭黑；方管、元管、冷轧板、镀锌板、C 型檩、矿产品的代理进出口业务。（以上范围全部子公司经营；国家禁止或限制的项目除外，凡涉及行政许可的凭许可证经营。）				

企业名称	龙福环能科技股份有限公司	海关编码	3712963354	所属海关	济南海关驻滨州办事处
通讯地址	山东省阳信县幸福一路北首	邮政编码	251800	法人姓名	段建国
评定时间	2014.6.30 注册日期 2013.2.22	报关有效期	长期	注册资本	13422 万人民币
主营范围	前置许可经营项目：无。一般经营项目：生态科技、环保科技及其新产品、新材料的研发、生产、销售；与化学纤维生态发展相关的科研、产品开发、技术应用；回收、加工废旧聚酯纤维，并用废旧聚酯材料循环制造、销售涤纶纤维、纺织品及其他制成品；备案范围内的进出口业务。				

企业名称	山东泰山钢铁集团有限公司	海关编码	3720952816	所属海关	济南海关驻莱芜办事处
通讯地址	山东省莱芜市新甫路 1 号	邮政编码	271100	法人姓名	王永胜
评定时间	2010.12.20 注册日期 2005.3.21	报关有效期	长期	注册资本	60000 万人民币
主营范围	生铁、钢坯、钢材、水泥、铸造产品、焦炭及煤化工产品、电、氧气、液氧、氩气、液氩、氮气的产销；新材料研制与开发；餐饮、文化娱乐、汽车货运（限分公司经营）；经营本企业自产产品及技术的出口业务（国家统一联合经营的商品除外），本企业生产、科研所需的原辅材料、仪器仪表、机械设备、零配件及技术的进口业务（国家实行核定公司经营的进口商品除外），本企业的进料加工和“三来一补”业务。				

企业名称	莱芜泰禾生化有限公司	海关编码	3720962545	所属海关	济南海关驻莱芜办事处
通讯地址	山东省莱芜经济开发区鲁中东大街 106 号	邮政编码	271100	法人姓名	孟光兵
评定时间	2014.1.8 注册日期 2003.6.4	报关有效期	长期	注册资本	1000 万人民币
主营范围	前置许可经营项目：食品添加剂，包括柠檬酸钠、柠檬酸钙、柠檬酸（一水柠檬酸、无水柠檬酸）的生产销售（许可证有效期至 2018 年 3 月 20 日）。				

企业名称	山东慧通轮胎有限公司	海关编码	3720962637	所属海关	济南海关驻莱芜办事处
通讯地址	山东省莱芜市莱城区鲁中东大街 76 号	邮政编码	271100	法人姓名	谭永兵
评定时间	2013.4.23 注册日期 2004.3.24	报关有效期	长期	注册资本	3000 万人民币
主营范围	轮胎、橡胶制品的生产、销售；轮胎用原料（化学品除外）的批发、零售；经营本企业自产产品及技术的出口业务和本企业所需的机械设备、零配件、原辅材料及技术的进口业务，但国家限定公司经营或禁止进出口的商品及技术除外。				

<table>
<tr><td>企业名称</td><td colspan="3">山东省万兴食品有限公司</td><td>海关编码</td><td>3720963091</td><td>所属海关</td><td>济南海关驻莱芜办事处</td></tr>
<tr><td>通讯地址</td><td colspan="3">山东省莱芜市莱城区杨庄镇万兴路1号</td><td>邮政编码</td><td>271100</td><td>法人姓名</td><td>柳建增</td></tr>
<tr><td>评定时间</td><td>2014.1.8</td><td>注册日期</td><td>2006.11.28</td><td>报关有效期</td><td>长期</td><td>注册资本</td><td>2000万人民币</td></tr>
<tr><td>主营范围</td><td colspan="7">前置许可经营项目：蔬菜制品（酱腌菜）生产、销售（有效期至2017年8月17日），蔬菜干制品（蔬菜粉及制品（有效期至2014年7月22日）。一般经营项目：生姜、大蒜、蒜苔、土豆、大葱、花椒、水果粗加工（拣选、整理），蔬菜种植，农产品质量检验、检测服务及相关技能培训，经营本企业自产产品及相关技术出口，进口本企业生产科研所需材料、设备、仪器配备件（国家核定经营商品除外），承办企业进料加工和“三来一补”业务。</td></tr>
</table>

武汉关区

企业名称	安琪酵母股份有限公司			海关编码	4205910041	所属海关	宜昌海关
通讯地址	湖北省宜昌市城东大道 168 号			邮政编码	443003	法人姓名	俞学锋
评定时间	2014.3.26	注册日期	2000.7.28	报关有效期	长期	注册资本	32963 万人民币
主营范围	食品加工用酵母及酵母类制品（酵母、酵母葡聚糖、酵母浸出物）、甜酒曲（有效期至 2017 年 8 月 23 日）、调味品（固态、半固态，有效期至 2016 年 11 月 1 日）、鸡精（有效期至 2015 年 11 月 26 日）、谷物粉类制品的生产、销售（有效期至 2015 年 11 月 20 日），保健食品生产、销售（有效期至 2016 年 10 月 31 日），食品添加剂（有效期至 2017 年 5 月 24 日）、饮料（固体饮料类，有效期至 2015 年 11 月 26 日）、糖果制品（糖果，有效期至 2015 年 11 月 20 日）、水果制品（水果干制品，分装，有效期至 2016 年 8 月 8 日）、蔬菜制品［蔬菜干制品（蔬菜粉及制品，分装，有效期至 2016 年 6 月 20 日）］生产、销售，预包装食品销售（有效期至 2016 年 1 月 18 日），日化用品销售，生化产品的研制、开发、生产、销售（不含危险化学品，需持许可证经营的生化产品除外），生化设备、自控仪器、电器微机工程的加工、安装、调试，货物进出口、技术进出口业务（国家限定进出口的货物及技术除外），普通货运（有效期至 2018 年 7 月 31 日），生产、销售片剂、颗粒剂、硬胶囊剂、原料药、干酵母（限持有效许可证的分支机构经营），生产、销售饲料，生产、销售饲料添加剂（有效期至 2017 年 3 月 7 日），生产、销售肥料（无机肥除外）、水溶肥料（不含危险化学品类肥料），生产、销售日化用品原料，互联网信息服务（不包括新闻、出版、教育、药品和医疗器械及电子公告服务等内容），家用电器、厨房用具销售，职业技能培训（按批准文件核定的内容从事经营）。						

企业名称	湖北神农磷业科技股份有限公司			海关编码	4218960001	所属海关	宜昌海关
通讯地址	湖北省神农架林区宋洛乡莲花村			邮政编码	442400	法人姓名	陈长宏
评定时间	2012.5.31	注册日期	2001.11.15	报关有效期	长期	注册资本	10000 万人民币
主营范围	矿石的采选、加工及销售。						

企业名称	飞利浦汽车照明湖北有限公司			海关编码	4212947001	所属海关	荆州海关
通讯地址	湖北省松滋市新江口镇飞利浦路 17 号			邮政编码	434200	法人姓名	Klemens Brunner
评定时间	2009.6.25	注册日期	2001.3.21	报关有效期	长期	注册资本	3282.37 万美元
主营范围	生产、销售汽车灯泡、摩托车灯泡、微泡及普通照明灯泡，生产和销售特殊照明产品及相关零配件，从事同类照明产品及其零配件的批发、佣金代理（拍卖除外）、商品进出口及其他相关配套业务。（国家有专项审批规定的，未取得相关审批文件不得经营。）						

企业名称	湖北中航精机科技股份有限公司			海关编码	4206310013	所属海关	襄阳海关
通讯地址	湖北省襄阳市高新区追日路 8 号			邮政编码	441003	法人姓名	王坚
评定时间	2008.12.1	注册日期	2002.4.19	报关有效期	长期	注册资本	71628.63 万人民币
主营范围	各类飞行器、发动机配套的机载机电系统及设备的研制、生产、销售和服务，并为航天、兵器、船舶、电子信息等领域提供相应配套产品及服务，车船载系统、各类精冲制品及精密冲压模具、工业自动化与控制设备、机电设备及系统、电动车、制冷系统、信息系统及产品的研发、生产、销售及服务，经营本企业自产产品及技术的出口业务，经营本企业生产所需的原辅材料、仪器仪表、机械设备、零配件及技术的进口服务（国家限定公司经营和国家禁止进出口的商品及技术除外），经营进料加工和“三来一补”业务。						

企业名称	东风康明斯发动机有限公司	海关编码	4206930098	所属海关	襄阳海关
通讯地址	湖北省襄阳市高新技术产业开发区	邮政编码	441004	法人姓名	杨青
评定时间	2008.12.1 注册日期 1996.5.14	报关有效期	长期	注册资本	10062 万美元
主营范围	柴油发动机、天然气发动机及其零部件的应用开发、生产、销售和服务，柴油发动机、天然气发动机及其零部件（包括发动机润滑液、冷却液、车用尿素）的进出口，批发和佣金代理（拍卖除外）业务，汽车零部件再制造业务。				

企业名称	黄石东贝电器股份有限公司	海关编码	4202930018	所属海关	黄石海关
通讯地址	湖北省黄石市经济技术开发区金山大道东 6 号	邮政编码	435000	法人姓名	杨百昌
评定时间	2014.9.25 注册日期 2003.10.28	报关有效期	长期	注册资本	23500 万人民币
主营范围	生产、销售制冷压缩机、压缩机电机，新技术产品的开发、生产、咨询。				

企业名称	湖北美岛服装有限公司	海关编码	4202930019	所属海关	黄石海关
通讯地址	湖北省金山大道东路 1 号（美岛工业园内）	邮政编码	435000	法人姓名	李萍
评定时间	2010.9.10 注册日期 1999.9.3	报关有效期	长期	注册资本	598.46 万美元
主营范围	生产、销售夹克衫、风衣、西服，男、女时装，劳动防护用品等各类服装。				

企业名称	美尔雅服饰有限公司	海关编码	4202930038	所属海关	黄石海关
通讯地址	湖北省黄石市团城山开发区桂林南路 8 号小区	邮政编码	435000	法人姓名	杨闻孙
评定时间	2008.10.15 注册日期 1993.2.6	报关有效期	长期	注册资本	1050 万美元
主营范围	生产、销售西服及服饰产品，兼营本公司所需原辅料及产品的自有车辆运输。				

企业名称	黄石美兴时装有限公司	海关编码	4202930153	所属海关	黄石海关
通讯地址	湖北省黄石市团城山开发区	邮政编码	435003	法人姓名	杨闻孙
评定时间	2008.12.1 注册日期 1993.6.1	报关有效期	长期	注册资本	100 万美元
主营范围	生产、销售各式时装。				

企业名称	湖北新冶钢有限公司	海关编码	4202930188	所属海关	黄石海关
通讯地址	湖北省黄石市黄石大道 316 号	邮政编码	435001	法人姓名	俞亚鹏
评定时间	2008.12.1 注册日期 2004.11.15	报关有效期	长期	注册资本	33983 万美元
主营范围	生产、销售黑色、有色金属材料和相应的工业辅助材料，承接来料加工业务；钢铁冶炼，金属压延加工，钢坯、钢锭、钢材、钢管、球墨铸铁管及管件、焦炭、金属制品制造，机械及仪表电器制造和修理，化工产品（不含危险品和限制类产品）制造和供应。				

企业名称	大冶有色金属有限责任公司			海关编码	4202930291	所属海关	黄石海关
通讯地址	湖北省黄石市下陆区下陆大道 115 号			邮政编码	435005	法人姓名	张麟
评定时间	2014.6.24	注册日期	2011.10.25	报关有效期	长期	注册资本	149097.79 万人民币
主营范围	有色金属、稀贵金属、铁矿、硫矿等产品的生产、冶炼、加工、销售；金银制品加工及销售；硫酸、液氧、液氩生产（安全生产许可证至 2017 年 9 月 1 日止）；化工产品（不含危险品）生产、销售；境外有色金属行业工程及境内国际招标工程的承包，等等。						

企业名称	黄石东贝制冷有限公司			海关编码	4202960017	所属海关	黄石海关
通讯地址	湖北省铁山区武黄路 5 号			邮政编码	435006	法人姓名	朱金明
评定时间	2014.9.25	注册日期	2005.1.11	报关有效期	长期	注册资本	206.81 万人民币
主营范围	制造制冷设备、机床及非标准机械设备、潜水泵、小型电机、制冷设备的控制系统的电子配件；家用电器的修理及安装；制造太阳能热水器；经营本企业自产产品及技术的出口业务和本企业所需的机械设备、零配件、原辅材料及技术的进出口业务，但国家限定公司经营或禁止进出口的商品及技术除外。						

企业名称	东风本田汽车有限公司			海关编码	4201233005	所属海关	武汉沌口
通讯地址	湖北省武汉市经济技术开发区车城东路 283 号			邮政编码	430056	法人姓名	徐平
评定时间	2008.10.15	注册日期	1994.1.21	报关有效期	长期	注册资本	56000 万美元
主营范围	设计、研制、制造和销售乘用车（包括轿车）及其零部件，并提供相应的售后服务；作为 HONDA CIVIC 及 HONDA INSIGHT（以下简称“进口乘用车”）进口整车在中国境内（除香港地区、澳门地区及台湾地区外）市场的总经销商，从“本田公司”进口并在国内销售（不含零售）“进口乘用车”及其零部件，包括向政府部门、外国使领馆、联合国机构、科研机构、高校及其他特殊群体等客户直接销售以上“进口乘用车”，并提供相关的售后服务。						

企业名称	神龙汽车有限公司			海关编码	4201233038	所属海关	武汉沌口
通讯地址	湖北省武汉市武汉经济技术开发区 165 号			邮政编码	430051	法人姓名	徐平
评定时间	2008.10.15	注册日期	1992.6.20	报关有效期	长期	注册资本	700000 万人民币
主营范围	制造轿车（包括变型车）、汽车发动机及有关零部件，在国内外市场销售上述产品及进行售后维修服务，从事旧机动车交易和自产汽车租赁服务，出口公司采购的汽车零部件。						

企业名称	冠捷显示科技（武汉）有限公司			海关编码	4201243035	所属海关	武汉沌口
通讯地址	湖北省武汉市经济技术开发区沌口小区 11 号地			邮政编码	430056	法人姓名	宣建生
评定时间	2008.10.15	注册日期	2004.6.22	报关有效期	长期	注册资本	2700 万美元
主营范围	生产、销售新型平板显示器件（液晶显示屏、液晶显示器、等离子显示器）、数字电视机（液晶电视、等离子电视、视频投影机）、显示管显示器及其半成品、套件、零配件，研发、生产 TFT-LCD/LED 模组、TFT-LCD/LED 电视、背光板等相关应用产品及其零组件，销售自产产品，并提供上述产品及零组件维修等相关服务。						

企业名称	名幸电子（武汉）有限公司			海关编码	4201243047	所属海关	武汉沌口
通讯地址	湖北省武汉经济技术开发区神龙大道9号			邮政编码	430056	法人姓名	名屋佑一郎
评定时间	2012.9.20	注册日期	2005.8.17	报关有效期	长期	注册资本	14880万美元
主营范围	生产、设计、加工IVH型、BUILD UP型高密度互连积层板、多层挠性板、刚挠板、封装载板、电子集成电路板等各种多层印刷线路板的制成品和半成品，集成电路板所涉及的相关电子类产品的半成品、成品的组装，印刷线路板的插装，各类印刷线路板生产用设备、夹具、钻头、金属掩膜等工具的设计、加工、生产、销售和转让，销售本企业产品，自产三废物的处理生产。（以上经营范围中国家有专项规定的项目，经审批后或凭有效的许可证方可经营。）						

企业名称	中国烟草湖北进出口有限责任公司			海关编码	4201910522	所属海关	武汉海关现场业务处
通讯地址	湖北省武汉市建设大道618号			邮政编码	430015	法人姓名	杜学明
评定时间	2013.9.30	注册日期	1999.9.20	报关有效期	长期	注册资本	7868万人民币
主营范围	进口卷烟、雪茄烟国内购进销售；烟叶出口，复烤烟叶出口；烟丝出口；卷烟纸出口；滤嘴棒出口；烟用丝束出口；烟草专用机械出口；进口烟丝国内购进销售（有效期至2014年8月21日）；经营除国家统一联合经营的出口商品和国家实行核定公司经营的进口商品以外的其他商品及技术的进出口业务；经营卷烟雪茄烟草制品的零售业务（限分支机构）；预包装食品兼散装食品批发兼零售（有效期至2014年6月21日），酒类批发兼零售（有效期至2013年7月13日）。						

企业名称	武钢集团国际经济贸易总公司			海关编码	4201912015	所属海关	武汉海关现场业务处
通讯地址	湖北省武汉市青山区和平大道945号			邮政编码	430081	法人姓名	吴声彪
评定时间	2008.10.15	注册日期	2014.3.20	报关有效期	长期	注册资本	36940万人民币
主营范围	主营：技术进出口，货物进出口，代理进出口业务（不含国家禁止或限制进出口的货物或技术），钢铁及副产品、金属矿及非金属矿、合金、金属材料、电工电料、电线电缆、建筑材料、耐火材料、机电设备、仪器仪表、化工产品（不含其它危险品）的销售；汽车销售（不含小轿车），汽车租赁，机电产品国际招标（乙级）（国家有专项规定经营项目，经审批后或凭许可证件在核定的期限内经营），煤炭、压缩气体及液化气体、易燃液体、易燃固体、自燃物品及遇湿易燃物品、氧化剂、有毒品、腐蚀品、易制毒二类、三氯甲烷、易制毒三类、丙酮、高锰酸钾、盐酸、硫酸批发，汽油、煤油、柴油批发，散装食品、预包装食品批发兼零售。兼营：承办集团成员企业的中外合资经营、合作生产；承包本行业国外工程和境内外资工程，对外派遣本行业工程、生产及技术服务的劳务人员；从事本集团对外咨询及技术交流服务；承担本公司有关的国内贸易。（主兼营中国家有专项规定项目审批后方可经营。）						

企业名称	中国长江航运集团对外经济技术合作总公司			海关编码	4201914091	所属海关	武汉海关现场业务处
通讯地址	湖北省武汉市江岸区江汉路26号正信大厦22楼			邮政编码	430014	法人姓名	姜庆华
评定时间	2009.2.13	注册日期	1998.5.4	报关有效期	长期	注册资本	10300万人民币
主营范围	开展对外经济技术合作业务，向国（境）外派遣工程、生产及服务行业的劳务人员，自营和代理除国家组织统一联合经营的16种出口商品和国家实行核定公司经营的14种进口商品以外的其他商品及技术的进出口业务，经营进料加工和“三来一补”业务，经营对销贸易和转口贸易，提供海员及修、造船技术人员培训（不含职业技能培训），船舶引航，计算机及网络的技术开发和服务，开发产品销售。（国家有专项规定的项目经审批后方可经营。）						

企业名称	中石化长江燃料有限公司			海关编码	4201914585	所属海关	武汉海关现场业务处
通讯地址	湖北省武汉市江岸区四维街旅顺路1号			邮政编码	430010	法人姓名	刘祖荣
评定时间	2012.2.7	注册日期	2006.9.8	报关有效期	长期	注册资本	108000万人民币
主营范围	汽油、煤油、柴油、燃料油、润滑油、石油制品、淡水的销售、仓储，长江干线及直流省际普通货船、油船运输，技术进出口，货物进出口，代理进出口业务（不含国家禁止或限制进出口的货物或技术），国际航行船舶保税油料供应，房屋及船舶租赁，与上述业务有关的咨询服务、中介服务（国家有专项规定的项目经审批或持有效许可证方可经营）。下列项目仅供持证分支机构经营：日用百货、烟酒副食饮料便利店的经营，船舶配件及物料、劳保用品、文体用品的销售。						

企业名称	中石化国际事业武汉有限公司			海关编码	4201919116	所属海关	武汉海关现场业务处
通讯地址	湖北省武汉市青山区冶金大道75号			邮政编码	430080	法人姓名	胡晓阳
评定时间	2014.2.17	注册日期	2013.4.2	报关有效期	长期	注册资本	1200万人民币
主营范围	货物进出口，技术进出口，代理进出口（不含国家限制和禁止进出口的货物和技术）；机械设备、电器仪表、汽车配件、建筑材料、金属材料、机电产品销售；化肥零售；展览展示服务；设备租赁；经营压缩气体和液化气体，易燃液体，易燃固体和遇湿易燃品，氧化剂，有毒品，腐蚀品，易制毒二类中的苯乙酸、醋酸酐、三氯甲烷、乙醚、哌啶，易制毒三类中的甲苯、丙酮、甲基乙基酮、高锰酸钾、盐酸、硫酸。（国家有专项规定的，须取得有效审批文件或许可证后在有效期内经营。）						

企业名称	武汉川崎船用机械有限公司			海关编码	4201935062	所属海关	武汉海关现场业务处
通讯地址	湖北省武汉市青山区武东路43号			邮政编码	430084	法人姓名	何纪武
评定时间	2009.3.2	注册日期	1995.12.12	报关有效期	长期	注册资本	11000万日本元
主营范围	生产、销售川崎全回转装置（KST）、川崎侧向推进器（TPU）及其他船用机械产品，提供上述产品的销售与售后服务。						

企业名称	武汉航达航空科技发展有限公司			海关编码	4201964927	所属海关	武汉海关现场业务处
通讯地址	湖北省东西湖区金银湖南三街12号			邮政编码	430040	法人姓名	谢德刚
评定时间	2011.3.4	注册日期	2005.7.21	报关有效期	长期	注册资本	2300万人民币
主营范围	航空产品、机场设备、机电产品、自动化仪表及控制工程研制、生产、销售，提供维修及技术咨询服务（国家有专项规定的经审批后方可经营），经营货物及技术进出口（不含国家禁止或限制进出口的货物或技术）。						

企业名称	湖北惠洋电器制造有限公司			海关编码	4210936029	所属海关	武汉海关现场业务处
通讯地址	湖北省孝昌县经济开发区城南工业园			邮政编码	432900	法人姓名	徐海明
评定时间	2013.10.29	注册日期	2008.11.3	报关有效期	长期	注册资本	13685.5万人民币
主营范围	生产和销售各式微特电机，提供厂房设备出租和技术服务（上述经营范围中，国家法律法规规定需要审批的经营项目，经审批后方可经营）。						

企业名称	三友（随州）食品有限公司			海关编码	4215960119	所属海关	武汉海关现场业务处
通讯地址	湖北省随州市曾都区六草屋村			邮政编码	441300	法人姓名	吕华彪
评定时间	2014.9.24	注册日期	2011.6.27	报关有效期	长期	注册资本	5200 万人民币
主营范围	蔬菜制品、豆制品（非发酵性豆制品）、水产制品（干制水产品）的生产、销售（许可证有效期至 2017 年 11 月 13 日）。						

企业名称	湖北裕国菇业股份有限公司			海关编码	4215961039	所属海关	武汉海关现场业务处
通讯地址	湖北省随县烈山湖西路			邮政编码	441300	法人姓名	雷于国
评定时间	2014.3.3	注册日期	2008.12.5	报关有效期	长期	注册资本	7500 万人民币
主营范围	粮、油农产品收购，粮食、农产品销售，食用菌、果蔬罐头的生产、销售及相关进出口业务（持有效许可证经营）。						

企业名称	武汉光迅科技股份有限公司			海关编码	4201311005	所属海关	武汉东湖新技术开发区海关
通讯地址	湖北省武汉市洪山区邮科院路 58 号			邮政编码	430074	法人姓名	鲁国庆
评定时间	2010.2.23	注册日期	2008.4.23	报关有效期	长期	注册资本	18618 万人民币
主营范围	信息科技领域、电器件技术及产品的研制、生产、销售和相关技术服务，货物进出口，技术进出口，代理进出口（上述范围中国家有专项规定需经审批的项目，经审批后或凭有效许可证方可经营）。						

企业名称	武汉烽火国际技术有限责任公司			海关编码	4201316023	所属海关	武汉东湖新技术开发区海关
通讯地址	湖北省武汉市洪山区邮科院路 88 号			邮政编码	430079	法人姓名	吕卫平
评定时间	2012.7.31	注册日期	2008.4.23	报关有效期	长期	注册资本	4000 万人民币
主营范围	光纤通信、数据通信、无线通信和相关技术开发及产品制造和销售，系统集成及产品销售，相关工程设计、施工、技术服务，对外项目投资，自营和代理各类产品和技术的进出口业务（国家禁止经营的产品除外）。						

企业名称	武汉华工科贸有限公司			海关编码	4201316024	所属海关	武汉东湖新技术开发区海关
通讯地址	湖北省武汉市东湖开发区华中科技园华工科技本部大楼			邮政编码	430223	法人姓名	闵大勇
评定时间	2010.6.25	注册日期	2008.4.24	报关有效期	长期	注册资本	1000 万人民币
主营范围	电子产品通信设备、光电子产品及设备、机械制造设备、成套设备的技术开发、研制、销售，包装材料销售，自营和代理各类商品和技术的进出口。						

企业名称	武汉天喻信息产业股份有限公司			海关编码	4201316027	所属海关	武汉东湖新技术开发区海关
通讯地址	湖北省武汉市东湖新技术开发区华工大学科技园			邮政编码	430223	法人姓名	张新访
评定时间	2013.9.30	注册日期	2008.5.23	报关有效期	长期	注册资本	43005.6 万人民币
主营范围	计算机及其外部设备、计算机网络、通信、电子、自动化控制系统、仪器仪表、光机电一体化、电子标签、智能卡、磁条卡、刮刮卡及其相关设备等相关产品的开发、生产、销售、技术服务（不含金融储值类业务，不含法律、行政法规、国务院决定规定应经许可经营的项目），承接社会公共安全工程，商用密码产品的开发、生产（有效期至 2016 年 7 月 4 日）、销售（有效期至 2016 年 10 月 30 日）（以上产品凭许可证在核定的范围内从事经营），商品和技术的进出口（国家限定或禁止进出口的商品和技术除外）。						

企业名称	中冶南方工程技术有限公司			海关编码	4201316034	所属海关	武汉东湖新技术开发区海关
通讯地址	湖北省武汉市东湖新技术开发区大学园路 33 号			邮政编码	430223	法人姓名	项明武
评定时间	2012.12.25	注册日期	2008.8.21	报关有效期	长期	注册资本	309923.8 万人民币
主营范围	各行业、各等级的建设工程总承包，工程咨询，工程设计，工程监理；项目管理，项目代建，环境影响评价；工程造价咨询；城市规划编制；压力容器、压力管道设计；机械设备、自动化控制系统的开发、研制、设备成套、设备制造、安装、调试；承包境外工程和境内国际招标工程；承包境外工程的勘测、咨询、设计和监理项目；上述境外工程所需设备、材料出口；对外派遣实施上述境外工程所需的劳务人员；技术开发、技术转让、技术服务和培训；新工艺、新产品开发、推广；设计、制作印刷品广告，利用自有《炼铁》杂志发布广告。（上述经营范围中，国家有专项规定的项目经审批后或凭许可证在核定期限内经营。）						

企业名称	长飞光纤光缆股份有限公司			海关编码	4201336005	所属海关	武汉东湖新技术开发区海关
通讯地址	湖北省武汉市东湖新技术开发区光谷大道 9 号			邮政编码	430074	法人姓名	文会国
评定时间	2014.4.29	注册日期	1988.5.31	报关有效期	长期	注册资本	47959.26 万人民币
主营范围	研发、开发、生产和销售预制棒、光纤、光缆、通信线缆、特种线缆及与其相关的器件、附件、组件和材料，专用设备及与通信相关产品的制造，提供与上述产品相关的工程机技术服务。						

企业名称	鸿富锦精密工业（武汉）有限公司			海关编码	4201336140	所属海关	武汉东湖新技术开发区海关
通讯地址	湖北省武汉东湖新技术开发区光谷二路特一号富士康科技园			邮政编码	430205	法人姓名	陈聪汉
评定时间	2010.5.28	注册日期	2008.12.30	报关有效期	长期	注册资本	29280 万美元
主营范围	开发、生产经营精密模具、大中型电子计算机、便携式微型计算机、新型平板显示器、新型电子元器件、计算机数字信号处理系统及板卡制造、数字照相机、投影机、工程塑料及其制品、打印机、打印机墨盒、多媒体电话、多维立体眼镜、摄像机、数字电视机、第三代及后续移动通讯系统手机、多媒体录制及播放器、数字音视频系统、五金塑料加工制品、游戏机（100% 出口）、自动化设备、线体及辅助模治具、各类非标机械设备、收款机、自动售货机、商用制冷制热设备及电机、电脑网络终端产品（含系统集成）、电子标签、高技术绿色电池及上述产品的相关零组件，从事上述产品的同类商品的进出口、批发业务及相关配套服务（不含国家专营、专控、专卖商品及限制项目和有特殊规定的商品，许可证管理商品凭许可证生产经营），废旧塑料的消解和再利用，为云运营、云计算提供技术服务与咨询，电脑软硬件的开发与销售、佣金代理（拍卖除外）。（国家有专项规定的从其规定。）						

企业名称	华灿光电股份有限公司	海关编码	4201336150	所属海关	武汉东湖新技术开发区海关
通讯地址	湖北省武汉市东湖开发区滨湖路 8 号	邮政编码	430022	法人姓名	周福云
评定时间	2014.4.29 注册日期 2009.7.15	报关有效期	长期	注册资本	30000 万人民币
主营范围	半导体材料与器件、电子材料与器件、半导体照明设备的设计、制造、销售及进出口。				

企业名称	武汉药明康德新药开发有限公司	海关编码	4201336164	所属海关	武汉东湖新技术开发区海关
通讯地址	湖北省武汉东湖开发区高新大道 666 号	邮政编码	430075	法人姓名	李革
评定时间	2014.4.29 注册日期 2011.7.1	报关有效期	长期	注册资本	2980 万美元
主营范围	药用化合物、中间体和精细化工产品的研发、工艺研究及中试，新药、计算机软件及数据库的研发，组合化学、有机化学、药物化学、生物技术及相关领域的技术开发、转让及提供咨询和服务，食品、药品、化学品、农副产品、饲料、医疗器械的检测技术服务，各种植物提取物及相关产品的研发，为医药、饮料、健康食品等行业提供服务，销售本公司研发的医药中间体（国家有专项规定的，从其规定），经营本企业相关产品的进出口业务和本企业所需的机械设备、零配件、原辅助材料的进出口业务（不含国家禁止或限制进出口的货物或技术，无进口商品分销业务）。（上述经营范围中，国家有专项规定的项目经审批后或凭有效许可证方可经营。）				

企业名称	湖北美阳服装有限公司	海关编码	4207930046	所属海关	武汉东湖新技术开发区海关
通讯地址	湖北省鄂州市凤凰路 23 号	邮政编码	436000	法人姓名	杨立康
评定时间	2009.8.17 注册日期 1992.11.21	报关有效期	长期	注册资本	120 万美元
主营范围	生产、销售服装，非配额许可证管理、非专营商品的收购业务（国家有专项审批规定的，未取得相关审批文件，不得经营）。				

郑州关区

企业名称	郑州明泰实业有限公司			海关编码	4101331845	所属海关	郑州海关
通讯地址	河南省郑州高新开发区长椿路6号			邮政编码	450001	法人姓名	马星星
评定时间	2011.11.23	注册日期	2006.4.5	报关有效期	长期	注册资本	7000万人民币
主营范围	印刷用PS版、食品包装箱、铝箔、合金板的生产、销售和技术服务（法律法规禁止的不得经营，法律法规规定应经审批，未获批准前不得经营）。						

企业名称	河南中孚实业股份有限公司			海关编码	4101910125	所属海关	郑州海关
通讯地址	河南省巩义市新华路31号			邮政编码	451250	法人姓名	贺怀钦
评定时间	2008.11.19	注册日期	1997.7.4	报关有效期	长期	注册资本	174154.04万人民币
主营范围	电解铝、铝材、炭素的生产、销售，城市集中供热，经营本企业自产产品及相关技术的出口业务，经营本企业生产、科研所需的原辅材料、机械设备、仪器仪表、零配件及相关技术的进口业务，经营本企业的进料加工和“三来一补”业务。（以上范围中，凡涉及专项许可的项目凭许可证和有关批准文件经营。）						

企业名称	郑州宇通客车股份有限公司			海关编码	4101910146	所属海关	郑州海关
通讯地址	河南省郑州市管城区宇通路			邮政编码	450004	法人姓名	汤玉祥
评定时间	2014.8.5	注册日期	1998.3.23	报关有效期	长期	注册资本	127370.99万人民币
主营范围	经营本企业自产产品及技术的进出口业务；经营本企业生产、科研所需的原辅材料、机械设备、仪器仪表、零配件及相关技术的进口业务；经营本企业的进料加工和“三来一补”业务；客车及其配件、附件制造，客车底盘的设计、生产与销售；机械加工客车产品设计与技术服务；摩托车、汽车及其配件、附件，机电产品，五金交电，百货，化工产品（不含易燃易爆化学危险品）的销售；旧车及其配件、附件交易；汽车维修（限分支机构凭证经营）；住宿、饮食服务（限其分支机构凭证经营）；普通货运；仓储业务（除可燃物资）；租赁业；旅游服务。（以上范围凡需审批的，未获批准前不得经营）。经营第二类增值电信业务中的信息服务业务，经营第二类、第三类医疗器械保险兼代理。						

企业名称	郑州日产汽车有限公司			海关编码	4101931172	所属海关	郑州海关
通讯地址	河南省郑州市经济技术开发区航海东路1405号			邮政编码	450016	法人姓名	朱福寿
评定时间	2014.2.11	注册日期	1997.7.10	报关有效期	长期	注册资本	129000万人民币
主营范围	生产日产皮卡车，EQ1060轻型载货汽车及其变型车、改装车；产品销售、维修、配件销售和技术服务。						

企业名称	郑州思念食品有限公司			海关编码	4101941858	所属海关	郑州海关
通讯地址	河南省郑州市金水区西沙路东侧			邮政编码	450011	法人姓名	李伟
评定时间	2011.11.23	注册日期	2006.4.13	报关有效期	长期	注册资本	6600万美元
主营范围	速冻食品及冰淇淋的生产、加工及销售。						

企业名称	河南省新利进出口贸易有限公司		海关编码	4101950532	所属海关	郑州海关
通讯地址	河南省郑州市郑东新区商务外环路17号25层2509号		邮政编码	450008	法人姓名	薛山民
评定时间	2012.11.16	注册日期	2003.4.9	报关有效期	长期	注册资本	300万人民币
主营范围	从事货物和技术进出口业务，销售电子产品、建筑材料、机电设备、机械设备，货物包装，企业营销策划（上述范围中，国家法律法规规定应经审批的项目，取得许可证或相关审批文件后方可经营）。						

企业名称	河南明泰铝业股份有限公司		海关编码	4101960654	所属海关	郑州海关
通讯地址	河南省巩义市回郭镇开发区		邮政编码	451200	法人姓名	马延义
评定时间	2011.11.23	注册日期	2003.11.17	报关有效期	长期	注册资本	40100万人民币
主营范围	经营本企业自产产品及技术的出口业务和本企业所需的机械设备、零配件、原辅材料及技术的进口业务，但国家限定公司经营或禁止进出口的商品及技术除外。						

企业名称	河南润通贸易有限公司		海关编码	4101963281	所属海关	郑州海关
通讯地址	河南省郑州市郑东新区金水东路南、民生路西，永和国际广场1幢B单元12层6号		邮政编码	450046	法人姓名	赵祖川
评定时间	2013.10.22	注册日期	2010.12.6	报关有效期	长期	注册资本	1001万人民币
主营范围	机电设备、办公机具、仪器仪表、五金、橡胶制品、钢材、日用百货、化工产品（易燃易爆及危险化学品除外）、针纺织品的批发、零售；计算机软硬件开发与销售；从事货物和技术的进出口业务（法律法规禁止的或应经审批方可经营进出口的货物和技术除外）；批发、零售第三类医用电子仪器设备、医用超声仪器及有关设备、医用X射线设备、医用磁共振设备、医用告能射线设备、医用核素设备、手术室急诊室诊疗室设备及器具，第二类医用光学器具、仪器及内窥镜设备、医用X射线附属设备及部件、临床检验分析仪器。						

企业名称	舞阳钢铁有限责任公司		海关编码	4104910010	所属海关	郑州海关
通讯地址	河南省舞阳市湖滨大道西段		邮政编码	462500	法人姓名	贾国生
评定时间	2008.11.19	注册日期	1996.4.4	报关有效期	长期	注册资本	233477.9万人民币
主营范围	黑色金属冶炼及压延加工，冶金炉料、冶金辅具、机械制品、工业及民用气体、特殊钢及自动化技术服务、对外贸易，经营工程建筑、客货运输、宾馆餐厅、食品饮料、房产物业、环卫绿化、医疗卫生、职业教育，设计、制作、发布广告。						

企业名称	河南平高东芝高压开关有限公司		海关编码	4104930131	所属海关	郑州海关
通讯地址	河南省平顶山市建设路东段645号		邮政编码	467000	法人姓名	庞庆平
评定时间	2010.4.15	注册日期	2000.12.21	报关有效期	长期	注册资本	2500万美元
主营范围	从事各种单体罐式SF6断路器及复合式气体绝缘开关，以及SF6封闭组合电器的设计、装配、试验；销售自产产品及零部件。						

企业名称	河南平高电气股份有限公司			海关编码	4104950054	所属海关	郑州海关
通讯地址	河南省平顶山市南环东路 22 号			邮政编码	467001	法人姓名	李永河
评定时间	2010.10.28	注册日期	2004.6.4	报关有效期	长期	注册资本	81896.62 万人民币
主营范围	制造、销售高压开关设备、控制设备及其配件（按国家有关规定），提供咨询服务（国家有专项规定的除外），经营本企业自产产品及相关技术的出口业务（国家限定公司经营或禁止进出口的商品及技术除外），投资及投资管理。						

企业名称	河南瑞美真发股份有限公司			海关编码	4110930120	所属海关	郑州海关
通讯地址	河南省许昌市许由路 69 号			邮政编码	461000	法人姓名	张曦鹤
评定时间	2014.4.29	注册日期	1999.8.2	报关有效期	长期	注册资本	7500 万人民币
主营范围	生产、销售各种人发、化纤发制品。						

企业名称	河南瑞贝卡发制品股份有限公司			海关编码	4110950016	所属海关	郑州海关
通讯地址	河南省许昌县尚集产业集聚区昌盛路 666 号			邮政编码	461100	法人姓名	郑有全
评定时间	2010.1.21	注册日期	2000.2.16	报关有效期	长期	注册资本	94332.12 万人民币
主营范围	生产、销售发制品系列产品，提供技术服务；生产、销售复合纤维材料（纤维发丝）产品，提供相关服务；经营本企业自产产品及技术的出口业务；经营本企业生产、科研所需的原辅材料、机械设备、仪器仪表、零配件及相关技术的进口业务；经营本企业的进料加工和“三来一补”业务；经营纺织品、美容美发类日用品的销售业务。（以上经营范围中凡需审批的，未获审批前不得经营。）						

企业名称	许昌冰洋实业有限公司			海关编码	4110950074	所属海关	郑州海关
通讯地址	河南省许昌市经济技术开发区			邮政编码	461000	法人姓名	白振杰
评定时间	2010.10.28	注册日期	2003.3.31	报关有效期	长期	注册资本	4015 万人民币
主营范围	经营本企业自产产品及技术的出口业务和本企业所需的机械设备、零配件、原辅材料及技术的进口业务，但国家限定公司经营或禁止进出口的商品及技术除外。						

企业名称	河南君元发业有限公司			海关编码	4110960250	所属海关	郑州海关
通讯地址	河南省许昌市魏都区民营科技园区发制品小区			邮政编码	461000	法人姓名	张军照
评定时间	2011.7.22	注册日期	2008.1.9	报关有效期	长期	注册资本	1200 万人民币
主营范围	发制品及系列产品的生产、销售和技术服务，经营本企业自产产品及相关技术的出口业务（凭备案文件经营）。						

企业名称	许昌永丰飞彩发艺有限公司			海关编码	4110960294	所属海关	郑州海关
通讯地址	河南省许昌市新区繁荣路与英豪路交叉口			邮政编码	461000	法人姓名	牛雪
评定时间	2013.12.3	注册日期	2008.12.12	报关有效期	长期	注册资本	3000 万人民币
主营范围	工艺发制品、美容美发教学用品及配件的生产、销售，经营产品与技术的进出口业务（凭备案文件经营），动物毛发、人发的收购、销售。						

企业名称	许昌恒源发制品股份有限公司			海关编码	4110960303	所属海关	郑州海关
通讯地址	河南省许昌市经济技术开发区			邮政编码	461000	法人姓名	赵见栓
评定时间	2009.4.20	注册日期	2009.2.4	报关有效期	长期	注册资本	12200 万美元
主营范围	人发制品、假发制品、饰品及其他附属产品的生产、销售及技术服务，自营本企业自产产品的出口业务，自营本企业生产、加工、科研所需的机械设备、零配件、发制品、饰品原辅材料的进口业务，经营本企业的进料加工和“三来一补”贸易业务，各类发制品原辅材料的国内营销（以上范围凭备案文件经营）。						

企业名称	许昌希瑞斯工艺发制品有限公司			海关编码	4110960472	所属海关	郑州海关
通讯地址	河南省许昌市魏都区营庄村			邮政编码	461000	法人姓名	牛俊茂
评定时间	2012.3.28	注册日期	2011.10.17	报关有效期	长期	注册资本	3315 万人民币
主营范围	毛发、化纤发制品的加工销售，从事货物和技术的进出口业务（国家法律法规规定应经审批方可经营或禁止进出口的货物和技术除外）。						

企业名称	河南济源钢铁（集团）有限公司			海关编码	4120910008	所属海关	郑州海关
通讯地址	河南省济源市虎岭产业集聚区			邮政编码	454650	法人姓名	李玉田
评定时间	2009.12.1	注册日期	2000.7.18	报关有效期	长期	注册资本	35000 万人民币
主营范围	经营本企业自产产品及相关技术的出口业务，但国家限定公司经营或禁止进出口的商品及技术除外（不另附进出口商品目录）。						

企业名称	洛阳尚德太阳能电力有限公司			海关编码	4103340403	所属海关	洛阳海关
通讯地址	河南省洛阳市高新技术产业开发区华夏路			邮政编码	471003	法人姓名	赵建中
评定时间	2011.11.11	注册日期	2006.2.28	报关有效期	长期	注册资本	32000 万人民币
主营范围	研究、生产、销售晶体硅太阳能电池及其发电产品，提供相关技术服务。						

企业名称	洛阳栾川钼业集团股份有限公司			海关编码	4103910021	所属海关	洛阳海关
通讯地址	河南省洛阳市栾川县城东新区画眉山路伊河以北			邮政编码	471500	法人姓名	李朝春
评定时间	2011.11.23	注册日期	1994.5.18	报关有效期	长期	注册资本	101523.41 万人民币
主营范围	钨钼系列产品的采选、冶炼、深加工，钨钼系列产品、化工产品（不含化学危险品、易燃易爆品、易制毒品）的出口，生产所需原辅材料、机械设备、仪器仪表、零配件的进口（上述进出口项目凭资格证书经营），住宿、饮食（限具有资格的分支机构经营）。						

企业名称	中信重工机械股份有限公司			海关编码	4103910620	所属海关	洛阳海关
通讯地址	河南省洛阳市涧西区建设路 206 号			邮政编码	471039	法人姓名	任沁新
评定时间	2011.2.22	注册日期	2008.2.25	报关有效期	长期	注册资本	274000 万人民币
主营范围	重型成套机械设备及零部件、铸锻件的设计、制造、销售，承包境外与出口自产设备相关的工程和境内国际招标工程，承包境外机械工程的勘测、咨询、设计和监理项目，上述境外工程所需的设备、材料出口，从事货物和技术进出口业务（国家法律法规规定应经审批许可经营或禁止进出口的货物和技术除外），对外派遣实施上述境外工程所需的劳务人员。（以上项目国家有专项规定的除外。）						

企业名称	河南豫港龙泉铝业有限公司			海关编码	4103920304	所属海关	洛阳海关
通讯地址	河南省伊川县水寨镇			邮政编码	471316	法人姓名	吴君芝
评定时间	2010.10.28	注册日期	2002.1.24	报关有效期	长期	注册资本	63000 万人民币
主营范围	合金铝、电解铝产品的生产，销售自产产品。						

企业名称	炘源晶光伏科技（洛阳）有限公司			海关编码	4103930365	所属海关	洛阳海关
通讯地址	河南省洛阳市西工区洛阳工业园区纬六路			邮政编码	471041	法人姓名	王秋梅
评定时间	2011.11.23	注册日期	2007.11.7	报关有效期	长期	注册资本	4140 万人民币
主营范围	设计、制造和销售太阳能电池组件和太阳能路灯，并提供相关技术服务。						

企业名称	阿特斯光伏电力（洛阳）有限公司			海关编码	4103940352	所属海关	洛阳海关
通讯地址	河南省洛阳市洛龙区科技园赢洲路 2 号			邮政编码	471023	法人姓名	瞿晓铧
评定时间	2011.12.12	注册日期	2006.10.31	报关有效期	长期	注册资本	3800 万美元
主营范围	设计、制造太阳能电池组件、太阳能电池片、太阳能硅棒、太阳能硅片、太阳能发电应用系统、太阳能电站及相关产品，销售自产产品并提供相关技术支持和售后服务。						

企业名称	南阳木兰花家纺股份有限公司			海关编码	4116910009	所属海关	南阳海关
通讯地址	河南省南阳市伏牛路南段（生态工业园）			邮政编码	473006	法人姓名	李晓阳
评定时间	2008.11.19	注册日期	1994.1.18	报关有效期	长期	注册资本	1528 万人民币
主营范围	家用纺织品、纯棉布、化纤布、各类巾被系列产品的生产、销售，从事货物和技术进出口业务（国家法律、法规规定应经审批方可经营或禁止进出口的货物和技术除外）。						

企业名称	河南新野纺织股份有限公司			海关编码	4116910014	所属海关	南阳海关
通讯地址	河南省新野县城关镇书院路 15 号			邮政编码	473500	法人姓名	魏学柱
评定时间	2013.4.15	注册日期	1995.10.19	报关有效期	长期	注册资本	51975 万人民币
主营范围	棉纺及棉织品、服装的加工、销售，自营本企业及本企业成员企业自产产口的出品业务及生产、科研所需的机械设备、零配件、原辅材料的进口业务，经营本企业的进料加工和“三来一补”贸易业务。						

企业名称	南阳防爆集团股份有限公司			海关编码	4116910022 4116950679	所属海关	南阳海关
通讯地址	河南省南阳市仲景北路 22 号			邮政编码	473008	法人姓名	白照昊
评定时间	2009.2.16	注册日期	1996.11.4	报关有效期	长期	注册资本	33000 万人民币
主营范围	防爆电机、普通电机、核级电机、防暴发电机、汽轮发电机、电动发电机、风力发电机、防爆风机、普通风机、防爆电器及其配套产品的研发、制造、销售、修理、技术咨询及服务、成套机电设备安装（上述项目涉及许可项目的凭有效许可证经营，未获审批前不得经营），从事货物和技术进出口业务（国家法律、法规规定应经审批方可经营或禁止进出口的货物和技术除外）。						

企业名称	乐凯华光印刷科技有限公司			海关编码	4116910038	所属海关	南阳海关
通讯地址	河南省南阳车站南路 718 号			邮政编码	473003	法人姓名	张涛
评定时间	2011.2.23	注册日期	1997.10.23	报关有效期	长期	注册资本	6000 万人民币
主营范围	经营本院所（企业）自产产品及技术的出口业务，代理出口将本院所（企业）自行研制开发的技术转让给其他企业所生产的产品，承办中外合资经营、合作生产及开展“三来一补”业务，经营本企业生产、科研所需的原辅材料、机械设备、仪器仪表、备品备件、零配件及技术的进口业务。						

企业名称	河南天冠企业集团有限公司			海关编码	4116910048	所属海关	南阳海关
通讯地址	河南省南阳市生态工业园区天冠大道 1 号			邮政编码	473000	法人姓名	张晓阳
评定时间	2010.3.2	注册日期	1993.2.2	报关有效期	长期	注册资本	17424 万人民币
主营范围	化工产品（不含易燃易爆危险品）销售，经营本企业和本企业成员企业自产产品及相关技术的出口业务，经营本企业和本企业成员企业生产、科研所需的原辅材料、机械设备、仪器仪表、零配件及相关技术的进口业务，经营本企业的进料加工和“三来一补”业务。						

企业名称	利达光电股份有限公司			海关编码	4116930190	所属海关	南阳海关
通讯地址	河南省南阳市工业南路 508 号			邮政编码	473003	法人姓名	李智超
评定时间	2008.11.19	注册日期	1995.7.7	报关有效期	长期	注册资本	19924 万人民币
主营范围	精密光学元件、光学镜头、数码透镜产品、光伏电池模组及系统应用等太阳聚能产品、光学辅料、光敏电阻、光电仪器设备等相关产品和零部件的研发、生产、销售、安装和售后服务（依法须经批准的项目，经相关部门批准后方可开展经营活动）。						

企业名称	南阳二机石油装备（集团）有限公司			海关编码	4116930338	所属海关	南阳海关
通讯地址	河南省南阳市中州西路 869 号			邮政编码	473006	法人姓名	杨汉立
评定时间	2011.5.10	注册日期	2008.6.3	报关有效期	长期	注册资本	15369 万人民币
主营范围	石油钻采设备及配件、通用设备及配件的生产和销售，专业车辆改装，石油机械修理，自产设备及相关技术的出口，生产科研所需原材料、设备、配件及技术的进出口业务，电缆金属矿产品检验，住宿、餐饮（仅供分支机构经营）。						

企业名称	南阳汉冶特钢有限公司			海关编码	4116950187	所属海关	南阳海关
通讯地址	河南省南阳市西峡县回车镇古庄河村			邮政编码	474500	法人姓名	朱书成
评定时间	2011.5.27	注册日期	2005.2.1	报关有效期	长期	注册资本	60000 万人民币
主营范围	黑色金属冶炼；钢铁加工、制造、销售；自营和代理各类商品及技术的进出口业务，但国家限定经营或禁止进出口的商品及技术除外（不另附商品进出口目录）。						

企业名称	南阳红棉天使纺织有限公司			海关编码	4116950368	所属海关	南阳海关
通讯地址	河南省南阳市新华东路与独山大道交叉口			邮政编码	473000	法人姓名	杨果
评定时间	2013.12.24	注册日期	2009.7.23	报关有效期	长期	注册资本	1500 万人民币
主营范围	棉纱、皮棉（不含仓储）、纺织机械、农业机械、纺织品、二类及三类机电、矿产品、建材、日用杂品、办公用品的销售（上述项目法律、法规、国务院决定规定需经审批方可经营的除外），从事货物和技术进出口业务（国家法律、法规规定应经审批方可经营或禁止进出口的货物和技术除外）。						

企业名称	河南安彩高科股份有限公司			海关编码	4105910043	所属海关	安阳海关
通讯地址	河南省安阳中州路南段			邮政编码	455000	法人姓名	蔡志端
评定时间	2011.11.23	注册日期	1999.12.29	报关有效期	长期	注册资本	69000万人民币
主营范围	彩色显像管玻壳、彩色显示器玻壳、节能灯、电子特种玻璃新产品、新型显示技术、光伏玻璃（太阳能玻璃、精细玻璃、工程玻璃、平板玻璃）的研发、制造、销售，本企业自产的机电产品、成套设备及相关技术的出口业务，本企业生产、科研所需的原辅材料、机械设备、仪器仪表及零部件的进口业务，天然气输送管网建设的管理，天然气相关产品开发及综合利用，经营车用燃气加气站（凭燃气经营许可证经营，经营项目及有效期以许可证为准）。（以上范围中凡涉及专项许可的项目凭许可证和有关批准文件经营。）						

企业名称	安钢集团国际贸易有限责任公司			海关编码	4105910087	所属海关	安阳海关
通讯地址	河南省安阳市铁西区			邮政编码	455004	法人姓名	金海
评定时间	2010.7.16	注册日期	2001.11.23	报关有效期	长期	注册资本	10000万人民币
主营范围	铁矿产品、冶金产品（法律法规规定需专项审批的除外），机械设备、电子仪器、仪表、汽车配件、五金交电、废旧金属回收，自营和代理各类商品及技术进出口的业务（国家限定公司经营或禁止进出口的商品及技术除外），经营进料加工和“三来一补”业务，经营对销贸易和转口贸易，经营煤炭（凭有效证书经营）。						

企业名称	安阳钢铁股份有限公司			海关编码	4105910142	所属海关	安阳海关
通讯地址	河南省安阳市殷都区梅元庄			邮政编码	455004	法人姓名	王子亮
评定时间	2010.7.16	注册日期	2003.8.26	报关有效期	长期	注册资本	134549万人民币
主营范围	生产和经营冶金产品及其副产品，销售钢铁延伸产品、无缝钢管、薄中板、冶金产品的原材料、化工产品（不含易燃易爆危险品）、高速线材；冶金技术开发、协作、咨询，实业投资（国家有专项规定的除外）；轧钢，炼钢，炼铁，烧结矿石球团；经营本企业自产产品的出口业务和本企业所需的机械设备、零配件、原辅材料的进口业务，但国家限定公司经营或禁止进出口的商品及技术除外（以上范围中凡涉及专项许可的项目凭许可证和有关批准文件经营）。						

企业名称	河南新能光伏有限公司			海关编码	4105930155	所属海关	安阳海关
通讯地址	河南省安阳市高新技术开发区长江大道东段			邮政编码	455000	法人姓名	胡伟健
评定时间	2011.11.23	注册日期	2008.7.24	报关有效期	长期	注册资本	6400万美元
主营范围	太阳能技术研发，太阳能电池、太阳能光伏照明系统、太阳能电池生产设备、电子设备及电子专用测试仪器的研发、生产和销售。						

企业名称	河南凯瑞数码股份有限公司			海关编码	4105930164	所属海关	安阳海关
通讯地址	河南省安阳市高新技术产业开发区海河大道			邮政编码	455000	法人姓名	卢天旺
评定时间	2011.5.25	注册日期	2011.4.2	报关有效期	长期	注册资本	36620万人民币
主营范围	生产可录类光盘。						

企业名称	河南利华制药有限公司			海关编码	4105940062	所属海关	安阳海关
通讯地址	河南省安阳安汤路北段			邮政编码	455000	法人姓名	李勇
评定时间	2014.1.15	注册日期	1994.7.6	报关有效期	长期	注册资本	835 万人民币
主营范围	生产、销售醋酸泼尼松原料药、醋酸可的松原料药、泼尼松原料药、泼尼松龙原料药、醋酸氢化可的松原料药、氢化可的松原料药、醋酸泼尼松龙原料药、氢化可的松琥珀酸钠原料药、丁酸氢化可的松原料药、倍他米松原料药、倍他米松磷酸钠原料药、泼尼松龙磷酸钠原料药、曲安西龙原料药、曲安奈德原料药（凭药品经营许可证销售）、离子液体。						

企业名称	安阳市豫北金铅有限责任公司			海关编码	4105950063	所属海关	安阳海关
通讯地址	河南省安阳县宝莲寺镇南田村			邮政编码	455131	法人姓名	唐成河
评定时间	2008.11.19	注册日期	2001.3.29	报关有效期	长期	注册资本	3000 万人民币
主营范围	回收处理旧铅蓄电池（凭有效许可证经营），生产、销售电解铅及其他附属产品，出口本企业自产的电解铅，进口科研所需的原辅材料、机械设备（凭进出口企业资格证书经营，未取得许可证前不得经营），销售黄金、白银。						

企业名称	河南永达清真食品有限公司			海关编码	4105950232	所属海关	安阳海关
通讯地址	河南省汤阴县汤上公路与京珠高速公路交叉			邮政编码	456150	法人姓名	冯永山
评定时间	2011.11.23	注册日期	2005.11.30	报关有效期	长期	注册资本	16159 万人民币
主营范围	畜禽屠宰（不含生猪）、冷藏，肉制食品深加工，熟食制品和调理食品加工，速冻水饺加工销售，包装制品加工，畜禽良种繁育，兼营果品蔬菜及制品，经营本企业产品、所需用品和技术的进出口业务（国家法律法规规定应经审批方可经营或禁止进出口的货物和技术除外）。						

企业名称	河南省汤阴县永新助剂厂			海关编码	4105960126	所属海关	安阳海关
通讯地址	河南省白营乡北陈王村			邮政编码	456150	法人姓名	张迎宾
评定时间	2011.11.23	注册日期	2002.9.10	报关有效期	长期	注册资本	1227 万人民币
主营范围	制造、销售各类助剂（国家有专项规定的除外），经营其他化工产品（国家有专项规定的除外）。						

企业名称	安阳市岷山有色金属有限责任公司			海关编码	4105960140	所属海关	安阳海关
通讯地址	河南省安阳市龙安区马投涧乡何大岷村			邮政编码	455132	法人姓名	何秋安
评定时间	2011.11.23	注册日期	2003.4.22	报关有效期	长期	注册资本	5360 万人民币
主营范围	粗铅、电解铅、金银阳极泥生产；改造、开发林果地；经营本企业自产产品的出口业务和本企业所需的机械设备、零配件、原辅材料的进口业务，但国家限定公司经营或禁止进出口的商品及技术除外。						

企业名称	河南三丰铜业有限责任公司			海关编码	4105960357	所属海关	安阳海关
通讯地址	河南省安阳市产业集聚区（龙安区中州路南段路西）			邮政编码	455131	法人姓名	唐成河
评定时间	2011.11.23	注册日期	2009.4.2	报关有效期	长期	注册资本	35881 万人民币
主营范围	加工、销售铜板带材，销售有色金属，从事货物和技术进出口业务。（依法须经批准的项目，经相关部门批准后方可开展经营活动。）						

企业名称	安阳锻压数控设备有限公司			海关编码	4105960405	所属海关	安阳海关
通讯地址	河南省安阳市文峰区高新区长江大道西段路			邮政编码	455000	法人姓名	刘福海
评定时间	2013.12.24	注册日期	2010.2.3	报关有效期	长期	注册资本	500 万人民币
主营范围	锻压机械、数控设备、铸件锻件、机电产品、泵机、环保设备、建筑工程设备及配件制造、安装、销售（以上项目国家有专项审批的，未获审批前不得经营），机电产品设计、技术服务、咨询，企业所经营项目的进出口业务（国家有专项规定的进出口项目除外）。						

企业名称	鹤壁天海环球电器有限公司			海关编码	4106930143	所属海关	安阳海关
通讯地址	河南省鹤壁市淇滨区淇滨大道 215 号			邮政编码	458030	法人姓名	张景堂
评定时间	2011.12.12	注册日期	2007.3.9	报关有效期	长期	注册资本	300 万人民币
主营范围	开发、生产、销售汽车电子产品、汽车电线束、汽车零部件、工装模具（以上范围法律法规禁止的，不得经营；法律法规规定应经审批的，未获批准前不得经营）。						

企业名称	河南大用实业有限公司			海关编码	4106950026	所属海关	安阳海关
通讯地址	河南省鹤壁市淇县思德桥北 107 国道东			邮政编码	456761	法人姓名	杜文君
评定时间	2013.3.14	注册日期	2001.3.29	报关有效期	长期	注册资本	10478 万人民币
主营范围	畜禽饲养、销售，肉丸子、肉灌肠类、速冻食品、微熏烤肉制品加工销售，调味品生产、销售，整鸡类、分割鸡产品加工、销售，添加剂预混和饲料生产，经营本企业自产产品及相关技术的出口业务，经营本企业生产、科研所需的原辅材料、机械设备、仪器仪表、零配件及相关技术的进口业务，经营本企业的进料加工和“三来一补”业务，食品包装材料生产。						

企业名称	濮阳龙丰纸业有限公司			海关编码	4109910172	所属海关	安阳海关
通讯地址	河南省濮阳市胜利西路西段路南科技大道东			邮政编码	457000	法人姓名	黄广胜
评定时间	2011.12.12	注册日期	2007.5.22	报关有效期	长期	注册资本	66040 万人民币
主营范围	速生丰产林的种植及销售，木浆、高档文化用纸、食品用纸的生产及销售，化工产品（不含易燃易爆危险品）的销售，货物和技术进出口业务（国家法律法规规定应经审批许可经营或禁止进出口的货物和技术除外）。（法律法规规定应经审批的，未获审批前不得经营。）						

企业名称	中石化中原石油工程有限公司			海关编码	4109910418	所属海关	安阳海关
通讯地址	河南省濮阳市中原路 277 号			邮政编码	457001	法人姓名	孙清德
评定时间	2013.9.27	注册日期	2013.3.28	报关有效期	长期	注册资本	45000 万人民币
主营范围	陆上和海洋石油天然气及矿藏的勘探，能源矿产地质勘查，固体矿产地质勘查，石油、天然气、矿产能源的投资，地质勘查技术服务，石油工程和技术研究与试验发展，机械设备租赁，对外承包上述工程服务，与上述业务相关的货物和技术进出口业务（国家限定的除外）。（以上范围凡需审批的未获批准前不得经营。）						

企业名称	濮阳宏业汇龙化工有限公司			海关编码	4109930211	所属海关	安阳海关
通讯地址	河南省南乐县城北二公里			邮政编码	457400	法人姓名	闫勇
评定时间	2013.3.14	注册日期	2007.2.2	报关有效期	长期	注册资本	8000 万人民币
主营范围	二氧化硫脲、过碳酸钠、过硼酸钠、四乙酰乙二胺、硫脲、强力还原剂的生产和销售。						

企业名称	濮阳可利威化工有限公司			海关编码	4109940188	所属海关	安阳海关
通讯地址	河南省濮阳市范县王楼工业集中区			邮政编码	457000	法人姓名	张伟中
评定时间	2013.12.24	注册日期	2003.2.27	报关有效期	长期	注册资本	3128 万人民币
主营范围	生产、销售二氯异氰尿酸钠、三氯异氰尿酸、甲醛（5 万吨 / 年，37% 水溶液）、甲缩醛（2 万吨 / 年）。						

企业名称	家雄灯饰（濮阳）有限公司			海关编码	4109940201	所属海关	安阳海关
通讯地址	河南省濮阳县城关镇铁丘路与工业区交叉口			邮政编码	457100	法人姓名	杨家胜
评定时间	2011.12.12	注册日期	2005.8.31	报关有效期	长期	注册资本	12000 万港币
主营范围	生产、销售装饰灯泡、圣诞节日灯泡、灯串、节能灯、荧光灯、玻璃管、钨丝、镍铁铜合金丝、电子镇流器等照明产品及纸箱、塑胶袋，经营进出口贸易业务。						

企业名称	濮阳濮耐高温材料（集团）股份有限公司			海关编码	4109950063	所属海关	安阳海关
通讯地址	河南省濮阳县西环路中段			邮政编码	457100	法人姓名	刘百宽
评定时间	2013.8.21	注册日期	2002.4.29	报关有效期	长期	注册资本	56189.6 万人民币
主营范围	生产和销售耐火材料原料和制品、功能陶瓷材料、高温结构材料、水泥及建筑材料、冶金炉料及其他冶金配套产品，功能耐材机构和配套施工机械设备的技术转让、设计安装、施工技术服务及出口业务，进口本企业生产、科研所需的原材料、机械设备、仪器仪表及零配件（国家实行核定的进口商品除外），经营来料加工和“三来一补”业务。						

企业名称	濮阳市光明化工有限公司			海关编码	4109950169	所属海关	安阳海关
通讯地址	河南省范县王楼乡西两公里			邮政编码	457000	法人姓名	陈聚恩
评定时间	2011.12.12	注册日期	2007.4.30	报关有效期	长期	注册资本	2500 万人民币
主营范围	生产经营 N- 甲基吡咯烷酮、N- 乙基吡咯烷酮、r- 丁内酯，销售 1，4- 丁二醇，乙二醇，对外贸易业务。（依法须经批准的项目，经相关部门批准后方可开展经营活动。）						

企业名称	河南省雪鸟实业有限公司			海关编码	4109960149	所属海关	安阳海关
通讯地址	河南省濮阳市台前县孙口工贸区			邮政编码	457600	法人姓名	闫长在
评定时间	2013.12.24	注册日期	2012.8.23	报关有效期	长期	注册资本	10849 万人民币
主营范围	鸭鹅孵化、养殖、屠宰、加工销售，羽毛、羽绒、服装、被褥、睡袋、枕芯加工销售，针纺织品购销，从事来料加工业务，从事货物和技术进出口业务（国家法律法规规定应经审批方可经营或禁止进出口的货物和技术除外）。						

企业名称	富泰华精密电子（郑州）有限公司			海关编码	4101530024	所属海关	郑州海关驻出口加工区办事处
通讯地址	河南省郑州经济技术开发区第九大街河南郑州出口加工区 7 号标准厂房			邮政编码	450016	法人姓名	林政辉
评定时间	2014.2.11	注册日期	2010.7.6	报关有效期	长期	注册资本	10000 万美元
主营范围	生产、经营第三代及后续移动通信系统手机、基站、核心网设备，以及网络检测设备及其零组件、新型电子元器件、数字音频视频编解码设备及其零配件；从事金属与非金属模具的设计、制造。（上述范围凡涉及国家法律、法规规定应经审批方可经营项目凭有效许可证经营，未获审批前不得经营。）						

企业名称	河南神火集团有限公司			海关编码	4113910018	所属海关	郑州海关驻商丘办事处
通讯地址	河南省商丘市永城市新城区光明路			邮政编码	476600	法人姓名	李崇
评定时间	2010.10.28	注册日期	1999.3.23	报关有效期	长期	注册资本	112575 万人民币
主营范围	法律、法规禁止的，不得经营；法律、法规规定需经审批的，未获批准前不得经营；法律、法规未规定审批的，自主选择经营项目，开展经营活动。						

企业名称	漯河双汇进出口贸易有限责任公司			海关编码	4111930217	所属海关	周口海关
通讯地址	河南省漯河市召陵区双汇路 1 号			邮政编码	462000	法人姓名	张太喜
评定时间	2009.9.9	注册日期	2008.10.24	报关有效期	长期	注册资本	837 万人民币
主营范围	农产品、生鲜肉及冷冻生鲜肉、食品添加剂、豆粕、轻工业品、纺织品、非金属矿产品（不含煤炭等涉及专项行政审批产品）、化工产品（不含危险化学品、易制毒化学品及监控类化学品）、土畜干鲜产品、纸制品及木材制品、橡胶制品、包装制品、工艺品、机械设备、仪器仪表的贸易业务，仓储业务（不含涉及专项行政审批物品），预包装食品、乳制品（不含婴幼儿配方乳粉）批发（许可证有效期至 2014 年 10 月 16 日），从事货物和技术进出口业务（国家限定公司经营或禁止进出口的货物和技术除外）。						

企业名称	益海（周口）粮油工业有限公司			海关编码	4114930174	所属海关	周口海关
通讯地址	河南省周口市工农路南段 20 号			邮政编码	466000	法人姓名	牛余新
评定时间	2009.9.9	注册日期	2000.10.26	报关有效期	长期	注册资本	6800 万人民币
主营范围	农产品（大豆、花生、棉籽、棉花、油菜籽、葵花籽）收购、批发；生产、销售粮油加工制品及其包装物品，新技术开发应用；面粉、大米和食用油产品的批发（国家有专项规定的按规定办理）。						

企业名称	鸿富锦精密电子（郑州）有限公司			海关编码	4101630001	所属海关	郑州新郑综合保税区
通讯地址	河南省郑州市航空港区振兴路东侧综合保税区			邮政编码	450000	法人姓名	薛波
评定时间	2013.1.17	注册日期	2011.10.19	报关有效期	长期	注册资本	50000 万美元
主营范围	生产经营第三代及后续移动通信系统手机、基站、核心网设备，以及网络检测设备及其零组件、新型电子元器件、数字音视频解码设备及其零部件；从事金属与非金属制品模具的设计、制造，以上产品的维修及仓储业务；从事以上产品的批发、进出口及相关配套业务；从事保税仓储物流业务。（涉及许可经营的凭证经营。）						

企业名称	风神轮胎股份有限公司			海关编码	4108910001	所属海关	焦作海关
通讯地址	河南省焦作市焦东南路 48 号			邮政编码	454003	法人姓名	王锋
评定时间	2008.11.19	注册日期	1993.5.13	报关有效期	长期	注册资本	37494 万人民币
主营范围	经营本企业生产的轮胎及相关技术的出口业务，经营本企业生产所需原辅材料、机械设备、零配件、仪器仪表及相关技术的进口业务，轮胎生产、销售。						

企业名称	焦作卓林数码材料有限公司			海关编码	4108930245	所属海关	焦作海关
通讯地址	河南省焦作高新区南海西路			邮政编码	454000	法人姓名	张铁雷
评定时间	2013.10.22	注册日期	2008.8.15	报关有效期	长期	注册资本	15000 万人民币
主营范围	生产、销售热砖印碳带和热升华碳带，包括传真碳带、条码碳带（WAX、WAX\RESIN、RESIN、水洗标识带RESIN）、塑料卡热升华碳带和彩色相片用热升华碳带。（以上范围中，凡涉及专项许可的项目凭许可证或有关批准文件经营。）						

企业名称	焦作隆丰皮草企业有限公司			海关编码	4108940244	所属海关	焦作海关
通讯地址	河南省孟州市西工业区 5 号			邮政编码	454793	法人姓名	王和平
评定时间	2010.8.25	注册日期	2008.6.24	报关有效期	长期	注册资本	68327 万人民币
主营范围	生产、销售裘皮革制品。						

企业名称	多氟多化工股份有限公司			海关编码	4108950107	所属海关	焦作海关
通讯地址	河南省焦作市中站区焦克路南侧			邮政编码	454191	法人姓名	李世江
评定时间	2011.8.26	注册日期	2001.5.29	报关有效期	长期	注册资本	22256 万人民币
主营范围	无机盐、无机酸、助剂、合金材料及制品的生产，LED 节能产品的生产，电子数码产品、锂离子电池及材料的技术开发及销售，计算机软件的开发与服务，自营进出口业务。						

企业名称	河南省中原内配股份有限公司			海关编码	4108960775	所属海关	焦作海关
通讯地址	河南省焦作市孟州市产业集聚区淮河大道 69 号			邮政编码	454750	法人姓名	薛德龙
评定时间	2011.5.27	注册日期	1994.1.10	报关有效期	长期	注册资本	235240922 万人民币
主营范围	活塞、汽缸套及相关内燃机配件、设备的制造、经销、技术服务，经营本企业自产机电产品、成套设备及相关技术的出口业务，经营本企业生产、科研所需的原辅材料、机械设备、仪器仪表、零配件及相关技术的进口业务（国家实行核定公司经营的进口商品除外），开展对外合资经营、合作生产及“三来一补”业务。						

企业名称	河南豫光金铅股份有限公司			海关编码	4120910015	所属海关	焦作海关
通讯地址	河南省济源市荆梁南街 1 号			邮政编码	454650	法人姓名	杨安国
评定时间	2008.12.22	注册日期	2001.1.15	报关有效期	长期	注册资本	29525 万人民币
主营范围	有色金属冶炼及经营（国家有专项审批的除外），化工原料（不含化学危险品及易燃易爆品）的销售，贵金属冶炼（以上范围按国家有关规定经营），经营本企业自产产品的进出口业务，经营本企业生产、科研所需的原辅材料、机械设备、仪器仪表及零配件的进口业务，商品及技术的进出口业务，从事境外期货套期保值业务，硫酸、氧（压缩的）、氮（压缩的）、氧（液化的）、氩（液化的）的生产、销售（凭许可证经营）。						

企业名称	河南豫光锌业有限公司			海关编码	4120930087	所属海关	焦作海关
通讯地址	河南省济源市莲东村北			邮政编码	454650	法人姓名	任文艺
评定时间	2008.12.22	注册日期	2004.11.10	报关有效期	长期	注册资本	10000 万人民币
主营范围	锌冶炼及副产品硫酸、海绵镉、锌合金综合利用；稀贵金属综合回收，以及上述产品相关的进出口业务（不含分销）。（以上经营项目凡涉及法律、法规规定应经审批的，凭相关许可证经营。）						

企业名称	河南金利金铅有限公司			海关编码	4120950038	所属海关	焦作海关
通讯地址	河南省济源市承留镇南勋村			邮政编码	459000	法人姓名	成全明
评定时间	2011.10.25	注册日期	2014.2.25	报关有效期	长期	注册资本	45000 万人民币
主营范围	冰铜、粗铅冶炼，电解铅生产、销售，金银制品、贵金属销售，废铅渣、废电瓶回收，硫酸、氧（压缩的）、氮（压缩的）、氧（液化的）、氩（液化的）生产、销售，企业产品进出口业务，金属材料销售与进出口业务。（以上经营项目凡涉及法律、法规规定应经审批的，未取得许可证前不得经营。）						

企业名称	灵宝华鑫铜箔有限责任公司			海关编码	4112910068	所属海关	三门峡海关
通讯地址	河南省灵宝市 209 国道与燕山大道交叉口东南角			邮政编码	472500	法人姓名	李应恩
评定时间	2014.5.19	注册日期	2004.2.6	报关有效期	长期	注册资本	18000 万人民币
主营范围	铜箔生产、销售；经营本企业自产产品及相关技术的进口业务，但国家限定公司经营或禁止进出口的商品及技术除外。						

企业名称	灵宝鑫源果业有限责任公司			海关编码	4112910078	所属海关	三门峡海关
通讯地址	河南省灵宝市北区工业园区振兴路中段			邮政编码	472500	法人姓名	李兴超
评定时间	2012.4.9	注册日期	2004.7.21	报关有效期	长期	注册资本	10000 万人民币
主营范围	饮料（果汁及蔬菜汁类）生产及销售（许可证有效期至 2017 年 3 月 27 日），从事货物和技术的进出口业务（国家法律法规规定应经审批方可经营或禁止进出口的货物和技术除外）。以下项目仅限分公司经营：汽油、煤油、柴油零售。（依法须经批准的项目，经相关部门批准后方可开展经营活动。）						

企业名称	新乡化纤股份有限公司			海关编码	4107910045	所属海关	新乡海关
通讯地址	河南省新乡市凤泉区锦园路			邮政编码	453011	法人姓名	邵长金
评定时间	2011.2.22	注册日期	2000.4.6	报关有效期	长期	注册资本	82922.15 万人民币
主营范围	经营本企业自产产品及相关技术的出口业务，经营本企业生产、科研所需的原辅材料、机械设备、仪器仪表、零配件及相关技术的进出口业务，经营本企业的进料加工和“三来一补”业务，粘胶纤维、合成纤维的制造和销售，纱、线、纺织品的制造、染整等深加工和销售，花岗岩板材加工、销售，副产品元明粉的销售。（以上项目范围中，凡涉及国家有专项规定的凭有关证书经营。）						

企业名称	河南新飞家电有限公司			海关编码	4107930136	所属海关	新乡海关
通讯地址	河南省新乡市开发区风华路 16 号街坊			邮政编码	453000	法人姓名	陈树田
评定时间	2009.11.6	注册日期	1994.9.22	报关有效期	长期	注册资本	9900 万人民币
主营范围	电冰箱、电冰柜、空调器、洗衣机、小家电等系列产品的制造与销售（涉及行政许可项目的凭许可证经营）。（依法须经批准的项目，经相关部门批准后方可开展经营活动。）						

企业名称	河南新飞电器有限公司			海关编码	4107930203	所属海关	新乡海关
通讯地址	河南省新乡市北干道370号			邮政编码	453002	法人姓名	陈数田
评定时间	2009.11.6	注册日期	1996.4.10	报关有效期	长期	注册资本	66863.77万人民币
主营范围	电冰箱、电冰柜等系列电器产品的制造和销售，空调器、洗衣机、小家电等系列电器产品的委托制造和销售。（以上涉及审批和行政许可的，未经审批和行政许可不得经营，依法须经批准的项目，经相关部门批准后方可开展经营活动。）						

企业名称	安钢集团信阳钢铁有限责任公司			海关编码	4117910020	所属海关	信阳海关
通讯地址	河南省信阳市明港镇新民路34号			邮政编码	464194	法人姓名	何殿洲
评定时间	2010.3.2	注册日期	2000.3.27	报关有效期	长期	注册资本	21067万人民币
主营范围	生铁、钢坯、钢材、水泥、水渣、铁合金、机加工产品的生产和经营，汽车及运输、汽车配件及修理、住宿等三项由分支机构经营，冶金器械维修，技术开发、咨询及培训，经营电子产品，经营本企业自产产品及相关技术的出口业务，经营本企业生产、科研所需的原辅材料、机械设备、仪器仪表、零配件及相关技术的进口业务，（国家限定公司经营和国家禁止进出口的商品及技术除外），经营本企业的进料加工和“三来一补”业务，氧气、氮气回收（涉及许可证项目凭证经营）。						

长沙关区

企业名称	特变电工衡阳变压器有限公司			海关编码	4304911061	所属海关	衡阳海关
通讯地址	湖南省衡阳市雁峰区白沙洲			邮政编码	421007	法人姓名	郑岩
评定时间	2010.12.13	注册日期	2000.4.11	报关有效期	长期	注册资本	143860 万人民币
主营范围	变压器、电抗器、互感器和中央空调的设计、制造、销售及安装维修服务，电力电子产品、高低压电器、机电产品（不含汽车）、环保设备、橡胶制品的生产、销售，电力设备安装，饮食服务，公司内物业管理及维修服务，百货销售，园林绿化设计、施工（以上项目涉及其他行政许可证的取得相关许可后方可从事经营活动），出口木质包装热处理（限分支机构经营），承包与其实力、规模、业绩相适应的国外工程项目及项目所属设备和材料进出口（不含国家限制、禁止、前置许可项目），自营和代理各类商品和技术的进出口（国家限定公司经营或禁止进出口的商品和技术除外）。						

企业名称	湖南宇腾有色金属股份有限公司			海关编码	4311962092	所属海关	长沙海关驻郴州办事处
通讯地址	湖南省郴州市北湖区石盖塘工业小区			邮政编码	423025	法人姓名	谢志刚
评定时间	2012.9.6	注册日期	2009.1.7	报关有效期	长期	注册资本	21600 万人民币
主营范围	电解铅、黄丹、三盐、二盐、硅酸铅、红丹、复合盐、黄金、白银、精铋、锑、砷及其氧化物、冰铜、铜、氧化锌、硫酸锌、氯化锌、铅锑合金、铟、锗、镓、铅精矿、硫酸、碲、聚乙烯蜡、硬脂酸盐、锡、液氧、压缩氧的生产及销售，进口本公司生产所需的原材料，经营产成品的出口业务。（以上经营项目国家禁止经营的除外，涉及行政许可的凭本企业有效许可证或批准文件经营。）						

企业名称	湖南华信有色金属有限公司			海关编码	4311962162	所属海关	长沙海关驻郴州办事处
通讯地址	湖南省资兴市经济开发区江北工业园			邮政编码	423000	法人姓名	吴声良
评定时间	2014.5.6	注册日期	2011.3.15	报关有效期	长期	注册资本	45000 万人民币
主营范围	硫酸、煤气、液氧、液氮、液氩的生产（安全生产许可证有效期至 2015 年 10 月 9 日），硫酸、液氧、液氩、液氮的批发、零售（危险化学品经营许可证有效期至 2015 年 8 月 28 日），国家政策允许范围内的有色金属、稀有金属、贵金属、化工产品（不含危险品及监控化学品）的生产、销售，矿山投资，国家允许范围内的进出口贸易。（以上经营项目国家禁止的不得经营，国家限制的凭本企业相关许可证经营。）						

企业名称	湖南恒安生活用纸有限公司			海关编码	4307931753	所属海关	常德海关
通讯地址	湖南省常德经济技术开发区德山镇莲心居委会 2 组桃林路			邮政编码	415001	法人姓名	许连捷
评定时间	2014.1.7	注册日期	2007.4.30	报关有效期	长期	注册资本	55228 万人民币
主营范围	生产高档生活用纸原纸，产品自销。						

企业名称	常德达门船舶有限公司			海关编码	4307940371	所属海关	常德海关
通讯地址	湖南省常德市德山街			邮政编码	415002	法人姓名	杰森·布若斯赫尔
评定时间	2013.9.9	注册日期	2002.9.29	报关有效期	长期	注册资本	433 万美元
主营范围	生产、销售民用船舶、船舶零件，船舶修理，船舶设计及其售后服务。						

企业名称	湖南恒安纸业有限公司			海关编码	4307940409	所属海关	常德海关
通讯地址	湖南省常德经济技术开发区德山镇莲心居委会 2 组桃林路			邮政编码	415001	法人姓名	许连捷
评定时间	2014.1.7	注册日期	2012.7.31	报关有效期	长期	注册资本	3998 万美元
主营范围	生产生活用纸，产品自销（卫生许可证有效期至 2014 年 12 月 19 日）。						

企业名称	湖南威科电力仪表有限公司			海关编码	4301331847	所属海关	长沙海关
通讯地址	湖南省长沙市银盆南路高新技术产业开发区 M14 大楼 B 座			邮政编码	410013	法人姓名	李鸿
评定时间	2013.11.27	注册日期	2005.6.10	报关有效期	长期	注册资本	10000 万港币
主营范围	电子智能表系列产品及其他电子产品、集抄系统、电子元器件、计算机和通讯设备所需软硬件及配套产品的研制、开发、生产、销售（凭制造计量器具许可证经营），低压智能化配电监控和保护产品的研究、开发、生产、销售和推广应用，提供上述产品的售后服务。						

企业名称	威胜集团有限公司			海关编码	4301340495	所属海关	长沙海关
通讯地址	湖南省长沙高新开发区桐梓坡西路 468 号			邮政编码	410205	法人姓名	吉为
评定时间	2012.3.29	注册日期	2000.5.25	报关有效期	长期	注册资本	60000 万人民币
主营范围	生产本企业制造计量器具许可证核定范围内的产品（制造计量器具许可证有效期至 2015 年 5 月 22 日），研究、开发电子远传电表、水表、燃气表、热计量表及其集抄系统，上述产品的销售，计算机软件的开发、生产及产品自销，节能环保产品、低压智能化配电监控和保护产品的研究、开发、生产、销售和推广应用，家用插头、插座的研发、生产、销售，机电设备的安装及工程服务，投资咨询与服务，建筑智能化及建筑节能方案咨询、规划设计、定制开发、设备提供、施工管理、系统集成安装及服务（涉及审批及许可经营的凭批准文件及许可证经营）。						

企业名称	湖南省机械设备进出口公司			海关编码	4301910095	所属海关	长沙海关
通讯地址	湖南省长沙市白沙路 88 号			邮政编码	410002	法人姓名	李志国
评定时间	2014.2.20	注册日期	2003.4.9	报关有效期	长期	注册资本	4000 万人民币
主营范围	主营：销售汽车（不含小轿车），自营和代理除国家组织统一联合经营的 16 种出口商品和国家实行核定公司经营的 14 种进口商品以外的其他商品及技术的进出口业务，承包与出口成套设备相关的境外工程和境内国际招标工程（包括中标项目内提供机动车辆及其配件）。兼营：对外派遣与上述境外工程相关的工程、生产及从事维修、售后服务的劳务人员，经营进料加工和“三来一补”业务，经营内销贸易和转口贸易（以上业务以本企业“中华人民共和国进出口企业资格证书”核定范围为准）。						

企业名称	湖南省丝绸集团有限公司			海关编码	4301910096	所属海关	长沙海关
通讯地址	湖南省长沙市芙蓉区人民西路 288 号			邮政编码	410002	法人姓名	陈替益
评定时间	2014.2.21	注册日期	1992.12.17	报关有效期	长期	注册资本	3000 万人民币
主营范围	干茧、丝、矿物宝石（不含黄金）和化石标本（不含文物）的销售，丝制品、纺织品、服装的生产、销售，蚕桑副产品的综合开发，国家法律法规允许的产业投资，经营商品和技术的进出口业务（国家禁止或限制的除外），开展“三来一补”业务，开展进料加工业务，经营对销贸易和转口贸易。						

企业名称	湖南泰嘉新材料科技股份有限公司			海关编码	4301931839	所属海关	长沙海关
通讯地址	湖南省望城经济开发区泰嘉路 68 号			邮政编码	410200	法人姓名	方鸿
评定时间	2011.7.4	注册日期	2005.6.30	报关有效期	长期	注册资本	10500 万人民币
主营范围	双金属复合材料及其锯切产品的生产，锯切加工服务，锯切技术服务，锯床等机电一体化产品的研制、开发与生产，产品自销及进出口业务（不含进口分销业务，涉及许可证经营的凭许可证经营）。						

企业名称	蓝思科技股份有限公司			海关编码	4301931899	所属海关	长沙海关
通讯地址	湖南省浏阳生物医药园			邮政编码	410300	法人姓名	周群飞
评定时间	2011.11.10	注册日期	2008.11.7	报关有效期	长期	注册资本	60600 万人民币
主营范围	研发、生产与销售光学镜片、玻璃制品、金属配件，TFT-LCD、PDP、OLED、FED 平板显示屏、3D 显示屏及显示屏材料制造，经营触控开关面板及模组。						

企业名称	湖南朝日五内衣有限公司			海关编码	4301940390	所属海关	长沙海关
通讯地址	湖南省长沙市雨花区环保科技园正大路 48 号			邮政编码	410116	法人姓名	朝比奈延弘
评定时间	2009.3.26	注册日期	1999.10.15	报关有效期	长期	注册资本	375 万美元
主营范围	生产各式针织内衣、服装、工艺品、玩偶、玩偶服饰及政策允许的工艺品，上述产品的自销。						

企业名称	博世汽车部件（长沙）有限公司			海关编码	4301940511	所属海关	长沙海关
通讯地址	湖南省长沙经济技术开发区漓湘中路 26 号			邮政编码	410100	法人姓名	Kurt Schreier
评定时间	2009.10.19	注册日期	2004.12.29	报关有效期	长期	注册资本	6950 万美元
主营范围	汽车部件、汽车电子设备系统的生产、研发、应用、销售；用于生产汽车部件及用于生产轻工、电动、包装、建筑、流体机械零部件的专用机器设备的生产、销售；提供相关的咨询和服务；以批发、零售方式在国内销售、进口和出口非自产的汽车部件、汽车电子设备系统，用于生产汽车部件及用于生产轻工、电动、包装、建筑、流体机械零部件的专用机器设备及同类产品，并提供相关配套服务；汽车起动机和发电机等汽车零部件的再制造。（涉及许可经营的凭许可经营证经营。）						

企业名称	湖南维胜科技电路板有限公司			海关编码	4301940651	所属海关	长沙海关
通讯地址	湖南省长沙经济技术开发区东二路 10 号			邮政编码	410100	法人姓名	陈汉威
评定时间	2009.2.26	注册日期	1994.1.4	报关有效期	长期	注册资本	1700 万美元
主营范围	生产印刷电路板、电子器件、印刷板设备和其他电子外围设备，电路板装配，上述产品自销及相关技术转让、技术开发、技术咨询和技术服务（涉及审批及许可经营的凭批准文件及许可证经营）。						

企业名称	湖南维胜科技有限公司			海关编码	4301940652	所属海关	长沙海关
通讯地址	湖南省长沙经济技术开发区东二路 10 号			邮政编码	410100	法人姓名	陈汉威
评定时间	2009.2.26	注册日期	2003.11.7	报关有效期	长期	注册资本	500 万美元
主营范围	生产挠性电路板及挠性板的装配及与此相关的组装类电子产品，上述产品自销。						

企业名称	远大空调有限公司		海关编码	4301960173	所属海关	长沙海关
通讯地址	湖南省长沙市远大城内		邮政编码	410138	法人姓名	张跃
评定时间	2009.8.11	注册日期 2003.4.8	报关有效期	长期	注册资本	20000万人民币
主营范围	直燃溴化锂冷温水机、溴冷机及与溴化锂制冷系统相配套的产品、能源设备的研究、开发、生产和销售，提供相关的技术服务，机械设备及器材、建筑材料、卫生洁具、电子计算机、电气机械及器材的研究、开发、生产和销售，自营经批准的进出口业务，中央空调系统设计，机电设备的安装、调试和运行管理服务，空气净化机、新风机、中央空调及末端、家用空调、户式空调的研发、生产、销售、服务，带空气检测功能的移动手机及相关产品的销售。（需许可证的产品凭许可证经营。）					

企业名称	湖南中联国际贸易有限责任公司		海关编码	4301960183	所属海关	长沙海关
通讯地址	湖南省长沙市银盆南路307号		邮政编码	410000	法人姓名	陈培亮
评定时间	2008.10.20	注册日期 2003.6.12	报关有效期	长期	注册资本	5000万人民币
主营范围	销售法律、行政法规允许的机械、电子设备、汽车（不含小轿车）及零配件、五金、交电、化工产品（不含危险品及监控化学品）、针纺织品、办公用品、建筑装饰材料（不含硅砢胶）、仪器仪表、金属材料、矿产品（不含煤炭）、农副产品，经营商品和技术的进出口业务（国家法律、法规禁止和限制的除外）。					

企业名称	湖南省茶业集团股份有限公司		海关编码	4301960551	所属海关	长沙海关
通讯地址	湖南省长沙市芙蓉区隆平高科技园隆园一路19号湘茶高科技产业园		邮政编码	410126	法人姓名	周重旺
评定时间	2011.12.29	注册日期 1999.3.18	报关有效期	长期	注册资本	12942.5万人民币
主营范围	茶叶种植，茶叶（绿茶、红茶、花茶、黄茶、白茶、黑茶、乌龙茶、袋泡茶）的分装（有效期至2016年8月4日），预包装食品批发兼零售（有效期至2017年2月18日），胶囊剂、散剂生产（有效期至2015年12月5日，具体品种见许可证副本），国家法律、法规允许的农副产品（不含食品）、轻工产品、机电产品、建筑装饰材料、五金、交电、百货、化工产品（不含危险品及监控化学品）的销售，经营进出口业务（国家限制和禁止的除外）。					

企业名称	三一汽车制造有限公司		海关编码	4301961275	所属海关	长沙海关
通讯地址	湖南省长沙经济技术开发区三一工业城		邮政编码	410100	法人姓名	易小刚
评定时间	2013.7.24	注册日期 2013.3.29	报关有效期	长期	注册资本	100830万人民币
主营范围	汽车及其零部件的制造，汽车（不含小轿车）及其零部件的销售，在许可证核定范围内从事起重机械及其零部件的制造与销售，建筑工程机械、停车库、通用设备、机电设备、塑料机械及其零部件、金属制品、橡胶制品、电子产品、钢丝增强液压橡胶软管和软管组合件的生产、销售、维修，提供建筑工程机械租赁服务，国家法律、法规允许的五金、矿产品、金属材料的销售，经营商品和技术的进出口业务（国家法律法规禁止和限制的除外）。					

企业名称	益阳龙源纺织有限公司		海关编码	4309960591	所属海关	长沙海关
通讯地址	湖南省益阳市赫山区泉交河镇		邮政编码	413002	法人姓名	陈建军
评定时间	2014.6.5	注册日期 2005.4.21	报关有效期	长期	注册资本	2200万人民币
主营范围	各类毛巾、浴巾等纺织品的生产、销售，棉花收购加工，棉纺织品加工销售，农副产品（不含食品）收购销售，自营或代理各类商品和技术的进出口（不含国家禁止或限制进出口的商品和技术），纺织品、纺织原料、塑料制品、包装材料、化工产品（不含危险品）的销售。					

企业名称	株洲时代新材料科技股份有限公司			海关编码	4302313002	所属海关	株洲海关
通讯地址	湖南省株洲市高新技术开发区黄河南路			邮政编码	412007	法人姓名	曾鸿平
评定时间	2012.9.6	注册日期	2002.9.9	报关有效期	长期	注册资本	66142.21 万人民币
主营范围	轨道交通、汽车、公路、家电、新能源装备、船舶、特种装备、环保工程、建筑工程、工程机械、石油、市政等领域高分子材料制品、金属材料制品、橡胶制品、复合材料制品及各类材料集成产品的开发、生产、检测、销售、售后服务及技术咨询服务，桥梁、建筑检测设备的开发、生产、销售、维修，实业投资，自营和代理商品、技术的进出口业务。（上述经营项目国家法律法规禁止和限制的除外。）						

企业名称	株洲硬质合金进出口有限责任公司			海关编码	4302910028	所属海关	株洲海关
通讯地址	湖南省株洲市茨菇塘			邮政编码	412000	法人姓名	吴国根
评定时间	2008.12.23	注册日期	1988.1.1	报关有效期	长期	注册资本	3000 万人民币
主营范围	自营和代理除国家禁止进出口的商品以外的其他各类商品的进出口贸易，承办合资合作和“三来一补”业务，经营对销贸易、转口贸易和技术贸易。						

企业名称	湖南株冶火炬金属进出口有限公司			海关编码	4302913006	所属海关	株洲海关
通讯地址	湖南省株洲市石峰区清水塘			邮政编码	412004	法人姓名	张建伟
评定时间	2008.12.23	注册日期	2001.7.24	报关有效期	长期	注册资本	8000 万人民币
主营范围	自营和代理各类商品及技术的进出口业务，经营进料加工和“三来一补”业务，经营对销贸易和转口贸易。						

企业名称	株洲南车时代电气股份有限公司			海关编码	4302933015	所属海关	株洲海关
通讯地址	湖南省株洲市石峰区时代路			邮政编码	412001	法人姓名	丁荣军
评定时间	2012.1.30	注册日期	2005.11.22	报关有效期	长期	注册资本	108425.56 万人民币
主营范围	研究、开发、生产、销售轨道交通牵引变流装置、列车网络通讯产品、工业自动化设备、安全监控装置、测控技术及产品、大功率电力电子器件、印制电路板、复合母排及相关电力电子类产品、控制用计算机产品及软件，销售计算机网络无线通讯设备，安全防范工程设计、施工（凭本企业有效许可证书经营），自营和代理商品和技术的进出口业务（国家法律法规禁止和限制的除外），提供相关技术开发、服务、培训及计算机网络系统集成、计算机软件开发服务。						

企业名称	株洲科能新材料有限责任公司			海关编码	4302963066	所属海关	株洲海关
通讯地址	湖南省荷塘区金山民营科技园内			邮政编码	412000	法人姓名	赵科峰
评定时间	2014.8.6	注册日期	2005.4.25	报关有效期	长期	注册资本	3000 万人民币
主营范围	自营和代理各类商品及技术的进出口业务，经营进料加工和“三来一补”业务，经营对销贸易和转口贸易，上述商品及技术的购销业务（需专项审批的除外），竹木制品、包装制品加工、销售，硬质合金、化工产品（需专项审批的除外）、机电产品、机械配件、日用杂品、水暖器材、服装批零兼营，金属产品、矿产品加工、销售，金属产品、半导体材料的研发、生产、销售（需专项审批的除外）。						

企业名称	湖南华菱湘潭钢铁有限公司			海关编码	4303913017	所属海关	韶山海关
通讯地址	湖南省湘潭市岳塘区钢城路			邮政编码	411101	法人姓名	曹慧泉
评定时间	2014.1.13	注册日期	2005.1.4	报关有效期	长期	注册资本	250467.74 万人民币
主营范围	生铁、钢坯、钢材、钢板、焦炭及附产品生产、销售，冶金机械设备制造、销售，冶金技术咨询，计算机及自动化设备经营与技术开发，政策允许的金属材料及矿产品、建材（不含硅酮胶）、五金交电、钢渣、非危险及监控化工产品的销售，法律法规允许的进出口业务及代理进出口业务，粗苯、蒽油、萘、煤焦沥青、硫磺、煤焦油的生产（许可证有效期至 2014 年 10 月 17 日）。						

企业名称	邵阳阳光发品有限公司			海关编码	4305963249	所属海关	韶山海关
通讯地址	湖南省邵阳市田江路市塑料厂内			邮政编码	422000	法人姓名	黄永祥
评定时间	2014.4.21	注册日期	2005.4.6	报关有效期	长期	注册资本	1500 万人民币
主营范围	加工、销售人发制品、工艺品。						

企业名称	湖南华菱涟源钢铁有限公司			海关编码	4310913028	所属海关	韶山海关
通讯地址	湖南省娄底市黄泥塘			邮政编码	417009	法人姓名	颜建新
评定时间	2014.1.13	注册日期	2005.7.28	报关有效期	长期	注册资本	259820.6 万人民币
主营范围	钢材、钢坯、生铁及其他黑色金属产品的生产经营，氧气、煤气、氩气、焦炭及副产品的生产经营，热轧超薄带钢卷、冷轧板卷、镀锌板及相关产品的生产经营，机械加工，机电维修，政策允许的有色金属及矿产品、建材、五金交电、原材料、钢渣、化工产品（不含危险品）经营，信息设备维修、经营，发电，交通运输，建筑安装设计，本公司产品进出口业务、补偿贸易，境外冶金工程承包及境内国际招标，对外派遣境外工程劳务人员，电子平台秤的生产经营。						

企业名称	双峰兴昂鞋业有限公司			海关编码	4310943036	所属海关	韶山海关
通讯地址	湖南省双峰县永丰镇经济开发区工业园万宜路			邮政编码	417700	法人姓名	成春泉
评定时间	2014.7.8	注册日期	2010.11.18	报关有效期	长期	注册资本	13928 港币
主营范围	鞋材、鞋加工、销售及进出口业务。						

企业名称	冷水江钢铁有限责任公司			海关编码	4310963178	所属海关	韶山海关
通讯地址	湖南省冷水江市轧钢路			邮政编码	417500	法人姓名	陈代富
评定时间	2014.1.13	注册日期	2006.5.12	报关有效期	长期	注册资本	105000 万人民币
主营范围	铁、生铁冶炼，钢材轧制加工，冶金余气、余热、余压发电，炉渣、焦炭、金属材料及矿产品（不含需专项审批的项目）、普通机械、五金交电、电器机械、化工原料（不含危险品）、电子设备（不含需专项审批的项目）、普通劳动防护用品购销，从事货物及技术进出口业务（国家法律法规规定应经审批方可经营或禁止进出口的货物和技术除外）。						

企业名称	湖南裳海迪瑞特制革服装有限公司			海关编码	4316931672	所属海关	韶山海关
通讯地址	湖南省湘乡市东郊乡花亭村皮革工业园			邮政编码	411400	法人姓名	周建坤
评定时间	2009.2.10	注册日期	1999.3.25	报关有效期	长期	注册资本	1000 万人民币
主营范围	生产服装、皮革、皮革制品，产品自销。						

企业名称	郴州华录数码科技有限公司			海关编码	4311510001	所属海关	长沙海关驻郴州出口加工区办事处
通讯地址	湖南省郴州市苏仙区白露塘镇出口加工区			邮政编码	423000	法人姓名	陈润生
评定时间	2011.11.23	注册日期	2007.10.29	报关有效期	长期	注册资本	13000 万人民币
主营范围	家用影视设备、通讯设备（不含卫星地面接收设施）、计算机及配套设备、计算机软件及产品的研究、技术开发、技术集成、生产、服务，销售自产产品，法律法规允许的进出口业务。（以上项目未取得国家专项审批的除外。）						

企业名称	台达电子（郴州）有限公司			海关编码	4311540001	所属海关	长沙海关驻郴州出口加工区办事处
通讯地址	湖南省郴州出口加工区			邮政编码	423000	法人姓名	柯子兴
评定时间	2011.11.23	注册日期	2007.11.9	报关有效期	长期	注册资本	6300 万美元
主营范围	生产新型电子组件（片式元器件、贴片电感、电感组件及传感器、互感器、新型机电组件、微型马达组件）、变压器、电源感应器、日光灯稳压器、网络卡、网络卡零件、电源转接器、显示器基板、混膜线路板、扫描器、电脑基座组装（外壳、电源供应器、软式磁盘机、电源线、唯读光盘机、附加卡）、直流电源转换器、唯读光盘机及其配件（涉及出口许可证除外）、微型直流风扇、温度感应器、二极体、电阻、充电器、充电电池、充电电池半成品、不间断电源器、开关电源器、不间断电源基板、开关电源基板、变频器、滤波器、电压控制振荡器、显示器（彩电显示器除外）、微型数字式处理机、微型计算机、新型显示器（平板液晶投影显示器、液晶投影机）、新型显示器件（平板显示器）、数字有线电视系统设备（有线数字电视接收机）、铁芯、端子线、电感元件、电感器、网络滤波器、电线连接器、电线电缆零配件等，销售自产产品。						

企业名称	张家界美达制衣有限公司			海关编码	4308940379	所属海关	张家界海关
通讯地址	湖南省张家界市慈利县温泉区			邮政编码	427200	法人姓名	彭电全
评定时间	2013.12.2	注册日期	2003.3.13	报关有效期	长期	注册资本	720 万人民币
主营范围	生产、来料加工和销售各类服装、针纺织品、鞋帽、服饰，上述产品的印花、洗水加工。						

广州关区

企业名称	广东豪美铝业股份有限公司			海关编码	4418930352	所属海关	清远海关
通讯地址	广东省清远高新技术产业开发区泰基工业城			邮政编码	511450	法人姓名	董卫峰
评定时间	2013.3.11	注册日期	2004.9.9	报关有效期	长期	注册资本	16500万人民币
主营范围	合金型材料的生产、加工、销售。						

企业名称	清远市广硕鞋业有限公司			海关编码	4418933047	所属海关	清远海关
通讯地址	广东省清新县太和工业区			邮政编码	511800	法人姓名	张荣梧
评定时间	2009.1.15	注册日期	2001.12.21	报关有效期	长期	注册资本	2500万美元
主营范围	生产、销售运动鞋、鞋材料及运动用品（护具、护垫、护套、毛巾、护齿）。						

企业名称	广东先导稀材股份有限公司			海关编码	4418933060	所属海关	清远海关
通讯地址	广东省清远市清新县禾云工业区（鱼坝公路旁）			邮政编码	511875	法人姓名	朱世会
评定时间	2011.7.26	注册日期	2003.7.29	报关有效期	长期	注册资本	37676.62万人民币
主营范围	研发、生产、销售硒、碲、镉、铋、锑、钴、镓、铟、砷、铅、锡、铜、金、银、铂、钯、铑、铱、锇、钌、稀有金属、贵金属、高纯金属及其化合物、工艺品、器件、零件、高纯电子材料、饲料添加剂（限制类、禁止类除外，涉及危险化学品的需凭证生产经营，涉及配额许可证管理、专项规定管理的商品按国家有关规定办理）。						

企业名称	新玛基（清远）实业有限公司			海关编码	4418942051	所属海关	清远海关
通讯地址	广东省清远市清城区龙塘镇S253线旁长丰工业区			邮政编码	511540	法人姓名	周月琴
评定时间	2010.7.1	注册日期	2005.4.20	报关有效期	长期	注册资本	3000万美元
主营范围	生产、加工、销售各类家用电力器具及配件、印刷线路板、电源线。						

企业名称	清远大中塑胶制品有限公司			海关编码	4418943031	所属海关	清远海关
通讯地址	广东省清远市清新县太和四号区			邮政编码	511800	法人姓名	郑松立
评定时间	2009.1.15	注册日期	1998.9.7	报关有效期	长期	注册资本	16500万港币
主营范围	生产经营铝合金百页窗帘、塑料百页窗帘、布窗帘、木窗帘、木制装饰杆及其他塑料工业制品，木制配件及包装材料的生产（涉及珍贵树种原木加工的产品除外），从事非配额许可证管理、非专营商品的收购出口业务及自有厂房的出租（含仓储服务）业务。						

企业名称	万邦（清新）鞋业有限公司			海关编码	4418943049	所属海关	清远海关
通讯地址	广东省清远市太平镇工业区			邮政编码	511853	法人姓名	陈进镛
评定时间	2008.10.31	注册日期	2001.7.12	报关有效期	长期	注册资本	3000万美元
主营范围	研发、生产、加工、销售各类鞋产品、鞋类半成品、鞋材及配套包装类产品（不含印刷工序）。						

企业名称	诚展（清远）鞋业有限公司			海关编码	4418943097	所属海关	清远海关
通讯地址	广东省清远市清新县太和镇八片路 16 号			邮政编码	511800	法人姓名	张荣梧
评定时间	2012.9.27	注册日期	2004.3.16	报关有效期	长期	注册资本	2000 万美元
主营范围	生产、加工、销售各种鞋类、鞋类半成品。						

企业名称	佛冈建滔实业有限公司			海关编码	4418944001	所属海关	清远海关
通讯地址	广东省佛冈县石角镇建滔路 1 号			邮政编码	511600	法人姓名	林家宝
评定时间	2008.10.31	注册日期	1994.3.3	报关有效期	长期	注册资本	87810 万人民币
主营范围	生产、销售上胶敷铜箔及其系列产品。						

企业名称	建滔（佛冈）绝缘材料有限公司			海关编码	4418944010	所属海关	清远海关
通讯地址	广东省佛冈县石角镇			邮政编码	511600	法人姓名	林家宝
评定时间	2013.6.21	注册日期	1999.11.11	报关有效期	长期	注册资本	611.5 万美元
主营范围	生产、销售覆铜箔积层板基纸及其系列产品（依法须经批准的项目，经相关部门批准后方可开展经营活动）。						

企业名称	约克广州空调冷冻设备有限公司			海关编码	4418944029	所属海关	清远海关
通讯地址	广东省清远市佛冈县龙山镇学田			邮政编码	511685	法人姓名	林坚
评定时间	2009.11.23	注册日期	1995.11.21	报关有效期	长期	注册资本	1000 万美元
主营范围	从事各类供热、供冷、通风、冷冻、杀菌及改善空气质素设备的设计、制造、销售和售后服务，以及大型压缩机的生产和销售（国家外商投资产业指导目录中的限制类产品除外），并提供有关的项目设计、施工、安装、测试及维修服务，从事有关上述各项任何必需或附属的其他活动。						

企业名称	时代（英德）皮具制品有限公司			海关编码	4418948033	所属海关	清远海关
通讯地址	广东省英德市东华镇东宝工业区			邮政编码	511506	法人姓名	杨华强
评定时间	2013.5.14	注册日期	2009.4.20	报关有效期	长期	注册资本	27000 万港币
主营范围	生产、销售手袋，自有闲置厂房出租。						

企业名称	佛山市南海福和玩具有限公司			海关编码	4428920172	所属海关	南海海关
通讯地址	广东省佛山市南海区盐步河西			邮政编码	528247	法人姓名	林键锋
评定时间	2009.1.15	注册日期	1995.12.20	报关有效期	长期	注册资本	7000 万港币
主营范围	生产经营各类塑料玩具、注塑模具、压注模具、节日礼品、日用塑料制品、注塑电子产品，产品内外销售。						

企业名称	佛山市南海美泰精密压铸有限公司			海关编码	4428920192	所属海关	南海海关
通讯地址	广东省佛山市南海区狮山镇官窑镇永安东路			邮政编码	528237	法人姓名	DAVID HOLT SMART
评定时间	2009.1.15	注册日期	1998.12.22	报关有效期	长期	注册资本	1270 万美元
主营范围	生产经营合金玩具车、塑料合金产品及其他玩具产品，产品全部外销。						

企业名称	本田汽车用品（广东）有限公司			海关编码	4428930822	所属海关	南海海关
通讯地址	广东省佛山市南海区狮山镇小塘三环西工业区			邮政编码	528222	法人姓名	寺杣好隆
评定时间	2012.1.18	注册日期	2002.7.26	报关有效期	长期	注册资本	380 万美元
主营范围	利用发动机的机械器具的用品（含与汽车相关的提高性能的零部件及装饰品）及其组件，汽车用野营用品、宠物用品、运动及娱乐用品的研发、生产、加工、销售，以及与前述各项相关的技术、售后服务，产品内外销售。						

企业名称	佛山市南海区迪赛纳实业有限公司			海关编码	4428930936	所属海关	南海海关
通讯地址	广东省佛山市南海区罗村联和三洲塱工业区			邮政编码	528200	法人姓名	胡亚军
评定时间	2013.11.4	注册日期	2006.1.12	报关有效期	长期	注册资本	250 万美元
主营范围	生产经营灯泡、灯具、办公文具及家居五金制品、汽车行驶记录仪、车身反光标志，并提供售后服务，产品内外销售。						

企业名称	广东伊立浦电器股份有限公司			海关编码	4428930951	所属海关	南海海关
通讯地址	广东省佛山市南海区松岗松夏工业园工业大道西			邮政编码	528234	法人姓名	甘卫民
评定时间	2009.1.15	注册日期	2006.9.27	报关有效期	长期	注册资本	15600 万人民币
主营范围	生产经营电饭煲、电开水器等家用小电器、模具及金属模压制品、商用厨房电器及设备，产品内外销售。						

企业名称	广东柏华容器有限公司			海关编码	4428931030	所属海关	南海海关
通讯地址	佛山市南海区里水镇和顺大文教路南郊工业区			邮政编码	528241	法人姓名	王艺
评定时间	2014.9.2	注册日期	2003.5.22	报关有效期	长期	注册资本	1072.81 万美元
主营范围	生产经营铝质易拉罐盖，产品内外销售。						

企业名称	佛山市南海金履鞋业有限公司			海关编码	4428940036	所属海关	南海海关
通讯地址	广东省佛山市南海区里水镇旗峰工业区			邮政编码	528244	法人姓名	刘旭
评定时间	2009.1.15	注册日期	1992.12.30	报关有效期	长期	注册资本	1900 万美元
主营范围	鞋类加工制造，产品内外销售。						

企业名称	佛山市南海港利达光学制品有限公司	海关编码	4428940069	所属海关	南海海关
通讯地址	广东省佛山市南海区里水镇得胜村	邮政编码	528244	法人姓名	郭彦淳
评定时间	2008.10.31 注册日期 1993.9.13	报关有效期	长期	注册资本	3235 万港币
主营范围	生产经营照相机、望远镜、塑料制品，以及照相机、望远镜的零部件、配套件，手提电话的零配件和电子游戏机的零配件，产品全部外销；生产、加工、销售数字照相机及关键件，产品内外销售；生产经营电光源制品及其零部件、投影机及其零部件；生产、加工、销售车辆零部件，产品内外销售。（依法须经批准的项目，经相关部门批准后方可开展经营活动。）				

企业名称	佛山中元创新实业有限公司	海关编码	4428940542	所属海关	南海海关
通讯地址	广东省佛山市南海区九江镇九江科技园 3 号	邮政编码	528203	法人姓名	张伟强
评定时间	2012.1.18 注册日期 2004.9.13	报关有效期	长期	注册资本	800 万港币
主营范围	研发、生产、经营通讯视听器材及其相关电子电器产品、五金塑料制品、五金家具制品、工艺制品，产品国内外销售。				

企业名称	佛山捷贝汽车配件有限公司	海关编码	4428940561	所属海关	南海海关
通讯地址	广东省佛山市南海区丹灶镇南海国家生态工业示范园区	邮政编码	528216	法人姓名	園部辉好
评定时间	2013.10.11 注册日期 2004.11.25	报关有效期	长期	注册资本	700 万美元
主营范围	开发、制造、销售汽车制动器总成及其零部件、摩托车盘式制动器及其零部件，产品内外销售。				

企业名称	爱信精机（佛山）车身零部件有限公司	海关编码	4428940574	所属海关	南海海关
通讯地址	广东省佛山市南海高新产业园小塘园区三环西路 A 区 5 号	邮政编码	528222	法人姓名	矢木伸介
评定时间	2010.5.19 注册日期 2005.1.11	报关有效期	长期	注册资本	2147.5 万美元
主营范围	开发、制造、销售汽车电控天窗和其他汽车电子装置，以及有关汽车配件、电子控制系统的输入（传感器和采样系统）输出（执行器）部件、汽车座椅马达及其零配件，提供产品的售后服务（不含维修），产品内外销售。				

企业名称	佛山丰田纺织汽车零部件有限公司	海关编码	4428940628	所属海关	南海海关
通讯地址	广东省佛山市南海区狮山镇南海科技工业园北区	邮政编码	528248	法人姓名	YAMAMOTO SUNAO（山本直）
评定时间	2012.2.17 注册日期 2005.6.29	报关有效期	长期	注册资本	900 万美元
主营范围	汽车用滤清器、汽车内饰件、高档五金件、汽车电子装置和相关零部件的开发、制造、内外销售，从事上述产品的同类商品的进出口、批发及佣金代理（拍卖除外），提供产品售后服务及其他相关配套业务。（以上所有项目法律、行政法规、国务院决定禁止的，不得经营；法律、行政法规、国务院决定规定应经许可的，须取得许可并经工商登记机关登记注册后方可经营。）				

企业名称	本田汽车零部件制造有限公司		海关编码	4428940694	所属海关	南海海关
通讯地址	广东省佛山市南海区南海经济开发区本田路1号		邮政编码	528200	法人姓名	SEIJI KURAISHI
评定时间	2010.10.29	注册日期	2005.10.25	报关有效期	长期	注册资本	20000万美元
主营范围	生产、销售汽车自动变速箱、手动变速箱及其零配件，汽车发动机关键零配件等汽车关键零部件；提供上述产品的售后服务，产品内外销售。					

企业名称	佛山群志光电有限公司		海关编码	4428940765	所属海关	南海海关
通讯地址	广东省佛山市南海区南海科技工业园兴业北路		邮政编码	528237	法人姓名	罗镇华
评定时间	2009.11.23	注册日期	2006.7.6	报关有效期	长期	注册资本	38300万美元
主营范围	新型平板显示器件及其零配件、数字电视机及其零配件、新型电子元器件的加工和制造，销售公司自产产品并提供同类产品的维修服务，从事上述产品的同类商品的批发、进出口及相关配套业务（不涉及国营贸易管理商品，涉及配额、许可证管理商品的，按国家有关规定办理申请）。					

企业名称	广东志高空调有限公司		海关编码	4428940781	所属海关	南海海关
通讯地址	广东省佛山市南海区里水镇胜利工业区		邮政编码	528244	法人姓名	李兴浩
评定时间	2009.1.15	注册日期	2006.9.8	报关有效期	长期	注册资本	99614万人民币
主营范围	制造、加工、销售家用空调、冷柜、冰箱、电磁炉、微波炉、电炒锅、电压力锅、电饭煲（锅）、洗衣机、电风扇（国内销售）、烟机、消毒柜、太阳能热水器、碟机、豆浆机、榨汁机、多功能搅拌机、电热水壶、电暖器、暖风机、浴霸、电热水器、饮水机、电开水瓶、电开水桶、净水器等家用电器，音像设备、商用空调、燃气热水器、燃气灶具、电子计算机、除湿机、冷冻冷藏设备、制冰机、风幕机、空气源热泵热水器、太阳能复合动力空调机组、五金及塑料模具、塑胶制品、自动售货机、电缆切割机及上述产品的零配件；提供上述产品的售后服务。上述产品除电风扇全部内销外，其他产品内外销售。					

企业名称	东芝家用电器制造（南海）有限公司		海关编码	4428940928	所属海关	南海海关
通讯地址	广东省佛山市南海区狮山松岗松夏工业园科技西路		邮政编码	528234	法人姓名	伊藤真纯
评定时间	2010.12.1	注册日期	2005.5.8	报关有效期	长期	注册资本	2648.3万美元
主营范围	家用电器节约能源技术开发及节能电冰箱、洗衣机及其零部件、附件的开发、生产、进出口，以及自产产品的销售、售后服务；冰柜、葡萄酒储藏柜、洗涤干燥机、衣物干燥机、电饭煲、IH电磁炉等厨房电器，吸尘器、空调、空气清新机、除湿机、加湿器等卫生电器及小家电的开发；上述产品的模具、夹具的开发、制造、进出口、销售；从事电冰箱、冰柜、葡萄酒储藏柜、洗衣机、洗涤干燥机、衣物干燥机、电饭煲、IH电磁炉等厨房电器，吸尘器、空调、空气清新机、除湿机、加湿器等卫生电器及小家电的批发、售后服务、进出口及相关配套业务（不涉及国营贸易管理商品，涉及配额、许可证管理商品的，按国家有关规定办理申请）；产品内外销售。					

企业名称	南海南新无纺布有限公司		海关编码	4428941066	所属海关	南海海关
通讯地址	广东省佛山市南海区桂城		邮政编码	528200	法人姓名	Dennis edward Norman
评定时间	2012.8.31	注册日期	2012.7.20	报关有效期	长期	注册资本	2333.56万美元
主营范围	生产、加工、销售无纺布及其制品，采用非织造及其复合工艺技术的轻质、耐化学物质等功能化的产业用无纺布及其制品。（依法须经批准的项目，经相关部门批准后方可开展经营活动。）					

企业名称	佛山市南海区昭信进出口有限公司			海关编码	4428950039	所属海关	南海海关
通讯地址	广东省佛山市南海区平洲南港大道昭信广场 7 楼			邮政编码	528251	法人姓名	梁伟强
评定时间	2010.5.19	注册日期	2001.11.16	报关有效期	长期	注册资本	500 万人民币
主营范围	自营和代理各类商品及技术的进出口业务，但国家限定公司经营或禁止进出口的商品及技术除外（不另附进出口商品目录）；经营进料加工和“三来一补”业务；经营对销贸易和转口贸易。						

企业名称	佛山市南海中美玩具厂			海关编码	4428950044	所属海关	南海海关
通讯地址	广东省佛山市南海区官窑镇凤源西路			邮政编码	528237	法人姓名	李贤佳
评定时间	2009.1.15	注册日期	2002.4.19	报关有效期	长期	注册资本	466 万人民币
主营范围	生产经营玩具公仔，经营本企业自产产品及技术的出口业务，经营本企业生产所需的原辅材料、仪器仪表、机械设备、零配件及技术的进口业务（国家限定公司经营和国家禁止进出口的商品除外），不单列贸易方式。						

企业名称	广东时利和汽车实业集团有限公司			海关编码	4428960049	所属海关	南海海关
通讯地址	广东省佛山市南海区狮山镇小塘三环西			邮政编码	528222	法人姓名	徐桥华
评定时间	2012.1.18	注册日期	2002.12.11	报关有效期	长期	注册资本	2000 万人民币
主营范围	加工、制造车底抗石击涂料、焊缝密封胶、汽车用密封粘合剂、玻璃清洗液、环保型制冷剂（危险化学品除外）、皮革座椅套，销售汽车（小轿车除外）、汽车装饰品、汽车音响、汽车防盗器、汽车蓄电池、防冻液、制动液、发动机机油、变速箱油、防腐蜡（以上项目危险化学品、剧毒品除外）、塑胶原料，经营本企业自产产品及技术出口业务，经营本企业生产所需的原辅材料、仪器仪表、机械设备、零配件及技术的进口业务（国家限定公司经营和国家禁止进出口的商品除外，不单列贸易方式），货物进出口，技术进出口（法律、行政法规禁止的项目除外，法律行政法规限制的项目须取得许可证经营）。						

企业名称	广东东方精工科技股份有限公司			海关编码	4428960368	所属海关	南海海关
通讯地址	广东省佛山市南海区狮山科技工业园狮山大道北			邮政编码	528225	法人姓名	唐灼林
评定时间	2013.1.18	注册日期	2005.7.14	报关有效期	长期	注册资本	36287 万人民币
主营范围	加工、制造、销售纸箱印刷机及配件、通用机械及配件，货物进出口，技术进出口（法律、行政法规禁止的项目除外，法律、行政法规限制的项目须取得许可后方可经营）。						

企业名称	广东昭信平洲电子有限公司			海关编码	4428960704	所属海关	南海海关
通讯地址	广东省佛山市南海区平洲南港大街 3 号			邮政编码	528251	法人姓名	郭艳芬
评定时间	2009.1.15	注册日期	1981.3.3	报关有效期	长期	注册资本	3000 万人民币
主营范围	研发、制造、销售电子产品（移动终端除外）、电子产品塑胶包装材料、税控收款机、LED 新光源照明系列产品，提供上述产品的售后服务，计算机软件开发，计算机软件系统集成，货物进出口，技术进出口（法律、行政法规禁止的项目不得经营，法律、行政法规限制的项目须取得许可后方可经营）。						

企业名称	佛山市南海毅兴铜业有限公司			海关编码	4428960991	所属海关	南海海关
通讯地址	广东省佛山市南海区狮山镇北园中路 18 号			邮政编码	528231	法人姓名	黎钜松
评定时间	2014.8.12	注册日期	2009.3.24	报关有效期	长期	注册资本	888 万人民币
主营范围	加工、制造金属冶铸件，五金挤压，货物进出口，技术进出口（法律、行政法规禁止的项目不得经营，法律、行政法规限制的项目须取得许可后方可经营）。						

企业名称	中国图书进出口广州公司			海关编码	4401913147	所属海关	广州内港
通讯地址	广东省广州市海珠区新港西路大江冲25号			邮政编码	510300	法人姓名	栗淑萍
评定时间	2012.11.26	注册日期	1993.1.12	报关有效期	长期	注册资本	252.2 万美元
主营范围	主营：经营和代理各类商品及技术的进出口业务（国家限定经营或禁止进出口的商品及技术除外），经营进料加工和“三来一补”业务，经营对销和转口贸易（按［2001］外经贸发展审函字第257号文经营）。兼营：本公司进出口商品内销业务（专项审批商品除外），收购民间工艺品、字画、奇石（不含文物、国画）。						

企业名称	广东省土产进出口（集团）公司			海关编码	4401913155	所属海关	广州内港
通讯地址	广东省广州市海珠区江南大道中108号			邮政编码	510240	法人姓名	唐强
评定时间	2011.1.25	注册日期	2008.12.26	报关有效期	长期	注册资本	2553.9 万美元
主营范围	主营：土产品、粮油、纺织品、轻工业品、工艺品等商品的出口和粮食、钢材、木材等商品的进口（具体商品按经贸部［92］第A19514号文和粤经贸进字［92］196号文经营），开展补偿贸易和转口贸易，农副产品（不含许可经营项目）收购，装卸搬运，零售化肥，批发危险化学品（无储存设施，具体经营项目按许可证经营，有效期至2014年9月21日），批发兼零售预包装食品、乳制品（含婴幼儿配方乳粉，茶不包括茶饮料，乳制品不包括婴幼儿乳粉，有效期至2014年12月14日）、大米、茶具、感光材料、钨原料及制品、初级农产品。兼营：自营和代理除国家组织统一联合经营的出口商品和国家实行核定公司经营的进口商品以外的商品及技术的进出口业务（按粤外经贸进字［98］400号文经营），本公司进出口商品内销业务，服装，普通机械，仓储业务，物业出租。						

企业名称	中国航空技术广州有限公司			海关编码	4401913200	所属海关	广州内港
通讯地址	广东省广州市海珠区琶洲大道东1号保利国际广场南塔3、4楼			邮政编码	510308	法人姓名	杨方
评定时间	2011.1.10	注册日期	1993.1.26	报关有效期	长期	注册资本	4411.76 万美元
主营范围	自营和代理各类商品及技术的进出口业务（国家规定的专营进出口商品和国家禁止进出口的特殊商品除外），经营进料加工和“三来一补”业务，开发对销贸易和转口贸易，煤炭批发（有效期至2013年8月21日），销售医疗器械（具体按本公司有效许可证书经营，有效期至2014年4月20），医疗器械租赁，批发（无储存设施）危险化学品［具体按粤穗安经（乙）字［2011］001999号（2）号经营，有效期至2014年4月11日］、沥青产品、石油制品（不含成品油）。						

企业名称	广州市虎头电池集团有限公司			海关编码	4401913550	所属海关	广州内港
通讯地址	广东省广州市海珠区工业大道北132号内自编68号			邮政编码	510250	法人姓名	胡守斌
评定时间	2011.1.25	注册日期	2000.9.19	报关有效期	长期	注册资本	2259.45 万美元
主营范围	研制、生产电池、机械设备、日用百货、家用电器、文体用品、计算机软件，批发和零售贸易（国家专营专控商品除外），货物进出口，技术进出口（法律、行政法规禁止的项目除外，法律、行政法规限制的项目须取得许可证后方可经营），经营来料加工和“三来一补”业务，批发预包装食品（食品流通许可证有效期至2015年10月10日）。						

企业名称	广州交易会经济发展有限公司			海关编码	4401913644	所属海关	广州内港
通讯地址	广东省广州市海珠区凤浦中路 679 号广交会大厦 8 楼南座			邮政编码	510335	法人姓名	梁士华
评定时间	2011.3.25	注册日期	2002.6.18	报关有效期	长期	注册资本	75 万美元
主营范围	自营和代理各类商品和技术的进出口（国家限制或禁止进出口的商品和技术除外），批发和零售贸易（国家专营专控商品除外），冲印、照相，代办仓储、运输手续，承办展览，室内装饰及设计，制售冷热饮品，销售预包装食品、散装食品（以上项目限分支机构经营）。（经营范围涉及法律、行政法规禁止经营的不得经营，涉及许可经营的未获许可前不得经营。）						

企业名称	广州珠江钢琴集团股份有限公司			海关编码	4401913931	所属海关	广州内港
通讯地址	广东省广州市荔湾区花地大道南渔尾西路			邮政编码	510388	法人姓名	李建宁
评定时间	2013.4.12	注册日期	2009.3.10	报关有效期	长期	注册资本	15570 万美元
主营范围	西乐器制造，电子乐器制造，其他乐器及零件制造，乐器批发，工艺品批发，其他文化娱乐用品批发，乐器零售，工艺美术品零售，木制、塑料、皮革日用品零售，货物进出口（专营专控商品除外），技术进出口，音乐辅导服务，表演艺术辅导服务，文化艺术咨询服务，工程和技术基础科学研究服务，工程和技术研究和试验发展。						

企业名称	广州广船国际股份有限公司			海关编码	4401933983	所属海关	广州内港
通讯地址	广东省广州市荔湾区芳村大道南 40 号			邮政编码	510382	法人姓名	韩广德
评定时间	2008.10.31	注册日期	1995.2.28	报关有效期	长期	注册资本	9646.2 万美元
主营范围	设计、加工、安装、销售船舶及其辅机、集装箱、金属结构及其构件、压力容器、普通机械、铸锻件通用零部件、玻璃钢制品、线路、管道、工具、家具，机械设备、船舶修理，拆船，勘察设计，自有技术转让服务，室内装饰，自产集装箱、船舶、设备的经营性租赁，承包境外机电工程和境内国际招标工程，上述境外工程所需的设备及材料出口，对外派遣实施上述境外工程所需的劳务人员。						

企业名称	广州倬亿贸易有限公司			海关编码	4401963529	所属海关	广州内港
通讯地址	广东省广州市海珠区新港中路艺影街 11 号 A2101~2104 房			邮政编码	510310	法人姓名	熊维才
评定时间	2012.9.27	注册日期	2003.11.17	报关有效期	长期	注册资本	450 万美元
主营范围	商品批发贸易（许可审批类商品除外），货物进出口（专营专控商品除外），技术进出口。						

企业名称	广州市佳祺实业有限公司			海关编码	4401964271	所属海关	广州内港
通讯地址	广东省广州市海珠区洪德路 2~6 号 1908 室			邮政编码	510235	法人姓名	何方
评定时间	2011.1.25	注册日期	2004.10.15	报关有效期	长期	注册资本	238 万人民币
主营范围	批发和零售贸易（法律、法规、国务院决定禁止经营的及需审批的项目除外），货物进出口（法律、行政法规禁止的项目除外，法律、行政法规限制的项目须取得许可后方可经营），代办货物运输手续，加工、制造服装（加工制造仅限分支机构经营）。						

企业名称	广州丰力橡胶轮胎有限公司	海关编码	4401917017	所属海关	从化海关
通讯地址	广东省广州从化市鳌头镇万力路3号	邮政编码	510940	法人姓名	付守杰
评定时间	2009.11.23 注册日期 2008.4.15	报关有效期	长期	注册资本	44523.81万人民币
主营范围	轮胎制造，货物进出口（专营专控商品除外），技术进出口，商品批发贸易（许可审批类商品除外），工程技术咨询服务，新材料技术咨询、交流服务，节能技术咨询、交流服务，机械技术咨询、交流服务，科技信息咨询服务，信息技术咨询服务，贸易咨询服务，环保技术咨询、交流服务。				

企业名称	广州万宝集团冰箱有限公司	海关编码	4401917018	所属海关	从化海关
通讯地址	广东省广州市从化鳌头镇旗杆长腰岭106国道旁边	邮政编码	510935	法人姓名	巨小平
评定时间	2010.5.6 注册日期 2009.4.17	报关有效期	长期	注册资本	10000万人民币
主营范围	设计、制造、加工家用电器及零配件，销售家用电器，电器产品的技术开发、技术改造、技术服务，货物进出口和技术进出口（国家法律、法规禁止的不得经营，法律、法规限制的应经专项审批，未获得审批前不得经营）。				

企业名称	广州万力轮胎商贸有限公司	海关编码	4401917019	所属海关	从化海关
通讯地址	广东省广州市从化鳌头镇万力路3号自编之一	邮政编码	510940	法人姓名	孙维元
评定时间	2014.2.10 注册日期 2009.6.2	报关有效期	长期	注册资本	20000万人民币
主营范围	批发、零售汽车轮胎、摩托车轮胎，货物进出口，技术进出口（法律、行政法规禁止的项目除外，法律、行政法规限制的项目须取得许可证后方可经营），商品信息咨询服务。				

企业名称	广汽日野汽车有限公司	海关编码	4401937108	所属海关	从化海关
通讯地址	广东省广州市从化明珠工业园	邮政编码	510930	法人姓名	蒋平
评定时间	2012.11.29 注册日期 2014.4.9	报关有效期	长期	注册资本	150000万人民币
主营范围	开发研究、设计、生产商用车及其底盘、发动机等零部件，销售自产产品并提供售后服务及相关咨询、培训服务。（法律、法规禁止经营的不得经营）。				

企业名称	镇泰（广州）实业有限公司	海关编码	4401947137	所属海关	从化海关
通讯地址	广东省广州市从化城郊街城鳌大道东路163号	邮政编码	510920	法人姓名	黄铁城
评定时间	2008.12.19 注册日期 2004.7.15	报关有效期	长期	注册资本	4560万美元
主营范围	生产、加工塑料、金属制品、各类玩具及礼品、各类模具、模胚及其配件、电子制品（国家限制的产品除外）、轻工塑料家用制品、旅游及儿童用品、家用电力器具、机械器具、机电产品及仪器，包装装潢印刷品印刷，销售本企业产品。（法律、法规禁止经营的不得经营，实行专项规定管理的行业按国家有关规定办理申请。）				

企业名称	从化东麟钻石有限公司	海关编码	4401947152	所属海关	从化海关
通讯地址	广东省从化市鳌头镇棋杆钻石大道（南门桥）	邮政编码	510935	法人姓名	邝华启
评定时间	2009.5.12 注册日期 2005.3.31	报关有效期	长期	注册资本	1230.57万美元
主营范围	生产、加工、销售自产的钻石。				

企业名称	广州天马集团天马摩托车有限公司		海关编码	4401967029	所属海关	从化海关
通讯地址	广东省广州从化市从樟路3号		邮政编码	510925	法人姓名	刘维嘉
评定时间	2009.5.12	注册日期 2004.9.17	报关有效期	长期	注册资本	8000万人民币
主营范围	制造、加工、销售摩托车及其配件、助力车，经营本企业自产产品及相关技术的出口业务，经营本企业生产、科研所需的原辅材料、机械设备、仪器仪表、零配件及相关技术的出口业务（国家限定公司经营和国家禁止进出口商品及技术除外），经营本企业的进料加工和“三来一补”业务。					

企业名称	金发科技股份有限公司		海关编码	4401363002	所属海关	广州萝岗
通讯地址	广东省广州市高新技术产业开发区科学城科丰路33号		邮政编码	510560	法人姓名	袁志敏
评定时间	2009.1.15	注册日期 2002.1.4	报关有效期	长期	注册资本	39516万美元
主营范围	塑料、化工产品、日用机械、金属制品新材料、新产品的开发、研究、加工、制造、技术服务、技术转让，废旧塑料的回收利用，房地产开发和经营，物业管理，利用自有资金投资，批发和零售贸易（国家专营专控商品除外），自营进出口业务（按穗外经贸[1999]227号批复的范围经营）。（国家专营专控商品或项目除外。）					

企业名称	广州广电运通金融电子股份有限公司		海关编码	4401913789	所属海关	广州萝岗
通讯地址	广东省广州市萝岗区科学城科林路9号		邮政编码	510663	法人姓名	赵友永
评定时间	2014.2.17	注册日期 2011.2.24	报关有效期	长期	注册资本	12187.44万美元
主营范围	研制、生产、销售电子计算机设备、货币类自助设备、税务应用设备，电子计算机系统集成及技术服务，电子计算机软件开发，本企业生产产品的技术咨询和售后服务，货物和技术进出口（国家限定经营或禁止进出口的商品和技术除外），对自动柜员机提供日常维护与管理服务，对现金及有价证券提供清分处理服务。（经营范围涉及法律、行政法规禁止经营的不得经营，涉及许可经营的未获许可前不得经营。）					

企业名称	卡尔蔡司光学（中国）有限公司		海关编码	4401924538	所属海关	广州萝岗
通讯地址	广东省广州市萝岗区九佛西路1389号		邮政编码	510555	法人姓名	RAYMUNDJO HANNHEINEN
评定时间	2012.2.21	注册日期 2009.3.13	报关有效期	长期	注册资本	2033.5万美元
主营范围	发展、研究、设计、制造、加工各类光学产品及相关设备，销售本企业产品。					

企业名称	广州摩恩水暖器材有限公司		海关编码	4401934022	所属海关	广州萝岗
通讯地址	广东省广州市天河区沙河上元岗		邮政编码	510507	法人姓名	关玉东
评定时间	2009.5.12	注册日期 1995.7.17	报关有效期	长期	注册资本	609.8万美元
主营范围	生产水龙头、厨具、锁具、洁具等装潢五金配件，销售本企业产品，采购国内非配额许可证产品出口，为关联公司提供产品质量控制、售后服务及技术支持服务。（法律、法规禁止经营的不得经营，涉及许可经营的凭许可证经营。）					

企业名称	宏昌电子材料股份有限公司		海关编码	4401934416	所属海关	广州萝岗
通讯地址	广东省广州市萝岗区云埔一路一号之二		邮政编码	510530	法人姓名	林瑞荣
评定时间	2014.9.2	注册日期 2008.4.9	报关有效期	长期	注册资本	6516万美元
主营范围	生产电子级环氧树脂，销售本公司产品，进口并在国内批发、零售（不设店铺）与本企业生产产品同类的有机化学品（危险化学品除外，法律、法规禁止经营的不得经营，涉及许可经营的凭许可证经营）。					

企业名称	广州宏信塑胶工业有限公司			海关编码	4401943664	所属海关	广州萝岗
通讯地址	广东省广州市萝岗区云埔一路一号之六			邮政编码	510530	法人姓名	张振明
评定时间	2008.10.31	注册日期	2002.8.5	报关有效期	长期	注册资本	4000 万美元
主营范围	生产聚氯乙烯（PVC）硬质胶布、硬质 PVC 颗粒、镀铝聚酯膜（PET 膜）、镀铝聚丙烯膜（OPP 膜），销售自产产品。						

企业名称	广州合诚实业有限公司			海关编码	4401964732	所属海关	广州萝岗
通讯地址	广东省广州市萝岗区云埔工业区云诚路 8 号			邮政编码	510530	法人姓名	蒋文真
评定时间	2013.4.28	注册日期	2005.4.5	报关有效期	长期	注册资本	2000 万人民币
主营范围	化学试剂和助剂制造（监控化学品、危险化学品除外），塑料粒料制造，货物进出口（专营专控商品除外），技术进出口，物业管理，食品添加剂批发，塑料制品批发，树脂及树脂制品批发，食品添加剂零售，树脂及树脂制品零售，乳制品批发，鱼油提取及制品制造，预包装食品器批发，米、面制品及食用油批发，糕点、糖果及糖批发，非酒精饮料、茶叶批发，预包装食品零售，糕点、面包零售，非酒精饮料及茶叶零售，豆制品零售，食品添加剂制造，豆制品制造，其他调味品、发酵制品制造，生产预拌粉，乳制品零售。						

企业名称	广州市大阳摩托车有限公司			海关编码	4401918007	所属海关	花都海关
通讯地址	广东省广州市花都区永发大道 12 号			邮政编码	510800	法人姓名	远勤山
评定时间	2010.12.1	注册日期	2001.5.16	报关有效期	长期	注册资本	5000 万人民币
主营范围	生产、销售摩托车及其零配件（含摩托车发动机）、电动及人力自行车、三轮车及其配件、汽车零配件（不含发动机）。						

企业名称	广州市东风南方实业有限责任公司			海关编码	4401918028	所属海关	花都海关
通讯地址	广东省广州市花都区风神大道 8 号（仅作写字楼功能用）			邮政编码	510800	法人姓名	李军
评定时间	2009.12.18	注册日期	2009.12.9	报关有效期	长期	注册资本	3000 万人民币
主营范围	待填写						

企业名称	广州绿北洋皮革制品有限公司			海关编码	4401938256	所属海关	花都海关
通讯地址	广东省广州市花都区新华街华兴工业区华兴南路 3 号			邮政编码	510800	法人姓名	李飚
评定时间	2011.9.14	注册日期	2000.10.13	报关有效期	长期	注册资本	9200 万人民币
主营范围	待填写						

企业名称	广州市国光电子科技有限公司			海关编码	4401938280	所属海关	花都海关
通讯地址	广东省广州市花都区新华街镜湖大道 8 号			邮政编码	510800	法人姓名	郝旭明
评定时间	2009.1.15	注册日期	2003.9.17	报关有效期	长期	注册资本	9200 万人民币
主营范围	设计、生产、加工汽车电子设备系统、数字摄录机、数字录放机、数字放声设备、数字电视节目存储系统设备、MPEG 码流记录设备、新型电子元器件、扬声器及其他高档电声器件、工程塑料及塑料合金，销售本企业产品。						

企业名称	国光电器股份有限公司			海关编码	4401938306	所属海关	花都海关
通讯地址	广东省广州市花都区新华街镜湖大道 8 号			邮政编码	510800	法人姓名	周海昌
评定时间	2009.1.15	注册日期	2006.9.13	报关有效期	长期	注册资本	41690.4 万人民币
主营范围	研发、生产、销售电子元件、电声器件和音响设备、音箱、电脑配件、软件产品、电视机配件、网络通讯设备、无线电设备、文化和办公用机械设备、仪器仪表、橡塑制品、电池及电池材料、供电设备，提供相关工程服务和售后服务，相关技术和商品的进出口，从事非配额许可证管理、非专营商品的收购出口，自有房屋、场地租赁。（法律法规禁止经营的不得经营，涉及许可经营的凭许可证经营。）						

企业名称	广州今仙电机有限公司			海关编码	4401948296	所属海关	花都海关
通讯地址	广东省广州市花都区花山镇华侨科技工业园内			邮政编码	510880	法人姓名	森诚一
评定时间	2009.1.15	注册日期	2002.1.11	报关有效期	长期	注册资本	935 万美元
主营范围	开发、生产、加工汽车关键零部件、汽车的模具和夹具、铸锻毛胚件、车身电子控制系统，销售本企业产品，提供上述产品的维修及技术咨询服务（法律、法规禁止的不得经营，涉及许可经营项目的凭许可证经营）。						

企业名称	广州永大不锈钢有限公司			海关编码	4401948557	所属海关	花都海关
通讯地址	广东省广州市花都区花山镇小布村			邮政编码	510880	法人姓名	曹坤莲
评定时间	2009.11.23	注册日期	2005.10.14	报关有效期	长期	注册资本	2999.32 万美元
主营范围	生产、加工新型建筑材料、高档环保型装饰装修材料、有色金属复合材料、新型合金材料、高档建筑五金件、水暖器材及五金件，销售本企业产品。						

企业名称	广州宏昌胶粘带厂			海关编码	4401948608	所属海关	花都海关
通讯地址	广东省广州市花都区新华镇 107 国道华海工业区			邮政编码	510800	法人姓名	冯广森
评定时间	2009.1.15	注册日期	2006.7.6	报关有效期	长期	注册资本	0 万美元
主营范围	生产、加工文具用品、BOPP 等粘帖性胶粘带、压敏胶粘剂及相关化工产品，销售本企业产品。						

企业名称	广州市优伟家居用品有限公司			海关编码	4401968094	所属海关	花都海关
通讯地址	广东省广州市花都区北兴镇北兴工业园			邮政编码	510897	法人姓名	成魁虎
评定时间	2013.9.26	注册日期	2005.3.29	报关有效期	长期	注册资本	50 万人民币
主营范围	生产、批发、零售浴室防滑垫、地毯防滑托垫、门垫、健身垫、运动防滑垫、儿童房保护垫、杯垫、餐具防震防滑垫、家庭用品保护垫、汽车驾驶台防滑垫、汽车后尾箱防滑垫、餐台桌布、鞋类及箱包用涂塑网布、网布、地垫、多功能防滑垫、竹垫、竹窗帘、浴帘、棉编织垫、文具，货物进出口（法律、行政法规禁止的除外，法律、行政法规限制的项目需取得许可后方可经营）。						

企业名称	广州市花都三华塑料有限公司			海关编码	4401968143	所属海关	花都海关
通讯地址	广东省广州市花都区新华街汽车城东风大道西			邮政编码	510800	法人姓名	徐鑑光
评定时间	2014.7.18	注册日期	2005.12.22	报关有效期	长期	注册资本	350 万人民币
主营范围	生产、加工、批发、零售塑料制品、文具、汽车零部件（不含发动机）、箱包、手袋、相集、包装纸盒、工艺品，货物进出口（法律、行政法规禁止的除外，法律、行政法规限制的须取得许可后方可经营）。						

企业名称	广州轻出集团百货进出口有限公司			海关编码	4401913017	所属海关	广州海关现场业务处驻市政务中心监管点
通讯地址	广东省广州市长堤大马路87号			邮政编码	510120	法人姓名	朱璞真
评定时间	2009.5.12	注册日期	1993.11.1	报关有效期	长期	注册资本	142.86万美元
主营范围	轻工产品、纺织品、工艺品、五金矿产、土产、畜产、化工机械、粮油食品、医药保健品及上述产品的原辅材料的进出口、代理进口，转口贸易，经营上述各类进出口商品的国内调拨、加工、收购、批发、零售，承办中外合资经营、合作产生业务，承办来料加工、来样加工、来料装配业务，开展补偿贸易业务（国家专营专控商品除外）。						

企业名称	广州轻出集团鑫诺进出口有限公司			海关编码	4401913018	所属海关	广州海关现场业务处驻市政务中心监管点
通讯地址	广东省广州市越秀区长堤路87号			邮政编码	510120	法人姓名	陈镇周
评定时间	2009.5.12	注册日期	2008.9.2	报关有效期	长期	注册资本	1500万人民币
主营范围	轻工产品、纺织品、工艺品、五金矿产、土畜产、化工机械、粮油食品、医药保健品及上述产品原辅材料的进出口、代理进口，转口贸易，经营上述各类进出口商品的国内调拨、加工、批发、收购、零售，承办中外合资经营、合作生产业务及“三来一补”业务，仓储业务（国家专营专控商品或项目除外）。（经营范围涉及法律、行政法规禁止经营的不得经营，涉及许可经营的未获许可前不得经营。）						

企业名称	广州轻出集团文体用品进出口有限公司			海关编码	4401913022	所属海关	广州海关现场业务处驻市政务中心监管点
通讯地址	广东省广州市越秀区长堤87号			邮政编码	510120	法人姓名	黎文婷
评定时间	2011.8.3	注册日期	1992.12.28	报关有效期	长期	注册资本	160万美元
主营范围	轻工产品、纺织品、工艺品、五金矿产、土畜产、化工机械、粮油食品、医药保健品及上述产品原辅材料的进出口及代理进出口，转口贸易，经营上述进出口商品的国内调拨、加工、收购、批发、零售，承办中外合资经营、合作生产和“三来一补”业务，经营运输、仓储及保税业务。						

企业名称	广州轻出集团恒瑞进出口有限公司			海关编码	4401913026	所属海关	广州海关现场业务处驻市政务中心监管点
通讯地址	广东省广州市越秀区长堤路87号10楼			邮政编码	510000	法人姓名	杨其标
评定时间	2009.1.15	注册日期	1992.12.23	报关有效期	长期	注册资本	150万美元
主营范围	轻工产品、纺织品、工艺品、五金矿产、土畜产、化工机械、粮油食品、医药保健食品及上述产品的原辅材料的进出口、代理进口，转口贸易，经营上述各类进出口商品的国内调拔、加工、批发、零售、收购，承办中外合资经营、合作生产业务，承办“三来一补”业务，仓储服务（国家专营专控商品或项目除外），销售燃料油（不含成品油，闪点高于60℃），批发酒类，批发预包装食品［主营：乳制品（不包括婴幼儿奶粉）、咖啡、可可、婴幼儿食品，有效期至2013年12月14日］。						

企业名称	广东省机械进出口股份有限公司			海关编码	4401913039	所属海关	广州海关现场业务处驻市政务中心监管点
通讯地址	广东省广州市越秀区东风东路 726 号			邮政编码	510800	法人姓名	王卫
评定时间	2011.11.11	注册日期	2008.7.15	报关有效期	长期	注册资本	2400 万美元
主营范围	经营和代理船舶、成套设备、农产品、农副产品等各类商品及技术的进出口及转口贸易，包括进口钢材（国家限定公司经营或禁止进出口的商品及技术除外），承包境外机电工程和境内国际招标工程，上述境外工程所需的设备、材料出口，向境外派遣各类劳务人员（不含海员，凭本公司有效许可证书经营），废钢、废铜、废铝、废纸、废塑料的备案进口，提供运输机械维修和咨询服务，设备租赁服务，销售出口转内销商品（专营专控商品除外）、燃料油、汽车、电子计算机及配件、仪器仪表、建筑材料、工业生产资料（含小轿车，不含金及危险化学品），批发经营煤炭（凭本公司有效许可证书经营）。						

企业名称	广东省外贸开发公司			海关编码	4401913050	所属海关	广州海关现场业务处驻市政务中心监管点
通讯地址	广东省广州市天河区天河路 351 号广东外经贸大厦 15~18 楼			邮政编码	510620	法人姓名	曾瑜
评定时间	2012.6.11	注册日期	1992.12.20	报关有效期	长期	注册资本	441.45 万美元
主营范围	批发危险化学品（无储存设施），批发兼零售预包装食品（主营酒精饮料）（以上项目凭本公司有效许可证经营），货物及技术进出口（法律、行政法规禁止的项目除外，法律、行政法规限制的项目须取得许可证方可经营），自有办公楼租赁，物业管理，房产中介（由分支机构办照经营），批发、零售本公司出口转内销商品和进口内销商品（不含专营、专控商品），销售木材、电子计算机软硬件及配件、家用电器、通讯器材（不含卫星电视广播地面接收设备）、音响器材、办公设备，对外经济贸易咨询。						

企业名称	中国烟草广东进出口有限公司			海关编码	4401913075	所属海关	广州海关现场业务处驻市政务中心监管点
通讯地址	广东省广州市天河区林和东路 128 号 11 楼			邮政编码	510610	法人姓名	何志光
评定时间	2014.8.20	注册日期	1993.1.5	报关有效期	长期	注册资本	150 万美元
主营范围	卷烟出口，雪茄烟出口，烟叶出口，烟丝出口，卷烟纸出口，滤嘴棒出口，烟用丝束出口，烟草专用机械出口，复烤烟叶出口，进口卷烟、雪茄烟国内购进销售，进口卷烟纸国内购进销售，进口滤嘴棒国内购进销售，进口烟草专用机械国内购进销售，进口烟丝国内购进销售，进口烟叶、复烤烟叶国内购进销售，进口烟用丝束国内购进销售（以上经营项目有效期至 2014 年 7 月 16 日），货物进出口，技术进出口（法律、行政法规禁止的除外，法律、行政法规限制的项目须取得许可后方经营），销售普通机械、五金、交电。						

企业名称	广州轻出集团股份有限公司			海关编码	4401913174	所属海关	广州海关现场业务处驻市政务中心监管点
通讯地址	广东省广州市越秀区长堤大马路 87 号			邮政编码	510120	法人姓名	卢业干
评定时间	2009.5.12	注册日期	1998.3.3	报关有效期	长期	注册资本	1500 万美元
主营范围	轻工业品、工艺品、家电设备、光电产品、纺织服装、五金矿产、化工产品、机械设备、粮油食品、工农具、运输工具、土畜产品（具体见穗外经贸进［1997］173 号）代理进口、转口贸易，经营上述进出口商品的国内调拨、加工、收购、批发、零售，承办中外合资经营、合作生产业务，承办来料加工、来样加工、来件装配业务，开展补偿贸易业务、仓储及保税业务、包装装潢业务，场地出租，煤炭批发（有效期至 2015 年 3 月 5 日）。						

企业名称	广东省食品进出口集团公司	海关编码	4401913290	所属海关	广州海关现场业务处驻市政务中心监管点
通讯地址	广东省广州市越秀区东湖西路2号（原A1号）	邮政编码	510100	法人姓名	魏高平
评定时间	2012.9.18 注册日期 2004.3.17	报关有效期	长期	注册资本	1676.55万美元
主营范围	主营：货物和技术进出口（法律法规禁止的项目除外，法律法规限制的项目须取得许可后方可经营），经营进料加工和“三来一补”业务，仓储业务（危险品除外）。兼营：写字楼出租，经营针纺织品、五金、交电、化工产品（不含危险品）、矿产品、普通机械、电器机械及器材、农副产品（不含专项审批项目）、百货、工艺美术品，洗衣业务，批发预包装食品、乳制品（不含婴幼儿配方乳粉，有效期至2014年9月20日）。				

企业名称	广州无线电集团有限公司	海关编码	4401913298	所属海关	广州海关现场业务处驻市政务中心监管点
通讯地址	广东省广州市天河区黄埔大道西平云路163号	邮政编码	510656	法人姓名	赵永友
评定时间	2010.1.18 注册日期 1993.1.12	报关有效期	长期	注册资本	8088.24万美元
主营范围	经营授权管理的国有资产，出口本企业的产品，进出口本企业生产所需的设备及原辅材料，制造、加工通信设备、视频产品、音响设备、电工器材、无线电导航设备、电子测量仪器、电子玩具、电子防盗设备、计算机及配件、金属结构件、金属切削工具、模具、塑料制品，电子产品、通信产品、通信设备、机床设备、仪器仪表、机电产品及其配套工程的设计、安装、维修、技术咨询及技术服务，电子产品、计算机软硬件及零配件的制造、研究、开发、设计、销售及技术服务，批发和零售贸易（国家专营专控商品除外），房地产开发，房屋租赁，货物进出口，技术进出口（法律、行政法规禁止的项目除外，法律、行政法规限制的项目须取得许可证后方可经营）。				

企业名称	中国南航集团进出口贸易有限公司	海关编码	4401913358	所属海关	广州海关现场业务处驻市政务中心监管点
通讯地址	广东省广州市白云区白云机场内	邮政编码	510405	法人姓名	曾子祥
评定时间	2008.10.31 注册日期 1993.9.25	报关有效期	长期	注册资本	0人民币
主营范围	航材设备及零备件寄售，出口民用航空器、飞机发动机及零配件、机载设备、地面航空保障设备及零备件、特种工夹具、仪器仪表、橡胶制品，进口（国家规定一类商品除外）生产所需原辅材料、机械设备、零配件，代理进出口报关业务，提供劳务服务，代理机电产品招标业务，投资项目咨询、策划，销售百货、针纺织品、五金、交电、化工（易燃易爆品、化学危险品除外）、电脑及配件、仪器仪表、建筑材料、工艺美术品（除金银制品）、日用杂货（除烟花炮竹）、粮油、副食品、农副产品，航空技术咨询，货物仓储、中转，机械租赁，房屋租赁。（国家专营专控商品或项目除外。）				

企业名称	广州汽车集团商贸有限公司	海关编码	4401913555	所属海关	广州海关现场业务处驻市政务中心监管点
通讯地址	广东省广州市越秀区永泰路54号金晖楼首层	邮政编码	510620	法人姓名	卢飒
评定时间	2009.5.12 注册日期 2000.11.7	报关有效期	长期	注册资本	12747万美元
主营范围	经营本企业自产的汽车、摩托车、改装车、自行车、车辆零部件及技术的出口业务，经营本企业生产所需的原辅材料、仪器仪表、机械设备、零配件及技术的进口业务（国家限定公司经营和国家禁止进出口的商品及技术除外），经营进料加工和“三来一补”业务，钢材进口经营，批发和零售贸易（国家专营专控商品除外），技术咨询服务，销售汽车（含小轿车），汽车租赁，汽车展览服务，普通货运，货物包装，仓储业务，加工、销售汽车零配件，提供售后服务（仓储、加工由分支机构经营），回收、筛选金属边角料、包装材料。				

企业名称	广东振戎能源有限公司		海关编码	4401913647	所属海关	广州海关现场业务处驻市政务中心监管点
通讯地址	广东省广州市天河区珠江新城华夏路 8 号合景国际金融广场第 35 层		邮政编码	510623	法人姓名	熊韶辉
评定时间	2013.3.11	注册日期	2002.7.29	报关有效期	长期	注册资本	6357 万美元
主营范围	批发煤炭、危险化学品（具体按粤穗 WH 安经证字［2014］4401060764 号经营）、预包装食品、散装食品、乳制品（含婴幼儿配方乳粉）（主营：食用油、肉类熟食制品、面粉、烹调佐料，以上项目按本公司有效许可证经营），销售石油制品（不含危险化学品）、汽车（不含实行汽车品牌销售管理的汽车）、焦油、矿产品（不含钨、锡、锑的出口贸易）、金银制品、有色金属、金属制品、水泥、天然橡胶、纺织品、日用百货、工艺美术品、农副产品、化肥、土畜产品（不含种畜）、电器机械设备、电子产品及通信设备（不含广播电视发射设施及接收设备），经贸信息咨询，企业管理咨询，以自有资金进行实业投资，经营和代理各类商品及技术的进出口（法律、行政法规禁止的项目除外，法律、行政法规限制的项目须取得许可证后方可经营）。（依法须经批准的项目，经相关部门批准后方可开展经营活动。）						

企业名称	广东省电力工业燃料有限公司		海关编码	4401913800	所属海关	广州海关现场业务处驻市政务中心监管点
通讯地址	广东省广州市天河区天河东路 2 号粤电广场 22 楼		邮政编码	510630	法人姓名	祝德俊
评定时间	2014.7.8	注册日期	2008.6.30	报关有效期	长期	注册资本	9450 万美元
主营范围	销售煤炭（有效期至 2013 年 6 月 11 日）、焦炭、燃料油、润滑油、沥青、石腊，仓储业务（不含危险化学品），代办货运，货物进出口，技术进出口（法律、行政法规禁止的项目除外，法律、行政法规限制的项目须取得许可证方可经营），项目投资。						

企业名称	广东广新五金矿产进出口有限公司		海关编码	4401913847	所属海关	广州海关现场业务处驻市政务中心监管点
通讯地址	广东省广州市越秀区东风东路 774 号 4~6 楼		邮政编码	510087	法人姓名	庞碧霞
评定时间	2013.4.12	注册日期	2006.8.24	报关有效期	长期	注册资本	750 万美元
主营范围	货物进出口，技术进出口（法律、行政法规禁止的项目除外，法律、行政法规限制的项目须取得许可后方可经营），场地出租（限东风东路 774 号 4~6 层），批发和零售贸易（国家专营专控商品除外）。						

企业名称	广州中轻宏策贸易有限公司		海关编码	4401913853	所属海关	广州海关现场业务处驻市政务中心监管点
通讯地址	广东省广州市海珠区新港东路 82 号 302 房自编 306		邮政编码	510308	法人姓名	阚兴彦
评定时间	2014.9.25	注册日期	2009.11.12	报关有效期	长期	注册资本	15 万美元
主营范围	批发和零售贸易，货物进出口，技术进出口（须前置许可及专营专控项目、商品除外）。						

企业名称	国义招标股份有限公司			海关编码	4401913892	所属海关	广州海关现场业务处驻市政务中心监管点
通讯地址	广东省广州市越秀区东风东路 726 号 16 楼			邮政编码	510080	法人姓名	詹国伟
评定时间	2011.2.28	注册日期	2008.1.31	报关有效期	长期	注册资本	1374 万美元
主营范围	经营机电产品国际招标业务、工程招标代理业务、政府采购业务及各种货物和服务类招标代理业务，承包境外机电工程和境内国际招标工程，上述境外工程所需设备、材料出口，对外派遣实施上述境外工程所需劳务人员，货物进出口，技术进出口，销售燃料油（上述范围法律、行政法规禁止的项目除外，法律、行政法规限制的项目须取得许可后方可经营）。						

企业名称	广州华润电子有限公司			海关编码	4401923745	所属海关	广州海关现场业务处驻市政务中心监管点
通讯地址	广东省广州市白云区广从七路钟落潭经济开发区 10 栋			邮政编码	510500	法人姓名	卢国安
评定时间	2013.12.2	注册日期	2010.2.4	报关有效期	长期	注册资本	220 万美元
主营范围	生产、加工各类开关、玩具、电话机、电子产品及其零配件、五金制品、塑胶制品、模具及手袋绳（进口原材料及出口产品涉证的除外），销售本企业产品。						

企业名称	广州奥的斯电梯有限公司			海关编码	4401933657	所属海关	广州海关现场业务处驻市政务中心监管点
通讯地址	广东省广州白云区北郊夏茅			邮政编码	510425	法人姓名	腾逸博
评定时间	2008.10.31	注册日期	1993.2.1	报关有效期	长期	注册资本	1720 万美元
主营范围	制造、加工、销售、安装、改造、维修电梯、自动扶梯、自动人行道、屏蔽门及其零部件，提供以上产品的设计、技术咨询和售后服务，以上产品同类商品的批发、进出口、佣金代理（拍卖除外）业务（涉及配额许可证经营、专项规定管理的商品按照国家有关规定办理）。						

企业名称	日立电梯（中国）有限公司			海关编码	4401934059	所属海关	广州海关现场业务处驻市政务中心监管点
通讯地址	广东省广州市天河区天河北路 233 号中信广场办公大楼 62 层（仅限办公用）			邮政编码	510613	法人姓名	池村敏郎
评定时间	2010.1.18	注册日期	1995.12.4	报关有效期	长期	注册资本	6488 万美元
主营范围	研发、设计、制造、销售、安装、维修、保养、改造电梯、自动扶梯、自动人行道、杂物梯、立体停车场、建筑智能化系统工程、其他升降机及其零部件、零配件，提供上述产品与事业的技术培训、咨询服务，进口日立牌相关产品及相关零部件的批发、佣金代理（拍卖除外）及售后服务，物业管理。（涉及许可经营项目的凭许可证经营。）						

企业名称	华南蓝天航空油料有限公司			海关编码	4401934202	所属海关	广州海关现场业务处驻市政务中心监管点
通讯地址	广东省广州白云国际机场内航空加油站			邮政编码	510405	法人姓名	赵一芹
评定时间	2009.1.15	注册日期	1998.10.7	报关有效期	长期	注册资本	9613.27 万美元
主营范围	建设中南地区（包括广州、汕头、湛江、梅县、桂林、北海、南宁、柳州、梧州、长沙、张家界、常德、武汉、宜昌、恩施和郑州）在用和新建机场的油品储存、运输和供应设施，经营上述机场所需航油、清洗剂和各类机场地面车辆和机具所使用的油品的储存和运输（由分支机构经营）、采购、销售、加注业务，提供以上主营业务有关的技术咨询和技术服务。						

企业名称	本田贸易（中国）有限公司			海关编码	4401944046	所属海关	广州海关现场业务处驻市政务中心监管点
通讯地址	广东省广州市天河区珠江新城华夏路10号富力中心写字楼第22层01A、02、03单元			邮政编码	510263	法人姓名	近藤敦之（KONDO ATSUYUKI）
评定时间	2011.2.10	注册日期	2006.6.8	报关有效期	长期	注册资本	750 万美元
主营范围	机动车零部件、机械机器和附带工装设备及零配件、钢材、化工原料、铝及其他有色金属、机动车生产所需的贵金属及其合成物、树脂原材料及着色料（国家禁止类除外）的进出口及批发（以上商品进出口不涉及国营贸易、进出口配额许可证、出口配额招标、出口许可证等专项管理的商品），设备、模具和工业器械及其相关零配件的租赁，技术进出口及转让（国家禁止类除外），报关报验、保险等进出口业务的代理，订舱、托运、仓储、包装、运输代理等服务及运输费用结算等其他相关国际货物代理业务（国际快递除外），佣金代理（拍卖除外），其他相关配套服务。（法律、法规禁止经营的不得经营，涉及许可经营的凭许可证经营。）						

企业名称	广州荣诚鞋业有限公司			海关编码	4401944235	所属海关	广州海关现场业务处驻市政务中心监管点
通讯地址	广东省广州市白云区石井镇石沙公路300号			邮政编码	510430	法人姓名	张荣梧
评定时间	2010.1.18	注册日期	2007.8.23	报关有效期	长期	注册资本	500 万美元
主营范围	生产、销售、加工各种鞋类、鞋类半成品及有关制品。						

企业名称	广州镇达玩具有限公司			海关编码	4401944570	所属海关	广州海关现场业务处驻市政务中心监管点
通讯地址	广东省广州市白云区嘉禾街鹤龙一路			邮政编码	510440	法人姓名	黄铁城
评定时间	2009.6.3	注册日期	2009.5.19	报关有效期	长期	注册资本	1100 万美元
主营范围	生产、加工各类玩具及礼品、塑料、金属制品、儿童用品、旅游用品、文体用品、袋、玩具模具、日用纺织品、服装、电路板、轻工塑料家用制品及电子制品（国家限制的产品除外），销售本企业产品。						

企业名称	广州市合诚化学有限公司	海关编码	4401963140	所属海关	广州海关现场业务处驻市政务中心监管点
通讯地址	广东省广州市天河区珠江西路17号广晟国际大厦603~604	邮政编码	510623	法人姓名	蒋文真
评定时间	2010.12.24 注册日期 2002.7.1	报关有效期	长期	注册资本	435万美元
主营范围	批发和零售贸易(国家专营专控商品除外),化工产品开发、研制,自营和代理各类商品及技术的进出口业务(不另附进出口的商品和技术除外),经营进料加工和“三来一补”业务,经营对销贸易和转口贸易,生产塑料原料(另设分公司经营)。				

企业名称	广州源溢进出口有限公司	海关编码	4401963776	所属海关	广州海关现场业务处驻市政务中心监管点
通讯地址	广东省广州市越秀区东风东路836号东峻广场4座1305单元	邮政编码	510080	法人姓名	徐杰
评定时间	2014.6.23 注册日期 2009.3.16	报关有效期	长期	注册资本	150万美元
主营范围	货物进出口,技术进出口,批发和零售贸易,国际货运代理,商品信息咨询,普通货运(道路运输许可证有效期至2014年9月21日),代办仓储服务(仅限分支机构经营)。				

企业名称	广州市森大贸易有限公司	海关编码	4401963788	所属海关	广州海关现场业务处驻市政务中心监管点
通讯地址	广东省广州市天河区龙口西路71号2楼201~224房	邮政编码	510630	法人姓名	沈延昌
评定时间	2013.5.13 注册日期 2004.4.20	报关有效期	长期	注册资本	601.2万美元
主营范围	批发和零售贸易(国家专营专控商品除外);自营和代理各类商品和技术的进出口,但国家限定公司经营或禁止进出口的商品和技术除外。				

企业名称	广东迪美进出口贸易有限公司	海关编码	4401964608	所属海关	广州海关现场业务处驻市政务中心监管点
通讯地址	广东省广州市越秀区建设六马路33号2305房	邮政编码	510060	法人姓名	王若莘
评定时间	2010.12.1 注册日期 2005.2.5	报关有效期	长期	注册资本	75万美元
主营范围	国内贸易(法律、法规禁止或限制的商品除外),钟表的维修服务及有关的商品信息咨询服务,仓储、物流代理服务,货物、技术进出口(法律、行政法规禁止的项目除外,法律、行政法规限制的项目须取得许可后方可经营)。(依法须经批准的项目,经相关部门批准后方可开展经营活动。)				

企业名称	广州立纬进出口贸易有限公司	海关编码	4401966300	所属海关	广州海关现场业务处驻市政务中心监管点
通讯地址	广东省广州市海珠区下渡路 66~68 号首层 102 室	邮政编码	510300	法人姓名	曹崴克
评定时间	2014.9.25 注册日期 2005.12.2	报关有效期	长期	注册资本	100 万美元
主营范围	货物和技术进出口（法律、行政法规禁止的项目除外，法律、行政法规限制的项目须取得许可证方可经营）。				

企业名称	广州飞机维修工程有限公司	海关编码	4401933004	所属海关	广州机场
通讯地址	广东省广州花都区白云国际机场北区横十路	邮政编码	510470	法人姓名	李彤彬
评定时间	2014.3.13 注册日期 1992.12.16	报关有效期	长期	注册资本	6500 万美元
主营范围	为中外航空公司提供各种维修服务，包括各种飞机检查、修理、翻新、喷漆、内部装修；提供地面设备的服务及维修和加工、制造；提供特种车辆的维修和服务，以及有关的技术咨询和培训；航空器材进出口销售（涉及许可证管理和专项规定的按有关规定经营），航空器材仓储，工具设备租赁及自制专用工具设备销售。				

企业名称	广东惠而浦家电制品有限公司	海关编码	4422920479	所属海关	顺德海关
通讯地址	广东省佛山市顺德区北滘镇工业大道 2 号	邮政编码	528311	法人姓名	何泽绵
评定时间	2008.10.31 注册日期 1995.7.21	报关有效期	长期	注册资本	2398 万美元
主营范围	研究、开发、生产微波炉和微波制品、多士炉、暖气机、电咖啡壶、电茶壶、多用途煮食炉、喷射烤炉、超声波制湿机、电炉、电烫斗、灯饰、热水器、电饭锅、滤水器、空调机、电磁炉、抽油烟机、各式家用电器零部件、五金模具、塑料模具及其配件（不含废旧塑料）。				

企业名称	佛山南兴果仁制品有限公司	海关编码	4422930387	所属海关	顺德海关
通讯地址	广东省佛山市顺德区龙江镇南坑路 222 号	邮政编码	528318	法人姓名	邓惠娟
评定时间	2013.4.26 注册日期 1992.12.30	报关有效期	长期	注册资本	400 万美元
主营范围	生产、销售炒货食品及坚果制品（烘炒类、油炸类凭有效许可证经营）。				

企业名称	海信容声（广东）冰箱有限公司	海关编码	4422930864	所属海关	顺德海关
通讯地址	广东省佛山市顺德区容桂容港路 8 号	邮政编码	528303	法人姓名	肖建林
评定时间	2009.2.1 注册日期 1995.12.25	报关有效期	长期	注册资本	2680 万美元
主营范围	生产经营电冰箱及其零配件、洗衣机和小家电及其零配件，从事道路普通货运业务。				

企业名称	广东新宝电器股份有限公司	海关编码	4422930877	所属海关	顺德海关
通讯地址	广东省佛山市顺德区勒流镇政和南路	邮政编码	528322	法人姓名	郭建刚
评定时间	2009.1.15 注册日期 1995.12.11	报关有效期	长期	注册资本	44200.12 万人民币
主营范围	生产经营电蒸汽熨斗、搅拌机、咖啡壶、开水器、面包机等家用电器产品，模具、电机、电路板等电器产品散件、零配件，塑料制品，工程塑料，精密压铸件；从事产品设计、模具设计、嵌入式软件设计、认证测试等服务。				

企业名称	广东顺德浦项钢板有限公司			海关编码	4422930902	所属海关	顺德海关
通讯地址	广东省佛山市顺德区北滘镇经济工业区			邮政编码	528311	法人姓名	权锡哲
评定时间	2014.6.23	注册日期	1996.3.30	报关有效期	长期	注册资本	4890.91 万美元
主营范围	生产经营镀锌钢板、彩涂钢板和无取向性冷轧硅钢板。						

企业名称	广东星浦钢材加工有限公司			海关编码	4422930933	所属海关	顺德海关
通讯地址	广东省佛山市顺德区北滘镇经济工业区			邮政编码	528311	法人姓名	曹浩建
评定时间	2008.10.31	注册日期	1997.10.24	报关有效期	长期	注册资本	1098.5 万美元
主营范围	钢材的高精度开料深加工和销售，从事冷扎板、电镀锌板、镀铝锌板、镀铝板、矽钢板、不锈钢、酸洗板的批发和进出口业务。						

企业名称	佛山市威灵洗涤电机制造有限公司			海关编码	4422930954	所属海关	顺德海关
通讯地址	广东省佛山市顺德区北滘镇北滘居委会工业园港前路 21 号			邮政编码	528311	法人姓名	周向阳
评定时间	2010.12.1	注册日期	1998.9.29	报关有效期	长期	注册资本	640 万美元
主营范围	生产、销售整流子电机及其他分马力电机。						

企业名称	广东冠盛塑胶有限公司			海关编码	4422931048	所属海关	顺德海关
通讯地址	广东省佛山市顺德区乐从镇良村工业区			邮政编码	528315	法人姓名	刘锦柱
评定时间	2011.2.22	注册日期	2002.2.9	报关有效期	长期	注册资本	500 万美元
主营范围	生产经营塑料薄膜（不含废旧塑料）、人造制革。						

企业名称	佛山市顺德区富日交通机械有限公司			海关编码	4422931055	所属海关	顺德海关
通讯地址	广东省佛山市顺德区勒流镇黄连工业区港口路 1 号			邮政编码	528323	法人姓名	吴志强
评定时间	2009.1.15	注册日期	2002.4.3	报关有效期	长期	注册资本	550 万美元
主营范围	生产经营半挂式环保垃圾车，半挂牵引车，半挂车油缸，拖头车鞍座，卡车悬挂，汽车卡车及半挂车车轴总成、盘式制动器总成，汽车及半挂车零部件、金属制品。						

企业名称	佛山市顺德区格兰仕微波炉电器有限公司			海关编码	4422931059	所属海关	顺德海关
通讯地址	广东省佛山市顺德区容桂街道容桂大道南 25 号			邮政编码	528305	法人姓名	梁昭贤
评定时间	2008.10.31	注册日期	2002.4.15	报关有效期	长期	注册资本	380 万美元
主营范围	生产经营家用电器、磁控管、电路板、微动开关、五金配件、塑胶配件（不含废旧塑料）、塑料器皿（不含废旧塑料），从事模具出口业务，提供以上产品的安装维修及售后服务。						

企业名称	广东东箭汽车用品制造有限公司			海关编码	4422931269	所属海关	顺德海关
通讯地址	广东省佛山市顺德区乐从镇乐从大道西 B333 号			邮政编码	528315	法人姓名	马永涛
评定时间	2014.4.9	注册日期	2005.12.1	报关有效期	长期	注册资本	12000 万人民币
主营范围	生产经营汽车轻量化及环保型新材料、汽车配件、五金制品、模具、有色金属制品、玻璃钢制品、塑料制品。						

企业名称	佛山市顺德区美的饮水机制造有限公司			海关编码	4422931340	所属海关	顺德海关
通讯地址	广东省佛山市顺德区北滘镇广教社区居民委员会广乐路 68 号 1 号厂房首楼及二楼之一			邮政编码	528311	法人姓名	甄少强
评定时间	2013.4.12	注册日期	2006.12.14	报关有效期	长期	注册资本	385 万美元
主营范围	生产经营日用电器、家用电器及上述产品的零配件。						

企业名称	广东伊之密精密机械股份有限公司			海关编码	4422931402	所属海关	顺德海关
通讯地址	广东省佛山市顺德高新区（容桂）科苑三路 22 号			邮政编码	528305	法人姓名	陈敬财
评定时间	2014.6.23	注册日期	2009.11.13	报关有效期	长期	注册资本	9000 万人民币
主营范围	生产经营、研究伺服高精密注塑机、压铸机、橡胶注射成型机、压力机、液压机、低压铸造机、包管机、扫路机及零配件，非金属制品模具设计与制造，静液压驱动装置设计与制造，电液比例伺服元件制造，废旧塑料、电器、橡胶、电池回收处理、再生利用设备制造，软件产品开发、生产，提供压铸机、注塑机应用技术咨询。						

企业名称	广东格兰仕微波炉电器制造有限公司			海关编码	4422931412	所属海关	顺德海关
通讯地址	广东省佛山市顺德区容桂大道南 25 号			邮政编码	528305	法人姓名	梁庆德
评定时间	2014.3.12	注册日期	2010.12.27	报关有效期	长期	注册资本	45709.8 万人民币
主营范围	生产经营各种家用电器及相关的五金配件、塑胶配件（不含废旧塑料）、电子元件、模具、塑料器皿（不含废旧塑料），提供以上产品的安装维修及售后服务，从事自产产品同类商品的进出口业务。						

企业名称	佛山市顺德区保利达电器有限公司			海关编码	4422940070	所属海关	顺德海关
通讯地址	广东省佛山市顺德区伦教街道鸡洲村			邮政编码	528308	法人姓名	李金
评定时间	2011.8.19	注册日期	1993.12.23	报关有效期	长期	注册资本	808 万美元
主营范围	生产经营微型变压器、配电器、小型日用家电制品、手机电池及零配件、电子电器配件、防盗监控系统、照明电器。						

企业名称	佛山市顺德区安爱工业有限公司			海关编码	4422940106	所属海关	顺德海关
通讯地址	广东省佛山市顺德区勒流镇连杜工业区			邮政编码	528308	法人姓名	黄淳义
评定时间	2009.1.15	注册日期	1995.1.16	报关有效期	长期	注册资本	705 万美元
主营范围	生产经营自行车零件、轮椅、拐杖、四轮车、马桶椅、摩托车车手及其配件、碳纤维制品、新型合金材料，产品全部外销。						

企业名称	广东泰科电子有限公司		海关编码	4422940131	所属海关	顺德海关
通讯地址	广东省佛山市顺德区容桂街道容里工业区容奇大道东		邮政编码	528306	法人姓名	连喜坤
评定时间	2008.10.31	注册日期 1995.12.28	报关有效期	长期	注册资本	2050万美元
主营范围	生产经营电子、电气及光纤设备的连接器和内部连接装置、组合部件和系统（和有关装备），以及相关的应用工具和设备（和相应的装置）；从事非配额许可证管理、非专营商品的收购出口业务；印制电子和电器元件用标签（限于自用），并为其产品提供维修和售后服务；包装装潢印刷品印刷。					

企业名称	佛山市顺德区锡山家具有限公司		海关编码	4422940206	所属海关	顺德海关
通讯地址	广东省佛山市顺德区北滘镇北滘居委会工业园港前北路25号		邮政编码	528311	法人姓名	王晓玉
评定时间	2008.10.31	注册日期 1998.8.6	报关有效期	长期	注册资本	2222.89万美元
主营范围	生产经营室外金属家具、复合塑木板材。					

企业名称	广东松下环境系统有限公司		海关编码	4422940483	所属海关	顺德海关
通讯地址	广东省佛山市顺德高新区（容桂）朝桂南路2号		邮政编码	528305	法人姓名	花村嘉之
评定时间	2010.2.8	注册日期 2003.6.23	报关有效期	长期	注册资本	2588.97万美元
主营范围	各种类型的换气扇、抽油烟机、送风机、热交换器组件、风幕机、干燥机、吊扇等换气送风机器及与此相关的部件材料的设计开发、接受委托设计、制造、销售、售后服务、安装工程、系统咨询，各种类型的空气清净机、除湿机、加湿机、风扇等家用电器产品及与此相关的部件材料的设计开发、制造、销售、售后服务，各种类型的风扇马达的设计开发、制造、销售、售后服务，各种类型的风机盘管机组、家庭用风机盘管、组合式空调机组、手机机站用的冷却机组、集尘器等工业用的空调机器及与此相关部件材料的设计开发、接受委托设计、制造、销售、售后服务、安装工程、系统咨询，各种环境工程技术的咨询服务，从事与公司自产产品的同类商品、电器机器及环境工程机器的批发、佣金代理、进出口。					

企业名称	广东威灵电机制造有限公司		海关编码	4422940671	所属海关	顺德海关
通讯地址	广东省佛山市顺德区北滘镇工业园15、16、17区		邮政编码	528311	法人姓名	周向阳
评定时间	2009.1.15	注册日期 2005.3.21	报关有效期	长期	注册资本	4881万美元
主营范围	设计及生产经营直流电机、交流电机、风轮、风机罩壳。					

企业名称	佛山市顺德区顺达电脑厂有限公司		海关编码	4422940848	所属海关	顺德海关
通讯地址	广东省佛山市顺德区伦教街道顺达路一号		邮政编码	528308	法人姓名	林聪良
评定时间	2008.10.31	注册日期 2006.11.1	报关有效期	长期	注册资本	70939.7万港币
主营范围	生产经营电脑主机、母板、介面卡、显示器、电源供应器、键盘、相关金属冲压件、母板维修服务、冲压模具、压铸模具、线材组件、连接器、电池组、测试治具、钢板裁切、小型变压器、液晶平面显示器、无线数据传输功能卡、数据通讯多媒体系统、多功能大容量伺服器、系统传输并多媒体系统装置、木制品、多媒体网络数字电视机、数字音视频编解码设备、多媒体网络数字录放机、塑胶件（不含废旧塑料）、塑胶模具、存储设备、IP数据通信系统，开发制造高端路由器、千兆比以上网络交换机、超宽带通信设备、车载电子技术、自动变速箱、电子制动力分配系统、电子气门系统装置、电子油门，制造数字放声设备和数字影院制作、编辑、播放设备，制造收银机类产品，自有物业租赁，设备租赁。					

企业名称	佛山市顺德区联合电子有限公司			海关编码	4422941032	所属海关	顺德海关
通讯地址	广东省佛山市顺德区容桂街道桂新东路4号			邮政编码	528305	法人姓名	冯伟兴
评定时间	2009.12.28	注册日期	2009.12.21	报关有效期	长期	注册资本	2160万港币
主营范围	生产经营线路板、电线插头、开关、变压器、电源板、其他电子电器零部件及组装件、电子产品、移动电话、电视机、数码相框、显示器、电脑，提供相关的技术服务，从事公司自产产品及同类商品的零售、批发及进出口业务。						

企业名称	爱立信（广东顺德）通信有限公司			海关编码	4422941072	所属海关	顺德海关
通讯地址	广东省佛山市顺德区容桂街道办事处德胜社区居民委员会容奇大道东25号			邮政编码	528306	法人姓名	赵钧陶
评定时间	2013.11.4	注册日期	2011.3.8	报关有效期	长期	注册资本	9000万人民币
主营范围	交换设备、全球移动通信系统（GSM）及码分多址数字无线通信系统（CDMA）、数据网络及接入网络产品的设计、工程规划、生产经营及安装维修，提供有关服务。						

企业名称	广东科达洁能股份有限公司			海关编码	4422960005	所属海关	顺德海关
通讯地址	广东省佛山市顺德区陈村镇广隆工业园环镇西路1号			邮政编码	528313	法人姓名	边程
评定时间	2014.6.23	注册日期	2001.3.14	报关有效期	长期	注册资本	68848.22万人民币
主营范围	陶瓷、石材、墙体材料、节能环保等建材机械设备制造，自动化技术及装备的研究、开发与制造；销售机电产品零配件，砂轮磨具、磨料，陶瓷制品；清洁能源相关机械设备及相关自动化技术、装备的研制、开发与制造、销售；清洁煤气、蒸汽的制造与销售；信息技术服务，软件开发与销售，系统集成，硬件设备租赁与销售，网络技术咨询服务；经营本企业和本企业成员企业自产产品及相关技术的出口业务和生产、科研所需的原辅材料、机械设备、仪器仪表、零配件及相关技术的进口业务；经营本企业的进料加工和“三来一补”业务。						

企业名称	广东奔朗新材料股份有限公司			海关编码	4422960035	所属海关	顺德海关
通讯地址	广东省佛山市顺德区陈村镇广隆工业园兴业八路7号			邮政编码	528313	法人姓名	尹育航
评定时间	2014.6.23	注册日期	2002.4.1	报关有效期	长期	注册资本	5000万人民币
主营范围	制造、销售金刚石制品，立方氮化硼制品，氧化铝制品，金刚石锯片，磨具、磨料、砂轮，硬质合金及超硬材料钻切、切削、磨削工具，预合金粉末材料，粉末冶金制品，纳米材料及制品，绳锯机及配件；经营本企业自产产品及技术的出口业务，经营本企业生产所需的原辅材料、仪器仪表、机械设备、零配件及技术的进口业务。						

企业名称	广东智拓进出口有限公司			海关编码	4422960168	所属海关	顺德海关
通讯地址	广东省佛山市顺德区容桂街道丰宁路26号			邮政编码	528303	法人姓名	梁智峰
评定时间	2011.12.2	注册日期	2003.7.29	报关有效期	长期	注册资本	500万人民币
主营范围	国内商业、物资供销业，自营和代理各类商品和技术的进出口。						

企业名称	广东万和新电气股份有限公司			海关编码	4422960792	所属海关	顺德海关
通讯地址	广东省佛山市顺德高新区（容桂）建业中路13号			邮政编码	528305	法人姓名	卢础其
评定时间	2013.10.11	注册日期	2007.3.20	报关有效期	长期	注册资本	40000万人民币
主营范围	生产、销售燃气热水器、燃气采暖热水炉、电热水器、燃气灶具、消毒柜、电磁炉、电饭煲、电炒锅、抽油烟机、电开水柜、电开水瓶、空气清新器、脉冲变压器、冰箱除臭器、桑拿浴箱、燃气空调、燃气用具、燃气烤炉、太阳能热水器、太阳能集热器、热泵热水机、热泵热水器、电压力锅、电水壶、小家电（家用电器）系列、净水器系列，从事上述产品的安装、维修和配件销售，经营货物进出口、技术进出口业务。						

企业名称	广州汽车集团乘用车有限公司			海关编码	4423910045	所属海关	番禺海关
通讯地址	广东省广州市番禺区金山大道东路633号			邮政编码	511434	法人姓名	袁仲荣
评定时间	2011.8.19	注册日期	2008.11.3	报关有效期	长期	注册资本	340000万人民币
主营范围	生产、销售自主品牌的轿车、其他类乘用车和发动机，汽车工程技术开发、转让、咨询，货物进出口，技术进出口（法律、行政法规禁止的项目除外，法律、行政法规规定必须经审批的项目，经审批后方可经营）。						

企业名称	广州市捷进制衣厂有限公司			海关编码	4423920121	所属海关	番禺海关
通讯地址	广东省广州市番禺区沙头街禺山西路363号联邦工业城A10幢、A9幢东半座，A8幢首层及第3层			邮政编码	511490	法人姓名	陈享利
评定时间	2010.2.8	注册日期	1990.8.1	报关有效期	长期	注册资本	720万美元
主营范围	生产、加工各类纺织制品、服装及辅料、附件，销售本企业产品（经营范围涉及法律、行政法规禁止经营的不得经营，涉及许可经营的未获许可前不得经营）。						

企业名称	广州市中德电控有限公司			海关编码	4423920414	所属海关	番禺海关
通讯地址	广东省广州市番禺区东环街桥兴路易兴工业村			邮政编码	511400	法人姓名	Geert Jan van der Meer
评定时间	2010.12.24	注册日期	1994.2.22	报关有效期	长期	注册资本	3000万港币
主营范围	生产电子产品（电子游戏机及其零配件除外）、电子镇流控制器、能源供应设备、线圈变压器、电子变压器、照明器具，销售本企业产品，研究、开发电子镇流控制器、能源供应设备、线圈变压器、电子变压器、照明器具、电子产品（电子游戏机及其零配件除外）。（经营范围涉及法律、行政法规禁止经营的不得经营，涉及许可经营的未获得许可前不得经营。）						

企业名称	松下·万宝（广州）压缩机有限公司			海关编码	4423930234	所属海关	番禺海关
通讯地址	广东省广州番禺区钟村万宝基地万宝北街36号			邮政编码	511495	法人姓名	周千定
评定时间	2009.2.1	注册日期	1993.11.22	报关有效期	长期	注册资本	11384万美元
主营范围	研发、生产房间空调器压缩机、汽车空调压缩机、洗衣机干衣及除湿用压缩机、热泵热水器用压缩机等所有民用领域热泵压缩机及其零部件，销售本公司产品，并提供产品售后服务。						

企业名称	松下万宝美健生活电器（广州）有限公司			海关编码	4423930273	所属海关	番禺海关
通讯地址	广东省广州市番禺区钟村万宝基地万宝北街 33 号			邮政编码	511495	法人姓名	周千定
评定时间	2009.1.15	注册日期	1994.5.9	报关有效期	长期	注册资本	3450 万美元
主营范围	设计、开发并生产美容、美发、保健、健身、日用轻便电器具及相关系列产品和零部件，销售本公司产品，提供售后服务；在中国生产和进口的美容、美发、保健、健身、日用轻便电器用具及相关系列产品和零部件的批发业务，并提供维修、技术咨询及售后服务等相关配套业务；非配额许可证管理商品、非专营商品的收购出口业务（涉证项目除外）。						

企业名称	广州日宝钢材制品有限公司			海关编码	4423930275	所属海关	番禺海关
通讯地址	广东省广州市番禺区钟村万宝基地万宝中二街 8 号			邮政编码	511495	法人姓名	周千定
评定时间	2010.12.24	注册日期	1994.5.12	报关有效期	长期	注册资本	1550 万美元
主营范围	生产、加工和销售各种钢材产品、有色金属产品及相关产品(经营范围涉及法律、行政法规禁止经营的不得经营，涉及许可经营的未获许可前不得经营）。						

企业名称	广州番禺巨大汽车音响设备有限公司			海关编码	4423930518	所属海关	番禺海关
通讯地址	广东省广州市番禺区大石街石北工业大道巨大德威工业园			邮政编码	511430	法人姓名	黄俊候
评定时间	2009.1.15	注册日期	1999.3.16	报关有效期	长期	注册资本	7161.23 万港币
主营范围	研发、生产、加工液晶电视、显示器、液晶模组、平板电脑及其他计算机等系列配套产品，家用音响、汽车音响、DVD 机及各类视听设备配套电子产品；销售本企业产品。（法律、法规禁止经营的不得经营，涉及配额、许可证管理、专项规定管理的商品按国家有关规定办理申请。）						

企业名称	广州松下空调器有限公司			海关编码	4423930528	所属海关	番禺海关
通讯地址	广东省广州市番禺区钟村万宝基地万宝北街 28 号			邮政编码	511495	法人姓名	周千定
评定时间	2009.1.15	注册日期	2001.12.29	报关有效期	长期	注册资本	4190 万美元
主营范围	家用空气调节器制造，日用家电设备零售（具体经营范围以审批机关核定的为准，涉及许可项目的，以许可审批部门核定的为准）。						

企业名称	广东海大集团股份有限公司			海关编码	4423930722	所属海关	番禺海关
通讯地址	广东省广州市番禺区南村镇南村村北大街 18 号之六			邮政编码	511400	法人姓名	薛华
评定时间	2014.6.13	注册日期	2007.4.16	报关有效期	长期	注册资本	105907.66 万人民币
主营范围	饲料、添加剂的生产（以上项目由分支机构凭许可证经营）和技术开发、技术服务，畜禽、水产品的养殖、加工和技术开发、技术服务，以上产品及饲料原料、农副产品的批发、佣金代理（拍卖除外）及进出口业务（涉及配额许可证管理、专项规定管理的商品按照国家有关规定办理），粮食收购。						

企业名称	明秀钻石（广州）有限公司			海关编码	4423940082	所属海关	番禺海关
通讯地址	广东省广州市番禺区石楼镇市莲花山保税加工区灵兴工业区3号			邮政编码	511447	法人姓名	陈圣泽
评定时间	2008.10.31	注册日期	1992.12.28	报关有效期	长期	注册资本	1100万港币
主营范围	生产、加工钻石、玉器、宝石、腊模镶配石工艺及其首饰工艺品、金属首饰工艺品，销售本企业产品。（经营范围涉及法律、行政法规禁止经营的不得经营，涉及许可经营的未获许可前不得经营。）						

企业名称	广州市番禺利得鞋业有限公司			海关编码	4423940414	所属海关	番禺海关
通讯地址	广东省广州市番禺区南村镇里仁洞村银坑岗			邮政编码	511490	法人姓名	张健治
评定时间	2014.9.3	注册日期	1992.12.11	报关有效期	长期	注册资本	1402万美元
主营范围	生产鞋类产品、鞋材，销售本企业产品。						

企业名称	番禺珠江钢管有限公司			海关编码	4423940640	所属海关	番禺海关
通讯地址	广东省广州市番禺区石基镇清河路			邮政编码	511450	法人姓名	陈昌
评定时间	2009.11.23	注册日期	1993.6.7	报关有效期	长期	注册资本	120000万港币
主营范围	生产高频直缝焊管、埋弧焊管、石油钢管、石油管件、石油套管、防腐涂层钢管、冷弯型钢等钢材深加工产品，制造用于生产钢管、管件及防腐处理的成套设备，本企业产品销售、安装、施工，钢管、钢材批发及进出口，承接焊管、型钢等产品加工。（法律、法规禁止经营的不得经营，涉及配额、许可证管理、专项规定管理商品按国家有关规定办理申请。）						

企业名称	奥林巴斯（广州）工业有限公司			海关编码	4423941305	所属海关	番禺海关
通讯地址	广东省广州市番禺区东环街番禺大道北537号番禺节能科技园内番山创业中心3号楼首层3区部分场地、2层（全层）场地、3B层（2区、3区）部分场地，与首层3区相连的南侧群楼首层部分场地（可作厂房使用）			邮政编码	511400	法人姓名	原文由（HARA FUMIYOSHI）
评定时间	2008.10.31	注册日期	2004.2.6	报关有效期	长期	注册资本	500万美元
主营范围	货物进出口（专营专控商品除外），光学仪器制造，仪器仪表修理，电子、通信与自动控制技术研究、开发，照相机及器材制造，集成电路制造，影视录放设备制造，其他家具制造，家具批发，医学研究和试验发展，光电子器件及其他电子器件制造，专用设备修理，科技信息咨询服务，医疗诊断、监护及治疗设备制造。（具体经营范围以审批机关核定的为准。）						

企业名称	广州中船龙穴造船有限公司			海关编码	4423915003	所属海关	南沙海关
通讯地址	广东省广州市南沙区珠江管理区西路68号首层			邮政编码	511462	法人姓名	韩广德
评定时间	2011.9.14	注册日期	2006.12.14	报关有效期	长期	注册资本	272000万人民币
主营范围	电动机制造，船舶舾装件制造与安装，钢结构制造，航标器材及其他相关装置制造，金属制品修理，起重机制造，船用配套设备制造，通用设备修理，货物进出口（专营专控商品除外），娱乐船和运动船制造，非金属船舶制造，船舶改装与拆除，船舶修理，金属船舶制造，钢铁结构体部件制造，电气设备零售，发电机及发电机组制造，技术进出口，商品批发贸易（许可审批类商品除外），微电机及其他电机制造。						

企业名称	广汽丰田汽车有限公司			海关编码	4430935001	所属海关	南沙海关
通讯地址	广东省广州市南沙区黄阁镇市南大道 8 号			邮政编码	511455	法人姓名	曾庆洪
评定时间	2009.1.12	注册日期	2004.10.27	报关有效期	长期	注册资本	51820 万美元
主营范围	乘用车及其零部件的开发和制造，自产产品在国内外市场的营销、销售及售后服务，对经销商及汽车修理厂等的经营的各种指导、咨询及培训服务。（涉证项目凭许可证经营。）						

企业名称	东方国际集装箱（广州）有限公司			海关编码	4430935002	所属海关	南沙海关
通讯地址	广东省广州市南沙区万顷沙镇红安路 2 号			邮政编码	511462	法人姓名	刘冲
评定时间	2014.9.25	注册日期	2006.5.18	报关有效期	长期	注册资本	2000 万美元
主营范围	设计、制造集装箱产品、集装箱式钢结构、环保垃圾箱、托盘、非压力罐体、箱用零部件，提供售后服务，板材预处理和钢结构体加工，销售本公司产品。（法律、法规禁止经营的不得经营，涉及许可经营的凭许可证经营。）						

企业名称	广汽丰田发动机有限公司			海关编码	4430935012	所属海关	南沙海关
通讯地址	广东省广州市南沙区市南大道 6 号			邮政编码	511455	法人姓名	大西弘致
评定时间	2008.10.31	注册日期	2004.3.10	报关有效期	长期	注册资本	35282 万美元
主营范围	汽车用发动机及汽车用发动机零部件的制造及销售，提供有关该类发动机及发动机零部件的售后服务。（法律、法规禁止经营的不得经营，涉及许可经营的凭许可证经营。）						

企业名称	粤海（番禺）石油化工储运开发有限公司			海关编码	4430935016	所属海关	南沙海关
通讯地址	广东省广州市南沙区黄阁镇粤海路 1 号			邮政编码	511455	法人姓名	张雷
评定时间	2009.1.6	注册日期	1992.10.20	报关有效期	长期	注册资本	22000 万人民币
主营范围	码头装卸［按港口危险货物作业附证（粤穗）港经证（0024）-W41 号认可范围经营］，保税仓储［具体项目按海关编号(南)关库字第 04 号登记证范围经营］,成品油仓储(具体项目按油仓储证书第 C44026 号范围经营)，危险化学品经营，储存经营和仓储经营［具体项目按粤穗 WH 安经证字［2013］000857（10）经营］，提供码头服务，船用油料、淡水、油污水处理及相应配套服务［具体项目按中华人民共和国港口经营许可证（粤穗）港经证(0024)号经营］。(经营范围涉及法律、法规禁止经营的不得经营，涉及许可证经营的凭许可证经营。)						

企业名称	广州造纸股份有限公司			海关编码	4430935056	所属海关	南沙海关
通讯地址	广东省广州市南沙区珠江街新广一路 29 号			邮政编码	511462	法人姓名	林昭远
评定时间	2013.10.28	注册日期	1993.12.28	报关有效期	长期	注册资本	254402 万人民币
主营范围	生产、加工纸、高档纸、纸板和纸制品及其副产品、造纸机械、热电，林木营造，收购废纸，销售自产产品并提供相关技术咨询，提供造纸设备安装、维修服务（法律、行政法规禁止的不得经营，涉及许可经营的凭许可证经营）。						

企业名称	广州市番禺创信鞋业有限公司	海关编码	4430940047	所属海关	南沙海关
通讯地址	广东省广州市南沙区榄核镇九比村九榄公路	邮政编码	511473	法人姓名	吴振昌
评定时间	2008.10.31 注册日期 1993.5.19	报关有效期	长期	注册资本	4280 万美元
主营范围	生产各类鞋、鞋材、模具产品、箱包、橡塑胶制品，经营鞋材的保税储存业务，销售本企业产品，从事非配额许可证管理、非专营商品鞋类产品、鞋材、服装、包装及装饰材料、塑料、五金制品、化工品（危险化学品除外）的收购出口业务。（经营范围涉及法律、行政法规禁止经营的不得经营，涉及许可经营的未获许可前不得经营。）				

企业名称	广州市利大鞋业有限公司	海关编码	4430940073	所属海关	南沙海关
通讯地址	广东省广州市南沙区大岗镇北龙路 6 号 1~2 号厂房	邮政编码	511468	法人姓名	张健治
评定时间	2014.9.2 注册日期 2013.7.15	报关有效期	长期	注册资本	800 万美元
主营范围	生产、加工中高档皮鞋、男女童皮鞋，销售本企业产品（法律、法规禁止经营的不得经营，涉及配额、许可证管理的商品按国家有关规定办理申请）。				

企业名称	广州南沙经济技术开发区胜得电路版有限公司	海关编码	4430945009	所属海关	南沙海关
通讯地址	广东省广州南沙经济技术开发区广生路一号	邮政编码	511458	法人姓名	吕俊宏
评定时间	2009.1.6 注册日期 2001.9.25	报关有效期	长期	注册资本	21715.36 万人民币
主营范围	设计、生产、加工印刷线路板、新型电子元器件（高密度互连积层板、刚挠印刷电路板、频率控制与选择元件）、印刷线路板半成品及电子集成块线路板，集成电路板涉及的相关电子类产品及半成品、成品的组装，自产三废物料的处理，销售本公司产品。（经营范围涉及法律、法规禁止经营的不得经营，涉及许可证经营的凭许可证经营。）				

企业名称	互太（番禺）纺织印染有限公司	海关编码	4430945020	所属海关	南沙海关
通讯地址	广东省广州南沙区万顷沙镇同兴村	邮政编码	511462	法人姓名	尹惠来
评定时间	2014.6.23 注册日期 1997.7.23	报关有效期	长期	注册资本	8970 万美元
主营范围	棉纺纱加工，棉织造加工，棉印染精加工，化纤织造加工，化纤织物染整精加工，纺织品、针织品及原料批发，商品批发贸易（许可审批类商品除外），货物进出口（专营专控商品除外）。（具体经营范围以审批机关核定的为准，涉及许可项目的，以许可审批部门核定的为准。）				

企业名称	沙伯基础创新塑料（中国）有限公司	海关编码	4430945026	所属海关	南沙海关
通讯地址	广东省广州市南沙区南沙经济技术开发区	邮政编码	511458	法人姓名	王丽
评定时间	2014.6.23 注册日期 1994.2.22	报关有效期	长期	注册资本	9090 万美元
主营范围	初级形态塑料及合成树脂制造（监控化学品、危险化学品除外），塑料薄膜制造，塑料板、管、型材制造，塑料粒料制造，合成纤维批发，化工产品批发（危险品化学品除外），塑料制品批发。				

企业名称	巴斯夫聚氨酯（中国）有限公司			海关编码	4430945052	所属海关	南沙海关
通讯地址	广东省广州市南沙区西部工业区环市大道南 408 号			邮政编码	511458	法人姓名	MORRISON BRADLEY RONALD
评定时间	2014.6.23	注册日期	1998.9.14	报关有效期	长期	注册资本	4985.28 万人民币
主营范围	在中国制造聚氨酯组合料、聚酯多元醇、热塑性聚氨酯、聚醚多元醇、汽车减震器部件、相关聚氨酯及产品（均不含涉及许可证管理的产品），并在国内外市场销售上述自产产品及提供与该类产品的加工和应用有关的技术服务。从事原（以上）经营产品同类的商品（特定商品除外）及异氰酸酯、聚氨酯催化剂［按粤穗安经（乙）字［2012］000836（10）号许可范围经营，有效期至 2015 年 6 月 17 日］、有机硅（非离子型）、聚合物添加剂、聚醚多元醇组合料、聚酯多元醇组合料、异氰酸酯组合料、聚氨酯缓冲块、聚氨酯底盘减震支撑、生产聚氨酯缓冲块或聚氨酯底盘减震支撑所需装模具及配件（均不含涉及许可证管理的商品）的进出口、批发、佣金代理（拍卖除外，涉及配额许可证管理、专项规定管理的商品应按国家有关规定办理）及其他相关配套业务等业务。（经营范围涉及法律、法规禁止经营的不得经营，涉及许可证经营的凭许可证经营。）						

企业名称	利民（番禺南沙）电器发展有限公司			海关编码	4430945070	所属海关	南沙海关
通讯地址	广东省广州南沙经济技术开发区塘坑工业村			邮政编码	511458	法人姓名	黄文显
评定时间	2014.8.12	注册日期	1993.12.27	报关有效期	长期	注册资本	2238 万美元
主营范围	生产吹风筒、卷发器、暖风机、搅拌器、按摩器、消毒器、喷湿器、面包机、多士炉、电烤箱、微波炉、空气清新机、电热管、湿度控制器、五金压铸品及电池系列产品，家电材料保税业务（凭海关许可证经营），模具制造与维修，生产过滤盒、包装类纸制品、电风扇及配件、泡沫机、液体离心泵、马达（包括微型马达）、饮水机及配件、净水器及配件、榨汁机、其他电子类产品（不包括限制类、禁止类产品）、玩具类系列产品，销售本公司产品，道路货物专用运输（集装箱）（据道路运输经营许可证粤交运管许可穗字 440100095911 号许可范围经营，有限期至 2014 年 12 月 31 日）。（经营范围涉及法律、法规禁止经营的不得经营，涉及许可证经营凭许可证经营。）						

企业名称	名幸电子（广州南沙）有限公司			海关编码	4430945072	所属海关	南沙海关
通讯地址	广东省广州南沙经济技术开发区西部工业区广生路			邮政编码	511458	法人姓名	名屋佑一郎
评定时间	2011.10.24	注册日期	1999.1.19	报关有效期	长期	注册资本	12080 万美元
主营范围	印制电路板制造，电子工业专用设备制造，集成电路制造，光电子器件及其他电子器件制造，电子元件及组件制造，切削工具制造，印刷专用设备制造（具体经营范围以审批机关核定的为准，涉及许可项目的，以许可审批部门核定的为准）。						

企业名称	广州精工电子有限公司			海关编码	4430945158	所属海关	南沙海关
通讯地址	广东省广州市南沙区黄阁镇乌洲村鸡谷山路 82 号			邮政编码	511455	法人姓名	田中洋
评定时间	2008.10.31	注册日期	2012.4.12	报关有效期	长期	注册资本	2100 万美元
主营范围	生产、加工新型液晶显示器、液晶产品、集成电路、手机及手表用锂电池、石英晶振、手表、钟表、钟芯、表芯、打印机及设备、电子调音器、电子零件、电子产品、精密零件、信息设备，销售本企业产品，从事上述产品及其零配件、配套商品的批发、进出口及佣金代理（拍卖除外），提供其他相关配套服务、产品技术研发和设计服务、产品售后服务、同类产品维修和相关的技术咨询及支持服务。（经营范围涉及法律、法规禁止经营的不得经营，涉及许可经营的凭许可证经营。）						

企业名称	广东粤新海洋工程装备股份有限公司			海关编码	4430960008	所属海关	南沙海关
通讯地址	广东省广州市南沙区大岗镇潭洲马前村			邮政编码	511468	法人姓名	谭伟波
评定时间	2010.12.21	注册日期	2002.4.23	报关有效期	长期	注册资本	21000万人民币
主营范围	海洋工程作业平台、海洋工程配套设备、海洋工程作业船和辅助船的研发设计、制造、销售、租赁与修理维护，金属结构件的设计、制造与销售，承包境内外机电工程，技术进出口，货物进出口（法律、法规禁止的项目除外，法律、法规限制的项目须取得许可证后方可经营），建造、修理船舶（建造各尺度钢质渔业船舶，渔业船舶建造修理工厂认可证书有限期至2016年5月29日）。						

企业名称	镇泰（中国）工业有限公司			海关编码	443094000J	所属海关	南沙海关
通讯地址	广东省广州市南沙区榄核镇蔡新路333号			邮政编码	511480	法人姓名	黄铁城
评定时间	2008.10.31	注册日期	1996.10.4	报关有效期	长期	注册资本	4266万美元
主营范围	生产、加工各类玩具、玩具配件、模具及模具配件、电路板、干式电池制品、轻工塑料家用制品、电子制品、玩具及家用金属制品、五金制品、氧气面罩和按摩器及其配件、儿童用品、文体用品、日用纺织品、旅游用品、服装、帽、箱包及配饰、工艺礼品，销售本企业产品（涉及配额许可证管理、专项规定管理的商品按国家有关规定办理，经营范围涉及法律、行政法规禁止经营的不得经营，涉及许可经营的未获得许可前不得经营）。						

企业名称	广州喜利钻石首饰有限公司			海关编码	443094000M	所属海关	南沙海关
通讯地址	广东省广州市南沙区大岗镇东流工业区			邮政编码	511470	法人姓名	姚文雄
评定时间	2008.10.31	注册日期	1994.6.17	报关有效期	长期	注册资本	150万美元
主营范围	加工天然钻石制品、钻石机器设备及工具、金银首饰及钟表，销售本企业产品。（经营范围涉及法律、行政法规禁止经营的不得经营，涉及许可经营的未获许可前不得经营。）						

企业名称	敏腾（广州）实业有限公司			海关编码	443094001R	所属海关	南沙海关
通讯地址	广东省广州市南沙区榄核镇太平工业区民生路167号			邮政编码	511480	法人姓名	陈景裕
评定时间	2014.9.25	注册日期	1995.12.10	报关有效期	长期	注册资本	3000万美元
主营范围	加工、生产塑料五金制品、玩具、模具及其零配件、灯饰制品、数码照相机、电子记事本、小型电子游戏机（不得内销）、激光唱机、收音机、电子钟表、小型家电及其零配件，并从事非配额许可证管理、非专营商品的玩具、模具、灯饰制品、塑料五金制品、电子产品、机电产品、纺织制品的收购出口业务，销售本企业产品。（经营范围涉及法律、行政法规禁止经营的不得经营，涉及许可经营的未获许可前不得经营。）						

企业名称	广州协大橡胶有限公司			海关编码	443094005	所属海关	南沙海关
通讯地址	广东省广州市南沙区东涌镇励业路5号			邮政编码	511453	法人姓名	江文宏
评定时间	2014.9.25	注册日期	1995.6.14	报关有效期	长期	注册资本	498万美元
主营范围	生产各种鞋、钓鱼裤、潜水衣、风浪衣、防震橡胶片、橡胶海绵片、海绵拖鞋、海绵袋、橡胶海绵贴布、鞋材、包袋、服装、帽、饰品（贵金属除外）及各种运动用品，销售本企业产品。（经营范围涉及法律、行政法规禁止经营的不得经营，涉及许可经营的未获许可前不得经营）						

企业名称	广东风华高新科技股份有限公司			海关编码	4412910049	所属海关	肇庆海关
通讯地址	广东省肇庆市风华路 18 号风华电子工业城			邮政编码	526020	法人姓名	李泽中
评定时间	2008.10.31	注册日期	1999.9.2	报关有效期	长期	注册资本	67096.63 万人民币
主营范围	研究、开发、生产、销售各类新型电子元器件、集成电路、电子材料、电子专用设备仪器及计算机网络设备，提供高新技术转让、咨询服务，经营本企业自产机电产品，出口成套设备及相关技术，进口科研所需原辅材料、机械设备、仪器仪表、备品备件、零配件及技术（按粤外经贸进字〔1999〕381 号文经营），经营国内贸易（法律、行政法规、国务院决定禁止的，不得经营；法律、行政法规、国务院决定未规定许可的，自主选择经营项目开展经营活动），开发、经营房地产。						

企业名称	美亚（肇庆）金属制品有限公司			海关编码	4412940386	所属海关	肇庆海关
通讯地址	广东省肇庆市端州一路			邮政编码	526060	法人姓名	伍建明
评定时间	2008.10.31	注册日期	2002.3.25	报关有效期	长期	注册资本	5300 万美元
主营范围	研发、设计、生产、销售各类不锈钢器皿及其配件、铝制品、电器产品、塑胶电木、玻璃制品及其包装制品（不含印刷）、厨房用具、卫浴五金制品、家纺床上用品、家居摆设工艺品、陶瓷器具。						

企业名称	高要市中杰鞋业有限公司			海关编码	4412946146	所属海关	肇庆海关
通讯地址	广东省高要市南岸镇城西工业区			邮政编码	526100	法人姓名	何荣宗
评定时间	2008.10.31	注册日期	1998.4.30	报关有效期	长期	注册资本	2000 万美元
主营范围	生产和销售各类旅游鞋、运动鞋、休闲鞋、皮鞋、各种鞋的鞋面及半成品，产品 90%外销。						

企业名称	广东肇庆德通有限公司			海关编码	4412960002	所属海关	肇庆海关
通讯地址	广东省德庆县新圩镇榄树桥开发区			邮政编码	526600	法人姓名	陈学玲
评定时间	2014.8.12	注册日期	2001.11.7	报关有效期	长期	注册资本	1000 万人民币
主营范围	生产、销售、进出口风机、风扇、排气扇、电机、钢材、配件、发电机、离心泵、鼓风机、工业用抽烟机、气动传送装置、冷冻设备和机器、卫生器械和设备、水净化装置，境外投资机械设备、仪器仪表、零配件，进出口技术。						

企业名称	新兴县先丰不锈钢制品有限公司			海关编码	4429923003	所属海关	云浮海关
通讯地址	广东省云浮市新兴县广兴大道东凌丰工业园			邮政编码	527400	法人姓名	叶灿雄
评定时间	2009.1.15	注册日期	2006.6.5	报关有效期	长期	注册资本	2722.3 万美元
主营范围	生产、销售不锈钢制品及五金制品，回收、加工及销售生产性废旧金属。（法律、行政法规禁止的除外，法律、行政法规限制的项目需取得许可后方可经营）						

企业名称	广东万事泰集团有限公司			海关编码	4429943008	所属海关	云浮海关
通讯地址	广东省云浮市新兴县城大南路48-50号			邮政编码	527400	法人姓名	梁桂泉
评定时间	2013.12.2	注册日期	2006.6.6	报关有效期	长期	注册资本	1406.06万美元
主营范围	生产、销售金属制品、玻璃制品、家用电器及其配件、电子元器件、五金交电及电子产品、塑料制品、橡胶制品，进出口自营产品及技术（不设店铺，不涉及国营贸易管理商品，涉及配额、许可证管理的商品按国家有关规定进行办理），提供设备租赁和商务咨询服务。（法律法规禁止经营的不得经营，涉及许可证经营的，凭有效许可证经营）						

企业名称	新兴县欧亚不锈钢制品有限公司			海关编码	4429943015	所属海关	云浮海关
通讯地址	广东省云浮市新兴县新城镇陇塘工业开发区（新城镇多宝路2号）			邮政编码	527400	法人姓名	菲利蒲
评定时间	2009.1.15	注册日期	2006.6.21	报关有效期	长期	注册资本	2380万美元
主营范围	生产、销售不锈钢制品、铝制品和不锈钢压力锅、配套日用陶瓷、玻璃制品、电木制品、塑料制品、纸箱、不锈钢配件。						

企业名称	雅达电子（罗定）有限公司			海关编码	4429946010	所属海关	云浮海关
通讯地址	广东省罗定市附城镇宝城东路68号			邮政编码	527200	法人姓名	胡卓山
评定时间	2014.9.2	注册日期	2006.6.1	报关有效期	长期	注册资本	1490万美元
主营范围	生产、销售高频开关式电源、高频元件、调幅器、调谐器、电线产品、磁性电子元件及注塑产品、电子线路板及其配件，进出口上述产品同类商品。（涉及配额许可证管理、专项规定管理的商品按照国家有关规定办理）						

企业名称	广东凌丰集团股份有限公司			海关编码	4429963008	所属海关	云浮海关
通讯地址	广东省云浮市新兴县广兴大道东凌丰工业园			邮政编码	527400	法人姓名	叶灿雄
评定时间	2012.2.2	注册日期	2006.6.2	报关有效期	长期	注册资本	10448万人民币
主营范围	不锈钢系列产品，家用电器产品及其相关配件、设备、包装物，指纹识别技术系列产品的生产和销售；货物和技术进出口；房地产开发、销售、租赁及其物业管理；餐饮业、旅游业的经营（分支机构经营）。（依法须经批准的项目，经相关部门批准后方可开展经营活动）						

企业名称	佛山佛塑科技集团股份有限公司			海关编码	4406910085	所属海关	佛山海关
通讯地址	广东省佛山市禅城区汾江中路85号			邮政编码	528000	法人姓名	李曼莉
评定时间	2013.8.7	注册日期	2001.7.4	报关有效期	长期	注册资本	91883.23万人民币
主营范围	生产和销售各类高分子聚合物、塑料化工新材料、塑料制品、包装及印刷品复合制品、热缩材料、工程塑料制品、建筑及装饰材料等。						

企业名称	佛山市亿达胶粘制品有限公司			海关编码	4406930359	所属海关	佛山海关
通讯地址	广东省佛山市五峰四路尾大江工业区			邮政编码	528000	法人姓名	高翾
评定时间	2010.2.8	注册日期	1993.9.10	报关有效期	长期	注册资本	1412.55万美元
主营范围	生产经营各种胶粘制品、胶粘材料、聚合、涂布，加工生产相关产品，提供有关的技术性服务。						

企业名称	宗申・比亚乔佛山摩托车企业有限公司			海关编码	4406930451	所属海关	佛山海关
通讯地址	广东省佛山市禅城区振兴路			邮政编码	528000	法人姓名	胡显源
评定时间	2011.1.25	注册日期	1995.2.9	报关有效期	长期	注册资本	2980 万美元
主营范围	生产经营摩托车、踏板车、助动车、电动自行车、发动机和零配件，提供售后服务，进出口非自产的摩托车、踏板车、助动车、发动机和零配件，提供佣金代理（拍卖除外）和零售业务及相关产品的售后服务。（零售不设店铺，不涉及国营贸易商品，涉及配额、许可证管理商品的，按国家有关规定办理申请）						

企业名称	汤姆森广东显示器件有限公司			海关编码	4406930536	所属海关	佛山海关
通讯地址	广东省佛山市季华六路 24 号			邮政编码	528000	法人姓名	HARISH SOOD
评定时间	2008.10.31	注册日期	1996.1.10	报关有效期	长期	注册资本	21240 万美元
主营范围	制造、销售彩色显像管及彩色显像管、显示器件的零配件。						

企业名称	佛山电器照明股份有限公司			海关编码	4406930590	所属海关	佛山海关
通讯地址	广东省佛山市禅城区汾江北路 64 号			邮政编码	528000	法人姓名	潘杰
评定时间	2008.10.31	注册日期	1998.10.27	报关有效期	长期	注册资本	97856.37 万人民币
主营范围	研究、开发、生产电光源产品、电光源设备、电光源配套器件、电光源原材料、灯具及配件、电工材料、机动车配件、家用电器、电器开关、插座、消防产品、通风及换气设备、LED 产品、锂离子电池及其材料，在国内外市场上销售上述产品，提供有关的工程咨询服务。						

企业名称	腾龙光学（佛山）有限公司			海关编码	4406940061	所属海关	佛山海关
通讯地址	广东省佛山市城西工业开发区朗宝西路			邮政编码	528000	法人姓名	志村忠宽
评定时间	2008.10.31	注册日期	1997.10.28	报关有效期	长期	注册资本	2500 万美元
主营范围	生产照相机、摄像机、数码照相机、监视照相机用镜头、各种精密光学仪器用镜头、CCTV 闭路电视监测器、各种精密光学镜头零配件、镜头零件加工治工具及模具、数字高亮度液晶投影机光电动力装置、数码照相机交换镜头、CCTV 照相机用镜头、数码投影机用镜头、数码摄像机用镜头、手提电话用数码镜头、电脑用数码镜头、车载安全用光学镜头组件、高精度模具、各种数码光学镜头用电子元件、汽车照明用装置及零配件，从事上述产品专用制造设备的装配、销售和售后维修，从事模具的研究和开发，从事镜头产品及其相关组件、包装材料、零部件及辅助性生产用品的批发、零售及进出口业务。						

企业名称	欧司朗（中国）照明有限公司			海关编码	4406940120	所属海关	佛山海关
通讯地址	广东省佛山市工业北路 1 号			邮政编码	528000	法人姓名	Shengpo Wu
评定时间	2008.10.31	注册日期	2002.5.22	报关有效期	长期	注册资本	3988.08 万欧元
主营范围	生产、加工、开发、销售电光源产品、各类灯具、相关控制器件和附属配件，提供公司产品的安装、维修、售后服务，组织相关的业务培训和咨询服务，从事上述同类商品的批发、佣金代理（拍卖除外）、进出口业务及相关的贸易咨询（不设店铺经营，涉限、涉证产品除外），向关联公司（包括海外）提供会计、财务管理等相关服务，生产、销售电光源生产设备并提供技术支持。（以上经营范围涉及法律、行政法规限制项目的须凭相关许可证经营）						

企业名称	佛山华国光学器材有限公司	海关编码	4406940256	所属海关	佛山海关
通讯地址	广东省佛山市禅城区张槎长虹东路3号	邮政编码	528000	法人姓名	陈庆棋
评定时间	2008.11.3 注册日期 2007.12.18	报关有效期	长期	注册资本	4840.43万美元
主营范围	生产经营光学器材透镜、光学镜头及组件、光学仪器及组件、投影机、数字照相机关键件（高精度光学镜片），产品内外销售。				

企业名称	利乐包装（佛山）有限公司	海关编码	4406940333	所属海关	佛山海关
通讯地址	广东省佛山市禅城区港口路13号	邮政编码	528041	法人姓名	STEVE YIN
评定时间	NULL 注册日期 1995.1.13	报关有效期	长期	注册资本	6700万美元
主营范围	生产经营利乐包装材料及制品，从事包装装潢印刷品印刷，从事利乐饮料和乳制品的加工和包装设备的经营性租赁业务，从事利乐饮料和乳制品的加工和包装设备及相关零部件的进出口、批发业务（不涉及国营贸易管理商品，涉及配额、许可证管理商品的，按国家有关规定办理），提供相关设备的安装、维修业务（包括设备维修保养等技术服务和培训业务）。				

企业名称	佛山市国星光电股份有限公司	海关编码	4406960717	所属海关	佛山海关
通讯地址	广东省佛山市禅城区华宝南路18号	邮政编码	528000	法人姓名	王垚浩
评定时间	2008.11.3 注册日期 2007.10.24	报关有效期	长期	注册资本	43000万人民币
主营范围	制造、销售光电半导体器件、光电显示器件、LED显示屏、交通信号灯、光电半导体照明灯具灯饰、半导体集成电路、光电模组、电子调谐器及其他电子部件和组件，承接光电显示工程等。				

企业名称	广东溢达纺织有限公司	海关编码	4406944069	所属海关	高明海关
通讯地址	广东省佛山市高明区沧江出口加工区	邮政编码	528500	法人姓名	车克焘
评定时间	2008.10.31 注册日期 2000.9.13	报关有效期	长期	注册资本	29300万美元
主营范围	生产和销售纺织原料、纺织制品及各种纱、布、服装、服饰、鞋、帽、制衣辅料、印花、塑料制品、包装材料、缝纫附件，从事上述产品、日用百货、金银饰品、珠宝首饰、陶瓷制品、家具、工艺品、香水、化妆品、文具、玩具及纺织企业所需的原材料、化工产品、仪器仪表、机械设备及零配件的批发、零售、进出口及相关配套业务（不涉及国营贸易管理商品，涉及配额、许可证管理商品的，按国家相关规定办理申请），从事电子商务（不得从事增值电信、金融业务），从事包装装潢印刷品印刷（凭有效许可证经营），发电、供热（汽）、供水。				

企业名称	佛山市佳利达环保科技股份有限公司	海关编码	4406937353	所属海关	三水码头
通讯地址	广东省佛山市三水工业园区大塘园兴唐路10号	邮政编码	528143	法人姓名	姚颖
评定时间	2014.2.10 注册日期 2008.8.22	报关有效期	长期	注册资本	15502万港币
主营范围	梳织布等高档织物面料的织染及后整理加工，蒸汽的生产、供应、销售，服装的生产、销售，热电厂发电及电力销售，物业管理。（依法须经批准的项目，经相关部门批准后方可开展经营活动）				

企业名称	佛山明宝复合塑料有限公司	海关编码	4406947189	所属海关	三水码头
通讯地址	广东省佛山市三水区乐平镇西乐大道东25号	邮政编码	528137	法人姓名	降矢寿之
评定时间	2013.3.11 注册日期 2007.6.28	报关有效期	长期	注册资本	80000万日元
主营范围	工程塑料和塑料合金的生产、销售及技术咨询、检测等与其相关的所有配套服务，上述同类产品及其原料、添加剂和强化剂（危险化学品除外）的批发。（涉及专项规定管理的商品按照国家有关规定办理）				

企业名称	韶能集团韶关宏大齿轮有限公司			海关编码	4402910044	所属海关	韶关海关
通讯地址	广东省韶关市沐溪工业园沐溪三路			邮政编码	512029	法人姓名	陈昌镇
评定时间	2014.8.12	注册日期	2011.12.23	报关有效期	长期	注册资本	10123.23 万人民币
主营范围	制造、销售汽车齿轮、汽车传动件、机械零件、模具、刀具，销售钢材、化工产品（危险、剧毒品除外）、计算机软硬件、办公设备，提供计算机应用系统技术服务，从事计算机应用方案咨询、设计、制作，从事计算机网络安装、计算机硬件维修，经营本企业自产产品及技术的出口业务，经营本企业生产所需的原辅材料、仪表仪器、机械设备、零配件及技术的进口业务。（以上经营项目法律、法规规定在登记前须报经有关部门审批的项目除外，法律、法规禁止的项目除外，法律、行政法规限制的项目取得许可后方可经营）						

企业名称	广东韶钢松山股份有限公司			海关编码	4402914005	所属海关	韶关海关
通讯地址	广东省韶关市曲江县马坝			邮政编码	512123	法人姓名	王三武
评定时间	2009.2.1	注册日期	2003.11.6	报关有效期	长期	注册资本	241952.44 万人民币
主营范围	制造、加工、销售钢铁冶金产品、金属制品、焦炭、煤化工产品，提供技术开发、转让、引进与咨询服务，出口本企业自产产品及技术，进口本企业所需的机械设备、零配件、原辅材料及技术（国家限定公司经营或禁止进出口的商品及技术除外），进口废钢、废铜、废铝、废纸、废塑料（具体按〔2003〕粤外经贸发登记字第 139 号文经营），从事普通货运。（以上经营项目法律、法规规定在登记前须报经有关部门审批而没审批的除外，法律、法规禁止的除外，法律、行政法规限制的取得许可后方可经营，依法须经批准的项目，经相关部门批准后方可开展经营活动）						

企业名称	镇泰（广东）工业有限公司			海关编码	4402940023	所属海关	韶关海关
通讯地址	广东省韶关市武江区西郊六公里建设路西侧			邮政编码	512028	法人姓名	黄铁城
评定时间	2011.10.21	注册日期	1997.12.19	报关有效期	长期	注册资本	1050 万美元
主营范围	生产娃娃服装，塑料、金属、毛绒、电子等玩具，玩具模具，制衣，袋，日用纺织品，塑料制品及轻工制品；产品全部外销。						

企业名称	韶关旭日国际有限公司			海关编码	4402940061	所属海关	韶关海关
通讯地址	广东省韶关市沐溪工业园			邮政编码	512026	法人姓名	陈广胜
评定时间	2013.4.12	注册日期	2007.9.5	报关有效期	长期	注册资本	50000 万港币
主营范围	生产塑料五金电子玩具、服装、手袋、背包、电子电视游戏机、摄录机、家电音响、文具用品、旅行袋、塑胶工模、游乐车、纸箱、鞋类和纸制品，产品内外销售。						

企业名称	政星塑料制品（河源）有限公司			海关编码	4416940010	所属海关	穗河源关
通讯地址	广东省河源市明珠科技工业园			邮政编码	517000	法人姓名	吴进龙
评定时间	2009.1.15	注册日期	2002.12.6	报关有效期	长期	注册资本	1650 万美元
主营范围	生产塑胶日用品、塑胶玩具、塑胶调味用具、家庭日用品、木器制品、金属制品、纺织制品，产品全部外销。						

企业名称	河源龙记金属制品有限公司			海关编码	4416940086	所属海关	穗河源关
通讯地址	广东省河源市高新技术开发区龙记大道			邮政编码	517003	法人姓名	邵玉龙
评定时间	2013.5.14	注册日期	2002.12.10	报关有效期	长期	注册资本	55087 万港币
主营范围	生产和设计精密型腔模、模具标准件，销售公司自产产品。						

企业名称	宝嘉怡升制衣厂（河源）有限公司			海关编码	4416940117	所属海关	穗河源关
通讯地址	广东省河源大道 380~388 号			邮政编码	517000	法人姓名	李国栋
评定时间	2009.11.23	注册日期	2002.1.22	报关有效期	长期	注册资本	12000 万港币
主营范围	生产和销售各类型针梭织服装，印染及后整理加工高纺真化纤及高档织物面料，产品国内外销售。						

企业名称	西可通信技术设备（河源）有限公司			海关编码	4416940182	所属海关	穗河源关
通讯地址	广东省河源市高新技术开发区			邮政编码	517000	法人姓名	何宁宁
评定时间	2009.1.15	注册日期	2004.12.8	报关有效期	长期	注册资本	4900 万美元
主营范围	生产、研发和销售自产的手机、移动通信设备、通信终端、数字数码电子设备、便携式微型计算机、精密工模具、新型电子元器件、第三代移动通信系统手机等产品及相关零部件和配套产品，产品 30% 外销。						

企业名称	精电（河源）显示技术有限公司			海关编码	4416940189	所属海关	穗河源关
通讯地址	广东省河源市河源大道南 128 号			邮政编码	517000	法人姓名	蔡东豪
评定时间	2009.1.15	注册日期	2005.3.10	报关有效期	长期	注册资本	77642 万港币
主营范围	生产、销售平面显示片、显示模块、触摸屏及其他电子产品，产品国内外销售。						

企业名称	紫金县新基眼镜五金配件有限公司			海关编码	4416942008	所属海关	穗河源关
通讯地址	广东省河源市紫金县（古竹）经济开发试验区			邮政编码	517000	法人姓名	陈智燊
评定时间	2013.12.12	注册日期	2002.12.19	报关有效期	长期	注册资本	10020 万港币
主营范围	金属、塑胶眼镜架及配件的生产、销售。						

企业名称	龙川兴莱鞋业有限公司			海关编码	4416945001	所属海关	穗河源关
通讯地址	广东省龙川县新城开发区 5 号小区			邮政编码	517300	法人姓名	黄世豪
评定时间	2009.1.15	注册日期	2001.6.5	报关有效期	长期	注册资本	22000 万港币
主营范围	制造、加工、经销各种鞋及鞋材，产品国内外销售。						

企业名称	力升树灯（河源）有限公司			海关编码	4416946007	所属海关	穗河源关
通讯地址	广东省东源县仙塘工业园			邮政编码	517000	法人姓名	郑钟伟
评定时间	2014.9.2	注册日期	2004.5.17	报关有效期	长期	注册资本	39000 万港币
主营范围	生产和销售灯串、圣诞树、灯饰、饰物、线材、波丽工艺制品、五金、网布、塑胶制品、吹气制品和家私（非木质）、电子电器（变压器、开关电源等），产品国内外销售。						

黄埔关区

企业名称	广州文冲船厂有限责任公司			海关编码	4401910028	所属海关	黄埔老港海关
通讯地址	广东省广州黄埔区文船路 1 号			邮政编码	510727	法人姓名	陈忠前
评定时间	2008.10.17	注册日期	2001.8.3	报关有效期	长期	注册资本	88454.98 万人民币
主营范围	船舶及辅机、通用设备、通用零配件、金属结构及构件、化工管道、环保设备的设计、制造、安装、修理，海洋工程施工，本企业自产机电产品、成套设备及相关技术的出口，本企业生产、科研所需的原辅材料、机械设备、仪器仪表、备品备件、零配件配件及技术的进口（国家实业核定公司经营的 14 种商品除外），本企业“三来一补”业务，物资储存（含保税仓库）、普通货运（有效期至 2015 年 4 月 18 日）、装卸搬运货物。						

企业名称	广汽本田汽车有限公司			海关编码	4401930150	所属海关	黄埔老港海关
通讯地址	广东省广州市黄埔区广本路 1 号			邮政编码	510700	法人姓名	张房有
评定时间	2008.10.17	注册日期	1998.8.7	报关有效期	长期	注册资本	28329 万美元
主营范围	汽车零部件及配件制造（不含汽车发动机制造），汽车零配件批发。（具体经营范围以审批机关核定的为准，涉及许可项目的，以许可审批部门核定的为准）						

企业名称	东风本田发动机有限公司			海关编码	4401930151	所属海关	黄埔老港海关
通讯地址	广东省广州市黄埔横沙广本路 111 号			邮政编码	510700	法人姓名	蔡玮
评定时间	2008.10.17	注册日期	1998.7.1	报关有效期	长期	注册资本	12158.35 万美元
主营范围	开发、生产轿车用发动机、变速器及其零部件，销售自产发动机、变速器等产品，提供相应的售后服务。						

企业名称	鸟取三洋电机（广州）有限公司			海关编码	4401930167	所属海关	黄埔老港海关
通讯地址	广东省广州市黄埔区兴达路 3 号			邮政编码	510760	法人姓名	三木清实
评定时间	2008.10.17	注册日期	1995.12.15	报关有效期	长期	注册资本	2205 万美元
主营范围	研制、生产、加工办公设备类电子产品、通讯设备配套电子产品、汽车配套用电子产品，从事上述产品及其同类产品（国营贸易管理的商品除外）、配件的批发、零售（店铺另行报批）和进出口业务，提供产品售后服务、技术指导和技术服务，生产医疗器械（Ⅱ类：6857 消毒和灭菌设备及器具）。（法律、法规禁止经营的不得经营，涉及配额、许可证管理及专项规定管理的商品按国家有关规定办理申请）						

企业名称	广元（广州）科技有限公司			海关编码	4401940185	所属海关	黄埔老港海关
通讯地址	广东省广州市黄埔区云埔工业区东诚片康达路 9 号			邮政编码	510760	法人姓名	简明仁
评定时间	2008.10.17	注册日期	2002.5.15	报关有效期	长期	注册资本	2520 万美元
主营范围	生产、加工光电子器件、新型高精度多层及混合集成电路板新型电子元器件、柔性线路板，销售本企业产品（涉证产品除外），提供售后服务。（法律、法规禁止的不得经营，涉及许可经营的凭许可证经营）						

企业名称	思瑞克斯（广州）电器有限公司			海关编码	4401940194	所属海关	黄埔老港海关
通讯地址	广东省广州市黄埔区夏园路 383 号			邮政编码	510735	法人姓名	保尔·哈森
评定时间	2014.3.10	注册日期	2003.6.1	报关有效期	长期	注册资本	1242 万美元
主营范围	设计、生产新型电子元器件、电器、家庭净水装置及其相关配件，提供相关的售后服务和技术咨询，销售本公司产品，从事上述产品及同类产品的批发、零售（店铺另行报批）和进出口业务。（法律、法规禁止经营的不得经营，涉及配额、许可证管理、专项规定管理的商品按国家有关规定办理申请）						

企业名称	广州务冠电子有限公司			海关编码	4401940200	所属海关	黄埔老港海关
通讯地址	广东省广州市黄埔区云埔工业区埔南路59号			邮政编码	510760	法人姓名	酒井纪之
评定时间	2008.12.5	注册日期	2003.12.30	报关有效期	长期	注册资本	1520万美元
主营范围	开发、生产半导体、元器件专用材料、新型仪表元器件及材料、新型电子元器件，销售本企业产品，提供相关的技术咨询服务，批发光学、照相、计量、检验、精密仪器及设备和钟表及上述产品的零件、附件等商品，从事佣金代理（拍卖除外）、进出口业务及其他相关配套业务（涉及配额许可证管理、专项规定的商品按国家有关规定办理），从事包贵金属制的首饰、仿首饰及其零件、附件的批发、佣金代理（拍卖除外）、进出口及其他相关配套业务（不设店铺，涉及配额许可证管理、专项规定管理的商品按国家有关规定办理），从事钟表修理业务，提供仓储、包装、配送服务。（法律、法规禁止经营的不得经营，涉及配额、许可证管理及专项规定管理的商品按国家有关规定办理申请）						

企业名称	广州天赐高新材料股份有限公司			海关编码	4401960004	所属海关	黄埔老港海关
通讯地址	广东省广州市黄埔区云埔工业区东诚片康达路8号			邮政编码	510760	法人姓名	徐金富
评定时间	2013.12.9	注册日期	2001.11.7	报关有效期	长期	注册资本	12041.32万人民币
主营范围	非食用植物油加工，无机酸（监控化学品、危险化学品除外）、无机碱（监控化学品、危险化学品除外）、有机化学原料（监控化学品、危险化学品除外）、染料、初级形态塑料及合成树脂（监控化学品、危险化学品除外）、合成橡胶（监控化学品、危险化学品除外）及其他合成材料制造（监控化学品、危险化学品除外），化学试剂和助剂（监控化学品、危险化学品除外）、专项化学用品（监控化学品、危险化学品除外）、林产化学产品（监控化学品、危险化学品除外）、信息化学品（监控化学品、危险化学品除外）、环境污染处理专用药剂材料（监控化学品、危险化学品除外）、肥皂及合成洗涤剂、化妆品、口腔清洁用品及其他日用化学产品制造（监控化学品、危险化学品除外），日用及医用橡胶制品、石墨及碳素制品、日用化工专用设备、其他电池（光伏电池除外）及锂离子电池制造，污水处理及其再生利用，化妆品及卫生用品批发、零售，贸易代理，企业总部管理，工程和技术研究、试验发展，生物技术、新材料技术、节能技术推广服务，水资源管理，货物进出口（专营专控商品除外），技术进出口。						

企业名称	广州南大地纺织服装有限公司			海关编码	4401921464	所属海关	新塘海关
通讯地址	广东省增城市沙埔镇工业开发区			邮政编码	511340	法人姓名	吴毅强
评定时间	2009.8.10	注册日期	1999.8.2	报关有效期	长期	注册资本	1178万美元
主营范围	生产各种色织布、服装辅料及各式服装，销售本企业产品（涉证产品除外）。						

企业名称	广州电装有限公司			海关编码	4401931326	所属海关	新塘海关
通讯地址	广东省增城市永宁街创强路171号（增城经济技术开发区内）			邮政编码	511358	法人姓名	鹿村秋男
评定时间	2011.9.29	注册日期	2003.9.22	报关有效期	长期	注册资本	2302.24万美元
主营范围	组装、加工、生产汽车空调、铝散热器总成、散热器总成用电动风扇、冷凝器总成用电动风扇、客车单冷式空调及其他汽车零配件，销售本企业产品，批发、进出口公司生产产品同类商品，提供售后服务。（不设店铺，涉及配额许可证管理、专项规定管理的商品按照国家有关规定办理）						

企业名称	五羊—本田摩托（广州）有限公司			海关编码	4401931339	所属海关	新塘海关
通讯地址	广东省增城市新塘镇永和新新六路 1 号			邮政编码	511356	法人姓名	李少
评定时间	2009.1.8	注册日期	2006.4.18	报关有效期	长期	注册资本	4900 万美元
主营范围	生产摩托车及其零部件，销售本企业产品，提供售后服务，进口、批发、零售摩托车 CB250P 及其零配件。（涉及配额许可证管理、专项规定管理的商品按照国家有关规定办理）						

企业名称	广州福耀玻璃有限公司			海关编码	4401931340	所属海关	新塘海关
通讯地址	广东省增城市新塘镇荔新公路段			邮政编码	511340	法人姓名	曹德旺
评定时间	2013.2.26	注册日期	2006.7.6	报关有效期	长期	注册资本	7500 万美元
主营范围	生产特种玻璃，销售本公司产品。						

企业名称	广州市新豪精密五金制品有限公司			海关编码	4401941320	所属海关	新塘海关
通讯地址	广东省增城市仙村镇岳湖村上围沙河社			邮政编码	511335	法人姓名	刘兆聪
评定时间	2011.12.5	注册日期	2002.11.26	报关有效期	长期	注册资本	74200 万港币
主营范围	生产大容量光磁盘驱动器及其部件、精密轴承及各主机专用轴承、汽车关键零部件、灯具，销售本企业产品，出租自有物业。						

企业名称	广州晖腾纺织有限公司			海关编码	4401941325	所属海关	新塘海关
通讯地址	广东省增城市石滩镇岗贝村			邮政编码	511330	法人姓名	顾扬
评定时间	2008.12.5	注册日期	2003.1.20	报关有效期	长期	注册资本	8050 万港币
主营范围	生产色纱、针织服装，销售本企业产品（涉证产品除外）。						

企业名称	荣阳铝业（中国）有限公司			海关编码	4401941467	所属海关	新塘海关
通讯地址	广东省增城市荔城镇西郊（市柑桔场内）			邮政编码	511300	法人姓名	潘孟潮
评定时间	2009.8.10	注册日期	2006.4.28	报关有效期	长期	注册资本	10680 万美元
主营范围	金属门窗、建筑及家具用金属配件、金属建筑装饰材料、金属制滑轨的制造，金属表面处理及热处理加工，金属日用杂品、电器辅件、配电或控制设备零件制造，五金、金属装饰材料零售，五金产品、金属制品批发，道路货物运输。						

企业名称	广州侠哥鞋业有限公司			海关编码	4401941482	所属海关	新塘海关
通讯地址	广东省增城市三江镇元岗村			邮政编码	511325	法人姓名	张进荣
评定时间	2012.1.5	注册日期	2004.10.22	报关有效期	长期	注册资本	2500 万港币
主营范围	生产、加工鞋类制品，销售本企业产品。						

企业名称	广州豪进摩托车股份有限公司			海关编码	4401961019	所属海关	新塘海关
通讯地址	广东省增城市新塘镇荔新公路上邵工业区			邮政编码	511340	法人姓名	吴龙斌
评定时间	2013.11.5	注册日期	2003.1.6	报关有效期	长期	注册资本	10000 万人民币
主营范围	制造、销售豪进牌、凌肯牌系列摩托车及配件，销售小礼物，出口本企业自产产品及相关技术，进口本企业生产、科研所需的原辅材料、机械设备、仪器仪表、零配件及相关技术（国家限定公司经营或禁止进出口的商品及技术除外），设计、制作、代理、发布国内外各类广告，提供普通货运服务（有限期至 2014 年 3 月 31 日）。						

企业名称	广州增城市广英服装有限公司			海关编码	4401961040	所属海关	新塘海关
通讯地址	广东省增城市新塘镇沙埔大道			邮政编码	511338	法人姓名	吴毅强
评定时间	2014.1.13	注册日期	2014.3.17	报关有效期	长期	注册资本	800 万人民币
主营范围	制造、加工、批发、零售服装、纺织品、布匹、纺纱、皮棉、眼镜、皮袋、皮带、配饰、鞋、帽、袜、手套、手表，出口本企业自产产品及技术，进口本企业所需的机械设备、零配件、原辅材料及技术（国家限定公司经营或禁止进出口的商品及技术除外），进出口及代理货物、技术（法律、行政法规禁止的项目除外，法律、行政法规限制的项目须取得许可后方可经营），开发房地产。						

企业名称	广州江河幕墙系统工程有限公司			海关编码	4401961271	所属海关	新塘海关
通讯地址	广东省增城市新塘镇创新大道 25 号			邮政编码	511340	法人姓名	祁宏伟
评定时间	2014.1.27	注册日期	2009.6.2	报关有效期	长期	注册资本	20000 万人民币
主营范围	设计建筑幕墙工程、建筑装饰，承包境外建筑幕墙工程和境内国际招标工程，制造、批发、零售各类幕墙、门窗、钢结构产品、玻璃、铝材、石材、钢材、金属五金制品，提供幕墙技术开发、咨询服务，经营货物进出口和技术进出口业务。（法律、行政法规禁止的项目除外，法律、行政法规限制的项目须取得许可后方可经营）						

企业名称	广东生益科技股份有限公司			海关编码	4419930133	所属海关	东莞海关
通讯地址	广东省东莞市松山湖高新技术产业开发区工业西路 5 号			邮政编码	523039	法人姓名	李锦
评定时间	2009.8.10	注册日期	1994.8.2	报关有效期	长期	注册资本	142301.83 万人民币
主营范围	生产和销售覆铜板，粘结片，印刷线路板，陶瓷电子原件，液晶产品，电子级玻璃布，环氧树脂，铜箔，电子用挠性材料、显示材料、封装材料、绝缘材料；出租自有房屋；从事非配额许可证管理、非专营商品的收购出口业务；提供产品服务、技术服务、咨询服务、加工服务和佣金代理（拍卖除外）。						

企业名称	东莞通华液晶有限公司			海关编码	4419930321	所属海关	东莞海关
通讯地址	广东省东莞市东城区周屋工业区			邮政编码	523118	法人姓名	黄华达
评定时间	2013.11.5	注册日期	1994.3.23	报关有效期	长期	注册资本	750 万美元
主营范围	生产和销售 TFT-LCD 平板显示屏、显示屏材料（液晶显示板、液晶显示片模块）。						

企业名称	东莞东骏电器有限公司			海关编码	4419932217	所属海关	东莞海关
通讯地址	广东省东莞市南城区周溪村			邮政编码	523077	法人姓名	欧润平
评定时间	2008.12.5	注册日期	1995.11.14	报关有效期	长期	注册资本	6088 万人民币
主营范围	生产和销售变压器、变压器铁芯、变压器铁片、卷钢分条、电机铁芯。（涉证及涉限产品除外）						

企业名称	东莞石龙京瓷有限公司			海关编码	4419932330	所属海关	东莞海关
通讯地址	广东省东莞市石龙镇新城区京瓷路 8 号			邮政编码	523326	法人姓名	山口悟郎
评定时间	2008.12.5	注册日期	1995.8.27	报关有效期	长期	注册资本	47220.2 万港币
主营范围	开发、生产和销售照相机及其零部件（照相机自产零部件达整机价值 40% 以上）、镜头、闪光灯、数码照相机及关键件、无机非金属材料及制品（特种陶瓷：高性能陶瓷工具、高性能复合材料、人工晶体、高性能切削工具）、新型电子元器件（敏感元器件；热敏记录头，光电子器件；发光二极管记录头，混合集成电路：LED、TPH 彩色打印机机头的驱动电路）、新型平板显示器件（液晶显示器）、无机非金属材料及制品（特种陶瓷：高性能民用品）、TFT-LCD 平板显示屏、显示屏材料（背光源和驱动器）、精度 2400dbi 及以上高分辨率彩色打印机机头、打印机零部件，提供相关的售后服务，生产和销售静电容量式触摸屏。						

企业名称	京瓷办公设备科技（东莞）有限公司			海关编码	4419932518	所属海关	东莞海关
通讯地址	广东省东莞市石龙镇方正东路 3 号			邮政编码	523326	法人姓名	驹口克已
评定时间	2008.12.5	注册日期	2001.12.30	报关有效期	长期	注册资本	5670 万美元
主营范围	生产、销售数码复印机、激光打印机等办公设备及其相关零部件；批发、进出口数码复印机、激光打印机等办公设备及其相关零部件，数码复印机、激光打印机等办公设备及其相关零部件生产用模具、设备、工具、治具及相关配件（不设店铺经营，涉及配额许可证管理、专项规定管理的业务按国家有关规定办理）；生产和销售数码复印机、激光打印机等办公设备及其相关零部件生产用模具、设备、工具、治具及其相关配件；提供相关技术支持和咨询等服务。（涉限除外，涉及国家专项规定的按有关规定办理）						

企业名称	东莞建晖纸业有限公司			海关编码	4419932553	所属海关	东莞海关
通讯地址	广东省东莞市中堂镇潢涌村			邮政编码	523221	法人姓名	黎桂华
评定时间	2013.12.9	注册日期	2003.3.25	报关有效期	长期	注册资本	100000 万港币
主营范围	生产和销售高档纸（新闻纸除外），收购废纸（限公司自用），从事普通货运（集装箱）。（凭许可证经营）						

企业名称	广东理文造纸有限公司			海关编码	4419932666	所属海关	东莞海关
通讯地址	广东省东莞市洪梅镇河西工业区			邮政编码	523160	法人姓名	李文斌
评定时间	2014.1.13	注册日期	2008.11.21	报关有效期	长期	注册资本	68000 万美元
主营范围	生产和销售高档纸及纸板（新闻纸除外）。						

企业名称	广东惠伦晶体科技股份有限公司			海关编码	4419932669	所属海关	东莞海关
通讯地址	广东省东莞市黄江镇东环路鸡啼岗段 36 号			邮政编码	523757	法人姓名	赵积清
评定时间	2014.8.22	注册日期	2010.10.19	报关有效期	长期	注册资本	12619.42 万人民币
主营范围	设计、生产和销售新型电子元器件（频率控制与选择元器件）。						

企业名称	东莞理文造纸厂有限公司			海关编码	4419932671	所属海关	东莞海关
通讯地址	广东省东莞市中堂镇潢涌村			邮政编码	523221	法人姓名	李文斌
评定时间	2011.12.5	注册日期	2010.11.1	报关有效期	长期	注册资本	15648 万美元
主营范围	生产和销售纸及纸制品。（涉限涉证及涉国家宏观调控行业除外，涉及国家专项规定的按有关规定办理）						

企业名称	东莞三星电机有限公司		海关编码	4419940012	所属海关	东莞海关
通讯地址	广东省东莞市寮步镇横坑村		邮政编码	523413	法人姓名	徐忠烈
评定时间	2010.12.27	注册日期	1993.8.16	报关有效期	长期	注册资本	6610 万美元
主营范围	生产和销售新型电子元器件和大容量光、磁盘驱动器及部件，以及精冲模和精密型腔模、开关型电源、注塑件、五金冲压件等；国内外采购电子零部件的批发、出口及售后服务。						

企业名称	台达电子（东莞）有限公司		海关编码	4419940353	所属海关	东莞海关	
通讯地址	广东省东莞市石碣镇鹤田厦村		邮政编码	523290	法人姓名	柯子兴	
评定时间	2012.10.22	注册日期	1994.1.10	报关有效期	长期	注册资本	9781 万美元
主营范围	生产和销售变压器、电源供应器、日光灯稳压器、电源转换器、混模线路板（不含酸洗、腐蚀工序）、扫描器、直流电源转换器、温度感应器、充电器、充电电池、充电电池半成品、不间断电源器、开关电源器、变频器、电压控制振荡器、微型数字式处理机、微型计算机、新型显示器件（平板液晶投影显示器、液晶投影机、平板显示器）、数字有线电视系统设备（有线数字电视接收机）、新型电子元器件（片式元器件，贴片电感，敏感元器件及传感器，互感器，新型机电元件，微型马达组件，微型直流风扇，无刷化、智能化的微、轻、薄微特电机，无刷化电机，无刷化马达）、宽带接入网通讯系统设备（包括调制解调器、路由器、介面转换器、集线器、以太网交换器、分离器、网络卡及其配件）、高档服务器、电子零配件、精密模具、发光二极体照明模组、排风扇、风力发电机、五金制品、光学驱动模型、LED 路灯、散热器、散热片、集线器半成品、五金冲压件、矽（镍）钢片冲压件、五金模具、电子塑胶制品、大容量光磁盘驱动器及其部件（移动存储器）、电子专用设备（包括变压器、滤波器、电感器、微型马达组件）、电子专用测试仪器（感测器）、电子专用工模具，批发电子产品、家用电器、通讯产品、网络产品、塑胶五金产品、电脑及其周边设备（不设店铺，不涉及国营贸易管理商品，涉及配额许可证管理、专项规定管理的商品按国家有关规定办理），设计、安装LED 照明产品应用（取得相关认证后方可经营），提供仓储服务（不含危险化学品仓储）。（涉限除外，涉及国家专项规定的按有关规定办理）							

企业名称	东莞友华电子有限公司		海关编码	4419940472	所属海关	东莞海关	
通讯地址	广东省东莞市寮步镇富竹山村		邮政编码	523406	法人姓名	松本信行	
评定时间	2009.1.8	注册日期	1994.6.11	报关有效期	长期	注册资本	1030 万美元
主营范围	生产和销售天线及配套件、汽车用中继导线及配套件、电子元件及配件、新型电子元器件（新型机电元件：精密电子接插件）、电子元器件检测用工件夹具，批发、进出口天线及配套件（涉及卫星电视广播地面接收设施及其关键件等限制类产品除外）、汽车用中继导线及配套件、电子元件及配件、新型电子元器件。（不设店铺，以上不涉及国营贸易、进出口配额许可证、出口配额招标、出口许可证等专项管理的商品）							

企业名称	东莞铁和金属制品有限公司		海关编码	4419940725	所属海关	东莞海关	
通讯地址	广东省东莞市南城区周溪隆溪工业区		邮政编码	523077	法人姓名	藤本裕次	
评定时间	2008.10.31	注册日期	1995.9.12	报关有效期	长期	注册资本	1000 万美元
主营范围	生产和销售剪切、冲压复印机、打印机、微型电脑、电源箱、马达等的金属零配件、外壳及钢件等。（涉及许可证的项目，须领证后经营）							

企业名称	东莞广达塑胶制品有限公司		海关编码	4419940737	所属海关	东莞海关	
通讯地址	广东省东莞市大朗镇长塘村		邮政编码	523779	法人姓名	丁炜章	
评定时间	2014.9.12	注册日期	1995.10.11	报关有效期	长期	注册资本	0 港币
主营范围	生产和销售童车、童床、健身器材及五金塑胶制品（以上产品不含酸洗和电镀工序）、玩具、日用塑胶制品。（产品内外销比例按批文执行）							

企业名称	东莞东聚电子电讯制品有限公司		海关编码	4419941012	所属海关	东莞海关
通讯地址	广东省东莞市石碣新城区三横路刘屋路段		邮政编码	511724	法人姓名	潘武龙
评定时间	2012.12.10	注册日期	1995.12.21	报关有效期	长期	注册资本	4263.79 万美元
主营范围	生产扫描器、电脑插线等电脑周边配件、插座、注塑产品、电话机用零配件、五金、塑胶模具、手提式电子游戏机、空气清新器、碎纸机、装订机、除湿机、加温机、吸尘机、打孔机、幻灯机、电源延长插座、护贝机、收银机、芳香灯、过胶机、电子轨迹球、鼠标器、线路板（包括加值卡、控制卡）、控制器、充电电池、条码输入器、塑胶粒（塑胶料为新料）、电话线、电脑线等线材、镭射印表机、载波骂、信息终端集成器、多功能事务机，产品内外销比例安批文执行。（涉及及许可证的项目、须领证后才能经营）。					

企业名称	东莞利丰商标制造有限公司		海关编码	4419941055	所属海关	东莞海关
通讯地址	广东省东莞市东城区桑园社区凯旋路2号		邮政编码	523119	法人姓名	陈文昌
评定时间	2013.10.10	注册日期	1992.6.15	报关有效期	长期	注册资本	3550 万港币
主营范围	生产和销售塑胶商标、矽橡胶商标、各种皮类烙印商标、塑胶饰片、鞋材。（涉限涉证及涉国家宏观调控行业除外，涉及国家专项规定的按有关规定办理）					

企业名称	罗门哈斯电子材料（东莞）有限公司		海关编码	4419941083	所属海关	东莞海关
通讯地址	广东省东莞市东城区牛山村外经工业园		邮政编码	523128	法人姓名	陈政群
评定时间	2013.10.14	注册日期	1995.12.20	报关有效期	长期	注册资本	4778.93 万港币
主营范围	生产和销售铜添加剂、增导电性盐、铅锡添加剂等金属表面处理精细化工产品，从事批发和进出口业务，经营金属表面清洁剂、催化剂及相关配套新产品（不设店铺，涉及配额许可证管理、专项规定管理的商品按照国家有关规定办理），提供相关技术咨询服务。					

企业名称	东莞绿洲鞋业有限公司		海关编码	4419941200	所属海关	东莞海关
通讯地址	广东省东莞市厚街镇赤岭村		邮政编码	511771	法人姓名	萧瑞芬
评定时间	2014.8.22	注册日期	1998.9.7	报关有效期	长期	注册资本	2700 万美元
主营范围	生产和销售皮鞋、女鞋、运动鞋及鞋材（包括鞋面、鞋底等）（涉证产品除外），产品全部外销。					

企业名称	东莞朝阳家俱有限公司		海关编码	4419941211	所属海关	东莞海关
通讯地址	广东省东莞市黄江镇星光管理区		邮政编码	523769	法人姓名	蔡尚志
评定时间	2011.8.15	注册日期	1998.10.13	报关有效期	长期	注册资本	5300 万港币
主营范围	生产和销售家具。（涉及许可证的项目，须领证后经营）					

企业名称	达创科技（东莞）有限公司	海关编码	4419941241	所属海关	东莞海关
通讯地址	广东省东莞市石碣镇新城区	邮政编码	523308	法人姓名	郑安
评定时间	2012.10.22 注册日期 1998.12.11	报关有效期	长期	注册资本	3500 万美元
主营范围	生产和销售宽带接入网通信系统设备（包括网路卡、集线器、路由器、介面转换器、调制解调器）、大容量光磁盘驱动器及其零部件（DVD 驱动器）、节约能源开发技术（电子式镇流器）、电子专用设备（包括电源供应器、电源转换器）、集线器半成品、路由器半成品、调制解调器半成品、介面转换器半成品、伺服器、主机板、千兆比以上网络交换机、数字录放机（包括无线数字影音播放机、无线多媒体播放机）、数字放声设备（无线数字音乐播放机）、IP 数据通信系统（可视电话）、数字音视频编解码设备（视讯转换器）、卫星导航定位接收设备及关键部件。				

企业名称	东莞技嘉电子有限公司	海关编码	4419941260	所属海关	东莞海关
通讯地址	广东省东莞市黄江裕元工业区	邮政编码	523758	法人姓名	刘明雄
评定时间	2013.10.18 注册日期 1998.11.17	报关有效期	长期	注册资本	3638 万美元
主营范围	生产和销售电脑主板、微型电脑主机、电脑周边设备、高档服务器、大中型电子计算机、高端路由器，提供产品的售后服务。				

企业名称	台达电子电源（东莞）有限公司	海关编码	4419941273	所属海关	东莞海关
通讯地址	广东省东莞市石碣镇新城区	邮政编码	523308	法人姓名	柯子兴
评定时间	2010.5.14 注册日期 1999.1.26	报关有效期	长期	注册资本	4210 万美元
主营范围	生产和销售电子专用设备（包括电源供应器、电源转接器、线圈）、直流电源装换器及其半成品、电源供应器半成品、电源转接器半成品、交流供应器、电源供应器铁壳、节约能源开发技术（电子式镇流器）、自动化机器设备、高精度数字电压表、电流表（显示量程七位半以上），提供环境关联物质检测服务。（不出具证书，涉限除外，涉及国家专项规定的按有关规定办理）				

企业名称	高效电子（东莞）有限公司	海关编码	4419941352	所属海关	东莞海关
通讯地址	广东省东莞市寮步镇新城科技工业园	邮政编码	511758	法人姓名	许昆泰
评定时间	2014.9.12 注册日期 1998.12.7	报关有效期	长期	注册资本	1475 万美元
主营范围	生产和销售开关电源供应器及配套的变压器、线材、数据网络设备（涉证或限制类商品除外）、LED 照明设备，设立研发机构，研究和开发 LED 照明设备。				

企业名称	旭丽电子（东莞）有限公司	海关编码	4419941358	所属海关	东莞海关
通讯地址	广东省东莞市石碣镇科技中路	邮政编码	523302	法人姓名	宋恭源
评定时间	2014.6.17 注册日期 1999.7.15	报关有效期	长期	注册资本	480 万美元
主营范围	生产和销售电脑主机及其配件（包括显示器、鼠标等）、电脑键盘、扫描器、打印机，产品内外销比例按批文规定执行。（涉及许可证的项目，须领证后经营）				

企业名称	东莞华新电线电缆有限公司	海关编码	4419941460	所属海关	东莞海关
通讯地址	广东省东莞市大朗镇西牛陂工业区	邮政编码	523770	法人姓名	焦佑慧
评定时间	2008.10.31 注册日期 2000.1.26	报关有效期	长期	注册资本	2600 万美元
主营范围	生产和销售裸铜杆、裸铜线（涉及许可证产品除外），产品内外销比例按批文规定执行。				

企业名称	先锋高科技（东莞）有限公司			海关编码	4419941682	所属海关	东莞海关
通讯地址	广东省东莞市寮步镇广东百业工业城			邮政编码	523000	法人姓名	中根伸芳
评定时间	2009.9.23	注册日期	2000.11.23	报关有效期	长期	注册资本	3600 万美元
主营范围	生产和销售光磁盘驱动器及其部件（包括大容量 DVD 光碟机、DVD 刻录机、DVD 光碟机光学读写头、DVD 刻录机光学读写头、其他精密光电器件）、数字录放机、数字音视频编解码设备（蓝光 DVD 数字录放机、蓝光 DVD 数字播放机）、高密度数字光盘机用关键件（蓝光光学读写头、蓝光机芯）、功放音箱一体机、音视频设备及其部件、电子数码产品、通讯设备及其部件、自动化设备及其部件、汽车电子装置，进出口、批发与自产产品同类商品及其零部件，提供售后服务。（涉限涉证及涉国家宏观调控行业除外，涉及配额许可证管理、专项规定管理的按有关规定办理）						

企业名称	东莞宝星电子有限公司			海关编码	4419941796	所属海关	东莞海关
通讯地址	广东省东莞市寮步镇横坑村			邮政编码	523413	法人姓名	朴镇秀
评定时间	2014.3.10	注册日期	2001.4.18	报关有效期	长期	注册资本	3686.23 万港币
主营范围	生产和销售微型麦克风、高级电容器、新型电子元器件（敏感元器件及传感器）、喇叭、电路板、电子线、电子零配件。						

企业名称	泓凯电子科技（东莞）有限公司			海关编码	4419942004	所属海关	东莞海关
通讯地址	广东省东莞市黄江镇鸡啼岗村			邮政编码	523757	法人姓名	张灿能
评定时间	2009.6.1	注册日期	2001.7.30	报关有效期	长期	注册资本	1230 万美元
主营范围	生产和销售微型电脑及其周边设备、电子制品及配件、仪表仪器、五金塑胶制品（上述产品涉及出口许可证或限制类除外，生产过程不得含有酸洗、电镀等污染工序）、功能性主机板及网路卡、五金塑胶模具。						

企业名称	富相电子科技（东莞）有限公司			海关编码	4419942008	所属海关	东莞海关
通讯地址	广东省东莞市高埗镇低涌第三工业区			邮政编码	523270	法人姓名	潘梅玉
评定时间	2013.1.31	注册日期	2001.10.11	报关有效期	长期	注册资本	15740 万港币
主营范围	生产和销售新型平板显示器件（液晶显示器件和背光模组）。（涉及许可证的项目，须领证后经营）						

企业名称	东莞高伟光学电子有限公司			海关编码	4419942205	所属海关	东莞海关
通讯地址	广东省东莞市寮步镇横坑村景和工业区			邮政编码	523413	法人姓名	金甲喆
评定时间	2013.10.18	注册日期	2002.2.5	报关有效期	长期	注册资本	12903.6 万美元
主营范围	生产和销售数字照相机关键件、高密度数字光盘机用关键件、新型电子元器件（光电子器件：手机摄像头整套组件）。						

企业名称	科广电子（东莞）有限公司			海关编码	4419942726	所属海关	东莞海关
通讯地址	广东省东莞市寮步镇上屯工业区			邮政编码	523416	法人姓名	杨志龙
评定时间	2014.8.22	注册日期	2002.9.3	报关有效期	长期	注册资本	2720.8 万美元
主营范围	生产和销售新型电子元器件（含片式元器件），设立研发机构，研究开发新型片式元器件。						

企业名称	陆逊梯卡华宏（东莞）眼镜有限公司		海关编码	4419942802	所属海关	东莞海关
通讯地址	广东省东莞市高埗镇欧邓村		邮政编码	523270	法人姓名	路易吉·弗兰卡维拉
评定时间	2009.12.7	注册日期	2002.9.28	报关有效期	长期	注册资本	9600 万美元
主营范围	生产和销售眼镜及其零配件、眼镜制造设备及模具，提供相关售后服务，提供眼镜包装服务（不含印刷工序），为关联企业提供商务服务、仓储服务及物流协助服务。					

企业名称	东莞健益五金制品有限公司		海关编码	4419942872	所属海关	东莞海关
通讯地址	广东省东莞市茶山镇茶山工业园		邮政编码	523000	法人姓名	陈省炎
评定时间	2012.12.31	注册日期	2002.10.28	报关有效期	长期	注册资本	13300 万港币
主营范围	生产和销售电子、电脑、电器等产品的周边五金零配件、塑胶零配件、模具、精冲模、模具标准件、大容量光磁盘驱动器及其部件、高密度数字光盘机用关键件、数字照相机及关键件，设立研发机构，研究和开发 DVD 光驱五金件。					

企业名称	东莞裕光数码电子有限公司		海关编码	4419943128	所属海关	东莞海关
通讯地址	广东省东莞市道滘镇南城工业区		邮政编码	523187	法人姓名	姜文昌
评定时间	2013.12.9	注册日期	2003.3.11	报关有效期	长期	注册资本	413.5 万美元
主营范围	生产和销售数字照相机及关键件、移动通信系统手机（含手机配件）、大容量光磁盘驱动器的部件（DVD 激光头用线路板组件）、电源逆变电路板（插件）、刷卡机。					

企业名称	金霸王（中国）有限公司		海关编码	4419943862	所属海关	东莞海关
通讯地址	广东省东莞市南城区宏图高新技术开发区		邮政编码	523080	法人姓名	施文圣
评定时间	2009.1.24	注册日期	2004.3.12	报关有效期	长期	注册资本	3141.2 万美元
主营范围	生产和销售无汞碱锰电池、锂离子电池等高技术绿色电池，开发相关的软件，生产和销售无汞碱锰电池、锂电池、充电电池等绿色电池及配套的充电器，批发及进出口电筒。（涉及配额许可证管理、专项规定管理的商品按国家有关规定办理）					

企业名称	东莞绿扬鞋业有限公司		海关编码	4419943985	所属海关	东莞海关
通讯地址	广东省东莞市厚街镇赤岭村		邮政编码	523000	法人姓名	尤以力
评定时间	2014.8.22	注册日期	2004.4.28	报关有效期	长期	注册资本	1700 万美元
主营范围	生产和销售各类鞋、鞋材。					

企业名称	东莞新能源科技有限公司		海关编码	4419944233	所属海关	东莞海关
通讯地址	广东省东莞市松山湖科技产业园区		邮政编码	523808	法人姓名	曾毓群
评定时间	2014.9.12	注册日期	2004.9.2	报关有效期	长期	注册资本	6959.3 万美元
主营范围	生产和销售高技术绿色电池（锂离子电池、燃料电池），提供上述产品的售后服务。					

企业名称	东莞华宝鞋业有限公司			海关编码	4419944292	所属海关	东莞海关
通讯地址	广东省东莞市南城区石鼓社区			邮政编码	523081	法人姓名	曾长青
评定时间	2014.8.1	注册日期	2004.10.8	报关有效期	长期	注册资本	22610 万港币
主营范围	生产和销售鞋、鞋材，设立研发中心，研究和开发鞋材、制鞋设备、制鞋工艺、生产流程、管理软件、鞋码标准。						

企业名称	天弘（东莞）科技有限公司			海关编码	4419944509	所属海关	东莞海关
通讯地址	广东省东莞市松山湖科技产业园区北部科技工业园			邮政编码	523808	法人姓名	叶克裕
评定时间	2013.5.27	注册日期	2004.12.24	报关有效期	长期	注册资本	3250 万美元
主营范围	生产和销售大中型电子计算机、便携式微型计算机、高档服务器(网络电脑多媒体机)、电子专用设备、测试仪器、工模具、宽带接入网通信系统设备(网络电脑多媒体机)、高端路由器、千兆比以上网络交换机、新型打印装置(激光、喷墨打印机)、大容量光磁盘驱动器及其部件、新型电子元器件（混合集成电路）、高密度数字光盘机用关键件、精冲模、精密型腔模、模具标准件、汽车关键零部件、制动器总成、驱动桥总成、变速器、柴油机燃油泵、柴油机涡轮增压器、柴油车机外排放控制装置、滤清器（三滤）、等速万向节、减震器、组合仪表、专用高强度紧固件、数字电视机、数字摄录机、数字录放机、数字放声设备，提供以上产品的维修及售后服务（涉及许可证的项目，需领证后经营），开发、生产和销售第三代及后续移动通信系统手机、基站、核心网络设备、网络检测设备、计算机数字信号处理系统及版卡。						

企业名称	东莞加玮华电子有限公司			海关编码	4419944772	所属海关	东莞海关
通讯地址	广东省东莞市东城区樟村			邮政编码	523109	法人姓名	蔡镇雄
评定时间	2009.1.8	注册日期	2005.6.22	报关有效期	长期	注册资本	5200 万港币
主营范围	生产和销售电子线路板、对讲机、音响、电脑零配件、传呼机、耳机、麦克风、音箱、电子玩具、电子防盗器、灯火开关遥控器、延迟器、电源控制器、交直流电转换器，产品内外销比例按批文执行。						

企业名称	东莞环艺实业有限公司			海关编码	4419945197	所属海关	东莞海关
通讯地址	广东省东莞市东城区东城科技工业园			邮政编码	523127	法人姓名	朱文俊
评定时间	2014.9.12	注册日期	2005.12.16	报关有效期	长期	注册资本	1000 万港币
主营范围	生产和销售手袋、皮包、皮箱、皮带、皮制匙扣等。						

企业名称	伟易达（东莞）通讯设备有限公司			海关编码	4419945412	所属海关	东莞海关
通讯地址	广东省东莞市寮步镇下岭贝村			邮政编码	523411	法人姓名	陈德荣
评定时间	2014.8.22	注册日期	2006.6.14	报关有效期	长期	注册资本	5250 万港币
主营范围	生产和销售电话机、DECT 通话机、对话机、无线路由器等电子通信产品，承接来料加工相关业务。						

企业名称	伟易达（东莞）电讯有限公司			海关编码	4419945413	所属海关	东莞海关
通讯地址	广东处东莞市寮步镇下岭贝村			邮政编码	523411	法人姓名	陈德荣
评定时间	2014.8.22	注册日期	2006.6.14	报关有效期	长期	注册资本	4920 万港币
主营范围	生产和销售电源供应器、微波炉控制板、调音器、扩音机、电话机、智能玩具、数据处理器、线路板插件、门钟、无线咪、无线耳机、发光二极管装饰灯、声音处理器及上述产品配件，承接来料加工相关业务。（涉证或涉限产品除外）						

企业名称	伟易达（东莞）电子产品有限公司		海关编码	4419945414	所属海关	东莞海关
通讯地址	广东省东莞市厚街镇三屯村		邮政编码	511771	法人姓名	陈德荣
评定时间	2014.8.22	注册日期	2006.6.14	报关有效期	长期	注册资本	6480 万港币
主营范围	生产和销售电子教育玩具、电话机（须取得国家信息产业管理部门颁发的入网许可证后方可内销）、电子玩具打印机、电脑配件、数码相机、填充玩具、音响制品等电子产品（涉限涉证及涉国家宏观调控行业除外，涉及国家专项规定的按有关规定办理）及上述产品的零配件，承接来料加工相关业务。					

企业名称	柯尼卡美能达商用科技（东莞）有限公司		海关编码	4419945859	所属海关	东莞海关
通讯地址	广东省东莞市石龙镇新城市中心美能达路 1 号		邮政编码	523326	法人姓名	渥美浩三
评定时间	2012.1.5	注册日期	2007.11.22	报关有效期	长期	注册资本	2000 万美元
主营范围	研究、开发、设计、生产、销售新型打印装置及其关键部件、精冲模、精密型腔模，提供技术咨询、安装及售后服务。					

企业名称	东莞中编印务有限公司		海关编码	4419946177	所属海关	东莞海关
通讯地址	广东省东莞市大朗镇高英工业区		邮政编码	523771	法人姓名	谢葆德
评定时间	2014.7.16	注册日期	2009.12.3	报关有效期	长期	注册资本	2852 万美元
主营范围	包装装潢印刷品印刷。					

企业名称	东莞德永佳纺织制衣有限公司		海关编码	4419949884	所属海关	东莞海关
通讯地址	广东省东莞市麻涌镇鸥涌村		邮政编码	523000	法人姓名	何锦超
评定时间	2014.9.12	注册日期	2011.4.19	报关有效期	长期	注册资本	255795 万港币
主营范围	高档织物面料的生产、织染、后整理加工（含高档染整布、高档色布、高档针织胚布、高档染整色纱等产品和织前生产工序）及销售，设立研发中心，从事针织布、色纱的研究和开发，从事道路普通货运（凭许可证经营）。					

企业名称	精成科技电子（东莞）有限公司		海关编码	4419949937	所属海关	东莞海关
通讯地址	广东省东莞市黄江镇裕元工业区		邮政编码	523758	法人姓名	李裕德
评定时间	2011.10.26	注册日期	2011.5.12	报关有效期	长期	注册资本	6300 万美元
主营范围	生产和销售电脑、服务器、电子零配件，设立研发中心，研究和开发电脑产品。					

企业名称	南宝树脂（东莞）有限公司		海关编码	4419949958	所属海关	东莞海关
通讯地址	广东处东莞市黄江镇裕元工业区裕元 2 路 4 号		邮政编码	523750	法人姓名	郭荣文
评定时间	2011.10.26	注册日期	2011.5.20	报关有效期	长期	注册资本	270 万美元
主营范围	生产和销售鞋材、粉末涂料、合成粘合剂、油漆，研究和开发鞋材产品。					

企业名称	东联进出口有限公司			海关编码	4419960012	所属海关	东莞海关
通讯地址	广东省东莞市莞城城区工业大厦三楼			邮政编码	523000	法人姓名	胡灿林
评定时间	2008.12.5	注册日期	1998.11.10	报关有效期	长期	注册资本	800 万人民币
主营范围	经营和代理各类商品及技术的进出口（国家限定公司经营或禁止进出口的商品及技术除外，凭进出口企业资格证书经营），提供进出口业务信息咨询和仓储服务（另设分支机构），经营国内商业（国家专营专控项目除外），开发与销售智能卡与办公设备，代理出入境检验检疫报检业务（凭有效资质证书经营）。						

企业名称	东莞市海华五金矿产进出口有限公司			海关编码	4419960056	所属海关	东莞海关
通讯地址	广东省东莞市莞城运河东一路 192 号			邮政编码	523000	法人姓名	刘建钧
评定时间	2008.12.5	注册日期	2002.12.2	报关有效期	长期	注册资本	1000 万人民币
主营范围	销售五金交电、日用百货、金属、非金属矿产及其制品（国家专营、专卖、专控产品除外）、建筑材料，投资实业，自营和代理各类商品和技术的进出口。（国家限定公司经营或禁止进出口的商品和技术除外，凭有效资格证经营）						

企业名称	广东易事特电源股份有限公司			海关编码	4419960127	所属海关	东莞海关
通讯地址	广东省东莞市松山湖高新技术产业园区工业北路 6 号			邮政编码	523808	法人姓名	何思模
评定时间	2013.1.22	注册日期	2003.8.14	报关有效期	长期	注册资本	7806 万人民币
主营范围	研发、制造、销售不间断电源、应急电源、通信电源、电力一体化电源、工业节能及电能质量控制系统、智能充电系统、光伏组件、逆变器、控制器、嵌入式软件、整体机房，提供技术咨询与服务，进出口货物。（法律、行政法规规定禁止的项目除外，法律、行政法规规定限制的项目须取得许可后经营）						

企业名称	广东省东莞医药保健品进出口有限公司			海关编码	4419960209	所属海关	东莞海关
通讯地址	广东省东莞市南城区胜和路华凯大厦 801 室			邮政编码	523070	法人姓名	罗志全
评定时间	2012.1.5	注册日期	1993.2.17	报关有效期	长期	注册资本	360 万人民币
主营范围	自营和代理各类商品及技术进出口业务（不另附进出口商品目录，国家规定的专营进出口商品和国家禁止进出口等特殊商品除外），经营进料加工和“三来一补”业务，开展对销贸易和转口贸易，从事本公司进出口商品内销业务，收购农副产品（不含国家专营商品）。						

企业名称	东莞市昌运仓储有限公司			海关编码	4419960625	所属海关	东莞海关
通讯地址	广东省东莞市寮步镇横坑村			邮政编码	523413	法人姓名	李志远
评定时间	2014.8.1	注册日期	2005.3.3	报关有效期	长期	注册资本	300 万人民币
主营范围	提供仓储服务，代理国际陆路货运、国际航空货运、国内货运、报关手续。（涉及许可证的，凭许可证经营）						

企业名称	东莞市东糖集团有限公司			海关编码	4419960653	所属海关	东莞海关
通讯地址	广东省东莞市东城区主山莞樟路 8 号			邮政编码	523120	法人姓名	陈尧燊
评定时间	2008.12.5	注册日期	2005.3.25	报关有效期	长期	注册资本	0 人民币
主营范围	制造糖、酵母、机制纸、磁性器件，经营火力发电、国内商业、物资供销业（除国家专营专卖），经营和代理各类商品及技术的进出口（国家限定公司经营或禁止进出口的商品及技术除外，凭有效许可证、资格证经营），收购废纸（限自用）。						

企业名称	东莞市岭南进出口有限公司			海关编码	4419960697	所属海关	东莞海关
通讯地址	广东省东莞市寮步镇上屯北区工业区			邮政编码	523070	法人姓名	陈少杰
评定时间	2013.7.11	注册日期	2005.4.27	报关有效期	长期	注册资本	500万人民币
主营范围	销售电脑配件、电子零配件、其他化工产品（不含危险化学品）、服装、机械、仪器、建材、百货、五金、交电、日用杂货、眼镜及配件、仓储服务（另设分支机构经营），自营和代理各类商品和技术的进出口（国家限定公司经营或禁止进出口的商品除外），从事货运业务（凭有效许可证经营），代理海上、陆路和航空的国际货运。						

企业名称	东莞市南华物流园有限公司			海关编码	4419961222	所属海关	东莞海关
通讯地址	广东省东莞市寮步镇下岭贝百业工业城			邮政编码	523411	法人姓名	沈激扬
评定时间	2014.3.19	注册日期	2006.5.31	报关有效期	长期	注册资本	900万人民币
主营范围	代理仓储、货运（以上项目涉及许可证的凭有效许可证经营），进出口货物、技术（法律、行政法规禁止的项目除外，法律、行政法规限制的项目取得许可后方可经营），经营公共保税仓、出口监管仓，经营普通货运（凭有效许可证经营）。						

企业名称	东莞华贝电子科技有限公司			海关编码	4419963068	所属海关	东莞海关
通讯地址	广东省东莞市松山湖高新技术产业开发区工业北路9号			邮政编码	523808	法人姓名	陈晓蓉
评定时间	2013.10.18	注册日期	2010.6.10	报关有效期	长期	注册资本	25000万人民币
主营范围	研发、生产、销售混合集成电路、手机线路板组件、数字多功能电话、移动通讯系统手机、第三代及后续移动通讯系统手机及其配件，生产、销售计算机、通讯设备、电子设备，批发、零售电子产品、电子元件、五金制品、塑胶制品，租赁物业，进出口货物。（法律、行政法规规定禁止的项目除外，法律、行政法规规定限制的项目须取得许可后方可经营）						

企业名称	东莞市五株电子科技有限公司			海关编码	4419963500	所属海关	东莞海关
通讯地址	广东省东莞市石碣镇刘屋科技中路161号			邮政编码	523290	法人姓名	蔡志浩
评定时间	2013.12.18	注册日期	2011.1.18	报关有效期	长期	注册资本	18000万人民币
主营范围	生产、销售双面、多层及HDI线路板，柔性线路板，电子产品；进出口货物。（法律、行政法规规定禁止的项目除外，法律、行政法规规定限制的项目须取得许可后方可经营）						

企业名称	东莞超信金属有限公司			海关编码	4469942026	所属海关	东莞海关
通讯地址	广东省东莞市寮步镇华南工业城			邮政编码	523405	法人姓名	吴松柏
评定时间	2012.8.2	注册日期	2012.2.27	报关有效期	长期	注册资本	1600万港币
主营范围	生产和销售铁制家具、木制家具、五金制品、塑胶制品、铝制品、不锈钢制品、竹木藤制品、家用电器（灯饰、风扇）、厨房用具（涉证或涉限产品除外），研究和开发金属家具。						

企业名称	东莞润丰金属塑胶有限公司			海关编码	4469942027	所属海关	东莞海关
通讯地址	广东省东莞市寮步镇华南工业城			邮政编码	523405	法人姓名	张颖懿
评定时间	2012.8.2	注册日期	2012.2.27	报关有效期	长期	注册资本	10000万人民币
主营范围	生产和销售高级五金塑胶组合件（包括自动化办公室组件，电脑桌椅，电视音响架，家私床组件，厨房、餐厅、卫浴组件，花园工具用品组件，烤肉用品组件，运动器材组件，商品展示架组件）、五金制品、木制家具，出租自有厂房。（涉限除外，涉及国家专项规定的按有关规定办理）						

企业名称	东莞种子制衣有限公司			海关编码	4469947303	所属海关	东莞海关
通讯地址	广东省东莞市高埗镇冼沙村工业区			邮政编码	523000	法人姓名	姚蔚
评定时间	2012.4.28	注册日期	2011.8.25	报关有效期	长期	注册资本	4100 万港币
主营范围	生产和销售胸围及其配件、内衣、内裤（不含漂染、洗水等污染性工作）。（依法须经批准的项目，经相关部门批准后方可开展经营活动）						

企业名称	东莞裕元鞋业制品有限公司			海关编码	4419940A93	所属海关	东莞海关
通讯地址	广东省东莞市高埗镇裕元工业区			邮政编码	523286	法人姓名	陈藤
评定时间	2013.3.15	注册日期	2012.11.29	报关有效期	长期	注册资本	17900 万人民币
主营范围	生产和销售鞋类产品、鞋类半成品、模具制品，批发及进出口鞋类产品、机器设备。（涉限、涉证及涉国家宏观调控行业除外，涉及配额许可证管理、专项规定管理的按有关规定办理，筹办期不得经营）						

企业名称	东莞宝成鞋业有限公司			海关编码	4419940A99	所属海关	东莞海关
通讯地址	广东省东莞市高埗镇裕元工业区			邮政编码	523286	法人姓名	蔡汶宗
评定时间	2013.3.15	注册日期	2012.11.30	报关有效期	长期	注册资本	17700 万人民币
主营范围	生产和销售鞋类产品、鞋类半成品及配件、模具，批发及进出口鞋类产品、机器设备。（涉限、涉证及涉国家宏观调控行业除外，涉及配额许可证管理、专项规定管理的按有关规定办理，筹办期不得经营）						

企业名称	东莞裕盛鞋业有限公司			海关编码	4419940B02	所属海关	东莞海关
通讯地址	广东省东莞市黄江镇裕元工业区			邮政编码	523758	法人姓名	唐牧民
评定时间	2013.5.14	注册日期	2012.12.4	报关有效期	长期	注册资本	18400 万人民币
主营范围	生产和销售成品鞋、鞋类半成品及鞋材、模具产品，研究和开发鞋材、成品鞋、模具产品（涉限、涉证及涉国家宏观调控行业除外，涉及国家专项规定的按有关规定办理），批发及进出口机器设备。（不含国营贸易管理商品，涉及配额许可证管理、专项规定管理的商品按有关规定办理）						

企业名称	东莞通华液晶有限公司			海关编码	4419940D04	所属海关	东莞海关
通讯地址	广东省东莞市东城区周屋工业区			邮政编码	523118	法人姓名	黄华达
评定时间	2013.10.28	注册日期	1994.3.23	报关有效期	长期	注册资本	750 万美元
主营范围	生产和销售 TFT-LCD 平板显示屏、显示屏材料（液晶显示板、液晶显示片模块）。						

企业名称	东莞生益电子有限公司			海关编码	4419960D33	所属海关	东莞海关
通讯地址	广东省东莞市东城区（同沙）科技工业园同振路 33 号			邮政编码	523000	法人姓名	李锦
评定时间	2010.10.20	注册日期	1985.8.2	报关有效期	长期	注册资本	60082.92 万人民币
主营范围	许可经营项目：道路普通货运（取得许可后方可经营）；一般经营项目：生产和销售新型电子元器件（新型机电元件：多层印刷电路板），管理非配额许可证，收购及出口非专营商品，进出口货物、技术。（法律、行政法规禁止的项目除外，法律、行政法规限制的项目须取得许可后方可经营）						

企业名称	东莞东城美尔敦塑胶电子厂			海关编码	44199B9429	所属海关	东莞海关
通讯地址	广东省东莞市东城区桑园社区狮长路2号			邮政编码	523120	法人姓名	蔡长辉
评定时间	2010.4.26	注册日期	2014.2.27	报关有效期	长期	注册资本	17410万港币
主营范围	加工塑胶玩具、电子玩具、水晶球，树脂制品、毛绒制品、木器制品、橡胶布手套（人造橡胶）、灯泡、保险丝、布袋、塑胶玩具（内有糖果）、文具包装、蜡烛饰品包装、玩具摩打包装，出口家庭塑胶用品、文具、塑胶制品，进出口吸塑包装、纸盒包装。（涉及许可证的项目，领证后才能经营）						

企业名称	广东银禧科技股份有限公司			海关编码	4419937448	所属海关	太平海关
通讯地址	广东省东莞市虎门镇居岐村			邮政编码	523917	法人姓名	谭颂斌
评定时间	2013.12.31	注册日期	1997.8.8	报关有效期	长期	注册资本	20000万人民币
主营范围	生产和销售改性塑料（原料为新料）、塑料制品，研究和开发改性塑料、塑料制品，批发及进出口改性塑料、塑料制品。(不涉及国营贸易管理商品,涉及配额、许可证管理商品、行业许可管理的,按国家有关规定办理申请)						

企业名称	东莞普立万氯乙烯聚合体有限公司			海关编码	4419945746	所属海关	太平海关
通讯地址	广东省东莞市厚街镇赤岭村			邮政编码	584201	法人姓名	朱圣旸
评定时间	2011.12.5	注册日期	2007.6.21	报关有效期	长期	注册资本	3500万人民币
主营范围	生产和销售乙烯基化合物，批发及进出口聚氯乙烯粉、未塑化的聚氯乙烯、聚氯乙烯胶粒。（不设店铺经营，不含仓储，涉及配额许可证管理、专项规定管理的商品，按国家有关规定办理）						

企业名称	中名（东莞）电子有限公司			海关编码	4419947072	所属海关	太平海关
通讯地址	广东省东莞市虎门镇大宁村			邮政编码	523930	法人姓名	杨志雄
评定时间	2009.1.8	注册日期	1994.6.6	报关有效期	长期	注册资本	19000万港币
主营范围	生产和销售家用小电器（涉证除外）、电器零配件、电脑零配件、音频线、塑料制品、海绵制品，研究和开发家用小电器。						

企业名称	东莞昆盈电脑制品有限公司			海关编码	4419947105	所属海关	太平海关
通讯地址	广东省东莞市厚街镇宝屯村			邮政编码	523691	法人姓名	卓世坤
评定时间	2013.2.26	注册日期	1995.2.22	报关有效期	长期	注册资本	12334.8万港币
主营范围	生产和销售网络卡、电脑测试卡、音效卡、显示卡及相关介面装置，鼠标器、扫描器、多媒体影像、声音处理器、图文及资料传送器、电脑绘图输入器等微处理机零部件，微电脑体温计、微电脑血压计等个人健诊器，小家电（电子清洁用品），GPS定位仪器，电脑周边产品及其零配件，便携式电脑，眼镜，手表，移动通信系统（含GSM、CDMA等）手机，电脑电视卡，车载行车记录器，车载有线（无线）充电器，小家电及其零配件（电子清洁用品）；提供电脑周边产品、电子零件的检测服务（不出具证书，涉限除外，涉及国家专项规定的，按有关规定办理）；研究和开发鼠标、读卡器。						

企业名称	新宝电机（东莞）有限公司			海关编码	4419947145	所属海关	太平海关
通讯地址	广东省东莞市虎门镇新联工业区			邮政编码	523917	法人姓名	陈连春
评定时间	2013.7.11	注册日期	1995.10.1	报关有效期	长期	注册资本	2724万美元
主营范围	生产和销售液晶显示屏线路转换板、新型平板显示器件（液晶显示屏用微型变压器-SMD TRANSFORMER）、新型电子元器件（电力电子器件：高效能整合型电源模组）、LED照明产品、组装集成电路板、数码摄像头、LED及LCD视频显示产品，研发开发电子产品。						

企业名称	东莞安联电器元件有限公司	海关编码	4419947264	所属海关	太平海关
通讯地址	广东省东莞市虎门镇南面村	邮政编码	523910	法人姓名	吉斯·克瑞斯波
评定时间	2013.2.26 注册日期 1997.12.24	报关有效期	长期	注册资本	339.8 万美元
主营范围	生产和销售塑胶五金接插件、电器控制器、电子元器件和组装件、汽车开关和控制器、塑胶模具和冲压模具及相关产品（上述产品涉证涉限除外），提供相关的售后服务，批发、零售、进出口公司生产的同类商品（不设店铺，涉及配额许可证管理、专项规定管理的商品按照国家有关规定办理），研究开发塑胶五金接插件、电器控制器、电子元器件和组装件、汽车开关和控制器并提供技术咨询服务。（依法须经批准的项目，经相关部门批准后方可开展经营活动）				

企业名称	东莞南栅利高文具制品厂有限公司	海关编码	4419947276	所属海关	太平海关
通讯地址	广东省东莞市虎门镇南栅第一工业区	邮政编码	523932	法人姓名	杜振安
评定时间	2010.4.26 注册日期 1998.5.22	报关有效期	长期	注册资本	4640 万港币
主营范围	生产和销售五金、塑胶文具配件，产品内外销比例按批文执行。（涉及许可证的项目，须领证后经营）				

企业名称	明安运动器材（东莞）有限公司	海关编码	4419947321	所属海关	太平海关
通讯地址	广东省东莞市虎门镇龙眼村	邮政编码	523920	法人姓名	郑锡坤
评定时间	2013.5.14 注册日期 1998.11.16	报关有效期	长期	注册资本	3562 万港币
主营范围	生产和销售高尔夫运动器材用品、复合材料脚踏车零部件、复合材料电子零配件、复合材料电器零配件、自行车、自行车配件、玻璃纤维制品、五金制品，批发及进出口运动器材、自行车及其配件。（涉限涉证及涉国家宏观调控行业除外，涉及配额许可证管理、专项规定管理的按有关规定办理）				

企业名称	东莞鼎力鞋业有限公司	海关编码	4419947342	所属海关	太平海关
通讯地址	广东省东莞市厚街镇三屯村	邮政编码	523941	法人姓名	黄素琴
评定时间	2013.10.18 注册日期 1999.4.5	报关有效期	长期	注册资本	5122 万港币
主营范围	生产和销售运动鞋、鞋材。				

企业名称	东莞常禾电子有限公司	海关编码	4419947458	所属海关	太平海关
通讯地址	广东省东莞市虎门镇居歧村	邮政编码	523930	法人姓名	陈周万
评定时间	2013.10.18 注册日期 1992.3.3	报关有效期	长期	注册资本	6988 万港币
主营范围	生产和销售扬声器、扬声器零配件、音箱、电子仪器仪表、音响主机、音频扩大器、功放机、汽车 DVD 机、耳机、数字电视机、数字录放机、汽车零配件（内外饰件）。（涉及许可证的项目，须领证后经营）				

企业名称	东莞三星视界有限公司	海关编码	4419947605	所属海关	太平海关
通讯地址	广东省东莞市厚街镇高科技工业园	邮政编码	523945	法人姓名	崔元佑
评定时间	2013.1.22 注册日期 2002.1.10	报关有效期	长期	注册资本	11570 万美元
主营范围	生产和销售新型显示器件（平板显示器及显示屏）及新型平板显示器件、OLED 平板显示屏。（涉限涉证及涉国家宏观调控行业除外，涉及国家专项规定的按有关规定办理；依法须经批准的项目，经相关部门批准后方可开展经营活动）				

企业名称	固邦（东莞）电器有限公司		海关编码	4419947613	所属海关	太平海关
通讯地址	广东省东莞市虎门镇怀德村		邮政编码	523920	法人姓名	陈林素珍
评定时间	2013.1.22	注册日期 2002.1.18	报关有效期	长期	注册资本	9340 万港币
主营范围	生产和销售灯饰、五金塑胶制品、家用小电器、电子控制器、电源控制器、节日饰品、灯饰配件。					

企业名称	泰科电子（东莞）有限公司		海关编码	4419947733	所属海关	太平海关
通讯地址	广东省东莞市厚街镇厚街工业城泰科路 1 号		邮政编码	523958	法人姓名	刘聪
评定时间	2013.10.18	注册日期 2002.10.21	报关有效期	长期	注册资本	450 万美元
主营范围	研发、生产和销售新型仪表元器件和材料（仪用接插件、柔性线路板、新型仪用开关、仪用连接器组件和高频信号传输线等仪用功能材料），设计、批发和进出口模具，提供技术咨询和技术服务。（涉限涉证及涉国家宏观调控行业除外，涉及配额许可证管理、专项规定管理的按有关规定办理；依法须经批准的项目，经相关部门批准后方可开展经营活动。）					

企业名称	东莞创机电业制品有限公司		海关编码	4419948174	所属海关	太平海关
通讯地址	广东省东莞市厚街镇工业城创科路		邮政编码	523945	法人姓名	吴文兵
评定时间	2009.12.7	注册日期 2004.11.23	报关有效期	长期	注册资本	1900 万美元
主营范围	生产和销售电动装修及建筑工具、地板及地毯电动清洁工具、户外电动及内燃机推动的园艺工具、太阳能户外灯、刀具制品、手提电筒、电池组合、电子测量仪器、搅拌机、吸尘机、碎纸机、以上产品的配件、园林机械、小家电（上述产品涉限或涉证者除外），提供产品售后服务，为关联企业提供管理服务（涉限除外）。					

企业名称	东莞虎门南栅国际文具制造有限公司		海关编码	4419948205	所属海关	太平海关
通讯地址	广东省东莞市虎门镇南栅第一工业区		邮政编码	523932	法人姓名	杜振安
评定时间	2008.12.5	注册日期 2005.1.7	报关有效期	长期	注册资本	1476.25 万美元
主营范围	生产和销售文具及其零配件、五金零配件（不得含印刷工序）、文具夹制造设备。					

企业名称	东莞栢能电子科技有限公司		海关编码	4419949397	所属海关	太平海关
通讯地址	广东省东莞市厚街镇三屯村		邮政编码	523900	法人姓名	王锡豪
评定时间	2009.9.11	注册日期 2009.7.16	报关有效期	长期	注册资本	2160 万美元
主营范围	生产和销售电脑及电脑周边设备、电子零部件、微型计算机、计算机处理板卡、电话机、电子收款机及周边设备、电子计步器、电子锁、显示板、打印机（涉限涉证及涉国家宏观调控行业除外，涉及国家专项管理规定的按有关规定办理），提供自产产品的相关配套服务、咨询服务及设计服务，承接来料加工相关业务，研究、开发微型计算机、卫星导航定位接收器。					

企业名称	东莞励发制衣有限公司		海关编码	4469947018	所属海关	太平海关
通讯地址	广东省东莞市厚街镇三屯村		邮政编码	523900	法人姓名	何锦超
评定时间	2011.9.7	注册日期 2011.6.13	报关有效期	长期	注册资本	2200 万人民币
主营范围	生产和销售针织服装、梳织服装。					

企业名称	东莞达利盛时装有限公司	海关编码	4419932028	所属海关	黄埔海关驻凤岗办事处
通讯地址	广东省东莞市凤岗镇凤凰围工业区	邮政编码	523690	法人姓名	林富华
评定时间	2014.5.8 注册日期 1994.11.15	报关有效期	长期	注册资本	2800 万港币
主营范围	生产和销售服装（不得销往与中国签订双边纺织品协定的国家）、服装面料，研究和开发服装及其面料。				

企业名称	明门（中国）幼童用品有限公司	海关编码	4419940124	所属海关	黄埔海关驻凤岗办事处
通讯地址	广东省东莞市清溪镇银湖工业区	邮政编码	523648	法人姓名	郑钦明
评定时间	2010.12.27 注册日期 1993.2.17	报关有效期	长期	注册资本	11750 万美元
主营范围	生产婴儿手推车及其配件、婴儿围栏及其配件、学步车、餐椅、婴儿摇椅、座椅、棉被、背袋、各种玩具及零配件、五金塑料日用品、健身收腹机、拉力器、多功能健身器、跑步机、成人推车、轮椅及零配件、拐杖、病床及零配件、精冲模、精密型腔模、模具标准件、小家电、色母、色粉、橡塑制品、木制品、纸制品、纺织品、铁管、铝管、五金零配件、服装，批发、邮购及电视电话零售、互联网销售及进出口婴儿手推车及其配件、婴儿围栏及其配件、学步车、餐椅、婴儿摇椅、座椅、棉被、背袋、各种玩具及零配件、五金塑料日用品、健身收腹机、拉力器、多功能健身器、跑步机、成人推车、轮椅及零配件、拐杖、病床及零配件、精冲模、精密型腔模、模具标准件、小家电、色母、色粉、橡塑制品、木制品、纸制品、纺织品、铁管、铝管、五金零配件、服装（不涉及国营贸易管理商品，涉及配额、许可证管理商品、行业许可管理的，按国家有关规定办理申请），承接婴儿汽车安全座椅、婴儿手推车、婴儿用品、小家电及上述产品之零配件的检测外包服务（不出具检测证书，涉限除外），提供相关的咨询服务研究和开发婴儿手推车及其配件、婴儿围栏及其配件、学步车、餐椅、婴儿摇椅、座椅、棉被、背袋、各种玩具及零配件、五金塑料日用品、健身收腹机、拉力器、多功能健身器、跑步机、成人推车、轮椅及零配件、拐杖、病床及零配件、精冲模、精密型腔模、模具标准件、小家电、色母、色粉、橡塑制品、木制品、纸制品、纺织品、铁管、铝管、五金零配件、服装等产品，提供研发产品的相关配套服务。				

企业名称	东莞汇勋电器制品有限公司	海关编码	4419940228	所属海关	黄埔海关驻凤岗办事处
通讯地址	广东省东莞市塘厦镇宏业工业区湖景路 30~32 号	邮政编码	523710	法人姓名	韦文俊
评定时间	2011.12.5 注册日期 1995.12.26	报关有效期	长期	注册资本	37456.18 万港币
主营范围	生产和销售小家电、宠物用品、电动毛发推剪等产品及半成品、五金及塑胶配件，从事小家电的质量检测（不出具检测证书），批发及进出口小家电及其原材料和零配件（不设店铺，涉及许可证管理或有专项规定的商品按国家有关规定办理），研究和开发小家电产品。				

企业名称	东莞璋泰五金制品有限公司	海关编码	4419940242	所属海关	黄埔海关驻凤岗办事处
通讯地址	广东省东莞市清溪镇新金山工业区	邮政编码	511746	法人姓名	赵金和
评定时间	2008.10.31 注册日期 1993.7.27	报关有效期	长期	注册资本	21382 万港币
主营范围	生产和销售家具、自行车、婴儿车、雨伞、运动器材等配套焊管件、维修工具及五金配件、加工裁剪冷热轧铁件、镀锌铁件、矽钢片，批发及进出口自产产品及相关原材料。（不设店铺，不涉及国营贸易管理商品，涉及配额、许可证管理商品的，按国家有关规定办理）				

企业名称	联业制衣（东莞）有限公司	海关编码	4419940346	所属海关	黄埔海关驻凤岗办事处
通讯地址	广东省东莞市清溪镇渔樑围村	邮政编码	523649	法人姓名	朱德雄
评定时间	2011.5.11 注册日期 1994.1.10	报关有效期	长期	注册资本	37622万港币
主营范围	生产和销售针织服装、梳织服装，加工服装半制成品（含洗水工序），批发、进出口针、梭积服装和服装半成品。（不设店铺，不涉及国营贸易管理商品，涉及配额、许可证管理商品的，按国家相关规定办理申请）				

企业名称	东莞美时家具有限公司	海关编码	4419940487	所属海关	黄埔海关驻凤岗办事处
通讯地址	广东省东莞市塘厦镇莲湖村	邮政编码	523712	法人姓名	朱卓文
评定时间	2011.12.5 注册日期 1993.11.28	报关有效期	长期	注册资本	14000万港币
主营范围	生产和销售家具、厨具、装修材料、灯饰、地毯，提供本企业产品的售后服务，批发、进出口家具及其配件、办公家具及其配件、厨具及其配件、装修材料、地毯（不设店铺经营，涉及配额许可证管理、专项规定管理的商品按照国家有关规定办理），研究开发家具及其配件。				

企业名称	东莞欣鼎五金塑胶制品有限公司	海关编码	4419940682	所属海关	黄埔海关驻凤岗办事处
通讯地址	广东省东莞市清溪镇大埔工业区	邮政编码	523647	法人姓名	曾春荣
评定时间	2009.3.24 注册日期 1995.5.18	报关有效期	长期	注册资本	28973万港币
主营范围	生产和销售家具、太阳伞、沙滩桌椅、配件、高档建筑五金件、水暖器材及五金件、塑胶小泳池、车蓬、帐篷、商场用展示架及秘书椅，提供道路普通货运、道路货物专用运输服务（集装箱）。				

企业名称	东莞超霸电池有限公司	海关编码	4419940798	所属海关	黄埔海关驻凤岗办事处
通讯地址	广东省东莞市塘厦镇宏业工业区	邮政编码	523710	法人姓名	汤信源
评定时间	2009.10.30 注册日期 1993.12.19	报关有效期	长期	注册资本	10900万港币
主营范围	生产和销售碱性电池、充电电池、镍氢电极片，产品内外销比例按批文执行。（涉及许可证的项目，领证后才能经营）				

企业名称	东莞隽思印刷有限公司	海关编码	4419940875	所属海关	黄埔海关驻凤岗办事处
通讯地址	广东省东莞市樟木头镇东山工业区	邮政编码	523620	法人姓名	郑稳伟
评定时间	2013.10.18 注册日期 1995.11.14	报关有效期	长期	注册资本	22298万港币
主营范围	印刷包装装潢印刷品（凭许可证经营），生产和销售纸类玩具、纸类文具、塑胶制品，从事非配额许可证管理、非专营商品的收购出口业务，各种玩具、文具、光盘配套包装，道路普通货运业务（凭许可证经营），研究开发标准化、新物料、新印刷技术，生产和销售婴儿用品。（涉及行业许可管理的，按国家有关规定办理；依法须经批准的项目，经相关部门批准后方可开展经营活动）				

企业名称	东莞致力电脑有限公司	海关编码	4419940903	所属海关	黄埔海关驻凤岗办事处
通讯地址	广东省东莞市清溪镇金星工业区	邮政编码	523655	法人姓名	宋恭源
评定时间	2012.3.23 注册日期 1995.12.19	报关有效期	长期	注册资本	10049.8 万港币
主营范围	生产和销售电脑配件（包括电脑机箱）、塑胶配件、五金配件、主机板、电脑扬声器、数位式音乐播放机、五金割片、冲压件、模具标准件，组装微型电脑（16 位以上），产品内外销比例按批文执行。（涉及许可证的项目，领证后才能经营）				

企业名称	东莞翊凯电器制品有限公司	海关编码	4419940909	所属海关	黄埔海关驻凤岗办事处
通讯地址	广东省东莞市清溪镇青皇工业区	邮政编码	511746	法人姓名	陈東学
评定时间	2011.5.11 注册日期 1996.3.26	报关有效期	长期	注册资本	1106 万美元
主营范围	生产和销售电脑机箱外壳、电源供应器、鼠标、键盘、显示器、音箱、纸箱、麦克风、耳机、散热器、不间断电源供应器、模具、微型电脑处理机、电脑主机板、电脑周边设备、五金、塑胶配件（涉证除外）、电子元器件（涉证、涉限产品除外）、扬声器、电源线、平板显示屏及其配件、平板显示器及其配件、发光二极管照明灯具、灯具零配件、电器零配件，研究和开发 TFT-LCD 生产自动化、照明灯具产品及其散热结构、电源节电技术、半导体集成电路封装与测试技术。				

企业名称	东莞立德电子有限公司	海关编码	4419940946	所属海关	黄埔海关驻凤岗办事处
通讯地址	广东省东莞市塘厦第一工业区	邮政编码	523712	法人姓名	林碧珍
评定时间	2008.10.31 注册日期 1995.11.13	报关有效期	长期	注册资本	8050 万港币
主营范围	生产和销售变压器、整流器、充电器、电源供应器、半导体、元器件专用材料（多层线路板）、新型电子元器件（电力电子器件：电子式安定器、不间断电源）、锂离子电池、数字放声设备（激光唱机）、宽带接入网通信系统设备（网路卡）、交换设备（交换机）、高端路由器（路由器）、数字音视频编解码设备、电子专用设备（电源供应器、电磁锁）、照明灯具，研究开发照明灯具。				

企业名称	光宝网络通讯（东莞）有限公司	海关编码	4419941111	所属海关	黄埔海关驻凤岗办事处
通讯地址	广东省东莞市清溪镇银湖工业区科技路 30 号	邮政编码	523648	法人姓名	宋恭源
评定时间	2011.11.18 注册日期 1998.5.8	报关有效期	长期	注册资本	1417 万美元
主营范围	生产和销售通信传输设备、通信交换设备、通信终端设备、移动通信及终端设备、其他通信设备、电子计算机整机、电子计算机网络设备、电子计算机外部设备、电子元件及组件、家用影视设备、家用音响设备、照相机及器材、其他输配电及控制设备、其他电子设备、电子玩具、训练健身器材、家用美容及保健电器具，提供企业自产产品的售后服务（上述产品涉限者除外，涉及许可证的，领证后方可经营），生产和销售印制电路板、塑胶配件、五金配件、电子表、五金割片、冲压件、模具标准件（涉限涉证及涉国家宏观调控行业除外，涉及国家专项规定的按有关规定办理），研究和开发软件产品。（依法须经批准的项目，经相关部门批准后方可开展经营活动）				

企业名称	实盈电子（东莞）有限公司			海关编码	4419941210	所属海关	黄埔海关驻凤岗办事处
通讯地址	广东省东莞市清溪镇三中金龙工业区			邮政编码	523651	法人姓名	黄凰洲
评定时间	2010.1.7	注册日期	1998.8.25	报关有效期	长期	注册资本	53668 万港币
主营范围	生产和销售精冲模、精密型腔模、模具标准件、新型电子元器件（新型机电元件：含微处理器承座连接器及其关键件、精密移动电话连接器及其关键件、网络通讯连接器）、电子专用设备、电脑周边线、电脑内部连接线、电脑周边配件，从事上述产品的批发及进出口业务，从事自有厂房出租业务。（涉限涉证及涉国家宏观调控行业除外，涉及配额许可证管理、专项规定管理的商品按国家有关规定办理）						

企业名称	康舒电子（东莞）有限公司			海关编码	4419941220	所属海关	黄埔海关驻凤岗办事处
通讯地址	广东省东莞市塘厦镇宏业工业区			邮政编码	523710	法人姓名	高青山
评定时间	2009.9.23	注册日期	1998.9.15	报关有效期	长期	注册资本	5400 万美元
主营范围	生产和销售通讯电子产品、小电器、LED 灯具、电力调度通迅设备产品，提供相关配套服务。（涉限涉证及涉国家宏观调控行业除外，涉及配额许可证管理、专项规定管理的按有关规定办理）						

企业名称	瑞丰木业（东莞）有限公司			海关编码	4419941428	所属海关	黄埔海关驻凤岗办事处
通讯地址	广东省东莞市清溪镇大利管理区			邮政编码	523648	法人姓名	梁厚镇
评定时间	2011.8.15	注册日期	1998.7.20	报关有效期	长期	注册资本	7500 万港币
主营范围	生产和销售各种家具（涉证除外），从事道路普通货运（凭许可证经营）。						

企业名称	东莞信浓马达有限公司			海关编码	4419941471	所属海关	黄埔海关驻凤岗办事处
通讯地址	广东省东莞市凤岗镇雁田村			邮政编码	523701	法人姓名	金子元昭
评定时间	2014.6.16	注册日期	1994.3.2	报关有效期	长期	注册资本	23180 万港币
主营范围	生产和销售各类马达、马达零配件、电子配件、五金配件、马达组件、汽车空调用风机及风扇、模具、夹具、工具、马达测量仪器、票据读取器、半导体配件、塑胶制品、泵（涉限或涉证除外），研究和开发运动控制技术及产品、光机电一体化技术及产品、马达、马达零配件、马达组件、电子配件、风机、风扇、减速器和自动化装置等及相关技术，从事塑胶制品、五金制品、印刷设备、办公设备、传动及变速装置、声音录放设备、检测仪器、马达及其组件、集成电路、电子元器件及上述商品的零配件的批发、佣金代理（拍卖除外）、进出口及其他相关配套业务。（不涉及国营贸易管理商品，涉及配额、许可证管理商品的，按国家有关规定办理申请）						

企业名称	东莞达宏电子有限公司			海关编码	4419941577	所属海关	黄埔海关驻凤岗办事处
通讯地址	广东省东莞市清溪镇铁松村			邮政编码	523652	法人姓名	林冠宏
评定时间	2013.12.18	注册日期	1999.11.2	报关有效期	长期	注册资本	350 万美元
主营范围	生产和销售电源供应器及其半成品、塑胶五金插头、电子镇流器、手机电池及手提电脑电池（不含污染工序）、麦克风耳机、数据传输连接线、计时器、电子控制器（含温度控制器）、电脑连接线和手机连接线、变压器、塑胶制品、电源供应器外壳。						

企业名称	东莞矽德半导体有限公司			海关编码	4419942065	所属海关	黄埔海关驻凤岗办事处
通讯地址	广东省东莞市清溪镇第二工业区			邮政编码	523660	法人姓名	奚志成
评定时间	2013.12.18	注册日期	2001.11.1	报关有效期	长期	注册资本	22498.56 万港币
主营范围	生产和销售新型电子元器件（混合集成电路）。						

企业名称	东莞东骅电子科技有限公司			海关编码	4419942162	所属海关	黄埔海关驻凤岗办事处
通讯地址	广东省东莞市清溪镇长山头村			邮政编码	523660	法人姓名	张连生
评定时间	2013.10.10	注册日期	2002.2.4	报关有效期	长期	注册资本	17702 万港币
主营范围	生产和销售电子产品、光电产品、精密塑胶射出件、精密五金加工件及高速冲压件、精冲模、精密型腔模、模具标准件、数字录放机、便携式微型计算机、数字音视频编解码设备、数字照相机及关键件、模具、高档服务器（上述产品涉限涉证除外，生产过程中不得含电镀、酸洗等污染性工序，不得排放生产性废水）。（涉及许可证的项目，领证后才能经营）						

企业名称	东莞首富电子有限公司			海关编码	4419942707	所属海关	黄埔海关驻凤岗办事处
通讯地址	广东省东莞市樟木头镇东深大道银洋工业城			邮政编码	523620	法人姓名	吴声甫
评定时间	2009.1.8	注册日期	2002.8.29	报关有效期	长期	注册资本	5014.4 万港币
主营范围	生产和销售电力电子器件。（上述产品涉限涉证者除外）						

企业名称	东莞新劲电子有限公司			海关编码	4419942775	所属海关	黄埔海关驻凤岗办事处
通讯地址	广东省东莞市塘厦镇宏业工业区			邮政编码	523710	法人姓名	陈其镳
评定时间	2013.4.9	注册日期	2002.9.19	报关有效期	长期	注册资本	8500 万港币
主营范围	生产和销售大容量光盘和磁盘驱动器、电子专用设备（包括高密度电脑主板、微电子发生器）、移动通信系统（GSM）手机、新型仪表元器件（智能型仪用传感器、柔性线路板）、汽车电子装置（包括发动机控制系统、底盘控制系统、车身电子控制系统）、数字有线电视系统设备。						

企业名称	台光五金制品（东莞）有限公司			海关编码	4419942983	所属海关	黄埔海关驻凤岗办事处
通讯地址	广东省东莞市谢岗镇银湖工业园			邮政编码	523598	法人姓名	巫典勋
评定时间	2014.6.26	注册日期	2002.12.6	报关有效期	长期	注册资本	708.76 万美元
主营范围	生产和销售精密五金模具、精密电子五金制品、精冲模、精密型腔模、模具标准件、耐高温绝缘材料（绝缘等级为 F、H 级）及绝缘成型件，研究和开发数字音频和视频组件。						

企业名称	东莞星浩手袋有限公司			海关编码	4419943098	所属海关	黄埔海关驻凤岗办事处
通讯地址	广东省东莞市塘厦镇清湖头村高丽工业区			邮政编码	523729	法人姓名	陈亨利
评定时间	2013.12.18	注册日期	2003.2.26	报关有效期	长期	注册资本	7820 万港币
主营范围	生产和销售各类手袋。						

企业名称	东莞东英电子工业有限公司			海关编码	4419943326	所属海关	黄埔海关驻凤岗办事处
通讯地址	广东省东莞市清溪镇三中村金龙工业区清凤大道			邮政编码	523651	法人姓名	藤原繁树
评定时间	2009.12.7	注册日期	2003.5.30	报关有效期	长期	注册资本	6300 万港币
主营范围	生产和销售大容量光磁盘驱动器及其部件、电子元器件、电子零部件、办公设备及配件、灯具及配件、小家电及配件、切割机及部件、游戏机及配件、通讯设备及配件、测量和检测仪器、模具、读卡器及配件、售票机及配件、音乐用电子产品及配件、录音器、遥控器、摄录器、数字录放机，从事公司自产产品同类商品的批发及进出口业务，并提供相关产品的售后服务。（涉限涉证及涉国家宏观调控行业除外，涉及配额许可证管理、专项规定管理的按有关规定办理；依法须经批准的项目，经相关部门批准后方可开展经营活动）						

企业名称	宝钜（中国）儿童用品有限公司			海关编码	4419943391	所属海关	黄埔海关驻凤岗办事处
通讯地址	广东省东莞市清溪镇银河工业区			邮政编码	523641	法人姓名	郑丽玉
评定时间	2011.12.5	注册日期	2003.6.26	报关有效期	长期	注册资本	3788 万美元
主营范围	生产和销售婴儿手推车及其配件、婴儿围栏及其配件、学步车、餐椅、婴儿摇椅、座椅、棉被、背袋、各种玩具及零配件、五金塑胶日用品、健身收腹机、拉力器、多功能健身器、跑步机、成人推车、轮椅及零配件、拐杖、病床及零配件。						

企业名称	东莞德龙健伍电器有限公司			海关编码	4419944388	所属海关	黄埔海关驻凤岗办事处
通讯地址	广东省东莞市清溪镇第二工业区			邮政编码	523660	法人姓名	罗伯特·万雷扎尼
评定时间	2014.2.20	注册日期	2004.11.11	报关有效期	长期	注册资本	28500 万港币
主营范围	生产和销售家用电器用品（包括搅拌器、暖风机、炸锅、热水壶、齿轮箱组合等）及其配件。						

企业名称	东莞南星塑胶有限公司			海关编码	4419945624	所属海关	黄埔海关驻凤岗办事处
通讯地址	广东省东莞市樟木头镇南山工业区			邮政编码	523636	法人姓名	蔡香海
评定时间	2011.12.5	注册日期	2007.1.11	报关有效期	长期	注册资本	16000 万港币
主营范围	生产和销售高密度聚乙烯袋（筒）、低密度聚乙烯袋（筒）、聚丙烯袋（筒）、再生塑料（只能为本企业的边角料加工成再生料）、塑胶喉管、彩盒、纸箱、一次性不织布制品（不含洗水、漂染等污染工序），从事非配额许可证管理、非专营商品的收购出口业务，印刷包装装潢印刷品，从事道路货运支专用运输（集装箱）、道路普通货运（凭许可证经营），研究和开发环保包装材料、食品包装材料、新型包装材料。						

企业名称	东莞美驰图实业有限公司			海关编码	4419946519	所属海关	黄埔海关驻凤岗办事处
通讯地址	广东省东莞市凤岗镇竹尾田村			邮政编码	523697	法人姓名	颜乙清
评定时间	2014.9.19	注册日期	2006.11.20	报关有效期	长期	注册资本	1550 万美元
主营范围	生产和销售精密型腔模、模具标准件、玩具、夹具、PVC 胶罩、五金配件，研究和开发电子产品，印刷包装装潢印刷品，从事电池、电源适配器及电子配件的批发和进出口业务。（不设店铺经营，涉及配额许可证管理、专项规定管理的商品按国家有关规定办理）						

企业名称	东莞赛诺家居用品有限公司			海关编码	4419946585	所属海关	黄埔海关驻凤岗办事处
通讯地址	广东省东莞市塘厦镇沙湖大结岭路一号			邮政编码	523725	法人姓名	张水英
评定时间	2013.10.18	注册日期	2007.7.12	报关有效期	长期	注册资本	3200 万港币
主营范围	销售软体家具用品、海棉、海棉制品、按摩器材。						

企业名称	东莞太阳茂森精密金属有限公司			海关编码	4419946809	所属海关	黄埔海关驻凤岗办事处
通讯地址	广东省东莞市塘厦镇林村新太阳工业城			邮政编码	523711	法人姓名	陈文兴
评定时间	2014.3.10	注册日期	2012.11.6	报关有效期	长期	注册资本	12000 万港币
主营范围	生产和销售精密金属冲压件、五金配件及金属冲压模具。						

企业名称	辉碧电子（东莞）有限公司			海关编码	4419946961	所属海关	黄埔海关驻凤岗办事处
通讯地址	广东省东莞市清溪镇上元路 23 号			邮政编码	523640	法人姓名	斯蒂芬·莫里斯麦克卢尔
评定时间	2014.5.8	注册日期	2010.11.4	报关有效期	长期	注册资本	100 万美元
主营范围	开发、生产和销售日用电子制品（包括电源供应、充电器）、可携式电子产品零配件。						

企业名称	广东粤林电气科技股份有限公司			海关编码	4419960832	所属海关	黄埔海关驻凤岗办事处
通讯地址	广东省东莞市清溪镇三中金龙工区			邮政编码	523651	法人姓名	邓会英
评定时间	2013.5.14	注册日期	2005.8.12	报关有效期	长期	注册资本	5558 万人民币
主营范围	研究、开发、生产、销售电脑机箱、各类电源供应器及电脑周边设备、铝制品、模具、五金制品，进出口货物、技术。（法律、行政法规禁止的项目除外，法律、行政法规限制的项目需取得许可后方可经营）						

企业名称	东莞市荣圣家具有限公司			海关编码	4419966643	所属海关	黄埔海关驻凤岗办事处
通讯地址	广东省东莞市凤岗镇黄洞村田心组东深二路黄洞段			邮政编码	523690	法人姓名	何梅
评定时间	2013.2.26	注册日期	2008.1.15	报关有效期	长期	注册资本	500万人民币
主营范围	生产和销售家具，进出口货物、技术。（法律、行政法规禁止的项目除外，法律、行政法规限制的项目须取得许可后方可经营）						

企业名称	广州北方机电发展有限公司			海关编码	4401210057	所属海关	黄埔海关驻广州经济技术开发区办事处（广州保税区海关）
通讯地址	广东省广州经济技术开发区青年路沙湾二街			邮政编码	510000	法人姓名	蔡文初
评定时间	2010.12.7	注册日期	2005.1.28	报关有效期	长期	注册资本	1800万人民币
主营范围	进出口货物、技术（法律、行政法规禁止的项目除外，法律、法规限制的项目须取得许可证后方可经营），销售光学、电子、机械产品，研究、开发光学、电子新材料及新产品，提供技术咨询服务。						

企业名称	广州麦芽有限公司			海关编码	4401230011	所属海关	黄埔海关驻广州经济技术开发区办事处（广州保税区海关）
通讯地址	广东省广州经济技术开发区创业路2号			邮政编码	510730	法人姓名	陈洪
评定时间	2014.6.26	注册日期	1987.5.28	报关有效期	长期	注册资本	5913万美元
主营范围	生产浅色麦芽、特种麦芽和麦芽深加工产品及饲料，销售自产产品，进出口和批发大麦、麦芽，储藏和加工粮食。						

企业名称	广州太平洋马口铁有限公司			海关编码	4401230182	所属海关	黄埔海关驻广州经济技术开发区办事处（广州保税区海关）
通讯地址	广东省广州市经济技术开发区友谊路102号			邮政编码	510730	法人姓名	SHINKAI KAZUMASA（新海一正）
评定时间	2008.10.31	注册日期	1995.5.4	报关有效期	长期	注册资本	3600万美元
主营范围	制造、加工马口铁，剪切、加工其他钢板材，销售本公司产品，并提供有关本产品的技术服务，从事马口铁、镀铬铁、覆膜铁等金属包装材料的批发、进出口及佣金代理（拍卖除外）业务（不涉及国营贸易管理商品，涉及配额、许可证管理商品的，按国家有关规定办理申请），提供其他相关售后服务。						

企业名称	施耐德（广州）母线有限公司			海关编码	4401230227	所属海关	黄埔海关驻广州经济技术开发区办事处（广州保税区海关）
通讯地址	广东省广州经济技术开发区东区骏业路85号			邮政编码	510530	法人姓名	St é phane DARIEL
评定时间	2010.4.26	注册日期	1996.11.13	报关有效期	长期	注册资本	730万美元
主营范围	制造、装配配电母线槽、插入式配电盘、小型配电箱、配电盘、配电屏等配电设备及其零部件，销售本公司产品，并提供相关的售后服务，从事上述产品同类商品的批发、进出口、佣金代理（拍卖除外），提供配套服务。（不涉及国营贸易管理商品，涉及配额、许可证管理商品的，按国家有关规定办理申请）						

企业名称	广州昭和汽车零部件有限公司			海关编码	4401230233	所属海关	黄埔海关驻广州经济技术开发区办事处（广州保税区海关）
通讯地址	广东省广州经济技术开发区东区宏明路6号			邮政编码	510760	法人姓名	杉山伸幸
评定时间	2010.1.7	注册日期	1995.2.13	报关有效期	长期	注册资本	6516万美元
主营范围	汽车零配件批发，摩托车零配件批发，汽车零部件及配件制造（不含汽车发动机制造），货物进出口（专营专控商品除外）。						

企业名称	广州美亚股份有限公司			海关编码	4401230282	所属海关	黄埔海关驻广州经济技术开发区办事处（广州保税区海关）
通讯地址	广东省广州经济技术开发区永和经济管理区永和大道38号			邮政编码	511356	法人姓名	罗汉
评定时间	2008.10.31	注册日期	1996.7.23	报关有效期	长期	注册资本	20000人民币
主营范围	研究和开发应用软件，加工和制造钢管、钢板及其他金属制品，安装室内水电，销售本公司产品，从事钢管、钢板及其他金属制品、有色金属及其制品、汽车零部件、建筑材料的进出口、批发和佣金代理(拍卖除外)业务(不设店铺经营，不涉及国营贸易管理商品，涉及配额、许可证管理商品的，按国家有关规定办理申请)，进出口技术，提供相关技术服务、售后服务和咨询服务。						

企业名称	国际香料（中国）有限公司			海关编码	4401240015	所属海关	黄埔海关驻广州经济技术开发区办事处（广州保税区海关）
通讯地址	广东省广州经济技术开发区金华二街9号			邮政编码	510730	法人姓名	Eduardo III Dagondon Alejandrino
评定时间	2008.12.5	注册日期	1993.4.28	报关有效期	长期	注册资本	8962.02万美元
主营范围	生产、加工食品添加剂（液体香精、乳化香精、粉末香精，全国工业产品生产许可证有效期至2016年4月6日）、天然香料、合成香料、单离香料、各种芳香化学物和香精（日用）、调味料（固态，全国工业产品生产许可证有效期至2015年10月31日），销售本公司产品，研究和开发新产品，研究、开发、许可使用、转让新技术，从事与公司自产及研发产品同类商品的采购、批发、佣金代理（拍卖除外）、进出口业务，提供企业经营、管理及技术的咨询服务，出租自有物业。（不设店铺经营，不涉及国营贸易管理商品，涉及到配额、许可证管理商品的，按国家有关规定办理申请）						

企业名称	箭牌糖果（中国）有限公司			海关编码	4401240018	所属海关	黄埔海关驻广州经济技术开发区办事处（广州保税区海关）
通讯地址	广东省广州经济技术开发区友谊路 111 号			邮政编码	510730	法人姓名	YUI YUEN MICHAEL YEUNG
评定时间	2008.12.5	注册日期	1991.4.18	报关有效期	长期	注册资本	6149.29 万美元
主营范围	加工、生产糖果制品（糖果），推广和销售本公司产品，提供与糖果生产、推广或销售相关的技术咨询和服务，租赁自有设备，研究开发与公司产品同类的相关产品，从事与公司同类商品的批发、进出口、佣金代理（拍卖除外）及其配套业务。（涉及配额许可证管理、专项规定管理的产品按国家规定办理，全国工业产品生产许可证有效期至 2017 年 10 月 22 日止，食品流通许可证有效期至 2017 年 3 月 24 日止）						

企业名称	高露洁棕榄（中国）有限公司			海关编码	4401240067	所属海关	黄埔海关驻广州经济技术开发区办事处（广州保税区海关）
通讯地址	广东省广州经济技术开发区青年路 338 号			邮政编码	510730	法人姓名	Vinod Nambiar（卫诺德）
评定时间	2008.10.31	注册日期	1996.5.4	报关有效期	长期	注册资本	4500 万美元
主营范围	研发、生产、加工牙膏、口腔清洁用品、家庭清洁产品、织物保护产品、个人护理产品、宠物食品、宠物护理产品及有关原材料、包装材料，生产加工上述产品的促销配套产品，委托加工、销售高露洁棕榄公司在中国的其他投资项目生产的产品及国内企业生产加工的高露洁棕榄公司的商标的产品，收购出口非配额许可证商品，从事上述同类产品和相关原材料、包装材料的批发、佣金代理（拍卖除外）、进出口及相关配套服务（不设店铺经营，涉及配额许可证管理、专项规定管理的商品按国家有关规定办理），提供仓储（易燃易爆、危险化学品除外）、管理咨询的相关服务，印刷包装装潢印刷品，从事医疗器械产品的批发、佣金代理（拍卖除外）、进出口业务，提供相关配套服务。（按医疗器械经营企业许可证许可范围经营，不设店铺经营，涉及行业许可管理的按国家规定办理，以上商品进出口不涉及国营贸易、进出口配额许可证、出口配额招标、出口许可证等专项管理的商品）						

企业名称	安美特（中国）化学有限公司			海关编码	4401240111	所属海关	黄埔海关驻广州经济技术开发区办事处（广州保税区海关）
通讯地址	广东省广州经济技术开发区永和经济区新庄二路 73 号			邮政编码	511356	法人姓名	李晋贤
评定时间	2011.12.5	注册日期	1998.4.30	报关有效期	长期	注册资本	5025 万美元
主营范围	生产表面活性剂、电子专用设备、线路板用添加剂、废水处理用生物化学品（危险化学品除外）、三氧化铬（无水）、铬酸溶液、影印油墨（凭有效的安全生产许可证经营），销售本公司产品，提供售后服务，从事相关产品的进出口和批发业务。（不设店铺经营，不涉及国营贸易管理商品，涉及配额、许可证管理商品的，按国家有关规定办理申请）						

企业名称	捷普电子（广州）有限公司			海关编码	4401240197	所属海关	黄埔海关驻广州经济技术开发区办事处（广州保税区海关）
通讯地址	广东省广州经济技术开发区东区骏成路 128 号			邮政编码	510730	法人姓名	FORBES I.J.ALEXANDER
评定时间	2010.4.26	注册日期	2001.9.25	报关有效期	长期	注册资本	8290.1 万美元
主营范围	大中型电子计算机、数字磁带录放机的生产，计算机辅助设计（三维 CAD）、辅助测试（CAT）、辅助制造（CAM）、辅助工程（CAE）系统及其他计算机应用系统制造，新型打印装置的开发、制造、生产，新型电子元器件及电力电子元器件、光电器件、敏感元器件及传感器、电子专用设备、医用成像设备（高场强超导型磁共振 MRI、CT、X 线计算机断层、B 超等）关键部件的制造（涉及行政许可项目除外），本公司产品的销售，精密仪器设备的维修和售后服务，精冲模、精密腔模、模具标准件出口（不含涉证产品），从事公司生产产品同类商品及相关产品的批发、佣金代理（拍卖除外）、进出口。（涉及配额许可证管理、专项规定管理的商品按国家有关规定办理）						

企业名称	广州宝洁有限公司			海关编码	4401240199	所属海关	黄埔海关驻广州经济技术开发区办事处（广州保税区海关）
通讯地址	广东省广州经济技术开发区滨河路 1 号			邮政编码	510730	法人姓名	施文圣（SHANNAN STEVENSON）
评定时间	2010.1.7	注册日期	1988.9.1	报关有效期	长期	注册资本	58091.5 万美元
主营范围	其他纸制品、香料和香精、化妆品、肥皂及合成洗涤剂、文具、口腔清洁用品、其他日用化学产品（监控化学品、危险化学品除外）、锂离子电池、其他电池（光伏电池除外）、家用厨房电器具、家用美容及保健电器具、其他家用电力器具、鬃毛、制刷及清扫工具、头发装饰用物品、刀剪及类似日用金属工具，化妆品及卫生用品、清洁用品、家用电器、婴儿用品、文具用品的生产和销售，佣金代理，通用机械设备零售，贸易咨询、策划创意、仓储咨询服务，机械设备租赁，化学工程研究服务，货物进出口。（专营专控商品除外，具体经营范围以审批机关核定的为准，涉及许可项目的，以许可审批部门核定的为准）						

企业名称	三菱电机（广州）压缩机有限公司			海关编码	4401240268	所属海关	黄埔海关驻广州经济技术开发区办事处（广州保税区海关）
通讯地址	广东省广州经济技术开发区东江大道 102 号			邮政编码	510730	法人姓名	望月哲哉
评定时间	2008.10.17	注册日期	1995.5.2	报关有效期	长期	注册资本	12222 万美元
主营范围	货物进出口（专营专控商品除外），商品批发贸易（许可审批类商品除外），佣金代理，制冷、空调设备制造。（具体经营范围以审批机关核定的为准，涉及许可项目的，以许可审批部门核定的为准）						

企业名称	联众（广州）不锈钢有限公司			海关编码	4401240271	所属海关	黄埔海关驻广州经济技术开发区办事处（广州保税区海关）
通讯地址	广东省广州经济技术开发区东区联广路 1 号			邮政编码	510760	法人姓名	李必贤
评定时间	2008.10.31	注册日期	2008.7.1	报关有效期	长期	注册资本	39771.8 万美元
主营范围	冶炼不锈钢，生产、加工冷、热轧不锈钢卷板系列产品，提供技术与售后服务。						

企业名称	广州斗原钢铁有限公司			海关编码	4401240284	所属海关	黄埔海关驻广州经济技术开发区办事处（广州保税区海关）
通讯地址	广东省广州经济技术开发区东区骏业路158号			邮政编码	510530	法人姓名	SEOK SANG SOO（石尚洙）
评定时间	2009.10.30	注册日期	2003.11.25	报关有效期	长期	注册资本	3457万美元
主营范围	生产、加工系列金属板材，销售本公司产品并提供售后服务，从事上述产品及同类产品的进出口、批发零售和佣金代理（拍卖除外）业务。（不设店铺经营，涉及配额许可证管理、专项规定管理的商品按国家有关规定管理）						

企业名称	广州金源行金属有限公司			海关编码	4401240366	所属海关	黄埔海关驻广州经济技术开发区办事处（广州保税区海关）
通讯地址	广东省广州经济技术开发区东区连云路16号			邮政编码	510760	法人姓名	霍镜辉
评定时间	2014.5.8	注册日期	2008.4.15	报关有效期	长期	注册资本	1000万美元
主营范围	加工、剪切热轧、冷扎及镀涂钢板材，销售本公司产品，提供售后服务，从事钢材及铝材的进出口、批发和佣金代理（拍卖除外）业务（不设店铺经营，不涉及国营贸易管理商品，涉及配额、许可证管理商品的，按国家有关规定办理申请）及其他相关配套业务。						

企业名称	广州拜耳材料科技有限公司			海关编码	4401240489	所属海关	黄埔海关驻广州经济技术开发区办事处（广州保税区海关）
通讯地址	广东省广州经济技术开发区永和经济区斗塘路10号			邮政编码	511356	法人姓名	Wolfgang Werner Miebach
评定时间	2014.2.20	注册日期	2007.11.22	报关有效期	长期	注册资本	3100万美元
主营范围	开发、生产工程塑料及塑料合金、新型节能和环保建筑用塑料板材及显示屏用片材，销售自产产品，提供技术咨询和售后服务，从事上述产品和相关原材料的进出口、批发和佣金代理（拍卖除外）业务。（涉及配额许可证管理、专项规定管理的商品按照国家有关规定办理）						

企业名称	安利（中国）日用品有限公司			海关编码	4401240502	所属海关	黄埔海关驻广州经济技术开发区办事处（广州保税区海关）
通讯地址	广东省广州经济技术开发区北围工业区一区			邮政编码	510730	法人姓名	黄德荫
评定时间	2008.10.31	注册日期	2008.6.4	报关有效期	长期	注册资本	12610万美元
主营范围	零售化妆品及卫生用品、玩具、服装、小饰物、小礼品、清扫及清洗日用品、预包装食品，制造肥皂及合成洗涤剂、服饰、日用化学产品（监控化学品、危险化学品除外）、口腔清洁用品、化妆品、家用厨房电器具、家用美容及保健电器具、保健食品，提供商品咨询、营养健康咨询服务。（具体经营范围以审批机关核定的为准，涉及许可项目的，以许可审批部门核定的为准）						

企业名称	广州环球自行车工业有限公司			海关编码	4401240613	所属海关	黄埔海关驻广州经济技术开发区办事处（广州保税区海关）
通讯地址	广东省广州经济技术开发区淡水三街 1 号			邮政编码	510730	法人姓名	林庆熙
评定时间	2008.10.31	注册日期	1990.4.17	报关有效期	长期	注册资本	540 万美元
主营范围	生产自行车整车、电动自行车、液化气助力车及其车架和零配件系列产品及相似工艺的金属家具、健身器械等，承接中国境外的来料加工、来料装配、来图装配等业务，从事非配额许可证管理、非专营商品的收购出口业务，销售本公司产品。（涉证项目除外）						

企业名称	广州视源电子科技股份有限公司			海关编码	4401330039	所属海关	黄埔海关驻广州经济技术开发区办事处（广州保税区海关）
通讯地址	广东省广州高新技术产业开发区科学城科珠路 192 号 4 楼			邮政编码	510663	法人姓名	黄正聪
评定时间	2014.5.8	注册日期	2011.7.28	报关有效期	长期	注册资本	6600 万人民币
主营范围	研究、开发、设计电子产品、电子计算机软硬件，销售本公司产品，从事电子 产品主板、液晶显示产品的进出口、批发和零售业务（不设店铺经营，不涉及国家贸易管理商品，涉及配额、许可证管理商品的，按国家有关规定办理申请），进出口技术（法律、行政法规禁止的项目除外，法律、行政法规限制的项目须取得许可后方可经营），提供技术咨询服务。						

企业名称	索尼电子华南有限公司			海关编码	4401340007	所属海关	黄埔海关驻广州经济技术开发区办事处（广州保税区海关）
通讯地址	广东省广州高新技术产业开发区科学城神舟路 7 号			邮政编码	510660	法人姓名	SUZUKI HIDEYUKI（铃木秀幸）
评定时间	2013.1.22	注册日期	2004.8.9	报关有效期	长期	注册资本	7314 万美元
主营范围	开发、制造数字录放机、数字音视频编解码设备、大容量光磁盘驱动器及其部件、新型电子元器件（光电子器件、新型机电元件）、高密度数字光盘机用关键件，销售本公司产品，并提供技术咨询及售后服务，提供国际科技信息咨询服务，研究开发高新技术、新产品。						

企业名称	乐金显示（广州）有限公司			海关编码	4401340038	所属海关	黄埔海关驻广州经济技术开发区办事处（广州保税区海关）
通讯地址	广东省广州高新技术产业开发区科学城开泰大道 59 号			邮政编码	510663	法人姓名	SHIN SANG MUN（申相文）
评定时间	2011.5.11	注册日期	2006.8.2	报关有效期	长期	注册资本	24282 万美元
主营范围	研究、开发、生产新型平板显示器件系列产品及数字电视机、显示屏材料，销售本公司产品并提供相关技术及售后服务，从事相关产品的批发、进出口、佣金代理（拍卖除外）和维修服务（涉及许可证管理、专项规定管理的商品按国家有关规定办理）及提供配套服务，租赁自有物业（只限于租赁给注册在广州开发区的企业）。						

企业名称	建兴光电科技（广州）有限公司		海关编码	4401340123	所属海关	黄埔海关驻广州经济技术开发区办事处（广州保税区海关）
通讯地址	广东省广州高新技术产业开发区科学城光宝路8号		邮政编码	510663	法人姓名	宋恭源
评定时间	2014.9.19	注册日期	2001.11.27	报关有效期	长期	注册资本	4300万美元
主营范围	影视录放设备制造，计算机外围设备制造，计算机零部件制造，电子元件及组件制造，电子产品批发，电子、通信与自动控制技术研究、开发，电视设备及其配件批发，计算机零配件批发，汽车零配件及配件制造（不含汽车发动机制造），电影设备及其配件批发，模具制造，照明灯具制造。（具体经营范围以审批机关核定的为准，涉及许可项目的，以许可审批部门核定的为准）						

企业名称	海瑞克（广州）隧道设备有限公司		海关编码	4401440178	所属海关	黄埔海关驻广州经济技术开发区办事处（广州保税区海关）
通讯地址	广东省广州保税区保盈大道41号		邮政编码	510730	法人姓名	BERND JOHANN LEUTHNER
评定时间	2014.1.27	注册日期	2003.4.24	报关有效期	长期	注册资本	421万美元
主营范围	加工、组装、安装生产隧道挖掘机、地下暗挖设备，修理、修配、日常维护零部件，从事以上相关产品的进出口及批发业务（不设店铺，涉证、涉限商品除外），在广州保税区内从事国际贸易、商业贸易、转口贸易、保税仓储(危险品除外)，提供与业务相关的技术咨询服务，销售本公司产品。(涉及许可经营的凭许可证经营，生产场地及消防未经验收合格，不得从事生产、经营活动）						

企业名称	广茂科技（广州）有限公司		海关编码	4401440179	所属海关	黄埔海关驻广州经济技术开发区办事处（广州保税区海关）
通讯地址	广东省广州保税区保盈大道6号		邮政编码	510730	法人姓名	王继贤
评定时间	2010.12.27	注册日期	2003.5.6	报关有效期	长期	注册资本	1000万美元
主营范围	生产、加工电子产品及电脑主机、主机板、周边配件、零组件及电脑软件，销售本公司产品并提供售后服务，在保税区内从事国际贸易、保税仓储业务。（涉证项目凭许可证经营）						

企业名称	卡尔蔡司光学科技（广州）有限公司		海关编码	4401440263	所属海关	黄埔海关驻广州经济技术开发区办事处（广州保税区海关）
通讯地址	广东省广州保税区保盈大道88号		邮政编码	510730	法人姓名	MICHAEL PITTOLO
评定时间	2013.8.6	注册日期	2007.3.27	报关有效期	长期	注册资本	972.5万欧元
主营范围	设计、制造光学眼镜片、相关模具和光学检测仪器，装配成镜，销售本公司产品，在保税区内从事国际贸易、保税仓储业务（危险化学品、易燃易爆物品除外）。						

企业名称	东莞玖龙纸业有限公司 .			海关编码	4419939135	所属海关	新沙海关
通讯地址	广东省东莞市麻涌镇麻二村			邮政编码	523147	法人姓名	张茵
评定时间	2008.10.31	注册日期	2008.1.9	报关有效期	长期	注册资本	83318.1 万美元
主营范围	生产和销售高档纸和纸板（新闻纸除外），在境内组织收购生产所需废纸（作原料自用）。						

企业名称	东莞超盈纺织有限公司			海关编码	4419943594	所属海关	新沙海关
通讯地址	广东省东莞市麻涌镇新沙港工业园			邮政编码	523147	法人姓名	卢煜光
评定时间	2013.10.18	注册日期	2003.10.27	报关有效期	长期	注册资本	66289 万港币
主营范围	高档织物面料的织造及后整理加工（含经编高档织物面料，配套漂染、洗水工序），高档服装面料的研究和开发。						

企业名称	东莞顶志食品有限公司			海关编码	4419945844	所属海关	新沙海关
通讯地址	广东省东莞市麻涌镇新沙工业区			邮政编码	523142	法人姓名	陈耀超
评定时间	2012.9.18	注册日期	2007.10.24	报关有效期	长期	注册资本	1553 万美元
主营范围	生产加工（工艺包括浸出、精炼）和销售芝麻油、芝麻调和油、芝麻饼、食用芝麻及芝麻酱（不涉及芝麻调和油进口业务；涉及专项规定和许可管理的，按国家有关规定办理），从事芝麻油、芝麻饼、芝麻籽、食用芝麻及芝麻酱等芝麻相关产品的批发及进口业务（不涉及国营贸易管理商品，涉及配额、许可证管理商品的，按国家有关规定办理申请），从事芝麻油及芝麻相关产品的仓储业务，研究和开发芝麻油及芝麻附属产品，产品内外销比例由董事会自行决定。						

企业名称	东莞劲胜精密组件股份有限公司			海关编码	4419927160	所属海关	黄埔海关驻长安办事处
通讯地址	广东省东莞市长安镇上角村			邮政编码	523878	法人姓名	王九全
评定时间	2012.9.4	注册日期	2008.4.25	报关有效期	长期	注册资本	20000 万人民币
主营范围	生产和销售塑胶制品、塑胶五金模具、精冲模、精密型腔模、模具标准件。						

企业名称	广东尼康照相机有限公司			海关编码	4419937414	所属海关	黄埔海关驻长安办事处
通讯地址	广东省东莞市长安镇霄边第二工业区			邮政编码	523849	法人姓名	兵藤幸夫
评定时间	2008.12.5	注册日期	1996.5.27	报关有效期	长期	注册资本	300 万美元
主营范围	生产、售销照相机、镜头及其附属品、零件。						

企业名称	伟创力电源（东莞）有限公司			海关编码	4419938511	所属海关	黄埔海关驻长安办事处
通讯地址	广东省东莞市大岭山镇机械工业区			邮政编码	523817	法人姓名	曼尼
评定时间	2009.5.19	注册日期	2012.7.13	报关有效期	长期	注册资本	1677.83 万美元
主营范围	生产和销售电子元器件及其配件、电子零部件（包括电源变换器、电源充电器、开关式电源供应器、输出导线、变压器、充电器、带电路板变压器）、电话机配件、手机配件、基站配件，提供产品的售后服务。						

企业名称	东莞信泰光学有限公司			海关编码	4419940132	所属海关	黄埔海关驻长安办事处
通讯地址	广东省东莞市长安镇霄边村			邮政编码	523849	法人姓名	赖以仁
评定时间	2009.1.8	注册日期	1993.2.28	报关有效期	长期	注册资本	1660 万美元
主营范围	生产和销售光学产品及零部件，包括光学塑胶零件、光学用皮革（或人造革）袋套、光学镜片、精密光学电子零件、照相机、望远镜、瞄准器、摄影机零配件（不含机芯）、闪光灯、显微镜及零配件、数字照相机及关键件、非金属制品模具、精冲模、精密型腔模、模具标准件、电子专用设备、测试仪器、工模具（电子专用模具）、新型打印装置（激光、喷墨打印机）、600 万像素以上高性能数字单镜头反光照相机。						

企业名称	东莞乡源木器业有限公司			海关编码	4419940751	所属海关	黄埔海关驻长安办事处
通讯地址	广东省东莞市大岭山镇连平村			邮政编码	523808	法人姓名	欧秋中
评定时间	2008.12.5	注册日期	1995.2.14	报关有效期	长期	注册资本	4202 万港币
主营范围	生产和销售贴面板、木薄片、木器制品，产品内外销比例按批文执行。						

企业名称	东莞台升家具有限公司			海关编码	4419940754	所属海关	黄埔海关驻长安办事处
通讯地址	广东省东莞市大岭山镇金桔村			邮政编码	523830	法人姓名	郭山辉
评定时间	2008.12.5	注册日期	1995.10.19	报关有效期	长期	注册资本	49734 万港币
主营范围	生产和销售家具、木制品，产品全部外销。（涉及许可证的项目，须领证后经营）						

企业名称	东莞谦华五金厂有限公司			海关编码	4419947071	所属海关	黄埔海关驻长安办事处
通讯地址	广东省东莞市长安镇霄边村			邮政编码	523851	法人姓名	尹虹
评定时间	2008.12.5	注册日期	1994.7.22	报关有效期	长期	注册资本	10050 万港币
主营范围	生产和销售五金装饰品、钢管及裁剪铁片。						

企业名称	东莞雅士电子有限公司			海关编码	4419947090	所属海关	黄埔海关驻长安办事处
通讯地址	广东省东莞市长安镇上角村			邮政编码	523878	法人姓名	陈秉阶
评定时间	2013.12.18	注册日期	1994.10.5	报关有效期	长期	注册资本	6287 万港币
主营范围	生产和销售收录机、镭射组合音响、电器五金件、电子钟收音机、电子玩具、小家电、灯具。（依法须经批准的项目，经相关部门批准后方可开展经营活动）						

企业名称	东莞广通事务机有限公司			海关编码	4419947165	所属海关	黄埔海关驻长安办事处
通讯地址	广东省东莞市长安镇霄边第二工业区			邮政编码	523849	法人姓名	永井三知夫
评定时间	2009.8.10	注册日期	1996.1.10	报关有效期	长期	注册资本	1110 万美元
主营范围	生产和销售扫描器及镭射印表机、复印机、传真机、扫描器、电脑、通信器、照相机、影像设备的零部件（以上产品涉证或限制类除外，生产以上产品不含电镀、酸洗、蚀刻等污染工序）、新型电子元器件（敏感元器件及传感器）、数字照相机关键件（电子回路基板）。（涉及许可证的项目，须领证后经营）						

企业名称	东莞精熙光机有限公司			海关编码	4419947166	所属海关	黄埔海关驻长安办事处
通讯地址	广东省东莞市长安镇霄边第二工业区			邮政编码	523849	法人姓名	永井三知夫
评定时间	2009.12.7	注册日期	2014.1.8	报关有效期	长期	注册资本	2068 万美元
主营范围	生产和销售小型马达的精密金属及塑胶零配件、照相机塑胶外壳、光学仪器保护套、照相机、复印机主要零配件、传真机、扫描仪、呼叫器、读取头、硬碟机、导线、模具、电子门锁、照相机铝合金外壳、数字照相机、数字照相机关键件、非金属制品模具、精冲模、精密型腔模、模具标准件、五金零配件、塑胶零配件、电子产品保护套、箱包制品、数字电视信号接收器（不具备接收卫星信号功能）。						

企业名称	金宝电子（中国）有限公司			海关编码	4419947331	所属海关	黄埔海关驻长安办事处
通讯地址	广东省东莞市长安镇沙头村			邮政编码	523866	法人姓名	许胜雄
评定时间	2011.6.10	注册日期	1999.1.22	报关有效期	长期	注册资本	11752 万美元
主营范围	生产和销售计算器、翻译机、微型电脑主机板、缆线数据机、传真机、印表机、微型电脑、携带型电脑、数位音乐随身听、影像电话、室内无绳电话、卫星定位器、数码相机、电脑周边设备、录音笔、秒表、计步器、音乐录放机、影音播放器、数字录放机、数字摄录机、移动通信系统（含 GSM、CDMA、DCS1800、PHS、DECT、IMT2000 等）手机、新型电子元器件（敏感元器件及传感器、频率控制与选择元件）、新型打印装置（含激光、喷墨打印机）、数字照相机、便携式微型计算机、游戏卡（内容必须符合国家有关规定）、游戏机（不得含赌博成分）、打印装置零配件、收音机、手机、电子琴、无线宽带上网接入器、电子钱包、机顶盒（卫星电视解码器除外）、手提式电视机、手表、数码相框、音响产品、监控系统设备、网络接入设备、半导体生产测试设备、电子玩具、液晶电视机、电子元器件、显示器、小家电、投影机、二类医疗器械（凭有效许可证经营）、模具、电子类生产设备及相关配套设备、LED 灯、按摩器具、加湿器、空气清净机、卡路里计算机、智能手表、智能手环、超音波美白导入机、电子肌肉刺激减肥瘦身仪、肤质检测仪，提供公司自产产品的售后服务，出租自有厂房。（涉限涉证及涉国家宏观调控行业除外，涉及国家专项规定的按有关规定办理）						

企业名称	先锋信泰（东莞）光学有限公司			海关编码	4419947445	所属海关	黄埔海关驻长安办事处
通讯地址	广东省东莞市长安镇霄边第二工业区			邮政编码	523849	法人姓名	赖以仁
评定时间	2009.1.8	注册日期	2000.8.29	报关有效期	长期	注册资本	1000 万美元
主营范围	生产和销售 DVD 光碟机、DVD 读写头、精密光电器件、其他精密光学零组件、大容量光磁盘驱动器及其部件（包括 DVD 刻录机、DVD 刻录机光学读写头）。						

企业名称	东莞新旭光学有限公司		海关编码	4419947465	所属海关	黄埔海关驻长安办事处
通讯地址	广东省东莞市长安镇乌沙江贝村		邮政编码	523858	法人姓名	郑胜全
评定时间	2014.9.19	注册日期	2000.10.19	报关有效期	长期	注册资本	2900 万美元
主营范围	生产和销售数字照相机用关键件（镜头组、观景窗、光学镜片及光学镜片组）、高密度数字光盘机用关键件（镜头组），从事镜头配件的批发、进出口业务，提供售后服务（不设店铺，涉及配额许可证管理、专项规定管理的商品按国家有关规定办理），从事自有设备出租业务。（涉限除外，涉及国家专项规定的按有关规定办理）						

企业名称	东莞祥兴玩具有限公司		海关编码	4419947472	所属海关	黄埔海关驻长安办事处
通讯地址	广东省东莞市长安镇上沙村		邮政编码	523868	法人姓名	吴毅群
评定时间	2014.2.20	注册日期	1994.7.18	报关有效期	长期	注册资本	3000 万港币
主营范围	生产和销售塑胶玩具及塑胶电器产品、塑胶五金制品、塑胶日用品、塑胶木件制品、塑胶布类玩具、塑胶木件玩具及制品。						

企业名称	东莞进升塑料制品有限公司		海关编码	4419947620	所属海关	黄埔海关驻长安办事处
通讯地址	广东省东莞市长安镇乌沙蔡屋村		邮政编码	523871	法人姓名	林明源
评定时间	2014.3.19	注册日期	2002.3.4	报关有效期	长期	注册资本	2000 万港币
主营范围	生产和销售塑胶制品（文具及其外壳、无纺布及其制品）、手袋、CD 袋、箱包袋类。						

企业名称	东莞泰联光学有限公司		海关编码	4419947736	所属海关	黄埔海关驻长安办事处
通讯地址	广东省东莞市长安镇霄边村		邮政编码	523849	法人姓名	赖以仁
评定时间	2011.12.15	注册日期	1993.4.16	报关有效期	长期	注册资本	316 万美元
主营范围	生产和销售照相机、光学零部件、闪光灯、光学镜头、显微镜及其零配件、投影机及其零配件、数字照相机及关键件、新型电子元器件（光电子器件、光纤传输器）、触屏数字转换器及其周边配套产品，提供售后、维修及有关技术咨询服务。						

企业名称	京都电工（东莞）有限公司		海关编码	4419947886	所属海关	黄埔海关驻长安办事处
通讯地址	广东省东莞市长安镇振安路振安工业园		邮政编码	523850	法人姓名	井手敏明
评定时间	2013.10.18	注册日期	2003.6.6	报关有效期	长期	注册资本	9000 万港币
主营范围	生产和销售新型电子元器件（敏感元器件：光学式敏感元器件、电极式敏感元器件等；传感器：感温半导体式传感器、静电容量式传感器）、数字照相机关键件、精冲模、精密型腔模，文仪办公用品、电器、汽车等产品的机电配件和塑胶配件、五金冲压件，塑胶制品、电子零配件。						

企业名称	乐依文半导体（东莞）有限公司			海关编码	4419948268	所属海关	黄埔海关驻长安办事处
通讯地址	广东省东莞市长安镇振安路振安科技工业园			邮政编码	523850	法人姓名	李威叻
评定时间	2013.1.22	注册日期	2005.5.19	报关有效期	长期	注册资本	6532 万美元
主营范围	生产和销售半导体（含半导体的设计、封装和测试）、线宽 0.18 微米及以下大规模数字集成电路、0.8 微米及以下模拟及数模集成电路，从事 BGA、PGA、CSP、MCM 等先进封装与测试，设计集成电路，并提供相关的技术开发、技术转让和咨询服务。						

企业名称	东莞新溢眼镜制造有限公司			海关编码	4419948563	所属海关	黄埔海关驻长安办事处
通讯地址	广东省东莞市长安镇新民工业区新民路 121 号			邮政编码	523879	法人姓名	陈智燊
评定时间	2012.3.23	注册日期	2007.7.20	报关有效期	长期	注册资本	2900 万美元
主营范围	生产和销售眼镜及其配件，从事眼镜的研究开发。						

企业名称	东莞好景塑胶制品有限公司			海关编码	4419948802	所属海关	黄埔海关驻长安办事处
通讯地址	广东省东莞市长安镇厦岗村振安路复兴工业园			邮政编码	523870	法人姓名	陈细根
评定时间	2013.1.22	注册日期	2011.3.18	报关有效期	长期	注册资本	15000 万港币
主营范围	生产和销售塑胶制品、塑胶五金制品（配套丝印、移印工序，凭有效许可证经营）。						

企业名称	光宝电源科技（东莞）有限公司			海关编码	4419948861	所属海关	黄埔海关驻长安办事处
通讯地址	广东省东莞市长安镇上角社区振安路上角段 1 号			邮政编码	523878	法人姓名	宋恭源
评定时间	2012.1.11	注册日期	2011.6.29	报关有效期	长期	注册资本	1597.18 万美元
主营范围	研发、生产和销售电子零部件、电力电子元器件、电源供应器、变压器，提供上述产品的售后服务及技术咨询。						

企业名称	东莞市新宁仓储有限公司			海关编码	4419967085	所属海关	黄埔海关驻长安办事处
通讯地址	广东省东莞市长安镇乌沙第六工业区海滨路 23 号			邮政编码	523857	法人姓名	张黧
评定时间	2013.10.18	注册日期	2004.12.23	报关有效期	长期	注册资本	500 万人民币
主营范围	经营仓储普通货运业务（凭有效许可证经营），进出口货物、技术。（法律、行政法规禁止的项目除外，法律、行政法规限制的项目须取得许可后方可经营）						

企业名称	东莞嘉财电业制造厂			海关编码	44199B1898	所属海关	黄埔海关驻长安办事处
通讯地址	广东省东莞市大岭山镇矮岭冚村			邮政编码	523817	法人姓名	刘增生
评定时间	2009.10.30	注册日期	1992.4.13	报关有效期	长期	注册资本	4600 万港币
主营范围	加工、生产、研发电子产品、数字卫星电视接收机，加工假发。（涉及许可证的项目，领证后才能经营）						

企业名称	东莞航天电子有限公司			海关编码	4419940170	所属海关	黄埔海关驻常平办事处
通讯地址	广东省东莞市常平镇土塘国际工业大道 1 号			邮政编码	523581	法人姓名	小林兼男
评定时间	2011.3.3	注册日期	1993.4.9	报关有效期	长期	注册资本	22190 万港币
主营范围	生产和销售电子连接器、电端子、传真机半成品、电话机充电器及日用小电器配件、移动通信系统（含 GSM、CDMA、DCS1800、DECT、IMT2000 等）手机、新型打印装置（多功能喷墨打印机）、电话机，计算机周边产品、通讯产品制造专用设备、基板自动搬送设备、自动化及半自动化功能检查机、上述产品的零配件，以承接服务外包的方式提供软件开发等信息技术和业务流程外包服务，从事公司自产产品、同类商品的批发及进出口业务（不设店铺经营，涉及配额许可证管理、专项规定管理的商品按国家有关规定办理），出租自有厂房，生产和销售便携式微型计算机及零部件。（涉限涉证及涉国家宏观调控行业除外，涉及国家专项规定的按有关规定办理）						

企业名称	大东骏通（东莞）电子有限公司			海关编码	4419940400	所属海关	黄埔海关驻常平办事处
通讯地址	广东省东莞市常平镇土塘村			邮政编码	523581	法人姓名	李泰夏
评定时间	2010.2.21	注册日期	1994.2.23	报关有效期	长期	注册资本	32350 万港币
主营范围	生产、销售、维修各种组合音响、收录音机、电话机、电视机、电脑、照相机、摄录一体机、打印机、手机、耳机、影像器材产品、电子产品、通讯产品及以上产品的周边产品及半制品和零部件、电池、充电器、电源转换器和供给器及充电式电源组件、塑胶产品及零部件、金属制品模具、非金属制品模具、精密冲压模具，批发和进出口通用机械设备、电子产品、通讯设备、音响制品、影像器材产品及零配件或零部件、纺织品服装、日用百货、文具、电子产品保护袋或保护盒、包装袋、包装材料、各种治具、仪器、化工产品（凭许可证经营，不含国营贸易管理商品，涉限涉证及涉国家宏观调控行业除外，涉及配额许可证管理、专项规定管理的按有关规定办理），出租自有厂房，研究和开发各种电子产品、通讯产品、影像器材产品及其周边产品、半制品和零部件、金属制品模具、非金属制品模具、精密冲压模具。（依法须经批准的项目，经相关部门批准后方可开展经营活动）						

企业名称	东莞金杯印刷有限公司			海关编码	4419940622	所属海关	黄埔海关驻常平办事处
通讯地址	广东省东莞市常平镇土塘村金杯路 8 号			邮政编码	523581	法人姓名	杨金溪
评定时间	2012.3.12	注册日期	1994.8.13	报关有效期	长期	注册资本	20960 万港币
主营范围	生产和销售印刷塑料胶片，加工纸类印刷品、图书、报刊印刷、纸盒、彩盒，产品内外销比例按批文执行。（涉及许可证的项目，须领证后经营）						

<table>
<tr><td>企业名称</td><td colspan="3">东莞歌乐东方电子有限公司</td><td>海关编码</td><td>4419940646</td><td>所属海关</td><td>黄埔海关驻常平办事处</td></tr>
<tr><td>通讯地址</td><td colspan="3">广东省东莞市东坑镇骏达工业区</td><td>邮政编码</td><td>523455</td><td>法人姓名</td><td>村上浩一</td></tr>
<tr><td>评定时间</td><td>2013.10.18</td><td>注册日期</td><td>1995.4.8</td><td>报关有效期</td><td>长期</td><td>注册资本</td><td>53000 万港币</td></tr>
<tr><td>主营范围</td><td colspan="7">生产和销售汽车音响及其零件（高频头）、汽车视像监视系统（包括取像器、显示器、警报器等）、数字电视机、数字录放机、数字放声设备、汽车电子装置（汽车电子辅助驾驶系统）、汽车音响、精密冲压零件、汽车音响用机芯和激光头，提供相关产品售后维修服务，研究和开发自产产品。</td></tr>
</table>

<table>
<tr><td>企业名称</td><td colspan="3">东莞顶锋金属制品有限公司</td><td>海关编码</td><td>4419940872</td><td>所属海关</td><td>黄埔海关驻常平办事处</td></tr>
<tr><td>通讯地址</td><td colspan="3">广东省东莞市东部工业园常平园区第三小区（白花沥）</td><td>邮政编码</td><td>523582</td><td>法人姓名</td><td>诸星正树</td></tr>
<tr><td>评定时间</td><td>2008.10.17</td><td>注册日期</td><td>1995.11.29</td><td>报关有效期</td><td>长期</td><td>注册资本</td><td>8875.06 万港币</td></tr>
<tr><td>主营范围</td><td colspan="7">生产和销售各种金属制品，承接各种金属制品的精密剪切和冲压加工业务，从事各种金属制品的批发和进出口业务。（不涉及国营贸易管理商品，涉及配额、许可证管理商品的，按国家有关规定办理）</td></tr>
</table>

<table>
<tr><td>企业名称</td><td colspan="3">长青林电子（东莞）有限公司</td><td>海关编码</td><td>4419941276</td><td>所属海关</td><td>黄埔海关驻常平办事处</td></tr>
<tr><td>通讯地址</td><td colspan="3">广东省东莞市桥头镇朗厦管理区</td><td>邮政编码</td><td>511738</td><td>法人姓名</td><td>林铅廷</td></tr>
<tr><td>评定时间</td><td>2011.9.29</td><td>注册日期</td><td>1998.12.18</td><td>报关有效期</td><td>长期</td><td>注册资本</td><td>210 万美元</td></tr>
<tr><td>主营范围</td><td colspan="7">生产电源线、电线、电缆、电脑周边配线、计时器、电源供应器、电源控制器、灯饰（酸洗及电镀工序除外）、塑胶组件、连接器，产品全部外销。（涉及许可证的项目，须领证后经营）</td></tr>
</table>

<table>
<tr><td>企业名称</td><td colspan="3">富港电子（东莞）有限公司</td><td>海关编码</td><td>4419941319</td><td>所属海关</td><td>黄埔海关驻常平办事处</td></tr>
<tr><td>通讯地址</td><td colspan="3">广东省东莞市东坑镇工业大道</td><td>邮政编码</td><td>523455</td><td>法人姓名</td><td>卜庆藩</td></tr>
<tr><td>评定时间</td><td>2010.2.21</td><td>注册日期</td><td>1999.5.10</td><td>报关有效期</td><td>长期</td><td>注册资本</td><td>54000 万港币</td></tr>
<tr><td>主营范围</td><td colspan="7">生产和销售电子通讯零件、电线、电脑连接线、接插件、充电器组件及其塑胶五金配件、新型平板显示器件、软件产品（记忆卡）、无汞碱锰电池、动力镍氢电池、锂离子电池、DVD 刻录器、手机用零配件、网络记录器、游戏机及零配件（不含赌博成份）、数码摄录机及零配件、鼠标及零配件、变压器、电源供应器及零配件、耳机、蓝牙产品及零配件、摄像头及零配件、吸塑罩、读卡器及零配件、存储卡、录像机及零配件、专业用多媒体伺服器及零配件。</td></tr>
</table>

<table>
<tr><td>企业名称</td><td colspan="3">东莞德利信电子有限公司</td><td>海关编码</td><td>4419941482</td><td>所属海关</td><td>黄埔海关驻常平办事处</td></tr>
<tr><td>通讯地址</td><td colspan="3">广东省东莞市常平镇陈屋贝村</td><td>邮政编码</td><td>523582</td><td>法人姓名</td><td>榎本吉美</td></tr>
<tr><td>评定时间</td><td>2010.5.14</td><td>注册日期</td><td>2000.3.30</td><td>报关有效期</td><td>长期</td><td>注册资本</td><td>8178 万港币</td></tr>
<tr><td>主营范围</td><td colspan="7">生产和销售各种机芯产品（包括收录机机芯、激光唱机机芯、录像机机芯）、计算机驱动器配件、各类汽车音响组合机、数字放声设备，提供上述经营项目的售后服务及技术咨询服务，研究开发电子产品，生产和销售汽车音响机芯产品组合配件，从事设备租赁业务，批发、进出口电子产品及其零配件、包装材料、化工原料（不含危险化学品，不含仓储，不涉及国营贸易管理商品，涉及配额、许可证管理商品的，按国家有关规定办理申请），生产和销售变流器、稳压电源（包括手机充电器）及其配件。</td></tr>
</table>

企业名称	立维腾电子（东莞）有限公司			海关编码	4419941617	所属海关	黄埔海关驻常平办事处
通讯地址	广东省东莞市桥头镇桥新工业园			邮政编码	523000	法人姓名	戴休赖萨达
评定时间	2012.9.18	注册日期	2000.9.12	报关有效期	长期	注册资本	800 万美元
主营范围	生产和销售电子零配件、电器开关、电灯头、光纤、模具、布线系统及其相关的零配件，提供售后服务（涉限涉证及涉国家宏观调控行业除外，涉及国家专项规定的按有关规定办理），研究和开发上述产品。						

企业名称	东莞保利文塑胶制品有限公司			海关编码	4419941651	所属海关	黄埔海关驻常平办事处
通讯地址	广东省东莞市常平镇桥沥南门村			邮政编码	523586	法人姓名	郑钟伟
评定时间	2013.2.26	注册日期	2000.10.12	报关有效期	长期	注册资本	15738 万港币
主营范围	生产和销售 PVC 胶布、PVC 松针、铁线制品、圣诞树铁脚及铁管、吹气塑胶制品、波丽工艺制品、圣诞树工艺品。（涉及许可证的项目，须领证后经营）						

企业名称	亿丰（东莞）制帘有限公司			海关编码	4419941670	所属海关	黄埔海关驻常平办事处
通讯地址	广东省东莞市常平镇土塘村			邮政编码	523581	法人姓名	许碧珠
评定时间	2010.5.14	注册日期	2000.11.28	报关有效期	长期	注册资本	12000 万港币
主营范围	生产和销售木制百叶窗、塑胶百叶窗、门框型百叶窗、窗帘配件、布帘、木制品。（涉限涉证及涉国家宏观调控行业除外，涉及国家专项规定的按有关规定办理）						

企业名称	东莞明鑫电子有限公司			海关编码	4419941724	所属海关	黄埔海关驻常平办事处
通讯地址	广东省东莞市企石镇黄金湖工业区			邮政编码	523498	法人姓名	黄献洲
评定时间	2014.7.16	注册日期	2001.1.15	报关有效期	长期	注册资本	13700 万港币
主营范围	生产和销售电脑主机、电脑机箱、DVD 机箱、五金塑胶电器配件、电脑周边配件、通讯机柜、收款机壳、路灯零配件、铝制机壳。（国家限制类或涉证产品除外）						

企业名称	益伸电子（东莞）有限公司			海关编码	4419942509	所属海关	黄埔海关驻常平办事处
通讯地址	广东省东莞市横沥镇新城工业村			邮政编码	523477	法人姓名	官有文
评定时间	2013.10.18	注册日期	2002.4.8	报关有效期	长期	注册资本	6650 万港币
主营范围	生产和销售新型电子元器件、精冲模、精密型腔模、模具标准件、电器五金件、新型仪表元器件（仪用接插件：接触片、精密弹片、端子），产品内外销比例按批文执行。（涉及许可证的项目，须领证后经营）						

企业名称	东莞爱电电子有限公司			海关编码	4419942889	所属海关	黄埔海关驻常平办事处
通讯地址	广东省东莞市桥头镇邓屋村			邮政编码	523533	法人姓名	塚本年治
评定时间	2013.12.31	注册日期	2002.10.29	报关有效期	长期	注册资本	4500 万港币
主营范围	生产和销售电子零配件、塑胶配件。						

企业名称	永泰电子（东莞）有限公司			海关编码	4419943143	所属海关	黄埔海关驻常平办事处
通讯地址	广东省东莞市常平镇袁山贝大道 239 号			邮政编码	523583	法人姓名	许庆仁
评定时间	2011.11.18	注册日期	2002.7.30	报关有效期	长期	注册资本	7650 万港币
主营范围	生产和销售新型电子元器件（包括片式元器件、电力电子器件、光电子器件；新型机电元件：HDMI、DVIcable、MICRO USB、MHL 各系列带线连接器产品），研究和开发本企业产品、加工设备、技术。						

企业名称	兆丰（东莞）制帘有限公司			海关编码	4419943918	所属海关	黄埔海关驻常平办事处
通讯地址	广东省东莞市企石镇松园工业区			邮政编码	523500	法人姓名	许碧珠
评定时间	2011.9.29	注册日期	2004.4.2	报关有效期	长期	注册资本	37161 万港币
主营范围	生产和销售百叶窗、罗马帘、布帘、窗帘零配件、建筑用饰条、木窗帘配件、相框、镜框．卷帘、浴帘、桌巾、床单、各式百叶门。						

企业名称	东莞高文内衣制品有限公司			海关编码	4419944417	所属海关	黄埔海关驻常平办事处
通讯地址	广东省东莞市横沥镇六甲工业区			邮政编码	523460	法人姓名	江桂能
评定时间	2014.9.12	注册日期	2004.11.22	报关有效期	长期	注册资本	1100 万港币
主营范围	生产和销售海棉、膊棉、胸杯、制衣配件，经营道路普通货运业务。（凭许可证经营）						

企业名称	东莞家宝生活用品有限公司			海关编码	4419944733	所属海关	黄埔海关驻常平办事处
通讯地址	广东省东莞市企石镇东山村			邮政编码	523511	法人姓名	邱锡錪
评定时间	2012.3.12	注册日期	2005.4.18	报关有效期	长期	注册资本	1230 万港币
主营范围	生产和销售塑料披覆、塑料包装袋、塑料粉（聚乙烯除外）、铁线、铁网制品、五金制品。						

企业名称	东莞晶苑毛织制衣有限公司			海关编码	4419945486	所属海关	黄埔海关驻常平办事处
通讯地址	广东省东莞市常平镇司马村			邮政编码	523570	法人姓名	罗乐凤
评定时间	2008.10.17	注册日期	2006.8.31	报关有效期	长期	注册资本	43632 万港币
主营范围	生产和销售毛衣、针织服装、袋类制品、针梳织制品（含印花工序）。［外销产品不得使用第三国（或地区）的产地标签或中性包装转口到与中国签订双边纺织品协定的国家］						

企业名称	东莞采升电子有限公司			海关编码	4419949201	所属海关	黄埔海关驻常平办事处
通讯地址	广东省东莞市常平镇司马村			邮政编码	523000	法人姓名	邓雪芬
评定时间	2014.8.1	注册日期	2008.6.24	报关有效期	长期	注册资本	12190 万港币
主营范围	生产和销售汽车影音设备、汽车导航设备、日用电子制品及其零配件。						

企业名称	山进电子科技（东莞）有限公司			海关编码	4419949215	所属海关	黄埔海关驻常平办事处
通讯地址	广东省东莞市桥头镇石水口村			邮政编码	523000	法人姓名	杨健德
评定时间	2014.7.16	注册日期	2008.7.18	报关有效期	长期	注册资本	1000 万美元
主营范围	生产和销售收录音机、CD 收音机、接收器及其零配件、信号收发器、多媒体播放器、家用视听设备及零配件。（涉限涉证产品除外）						

企业名称	东莞健达照明有限公司			海关编码	4419949295	所属海关	黄埔海关驻常平办事处
通讯地址	广东省东莞市企石镇东山村工业区			邮政编码	523000	法人姓名	谢道汾
评定时间	2014.7.16	注册日期	2008.12.8	报关有效期	长期	注册资本	11200 万港币
主营范围	生产和销售智能电子产品、LED 光源、照明灯泡、灯饰（涉限涉证及涉国家宏观调控行业除外，涉及国家专项规定的按有关规定办理），研究和开发节能、环保、低碳的智能电子产品及照明产品。（依法须经批准的项目，经相关部门批准后方可开展经营活动）						

企业名称	东莞技研新阳电子有限公司			海关编码	4419949876	所属海关	黄埔海关驻常平办事处
通讯地址	广东省东莞市桥头镇邓屋工业区			邮政编码	523715	法人姓名	塚本年治
评定时间	2012.10.22	注册日期	2011.4.13	报关有效期	长期	注册资本	43320 万港币
主营范围	生产和销售电器、电子产品、自动化设备、计量器具、电脑、通信设备（不含卫星电视接收器）、电动工具、LED 灯具、游戏机（不含赌博成分）及其零配件、电话机（获得入网许可后方可内销）、电子玩具、塑胶五金制品、信号读取装置、电子信号处理装置、液晶显示器、自动取款机（ATM）组件、检票售票设备组件、各类开关电源及充电器（涉限涉证及涉国家宏观调控行业除外，涉及国家专项规定的按有关规定办理），研究和开发电子产品，以服务外包形式为关联企业提供财务管理、品质管理、生产管理、经营管理服务、信息技术支持管理、物流管理、供应链管理等业务（涉限业务除外）。						

企业名称	北陆电气（广东）有限公司			海关编码	4419949930	所属海关	黄埔海关驻常平办事处
通讯地址	广东省东莞市东坑镇角社村			邮政编码	523443	法人姓名	津田信治
评定时间	2011.8.15	注册日期	2011.5.10	报关有效期	长期	注册资本	650 万美元
主营范围	生产和销售各种电子元器件、电子零部件，并提供相关售后服务。（涉及许可证的项目，须领证后经营）						

企业名称	日精光电科技（东莞）有限公司			海关编码	44199499B6	所属海关	黄埔海关驻常平办事处
通讯地址	广东省东莞市常平镇九江水村			邮政编码	523758	法人姓名	船附義勝
评定时间	2013.1.24	注册日期	2012.9.24	报关有效期	长期	注册资本	520 万美元
主营范围	生产和销售光学、电子电器（五金塑胶配件）。（涉限涉证及涉国家宏观调控行业除外，涉及国家专项规定的按有关规定办理）						

企业名称	东莞横沥旭和电器制品厂		海关编码	44199BC701	所属海关	黄埔海关驻常平办事处
通讯地址	广东省东莞市横沥镇西城工业区 1 区 A5		邮政编码	523460	法人姓名	吴运良
评定时间	2011.9.29	注册日期	2005.2.4	报关有效期	长期	注册资本	1000 万港币
主营范围	加工电器制品、纸箱、塑胶工模、五金工模、木制工模、塑胶制品、五金制品、玩具制品、宠物制品、运动用品、文具首饰等非金银制品、日常生活物品等包装组合。					

企业名称	东莞沙田丽海纺织印染有限公司		海关编码	4419927140	所属海关	黄埔海关驻沙田办事处
通讯地址	广东省东莞市沙田镇环保工业城		邮政编码	523999	法人姓名	夏松芳
评定时间	2009.10.30	注册日期	1996.12.2	报关有效期	长期	注册资本	30750 万港币
主营范围	高档织物面料的织染及后整理加工（含高档色织布、高档染整布、高档染整印花布）。					

企业名称	东莞井上五金橡塑有限公司		海关编码	4419947186	所属海关	黄埔海关驻沙田办事处
通讯地址	广东省东莞市沙田镇齐沙村		邮政编码	523997	法人姓名	村川尚则
评定时间	2009.1.24	注册日期	1996.1.16	报关有效期	长期	注册资本	10604 万港币
主营范围	生产和销售印刷机、拷贝机、传真机用滚轮、气门嘴，工业用橡胶板，手推车轮（配套电镀车间），办公文仪设备零部件，工业用五金橡塑胶材料制品，橡塑胶发泡和贴合材料制品；从事道路普通货运业务（凭许可证经营）；从事五金橡塑相关的材料、产品、模具及其设备、办公设备零配件的批发、佣金代理（拍卖除外）及进出口业务（不含国营贸易管理商品，涉及配额许可证管理、专项规定管理的商品按有关规定办理）；出租自有厂房。（涉限产品除外，涉及国家专项规定的按有关规定办理）					

企业名称	富加宜连接器（东莞）有限公司		海关编码	4419947462	所属海关	黄埔海关驻沙田办事处
通讯地址	广东省东莞市沙田镇齐沙村南围		邮政编码	523993	法人姓名	罗汉
评定时间	2011.5.11	注册日期	2000.9.1	报关有效期	长期	注册资本	2180 万美元
主营范围	开发、生产和销售新型电子元器件（新型机电元件：含微处理器承座连接器、精密移动电话连接器、高新科技技术产品连接器、金属端子、塑胶本体，涉证涉限产品除外）研究开发新型电子元器件并相关技术咨询服务，从事连接器、新型电子元器件（新型机电元件：含微处理器承座连接器、精密移动电话连接器、高新科技技术产品连接器、金属端子、塑胶本体，涉证涉限产品除外）及上述产品零配件的批发、佣金代理（拍卖除外）、进出口业务及相关配套服务，并提供售后服务。（不设店铺经营，涉及配额许可证管理、专项规定管理的商品，按国家有关规定办理）					

企业名称	东莞诚达鞋业有限公司		海关编码	4419948050	所属海关	黄埔海关驻沙田办事处
通讯地址	广东省东莞市沙田镇斜西村		邮政编码	523982	法人姓名	陈宗修
评定时间	2014.4.17	注册日期	2004.5.10	报关有效期	长期	注册资本	5075 万美元
主营范围	生产和销售鞋类产品及其半成品，研究和开发鞋类产品。					

企业名称	东莞升佳纺织有限公司	海关编码	4419948427	所属海关	黄埔海关驻沙田办事处
通讯地址	广东省东莞市沙田镇义沙村	邮政编码	523998	法人姓名	蔡耀西
评定时间	2013.5.14 注册日期 2006.7.24	报关有效期	长期	注册资本	200 万美元
主营范围	生产和销售各种化纤针织布、服装。				

企业名称	东莞市同舟化工有限公司	海关编码	4419967010	所属海关	黄埔海关驻沙田办事处
通讯地址	广东省东莞市沙田镇先锋管理区办公大楼	邮政编码	523006	法人姓名	成建平
评定时间	2009.10.30 注册日期 2002.11.6	报关有效期	长期	注册资本	15600 万人民币
主营范围	批发化工原料及产品、危险化学品，加工塑料，进出口货物、技术。（法律、行政法规禁止的项目除外，法律、行政法规限制的项目须取得许可后方可经营；依法须经批准的项目，经相关部门批准后方可开展经营活动）				

深圳关区

企业名称	杜邦中国集团有限公司			海关编码	4403140109	所属海关	深圳海关
通讯地址	广东省深圳市福田区沙头街道车公庙工业区第 5 小区			邮政编码	518048	法人姓名	苏孝世
评定时间	2009.3.3	注册日期	1989.3.21	报关有效期	长期	注册资本	10000 万美元
主营范围	投资独资、合资、合作经营企业，生产化学及特种产品、石油及煤炭化工产品、兽药产品，通过所投资企业生产化学及特种产品、石油及煤炭化工产品、农化产品、农作物种子、纺织品、营养和健康产品、医疗设备、电子和通讯产品、安全和防护产品、兽药产品（杜邦产品）。经杜邦所投资企业（杜邦企业）书面委托，向杜邦企业提供下列服务：协助或代理从国内外采购机器设备，办公设备和生产所需的原材料、元器件、零部件；在外汇管理部门的同意和监督下，在杜邦企业之间平衡外汇；协助招聘人员并提供所需的培训，市场开发及咨询；协助寻求贷款及提供担保；经批准，向杜邦企业提供财务支持。从事农化产品、纺织、营养和健康产品、电子和通讯产品、安全和防护产品、兽药产品及机器设备及其零配件、及其相关原材料的批发、佣金代理、进出口（不含国营贸易管理商品，涉及配额、许可证管理及其他专项规定管理的商品按国家有关规定办理）。经外汇管理机关批准，行使财务中心或者资金管理中心智能，对境内外关联公司的外汇资金进行集中管理，在境内银行开设离岸帐户，集中管理境外关联公司外汇资金和境内关联公司经外汇管理机关批准用于境外放款的外汇资金。向杜邦企业提供运输、仓储、物流配送等综合服务。为杜邦企业的产品的国内经销商、代理商及与投资性公司、其母公司签有技术转让协议的国内公司、企业提供相关的技术培训。设立科研开发中心或部门，从事新产品及高新技术的研究开发，转让其研究开发结果，并提供相应的技术服务。在国内购买不涉及出口配额，出口许可证管理的商品。在杜邦企业投产前或新产品投产前，经批准，从其关联公司进口与该企业生产产品相同或相似的非进口配额管理的产品，在国内试销。在国内销售（不含零售）本公司进口的投资者及其关联公司产品。从事经营性租赁和融资租赁业务。承接境内外企业的服务外包业务。委托境内其他企业生产及加工产品并在国内外销售。为其投资者提供咨询服务，为其关联公司提供与其投资有关的市场信息，投资政策等咨询服务。						

企业名称	深圳能健恒商贸发展有限公司			海关编码	4403437721	所属海关	深圳海关
通讯地址	广东省深圳市福田保税区市花路 32 号 204 室			邮政编码	518038	法人姓名	杨启雄
评定时间	2008.12.19	注册日期	2008.11.3	报关有效期	长期	注册资本	8800 万人民币
主营范围	提供仓储、投资咨询、转口贸易、国际贸易、物流配送、科技开发、保税区内商业性简单加工、货物运输、货物装卸、货物搬运及相关货物包装业务，批发、进出口塑料制品、橡胶制品、木制品、纺织品、五金制品、电子产品、纸制品。（涉及配额许可证管理、专项规定管理的商品按国家有关规定办理）						

企业名称	恩斯迈电子（深圳）有限公司			海关编码	4403945502	所属海关	深圳海关
通讯地址	广东省深圳宝安区石岩街道塘头社区龙马资讯科技工业园			邮政编码	518108	法人姓名	游贤能
评定时间	2008.12.19	注册日期	2000.12.27	报关有效期	长期	注册资本	5180 万美元
主营范围	电脑主板、周边卡、新型电子元器件、微型计算机系统、接入网通讯系统设备、大容量光盘驱动器及其机芯组、便携式笔记型电脑、高档服务器、USB 移动碟、数字录放机、无线网络高端路由器及其部件、数字照相机、LCD 显示器、网络电话机、网关器、便携式数字放声设备、便携式数字摄录机、机顶盒、计算机游戏机、卫星导航定位接收设备及关键部件（GPS）、自动吸尘器及关键零组件，手机及手机相关配件、其他电子产品及相关零部件（不含国家限制和禁止生产的产品）的开发、生产、批发、佣金代理（不含拍卖）、进出口及相关配套业务。（涉及配额许可证管理、专项规定管理的商品按国家有关规定办理）						

企业名称	深圳新昌塑胶用品有限公司			海关编码	4403040827	所属海关	深关现场
通讯地址	广东省深圳市南山区桃源街道珠光西路博伦职业技术学校西丽实习基地2栋306			邮政编码	518055	法人姓名	汤应潮
评定时间	2009.3.3	注册日期	2008.10.16	报关有效期	长期	注册资本	750万人民币
主营范围	从事塑胶用品的生产加工。（生产场地另设，生产凭深龙环批〔2010〕700073号环保批复经营）						

企业名称	深圳海量存储设备有限公司			海关编码	4403042353	所属海关	深关现场
通讯地址	广东省深圳市南山区（粤海街道办）科技园科发路3号长城电脑大厦			邮政编码	518057	法人姓名	YONG SHEN
评定时间	2012.2.16	注册日期	2012.1.19	报关有效期	长期	注册资本	6000万美元
主营范围	开发、设计、制造磁阻磁头，销售本公司产品，提供相关技术服务，进出口货物、技术。（不含分销、国家专营专控商品）						

企业名称	新兴纺织（深圳）有限公司			海关编码	4403042633	所属海关	深关现场
通讯地址	广东省深圳市光明新区公明办事处薯田埔社区新兴工业区			邮政编码	518106	法人姓名	麦沛明
评定时间	2012.11.29	注册日期	2012.10.23	报关有效期	长期	注册资本	30000万港币
主营范围	生产和销售各种花样松紧带、纸箱、纸布、纸管包根线、针织布、喱士花边、胶纸、针织印花、化纤布、羊毛布、化纤丝线、胸围模胚。						

企业名称	深圳市中显微电子有限公司			海关编码	4403061455	所属海关	深关现场
通讯地址	广东省深圳市盐田区北山工业区六栋1~8层			邮政编码	518029	法人姓名	周卫华
评定时间	2013.5.31	注册日期	2005.6.23	报关有效期	长期	注册资本	5940万人民币
主营范围	生产和销售各种屏幕尺寸的液晶显示器、液晶显示模块仪器及仪表，研究开发液晶显示器原材料、组件及相关产品，研究配套电路技术，开发新产品，提供售后技术服务，经营进出口业务，经营普通货运（“道路运输经营许可证”有效期至2015年12月31日）。						

企业名称	联洲技术有限公司			海关编码	4403061874	所属海关	深关现场
通讯地址	广东省深圳市南山区粤海街道深南路科技园工业厂房24栋南段6层东			邮政编码	518000	法人姓名	赵建军
评定时间	2010.11.12	注册日期	2005.8.1	报关有效期	长期	注册资本	43000万人民币
主营范围	网络设备、电子产品、通信产品、电子元器件软件硬件技术的开发、技术咨询及购销（以上不含限制项目），其他国内商业、物资供销业的经营（不含专营、专控、专卖商品），进出口业务的经营。（法律法规禁止项目除外，限制项目取得许可后方可经营）						

<table>
<tr><td>企业名称</td><td colspan="3">深圳市鼎丰盛业供应链管理有限公司</td><td>海关编码</td><td>4403062049</td><td>所属海关</td><td>深关现场</td></tr>
<tr><td>通讯地址</td><td colspan="3">广东省深圳市福田区沙头街道车公庙天吉大厦（F5.8 厂房）6A2-2（仅限办公）</td><td>邮政编码</td><td>518033</td><td>法人姓名</td><td>叶隆</td></tr>
<tr><td>评定时间</td><td>2012.3.27</td><td>注册日期</td><td>2005.8.18</td><td>报关有效期</td><td>长期</td><td>注册资本</td><td>200 万人民币</td></tr>
<tr><td>主营范围</td><td colspan="7">供应链管理，电子产品、计算机软硬件的技术开发与销售，化妆品、工艺品、通用及专用机械设备、电气机械及器材、电子通信设备、滋补保健类中药材、初级农产品、生鲜冻肉、水产品的购销，预包装食品（不含复热预包装食品）批发（非实物方式，凭食品流通许可证 SP4403001210358792 经营，有效期至 2015 年 3 月 13 日），保健食品批发（限康馨宝牌蓝竹根胶囊，凭保健食品经营企业卫生许可证经营，有效期至 2016 年 3 月 29 日），国际陆路货运代理，国内商业、物资供销业（不含专营、专控、专卖商品）的经营，货物进出口、技术进出口（法律、行政法规禁止的项目除外，法律、行政法规限制的项目须取得许可后方可经营），普通货运（凭粤交运管许可深字 440300162031 号经营，有效期至 2016 年 4 月 23 日）。</td></tr>
</table>

<table>
<tr><td>企业名称</td><td colspan="3">深圳市普路通供应链管理股份有限公司</td><td>海关编码</td><td>4403065167</td><td>所属海关</td><td>深关现场</td></tr>
<tr><td>通讯地址</td><td colspan="3">广东省深圳市福田区福田街道卓越大厦 2003-2006</td><td>邮政编码</td><td>518000</td><td>法人姓名</td><td>陈书智</td></tr>
<tr><td>评定时间</td><td>2009.8.24</td><td>注册日期</td><td>2006.1.6</td><td>报关有效期</td><td>长期</td><td>注册资本</td><td>5550 万人民币</td></tr>
<tr><td>主营范围</td><td colspan="7">管理供应链，兴办实业，信息咨询，经营国内贸易、进出口业务。（经营范围按“医疗器械经营企业许可证”有效期至 2013 年 2 月 14 日，“道路运输许可证”有效期至 2012 年 9 月 30 日，“食品流通许可证”有效期至 2013 年 2 月 22 日，“广东省酒类批发许可证”有效期至 2013 年 3 月 31 日）</td></tr>
</table>

<table>
<tr><td>企业名称</td><td colspan="3">深圳市朗华供应链服务有限公司</td><td>海关编码</td><td>4403065686</td><td>所属海关</td><td>深关现场</td></tr>
<tr><td>通讯地址</td><td colspan="3">广东省深圳市福田区深南大道 6021 号喜年中心 B 座 11 楼</td><td>邮政编码</td><td>518040</td><td>法人姓名</td><td>张春华</td></tr>
<tr><td>评定时间</td><td>2011.3.15</td><td>注册日期</td><td>2006.2.21</td><td>报关有效期</td><td>长期</td><td>注册资本</td><td>10000 万人民币</td></tr>
<tr><td>主营范围</td><td colspan="7">购销国产汽车（不含小轿车）、摩托车及其零配件、电子产品、电子元器件、计算机软硬件、纺织品、服装、工艺品、机电产品、化工产品（不含易燃易爆剧毒品），经营其他国内商业、物资供销业（以上不含专营、专控、专卖商品），进出口货物、技术（法律、行政法规禁止的项目除外，法律、行政法规限制的项目须取得许可后方可经营），经营国际货运代理、国内货运代理业务（法律、行政法规规定需要交通部门审批的，取得相关批准文件方可经营），批发大米、粮油及其他预包装食品。</td></tr>
</table>

<table>
<tr><td>企业名称</td><td colspan="3">深圳市天成食品有限公司</td><td>海关编码</td><td>4403065831</td><td>所属海关</td><td>深关现场</td></tr>
<tr><td>通讯地址</td><td colspan="3">广东省深圳市盐田区沙头角街道深盐路南保发大厦（配套服务楼）</td><td>邮政编码</td><td>518081</td><td>法人姓名</td><td>林其东</td></tr>
<tr><td>评定时间</td><td>2011.11.28</td><td>注册日期</td><td>2006.3.6</td><td>报关有效期</td><td>长期</td><td>注册资本</td><td>3000 万人民币</td></tr>
<tr><td>主营范围</td><td colspan="7">批发预包装食品（不含复热预包装食品）、乳制品（含婴幼儿配方乳粉）（“食品流通许可证”有效期限至 2014年10月09日），经营国内商业、物资供销业（不含专营、专控、专卖商品），兴办实业（具体项目另行申报），经营进出口业务。</td></tr>
</table>

企业名称	信太科技（集团）有限公司			海关编码	4403066406	所属海关	深关现场
通讯地址	广东省深圳市南山区西丽留仙大道桑泰科技园3栋厂房606			邮政编码	518055	法人姓名	张瑞辉
评定时间	2009.8.28	注册日期	2006.4.13	报关有效期	长期	注册资本	7000万人民币
主营范围	移动电话、手机主板、MP4播放器、数字机顶盒、笔记本电脑、通讯产品、输配电及控制设备、台式电脑的研发、生产与销售（凭深南环批〔2010〕51723号生产），其他国内商业、物资供销业的经营，通讯产品、信息电子产品的销售及维修（以上不含专营、专控、专卖商品及限制项目），进出口业务的经营。（法律、行政法规、国务院决定禁止的项目除外，限制的项目取得许可后方可经营）						

企业名称	深圳市江波龙电子有限公司			海关编码	4403069357	所属海关	深关现场
通讯地址	广东省深圳市南山区粤海街道科发路8号金融服务技术创新基地1栋8楼A、B、C、D、E、F1			邮政编码	518057	法人姓名	蔡华波
评定时间	2014.3.4	注册日期	2009.5.7	报关有效期	长期	注册资本	5000万人民币
主营范围	通信设备、计算机及外围设备、音视频播放器及其他电子器件的技术开发、咨询、转让，相关技术服务、技术检测服务的提供，集成电路的设计与开发，软件技术的设计与开发，商务信息咨询，企业管理咨询，电子产品的技术开发与购销及其他国内贸易、进出口业务的经营。（以上法律、行政法规决定禁止的项目除外，限制的项目须取得许可后方可经营）						

企业名称	深圳市八达物流股份有限公司			海关编码	4403110020	所属海关	深关现场
通讯地址	广东省深圳市罗湖区南湖街道东门南路1036号潮汕大厦508室			邮政编码	518001	法人姓名	吕丰堂
评定时间	2010.2.21	注册日期	1995.10.5	报关有效期	长期	注册资本	1000万人民币
主营范围	经营进出口业务，销售五金交电、电子产品、通信产品、纺织品、服装、化工（不含易燃易爆危险品）、汽车（不含小轿车），研究开发农产品购销钢材、建材、纸制品、铁矿砂、塑料，经营其他国内商业、物资供销业（不含专营、专控、专卖商品），投资兴办实业（具体项目另行申报），提供资产受托管理（不含限制项目）服务，安装机电、电子产品（不含限制项目），提供信息咨询（不含限制项目）、国际货运代理、网络技术开发、代理报关、代理报检业务，经营木材（柚木、松木、梨木），租赁多媒体、灯光照明、音响及影视设备、舞台设备，并提供相关技术服务，批发经营煤炭，购销初级农产品，代理进出口业务（以上均不含限制项目），从事普通货运（凭“道路运输许可证”有效期内经营），批发洛宝多系列葡萄酒（凭“广东省酒类批发许可证”有效期内经营），批发预包装食品（不含复热预包装食品）、乳制品（含婴幼儿配方乳粉）（凭“食品流通许可证”在有效期内经营）。						

企业名称	深圳科捷物流有限公司			海关编码	4403110086	所属海关	深关现场
通讯地址	广东省深圳市前海深港合作区前湾一路1号A栋201室（入驻深圳市前海商务秘书有限公司			邮政编码	518026	法人姓名	帅勇
评定时间	2011.3.15	注册日期	2006.9.22	报关有效期	长期	注册资本	5000万人民币
主营范围	代办仓储，代理销售和租赁物流信息系统软件，提供物流信息咨询服务，经营国内贸易（不含专营、专控、专卖商品），兴办实业（具体项目另行申报），经营进出口业务（法律、行政法规决定禁止的项目除外，限制的项目取得许可后方可经营），经营普通货运业务（凭“道路运输经营许可证”粤交运管许可深字440300061237号经营，有效期至2014年9月30日止）。						

企业名称	深圳市通产丽星股份有限公司			海关编码	4403110200	所属海关	深关现场
通讯地址	广东省深圳市龙岗区龙岗大道（坪地段）1001 号			邮政编码	518117	法人姓名	曹海成
评定时间	2013.5.21	注册日期	2007.6.28	报关有效期	长期	注册资本	36494.9 万人民币
主营范围	包装及方案设计，工艺装备及精密模具设计，改性及环保材料研发，包装废弃物循环利用技术开发，塑料容器、塑料制品的技术开发及销售，经营进出口（法律、行政法规禁止的项目除外，限制的项目取得许可后方可经营）、国内贸易（不含专营、专控、专卖商品）业务，投资兴办实业（具体项目另行申报），物业管理，自有物业租赁，塑料容器、塑料制品的生产加工，化妆品软管灌装，包装装潢印刷品、其他印刷品印刷，普通货运。						

企业名称	中建投商贸有限公司			海关编码	4403110222	所属海关	深关现场
通讯地址	广东省深圳市罗湖区人民南路国际贸易中心大厦 B 区 14 楼西			邮政编码	518023	法人姓名	陈咏新
评定时间	2009.6.19	注册日期	2004.4.14	报关有效期	长期	注册资本	5000 万人民币
主营范围	经营进出口业务，批发煤炭，计算机软件设计，技术开发与销售硬件及网络产品，销售电子计算机外部设备，经营其他国内商业、物资供销业，设计工业品外观、包装，经营信息咨询、物业管理业务。						

企业名称	深圳市飞马国际供应链股份有限公司			海关编码	4403110308	所属海关	深关现场
通讯地址	广东省深圳市福田区深南大道 7008 号阳光高尔夫大厦 26 楼 2601 室			邮政编码	518094	法人姓名	黄壮勉
评定时间	2010.1.4	注册日期	2004.8.19	报关有效期	长期	注册资本	39780 万人民币
主营范围	承办海运、陆运、空运进出口货物的国际运输代理业务，包括揽货、订舱、仓储、中转、集装箱拼装拆箱、结算运杂费、报关、报验、保险、相关的短途运输服务及运输咨询业务；投资兴办实业（具体项目另行申报）；经营进出口业务（按资格证书办理）；销售计算机及配件、机电产品、仪器仪表、通信设备及相关产品、电子元器件、钢材、汽车零部件、五金工具、化工原料及产品（不含易燃易爆危险品）、日用百货、橡塑制品、纺织原料及产品、鞋帽、工艺品、家用电器、家具及其他木制品、珠宝首饰；经营其他国内商业、物资供销业（不含专营、专控、专卖商品）；供应链管理、普通货物运输、道路集装箱运输；矿业投资、矿产品销售、煤炭经营。						

企业名称	深圳长城开发科技股份有限公司			海关编码	4403110340	所属海关	深关现场
通讯地址	广东省深圳市福田区华富街道办彩田路 7006 号			邮政编码	518031	法人姓名	谭文鋕
评定时间	2011.2.17	注册日期	2010.12.17	报关有效期	长期	注册资本	147125.94 万人民币
主营范围	开发、生产、经营计算机软硬件系统及其外部设备、通讯设备、电子仪器仪表及其零部件、元器件、接插件和原材料，生产、经营家用商品电脑及电子玩具（以上生产项目均不含限制项目），制作和设计金融计算机软件模型，开发精密模具 CAD/CAM 技术，安装节能型自动化机电产品和智能自动化控制系统办公自动化设备、激光仪器、光电产品及金卡系统、光通讯系统和信息网络系统，开发、设计、生产、销售商用机器（含税控设备、税控系统）、机顶盒、表计类产品（水表、气表等）、网络多媒体产品，开发、设计、生产、销售、技术服务、售后服务及系统集成金融终端设备，经营进出口业务（法律、行政法规决定禁止的项目除外，限制的项目取得许可后方可经营），经营普通货运业务（“道路运输经营许可证”有效期至 2015 年 6 月 6 日），租赁房屋、设备及固定资产。						

企业名称	中国电子器材深圳有限公司			海关编码	4403110461	所属海关	深关现场
通讯地址	广东省深圳市福田区香蜜湖街道侨香路裕和大厦8楼			邮政编码	518040	法人姓名	宋健
评定时间	2009.1.4	注册日期	1996.4.17	报关有效期	长期	注册资本	3630万人民币
主营范围	经营家用电器、电子元件、电子器材、照明电器、电子计算机及配件、电工器材、雷达和无线电导航设备、仪器仪表，经营进出口业务（按深贸管审证字第475号文办理），管理自有物业，提供技术咨询、信息服务。						

企业名称	深南电路有限公司			海关编码	4403110845	所属海关	深关现场
通讯地址	广东省深圳市南山区侨城东路99号			邮政编码	518053	法人姓名	由镭
评定时间	2012.12.26	注册日期	2008.9.9	报关有效期	长期	注册资本	13980万人民币
主营范围	印刷电路板、封装基板产品、模块模组封装产品、电子装联产品、电子元器件、网络通讯科技产品、通信设备的设计、生产、加工、销售（生产场地另办执照），工业自动化设备、电信终端设备、信息技术类设备、LED产品、电路开关及保护或连接用电器装置、低压电器、安防产品的设计、生产、加工、销售，技术研发及信息技术的设计，鉴证咨询，不动产租赁，电镀、普通货运（道路运输经营许可证有效期至2014年9月30日）、进出口业务的经营。						

企业名称	深圳市海发进出口贸易有限公司			海关编码	4403111015	所属海关	深关现场
通讯地址	广东省深圳市福田区深南中路3018号世纪汇广场办公楼20楼2003			邮政编码	518031	法人姓名	张欢欢
评定时间	2013.12.3	注册日期	1998.5.1	报关有效期	长期	注册资本	3000万人民币
主营范围	汽车整车销售（不含小轿车），供应链的管理，国内贸易的经营（法律、行政法规规定在登记前须经批准的项目除外），进出口业务的经营。（法律、行政法规禁止的项目除外，限制的项目须取得许可后方可经营）						

企业名称	中兴通讯股份有限公司			海关编码	4403111049	所属海关	深关现场
通讯地址	广东省深圳市南山区高新技术产业园科技南路中兴通讯大厦			邮政编码	518057	法人姓名	侯为贵
评定时间	2008.12.19	注册日期	1998.6.5	报关有效期	长期	注册资本	343754.13万人民币
主营范围	生产程控交换系统、多媒体通讯系统、通讯传输系统，研制、生产移动通信系统设备、卫星通讯、微波通讯设备、寻呼机、计算机软硬件、闭路电视，设计、开发微波通信、信号自动控制、计算机信息处理、过程监控系统、防灾报警系统等项目，设计、开发铁路、地下铁路、城市轨道交通、公路、厂矿、港口码头、机场的有线无线通信等项目（不含限制项目），购销电子设备、微电子器件（不含专营、专控、专卖商品），承包境外通讯及相关工程和境内国际招标工程，进出口上述境外工程所需的设备、材料，对外派遣实施上述境外工程的劳务人员，技术开发和购销电子系统设备（不含限制项目及专营、专控、专卖商品），经营进出口业务（按贸发局核发的资格证执行），承包电信工程专业（取得资质证书后方可经营），租赁自有房屋。						

企业名称	深圳市中兴康讯电子有限公司			海关编码	4403111152	所属海关	深关现场
通讯地址	广东省深圳市盐田区大梅沙1号厂房			邮政编码	518057	法人姓名	张太峰
评定时间	2008.12.19	注册日期	1998.11.23	报关有效期	长期	注册资本	175500万人民币
主营范围	电子产品及其配件、集成电路产品的设计、生产、销售，从事贸易、实业、国内商业、物资供销业、进出口业务的经营。						

企业名称	深圳航天广宇工业有限公司			海关编码	4403111365	所属海关	深关现场
通讯地址	广东省深圳市福田区深南大道 4019 号航天大厦 B 座 5 楼			邮政编码	518048	法人姓名	谢伟良
评定时间	2010.3.29	注册日期	2000.6.26	报关有效期	长期	注册资本	1795 万人民币
主营范围	航天技术产品、机械、电器产品、仪器仪表、电子产品、塑料制品、化工制品、起重运输产品、五金家具、建筑材料、磁性材料、粉末冶金、国产汽车的仓储、进出口业务。						

企业名称	深圳市盛波光电科技有限公司			海关编码	4403111419	所属海关	深关现场
通讯地址	广东省深圳市坪山新区大工业区青松路 8 号			邮政编码	518118	法人姓名	朱军
评定时间	2013.5.21	注册日期	2008.1.21	报关有效期	长期	注册资本	30000 万人民币
主营范围	经营进出口业务（法律、行政法规禁止的项目除外，限制的项目须取得许可后方可经营），研发、生产、加工、经营各种规格的偏振片、液晶显示器的有关材料和器件。						

企业名称	深圳市大族激光科技股份有限公司			海关编码	4403111600	所属海关	深关现场
通讯地址	广东省深圳市南山区深南大道 9988 号			邮政编码	518052	法人姓名	高云峰
评定时间	2010.7.5	注册日期	2011.5.27	报关有效期	长期	注册资本	69626.44 万人民币
主营范围	开发激光及相关产品、机电一体化设备，生产、销售激光雕刻机、激光器及相关元件（不含限制项目），经营国内商业、物资供销业（不含专营、专控、专卖商品），兴办实业（具体项目另行申报），经营进出口（具体按深贸进准字第〔2001〕0176 号文办）、普通货运（“道路运输经营许可证”有效期至 2014 年 12 月 29 日）、物业管理、自有物业租赁、机械设备租赁及维修维护业务。						

企业名称	深圳市金运达国际物流有限公司			海关编码	4403111689	所属海关	深关现场
通讯地址	广东省深圳市罗湖区清水河 5 路 13 号湖北货仓			邮政编码	518023	法人姓名	赵贵生
评定时间	2013.3.15	注册日期	2001.7.17	报关有效期	长期	注册资本	1000 万人民币
主营范围	承运海运、空运、陆运进出口货物的国际运输代理业务，包括揽货、订舱、仓储、中转、集装箱拼装拆箱、结算运杂费、报关、报验、保险、相关的短途运输服务及咨询业务；办理国际快递业务；兴办实业；经营国内商业、物资供销业；经营进出口业务。						

企业名称	深圳市九立商贸有限公司			海关编码	4403111803	所属海关	深关现场
通讯地址	广东省深圳市罗湖区沿河南路 2011 号惠州大厦 1020~1022 室			邮政编码	518000	法人姓名	邹浩
评定时间	2008.12.19	注册日期	2001.12.13	报关有效期	长期	注册资本	2000 万人民币
主营范围	购销普通机械、仪器仪表、化工原料、纺织品、百货、文化用品、矿产品、五金产品、电子产品、通讯及网络产品、计算机及外围设备，经营其他国内贸易，从事货物及技术的进出口业务（法律、行政法规规定在登记前须经批准的项目除外），提供国际货运代理（不含限制项目）、搬运装卸、仓储服务。						

企业名称	深圳光汇石油集团股份有限公司	海关编码	4403111892	所属海关	深关现场
通讯地址	广东省深圳市福田区深南大道 7088 号招商银行大厦 27 层	邮政编码	518040	法人姓名	张水如
评定时间	2013.4.23	注册日期	2002.4.25	报关有效期	长期
注册资本	216000 万人民币				
主营范围	投资兴办各类实业（具体项目另行申报）、国内商业、物资供销业（不含专营、专控、专卖项目），经营进出口业务（按深贸管审证字第 580 号文规定办理），经营燃料油，从事开展国际航行船舶保税油供应业，从事保税油供应的跨区域连锁经营，提供经济信息咨询（不含限制项目）、物业管理服务。				

企业名称	航天科工深圳（集团）有限公司	海关编码	4403112086	所属海关	深关现场
通讯地址	广东省深圳市福田区深南大道 4019 号航天大厦 B 座 5 楼	邮政编码	518048	法人姓名	谢伟良
评定时间	2013.6.27	注册日期	2003.8.27	报关有效期	长期
注册资本	50888.17 万人民币				
主营范围	办公自动化产品、通讯传输导线及电子设备、计算机系统的软硬件、微电子器、智能仪器仪表、航天应用技术及 GPS 系统产品的技术开发、购销，电力设备、电力自动化设备、电力系统软件、电网控制系统设备、配用电成套设备、新能源系统设备及软件、电力电子及电气设备的研发、销售，节能设备销售，电力工程、节能工程、合同能源管理、节能技术的研发与咨询，高新技术服务、技术转移，国内贸易，进出口业务，贸易经纪与代理，自有房屋租赁，物业管理。				

企业名称	深圳市物润（集团）有限公司	海关编码	4403119049	所属海关	深关现场
通讯地址	广东省深圳市罗湖区嘉宾路太平洋商贸大厦 19 楼 G、H、I、J 室	邮政编码	518001	法人姓名	李明
评定时间	2013.11.4	注册日期	2014.2.11	报关有效期	长期
注册资本	5000 万人民币				
主营范围	机电、化工、环保设备及材料的购销，铁路进出口物资、设备的中转接运，润滑油的购销，国内贸易，经营除国家组织统一联合经营的 16 种出口商品和国家实行核定公司经营的 14 种进口商品以外（经批准同意经营的皮业除外）的商品进出口业务（按深府函〔1984〕96 号资格证书办理，法律、行政法规规定在登记前须经批准的项目除外），煤炭批发经营，燃料油、基础油、渣油的购销。				

企业名称	中国图书进出口深圳公司	海关编码	4403119079	所属海关	深关现场
通讯地址	广东省深圳市福田区车公庙泰然九路海松大厦 B-2202	邮政编码	518031	法人姓名	林宏雄
评定时间	2014.1.22	注册日期	1993.12.23	报关有效期	长期
注册资本	1008 万人民币				
主营范围	图书、报刊、期刊、只读光盘及交互式光盘的进口（“出版物进口经营许可证”有效期至 2014 年 4 月 30 日），自有物业的租赁，进出口业务经营。（法律、行政法规禁止的项目除外，限制的项目取得许可后方可经营）				

企业名称	深圳中电投资股份有限公司	海关编码	4403119138	所属海关	深关现场
通讯地址	广东省深圳市园岭街道深南中路 2072 号、2070 号	邮政编码	518042	法人姓名	陈旭
评定时间	2013.1.28	注册日期	1995.9.6	报关有效期	长期
注册资本	17500 万人民币				
主营范围	自营和代理商品及技术的进出口业务，开展对外经济合作业务，销售粮油、针纺织品、百货、工业生产资料、交电、化工石油制品、建材、工艺美术品等本公司进出口商品，提供内销、劳务、信息咨询、包装、物业管理服务，租赁自有物业。				

企业名称	深圳中外运物流有限公司			海关编码	4403119989	所属海关	深关现场
通讯地址	广东省深圳市罗湖区梨园路 102 号外运仓库			邮政编码	518023	法人姓名	李华
评定时间	2009.6.19	注册日期	2006.1.17	报关有效期	长期	注册资本	3000 万人民币
主营范围	经营国际货运代理业务、仓储业务、进出口业务、国际快递业务、道路集装运输、道路普通货物运输业务。						

企业名称	深圳先进微电子科技有限公司			海关编码	4403121204	所属海关	深关现场
通讯地址	广东省深圳市盐田区沙头角梧桐路 36 区海鹏工业村内			邮政编码	518081	法人姓名	周全
评定时间	2009.3.24	注册日期	1994.10.20	报关有效期	长期	注册资本	71830 万港币
主营范围	生产和销售电子专用设备、半导体专用材料、电子专用工模具、新型电子元器件，从事货物、技术进出口业务（不含分销、国家专营专控商品）。						

企业名称	深圳开发微电子有限公司			海关编码	4403130064	所属海关	深关现场
通讯地址	广东省深圳市福田区彩田路			邮政编码	518035	法人姓名	陈朱江
评定时间	2009.3.24	注册日期	2004.2.20	报关有效期	长期	注册资本	2000 万美元
主营范围	开发、生产、经营计算机软硬件系统及其外部设备、新型仪表及新型电子元器件、零部件、接插件和原材料、精密仪器及在线测量仪器、家用商品电脑及电子玩具、节能型自动化机电产品和智能控制系统。（以上项目均不含限制项目，具体生产项目以深福环批〔2011〕401117 号批文批复的项目为准）						

企业名称	广东大鹏液化天然气有限公司			海关编码	4403130088	所属海关	深关现场
通讯地址	广东省深圳市福田区深南大道 4001 号时代金融中心 10~11 层			邮政编码	518034	法人姓名	罗伟中
评定时间	2013.11.4	注册日期	2008.4.10	报关有效期	长期	注册资本	257839.51 万人民币
主营范围	购买、运输、进口、储存液化天然气（LNG）及液化天然气再气化，向珠江三角洲地区及其他地区输送天然气及其副，向在香港特别行政区及澳门特别行政区的用户销售天然气及其副产品，建设和经营接收站和输气干线，为新用户和现存用户建设支线及其他附加设施，包租、租赁和营运液化天然气运输船。						

企业名称	广东核电合营有限公司			海关编码	4403130628	所属海关	深关现场
通讯地址	广东省深圳市福田区上步中路科技大厦 15 层			邮政编码	518031	法人姓名	卢长申
评定时间	2008.12.19	注册日期	1985.1.24	报关有效期	长期	注册资本	40000 万美元
主营范围	建设及经营两台 90 万千瓦组核电站，并向广东和香港特别行政区售电。						

企业名称	康佳集团股份有限公司			海关编码	4403130843	所属海关	深关现场
通讯地址	广东省深圳市南山区华侨城			邮政编码	518053	法人姓名	吴斯远
评定时间	2008.12.19	注册日期	1980.12.13	报关有效期	长期	注册资本	120397.27 万人民币
主营范围	研究开发、生产经营电视机、冰箱、洗衣机、日用小家电等家用电器产品，家庭视听设备，IPTV 机顶盒，数字电视接收器（含卫星电视广播地面接收设备），数码产品，移动通信设备及终端产品，日用电子产品，汽车电子产品，卫星导航系统，智能交通系统，防火防盗报警系统，办公设备，电子计算机，显示器；大屏幕显示设备的制造和应用服务；LED（OLED）背光源、照明、发光器件制造及封装；生产经营触摸电视一体机、无线广播电视发射设备；生产经营电子元件、器件、模具、塑胶制品、各类包装材料；设计、上门安装安防产品，监控产品，无线、有线数字电视系统及系统集成，并从事相关产品的技术咨询和服务（上述经营范围中的生产项目，除移动电话外，其余均在异地生产）；从事以上所述产品（含零配件）的批发、零售、进出口及相关配套业务（不涉及国营贸易管理商品，涉及配额、许可证管理及其他专项规定管理的商品，按国家有关规定办理申请）；销售自行开发的技术成果；提供电子产品的维修服务、技术咨询服务；普通货物运输，国内货运代理，仓储服务；企业管理咨询服务；自有物业租赁和物业管理业务；从事废旧电器电子产品的回收（不含拆解）（由分支机构经营）；以承接服务外包方式从事系统应用管理和维护、信息技术支持管理、银行后台服务；承接财务结算、人力资源服务、软件开发、呼叫中心、数据处理等信息技术和业务流程外包服务。						

企业名称	深圳创维—RGB 电子有限公司			海关编码	4403131697	所属海关	深关现场
通讯地址	广东省深圳市南山区深南大道创维大厦 A 座 13~16 楼			邮政编码	518057	法人姓名	杨东文
评定时间	2009.5.12	注册日期	2008.3.10	报关有效期	长期	注册资本	70000 万人民币
主营范围	生产和销售彩色电视机，监视器，显示器，视听器材，通讯器件，声光电子玩具，与彩色电视机配套的接插件、注塑件、包装材料、五金配件及新型电子元器件，可兼容数字电视，高清晰度电视（HDTV），数字磁带录放机，接入网通信系统设备，标清晰度电视（SDTV），投影机，新型显示器件（液晶显示、等离子显示、平板显示），高性能微型电子计算机，综合业务数字网络（ISDN）系统及设备，数字音视频广播系统及产品，氮化镓；砷化镓新型半导体，光电子专用材料及元器件，集成电路新技术及设备；从事信息网络技术、微电子技术、软件开发业务；一般商品的收购出口业务（不含配额许可证管理及专营商品）；从事物业管理和南山区科技园创维大厦停车场机动车停放服务；在本市设立一家非法人分支机构，生产经营移动通信系统手机。增加：家用电器产品的批发、进出口及相关配套业务（涉及配额许可证管理、专项规定管理的商品按国家有关规定办理），技术咨询、技术服务。增加：自有物业租赁，房地产经纪。增加：以旧换新电器电子产品的销售。						

企业名称	深圳国威电子有限公司			海关编码	4403132788	所属海关	深关现场
通讯地址	广东省深圳市罗湖区罗沙路莲塘开发公司业务楼一楼			邮政编码	518004	法人姓名	梁锡光
评定时间	2009.3.24	注册日期	1991.8.26	报关有效期	长期	注册资本	11776 万人民币
主营范围	生产和销售电话机、GSM 移动通讯手机、数字中文显示 / 数字显示寻呼机、家用电源变压器、GPS 导航设备、笔记本电脑、游戏机、打印机、电子设备、音响设备、录音设备、耳机、蓝牙、移动电源、充电器、火牛、手机配件、智能遥控设备、无线通讯设备、平板电脑、视频监视器、无线监控器（仅限分支机构凭有期限的环保批文从事），设计开发电子产品，租赁自有房屋。						

企业名称	深圳华安液化石油气有限公司			海关编码	4403134914	所属海关	深关现场
通讯地址	广东省深圳市南山区西丽社区街道沙河西路留仙洞办公楼			邮政编码	518055	法人姓名	邱立华
评定时间	2009.11.11	注册日期	1995.8.14	报关有效期	长期	注册资本	2971 万美元
主营范围	建设液化石油气基地、专用码头及相关的配套设施，经营低温常压液化石油气的储存、加工、销售和仓储业务。						

企业名称	深圳三星视界有限公司			海关编码	4403135350	所属海关	深关现场
通讯地址	广东省深圳市福田区皇岗北路			邮政编码	518026	法人姓名	金东勳（KIM DONG HUN）
评定时间	2009.3.24	注册日期	1996.7.16	报关有效期	长期	注册资本	7560.51 万美元
主营范围	生产和销售彩色显像管、彩色显示管、液晶显示器、真空荧光管、监示器、等离子显示屏和相关零配件，从事电子产品的批发、佣金代理（不含拍卖）、进出口及相关配套业务。（不涉及国营贸易管理商品，涉及配额、许可证管理及其他专项规定管理的商品，按国家有关规定办理申请）						

企业名称	深圳桑菲消费通信有限公司			海关编码	4403135500	所属海关	深关现场
通讯地址	广东省深圳市南山区科技工业园桑达工业大厦			邮政编码	518057	法人姓名	陈旭
评定时间	2008.12.19	注册日期	1996.10.25	报关有效期	长期	注册资本	6770 万美元
主营范围	生产和销售寻呼机、有绳电话、无绳电话、蜂窝式移动电话、电话答录机及其附件、软件、元器件，提供技术咨询服务，从事数字视听产品的开发、生产和销售，从事消费通信终端和数字视听产品的元器件产品、零配件的批发、进出口及相关配套业务，生产经营照明器具及其附件，从事照明器具及其附件的元器件产品、零配件的批发、进出口及相关配套业务。						

企业名称	深圳康佳通信科技有限公司			海关编码	4403136418	所属海关	深关现场
通讯地址	广东省深圳市华侨城深南大道 9008 号东部工业区			邮政编码	518053	法人姓名	李宏韬
评定时间	2013.5.31	注册日期	1999.5.4	报关有效期	长期	注册资本	12000 万人民币
主营范围	从事通讯产品、数码产品、电脑及周边配套产品的开发、生产经营及售后维修，销售自主开发的软件，并从事相关产品的技术咨询和服务，从事以上所述产品（含零配件）及电视机及其他家用试听设备、空调及其他家用电力器具、数字调制器、新型显示器件的批发、零售、进出口及相关配套业务。（不涉及国营贸易管理商品，涉及配额、许可证管理及其他专项规定管理的商品，按照国家有关规定办理申请）						

企业名称	深圳三星电子通信有限公司			海关编码	4403137095	所属海关	深关现场
通讯地址	广东省深圳市南山区高新北区松坪街 2 号三星科健园			邮政编码	518057	法人姓名	李丙植
评定时间	2008.12.19	注册日期	2002.3.11	报关有效期	长期	注册资本	2000 万美元
主营范围	研究、开发、生产、经营手机及网络产品并提供售后服务，从事手机及网络产品的零配件的批发、进出口及相关配套业务。						

企业名称	深圳市北鼎晶辉科技股份有限公司			海关编码	4403137876	所属海关	深关现场
通讯地址	广东省深圳市南山区留仙大道同富裕工业城 2 号厂房 3 楼 B			邮政编码	518055	法人姓名	GEORGE MOHAN ZHANG
评定时间	2011.7.15	注册日期	2011.4.6	报关有效期	长期	注册资本	10400 万人民币
主营范围	研发、设计、生产家用电器、数字仪表及仪用接插件、模具、数字化电路板、数字化家用电器的专业芯片\控制软件、塑胶件\五金件及相关零部件（仅限分公司生产），并提供产品售后服务，从事货物、技术进出口业务（不含分销、国家专营专控商品）。						

企业名称	环胜电子（深圳）有限公司			海关编码	4403137880	所属海关	深关现场
通讯地址	广东省深圳市南山区高新技术园北区环旭电子园			邮政编码	518057	法人姓名	张洪本
评定时间	2011.6.29	注册日期	2011.4.21	报关有效期	长期	注册资本	7500 万美元
主营范围	研发、设计及生产新型电子元器件，无线网络通信元器件，数据通信多媒体系统设备，计算机辅助应用系统，电子计算机，主机板及其他相关电脑周边设备，通讯和工业控制产品及相关产品；生产经营汽车电子装置，便携式微型计算机，数字音/视频编解码设备，机顶盒（不含卫星电视接收机及关键件），数字有线电视系统设备，数字照相机，数字摄录机，新型打印装置，电子测试仪器；制造智能化存储设备，计算机数字信号处理系统及板卡，TFT-LCD、PDP、OLED、FED（含 SED）平板显示屏材料及关键部件；制造图形图像识别和处理系统、垃圾处理及垃圾综合利用等专用设备；从事非配额许可证管理、非专营商品的收购出口业务；从事电子类产品、通讯产品及相关零配件的批发、进出口及相关配套业务。（不涉及国营贸易管理商品，涉及配额、许可证管理及其他专项规定管理的商品，按国家有关规定办理申请）						

企业名称	深圳市华星光电技术有限公司			海关编码	4403137916	所属海关	深关现场
通讯地址	广东省深圳市光明新区塘明大道 9-2 号			邮政编码	518106	法人姓名	李东生
评定时间	2013.11.4	注册日期	2012.9.7	报关有效期	长期	注册资本	1035000 万人民币
主营范围	薄膜晶体管液晶显示器件相关产品及其配套产品的研发、生产与销售（生产项目依据深圳市人居环境委员会深环批函〔2009〕099 号执行），货物及技术进出口。						

企业名称	三洋电机（蛇口）有限公司			海关编码	4403140041	所属海关	深关现场
通讯地址	广东省深圳市南山区兴华路 6 号华建工业大厦 6 号楼 409A 房			邮政编码	518067	法人姓名	田中通雄（TANAKA MICHIO）
评定时间	2012.12.10	注册日期	1983.4.7	报关有效期	长期	注册资本	3800 万美元
主营范围	生产和销售音响器材、电子产品零件及部件、发泡胶、塑胶制品、模具、电子玩具、传真机、电话机，并提供售后服务；设计开发音响器材和电子产品零件，其中电话机 100% 外销，模具 80% 外销，发泡胶 98% 外销，其他产品 70% 外销；从事非配额许可证管理、非专营商品的收购出口业务；生产和销售数字音视频编解码设备、新型打印机装置；从事电子产品、塑胶制品及其相关零部件的批发、进出口及其相关配套业务（上述涉及配额许可证管理、专项规定管理的商品按国家有关规定办理）；生产经营各类电视机、投影仪；从事道路普通货物运输。（以上生产项目由分支机构经营，执照另行申办）						

企业名称	奥林巴斯（深圳）工业有限公司			海关编码	4403140396	所属海关	深关现场
通讯地址	广东省深圳市南山区高新技术产业园北区朗山二号路 1 号			邮政编码	518052	法人姓名	小松亨
评定时间	2012.11.15	注册日期	1992.12.2	报关有效期	长期	注册资本	7010 万美元
主营范围	开发、设计、批发、进出口数码照相机、数码相机镜头及其他光学镜头、微型录音机、显微镜、显微镜用对物镜、以上产品零部件、周边配件、模具、治工具、精密电子机械设备、光学仪器及治工具，以承接服务外包方式从事系统应用管理和维护、信息技术支持管理、软件开发、数据处理等信息技术和业务流程外包服务（以上均不含法律、行政法规规定需前置审批和禁止的项目），生产、维修数码照相机、数码相机镜头及其他光学镜头、微型录音机、显微镜、显微镜用对物镜、以上产品零部件、周边配件、模具、治工具、精密电子机械设备、光学仪器及治工具。						

企业名称	爱普生技术（深圳）有限公司			海关编码	4403140428	所属海关	深关现场
通讯地址	广东省深圳市南山区第五工业区西侧			邮政编码	518057	法人姓名	重本太郎
评定时间	2008.12.19	注册日期	1995.9.28	报关有效期	长期	注册资本	43980 万港币
主营范围	大幅面（幅宽 900mm 以上）高分辨率彩色打印设备、精度 2400dpi 及以上高分辨率彩色打印机机头、其他打印机、扫描仪、手表、液晶显示器、模具、相关零部件及生产设备的设计、开发、生产、技术服务，产品 100% 外销；大屏幕彩色投影显示器用光学引擎、光源、投影屏、投影仪、相关生产设备、电子产品零部件的设计、开发、生产经营、技术服务；电子产品、模具及相关零配件的批发、佣金代理（拍卖除外）、进出口及相关配套业务；以承接服务外包方式从事系统应用管理和维护、信息技术支持管理、财务结算、人力资源服务、软件开发、数据处理等信息技术和业务流程外包服务；企业管理咨询。						

企业名称	蛇口南顺面粉有限公司			海关编码	4403140461	所属海关	深关现场
通讯地址	广东省深圳市南山区蛇口港湾大道南康路 1 号			邮政编码	518067	法人姓名	梁玄博
评定时间	2009.11.5	注册日期	1995.11.27	报关有效期	长期	注册资本	2750 万美元
主营范围	销售自产产品及提供相关服务，产品 60% 外销；收购粮食、批发小麦（涉及配额许可证管理、专项规定管理的商品按国家有关规定办理）；生产、加工面粉及副产品、预拌粉及自用包装物等辅助产品；从事货物专用运输（罐式）。						

企业名称	理光（深圳）工业发展有限公司			海关编码	4403140658	所属海关	深关现场
通讯地址	广东省深圳市福田区皇岗北路莲花彩电工业区			邮政编码	518026	法人姓名	粂井正博
评定时间	2008.12.19	注册日期	1996.7.8	报关有效期	长期	注册资本	3500 万美元
主营范围	设计、生产复印机、传真机、打印机、轻型印刷机及其零部件（包括碳粉），产品 80% 外销，20% 内销；设计、生产经营数码复印机，产品 100% 外销。增加：从事非配额许可证管理、非专营商品的收购出口业务，从事货物、技术进出口（不含分销、国家专营专控商品）。						

企业名称	深圳成霖实业有限公司			海关编码	4403143127	所属海关	深关现场
通讯地址	广东省深圳市宝安区福永街道桥头社区福山工业区			邮政编码	518103	法人姓名	颜国基
评定时间	2008.12.18	注册日期	2010.1.13	报关有效期	长期	注册资本	38045.99 万人民币
主营范围	精冲模、精密型腔模、模具件、高档卫生瓷生产线、配套五金、塑胶件的生产与批发，货物及技术进出口。（法律、行政法规规定在登记前须经批准的项目除外）						

企业名称	和林电子（深圳）有限公司			海关编码	4403143467	所属海关	深关现场
通讯地址	广东省深圳市南山区西丽镇红花岭工业区第三区众冠工业厂房 1 栋 1–5 楼			邮政编码	518053	法人姓名	池尾政信
评定时间	2012.12.26	注册日期	1988.5.3	报关有效期	长期	注册资本	372 万美元
主营范围	研究、开发、生产、销售计算机及其外围设备、手机配件和各类电子元器件（生产凭深南环批〔2010〕50384 号环保批复经营），从事电子产品的批发、佣金代理（不含拍卖）、进出口及相关配套业务。（不涉及国营贸易管理商品，涉及配额、许可证管理及其他专项规定管理的商品，按国家有关规定办理申请）						

企业名称	记忆科技（深圳）有限公司			海关编码	4403144041	所属海关	深关现场
通讯地址	广东省深圳市南山区蛇口后海大道东角头厂房			邮政编码	518067	法人姓名	贾宗铭
评定时间	2011.12.2	注册日期	1998.1.13	报关有效期	长期	注册资本	8000 万港币
主营范围	计算机（含外接设备）大容量存储器及其部件、通讯设备及其他电子设备存储器及其部件、移动存储器及其部件、电子元器件、计算机板卡、调制解调器及其他相关电脑配件的研发及生产（凭深南环批〔2011〕51111 号环保批复经营），半导体集成电路芯片及计算机软硬件的研发、技术咨询及技术服务（法律、行政法规、国务院决定禁止的项目除外，限制的项目须取得许可后方可经营），上述产品的批发及进出口。（不涉及国营贸易管理商品，涉及配额、许可证管理及其他专项规定管理的商品，按国家有关规定办理申请）						

企业名称	冲电气实业（深圳）有限公司			海关编码	4403145859	所属海关	深关现场
通讯地址	广东省深圳市南山区松白公路百旺信工业区六区			邮政编码	518055	法人姓名	安东信哉
评定时间	2009.3.24	注册日期	2001.7.16	报关有效期	长期	注册资本	6750 万港币
主营范围	生产和销售计算机应用系统及零部件、存取款柜员机及零部件等。						

企业名称	艾默生网络能源有限公司			海关编码	4403146169	所属海关	深关现场
通讯地址	广东省深圳市南山区学苑大道 1001 号南山智园 B2 栋 1~4 楼、6~10 楼			邮政编码	518060	法人姓名	付恒科
评定时间	2010.11.12	注册日期	2004.9.15	报关有效期	长期	注册资本	77748.51 万人民币
主营范围	设计、研究、开发、推广、生产和销售电力电子产品、自动切换开关及监控通讯系统、精密设备环境控制系统及配件、电焊机、专业用恒温恒湿环境控制系统、电源系统、精密能源控制配电系统、环境监控系统、标准及定制的电源产品、二次电源产品、不间断电源（UPS）、蓄电池、连接器、变频器、柴油发电机组、户外通信机房、户外通信机柜、极早期烟感预警系统、楼宇自动化监控系统、低压自动切换和配电系统、中高压配电系统、风能变流器、太阳能控制器、光伏并网逆变器、电动车充电站、可编程控制器、电涌保护器及其配套产品，从事各种精密仪器、系统和设备的集成、维修、安装、维护、调试及相关技术咨询、技术服务，经营上述各项产品及系统的采购、零售（不设店铺）、批发、进出口、其他相关配套业务和提供售后服务，批发家用电器并提供技术咨询和售后服务（不涉及国营贸易管理商品，涉及配额、许可证管理及其他专项规定管理的商品，按国家有关规定办理申请），研究软件产品，开发及销售自行研发的技术成果，提供节能产品及技术的咨询、管理和服务，从事机电及建筑智能化工程的技术咨询、方案设计（不包含建筑工程设计）和施工（涉及经营资质的，凭资质许可证经营）并提供售后服务，租赁设备。						

企业名称	秩父精密产业（深圳）有限公司			海关编码	4403146492	所属海关	深关现场
通讯地址	广东省深圳市南山区登良路南油第二工业区 205 栋 4 层 405-B（恒裕中心 A 座）			邮政编码	518055	法人姓名	黑泽章二
评定时间	2009.3.3	注册日期	2002.5.24	报关有效期	长期	注册资本	880 万美元
主营范围	生产、销售机械设备和精密电子电器机械设备的金属零件，从事上述产品及五金塑胶产品的批发、进出口业务。（不涉及国营贸易管理商品，涉及配额、许可证管理及其他专项规定管理的商品，按国家有关规定办理申请）						

企业名称	南海油脂工业（赤湾）有限公司			海关编码	4403146757	所属海关	深关现场
通讯地址	广东省深圳市南山区蛇口赤湾			邮政编码	518068	法人姓名	牛余新
评定时间	2008.12.19	注册日期	2002.8.6	报关有效期	长期	注册资本	7100 万港币
主营范围	生产、加工、精炼及分装各类植物油和各类动植物油脂产品（不含出口许可证管理品种），生产供食用油及油脂包装制品，生产人造黄油，经营各类动植物油脂的仓储业务，经营保税仓储业务及食品原辅料分装业务，批发、进出口食用植物油油料、油脂、食品、食品添加剂和豆粕（涉及配额许可证管理、专项规定管理的商品按国家有关规定办理），从事上述产品的委托加工业务，生产奶油、无水奶油、药用辅料（大豆油、精制玉米油、氢化大豆油、氢化棕榈仁油、氢化椰子油）。（以上所有项目凭有效的许可证经营）						

企业名称	优仪半导体设备（深圳）有限公司			海关编码	4403147688	所属海关	深关现场
通讯地址	广东省深圳市南山区粤海街道办科技工业园长城科技科研生产基地 1 号厂房 3 楼，科发路 3 号长城科技大厦 1 号厂房 1 楼北			邮政编码	518057	法人姓名	THOMAS OLIVER MCGIMPSEY
评定时间	2008.12.19	注册日期	2003.3.4	报关有效期	长期	注册资本	1000 万美元
主营范围	开发、生产电子、半导体专用设备、测试仪器、精密在线测量仪器，提供相关产品的维修、售后服务和咨询服务（凭深南环批〔2011〕52101 号环保批复经营），从事前述产品的批发业务。						

企业名称	深圳中宇元一数码科技有限公司			海关编码	4403147824	所属海关	深关现场
通讯地址	广东省深圳市南山区高新园北区朗山二号路航天微电机大厦科研楼 2 楼西			邮政编码	518057	法人姓名	刘鹏
评定时间	2008.12.19	注册日期	2003.4.21	报关有效期	长期	注册资本	2000 万美元
主营范围	研发、生产、销售数字音视频编解码播放机、数码读写器、计算机软件，研发、生产手机、卫星定位导航接收机、数字多媒体接收机、电脑及网络终端产品，研发相关的软件，销售自主开发的软件，提供以上相关产品的设计及技术咨询服务。						

企业名称	深圳南顺油脂有限公司			海关编码	4403148831	所属海关	深关现场
通讯地址	广东省深圳市南山区蛇口港湾大道南康路			邮政编码	518067	法人姓名	梁玄博
评定时间	2009.3.24	注册日期	2005.9.8	报关有效期	长期	注册资本	1200 万美元
主营范围	经营仓储业务（不得经营易燃易爆等危险品的仓储业务），生产、加工、销售各类食用植物油脂和副产品（涉及国家现行出口许可证的商品除外），批发、进出口植物油、调味品（不含国营贸易管理商品，涉及配额许可证管理及其他专项规定管理的商品按国家有关规定办理），从事货物专用运输（罐式）。						

企业名称	沛顿科技（深圳）有限公司			海关编码	4403148919	所属海关	深关现场
通讯地址	广东省深圳市福田区彩田路 1 号厂房第一层 2 号、第四层南区			邮政编码	518000	法人姓名	王之
评定时间	2009.11.5	注册日期	2005.11.21	报关有效期	长期	注册资本	3000 万美元
主营范围	开发、生产、半导体、元器件专用材料、线宽 0.35 微米以下超大规模集成电路、新型电子元器件、新型仪表元器件。						

企业名称	深圳伟仕宏业电子有限公司			海关编码	4403149155	所属海关	深关现场
通讯地址	广东省深圳市福田区商报路奥林匹克大厦 11 层			邮政编码	518034	法人姓名	李宝林
评定时间	2013.3.15	注册日期	2009.5.19	报关有效期	长期	注册资本	10000 万人民币
主营范围	电子产品及相关产品的批发、进出口、佣金代理（不含拍卖）及相关配套业务。（上述涉及配额许可证管理、专项规定管理的商品按国家有关规定办理）						

企业名称	深圳市宇阳科技发展有限公司			海关编码	4403149582	所属海关	深关现场
通讯地址	广东省深圳市南山区高新北区朗山二号路齐民道 3 号宇阳大楼			邮政编码	518049	法人姓名	陈伟荣
评定时间	2009.3.24	注册日期	2006.11.6	报关有效期	长期	注册资本	35000 万人民币
主营范围	无线通讯产品、电子产品、电子元器件、电脑软硬件、多层片式陶瓷电容的技术开发、批发、进出口及相关配套业务（涉及配额许可证管理、专项规定管理的商品按国家有关规定办理），多层片式陶瓷电容、手机的生产经营（凭深南环批〔2010〕53029 号经营），宇阳大厦停车场的经营。						

企业名称	深圳市商贸通供应链管理有限公司			海关编码	4403149719	所属海关	深关现场
通讯地址	广东省深圳市福田区深南中路世纪汇广场 2301			邮政编码	518001	法人姓名	张经平
评定时间	2014.9.10	注册日期	2006.12.21	报关有效期	长期	注册资本	16000 万人民币
主营范围	橡胶、轮胎、有色金属（不含贵金属）、燃料油、菜籽油、铜、矿产品（不含铁矿石、氧化铝、铝土矿）、汽车配件、建筑材料、金属制品、机电产品、电子产品、纺织品的批发、佣金代理（不含拍卖）、进出口及相关的配套业务（不涉及国营贸易管理商品，涉及配额、许可证管理及其他专项规定管理的商品按国家有关规定办理申请），化肥批发，供应链管理咨询，国内货运代理，海运、陆运、空运进出口货物、国际展品、私人物品及过境货物的国际运输代理［包括揽货、托运、订舱、仓储中转、集装箱拼装拆箱、结算运杂费、报关、报验、保险、相关的运输咨询业务、国际多式联运、集运（含集装箱拼箱）］，二类和三类医疗器械产品（具体产品见“医疗器械经营企业许可证”粤 B09302）、化学品（其中危险化学品限于“危险化学品经营许可证”允许经营的商品）的批发，煤炭的批发经营（凭有效的煤炭经营资格证经营），酒类批发（凭有效的食品流通许可证经营），普通货运（凭有效的道路运输经营许可证经营）。						

企业名称	深圳市富森供应链管理有限公司			海关编码	4403160542	所属海关	深关现场
通讯地址	广东省深圳市福田区沙头街道泰然工贸园 201 栋 2 楼 A 座			邮政编码	518048	法人姓名	孟国庆
评定时间	2009.3.24	注册日期	2002.5.15	报关有效期	长期	注册资本	8200 万人民币
主营范围	供应链管理，进出口业务经营（法律、行政法规禁止的项目除外，限制的项目取得许可后方可经营），信息咨询（不含人才中介及其他限制项目），实业兴办（具体项目另行申报），电子产品的购销，国内贸易（法律、行政法规规定在登记前须经批准得的项目除外），普通货运（凭粤交运管许可深字 440301160525 号道路运输经营许可证经营，有效期至 2014 年 3 月 31 日），计算机软硬件的研发与销售，自有房屋租赁。						

企业名称	深圳市英捷迅实业发展有限公司			海关编码	4403160883	所属海关	深关现场
通讯地址	广东省深圳市福田区深南大道与泰然九路交界东南本元大厦 4A			邮政编码	518040	法人姓名	邢云庆
评定时间	2012.6.4	注册日期	2002.7.17	报关有效期	长期	注册资本	5000 万人民币
主营范围	兴办实业（具体项目另行申报），经营国内贸易（法律、行政法规规定在登记前须批准的项目除外），供应链管理，企业管理咨询，物流软件开发、设计与技术咨询、进出口（法律、行政法规禁止的项目除外，限制的项目取得许可证后方可经营），国内货运代理、国际货运代理（法律、行政法规规定需交通部门审批的，需交通部门审批后方可经营），自有房屋租赁业务，设计研发、批发销售黄金、白银、K 金、铂金、宝石等珠宝首饰。						

企业名称	深圳市同洲电子股份有限公司			海关编码	4403161064	所属海关	深关现场
通讯地址	广东省深圳市南山区高新区北区第五工业区彩虹科技大楼 A6 楼			邮政编码	518057	法人姓名	袁明
评定时间	2010.5.26	注册日期	1999.8.17	报关有效期	长期	注册资本	68295.97 万人民币
主营范围	实业投资兴办（具体项目另行申报），电子产品、计算机软硬件及其应用网络产品、自动化控制设备、无线移动电子信息产品、汽车电子产品、电子元器件、电视机、显示器、家用商用电器、数字电视机顶盒等产品的技术开发、技术转让及生产经营（生产项目营业执照另发），通信设备的购销（不含专营、专控、专卖商品），进出口业务，卫星电视接收天线、高频头、模拟 / 数字卫星电视接收机的研发和生产（执照另发），移动通讯终端的技术开发、技术转让及生产经营。（生产项目营业执照另行办理）						

企业名称	深圳市希科普科技发展有限公司			海关编码	4403161200	所属海关	深关现场
通讯地址	广东省深圳市宝安区沙井镇蚝四西部工业区			邮政编码	518104	法人姓名	刘军
评定时间	2009.3.3	注册日期	2000.11.16	报关有效期	长期	注册资本	2000 万人民币
主营范围	开发高新技术，兴办实业（具体项目另行申报），经营国内商业、物资供销业（不含国家专营、专控、专卖商品），自营进出口业务，开发、销售彩色电视机、电脑、智能显示设备、智能通讯设备、智能终端，承接对外成套项目，生产彩色电视机、电脑、智能显示设备、智能通讯设备、智能终端，承接对外成套项目。						

企业名称	深圳市年富实业发展有限公司			海关编码	4403161326	所属海关	深关现场
通讯地址	广东省深圳市福田区深南大道 7028 号时代科技大厦 14 层			邮政编码	518048	法人姓名	李文国
评定时间	2008.12.19	注册日期	2001.3.15	报关有效期	长期	注册资本	14500 万人民币
主营范围	有色金属原材料及制品（贵金属和重金属除外）、金属矿产品、焦炭、燃料油、机电产品、太阳能转换材料、晶硅薄膜、太阳能电池、消防设备、饲料原料及饲料、初级农产品、橡胶制品、电子产品、计算机软硬件、纺织品、服装、工艺品、电器的销售及其他国内贸易（不含专营、专控、专卖商品）进出口（法律、行政法规禁止的项目除外，限制的项目取得许可后方可经营）；供应链管理及相关配套服务（不含限制项目），国内货运代理、信息咨询（不含人才中介服务及其他限制项目）等业务的经营；通讯设备、通信配套设备及零配件的购销；酒类、预包装食品（不含复热预包装食品）批发（非实物方式）；二类 6821 医用电子仪器设备，6823 医用超声仪器及有关设备，6831 医用 X 射线附属设备及部件，6854 手术室、急救术、诊疗室设备及器具及 三类 6821 医用电子仪器设备，6823 医用超声仪器及有关设备，6828 医用磁共振设备，6830 医用 X 射线设备，6840 临床检验分析仪器，6854 手术室、急救术、诊疗室设备及器具的销售。						

企业名称	深圳市中创实业发展有限公司			海关编码	4403161732	所属海关	深关现场
通讯地址	广东省深圳市罗湖区深南东路深圳市富丽华大酒店 25 楼			邮政编码	518001	法人姓名	黄育江
评定时间	2010.1.4	注册日期	2008.5.13	报关有效期	长期	注册资本	2300 万人民币
主营范围	兴办实业（具体项目另行申报），经营国内贸易、货物及技术的进出口（法律、行政法规规定在登记前须经批准的项目除外）、供应链管理、国际货运代理、国内货运代理业务。（法律、行政法规规定需要交通部门审批的，取得相关批准文件方可经营）						

企业名称	深圳市共进电子股份有限公司			海关编码	4403161774	所属海关	深关现场
通讯地址	广东省深圳市南山区蛇口南海大道 1019 号南山医疗器械产业园			邮政编码	518052	法人姓名	汪大维
评定时间	2012.3.27	注册日期	2001.5.17	报关有效期	长期	注册资本	22500 万人民币
主营范围	技术开发、销售宽带通讯设备、电脑电视合、机顶盒、计算机板卡、电源，购销计算机及其软硬件、电子产品，经营进出口、普通货运业务。						

企业名称	深圳市实益达科技股份有限公司			海关编码	4403161811	所属海关	深关现场
通讯地址	广东省深圳市龙岗区宝龙工业城宝龙六路实益达科技园			邮政编码	518116	法人姓名	陈亚妹
评定时间	2009.3.24	注册日期	2001.5.23	报关有效期	长期	注册资本	46120.06 万人民币
主营范围	兴办实业（具体项目另行申报），技术开发、生产、销售电子产品、通讯产品、电器、照明灯具及其零部件，经营国内贸易（不含专营、专控、专卖商品及限制项目），经营进出口业务。（法律、行政法规禁止的项目除外，限制的项目取得许可后方可经营）						

企业名称	深圳市方鼎科技发展有限公司			海关编码	4403161962	所属海关	深关现场
通讯地址	广东省深圳市福田区金田路与福中路交界东南荣超经贸中心 4401~4402			邮政编码	518003	法人姓名	武小兵
评定时间	2008.12.19	注册日期	2001.6.19	报关有效期	长期	注册资本	3000 万人民币
主营范围	一般经营项目：技术开发电子产品、软件（不含限制项目），经营进出口业务（法律、行政法规规定禁止的项目除外，法律、行政法规规定限制的项目须取得许可证后方可经营），经营供应链管理、国内贸易（法律、行政法规规定在登记前须经批准的项目除外），代理国际货运、国内货运（以上法律法规规定需要交通部门审批的，取得相关批准文件后方可经营），提供信息咨询服务（不含人才中介、证券、保险、基金、金融业务及其他限制项目），投资兴办实业（具体项目另行申报）；许可经营项目：批发零售红酒、医疗器械。						

企业名称	深圳市东方嘉盛供应链股份有限公司			海关编码	4403162147	所属海关	深关现场
通讯地址	广东省深圳市福田区福田保税区红棉路英达利科技数码园 B 栋 501 号			邮政编码	518002	法人姓名	孙卫平
评定时间	2008.12.19	注册日期	2001.7.31	报关有效期	长期	注册资本	10000 万人民币
主营范围	经营国内贸易（不含专营、专控、专卖商品）、国际货运代理、进出口业务（法律、行政法规禁止的项目除外，限制的项目须取得许可后方可经营），兴办实业（具体项目另行申报），销售家畜冷冻制品，提供展览服务，从事普通货运。						

企业名称	深圳市华成峰实业有限公司			海关编码	4403162535	所属海关	深关现场
通讯地址	广东省深圳市南山区高新中一道长园公司			邮政编码	518057	法人姓名	李小勇
评定时间	2008.12.19	注册日期	2001.11.2	报关有效期	长期	注册资本	4000 万人民币
主营范围	兴办实业（具体项目另行申报），从事国内商业、物资供销业（不含专营、专控、专卖商品），经营进出口业务（按深贸进准字第〔2001〕863 号文执行），开发、设计、销售计算机系统集成及计算机产品、计算机通信工程，提供技术服务，生产 IBM P 系列服务器。						

企业名称	深圳市路迪斯达供应链管理有限公司			海关编码	4403162807	所属海关	深关现场
通讯地址	广东省深圳市福田区金田路皇岗商务中心 1 号楼 4804、4805、4806			邮政编码	518033	法人姓名	姜天仲
评定时间	2010.7.5	注册日期	2008.1.10	报关有效期	长期	注册资本	2000 万人民币
主营范围	供应链的管理，电脑、电子、通讯产品、机电产品的购销（以上均不含专营、专控、专卖商品及其他限制项目），进出口业务经营（法律、行政法规禁止的项目除外，限制的项目须取得许可后方可经营），国内货运代理，国际货运代理，化妆品的国际贸易及其他国内贸易（法律、行政法规规定在登记前须批准的项目除外），电子商务经营，国内水路货运代理，酒类批发，预包装食品（不含复热预包装食品）批发。						

企业名称	深圳市华富洋供应链有限公司			海关编码	4403162850	所属海关	深关现场
通讯地址	广东省深圳市福田区深南大道与泰然九路交界东南金润大厦 402			邮政编码	518031	法人姓名	冯苏军
评定时间	2008.12.19	注册日期	2002.1.21	报关有效期	长期	注册资本	1000 万人民币
主营范围	供应链管理，电子产品的购销及其他国内贸易（不含专营、专控、专卖商品），进出口业务（法律、行政法规禁止的项目除外，限制的项目取得许可后方可经营）、普通货运（凭粤交运管许可深字 440304149306 号道路运输经营许可证经营，有效期至 2011 年 12 月 31 日）。						

企业名称	深圳市协勤实业有限公司			海关编码	4403162860	所属海关	深关现场
通讯地址	广东省深圳市南山区科发路 3 号长城科技大厦 2 号科研楼 12 层			邮政编码	518052	法人姓名	赵志强
评定时间	2008.12.19	注册日期	2002.1.18	报关有效期	长期	注册资本	625 万人民币
主营范围	兴办实业（具体项目另行申报），从事国内商业、物资供销业（不含专营、专控、专卖商品），经营进出口业务（具体按深贸进准字第〔2001〕2243 号资格证书办理），开发计算机软件。（不含限制项目）						

企业名称	深圳市越海全球物流有限公司			海关编码	4403163802	所属海关	深关现场
通讯地址	广东省深圳市福田区福华一路 88 号深圳中心商务大厦 1116 号			邮政编码	518000	法人姓名	张泉
评定时间	2010.5.26	注册日期	2003.1.15	报关有效期	长期	注册资本	7000 万人民币
主营范围	经营普通货运、货物专用运输（集装箱）（凭粤交运管许可深字 440300059437 号经营，有效期至 2014 年 9 月 30 日），从事仓储、装卸、（不含危险品，仓储所在地址执照另办）、国内贸易（不含专营、专控、专卖商品），进出口货物、技术（法律、行政法规禁止的项目除外，法律、行政法规限制的项目须取得许可后方可经营），代理国际、国内货运，提供信息咨询服务。（不含限制项目和人才中介服务）						

企业名称	深圳市拓日新能源科技股份有限公司		海关编码	4403163929	所属海关	深关现场
通讯地址	广东省深圳市南山区侨城北路香年广场		邮政编码	518053	法人姓名	陈五奎
评定时间	2013.5.31	注册日期 2008.2.22	报关有效期	长期	注册资本	48975万人民币
主营范围	研发、生产及销售太阳电池芯片、太阳电池组件、太阳能供电电源、太阳能应用产品、太阳能集热板及热水器系统、风力发电设备、太阳电池生产线设备、太阳能控制器、太阳能逆变器、太阳能应用产品控制软件，设计、安装及销售太阳能热水器工程、风力发电工程、太阳能电站工程，经营进出口业务。					

企业名称	深圳市信利康供应链管理有限公司		海关编码	4403164920	所属海关	深关现场
通讯地址	广东省深圳市福田区深南中路6011号NEO（A座）36楼A单元		邮政编码	518031	法人姓名	陈少青
评定时间	2008.12.19	注册日期 2003.12.24	报关有效期	长期	注册资本	5500万人民币
主营范围	提供供应链管理服务，经营国内贸易（法律、行政法规规定在登记前须批准的项目除外），兴办实业（具体项目另行申报），经营进出口业务（法律、行政法规禁止的项目除外，限制的项目须取得许可后方可经营），从事普通货运。					

企业名称	深圳市海柏力高供应链有限公司		海关编码	4403165687	所属海关	深关现场
通讯地址	广东省深圳市福田区滨河路与彩田路交汇处联合广场B座裙楼B304		邮政编码	518031	法人姓名	马小路
评定时间	2010.2.21	注册日期 2003.8.27	报关有效期	长期	注册资本	4500万人民币
主营范围	从事供应链管理，经营进出口业务（法律、行政法规禁止的项目除外，限制的项目取得许可后方可经营），兴办实业（具体项目另行申报），开发通讯设备、电子产品，购销产品，经营其他国内贸易（不含限制项目和专营、专控、专卖商品），开发预包装食品、乳制品（含婴幼儿配方乳粉）（不含复热包装食品，含酒精饮料），从事普通货运，批发酒类。					

企业名称	深圳市瑞隆实业发展有限公司		海关编码	4403165745	所属海关	深关现场
通讯地址	广东省深圳市罗湖区人民南路天安国际大厦C座1105室		邮政编码	518001	法人姓名	马兴乔
评定时间	2009.1.4	注册日期 2003.9.5	报关有效期	长期	注册资本	1500万人民币
主营范围	兴办实业，经营国内商业、物资供销业，经营进出口业务。					

企业名称	深圳市金百泽电子科技股份有限公司		海关编码	4403166531	所属海关	深关现场
通讯地址	广东省深圳市福田区梅华路多丽工业区厂房3栋2楼3202B		邮政编码	518049	法人姓名	武守坤
评定时间	2013.4.23	注册日期 2004.3.9	报关有效期	长期	注册资本	7200万人民币
主营范围	生产、加工印刷线路板（仅限分支机构经营），设计、测试电子产品（物理检测），经营国内贸易（法律、行政法规禁止的项目除外，限制的项目取得许可后方可经营），经营进出口业务（法律、行政法规禁止的项目除外，限制的项目须取得许可后方可经营），设计与开发测试软件，销售相关产品。					

企业名称	深圳市京华信息技术有限公司			海关编码	4403167401	所属海关	深关现场
通讯地址	广东省深圳市福田区华发北路京华大院 4 栋 400 室			邮政编码	518031	法人姓名	潘光宇
评定时间	2013.5.31	注册日期	2008.5.5	报关有效期	长期	注册资本	2000 万人民币
主营范围	电子通讯产品、电脑软硬件、IT 数码产品的技术开发、销售，电子元器件的购销（以上经营范围不含专营、专控、专卖商品及限制项目），MP3 播放器、数码录音笔、U 盘、GPS 导航仪、MP4 播放器、汽车电子产品、多功能电话机、数字录放机、数码电子产品的生产（分公司经营），手机的研发、生产与销售（生产由分支机构经营，执照另行申办），进出口业务（法律、行政法规禁止的项目除外，限制的项目须取得许可后方可经营），国内贸易（法律、行政法规规定在登记前须经批准的项目除外）。						

企业名称	深圳市卓翼科技股份有限公司			海关编码	4403167655	所属海关	深关现场
通讯地址	广东省深圳市南山区西丽平山民企科技工业园 5 栋			邮政编码	518055	法人姓名	夏传武
评定时间	2011.4.13	注册日期	2004.5.20	报关有效期	长期	注册资本	49198.1 万人民币
主营范围	计算机周边板卡、消费数码产品、通讯网络产品、音响产品、广播电影电视器材、调制解调器（不含卫星电视广播地面接收设施）、U 盘、MP3、MP4、数字电视系统用户终端接收机、网络交换机、无线网络适配器、无线路由器、VOIP 网关、VOIP 电话、IP 机顶盒的组装生产（在许可有效期内生产），手机和平板电脑等移动手持终端的生产（由分支机构经营，执照另行申办）、技术开发、购销，电子产品的购销及其他国内商业、物资供销业（不含专营、专控、专卖商品）、进出口业务。（法律、行政法规禁止的项目除外，限制的项目须取得许可后方可经营）						

企业名称	深圳市东方嘉盈实业有限公司			海关编码	4403169233	所属海关	深关现场
通讯地址	广东省深圳市罗湖区莲塘鹏基工业区 713 栋二楼东			邮政编码	518004	法人姓名	叶容根
评定时间	2011.4.13	注册日期	2004.10.8	报关有效期	长期	注册资本	5000 万人民币
主营范围	兴办实业（具体项目另行申报），购销金属材料，管理供应链，购销电子产品，经营其他国内贸易，提供仓储服务（分支机构经营），经营进出口业务。						

企业名称	深圳市迈乐数码科技股份有限公司			海关编码	4403169610	所属海关	深关现场
通讯地址	广东省深圳市福田区福华一路 98 号卓越大厦 1 座 1803 室			邮政编码	518033	法人姓名	赵能豪
评定时间	2012.1.5	注册日期	2008.11.6	报关有效期	长期	注册资本	6000 万人民币
主营范围	网络和信息产品、电子产品、嵌入式软件、系统集成和高新技术产品的研发、销售及相关技术服务的提供，进出口业务的经营（以上不含专营、专控、专卖商品及限制项目）；实业投资兴办（具体项目另行申报），家用多媒体数据中心、移动硬盘数据终端（通信终端设备类）、家庭影院多媒体终端、微投影家庭多媒体终端、掌上多媒体终端的生产（生产项目由分支机构经营，另行申办营业执照）。						

企业名称	中国长城计算机深圳股份有限公司			海关编码	4403310907	所属海关	深关现场
通讯地址	广东省深圳市南山区科技园长城计算机大厦			邮政编码	518057	法人姓名	杨军
评定时间	2009.11.5	注册日期	1997.11.28	报关有效期	长期	注册资本	132359.39 万人民币
主营范围	开发、生产、销售电子计算机硬件、软件系统及网络系统、电子产品、液晶电视、等离子电视、电话机、移动通讯设备及无线电话机（手机），提供相关的技术和咨询服务，投资兴办实业（具体项目另行申报），经营国内商业、物资供销业（不含专营、专卖、专控商品），自营进出口业务（具体按深贸营登证字第 49 号文执行），经营自行开发的软件及电子出版物，零售各类软件及电子出版物，租赁房屋、设备及固定资产，提供物业管理及相关服务业务。						

企业名称	深圳国能国际商贸有限公司			海关编码	4403418513	所属海关	深关现场
通讯地址	广东省深圳市福田保税区国电科技现代物流中心 1 栋 1、2 层			邮政编码	518038	法人姓名	尹衍利
评定时间	2009.8.28	注册日期	2005.8.1	报关有效期	长期	注册资本	38285.53 万人民币
主营范围	国际贸易、转口贸易、仓储、搬运装卸等业务经营，货物及技术进出口、国内贸易（法律、行政法规规定在登记前须经批准的项目除外），实业投资兴办（具体项目另行申报），海上、航空、公路国际货运代理，预包装食品（不含复热预包装食品）批发（非实物方式），展览展示策划，会议和会务策划，信息咨询（不含限制项目），葡萄种植、葡萄酒酿造（由分支机构经营），电力及通讯设备、电子设备、信息化产品和电脑软硬件、自动控制系统及控制设备的技术开发和销售，系统集成，自有物业租赁，物业管理，经营进出口业务，机票、火车票、船票代售（以上项目限异地分支机构经营），园林设计与施工，园林绿化工程，环境工程，绿化养护服务，园林绿化相关产品销售，普通货运，货物专用运输（集装箱），大型物件运输，酒类及其他非酒精饮料的批发和零售，乳制品、肉制品的批发，主题公园建设，提供住宿服务，卷烟销售。						

企业名称	美集储运（深圳）有限公司			海关编码	4403437720	所属海关	深关现场
通讯地址	广东省深圳市福田保税区桃花路 28 号中宝物流中心仓库楼 26 楼 D 号单元			邮政编码	518038	法人姓名	林乐杰
评定时间	2011.1.26	注册日期	2000.10.17	报关有效期	长期	注册资本	500 万人民币
主营范围	在保税区内从事仓储、运输、商业性简单加工，提供国际贸易、转口贸易及相关咨询服务。						

企业名称	中海物流（深圳）有限公司			海关编码	4403447513	所属海关	深关现场
通讯地址	广东省深圳市福田保税区金花路蓝花道			邮政编码	518038	法人姓名	吴明清
评定时间	2012.1.5	注册日期	1993.12.30	报关有效期	长期	注册资本	5000 万港币
主营范围	承办海运、陆运、空运进出口货物、国际展品、私人物品及过境货物的国际运输代理业务，包括揽货、托运、订舱、仓储中转、集装箱拼装拆箱、结算运杂费、报关、报验、保险及运输咨询业务、国际多式联运、集运（含集装箱拼箱）；保税区内已取得土地使用权地段的单项房地产开发、经营；国际贸易、转口贸易及仓储业务；保税区内机械设备租赁及有关咨询服务；福田保税区内自用仓库货物的配套运输；计算机应用软件的开发，软件、硬件的销售，网络设计与安装；从事非配额许可证管理，非专营商品的收购出口业务；货物、技术进出口（不含进口分销）；国内货物运输代理，道路普通货物运输，集装箱运输（不含危险物品，凭“道路运输经营许可证”粤交运管许可深字 440300002647 号经营，有效期至 2012 年 6 月 30 日止），仓储服务（凭“建设项目环境影响审查批复”深福环批〔2011〕400508 号经营），货物搬运装卸服务，酒类批发（凭“食品流通许可证”SP4403001110195166 经营，有效期至 2014 年 4 月 7 日止）。						

企业名称	富裕仓储（深圳）有限公司		海关编码	4403447529	所属海关	深关现场
通讯地址	广东省深圳市福田保税区槟榔道 6 号		邮政编码	518038	法人姓名	李文国
评定时间	2012.1.5	注册日期	1997.6.17	报关有效期	长期	注册资本	3500 万港币
主营范围	仓储及相关运输服务，国际贸易、转口贸易，商业性简单加工，百货、化工、五金交电、电器、电子产品的批发业务，保税区内单项房地产开发，提供一般展览服务，从事货物、技术进出口（不含分销、国家专营专控商品），供应链的管理及相关信息咨询，有色金属原材料及制品（贵金属和重金属除外）的批发，佣金代理（拍卖除外），进出口及相关配套业务。（不涉及国营贸易管理商品，涉及配额、许可证管理及其他专项规定管理的商品，按国家有关规定办理申请）						

企业名称	日通国际物流（深圳）有限公司		海关编码	4403447551	所属海关	深关现场
通讯地址	广东省深圳市福田保税区 B105-36		邮政编码	518038	法人姓名	和田贵志
评定时间	2008.12.19	注册日期	1994.11.7	报关有效期	长期	注册资本	7000 万港币
主营范围	承办海运、陆运、空运进出口货物、国际展品、私人物品及过境货物的国际运输代理业务，包括揽货、托运、订舱、仓储中转、集装箱拼装拆箱、结算运杂费、报关、报验、保险及相关运输咨询、国际多式联运、集运（含集装箱拼箱），从事饲料、塑料制品、金属材料、建筑材料、玻璃制品、纸、纸板、纸制品、机械设备（特种设备除外）、五金交电、电子产品、家用电器、纺织原料及纺织品（棉花除外）、服装、鞋帽及日用品、汽车零配件、摩托车零配件、石材及石制品、陶瓷制品、化工产品（危险化学品除外）、钟表及其零配件、乐器及其零配件的批发、佣金代理（拍卖除外）、进出口及相关配套业务（不涉及国营贸易管理商品，涉及配额、许可证管理及其他专项规定管理的商品，按国家有关规定办理申请），从事货物及技术进出口业务（不含分销、国家专营专控商品），保税区内仓储业务，商品的包装、分装、分级、加工、整理等商业性简单加工，集装箱的临时存放及运输，提供保税仓货物收送服务，国际运输，仓储及运输的安排及咨询服务，代理报验、代客投保、托收运杂费等中介、代理服务，自有仓储及运输的保养及维修，转口贸易，保税区内单项房地产开发，代理报关（需有关主管部门批准）。增加：货物品质检测、检验，装卸搬运，道路普通货运（不含危险物品）。增加：货物专用运输（集装箱）（“道路运输经营许可证”有效 2013 年 3 月 31 日止）。						

企业名称	近铁国际物流（深圳）有限公司		海关编码	4403447565	所属海关	深关现场
通讯地址	广东省深圳市福田保税区红柳道 51-5 号		邮政编码	518038	法人姓名	SUHARA TAKASHI（须原孝司）
评定时间	2009.1.4	注册日期	1994.11.22	报关有效期	长期	注册资本	3750.3 万港币
主营范围	福田保税区与国际间货物运输，保税区内取得土地使用权地块的单项房地产开发，保税区内仓储及相关服务，简单商业加工服务，国际贸易，提供货运咨询服务，提供检测服务并在东莞市设立办事处。增加：提供装卸及搬运服务。增加：道路普通货运（不含危险物品）。增加：从事塑料、橡胶及制品、服装鞋帽、手提包、衣箱、家居用品、办公用品、玩具、机械器具、电气设备、光学、照相仪器及设备、精密仪器及零附件的批发、进出口及相关配套业务（上述涉及专项规定管理的商品按国家有规定办理）。增加：承办海运、陆运、空运进出口货物、私人物品及过境货物的国际运输代理业务，包括揽货、托运、订舱、仓储中转、集装箱拼装拆箱、结算运杂费、报关、报验、保险、相关的短途运输服务及运输咨询业务、国际多式联运、集运（含集装箱拼箱）。增加：道路货物专用运输（集装箱，不含危险化学品）（按粤交运管许可外资深字 440300002764 号“道路运输经营许可证”经营，有效期至 2016 年 3 月 12 日止）。						

企业名称	卡西欧电子（深圳）有限公司			海关编码	4403447594	所属海关	深关现场
通讯地址	广东省深圳市福田保税区市花路20号			邮政编码	518038	法人姓名	村上文庸
评定时间	2009.11.11	注册日期	1997.1.23	报关有效期	长期	注册资本	598.14万美元
主营范围	手表、时钟、电子计算器、计算机、文字处理机、电子乐器、电子收银机、液晶电视、通信电子产品等电子机器产品及各项产品相关的部件的开发、设计、生产、委托加工、国际贸易、转口贸易及相关的咨询服务，仓储业务，保税区内运输，从事上述同类产品的成品及部件的批发、进出口业务（涉及配额许可证管理、专项规定管理的商品按国家有关规定办理），国际贸易、转口贸易及相关的咨询服务，仓储业务，保税区内运输，从事道路集装箱运输、道路普通货运（均不含危险品）。						

企业名称	昱科环球存储科技（深圳）有限公司			海关编码	4403447663	所属海关	深关现场
通讯地址	广东省深圳市福田保税区蓝花道7号			邮政编码	518038	法人姓名	张士清
评定时间	2011.1.25	注册日期	1998.2.23	报关有效期	长期	注册资本	11500万美元
主营范围	制造和销售信息存储/显示产品［包括但不限于磁阻磁头/巨组磁阻磁头（MR/GMR）、MR/GMR磁头平衡环组件（HGA）、MR/GMR磁头堆栈组件（HSA）、磁头驱动器组件（TAA）和平面液晶显示器］及其他信息技术产品、装置、元器件，包括经由有关主管部门批准后委托福田保税区以外的实体从事部分加工业务。进行有关产品的内销和外销，与保税区内实体及保税区内的贸易代理商从事贸易业务，与保税区以外具有进出口经营权的实体直接进行贸易。就有关产品提供维修、售后服务及有关技术服务。从事信息技术行业的开发和研究工作。为从事上述经营范围内的业务而采购、进口零部件和元器件并提供仓储。向HGST的其他实体及其合资企业提供服务。内销比例可达100%。						

企业名称	理光通运（深圳）仓储有限公司			海关编码	4403447756	所属海关	深关现场
通讯地址	广东省深圳市福田保税区桃花路12号赛格储运大厦2~3楼、11楼12室			邮政编码	518045	法人姓名	桑井正博
评定时间	2013.11.18	注册日期	2000.11.2	报关有效期	长期	注册资本	500万港币
主营范围	在福田保税区内从事仓储物流、国际贸易、转口贸易及相关的简单加工。						

企业名称	麦迪实电子科技（深圳）有限公司			海关编码	4403447853	所属海关	深关现场
通讯地址	广东省深圳市福田保税区市花路生物工程大厦A栋1、2、3、4、6层东侧及5层			邮政编码	518038	法人姓名	STEVEN GORDON CRANE
评定时间	2010.3.29	注册日期	2002.11.27	报关有效期	长期	注册资本	65万美元
主营范围	生产经营与计算机软件相关的软件、电脑连接线、其他电脑周边产品及计算机零部件，集成电路的加工，路由器的加工，移动电话SIM卡、硬盘、U盘的生产（不含国家限制类、禁止类项目），生产经营新型电子元器件，生产经营数码相机、移动电话、打印机、投影仪等产品的零配件，包装以上产品并提供相关技术咨询。						

企业名称	深圳中圳物流有限公司			海关编码	4403447884	所属海关	深关现场
通讯地址	广东省深圳市福田保税区桃花路1-3号达升大楼908			邮政编码	518000	法人姓名	张绍良
评定时间	2013.8.12	注册日期	2003.5.26	报关有效期	长期	注册资本	300万港币
主营范围	在保税区内从事国际贸易、转口贸易、区内贸易，仓储，机电、电子产品研发，道路普通货运，道路集装箱运输。						

企业名称	深圳综合信兴物流有限公司			海关编码	4403447904	所属海关	深关现场
通讯地址	广东省深圳市福田保税区广兰道3号			邮政编码	518038	法人姓名	JACKY CHEN
评定时间	2014.9.10	注册日期	2003.6.2	报关有效期	长期	注册资本	8000万港币
主营范围	在保税区内从事仓储物流、采购、配送、运输、简单加工、装配、装卸、货物质量检验及包装，国际贸易、保税区内企业间的贸易及区内贸易代理、转口贸易，受让土地使用权地块内的房地产经营业务及咨询业务，道路普通货运、道路货物专用运输（集装箱）（凭“道路运输经营许可证”440300160947号经营，有效期至2015年11月30日）。						

企业名称	伟光联国际物流（深圳）有限公司			海关编码	4403447909	所属海关	深关现场
通讯地址	广东省深圳市福田保税区槟榔道2号			邮政编码	518038	法人姓名	曾志雄
评定时间	2013.5.21	注册日期	2003.6.26	报关有效期	长期	注册资本	1000万港币
主营范围	在保税区内从事仓储、物流配送及相关业务，从事国际贸易、转口贸易、区内贸易及咨询服务业务。						

企业名称	普惠信息科技（深圳）有限公司			海关编码	4403448159	所属海关	深关现场
通讯地址	广东省深圳市福田保税区桃花路中天元物流中心			邮政编码	518038	法人姓名	WILLIAM GERARD CASEY
评定时间	2013.1.28	注册日期	2004.12.1	报关有效期	长期	注册资本	40万美元
主营范围	在保税区内从事仓储及配套运输、国际贸易、区内贸易、转口贸易及商业性简单加工。						

企业名称	联想信息产品（深圳）有限公司			海关编码	4403448249	所属海关	深关现场
通讯地址	广东省深圳市福田保税区广兰道3号			邮政编码	518038	法人姓名	JOHN EGAN
评定时间	2013.5.21	注册日期	2005.12.29	报关有效期	长期	注册资本	8000万美元
主营范围	生产和销售计算机硬件系统、相关的部件和组件及软件系统，信息技术产品开发、展览和系统集成，总包技术服务，技术开发和转让，技术培训、测试、分析和咨询服务，为信息系统、网络系统及相关产品提供开发、设计、安装、维护、管理、售后等服务和相关技术服务，提供企业管理咨询服务、投资和业务咨询服务、信息管理服务、技术咨询服务和市场营销服务，从事国际贸易、转口贸易、区内贸易、保税区内贸易代理，与保税区外具有进出口权的企业直接进行贸易，从事货物及技术的进出口业务。（不含分销及国家专营、专控、专卖商品）						

企业名称	宏雅珠宝（深圳）有限公司			海关编码	4403448257	所属海关	深关现场
通讯地址	广东省深圳市福田保税区金花路28号万雅珠宝钟表科技中心			邮政编码	518038	法人姓名	冼雅恩
评定时间	2013.5.21	注册日期	2006.2.8	报关有效期	长期	注册资本	6400万港币
主营范围	生产经营各类金银珠宝首饰、金银器皿、工艺品、纪念品、珠宝工艺手表，钻石及宝石的加工，精密模具的加工，金属制品的提炼、回收、加工、设计、开发，上述产品的检测（产品100%外销），从事企业管理咨询业务。						

企业名称	腾邦仓储（深圳）有限公司			海关编码	4403448265	所属海关	深关现场
通讯地址	广东省深圳市福田保税区桃花路腾邦物流大厦二楼			邮政编码	518038	法人姓名	刘洋均
评定时间	2009.8.24	注册日期	2006.3.6	报关有效期	长期	注册资本	230 万港币
主营范围	在保税区内从事仓储、运输、装卸、搬运业务，商业性简单加工、展示及相关配套服务，国际贸易、转口贸易，从事货物、技术进出口。（不含分销、国家专营控商品）						

企业名称	中菲物流（深圳）有限公司			海关编码	4403448309	所属海关	深关现场
通讯地址	广东省深圳市福田保税区桃花路 1-3 号达升大楼			邮政编码	518038	法人姓名	林天送
评定时间	2010.11.12	注册日期	2006.10.16	报关有效期	长期	注册资本	285 万港币
主营范围	在保税区内从事电子类产品、工业制成品及原材料、零配件等物品的仓储及商业性简单加工，区内贸易，转口贸易，国际贸易，贸易咨询。承办陆运进出口货物及过境货物的国际运输代理业务，包括揽货、仓储中转、报关、报验、保险、相关短途运输服务及运输咨询业务，从事国内货运代理业务。从事电子产品、计算机及周边硬件的批发、佣金代理（不含拍卖）、进出口及相关配套业务。（不涉及国营贸易管理商品，涉及配额、许可证管理及其他专项规定管理的商品，按国家有关规定办理申请）						

企业名称	飞力达物流（深圳）有限公司			海关编码	4403448314	所属海关	深关现场
通讯地址	广东省深圳市福田保税区桃花路 28 号中宝物流大厦写字楼 5 楼			邮政编码	518038	法人姓名	姚勤
评定时间	2013.5.21	注册日期	2006.11.20	报关有效期	长期	注册资本	179 万美元
主营范围	承办海运、陆运、空运进出口货物、国际展品、私人物品及过境货物的国际运输代理业务，包括揽货、托运、订舱、仓储中转、集装箱拼装拆箱、结算运杂费、报关、报验、报检、保险、运输咨询业务、国际多式联运、集运（含集装箱拼箱）；仓储、中转及相关增值服务；保税区内从事商业性简单加工，转口贸易；保税区内企业间贸易，货物、技术进出口（不含分销、国家专营专控商品）；监管运输及保税区与香港之间的运输；保税区内报关、报验、保险代理及保税区内相关的短途运输服务、结算杂费及运输咨询业务；物流信息咨询与国际物流软件系统的技术咨询；Ⅱ类、Ⅲ类 6854 手术室、急救室、诊疗室设备及器具，Ⅱ类、Ⅲ类 6830 医用 X 射线设备，Ⅱ类、Ⅲ类 6828 医用磁共振设备，Ⅱ类、Ⅲ类 6824 医用激光仪器设备，Ⅱ类、Ⅲ类 6823 医用超声仪器及有关设备，电子元器件，机械设备，轴承，化工原料（不含危险工业、化工原材料）的批发、佣金代理（不含拍卖）、进出口及相关配套业务。（不涉及国营贸易管理商品，涉及配额、许可证管理及其他专项规定管理的商品，按国家有关规定办理申请）						

企业名称	深圳兴达物流有限公司			海关编码	4403448340	所属海关	深关现场
通讯地址	深圳市福田保税区蓝花道南段 3 号兴达物流大厦 101			邮政编码	518038	法人姓名	袁乐光
评定时间	2013.11.4	注册日期	2007.7.26	报关有效期	长期	注册资本	3000 万人民币
主营范围	在保税区内从事已取得土地使用权地块的单项房地产开发、经营，在保税区内从事物流、仓储、运输、国际贸易业务。						

企业名称	利盟信息技术（中国）有限公司	海关编码	4403448424	所属海关	深关现场
通讯地址	广东省深圳市福田保税区槟榔道 2 号伟光联物流大楼办公楼六层及仓库区四层 A、B 区	邮政编码	518038	法人姓名	ROY LESTER BANDY
评定时间	2013.1.28 注册日期 2009.9.23	报关有效期	长期	注册资本	800 万美元
主营范围	研发、生产和经营激光打印机、喷墨打印机、复印机、多功能数码复合机、多功能一体机、针式打印机、打印机色带、墨盒，上述商品和 LED 打印机及打印机相关设备和零部件及其零配件（包括鼓粉盒、打印机软件、消耗品、相纸）、软件的批发、佣金代理（拍卖除外）、进出口业务和配套服务（不含国营贸易管理商品，涉及配额、许可证管理或专项规定管理的商品按国家有关规定办理），开发软件，从事与文件处理和数据管理有关的产品和技术的研发、设计，提供机器和办公设备的经营性租赁服务，提供售后服务、技术支持及相关技术咨询服务，经济信息咨询和企业管理咨询。（不含外商投资限制、禁止类项目）				

企业名称	深圳大田物流有限公司	海关编码	4403467552	所属海关	深关现场
通讯地址	广东省深圳市福田保税区蓝花道 6 号城联仓储楼三楼	邮政编码	518038	法人姓名	岳天洋
评定时间	2012.12.26 注册日期 2006.7.10	报关有效期	长期	注册资本	500 万人民币
主营范围	海路国际货物运输代理业务，进出口贸易业务，物流信息咨询，仓储服务，装卸搬运。				

企业名称	深圳嘉泓永业物流有限公司	海关编码	4403467618	所属海关	深关现场
通讯地址	广东省深圳市福田保税区蓝花道 6 号城联物流大厦一楼 B 区	邮政编码	518038	法人姓名	孙卫平
评定时间	2013.5.31 注册日期 2008.9.26	报关有效期	长期	注册资本	435 万人民币
主营范围	在保税区内从事仓储物流、国际贸易、电子产品加工、区内贸易及相关的咨询业务，经营进出口业务。（法律、行政法规禁止的项目除外，限制的项目取得许可后方可经营）				

企业名称	深圳市旗丰供应链服务有限公司	海关编码	4403467739	所属海关	深关现场
通讯地址	广东省深圳市福田保税区鑫瑞科大楼三层	邮政编码	518048	法人姓名	陈小辉
评定时间	2010.11.18 注册日期 2010.8.26	报关有效期	长期	注册资本	3200 万人民币
主营范围	国产汽车（不含小轿车）、摩托车及零配件的购销，电子产品的技术开发与购销，计算机软硬件、橡胶制品、建筑材料、纺织品及原材料、服装、工艺品、机电产品、化工产品（不含危险品）的购销及其他国内贸易（不含专营、专控、专卖商品），经营进出口业务，国际货运代理、仓储服务，预包装食品（不含复热预包装食品）、乳制品（不含婴幼儿配方乳粉）的销售，二类、三类医疗器械的销售。				

企业名称	深圳市润泰供应链管理有限公司			海关编码	4403467768	所属海关	深关现场
通讯地址	广东省深圳市福田保税区桃花路15号嘉里福保仓储楼502单元			邮政编码	518038	法人姓名	蔡昌富
评定时间	2013.11.4	注册日期	2010.12.28	报关有效期	长期	注册资本	1500万人民币
主营范围	供应链管理，电子产品、计算机软硬件、纺织品、工艺品、机电产品、汽车零配件、化工产品（不含危险品）的销售，货物及技术进出口（法律、行政法规禁止的项目除外，限制的项目须取得许可后方可经营），国际货运代理，国内货运代理，货物专用运输（集装箱）（凭粤交运管许可深字440300160268号道路运输经营许可证经营，有效期至2015年9月1日），酒类批发（经营品种法国葡萄酒）（凭粤经贸酒批字第4403020052号广东省酒类批发许可证，有效期至2014年3月31日；SP4403001010157019号食品流通许可证，有效期至2013年12月26日经营），从事电子产品、食品、五金制品、塑胶制品的仓储（由分支机构凭深福环批〔2012〕400306号建设项目环境影响审查批复经营）。						

企业名称	深圳市伟禄科技股份有限公司			海关编码	4403467941	所属海关	深关现场
通讯地址	广东省深圳市福田保税区市花路花样年福年广场B栋一单元三层311号			邮政编码	518048	法人姓名	林晓辉
评定时间	2009.6.30	注册日期	2005.1.26	报关有效期	长期	注册资本	5000万人民币
主营范围	国内商业，物资供销业（不含专营、专控、专卖商品），电子产品、DVD、VCD、电视机、电视机周边设备、电脑显示器、电脑周边设备、多媒体影音设备的技术开发、销售，桌面通讯终端系统的技术开发，无线设备、手持通讯终端、嵌入式操作系统、通信应用软件、计算机系统集成、手机配件的技术开发及相应的技术咨询，供应链管理，销售自行开发的产品（不含专营、专控、专卖商品），货物进出口、技术进出口。（法律、行政法规禁止的项目除外，法律、行政法规限制的项目取得许可后方可经营）						

企业名称	深圳市世纪通供应链股份有限公司			海关编码	4403468080	所属海关	深关现场
通讯地址	广东省深圳市福田保税区英达利科技数码园A栋706-709房			邮政编码	518048	法人姓名	张宗学
评定时间	2010.7.1	注册日期	2008.12.4	报关有效期	长期	注册资本	2413万人民币
主营范围	供应链管理，国内货运代理，国产汽车（不含小轿车）及汽车零配件的销售，电子产品的技术开发与销售，计算机软硬件、纺织品、服装、工艺品、机电产品、化工产品（不含化学危险品）、家私、木材、灯具、电器、五金交电、机械设备、银制品的批发，货物、技术进出口业务。（不含分销、国家专营专控商品）						

企业名称	深圳市新宁现代物流有限公司			海关编码	4403560005	所属海关	深关现场
通讯地址	广东省深圳市坪山新区深圳出口加工区兰竹西路10号柯仕达工业厂区综合厂房			邮政编码	518118	法人姓名	王雅军
评定时间	2012.10.15	注册日期	2009.9.1	报关有效期	长期	注册资本	6000万人民币
主营范围	普通货运（凭有效"道路运输经营许可证"经营至2013年6月30日），货物进出口、技术进出口（法律、行政法规禁止的项目除外，法律、行政法规限制的项目须取得许可后方可经营），仓储服务（在环保批文核定的范围内经营），海上、航空、陆路国际货运代理业务，汽车租赁。（法律、行政法规规定在登记前须批准的项目除外）						

企业名称	深圳市深国际华南物流有限公司			海关编码	4403918021	所属海关	深关现场
通讯地址	广东省深圳市龙华新区民康路1号华南国际物流中心服务楼			邮政编码	518131	法人姓名	陈君生
评定时间	2011.1.26	注册日期	2004.9.16	报关有效期	长期	注册资本	24000万人民币
主营范围	仓储、公路货代、铁路货代、集装箱堆存、维修、物流信息咨询（危险品除外）、国际货运代理业务（具体按深交业字〔2003〕92号文及许可证MOFTEC19666内容执行），进出口业务，代理报检业务（凭许可证在有效期内经营），普通货运，集装箱中转站（含港外堆场）（“道路运输经营许可证”有效期至2015年9月30日），提供车辆停放服务。						

企业名称	深圳南方中集东部物流装备制造有限公司			海关编码	4403937525	所属海关	深关现场
通讯地址	广东省深圳市坪山新区坪山锦龙大道3号			邮政编码	518000	法人姓名	刘学斌
评定时间	2008.12.19	注册日期	2005.4.30	报关有效期	长期	注册资本	8000万美元
主营范围	制造、修理集装箱，加工制造各类相关机械零部件、结构件和设备，产品70%外销、30%内销，设计、制造公路、港口新型特种机械设备，经营集装箱堆存业务（不含危险品）。						

企业名称	长营电器（深圳）有限公司			海关编码	4403940017	所属海关	深关现场
通讯地址	广东省深圳市宝安区西乡街道办固戍开发区			邮政编码	518102	法人姓名	林裕原
评定时间	2009.8.28	注册日期	2011.3.15	报关有效期	长期	注册资本	0美元
主营范围	生产经营日用电器、保温器具、健康器材、运动器材、塑胶制品、电木制品、铝制品、模具加工、燃气器具、厨房设备、阀类、五金零配件、五金制品、灯饰制品、装饰制品、消防器材，从事非配额许可证管理、非专营商品的收购出口业务。						

企业名称	富顶精密组件（深圳）有限公司			海关编码	4403943122	所属海关	深关现场
通讯地址	广东省深圳市宝安区大水坑设区观光路以南宝源科技园			邮政编码	518128	法人姓名	赖清河
评定时间	2010.2.21	注册日期	1995.12.7	报关有效期	长期	注册资本	4800万美元
主营范围	生产经营各类插头和插座、塑胶制品、模具及其零部件、电信通讯接插件、电脑用接插件、仪表设备、新型电子元器件（不含限制项目），产品70%外销。增加：开发、生产手机相关零配件、各类配电开关。						

企业名称	富准精密工业（深圳）有限公司			海关编码	4403944587	所属海关	深关现场
通讯地址	广东省深圳市宝安区富士康龙华科技园K 1区厂房			邮政编码	518109	法人姓名	李学坤
评定时间	2008.12.19	注册日期	1998.10.8	报关有效期	长期	注册资本	1950万美元
主营范围	生产经营新型电子元器件，用于新型电子、电器及通讯产品的散热元器件、五金塑料零附件，用于绝缘、散热、胶贴、电子屏蔽、缓冲、保护的新型电子元器件专用材料、汽车用散热片、影音设备及相关零配件、马达及相关零配件，电子及工业用铝型材，新型环保节能灯具，建筑装饰用铝型材和铝合金门窗及玻璃幕墙。增加：生产经营镁合金、铝合金汽车零组件、镁合金、铝合金高架地板制品，生产经营数字电视机顶盒、计算机外围设备、数字音视频设备及零配件，提供自产产品售后服务。						

企业名称	富葵精密组件（深圳）有限公司		海关编码	4403944821	所属海关	深关现场
通讯地址	广东省深圳市宝安区燕川燕罗路臻鼎科技园厂房		邮政编码	518109	法人姓名	陈存涌
评定时间	2008.12.19	注册日期	1999.5.21	报关有效期	长期	注册资本	17605 万美元
主营范围	生产经营自动化设备及其零配件、精密模具及其零件、各类印刷电路板、电子信息产品板卡，从事电子信息产品及其板卡的批发、进出口及相关配套业务。（不涉及国营贸易管理商品，涉及配额、许可证管理及其他专项规定管理的商品，按国家有关规定办理申请）					

企业名称	联能科技（深圳）有限公司		海关编码	4403945553	所属海关	深关现场
通讯地址	广东省深圳市宝安区沙井街道创新路沙一环保工业城 A 栋、B 栋、C 栋、D 栋		邮政编码	518104	法人姓名	陈冠富
评定时间	2008.12.19	注册日期	2001.2.2	报关有效期	长期	注册资本	10300 万美元
主营范围	设计、制造、加工和销售高密度多层线路板、IC 封装载板、高密度互联板和柔性线路板，提供相应的安装、调试、维修、技术咨询及技术服务，从事与自产产品同类商品的批发、进出口及相关配套业务。（涉及配额许可证管理、专项规定管理的商品按国家有关规定办理）					

企业名称	信泰光学（深圳）有限公司		海关编码	4403947439	所属海关	深关现场
通讯地址	广东省深圳市宝安区公明镇李松蒴工业区期尾工业园第 1、2、3 栋		邮政编码	518106	法人姓名	赖以仁
评定时间	2010.1.4	注册日期	2002.11.28	报关有效期	长期	注册资本	3800 万美元
主营范围	生产光学玻璃镜片、塑胶镜片、光学镜头、数码相机、显微镜、望远镜、瞄准器、激光测距仪、复印机自动送纸机、扫瞄器、列印机、传感器、DVD 光碟机、DVD 读写头、印刷机及相关零配件、塑胶件、冲压件、马达、皮革套袋、电子回路基板。增加：生产经营非金属制品模具、精冲模、精密型腔模、模具标准件、电子专用设备、测试仪器、工模具、光电子器件、工具、夹具、投影机。增加：生产和销售数字照相机关键件。					

企业名称	沃尔玛（中国）投资有限公司		海关编码	4403947965	所属海关	深关现场
通讯地址	广东省深圳市福田区农林路 69 号深国投广场二号楼 2~5 层及三号楼 1~12 层		邮政编码	518026	法人姓名	Sean John Clarke
评定时间	2014.2.14	注册日期	2003.6.18	报关有效期	长期	注册资本	18760 万美元
主营范围	在商业零售领域从事投资及与之相关的业务；通过批发方式在境内销售其所进口及在国内采购的商品；在境内采购商品以供出口（如涉及出口配额和出口许可证管理的商品，需单独申请）并就该等出口业务申请增值税出口退税待遇；受其所投资企业的书面委托（经其所投资企业董事会一致同意），向其所投资企业提供下列服务：进口或在境内采购商品或物料并进行仓储、运输、装卸、包装、配送、分拨并销售给其所投资企业，协助其所投资企业从境内外采购该企业自用的设备、办公用品及其他物品，为其所投资企业销售的商品提供维护和维修等售后服务，向其所投资企业提供其他综合服务，经国家外汇管理局批准，组织和协调其所投资企业间的外汇调剂，为其所投资企业提供财务支持；向与其有业务联系的第三方提供与沃尔玛在商业零售领域经营管理技术有关的咨询、市场调研及培训；为其所投资企业经营之商品的境内供应商、代理商或与投资者签有技术服务协议的境内公司、企业提供相关的培训服务；为其投资者提供咨询服务，为其关联公司提供与其投资经营有关的市场信息、投资政策等咨询服务；承接其母公司和关联公司的服务外包业务。					

企业名称	高先电子（深圳）有限公司			海关编码	4403948252	所属海关	深关现场
通讯地址	广东省深圳市龙岗区坪山新区大工业区科技路 5 号			邮政编码	518118	法人姓名	姚翔
评定时间	2013.1.28	注册日期	2003.9.4	报关有效期	长期	注册资本	4000 万美元
主营范围	研究开发、生产经营数字录放机、大容量移动存储器、平板显示器、可视电话、液晶电视机、手机、个人电脑、闪光灯模组及相关软件产品，研究开发电视机。						

企业名称	创维液晶器件（深圳）有限公司			海关编码	4403948782	所属海关	深关现场
通讯地址	广东省深圳市宝安区塘头一号路创维科技工业园研发大楼二、三、四楼及综合大楼一楼			邮政编码	518108	法人姓名	杨东文
评定时间	2014.9.10	注册日期	2005.2.28	报关有效期	长期	注册资本	2500 万港币
主营范围	开发、生产、经营新型平板显示器件、半导体固态照明器件及产品。增加：研发、生产经营移动通信手机、移动通信网络设备（仅限仲恺分公司生产）。						

企业名称	兴英科技（深圳）有限公司			海关编码	4403949040	所属海关	深关现场
通讯地址	广东省深圳市宝安区南环路 1 号			邮政编码	518104	法人姓名	施纯事
评定时间	2011.12.21	注册日期	2005.6.20	报关有效期	长期	注册资本	9900 万美元
主营范围	生产、研发便携式微型计算机、高档服务器、大容量光磁盘驱动器、多层线路板、主机板、连接器及上述产品相关部件、周边半成品，组装台式机电脑整机，生产、维修台式机电脑周边产品，生产、维修电子书，组装电子书周边产品，生产、维修多功能一体机，组装多功能一体机周边产品，电脑显示卡测试，投影机的生产维修，投影机半成品的生产维修，投影机周边产品的生产维修。						

企业名称	华为技术有限公司			海关编码	4403950010	所属海关	深关现场
通讯地址	广东省深圳市龙岗区坂田华为总部办公楼			邮政编码	518129	法人姓名	孙亚芳
评定时间	2009.5.12	注册日期	2008.4.11	报关有效期	长期	注册资本	3960813.182 万人民币
主营范围	开发、生产、销售程控交换机、传输设备、数据通信设备、宽带多媒体设备、电源、无线通信设备、微电子产品、系统集成工程、计算机及配套设备、终端设备及相关的设备及维修、技术咨询服务，进出口业务（按深贸管审证字第 621 号文规定办理），国内商业、物资供销业（不含专营、专控、专卖商品），经营对外经济技术合作业务（具体按中华人民共和国对外贸易经济合作部〔1998〕外经贸政审函第 326 号文规定办理），房屋租赁（持许可证经营）。						

企业名称	深圳新宙邦科技股份有限公司			海关编码	4403960014	所属海关	深关现场
通讯地址	广东省深圳市坪山新区沙坐同富裕工业区			邮政编码	518118	法人姓名	覃九三
评定时间	2012.2.16	注册日期	2003.10.24	报关有效期	长期	注册资本	17120 万人民币
主营范围	一般经营项目：经营进出口业务（按深贸管登证字 2003–0939 号文执行）。许可经营项目：铝电解电容器、锂离子二级电池专用电子化学材料的开发和产销（以上不含限制项目），普通货运（凭“道路运输经营许可证”经营），次磷酸（81504）、正磷酸（81501）、乙二醇甲醚（33569）、碳酸（二）甲酯（32157）、碳酸（二）乙酯（33608）、乙醇（无水）（32061）、乙酸（含量＞80%）（81601）、氢氧化钠（82001）、甲醇（32058）、2- 丙醇（32064）、盐酸（81013）、氨溶液（10%＜含氨≤35%）（82503）、正丁醇（33552）、硫酸（81007）、乙腈（32159）、三乙胺（32168）、2- 丁氧基乙醇（61592）、N，N- 二甲基酰胺（33627）的批发（无自有储存，租赁仓库）（凭“危险化学品经营许可证”经营）。						

企业名称	深圳市雄韬电源科技股份有限公司			海关编码	4403960365	所属海关	深关现场
通讯地址	广东省深圳市大鹏新区大鹏镇同富工业区雄韬科技园办公楼			邮政编码	518120	法人姓名	张华农
评定时间	2013.3.15	注册日期	2002.4.17	报关有效期	长期	注册资本	10200万人民币
主营范围	研制、开发、销售电源开关、检测设备及其零配件、各种电源零配件、新型充电电池（以上不含专营、专控、专卖商品及限制项目），经营进出口业务（具体按深贸管登证字第2002-166号资格证书经营），开发、生产、销售、维修阀控式密封铅酸蓄电池、锂电池及UPS（不间断电源）（不含易燃易爆有毒危险品及其他限制项目），普通货运（此项目凭“道路运输经营许可证”有效期经营至2015年9月22日止）。						

企业名称	深圳市长盈精密技术股份有限公司			海关编码	4403960739	所属海关	深关现场
通讯地址	广东省深圳市宝安区福永镇桥头富桥工业3区3号厂			邮政编码	518103	法人姓名	陈奇星
评定时间	2013.5.31	注册日期	2008.7.18	报关有效期	长期	注册资本	51600万人民币
主营范围	生产、销售、开发连接器件、精密五金件、精密接插件（以上不含国家限制项目），自营进出口业务（按深贸管登证字第2004-0433号文经营）。						

企业名称	深圳市喜德盛自行车有限公司			海关编码	4403961092	所属海关	深关现场
通讯地址	广东省深圳市光明新区公明办事处楼村社区鲤鱼河工业区振兴路26号第1、3栋			邮政编码	518000	法人姓名	李楚乔
评定时间	2013.3.15	注册日期	2000.1.18	报关有效期	长期	注册资本	3000万人民币
主营范围	自行车（含儿童自行车）及零部件的生产、加工及销售，运动器材及五金部件的生产、购销（不含专营、专卖、专控商品及限制项目），自营进出口业务（按深贸管登记字第245号资格证书执行），普通货运（此项目凭道路运输经营许可证粤交运管许可深字440300007465号有效期至2015年6月30日）。						

企业名称	深圳市昌红科技股份有限公司			海关编码	4403963721	所属海关	深关现场
通讯地址	广东省深圳市坪山新区坪山锦龙大道西侧			邮政编码	518118	法人姓名	李焕昌
评定时间	2011.11.28	注册日期	2008.1.15	报关有效期	长期	注册资本	10050万人民币
主营范围	非金属制品模具设计、加工、制造，塑胶制品、模具、五金制造（以上项目不含限制项目），消费性电子产品的生品加工、进出口业务（法律、行政法规禁止的项目除外，限制的项目须取得许可后方可经营），模具技术咨询及服务。						

企业名称	深圳市捷来科技有限公司			海关编码	4403964155	所属海关	深关现场
通讯地址	广东省深圳市宝安区洲石路旁腾泺厂区1号厂房1、2楼，2号厂房1、2、3、6楼			邮政编码	518108	法人姓名	陈炜茂
评定时间	2012.3.27	注册日期	2007.8.16	报关有效期	长期	注册资本	5000万人民币
主营范围	数字多功能电话机、数字录放机、数码相机、背光源、手机、手机主板、电脑主板、电子产品主板、电子产品的技术开发、生产和销售，货物及技术进出口。						

企业名称	深圳市海思半导体有限公司			海关编码	4403968084	所属海关	深关现场
通讯地址	广东省深圳市龙岗区坂田华为基地华为电气生产中心			邮政编码	518129	法人姓名	徐直军
评定时间	2013.2.26	注册日期	2004.12.2	报关有效期	长期	注册资本	60000 万人民币
主营范围	电子产品和通信信息产品的半导体设计、开发、销售及售后服务，相关半导体产品的代理，电子产品和通信信息产品器件和配套件的进出口。						

企业名称	深圳市比亚迪电子部品件有限公司			海关编码	4403968573	所属海关	深关现场
通讯地址	广东省深圳市龙岗区葵涌延安路比亚迪工业园			邮政编码	518119	法人姓名	王传福
评定时间	2009.6.19	注册日期	2005.5.13	报关有效期	长期	注册资本	40000 万人民币
主营范围	货物及技术进出口（法律、行政法规禁止的项目除外，限制的项目须取得许可后方可经营），抽油烟机、燃气灶、消毒碗柜、洗衣机、洗碗机产品的研发、销售，锂离子电池、锂锰氧材料、电源系统（不间断电源、通信电源、电子电源、电力电源）、硅铁模块、太阳能电池组件、包装制品的技术开发、销售，镍氢、镍镉电池及其他电池、五金制品、仪器仪表、柔性线路板的生产、销售（不含限制项目），液晶电视、DVD、音响的生产、研发及销售，电解制水机的生产、销售，Ⅱ类 6823 医用超声仪器及有关设备、Ⅱ类 6816 烧伤（整形）科手术器械的研发、生产及销售。						

企业名称	深圳市银星智能科技股份有限公司			海关编码	4403969268	所属海关	深关现场
通讯地址	广东省深圳市宝安区凹背社区大富工业苑汇清科技园厂房 D 栋			邮政编码	518110	法人姓名	叶伟雄
评定时间	2014.9.16	注册日期	2005.11.15	报关有效期	长期	注册资本	4200 万人民币
主营范围	智能吸尘器生产，电器产品的技术开发、购销（不含限制项目及专营、专控、专卖商品），货物及技术进出口。						

企业名称	深圳市高新奇科技股份有限公司			海关编码	4403969451	所属海关	深关现场
通讯地址	广东省深圳市宝安区 67 区留仙一路高新奇科技工业园			邮政编码	518133	法人姓名	许晓东
评定时间	2014.9.16	注册日期	2005.12.30	报关有效期	长期	注册资本	20000 万人民币
主营范围	电话机、数字无绳电话、VOIP 电话、传真机、MP3、MP4 数字媒体播放器、数码相机、数字编解码器的设计、研发、销售及相关售后技术服务，手机及移动通信终端设备、平板电脑的设计、研发、销售及相关售后技术服务（以上均不含专营、专控、专卖商品及限制项目），进出口业务经营，电话机、数字无绳电话、VOIP 电话、传真机、MP3、MP4 数字媒体播放器、数码相机、数字编解码器的生产，手机及移动通信终端设备、平板电脑的生产。						

企业名称	深圳市卓能致成供应链管理有限公司			海关编码	4453064026	所属海关	深关现场
通讯地址	广东省深圳市福田区福田街道办中心区 23-1-1 兴业银行大厦 2207			邮政编码	518031	法人姓名	姚少仪
评定时间	2013.6.20	注册日期	2010.9.29	报关有效期	长期	注册资本	6000 万人民币
主营范围	供应链管理及相关配套服务，橡胶原料及制品、电子产品、计算机软硬件、电器、机电产品、通讯产品、照明产品、摩托车及零配件、银制品、汽车零配件、汽车用品、润滑油、日用品、酒具、工艺礼品、纺织品、服装、有色金属原材料及制品（贵金属和重金属除外）、纸张、纸浆的批发，消防设备的进出口（法律、行政法规禁止的项目除外、限制的项目须取得许可后方可经营），国际货运代理（法律法规规定需要交通部门审批的，需取得相关批准文件后方可经营），进出口业务经营（法律、行政法规禁止的项目除外，限制的项目须取得许可后方可经营），黄金、珠宝的购销，化工产品的销售（不含易燃、易爆、危险、剧毒品），木材、家具、五金配件、晶硅、薄膜、太阳能电池的销售，国内贸易（法律、行政法规规定在登记前须经批准的项目除外），预包装食品（不含复热预包装食品）的批发（非实物方式）（凭 SP4403001110329898 食品流通许可证经营，有效期至 2014 年 12 月 12 日）。						

企业名称	深圳佰维存储科技有限公司			海关编码	4453065733	所属海关	深关现场
通讯地址	广东省深圳市南山区同富裕工业城 4 号厂房 1 楼、2 楼、4 楼、5 楼			邮政编码	518055	法人姓名	卢伟
评定时间	2014.8.25	注册日期	2010.12.21	报关有效期	长期	注册资本	2500 万人民币
主营范围	大规模集成电路、闪存卡、U 盘、其他数码电子产品的研发、测试、生产、销售，进出口业务经营。（法律、行政法规禁止的项目除外，限制的项目须取得许可后方可经营）						

企业名称	深圳市联合利丰供应链管理有限公司			海关编码	4453066579	所属海关	深关现场
通讯地址	广东省深圳市福田区深南大道 3018 号世纪汇广场办公楼 16 层			邮政编码	518000	法人姓名	黄俊武
评定时间	2013.5.21	注册日期	2011.1.21	报关有效期	长期	注册资本	10000 万人民币
主营范围	供应链的管理；信息咨询（不含人才中介服务和其他限制项目）；机械设备（不含特种设备）经营；网络技术开发、技术咨询；计算机软硬件及网络设备的技术开发与销售；游艇销售；汽车销售（不含小轿车）；国内贸易（不含专营、专控、专卖商品）；进出口业务经营（法律、行政法规禁止的项目除外，限制的项目须取得许可后方可经营）；煤炭批发（凭“煤炭经营资格证”20440301011219 经营，有效期至 2014 年 8 月 14 日止），Ⅱ类、Ⅲ类 6854 手术室、急救室、诊疗室设备及器具，Ⅱ类、Ⅲ类 6840 临床检验分析仪器，Ⅱ类 6831 医用 X 射线附属设备及部件，Ⅱ类、Ⅲ类 6830 医用 X 射线设备，Ⅱ类、Ⅲ类 6828 医用磁共振设备，Ⅱ类、Ⅲ类 6823 医用超声波仪器及有关设备，Ⅱ类、Ⅲ类 6821 医用电子仪器设备的销售（凭“医疗器械经营企业许可证”粤 B10253 经营，有效期至 2016 年 11 月 13 日止）；预包装食品（不含复热预包装食品）的批发（非实物方式，凭“食品流通许可证”SP4403001110318282 经营，有效期至 2014 年 11 月 15 日止）；国际货运代理；国内货运代理。						

企业名称	深圳市怡亚通供应链股份有限公司			海关编码	4453066866	所属海关	深关现场
通讯地址	广东省深圳市福田区深南中路 3039 号国际文化大厦 2701B，2703 号			邮政编码	518033	法人姓名	周国辉
评定时间	2011.4.26	注册日期	2011.2.18	报关有效期	长期	注册资本	98612.62 万人民币
主营范围	一般经营项目：国内商业（不含限制项目），计算机软硬件开发，企业管理咨询，黄金、白银、K 金、铂金、钯金、钻石、珠宝等首饰的购销（以上不含法律、行政法规规定禁止的及需前置审批的项目，限制的项目须取得许可后方可经营），汽车销售（不含小轿车），初级农产品的购销及其他国内贸易，机械设备租赁、计算机及通信设备租赁（不含金融租赁项目及其他限制项目），经营进出口业务、供应链管理及相关配套服务。许可经营项目：预包装食品（不含复热预包装食品）、乳制品（含婴幼儿配方乳粉）批发（非实物方式），燃料油、沥青、页岩油的批发、进出口及相关配套业务。（法律、行政法规规定禁止的及需前置审批的项目，限制的项目须取得许可后方可经营）						

企业名称	深圳市中兴供应链有限公司			海关编码	4453069245	所属海关	深关现场
通讯地址	广东省深圳市南山区临海大道 88 号西部物流中心 4 层 A 单元			邮政编码	518052	法人姓名	田文果
评定时间	2013.12.20	注册日期	2011.6.20	报关有效期	长期	注册资本	3000 万人民币
主营范围	供应链管理及相关配套服务，与供应链相关的信息咨询及技术咨询（不含限制项目及人才中介服务），国际货运代理，国内陆运货运代理，国内贸易，经营进出口业务（以上法律、行政法规禁止的项目除外，限制的项目须取得许可后方可经营），机电设备、检测仪器仪表租赁，初级农产品销售，铁矿石、铜矿石的购销，仓储服务，电子产品检测和电子产品检测技术开发，电子产品安全技术咨询，电磁兼容技术咨询，电子产品可靠性技术咨询，安全技术防范系统设计、施工、上门维修（“设计、施工、维修资格证”有效期至 2015 年 1 月 23 日），航空货运销售代理业务（“中国民用航空运输销售代理资格证”有效期至 2015 年 10 月 31 日）（以上法律、行政法规禁止的项目除外，限制的项目取得许可后方可经营），预包装食品（不含复热）批发，无船承运，普通货运，煤炭的销售，酒类批发。						

企业名称	深圳市博科供应链管理有限公司			海关编码	4453161757	所属海关	深关现场
通讯地址	广东省深圳市福田区沙头街道滨河大道南沙嘴路以东中央西谷大厦 18 层 1801 号房			邮政编码	518048	法人姓名	张璟
评定时间	2012.12.10	注册日期	2007.4.10	报关有效期	长期	注册资本	2000 万人民币
主营范围	供应链管理，国内贸易（不含专营、专控、专卖商品），经营进出口业务（法律、行政法规禁止的项目除外，限制的项目须取得许可后方可经营），国际货运代理（法律法规规定需要交通部门审批的，需取得相关批准文件后方可经营），信息咨询（不含人才中介及其他限制项目），仓储服务。						

企业名称	深圳迈科金属有限公司			海关编码	4453162810	所属海关	深关现场
通讯地址	广东省深圳市福田区中心区新世界商务中心			邮政编码	518026	法人姓名	韩雪
评定时间	2014.9.16	注册日期	2007.7.18	报关有效期	长期	注册资本	30000 万人民币
主营范围	金属材料、电线电缆、机电设备的销售，其他国内商业、物资供销业（不含专营、专控、专卖商品），计算机软件的技术开发和销售，进出口业务经营。（法律、行政法规禁止的项目除外，限制的项目须取得许可后方可经营）						

企业名称	深圳创维数字技术股份有限公司			海关编码	4453162918	所属海关	深关现场
通讯地址	广东省深圳市南山区高新南一道创维大厦 A 座 14 楼			邮政编码	518057	法人姓名	杨东文
评定时间	2013.2.28	注册日期	2007.7.24	报关有效期	长期	注册资本	12000 万人民币
主营范围	开发、研究、生产经营数字视频广播系统系列产品（含卫星数字电视接收设备），研发、生产、销售多媒体信息系统系列产品及服务，研发、生产、销售软件，研发、销售集成电路，研发、生产、销售电信终端设备、通讯终端设备接入设备及传输系统（该生产项目由分支机构经营，执照另行申办）。						

企业名称	深圳市巨航供应链管理有限公司		海关编码	4453162936	所属海关	深关现场
通讯地址	广东省深圳市福田区福田皇岗口岸皇城广场大厦 1701A		邮政编码	518038	法人姓名	范雪军
评定时间	2012.11.8	注册日期 2007.7.25	报关有效期	长期	注册资本	1100 万人民币
主营范围	供应链渠道设计与管理，化工产品（不含危险品）的购销及其他国内贸易，从事货物及技术的进出口业务（法律、行政法规禁止的项目除外，限制的项目须取得许可后方可经营），信息咨询（不含证券咨询、人才中介服务和其限制项目），海上、陆路、航空国际及国内货物运输代理业务，汽车租赁，投资兴办实业（具体项目另行申报），机械设备租赁，预包装食品批发（不含复热预包装食品）。					

企业名称	深圳市创捷供应链有限公司		海关编码	4453163997	所属海关	深关现场
通讯地址	广东省深圳市福田区福田街道新洲路深圳国际商会大厦（B 座）1001~1002		邮政编码	518048	法人姓名	黄育存
评定时间	2011.12.2	注册日期 2007.9.19	报关有效期	长期	注册资本	6000 万人民币
主营范围	供应链管理，经营进出口业务（法律、行政法规禁止的项目除外，限制的项目须取得许可后方可经营），货运代理（法律、行政法规规定需要交通部门审批的，需取得相关批准文件方可经营），三类：医用 X 射线设备、医用超声仪器及有关设备、医用磁共振设备、体外循环及血液处理设备，二类：医用电子仪器设备、医用激光仪器设备、物理治疗及康复设备、医用 X 射线附属设备及部件、临床检验分析仪器、手术室、急救室、诊疗室设备及器具(凭中华人民共和国医疗器械经营企业许可证粤 B10002 号经营，有效期至 2015 年 1 月 5 日止)，预包装食品，产品批发（凭食品流通许可证 SP4403000910001967 号经营，有效期至 2013 年 4 月 12 日止），通讯器材、安防器材、家庭日用品的购销，软件设计开发与销售，化工原料产品、家用电器、服装、汽车配件、太阳能产品、钟表计时产品的购销。（法律、行政法规规定在登记前须经批准的项目除外）					

企业名称	深圳市万华供应链股份有限公司		海关编码	4453166160	所属海关	深关现场
通讯地址	广东省深圳市福田区福田街道办金田路与福华路交汇处现代商务大厦第 1 栋 2904、2905		邮政编码	518026	法人姓名	许俊洪
评定时间	2011.7.8	注册日期 2008.7.25	报关有效期	长期	注册资本	11000 万人民币
主营范围	一般经营项目：物资供应，国内一类医疗器械的购销，其他国内商业（以上均不含专营、专控、专卖商品），经营进出口业务（法律、行政法规、国务院决定禁止的项目除外，限制的项目须取得许可后方可经营），企业管理咨询（不含人才中介服务及其它限制项目），粮油、食糖、棉花、羊毛批发、销售，初级农产品批发、销售，服装、纺织品、针织品、日用百货批发、销售，文化用品、体育用品批发、销售，建材批发、销售，机械设备、五金产品、电子产品批发、销售，首饰、工艺品批发、销售（以上经营范围法律、行政法规、国务院决定禁止的项目除外，限制的项目须取得许可后方可经营）。许可经营项目：普通货运（凭“道路运输许可证”有效期内经营），信息服务业务（仅限互联网信息服务业务，不含新闻、出版、教育、医疗保健、药品、医疗器械、电子公告及其他按法律、法规规定需前置审批或专项审批的服务项目，在“增值电信业务经营许可证”有效期内经营），煤炭批发经营（在“煤炭经营资格证”有效期内经营），预包装食品（不含复热）的批发（在“食品流通许可证”有效期内经营）。					

企业名称	深圳嘉晟供应链股份有限公司		海关编码	4453167988	所属海关	深关现场
通讯地址	广东省深圳市福田区深南路联泰大厦 17 楼 1701		邮政编码	518040	法人姓名	吴亚强
评定时间	2012.1.5	注册日期 2009.4.22	报关有效期	长期	注册资本	25000 万人民币
主营范围	承办海运、陆运、空运进出口货物、国际展品、私人物品及过境货物的国际运输代理业务，包括揽货、托运、订舱、仓储中转、集装箱拼装拆箱、结算运杂费、报关、报验、报检、保险及运输咨询业务；电子产品的技术开发；计算机软、硬件，纺织品，服装，工艺品，机电产品，化工产品（不含危险品）的购销；经营进出口业务（法律、行政法规禁止的项目除外，限制的项目须取得许可后方可经营）；供应链管理及相关配套服务；经济信息咨询（不含限制项目），投资兴办实业（具体项目另行申报）；加工贸易，对销贸易，转口贸易；预包装食品（不含复热预包装食品）批发（非实物方式）；普通货运。					

企业名称	深圳市三美琦电子有限公司			海关编码	4453963742	所属海关	深关现场
通讯地址	广东省深圳市宝安区观澜街道办大布巷社区梅观高速路东侧鸿信工业园 5 号厂房 2–5 楼			邮政编码	518110	法人姓名	李泽流
评定时间	2013.5.21	注册日期	2010.9.9	报关有效期	长期	注册资本	2000 万人民币
主营范围	手机（整机）及配件、电子产品、移动通信终端设备、触控式平板电脑的研发、销售，电子产品贴片（限分支机构经营）的加工、生产、经营，国际海上、航空、陆路货运代理，货物及技术进出口（不含法律、行政法规禁止及规定需前置审批项目），手机（整机）及配件、电子产品、移动通信终端设备、触控式平板电脑的生产，普通货运。						

企业名称	深圳崇达多层线路板有限公司			海关编码	4453964704	所属海关	深关现场
通讯地址	广东省深圳市宝安区沙井街道新桥横岗下工业区新玉路 3 栋、横岗下工业区第一排 5 号厂房一楼、四楼			邮政编码	518104	法人姓名	姜雪飞
评定时间	2014.1.21	注册日期	2011.7.6	报关有效期	长期	注册资本	7937.5 万人民币
主营范围							

企业名称	深圳市南山区天悦双胜电子来料加工厂			海关编码	44031B0314	所属海关	深关现场
通讯地址	广东省深圳市南山区留仙大道同富裕工业城 3 号厂房 4–6 楼			邮政编码	518000	法人姓名	卢伟
评定时间	2009.11.5	注册日期	2004.10.14	报关有效期	长期	注册资本	0 人民币
主营范围	U 盘、MP3 播放器、MP4 播放器、闪存卡、SD 卡、数码电子及其他相关配件产品加工生产，大规模集成电路的生产（凭深南环水批〔2014〕50125 号经营）。						

企业名称	现代怡景五金制品（深圳）有限公司			海关编码	4403046061	所属海关	南头海关
通讯地址	广东省深圳市宝安区福永怀德翠岗工业园二区第 26 幢、第 27 幢、翠岗工业园二区简易厂房 1 号			邮政编码	518100	法人姓名	伍超
评定时间	2011.5.5	注册日期	2011.3.3	报关有效期	长期	注册资本	2165 万港币
主营范围	生产经营五金配件、冲压件、五金模具、五金件、胶片。						

企业名称	捷和工业电机（深圳）有限公司			海关编码	4403046106	所属海关	南头海关
通讯地址	广东省深圳市宝安区沙井坣岗大坣工业区环镇路 8 号			邮政编码	518104	法人姓名	曾展南
评定时间	2011.5.25	注册日期	2011.4.1	报关有效期	长期	注册资本	4000 万港币
主营范围	生产经营工业电机及附件、电动工具、磨地机及附件配件、电动车及附件、齿轮箱、电源控制器及附件、电动绞盘机及附件、地毯维护器及附件、液体泵及空气泵及其附件、鼓风机及附件、洗涤机及附件、洗地车及附件、高尔夫球车及附件、电动轮椅车及附件、地面清扫机、抽风机、电动残疾人车外壳和电动轮椅车外壳、遥控电动伞、食物垃圾处理器、电动窗帘机，货物及技术进出口（不含分销、国家专营专控商品）。增加：生产经营各类真空吸尘器、可移动升降搬运机、健身复器械、坐具、直流电动机及上述产品的附件。						

企业名称	光隆音响（深圳）有限公司			海关编码	4403046135	所属海关	南头海关
通讯地址	广东省深圳市宝安区福永街道新和远东工业区 19 号			邮政编码	518103	法人姓名	张文山
评定时间	2011.9.19	注册日期	2011.4.20	报关有效期	长期	注册资本	211 万美元
主营范围	生产经营音箱、组合柜、音箱配件、音响木制外壳、模具、音频放大器及电子配件，进出口货物及技术（不含分销、国家专营专控商品）。						

企业名称	爱普生精工（深圳）有限公司			海关编码	4403046214	所属海关	南头海关
通讯地址	广东省深圳市宝安区福永街道大洋开发区十二区			邮政编码	518103	法人姓名	内山明
评定时间	2011.7.11	注册日期	2011.6.8	报关有效期	长期	注册资本	2500 万美元
主营范围	生产经营手表文字板、手表表芯、表芯配件、手表完成品，设计、开发光学部件及生产设备，提供技术报务，进出口货物及技术（不含进口分销）。						

企业名称	深圳恒键塑胶有限公司			海关编码	4403046245	所属海关	南头海关
通讯地址	广东省深圳市宝安区石岩街道北环路北侧厂房			邮政编码	518108	法人姓名	何建华
评定时间	2014.9.16	注册日期	2011.6.20	报关有效期	长期	注册资本	1000 万港币
主营范围	生产经营塑胶粒（PVC）。增加：进出口货物及技术（不含分销、国家专营专控商品）。						

企业名称	深圳恒都塑胶五金有限公司			海关编码	4403046246	所属海关	南头海关
通讯地址	广东省深圳市宝安区石岩街道上屋村西边岭北环路 7 栋、8 栋、9 栋、10 栋、12 栋、13 栋 1 楼 3 楼、14 栋、15 栋			邮政编码	518108	法人姓名	何建华
评定时间	2011.7.15	注册日期	2011.6.20	报关有效期	长期	注册资本	4000 万港币
主营范围	生产经营塑胶五金配件、电线、电源线、插头、铜丝。增加：进出口货物及技术（不含分销、国家专营专控商品）。增加：生产经营注塑模具、五金电器制品、卷线器。增加：普通货运。						

企业名称	捷和电机制品（深圳）有限公司			海关编码	4403046418	所属海关	南头海关
通讯地址	广东省深圳市宝安区沙井坐岗大坐工业区环镇路 10 号 1-7 栋			邮政编码	518104	法人姓名	曾展南
评定时间	2011.11.2	注册日期	2011.9.26	报关有效期	长期	注册资本	6400 万港币
主营范围	生产经营微电机零件、整流子，制造微电机器模夹具、电机、微电机、微电机零件及制模夹具、闸门驱动器及附件装配、饮品机器及附件装配、吸尘机及附件装配、遥控电动伞、食物垃圾处理器、电动车附件、齿轮变速装置、液体泵及空气泵及其附件、齿轮箱及其附件、电源控制器及其附件、电动绞盘机及其附件、电动轮椅附件。						

企业名称	新安电器（深圳）有限公司			海关编码	4403046685	所属海关	南头海关
通讯地址	广东省深圳市宝安区西乡街道黄田洋贝工业区二期 A、B、C、D、E、F、H 栋			邮政编码	518128	法人姓名	胡志豪
评定时间	2012.5.3	注册日期	2012.3.16	报关有效期	长期	注册资本	7600 万人民币
主营范围	生产经营家用电器、电热烘机、啤酒机、磨刀机、咖啡壶、煲茶机、罐头机、卷发器、电烤箱，进出口货物及技术。（不含分销、国家专营专控商品）						

企业名称	新丰电器（深圳）有限公司			海关编码	4403046703	所属海关	南头海关
通讯地址	广东省深圳市宝安区福永街道同富裕工业区新丰工业园第 1-16 栋、第 18-20 栋			邮政编码	518103	法人姓名	陈煜达
评定时间	2012.5.3	注册日期	2012.3.23	报关有效期	长期	注册资本	12000 万人民币
主营范围	生产经营电线、线装线路板、家用小电器，进出口货物及技术。（不含分销、国家专营专控商品）						

企业名称	深圳汉莎技术有限公司			海关编码	4403136949	所属海关	南头海关
通讯地址	广东省深圳宝安机场汉莎公司基地			邮政编码	518128	法人姓名	THOMAS STUGER
评定时间	2012.1.5	注册日期	2001.6.28	报关有效期	长期	注册资本	1143.51 万美元
主营范围	向国内航空公司提供飞机部件维修及相关技术咨询与技术服务（包括技术文件的处理、材料的管理、运输和后勤服务、航材共享及全套技术报务），进行与维修业务相关产品的营销与采购。增加：精密仪器设备维修，售后服务。						

企业名称	蓝思旺科技（深圳）有限公司			海关编码	4403137893	所属海关	南头海关
通讯地址	广东省深圳市宝安区公明街道长圳社区裕永兴工业区 1#.2#.3# 厂房			邮政编码	518106	法人姓名	周群飞
评定时间	2013.3.15	注册日期	2011.6.8	报关有效期	长期	注册资本	6000 万港币
主营范围	开发、生产经营光学镜片、玻璃制品、塑胶制品、包装材料、金属配件，从事平板玻璃深加工技术开发，公司产品 100% 外销。增加：开发、生产经营特种玻璃。						

企业名称	新世纪标志（深圳）有限公司			海关编码	4403140287	所属海关	南头海关
通讯地址	广东省深圳市宝安区西乡街道黄田社区杨背工业区三期十栋 1-2 层			邮政编码	518028	法人姓名	冷平
评定时间	2009.3.24	注册日期	1992.5.31	报关有效期	长期	注册资本	1060 万港币
主营范围	生产加工经营集装箱标志、海运标志、交通标志（凭深宝环水批〔2012〕603181 号经营，有效期至 2014 年 7 月 22 日）。						

企业名称	先进半导体材料（深圳）有限公司			海关编码	4403146565	所属海关	南头海关
通讯地址	广东省深圳市宝安区福永街道桥头富桥第二工业区 10-17 栋			邮政编码	518103	法人姓名	周志聪
评定时间	2013.9.30	注册日期	2002.6.14	报关有效期	长期	注册资本	4517 万美元
主营范围	设计、开发、生产经营半导体专用材料、电子专用工模具，生产电子专用设备及零部件，从事货物、技术进出口业务（不含分销、国家专营专控商品）。						

<table>
<tr><td>企业名称</td><td colspan="3">深圳宝菱同利有限公司</td><td>海关编码</td><td>4403920203</td><td>所属海关</td><td>南头海关</td></tr>
<tr><td>通讯地址</td><td colspan="3">广东省深圳市宝安区新城 25 区</td><td>邮政编码</td><td>518133</td><td>法人姓名</td><td>张雪松</td></tr>
<tr><td>评定时间</td><td>2009.3.24</td><td>注册日期</td><td>1988.12.31</td><td>报关有效期</td><td>长期</td><td>注册资本</td><td>1543 万美元</td></tr>
<tr><td>主营范围</td><td colspan="7">加工和销售镀锌卷板、冷轧卷板、矽钢片卷板、不绣钢卷板、马口铁卷板、合金钢卷板、热轧卷板、铜板、铜卷板、铝板、铝卷板、镍合金板、镍合金卷板。</td></tr>
</table>

<table>
<tr><td>企业名称</td><td colspan="3">深圳宝兴电线电缆制造有限公司</td><td>海关编码</td><td>4403931053</td><td>所属海关</td><td>南头海关</td></tr>
<tr><td>通讯地址</td><td colspan="3">广东省深圳市宝安区沙井街道办沙井路步涌同富裕工业园</td><td>邮政编码</td><td>518101</td><td>法人姓名</td><td>郑金旺</td></tr>
<tr><td>评定时间</td><td>2009.3.24</td><td>注册日期</td><td>1996.10.23</td><td>报关有效期</td><td>长期</td><td>注册资本</td><td>1641.5 万美元</td></tr>
<tr><td>主营范围</td><td colspan="7">生产经营各种规格的铜芯塑料电线、全塑电缆、控制电缆、编织线、镀锡线、裸铜线，产品 100% 外销。增加：软光缆、光交叉连接设备及相关器材的研究、开发和生产经营。</td></tr>
</table>

<table>
<tr><td>企业名称</td><td colspan="3">深圳成霖洁具股份有限公司</td><td>海关编码</td><td>4403936997</td><td>所属海关</td><td>南头海关</td></tr>
<tr><td>通讯地址</td><td colspan="3">广东省深圳市宝安区福永街道桥头社区桥塘大道</td><td>邮政编码</td><td>518110</td><td>法人姓名</td><td>颜国基</td></tr>
<tr><td>评定时间</td><td>2009.8.24</td><td>注册日期</td><td>2001.9.11</td><td>报关有效期</td><td>长期</td><td>注册资本</td><td>45366.48 万人民币</td></tr>
<tr><td>主营范围</td><td colspan="7">生产水龙头、卫浴洁具及其配件、精冲模、精密型腔模、模具标准件，销售自产产品，从事非配额许可证管理、非专营商品的收购出口业务。</td></tr>
</table>

<table>
<tr><td>企业名称</td><td colspan="3">深圳立健药业有限公司</td><td>海关编码</td><td>4403937532</td><td>所属海关</td><td>南头海关</td></tr>
<tr><td>通讯地址</td><td colspan="3">广东省深圳市宝安区龙华同富裕工业园园富路</td><td>邮政编码</td><td>518109</td><td>法人姓名</td><td>邓羽林</td></tr>
<tr><td>评定时间</td><td>2011.12.2</td><td>注册日期</td><td>2005.6.3</td><td>报关有效期</td><td>长期</td><td>注册资本</td><td>4000 万人民币</td></tr>
<tr><td>主营范围</td><td colspan="7">生产经营粉针剂、冻干粉针剂、片剂、硬胶囊剂、颗粒剂（均含头孢菌素类）、干混悬剂（均为头孢菌素类）、小容量注射剂、滴眼剂、无菌鼻用喷雾剂（凭有效药品生产许可证经营，粤 20110136 有效期至 2015 年 12 月 31 日），进出口货物、技术（不含分销及国家专营、专卖、专控商品）。</td></tr>
</table>

<table>
<tr><td>企业名称</td><td colspan="3">深圳海龙建筑制品有限公司</td><td>海关编码</td><td>4403937617</td><td>所属海关</td><td>南头海关</td></tr>
<tr><td>通讯地址</td><td colspan="3">广东省深圳市龙华新区观澜街道君子布社区老围居民小组长排山地段</td><td>邮政编码</td><td>518110</td><td>法人姓名</td><td>姜绍杰</td></tr>
<tr><td>评定时间</td><td>2012.12.26</td><td>注册日期</td><td>2006.5.11</td><td>报关有效期</td><td>长期</td><td>注册资本</td><td>5000 万人民币</td></tr>
<tr><td>主营范围</td><td colspan="7">从事散装水泥的储运、混凝土搅拌经营业务及混凝土预制构件的生产加工业务，从事建筑材料（不含钢材）、机械配件的批发、进出口及相关配套业务（不涉及国营贸易管理商品，涉及配额、许可证管理及其它专项规定管理的商品，按国家有关规定办理申请），普通货运、货物专用运输（罐式），建筑材料及建筑制品技术研发，仓储业务（限深圳海龙建筑制品有限公司罗湖分公司经营）。</td></tr>
</table>

<table>
<tr><td>企业名称</td><td colspan="3">惠胜塑胶（深圳）有限公司</td><td>海关编码</td><td>4403940036</td><td>所属海关</td><td>南头海关</td></tr>
<tr><td>通讯地址</td><td colspan="3">广东省深圳市宝安区沙井街道西环路民主九九工业城 E 区 2 号一、二层</td><td>邮政编码</td><td>518104</td><td>法人姓名</td><td>何钧衔</td></tr>
<tr><td>评定时间</td><td>2009.3.3</td><td>注册日期</td><td>2003.10.30</td><td>报关有效期</td><td>长期</td><td>注册资本</td><td>240 万美元</td></tr>
<tr><td>主营范围</td><td colspan="7">生产经营塑胶。（经消防安全检查合格后，方可开业）</td></tr>
</table>

企业名称	瑞德电子（深圳）有限公司			海关编码	4403940050	所属海关	南头海关
通讯地址	广东省深圳市宝安区三十三区大宝路139号			邮政编码	518101	法人姓名	LEI SHIN TEIN
评定时间	2008.12.19	注册日期	1992.4.16	报关有效期	长期	注册资本	500万美元
主营范围	生产经营电脑象棋、智力游戏机、钟表产品（不含许可证管理的产品）。增加：生产经营电脑周边设备及配件、塑胶产品、音频放大器、小家电、室内无线电话和耳机、视像电话。增加：生产经营移动电话（涉及国家限制项目除外）。增加：生产经营照明装置、模具。						

企业名称	桂盟链条（深圳）有限公司			海关编码	4403940062	所属海关	南头海关
通讯地址	广东省深圳市宝安区龙华街道第四工业区人民路口			邮政编码	518109	法人姓名	吴盈进
评定时间	2009.8.24	注册日期	1990.8.16	报关有效期	长期	注册资本	15900万港币
主营范围	生产经营自行车链条、机车链条、传动输送链条及超薄型链条、自行车配件。增加：从事摩托车技术研究开发及其零配件研究、生产（不含国家限制项目），产品100%外销。增加：生产经营链条机械设备相关模具，加工链条配件（不含出品许可证管理商品），增营产品70%外销。增加：生产经营链条机械设备，增营产品70%外销。增加：从事非配额许可证管理、非专营商品的收购出口业务。增加：生产经营汽车链条及汽车零配件，在合法取得土地使用权范围内从事房地产开发经营业务，自行车零配件生产设备的维修、保养服务（仅限于上门服务）。						

企业名称	艾美特电器（深圳）有限公司			海关编码	4403940075	所属海关	南头海关
通讯地址	广东省深圳市宝安区石岩街道办黄峰岭工业区			邮政编码	518108	法人姓名	郑立平
评定时间	2008.12.19	注册日期	1991.5.11	报关有效期	长期	注册资本	2375万美元
主营范围	生产经营家用风扇、排风扇、果汁机、电熨斗、三明治机、食物处理机、吸尘器、暖风机及其零配件、空气滤清器、捕蚊灯、烘被机、电热水壶、电火锅、电暖器、烤箱、电磁炉、加湿器、电热毯、各类模具、塑胶五金制品、运动器材、干手机、喷泉泵、电吹风机、电热烤面包机、电热咖啡壶、电工器材、燃气灶抽油烟机、瞬间加热壶、浮灯、清洗枪、冷暖储存柜、小型除湿机、冰凉扇、紫外线杀菌灯、电饭煲、电饭锅，从事道路普通货运，批发、进出口电压力锅、电蒸锅、豆浆机、集成吊顶、灯、浴霸、干衣机、智能马桶、车载冰箱、足浴机、挂烫机、烘碟机、足暖器、电线、电缆、插头、插座、无线路由器、通讯器材、电脑周边产品。（不涉及国营贸易管理商品，按国家有关规定办理申请）						

企业名称	美律电子（深圳）有限公司			海关编码	4403940402	所属海关	南头海关
通讯地址	广东省深圳市宝安区龙华新区大浪街道美宝路50号			邮政编码	518109	法人姓名	赖文针
评定时间	2009.8.24	注册日期	1989.4.18	报关有效期	长期	注册资本	11664万港币
主营范围	生产电话受话器、麦克风、喇叭、防盗器、电磁炉、电子发射器、电子接收器、马克笔管、烘被机、三用电表、安全扣、湿度计、温度计、花园灯、酸碱度计、窗户起动器、耳机、泡茶咖啡两用壶；在上海市立办事处；生产经营断路器、噪音计、延时器、免持听筒、充电器、车充器、皮套、电池、固定座、风速计、温湿度计记录器、压力计、转速计、蓝牙耳机、蓝牙车载喇叭、可携式扬声器组合、蓝牙主板。增加：生产经营车载免提器用控制器（只限二分厂生产）、蓝牙车载免提装置（只限二分厂生产）、车载适配连接器（只限二分厂生产）、蓝牙免提装置（只限二分厂生产）。增加：批发、进出口电子产品及其周边产品零配件。（不涉及国营贸易管理商品，涉及配额、许可证管理及其他专项规定管理的商品，按国家有关规定办理申请）						

企业名称	雅达电子有限公司			海关编码	4403940407	所属海关	南头海关
通讯地址	广东省深圳市宝安区福永街道凤塘大道艾默生工业园雅达第一幢厂房			邮政编码	518133	法人姓名	胡卓山
评定时间	2008.12.19	注册日期	1988.11.7	报关有效期	长期	注册资本	28350 万港币
主营范围	生产经营高频开关电源等电源供应器（含充电器，转换器等），从事相关控制系统和配置及组装，从事高频开关电源等电源供应器、磁性元件、高频元件、调幅器、调谐器、电子线路板及其配件等同类商品的批发、零售、进出口及相关配套业务（涉及配额许可管理、专项规定管理的商品按照国家有关规定办理），电源供应器技术咨询、经济信息咨询、市场营销策划。						

企业名称	杰比电器（深圳）有限公司			海关编码	4403940414	所属海关	南头海关
通讯地址	广东省深圳市光明新区公明办事处红星社区工业区 5 栋			邮政编码	518106	法人姓名	李文庆
评定时间	2009.3.3	注册日期	1992.12.2	报关有效期	长期	注册资本	780 万美元
主营范围	生产经营电烫斗系列产品、风扇电机、厨用电器、吸尘器、水果干燥机、封口机，厨用电器 100% 外销、其他产品 95% 外销。						

企业名称	星光印刷（深圳）有限公司			海关编码	4403940584	所属海关	南头海关
通讯地址	广东省深圳市宝安区西乡街道第二工业区			邮政编码	518126	法人姓名	林光如
评定时间	2009.8.24	注册日期	1992.7.13	报关有效期	长期	注册资本	800 万美元
主营范围	生产经营彩色印刷品、彩色包装品、纸箱、纸盒、纸类文具、手提纸袋。产品 85% 外销。在上海市设立分支机构，在北京市、广州市、武汉市设立办事机构。增加：生产经营纸制干式电池制品及纸制玩具。						

企业名称	亚泰影像器材（深圳）有限公司			海关编码	4403940722	所属海关	南头海关
通讯地址	广东省深圳市光明新区公明办事处李松蓢社区李松蓢工业区尾期工业园第 3 栋第二层 A 区及第三层			邮政编码	518106	法人姓名	赖以仁
评定时间	2009.3.24	注册日期	2004.4.26	报关有效期	长期	注册资本	1000 万美元
主营范围	生产经营影像产品零配件、新型电子元器件及相关零配件。						

企业名称	艾默生机械设备（深圳）有限公司			海关编码	4403940774	所属海关	南头海关
通讯地址	广东省深圳市宝安区 68 区留仙一路宝恒工业园二期			邮政编码	518101	法人姓名	马悦华
评定时间	2010.5.26	注册日期	1993.3.9	报关有效期	长期	注册资本	400 万美元
主营范围	生产经营各类电子设备、机械设备、石油勘探开发新型仪器设备，设计、研发和测试高精密阀门流量控制器。						

企业名称	鸿兴印刷（中国）有限公司			海关编码	4403940812	所属海关	南头海关
通讯地址	广东省深圳市宝安区福永街道怀德工业村			邮政编码	518103	法人姓名	任泽明
评定时间	2009.3.3	注册日期	1992.12.2	报关有效期	长期	注册资本	56600 万港币
主营范围	生产经营纸质彩色印刷品及纸箱。产品 80% 外销，20% 内销。增加：从事非配额许可证管理、非专营商品的收购出口业务（粤新出印证字 4403000601 号印刷许可证有效期至 2013 年 12 月 31 日）。						

企业名称	东芝泰格信息系统（深圳）有限公司			海关编码	4403941169	所属海关	南头海关
通讯地址	广东省深圳市宝安区福永街道大洋路七号、九号、二十八号			邮政编码	518103	法人姓名	竹谷光巨（MITSUHIRO TAKETANI）
评定时间	2008.12.19	注册日期	1995.12.12	报关有效期	长期	注册资本	2015.8 万美元
主营范围	生产经营光电器件，新型打印装置，传真装置及相关零配件，自动数据处理设备及相关软件，装有光学系统的或接触式的感光复印调和及热敏复印设备及相关软件产品，有线电话，电报设备，有线数字通信设备，影像投影仪（电影用除外），照片（电影除外）放大机及缩片机，具有独立功能的电气设备及装置，电子收银机，销售设备系统及相关软件产品，电子磅及其他办公用机器等商业、办公设备，电子产品及相关产品之耗材零部件（国家禁止、限制及有专项规定的产品除外），复印机及其耗材零部件，射频识别设备，无线通信设备（按深宝环水批〔2012〕602460 号环境影响审查批复内容经营）；从事上述产品及相关软件的开发、设计、咨询；从事上述产品及其同类产品的批发、进出口、佣金代理（不含拍卖）、租赁业务及相关配套业务；从事纸制品（不含出版物和印刷品）的批发、进出口业务。（不涉及国营贸易管理商品，涉及配额、许可证管理及其他专项规定管理的商品，按国家有关规定办理申请）						

企业名称	永勤玩具实业（深圳）有限公司			海关编码	4403941258	所属海关	南头海关
通讯地址	广东省深圳市宝安区观澜镇观光路与泗黎路交汇处			邮政编码	518110	法人姓名	陈永麟
评定时间	2009.3.3	注册日期	2004.8.6	报关有效期	长期	注册资本	3350 万港币
主营范围	生产经营塑料玩具、塑料五金玩具、塑料电子玩具、毛绒玩具、各类灯饰、日用五金塑料制品和器具、小型家用电器及配件、电脑及其周边配件。增加：生产经营文具及体育用品、照明器具、电子元器件、光学仪器及眼镜、数码相机、数码音频及视频产品、手机配件背光模组、办公用品（不含许可证管理商品）。						

企业名称	联积电子（深圳）有限公司			海关编码	4403941357	所属海关	南头海关
通讯地址	广东省深圳市光明新区光明街道同富裕 03-01 地块 A、B 栋			邮政编码	518000	法人姓名	陈英进
评定时间	2011.12.2	注册日期	2008.9.4	报关有效期	长期	注册资本	2500 万美元
主营范围	生产经营 TFT-LCD 平板显明屏、OLED 平板显示屏、触控系统。						

企业名称	风冠电机（深圳）有限公司			海关编码	4403941468	所属海关	南头海关
通讯地址	广东省深圳市宝安区宝城 28 区上合甲岸村委厂房			邮政编码	518101	法人姓名	卓森福
评定时间	2009.3.24	注册日期	1993.8.9	报关有效期	长期	注册资本	4000 万港币
主营范围	生产经营各类变压器、整流器、充电器、安定器（不得从事线路板生产）、家用小电器，产品 100% 外销，生产经营开关电源、电源供应器，增营产品 100%外销。增加：生产经营 LED 电源、LED 灯具、吸尘器、路由器、无线音箱。						

企业名称	寺冈（深圳）高机能胶粘带有限公司		海关编码	4403941499	所属海关	南头海关
通讯地址	广东省深圳市宝安区西乡街道西部开发区九华科技园二栋一楼 A 单元		邮政编码	518102	法人姓名	渡边顺
评定时间	2011.12.2	注册日期 2006.12.19	报关有效期	长期	注册资本	100 万美元
主营范围	新型建筑材料、耐高温绝缘材料（绝缘等级为 F、H 级）、半导体元器件专用材料、新型电子元器件、新型仪表元器件材料及各种胶粘带的生产、批发、进出口及相关配套业务。（不涉及国营贸易管理商品，涉及配额、许可证管理及其他专项规定管理的商品，按国家有关规定办理申请）					

企业名称	骏业塑胶（深圳）有限公司		海关编码	4403941587	所属海关	南头海关
通讯地址	广东省深圳市宝安区石岩镇塘头村骏业工业园		邮政编码	518102	法人姓名	翁焕贵
评定时间	2009.8.24	注册日期 1993.5.17	报关有效期	长期	注册资本	1200 万美元
主营范围	生产经营塑料制品（包括医疗用具）、日用品、塑料吹膜机、聚乙烯再生胶粒（不含现行各项许可证管理的产品）。增加：其余产品 100% 外销，塑料制品、日用品、塑料吹膜机 80% 外销。增加：从事非配额许可证管理、非专营商品的收购出口业务。					

企业名称	利宝嘉电业（深圳）有限公司		海关编码	4403942088	所属海关	南头海关
通讯地址	广东省深圳市龙华新区观澜街道竹园工业区		邮政编码	518000	法人姓名	吴健南
评定时间	2009.8.28	注册日期 1994.3.8	报关有效期	长期	注册资本	2000 万美元
主营范围	生产电子接插件（含镀铜、镀镍），销售自产产品，产品 100%外销。增加：生产经营塑胶制品、五金制品、塑胶五金制品及电动机零配件，增营产品 100%外销。增加：生产经营仪用接插件，增营产品 100%外销。增加：生产经营精密冲压模、精密注塑模（型腔模）、精密导柱、模具零配件。增加：普通货运。					

企业名称	阿克苏·诺贝尔·长诚涂料（广东）有限公司		海关编码	4403942168	所属海关	南头海关
通讯地址	广东省深圳市宝安区松岗镇燕川第一工业区		邮政编码	518105	法人姓名	汪演滨
评定时间	2013.2.28	注册日期 1994.4.1	报关有效期	长期	注册资本	437.5 万美元
主营范围	生产经营用于保护、装饰工业品和消费品的热固型粉末涂料和相关售后服务、产品开发、咨询服务。产品 70% 外销。					

企业名称	联电电器实业（深圳）有限公司		海关编码	4403942197	所属海关	南头海关
通讯地址	广东省深圳市宝安区沙井街道锦绣路沙塘北方永发科技园 C 栋		邮政编码	518125	法人姓名	曾蕊芳
评定时间	2010.3.29	注册日期 1995.11.30	报关有效期	长期	注册资本	210 万美元
主营范围	生产加工各种电线、电缆、电脑连接线（含插头、插座）。增加：普通货运（“道路运输经营许可证”有效期至 2016 年 10 月 8 日）。					

企业名称	伟创力实业（深圳）有限公司			海关编码	4403942605	所属海关	南头海关
通讯地址	广东省深圳市宝安区西乡街道107国道西乡段467号（固戍路口边）愉盛工业区			邮政编码	518126	法人姓名	MANNY AL MARIMUTHU（马万行）
评定时间	2013.3.15	注册日期	1994.12.13	报关有效期	长期	注册资本	1802万美元
主营范围	生产经营计算机功能卡、接口卡、鼠标器、通讯器材用、各类仪器仪表用的线路板（不设腐蚀工序）、无线电话充电器、血糖测试仪器；生产经营无绳电话机、传真机、产品100%外销；生产经营移动电话手机，产品100%外销；从事电子及通讯设备的研究和开发；生产经营移动电话、手机充电器、掌上电脑、移动电话机，充电器50%外销，掌上电脑全部内销；生产经营键盘式电子乐器、液晶电视机、条形码打印机、数字照相机，产品100%外销；生产数字相机用存储卡、汽车车用电子配件；生产经营数字摄录机，产品100%外销；生产经营投影仪；生产经营调谐器。增加：公司自产产品的同类商品（游戏机类产品除外）的进口及其批发业务，国内采购商品（特种商品除外）的批发业务，并提供相关配套业务。增加：生产经营路由器。增加：生产经营血糖控制仪、遥控器，产品100外销。增加：生产经营多箱住宅电表，产品100%外销；生产经营无线高清数据收发器，产品100%外销。增加：生产经营胰岛素泵、医疗用零配件，产品100%外销；生产电子镇痛贴，产品100%外销。增加：生产经营去瘢机电子线路板组件、无线网络连接器，产品100%外销（“医疗器械生产企业许可证”有效期至2013年9月4日止）。							

企业名称	德亨达金属科技（深圳）有限公司			海关编码	4403942634	所属海关	南头海关
通讯地址	广东省深圳市宝安区沙井街道新二社区张大岗北方永发科技园4、5栋			邮政编码	518104	法人姓名	Kalliwoda Uwe
评定时间	2013.11.4	注册日期	2008.6.16	报关有效期	长期	注册资本	205.42万欧元
主营范围	生产经营自行车车架、自行车。						

企业名称	再兴电子（深圳）有限公司			海关编码	4403942707	所属海关	南头海关
通讯地址	广东省深圳市宝安区松岗街道沙浦社区洋涌一路3号			邮政编码	518105	法人姓名	洪毅弘
评定时间	2009.8.24	注册日期	1995.3.1	报关有效期	长期	注册资本	8800万港币
主营范围	生产经营高智能电子礼品（不含限制项目），产品100%外销。增加：生产玩具装饰品、电子线路板插件、电子五金配件，产品100%外销。增加：生产经营塑胶件，增营产品100%外销。增加：生产经营办公家具、电脑周边产品、LED光电产品，产品100%外销。						

企业名称	宏利宝钢铁加工（深圳）有限公司			海关编码	4403942762	所属海关	南头海关
通讯地址	广东省深圳市宝安区公明街道楼村第二工业区绘猫路32号			邮政编码	518106	法人姓名	郭幸荣
评定时间	2009.3.24	注册日期	1994.1.17	报关有效期	长期	注册资本	1400万港币
主营范围	加工、生产、经营综合性钢板、钢材的半成品和制成品。增加：普通货运。						

企业名称	东丽塑料（深圳）有限公司			海关编码	4403942885	所属海关	南头海关
通讯地址	广东省深圳市宝安区沙井街道南环路西450号			邮政编码	518104	法人姓名	山脇良庸
评定时间	2009.8.24	注册日期	1995.10.30	报关有效期	长期	注册资本	1354万美元
主营范围	生产经营各种塑料的高性能混合料和着色料及其成型制品（不含限制项目及污染工序），产品70%外销。增加：生产经营工程塑料。						

企业名称	欧达可电子（深圳）有限公司			海关编码	4403943009	所属海关	南头海关
通讯地址	广东省深圳市宝安区沙井沙福路沙井工业公司第二工业区 A3 栋			邮政编码	518104	法人姓名	富田周敬
评定时间	2009.3.3	注册日期	1995.8.30	报关有效期	长期	注册资本	1200 万美元
主营范围	生产经营电源开关、电子回路开关、电子感应器、光感应器、集成线路块（IC）、Ⅱ类 6821 医用电子仪器设备（医疗器械生产生产企业许可证有效期至 2016 年 2 月 27 日）、电子记忆块等电子零配件（不含限制项目）、模具、电力电子器件、新型机电元件、新型仪用开关。增加：从事上述同类产品及连接器、五金制品、塑胶制品的设计开发、批发、进出口、佣金代理（不含拍卖）及相关配套业务。（涉及配额许可证管理、专项规定管理的商品按国家有关规定办理）						

企业名称	肯发精密仪器（深圳）有限公司			海关编码	4403943050	所属海关	南头海关
通讯地址	广东省深圳市宝安区 71 区			邮政编码	518105	法人姓名	Fong Chun Hoe
评定时间	2009.8.24	注册日期	1997.12.25	报关有效期	长期	注册资本	2600 万美元
主营范围	生产经营精密金属元器件及配件（不含限制项目），产品 100% 外销；开发、生产经营大容量磁盘驱动器及其部件。增加：工模具制造。增加：汽车关键零部件制造。						

企业名称	海日升电器制品（深圳）有限公司			海关编码	4403944010	所属海关	南头海关
通讯地址	广东省深圳市宝安区松岗街道罗田社区第三工业区日升路 8 号			邮政编码	518105	法人姓名	顾海康
评定时间	2009.3.24	注册日期	1997.12.24	报关有效期	长期	注册资本	7000 万港币
主营范围	生产经营各类灯具。增加：生产经营家用小电器、健身器械（均不含出口许可证管理商品）。增加：生产经营汽车用小电器、电源组、小电动工具（均不含出口许可证管理商品）。增加：生产经营各类充电器、变压器、不间断供电电源、各类注塑塑胶件、各类五金配件、各类电子产品散热用轴流风扇。						

企业名称	赛尔康技术（深圳）有限公司			海关编码	4403944061	所属海关	南头海关
通讯地址	广东省深圳市宝安区沙井街道芙蓉美沙二工业区			邮政编码	518125	法人姓名	PEKKA KYYRIAINEN
评定时间	2010.1.4	注册日期	2008.1.24	报关有效期	长期	注册资本	250 万美元
主营范围	生产经营变压器及其配件、照明电器、连接器、各种电源，其中照明电器、连接器 100% 外销。增加：生产经营充电器。						

企业名称	建辉塑胶电子实业（深圳）有限公司			海关编码	4403944543	所属海关	南头海关
通讯地址	广东省深圳市龙华新区观澜街道泗黎路 127 号			邮政编码	518110	法人姓名	汪韶辉
评定时间	2009.8.24	注册日期	2002.1.7	报关有效期	长期	注册资本	10000 万港币
主营范围	生产经营电子玩具、塑胶玩具、塑胶电子五金玩具、游戏机、塑胶制品、五金制品、塑胶五金制品、塑胶五金包装容器、塑胶五金模具、塑胶电子制品、线路板插件、收录放机及零件、电气音响及视觉装置、变压器及传感、报警仪器系列产品、控制器及其配件、检测器及其配件、低压电器及其配件，其中电子玩具、塑胶玩具 70% 外销，其他产品 100% 外销。						

企业名称	奇利田高尔夫用品（深圳）有限公司			海关编码	4403944657	所属海关	南头海关
通讯地址	广东省深圳市宝安区石岩街道罗租社区黄峰岭工业区罗租工业大道 2 号（A 栋 4、5、6、7 层，B 栋，C 栋）和升平路 E、F、G 栋			邮政编码	518108	法人姓名	李孔文
评定时间	2009.8.28	注册日期	1998.12.8	报关有效期	长期	注册资本	2000 万美元
主营范围	加工、生产经营高尔夫球杆头、高尔夫球杆、高尔夫球具，产品 100% 外销。						

企业名称	安费诺凯杰科技（深圳）有限公司			海关编码	4403945040	所属海关	南头海关
通讯地址	广东省深圳市宝安区公明街道工业总公司塘尾工业区 DM2 栋			邮政编码	518106	法人姓名	RICHARD ADAM NORWITT
评定时间	2010.1.4	注册日期	2008.1.23	报关有效期	长期	注册资本	690 万美元
主营范围	生产经营新型电子元器件，产品 70%外销。增加：生产经营射频连接器零件，从事上述产品的批发、佣金代理（拍卖除外）、进出口及相关配套业务（不涉及国营贸易管理商品，涉及配额、许可证管理及其他专项规定管理的商品，按国家有关规定办理申请）并提供相关的售后服务。						

企业名称	旭荣电子（深圳）有限公司			海关编码	4403945065	所属海关	南头海关
通讯地址	广东省深圳市宝安区沙井街道南环路 539 号 A 栋，C 栋，D 栋，E 栋			邮政编码	518125	法人姓名	宋恭源
评定时间	2009.3.24	注册日期	2000.2.1	报关有效期	长期	注册资本	280 万美元
主营范围	生产经营各式芯轴及橡胶制品、塑料制品，滚轮组件，橡塑料模具、激光器。增加：生产经营音圈马达、触控模组、塑胶视窗组件、玻璃视窗组件。（按深环批〔2006〕102641 号，深环批〔2012〕100377 号环境影响审查批复经营）						

企业名称	伟创力科技（深圳）有限公司			海关编码	4403945183	所属海关	南头海关
通讯地址	广东省深圳市宝安区西乡街道 107 国道西乡段 467 号（固戍路口边）愉盛工业区第 1 栋第 3-6 楼			邮政编码	518126	法人姓名	Manny Marimuthu（马万行）
评定时间	2008.12.19	注册日期	2000.4.28	报关有效期	长期	注册资本	1210 万美元
主营范围	生产经营无绳电话机及相关配套产品、传真机、血糖测试器，产品 100% 外销；生产经营 PCBA 线路板（不设腐蚀工序）、计算机功能卡和接口卡、鼠标器，产品 50% 外销；生产经营掌上电脑、移动电话手机及充电器、数字磁带录放机，其中移动电话手机 100% 外销，掌上电脑 100% 内销，其他产品 50% 外销；生产经营键盘式电子乐器、液晶电视机、条形码打印机、数字照相机；生产经营数字相机用存储卡、汽车用电子配件；生产经营 CD 播放机、电子道路收费器，从事电子及通讯设备的研究、设计和开发，增营产品 100% 外销；生产经营投影仪，生产经营 ETS 手机，生产经营多功能游戏机，产品 100% 外销；从事公司自产产品的同类商品（游戏机类产品除外）的进口及其批发业务，国内采购商品（特种商品除外）的批发业务，并提供相关配套服务；生产经营数字视听产品；生产经营血糖控制仪、假牙清洗器、遥控器，产品 100% 外销；生产经营电脑硬盘、移动存储器，产品 100% 外销；生产经营无线高清数据收发器，产品 100% 外销；生产经营胰岛素泵、医疗用零配件，产品 100% 外销；生产电子镇痛贴、激光脱毛器、激光脱毛器手柄、皮肤色素感应器，产品 100% 外销；生产经营去瘢机电子线路板组件、无线网络连接器，产品 100% 外销；生产经营负压创伤治疗仪用气泵，产品 100% 外销（凭粤食药监械生产许 20051125 号许可证经营，有效期至 2015 年 5 月 30 日）。						

企业名称	亚力山卓家私（深圳）有限公司			海关编码	4403945184	所属海关	南头海关
通讯地址	广东省深圳市宝安区松岗镇燕川村			邮政编码	518105	法人姓名	萧金聪
评定时间	2009.8.24	注册日期	2000.4.30	报关有效期	长期	注册资本	2500 万美元
主营范围	生产经营家私及其配件。						

企业名称	相模电机（深圳）有限公司			海关编码	4403945246	所属海关	南头海关
通讯地址	广东省深圳市宝安区观澜镇竹园工业区 1–7 栋			邮政编码	518110	法人姓名	胜野清一
评定时间	2009.8.28	注册日期	2000.6.15	报关有效期	长期	注册资本	6000 万港币
主营范围	设计制造新型电子元器件、微型电子接插件、传感器、中周变压器、各式线圈、收音机天线，产品 70% 外销。增加：上海、天津、深圳福田设立办事处。增加：从事非配额许可证管理、非专营商品的收购出口业务。增加：设计制造塑胶制品、五金制品。						

企业名称	耀川电子（深圳）有限公司			海关编码	4403945285	所属海关	南头海关
通讯地址	广东省深圳市宝安区福永街道塘尾耀川工业区 1–4 栋			邮政编码	518102	法人姓名	王秋容
评定时间	2009.3.24	注册日期	2000.7.11	报关有效期	长期	注册资本	420 万美元
主营范围	生产、加工及销售缝衣机、吸尘器、一般小家电及其零配件，产品 50% 外销。增加：生产经营塑胶模具，产品 50% 外销。增加：生产经营微型马达，增营产品 100% 外销。增加：货物及技术进出口（不含分销及国家专营专控商品）。						

企业名称	乐利精密工业（深圳）有限公司			海关编码	4403945307	所属海关	南头海关
通讯地址	广东省深圳市宝安区福永镇新和村同富裕工业区			邮政编码	518103	法人姓名	袁永栋
评定时间	2009.8.24	注册日期	2000.8.1	报关有效期	长期	注册资本	2800 万美元
主营范围	生产经营各类电子电器连接线缆、插头插座、塑胶制品、精密模具，产品 70% 外销。增加：生产经营绝缘等级为 F、H 级的耐高温绝缘材料和绝缘成型件、新型仪表元器件和材料。增加：生产经营冲压零组件、塑胶粒、电话机、游戏机零组件。增加：生产经营收款机、音频放大器、电气扩音机组、耳机组、电机、电气设备及其零件、混合集成电路测试机主机板、电路的开关、保护或连接的电器装置、新型电子元器件，提供技术咨询服务，生产经营卫星导航定位接收设备及其关键部件、医用成像设备（高场强超导型磁共振 MRI、CT、X 线计算机断层、B 超等）关键部件。						

企业名称	莱尔德电子材料（深圳）有限公司			海关编码	4403945402	所属海关	南头海关
通讯地址	广东省深圳市宝安区福永街道办和平社区福园一路德金工业园一区			邮政编码	518105	法人姓名	Michael Edward Murray
评定时间	2009.8.24	注册日期	2000.10.23	报关有效期	长期	注册资本	1436 万美元
主营范围	设计、开发、生产经营新型电子元器件、半导体制冷片、半导体制冷器、半导体空调机、工模具、生产用夹具、新型电子元器件、半导体制冷片、半导体制冷器、半导体空调机、工模具和生产用夹具的批发、进出口及相关配套业务。（涉及配额许可证管理、专项规定管理的商品按国家有关规定办理）						

企业名称	嘉隆科技（深圳）有限公司		海关编码	4403945530	所属海关	南头海关
通讯地址	广东省深圳市宝安区福永街道同富裕工业区蚝业路 18 号		邮政编码	518103	法人姓名	林雪华
评定时间	2009.8.24	注册日期	2008.1.14	报关有效期	长期	注册资本	1765 万美元
主营范围	生产经营变压器、电感器、电源供应器、线路板、电话线路检仪器、可视电话、网络电话、光纤通讯设备用元件，产品 100% 外销。增加：生产经营电力电子器件、电子专用设备、测试仪器制造、宽带接入网通信系统设备。增加：生产经营计算机及配件、可移动磁盘及 MP3 播放器、便携式 DVD 播放器、数字照相机及关键件、数字有线电视系统设备、读码器。增加：生产经营平板显示器及其关键部件、高清晰度数字电视机、平板电视与新型投影电视装置、GPS 卫星导航仪及定位系统，生产经营数字收音设备、移动通信系统手机、照明电子节能产品及关键部件。						

企业名称	确信爱法金属（深圳）有限公司		海关编码	4403945562	所属海关	南头海关
通讯地址	广东省深圳市宝安区松岗街道塘下涌社区		邮政编码	518105	法人姓名	冼伟铨
评定时间	2009.8.24	注册日期	2001.2.12	报关有效期	长期	注册资本	1111 万美元
主营范围	加工、生产经营有色金属复合材料（锡条、锡铅合金条、锡铅合金丝、锡丝、锡型材、锡铅合金型材及其他锡铅合金材料）、电子工业用精细化工产品及激光切割不绣钢移印模板。增加：生产经营锡膏。增加：生产经营线路板涂敷、电子零件涂敷。增加：生产经营锡粉、锡铅合金粉及其他锡合金粉，产品 100% 内销。增加：批发、进出口锡膏、锡粉、锡条及其相关制品、快干助焊剂、分散液（涉及配额许可证管理、专项规定管理的商品按国家有关规定办理）。增加：普通货运。（“道路运输经营许可证”有效期至 2012 年 12 月 31 日）。增加：生产经营铋粉、铋合金粉。增加：生产经营快干助焊剂。						

企业名称	德之杰科技（深圳）有限公司		海关编码	4403945606	所属海关	南头海关
通讯地址	广东省深圳市龙华新区民治街道民治工业区德爱电子（深圳）有限公司 2 栋厂房第一层、第二层、第三层		邮政编码	518131	法人姓名	于自强
评定时间	2009.3.24	注册日期	2001.3.15	报关有效期	长期	注册资本	4000 万港币
主营范围	生产经营数码照像机、读卡机、鼠标器，其中鼠标器 100%外销。增加：生产经营数码摄像机。增加：生产经营数码照相机配件和数码摄像机配件。增加：生产经营各种投影机、投影机零配件、模具、SMT 贴片、塑胶制品。增加：生产经营智能手表、数码产品、电子产品。						

企业名称	竞华电子（深圳）有限公司		海关编码	4403946022	所属海关	南头海关
通讯地址	广东省深圳市宝安区沙井街道东塘社区西环路工业区 1 栋		邮政编码	518104	法人姓名	张子文
评定时间	2013.12.3	注册日期	2001.10.15	报关有效期	长期	注册资本	3000 万美元
主营范围	设计、开发、生产经营多层线路板及新型电子元器件。						

企业名称	富士胶片光电（深圳）有限公司		海关编码	4403946042	所属海关	南头海关
通讯地址	广东省深圳市宝安区福永街道桥头居民委员会福山工业区第 1~7 幢厂房		邮政编码	518103	法人姓名	田中弘志
评定时间	2008.12.19	注册日期	2001.10.24	报关有效期	长期	注册资本	1078 万美元
主营范围	研发、生产经营激光打印机、投影仪、扫描仪、数码照相机、摄像机、复印机、光学测量仪、照相冲印设备、摄像镜头组件、光学镜头、光学引擎及以上产品的相关组件、零部件，研发、生产经营敏感元器件、传感器、光电子器件、新型机电元件、数字摄录机、大屏幕彩色投影显示器用光学引擎及关键件，检测、维修、技术服务、批发、进出口上述产品。（不涉及国营贸易管理商品，涉及配额、许可证管理及其他专项规定管理的商品，按国家有关规定办理申请）						

企业名称	亿和精密金属制品（深圳）有限公司		海关编码	4403946053	所属海关	南头海关
通讯地址	广东省深圳市宝安区石岩街道塘头社区国泰路 11 号亿和科技工业园		邮政编码	518108	法人姓名	刘志彬
评定时间	2009.3.24	注册日期	2001.10.30	报关有效期	长期	注册资本	22188 万港币
主营范围	生产经营精密模具、精密五金制品。增加：生产经营汽车及摩托车模具、夹具、高档建筑五金件、水暖器材及五金件、精冲模、精密型腔模、模具标准件、塑料制品。增加：道路普通货物运输。					

企业名称	阿诺德磁材（深圳）有限公司		海关编码	4403946079	所属海关	南头海关
通讯地址	广东省深圳市光明新区公明办事处玉律社区大洋一路 13 号		邮政编码	518103	法人姓名	DING WEN
评定时间	2009.8.24	注册日期	2001.11.9	报关有效期	长期	注册资本	450 万美元
主营范围	开发、生产经营高性能磁性新材料（磁粉芯、粘结永磁件、磁性零部件）。增加：生产经营工程打印机，复印机关键组件，货币兑换机感应部件，用于汽车、电机、仪表工业的磁性零部件。增加：进出口货物及技术（不含分销、国家专营专控商品）。					

企业名称	新赛斯电子（深圳）有限公司		海关编码	4403946128	所属海关	南头海关
通讯地址	广东省深圳市宝安区福永街道大洋开发区四区		邮政编码	518103	法人姓名	山口侑男
评定时间	2013.3.15	注册日期	2001.11.28	报关有效期	长期	注册资本	950 万美元
主营范围	加工、生产经营 PCB 线路板、各种电子产品线路板、各种电子半成品、电子计算机、计算器、打印机、传真机、音响、电动机、照相机、复印机、电视机、新型元器件、电力电子元器件、液晶显示器、扫描仪、自动贩卖机、照明灯、应急灯、自动柜员机、开关、视频投影机、收银机、投影仪、无线网卡、游戏机、DVD、磁尺、弹球机、电热茶水饮用机、缝纫机。					

企业名称	万机仪器（中国）有限公司		海关编码	4403946205	所属海关	南头海关
通讯地址	广东省深圳市宝安区西乡街道办鹤洲开发区鸿荣源鸿翔工业园		邮政编码	518133	法人姓名	GERALD G.COLELLA
评定时间	2008.12.19	注册日期	2002.1.4	报关有效期	长期	注册资本	610 万美元
主营范围	主要从事研究、开发、生产、加工、销售在半导体制造和类似工业制造过程中用以测量、控制和分析气体的高新技术精密仪器、组件、子系统和产生活性气体的产品、电子专用设备、仪器、各类电源供应器、电源测量仪器及电子元器件和相关产品的维修、售后服务和技术服务。					

企业名称	惠亚电子科技（深圳）有限公司			海关编码	4403946350	所属海关	南头海关
通讯地址	广东省深圳市宝安区石岩街道同富康水田工业区厂房 A 栋			邮政编码	518108	法人姓名	Edward Paul Slap
评定时间	2012.11.15	注册日期	2002.11.25	报关有效期	长期	注册资本	250 万美元
主营范围	生产经营异步转移模式（ATM）交换机设备、数据通信多媒体系统设备及接入网通信系统设备、通讯机柜，生产经营数字放声设备、元器件、电子专用设备、工模具、体育用品（不含许可证管理商品）、电子玩具及线路板装配。增加：从事上述同类产品及多功能电路板的批发、进出口及相关配套业务。（不涉及国营贸易管理商品，涉及配额、许可证管理及其它专项规定管理的商品，按国家有关规定办理申请）						

企业名称	科铨塑胶（深圳）有限公司			海关编码	4403946687	所属海关	南头海关
通讯地址	广东省深圳市龙华新区观澜茜坑社区观澜大道 71 号厂房 1–4 栋，观澜大道 71–1 号			邮政编码	518110	法人姓名	李宗德
评定时间	2009.8.24	注册日期	2002.7.18	报关有效期	长期	注册资本	200 万美元
主营范围	生产经营 PVC 粒料、各种改性塑胶母粒，产品 80% 外销（取得消防安全检查合格后方可开业）。增加：生产经营 PVC 管材、PVC 异型材、PVC 制品、PVC 塑胶桨、塑胶玩具、塑胶制品、五金制品。增加：普通货运（仅用于自货自运，不从事公共运输服务，有效期至 2012 年 9 月 30 日）。						

企业名称	深圳斯坦雷电气有限公司			海关编码	4403946710	所属海关	南头海关
通讯地址	广东省深圳市宝安区沙井街道垦岗泰丰工业区建安路 16 号			邮政编码	518104	法人姓名	TOMINAGA SHINJI
评定时间	2010.2.21	注册日期	2008.7.29	报关有效期	长期	注册资本	250 万美元
主营范围	生产经营电子元件、汽车用电子零件及汽车用照明灯具部件，提供自产产品售后服务，研究开发新产品。增加：生产经营液晶显示模块、发光二极管、除静电灯、传感器、冷阴极管、微型灯泡、复印机操作面板、打印机操作面板、传真机操作面板、闪光灯、塑胶制品、金属制品、交通灯照明组件、路灯照明组件、室外广告照明组件、汽车操作面板，提供自产产品的售后服务。增加：研发、生产经营线路板组件、塑胶模具、五金模具、自动点胶机、自动打螺丝机、机板切割机、LCD 引脚插入机、自动焊锡机、基板自动分割机、画像检查机、工业用途电子设备、自动化控制设备、工业用途检查机、夹具。						

企业名称	贸杰家庭用品（深圳）有限公司			海关编码	4403946838	所属海关	南头海关
通讯地址	广东省深圳市光明新区公明办事处塘尾社区塘尾第三工业区第 1，2 栋			邮政编码	518101	法人姓名	彭世裕
评定时间	2009.3.3	注册日期	2002.8.27	报关有效期	长期	注册资本	555 万美元
主营范围	生产经营窗帘、浴帘、台布、餐垫、塑料衣柜、围巾、不织布、胶袋，产品 100%外销，印刷包装装潢印刷品。						

企业名称	唯易电机（中国）有限公司			海关编码	4403948691	所属海关	南头海关
通讯地址	广东省深圳市宝安区沙井新桥芙蓉工业区第八栋厂房			邮政编码	518104	法人姓名	叶润强
评定时间	2013.5.21	注册日期	2008.1.22	报关有效期	长期	注册资本	600 万美元
主营范围	设计、开发、生产和装配用于各类汽车、摩托车的磁电机、起动电机及其他关键零部件和组件、特殊用途电机及相关的配件和材料，销售自产产品，并提供售后服务。						

企业名称	昊阳天宇科技（深圳）有限公司			海关编码	4403949244	所属海关	南头海关
通讯地址	广东省深圳市宝安区石岩街道爱群路上屋上排横坑工业区 A、B、C、D 栋			邮政编码	518108	法人姓名	邱国台
评定时间	2013.3.15	注册日期	2005.9.1	报关有效期	长期	注册资本	4450 万美元
主营范围	研发、生产经营电脑主机、电脑主机板、显示卡、网卡、介面卡、连接器、视频转换器、集线器、电脑功能卡、宽带接入网通信系统设备、高端路由器、网络交换机（千兆比以上）、蓝牙产品、数字音、视频编码设备、数字有线电视系统设备、无线局域网设备、IP 数据通信系统、第三代及后续移动通信系统手机及周边产品、基站、交换设备、数字集群系统设备、光交叉连接设备（OXC）、10 千兆比 / 秒以上光同步系列传输设备、新型平板显示器件、电脑周边产品、软件产品（凭深宝环批［2009］604858 号有效期至 2012 年 11 月 25 日）、电子元件、接收天线、网络通信产品，从事相关原材料的批发、佣金代理（不含拍卖）、进出口及相关配套业务。（不涉及国营贸易管理商品，涉及配额、许可证管理及其他专项规定管理的商品，按国家有关规定办理申请）						

企业名称	华森科技（深圳）有限公司			海关编码	4403949350	所属海关	南头海关
通讯地址	广东省深圳市宝安区沙井坣岗泰丰工业区（恒强工业园）B 栋、F 栋			邮政编码	518104	法人姓名	黄志文
评定时间	2013.9.9	注册日期	2005.10.17	报关有效期	长期	注册资本	3200 万港币
主营范围	生产经营 DVD 机芯、VCD 机芯、电脑周边设备、塑胶五金制品、塑胶模具、数码相框、DVD 音响、车载 DVD、音频播放器、视频播放器、移动电话机、新型平板显示器。增加：生产经营手提电脑及手提电脑主板、3G 无线上网卡、数字移动电视、媒体终端（MID）、网络播放器。增加：技术开发、批发手机配件及周边产品、手机应用软件（不涉及国营贸易管理商品，涉及配额、许可证管理及其他专项规定管理的商品，按国家有关规定办理申请），提供信息技术服务。						

企业名称	深圳兴奇宏科技有限公司			海关编码	4403949569	所属海关	南头海关
通讯地址	广东省深圳市宝安区沙井街道西部工业园辛养工业区 A1 栋 1 楼 1 区、2 楼 1 区、3 楼 1 区、A4 栋 2、3 楼			邮政编码	518104	法人姓名	姜瑞雯
评定时间	2013.5.14	注册日期	2006.1.20	报关有效期	长期	注册资本	2800 万美元
主营范围	从事铜、铝、钢铁、纸、塑胶及相关制品、家用产品及其零配件、计算机及其零配件、杂项化学产品（不含危险化学品）、LED 相关产品与智能照明产品及其零配件、通讯散热产品及其它新型散热产品的批发，佣金代理（拍卖除外）、进出口及相关配套业务（以上商品进出口不涉及国营贸易、进出口配额许可证、出口配额招标、出口许可证等专项管理的商品），研发、设计、生产经营计算机及其零配件、LED 相关产品及其零配件、智能照明产品及其零配件、新型散热产品及其零配件、通讯产品及其零配件、机电整合相关产品及其零配件、模具制品、纸制品、塑胶制品、铜 / 铝 / 铁 / 合金制品及其零配件、钢铁零配件、车辆船舶零配件。						

企业名称	天马精密注塑（深圳）有限公司			海关编码	4403949593	所属海关	南头海关
通讯地址	广东省深圳市宝安区观澜街道大布巷社区观光路 1301-19 号			邮政编码	518108	法人姓名	井上淳
评定时间	2013.9.30	注册日期	2006.2.9	报关有效期	长期	注册资本	8235 万人民币
主营范围	生产经营各种塑料注塑件及相关注塑模具、办公自动化设备配件。						

企业名称	思博（中国）电子有限公司			海关编码	4403949889	所属海关	南头海关
通讯地址	广东省深圳市宝安区沙井街道新桥芙蓉工业区第十座厂房一、二楼			邮政编码	518125	法人姓名	叶润强
评定时间	2013.5.31	注册日期	2006.6.28	报关有效期	长期	注册资本	650 万美元
主营范围	自行开发生产新型电子元器件、新型仪表元器件、汽车关键零部件及汽车电子装置，销售公司产品并提供售后服务。						

企业名称	史丹利百得精密制造（深圳）有限公司			海关编码	440304604L	所属海关	南头海关
通讯地址	广东省深圳市宝安区石岩街道水田社区捷和工业城 B 栋			邮政编码	518108	法人姓名	QIN ZOU
评定时间	2012.11.12	注册日期	2012.9.25	报关有效期	长期	注册资本	1000 万美元
主营范围	生产经营电动工具、吸尘器、花园工具、墙纸机、清洁机及以上产品相关配件，从事上述产品的批发、佣金代理（拍卖除外）、进出口及相关配套业务。（不涉及国营贸易管理商品，涉及配额、许可证管理及其他专项规定管理的商品，按国家有关规定办理申请）						

企业名称	福华根记制衣（深圳）有限公司			海关编码	440304605F	所属海关	南头海关
通讯地址	广东省深圳市光明新区公明办事处下村社区第二工业区 15 号			邮政编码	518106	法人姓名	凌智胜
评定时间	2012.12.27	注册日期	2012.10.9	报关有效期	长期	注册资本	10000 万人民币
主营范围	生产经营服装、泳帽、布料印花、衣着附件、布袋。						

企业名称	华高王氏科技（深圳）有限公司			海关编码	440304606F	所属海关	南头海关
通讯地址	广东省深圳市宝安区沙井街道万丰万丈埔工业二区 14 栋 2–3 楼、17 栋 1–4 楼、34 栋 1–3 楼			邮政编码	518104	法人姓名	温民强
评定时间	2012.11.8	注册日期	2012.10.16	报关有效期	长期	注册资本	3000 万美元
主营范围	生产经营五金配件、塑胶配件、电脑设备、电子产品、玩具、IC 卡读写机、平板电脑，进出口货物及技术。（不含分销、国家专营专控商品）						

企业名称	凯荣德玻璃纤维布（深圳）有限公司			海关编码	440304610C	所属海关	南头海关
通讯地址	广东省深圳市宝安区大浪街道同胜社区石龙路西侧玻纤厂第一期厂房第一栋一楼西分隔体			邮政编码	518109	法人姓名	张国平
评定时间	2012.12.27	注册日期	2012.11.14	报关有效期	长期	注册资本	1000 万港币
主营范围	生产经营玻璃纤维布，进出口货物及技术。（不含分销、国家专营专控商品）						

企业名称	泰强精密制造（深圳）有限公司			海关编码	440304610L	所属海关	南头海关
通讯地址	广东省深圳市宝安区西乡街道三围社区三围南路2号1~6层			邮政编码	518102	法人姓名	邝家声
评定时间	2012.12.27	注册日期	2012.11.19	报关有效期	长期	注册资本	3000万港币
主营范围	生产经营塑胶配件、塑胶玩具、塑胶电子玩具、五金塑胶制品、玩具工模、电子配件、电器配件、警报器，开发精密五金，进出口货物及技术。（不含分销、国家专营专控商品）						

企业名称	捷永广建电子（深圳）有限公司			海关编码	440304611F	所属海关	南头海关
通讯地址	广东省深圳市宝安区沙井街道共和第一工业区B区16栋、21栋			邮政编码	518104	法人姓名	孙素欣
评定时间	2013.1.15	注册日期	2012.11.27	报关有效期	长期	注册资本	5000万人民币
主营范围	生产经营模具、塑胶件、线路板（PCB）元件、电线连插头、音箱、家用小电器、电脑周边配件、电子游戏配件、手机充电器、蓝牙耳机、手机发射接收器（不含卫星地面接收设施）、手提电脑游戏小按键盘。						

企业名称	年利亚电子（深圳）有限公司			海关编码	440304619E	所属海关	南头海关
通讯地址	广东省深圳市宝安区西乡镇后瑞村第二工业区5栋、6栋、7栋、8栋			邮政编码	518128	法人姓名	PAUL CHRISTIAN GEORGE ALLAN
评定时间	2013.6.17	注册日期	2013.4.28	报关有效期	长期	注册资本	470万美元
主营范围	生产经营电子防盗器系统、多媒体音视频信号放大转接系统、车库门自动开关装置系统、电源保护装置、音箱及配件、家用吸尘器、家用电器、家用滤水器、塑料五金制品，进出口货物及技术。（不含分销、国家专营专控商品）						

企业名称	海洋纸品印刷（深圳）有限公司			海关编码	440304620J	所属海关	南头海关
通讯地址	广东省深圳市光明新区公明街道玉律社区玉星路65号			邮政编码	518132	法人姓名	陈金雄
评定时间	2013.7.10	注册日期	2013.5.30	报关有效期	长期	注册资本	1500万港币
主营范围	从事货物及技术进出口（不含分销、国家专营专控商品），生产经营纸板、纸箱、纸制品，印刷包装装潢印刷品。						

企业名称	新笙电器（深圳）有限公司			海关编码	440304621S	所属海关	南头海关
通讯地址	广东省深圳市宝安区福永街道西环路与荔园路交汇处东北侧1号、2号、3号、4号、5号厂房			邮政编码	518103	法人姓名	吴冠忠
评定时间	2013.8.9	注册日期	2013.7.9	报关有效期	长期	注册资本	7600万人民币
主营范围	生产经营家用小电器及其配件、雪糕机、雪糕加工机、剪草机、胶袋缝合机，进出口货物及技术。（不含分销、国家专营专控商品）						

企业名称	深圳东洋旺和实业有限公司		海关编码	440304630E	所属海关	南头海关
通讯地址	广东省深圳市宝安区沙井街道和二鸿奔工业区 4~9 栋		邮政编码	518104	法人姓名	吉岗辉繁
评定时间	2009.3.17	注册日期 1994.12.28	报关有效期	长期	注册资本	1500 万美元
主营范围	生产经营精密电器、小型机电制品的零部件，产品 70% 外销。增加：从事非配额许可证管理、非专营商品的收购出口业务。					

企业名称	维珍妮内衣（深圳）有限公司		海关编码	440304631D	所属海关	南头海关
通讯地址	广东省深圳市光明新区公明办事处玉律社区层摇工业区 2 号		邮政编码	518132	法人姓名	洪游历
评定时间	2014.6.10	注册日期 2014.5.15	报关有效期	长期	注册资本	2000 万港币
主营范围	生产经营胸杯、胸围、内衣、内裤、鞋子，从事货物及技术进口。（不含分销及国家专营、专控产品）					

企业名称	深圳市景旺电子股份有限公司		海关编码	440313813Q	所属海关	南头海关
通讯地址	广东省深圳市宝安区西乡镇铁岗村		邮政编码	518102	法人姓名	刘绍柏
评定时间	2009.8.20	注册日期 2004.1.19	报关有效期	长期	注册资本	15600 万人民币
主营范围	生产经营双面线路板、多层线路板、柔性线路板。（法律、行政法规禁止的项目除外，限制的项目须取得许可后方可经营）					

企业名称	深圳国瓷永丰源股份有限公司		海关编码	440313813U	所属海关	南头海关
通讯地址	广东省深圳市宝安区观澜镇环观南路永丰源工业区 2 栋		邮政编码	518001	法人姓名	刘权辉
评定时间	2011.8.31	注册日期 1998.6.1	报关有效期	长期	注册资本	20000 万人民币
主营范围	陶瓷产品的批发、佣金代理（拍卖除外）、进出口及相关配套业务。（不涉及国营贸易管理商品，涉及配额、许可证管理及其他专项规定管理的商品，按国家有关规定办理申请）					

企业名称	稳健实业（深圳）有限公司		海关编码	440313814T	所属海关	南头海关
通讯地址	广东省深圳市龙华新区布龙路 660 号稳健工业园		邮政编码	518131	法人姓名	李建全
评定时间	2009.8.20	注册日期 2000.9.14	报关有效期	长期	注册资本	21798.61 万港币
主营范围	生产经营卫生材料、敷料及制品、医用服装、纺织品、无纺布制品及成型包装（上述产品 100% 外销，不含国家出口许可证管理商品）、相关产品一次性消耗品及成型包装，从事以上产品及棉花的批发、佣金代理（拍卖除外）、进出口和其他相关配套业务（涉及配额许可证管理、专项规定管理的商品按国家有关规定办理），提供灭菌技术服务（须取得相关资质方可经营，按有关规定办理申请）。					

企业名称	利丰制粒（深圳）有限公司		海关编码	440314999K	所属海关	南头海关
通讯地址	广东省深圳市宝安区松岗街道塘下涌第二工业大道 20 号第 2 栋		邮政编码	518105	法人姓名	郭文超
评定时间	2012.8.6	注册日期 2012.7.2	报关有效期	长期	注册资本	140 万美元
主营范围	生产经营 PVC 塑胶粒。					

企业名称	深圳市宝安区福永汇利五金制品厂		海关编码	44039B2216	所属海关	南头海关
通讯地址	广东省深圳市宝安区福永塘尾工业区工业大道		邮政编码	518103	法人姓名	邓仲坤
评定时间	2009.8.28	注册日期 1999.1.28	报关有效期	长期	注册资本	0美元
主营范围	生产经营非取向性硅电钢片、涂绝缘层非合金钢片、EI型铁芯片、电动机芯片、马达配件。					

企业名称	深圳市宝安区福永塘尾汇利五金厂		海关编码	44039B2223	所属海关	南头海关
通讯地址	广东省深圳市福永塘尾工业区		邮政编码	518103	法人姓名	邓仲坤
评定时间	2009.8.28	注册日期 1995.12.11	报关有效期	长期	注册资本	0美元
主营范围	生产经营五金制品。					

企业名称	深圳市宝安区松岗镒胜制品厂		海关编码	44039B4404	所属海关	南头海关
通讯地址	广东省深圳市宝安区松岗街道塘下涌大道旁第1栋		邮政编码	518105	法人姓名	陈炜平
评定时间	2009.8.24	注册日期 1991.11.29	报关有效期	长期	注册资本	0港币
主营范围	生产经营电线、电器制品、电子脚踏开关。					

企业名称	宝安区观澜宝德玩具厂		海关编码	44039B6398	所属海关	南头海关
通讯地址	广东省深圳市观澜街道牛湖社区		邮政编码	518110	法人姓名	陈文胜
评定时间	2009.8.28	注册日期 1989.9.25	报关有效期	长期	注册资本	0港币
主营范围	生产经营玩具、无纺过滤性口罩。					

企业名称	深圳盛和阳集团股份有限公司		海关编码	4403136132	所属海关	沙湾海关
通讯地址	广东省深圳市龙岗区坪山镇富山工业区1栋（仅限办公）		邮政编码	518118	法人姓名	刘万生
评定时间	2012.11.15	注册日期 1998.5.27	报关有效期	长期	注册资本	4500万人民币
主营范围	生产纺织纱线、纺织印染、化纤制品长毛绒布、毛毯、各类毛绒玩具、智能玩具、服装、服饰、室内装饰布，销售自产产品，从事普通货运（道路运输经营许可证有效期至2016年3月1日止）。					

企业名称	深圳中集专用车有限公司		海关编码	4403930073	所属海关	沙湾海关
通讯地址	广东省深圳市坪山新区坪山锦龙大道1号		邮政编码	518118	法人姓名	李贵平
评定时间	2009.3.24	注册日期 2004.6.28	报关有效期	长期	注册资本	20000万人民币
主营范围	开发、生产、销售各种高技术、高性能的专用车、改装车、特种车、半挂车系列（上述产品须经国家主管部门发布公告后方可生产）及其零部件、公路、港口新型机械设备、集装箱、折叠箱、特种集装箱、一般机械产品及金属结构，提供产品售后技术服务。					

企业名称	华为终端有限公司			海关编码	4403930090	所属海关	沙湾海关
通讯地址	广东省深圳市龙岗区坂田华为基地 B 区 2 号楼			邮政编码	518129	法人姓名	郭平
评定时间	2009.11.5	注册日期	2004.7.30	报关有效期	长期	注册资本	76363.64 万人民币
主营范围	开发、生产、销售通信电子产品及配套产品，并提供技术咨询和售后服务，经营进出口业务（不含分销）。						

企业名称	比亚迪股份有限公司			海关编码	4403937368	所属海关	沙湾海关
通讯地址	广东省深圳市龙岗区葵涌镇延安路			邮政编码	518119	法人姓名	王传福
评定时间	2008.12.19	注册日期	2003.5.8	报关有效期	长期	注册资本	247600 万人民币
主营范围	锂离子电池及其他电池、充电器、电子产品、仪器仪表、柔性线路板、五金制品、液晶显示器、手机零配件、模具、塑胶制品及其相关附件的生产、销售；道路普通货运（道路运输经营许可证有效期至 2016 年 8 月 15 日）；3D 眼镜、GPS 导航产品的研发、生产及销售；货物及技术进出口（不含分销、国家专营专控商品）；作为比亚迪汽车有限公司比亚迪品牌乘用车、电动车的总经销商，从事上述品牌的乘用车、电动车及其零部件的营销、批发和出口，提供售后服务；电池管理系统、换流柜、逆变柜 / 器、汇流箱、开关柜、储能机组的销售。						

企业名称	立信染整机械（深圳）有限公司			海关编码	4403940323	所属海关	沙湾海关
通讯地址	广东省深圳市龙岗区南湾街道丹竹头工业区立信路 17~19 号			邮政编码	518114	法人姓名	冀新
评定时间	2008.12.19	注册日期	1991.3.14	报关有效期	长期	注册资本	2250 万美元
主营范围	生产经营纺织品染整机械及配件、铸造配件、不锈钢管和不锈钢板材表面加工（许可证管理和配额限制的产品除外），销售立信梁整机械集团在中国投资设厂的染整机械系列产品及其自产产品的技术咨询服务。增加：承接染整机械及零配件的加工。增加：生产经营各类新型纺织机械成套设备及零配件，从事货物及技术进出口（不含分销及国家专营专控商品）。						

企业名称	世界塑胶餐垫（宝安）有限公司			海关编码	4403940327	所属海关	沙湾海关
通讯地址	广东省深圳市坪山新区坪山街道东纵路 403 号			邮政编码	518118	法人姓名	李达兴
评定时间	2009.6.19	注册日期	1989.1.1	报关有效期	长期	注册资本	36000 万港币
主营范围	生产加工塑胶及各类餐垫、杯垫、餐巾、餐巾圈、洗碟布、挂历、厨房隔热手套、煲垫、围裙、胶台布、胶浴帘、喷胶棉、PVC 胶布，生产经营彩盒、纸袋等纸制包装品，生产、加工、销售绣花毛巾、印花毛巾、印花辘等产品，产品 80%外销，从事非配额许可证管理、非专营商品的收购出口。增加：生产、加工销售 PE 胶袋、PP 胶袋、PVC 胶袋。						

企业名称	美利达自行车（中国）有限公司			海关编码	4403940375	所属海关	沙湾海关
通讯地址	广东省深圳市龙岗区布吉街道吉华路 278 号			邮政编码	518112	法人姓名	曾崧柱
评定时间	2011.5.24	注册日期	1990.7.12	报关有效期	长期	注册资本	1228 万美元
主营范围	生产经营自行车及零件。增加：生产经营运动器材。增加：生产经营电动自行车及零件，并从事上述商品的批发、进出口及相关配套业务（不涉及国营贸易管理商品，涉及配额、许可证管理及其它专项规定管理的商品，按国家有关规定办理申请）。在北京、上海、石家庄、郑州、沈阳、成都、济南、福州、长沙设立分支机构；增加设立：西安、昆明、南京、武汉分支机构；增加设立：太原、南昌、杭州、南宁分支机构；增加设立：天津分支机构。						

企业名称	赐昌鞋业（深圳）有限公司			海关编码	4403940777	所属海关	沙湾海关
通讯地址	广东省深圳市龙岗区横岗街道保安社区赐昌路 8 号			邮政编码	518115	法人姓名	陈志忠
评定时间	2012.11.15	注册日期	2014.3.10	报关有效期	长期	注册资本	600 万美元
主营范围	生产经营各种鞋及半成品（消防合格后方可经营），产品 100%外销。						

企业名称	华得电子（深圳）有限公司			海关编码	4403941378	所属海关	沙湾海关
通讯地址	广东省深圳市龙岗区中心城龙平西路 160 号 2 号厂房第 4 层			邮政编码	518172	法人姓名	LI MING FANG
评定时间	2009.1.4	注册日期	2002.5.16	报关有效期	长期	注册资本	1700 万美元
主营范围	生产加工经营各种语音合成技术的小型家用电子产品，其中钟表、计算器、收音机、录音机 100%外销，其他产品 70%外销；生产经营音箱，增营产品 10%外销；生产经营家庭影院影音设备、电子防盗器、DVD 机及半成品、MP3 机、CD 机、数字电视机、数码类小家电、数码类电子礼品。						

企业名称	力嘉包装（深圳）有限公司			海关编码	4403941521	所属海关	沙湾海关
通讯地址	广东省深圳市龙岗区横岗街道力嘉路 98 号			邮政编码	518115	法人姓名	马伟武
评定时间	2008.12.19	注册日期	1993.9.9	报关有效期	长期	注册资本	15290 万港币
主营范围	生产经营彩盒、彩咭、纸制品、纸箱、纸板、各式相簿等产品，从事各类玩具、文具、绘画册纸包装业务，境外商品包装全部外销，批发各类纸制品，租赁自有物业，物业管理，数码摄影。						

企业名称	中华商务联合印刷（广东）有限公司			海关编码	4403943167	所属海关	沙湾海关
通讯地址	广东省深圳市龙岗区平湖镇春湖工业区 10 栋			邮政编码	518111	法人姓名	梁兆贤
评定时间	2013.5.31	注册日期	1995.12.12	报关有效期	长期	注册资本	1881 万美元
主营范围	从事各类印刷业务，产品 70% 外销。						

企业名称	太平洋电线电缆（深圳）有限公司			海关编码	4403943222	所属海关	沙湾海关
通讯地址	广东省深圳市龙岗区宝龙工业城锦龙四路 9 号			邮政编码	518116	法人姓名	GONG WEI
评定时间	2008.12.19	注册日期	1995.12.25	报关有效期	长期	注册资本	1660 万美元
主营范围	生产经营各类线缆产品（包括漆包线、电子线、电力电缆、通信电缆）及其相关附件，从事各类线缆技术设计、工程规划及技术咨询服务，产品 60%外销。						

企业名称	中磊石材（深圳）有限公司			海关编码	4403944629	所属海关	沙湾海关
通讯地址	广东省深圳市龙岗区布吉镇坂田正坑水库口			邮政编码	518129	法人姓名	张卫文
评定时间	2011.9.1	注册日期	2014.3.3	报关有效期	长期	注册资本	4000 万港币
主营范围	新型建筑材料及高档环保型装饰修材料的生产经营，建筑材料、装饰装修的批发、佣金代理（不含拍卖）、进出口及相关配套业务。（不涉及国营贸易管理商品，涉及配额、许可证管理及其他专项定管理的商品，按国家有关规定办理申请）						

企业名称	高峰创建家私（深圳）有限公司			海关编码	4403945080	所属海关	沙湾海关
通讯地址	广东省深圳市龙岗区葵涌镇雷公山高峰创建工业园			邮政编码	518119	法人姓名	林永安
评定时间	2008.12.19	注册日期	2011.3.3	报关有效期	长期	注册资本	400 万美元
主营范围	生产经营各类沙发、茶几及鞋柜。						

企业名称	连展科技（深圳）有限公司			海关编码	4403945595	所属海关	沙湾海关
通讯地址	广东省深圳市坪山新区兰景中路 2 号			邮政编码	518118	法人姓名	林肇聪
评定时间	2009.8.28	注册日期	2001.3.13	报关有效期	长期	注册资本	1760 万美元
主营范围	开发、生产经营用于电脑、电子、通讯产品的连接器、元器件、配套件、五金件、塑胶元器件、锂离子电池块、新型电子元器件、光电器件、无线局域网络卡、访问节点连接器、设备用电线、天线、塑料模具和冲压模具，从事上述同类产品的批发、进出口及相关配套业务（涉及配额许可证管理、专项规定管理的商品按国家有关规定办理），开发、生产经营仪用接插件、发光二极管、有机发光二极管、半导体零组件、风力发电设备。						

企业名称	信义汽车玻璃（深圳）有限公司			海关编码	4403945832	所属海关	沙湾海关
通讯地址	广东省深圳市龙岗区横岗镇 228 工业区信义路			邮政编码	518115	法人姓名	李贤义
评定时间	2009.7.30	注册日期	2009.5.31	报关有效期	长期	注册资本	35380.7398 万人民币
主营范围	生产经营进口汽车专用玻璃产品，研究发展新产品，产品 60% 外销。增加：生产建筑玻璃（不含现行许可证管理的产品），产品 80% 外销。增加：生产经营玻璃制造设备、玻璃金属家具系列产品，产品 80% 外销。增加：玻璃金属门窗制品、橡胶配件制品，增营产品 80% 外销，在罗湖区贝丽南路 3 号楼底层北端及南山区南油路 2240 号设立非法人分支机构，销售公司自产产品。增加：生产、加工压延玻璃，增营产品 80% 外销。增加：生产加工包装金属料、玻璃深加工模具、丝网、磨轮、玻璃设备零配件、包装木料。增加：生产经营无机非金属制品、特种玻璃（太阳热反射特种玻璃、防弹特种玻璃、汽车专用特种玻璃、环保自洁特种玻璃）。增加：普通货运、货物专用运输（集装箱）。						

企业名称	天基电气（深圳）有限公司			海关编码	4403946188	所属海关	沙湾海关
通讯地址	广东省深圳市龙岗区龙岗街道新生莱茵路 30 号天基工业园			邮政编码	518116	法人姓名	叶平东
评定时间	2010.9.8	注册日期	2001.12.26	报关有效期	长期	注册资本	15000 万港币
主营范围	各种电开关制、电插座、电插头、接线头、铁面开关、排苏、钉仔合、空气开关、漏电开关、漏电开关箱、节能灯、照明灯盘的加工、生产，塑胶模具、胶木模具、五金冲压模具的设计与制造，上述产品的批发、佣金代理（不含拍卖）、进出口及相关配套业务。（不涉及国营贸易管理商品，涉及配额、许可证管理及其他专项规定管理的商品，按国家有关规定办理申请）。						

企业名称	中万印刷（深圳）有限公司			海关编码	4403946300	所属海关	沙湾海关
通讯地址	广东省深圳市龙岗区横岗街道红棉四棉 25 号 1 栋			邮政编码	518115	法人姓名	林三明
评定时间	2011.3.25	注册日期	2011.2.11	报关有效期	长期	注册资本	6000 万人民币
主营范围	从事包装装潢印刷品印刷，销售自产产品，从事货物及技术进出口（不含分销）。						

企业名称	赐昱科技（深圳）有限公司			海关编码	4403946493	所属海关	沙湾海关
通讯地址	广东省深圳市龙岗区龙城街道新联社区嶂背工业区园湖路322号			邮政编码	518172	法人姓名	苏启声
评定时间	2008.12.19	注册日期	2002.5.27	报关有效期	长期	注册资本	5500万美元
主营范围	从事鞋类制品、塑胶制品、保护套、电子产品、电脑产品、配件及相关配套产品的生产经营及研发，从事货物及技术进出口（不含进口分销及国家专营专控商品）。						

企业名称	伯恩光学（深圳）有限公司			海关编码	4403946606	所属海关	沙湾海关
通讯地址	广东省深圳市龙岗区横岗六约金泉工业区四路7号			邮政编码	518112	法人姓名	杨建文
评定时间	2012.11.15	注册日期	2002.6.27	报关有效期	长期	注册资本	52293.1万港币
主营范围	生产加工水晶玻璃、屏蔽电磁波玻璃、高档（电子）玻璃、显示屏镜片、PC胶片、PET胶片、PMMA胶片，销售自产产品。						

企业名称	兄弟工业（深圳）有限公司			海关编码	4403947147	所属海关	沙湾海关
通讯地址	广东省深圳市龙岗区宝龙工业城锦龙三路5号			邮政编码	518116	法人姓名	石川博
评定时间	2008.12.19	注册日期	2010.11.10	报关有效期	长期	注册资本	2700万美元
主营范围	从事新型激光打印机、喷墨打印机、其他打印机、精密多功能机、传真机及其相关半成品和零部件和上述产品所用的工具、器具、模具、机械设备、软件的研发、设计、生产和销售，提供售后技术、维修、检测（不涉及进出口商品的检验鉴定）及包装服务。						

企业名称	耀邦织造（深圳）有限公司			海关编码	4403948801	所属海关	沙湾海关
通讯地址	广东省深圳市坪山新区坑梓中兴路中兴工业区			邮政编码	518122	法人姓名	陈文龙
评定时间	2010.1.4	注册日期	2005.3.7	报关有效期	长期	注册资本	8880万港币
主营范围	高档织物面料的织造及后整理加工，货物及技术进出口（不含分销、国家专营声控商品）。增加：加工服装半成品及服装整烫业务，各类纱线整理加工。						

企业名称	兄弟高科技（深圳）有限公司			海关编码	4403949821	所属海关	沙湾海关
通讯地址	广东省深圳市龙岗区南湾街道南岭黄金园工业第六号区			邮政编码	518114	法人姓名	石川博
评定时间	2008.12.19	注册日期	2006.5.29	报关有效期	长期	注册资本	1500万美元
主营范围	从事新型激光打印机、喷墨打印机、其他打印机、精密多功能机、传真机及其相关半成品、零部件和上述产品所用的工具、器具、模具、机械设备的研发、设计、生产和销售，提供售后技术、维修、检测及包装服务，上述产品的相关软件的研发、设计和销售。						

企业名称	祐富百胜宝电器（深圳）有限公司			海关编码	440394199A	所属海关	沙湾海关
通讯地址	广东省深圳市坪山新区兰金七路8号			邮政编码	518118	法人姓名	黄启昌
评定时间	2012.9.17	注册日期	2012.7.11	报关有效期	长期	注册资本	1080万美元
主营范围	生产经营家庭电器（风筒卷发器等）、电子产品，从事货物及技术进出口（不含分销）。						

企业名称	广东省深圳市龙岗区横岗镇黄阁坑雅骏眼镜制造厂		海关编码	44039BA298	所属海关	沙湾海关
通讯地址	广东省深圳市横岗镇黄阁坑大围村		邮政编码	518115	法人姓名	王财富
评定时间	2009.8.28	注册日期 1987.10.1	报关有效期	长期	注册资本	30000 万港币
主营范围	生产经营各款眼镜、钛眼镜制品、眼镜镜片。					

企业名称	TCL 集团股份有限公司		海关编码	4413311002	所属海关	深惠州关
通讯地址	广东省惠州市仲恺高新技术开发区 19 号小区		邮政编码	516001	法人姓名	李东生
评定时间	2008.12.18	注册日期 1999.8.30	报关有效期	长期	注册资本	945241.33 万人民币
主营范围	研发、开发、生产、销售电子产品及通讯设备、新型光电、液晶显示器件、五金交电、VCD 及 DVD 视盘机、家庭影院系统、电子计算机及配件、电池、数字卫星电视接收机、建筑材料、普通机械，提供电子计算机技术服务，经营货运仓储、影视器材维修、废旧物资回收、房地产开发、货物及技术进出口，经营创业投资业务及创业投资咨询，受托管理其他创业投资机构的创业投资资本，为创业企业提供创业管理服务，参与发起创业投资机构与投资管理顾问机构。（依法须经批准的项目，经相关部门批准后方可开展经营活动）					

企业名称	信华精机有限公司		海关编码	4413331019	所属海关	深惠州关
通讯地址	广东省惠州市仲恺高新技术开发区惠风西二路 26 号		邮政编码	516001	法人姓名	寺田明彦
评定时间	2008.12.18	注册日期 1986.7.17	报关有效期	长期	注册资本	1950 万美元
主营范围	设计、制造与销售 CD/DVD 机芯及伺服解码板等汽车娱乐系统的关健零部件及整机方案、汽车电子装置（车身电子控制系统）和关健零部件及整机方案、VCD、DVD 等影视音响产品、GPS 导航模块、嵌入式软件、无线通讯及数字广播产品用模块、电源管理系统、电子书及其它消费类产品、监控与安防产品、特种灯、UV 镜及其它光学元器件、光学组件、光学仪器、工厂自动化设备及工装夹具、可编程序控制器，制造与销售激光头、移动通讯系统交换设备、网络路由器、网络连接器、手机、电话等通信产品、各类线路板组件、打印机及其组件、电子游戏机及其激光模组组件，上述产品在国内外市场销售。					

企业名称	惠州三星电子有限公司		海关编码	4413331034	所属海关	深惠州关
通讯地址	广东省惠州市仲恺高新技术产业开发区陈江街道仲恺六路 256 号		邮政编码	516006	法人姓名	郑秀燃
评定时间	2008.12.18	注册日期 1993.5.1	报关有效期	长期	注册资本	7989.9 万美元
主营范围	生产镭射影音系列产品（CD、LD、VCD、DVD 等组合产品和单一产品）、镭射机芯产品、数字式录放机（DAT、MD、录音笔、MP3、MP4）、显示器（CDT、LCD）、彩色电视机、移动通信系统手机、第三代机后续移动通信系统手机、移动通信网络设备、移动互联网设备（有音视频播放功能）（MID）、便携式数字自动数据处理设备（TABLE PC），提供上述产品的销售和售后服务，批发、进出口上述产品相关零部件、配套商品。（不设店铺，不涉及国营贸易管理商品，涉及配额许可证管理商品的，按国家有关规定办理申请）					

企业名称	乐金电子（惠州）有限公司		海关编码	4413332001	所属海关	深惠州关
通讯地址	广东省惠州仲恺高新区惠风四路 42 号		邮政编码	516006	法人姓名	池周焕
评定时间	2008.12.19	注册日期 2008.12.2	报关有效期	长期	注册资本	2250 万美元
主营范围	各式收音、音响设备、CD、VCD、DVD、CD-ROM、CD-RW、DVD-ROM、手提电脑光驱（CD-ROM、CD-RW、DVD-ROM）的影音设备及相关零件制造，产品 80% 外销，20% 内销［增资新增手提电脑光驱（CD-ROM、CD-RW、DVD-ROM）100% 外销］；DVD-RW、便携式卫星导航器的生产和销售；电子产品零配件及产成品的批发、进出口业务及相关配套业务（不设店铺、不涉及国营贸易管理商品；涉及配额、许可证管理商品的，按国家有关规定办理申请）；网络连接存储器等电子产品的生产和销售，产品 90% 外销，10% 内销；手机无线充电器的生产，智能打印机的生产，保安监控系列产品的生产，产品在国内外市场销售。					

企业名称	惠州震雄铜导体有限公司		海关编码	4413341045	所属海关	深惠州关
通讯地址	广东省惠州市仲恺高新技术开发区陈江街道办大欣工业区第五区		邮政编码	516008	法人姓名	蔡伟
评定时间	2009.1.5	注册日期 2006.1.4	报关有效期	长期	注册资本	1000 万美元
主营范围	生产销售各类铜及铜合金导体、导线、漆包线，产品在国内外市场销售，从事公司自产产品同类商品及其原材料批发及进出口业务。（不涉及国营贸易管理商品，涉及配额、许可证管理商品的，按国家有关规定办理申请）					

企业名称	索尼精密部件（惠州）有限公司		海关编码	4413341051	所属海关	深惠州关
通讯地址	广东省惠州市惠台工业园区惠风东一路 9 号		邮政编码	516006	法人姓名	铃木秀幸
评定时间	2008.12.18	注册日期 1995.11.20	报关有效期	长期	注册资本	7935 万美元
主营范围	生产经营新型电子元器件［混合集成电路，光电子器件、组件即 CD、VCD、DVD、CD-RW、GAME 激光头等精密电子零部件及微电机、机芯（不含录像机机芯）］，制造数字摄录机、数字录放机、数字放声设备，生产新型平板显示器生产，制造电子专用设备［新型电子元器件组装设备、新型平板显示器件组装设备、贴片机（实装机）］，提供售后服务。产品在国内外市场销售。提供技术支援，设备调试，经营管理业务指导、咨询等服务。					

企业名称	惠阳源高电器有限公司		海关编码	4413341191	所属海关	深惠州关
通讯地址	广东省惠州市仲恺区陈江镇青春管理区		邮政编码	516229	法人姓名	陈春惠
评定时间	2009.1.15	注册日期 1994.2.1	报关有效期	长期	注册资本	1370 万美元
主营范围	生产销售各种高级吊扇，灯饰，电热水瓶，家用电动器具及其零配件，不锈钢餐具、器皿及其他小五金等制成品及半成品，农业灌溉用新型抽水泵及其零配件，艺术桌扇、艺术立扇、旋转扇等成品、半成品及其零配件。产品 100% 外销。					

企业名称	惠阳国威运动器材有限公司		海关编码	4413341192	所属海关	深惠州关
通讯地址	广东省惠州市仲恺高新区沥林镇		邮政编码	516035	法人姓名	李明宗
评定时间	2008.12.18	注册日期 1992.6.9	报关有效期	长期	注册资本	2850 万美元
主营范围	生产和销售各类运动器材、烧烤炉具、电动玩具、汽车零配件、电器电子零件及五金塑胶配件（不含电镀），产品在国内外市场销售。（依法须经批准的项目，经相关部门批准后方可开展经营活动）					

企业名称	惠州时代电池有限公司			海关编码	4413341194	所属海关	深惠州关
通讯地址	广东省惠州市古塘坳工业区			邮政编码	516008	法人姓名	汤信源
评定时间	2009.3.17	注册日期	2003.12.8	报关有效期	长期	注册资本	940 万美元
主营范围	设计、制造和销售无汞碱锰电池、镍氢电池、锂离子电池及各类型电池和以上电池的组合电池及零配件等产品，产品在国内外市场销售。						

企业名称	惠州宏利五金塑胶制品厂有限公司			海关编码	4413341210	所属海关	深惠州关
通讯地址	广东省惠州市惠城区街道办事处平南工业区 49 号小区			邮政编码	516006	法人姓名	陈超婷
评定时间	2008.12.18	注册日期	2008.11.21	报关有效期	长期	注册资本	13065 万港币
主营范围	生产和销售不锈钢、塑胶制品，从事公司自产产品同类商品和各种家用电器、厨具、餐具、清洁洗刷用品、卫浴用品、灯饰、家用纺织品、玻璃、陶瓷、金属工艺品、干花卉、人造花卉的批发和进出口业务（不设店铺，不含电镀工序，涉及配额许可证管理、专项规定管理的商品按国家有关规定办理），公司产品在国内外市场销售。						

企业名称	惠阳亚伦塑胶电器实业有限公司			海关编码	4413341227	所属海关	深惠州关
通讯地址	广东省惠州市惠城区沥林镇沥林村			邮政编码	516035	法人姓名	张丽珍
评定时间	2009.3.17	注册日期	1996.1.22	报关有效期	长期	注册资本	10000 万港币
主营范围	生产经营塑胶制品、家用电动器具、家用电热器具、电热理发器具、电动理发器具、电护理器具、按摩器具、玩具（包括塑胶玩具、塑胶电动玩具、塑胶电子玩具等）、贱金属制品等，产品 100% 外销。						

企业名称	雅美工业（惠阳）有限公司			海关编码	4413341228	所属海关	深惠州关
通讯地址	广东省惠州市惠城区沥林镇沥林村			邮政编码	516035	法人姓名	张丽珍
评定时间	2009.3.24	注册日期	1992.10.15	报关有效期	长期	注册资本	7500 万港币
主营范围	制造玩具（包括塑胶玩具、塑胶电动玩具、塑胶电子玩具），马达、微型马达及其配件，塑胶制品，家用电动器具，家用电热器具，电热、电动理发器具，电护理器具，按摩器具，贱金属制品等。产品 100% 外销。						

企业名称	TCL 王牌电器（惠州）有限公司			海关编码	4413342007	所属海关	深惠州关
通讯地址	广东省惠州市仲恺高新技术开发区 19 号小区			邮政编码	516006	法人姓名	HAO YI
评定时间	2008.12.19	注册日期	1997.12.15	报关有效期	长期	注册资本	50000 万港币
主营范围	研究、开发、生产、销售数字（数码）电子类产品、通讯设备（包括 VCD、DVD 视盘机，模拟、数字、及背投影彩色电视机，机顶盒，家庭影院系统，电子计算机及配件，家庭电器，空调制品，监视器）及相关配套的注塑零部件（涉及国家限制类及出口许可证管理产品除外），出口 TCL 集团股份有限公司及成员企业自产产品配套的相关或同类商品，租赁设备，提供信息系统及软件服务，提供业务流程管理服务。（依法须经批准的项目，经相关部门批准后方可开展经营活动）						

企业名称	惠州 TCL 移动通信有限公司		海关编码	4413342022	所属海关	深惠州关
通讯地址	广东省惠州仲恺高新区和畅七路西 86 号		邮政编码	516006	法人姓名	廖旭东
评定时间	2009.8.24	注册日期 2004.10.15	报关有效期	长期	注册资本	19960 万美元
主营范围	开发、制造、销售移动通信数字终端设备、电子计算机、平板电脑、家庭网关、机顶盒、调制解调器、电话设备等产品及与各产品的相关附件和其他关联产品，并提供相关服务，开发、销售软件产品并提供相关服务，从事本公司生产产品的同类商品的批发、进出口、佣金代理（拍卖除外）及相关业务。（不设店铺，不涉及国营贸易管理商品，涉及配额、许可证管理商品的，按国家有关规定办理申请）					

企业名称	惠信精密部件有限公司		海关编码	4413932012	所属海关	深惠州关
通讯地址	广东省惠州市仲恺高新技术开发区惠风东二路 40 号		邮政编码	516006	法人姓名	大塚照夫
评定时间	2009.1.13	注册日期 2010.3.9	报关有效期	长期	注册资本	137591.5 万日元
主营范围	制造机芯、模具及其他电子、电器产品的金属塑胶零部件、小型风力发电机，其中小型风力发电机 100% 外销，其余产品 55% 外销；生产大容量光磁盘驱动器及其关键件、高密度数字光盘机用关键件，产品在国内外市场销售。					

企业名称	惠州三星电子有限公司		海关编码	4413932551	所属海关	深惠州关
通讯地址	广东省惠州市仲恺高新技术产业开发区陈江街道仲恺六路 256 号		邮政编码	516006	法人姓名	郑秀燃
评定时间	2008.12.19	注册日期 1993.5.1	报关有效期	长期	注册资本	7989.9 万美元
主营范围	生产镭射影音系列产品（CD、LD、VCD、DVD 等组合产品和单一产品）、镭射机芯产品、数字式录放机（DAT、MD、录音笔、MP3、MP4）、显示器（CDT、LCD）、彩色电视机、移动通信系统手机、第三代机后续移动通信系统手机、移动通信网络设备、移动互联网设备（有音视频播放功能）（MID）、便携式数字自动数据处理设备（TABLE PC），提供上述产品的销售和售后服务，产品在国内外市场销售，批发和进出口上述产品相关零部件、配套商品。（不设店铺，不涉及国营贸易管理商品，涉及配额、许可证管理商品的，按国家有关规定办理申请）					

企业名称	惠阳国威运动器材有限公司		海关编码	4413940005	所属海关	深惠州关
通讯地址	广东省惠州市仲恺高新区沥林镇		邮政编码	516035	法人姓名	李明宗
评定时间	2008.12.19	注册日期 1992.6.9	报关有效期	长期	注册资本	2850 万美元
主营范围	生产和销售各类运动器材、烧烤炉具、电动玩具、汽车零配件、电器电子零件及五金塑胶配件（不含电镀），产品在国内外市场销售。（依法须经批准的项目，经相关部门批准后方可开展经营活动）					

企业名称	惠阳亚伦塑胶电器实业有限公司		海关编码	4413940022	所属海关	深惠州关
通讯地址	广东省惠州市惠城区沥林镇沥林村		邮政编码	516035	法人姓名	张丽珍
评定时间	2009.3.24	注册日期 1996.1.22	报关有效期	长期	注册资本	10000 万港币
主营范围	生产经营塑胶制品、家用电动器具、家用电热器具、电热理发器具、电动理发器具、电护理器具、按摩器具、玩具（包括塑胶玩具、塑胶电动玩具、塑胶电子玩具等）、贱金属制品等，产品 100% 外销。					

企业名称	惠阳源高电器有限公司		海关编码	4413940150	所属海关	深惠州关
通讯地址	广东省惠州市仲恺区陈江镇青春管理区		邮政编码	516229	法人姓名	陈春惠
评定时间	2009.1.13	注册日期	1994.2.1	报关有效期	长期	注册资本	1370 万美元
主营范围	生产销售各种高级吊扇，灯饰，电热水瓶，家用电动器具及其零配件，不锈钢餐具、器皿及其他小五金等制成品及半成品，农业灌溉用新型抽水泵，其零配件，艺术桌扇、艺术立扇、旋转扇等成品、半成品及其零配件。产品 100% 外销。						

企业名称	惠阳中建电讯制品有限公司		海关编码	4413940295	所属海关	深惠州关
通讯地址	广东省惠州市惠阳区太阳城		邮政编码	516213	法人姓名	郑玉清
评定时间	2008.12.19	注册日期	1999.4.15	报关有效期	长期	注册资本	12000 万港币
主营范围	传真机、电话机、儿童玩具及用品、宽带接入通信系统设备，移动通信系统、移动电话、多媒体播放器、对讲机、塑胶配件、电话配件、音响、电器产品、开关电源器（AC/DC 换能器、充电器）线性电源（变压器、线圈）及新型平板显示器、显示管的设计、开发和生产制造，以上产品的塑胶、电子、五金配件的加工制造（电镀锌除外），空气清新净化机、水净化机、小家电、家庭健康医疗器材（电子体温计、电子血压计、电子血糖计、低脉冲按摩器，产品 100% 外销）、电子温度计、遥控器、电子开关器的加工制造。产品在国内外销。（涉及许可证经营的项目须凭许可证经营）						

企业名称	惠州住电电装有限公司		海关编码	4413940670	所属海关	深惠州关
通讯地址	广东省惠州市大亚湾经济技术开发区西区第一工业园		邮政编码	516083	法人姓名	清水和志
评定时间	2012.12.26	注册日期	2005.4.28	报关有效期	长期	注册资本	900 万美元
主营范围	生产和销售汽车电子装置（含发动机控制系统、底盘控制系统、车身电子控制系统）、汽车关键零部件（组合仪表），生产上述项目相关产品的构成材料和用具，批发上述产品，提供上述相关产品的售后服务，产品在国内外市场销售。						

企业名称	敏华家具制造（惠州）有限公司		海关编码	4413940675	所属海关	深惠州关
通讯地址	广东省惠州市大亚湾区西区龙山一路 68 号敏华工业城		邮政编码	516081	法人姓名	戴全发
评定时间	2009.8.24	注册日期	2005.5.23	报关有效期	长期	注册资本	10200 万美元
主营范围	生产和销售高档家具（含板式家具）、沙发（含高铁座椅、地铁座椅、汽车座椅及头枕、船舶座椅、飞机座椅、按摩椅）、海棉、床垫、床具、床上用品，经营国际货物运输代理（订舱、缮制有关单证、交付运费、结算及交付杂费）、无船承运业务（凭资格登记证经营），从事家具、家居饰品，装修材料商品的批发、零售、进出口业务及其相关配套业务（不设零售店铺，涉及配额、许可证管理、专项规定管理的商品，按国家有关规定办理），产品在国内外市场销售。						

企业名称	惠州大亚湾光弘科技电子有限公司		海关编码	4413940740	所属海关	深惠州关
通讯地址	广东省惠州市大亚湾经济技术开发区响水河工业园永达路 5 号		邮政编码	516083	法人姓名	唐建兴
评定时间	2009.1.13	注册日期	2006.9.25	报关有效期	长期	注册资本	3000 万美元
主营范围	生产经营继电器、电话机、数字录放机、宠物用具、多媒体播放器、数码音乐播放器、线路板组件、打印机及其配件、移动通信系统手机及交换设备、汽车车身电子控制系统、第三代及后续移动通信系统手机及其配件、电脑及其配件、LED 灯及其配件、数码相机、GPS 系统产品、POS 刷卡机和网络交换设备及其配件，产品在国内外市场销售。						

企业名称	惠州大亚湾汇利日用制品有限公司			海关编码	4413940915	所属海关	深惠州关
通讯地址	广东省惠州市大亚湾经济技术开发区黄鱼涌汇利工业城			邮政编码	516081	法人姓名	钟锦明
评定时间	2009.4.21	注册日期	2009.3.18	报关有效期	长期	注册资本	0 美元
主营范围	生产和销售高级塑胶、纸品，印刷包装装潢印刷品（凭印刷经营许可证经营），产品在国内外市场销售。						

企业名称	大统营科技（惠州）有限公司			海关编码	4413941122	所属海关	深惠州关
通讯地址	广东省惠州市惠东县白花镇			邮政编码	516369	法人姓名	林裕原
评定时间	2009.3.24	注册日期	2004.4.21	报关有效期	长期	注册资本	5000 万美元
主营范围	生产电子专用设备、工模具、高档建筑五金件、水暖器材、五金件，开发生产、日用家庭电器、不锈钢厨具、健身器材及日用塑胶五金（电镀除外）等产品，产品在国内外市场销售。						

企业名称	惠东县港惠针织有限公司			海关编码	4413941256	所属海关	深惠州关
通讯地址	广东省惠州市惠东县平山镇太阳坳			邮政编码	516300	法人姓名	边耀圭
评定时间	2012.11.8	注册日期	2011.6.10	报关有效期	长期	注册资本	3900 万港币
主营范围	生产经营各类毛衫、毛衫片和裙等毛织服装产品，采用计算机集成制造系统的服装生产。产品 100% 外销（该企业由三来一补“惠东县港惠毛织厂”转型为外资企业）。						

企业名称	惠州宏利五金塑胶制品厂有限公司			海关编码	4413942041	所属海关	深惠州关
通讯地址	广东省惠州市惠城区街道办事处平南工业区 49 号小区			邮政编码	516006	法人姓名	陈超婷
评定时间	2008.12.19	注册日期	2008.11.21	报关有效期	长期	注册资本	13065 万港币
主营范围	生产和销售不锈钢、塑胶制品，并从事公司自产产品同类商品和各种家用电器、厨具、餐具、清洁洗刷用品、卫浴用品、灯饰、家用纺织品、玻璃、陶瓷、金属工艺品、干花卉、人选花卉的批发和进出口业务（不设店铺，不含电镀工序，涉及配额许可证管理、专项规定管理的商品按国家有关规定办理）。公司产品在国内外市场销售。						

企业名称	华通电脑（惠州）有限公司			海关编码	4413942214	所属海关	深惠州关
通讯地址	广东省惠州市博罗县湖镇镇胡广路 168 号			邮政编码	516139	法人姓名	江培琨
评定时间	2008.12.19	注册日期	1996.6.14	报关有效期	长期	注册资本	11500 万美元
主营范围	设计、制造、加工和销售线宽 0.25 微米及以下大规模集成电路封装用及大中型电子计算机、卫星通信系统、数据通信多媒体系统、接入网通信系统等设备用精密线路板［高密度互连多层印刷线路板（HDI）、多层扰性板（FPC）、IC 封装载板、特种印刷电路板（背板、高频微波板、金属基板和厚铜箔板、埋置元件板、光电印刷板和纳米材料的印制板）］、柔性线路板、半导体封装及其专用材料，销售自产产品，产品在国内外市场销售。从事公司自产产品同类商品进出口及批发、国内采购商品（特种商品除外）的批发业务。（不涉店铺，涉及配额许可证管理、专项规定管理的商品按国家有关规定办理）						

<table>
<tr><td>企业名称</td><td colspan="3">晶惠工业（惠州）有限公司</td><td>海关编码</td><td>4413942401</td><td>所属海关</td><td>深惠州关</td></tr>
<tr><td>通讯地址</td><td colspan="3">广东省惠州市惠城区江北 61 号区（汝湖虾村）</td><td>邮政编码</td><td>516021</td><td>法人姓名</td><td>罗乐风</td></tr>
<tr><td>评定时间</td><td>2010.2.21</td><td>注册日期</td><td>2002.5.8</td><td>报关有效期</td><td>长期</td><td>注册资本</td><td>2186.8 万美元</td></tr>
<tr><td>主营范围</td><td colspan="7">生产棉、毛、针梭织服装及辅料产品，采用计算机集成制造系统的服装生产。产品在国内外市场销售。</td></tr>
</table>

<table>
<tr><td>企业名称</td><td colspan="3">惠州时代电池有限公司</td><td>海关编码</td><td>4413942507</td><td>所属海关</td><td>深惠州关</td></tr>
<tr><td>通讯地址</td><td colspan="3">广东省惠州市古塘坳工业区</td><td>邮政编码</td><td>516008</td><td>法人姓名</td><td>汤信源</td></tr>
<tr><td>评定时间</td><td>2009.3.24</td><td>注册日期</td><td>2003.12.8</td><td>报关有效期</td><td>长期</td><td>注册资本</td><td>940 万美元</td></tr>
<tr><td>主营范围</td><td colspan="7">设计、制造和销售无汞碱锰电池、镍氢电池、锂离子电池及各类型电池和以上电池之组合电池及零配件等产品。产品在国内外市场销售。</td></tr>
</table>

<table>
<tr><td>企业名称</td><td colspan="3">隆发鞋业（惠州）有限公司</td><td>海关编码</td><td>4413942595</td><td>所属海关</td><td>深惠州关</td></tr>
<tr><td>通讯地址</td><td colspan="3">广东省惠州市博罗县龙溪镇龙庭工业区</td><td>邮政编码</td><td>516123</td><td>法人姓名</td><td>苏启声</td></tr>
<tr><td>评定时间</td><td>2010.11.3</td><td>注册日期</td><td>2005.12.2</td><td>报关有效期</td><td>长期</td><td>注册资本</td><td>6000 万美元</td></tr>
<tr><td>主营范围</td><td colspan="7">生产、销售各款鞋类及鞋半成品、鞋配件等。产品在国内外市场销售。</td></tr>
</table>

<table>
<tr><td>企业名称</td><td colspan="3">澳宝化妆品（惠州）有限公司</td><td>海关编码</td><td>4413942636</td><td>所属海关</td><td>深惠州关</td></tr>
<tr><td>通讯地址</td><td colspan="3">广东省惠州市惠城区水口镇横沙工业区</td><td>邮政编码</td><td>516001</td><td>法人姓名</td><td>吴惠城</td></tr>
<tr><td>评定时间</td><td>2012.12.26</td><td>注册日期</td><td>2007.3.30</td><td>报关有效期</td><td>长期</td><td>注册资本</td><td>11500 万港币</td></tr>
<tr><td>主营范围</td><td colspan="7">生产销售洗发护发用品、美容护肤化妆品系列、家庭清洁用品等日用化工产品及合成香料、芳香料（沐浴）礼品套、塑料（木、竹、藤、纸、玻璃、铁、陶瓷等）制化妆系列工艺品，并从事上述产品及其原辅材料的进出口、采购及批发业务。（不设店铺，涉及配额许可证管理、专项规定管理的商品按国家有关规定办理）</td></tr>
</table>

<table>
<tr><td>企业名称</td><td colspan="3">惠州市大亚湾华德石化有限公司</td><td>海关编码</td><td>4413947031</td><td>所属海关</td><td>深惠州关</td></tr>
<tr><td>通讯地址</td><td colspan="3">广东省惠州市大亚湾经济技术开发区</td><td>邮政编码</td><td>516081</td><td>法人姓名</td><td>陈坚</td></tr>
<tr><td>评定时间</td><td>2008.12.5</td><td>注册日期</td><td>2011.7.7</td><td>报关有效期</td><td>长期</td><td>注册资本</td><td>9375.82 万美元</td></tr>
<tr><td>主营范围</td><td colspan="7">经营原油储存、输运，重油及成品油的中转、储存、供应和技术咨询服务，生产经营相关的石化产品、化工原材料和建筑材料，附设油库、加油站及液化气站，原油保税仓库。</td></tr>
</table>

拱北关区

企业名称	广东省中山食品进出口有限公司			海关编码	4420910010	所属海关	中山海关
通讯地址	广东省中山市中山二路 17 号			邮政编码	528401	法人姓名	冯铨祥
评定时间	2011.11.28	注册日期	1995.2.5	报关有效期	长期	注册资本	541 万人民币
主营范围	自营和代理除国家组织统一联合经营的出口商品和国家实行核定公司经营的进口商品以外的商品及技术的进出口业务，开展“三来一补”、进料加工业务，经营对销贸易和转口贸易（按〔1998〕外经贸政审函字第 2189 号文经营），进出口商品内销业务，仓储、货运（分支机构经营），生产宠物用品、金属制品及礼品（分支机构经营），种植树木、花卉、水果（分支机构经营），畜禽饲养、销售、收购（分支机构经营），饲料加工、制造、销售（分支机构经营），加工畜禽肉制品（分支机构经营），种植农作物（分支机构经营），销售蔬菜、谷物、薯类、油料、豆类（分支机构经营），加工、销售农副产品（分支机构经营），生产、销售肥料（分支机构经营）。						

企业名称	广东省中山丝绸进出口集团有限公司			海关编码	4420910019	所属海关	中山海关
通讯地址	广东省中山市石岐悦来南路 28 号			邮政编码	528400	法人姓名	关天计
评定时间	2011.2.22	注册日期	1992.11.25	报关有效期	长期	注册资本	1500 万人民币
主营范围	丝绸、纺织品及其制品的生产、加工，自营和代理各类商品及技术的进出口业务（不另附进出口商品目录），国家规定的专营进出口商品和国家禁止进出口等特殊商品除外，经营进料加工和“三来一补”业务，开展对销贸易和转口贸易，本企业出口商品转内销和进口商品内销业务，茧丝绸收购，仓储业（不含易燃易爆物品），物业租赁。						

企业名称	广东长虹电子有限公司			海关编码	4420913850	所属海关	中山海关
通讯地址	广东省中山市南头镇兴业北路 1 号			邮政编码	528427	法人姓名	叶洪林
评定时间	2008.10.15	注册日期	2003.11.21	报关有效期	长期	注册资本	50000 万人民币
主营范围	生产、销售视频产品、视听产品、电池产品、计算机网络产品、激光读写系列产品、数码相机、摄录一体机、机械产品、计算机产品、通讯设备（不含通讯终端设备）、纸箱（不含印刷）、厨房电器、小家电、电冰箱、洗衣机、空调器、泡沫塑料制品，从事电子元件、电子器件、电子产品零配件、原辅材料的出口业务及国内销售业务，研发生产电视生产线体及模具，网上销售本公司生产的产品，从事设备租赁业务，维修电子产品及零配件，经营本企业自产产品及技术的出口业务和本企业所需的机械设备、零配件、原辅料及技术的进口业务（国家限定公司经营或禁止进出口的商品及技术除外），投资高新科技产业及实业。						

企业名称	中山市南头镇百利进出口有限公司			海关编码	4420913918	所属海关	中山海关
通讯地址	广东省中山市南头镇南头大道西 67 号珠三角家电中心大楼三楼 308 室			邮政编码	528427	法人姓名	朱文东
评定时间	2013.9.30	注册日期	2009.12.2	报关有效期	长期	注册资本	100 万人民币
主营范围	进出口货物、技术。（法律、行政法规禁止的项目除外，法律、行政法规限制的项目须取得许可后方可经营）						

企业名称	中山联合鸿兴造纸有限公司			海关编码	4420930156	所属海关	中山海关
通讯地址	广东省中山市沙溪镇 105 国道中山三桥侧			邮政编码	528471	法人姓名	胡正
评定时间	2008.10.15	注册日期	1995.6.15	报关有效期	长期	注册资本	5366 万美元
主营范围	生产经营各种纸类、纸板、纸制品（书籍、报刊等除外）、瓦楞纸板的原纸、箱板纸，产品境内外销售；生产并销售电力（除配套公司自用外，剩余部分有偿上网）；废纸的收购；在中山市沙溪镇 105 国道中山三桥侧公司内自有码头从事码头和其他港口设施经营；在港区从事货物装卸（凭港口经营许可证经营）。						

企业名称	中山市华锋制锁有限公司			海关编码	4420930683	所属海关	中山海关
通讯地址	广东省中山市小榄镇永宁工业大道南			邮政编码	528415	法人姓名	何文烈
评定时间	2008.10.15	注册日期	1996.12.31	报关有效期	长期	注册资本	478 万美元
主营范围	生产经营各种门锁产品、五金制品、锌合金支架、不锈钢支架、升降滑轮、纸巾架、窗撑固定座、纸箱、金属阁楼梯，印刷包装装潢印刷品（凭许可证经营），产品境内外销售。						

企业名称	品谱五金家居（中山）有限公司			海关编码	4420931668	所属海关	中山海关
通讯地址	广东省中山市小榄镇福兴村民安北路 248 号			邮政编码	528415	法人姓名	NATHAN ERIK FAGRE
评定时间	2008.10.23	注册日期	1997.8.19	报关有效期	长期	注册资本	1912.85 万美元
主营范围	生产经营五金制品、门窗制品、锁具制品及其配件、家具配件，产品境内外销售，经营非配额许可证管理、非专营商品的收购出口业务。						

企业名称	TCL 空调器（中山）有限公司			海关编码	4420932419	所属海关	中山海关
通讯地址	广东省中山市南头镇南头大道			邮政编码	528427	法人姓名	李书彬
评定时间	2008.10.15	注册日期	2002.5.10	报关有效期	长期	注册资本	6231.16 万美元
主营范围	生产经营变频、模糊、智能分体式空调器、移动式空调、调湿装置和静音窗式空调器及其零配件（不含轴功率 2KW 以下的压缩机）、商用空调、特种空调系列、通信专用节能制冷 / 降温产品、空调节能增效产品、热泵热水机组、电热水器、太阳能热水器及相关产品，产品境内外销售，提供上述产品的设计、维修、工程安装、节能工程服务等相应配套服务和技术咨询。（国家限制、禁止类除外，涉及行业审批按国家有关规定办理）						

企业名称	威斯达电器（中山）制造有限公司			海关编码	4420932447	所属海关	中山海关
通讯地址	广东省中山市五桂山镇长命水村			邮政编码	528458	法人姓名	李良平
评定时间	2010.7.26	注册日期	2002.6.12	报关有效期	长期	注册资本	1100 万美元
主营范围	生产电热水煲、室外烤炉、多士炉及上述产品配件，生产全自动家用面包机、烤箱、烧烤器、电炸锅、冰淇淋机、咖啡壶、电风筒、汽车清洁机、电动割草机等家用电器产品及其零配件，生产电饭煲、搅拌器、电煎锅，产品内销 25%，生产数字音视频编解码设备、宽带接入网通讯系统设备、移动通信系统设备等电子产品，产品内销 30%。						

企业名称	广东奥马电器股份有限公司			海关编码	4420932585	所属海关	中山海关
通讯地址	广东省中山市南头镇东福北路 54 号			邮政编码	528427	法人姓名	蔡拾贰
评定时间	2009.10.16	注册日期	2003.3.21	报关有效期	长期	注册资本	16535 万人民币
主营范围	生产和销售各类家用电器、小家电产品、厨卫用具以及各类家用电器零配件，公司自产产品及同类商品的批发及进出口业务。（不设店铺，不涉及国营贸易管理商品，涉及配额、许可证管理商品的，按国家有关规定办理申请）						

企业名称	中山佳维电子有限公司			海关编码	4420932784	所属海关	中山海关
通讯地址	广东省中山市东区起湾道东侧白沙湾工业园区			邮政编码	528403	法人姓名	刘焕光
评定时间	2011.11.28	注册日期	2004.4.5	报关有效期	长期	注册资本	8860 万港币
主营范围	生产经营机械式、电子式衡器及其组配件，训练健身器材，电子测量仪器和五金塑料制品（不含电镀工序）。产品境内外销售。						

企业名称	格兰仕（中山）家用电器有限公司			海关编码	4420932808	所属海关	中山海关
通讯地址	广东省中山市黄圃镇兴圃大道东			邮政编码	528429	法人姓名	梁庆德
评定时间	2010.12.2	注册日期	2005.2.22	报关有效期	长期	注册资本	60000 万人民币
主营范围	生产经营家用电器（涉及配额许可证管理及专项规定管理的产品按国家有关规定办理）、商用空调、五金电器配件、塑料配件、热泵热水器，提供自产产品的售后服务（上述产品电镀工序发外加工），从事模具批发及进出口业务。（不涉及国营贸易管理商品，涉及配额、许可证管理商品的按国家有关规定办理申请）						

企业名称	广东美的环境电器制造有限公司			海关编码	4420932871	所属海关	中山海关
通讯地址	广东省中山市东凤镇东阜路和穗工业园东区 28 号			邮政编码	528425	法人姓名	方洪波
评定时间	2011.11.28	注册日期	2007.5.31	报关有效期	长期	注册资本	20000 万人民币
主营范围	生产经营电风扇、电暖器、吸尘器、空气清新机、换气扇、电热毯、加湿器、取暖干衣器、家用美容、保健电器具、医用超声仪器、物理治疗及康复设备、病房护理设备及器具、消毒和灭菌设备及器具、照明器具及配件及上述各类产品零部件。						

企业名称	广新海事重工股份有限公司			海关编码	4420932898	所属海关	中山海关
通讯地址	广东省中山市火炬开发区临海工业园			邮政编码	528400	法人姓名	李统安
评定时间	2014.2.26	注册日期	2008.8.28	报关有效期	长期	注册资本	33700 万人民币
主营范围	生产经营特种船舶和高性能船舶（包括石油平台辅助船、挖泥船、消防船、成品油轮、化学品船、客滚船、卫星自动定位救助船、海上油田钻控船、高速交通艇等），修理、设计与制造海洋工程装备（包括海洋石油勘探用钻井平台、海上浮动体及其结构件等）（国家有特殊规定的产品除外），设计与制造船舶辅机及配件，修理及保养船舶，提供船舶工程技术咨询服务，产品境内外销售，从事船舶及船舶原辅材料和机械设备的批发、进出口业务。（不设店铺，不涉及国营贸易管理商品，涉及配额、许可证管理商品的，按国家有关规定办理）						

企业名称	中山市美盈家具有限公司			海关编码	4420932904	所属海关	中山海关
通讯地址	广东省中山市港口镇沙港公路群乐路段			邮政编码	528447	法人姓名	黎伟良
评定时间	2011.11.18	注册日期	2001.2.20	报关有效期	长期	注册资本	7300 万港币
主营范围	生产经营各种沙发、实木、藤、玻璃、大理石、树脂、金属、彩绘家具、木制装饰品、配套五金制品、彩绘工艺品、（包括花瓶、碗、碟、小动物彩瓷），从事家具原辅材料及包装材料、装饰工艺用品、家用电器、灯饰、家具机械设备及其零配件、公司生产产品同类的商品批发，佣金代理（拍卖除外）进出口业务。（不设店铺经营，涉及配额许可证管理、专项规定管理的商品按国家有关规定办理）						

企业名称	中山市展新塑料制品有限公司			海关编码	4420940005	所属海关	中山海关
通讯地址	广东省中山市火炬开发区展兴路 8 号			邮政编码	528436	法人姓名	巫新财
评定时间	2008.10.15	注册日期	1993.1.1	报关有效期	长期	注册资本	712 万美元
主营范围	生产经营充气塑料制品、硬质塑料制品、雨衣、雨伞、运动袋及塑料运动器材产品，后整饰加工植绒及绒毛产品、仿皮，生产各种电动充气泵，产品 100% 出口外销。						

企业名称	中山咏盟皮件有限公司			海关编码	4420940018	所属海关	中山海关
通讯地址	广东省中山市板芙镇板芙中路 9 号			邮政编码	528459	法人姓名	陈秋香
评定时间	2008.10.15	注册日期	1990.8.6	报关有效期	长期	注册资本	10680 万港币
主营范围	生产各种皮带、皮夹、旅行袋、手袋、皮箱、棉织皮带、皮饰品，加工牛皮、牛椰皮、猪皮、猪椰皮、再生皮、合成皮，产品境内外销售，从事皮带、皮夹、旅行袋、手袋、皮箱、棉织皮带、皮饰品的进出口业务。（不涉及国营贸易管理商品，涉及配额、许可证管理商品，按国家有关规定办理申请）						

企业名称	威华鞋业（中山）有限公司			海关编码	4420940026	所属海关	中山海关
通讯地址	广东省中山市坦洲镇第一工业区			邮政编码	528467	法人姓名	梁万富
评定时间	2009.2.13	注册日期	1991.8.15	报关有效期	长期	注册资本	1008 万美元
主营范围	生产各款皮鞋产品、鞋材及配件。						

企业名称	中山崇高玩具制品厂有限公司			海关编码	4420940028	所属海关	中山海关
通讯地址	广东省中山市港口镇沙港中路 31 号			邮政编码	528403	法人姓名	张欣
评定时间	2009.1.13	注册日期	1991.9.20	报关有效期	长期	注册资本	12430 万港币
主营范围	加工、生产经营布绒玩具、塑料玩具、合金塑料玩具、电子玩具、文具塑料五金制品、小家电产品（包括电子钟、台灯、收音机等）、床上纺织用品、包装制品（不含印刷工序）（上述产品电镀工序发外加工）。						

企业名称	中山通佳鞋业有限公司			海关编码	4420940084	所属海关	中山海关
通讯地址	广东省中山市南朗镇第二工业区			邮政编码	528451	法人姓名	童家隆
评定时间	2009.11.3	注册日期	1992.11.19	报关有效期	长期	注册资本	1710 万美元
主营范围	生产各种真皮及人造革皮鞋、运动鞋和拖凉鞋产品，鞋类半成品，鞋类鞋材（包括橡胶底、发泡底、PU 底、EVA、PVC 沿条、PVC 中底等），各种真皮及人造革的汽车座套、沙发座套及相关皮革制品，各种真皮及人造革的汽车座套裁片、沙发座套裁片及相关皮革制品裁片，汽车内饰件，产品 100% 外销。						

企业名称	中山杰士美电子有限公司			海关编码	4420940097	所属海关	中山海关
通讯地址	广东省中山市坦洲镇第一工业区			邮政编码	528467	法人姓名	吴幸柔
评定时间	2009.10.16	注册日期	2014.2.13	报关有效期	长期	注册资本	2000 万美元
主营范围	生产、加工、经营各种电视机天线（涉限涉证产品除外）和电视机共用系统组件、各种连接线和电子同轴线、分配器、接插头、防盗报警器材产品、有线电视器材、信号选择开关、无线传输遥控系统组件（遥控影音信号器、信号延伸器、婴儿监护器）、电脑周边设备、摄像信号传输监控器、数字音 / 视频编解码设备、数字摄录机、数字有线电视系统设备、监控摄像系统组件、包装装潢印刷品（不含商标印刷）、五金件、电子元器件、自产产品的半成品及其配件，产品境内外销售。						

企业名称	中山侨光纺织有限公司			海关编码	4420940171	所属海关	中山海关
通讯地址	广东省中山市南朗镇第三工业区			邮政编码	528451	法人姓名	王世民
评定时间	2008.11.28	注册日期	1994.1.13	报关有效期	长期	注册资本	31200 万港币
主营范围	生产经营各种毛纱（包括羊、兔毛纱线、人造纤维纱线、棉麻线）、毛衫及针织服装。产品 100% 出口外销。						

企业名称	日星电气（中山）有限公司			海关编码	4420940187	所属海关	中山海关
通讯地址	广东省中山市坦洲镇前进四路21号			邮政编码	528467	法人姓名	河野胜男
评定时间	2008.10.15	注册日期	1994.3.19	报关有效期	长期	注册资本	2500万美元
主营范围	生产经营各种特殊橡胶类滚子、树脂类滚子、滚子组装件、耐热电线、电线组装件、纤维绝缘套管、硅橡胶套管、硅橡胶垫圈、同轴电线及器件、光纤电缆及器件、电热线、电热加工件、精密板金加工件、金属轴芯加工件、光源发生器，产品100%外销，从事上述自产产品及同类商品批发、佣金代理（拍卖除外）、进出口业务（不涉及国营贸易管理商品，涉及配额、许可证、管理商品的，按国家有关规定办理申请），提供上述产品的售后服务。						

企业名称	福懋兴业（中山）有限公司			海关编码	4420940198	所属海关	中山海关
通讯地址	广东省中山市神湾镇神溪村			邮政编码	528462	法人姓名	王文渊
评定时间	2010.1.6	注册日期	1994.4.19	报关有效期	长期	注册资本	4640万美元
主营范围	生产经营锦纶与涤纶的坯布、色布、印花布、过胶布、色织布及捻丝加工纱等，高仿真化纤及高档织物面料的织染及后整理加工，生产槽骨、伞零件，产品境内外销售。从事机械设备的进出口业务。（以上商品进出口不涉及国营贸易、进出口配额许可证、出口配额招标、出口许可证等专项管理的商品）						

企业名称	中山伟立纺织品有限公司			海关编码	4420940260	所属海关	中山海关
通讯地址	广东省中山市三乡镇第二工业区			邮政编码	528463	法人姓名	王台光
评定时间	2008.10.15	注册日期	1995.3.7	报关有效期	长期	注册资本	2180万美元
主营范围	生产经营运动帽、休闲帽、针织及梭织服装、其他纺织制品（包括头巾、袖套、包袋、室内针织鞋、眼罩、领带及其半成品），产品100%外销；生产经营绣花、水洗、布料贴合、塑料制品（包括塑料压出品、塑料袋），编织及后整理加工袜子、高档织物面料，生产毛织制品（毛织帽、披肩、护耳、头带、护腕、手套、围巾、毛衣、护腿、头套、暖手袋及其半成品），产品境内外销售；从事收购出口业务。（配额许可证管理及专营商品的收购出口业务除外）						

企业名称	中山正亚电业有限公司			海关编码	4420940275	所属海关	中山海关
通讯地址	广东省中山市三乡镇白石工业区			邮政编码	528463	法人姓名	刘金城
评定时间	2009.8.26	注册日期	1995.4.29	报关有效期	长期	注册资本	1938万港币
主营范围	生产装饰灯泡及灯串产品。						

企业名称	中山立辉金属制品有限公司			海关编码	4420940280	所属海关	中山海关
通讯地址	广东省中山市五桂山镇龙塘大山脚169号			邮政编码	528458	法人姓名	林志远
评定时间	2009.11.3	注册日期	1995.8.28	报关有效期	长期	注册资本	5886万港币
主营范围	生产经营餐桌、餐椅、厨房、卫浴等家用钢铁器具及其相关制品（包括电镀铁线制品、烤漆铁线制品、塑料金属制品、陶瓷金属制品、木器金属制品等），金属线材制品，产品境内外销售。						

企业名称	中山市立达金属制品有限公司			海关编码	4420941225	所属海关	中山海关
通讯地址	广东省中山市五桂山镇龙塘管理区			邮政编码	528418	法人姓名	MARK ALLEN CARRIER
评定时间	2010.3.2	注册日期	1998.8.19	报关有效期	长期	注册资本	9590万港币
主营范围	暂无						

企业名称	讯芯电子科技（中山）有限公司			海关编码	4420941305	所属海关	中山海关
通讯地址	广东省中山市火炬开发区建业东路 9 号			邮政编码	528437	法人姓名	徐文一
评定时间	2008.11.28	注册日期	1998.11.27	报关有效期	长期	注册资本	5120 万美元
主营范围	生产经营新型电子元器件（混合集成电路、敏感元器件及传感器、光通信器件）、集成电路、光通信测量仪表、速率 10GB/S 及以上光收发器、数字音视频编解码设备、数字有线电视系统设备、存储卡、无线网卡、网络电话转换器，金属氧化物半导体集成电路减薄、切割、卷带包装、减薄及切割，集成电路测试、金属氧化物半导体集成电路测试，线宽 0.18 微米及以下大规模数字集成电路、MCM 先进封装与测试，从事电子制造设备、设备零配件及自产产品的原材料的批发、进出口、佣金代理（拍卖除外）业务（不涉及国营贸易管理商品，涉及配额、许可证管理商品的，按国家有关规定办理申请），从事上述产品的研究开发及技术咨询、售后维修服务。（不涉及会计审计咨询，国家禁止、限制类及管理规定除外）						

企业名称	协昱电子科技（中山）有限公司			海关编码	4420941329	所属海关	中山海关
通讯地址	广东省中山市火炬开发区宏业路 12 号			邮政编码	528437	法人姓名	林昆成
评定时间	2010.3.2	注册日期	1999.1.5	报关有效期	长期	注册资本	1244.5 万美元
主营范围	生产经营新型电子元器件（含超细同轴线、光线组立、平板显示器到主机板连接线组、电脑内连接线组）产品。产品 30% 内销。						

企业名称	曼秀雷敦（中国）药业有限公司			海关编码	4420941405	所属海关	中山海关
通讯地址	广东省中山市三乡镇第二工业区			邮政编码	528463	法人姓名	伍懿聪
评定时间	2011.7.26	注册日期	1999.4.12	报关有效期	长期	注册资本	15380 万人民币
主营范围	研究、开发、生产经营凝胶剂，软膏剂，乳膏剂，吸入剂，滴眼剂，贴剂，洗剂，II 类 6858 医用冷疗、低温、冷藏设备及器具，II 类 6863 口腔科材料，洗发护发、护肤类、美容修饰类产品（唇膏、唇彩、润唇膏、洁肤类）；生产香水类化妆品、卫生用品类[抗（抑）菌洗剂（不含栓剂、皂类）]。从事各类非自产的化妆美容用品，香氛，发品及洗涤用品，二三类 6822 医用光学器具、仪器及内窥镜设备［仅限软性、硬性（透气性）角膜接触镜（俗称隐形眼镜）及其护理用液类］，6826 物理治疗及康复设备，6840 临床检验分析仪器，6858 医用冷疗、低温、冷藏设备及其器具，6863 口腔科材料，6864 医用卫生材料及敷料，6866 医用高分子材料及制品，日化用品（不含危险化学品），保健食品，消毒用品及公司同类产品的生产设备及原辅材料的批发、进出口、佣金代理（拍卖除外）、零售业务及其他相关配套服务（不设店铺，不涉及国营贸易管理商品，涉及配额许可证管理、专项规定管理的按国家相关规定办理申请）；从事预包装食品的批发、零售、进出口业务（此项目仅限分支机构，不设店铺，不涉及国营贸易管理商品，涉及配额、许可证管理的按国家有关规定办理申请）。						

企业名称	台达化工（中山）有限公司			海关编码	4420941501	所属海关	中山海关
通讯地址	广东省中山市火炬开发区沿江东二路 1 号			邮政编码	528437	法人姓名	应保罗
评定时间	2010.12.2	注册日期	1999.8.9	报关有效期	长期	注册资本	4625 万美元
主营范围	生产销售聚苯乙烯（PS）、丙烯腈－丁二烯－苯乙烯共聚合物（ABS）等苯乙烯系列聚合物（上述苯乙烯系列聚合物不得含有危险化学品）、聚苯乙烯珠体（可发性的），产品境内外销售。						

企业名称	中山市隆成日用制品有限公司			海关编码	4420941536	所属海关	中山海关
通讯地址	广东省中山市东升镇葵兴大道 28 号			邮政编码	528414	法人姓名	黄英源
评定时间	2009.5.31	注册日期	1999.10.7	报关有效期	长期	注册资本	4693.99 万美元
主营范围	生产经营提袋、童车、童床及婴儿寝（用）具、玩具、儿童塑料用具及配件、电动玩具车、金属家居用品、办公台（椅）、金属及塑料文体用品、健身器材、汽车顶篮、家用小家电、塑胶制清洁用具、塑胶餐盒、园艺工具车、园艺水管、打气筒、露营设备（帐篷、瓦斯灯塑料外壳、组合式桌椅、露营厨具）、助步车、纺织用品。（涉及出口许可证或配额管理的产品除外）						

企业名称	中山品高电子材料有限公司			海关编码	4420941885	所属海关	中山海关
通讯地址	广东省中山市火炬开发区张家边炬业路6号			邮政编码	528437	法人姓名	李镜琨
评定时间	2009.11.3	注册日期	2000.6.28	报关有效期	长期	注册资本	3330万港币
主营范围	生产经营电子、半导体器件引线框架，接插件电镀、半导体、元器件专用材料（表面贴装微型高亮度发光二极管塑封支架），DAP微电子封装壳套，PVC防静电IC包装管，网络电子零件材料。						

企业名称	豪利士电线装配（中山）有限公司			海关编码	4420942095	所属海关	中山海关
通讯地址	广东省中山市火炬开发区兴达街2号			邮政编码	528437	法人姓名	宋通疏
评定时间	2010.3.1	注册日期	2000.11.7	报关有效期	长期	注册资本	200万美元
主营范围	生产电源线、电缆线、航空专用电缆及电线、通讯线、电源线接插件、电缆线接插件、航空专用电缆接插件及相关的零部件，产品50%内销。						

企业名称	广碁科技（中山）有限公司			海关编码	4420942158	所属海关	中山海关
通讯地址	广东省中山市火炬高技术产业开发区纬创中山科技园区内			邮政编码	528437	法人姓名	吕财裕
评定时间	2013.6.20	注册日期	2000.12.7	报关有效期	长期	注册资本	1600万美元
主营范围	台式电脑整机、笔记本电脑整机及电脑附属零配件（摇杆、外接式硬盘模组及外接式扩充介面卡模组），数字电视机、液晶电视，显示器(平板及液晶)，光碟机，数据通信多媒体系统设备制造[多媒体个人处理器(PDA)、多媒体数位解码器、各种数位解码器]；MP3播放器，接入网通信系统设备制造（宽频区域网络交换系统、用户回路网络撷取/传输系统等其它数据式处理设备）；服务器，上述产品之成品、半成品（涉及出口许可证管理商品除外）的研究、开发、生产、境内外销售、境内维修及技术、相关售后服务；接受无线电话委托加工；从事电子产品生产设备，公司自产产品、同类产品及其原材料、零部件、组件、附属配套件、外接组件及包装材料（不含印刷）的批发、佣金代理（拍卖除外）、进出口业务（不涉及国营业员贸易管理商品，涉及配额、许可证管理商品的，按国家有关规定办理申请）；生产光电子器件。						

企业名称	中山国泰染整有限公司			海关编码	4420942364	所属海关	中山海关
通讯地址	广东省中山市三角镇高平化工区			邮政编码	528445	法人姓名	蔡国强
评定时间	2009.1.23	注册日期	2001.3.29	报关有效期	长期	注册资本	4178万美元
主营范围	生产经营纺织布料，包括织造、印染及后整理加工，产品100%出口外销。向三角镇高平工业区内用户供应蒸汽，自有房屋租赁业务。						

企业名称	中山皇冠皮件有限公司			海关编码	4420942392	所属海关	中山海关
通讯地址	广东省中山市三乡镇第二工业区			邮政编码	528463	法人姓名	江枝田
评定时间	2008.11.28	注册日期	2001.4.16	报关有效期	长期	注册资本	900万美元
主营范围	生产经营各款塑料手提箱及旅行箱包产品，各款布面手提箱及布面旅行箱、包，塑料制品。产品境内外销售。						

企业名称	中山住胶精密橡胶有限公司			海关编码	4420942500	所属海关	中山海关
通讯地址	广东省中山火炬高技术产业开发区火炬大道 21 号			邮政编码	528437	法人姓名	原田直典
评定时间	2009.12.15	注册日期	2001.5.31	报关有效期	长期	注册资本	600 万美元
主营范围	生产经营激光打印机等用的精密橡胶部件及其相关组件、橡胶制品及其相关组件、电磁阀及其相关组件，从事本公司生产产品的同类商品及其相关零配件、模具的批发、进出口业务。（以上商品进出口不涉及国营贸易、进出口配额许可证、出口配额招标、出口许可等专项管理的商品）						

企业名称	建碁科技（中山）有限公司			海关编码	4420942536	所属海关	中山海关
通讯地址	广东省中山市火炬开发区科技东路 38 号 3 号厂房 4 楼 A1			邮政编码	528437	法人姓名	蔡温喜
评定时间	2008.11.28	注册日期	2001.6.19	报关有效期	长期	注册资本	1350 万美元
主营范围	生产经营台式电脑、笔记本电脑、平板电脑等微型电脑整机（上述产品不含涉及出口许可证商品），主机板、介面卡等微电脑产品及其零配件，光盘驱动器及其零配件，无线网络周边设备、数据传输网络通讯设备、视讯传输设备及其零配件，平板显示器和数字电视机及其零配件，影音播放机、功放机及其零配件，稳压电源及其零配件，提供全部产品的售后维修服务，提供电脑、平板显示器、数字电视机等上述相关产品的测试咨询服务（不含进出口商品检验、鉴定、认证），从事电脑科技相关产品信息技术应用开发、软件开发业务。						

企业名称	中山金鹰皇制衣厂有限公司			海关编码	4420942675	所属海关	中山海关
通讯地址	广东省中山市沙溪镇下朗工业大道			邮政编码	528471	法人姓名	王少帅
评定时间	2008.10.15	注册日期	2001.8.14	报关有效期	长期	注册资本	4800 万港币
主营范围	生产经营针织和梳织服装。产品境内外销售。						

企业名称	佳能（中山）办公设备有限公司			海关编码	4420942694	所属海关	中山海关
通讯地址	广东省中山市中山火炬开发区环茂三路 2 号			邮政编码	528437	法人姓名	根岸敏之
评定时间	2008.10.15	注册日期	2001.8.23	报关有效期	长期	注册资本	580 万美元
主营范围	生产经营激光打印机、传真机、多功能机（含传真、复印、扫描、打印功能）及其相关半成品、零部件、组件以及附属品及上述产品相关的机械加工工具。提供上述产品有关的售后服务。从事企业经营管理咨询服务（国家禁止类、限制类除外）。公司产品境内外销售。从事公司自产产品同类商品及生产公司产品的机械加工工具、激光打印机及多功能机相关的零部件、公司自产产品包装材料（不含印刷工序）的批发、进出口、佣金代理（拍卖除外）业务。（以上商品进出口不涉及国营贸易、进出口配额许可证、出口配额招标、出口许可等专项管理的商品）						

企业名称	好来化工（中山）有限公司			海关编码	4420942722	所属海关	中山海关
通讯地址	广东省中山市西区沙朗第三工业区			邮政编码	528411	法人姓名	严挹芬
评定时间	2008.10.23	注册日期	2001.9.10	报关有效期	长期	注册资本	2500 万美元
主营范围	牙膏、牙刷、口腔清洁护理用品、家庭清洁用品、织物清洁保护用品、个人清洁护理用品、塑料和铝塑复合制品、日用化工用植物提取物（添加剂）及相关原材料（香料、香精油）、包装材料和生产加工上述配套产品的生产，产品境内外销售（涉及配额及许可证管理，专项规定管理的商品按国家有关规定办理）。日用化工原料（不含危险化学品）、日用百货、日用陶瓷、纺织用品、玻璃用品、玩具、餐具及公司生产产品同类商品的批发、佣金代理（拍卖除外）、进出口业务及相关配套服务。（涉及配额及许可证管理，专项规定管理的商品按国家有关规定办理）						

企业名称	中山欧科电子有限公司		海关编码	4420942828	所属海关	中山海关
通讯地址	广东省中山市民众镇番中公路侧俊景路1号欧科工业园		邮政编码	528441	法人姓名	MICHAEL JIMMY WONG YUEN TIEN
评定时间	2012.4.6	注册日期 2001.11.1	报关有效期	长期	注册资本	5214万美元
主营范围	生产经营专业电子音响设备及相关组件（包括放大器、喇叭、混声器、信号处理器）、电吉他、数字放声设备，产品境内外销售。为境内外提供专业电子音响设备及其相关组件（包括放大器、喇叭、混声器、信号处理器）、电吉他、数字放声设备的软硬件设计、开发、测试、认证（国家另有规定的除外）及试制服务，从事公司同类产品及其半成品和相关原材料的批发、进出口、佣金代理（拍卖除外）业务。（以上商品进出口不涉及国营贸易、进出口配额许可证、出口配额招标、出口许可证等专项管理的商品）					

企业名称	中山盈亮健康科技有限公司		海关编码	4420943095	所属海关	中山海关
通讯地址	广东省中山市火炬开发区世纪三路3号		邮政编码	528437	法人姓名	陈志亮
评定时间	2011.6.8	注册日期 2002.2.26	报关有效期	长期	注册资本	600万美元
主营范围	生产经营运动健身器、运动健身器配件，五金制品，五金模具，塑胶制品，运动健身器材电子元器件，平板显示器，产品境内外销售，从事公司自产产品及其同类商品的批发、进出口及佣金代理（拍卖除外）业务。（以上商品进出口不涉及国营贸易、进出口配额许可证、出口配额招标、出口许可证等专项管理的商品）					

企业名称	伟福科技工业（中山）有限公司		海关编码	4420943390	所属海关	中山海关
通讯地址	广东省中山市火炬开发区火炬路16号		邮政编码	528437	法人姓名	福田秋秀
评定时间	2011.11.28	注册日期 2002.6.12	报关有效期	长期	注册资本	1821万美元
主营范围	汽车关键零部件，包括制动器总成（包括制动踏板）、驱动悬挂装置等驱动桥总成、轴瓦、减震器、座椅调角器、玻璃升降器、离合器踏板、加速踏板、专用高强度紧固件及相关冲压、焊接、组装等加工部件的生产经营；汽车、摩托车模具、夹具及其高效焊装生产设备，汽车、摩托车的技术研究、设计、开发；产品境内外销售。					

企业名称	中山福溢家具有限公司		海关编码	4420943407	所属海关	中山海关
通讯地址	广东省中山市板芙镇工业区		邮政编码	528459	法人姓名	李友智
评定时间	2008.10.15	注册日期 2002.6.18	报关有效期	长期	注册资本	11200万港币
主营范围	生产经营各种家具、金属家具。					

企业名称	小原光学（中山）有限公司		海关编码	4420943789	所属海关	中山海关
通讯地址	广东省中山市坦洲镇第三工业区		邮政编码	528467	法人姓名	齐藤弘和
评定时间	2010.1.6	注册日期 2002.12.25	报关有效期	长期	注册资本	505万美元
主营范围	生产经营各类光学仪器镜片半成品及成品，产品100%出口外销；从事光学镜片的批发、佣金代理（拍卖除外）、进出口业务（不涉及国营贸易管理商品，涉及配额、许可证管理商品，按国家有关规定办理）。					

企业名称	蒂森电梯有限公司			海关编码	4420944304	所属海关	中山海关
通讯地址	广东省中山市南区城南五路龙环地段			邮政编码	528455	法人姓名	彼得·沃克
评定时间	2008.10.23	注册日期	2003.10.20	报关有效期	长期	注册资本	3508 万美元
主营范围	生产经营、销售、研发各类电梯（包含残障人电梯、乘客电梯、载货电梯、客货两用电梯、杂物梯）、自动扶梯、自动人行步道及其零部件，产品境内外销售：从事公司自产产品及同类商品的批发、佣金代理（拍卖除外）、进出口业务（不涉及国营贸易管理商品，涉及配额、许可证管理商品的，按国家有关规定办理申请）；从事前述产品及其零部件的相关配套服务，包括安装、改造、保养、维修、加工、售后服务等；从事公司相关产品及其零部件的技术咨询、技术服务、技术进出口（国家限制、禁止类除外）。						

企业名称	中山伟强科技有限公司			海关编码	4420944710	所属海关	中山海关
通讯地址	广东省中山市三乡镇白石工业区			邮政编码	528463	法人姓名	王台光
评定时间	2008.11.28	注册日期	2004.9.28	报关有效期	长期	注册资本	1950 万美元
主营范围	生产经营新型敏感元器件及传感器（热导元器件、热导管），半导体、元器件专用材料（集成电路封装球），胶态贵金属、导电胶，LED 照明和其他照明产品及其零配件、半成品；产品境内外销售。从事上述产品的进出口、批发业务（不涉及国营贸易管理商品，涉及配额、许可证管理商品的，按国家有关规定办理申请）。生产经营锡膏、锡球、铜粉，产品 100% 内销。						

企业名称	诺而达铜管（中山）有限公司			海关编码	4420944894	所属海关	中山海关
通讯地址	广东省中山市黄圃镇兴圃大道			邮政编码	528429	法人姓名	RONALD BEAL
评定时间	2009.11.3	注册日期	1995.3.23	报关有效期	长期	注册资本	5940 万美元
主营范围	设计、开发、生产经营金属材料、金属复合金材料、新型合金材料，为相关产品提供售后及技术咨询服务（国家禁止类、限制类及专项管理规定的除外），从事电解铜的批发、进出口、佣金代理。（拍卖除外，不涉及国营贸易管理商品，涉及配额、许可证管理商品的，按国家有关规定办理申请）						

企业名称	中山艾莱希斯电子有限公司			海关编码	4420944901	所属海关	中山海关
通讯地址	广东省中山市火炬开发区建业路 39 号			邮政编码	528437	法人姓名	神代道博
评定时间	2012.10.26	注册日期	2005.6.9	报关有效期	长期	注册资本	1075 万美元
主营范围	生产经营汽车电子装置、摩托车电子装置，产品境内外销售。从事汽车零配件、摩托车零配件（均不含发动机）的批发、进出口业务。（不设店铺，不涉及国营贸易管理商品，涉及配额、许可证管理商品的、按照国家有关规定办理申请）						

企业名称	中山永发纸业有限公司			海关编码	4420945468	所属海关	中山海关
通讯地址	广东省中山市黄圃镇中山糖厂内			邮政编码	528429	法人姓名	胡正
评定时间	2011.10.18	注册日期	2008.2.3	报关有效期	长期	注册资本	8150 万港币
主营范围	生产和销售纸、纸板及其他纸制品（不含印刷工序，涉证和涉限产品除外），产品境内外销售。						

企业名称	中山中粤马口铁工业有限公司	海关编码	4420945505	所属海关	中山海关
通讯地址	广东省中山市火炬开发区沿江东一路25号	邮政编码	528437	法人姓名	谭云标
评定时间	2008.10.15 注册日期 1989.6.22	报关有效期	长期	注册资本	8425.28 万美元
主营范围	生产经营镀锡薄钢板、镀铬薄钢板及其深加工产品（包括钢板，钢卷的裁剪），加工生产涂料铁、印花铁（含印刷工序，含厚度 0.3 毫米以下用于包装各类粮油食品、果蔬、饮料、日化产品等内容物的金属包装制品的制造及加工，以及制品的内外壁印涂加工）、马口铁基板（冷轧薄钢板），为船舶提供码头及在港区内提供货物装卸，公司现有自有物业出租。				

企业名称	中山市威禾电器制造有限公司	海关编码	4420945637	所属海关	中山海关
通讯地址	广东省中山市港口镇群乐村沙港公路海湾工业园 A1、A2、A3、A4 厂房	邮政编码	528447	法人姓名	李蔚球
评定时间	2009.8.24 注册日期 2001.10.10	报关有效期	长期	注册资本	5027.53 万人民币
主营范围	生产经营激光打印机、潜水泵、货架、滑板、灯饰、家用电器（包括电风扇、抽油烟机、燃气烧烤炉及上述产品配套的电机、电热水器、咖啡机、暖水杯、烘烤机、搅拌机、果汁机、研磨机、电动刀、煮蛋机、美容美发器、电烫斗、暖风机、烹饪器）、塑料制品（上述产品不含电镀工序）。产品境内外销售。				

企业名称	立信门富士纺织机械（中山）有限公司	海关编码	4420945869	所属海关	中山海关
通讯地址	广东省中山市火炬开发区横门西一围临海工业园经三路立信门富士工业区	邮政编码	528437	法人姓名	云维庸
评定时间	2014.9.28 注册日期 2011.12.28	报关有效期	长期	注册资本	2650 万美元
主营范围	生产经营新型纺织机械设备及其零配件。				

企业名称	中山市三乡对外加工装配服务公司	海关编码	4420950002	所属海关	中山海关
通讯地址	广东省中山市三乡镇墟镇	邮政编码	528463	法人姓名	何津清
评定时间	2009.11.3 注册日期 1992.11.24	报关有效期	长期	注册资本	200 万人民币
主营范围	主营：来料加工装配和补偿贸易业务，签约办理此项业务有关进出口手续，货物进出口、技术进出口（法律、行政法规禁止的项目除外；法律、行政法规限制的项目须取得许可后方可经营）；兼营：为外商供应原辅材料、设备及零配件，进行对外加工装配、代理报检。				

企业名称	中山市小榄对外加工装配服务公司	海关编码	4420950004	所属海关	中山海关
通讯地址	广东省中山市小榄镇新华中路 3 号 8 楼	邮政编码	528415	法人姓名	麦荣坚
评定时间	2009.6.15 注册日期 1992.12.24	报关有效期	长期	注册资本	10 万人民币
主营范围	承接来料加工装配和补偿贸易业务，签约办理此项业务有关进出口手续，货物进出口、技术进出口（法律法规禁止的项目除外，法律行政法规限制的项目须取得许可方可经营），为外商供应原辅材料、设备及零配件进行对外加工装配。				

企业名称	中山市中山港对外加工装配服务公司		海关编码	4420950007	所属海关	中山海关
通讯地址	广东省中山市火炬开发区康乐大道经贸大厦二楼 202 室		邮政编码	528437	法人姓名	陈剑科
评定时间	2010.3.19	注册日期	1992.12.19	报关有效期	长期	注册资本	60 万人民币
主营范围	来料加工装配和补偿贸易业务，货物及技术进出口（法律、行政法规禁止的项目除外，法律、行政法规限制的项目须取得许可后方可经营），为外商来料加工装配业务供应原辅材料、设备及零配件。					

企业名称	中山市对外加工装配服务公司		海关编码	4420950009	所属海关	中山海关
通讯地址	广东省中山市中山二路 57 号		邮政编码	528401	法人姓名	何哲
评定时间	2008.11.28	注册日期	1993.1.1	报关有效期	长期	注册资本	500 万人民币
主营范围	主营: 经营和代理各类商品及技术的进出口(国家限定公司经营或禁止进出口的商品技术除外),销售日用百货、家用电器、机电产品、化工产品（除化学危险品）、纺织品，自有房产租赁，提供信息咨询（劳务、金融、产品认证中介服务，出国留学咨询）、打字服务；兼营；承办来料加工装配和补偿贸易项目，签约办下此项业务有关进出口手续，为外商供应原辅材料、设备及零配件进行对外加工装配，软件开发及其相关服务。					

企业名称	中山市新达进出口有限公司		海关编码	4420950638	所属海关	中山海关
通讯地址	广东省中山市石岐区南安路 23 号前座 3 楼		邮政编码	528403	法人姓名	黄志忠
评定时间	2008.11.5	注册日期	2000.7.10	报关有效期	长期	注册资本	500 万人民币
主营范围	自营和代理各类商品及技术的进出口业务（国家限定公司经营或禁止进出口的商品及技术除外），经营对销和转口贸易（按〔2000〕外经贸政审函字第 514 号文经营），经营进料加工“三来一补”。					

企业名称	中山市光裕进出口有限公司		海关编码	4420950641	所属海关	中山海关
通讯地址	广东省中山市东区中山四路 57 号宏宇大厦 1 座 901		邮政编码	528403	法人姓名	谢绍刚
评定时间	2009.10.16	注册日期	2000.7.12	报关有效期	长期	注册资本	300 万人民币
主营范围	销售建筑材料、五金制品、家用电器、化工产品（不含危险化学品）、日用百货、智能化防盗产品、计算机集成系统、办公自动化产品，批发兼零售预包装食品、乳制品（含婴幼用配方乳粉），仓储（不含易燃易爆危险化学品），货物及技术进出口（法律行政法规禁止经营的项目除外，法律行政法规限制经营的项目须取得许可后方可经营），收购农副产品（不含粮食、棉花、蚕茧），国内货运代理（分支机构经营）。					

企业名称	中山市广勤贸易有限公司		海关编码	4420950692	所属海关	中山海关
通讯地址	广东省中山市小榄镇升平路 10 号 3 楼		邮政编码	528415	法人姓名	张坚平
评定时间	2012.2.1	注册日期	2001.2.7	报关有效期	长期	注册资本	625 万人民币
主营范围	自营和代理各类商品及技术的进出口业务（国家限定公司经营或禁止进出口的商品及技术除外），经营进料加工和“三来一补”业务，经营对销贸易和转口贸易（按国家对外贸易经济合作部〔2000〕外经贸发展审函字第 2831 号文经营），销售五金交电、机械设备、建筑材料、金属材料、汽车零配件、化工材料（化学危险品除外）、塑料制品、纺织原料、百货。					

企业名称	中山市土产进出口有限公司		海关编码	4420950832	所属海关	中山海关
通讯地址	广东省中山市东区恒信街 2 号		邮政编码	528400	法人姓名	李正和
评定时间	2008.11.28	注册日期	2001.11.9	报关有效期	长期	注册资本	300 万人民币
主营范围	自营和代理除国家组织统一联合经营的出口商品和国家实行核定公司经营的进口商品以外的商品、技术的进出口，经营进料加工和“三来一补”业务，经营对销贸易和转口贸易，经营本公司进出口商品内销业务，仓储（不含易燃易爆物品），收购土产品。						

企业名称	中山市新惠景企业发展有限公司		海关编码	4420950969	所属海关	中山海关
通讯地址	广东省中山市南头镇南头大道西 67 号珠三角家电中心大楼三楼 309 室		邮政编码	528427	法人姓名	林庆生
评定时间	2008.11.5	注册日期	2004.5.20	报关有效期	长期	注册资本	100 万人民币
主营范围	销售日用百货、五金交电、装饰材料、纺织服装产品、家用电器、毛绒羽绒及其制品、皮革制品、裘皮制品、文体用品、仪器仪表、陶瓷工艺品、鞋类、塑料制品、饲料、农副产品（棉花除外），自营和代理各类商品及技术的进出口（国家限定公司经营或禁止进出口的商品及技术除外）。						

企业名称	中山谷都贸易进出口有限公司		海关编码	4420950976	所属海关	中山海关
通讯地址	广东省中山市三乡镇振华路外经大楼二楼		邮政编码	528463	法人姓名	何津清
评定时间	2014.2.13	注册日期	2005.6.16	报关有效期	长期	注册资本	500 万人民币
主营范围	销售包装食品（不设门市和仓储）、日用百货、家用电器、机电产品、化工产品（不含化学危险品）、纺织品，商品信息咨询(不含劳务、房地产、金融期货中介)，货物进出口、技术进出口。(法律、行政法规禁止的项目外，法律、行政法规限制的项目取得许可后方可经营）						

企业名称	中山市东升进出口贸易有限公司		海关编码	4420950977	所属海关	中山海关
通讯地址	广东省中山市东升镇迎宾路		邮政编码	528414	法人姓名	林锐钊
评定时间	2009.6.15	注册日期	2005.6.21	报关有效期	长期	注册资本	100 万人民币
主营范围	经营和代理各类商品及技术的进出口(但国家限定公司经营或禁止进出口的商品及技术除外)，销售日用百货、家用电器、机电产品、化工产品（不含二类以上易制毒化危品及易燃易爆化危品）、纺织品，提供商品流通信息咨询服务（不含劳务、房地产、金融）、打字服务，承办来料加工装配和补偿贸易项目，签约办下此项业务有关进出口手续，为外商供应进行对外加工装配所需的原材料、设备及零配件。						

企业名称	中山市利勤贸易有限公司		海关编码	4420950988	所属海关	中山海关
通讯地址	广东省中山市小榄镇升平中路 10 号三楼 302 室		邮政编码	528414	法人姓名	张坚平
评定时间	2014.6.25	注册日期	2009.3.20	报关有效期	长期	注册资本	500 万人民币
主营范围	经营货物与技术进出口业务。（法律、行政法规、国务院禁止的项目除外，限制项目取得许可证后方可经营）						

企业名称	中山市中粮外贸发展有限公司			海关编码	4420960199	所属海关	中山海关
通讯地址	广东省中山市石岐区中山二路 36 号内西面 201 室至 207 室、301 室至 309 室			邮政编码	528402	法人姓名	高振武
评定时间	2010.1.6	注册日期	2000.9.12	报关有效期	长期	注册资本	500 万人民币
主营范围	自营和代理各类商品、技术的进出口（国家限定公司经营或禁止进出口的商品、技术除外），进料加工、“三来一补”、对销及转口贸易（按〔2000〕外经贸政审函字第 514 号文和粤外经贸发字〔2000〕084 号文经营），销售农副产品、百货、家用电器、电子产品、纺织品、建筑材料、普通机械、五金制品、汽车摩托车零配件，批发预包装食品、乳制品（含婴幼儿乳粉），经济贸易信息咨询。						

企业名称	中山市汇盈进出口有限公司			海关编码	4420960564	所属海关	中山海关
通讯地址	广东省中山市石岐区中山二路方基冲大街 3 号			邮政编码	528400	法人姓名	邓健明
评定时间	2011.1.26	注册日期	2001.11.14	报关有效期	长期	注册资本	500 万人民币
主营范围	经营和代理各类商品及技术的进出口业务（国家限定公司经营或禁止进出口的商品及技术除外），销售家用电器、电子元件、电子器件、五金制品、灯饰、建筑材料、塑料原料及制品、化工原料（化学危险品除外）、鞋类、木材及木制品、普通机械设备、京果杂货、土畜产品，出租工业用房、商业营业用房、办公楼。						

企业名称	中山大洋电机股份有限公司			海关编码	4420960691	所属海关	中山海关
通讯地址	广东省中山市西区沙朗第三工业区			邮政编码	528411	法人姓名	鲁楚平
评定时间	2009.2.13	注册日期	2002.2.1	报关有效期	长期	注册资本	71602.79 万人民币
主营范围	加工、制造、销售微电机、家用电器、卫生洁具及配件、运动及健身机械、电工器材、电动工具、机动车零配件、电子产品、控制电器、碎纸机，经营本企业自产产品及技术的出口业务，经营本企业生产所需的原辅材料、仪器仪表、机械设备、零配件及技术的进口业务，房屋及设备租赁。（国家限定公司经营和国家禁止进出口的商品除外，不单列贸易方式）						

企业名称	中山市中经进出口有限公司			海关编码	4420960723	所属海关	中山海关
通讯地址	广东省中山市东区花园新村富丽街 17 号			邮政编码	528403	法人姓名	孙寿仪
评定时间	2009.1.23	注册日期	2002.3.8	报关有效期	长期	注册资本	600 万人民币
主营范围	经营和代理各类商品及技术的进出口业务（国家限定经营或禁止进出口的商品及技术除外），经营进料加工和“三来一补”业务，经营对销和转口贸易（按〔2000〕外经贸发展审函字第 2407 号文经营）。						

企业名称	中山市港联华凯电器制品有限公司			海关编码	4420960914	所属海关	中山海关
通讯地址	广东省中山市民众镇浪网科技工业城			邮政编码	528443	法人姓名	卢志强
评定时间	2008.11.28	注册日期	2002.7.18	报关有效期	长期	注册资本	500 万人民币
主营范围	加工、销售灯饰、吊扇及配件、五金塑料制品、玻璃制品、木扇叶、木制家具、木工艺制品、烧烤炉、烧烤箱、遥控器、限流器、温控器、电子稳压器及配件，房地产开发，厂房租赁，研发 LED 照明灯、照明灯具，生产、销售、安装 LED 照明灯、照明灯具及配件、家用电器、工业自动系统控制装置、电子电路控制器件、开关（以上项目不含电力设施承装、承修、承试），销售建筑材料、塑料原材、铝材、不锈钢，经营本企业自产产品及技术的出口业务，经营本企业生产所需的原辅材料、仪器仪表、机械设备、零配件及技术的进出口业务。（国家限定公司经营和国家禁止进出口的商品除外，不单列贸易方式）						

企业名称	中山市正好贸易有限公司			海关编码	4420961519	所属海关	中山海关
通讯地址	广东省中山市港口镇民主社区（中山市天健电子工业有限公司南 500 米福源路侧）			邮政编码	528447	法人姓名	郭子强
评定时间	2011.3.21	注册日期	2003.6.20	报关有效期	长期	注册资本	1000 万人民币
主营范围	批发兼零售预包装食品、乳制品（含婴幼儿配方乳粉）、农产品、建筑材料、日用百货、家用电器、活性炭，仓储（不含易燃易爆物品和危险化学品），货物进出口、技术进出口。（法律、法规禁止的项目除外，法律、法规限制的项目须取得相关许可后方可经营）						

企业名称	中山市天博商贸有限公司			海关编码	4420962134	所属海关	中山海关
通讯地址	广东省中山市石岐区民生路 100 号 SP203			邮政编码	528400	法人姓名	梁昭铭
评定时间	2011.9.13	注册日期	2004.2.24	报关有效期	长期	注册资本	300 万人民币
主营范围	批发兼零售预包装食品（酒精饮料），销售建筑材料、机电产品、家用电器、五金工具、纺织品、日用百货、工艺品（不含黄金）、土特产品，自营和代理各类商品和技术的进出口（国家限定公司经营或禁止进出口的商品和技术除外）。						

企业名称	中山市宏信贸易有限公司			海关编码	4420962788	所属海关	中山海关
通讯地址	广东省中山市东区中山四路华凯商务大厦			邮政编码	528400	法人姓名	陈建腾
评定时间	2014.8.5	注册日期	2007.11.19	报关有效期	长期	注册资本	100 万人民币
主营范围	货物和技术进出口(法律、法规禁止的项目除外,法律、法规限制的项目须取得许可证方可经营),销售五金交电、装饰材料、日用百货、汽车配件、普通机械、灯饰、服装，金属材料，批发预包装食品［食用油、米面制品、乳制品（不包括婴幼儿奶粉）、烘培食品、罐头、酒精饮料、咖啡、可可、婴幼儿食品］。						

企业名称	广东和胜工业铝材股份有限公司			海关编码	4420962924	所属海关	中山海关
通讯地址	广东省中山市三乡镇前陇工业区美源路 5 号			邮政编码	528463	法人姓名	李建湘
评定时间	2014.2.13	注册日期	2008.8.28	报关有效期	长期	注册资本	9000 万人民币
主营范围	加工、生产、销售铝合金型材及其制品、模具、五金零部件、金属材料（不含金银及炼钢），货物进出口、技术进出口（法律、行政法规禁止的项目除外，法律、行政法规限制的项目须取得许可后方可经营）；以下项目由分支机构经营：金属表面处理。						

企业名称	中山市新天进出口有限公司			海关编码	4420962933	所属海关	中山海关
通讯地址	广东省中山市东凤镇丽景花园 75 幢 15 号			邮政编码	528400	法人姓名	黄健青
评定时间	2014.7.25	注册日期	2008.9.17	报关有效期	长期	注册资本	30 万人民币
主营范围	货物及技术的进出口业务（国家法律、行政法规禁止的项目除外，国家法律、行政法规限制的项目须取得许可后方可经营），收购农副产品，销售日用百货、五金、交电、建筑材料、化妆品。						

企业名称	广东省中山食品水产进出口集团有限公司			海关编码	4420963162	所属海关	中山海关
通讯地址	广东省中山市东区华苑大街 113 号			邮政编码	528403	法人姓名	何荣洪
评定时间	2013.11.20	注册日期	1992.10.27	报关有效期	长期	注册资本	2188 万人民币
主营范围	自营和代理各类商品及技术的进出口业务（国家规定的专营进出口商品和国家禁止进出口等特殊商品除外），开展补偿贸易、易货贸易、寄售贸易，兼营本公司进出口商品的生产、加工、内销业务（国家法律、行政法规禁止的项目除外，国家法律、行政法规规定需经前置审批的项目取得许可后方可经营）、仓储、货运业务、活鸡、水产品出品业务和食品检测业务。（加工、生产、货运项目由分支机构经营）						

企业名称	广东省中山水产进出口有限公司			海关编码	44209641C6	所属海关	中山海关
通讯地址	广东省中山市西区祥和街 11 号三楼			邮政编码	528401	法人姓名	卢锦明
评定时间	2013.11.20	注册日期	2001.10.9	报关有效期	长期	注册资本	200 万人民币
主营范围	自营和代理各类商品及技术的进出口业务（不另附进出口商品目录）（国家规定的专营进出口商品和国家禁止进出口等特殊商品除外），经营进料加工和“三来一补”业务，开展对销贸易和转口贸易，销售农副产品（粮食、棉花除外）、百货、文教体育用品、食品、五金交电、机电产品、化工原料（化学危险品除外）、美术工艺品（金银饰品除外），收购农副产品（粮食、棉花除外）、水产品。						

企业名称	中山市粤粮经贸进出口有限公司			海关编码	44209641CT	所属海关	中山海关
通讯地址	广东省中山市石岐区悦来南路 20 号			邮政编码	528400	法人姓名	梁国新
评定时间	2009.8.26	注册日期	2001.3.20	报关有效期	长期	注册资本	1000 万人民币
主营范围	自营和代理各类商品及技术的进出口业务（国家限定公司经营或禁止进出口的商品及技术除外，不另附进出口商品目录），经营进料加工和“三来一补”业务，经营对销贸易和转口贸易（按粤外经贸发字〔2000〕248 号文经营）。						

企业名称	中山市纸箱总厂有限公司			海关编码	44209A0096	所属海关	中山海关
通讯地址	广东省中山市石岐区岐关西路 62 号			邮政编码	528400	法人姓名	田缙
评定时间	2008.10.15	注册日期	2003.1.3	报关有效期	长期	注册资本	1000 万人民币
主营范围	加工、制造纸箱、纸板、纸盒、电子产品及元器件（不含线路板）、玩具，印刷包装装潢印刷品、其他印刷品，维修、检测电子产品及元器件。						

企业名称	中山市宝元制造厂			海关编码	44209B1170	所属海关	中山海关
通讯地址	广东省中山市三乡镇第一工业区第一厂区			邮政编码	528463	法人姓名	骆志行
评定时间	2008.10.23	注册日期	1991.12.12	报关有效期	长期	注册资本	5 万人民币
主营范围	经营运动鞋、轻便鞋，兼营鞋材。						

企业名称	中山市科达物流有限公司			海关编码	4420W60001	所属海关	中山海关
通讯地址	广东省中山市民众镇浪网村阳光大道中山保税物流中心综合楼9楼（905室~914室）			邮政编码	528441	法人姓名	余利城
评定时间	2013.9.9	注册日期	2009.9.4	报关有效期	长期	注册资本	500万人民币
主营范围	许可经营项目：经营普通货运，批发预包装食品（食用油、坚果、酒精饮料、非酒精饮料、咖啡、可可）、乳制品（含婴幼儿配方乳粉），从事国内劳务派遣（不含职业中介）；一般经营项目：代理国内、国际货运（不含水路货运代理），货物仓储、包装（不含危险品）、搬运、装卸，提供电子产品技术检测及维修服务，进出口货物及技术（法律、行政法规禁止的项目除外，法律、行政法规限制的项目须限得许可证后方可经营），物业管理（与资质证同时使用），商业物业租赁，代理报关、报检。						

企业名称	中国五矿南方有限责任公司			海关编码	4404110185	所属海关	拱香洲办
通讯地址	广东省珠海市香洲区海滨南路88号1002、1004室			邮政编码	519015	法人姓名	王秋野
评定时间	2008.10.15	注册日期	1993.1.15	报关有效期	长期	注册资本	10100万人民币
主营范围	黑色金属、有色金属商品的进出口，自营和代理除国家组织统一联合经营的16种出口商品和国家实行核定公司经营的14种进口商品以外的商品及技术的进出口（具体按〔97〕外经贸政审函字第1846号经营），对外经济贸易咨询服务，展览、技术交流服务，仓储服务（不含危险化学品及易制毒化学品仓储），金属材料、矿产品（不含许可经营项目）、建筑材料、石油制品（不含成品油）、五金交电、化工产品（不含危险化学品及易制毒化学品）、纺织品、百货、普通机械、电器机械及器材、仪器仪表、工艺美术品的批发、零售，自有房屋租赁。						

企业名称	中国电子进出口珠海有限公司			海关编码	4404110206	所属海关	拱香洲办
通讯地址	广东省珠海市吉大九洲大道中1082号中电大厦6楼			邮政编码	519015	法人姓名	周红
评定时间	2009.4.8	注册日期	1992.12.8	报关有效期	长期	注册资本	2590万人民币
主营范围	自营和代理除国家组织统一联合经营的16种出口商品和国家实行核定公司经营的14种进口商品以外的商品及技术的进出口业务（按外经贸部〔97〕外经贸政审函字第1980号文经营），开展补偿贸易、转口贸易、易货贸易、对销贸易业务和租赁项下的进出口，承办对外贸易展览展销，提供与主营业务有关的储运、包装业务、维修服务及寄售业务和技术咨询、技术服务、信息服务，进出口商品范围内的国内销售，自有物业租赁和管理。						

企业名称	珠海广金厨具有限公司			海关编码	4404110624	所属海关	拱香洲办
通讯地址	广东省珠海市金湾区机场西路155号			邮政编码	519040	法人姓名	骆耀廷
评定时间	2013.12.13	注册日期	1994.8.3	报关有效期	长期	注册资本	1500万人民币
主营范围	开展进出口业务（具体商品按珠外经字〔1994〕186号文执行），批发、零售建筑材料、普通机械、五金交电、百货。						

企业名称	珠海格力电器股份有限公司			海关编码	4404110634	所属海关	拱香洲办
通讯地址	广东省珠海市前山金鸡西路			邮政编码	519070	法人姓名	董明珠
评定时间	2008.10.15	注册日期	1994.6.29	报关有效期	长期	注册资本	300786.54万人民币
主营范围	货物、技术的进出口（法律、行政法规禁止的项目除外，法律、行政法规限制的项目须取得许可后方可经营），制造、销售货物。						

企业名称	珠海京楚石油技术开发有限公司		海关编码	4404112903	所属海关	拱香洲办
通讯地址	广东省珠海市吉大海滨南路47号光大国际贸易中心3003室		邮政编码	519015	法人姓名	吴坚
评定时间	2011.9.22	注册日期	2001.6.21	报关有效期	长期	注册资本	1056万人民币
主营范围	批发、零售自动变速箱、柴油发动机及配件、液压气动元件、石油钻采设备及配件、建筑材料，油田新产品、新技术推广应用，石油钻采设备的安装、维修及技术服务（需其他行政许可项目除外，法律、法规禁止的不得经营），按珠外经字〔2001〕180号文开展进出口业务。						

企业名称	珠海新明珠电子有限公司		海关编码	4404121279	所属海关	拱香洲办
通讯地址	广东省珠海市唐家湾镇港湾大道金星路		邮政编码	519085	法人姓名	Kevin Rollenhagen
评定时间	2008.10.23	注册日期	2014.3.26	报关有效期	长期	注册资本	900万美元
主营范围	生产、加工、销售汽车业用的步进电动机、指针、IC及有关配件，机械产品及机械产品的零部件，移动通讯业用的部件、电池和配件，微电子产品、手表、表芯和其他计时系统、石英体、工具及手表部件和配件；提供上述产品的售后服务；分拆成品表。						

企业名称	珠海经济特区红塔仁恒纸业有限公司		海关编码	4404130596	所属海关	拱香洲办
通讯地址	广东省珠海市前山工业区		邮政编码	519000	法人姓名	童来明
评定时间	2008.10.15	注册日期	1993.9.22	报关有效期	长期	注册资本	24360.99万美元
主营范围	生产和销售自产的高档包装纸板，从事纸浆、纸及纸制品、化工产品（不含化学危险品）、电器机械、普通机械、矿产品（不含贵金属矿和铁矿石）的批发及进出口业务（不设店铺，不涉及国营贸易管理商品，涉及配额、许可证管理商品的，按国家有关规定办理），从事纸及纸制品的研究开发及提供相关的技术咨询、技术服务、技术转让。						

企业名称	珠海跃华电子有限公司		海关编码	4404131196	所属海关	拱香洲办
通讯地址	广东省珠海市南屏科技工业园屏东四路		邮政编码	519060	法人姓名	方先跃
评定时间	2011.11.28	注册日期	1995.1.3	报关有效期	长期	注册资本	3500万人民币
主营范围	生产和销售自产的鼠标器、键帽、计算机原器件，从事电子玩具、模具制造和注塑业务，批发和零售仪器仪表、家用电器、电子设备、计算机。						

企业名称	珠海格力大金精密模具有限公司		海关编码	4404132912	所属海关	拱香洲办
通讯地址	广东省珠海市香洲区金鸡路688号		邮政编码	519000	法人姓名	谢东波
评定时间	2012.10.26	注册日期	2009.4.2	报关有效期	长期	注册资本	5795.87万美元
主营范围	模具及成型品的开发、生产、销售、售后服务。						

企业名称	珠海经济特区美星制鞋有限公司		海关编码	4404140021	所属海关	拱香洲办
通讯地址	广东省珠海市前山明珠南路3047号及翠珠4街1号		邮政编码	519070	法人姓名	陈敏雄
评定时间	2008.11.5	注册日期	1992.12.1	报关有效期	长期	注册资本	4300万美元
主营范围	生产和销售自产的皮、塑料、布制的凉鞋、密鞋、鞋面、鞋材等产品，从事非配额许可证管理、非专营商品的收购出口业务。						

企业名称	心华制衣发展（珠海）有限公司			海关编码	4404140037	所属海关	拱香洲办
通讯地址	广东省珠海市前山镇上冲工业区心华路			邮政编码	519070	法人姓名	魏崇贤
评定时间	2008.10.15	注册日期	1989.9.9	报关有效期	长期	注册资本	200 万美元
主营范围	生产和销售自产的各类服装及饰品和织物，批发、零售（不设店铺）及进出口上述同类产品及其原辅料。（涉及配额许可证管理、专项规定管理的商品按照国 家有关规定办理）						

企业名称	珠海三美电机有限公司			海关编码	4404140125	所属海关	拱香洲办
通讯地址	广东省珠海市翠珠工业区			邮政编码	519070	法人姓名	森部茂
评定时间	2011.11.28	注册日期	1992.12.1	报关有效期	长期	注册资本	3370 万美元
主营范围	生产和销售自产电子零部件、计算机外围设备、电子机械设备，批发、零售及进出口上述产品同类商品（不设店铺）。						

企业名称	珠海兄弟工业有限公司			海关编码	4404140234	所属海关	拱香洲办
通讯地址	广东省珠海市拱北港昌路 254 号			邮政编码	519070	法人姓名	石川博
评定时间	2010.10.26	注册日期	1991.12.18	报关有效期	长期	注册资本	700 万美元
主营范围	设计、开发、生产和销售自产的缝纫机、缝纫机半成品及零件、缝纫机软件、缝纫机软件半成品及零件、绣花机、绣花机半成品及零件、绣花机软件、绣花机软件半成品及零件、绣花机线盒、绣花机线盒产成品及零件、绣花卡、绣花卡半成品及零件、绣花卡软件、绣花卡软件半成品及零件、新型打印装置标签机、新型打印装置标签机半成品及零件、新型打印装置标签机软件、新型打印装置标签机软件半成品及零件、标签带、标签带半成品及零件、打印机、打印机半成品及零件、打印机软件、打印机软件半成品及零件、通信设备、通信设备半成品及零件、通信设备软件、通信设备软件半成品及零件、扫描仪、扫描仪半成品及零件、扫描仪软件、扫描仪软件半成品及零件、多功能裁断机、多功能裁断机半成品及零件、多功能裁断机软件、多功能裁断机软件半成品及零件、自动数据处理设备、自动数据处理设备半成品及零件、自动数据处理设备软件、自动数据处理设备软件半成品及零件，批发、进出口缝纫机、绣花机、绣花机线盒、绣花卡、新型打印装置标签机、标签带、打印机、通信设备、扫描仪、多功能裁断机及自动数据处理设备等相关零配件。（不涉及国营贸易管理商品，涉及配额、许可证管理商品的，按国家有关规定办理）						

企业名称	珠海松下马达有限公司			海关编码	4404140302	所属海关	拱香洲办
通讯地址	广东省珠海市南屏科技工业园屏东 3 路 3 号			邮政编码	519060	法人姓名	YAMAUCHI MASANAO（山内政直）
评定时间	2008.11.28	注册日期	1993.5.31	报关有效期	长期	注册资本	4835 万美元
主营范围	研究开发、设计、生产和销售自产的新型机电元件，精密轴承，三轴以上联动的数控系统及伺服装置，上述产品的零部件、半成品、精冲模、模具标准件；提供技术服务和售后服务；研究开发、设计相关生产设备；从事非配额许可证管理、非专营商品的收购出口业务；批发、零售公司生产产品同类商品。（不设店铺，涉及配额许可证管理、专项规定管理的商品按照国家有关规定办理）						

企业名称	珠海藤仓电装有限公司			海关编码	4404140309	所属海关	拱香洲办
通讯地址	广东省珠海市吉大石花西路 161 号			邮政编码	519015	法人姓名	星公彦
评定时间	2014.6.19	注册日期	1991.7.20	报关有效期	长期	注册资本	1249 万美元
主营范围	生产和销售自产的汽车电子设备系统（汽车线束及相关配套零部件，各种电子配线及汽车线束、电子配线生产用检测用具等）及其他各种电子专用设备，提供上述产品的相关技术服务，公司生产产品同类商品的批发、零售（不设店铺）及进出口业务。（涉及配额许可证管理、专项规定管理的商品按照国家有关规定办理）						

企业名称	珠海宝刚休闲器材有限公司			海关编码	4404141448	所属海关	拱香洲办
通讯地址	广东省珠海市唐家湾镇金鼎宁堂工业区			邮政编码	519085	法人姓名	陈财利
评定时间	2008.10.15	注册日期	1999.6.3	报关有效期	长期	注册资本	800 万美元
主营范围	生产和销售自产的瓦斯烤肉器材、室内运动器材及厨房小家电产品、五金制品及其半成品。产品 100% 外销。						

企业名称	德信行（珠海）香精香料有限公司			海关编码	4404141545	所属海关	拱香洲办
通讯地址	广东省珠海市唐家湾镇金沙路 116 号			邮政编码	519085	法人姓名	李德明
评定时间	2011.11.18	注册日期	1999.10.15	报关有效期	长期	注册资本	1560 万美元
主营范围	生产和销售自产的天然薄荷系列及各种天然精油、香精产品，从事合成香料、林化产品及食品添加剂批发、零售及进出口业务［危险化学品仅限桉叶油、桉叶油醇、松节油的批发（许可证有效期至 2013 年 8 月 3 日），不设店铺，不涉及国营贸易管理商品，涉及配额、许可证管理、专项规定管理的商品按照国家有关规定办理］。						

企业名称	太阳神（珠海）电子有限公司			海关编码	4404142195	所属海关	拱香洲办
通讯地址	广东省珠海市兰埔工业区三号厂房			邮政编码	519070	法人姓名	杨永祥
评定时间	2011.11.18	注册日期	2000.12.26	报关有效期	长期	注册资本	450 万美元
主营范围	生产和销售自产的各类音频磁头、计算机读卡磁头、高频线圈、电源线圈、变压器、注塑及压铸零件、五金冲压件、硬币识别器、纸币识别器、各类读 / 写卡器及配件、印刷电路板（带电子件）、微型热敏打印机、键盘、吸塑包装制品、电子线缆、连接器、电子支付终端装置及其配件、太阳能转换装置及照明装置、电子标签及其读 / 写装置、小型家用电器，从事非配额许可证管理、非专营商品的收购出口业务，从事电子类产品的批发、零售及进出口业务。（不设店铺，不涉及国营贸易管理商品，涉及配额、许可证管理商品的，按国家有关规定办理申请）						

企业名称	松下系统网络科技（珠海）有限公司			海关编码	4404142901	所属海关	拱香洲办
通讯地址	广东省珠海市南屏科技工业园屏西八路三号			邮政编码	519060	法人姓名	山崎修
评定时间	2008.11.28	注册日期	2001.12.4	报关有效期	长期	注册资本	3500 万美元
主营范围	激光、彩色及其他打印机，电子邮件终端器，新型打印装置多功能机，宽带接入网通信系统设备，新型平板显示器，光碟驱动器，电话机，楼宇对讲机，电话交换机，家庭网关，CPU 冷却风扇马达及上述产品零部件的生产、销售及售后服务。						

企业名称	珠海市金邦达保密卡有限公司			海关编码	4404144624	所属海关	拱香洲办
通讯地址	广东省珠海市前山福溪金邦达大厦			邮政编码	519070	法人姓名	卢闰霆
评定时间	2011.9.22	注册日期	2005.7.25	报关有效期	长期	注册资本	2100 万美元
主营范围	生产及销售自产的接触式集成电路（IC）卡及非接触式集成电路（IC）卡、智能卡、激光卡、磁条卡、密码信封、银行办公用纸张耗材、发卡机终端及其辅助设备，机械维护维修（上门服务）；从事上述产品同类商品、耗材批发、零售（不设店铺）及进出口业务，并提供相关售后服务；智能卡、激光卡、磁卡等数据卡片的个人化处理及相关数据的单据加工；安全支付、身份认证、发卡系统的设计及数据处理；以承接服务外包方式从事系统应用管理和维护、信息技术支持管理、银行后台服务、软件开发、数据处理等信息服务和业务流程外包服务；信息技术、计算机软硬件、系统软件的开发设计、系统集成及相关技术成果的转让，并提供相关售后服务；物联网相关产品研发、销售及技术服务；经济信息咨询（限制、禁止经营的除外）；干散货物仓储；包装装潢印刷品印刷（许可证有效期限至 2013 年 12 月 31 日）；自有物业租赁及自有物业管理。（上述不涉及国营贸易管理商品，涉及配额、许可证管理商品的，按国家有关规定办理，涉及专项管理、资质经营、许可经营的按国家有关规定办理）						

企业名称	珠海经济特区飞利浦家庭电器有限公司			海关编码	4404144743	所属海关	拱香洲办
通讯地址	广东省珠海市三灶镇琴石工业区			邮政编码	519040	法人姓名	JOSEPHINE SHEN-CHUAN SU
评定时间	2008.10.23	注册日期	2006.12.7	报关有效期	长期	注册资本	836.45 万美元
主营范围	研发和生产家用电器、个人护理、健康护理、母婴护理、照明灯具等产品，从事上述产品的销售和服务，提供相应的测试、技术及服务，从事相关的配套零部件、配件的生产、委托加工及其同类商品的批发、进出口、佣金代理（拍卖除外）和零售服务（不设店铺，涉及配额许可证管理、专项规定管理的商品按照国家有关规定办理），从事非配额许可证管理及非专营商品的采购出口业务。						

企业名称	珠海市国泉贸易有限公司			海关编码	4404144815	所属海关	拱香洲办
通讯地址	广东省珠海市凤凰南路 1130 号马可波罗大厦七楼 710			邮政编码	519000	法人姓名	徐丽
评定时间	2009.11.3	注册日期	2005.3.1	报关有效期	长期	注册资本	1200 万港币
主营范围	日用百货、服装、鞋帽、眼镜、玩具、文体用品、针纺织品、五金、交电、工艺美术品的批发、零售。						

企业名称	理想（中国）科学工业有限公司			海关编码	4404144924	所属海关	拱香洲办
通讯地址	广东省珠海市吉大海滨南路光大国际贸易中心第 29 层 2903、2904、2905、2906、2912			邮政编码	519015	法人姓名	高桥靖宏
评定时间	2012.12.20	注册日期	1999.6.15	报关有效期	长期	注册资本	1600 万美元
主营范围	开发、生产、销售和出口理想数码速印机及其零部件和耗材等，开发、生产、销售和出口现代办公自动化电子产品及其零部件和耗材，开展以上产品的维修、培训及其他相关业务，经批准可在中国境内外设立分支机构，经营自产的数码速印机租赁业务，进口、批发公司自产产品的同类商品，批发国内采购商品（特种商品除外）。						

企业名称	中艺华海进出口有限公司			海关编码	4404150345	所属海关	拱香洲办
通讯地址	广东省珠海市吉大海滨南路光大国际贸易中心 21 层 12 号			邮政编码	519015	法人姓名	金华
评定时间	2008.10.15	注册日期	1995.9.5	报关有效期	长期	注册资本	10000 万人民币
主营范围	自营和代理各类商品及技术的进出口业务（国家规定的专营进口商品和国家禁止进出口特殊商品除外），经营进料加工和“三来一补”业务，开展对销贸易和转口贸易，进口原油、燃料油、羊毛、胶合板，对外派遣工程生产及服务行业的劳务人员（不含海员），对外经济贸易咨询服务及技术交流服务，国内销售上述进出口商品（国家有专项专营规定的除外），批发汽油、煤油、柴油，销售原油，批发危险化学品，批发煤炭。						

企业名称	东信和平科技股份有限公司			海关编码	4404150572	所属海关	拱香洲办
通讯地址	广东省珠海市南屏科技工业园屏工中路 8 号			邮政编码	519060	法人姓名	周忠国
评定时间	2012.5.24	注册日期	1999.6.9	报关有效期	长期	注册资本	21841.88 万人民币
主营范围	第二类增值电信业务中的信息服务业务（不含固定网电话信息和互联网信息服务，许可证有效期至 2016 年 5 月 20 日），通信、银行、公共事业等各领域磁条卡、智能卡（含移动电话 SIM 卡、银行卡）、微电子智能标签产品及相关读写机具、终端设备的研发、生产、销售，计算机软硬件、网络设备和系统集成相关技术开发、销售及技术服务，物联网相关产品研发、销售及技术服务，半导体模块封装及技术咨询，本企业自产产品及相关技术的进出口业务，进料加工和“三来一补”业务，包装装潢印刷品、其他印刷品印刷（许可证有效期至 2013 年 12 月 31 日）。						

企业名称	珠海港达供应链管理有限公司			海关编码	4404151047	所属海关	拱香洲办
通讯地址	广东省珠海市南屏科技工业园屏东五路 10 号			邮政编码	519000	法人姓名	刘战
评定时间	2011.3.21	注册日期	2007.10.19	报关有效期	长期	注册资本	1000 万人民币
主营范围	普通货运，搬运装卸，配载，运输信息咨询，仓储服务，货运代理（许可证有效期至 2014 年 9 月 30 日）；国际货物运输代理；互联网上经营建材、装饰材料、普通机械、电气机械、化工原料及产品（不含危险化学品及易制毒化学品）、工艺美术品、陶瓷制品、电子产品、矿产品（不含贵金属矿）、纺织品、金属材料（不含贵金属）、日用杂品、皮革制品、木制品、卫浴设备的批发、零售；商业的批发、零售（不含许可经营项目）；批发兼零售预包装食品、散装食品［食用油、干果、坚果、肉类熟食制品、蛋及蛋类制品、面粉、米面制品、烘焙食品、豆制品、糖果蜜饯、冷冻饮品、方便食品、罐头、烹调佐料、腌制品、酒精饮料、非酒精饮料、茶（不包含茶饮料）咖啡、可可］、乳制品（含婴幼儿配方乳粉）。						

企业名称	广东德豪润达电气股份有限公司			海关编码	4404160224	所属海关	拱香洲办
通讯地址	广东省珠海市香洲区唐家湾镇金凤路 1 号			邮政编码	519085	法人姓名	王冬雷
评定时间	2008.12.5	注册日期	2000.12.14	报关有效期	长期	注册资本	116640 万人民币
主营范围	开发、生产家用电器、电机、电子、轻工产品、电动器具、自动按摩设备、健身器械、烤炉、厨房用具、发光二极管、发射接收管、数码管、半导体 LED 照明、半导体 LED 装饰灯、太阳能 LED 照明、LED 显示屏系列、现代办公用品、通讯设备及其零配件。						

企业名称	珠海市和鸿企业有限公司			海关编码	4404160251	所属海关	拱香洲办
通讯地址	广东省珠海市吉大九洲大道东段 1154 号建设大厦 8 楼			邮政编码	519015	法人姓名	阳小飞
评定时间	2012.6.8	注册日期	2001.3.20	报关有效期	长期	注册资本	300 万人民币
主营范围	按珠外经字〔2001〕001 号文经营珠海经济特区进出口业务。						

企业名称	珠海实友化工有限公司			海关编码	4404160324	所属海关	拱香洲办
通讯地址	广东省珠海市吉大水湾路 368 号南油大酒店玻璃楼 3 楼			邮政编码	519015	法人姓名	王青运
评定时间	2008.11.28	注册日期	2001.5.18	报关有效期	长期	注册资本	5000 万人民币
主营范围	按粤珠安经（乙）字〔2004〕000007 号“危险化学品经营许可证”核定的许可范围经营危险化学品的批发（许可证有效期至 2012 年 7 月 13 日），汽油、煤油、柴油、燃料油的批发［危险化学品按粤安经（甲）字〔2009〕YB5748 号“危险化学品经营许可证”核定的许可范围经营（许可证有效期至 2012 年 10 月 28 日）］，建筑材料、五金交电、石油制品（不含成品油）、机械设备及配件的批发、零售，项目投资，经营珠海经济特区进出口业务（按珠外经字〔2001〕126 号文执行）（进料加工业务、“三来一补”业务除外，国家专营专控产品凭许可证经营）。						

企业名称	珠海诚锋电器有限公司			海关编码	4404162666	所属海关	拱香洲办
通讯地址	广东省珠海市金湾区三灶镇金湖路 11 号一期厂房东面			邮政编码	519041	法人姓名	翁海青
评定时间	2012.2.7	注册日期	2005.7.1	报关有效期	长期	注册资本	300 万人民币
主营范围	生产、批发、零售、维修家用电器、电子产品。						

企业名称	珠海市乐通化工股份有限公司		海关编码	4404163316	所属海关	拱香洲办
通讯地址	广东省珠海市金鼎官塘乐通工业园		邮政编码	519085	法人姓名	张彬贤
评定时间	2014.1.23	注册日期 2007.7.17	报关有效期	长期	注册资本	20000 万人民币
主营范围	生产和销售自产的各类油墨、涂料及相关的配套产品。［危险化学品按（粤）WH 安许证字〔2006〕C0046 许可范围经营］					

企业名称	珠海市煤气有限公司		海关编码	4404164671	所属海关	拱香洲办
通讯地址	广东省珠海市香洲沿河东路 103 号		邮政编码	519000	法人姓名	解少华
评定时间	2011.10.21	注册日期 1992.12.30	报关有效期	长期	注册资本	2001 万人民币
主营范围	液化石油气、化工产品（不含危险化学品及易制毒化学品）、钢瓶、燃气用具、燃气设备、石油制品（不含成品油）、家具、工艺美术品及其他商业批发、零售（不含许可经营项目），燃气管道工程设计、安装（凭资质证经营），钢瓶、燃气用具的检验、维修和出租，自营和代理各类商品及技术的进出口业务（国家规定的专营进出口商品和国家禁止进出口等特殊商品除外），经营进料加工和“三来一补”业务，开展对销贸易和转口贸易，自有物业租赁、物业代理、物业咨询、消费品信息咨询、生产资料信息咨询，增值电信业务（呼叫中心业务）（许可证有效期至 2014 年 8 月 5 日），罐装纯净水、矿泉水零售（限分支机构经营）。					

企业名称	博世（珠海）安保系统有限公司		海关编码	4404940331	所属海关	拱香洲办
通讯地址	广东省珠海市金湾区三灶镇青湾工业区机场北路 20 号		邮政编码	519041	法人姓名	GEORGE ERIC BEHLKE
评定时间	2008.11.28	注册日期 2003.11.6	报关有效期	长期	注册资本	2100 万美元
主营范围	研究、开发、设计、加工、生产及销售自产的防火探测系统、门禁系统、闭路监视系统等安保系统、数字放声系统等通信设备。					

企业名称	珠海经济特区裕元工业有限公司		海关编码	44041B1432	所属海关	拱香洲办
通讯地址	广东省珠海市前山翠景工业区明珠南路 2001 号		邮政编码	519070	法人姓名	钟桂喜
评定时间	2012.12.17	注册日期 1992.11.30	报关有效期	长期	注册资本	30 万人民币
主营范围	主营皮鞋、布鞋、塑料鞋、胶鞋制造，兼营来料加工业务。					

企业名称	珠海鼎立包装制品有限公司		海关编码	4404164416	所属海关	斗门海关
通讯地址	广东省珠海市金湾区红旗镇红旗路 22 号		邮政编码	519090	法人姓名	王惠明
评定时间	2011.3.8	注册日期 2006.6.12	报关有效期	长期	注册资本	12557.63 万人民币
主营范围	生产和销售自产的易拉盖、PET 容器，承接包装装潢印刷品印刷业务（凭许可证经营，限金属印刷，许可证有效期至 2013 年 12 月 31 日），从事盛装食品饮料用铝制和铁制包装容器及各种易拉盖、未经涂层的铝制和铁制卷、片料、食品饮料用塑料瓶盖的批发业务（不设店铺经营，涉及配额许可证管理、专项规定管理的商品，按国家有关规定办理）。					

企业名称	爱普科斯电阻电容（珠海）有限公司		海关编码	4404940130	所属海关	斗门海关
通讯地址	广东省珠海市金湾区红旗镇工业区虹晖二路北办公楼及厂房、厂房一、厂房二、宿舍楼（第1层及第3层）		邮政编码	519100	法人姓名	NORBERT DR HESS
评定时间	2008.11.28	注册日期	1995.5.15	报关有效期	长期	注册资本	1420万美元
主营范围	生产和销售自产的电子元器件、线圈、线路板，从事非配额许可证的管理、非专营商品的收购出口业务，从事公司生产产品同类商品的批发、零售和进出口业务（不设店铺，涉及配额许可证管理、专项规定管理的商品，按照国家有关规定办理）。						

企业名称	显利（珠海）造船有限公司		海关编码	4404941454	所属海关	斗门海关
通讯地址	广东省珠海市斗门区斗门港路1号		邮政编码	519185	法人姓名	罗衍莹
评定时间	2008.10.15	注册日期	1999.6.10	报关有效期	长期	注册资本	5000万港币
主营范围	修造特种船、高性能船只及各类型船只，加工及制造金属制品、玻璃钢制品、船舶配套产品及船只内部家具，属于普通客货船70%外销，其他产品50%外销，船只内家具100%外销。						

企业名称	伟创力实业（珠海）有限公司		海关编码	4404941754	所属海关	斗门海关
通讯地址	广东省珠海市斗门区新青科技工业园珠峰大道2021号B16厂房		邮政编码	519180	法人姓名	MANNY MARIMUTHU
评定时间	2013.1.4	注册日期	2000.4.6	报关有效期	长期	注册资本	9000万美元
主营范围	设计、开发、生产和销售新型电子元器件及电路组件、电子专用设备、仪器与工模具、卫星通信系统设备（不包括国家限制类产品）、通讯器材所用电路板半成品及配套件、新型打印装置、大容量光、磁盘驱动器、游戏机及其部件、移动电话，提供相关的技术咨询服务及上述产品的售后维修服务，从事公司生产产品同类商品的批发，进出口业务。（不涉及国营贸易管理商品及国家限制类产品，涉及配额、许可证管理商品的和专项规定管理的，按国家有关规定办理申请）						

企业名称	珠海市骏威制衣有限公司		海关编码	4404943758	所属海关	斗门海关
通讯地址	广东省珠海高新技术产业开发区白蕉科技工业园新科二路		邮政编码	519125	法人姓名	张国荣
评定时间	2008.11.28	注册日期	2002.12.2	报关有效期	长期	注册资本	850万美元
主营范围	生产和销售自产的针织、梭织成衣、毛衫等服装制品及上述产品的绣花、印花。						

企业名称	珠海心和制衣有限公司		海关编码	4404944718	所属海关	斗门海关
通讯地址	广东省珠海市金湾区红旗镇珠海大道北		邮政编码	519000	法人姓名	林和宏
评定时间	2011.12.19	注册日期	2005.6.23	报关有效期	长期	注册资本	220.9万美元
主营范围	生产和销售自产的高级服装。						

企业名称	珠海汉胜科技股份有限公司		海关编码	4404962633	所属海关	斗门海关
通讯地址	广东省珠海市斗门区新青科技工业园内		邮政编码	519180	法人姓名	寿伟春
评定时间	2009.1.23	注册日期	2007.10.23	报关有效期	长期	注册资本	20000万人民币
主营范围	生产、销售、研发光纤光缆、电线、电缆及附件、铝塑复合管，从事光纤光缆、电缆、电线生产项目的策划及技术咨询。						

企业名称	珠海碧辟化工有限公司			海关编码	4404131701	所属海关	高栏海关
通讯地址	广东省珠海市临港工业区大平湾			邮政编码	519050	法人姓名	杨士旭
评定时间	2008.10.23	注册日期	1998.2.16	报关有效期	长期	注册资本	48800 万美元
主营范围	生产精对苯二甲酸（简称 PTA）并在国内外市场销售公司自产产品，从事精对苯二甲酸和对二甲苯的批发和进出口业务。（危险化学品依照“危险化学品经营许可证”许可范围经营，涉及专项规定管理的商品按照国家有关规定办理；以上商品不涉及国营贸易管理商品，涉及配额、许可证管理商品的，按照国家有关规定办理申请）						

企业名称	珠海科德电子有限公司			海关编码	4404141498	所属海关	高栏海关
通讯地址	广东省珠海市平沙镇德祥路 9 号			邮政编码	519055	法人姓名	THOMAS JOSEF GERHARD PATZELT
评定时间	2008.10.15	注册日期	1999.8.3	报关有效期	长期	注册资本	6254 万港币
主营范围	生产和销售自产的各种有源、无源电子元器件及组件、照明电子产品及照明系统，从事公司生产产品同类商品及其配件和原材料的批发、零售及进出口业务。（不设店铺，涉及配额许可证管理、专项规定管理的商品按照国家有关规定办理）						

企业名称	珠海华丰纸业有限公司			海关编码	4404910019	所属海关	高栏海关
通讯地址	广东省珠海市高栏港经济区高栏石化区			邮政编码	519050	法人姓名	季向东
评定时间	2014.8.5	注册日期	2009.10.13	报关有效期	长期	注册资本	98455.93 万人民币
主营范围	生产和销售高档纸及纸板（包括高级灰底涂布白纸板、高档白卡纸及液体包装纸板）、纸浆、纸及纸制品、化工产品（不含危险品）。						

企业名称	珠海恒基达鑫国际化工仓储股份有限公司			海关编码	4404932193	所属海关	高栏海关
通讯地址	广东省珠海市高栏港经济区南迳湾			邮政编码	519050	法人姓名	王青运
评定时间	2010.1.6	注册日期	2001.6.8	报关有效期	长期	注册资本	12000 万人民币
主营范围	液体化工产品的码头、仓储的建设与经营，汽油、煤油、柴油和植物油产品的仓储及公共保税仓库。（以上属许可项目的按相关许可证及批准书许可的内容经营）						

企业名称	珠海市科立鑫金属材料有限公司			海关编码	4404939337	所属海关	高栏海关
通讯地址	广东省珠海市高栏港经济区精细化工区浪山路综合楼			邮政编码	519050	法人姓名	林奋生
评定时间	2012.12.20	注册日期	2005.3.4	报关有效期	长期	注册资本	3880 万人民币
主营范围	生产和销售自产的金属、金属粉末和金属化合物（以上仅限钴及其化合物）（国家限制类除外）。						

企业名称	长兴化学工业（广东）有限公司			海关编码	4404942118	所属海关	高栏海关
通讯地址	广东省珠海市南水镇大浪湾工业园			邮政编码	519050	法人姓名	廖恒宁
评定时间	2011.11.18	注册日期	2000.11.17	报关有效期	长期	注册资本	3300 万美元
主营范围	生产和销售自产的合成树脂（危险化学品仅限醇酸树脂、不饱和聚酯树脂，有效期至 2015 年 7 月 12 日）、（水性、油性）丙烯酸树脂、聚酯树脂等相关制品（以上不含危险化学品）批发与零售。（不设店铺，涉及配额许可证管理、专项规定管理的商品按照国家有关规定办理）						

企业名称	壳牌（珠海）润滑油有限公司			海关编码	4404940365	所属海关	高栏海关
通讯地址	广东省珠海市高栏港经济区高栏岛南迳湾			邮政编码	519050	法人姓名	CHEONG KIN SENG
评定时间	2013.2.7	注册日期	2008.6.3	报关有效期	长期	注册资本	4860 万美元
主营范围	从事润滑油、润滑脂及其原材料的仓储业务，生产、加工和销售其生产的润滑油、润滑脂及相关产品，上述产品同类商品的进口、批发、佣金代理（拍卖除外），提供相关售后及技术、咨询服务。（不含危险化学品、涉及专项规定管理的商品按照国家有关规定办理，以上商品不涉及国营贸易管理商品，涉及配额、许可证管理商品的，按国家有关规定办理申请）						

企业名称	珠海骏建皮塑实业有限公司			海关编码	4404943416	所属海关	高栏海关
通讯地址	广东省珠海市金湾区平沙镇红叶街 87 号			邮政编码	519055	法人姓名	卢婉芬
评定时间	2011.11.28	注册日期	1995.5.24	报关有效期	长期	注册资本	8250 万港币
主营范围	自产的塑料制品、皮具制品、一次性塑料照相机及零部件的生产、销售，自产的机械制品、五金制品以及模具的设计与制造，玩具制品、吸尘器，木制品及自有物业出租。						

企业名称	珠海地球胶粘科技有限公司			海关编码	4404943594	所属海关	高栏海关
通讯地址	广东省珠海市高栏港经济区精细化工区珠海大道西侧			邮政编码	519050	法人姓名	叶飞呈
评定时间	2013.10.23	注册日期	2002.9.5	报关有效期	长期	注册资本	1000 万美元
主营范围	研发胶粘剂，生产和销售自产的胶粘剂、胶粘制品、包装材料等及其副料等相关产品，出口国内同类产品。［以上项目中属危险化学品的须按编号（粤）WH 安许可证字〔2009〕C1675 的安全生产许可证经营，许可证有效期至 2015 年 8 月 1 日）						

企业名称	长兴化学材料（珠海）有限公司			海关编码	4404944303	所属海关	高栏海关
通讯地址	广东省珠海市临港工业区高栏石化区碧阳路			邮政编码	519070	法人姓名	赵郁文
评定时间	2011.1.17	注册日期	2003.10.17	报关有效期	长期	注册资本	1944.1 万美元
主营范围	生产和销售自产的高性能涂料材料及其加工制品，从事化学材料及其加工制品的批发、零售及进出口业务。						

企业名称	珠海保税区摩天宇航空发动机维修有限公司			海关编码	4404432154	所属海关	拱保税区
通讯地址	广东省珠海保税区			邮政编码	519030	法人姓名	袁新安
评定时间	2008.10.23	注册日期	2001.4.24	报关有效期	长期	注册资本	6310 万美元
主营范围	民用飞机发动机的修理、翻修、维护以及各种辅助服务，并提供工程支持、安装和拆卸飞机发动机的技术支持，以及为修理、翻修和维护服务而提供的飞机发动机和软件的租赁。						

企业名称	珠海泰科电子有限公司			海关编码	4404444465	所属海关	拱保税区
通讯地址	广东省珠海市保税区 5 号地恒利工业园 10 号厂房 1、2、3 楼及 10B 号厂房 1、2 楼			邮政编码	519000	法人姓名	JEFFREY GORDON BARTLETT
评定时间	2010.3.2	注册日期	2005.8.24	报关有效期	长期	注册资本	120 万美元
主营范围	生产和销售自产的新型电子元器件（电子、电气及光纤设备的连接器和内部连接装置、组合部件、系统和相关设备）。						

汕头关区

企业名称	广东西电动力科技股份有限公司			海关编码	4405430088	所属海关	汕保税区
通讯地址	广东省汕头保税区西电工业园			邮政编码	515071	法人姓名	陈启峰
评定时间	2013.3.8	注册日期	2011.1.25	报关有效期	长期	注册资本	12000 万人民币
主营范围	机电产品的生产、加工、仓储、贸易和技术研发，机电产品和技术的进出口（国家禁止或限制进出口的商品和技术除外，不涉及国营贸易管理商品，涉及配额、许可证管理商品的，按国家有关规定办理）、转口贸易、仓储（不含危险品），机电设备的租赁、装配、调试、维修及技术咨询，自有厂房、仓库出租。（经营范围中涉及专项审批规定的，需经审批发证部门批准后方可经营）						

企业名称	揭东钻宝科技电子有限公司			海关编码	4424942177	所属海关	揭阳海关
通讯地址	广东省揭东经济开发试验区绿色工业园内			邮政编码	522000	法人姓名	黄全
评定时间	2008.12.1	注册日期	2002.9.25	报关有效期	长期	注册资本	13000 万港币
主营范围	生产高频数码接收器、通信光纤网络接插件、电子元器件、音像接插件、电子游戏机配件、五金配件及电子专用设备、模具，卫星电视接收设施加工贸易。						

企业名称	巨轮股份有限公司			海关编码	4424960027	所属海关	揭阳海关
通讯地址	广东省揭东经济开发区 5 号路中段			邮政编码	515500	法人姓名	吴潮忠
评定时间	2011.12.21	注册日期	2002.5.21	报关有效期	长期	注册资本	47178.17 万人民币
主营范围	汽车子午线轮胎模具、汽车子午线轮胎设备的制造、销售及相关技术开发，销售金属材料（不含贵金属及专营专控品），机床零配件加工，机床装配、销售、维修，智能自动化装备的研发、制造和销售（法律、行政法规和国务院限制的项目须取得许可证后方可经营），普通货物仓储，对外实业投资，经营本企业自产产品及技术的出口业务，经营本企业生产所需的原辅材料、仪器仪表、机械设备、零配件及技术的进口业务。（国家限定公司经营和国家禁止进出口的商品除外，不单列贸易方式）						

企业名称	广东海兴塑胶有限公司			海关编码	4424962010	所属海关	揭阳海关
通讯地址	广东省揭东县试验区诸美片 3 号路旁			邮政编码	515500	法人姓名	宋旭彬
评定时间	2013.11.4	注册日期	2003.7.1	报关有效期	长期	注册资本	3800 万人民币
主营范围	日用塑料制品，塑料鞋，塑料玩具，五金、不锈钢制品、模具的加工、生产；家用电器销售；经营本企业自产产品的出口业务和本企业所需的机械设备、零配件、原辅材料的进口业务。（国家限定公司经营或禁止进出口的商品及技术除外）						

企业名称	普宁市丽达纺织有限公司			海关编码	4424944668	所属海关	汕关普宁
通讯地址	广东省普宁市科技工业园			邮政编码	515343	法人姓名	江达可
评定时间	2008.12.1	注册日期	2002.9.29	报关有效期	长期	注册资本	3740 万美元
主营范围	生产印染布、服装，从事高档织物面料的织染及后整理加工、普通仓储业务。						

企业名称	广东省宜华木业股份有限公司			海关编码	4405162725	所属海关	澄海海关
通讯地址	广东省汕头市澄海区莲下镇槐东工业区			邮政编码	515834	法人姓名	刘绍喜
评定时间	2012.8.29	注册日期	1996.12.4	报关有效期	长期	注册资本	148287 万人民币
主营范围	从事本企业生产所需自用原木的收购及生产，经营不涉及国家进出口商品配额及许可证管理的装饰木制品及木构件等木材深加工产品。						

企业名称	广东省宜华木业股份有限公司			海关编码	4405932032	所属海关	澄海海关
通讯地址	广东省汕头市澄海区莲下镇槐东工业区			邮政编码	515834	法人姓名	刘绍喜
评定时间	2012.8.13	注册日期	1996.12.4	报关有效期	长期	注册资本	148287 万人民币
主营范围	从事本企业生产所需自用原木的收购及生产，经营不涉及国家进出口商品配额及许可证管理的装饰木制品及木构件等木材深加工产品。						

企业名称	汕头市华翔塑胶有限公司			海关编码	4405942107	所属海关	澄海海关
通讯地址	广东省汕头市澄海区溪南镇埭头工业区			邮政编码	515832	法人姓名	陈培麟
评定时间	2008.12.1	注册日期	1994.12.25	报关有效期	长期	注册资本	1000 万美元
主营范围	生产经营 PVC 硬质片材、软质薄胶、聚酯环保片材和其他塑料片材，从事非配额许可证管理、非专营商品的收购出口业务，参加自产产品的出口配额招标。（经营范围中凡涉专项规定持有效专批证件方可经营）						

企业名称	骅威科技股份有限公司			海关编码	4405952011	所属海关	澄海海关
通讯地址	广东省汕头市澄海区澄华工业区玉亭路			邮政编码	515800	法人姓名	郭卓才
评定时间	2013.4.10	注册日期	1998.7.17	报关有效期	长期	注册资本	28160 万人民币
主营范围	对高新科技项目、文化产业项目、文化休闲娱乐服务业的投资，工业产品设计，多媒体和动漫技术的研发，电子信息技术的应用和开发，广播剧、电视剧、动画片（制作须另申报）、专题及专栏（不含时政新闻类）、综艺的制作、复制、发行（广播电视节目制作经营许可证有效期至 2014 年 11 月 2 日），文化活动策划，设计、制造和销售玩具、模型、婴幼儿用品、工艺品（不含金银饰品）、五金制品、塑胶制品，销售家用电器、服装、箱包、皮革制品、文体用品及器材、日用百货，回收、加工、销售废旧塑料，食品经营（由分支机构经营），货物进出口、技术进出口。（依法须经批准的项目，经相关部门批准后方可开展经营活动）						

企业名称	广东奥飞动漫文化股份有限公司			海关编码	4405962003	所属海关	澄海海关
通讯地址	广东省汕头市澄海区文冠路中段奥迪工业园			邮政编码	515800	法人姓名	蔡东青
评定时间	2013.5.13	注册日期	1997.7.31	报关有效期	长期	注册资本	62531.18 万人民币
主营范围	制作、复制、发行广播剧、电视剧、动画片（制作须另申报）、专题、专栏（不含时政新闻类）、综艺（广播电视节目制作经营许可证有效期至 2015 年 7 月 23 日），设计、制作、发布、代理国内外各类广告，制造、加工、销售玩具、工艺品（不含金银首饰）、数码电子产品、文具用品、塑料制品、五金制品、精密齿轮轮箱、童车、电子游戏机、婴童用品，销售家用电器、服装、日用百货、化工原料（危险化学品除外）、塑料原料，经营本企业自产产品及相关技术的出口业务，经营本企业生产、科研所需的原辅材料、机械设备、仪器仪表、零配件及相关技术的进口业务、电子产品、体育用品，经营本企业的进料加工和“三来一补”业务。（经营范围中凡涉专项规定持有效专批证件方可经营）						

企业名称	广东群兴玩具股份有限公司			海关编码	4405962030	所属海关	澄海海关
通讯地址	广东省汕头市澄海区莱芜经济开发试验区莱美工业区			邮政编码	515800	法人姓名	林伟章
评定时间	2009.8.7	注册日期	2002.11.7	报关有效期	长期	注册资本	26760 万人民币
主营范围	玩具、塑料制品、五金制品生产、加工、销售，动漫软件设计、开发、制作，童车、手推车、婴儿床、学步车、三轮车、婴儿车、行李车、自行车、电动车、摇篮车、摇椅、儿童摇床生产、经营，废旧塑料回收、加工，对高新科技项目、文化产业项目、文化休闲娱乐服务业、软件业、金融业、租赁和商务服务业的投资，工业产品设计，多媒体和动漫技术的研发，电子信息技术的应用和开发，房屋租赁，机械设备租赁，仪器仪表租赁，货物进出口、技术进出口。（法律、行政法规禁止的项目除外，法律、行政法规限制的项目须取得许可后方可经营）						

企业名称	汕头欧特龙塑胶有限公司			海关编码	4405144031	所属海关	广澳海关
通讯地址	广东省汕头市濠江区广澳工业区			邮政编码	515071	法人姓名	艾巴治
评定时间	2013.11.28	注册日期	1993.11.13	报关有效期	长期	注册资本	135.6 万欧元
主营范围	生产名式塑胶袋、塑胶日用制品、铝箔包装制品及日用纸包装制品。						

企业名称	广东金明精机股份有限公司			海关编码	4405164064	所属海关	广澳海关
通讯地址	广东省汕头市濠江区纺织工业园			邮政编码	515098	法人姓名	马镇鑫
评定时间	2011.12.21	注册日期	2009.6.24	报关有效期	长期	注册资本	121185000 万人民币
主营范围	货物进出口、技术进出口（法律、行政法规禁止的项目除外，法律、行政法规限制的项目须取得许可后方可经营），经营本企业的进料加工和“三来一补”业务，生产、加工塑料工业专用设备和模具，生产和销售塑料制品、橡胶制品，销售塑料原料。（依法须经批准的项目，经相关部门批准后方可开展经营活动）						

企业名称	广东柯士达国际物流有限公司			海关编码	4405164077	所属海关	广澳海关
通讯地址	广东省汕头市濠江区广达大道西侧柯士达 A 幢 101			邮政编码	515071	法人姓名	柯创明
评定时间	2010.11.19	注册日期	2010.10.29	报关有效期	长期	注册资本	3010 万人民币
主营范围	国内贸易（凡涉及专项规定持有效批准文件方可经营），仓储服务（道路运输经营许可证有效期至 2014 年 9 月 20 日），承办海运、空运、陆运进出口货物的国际货运代理，国际船舶代理，批发预包装食品（酒精饮料，非酒精饮料）（食品流通许可证有效期至 2014 年 12 月 13 日），货物进出口、技术进出口。（法律、行政法规禁止的项目除外，法律、行政法规限制的项目须取得许可后方可经营；经营范围中凡涉专项规定持有效专批证件方可经营）						

企业名称	华南矢崎（汕头）汽车配件有限公司			海关编码	4405944018	所属海关	广澳海关
通讯地址	广东省汕头市濠江区滨海街道上头居委海缆路上段			邮政编码	515098	法人姓名	县忍
评定时间	2008.12.1	注册日期	2001.7.10	报关有效期	长期	注册资本	620 万美元
主营范围	生产经营汽车用电线组件及其零配件、家用电器电线组件及其零配件、光纤及光缆配套组件及其零配件、电线、电缆，提供技术咨询及售后服务，经营公司生产产品同类商品的批发、佣金代理（拍卖除外）及进出口业务。（涉及许可证及专项规定管理的，按照国家有关规定办理）						

企业名称	惠来县源瀚制衣有限公司			海关编码	4424945145	所属海关	汕关惠来
通讯地址	广东省惠来县华湖镇寨仔山			邮政编码	515200	法人姓名	陈小影
评定时间	2013.10.28	注册日期	2001.5.9	报关有效期	长期	注册资本	4000 万港币
主营范围	生产各式运动衣及服装、背包、袋、帽。						

企业名称	汕头超声印制板公司			海关编码	4405130116	所属海关	汕关联成
通讯地址	广东省汕头市东厦路北段			邮政编码	515041	法人姓名	莫少山
评定时间	2008.12.1	注册日期	1985.3.21	报关有效期	长期	注册资本	2250 万美元
主营范围	生产经营双面及多层印制板。						

企业名称	汕头超声印制板（二厂）有限公司			海关编码	4405130349	所属海关	汕关联成
通讯地址	广东省汕头市龙湖区万吉工业区			邮政编码	515065	法人姓名	莫少山
评定时间	2008.12.1	注册日期	2001.9.12	报关有效期	长期	注册资本	5652 万美元
主营范围	生产高密度印制线路板。						

企业名称	汕头超声显示器（二厂）有限公司			海关编码	4405130358	所属海关	汕关联成
通讯地址	广东省汕头市龙湖区万吉工业区内 70 号 A、B 小区			邮政编码	515041	法人姓名	李大淳
评定时间	2011.2.23	注册日期	2003.9.1	报关有效期	长期	注册资本	1640 万美元
主营范围	生产及销售各类液晶显示器及模块、触摸屏产品、各类平板显示器及模块［TFT-LCD、PDP、OLED、FED（含SED 等）平板显示器、显示屏材料制造，出口产品及进口原辅材料不涉及国家配额和许可证管理品种］。						

企业名称	汕头拉飞逸时装有限公司			海关编码	4405140434	所属海关	汕关联成
通讯地址	广东省汕头高新区科技中路 9 号			邮政编码	515041	法人姓名	萧陈爱惠
评定时间	2008.12.1	注册日期	2002.4.22	报关有效期	长期	注册资本	700 万美元
主营范围	高档织物面料的织造，服装服饰、纺织品、针织品、床上用品、家居布品、家具、纸制品、印刷品、塑料制品、玻璃制品、金属制品、木制品、皮革制品及箱包制品的设计、加工、生产及销售。						

企业名称	汕头经济特区华建电子有限公司			海关编码	4405142170	所属海关	汕关联成
通讯地址	广东省汕头市龙湖区龙新工业区龙新五街 3 号东侧 301~601 房、B 座			邮政编码	515041	法人姓名	叶志章
评定时间	2008.12.1	注册日期	1991.4.1	报关有效期	长期	注册资本	10383.5 万港币
主营范围	中频变压器及其它变压器、线圈、调谐器、滤波器、线圈模组、电源供应器、电感器、升压模组、片式电感及无线网络卡的生产加工及售后服务，货物和技术进出口（不含境内分销，指定贸易产品凭许可证经营）。						

企业名称	汕头经济特区东京元件有限公司			海关编码	4405142852	所属海关	汕关联成
通讯地址	广东省汕头市华山路36号龙湖工业区八幢			邮政编码	515041	法人姓名	笹川隆志
评定时间	2012.9.3	注册日期	2012.4.19	报关有效期	长期	注册资本	5902万港币
主营范围	各类变压器及电子产品的元配件的制造。						

企业名称	宏辉果蔬股份有限公司			海关编码	4405161871	所属海关	汕关联成
通讯地址	广东省汕头市珠津工业区玉津中路珠津四街3号			邮政编码	515041	法人姓名	黄俊辉
评定时间	2014.2.8	注册日期	2011.8.17	报关有效期	长期	注册资本	10000万人民币
主营范围	水果、蔬菜的收购、挑拣、包装、保鲜、冷藏、销售，货物进出口、技术进出口。（法律、行政法规禁止的项目除外，法律、行政法规限制的项目须取得许可后方可经营，经营范围中凡涉专项规定持有效专批证件方可经营）						

企业名称	潮州市中天城鞋业有限公司			海关编码	4421930083	所属海关	潮州海关
通讯地址	广东省潮州经济开发试验区北片工业区D-5-9-2小区			邮政编码	521000	法人姓名	黄汉文
评定时间	2009.2.24	注册日期	1999.12.17	报关有效期	长期	注册资本	564.18万美元
主营范围	设计、生产和销售各式鞋类及塑料制品、无机非金属材料及制品、非金属制品模具、包装材料及制品（不含印刷业）。						

企业名称	广东长城集团股份有限公司			海关编码	4421950008	所属海关	潮州海关
通讯地址	广东省潮州市枫溪区蔡陇大道			邮政编码	521031	法人姓名	蔡廷祥
评定时间	2009.8.7	注册日期	1997.7.30	报关有效期	长期	注册资本	15000万人民币
主营范围	生产、销售工艺陶瓷、骨质瓷、抗菌镁质瓷、电子功能陶瓷（电感陶瓷、电阻陶瓷、电容陶瓷、光纤连接器陶瓷插芯、陶瓷基板、新能源陶瓷、结构陶瓷）及其他各类陶瓷产品，电子产品（不含电子出版物），包装制品（不含印刷）及陶瓷相关配套的藤、竹、木、铁、布、革、树脂、聚酯、橡胶、玻璃、五金、塑料、不锈钢制品；开发、销售手机、计算机软件；销售机械设备（不含汽车），五金交电，化工产品（不含危险化学品），家具，建筑材料，针、纺织品，金属材料，家居用品，日用百货，文化艺术品（不含文物）；设计、策划、代理、发布各类广告；商务信息咨询（不含限制项目）、市场建设项目投资与资产管理；货物进出口、技术进出口。（法律、行政法规禁止的项目除外，法律、行政法规限制的项目须取得许可后方可经营）						

企业名称	广东金源照明科技有限公司			海关编码	4421960063	所属海关	潮州海关
通讯地址	广东省潮州市潮州大道北站西路D5-9-11号地块			邮政编码	521000	法人姓名	李立勉
评定时间	2014.9.12	注册日期	2011.12.5	报关有效期	长期	注册资本	4977.78万人民币
主营范围	生产、销售、二极管、数码管、二极管芯片、二极管照明灯、光电照明灯、各式LED照明灯、各式手电筒制品、塑料制品、包装制品（不含印刷）及电池、电珠、五金、电器的电筒配套制品。						

企业名称	广东四通集团股份有限公司			海关编码	4421962028	所属海关	潮州海关
通讯地址	广东省潮州市潮州火车站区南片 B11-4-1 地块			邮政编码	521031	法人姓名	蔡镇城
评定时间	2012.11.20	注册日期	2003.1.16	报关有效期	长期	注册资本	10000 万人民币
主营范围	生产、销售陶瓷制品，卫生洁具，纸制品（不含印刷品），服装制品，包装制品（不含印刷品），陶瓷原料（不含化学危险品），陶瓷相关配套的竹、木、布、树脂、蜡、玻璃、灯具、灯饰、五金、塑料制品；销售石艺制品；废瓷回收技术研究和开发；自营和代理货物进出口、技术进出口。（法律、行政法规禁止的不得经营，法律、行政法规规定须前置审批的须凭许可证经营）						

企业名称	广东松发陶瓷股份有限公司			海关编码	4421962132	所属海关	潮州海关
通讯地址	广东省潮州市枫溪区如意路工业区 C2-2 号楼			邮政编码	521031	法人姓名	林道藩
评定时间	2013.5.13	注册日期	2005.1.27	报关有效期	长期	注册资本	6600 万人民币
主营范围	设计、生产、销售陶瓷制品，卫生洁具，瓷泥，瓷釉，纸箱（不含印刷品），铁制品，塑料制品，藤、竹、木的陶瓷配套产品。						

企业名称	广东博宇集团有限公司			海关编码	4421963051	所属海关	饶平海关
通讯地址	广东省饶平县黄冈镇步上路 25 号			邮政编码	515700	法人姓名	余炳炎
评定时间	2013.11.4	注册日期	2006.3.29	报关有效期	长期	注册资本	3688 万人民币
主营范围	生产、销售水族器材、机电产品、自控设备，实业投资与资产管理，经营各类商品和技术的进出口（不另附进出口商品目录）（国家限定公司经营或禁止进出口的商品和技术除外，法律、法规未禁止或未规定需经审批的项目，自主选择经营项目，开展经营活动），种植果树，养殖观赏鱼，开发房地产。						

企业名称	汕头市东方科技有限公司			海关编码	4405931097	所属海关	潮阳海关
通讯地址	广东省汕头市潮南区峡山金光南路东方大厦			邮政编码	515144	法人姓名	周永成
评定时间	2011.11.23	注册日期	2008.4.17	报关有效期	长期	注册资本	17630 万人民币
主营范围	用于包装各类粮油食品、果蔬、饮料、日化产品、药品内容物的金属包装制品(厚度 0.3mm 以下)的制造及加工(包括制品的内外壁印涂加工)，相关配套的金属阀门及塑料制品的生产。						

企业名称	广东粤华磁电实业有限公司			海关编码	4405961049	所属海关	潮阳海关
通讯地址	广东省汕头市潮阳区和平镇粤华路 8 号			邮政编码	515154	法人姓名	马钦文
评定时间	2012.7.13	注册日期	2014.3.22	报关有效期	长期	注册资本	3180 万人民币
主营范围	本企业自产机电产品、成套设备及相关技术的出口业务，经营本企业生产、科研所需的原辅材料、机械设备、仪器仪表、备品备件，零配件及技术的进口业务（国家实行核定公司经营的 14 种商品除外），开展本企业“三来一补”业务，生产、销售可录类光盘，销售塑料制品及原料、五金交电、电子产品、电话通信设备、磁带布及配件，废旧塑料加工、利用（危险废弃物除外）。						

企业名称	广东华隆文具有限公司			海关编码	4405961095	所属海关	潮阳海关
通讯地址	广东省汕头市潮南区峡山镇汕尾广发工业区第三、四幢			邮政编码	515144	法人姓名	许木营
评定时间	2012.7.13	注册日期	2004.1.5	报关有效期	长期	注册资本	2800 万人民币
主营范围	货物、技术进出口（法律、行政法规禁止的项目除外，法律、行政法规限制的项目须取得许可后方可经营），制造、加工、销售文具、文教用品、塑料制品、针织品、服装。						

企业名称	广东省粤东磁电有限公司			海关编码	4405961255	所属海关	潮阳海关
通讯地址	广东省汕头市潮阳区广汕公路和平路段			邮政编码	515154	法人姓名	马振宣
评定时间	2009.8.11	注册日期	2006.1.12	报关有效期	长期	注册资本	10000 万人民币
主营范围	货物进出口、技术进出口（法律、行政法规禁止的项目除外，法律、行政法规限制的项目须取得许可后方可经营），生产可录类光盘，生产、销售塑料玩具，国内废旧塑料加工、利用（危险废弃物除外），销售塑料制品及原料、五金交电、电子产品、电话通信设备、磁带布及配件。（凡涉及专项许可项目须持有效批准证件经营）						

企业名称	信利光电股份有限公司			海关编码	4415930048	所属海关	汕尾海关
通讯地址	广东省汕尾市区工业大道信利工业城一区第 15 栋			邮政编码	516600	法人姓名	林伟华
评定时间	2013.3.8	注册日期	2008.7.28	报关有效期	长期	注册资本	34000 万人民币
主营范围	研究、开发、生产和销售触摸屏、触控器件及集成触控模组、微型摄像模组、光电子器件、光电感应模组、光学器件、行车记录器、系统产品、液晶微型马达、液晶镜头、用于家电的钢化陶瓷面盖和 3D 光学触控等产品。						

企业名称	信利半导体有限公司			海关编码	4415940010	所属海关	汕尾海关
通讯地址	广东省汕尾市区东冲路北段工业区			邮政编码	516600	法人姓名	林伟华
评定时间	2008.12.1	注册日期	2000.8.3	报关有效期	长期	注册资本	49830 万美元
主营范围	生产经营液晶显示模块、液晶显示器、有机电致发光二极管（OLED）显示器及（OLED）显示模块等半导体产品、平板电脑、智能可穿戴产品（智能电子手表、智能手环、智能眼镜等）及核心部件等其他消费类电子产品。（依法须经批准的项目，经相关部门批准后方可开展经营活动）						

企业名称	汕尾万盛针织时装有限公司			海关编码	4415940030	所属海关	汕尾海关
通讯地址	广东省汕尾市区腾飞路中段			邮政编码	516600	法人姓名	张静
评定时间	2008.12.1	注册日期	2005.5.11	报关有效期	长期	注册资本	10927 万港币
主营范围	生产并销售珠绣针织品、毛织品服装，从事高档织物面料的织染及后整理加工。						

企业名称	汕尾德昌电子有限公司			海关编码	4415941006	所属海关	汕尾海关
通讯地址	广东省汕尾市城区红草镇步边工业区			邮政编码	516600	法人姓名	许子民
评定时间	2008.12.1	注册日期	1995.5.8	报关有效期	长期	注册资本	38000 万港币
主营范围	生产电子二极管、三极管、电子集成块、五金制品、塑料制品，产品 70% 外销、30% 内销。						

企业名称	海丰县海崇畜牧发展有限公司			海关编码	4415932014	所属海关	汕关海城
通讯地址	广东省海丰县圆墩乡桔岭山左侧广汕公路北			邮政编码	516471	法人姓名	蔡锡亮
评定时间	2011.2.23	注册日期	2004.9.16	报关有效期	长期	注册资本	5000 万港币
主营范围	饲养、屠宰生猪、销售鲜肉及肉制品，加工销售冰鲜、冰冻猪肉及猪、牛肉等副食品，种植果树、蔬菜。（经营范围涉及法律、行政法规禁止经营的不得经营，涉及许可经营的未获许可前不得经营）						

企业名称	BPW（梅州）车轴有限公司			海关编码	4414932029	所属海关	梅州海关
通讯地址	广东省梅州市梅县城东谢田			邮政编码	514743	法人姓名	克里斯坚·彼得·苛兹
评定时间	2011.9.15	注册日期	1996.1.22	报关有效期	长期	注册资本	19500 万人民币
主营范围	制造、销售车轴、车轴关联部件、调整臂、制动器总成等汽车零部件，研究开发车轴、车轴关联部件、调整臂、制动器总成等汽车零部件的新产品和新技术。						

企业名称	梅州市汇胜木制品有限公司			海关编码	4414966005	所属海关	梅州海关
通讯地址	广东省梅州市平远县大柘镇黄沙			邮政编码	514000	法人姓名	邱富建
评定时间	2014.6.11	注册日期	2009.11.9	报关有效期	长期	注册资本	15000 万人民币
主营范围	生产、销售锯材、木制家具、木地板（凭有效“木材经营许可证”经营），研发木业相关新技术、新产品，收购本企业生产所需要的原材料。						

湛江关区

企业名称	湛江国联水产开发股份有限公司			海关编码	4408231094	所属海关	湛江海关
通讯地址	广东省湛江开发区平乐工业区永平南路			邮政编码	524022	法人姓名	李忠
评定时间	2008.12.4	注册日期	2001.8.21	报关有效期	长期	注册资本	35200万人民币
主营范围	水产种苗的引进、繁育、养殖及销售，繁育水产种苗所需的饲料（海蛎、鱿鱼、海虫、丰年虫、绿茵藻、沙虫）、原木的收购（原木收购有效期至2012年12月30日），水产品的研究、开发、养殖、收购、冷冻、加工、销售，速冻水产品、速冻食品[速冻面米食品（熟制品）]（以上两项有效期至2013年12月26日）。（不含外商投资产业指导目录中禁止外商投资的产业；法律、行政法规禁止的项目不得经营，法律、行政法规限制的项目须取得许可后方可经营）。						

企业名称	湛江环球水产有限公司			海关编码	4408231095	所属海关	湛江海关
通讯地址	广东省湛江经济技术开发区永平南路27号			邮政编码	524022	法人姓名	钟诚
评定时间	2013.10.21	注册日期	2001.9.21	报关有效期	长期	注册资本	330万美元
主营范围	水产品的养殖、冷冻、收购、加工，本公司生产的产品的销售。						

企业名称	亚洲海产（湛江）有限公司			海关编码	4408231099	所属海关	湛江海关
通讯地址	广东省湛江市经济技术开发区永平南路			邮政编码	524022	法人姓名	王长超
评定时间	2009.6.15	注册日期	2002.12.2	报关有效期	长期	注册资本	900万美元
主营范围	水产品的研究、开发、养殖、收购、精加工、冷冻和销售。						

企业名称	喜利得（中国）有限公司			海关编码	4408241017	所属海关	湛江海关
通讯地址	广东省湛江开发区永平南路			邮政编码	524022	法人姓名	陈冬正
评定时间	2010.3.5	注册日期	1998.10.6	报关有效期	长期	注册资本	3000万美元
主营范围	制造、加工、装配喜利得牌子钻孔机系列、直接固定系列、高性能安卡锚栓系列及与之相关的产品（包括整机、零配件及辅件），销售自产产品系列，提供售前售后、技术咨询和与之相关的服务，从事非配额许可证管理、非专营商品的进口（自用）和收购出口业务，从事进出口、国内外购买、佣金代理（拍卖除外）、批发建筑施工工具及其耗品并提供与之相关的其他业务，从事与建筑施工工具及其耗品相关的高科技材料、工程材料和化工材料的研究开发。（涉及配额许可证管理、专项规定管理的商品按国家有关规定办理）						

企业名称	湛江大中纺织有限公司			海关编码	4408241031	所属海关	湛江海关
通讯地址	广东省湛江市人民大道龙潮工业区			邮政编码	524022	法人姓名	翁荣基
评定时间	2009.6.15	注册日期	2002.9.16	报关有效期	长期	注册资本	0万港币
主营范围	生产销售棉纱及其他纺织用纤维、纺织品、针织品、布、服装及其他缝纫品，从事公司自产产品同类商品及纺织相关的原材料、辅料、专用设备和配件、电器机械及器材的批发、进出口业务。（不设店铺，涉及配额许可证或国家专项管理规定的，须按国家规定另行报批并凭证经营；法律、行政法规禁止的项目不得经营，法律、行政法规限制的项目须取得许可后方可经营）						

企业名称	中国石化湛江东兴石油化工有限公司			海关编码	4408921012	所属海关	湛江海关
通讯地址	广东省湛江市霞山湖光路15号			邮政编码	524012	法人姓名	吴惜伟
评定时间	2008.12.4	注册日期	1992.12.24	报关有效期	长期	注册资本	1700万美元
主营范围	开发石油提炼加工、石化产品，销售本公司生产的产品，提供以及本公司原材料、产品运输等配套服务。						

企业名称	湛江中湛纺织有限公司		海关编码	4408921127	所属海关	湛江海关
通讯地址	广东省湛江市椹川大道北站口		邮政编码	524044	法人姓名	翁荣基
评定时间	2008.12.4	注册日期	1993.12.13	报关有效期	长期	注册资本	10440 万港币
主营范围	生产销售棉纱及其他纺织用纤维、纺织品、针织品、布、服装及其他缝纫品，从事公司自产产品同类商品及纺织相关的原材料、辅料、专用设备和配件、电器机械及器材的批发、进出口业务。（涉及配额许可证或国家专项管理规定的，须按国家规定另行报批并凭证经营）						

企业名称	湛江龙威水产实业有限公司		海关编码	4408931279	所属海关	湛江海关
通讯地址	广东省湛江市霞山华港工业区（志满大道西厅村侧）		邮政编码	524018	法人姓名	何国清
评定时间	2013.6.3	注册日期	2006.4.27	报关有效期	长期	注册资本	1650 万美元
主营范围	对虾养殖，生产及销售（有效期至 2015 年 6 月 21 日）速冻食品［速冻其他食品（速冻肉制品）］，鲜活水产品的收购、储存。（法律、行政法规禁止的项目不得经营，法律、行政法规限制的项目须取得许可后方可经营）						

企业名称	广东诺科冷暖设备有限公司		海关编码	4408941081	所属海关	湛江海关
通讯地址	广东省湛江市麻章开发区金康中路		邮政编码	524094	法人姓名	叶明
评定时间	2011.12.6	注册日期	2005.4.26	报关有效期	长期	注册资本	0 万美元
主营范围	生产销售取暖器具，热水器，电饭煲，电水壶，电子瓦撑，锅炉，壁炉，水暖装置，热交换器，蒸发器，干燥、通风、空调设备（包括冷暖房设备）；产品安装调式。						

企业名称	湛江市国溢水产有限公司		海关编码	4408961003	所属海关	湛江海关
通讯地址	广东省湛江市麻章工业开发区瑞云北路西侧		邮政编码	524094	法人姓名	林波
评定时间	2011.12.6	注册日期	1999.12.21	报关有效期	长期	注册资本	3900 万人民币
主营范围	生产、销售（有效期至 2015 年 7 月 12 日）速冻食品［速冻其他食品（速冻肉制品）］，销售农畜产品（除烟叶、蚕茧、棉花、种子、种苗、种禽畜）、五金交电、百货、钢材，收购鲜活水产品、蔬菜、水果、花生，货物进出口、技术进出口。（法律、行政法规禁止的项目不得经营，法律、行政法规限制的项目须取得许可后方可经营）						

企业名称	湛江恒兴水产科技有限公司		海关编码	4408961024	所属海关	湛江海关
通讯地址	广东省湛江市麻章区瑞云北路		邮政编码	524092	法人姓名	冯治国
评定时间	2010.10.29	注册日期	2003.3.13	报关有效期	长期	注册资本	10000 万人民币
主营范围	水产品研究与开发，加工、销售速冻食品［速冻其他食品（速冻肉制品），有效期至 2016 年 12 月 30 日］，收购、加工、销售鲜活水产品，货物与技术进出口（法律行政法规禁止的项目除外，法律行政法规限制的项目须取得许可后方可经营），自有物业出租。（依法须经批准的项目，经相关部门批准后方可开展经营活动）						

企业名称	茂名新洲海产有限公司		海关编码	4409962041	所属海关	茂名海关
通讯地址	广东省茂名市电白县广州白云江高（电白）产业转移工业园		邮政编码	525400	法人姓名	王剑锋
评定时间	2014.7.25	注册日期	2010.5.14	报关有效期	长期	注册资本	6600 万人民币
主营范围	研究、开发水产品及食品，养殖和收购水产品，进出口货物。（以上项目法律、行政法规禁止的除外，法律、行政法规限制的项目须取许可后方可经营）。						

江门关区

企业名称	广东金莱特电器股份有限公司			海关编码	4407960456	所属海关	江门海关
通讯地址	广东省江门市蓬江区棠下镇金桐路21号			邮政编码	529000	法人姓名	田畴
评定时间	2014.8.8	注册日期	2008.1.23	报关有效期	长期	注册资本	9335 万人民币
主营范围	生产和销售灯具、灯饰及配件、家用电器、五金制品、厨房用品，生产密封型铅酸蓄电池，进出口自营产品和技术。（国家限制和禁止及法律、法规规定需前置审批的项目除外）						

企业名称	广东新会美达锦纶股份有限公司			海关编码	4407912027	所属海关	新会海关
通讯地址	广东省江门市新会区江会路上浅口			邮政编码	529100	法人姓名	梁柏松
评定时间	2008.10.15	注册日期	2000.6.7	报关有效期	长期	注册资本	40451.33 万人民币
主营范围	织造、染整、锦纶 6 切片、纺丝，出口本企业自产产品，进口本企业生产所需要的机械设备、零配件、原辅材料，从事加工贸易和补偿贸易业务。（具体按粤外经贸进字〔1999〕550 号文经营）。						

企业名称	新会德华尼龙切片有限公司			海关编码	4407922248	所属海关	新会海关
通讯地址	广东省江门市新会区冈州大道东 11 号			邮政编码	529100	法人姓名	汤光宇
评定时间	2008.11.21	注册日期	1996.1.23	报关有效期	长期	注册资本	4911 万美元
主营范围	生产和经营锦纶 6 干切片、锦纶 6 长丝和弹力丝，产品 70% 外销。						

企业名称	福斯特惠勒动力机械有限公司			海关编码	4407932086	所属海关	新会海关
通讯地址	广东省江门市新会区福惠路 1 号			邮政编码	529100	法人姓名	丁晓明
评定时间	2008.10.15	注册日期	1994.3.10	报关有效期	长期	注册资本	1600 万美元
主营范围	锅炉、锅炉组件和附件及辅机的设计、加工、制造、安装、调试、销售，相应服务的提供。						

企业名称	新会中集集装箱有限公司			海关编码	4407932104	所属海关	新会海关
通讯地址	广东省新会市大敖镇沙角工业区			邮政编码	529144	法人姓名	张宝清
评定时间	2011.11.21	注册日期	1995.12.29	报关有效期	长期	注册资本	2400 万美元
主营范围	生产集装箱、集装箱配件、金属构件，租赁、维修集装箱、各类新造集装箱堆场，提供货物装卸业务。（凭港口经营许可证经营）						

企业名称	广东新会中集特种运输设备有限公司			海关编码	4407932152	所属海关	新会海关
通讯地址	广东省江门市新会区大鳌镇沙角工业区			邮政编码	529144	法人姓名	张宝清
评定时间	2008.11.21	注册日期	2003.3.20	报关有效期	长期	注册资本	6549 万美元
主营范围	各类集装箱（包括特种集装箱）、集装箱半成品、集装箱相关零部件、各种不含动力部分的箱式半挂车零部件和金属构件的设计、制造、销售、租赁、维修，相关技术的咨询服务的提供。						

企业名称	亚太森博（广东）纸业有限公司		海关编码	4407932218	所属海关	新会海关
通讯地址	广东省江门市新会区双水镇沙路村瑞丰工业园第 1 号		邮政编码	529153	法人姓名	李建绍
评定时间	2014.1.16	注册日期 2004.7.2	报关有效期	长期	注册资本	33724 万美元
主营范围	生产、加工、销售各类高档文化用纸（不含新闻纸），批发、进口书写原纸，经营其他相关配套业务。（不涉及国营贸易管理商品，涉及配额、许可证管理的商品，按国家有关规定办理申请）					

企业名称	李锦记（新会）食品有限公司		海关编码	4407942100	所属海关	新会海关
通讯地址	广东省江门市新会区七堡大桥工贸城北区 1 号 ~2 号		邮政编码	529156	法人姓名	范小刚
评定时间	2008.11.21	注册日期 1995.12.25	报关有效期	长期	注册资本	51788 万港币
主营范围	生产、销售调味品、食用油、豆制品及农副海产品（包括酱油、蚝油、酱、复合调味品、芝麻油、辣椒油、豆豉、虾酱、辣椒、陈皮半成品），生产和销售营养保健食品、饮料、味液、醋类、罐头、方便面（办）及其相关包装品，提供相关工艺的技术咨询和转让服务。（涉及国家实行出口许可证、配额管理的商品除外）					

企业名称	新会日兴不锈钢制品有限公司		海关编码	4407942132	所属海关	新会海关
通讯地址	广东省新会市司前镇工业开发区		邮政编码	529159	法人姓名	李炳达
评定时间	2010.3.26	注册日期 1998.6.17	报关有效期	长期	注册资本	2000 万美元
主营范围	生产不锈钢制品，产品 70% 外销。					

企业名称	江门市新会区冠华针织厂有限公司		海关编码	4407942411	所属海关	新会海关
通讯地址	广东省江门市新会区罗坑镇工业大道东 1 号		邮政编码	529157	法人姓名	陈天堆
评定时间	2008.11.18	注册日期 2013.7.8	报关有效期	长期	注册资本	5280 万美元
主营范围	高档织物面料的织染及后整理加工。					

企业名称	江门市新会华贸发展有限公司		海关编码	4407962008	所属海关	新会海关
通讯地址	广东省江门市新会区会城知政南路 32 号		邮政编码	529100	法人姓名	尹国荣
评定时间	2009.7.30	注册日期 2001.11.9	报关有效期	长期	注册资本	8200 万人民币
主营范围	批发、零售煤炭（凭有效的“煤炭经营资格证”经营）、预包装食品兼散装食品、乳制品（含婴幼儿配方乳粉、凭有效的“食品流通许可证”经营），批发（不设仓储）危险化学品（凭有效的“危险化学品经营许可证”许可的经营范围经营），提供码头设施及货物装卸服务（凭有效的“港口经营许可证”经营），代理检验检疫报检业务，出租物业，经营国内贸易，进出口货物及技术。（国家法律、行政法规禁止的项目除外，国家法律、行政法规限制的项目须取得许可后方可经营）					

企业名称	台山核电合营有限公司		海关编码	4407938170	所属海关	台山海关
通讯地址	广东省台山市台城桥湖路 46 号		邮政编码	529200	法人姓名	高立刚
评定时间	2013.2.18	注册日期 2010.3.2	报关有效期	长期	注册资本	167400 万人民币
主营范围	投资、建设、运营和管理中国广东省台山市的首两（2）台 CEPR 核电机组及台山核电站的附属设施，销售台山核电站生产的电力。					

企业名称	台山山度士制衣厂有限公司			海关编码	4407948038	所属海关	台山海关
通讯地址	广东省台山市白沙镇三八工业开发区			邮政编码	529254	法人姓名	郑紫云
评定时间	2008.12.24	注册日期	1996.3.15	报关有效期	长期	注册资本	800 万美元
主营范围	生产和销售各类男女服装。						

企业名称	台山市富诚铝业有限公司			海关编码	4407948074	所属海关	台山海关
通讯地址	广东省台山市附城镇西湖外商投资示范区 A 区 1 号内厂房 1、2、3、4A、4B、5			邮政编码	529200	法人姓名	陈国宾
评定时间	2009.7.30	注册日期	1999.12.6	报关有效期	长期	注册资本	1950 万美元
主营范围	铝合金轮毂、汽车及机车轮胎的装配，车用冷却管等铝制品汽车配件及汽车用铸锻毛胚件、镁合金制品、铸铁和铸件的生产和加工，模具及各种五金制品的电镀及抛光（电镀及抛光由本公司分支机构台山市富诚铝业有限公司金属表面处理车间经营）。						

企业名称	台澳铝业（台山）有限公司			海关编码	4407948084	所属海关	台山海关
通讯地址	广东省台山市西湖外商投资示范区 11~13 号			邮政编码	529200	法人姓名	何尚平
评定时间	2008.11.21	注册日期	2000.11.2	报关有效期	长期	注册资本	2600 万美元
主营范围	生产铝型材、异型材、散热管（片）、汽车配件等铝制品、模具，批发及进出口铝锭、铝棒、喷粉涂料。（不含危险化学品，不设店铺，不涉及国营贸易管理商品，涉及配额、许可证管理商品的按国家有关规定办理申请）						

企业名称	华美（台山）五金制品有限公司			海关编码	4407948174	所属海关	台山海关
通讯地址	广东省台山市广海镇新华工业区			邮政编码	529231	法人姓名	BERNEARD SPRING
评定时间	2008.10.15	注册日期	2004.1.14	报关有效期	长期	注册资本	1500 万美元
主营范围	研发、生产和经营各类汽车、摩托车、商业和家用保安防盗系统的电子五金系列锁具及零配件、各类安全门、自动门、月台屏蔽门等系列门产品及集成智能卡及其零配件，制造各类钥匙机、锁具机械设备，提供相关安装及售后服务，进出口、批发、销售各类钥匙机、锁具机械设备。（不设店铺，不涉及国家贸易管理商品，涉及配额、许可证管理商品的，按国家有关规定办理申请）						

企业名称	台山市冠荣金属制品有限公司			海关编码	4407948185	所属海关	台山海关
通讯地址	广东省台山市高新技术开发区第 5 区			邮政编码	529200	法人姓名	洪英智
评定时间	2008.12.24	注册日期	2004.6.15	报关有效期	长期	注册资本	1500 万美元
主营范围	生产、销售烧烤炉、取暖炉及烤炉配件等金属和搪瓷制品。						

企业名称	台山市金桥铝型材厂有限公司			海关编码	4407948270	所属海关	台山海关
通讯地址	广东省台山市大江镇石桥工业区			邮政编码	529261	法人姓名	伍积辉
评定时间	2011.11.21	注册日期	2008.7.28	报关有效期	长期	注册资本	8568 万美元
主营范围	各种铝合金锭、铝合金棒、铝型材、异型材、铝板墙、铝、铁、不锈钢剪摺板、铝门窗、铝幕墙、铝制品的喷粉、喷油、氧化着色等表面处理、铝质工程模具制造，新型铝合金型材和异型材的生产。						

企业名称	开平威技电器有限公司			海关编码	4407944196	所属海关	开平海关
通讯地址	广东省开平市水口镇兴达路 40 号第一幢			邮政编码	529300	法人姓名	邱明总
评定时间	2008.12.24	注册日期	2001.12.30	报关有效期	长期	注册资本	500 万美元
主营范围	生产、经营移动式冷气机、移动分离式冷气机、分离式冷气机、窗式冷气机、除湿机、冷气机与除湿机的半成品及其零配件产品。						

企业名称	开平市利德信进出口贸易有限公司			海关编码	4407964081	所属海关	开平海关
通讯地址	广东省开平市三埠区长沙光明路 103 号			邮政编码	529300	法人姓名	余桥欢
评定时间	2009.11.4	注册日期	2007.3.15	报关有效期	长期	注册资本	300 万人民币
主营范围	销售办公设备、电子产品、五金及建筑材料、日用品、服装、皮具、竹芒柳工艺品、文具、汽车配件（不含发动机），进出口货物和技术。（法律、行政法规禁止的项目除外，法律、行政法规限制的项目须取得许可证后方可经营）						

企业名称	开平市外经商贸发展有限公司			海关编码	4407964148	所属海关	开平海关
通讯地址	广东省开平市祥龙二区 126 号			邮政编码	529300	法人姓名	周跃民
评定时间	2013.12.24	注册日期	2011.7.11	报关有效期	长期	注册资本	138 万人民币
主营范围	自营和代理商品及技术的进出口业务（除国家组织统一联合经营的出口商品和国家实行核定公司经营的进口商品以外），经营进料加工和“三来一补”业务，经营对销和转口贸易（按〔2000〕外经贸政审函字第 72 号文经营），销售纺织原料（不含棉花）、汽车、摩托车零配件、化工原料（不含化学危险品）、塑料制品、五金、交电、电子产品及通信设备，提供技术、设备引进及出口咨询服务。						

企业名称	鹤山华登高质时装有限公司			海关编码	4407926088	所属海关	鹤山海关
通讯地址	广东省鹤山市沙坪人民东路 1601 号之十			邮政编码	529700	法人姓名	（金轩士）HANS S.KREMMEL
评定时间	2013.10.9	注册日期	1993.12.6	报关有效期	长期	注册资本	1675 万美元
主营范围	生产、销售服装，产品国内外销售。						

企业名称	鹤山华登高质餐具有限公司			海关编码	4407926113	所属海关	鹤山海关
通讯地址	广东省鹤山市江沙工业走廊沙坪基地莺朗区			邮政编码	529700	法人姓名	HANSS.KREMMEL
评定时间	2013.10.8	注册日期	1996.1.4	报关有效期	长期	注册资本	2704 万美元
主营范围	生产及加工各类餐具、花园配套设备、家庭配套用品和浴室配套设备产品，分包食盐、胡椒。						

企业名称	广东世运电路科技股份有限公司			海关编码	4407936140	所属海关	鹤山海关
通讯地址	广东省鹤山市共和镇世运路 8 号			邮政编码	529700	法人姓名	余英杰
评定时间	2014.1.15	注册日期	2010.12.27	报关有效期	长期	注册资本	31300 万人民币
主营范围	研发、生产、销售线路板（含高密度互连积层板、柔性线路板）及混合集成电路、电子产品、电子元器件，进出口自产产品及其辅料，进出口技术，提供自产产品的售后服务、技术服务及咨询服务。（上述不涉及国营贸易管理商品；涉及配额许可证管理、专项规定管理的商品，按国家有关规定办理；涉及专项规定、许可经营的，按国家有关规定办理）						

企业名称	鹤山雅图仕印刷有限公司			海关编码	4407946012	所属海关	鹤山海关
通讯地址	广东省鹤山市古劳镇玄坛庙工业区（鹤山雅图仕印刷有限公司七座）			邮政编码	529738	法人姓名	冯广源
评定时间	2008.10.15	注册日期	1993.3.9	报关有效期	长期	注册资本	192000 万港币
主营范围	出版物、包装装潢印刷品、其他印刷品的印刷（凭有效“印刷经营许可证经营），纸制品、玩具、游戏品的生产加工，纸箱的进出口，纸张、纸制品、五金制品、纺织品、陶瓷制品、塑料产品、包装物料及印刷物料的批发、零售及进出口。（不设店铺，不涉及国营贸易管理商品，涉及配额、许可证管理商品的，按国家有关规定办理申请）						

企业名称	鹤山安柏电路版厂有限公司			海关编码	4407946084	所属海关	鹤山海关
通讯地址	广东省鹤山市桃源镇桃源大道南 90 号			邮政编码	529725	法人姓名	邓裕源
评定时间	2013.10.11	注册日期	1998.5.29	报关有效期	长期	注册资本	4131.27 万美元
主营范围	生产和销售电路板（含柔性线路板）及电子电器产品。						

企业名称	弗兰卡（中国）厨房系统有限公司			海关编码	4407946091	所属海关	鹤山海关
通讯地址	广东省鹤山市沙坪镇莺朗工业区 318 号			邮政编码	529700	法人姓名	peter spirig
评定时间	2008.11.21	注册日期	1998.12.20	报关有效期	长期	注册资本	768.64 万美元
主营范围	生产、销售厨房设备（包括洗涤槽及附属产品、燃气灶具、电磁炉、微波炉、烤箱、洗碗机等厨房用具、厨房电器及快餐店厨房设备）、饮料容器、太阳能热水器及其配件、电热热水器及其配件、卫浴相关产品及其配件、冰箱及其配件、洗衣机及其配件、上述产品的相关模具和设备，进口、批发上述自产产品的同类商品，采购和出口相关商品（不涉及国营贸易管理商品，涉及配额、许可证管理的商品，按国家有关规定办理申请），研究开发新产品并提供相关服务。						

企业名称	鹤山市宏塑胶粘制品实业有限公司			海关编码	4407966085	所属海关	鹤山海关
通讯地址	广东省鹤山市雅瑶镇朝阳大道			邮政编码	529724	法人姓名	廖滚仁
评定时间	2014.8.8	注册日期	2005.12.5	报关有效期	长期	注册资本	500 万人民币
主营范围	生产、销售胶粘制品、纸类制品、压敏胶制品、塑料制品，进出口货物、技术。（法律、行政法规禁止的项目除外，法律、行政法规限制的项目须取得许可后方可经营）						

企业名称	阳江核电有限公司			海关编码	4417910080	所属海关	阳江海关
通讯地址	广东省阳江市江城区安宁路 141 号			邮政编码	529500	法人姓名	高立刚
评定时间	2011.11.29	注册日期	2006.7.19	报关有效期	长期	注册资本	823975 万人民币
主营范围	投资、建设、经营核电站，发电、送电、售电。（以上项目凭国家有关批准文件或许可证经营）						

企业名称	广东万事达水产股份有限公司			海关编码	4417960221	所属海关	阳江海关
通讯地址	广东省阳江市高新区尖山科技工业园			邮政编码	529500	法人姓名	梁桂奇
评定时间	2011.9.14	注册日期	2006.5.9	报关有效期	长期	注册资本	9000 万人民币
主营范围	水产品的收购、加工、销售，货物进出口、技术进出口。（法律、行政法规禁止的项目除外，法律、行政法规限制的项目须取得许可后方可经营）						

南宁关区

企业名称	南宁富桂精密工业有限公司			海关编码	4501930462	所属海关	邕州海关
通讯地址	广西壮族自治区南宁市高新区总部路 18 号中国—东盟企业总部基地三期 5 号厂房			邮政编码	530009	法人姓名	李道远
评定时间	2013.10.17	注册日期	2011.4.25	报关有效期	长期	注册资本	5000 万美元
主营范围	开发、生产新型电子元器件、宽带接入网通信系统设备、传送通信系统设备、城域以太网通信系统设备、无线局域网（广域网）设备、高端路由器、高端交换机、便携式微型计算机、车载通讯装置、移动上网装置、平板电脑、卫星导航定位接收设备、无线通讯模块、光收发模块、模块外壳体、千兆比特率无源光网络终端、基站滤波器、数字照相机、摄录设备、数字电视机、数字音视频编解码设备、手机、卫星电视接收设施（限加工贸易）、太阳能电池、太阳能电池组、网络安全与存储产品、网络服务器、上述产品的零组件及附属产品（含包装业务）（以上项目仅限分公司生产），建设配套的生产辅助设施，销售自产产品，提供售后服务，从事上述产品的同类商品的进出口、批发业务及提供相关配套服务。（涉及配额、许可证和专项管理的商品，按照国家有关规定办理）						

企业名称	南宁富宁精密电子有限公司			海关编码	4501940185	所属海关	邕州海关
通讯地址	广西壮族自治区南宁市亭洪路 45 号 67 栋			邮政编码	530031	法人姓名	胡志锋
评定时间	2013.10.17	注册日期	2007.9.24	报关有效期	长期	注册资本	980 万美元
主营范围	研究、开发、生产新型电子元器件、便携式微型计算机、高档服务器、计算机周边设备、高端路由器、游戏机、数字照相机、数字音 / 视频编译码设备、上述产品的散热模组和相关零配件，生产汽车用散热片、五金塑料零件、新型建筑材料、工业及建筑饰用铝型材及玻璃幕墙，销售自产产品并提供售后服务，从事建材（不含钢铁）、电子及相关产品的进出口、批发业务并提供相关配套服务。（涉及配额、许可证管理、专项管理的商品按国家有关规定办理）						

企业名称	广西巨星医疗器械有限公司			海关编码	4501940218	所属海关	邕州海关
通讯地址	广西壮族自治区南宁市科园大道 60 号 4 号综合楼 1F、2F、5F			邮政编码	530003	法人姓名	陈道强
评定时间	2014.9.25	注册日期	2013.1.10	报关有效期	长期	注册资本	105 万美元
主营范围	I 类医疗器械：医用 X 射线胶片（医用干式胶片、牙科用胶片、乳腺用胶片、医用热敏打印胶片等）的加工、生产与销售，X 射线胶片显影剂、定影剂的加工与销售，图像硬拷贝装置（医用图像打印机）的加工、生产与销售。						

企业名称	北海东红制革有限公司			海关编码	4505930087	所属海关	北海海关
通讯地址	广西壮族自治区北海市合浦县城南郊禁山			邮政编码	536100	法人姓名	施荣川
评定时间	2009.10.16	注册日期	1993.5.12	报关有效期	长期	注册资本	674.12 万美元
主营范围	生产、销售 PU 皮革及 PU 皮革半成品、牛面皮革及牛面皮革半成品，加工反毛绒皮革及油椰皮革、牛面皮革和二椰皮革。						

企业名称	弘峰（北海）合浦农药有限公司		海关编码	4505940757	所属海关	北海海关
通讯地址	广西壮族自治区北海市合浦县廉州镇清水江1号		邮政编码	536100	法人姓名	严宏泰
评定时间	2014.4.16	注册日期 1995.8.30	报关有效期	长期	注册资本	192万美元
主营范围	生产、加工农用杀虫剂、杀菌剂、除草剂、叶面肥、植物生长调节剂，收购出口非配额许可证管理、非专营商品。（凡涉及“安全生产许可证”、“全国工业产品生产许可证”项目的严格按照在许可证有效期内经营）					

企业名称	冠捷显示科技（北海）有限公司		海关编码	4505941303	所属海关	北海海关
通讯地址	广西壮族自治区北海市工业园台湾路交吉林路东北（中国电子北海产业园内）		邮政编码	536000	法人姓名	曾天龙
评定时间	2014.2.7	注册日期 2011.5.16	报关有效期	长期	注册资本	2000万美元
主营范围	液晶显示器、液晶电视、电脑显示一体机、TFT面板模组、其他显示产品及其相关零组件的制造、销售和售后维修服务。（凡涉及许可证的项目凭许可证在有效期限内经营）					

企业名称	广西北海利博盛安全用品有限公司		海关编码	4505950834	所属海关	北海海关
通讯地址	广西壮族自治区北海市北部湾东路68号		邮政编码	536000	法人姓名	李庆锋
评定时间	2014.9.11	注册日期 1999.8.26	报关有效期	长期	注册资本	1000万人民币
主营范围	手套、服装、鞋、帽等劳保用品的生产、加工、销售，皮革及其制品、工艺品、圣诞用品等的销售，本企业自产产品及相关技术的进出口（国家组织统一联合经营的出口商品除外），本企业生产所需的原辅材料、机械设备、仪器仪表、零配件及相关技术的进口。（凡涉及许可证的项目凭许可证在有效期限内经营）					

企业名称	北海强盛进出口贸易有限公司		海关编码	4505960802	所属海关	北海海关
通讯地址	广西壮族自治区广西北海市北京路强盛广场		邮政编码	536000	法人姓名	王国强
评定时间	2009.1.12	注册日期 1999.9.1	报关有效期	长期	注册资本	2000万人民币
主营范围	经营B级喷花类成品，C、D级烟花成品（其中组合烟花类成品单筒药量25克以下），C级爆竹类成品（以上项目凭烟花爆竹经营许可证经营至2016年8月13日）； 经营和代理各类商品及技术的进出口业务（国家限定公司经营或禁止进出口的商品及技术除外）；经营对销贸易和转口贸易；研究（不含生产）烟花新产品。（凡涉及许可证的项目凭许可证在有效期限内经营）					

企业名称	北海市万景海产有限公司		海关编码	4505960898	所属海关	北海海关
通讯地址	广西壮族自治区北海市独树根西路六巷8号		邮政编码	536000	法人姓名	符军
评定时间	2009.1.13	注册日期 2002.9.23	报关有效期	长期	注册资本	5000万人民币
主营范围	生产速冻食品（凭“全国工业产品生产许可证”经营，有效期至2014年3月24日），提供水产品冷藏、农副产品代购代销服务，经营本企业的进料加工和“三来一补”业务（污染物排放限于2009年12月31日前止）。（凡涉及许可证的项目凭许可证在有效期限内经营）					

企业名称	广西西河食品有限公司	海关编码	4505961019	所属海关	北海海关
通讯地址	广西壮族自治区北海市香港路工业园区办公楼 211 号	邮政编码	536000	法人姓名	林国

评定时间	2012.2.8	注册日期	2005.10.13	报关有效期	长期	注册资本	3100 万人民币
主营范围	生产和销售冷冻水产品，自营和代理各类商品的进出口业务。（国家限定公司经营或禁止进出口的商品除外，凡涉及许可证的项目凭许可证在有效期限内经营）						

企业名称	北海保通食品股份有限公司	海关编码	4505961097	所属海关	北海海关
通讯地址	广西壮族自治区北海市出口加工区二期北部湾西路与成都路交界处	邮政编码	536000	法人姓名	庞春远

评定时间	2012.2.8	注册日期	2007.7.3	报关有效期	长期	注册资本	13000 万人民币
主营范围	速冻食品［速冻其他食品（速冻肉制品）］的生产、销售、储存（凭“全国工业产品生产许可证”经营，有效期至 2017 年 5 月 4 日），水产品收购、销售，制冰销售，禽畜产品、果蔬及其制品的销售、储存，渔需品销售，鲜活商品急冻、储存，普通货物装卸，商品的进出口贸易，电子汽车衡服务，水产加工品（干制水产品）的加工、销售（凭“全国工业产品生产许可”经营，有效期至 2016 年 8 月 21 日）。（凡涉及许可证的项目凭许可证在有效期限内经营，依法须经批准的项目，经相关部门批准后方可开展经营活动）						

企业名称	中船桂江造船有限公司	海关编码	4504910103	所属海关	梧州海关
通讯地址	广西壮族自治区梧州市钱鉴路 54 号	邮政编码	543004	法人姓名	罗兵

评定时间	2012.1.5	注册日期	2007.4.11	报关有效期	长期	注册资本	14100 万人民币
主营范围	船舶制造及修理，起重机械、轻工机械、钢结构件的制造、加工，通信设备及多工广播设备的生产、设计、安装，各种电气音响或视觉报警、警告、指示装置制造（以上项目不包括卫星地面接收设施），本企业自产机电产品、成套设备及相关技术的出口，本企业生产、科研所需的原辅材料、机械设备、仪器仪表、备品备件、零配件及技术的进口（国家实行核定公司经营的 14 种进口商品除外），本企业“三来一补”业务经营，普通货物道路运输（此项目经营期限至 2013 年 11 月 16 日），旅宿、中餐、酒类零售（以上项目仅限分支机构凭有效许可证经营）。（项目涉及国家法律法规规定须经审批的，取得批准后方可开展生产经营，经营期限以专项审批为准，凡涉及许可证的项目凭许可证在有效期限内经营）						

企业名称	广西柳工机械股份有限公司	海关编码	4502910249	所属海关	柳州海关
通讯地址	广西壮族自治区柳州市柳太路 1 号	邮政编码	545007	法人姓名	曾光安

评定时间	2010.8.30	注册日期	1994.11.16	报关有效期	长期	注册资本	112524.21 万人民币
主营范围	工程机械及配件的制造、批发、零售、维修、售后维护、进出口，机械设备租赁，工程机械及配件的回收及再制造（限分公司经营），工矿设备及配件、汽车配件、五金交电、电工器材、五金工具、机电成套设备、工艺装备、原辅材料、仪器仪表、轻工业品、润滑油的批发、零售及进出口，本企业自产机电产品、成套设备及相关技术的出口，本企业生产、科研所需原辅材料、机械设备、仪器仪表、备品备件、零配件及技术的进口（国家规定的一、二类进口商品除外），本企业中外合资经营、合作生产及“三来一补”业务的经营，工业车辆的设计、研发、销售、售后服务及租赁，场地租赁，工业机器人系统的集成设计、制造、销售及售后服务。						

企业名称	广西鹿寨化肥有限责任公司		海关编码	4502910464	所属海关	柳州海关
通讯地址	广西壮族自治区鹿寨县鹿寨镇金鸡路		邮政编码	545624	法人姓名	蒙增辉
评定时间	2014.9.5	注册日期 2000.12.18	报关有效期	长期	注册资本	95085 万人民币
主营范围	肥料的制造、销售，硫酸、磷酸、氟化铝、合成氨、氟硅酸（以上五项经营期限至 2015 年 07 月 16 日）、磷石膏及其制品、饲料级硫酸锰、工业级硫酸锰及其副产品的生产和销售，化工设备、金属材料、建筑材料、农副产品（鲜茧除外）、硫磺（经营期限至 2014 年 9 月 29 日）、粮食、煤炭、矿产品、碳素制品的购销，仓储、技术培训、技术咨询服务的提供，货物及技术进出口（国家限定公司经营和国家禁止进出口的商品及技术除外），冶金焦、生铁、冶炼、水渣、硫铁矿渣、磷矿粉、降阻剂、防水油膏、电瓶酸、渣镍铁的制造，工业设备修理，防腐保温、工艺管道、通用设备制作安装（高压设备除外），劳务服务的提供，农贸交易市场的管理，市场设备租赁，汽车货运（道路普通货物运输，此项目经营期限至 2014 年 10 月 31 日）。以下项目限分支机构经营：汽车修理，磷矿的开采、选矿、销售，餐饮服务，住宿服务，汽油、柴油、润滑油零售。（凡涉及许可证的项目凭许可证在有效期限内经营）					

企业名称	柳州欧维姆机械股份有限公司		海关编码	4502910600	所属海关	柳州海关
通讯地址	广西壮族自治区柳州市龙泉路 3 号		邮政编码	545005	法人姓名	郑津
评定时间	2014.9.29	注册日期 2010.12.8	报关有效期	长期	注册资本	13664.1 万人民币
主营范围	OVM 锚固体系、缆索制品、工程橡胶及伸缩缝装置、波纹管系列产品、钢索式液压提升装置、起重机械、架桥机、缆载吊机的生产，建筑机械、配件、橡胶制品、缆索制品、建筑材料、工程结构件的销售，预应力技术服务的提供，建筑机械修理，相关工程设备的租赁，本企业自产产品的出口本企业所需要的机械设备、零配件、原辅材料的进口（国家限定公司经营或禁止进出口的商品及技术外），预应力工程专业承包（三级），境外预应力工程和境内国际招标工程的承包，上述境外工程所需设备、材料的出口，实施上述境外工程所属的劳务人员的派遣。（上述生产、销售项目中国家有专项规定的除外，凡涉及许可证的项目凭许可证在有效期限内经营）					

企业名称	柳州柳工挖掘机有限公司		海关编码	4502910804	所属海关	柳州海关
通讯地址	广西壮族自治区柳州市柳江县拉堡镇双拥路		邮政编码	545100	法人姓名	黄敏
评定时间	2010.8.30	注册日期 2006.8.8	报关有效期	长期	注册资本	922184700 万人民币
主营范围	挖掘机等建筑工程机械产品及其配件的设计、制造、销售，相关技术的进出口，二手挖掘机购销，机电产品及其零件、机电成套设备、工装模具、原辅材料、仪器仪表、轻工业品的进出口。（法律法规规定须经审批的经营项目，办理审批后方可经营）					

企业名称	中船西江造船有限公司		海关编码	4502910971	所属海关	柳州海关
通讯地址	广西壮族自治区柳州市西江路 46 号		邮政编码	545006	法人姓名	罗兵
评定时间	2014.9.5	注册日期 2008.1.23	报关有效期	长期	注册资本	13493.29 万人民币
主营范围	船舶的设计、制造（有效期至 2015 年 4 月 6 日）、装饰及修理，本企业自产船舶、机电产品的出口（国家组织统一联合经营的出口商品除外），本企业生产、科研所需原辅材料、机械设备、仪器仪表及零配件（国家实行核定公司经营的进出口商品除外）的进口，钢结构及机械的制造、安装、加工，自有房屋租赁，金属材料（不含贵稀金属）、船舶的无损检测，一、二类压力容器的制造、安装、改造（有效期至 2016 年 7 月 30 日），环保工程设备、电器传动控制箱、低压配电屏的制造、安装。（法律、行政法规规定需经审批的经营项目，办理审批后方可经营）					

企业名称	柳州欧维姆进出口有限公司			海关编码	4502911197	所属海关	柳州海关
通讯地址	广西壮族自治区柳州市龙泉路 3 号			邮政编码	545005	法人姓名	刘璇
评定时间	2014.9.29	注册日期	2011.3.30	报关有效期	长期	注册资本	500 万人民币
主营范围	货物和技术的进出口，预应力技术服务的提供，建筑设备的租赁。（凡涉及许可证的项目凭许可证在有效期限内经营）						

企业名称	柳州富达机械有限公司			海关编码	4502940511	所属海关	柳州海关
通讯地址	广西壮族自治区柳州市阳和工业新区工业园 B-22-1、B-23-1 号			邮政编码	545005	法人姓名	苏晓林
评定时间	2009.10.30	注册日期	2002.9.16	报关有效期	长期	注册资本	520 万美元
主营范围	生产、销售空气压缩机、压缩空气干燥器、压缩空气过滤器及相关设备，提供产品的售后服务，非自产的空气压缩机、压缩空气干燥器、压缩空气过滤器及其辅助设备和零部件的进出口、批发、佣金代理（拍卖除外）。（凡涉及许可证的项目凭许可证在有效期限内经营）						

企业名称	广西河池市南方有色金属集团有限公司			海关编码	4508960450	所属海关	柳州海关
通讯地址	广西壮族自治区河池市北环路吉腰			邮政编码	547000	法人姓名	周南方
评定时间	2013.2.21	注册日期	2000.6.29	报关有效期	长期	注册资本	5000 万人民币
主营范围	有色金属的矿选、冶炼（除国家专控专营产品外），有色金属及其附属产品、建筑材料、冶金、矿山、机电产品、化工产品（除毒品及危险品外）的销售，本企业生产、科研所需原辅材料、机械设备、仪器仪表、零配件及相关技术的进口（国家限定公司经营和禁止进口的商品除外），本企业自产产品及相关技术的出口（国家限定公司经营和禁止出口的商品除外），本公司的进料加工和“三来一补”业务的经营，本单位生产的硫酸的销售。（凡涉及许可证的项目凭许可证在有效期限内经营）						

企业名称	南丹县南方有色金属有限责任公司			海关编码	4508960793	所属海关	柳州海关
通讯地址	广西壮族自治区河池市南丹县车河镇丰塘坳			邮政编码	545700	法人姓名	周南方
评定时间	2013.2.21	注册日期	2006.6.13	报关有效期	长期	注册资本	5000 万人民币
主营范围	有色金属矿产品的加工、销售（国家明令禁止的除外），建筑材料、矿山机电产品的销售，本单位生产的硫酸的销售，本企业生产、科研所需原辅材料、机械设备、仪器仪表及零配件的进口，本企业自产产品的出口。（凡涉及许可证的项目凭许可证在有效期限内经营）						

企业名称	广西铁合金有限责任公司			海关编码	4515910003	所属海关	柳州海关
通讯地址	广西壮族自治区来宾市兴宾区凤凰镇八一街道八一路			邮政编码	546102	法人姓名	安汉民
评定时间	2009.8.11	注册日期	1993.12.29	报关有效期	长期	注册资本	100000 万人民币
主营范围	铁合金冶炼，冶金设备设计及制造，机械设备及其零配件制造、安装、销售、维护、保养及修理，本企业产品销售，本企业自产产品及技术的出口，本企业所需的机械设备、零配件、原辅材料及技术的进口（国家专控的除外，需前置许可的除外），第三产业开发，仓储，道路普通货物运输，经营性道路危险货物运输（2 类：1、2 项；3 类：1、2、3 项；8 类：1、2 项），大型车辆及危险货物运输车辆整车修理，整车维护、小修、维修救援、专项修理，中型餐饮，住宿，歌舞娱乐（卡拉 OK），预包装食品、卷烟零售，道路旅客运输服务（只限客运服务站经营），道路货运站（场）服务（只限客运服务站经营）。（凡涉及许可证的项目凭许可证在有效期限内经营）						

企业名称	广西防城港核电有限公司			海关编码	4512916570	所属海关	防城海关
通讯地址	广西壮族自治区防城港市港口区迎宾路39号红树林大厦西塔楼15~25楼			邮政编码	538001	法人姓名	陈健
评定时间	2014.2.7	注册日期	2011.11.2	报关有效期	长期	注册资本	516000万人民币
主营范围	核电站的投资、建设与经营，发电（以上经营范围所涉及国家专项专营规定的从其规定），货物进出口、技术进出口。（法律、行政法规禁止的项目除外，法律、行政法规限制的项目取得许可证后方可经营）						

企业名称	中电广西防城港电力有限公司			海关编码	4512936359	所属海关	防城海关
通讯地址	广西壮族自治区防城港市港口区企沙镇赤沙村			邮政编码	538000	法人姓名	陈绍雄
评定时间	2013.12.26	注册日期	2006.5.12	报关有效期	长期	注册资本	128635.1万人民币
主营范围	电力项目的建设、开发、经营与管理，发电、售电，电厂生产流程各类伴生产品的销售，电力物资、设备、燃料的销售，房屋、场地等闲置不动产的租赁及经营，电力业务咨询服务，其他电力相关业务的经营。（涉及配额、许可证、专项管理规定的商品按国家专项规定办理，凡涉及许可证的项目凭许可证在有效期内经营）						

企业名称	广西惠禹粮油工业有限公司			海关编码	4512936392	所属海关	防城海关
通讯地址	广西壮族自治区防城港粮油食品产业园（港口区东南部吹填区内）			邮政编码	538001	法人姓名	李恩和
评定时间	2014.2.7	注册日期	2012.11.9	报关有效期	长期	注册资本	45000万人民币
主营范围	生产和销售食用植物油（半精炼、全精炼）（有效期至2014年10月28日）、单一饲料（豆粕）、大豆磷脂（I）（有效期至2014年11月22日）、食品用塑料包装容器工具等制品，销售化工产品（危险品除外）、农副产品，批发预包装食品（有效期至2015年10月18日），开展仓储业务。（凡涉及许可证的项目凭许可证在有效期限内经营）						

企业名称	嘉里粮油（防城港）有限公司			海关编码	4512946142	所属海关	防城海关
通讯地址	广西壮族自治区防城港市七泊位作业区东南侧			邮政编码	538001	法人姓名	穆彦魁
评定时间	2014.2.7	注册日期	1994.9.17	报关有效期	长期	注册资本	1360万美元
主营范围	生产及销售各种油脂、化工产品（除危险品）和系列食品及所需的各种包装材料制品、食品用塑料容器、食品用添加剂（氮气），开展油脂仓储中转业务。						

企业名称	大海粮油工业（防城港）有限公司			海关编码	4512946159	所属海关	防城海关
通讯地址	广西壮族自治区防城港市港口区出海大道1号			邮政编码	538001	法人姓名	穆彦魁
评定时间	2008.10.17	注册日期	2000.10.18	报关有效期	长期	注册资本	6950万美元
主营范围	生产、加工及销售各类油籽、精炼动植物油脂、油料、面粉、饲料、大米、食品添加剂（氮气）、相关深加工产品及与之有关的包装材料，经营公共仓储业务，批发面粉、大米和食用油产品，生产、销售蒸汽。（涉及配额许可证管理、专项规定管理的商品按国家有关规定办理，凡涉及许可证的项目凭许可证在有效期限内经营）						

企业名称	益海（防城港）大豆工业有限公司			海关编码	4512946404	所属海关	防城海关
通讯地址	广西壮族自治区防城港市港口区出海大道 1 号			邮政编码	538001	法人姓名	穆彦魁
评定时间	2013.12.26	注册日期	2007.4.2	报关有效期	长期	注册资本	900 万美元
主营范围	粮食的筛选、深加工（生产、销售大豆浓缩蛋白粉）（有效期至 2012 年 11 月 13 日）、储运和销售，农副产品的加工、储运（专项审批除外），磷脂、油脂加工。（凡涉及许可证的项目凭许可证在有效期限内经营）						

企业名称	防城港市其沿矿业有限公司			海关编码	4512966306	所属海关	防城海关
通讯地址	广西壮族自治区防城港市港口区兴港大道 10 号			邮政编码	538001	法人姓名	吴雄勇
评定时间	2011.12.1	注册日期	2004.12.20	报关有效期	长期	注册资本	3000 万人民币
主营范围	矿产品的加工、销售及购销代理（除国家专控产品），煤炭（凭有效许可证经营）、建筑材料、化工原料（除危险品）、农副产品、原木、锯材、木制半成品（凭有效许可证经营）的购销，货物进出口、技术进出口。（法律、行政法规禁止的项目除外，法律、行政法规限制的项目取得许可证后方可经营，凡涉及许可证的项目凭许可证在有效期内经营）						

企业名称	东兴市雅美实业有限公司			海关编码	4511960050	所属海关	东兴海关
通讯地址	广西壮族自治区东兴市北仑大道 229 号			邮政编码	538100	法人姓名	钟建为
评定时间	2011.12.23	注册日期	2003.6.30	报关有效期	长期	注册资本	1500 万人民币
主营范围	农副土特产品、竹木制品、五金交电、化工产品（除化学危险品）、普通机械设备、机电产品（除小轿车）、玻璃胶、橡胶及制品、服装、纺织品、建筑材料、水暖器材的批发、零售，边境小额贸易的经营，自营和代理各类商品和技术的进出口。（国家限定公司经营或禁止进出口的商品和技术除外）						

企业名称	广西贵宝鞋业有限公司			海关编码	4513940433	所属海关	贵港海关
通讯地址	广西壮族自治区贵港市江南工业园星辉工业小区			邮政编码	537100	法人姓名	任志强
评定时间	2014.3.17	注册日期	2007.3.15	报关有效期	长期	注册资本	835 万美元
主营范围	生产和销售各款真皮革鞋、人造皮革鞋、塑料热粘合鞋及各种鞋材配料。						

企业名称	广西威汉鞋业有限公司			海关编码	4513941241	所属海关	贵港海关
通讯地址	广西壮族自治区桂平市寻旺乡河南村枢纽四十二米路旁			邮政编码	537200	法人姓名	梁贺程
评定时间	2014.3.10	注册日期	2007.9.11	报关有效期	长期	注册资本	900 万美元
主营范围	生产和销售各款皮鞋、鞋材及配件。（凡涉及许可证的项目凭许可证在有效期限内经营）						

企业名称	广西新振锰业集团有限公司			海关编码	4514960326	所属海关	水口海关
通讯地址	广西壮族自治区崇左市大新县桃城镇西城街			邮政编码	532300	法人姓名	言胜斌
评定时间	2011.2.22	注册日期	2008.10.13	报关有效期	长期	注册资本	9803.92 万人民币
主营范围	自营、出口二氧化锰、硅锰合金、锰铁，进口本企业所需原辅材料、机器设备、仪器仪表及零配件、化工锰，洗选加工农副产品、硅铁、中低碳锰铁、硫酸锰、金属锰、锰矿石，经营边境小额贸易。						

企业名称	广西劲达兴纸业有限公司			海关编码	4507930028	所属海关	龙邦海关
通讯地址	广西壮族自治区田林县乐里镇进城南路4号			邮政编码	533300	法人姓名	刘劲松
评定时间	2014.9.11	注册日期	2001.11.1	报关有效期	长期	注册资本	33387.86万人民币
主营范围	高档新闻纸、高级文化纸、离型纸、无碳纸、热敏纸及其他特种纸的生产、销售（国家专控除外），纸、纸板、煤炭、化工产品（除危险化学品）销售，桑枝、竹木制品、甘蔗渣、废纸收购，其他贸易、经营制浆造纸相关的原辅材料、机械设备及零部件、技术的进出口代理和国内分销。（国家禁止或限制的除外，依法须经批准的项目，经相关部门批准后方可开展经营活动）						

企业名称	平果亚洲铝业有限公司			海关编码	4507940087	所属海关	龙邦海关
通讯地址	广西壮族自治区百色市平果工业园区			邮政编码	531400	法人姓名	刘孟军
评定时间	2013.2.21	注册日期	2008.8.14	报关有效期	长期	注册资本	1390万美元
主营范围	铝合金型材、铜、铝管材、铝轧板、金属制品的生产、销售，铝锭的国内批发。（凡涉及许可证的项目凭许可证在有效期限内经营）						

企业名称	德昌电机（北海）有限公司			海关编码	4505540034	所属海关	北海海关驻出口加工区办事处
通讯地址	广西壮族自治区北海市北海出口加工区			邮政编码	536000	法人姓名	叶润强
评定时间	2014.7.1	注册日期	2009.11.16	报关有效期	长期	注册资本	1200万美元
主营范围	微型电机及其零部件的制造和研发，汽车零部件及配件的制造和研发，电机及其相关的配件、材料的制造和研发，电子驱动装置及零部件、机械装置及器具、家用电动器具及零部件、新型电子元器件、新型汽车仪表元器件的制造和研发，本公司自产产品销售，售后服务提供。（凡涉及许可证的项目凭许可证在有效期限内经营）						

企业名称	广西玉柴机器股份有限公司			海关编码	4506930100	所属海关	南宁海关驻玉林办事处
通讯地址	广西壮族自治区玉林市天桥西路88号			邮政编码	537000	法人姓名	晏平
评定时间	2008.10.17	注册日期	1993.7.14	报关有效期	长期	注册资本	47298.93万人民币
主营范围	制造销售柴油机、汽油机、发电机组、小型工程机械，提供技术咨询服务。（经营项目如涉及许可审批的凭有效许可审批经营）						

企业名称	广西玉柴重工有限公司			海关编码	4506932034	所属海关	南宁海关驻玉林办事处
通讯地址	广西壮族自治区陆川玉柴工程机械工业集中区			邮政编码	537005	法人姓名	李汉阳
评定时间	2011.2.22	注册日期	2011.7.20	报关有效期	长期	注册资本	70941万人民币
主营范围	制造、销售各种工程机械、农用机械及配件并提供技术咨询服务（以上项目在许可证有效期内生产经营）；包装、销售工程机械，农用机械所用液压油、机油、齿轮油；进口本企业生产所需原辅材料；自营和代理机电产品及配件和技术的进出口业务（国家限定企业经营或禁止进出口的商品和技术除外）。（凡涉及许可证的项目凭许可证在有效期内经营）						

企业名称	广西三环企业集团股份有限公司			海关编码	4506952813	所属海关	南宁海关驻玉林办事处
通讯地址	广西壮族自治区北流市二环北路			邮政编码	537400	法人姓名	陈显彬
评定时间	2008.10.17	注册日期	1999.3.3	报关有效期	长期	注册资本	7179.2 万人民币
主营范围	陶瓷（含具有民族特色的陶瓷、艺术瓷）的生产、销售，陶瓷原材料、机械及其配件、纸类包装、煤炭、建材、五金交电、日用百货、农副土特产品、钢材的销售，陶瓷模具的生产、销售，仓储业务（除危险化学品），陶瓷生产技术培训，进出口贸易（国家有专项规定的除外）。以下项目仅供分支机构凭有效许可证经营：室内装饰品、润滑油、液化气、瓶装酒的批发和零售。（凡涉及许可证的项目凭许可证在有效期限内经营）						

海口关区

企业名称	海南海宇锡板工业有限公司	海关编码	4601130835	所属海关	海口港海关
通讯地址	海南省海口市丘海大道 69 号	邮政编码	570311	法人姓名	邓宇
评定时间	2009.3.25 注册日期 1993.12.31	报关有效期	长期	注册资本	2040 万美元
主营范围	生产和销售各种规格的镀锡薄板、制罐、制盒，加工、销售各种规格的镀层和冷轧钢板，兼营黑色及有色金属材料的省内贸易。				

企业名称	海南蔚蓝海洋食品有限公司	海关编码	4601131169	所属海关	海口港海关
通讯地址	海南省海口市桂林洋经济开发区	邮政编码	571127	法人姓名	柯吉瑞
评定时间	2012.2.10 注册日期 2003.10.23	报关有效期	长期	注册资本	6000 万人民币
主营范围	冷冻食品、水产品、农副产品的加工、生产及销售。（凡涉及行政许可项目的凭许可证经营）				

企业名称	海南东洋水产有限公司	海关编码	4601140034	所属海关	海口港海关
通讯地址	海南省海口市长流镇堂善村	邮政编码	570312	法人姓名	关根泰正
评定时间	2012.11.15 注册日期 1992.12.28	报关有效期	长期	注册资本	12002 万美元
主营范围	兴办水产养殖、农产品种植及加工工厂，经营本企业生产加工的水产品、蔬菜、农产品、调味品、薯类制品，运输本公司产品。（以上不含国家规定禁止的项目，涉及行政许可的项目凭许可证经营）				

企业名称	海南优美内衣有限公司	海关编码	4601140724	所属海关	海口港海关
通讯地址	海南省海口市滨海大道东方洋大厦六楼 B 座	邮政编码	570105	法人姓名	OLiver Michael Spiesshofer
评定时间	2008.10.22 注册日期 1993.1.7	报关有效期	长期	注册资本	1100 万美元
主营范围	内衣、成衣、睡衣、泳装、休闲服、运动服等服装及服装辅助件的生产和销售，与自产产品同类的商品的零售、批发和佣金代理（拍卖除外），与自产产品相关的原材料、零配件或与品牌经营销售相关的商品的国内外采购及销售，技术支持及咨询管理服务，货物及技术的进出口，普通道路货运（不含危险品）业务。（凡须行政许可的项目凭许可证经营）				

企业名称	海南正红科技发展有限公司	海关编码	4601143202	所属海关	海口港海关
通讯地址	海南省海口市高新技术开发区	邮政编码	570314	法人姓名	林钧
评定时间	2008.10.22 注册日期 2002.8.12	报关有效期	长期	注册资本	1680 万美元
主营范围	集成电路、印刷电路板、网络卡、显示卡、电脑主机板、液晶显示器及其配件的研制、生产及销售。				

企业名称	三星（海南）光通信技术有限公司	海关编码	4601143363	所属海关	海口港海关
通讯地址	海南省海口市南海大道 168 号海口保税区 C02~C06	邮政编码	570216	法人姓名	金永泽
评定时间	2013.9.10 注册日期 2011.4.2	报关有效期	长期	注册资本	2500 万美元
主营范围	摄像头、光纤、光缆、光配件及相关产品的研究、开发、生产、销售，产品的售后服务及相关技术咨询，摄像头、光纤、光缆、光配件及相关配套产品的进出口，光纤、光缆、光配件、摄像头的原材料及相关产品的批发、零售、佣金代理，外购产品出口。（凡涉及行政许可的项目凭许可证经营）				

企业名称	海南海航航空进出口有限公司			海关编码	4601150553	所属海关	海口港海关
通讯地址	海南省海口市美兰区国兴大道 7 号新海航大厦 20 层			邮政编码	570203	法人姓名	刘道骐
评定时间	2013.9.10	注册日期	2000.5.31	报关有效期	长期	注册资本	1000 万人民币
主营范围	航空特种车、民用航空器、航空器材、机械电子设备、汽车摩托车配件、化工原料（危险品除外）、建材、金属材料、矿产品（专营除外）、五金交电、工艺美术品、水产品、纺织品、服装、农副土特产品、日用百货、日杂用品、化肥及船舶的进出口贸易，仓储（危险品除外），食品、酒类的批发、零售。（凡须行政许可证的项目凭许可证经营）						

企业名称	海南中通化工进出口有限公司			海关编码	4601150597	所属海关	海口港海关
通讯地址	海南省海口市国贸大道 45 号银通国际中心第 27 层			邮政编码	570125	法人姓名	黄采南
评定时间	2012.5.14	注册日期	2000.8.17	报关有效期	长期	注册资本	8000 万人民币
主营范围	销售石油制品（成品油除外）、燃料油、橡胶、化肥、化工产品（危险品除外）、矿产品（专营除外）、五金工具、钢材、建筑材料、机械设备、文体用品、家用电器、农产品、日用百货、轻纺产品、人造板、家私、木材、木制品、铜及铜合金产品，提供信息咨询服务，销售机电产品（汽车除外）、汽车零配件，进出口各类商品和技术。（凡须行政许可的项目凭许可证经营）						

企业名称	一汽海马汽车有限公司			海关编码	4601150700	所属海关	海口港海关
通讯地址	海南省海口市金盘工业开发区			邮政编码	570216	法人姓名	吴绍明
评定时间	2009.5.7	注册日期	2004.8.30	报关有效期	长期	注册资本	120000 万人民币
主营范围	除法律、行政法规禁止经营的行业或项目外，均可自主选择经营，但经营涉及国家或海南省实行专项审批和许可证管理行业或项目的，须取得有关部门的审批文件或许可证方可经营。						

企业名称	海南华绿食品冷冻有限公司			海关编码	4601160360	所属海关	海口港海关
通讯地址	海南省海口市秀英大道 18 号			邮政编码	570311	法人姓名	吴成忠
评定时间	2014.1.26	注册日期	2003.8.6	报关有效期	长期	注册资本	1000 万人民币
主营范围	水产品加工、制冷、销售，土特产品、日用百货、果菜、木材、钢材、纺织品、化工产品（危险化工品除外）、五金工具、交电商业、普通机械产品的销售、进出口。（凡须行政许可的项目凭许可证经营）						

企业名称	海南国健高科技乳业有限公司			海关编码	4601160369	所属海关	海口港海关
通讯地址	海南省海口市龙昆南路 42 号钻石大厦 D 座 1~3 层铺面			邮政编码	570000	法人姓名	伍苏国
评定时间	2014.9.10	注册日期	2003.9.25	报关有效期	长期	注册资本	1500 万人民币
主营范围	预包装食品、乳制品（含婴幼儿配方乳粉）的批发零售，保健食品、生物试剂的技术咨询服务，人工苗种的生产技术的研究，纺织品、日用品、化妆品的批发、零售，进出口贸易。（凡须行政许可的项目凭许可证经营）						

企业名称	海南文盛新材料科技股份有限公司			海关编码	4601160699	所属海关	海口港海关
通讯地址	海南省海口市琼山区琼州大道 21 号商务局综合办公楼第三层 311 房			邮政编码	570102	法人姓名	董文
评定时间	2014.1.26	注册日期	2006.2.22	报关有效期	长期	注册资本	22500 万人民币
主营范围	矿产品加工、销售（专营除外），橡胶制品、纺织、服装、五金电器、汽车配件、仪表的销售。（凡须行政许可的项目凭许可证经营）						

企业名称	海南英利新能源有限公司			海关编码	4601161215	所属海关	海口港海关
通讯地址	海南省海口市国家高新技术产业开发区狮子岭工业园区光伏南路 9 号			邮政编码	571152	法人姓名	苗连生
评定时间	2012.3.22	注册日期	2010.1.18	报关有效期	长期	注册资本	181700 万人民币
主营范围	硅太阳能电池及其相关配套产品、风机及其相关配套产品、热发电产品、控制器、逆变器、兆瓦级跟踪器的研发、生产、销售，技术咨询及服务，太阳能光伏电站工程的设计、安装、施工。（凡须行政许可的项目凭许可证经营）						

企业名称	海南泉溢食品有限公司			海关编码	4601161886	所属海关	海口港海关
通讯地址	海南省海口市美兰区桂林洋经济开发区工业区			邮政编码	571127	法人姓名	林生
评定时间	2008.11.27	注册日期	2000.8.14	报关有效期	长期	注册资本	2800 万人民币
主营范围	购销、运输、冷冻、加工新鲜水产品、食品、水果、蔬菜、罐头。（凡须行政许可的项目凭许可证经营）						

企业名称	中海石油化学股份有限公司			海关编码	4609110004	所属海关	八所海关
通讯地址	海南省东方市珠江南大街 1 号			邮政编码	570102	法人姓名	杨业新
评定时间	2011.3.15	注册日期	2001.1.9	报关有效期	长期	注册资本	461000 万人民币
主营范围	尿素 、液氮、甲醇、甲醛的生产和销售，硫磺进出口贸易和国内贸易，尿素、硫磺铵、磷酸铵（磷酸一铵、磷酸二铵）、过磷酸钙、氯化铵、碳酸氢铵的出口和国内贸易，化工原料、备品配件销售，机械、电气设备检修，农化技术服务。（涉及配额、许可证等专项审批的事项应按照国家有关规定办理）						

企业名称	海洋石油富岛有限公司			海关编码	4609110007	所属海关	八所海关
通讯地址	海南省东方市珠江南大街 3 号			邮政编码	572600	法人姓名	杨业新
评定时间	2009.8.12	注册日期	2002.4.4	报关有效期	长期	注册资本	46300 万人民币
主营范围	化肥、化工产品的开发、生产和销售，化工原料、备品配件销售，码头装卸、仓储，公路运输服务，机械、电气设备检修，进出口业务。（凡须行政许可的项目凭许可证经营）						

企业名称	海南核电有限公司			海关编码	4615110001	所属海关	八所海关
通讯地址	海南省海口市滨贸路 1 号信恒大厦 19–28 楼			邮政编码	572700	法人姓名	孙云根
评定时间	2013.9.26	注册日期	2010.9.15	报关有效期	长期	注册资本	205933.4 万人民币
主营范围	建设、运营和管理核电站，生产、销售电力及相关产品，提供技术咨询服务。（凡须行政许可的项目凭许可证经营）						

企业名称	海南金海浆纸业有限公司			海关编码	4606230002	所属海关	洋浦经济开发区海关
通讯地址	海南省洋浦经济开发区 D12 区			邮政编码	578101	法人姓名	黄志源
评定时间	2008.11.27	注册日期	2006.4.26	报关有效期	长期	注册资本	969308.2 万人民币
主营范围	生产、销售木纸浆、纸、纸制品、相关的化工产品及制浆造纸类机器和配件；提供运输、装卸及港口服务，水、电、汽生产供应及环保代处理服务，招待所服务，产品售后服务，维修及技术咨询服务，培训服务。（凡须行政许可的项目凭许可证经营）						

企业名称	海南金红叶纸业有限公司			海关编码	4606230006	所属海关	洋浦经济开发区海关
通讯地址	海南省洋浦经济开发区 D12 区			邮政编码	578101	法人姓名	黄杰胜
评定时间	2011.12.7	注册日期	2006.4.26	报关有效期	长期	注册资本	42000 万人民币
主营范围	生产、销售各种生活用纸、大卷筒卫生原纸，小包装生活用纸，纸制品及相关包装材料，销售纸浆、造纸类机器设备及配件，经营成品油、燃油（仅限分支机构使用）。（凡须行政许可的项目凭许可证经营）						

企业名称	海南华信国际控股有限公司			海关编码	4606660020	所属海关	洋浦保税港区海关
通讯地址	海南省洋浦保税港区一期 7 号楼			邮政编码	578001	法人姓名	李勇
评定时间	2014.6.30	注册日期	2011.11.2	报关有效期	长期	注册资本	505000 万人民币
主营范围	燃料油销售，石油化工、化纤及其他化工产品的销售、储运，乙烷、丙烷、丁烷、乙烯、丙烯、丁烯、甲醚、戊烷、己烷、戊烯、己烯、乙醛、丙酮、乙醚、原油、苯、甲醇、乙醇、煤油、硫磺、萘、焦油沥青的销售，橡胶及其制品的销售，塑料及其制成品的销售，金属、有色金属和矿产品销售，棕榈油销售，货物及技术的进出口，对港口、码头、油库、海洋运输的投资及管理。（一般经营项目自主经营，许可经营项目凭许可证或者批准文件经营）						

企业名称	海南中联生物科技有限公司			海关编码	4612160033	所属海关	马村港监管点
通讯地址	海南省澄迈县老城开发区南一环路			邮政编码	571924	法人姓名	王文龙
评定时间	2011.12.13	注册日期	2011.7.21	报关有效期	长期	注册资本	12931.63 万人民币
主营范围	饲料的研究、生产、销售，速冻食品［速冻其他食品（速冻其他类制品）］的加工、销售，水产品收购、销售，农副产品的收购、销售。（以上凡涉及行政许可的项目凭许可证经营）						

重庆关区

企业名称	重庆长安铃木汽车有限公司	海关编码	5013930661	所属海关	南坪开发
通讯地址	重庆市巴南区鱼洞镇	邮政编码	401321	法人姓名	张宝林
评定时间	2008.10.16　注册日期　1995.5.25	报关有效期	长期	注册资本	19000 万美元
主营范围	生产、销售自产轿车、发动机及其零部件，销售自产产品，提供有关售后服务，并从事有关研究开发工作。（涉及行政许可的须凭许可证经营）				

企业名称	重庆航天巴山摩托车制造有限公司	海关编码	5013960494	所属海关	南坪开发
通讯地址	重庆市巴南区康超路 1 号	邮政编码	400054	法人姓名	吕清波
评定时间	2013.10.24　注册日期　2005.8.24	报关有效期	长期	注册资本	2000 万人民币
主营范围	许可经营项目：制造、销售摩托车及配件；一般经营项目：制造、销售沙滩车及配件、助力自行车及配件、地面清洁机械设备及零配件、农用机械及配件、发电机组及配件，生产、销售电动玩具车，承接对外加工，进出口货物、技术，提供汽车、摩托车、摩托车发动机、农用机械技术咨询服务。（以上经营范围法律、行政法规禁止的除外，法律、行政法规限制的项目取得许可后经营）				

企业名称	重庆川东船舶重工有限责任公司	海关编码	5002910130	所属海关	重庆海关驻涪陵办事处
通讯地址	重庆市涪陵区李渡镇双河口	邮政编码	408102	法人姓名	周江
评定时间	2012.1.4　注册日期　1997.9.16	报关有效期	长期	注册资本	48695 万人民币
主营范围	许可经营项目：从事舰船为主的军品科研生产（有效期至 2016 年 10 月 7 日止）；一般经营项目：船舶修造，船用辅机制造，本企业自产船舶及船用辅机的出口，金属结构及构件、压力容器、铸锻件、冶金设备、建材设备及化工机械设备的加工，本企业生产科研所需原辅材料、机械设备、仪器仪表及零配件的进口，机电设备维修、安装调试，消防设施安装。				

企业名称	重庆市汉斯·安海酉阳进出口有限公司	海关编码	5042950101	所属海关	重庆海关驻涪陵办事处
通讯地址	重庆市酉阳县钟多镇翠屏街 25 号	邮政编码	409800	法人姓名	安迪·柯若思
评定时间	2009.1.15　注册日期　1999.7.26	报关有效期	长期	注册资本	210 万人民币
主营范围	电动工具和五金工具及其零配件、园林工具和庭院工具及其材料和零配件、家用电器及其零配件的批发、佣金代理（拍卖除外）、进出口、技术咨询（上述涉及配额许可证管理、专项规定管理的产品按国家有关规定办理，涉及行政许可的凭许可证经营），进料加工和转口贸易。				

企业名称	重庆四联技术进出口有限公司	海关编码	5003910025	所属海关	重庆两路寸滩保税港区水港功能区
通讯地址	重庆市渝中区人民路 123 号附 1 号	邮政编码	400015	法人姓名	费文
评定时间	2009.1.15　注册日期　1993.4.8	报关有效期	长期	注册资本	13850 万人民币
主营范围	进出口各类商品和技术（国家限定公司经营或禁止进出口的商品和技术除外），销售五金、交电、日用百货、摩托车及其零部件、钢材、普通机电产品、成套设备、有色金属。（国家有专项管理规定的除外）				

企业名称	重庆对外贸易进口有限公司			海关编码	5003910253	所属海关	重庆两路寸滩保税港区水港功能区
通讯地址	重庆市渝中区邹容路 50 号			邮政编码	400011	法人姓名	李习锋
评定时间	2008.10.16	注册日期	1999.8.16	报关有效期	长期	注册资本	5000 万人民币
主营范围	自营和代理除国家组织统一联合经营的出口商品和国家实行核定公司经营的进口商品以外的其他商品及技术的进出口业务，经营进料加工和“三来一补”业务，经营对销贸易和转口贸易，销售初级农产品、汽车（不含 9 座及 9 座以下）、汽车零部件。（以上范围法律、法规禁止经营的不得经营，法律、法规规定应经审批而未获审批前不得经营）						

企业名称	重庆长安汽车国际销售服务有限公司			海关编码	5005210002	所属海关	重庆两路寸滩保税港区水港功能区
通讯地址	重庆市江北区建新东路 260 号			邮政编码	400023	法人姓名	朱华荣
评定时间	2011.11.14	注册日期	1996.5.6	报关有效期	长期	注册资本	1375.64 万人民币
主营范围	一般经营项目：销售汽车（未经国家工商总局备案不得经营）及汽车零部件、模具、夹具、工具，进出口货物及技术。						

企业名称	重庆长安汽车股份有限公司			海关编码	5005210016	所属海关	重庆两路寸滩保税港区水港功能区
通讯地址	重庆市江北区建新东路 260 号			邮政编码	400023	法人姓名	徐留平
评定时间	2011.11.4	注册日期	2005.5.24	报关有效期	长期	注册资本	466288.61 万人民币
主营范围	许可经营项目：制造、销售汽车（含轿车），制造汽车发动机系列产品；一般经营项目：开发汽车（含小轿车），开发、销售汽车发动机系列产品，开发、制造、销售配套零部件、模具、工具，提供机械安装工程科技技术咨询服务，自营和代理各类商品和技术的进出口（国家限定公司经营或禁止进出口地商品和技术除外），开发、生产、销售计算机软件、硬件产品，提供计算机应用技术咨询、培训服务，设计、安装、维护计算机网络系统，代办中国电信股份有限公司重庆分公司委托的电信业务。						

企业名称	重庆普乐菲进出口有限公司			海关编码	5005260081	所属海关	重庆两路寸滩保税港区水港功能区
通讯地址	重庆市江北区兴隆路 26 号 14-1、14-2			邮政编码	400020	法人姓名	钟德宏
评定时间	2011.11.4	注册日期	2000.11.30	报关有效期	长期	注册资本	1200 万人民币
主营范围	许可经营项目：批发 3- 硝基 -4 羟基苯胂酸、氟硅酸钾、氟硅酸镁、氟化钠、高锰酸钾、过硫酸铵、过硫酸钾、乙二醇甲醚、醋酸酐、预包装食品、散装食品、乳制品（含婴幼儿配方乳粉），批发医疗器械 II、III 类、6832 医用高能射线设备（以上经营范围按许可证核定事项和期限从事经营）；一般经营项目：销售化工产品及原料、建筑材料、装饰材料（以上均不含危险化学品）、农副产品（不含粮食）、五金、家用电器、矿产品（国家法律法规有专项管理规定的除外）、金属材料及制品、普通机电设备、仪器仪表、纸制品、包装制品，采集收购野生冬虫夏草，自营和代理各类商品及技术的进出口业务（国家限定公司经营或禁止进出口的商品及技术除外），经营进料加工和“三来一补”业务，经营对销贸易和转口贸易。（国家法律、行政法规禁止的不得经营，国家法律、行政法规规定取得许可后方从事经营的，未取得许可前不得经营）						

企业名称	重庆新途进出口贸易有限公司	海关编码	5005260114	所属海关	重庆两路寸滩保税港区水港功能区
通讯地址	重庆市江北区建新北路76号光宇大厦11楼	邮政编码	400020	法人姓名	王敬春
评定时间	2011.11.14	注册日期 2007.11.28	报关有效期 长期	注册资本	1000万人民币
主营范围	自营、代理货物进出口业务，销售摩托车（不含发动机）、钢材、建材（不含危险化学品）、农副产品（国家有专项规定的除外）。（国家法律、行政法规禁止的不得经营，国家法律、行政法规规定取得许可后方可从事经营的，未取得许可前不得经营）				

企业名称	重庆商社化工有限公司	海关编码	5012210005	所属海关	重庆两路寸滩保税港区水港功能区
通讯地址	重庆市北部新区星光大道62号（海王星科技大厦D区6楼1、3号）	邮政编码	401121	法人姓名	张亚谋
评定时间	2013.12.18	注册日期 2006.3.17	报关有效期 长期	注册资本	7000万人民币
主营范围	许可经营项目：批发液氯、无水重铬酸钠、甲苯、苯、1，2—二甲苯、1，3—二甲苯、1，4—二甲苯、甲醇、乙醇、环已酮、丙酮、2-丁酮、2-丁醇、正丁醇、乙酸乙脂、醋酸乙烯脂、硫磺、邻苯二甲酸酐、氢氧化钠（按许可证核定事项和期限从事经营）；一般经营项目：批发化工产品及原料（不含化学危险品）、橡胶、化肥、生铁、焦碳、建筑材料（不含危险化学品）、金属材料（不含稀贵金属）、五金、交电、普通机械，进出口货物。（以上范围法律、法规禁止经营的不得经营，法律、法规规定应经审批而未获审批前不得经营）				

企业名称	中电投远达环保工程有限公司	海关编码	5012210028	所属海关	重庆两路寸滩保税港区水港功能区
通讯地址	重庆市北部新区金渝大道96号	邮政编码	401122	法人姓名	刘艺
评定时间	2013.2.22	注册日期 2011.12.30	报关有效期 长期	注册资本	25000万人民币
主营范围	承接环境保护工程总承包及常规燃煤锅炉、火电机组烟气硫脱硝工程及相关附属工程的施工，承接城市污水处理、垃圾治理项目的投资、经营管理及工程项目的总承包，承接核工业行业（核设施退役及放射三废处理处置工程）专业乙级、核工程专业承包（二级），开发、销售电力、环保新产品，提供技术咨询服务，研发节能技术，生产、销售电子产品，从事货物进出口和技术进出口。（以上经营范围涉及行政许可的，在许可核定的范围和期限内经营，未取得许可或超过许可核定范围和期限的不得经营）				

企业名称	长安福特汽车有限公司	海关编码	5012230035	所属海关	重庆两路寸滩保税港区水港功能区
通讯地址	重庆市北部新区鸳鸯镇长福西路1号	邮政编码	401122	法人姓名	徐留平
评定时间	2011.11.18	注册日期 2001.7.12	报关有效期 长期	注册资本	24047.03万美元
主营范围	生产轿车及其零件，销售自产产品，研究、开发汽车及其零部件，提供售后服务（含提供维修用零部件），提供培训、仓储服务（不含危险化学品）及其他相关服务。（以上经营范围法律、法规禁止的不得经营，法律、法规限制的取得许可或审批后方可经营）				

企业名称	重庆钢铁股份有限公司			海关编码	5021931347	所属海关	重庆两路寸滩保税港区水港功能区
通讯地址	重庆市长寿经开区钢城大道 1 号			邮政编码	401220	法人姓名	朱建派
评定时间	2011.11.4	注册日期	1999.5.6	报关有效期	长期	注册资本	443602.26 万人民币
主营范围	生产、加工、销售板材、型材、线材、棒材、钢坯、薄板带，生产、销售焦炭及煤化工制品（不含危险化学品等）、生铁、水渣、钢渣、废钢。（以上范围国家法律、法规禁止经营的不得经营，国家法律、法规规定需经许可或审批的，未获许可或审批前不得经营）						

企业名称	重庆及时达国际物流有限公司			海关编码	5012610001	所属海关	重庆两路寸滩保税港区保税加工物流功能区
通讯地址	重庆市两路寸滩保税区空港功能区 A 区 A15			邮政编码	400025	法人姓名	王静
评定时间	2014.9.4	注册日期	2011.6.15	报关有效期	长期	注册资本	1000 万人民币
主营范围	许可经营项目：普通货运（有效期至 2015 年 5 月 17 日）；一般经营项目：提供仓储（不含危险品）、货物及技术进出口、商品信息咨询服务（法律、行政法规禁止的，不得从事经营，法律、行政法规限制的，取得相关许可或审批后，方可从事经营），提供国际航空和陆路及水上货物运输代理（不含国际船舶代理）、国内航空及陆路货物运输代理、货物包装服务。						

企业名称	旭硕科技（重庆）有限公司			海关编码	5012640001	所属海关	重庆两路寸滩保税港区保税加工物流功能区
通讯地址	重庆市渝北区两路寸滩保税港区空港功能区 C 区 B01			邮政编码	400025	法人姓名	童旭田
评定时间	2013.9.4	注册日期	2011.3.30	报关有效期	长期	注册资本	4900 万美元
主营范围	研发、制造、销售卫星通信系统设备、卫星导航定位接收设备及关键零部件（不含卫星电视广播地面接收设备及关键件）、手机（含第三代及后续移动通信手机）、基站、核心网设备及网络设备检查、大中型电子计算机、便携式微型电子计算机、高档服务器、大容量光磁盘驱动器及其部件、新型打印设备（激光、喷墨打印机）、数字电视、数字音视频编解码设备及其相关零部件、车载电子技术及装备（含汽车信息系统和导航系统）、网络通信设备、高端路由器、新型电子元器件、数字照相机及关键件、电子计算机、通信设备及其他电子设备的机构件、注塑件、冲压件及其系统组装成品，进口、佣金代理（拍卖除外）、分销上述产品及其相关零部件，提供售后服务及相关技术服务，提供相关产品的维修、物流服务（不含道路运输）及相关信息技术服务，从事工业设计、产品设计（外观设计、结构设计、电路设计及平面设计等）、展览（示）设计，经营进出口业务并提供相关的配套业务。（以上经营范围，凡涉及国家法律法规、行政规章禁止外商投资的，不得从事生产、经营；涉及国家法律法规、行政规章专项规定的，未获得有关部门行政许可不得开展生产、经营）						

企业名称	英业达（重庆）有限公司		海关编码	5006640002	所属海关	重庆西永综合保税区
通讯地址	重庆市沙坪坝区西区二路66号		邮政编码	401331	法人姓名	黄国钧
评定时间	2013.11.26	注册日期 2010.5.18	报关有效期	长期	注册资本	5000万美元
主营范围	设计、开发、生产大中型计算机、微型计算机（含携带式）、掌上型电脑、高档服务器、移动通信交换设备、移动通讯终端设备、网络电话设备、数字对讲设备、数字音频视频编解码设备、新型显示器件（含平板显示器）、数字电视机、数字有线电视系统设备、高端路由器、感应卡阅读机、新型电子元器件、游戏机、（数字）摄录设备、数码照相机、监视器、打印机、导航设备（含车载、手持）、软件、上述产品外壳、模具及相关配套零部件与模块，销售自产产品，提供产品售后服务，进出口、批发、佣金代理（拍卖除外）、商业性检测、维修上述产品同类商品，以服务外包方式提供软件开发、维护、技术支持及咨询服务，从事一般仓储。（上述经营范围凡涉及国家法律、法规、行政规章禁止的，不得从事生产、经营；涉及国家法律、法规、行政规章专项规定的，未获有关部门行政许可不得从事生产、经营）					

企业名称	鸿富锦精密电子（重庆）有限公司		海关编码	5006640005	所属海关	重庆西永综合保税区
通讯地址	重庆市沙坪坝区东区一路1号		邮政编码	401332	法人姓名	李龙斌
评定时间	2014.1.24	注册日期 2009.11.18	报关有效期	长期	注册资本	19065万美元
主营范围	设计金属制品、非金属制品模具，开发、生产、经营便携式微型计算机及其零部件，生产、经营路由器、交换机、第三代及后续移动通信系统手机、基站、核心网设备及网络检测设备、网络电话，生产、经营、开发数据交换器、网络控制器 、无线模组、无线充电器、无线网络串流器、追踪器、调制解调器、电视机视频录放转换机、有线电话线路分配器，生产、经营、开发新型平板显示器、新型电子元器件、半导体及元器件专用材料、打印机、打印机墨盒及其零组件，从事信息通讯网络系统及其他应用系统的技术开发、技术咨询，从事上述产品及其同类商品的进出口、批发业务及相关配套业务。（不含专营、专控、专卖商品及限制性项目）					

企业名称	重庆康明斯发动机有限公司		海关编码	5006930943	所属海关	重庆西永海关
通讯地址	重庆市沙坪坝区烈士墓壮志路100号		邮政编码	400031	法人姓名	何勇
评定时间	2008.10.16	注册日期 1995.11.10	报关有效期	长期	注册资本	41760万人民币
主营范围	生产柴油发动机、船用机组、柴油发电机组及其零部件。					

企业名称	惠普（重庆）有限公司		海关编码	5006940745	所属海关	重庆西永海关
通讯地址	重庆市沙坪坝区西园一路22号		邮政编码	401333	法人姓名	FOO PIAU PHANG（符标榜）
评定时间	2013.3.11	注册日期 2009.9.21	报关有效期	长期	注册资本	1500万美元
主营范围	研制、加工、组装、生产（含委托加工）个人计算机产品及相关配套产品、电子信息产品、外围设备及零配件，经营上述本企业产品以及国内外“惠普”或其他厂商生产的品牌电子产品及其他相关配套产品，经营对上述产品进口、出口、仓储、批发、佣金代理（拍卖除外）、维修服务、技术咨询与技术转让业务（受配额许可证管理或专营商品除外），提供“惠普”及其他品牌电子及其他产品的维修与维护、技术咨询服务，安装、调试、维护、应用计算机系统集成，提供相关的技术咨询及售后服务。					

企业名称	重庆力帆实业（集团）进出口有限公司	海关编码	5006960006	所属海关	重庆西永海关
通讯地址	重庆市沙坪坝区上桥张家湾 60 号	邮政编码	400037	法人姓名	尹喜地
评定时间	2008.11.24	注册日期	1998.8.31	报关有效期	长期
注册资本	135000 万人民币				
主营范围	经营和代销各类商品及技术的进出口业务（国际限定或禁止进出口的商品技术除外），经营经批准的境外加工装配项目所需的原辅材料仪器仪表，配件和技术的出口业务（国家禁止进出口或限制进出口的商品技术除外），销售农副产品（不含国家专控产品）、皮革、矿产品、化工产品（不含危险化学品）。				

企业名称	西南铝业（集团）有限责任公司	海关编码	5007910048	所属海关	重庆西永海关
通讯地址	重庆市九龙坡区西彭镇	邮政编码	401326	法人姓名	敖宏
评定时间	2008.10.16	注册日期	1992.12.30	报关有效期	长期
注册资本	325357 万人民币				
主营范围	铝及铝镁钛、铝锂合金、铝材加工、高精铝板、带、箔及高速薄带铸扎生产技术开发、航天航空用新型铝合金材料及高温合金材料开发、生产，轨道交通用高性能铝材生产，为加工户代购铝锭，金属材料加工、销售（不含稀贵金属），承包境外有色金属行业工程和境内国际招标工程及工程所需的设备、材料出口，对外派遣实施上述工程的服务，货物及技术进出口（法律、法规禁止的项目除外，法律、法规限制的项目取得许可后方可经营）。				

企业名称	重庆 ABB 变压器有限公司	海关编码	5007931102	所属海关	重庆西永海关
通讯地址	重庆市九龙坡区中梁山玉清寺华岩南村 1 号	邮政编码	400052	法人姓名	顾纯元
评定时间	2008.10.16	注册日期	1998.3.9	报关有效期	长期
注册资本	4864.7 万美元				
主营范围	设计、制造、销售交流电力变压器、电抗器和高压直流换流变压器，并提供相关售后服务。（涉及行政许可的，须凭许可证经营）				

企业名称	重庆环松工业（集团）有限公司	海关编码	5007960030	所属海关	重庆西永海关
通讯地址	重庆市九龙坡区华岩镇石堰工业园区	邮政编码	400052	法人姓名	李松
评定时间	2011.1.7	注册日期	2004.11.19	报关有效期	长期
注册资本	5700 万人民币				
主营范围	制造、销售摩托车整车、助力车产品、摩托车零部件、汽车零部件、助力车零部件、塑料制品普通机械配件、通用汽油机、水泵发电机及发电机组、园林通用机械发电机及发电机组，销售摩托车、金属材料、五金、交电、办公用品、建筑材料、百货、日杂，进出口货物。				

企业名称	隆鑫通用动力股份有限公司	海关编码	5007960565	所属海关	重庆西永海关
通讯地址	重庆市九龙坡区九龙园区华龙大道 99 号	邮政编码	400052	法人姓名	高勇
评定时间	2011.1.7	注册日期	2007.7.23	报关有效期	长期
注册资本	80000 万人民币				
主营范围	许可经营项目：开发、生产、销售内燃机（在许可证核定范围及有效期内经营）；一般经营项目：开发、销售摩托车及零部件、汽油机及零部件、汽车零部件，开发、生产、销售农业机具、林业机具、园林机械、非公路用车、普通机械及电器产品，批发、零售金属材料（不含稀贵金属）、橡胶制品、货物，进出口技术（不含国家禁止或限制进出口项目），从事商贸信息咨询服务。（法律、行政法规禁止的不得经营，法律、行政法规规定需许可审批的，取得许可审批后从事经营）				

企业名称	重庆隆鑫进出口有限公司			海关编码	5007960574	所属海关	重庆西永海关
通讯地址	重庆市九龙坡区九龙园区华龙大道 99 号			邮政编码	400060	法人姓名	高勇
评定时间	2011.1.7	注册日期	2007.10.10	报关有效期	长期	注册资本	1000 万人民币
主营范围	自营和代理各类商品及技术的进出口业务。（国家限制公司经营或禁止进出口的商品及技术除外）						

企业名称	嘉陵集团对外贸易发展有限公司			海关编码	5027910348	所属海关	重庆西永海关
通讯地址	重庆市璧山县永嘉大道 111 号			邮政编码	402760	法人姓名	唐雪松
评定时间	2008.8.22	注册日期	1993.3.11	报关有效期	长期	注册资本	1000 万人民币
主营范围	经营和代理各类商品及技术的进出口业务（国家限定公司经营或禁止进出口的商品及技术除外），经营进料加工和“三来一补”，经营对销贸易和转口贸易，销售电器机械及器材、五金、交电、日用百货、金属材料（不含稀贵金属）、建筑材料及化工原料（不含化学危险品）。						

成都关区

企业名称	四川一汽丰田汽车有限公司			海关编码	5101232971	所属海关	成都海关
通讯地址	四川省成都经济技术开发区经开区南三路22			邮政编码	610100	法人姓名	徐建一
评定时间	2010.6.7	注册日期	2010.3.29	报关有效期	长期	注册资本	30700万美元
主营范围	制造、组装客车、客车底盘、乘用车及其零部件，研究开发新产品，在境内外销售产品，提供相关售后服务。						

企业名称	成都神钢建设机械有限公司			海关编码	5101234115	所属海关	成都海关
通讯地址	四川省成都市龙泉驿区经开区南四路699号			邮政编码	610000	法人姓名	朱文彪
评定时间	2013.2.26	注册日期	2010.3.1	报关有效期	长期	注册资本	1728.73万美元
主营范围	研发、生产神钢牌液压挖掘机等建设工程机械产品及相关零配件，销售神钢牌及其他品牌的液压挖掘机等建设工程机械产品及相关原材料、零配件，从事上述产品的进出口业务，提供本公司销售产品的售后技术支持及其他售后服务。						

企业名称	东方电气股份有限公司			海关编码	5101310142	所属海关	成都海关
通讯地址	四川省成都市高新西区西芯大道18号			邮政编码	610000	法人姓名	斯泽夫
评定时间	2011.1.6	注册日期	1994.11.8	报关有效期	长期	注册资本	200386万人民币
主营范围	通用设备、电气机械及器材、核能发电设备、风力发电设备、可再生能源发电设备等及其备品备件的制造、销售及研发，工业控制与自动化的研发、制造及销售，环保设备、节能设备、石油化工容器的研发、制造及销售，仪器仪表、普通机械等设备的研发、制造及销售，工业气体的制造及销售，电站设计，电站设备成套技术开发，成套设备销售及服务，境外发电设备、机电、成套工程和境内国际招标工程的总承包及分包，进出口贸易的经营。						

企业名称	成都天齐机械五矿进出口有限责任公司			海关编码	5101310289	所属海关	成都海关
通讯地址	四川省成都市高新区高朋东路10号1栋			邮政编码	610015	法人姓名	姜德勤
评定时间	2009.6.17	注册日期	1998.6.12	报关有效期	长期	注册资本	2000万人民币
主营范围	货物进出口及技术进出口。						

企业名称	成都华川进出口集团有限公司			海关编码	5101310441	所属海关	成都海关
通讯地址	四川省成都高新区高发大厦五楼			邮政编码	610015	法人姓名	陆恺
评定时间	2010.8.3	注册日期	2000.3.14	报关有效期	长期	注册资本	3000万人民币
主营范围	自营和代理各类商品的进出口业务。（国家限定公司经营和禁止进出口的商品和技术除外）						

企业名称	成都京东方光电科技有限公司			海关编码	5101314725	所属海关	成都海关
通讯地址	四川省成都高新区（西区）合作路1188号			邮政编码	610041	法人姓名	王家恒
评定时间	2010.11.30	注册日期	2008.4.15	报关有效期	长期	注册资本	183000万人民币
主营范围	研发、设计、生产、销售薄膜晶体管液晶显示器件及其他电子元件，进出口货物、技术。						

企业名称	成都住矿电子有限公司			海关编码	5101342993	所属海关	成都海关
通讯地址	四川省成都市高新区新加玻工业园			邮政编码	610041	法人姓名	NOGUCHI SHUJI（野口周治）
评定时间	2008.12.23	注册日期	1999.5.26	报关有效期	长期	注册资本	850 万美元
主营范围	引线框架类半导体材料和精密模具的开发、生产及销售。						

企业名称	华为数字技术（成都）有限公司			海关编码	5101343955	所属海关	成都海关
通讯地址	四川省成都市高新区西部园区清水河片区			邮政编码	610000	法人姓名	张平安
评定时间	2011.3.25	注册日期	2007.12.17	报关有效期	长期	注册资本	8000 万美元
主营范围	经营网络安全系统，研发、销售、技术服务、咨询、培训、进出口存储设备及软件。						

企业名称	成都银河磁体股份有限公司			海关编码	5101360304	所属海关	成都海关
通讯地址	四川省成都市高新区西区百草路 6 号			邮政编码	611731	法人姓名	戴炎
评定时间	2011.3.10	注册日期	1998.8.14	报关有效期	长期	注册资本	32314.64 万人民币
主营范围	经营进出口业务。						

企业名称	东方电气集团国际合作有限公司			海关编码	5101910063	所属海关	成都海关
通讯地址	四川省成都市金牛区蜀汉路 333 号 6 楼			邮政编码	610041	法人姓名	罗志刚
评定时间	2012.5.3	注册日期	1992.11.30	报关有效期	长期	注册资本	68352 万人民币
主营范围	自营和代理各类商品的进出口业务（含小汽车）。（国家限定公司经营和禁止进出口的商品和技术除外）						

企业名称	成都市物流贸易投资有限公司			海关编码	5101910327	所属海关	成都海关
通讯地址	四川省成都市陕西街 239 号外商投资大楼 12 楼			邮政编码	610041	法人姓名	郭志宏
评定时间	2012.6.25	注册日期	1998.11.20	报关有效期	长期	注册资本	6000 万人民币
主营范围	自营和代理各类商品和技术的进出口业务。（国家限定公司经营和禁止进出口的商品和技术除外）						

企业名称	四川省外贸五金矿产进出口有限责任公司			海关编码	5101910653	所属海关	成都海关
通讯地址	四川省成都市武侯区航空路 6 号丰德国际广场 3-7-2			邮政编码	610015	法人姓名	金羊
评定时间	2009.5.31	注册日期	2001.5.21	报关有效期	长期	注册资本	330 万人民币
主营范围	进出口业务经营，房屋租赁。						

企业名称	四川航空股份有限公司			海关编码	5101911419	所属海关	成都海关
通讯地址	四川省成都市双流国际机场航空大厦			邮政编码	610202	法人姓名	李海鹰
评定时间	2009.3.16	注册日期	2003.6.26	报关有效期	长期	注册资本	100000 万人民币
主营范围	出口本企业自产产品及技术，进口本企业生产、科研所需的机械设备、零配件、原辅材料及技术。（国家限定公司经营和禁止进出口的商品和技术除外）						

企业名称	成都国航进出口有限公司			海关编码	5101911749	所属海关	成都海关
通讯地址	四川省成都市双流机场航材综合楼			邮政编码	100621	法人姓名	高利华
评定时间	2011.10.21	注册日期	2004.1.13	报关有效期	长期	注册资本	2400 万人民币
主营范围	自营和代理各类商品的进出口业务。（国家限定公司经营和禁止进出口的商品和技术除外）						

企业名称	四川国际航空发动机维修有限公司			海关编码	5101933067	所属海关	成都海关
通讯地址	四川省成都市双流国际机场			邮政编码	610202	法人姓名	柴维玺
评定时间	2009.5.31	注册日期	2000.5.19	报关有效期	长期	注册资本	7190 万美元
主营范围	航空发动机维修，有关零部件的制造，为加工复出口产品所需的航空器材、外商在国内暂存的航空器材及经海关批准的其他航空器材提供仓储和报关业务。						

企业名称	四川省畜科饲料有限公司			海关编码	5101960449	所属海关	成都海关
通讯地址	四川省成都市锦江区牛沙路 7 号			邮政编码	610066	法人姓名	邝声耀
评定时间	2010.11.30	注册日期	2003.12.16	报关有效期	长期	注册资本	1295 万人民币
主营范围	自营和代理各类商品的进出口业务。（国家限定公司经营和禁止进出口的商品和技术除外）						

企业名称	东方电气集团东方汽轮机有限公司			海关编码	5106910229	所属海关	成都海关
通讯地址	四川省德阳高新技术产业园区金沙江西路 666 号			邮政编码	618201	法人姓名	张文峰
评定时间	2009.6.17	注册日期	1997.8.6	报关有效期	长期	注册资本	184600 万人民币
主营范围	从事制造、加工、销售、修理、进出口、来料加工、“三来一补”业务。						

企业名称	四川轮胎橡胶（集团）股份有限公司			海关编码	5126911396	所属海关	成都海关
通讯地址	四川省简阳市养马镇川橡路 568 号			邮政编码	641402	法人姓名	向春东
评定时间	2010.1.8	注册日期	2003.6.10	报关有效期	长期	注册资本	5277.4 万人民币
主营范围	生产轮胎、橡胶制品、橡胶合成制品，进出口以上产品及原材料、设备和仪器，批发、零售、代储装饰材料、汽车配件、家用电器、机电产品、橡胶原料。						

企业名称	乐山－菲尼克斯半导体有限公司			海关编码	5111932332	所属海关	乐山海关
通讯地址	四川省乐山市中区人民西路289号			邮政编码	614000	法人姓名	WALT GUY
评定时间	2008.10.15	注册日期	1997.4.8	报关有效期	长期	注册资本	10186万美元
主营范围	开发、设计、生产、组装、测试集成电路和分立半导体产品及相关产品，销售本公司产品并提供相关的售后服务。						

企业名称	四川长虹电器股份有限公司			海关编码	5107910062	所属海关	绵阳海关
通讯地址	四川省绵阳市高新区绵兴东路35号			邮政编码	621000	法人姓名	赵勇
评定时间	2008.10.15	注册日期	1992.12.23	报关有效期	长期	注册资本	461624.42万人民币
主营范围	家用电器、电子产品及零配件、通信设备、计算机及其他电子设备、电子电工机械专用设备、电器机械及器材、电池系列产品、电子医疗产品、电力设备、数字监控产品、金属制品、仪器仪表、文化及办公用机械、文教体育用品、家具、厨具及燃气具的制造、销售和维修，房屋及设备租赁，包装产品及技术服务，公路运输，仓储及装卸搬运、软件开发、企业管理咨询等服务的提供，高科技项目投资及国家允许的其他投资业务经营，房地产开发与经营，废弃电器、电子产品回收及处理。						

企业名称	四川迪佳通电子有限公司			海关编码	5107933170	所属海关	绵阳海关
通讯地址	四川省绵阳市科创园区九洲大道259号九洲科技工业园孵化大楼B区三楼			邮政编码	621000	法人姓名	霞晖
评定时间	2012.4.16	注册日期	2001.5.17	报关有效期	长期	注册资本	300万美元
主营范围	研制、生产广播电视数字产品、多媒体设备、电信设备、电话机、手机及配件，承揽相应工程，销售本公司产品。						

企业名称	东方电气集团东方锅炉股份有限公司			海关编码	5103910233	所属海关	成都自贡
通讯地址	四川省自贡市自流井区五星街黄桷坪路150号			邮政编码	643001	法人姓名	徐鹏
评定时间	2009.11.24	注册日期	1998.10.14	报关有效期	长期	注册资本	160566.1万人民币
主营范围	许可经营项目：电站锅炉、电站辅机、工业锅炉、电站阀门、石油化工容器、核能反应设备的经营，电站脱硫、脱硝，环保工程总承包；一般经营项目：项目成套及相关技术服务，锅炉岛工程成套，电站自控设备，工矿配件，计算机应用系统，机械设计及设备，出口本企业自产的机电产品，进口本企业生产、科研所需的原辅材料、机械设备、仪器仪表及零配件。（以上范围不含法律、法规规定需要办理审批和许可证的项目）						

企业名称	四川大西洋焊接材料股份有限公司			海关编码	5103913019	所属海关	成都自贡
通讯地址	四川省自贡市大安区马冲口街2号			邮政编码	643010	法人姓名	李欣雨
评定时间	2013.9.9	注册日期	2000.7.17	报关有效期	长期	注册资本	39893.54万人民币
主营范围	资产投资，焊接材料的开发、生产、销售及技术服务，高新技术及产品的开发，本企业自产产品及技术的出口，本企业生产所需的原辅材料、仪器仪表、机械设备、零配件及技术的进口，进料加工和“三来一补”业务。						

企业名称	四川省宜宾五粮液集团进出口有限公司			海关编码	5114910354	所属海关	成都海关驻宜宾办事处
通讯地址	四川省宜宾市岷江西路 150 号附 18 号			邮政编码	644007	法人姓名	高劲松
评定时间	2008.10.15	注册日期	1999.5.4	报关有效期	长期	注册资本	3000 万人民币
主营范围	进出口业务，销售预包装食品。						

企业名称	宜宾海丝特纤维有限责任公司			海关编码	5114911365	所属海关	成都海关驻宜宾办事处
通讯地址	四川省宜宾市南广盐平坝			邮政编码	644002	法人姓名	邓传东
评定时间	2009.9.23	注册日期	2003.5.13	报关有效期	长期	注册资本	48205 万人民币
主营范围	生产、销售粘胶长丝，进出口各类商品及技术，经营进料加工和“三来一补”业务，销售粘胶短纤、绣花线、人棉纱机器系列产品，经营转口贸易。（以上不含须前置许可或审批项目，涉及后置许可或审批的凭许可证或批准文件经营）						

企业名称	英特尔产品（成都）有限公司			海关编码	5101640010	所属海关	成都高新综合保税区
通讯地址	四川省成都高新技术开发区西区（成都出口加工区西区）			邮政编码	610000	法人姓名	TIFFANY D.SILVA
评定时间	2013.6.8	注册日期	2003.9.25	报关有效期	长期	注册资本	12500 万美元
主营范围	集成电路封装。						

贵阳关区

企业名称	中国烟草贵州进出口有限责任公司			海关编码	5201910058	所属海关	贵阳海关
通讯地址	贵州省贵阳市富源南路 350 号			邮政编码	550005	法人姓名	苏红雪
评定时间	2011.12.26	注册日期	1993.2.1	报关有效期	长期	注册资本	28137.93 万人民币
主营范围	出口烟叶、复烤烟叶，进口卷烟、雪茄烟，复烤、加工烟叶。						

企业名称	首钢水城钢铁集团进出口有限公司			海关编码	5202910638	所属海关	贵阳海关
通讯地址	贵州省六盘水市水钢巴西中路			邮政编码	553028	法人姓名	何友德
评定时间	2008.12.4	注册日期	1995.10.20	报关有效期	长期	注册资本	5000 万人民币
主营范围	自营和代理各类商品和技术的进出口。（国家限定公司经营或禁止进出口的商品和技术除外）						

企业名称	贵州钢绳股份有限公司			海关编码	5203910756	所属海关	贵阳海关
通讯地址	贵州省遵义市桃溪路 47 号			邮政编码	563000	法人姓名	黄忠渠
评定时间	2009.1.13	注册日期	1997.5.23	报关有效期	长期	注册资本	16437 万人民币
主营范围	钢丝、钢绳产品及相关设备、材料、技术的研究、生产、加工、销售及进出口，科技产品的研制、开发与技术服务。						

企业名称	贵州黎阳航空动力有限公司			海关编码	5207911378	所属海关	贵阳海关
通讯地址	贵州省平坝县白云镇			邮政编码	561102	法人姓名	王良
评定时间	2012.2.21	注册日期	2009.8.6	报关有效期	长期	注册资本	65000 万人民币
主营范围	航空发动机及其衍生产品的研究、设计、研制、试验、生产、销售、维修、保障及服务，航空发动机维修设备制造，本企业自产产品的出口业务和本企业所需的机械设备、零部件、原辅材料的进出口（国家限定公司经营或禁止进出口的商品及技术除外），通用设备、电子机械设备、汽车零部件及配件、环保设备、仪器仪表、新能源设备的设计、制造，生产物质的采购、物流、经营，本企业废旧资源和废旧材料的销售，与以上业务相关的技术转让、技术服务及技术的进出口。						

昆明关区

企业名称	云南南天电子信息产业股份有限公司			海关编码	5301310033	所属海关	昆明海关
通讯地址	云南省昆明市高新技术产业开发区软件园创新大厦			邮政编码	650118	法人姓名	雷坚
评定时间	2008.10.17	注册日期	1993.4.21	报关有效期	长期	注册资本	24660.6 万人民币
主营范围	开发、生产、销售计算机软硬件、外围设备、金融专用设备、智能产品、机电产品（含国产汽车，不含小轿车），承接网络工程、信息系统工程（不含管理项目）、技术咨询服务，产品安装、调试、维修自产产品，从事房屋租赁业务，培训业务。（以上经营范围中涉及国家法律、行政法规规定的专项审批，按审批的项目和时限开展经营活动）						

企业名称	云南锡业股份有限公司			海关编码	5301311216	所属海关	昆明海关
通讯地址	云南省昆明市高新技术产业开发区			邮政编码	650118	法人姓名	雷毅
评定时间	2008.10.17	注册日期	1999.10.18	报关有效期	长期	注册资本	90652.03 万人民币
主营范围	有色金属及其矿产品、化工产品（不含管理商品）、非金属及其矿产品、建筑材料的批发、零售、代购、代销、进出口（按目录经营），提供环境保护工程服务、劳务服务、技术服务，有色金属深加工及其高新技术产品的开发、生产及自销，境外期货业务（凭许可证开展经营）。（以上经营范围涉及国家法律、法规的专项审批，按审批项目和时限开展经营活动）						

企业名称	云南铜业股份有限公司			海关编码	5301311269	所属海关	昆明海关
通讯地址	云南省昆明高新技术产业开发区			邮政编码	650102	法人姓名	武建强
评定时间	2009.3.19	注册日期	2000.4.24	报关有效期	长期	注册资本	141639.88 万人民币
主营范围	有色金属、贵金属的生产、加工、销售，生产工艺的设计、施工、科研，高科技产品化工产品的生产、加工及销售，机械动力设备的制作、安装，本企业自产产品及相关技术的出口，本企业生产、科研所需的原辅料、机械设备、仪器仪表、零配件及相关技术的进口，本企业的进料加工和“三来一补”业务，本企业自产的铜材、选矿药剂、有色金属的出口，本企业生产、科研所需的原材料、机械设备、仪器仪表、零配件的进口，有色金属开采和选矿业务的经营，化肥加工及销售。						

企业名称	云南恒昊进出口有限公司			海关编码	5301363307	所属海关	昆明海关
通讯地址	云南省昆明市二环西路 398 号高新科技信息中心主楼			邮政编码	650051	法人姓名	周国林
评定时间	2012.4.18	注册日期	2007.8.14	报关有效期	长期	注册资本	5000 万人民币
主营范围	货物进出口、技术进出口，矿产品的销售，日用百货、体育用品、服装、机械设备、橡胶的销售，信息咨询，房地产开发与销售，室内装饰装修（国家规定的专营进出口商品和国家禁止进出口等特殊商品除外）。（以上经营范围中涉及国家法律、行政法规规定的专项审批，按审批的项目和时限开展经营活动）						

企业名称	云南冶金集团进出口物流股份有限公司			海关编码	5301910013	所属海关	昆明海关
通讯地址	云南省昆明市北市区小康大道399号			邮政编码	650224	法人姓名	周鸿
评定时间	2008.10.17	注册日期	1993.1.29	报关有效期	长期	注册资本	21196.72万人民币
主营范围	生产经营经批准的国家配额管理的有色金属、黑色金属、化工产品、机械设备、仪器仪表、建筑材料、五金交电、针纺织品、服装、旅游产品、百货、工业生产资料、农业生产资料（不含管理商品）、日用杂品，提供仓储、物流及相关服务，经贸部核定的一、二类商品和放开经营三定的一、二类商品和放开经营三类商品的进出口贸易及转口贸易，物流服务，国际、国内货运代理业务，煤炭批发经营，农产品、粮食收购，饲料经销，炭素及炭素制品经销，石油焦经销。（依法须经批准的项目，经相关部门批准后方可开展经营活动）						

企业名称	中国烟草云南进出口有限公司			海关编码	5301910015	所属海关	昆明海关
通讯地址	云南省昆明市园通街35号			邮政编码	650031	法人姓名	徐东
评定时间	2008.10.17	注册日期	1993.4.5	报关有效期	长期	注册资本	5292.82万人民币
主营范围	烟叶出口，卷烟进口，烟丝出口，云南省烟草商业系统复烤设备、零配件进出口，烟草技术进出口，接受委托、代理其他产品的进出口业务，建材产品、五金化工、机电产品、轻工产品等非烟草产业业务。（涉及专项审批的凭许可证开展经营）						

企业名称	云南建工集团有限公司			海关编码	5301910053	所属海关	昆明海关
通讯地址	云南省昆明市东风东路36号			邮政编码	650051	法人姓名	陈文山
评定时间	2012.9.25	注册日期	1994.5.4	报关有效期	长期	注册资本	178458.12万人民币
主营范围	国内外工程总承包，公路工程施工总承包二级，工程监理，建筑工程劳务服务及对外劳务输出，房地产开发及经营，勘探设计。						

企业名称	昆明中铁大型养路机械集团有限公司			海关编码	5301910130	所属海关	昆明海关
通讯地址	云南省昆明市金马镇羊方旺384号			邮政编码	650215	法人姓名	马云昆
评定时间	2008.10.17	注册日期	1997.6.16	报关有效期	长期	注册资本	98798.4万人民币
主营范围	铁路专用设备器材及配件制造，金属结构及构件制造，铁路运输设备制造，本企业自产机电产品、成套设备及相关技术的出口，本企业生产、科研所需的原辅材料、机械设备、仪器仪表、零配件及技术的进口（国家实行核定公司经营的14种进口商品除外），本企业“三来一补”业务，系统内汽车维修，运输服务，国内贸易，物资供销。（以上经营范围中涉及国家法律、行政法规规定的专项审批，按审批的项目和时限开展经营活动）						

企业名称	云南白药集团股份有限公司			海关编码	5301910145	所属海关	昆明海关
通讯地址	云南省昆明市呈贡区云南白药街3686号			邮政编码	650500	法人姓名	王明辉
评定时间	2014.3.4	注册日期	2003.5.7	报关有效期	长期	注册资本	69427万人民币
主营范围	化学原料药、化学药制剂、中成药、中药材、生物制品、保健食品、食品（凭许可证经营）、化妆品及饮料的研制、生产及销售，糖、茶、建筑材料、装饰材料的批发、零售、代购代销，科技及经济技术咨询，物业经营管理（凭资质证开展经营活动），医疗器械（二类、医用敷料类、一次性使用医疗卫生用品）、日化用品经营。（以上经营范围中涉及国家法律、行政法规规定的专项审批，按审批的项目和时限开展经营活动）						

<table>
<tr><td>企业名称</td><td colspan="3">云南昆钢国际贸易有限公司</td><td>海关编码</td><td>5301911373</td><td>所属海关</td><td>昆明海关</td></tr>
<tr><td>通讯地址</td><td colspan="3">云南省安宁市郎家山</td><td>邮政编码</td><td>650302</td><td>法人姓名</td><td>张晓雷</td></tr>
<tr><td>评定时间</td><td>2008.10.17</td><td>注册日期</td><td>2001.2.8</td><td>报关有效期</td><td>长期</td><td>注册资本</td><td>33409 万人民币</td></tr>
<tr><td>主营范围</td><td colspan="7">自营和代理各类商品及技术的进出口业务（国家限定公司经营或禁止进出口的商品及技术除外，不另附进出口商品目录），经营进料加工和“三来一补”业务，经营对外销售和转口贸易。</td></tr>
</table>

<table>
<tr><td>企业名称</td><td colspan="3">云南烟草国际有限公司</td><td>海关编码</td><td>5301913080</td><td>所属海关</td><td>昆明海关</td></tr>
<tr><td>通讯地址</td><td colspan="3">云南省昆明市世博路 6 号</td><td>邮政编码</td><td>650224</td><td>法人姓名</td><td>李力</td></tr>
<tr><td>评定时间</td><td>2011.1.10</td><td>注册日期</td><td>2007.1.10</td><td>报关有效期</td><td>长期</td><td>注册资本</td><td>40000 万人民币</td></tr>
<tr><td>主营范围</td><td colspan="7">卷烟（含烟丝烟草）、专用机械设备和零配件及其他烟用辅料出口，烟草（含烟叶、烟丝）、专用机械设备及其零配件的进出口配套服务，向其境外投资企业出口烟叶，对外投资，烟草经济技术交流合作。（凭许可证开展经营）</td></tr>
</table>

<table>
<tr><td>企业名称</td><td colspan="3">云南高深橡胶有限公司</td><td>海关编码</td><td>5301933438</td><td>所属海关</td><td>昆明海关</td></tr>
<tr><td>通讯地址</td><td colspan="3">云南省昆明市嵩明县杨林工业开发区内</td><td>邮政编码</td><td>651701</td><td>法人姓名</td><td>王珍胜</td></tr>
<tr><td>评定时间</td><td>2012.12.26</td><td>注册日期</td><td>2013.12.25</td><td>报关有效期</td><td>长期</td><td>注册资本</td><td>32060 万人民币</td></tr>
<tr><td>主营范围</td><td colspan="7">加工和销售自产的橡胶。（以上经营范围中涉及国家法律、行政法规规定的专项审批，按审批的项目和时限开展经营活动）</td></tr>
</table>

<table>
<tr><td>企业名称</td><td colspan="3">云南博骏化工有限公司</td><td>海关编码</td><td>5301933721</td><td>所属海关</td><td>昆明海关</td></tr>
<tr><td>通讯地址</td><td colspan="3">云南省昆明市盘龙区白龙路 411–2 号</td><td>邮政编码</td><td>650224</td><td>法人姓名</td><td>王寿元</td></tr>
<tr><td>评定时间</td><td>NULL</td><td>注册日期</td><td>2008.10.27</td><td>报关有效期</td><td>长期</td><td>注册资本</td><td>8000 万人民币</td></tr>
<tr><td>主营范围</td><td colspan="7">聚氯乙烯、水性树脂、塑料、安定剂、催化剂、水处理剂、氢氧化钠、苯酚、石脑油、乙醇溶液及机械设备的批发，聚乙烯醇、纤维素及相关产品、技术的进出口。（需依法批准的经营范围，按批准内容和时限开展经营）</td></tr>
</table>

<table>
<tr><td>企业名称</td><td colspan="3">云南联合外经股份有限公司</td><td>海关编码</td><td>5301961345</td><td>所属海关</td><td>昆明海关</td></tr>
<tr><td>通讯地址</td><td colspan="3">云南省昆明市北京路 175 号外贸大楼附楼</td><td>邮政编码</td><td>650011</td><td>法人姓名</td><td>冯柯</td></tr>
<tr><td>评定时间</td><td>2012.1.31</td><td>注册日期</td><td>2004.5.21</td><td>报关有效期</td><td>长期</td><td>注册资本</td><td>10000 万人民币</td></tr>
<tr><td>主营范围</td><td colspan="7">自营和代理各类商品和技术的进出口业务、进料加工和“三来一补”业务、对销贸易和转口贸易，对外经济技术合作、对外劳务合作、对外援项目，项目投资业务，矿产品、轻工产品、土特产品、办公设备、光电产品的销售，矿山开发经营，设计、制作、发布、代理各类广告业务，承包工程及招投标代理，机械设备、机电产品、金属材料、建筑材料、化工产品、生物制品、环保产品、汽车、通讯设备及材料的经营，珠宝玉石的销售。（以上经营范围中涉及国家法律、行政法规规定的专项审批，按审批的项目和时限开展经营活动）</td></tr>
</table>

<table>
<tr><td>企业名称</td><td colspan="3">云南惠嘉进出口有限公司</td><td>海关编码</td><td>5301961813</td><td>所属海关</td><td>昆明海关</td></tr>
<tr><td>通讯地址</td><td colspan="3">云南省昆明市关上关兴路 288 号 12 层</td><td>邮政编码</td><td>650200</td><td>法人姓名</td><td>张利华</td></tr>
<tr><td>评定时间</td><td>2013.8.12</td><td>注册日期</td><td>2003.11.11</td><td>报关有效期</td><td>长期</td><td>注册资本</td><td>4680 万人民币</td></tr>
<tr><td>主营范围</td><td colspan="7">豆粕、菜粕、五金交电、化工产品及原料、机械产品、针织品、水产品、工艺美术品、文化办公用品、农副产品的批发、零售、代购代销，农副产品的收购，预包装食品（无水奶油、脱脂奶粉）、食品添加剂、植物油的经营，各类商品和技术的进出口。（以上经营范围中涉及国家法律、行政法规规定的专项审批，按审批的项目和时限开展经营活动）</td></tr>
</table>

企业名称	昆明高深国际商务有限责任公司			海关编码	5301963455	所属海关	昆明海关
通讯地址	云南省昆明市经开区云大西路新兴产业孵化区创业大厦 7 楼 704–D			邮政编码	651700	法人姓名	王珍兴
评定时间	2012.10.17	注册日期	2008.1.18	报关有效期	长期	注册资本	20000 万人民币
主营范围	橡胶及其制品销售，国内贸易经营，货物进出口，技术进出口。（以上经营范围中涉及国家法律、行政法规规定的专项审批，按审批的项目和时限开展经营活动）						

企业名称	云南云维集团有限公司			海关编码	5304911305	所属海关	昆明海关
通讯地址	云南省曲靖市沾益县盘江镇花山公业园区			邮政编码	650216	法人姓名	陈伟
评定时间	2008.10.17	注册日期	2004.11.30	报关有效期	长期	注册资本	0 万人民币
主营范围	经营农用氮肥（含农用尿素）、磷、钾化学肥料、有（无）机化工产品及其副产品（醋酸、甲醇、二氧化碳、乙炔、液氧、液氮、一甲胺溶液、二甲胺溶液、三甲胺溶液、苯、溶剂苯、粗苯、重质苯、醋酸甲酯、醋酸乙酯、煤焦油、洗油、N，N– 二甲基酰胺、硫磺、萘、电石、粗酚、苯酚、邻甲苯酚、对甲苯酚、间甲苯酚、喹啉、煤焦沥青、蒽油乳剂、蒽油乳膏、硫酸、盐酸、氢氧化钠、甲醛、乙醇、炭黑油、轻油、煤气、氩、α－甲基萘、β－甲基萘、2– 甲基吡啶、ɜ－甲基吡啶、苊、氢、甲苯、二甲苯、杂醇油、吡啶）、粘合剂、建筑材料、矿产品、煤焦、机械设备、机电产品，进口本企业生产所需的原辅材料、机械设备及零配件、轻质活性碳酸钙、塑料编织包装袋，安装化工机械，出口产品。						

企业名称	云南罗平锌电股份有限公司			海关编码	5304911669	所属海关	昆明海关
通讯地址	云南省罗平县九龙大道南段			邮政编码	655800	法人姓名	许克昌
评定时间	2011.12.2	注册日期	2003.3.21	报关有效期	长期	注册资本	27184.08 万人民币
主营范围	经营锌锭、镉锭、锌精矿、铝精矿、氧化锌粉、金属硅、水利发电，出口本企业自产产品及技术，进出口本企业生产所需要的原辅材料、机械设备、仪器仪表、零配件及相关技术。						

企业名称	云南云维股份有限公司			海关编码	5304911825	所属海关	昆明海关
通讯地址	云南省曲靖市沾益县盘江镇花山工业区			邮政编码	655338	法人姓名	陈伟
评定时间	2013.4.17	注册日期	2003.12.4	报关有效期	长期	注册资本	61623.5 万人民币
主营范围	化工及化纤材料、水泥、氧气产品的生产和销售，机械、机电、五金，金属材料的批发、零售、代购代销，汽车货运运输、汽车维修经营，企业自产产品及技术的出口，本企业所需的原辅材料、仪器仪表、机械设备及技术的出口，纯碱、氯化铵的生产及销售，化肥零售。（涉及行业审批的凭许可证经营，以上经营范围中涉及国家法律行政法规规定的专项审批，按审批的项目和时限开展经营活动）。						

企业名称	瑞丽市大通实业有限公司			海关编码	5319960204	所属海关	瑞丽海关
通讯地址	云南省（边贸）德宏州瑞丽市瑞江路南段西侧			邮政编码	678600	法人姓名	尚忠义
评定时间	2012.12.26	注册日期	2001.10.19	报关有效期	长期	注册资本	8390 万人民币
主营范围	自营和代理各类商品和技术的进出口（国家限定公司经营或禁止进出口的商品和技术除外），代理经授权的外币兑换服务。（以上经营范围中涉及国家法律、行政法规规定的专项审批，按审批的项目和时限开展经营活动）						

企业名称	腾冲县恒益矿产品经贸有限责任公司			海关编码	5312960195	所属海关	腾冲海关
通讯地址	云南省（边贸）腾冲县腾越镇秀峰社区 214 号			邮政编码	679100	法人姓名	段治葵
评定时间	2013.9.24	注册日期	2004.3.16	报关有效期	长期	注册资本	20000 万人民币
主营范围	铁矿、黑色金属、有色金属、非金属矿的采选、销售，建材、汽车配件销售，货运配载服务，经营各类商品及技术的边境贸易进出口，边贸进料加工和“三来一补”业务，边境地区对外经济合作和易货贸易等业务。						

企业名称	红河州和源商贸有限公司			海关编码	5307960013	所属海关	河口海关
通讯地址	云南省建水县临安镇建水大道 629 号			邮政编码	654300	法人姓名	李跃标
评定时间	2012.12.27	注册日期	2008.5.14	报关有效期	长期	注册资本	1200 万人民币
主营范围	生产、加工、销售无公害农副产品，进出口货物、技术，设计、制作、发布户外广告。						

企业名称	云南科维生物产业有限公司			海关编码	5320950005	所属海关	河口海关
通讯地址	云南省河口县坝洒农场八队			邮政编码	661311	法人姓名	赵明礼
评定时间	2013.9.4	注册日期	2009.6.11	报关有效期	长期	注册资本	1500 万人民币
主营范围	乙醇燃料、二氧化碳、粮食、食用酒精的经营，畜牧养殖，薯类种植及销售，货物进出口、技术进出口。						

拉萨关区

企业名称	西藏航空有限公司			海关编码	5401210003	所属海关	拉萨海关
通讯地址	西藏自治区拉萨经济技术开发区阳光新城 A2-2-2-1			邮政编码	850000	法人姓名	成义如
评定时间	2014.2.17	注册日期	2010.6.23	报关有效期	长期	注册资本	28000 万人民币
主营范围	许可经营项目：国内航空客货运输业务。						

西安关区

企业名称	西安隆基硅材料股份有限公司			海关编码	6101260003	所属海关	西安综合保税区口岸作业区
通讯地址	陕西省西安市长安区航天中路388号			邮政编码	710100	法人姓名	李振国
评定时间	2013.2.17	注册日期	2008.8.26	报关有效期	长期	注册资本	53852.4万人民币
主营范围	半导体材料、太阳能电池、电子元器件、半导体设备的开发、制造、销售，商品进出口。（以上经营范围国家法律法规规定的专控及前置许可项目除外，国家法律法规另有规定的，从其规定）						

企业名称	西安西电国际工程有限责任公司			海关编码	6101319043	所属海关	西安综合保税区口岸作业区
通讯地址	陕西省西安市高新区唐兴路7号B座2~4层			邮政编码	710075	法人姓名	姬俊华
评定时间	2009.6.25	注册日期	2002.1.10	报关有效期	长期	注册资本	10000万人民币
主营范围	自营和代理各类商品及技术的进出口业务（其他国家规定和专营进出口商品和国家禁止进出口等特殊商品除外），经营进料加工和“三来一补”业务，开展对销贸易和转口贸易，承包境外工程和境内国际招标工程，出口上述境外工程所需的设备、材料，对外派遣工程、生产及服务行业的劳务人员（不含海员），销售汽车（含小轿车）。						

企业名称	西安陕鼓动力股份有限公司			海关编码	6101319083	所属海关	西安综合保税区口岸作业区
通讯地址	陕西省西安市高新区沣惠南路8号			邮政编码	710000	法人姓名	印建安
评定时间	2012.10.17	注册日期	2007.11.26	报关有效期	长期	注册资本	163877万人民币
主营范围	大型压缩机、鼓风机、通风机及各种透平机械的开发、制造、销售、维修服务、技术咨询、技术服务、技术转让、技术培训，各种通用（透平）机械设计、成套安装、调试，货物和技术的进出口。（国家禁止和限制的货物、技术除外）						

企业名称	金堆城钼业股份有限公司			海关编码	6101319084	所属海关	西安综合保税区口岸作业区
通讯地址	陕西省西安市高新技术产业开发区锦业一路88号			邮政编码	710077	法人姓名	张继祥
评定时间	2010.5.5	注册日期	2007.12.21	报关有效期	长期	注册资本	322660.44万人民币
主营范围	钼矿产品、钼冶炼系列及其环保产品、钼化学系列产品、钼金属加工系列产品、硫矿产品的生产，其他金属产品（许可项目除外）的生产、销售，电力业务（电力业务许可证有效期至2029年12月27日），对外投资（限自有资金）（上述范围中，国家法律、行政法规和国务院决定规定必须报经批准的，凭许可证在有效期内经营），工业硫酸的生产（限分支机构凭许可证在有效期内经营）。						

企业名称	西安西航集团莱特航空制造技术有限公司			海关编码	6101510004	所属海关	西安综合保税区口岸作业区
通讯地址	陕西省西安市明光路出口加工区（莱特厂房）			邮政编码	710021	法人姓名	叔伟
评定时间	2009.11.12	注册日期	2007.6.6	报关有效期	长期	注册资本	42450万人民币
主营范围	航空发动机、燃气轮机零部件的制造、销售、研发、检测、修理，货物及技术的进出口（国家禁止或限制的货物、技术除外），机械加工，保税物流，机械加工技术服务。（上述经营范围中不可涉及许可项目的，凭许可证明文件、证件在有效期内经营，未经许可不得经营）						

企业名称	西安凯迪克航材物流有限公司			海关编码	6101510005	所属海关	西安综合保税区口岸作业区
通讯地址	陕西省西安市出口加工A区办公楼			邮政编码	710021	法人姓名	孙楠楠
评定时间	2012.11.16	注册日期	2007.8.17	报关有效期	长期	注册资本	100万人民币
主营范围	一般经营项目：仓储，物流分拨、分拣、装卸，包装及加工整理，货物及技术的进出口业务（国家禁止或限制进出口的货物、技术除外）。（上述经营范围中凡涉及许可项目的，凭许可证明文件、证件在有效期内经营，未经许可不得经营）						

企业名称	应用材料（西安）有限公司			海关编码	6101540002	所属海关	西安综合保税区口岸作业区
通讯地址	陕西省西安市高新区信息大道28号			邮政编码	710119	法人姓名	Gang Zou
评定时间	2012.12.20	注册日期	2006.5.15	报关有效期	长期	注册资本	8500万美元
主营范围	半导体制造设备、太阳能设备及其他清洁能源、节能设备、平板显示器制造设备及其他纳米技术新产品及相关零部件的工程设计、开发、改进、生产制造、维修、翻新、清洗，上述设备、产品的相关制造工艺和应用技术、控制软件、工艺流程控制软件及相关生产自动化软件的研发、应用和许可转让，上述相关的技术服务、自行研发技术的转让、培训以及售后服务（未取得专项许可的项目除外）。						

企业名称	美光半导体（西安）有限责任公司			海关编码	6101540003	所属海关	西安综合保税区口岸作业区
通讯地址	陕西省西安市高新区信息大道			邮政编码	710119	法人姓名	THOMAS L LAWS JR
评定时间	2012.9.12	注册日期	2012.8.27	报关有效期	长期	注册资本	14333.4万美元
主营范围	研发、加工、装机、测试、储存单片式集成电路产品（线宽0.35微米或以下）、光电产品、半导体及元部件专用材料，关产品推广，销售自产产品，并提供售后服务，提供技术支持及其他相关服务，半导体生产设备及零部件维修并向第三方（包括投资者及其关联方）提供相关服务。						

企业名称	西安国际港务区海得邦物流有限公司			海关编码	6101660006	所属海关	西安综合保税区口岸作业区
通讯地址	陕西省西安市国际港务区港务大道88号保税大厦1008~1010室			邮政编码	710026	法人姓名	贺金辉
评定时间	2013.7.24	注册日期	2010.8.18	报关有效期	长期	注册资本	500万人民币
主营范围	许可经营项目：普通货物运输（许可证有效期至2015年2月25日）；一般经营项目：承办国际货运代理业务，代理报关、报检、信息咨询服务，货物及技术的进出口业务、转口贸易、国际中转、国际分拨，保税产品展销，仓库管理，流通性简单加工和增值服务。（以上经营范围除国家专控及前置许可项目）						

企业名称	西飞集团进出口有限公司			海关编码	6101911004	所属海关	西安综合保税区口岸作业区
通讯地址	陕西省西安市阎良区西飞大道 1 号			邮政编码	710089	法人姓名	李勇
评定时间	2008.12.17	注册日期	1994.7.4	报关有效期	长期	注册资本	5820 万人民币
主营范围	自营和代理各类商品及技术进出口业务（国家限定公司经营的商品及技术除外），仓储（危险品除外）、物流业务（道路运输除外），开展“三来一补”、进料加工业务，经营对销贸易和转口贸易、承包本行业境外工程和境内国际招标工程及上述工程所需的设备、材料出口，对外派遣本行业工程、生产及服务的劳务人员，机械产品、铝型材制品、汽车（小汽车除外）、工具量具的销售。（上述经营范围中，国家法律法规或国务院决定规定须报经批准的，凭许可证书在有效期经营）						

企业名称	陕西龙门钢铁集团进出口有限公司			海关编码	6101912015	所属海关	西安综合保税区口岸作业区
通讯地址	陕西省西安市莲湖区北关正街 31 号开元北方大厦 9-12 号			邮政编码	710014	法人姓名	周胜利
评定时间	2009.3.31	注册日期	2005.3.15	报关有效期	长期	注册资本	6000 万人民币
主营范围	机械设备（特种设备除外）、零配件、原辅材料、冶金炉料、钢坯、钢材、有色金属、化工产品（化学危险品除外）的销售，自营和代理各类商品的进出口业务。（国家限定和禁止公司经营的商品除外）						

企业名称	中化近代环保化工（西安）有限公司			海关编码	6101914144	所属海关	西安综合保税区口岸作业区
通讯地址	陕西省西安市经济技术开发区泾河工业园区			邮政编码	710201	法人姓名	王水耀
评定时间	2012.8.17	注册日期	2003.8.11	报关有效期	长期	注册资本	2700 万人民币
主营范围	许可经营项目：HFC-134a、HFC-125、盐酸（安全生产许可证有效期至 2014 年 6 月 7 日）和 R-410a、催化剂的生产、销售；一般经营项目：技术开发与转让，本企业自产产品的出口，本企业所需的机械设备、零配件、原辅材料的进口。（但国家限定公司经营或禁止进出口的商品及技术除外，未取得专项许可的项目除外）						

企业名称	陕西省煤炭物资供应公司			海关编码	6101918103	所属海关	西安综合保税区口岸作业区
通讯地址	陕西省西安市新城区东一路 48 号			邮政编码	710065	法人姓名	郭旭东
评定时间	2012.11.16	注册日期	2007.1.17	报关有效期	长期	注册资本	7713.5 万人民币
主营范围	销售金属材料（专控除外）、冶金炉料、建筑材料、橡胶制品、矿用坑木、化工产品（危险品除外）、煤矿专用设备、配件、仪器仪表，从事进出口贸易及仓储、装卸（危险品除外）业务，经营公共浴室、理发店（限分支机构经营），处理闲置和废旧物资（专控除外），销售工业炸药、工业雷管、索类火工品（民用爆炸品）。						

企业名称	西安航空动力股份有限公司		海关编码	6101919074	所属海关	西安综合保税区口岸作业区
通讯地址	陕西省西安市未央区徐家湾		邮政编码	710021	法人姓名	万多波
评定时间	2008.12.29	注册日期 1999.3.3	报关有效期	长期	注册资本	44233.66 万人民币
主营范围	航空发动机、燃气轮机、烟气透平动力装置、航天发动机及零配件、风力发电机、太阳能发动机及零部件的制造、销售及维修，航空发动机零部件转包生产，“三来一补”加工业务，铝型材及门窗制造、安装和销售，仪器仪表工具、普通设备、石化电力冶金机械成套设备、电器机械及器材、机械备件、电子产品的制造、销售及维修，幕墙的设计、安装，装饰装修，进出口业务，金属材料、橡胶制品、本企业废旧物资的销售，提供科技咨询及技术服务（以上范围均不含国家规定的前置许可、禁止项目，国家法律另有规定的，从其规定）。以下项目限分支机构经营：压力容器、机电设备、计测设备、锅炉的设计、制造、安装和维修，医疗器械制造、销售，住宿、餐饮服务，成品油、氧气、氩气、丙烷（化工原料）经营。					

企业名称	陕西建设机械股份有限公司		海关编码	6101919119	所属海关	西安综合保税区口岸作业区
通讯地址	陕西省西安市新城区金花北路 418 号		邮政编码	710032	法人姓名	杨宏军
评定时间	2012.10.17	注册日期 2002.2.5	报关有效期	长期	注册资本	24155.6 万人民币
主营范围	工程及建筑机械、起重机械成套设备、矿山机械成套装备、金属结构产品及相关配件、机动车辆（小轿车除外）的研发、生产及销售，化工机械与设备的生产，本企业自产成套装备安装、调试、维修，金属结构安装，工程机械设备的租赁，工程机械装备的维修，原辅材料、设备的购销，本企业自产产品的出口，本企业所需的机械设备、零配件、原辅材料的进出口。（国家限定公司经营和禁止进出口的商品除外）					

企业名称	西安杨森制药有限公司		海关编码	6101930036	所属海关	西安综合保税区口岸作业区
通讯地址	陕西省西安市万寿北路 34 号		邮政编码	710043	法人姓名	Cesar Rodriguez
评定时间	2009.6.23	注册日期 1993.1.8	报关有效期	长期	注册资本	28431 万人民币
主营范围	直接或间接地从事处方用药、非处方用药、专利药品、各种制剂、中成药（国家限制除外）、合成药、生化药、药物中间体、农业用药和兽药等产品的生产与加工、委托加工、接收委托加工、研发、市场推广、知识产权的转让与接受、许可与被许可等活动，医疗器械、饮料（固体饮料类）、健康护理用品（包括消毒产品等）、日化产品和卫生材料用品的生产与加工、委托加工、接受委托加工、研发、市场推广、知识产权的转让与接受、许可与被许可等活动，药品、化妆品、健康护理用品（包括消毒产品等）、日化产品和卫生材料用品的批发，与上述类别产品相关的市场营销的策划、执行、管理及咨询，临床试验管理服务及药品的注册代理，与上述业务有关的产品、货物和服务的购买、批发、佣金代理（拍卖除外）及进出口，有助于上述业务开展或与其有关的其他活动。（药品生产许可证有效期至 2015 年 12 月 31 日，医疗器械生产企业许可证有效期至 2014 年 8 月 5 日，药品经营许可证有效期至 2016 年 1 月 4 日，卫生许可证有效期至 2016 年 6 月 15 日，全国工业产品许可证有效期至 2016 年 4 月 21 日）					

企业名称	西安盛赛尔电子有限公司		海关编码	6101930589	所属海关	西安综合保税区口岸作业区
通讯地址	陕西省西安市高新开发区团结南路 28 号		邮政编码	710075	法人姓名	李宁
评定时间	2012.10.18	注册日期 1995.3.14	报关有效期	长期	注册资本	1000 万美元
主营范围	研究、开发、生产、销售火灾自动报警产品、灭火设备、气体探测报警设备、劳动防护用品和安全防护装备（含特种劳动防护用品和安全防护装备及消防员装备）及相关产品（以上经营范围中不含国家法律法规规定需办理行政许可和专项审批的产品），进出口、销售、和佣金代理（拍卖除外）电子产品、机电产品。（涉及配额、许可证管理及其他专项管理的商品，按照国家有关规定办理）					

企业名称	西安西罗航空部件有限公司			海关编码	6101930734	所属海关	西安综合保税区口岸作业区
通讯地址	陕西省西安市未央区徐家湾			邮政编码	710021	法人姓名	刘军
评定时间	2008.11.3	注册日期	1996.12.4	报关有效期	长期	注册资本	1827 万美元
主营范围	生产、销售各种航空发动机涡轮叶片，提供航空发动机维修、大修、装配和测试服务。						

企业名称	西安安泰叶片技术有限公司			海关编码	6101930775	所属海关	西安综合保税区口岸作业区
通讯地址	陕西省西安市经济技术开发区凤城十路			邮政编码	710021	法人姓名	叔伟
评定时间	2009.2.10	注册日期	1998.3.26	报关有效期	长期	注册资本	1473.72 万美元
主营范围	生产、销售商品用航空发动机，工业和海运用燃气轮机、蒸气轮机的压气机叶片及其相关和配套产品；加工金属件的锻造机械；销售自产产品。（经营范围中不含国家、法律法规规定需办理相关行政许可后方可生产的产品）						

企业名称	西安康明斯发动机有限公司			海关编码	6101930952	所属海关	西安综合保税区口岸作业区
通讯地址	陕西省西安市经济技术开发区泾渭科技产业园			邮政编码	710200	法人姓名	方红卫
评定时间	2010.2.25	注册日期	2006.2.16	报关有效期	长期	注册资本	2400 万美元
主营范围	生产和销售柴油发动机及其零部件。						

企业名称	陕西生益科技有限公司			海关编码	6104930099	所属海关	西安综合保税区口岸作业区
通讯地址	陕西省咸阳市金华路一号			邮政编码	712099	法人姓名	刘述峰
评定时间	2008.12.17	注册日期	2014.2.25	报关有效期	长期	注册资本	20488.35 万人民币
主营范围	覆铜板、绝缘板、粘结片及系列化工、电子、电工材料、覆铜板专用设备的开发、研制、销售，技术咨询服务的提供。						

企业名称	陕西线艺电子有限公司			海关编码	6105940001	所属海关	西安综合保税区口岸作业区
通讯地址	陕西省渭南经济开发区兴渭路华龙小区			邮政编码	714000	法人姓名	李唐门
评定时间	2013.12.24	注册日期	2000.12.11	报关有效期	长期	注册资本	450 万美元
主营范围	生产、装配各种规格电子元件、线圈、变压器和精密贴片电感器，销售自产产品。						

企业名称	陕西飞机工业（集团）有限公司			海关编码	6106910029	所属海关	西安综合保税区口岸作业区
通讯地址	陕西省汉中市34号信箱			邮政编码	723213	法人姓名	李广兴
评定时间	2012.10.17	注册日期	2001.4.6	报关有效期	长期	注册资本	74036.65万人民币
主营范围	固定翼飞机、特种飞机、无人机系列产品及零备件的开发、制造、销售、服务，国内外飞机零部件的加工承揽及转包，机动车辆、医疗设备零部件制造，航空工艺装备、飞机地面保障设备、民用机械设备制造，机电产品及本企业自产机电产品（小轿车除外）、成套设备及相关技术的出口，飞机改装、修理，飞机租赁及服务保障，本企业生产、科研所需的原辅材料、机械设备、仪器仪表、备品备件、零配件及技术进口（国家限定或禁止进出口的产品和技术除外），工程项目设计、施工及技术服务，计算机网络技术、信息技术、软件研发及实施，酒店管理（经营除外），电力、通讯设施安装、维修，给排水、供热管道铺设、安装及维修，铁路运输（仅限公司专有线路），闲置厂房及设备的租赁，内部员工培训（仅限本系统内部员工）。（以上经营涉及行政许可的，凭许可证经营）						

企业名称	宝鸡忠诚机床股份有限公司			海关编码	6103912061	所属海关	宝鸡海关
通讯地址	陕西省宝鸡市高新技术产业开发区东区高新一路2号			邮政编码	721013	法人姓名	李强
评定时间	2012.11.16	注册日期	2001.4.12	报关有效期	长期	注册资本	12600万人民币
主营范围	柔韧制造单元和自动化生产线、数控机床、金属切削机床、机床附件的制造、销售及售后服务，本企业自产产品及技术的出口，本企业生产所需原辅材料、仪器仪表、机械设备、零配件及技术的进口（国家限定公司经营和国家禁止进出口的商品除外），进料加工和“三来一补”业务的经营。						

企业名称	宝鸡石油机械有限责任公司			海关编码	6103912063	所属海关	宝鸡海关
通讯地址	陕西省宝鸡市金台区东风路2号			邮政编码	721002	法人姓名	郭孟齐
评定时间	2012.11.16	注册日期	2003.4.28	报关有效期	长期	注册资本	112382.06万人民币
主营范围	油气勘探设备、油气钻采设备及工具、配件的研发、设计、制造、销售与服务，能源设备、电气设备、电控设备、风电设备、自动化仪器仪表、压力容器（不含锅炉）及配件的研发、设计、制造、销售与服务，油气钻井平台、油气钻井模块、海洋石油作业船及设备、海洋水下作业设备的研发、设计、制造、销售与服务，钢管、钢丝、钢绳、吊索、吊具的研发、设计、制造、销售与服务，钻头、压列泵、CNGLNG应用装备、工程车辆及配件、油田专用车、固控设备、井口设备、井控设备、紧固件、阀门、铆焊产品的研发、设计、制造、销售与服务，石油专用计量器具的研发与制造，本公司产品的出口，研发制造所需原辅料、设备、仪器、零配件的进口，“三来一补”业务的承办，境外与出口自产设备相关的工程及境内国际招标工程的承包，计算机开发，自有场地、房屋租赁。						

企业名称	宝鸡钛业股份有限公司			海关编码	6103912066	所属海关	宝鸡海关
通讯地址	陕西省宝鸡市钛城路1号			邮政编码	721014	法人姓名	邹武装
评定时间	2008.11.3	注册日期	2001.7.12	报关有效期	长期	注册资本	43026.57万人民币
主营范围	钛及钛合金等稀有金属材料和各种金属复合材料、铸造产品、钢线材及钢筋产品的生产、加工、销售，产品检测（凭许可证书在有效期内经营）、对外投资、科技开发，本企业自产产品及技术的出口，本企业自行研制开发的技术转让给其他企业所生产的产品的代理出口，本企业生产所需的原辅材料、仪器仪表、机械设备、零配件及技术的进口（国家限定公司经营和禁止进出口的商品除外），进料加工和“三来一补”业务的经营。						

企业名称	宝鸡阜丰生物科技有限公司			海关编码	6103940001	所属海关	宝鸡海关
通讯地址	陕西省宝鸡市高新技术产业开发区高新十路 18 号			邮政编码	721013	法人姓名	来凤堂
评定时间	2013.11.5	注册日期	2006.5.19	报关有效期	长期	注册资本	25000 万港币
主营范围	氨基酸、食品添加剂黄原胶、食品添加剂谷氨酸钠（全国工业产品许可证有效期至 2014 年 11 月 13 日）、味素、调味品、淀粉、淀粉糖、食品添加剂果葡糖、有机肥料、无机肥料、复混肥料、有机－无机专用复混肥料（全国工业产品生产许可证有效期至 2015 年 12 月 13 日）、氨基酸配方肥、硫酸铵（化肥）、土壤调理剂、饲料、以及产品包装用品的加工、生产，自产产品销售、进出口，粮食收购，热电联产电站的建设、经营。（以上经营范围，涉及国家相关法律规定，凭有效期内许可证从事经营活动）						

企业名称	陕西秦塬纺织有限公司			海关编码	6103960020	所属海关	宝鸡海关
通讯地址	陕西省宝鸡市眉县常兴镇西街			邮政编码	722302	法人姓名	赵公思
评定时间	2014.9.24	注册日期	2003.8.14	报关有效期	长期	注册资本	500 万人民币
主营范围	纺纱、织布，加工、销售布袋，出口本企业自产产品，进口本企业所需的机械设备、零配件、原辅材料。（国家限定公司经营和禁止进出口的商品除外）						

企业名称	陕西东岭物资有限责任公司			海关编码	6103960029	所属海关	宝鸡海关
通讯地址	陕西省宝鸡市金台区马营路东段			邮政编码	721004	法人姓名	仝明科
评定时间	2010.10.29	注册日期	2007.3.12	报关有效期	长期	注册资本	200000 万人民币
主营范围	金属材料、金培砂、银培砂、建筑材料、电器机械、化工原料（除专营）、矿产品的批发和零售，金属（除专控产品）、有色矿粉（专控除外）、锌及副产品的销售，烟（限分支机构经营）、日用百货、五金交电、油漆、日用杂品（烟花爆竹除外）、文化用品、劳保用品的批发零售，煤炭批发经营（经营有效期至 2015 年 1 月 9 日），焦炭及其副产品的销售，废旧金属购销，冷轧带肋钢筋生产及销售，各类商品和技术的进出口（国家限定的除外），硫酸、粗苯、煤焦油、盐酸、硝酸、硫磺、液氨、烧碱、甲醇、液碱、1.4 丁二醇、氩气、醋酸（无仓储）的经营（经营有效期至 2015 年 12 月 31 日）。（以上经营范围凡涉及国家有专项专营规定的，从其规定）						

兰州关区

企业名称	兰州石油化工国际事业公司			海关编码	6201910013	所属海关	兰州海关
通讯地址	甘肃省兰州市西固区福利东路632号			邮政编码	730060	法人姓名	周珩
评定时间	2008.10.31	注册日期	1993.3.1	报关有效期	长期	注册资本	800万人民币
主营范围	石蜡、烧碱、蜡烛、塑料纺织袋、合成橡胶、合成香料、化学纤维、工艺品、轻工业品、纺织品、橡胶制品、耐火材料的经营，化工类、石化机械及设备、仪器仪表及零配件、金属材料、农副土特产品、皮革及制品的进出口（均不含国家禁止和限制制经营的项目），国际货运代理。						

企业名称	金川集团股份有限公司			海关编码	6203910005	所属海关	兰州海关
通讯地址	甘肃省金昌市北京路			邮政编码	737100	法人姓名	杨志强
评定时间	2008.10.31	注册日期	2002.10.29	报关有效期	长期	注册资本	1880000万人民币
主营范围	生产和销售镍、铜、钴、贵金属、无机化工产品（国家限定产品除外），从事采掘业、制造业、科学研究和综合技术服务业、水电暖生产和供应业、国内贸易、进出口业务、境外期货业务、建筑业、交通运输业、种养殖业、房地产业、卫生文教、社会服务业。						

企业名称	酒泉钢铁（集团）有限责任公司			海关编码	6202910003	所属海关	酒泉海关
通讯地址	甘肃省嘉峪关市雄关东路12号			邮政编码	735100	法人姓名	冯杰
评定时间	2008.10.31	注册日期	2000.3.30	报关有效期	长期	注册资本	1439505.88万人民币
主营范围	从事制造业，采矿业，农、林、牧、渔业，电力、燃气及水的生产和供应业，建筑业，交通运输，仓储，信息传输业、计算机服务和软件业，批发与零售业，住宿和餐饮业，房地产业，租赁与商务服务业，科学研究、技术服务与地质勘查业，水利、环境和公共设施管理业，居民服务和其他服务业，教育、卫生、文化、体育与娱乐业。（以上述国家专控专卖的项目均以资质或许可证为准）						

企业名称	甘肃酒钢集团宏兴钢铁股份有限公司			海关编码	6202910007	所属海关	酒泉海关
通讯地址	甘肃省嘉峪关市雄关东路12号			邮政编码	735100	法人姓名	程子建
评定时间	2011.5.5	注册日期	2004.12.13	报关有效期	长期	注册资本	626336万人民币
主营范围	钢铁压延加工，金属制品的生产、批发、零售，科技开发、服务，进出口贸易。（国家限制禁止项目除外）						

企业名称	酒泉敦煌种业百佳食品有限公司			海关编码	6206960042	所属海关	酒泉海关
通讯地址	甘肃省酒泉市肃州区工业园区（南区）			邮政编码	735000	法人姓名	马宗海
评定时间	2013.6.26	注册日期	2008.9.28	报关有效期	长期	注册资本	3000万人民币
主营范围	生产和加工脱水果蔬、可食用植物及其种子在内的各种调味品、食品和食品配料，收购和加工、销售相关产品，从事国际贸易进出口业务。						

西宁关区

企业名称	青海桥头铝电股份有限公司			海关编码	6301910134	所属海关	西宁海关现场
通讯地址	青海省西宁市大通县桥头镇			邮政编码	810101	法人姓名	赵生茂
评定时间	2013.6.24	注册日期	2010.9.25	报关有效期	长期	注册资本	121344.61 万人民币
主营范围	火力发电、售电，炭素制品、铝锭、铝材、铝制品、铝合金的生产销售，相关的技术培训，新型材料加工技术研究开发及技术服务。						

企业名称	西部矿业股份有限公司			海关编码	6301930092	所属海关	西宁海关现场
通讯地址	青海省西宁市五四大街 52 号			邮政编码	810001	法人姓名	汪海涛
评定时间	2013.9.6	注册日期	2004.6.16	报关有效期	长期	注册资本	238300 万人民币
主营范围	铜、铅、锌等有色金属矿和锰等黑色金属矿的探矿、采矿、选矿、冶炼、加工及其产品的销售，共、伴生金银等稀贵金属及其副产品的开发、冶炼、加工和贸易，有色矿产品贸易，地质勘查，各类商品及技术的进出口（国家限定公司经营或禁止进出口的商品及技术除外），工业气体的生产与销售（仅限取得许可证的分公司经营），电力的生产与销售，境外期货的套期保值业务。（以上项目涉及许可证的凭许可证经营）						

企业名称	西宁五金矿产进出口（集团）有限公司			海关编码	6301960205	所属海关	西宁海关现场
通讯地址	青海省西宁市城中区长江路 120 号			邮政编码	810000	法人姓名	薛玉明
评定时间	2009.1.8	注册日期	2008.2.18	报关有效期	长期	注册资本	10000 万人民币
主营范围	自营或代理各类商品和技术的进出口业务（国家限制的商品和技术除外），进料加工，“三来一补”，对销及转口贸易。						

企业名称	青海盐湖工业股份有限公司			海关编码	6308910008	所属海关	西宁海关现场
通讯地址	青海省格尔木市黄河路 28 号			邮政编码	816000	法人姓名	王兴富
评定时间	2013.3.8	注册日期	2008.7.28	报关有效期	长期	注册资本	159050.9203 万人民币
主营范围	氯化钾、硫酸钾、碳酸钾、金属镁、氯化镁、氧化镁、氢氧化镁、纯碱、PVC、合成氨、尿素、氯化铵、氯化锂、碳酸锂、钠浮选药剂、ADC 发泡剂、乌烙托品、光卤石、低钠光卤石及塑料编织品的制造和销售，钾盐露天开采，从事建设监理、设备安装、工程施工（不含特种设备），自产的化学品（不含危险化学品）出口，本企业生产、科研所需要的原材料、机电设备、仪器仪表及零配件的进口，房地产开发，酒店和物业管理，百货、针纺织品、五金交电、化工产品（不含危险化学品）、日用杂货仓储，计算机系统工程建设、软件开发、硬件销售及维护，计算机耗材销售，技术培训，有色金属、建材、钢材的销售，房屋租赁，劳务服务。						

银川关区

企业名称	宁夏小巨人机床有限公司			海关编码	6401240001	所属海关	银川海关
通讯地址	宁夏回族自治区宁夏银川市高新技术产业开发区			邮政编码	750002	法人姓名	山崎智久
评定时间	2013.6.20	注册日期	2005.4.1	报关有效期	长期	注册资本	2200万美元
主营范围	生产和销售各类CNC车床及其他机械加工设备和相关的附属零部件及附件，经营宾馆业务。						

企业名称	银川佳通轮胎有限公司			海关编码	6401940098	所属海关	银川海关
通讯地址	宁夏回族自治区银川经济技术开发区开元东路南侧18			邮政编码	750011	法人姓名	李怀靖
评定时间	2014.3.6	注册日期	2007.5.23	报关有效期	长期	注册资本	34650万人民币
主营范围	设计、生产、加工、翻新、销售各种用途和规格的子午轮胎。						

企业名称	银川佳通长城轮胎有限公司			海关编码	6401940099	所属海关	银川海关
通讯地址	宁夏回族自治区银川经济技术开发区开元东路南侧16号			邮政编码	750011	法人姓名	孙怀建
评定时间	2003.1.14	注册日期	2003.1.14	报关有效期	长期	注册资本	24650万人民币
主营范围	工业橡胶制品（以各种用途和规格的轮胎为主）及其他橡胶制品的设计、生产、加工、销售，各种用途和规格的轮胎翻新。						

企业名称	舍弗勒（宁夏）有限公司			海关编码	6401940106	所属海关	银川海关
通讯地址	宁夏回族自治区宁夏银川（国家级）经济技术开发区			邮政编码	750021	法人姓名	张艺林
评定时间	2012.3.16	注册日期	2004.2.25	报关有效期	长期	注册资本	4772万欧元
主营范围	铁路轴承（特别是高速铁路轴承）和各种精密轴承及其部件的开发、生产、营销、销售、售后服务和修理，相关机械设备的制造，与上述产品有关的技术咨询服务的提供。						

企业名称	宁夏有色金属进出口有限公司			海关编码	6402910001	所属海关	银川海关
通讯地址	宁夏回族自治区银川市高新区创新园			邮政编码	750002	法人姓名	姜滨
评定时间	2008.10.17	注册日期	1993.12.31	报关有效期	长期	注册资本	700万人民币
主营范围	有色金属及黑色金属矿产品及制品、冶金产品及生产所需的原料及铺料、化工原料及产品（不含危险化学品）、建筑材料、木材、橡胶材料、土畜产品、机械设备、交通运输设备、电子电源产品、仪器仪表、针纺织品、工艺美术品、金属材料及制品、能源产品（只包括电池材料及制品、光伏产业原材料及制品）、非金属及金属合金产品及本企业生产所需的原料、辅料的批发、零售、进出口、咨询、展览、技术交流业务。（以上经营范围需审批和许可的凭审批手续和许可范围经营）						

企业名称	埃肯碳素（中国）有限公司			海关编码	6402940005	所属海关	银川海关
通讯地址	宁夏回族自治区石嘴山市大武口区胜利东街 325 号			邮政编码	753000	法人姓名	ASBJORN RESSELL SOVIK
评定时间	2013.1.22	注册日期	2000.2.29	报关有效期	长期	注册资本	950 万美元
主营范围	生产和销售电极糊、碳砖、普煅煤、电锻煤、石墨电极、活性碳、填缝糊及其他碳素产品，生产、销售、出口铸造合金，采购相关材料。						

企业名称	青铜峡铝业股份有限公司			海关编码	6403910004	所属海关	银川海关
通讯地址	宁夏回族自治区青铜峡大坝镇铝厂区中兴路 1 号			邮政编码	751603	法人姓名	黄河
评定时间	2008.10.17	注册日期	1996.8.23	报关有效期	长期	注册资本	142680.16 万人民币
主营范围	生产和销售铝、铝型材及其制品、各种铝板材、铝箔坯料、铝合金带材、铝板等铝系列产品及其原辅材料、碳素制品、机械设备、仪器仪表、金属化工材料及电力产品的生产与销售、维修设备，提供售后服务，委托所投资企业（电厂）销售电（但限于公司享有发电容量中自用后的富余电量），经营本企业相关技术的出口业务，经营本企业生产、科研所需的原辅材料、机械设备、仪器仪表零配件及技术的进口业务，经营进出口贸易，承办中外合资经营、合作生产及“三来一补”业务，汽车运输及修理，设计、施工、装饰、装修建筑工程（子公司经营）。（该企业经营范围中涉及许可的凭许可证在规定的期限范围内经营）						

乌鲁木齐关区

企业名称	新疆八钢国际贸易股份有限公司		海关编码	6501210030	所属海关	乌鲁木齐海关现场业务处
通讯地址	新疆维吾尔自治区乌鲁木齐经济技术开发区107号、203号		邮政编码	830022	法人姓名	赵新鹏
评定时间	2012.2.7	注册日期	2009.12.16	报关有效期	长期	注册资本	9000万人民币
主营范围	许可经营项目（具体经营项目和期限以有关部门的批准文件和颁发的行政许可证书为准）：生产性废旧金属收购，易燃固体、自燃物品和易燃物品的销售，煤炭的批发经营；一般经营项目（国家法律、行政法规规定有专项审批的项目除外，需取得专项审批待取得有关部门的批准文件或颁发的行政许可证书后方可经营，具体经营项目和期限以有关部门的批准文件和颁发的行政许可证书为准）：边境小额贸易（具体经营范围以外经贸部门批准证书为准），自营和代理各类商品和技术的进出口（国家限定经营或禁止进出口的毒品和技术除外），国内各类商品的代理采购与销售（需经审批的专项商品除外），装卸服务，北奔重卡、天山厂汽车系列品牌汽车销售，金属废料和碎屑的加工处理。						

企业名称	新疆中泰化学股份有限公司		海关编码	6501210044	所属海关	乌鲁木齐海关现场业务处
通讯地址	新疆维吾尔自治区乌鲁木齐经济技术开发区阳澄湖路39号		邮政编码	830009	法人姓名	王洪欣
评定时间	2012.2.7	注册日期	2003.6.16	报关有效期	长期	注册资本	139023万人民币
主营范围	许可经营项目：食品添加剂氢氧化纳及盐酸、氢氧化钠（烧碱）、液氯、盐酸、次氯酸盐、次氯酸钠的生产、销售（具体内容以许可证为准）；一般经营项目：聚氯乙烯树脂、纳米PVC、食品容器、包装材料用氯乙烯树脂的生产、销售，塑料制品的生产和销售，化工产品、机电产品、金属材料、建筑材料的销售，仓储服务，金属制品的防腐和低压液化瓶的检验，一般货物与技术的进出口。						

企业名称	美克国际家居用品股份有限公司		海关编码	6501230070	所属海关	乌鲁木齐海关现场业务处
通讯地址	新疆维吾尔自治区乌鲁木齐经济技术开发区迎宾路160号		邮政编码	830014	法人姓名	寇卫平
评定时间	2008.10.15	注册日期	2004.3.9	报关有效期	长期	注册资本	64681.04万人民币
主营范围	家具、装饰装璜材料、灯具及配套产品的开发、设计、生产和全国连锁销售，针纺织品、厨具、日用百货、办公用品、饰品、服装鞋帽、五金交电、工艺美术品的销售，商务咨询，货物存储（危化品除外），自营和代理各类商品及技术的进出口业务（国家限定公司经营和国家禁止进出口的商品及技术除外），经营对销贸易、转口贸易、进料加工和“三来一补”业务，房屋租赁，场地出租、停车场服务，木材经营及加工。（以上商品须经国家专项审批的，在取得相关许可后，方可从事经营活动，具体经营项目以许可证载明项目为准；涉及国营贸易、配额许可证管理、出口配额招标、专项规定管理的商品应按国家有关规定办理）						

企业名称	新疆嘉润德石化产品有限公司		海关编码	6501260056	所属海关	乌鲁木齐海关现场业务处
通讯地址	新疆维吾尔自治区乌鲁木齐经济技术开发区喀什西路712号		邮政编码	830026	法人姓名	库国强
评定时间	2011.12.7	注册日期	2005.6.14	报关有效期	长期	注册资本	600万人民币
主营范围	压缩气体及液化气体类地1项、溶剂油批发，润滑油、润滑脂、防冻液、农副产品、化工产品、机电产品、五金交电、水暖建材、建筑材料、办公文化用品、汽车配件、日用百货的销售、服装鞋帽、针纺织品的加工，进出口业务（国家禁止进出口的商品和技术除外），通过边境小额贸易方式向毗邻国家开展各类商品及技术的进出口（国家限制进出口的商品及技术除外），允许经营边贸项下废钢、废铜、废铝、废纸、废塑料等国家核定公司经营的5种废旧物资的进口。						

企业名称	新疆金风科技股份有限公司			海关编码	6501260084	所属海关	乌鲁木齐海关现场业务处
通讯地址	新疆维吾尔自治区乌鲁木齐市经济技术开发区上海路 107 号			邮政编码	830026	法人姓名	武钢
评定时间	2012.2.7	注册日期	2006.5.22	报关有效期	长期	注册资本	269458.8 万人民币
主营范围	大型风力发电机组的生产、销售，技术引进、开发、应用，中试型风力发电场的建设、运营，风力发电机零部件的制造、销售，有关风机制造、风电场建设运营业务的技术服务与技术咨询，风力发电机组及其零部件与相关技术的进出口。						

企业名称	新疆三宝实业集团有限公司			海关编码	6501260202	所属海关	乌鲁木齐海关现场业务处
通讯地址	新疆维吾尔自治区乌鲁木齐经济技术开发区卫星路 531 号			邮政编码	830049	法人姓名	康和平
评定时间	2010.12.15	注册日期	2010.3.5	报关有效期	长期	注册资本	11100 万人民币
主营范围	边境小额贸易的进出口，废钢、废铜、废纸、废塑料等国家核定公司经营的 5 种废旧物资的进口，货物与技术的进出口，境外与出口机电产品相关的工程和境内国际招标工程的承包，建筑材料、农畜产品、机械设备、机电设备、计算机软硬件及耗材、化工产品、石油制品、润滑油、五金交电、汽车配件、通讯器材的销售。						

企业名称	新疆威隆能源发展有限公司			海关编码	6501269018	所属海关	乌鲁木齐海关现场业务处
通讯地址	新疆维吾尔自治区乌鲁木齐经济技术开发区中亚南路 312 号			邮政编码	830026	法人姓名	俞正海
评定时间	2012.12.25	注册日期	2009.10.26	报关有效期	长期	注册资本	1000 万人民币
主营范围	许可经营项目：煤油、汽油、柴油、石油气、易燃液体、二甲苯异构体混合物、干性醇酸树脂（以二甲苯、乙酸丁酯、200 号溶剂油等为溶剂的）、燃料油（闪点＜60℃）、易燃固体、自燃和遇湿易燃物品、硫磺、腐蚀品、氢氧化钠的销售；一般经营项目（国家法律，行政法规有专项审批的项目除外，需取得专项审批的项目待取得有关部门的批准文件或颁发的行政许可证书后方可经营，具体经营项目和期限以有关部门的批准文件或颁发的行政许可为准）：重油、基础油、石脑油、润滑油、聚乙烯、聚丙烯、聚酯乙烯、石油制品、化工产品、日用百货、家用电器、工程机械、汽车配件、农副产品、PVC 管材、钢材、机电产品、五金交电、矿产品、建材、沥青的销售，石油制品的调和，货物与技术的进出口，边境小额贸易业务，废钢、废铜、废铝、废纸、废塑料的进口，煤炭的销售。						

企业名称	新疆美克化工股份有限公司			海关编码	6501360065	所属海关	乌鲁木齐海关现场业务处
通讯地址	新疆维吾尔自治区库尔勒经济技术开发区南苑路 1 号			邮政编码	841000	法人姓名	冯东明
评定时间	2013.3.18	注册日期	2005.5.11	报关有效期	长期	注册资本	32646 万人民币
主营范围	许可经营项目：1，4- 丁二醇、甲醇、甲醛、四氢呋喃、正丁醇的研发、生产、销售（限自产），在 1，4- 丁二醇生产过程中所产生的公用工程热、电、专用水和气体的销售（限自产），以上相关产品生产过程中的化验；一般经营项目：计算机维修、养护，一般货物与技术的进出口。						

企业名称	新疆华业化工发展有限公司			海关编码	6501369119	所属海关	乌鲁木齐海关现场业务处
通讯地址	新疆维吾尔自治区乌鲁木齐高新技术产业开发区北京南路钻石城5号数码港大厦21楼			邮政编码	830011	法人姓名	李海翔
评定时间	2012.9.6	注册日期	2006.6.22	报关有效期	长期	注册资本	5000万人民币
主营范围	许可经营项目（具体经营项目及期限以有关部门的批准文件和颁发的行政许可证书为准）：销售易燃液体；一般经营项目（国家法律，法规规定有专项审批的项目除外）：销售矿产品、五金交电、纺织品、土特产品、畜产品、化工产品、石油制品、服装鞋帽、汽车配件、家用电器、金属材料、办公用品、建筑材料、沥青，提供仓储服务，租赁铁路槽车，租赁房屋，进出口货物与技术，边境小额贸易，零售化肥。						

企业名称	新疆中泰进出口贸易有限公司			海关编码	6501910134	所属海关	乌鲁木齐海关现场业务处
通讯地址	新疆维吾尔自治区乌鲁木齐西山78号			邮政编码	830009	法人姓名	王洪欣
评定时间	2008.10.17	注册日期	1995.4.29	报关有效期	长期	注册资本	300万人民币
主营范围	进出口业务经营（具体范围以对外贸易经济合作部的批复为准），五金交电产品、化工产品（有毒除外）、塑料制品、油漆、陶瓷制品、钢材的销售。						

企业名称	新疆众和股份有限公司			海关编码	6501910254	所属海关	乌鲁木齐海关现场业务处
通讯地址	新疆维吾尔自治区乌鲁木齐市高新区喀什东路18号			邮政编码	830013	法人姓名	孙健
评定时间	2009.3.20	注册日期	1997.10.14	报关有效期	长期	注册资本	64122.59万人民币
主营范围	许可经营项目：发电，经营道路运输业务，经营对外承包工程业务；一般经营项目：高纯铝、电子铝箔、腐蚀箔、化成箔电子元器件原料、铝及铝制品、炭素的生产、销售，本企业自产产品及相关技术的出口，金属门窗工程专业承包三级，本企业生产、科研所需的原辅材料、机械设备、仪器仪表、零配件及相关技术的进口，本企业的进料加工和“三来一补”业务，本企业生产废旧物资的销售。						

企业名称	新疆南方航空进出口贸易有限责任公司			海关编码	6501910381	所属海关	乌鲁木齐海关现场业务处
通讯地址	新疆维吾尔自治区乌鲁木齐市新市区迎宾路1341号			邮政编码	830016	法人姓名	吴胜
评定时间	2009.3.20	注册日期	2003.4.24	报关有效期	长期	注册资本	300万人民币
主营范围	仪器仪表、橡胶制品的销售，一、二类航材分销，自营和代理各类商品和技术的进出口（国家限定公司经营或禁止进出口的商品和技术除外），仓储服务、日用百货、针纺织品、汽车配件、石油化产品（专项审批除外）、计算机配件、建筑材料、工艺美术品（黄金制品除外）、农副产品、橡胶制品的销售，特种工具、夹具的租赁、维修，民用航空器、发动机、航空器材的销售、租赁，机械设备租赁。						

企业名称	新疆银隆农业国际合作股份有限公司			海关编码	6501919016	所属海关	乌鲁木齐海关现场业务处
通讯地址	新疆维吾尔自治区乌鲁木齐市南湖中路 89 号温州大厦			邮政编码	830017	法人姓名	梁文盈
评定时间	2012.6.12	注册日期	2008.7.9	报关有效期	长期	注册资本	10555 万人民币
主营范围	五金交电产品、化工产品、机电产品、金属材料、农副产品、服装、机械设备、木材、钢材、日用百货、针纺织品、皮棉的销售，棉花进出口，一般货物与技术的进出口，房屋租赁。						

企业名称	新疆万达有限公司			海关编码	6501919280	所属海关	乌鲁木齐海关现场业务处
通讯地址	新疆维吾尔自治区乌鲁木齐市天山区五星南路 350 号			邮政编码	830002	法人姓名	韩鑫玉
评定时间	2012.2.7	注册日期	2003.4.29	报关有效期	长期	注册资本	2150 万人民币
主营范围	许可经营项目：化肥、4 类 1 项易燃固体经营；一般经营项目：新疆生产建设兵团供销合作系统进出口，木材、服装、纺织品、农业机械、轻工产品、农畜产品、燃料油、焦炭、煤炭、石油制品、棉花、棉纱、棉短绒、一类医疗设备的销售，棉花收购，房屋租赁，籽棉收购，委托加工，农业机械维护，金属材料、钢材经营，商务代理服务，开展边境小额贸易业务，农机设备租赁。						

企业名称	乌鲁木齐新维奥商贸有限公司			海关编码	6501960536	所属海关	乌鲁木齐海关现场业务处
通讯地址	新疆维吾尔自治区乌鲁木齐市天山区新华南路 835 号广汇大厦 19 楼 L 座			邮政编码	831500	法人姓名	热夏提·热合木
评定时间	2013.3.18	注册日期	2005.7.26	报关有效期	长期	注册资本	300 万人民币
主营范围	许可经营项目：批发、零售预包装食品、散装食品、乳制品（含婴幼儿配方奶粉）；一般经营项目：进出口货物与技术，经营边境小额贸易，销售医疗器械（一类）、印刷设备及材料、纸张、工程机械、计算机及耗材、日用百货、针纺织品、酒类、钢材、五金交电、农畜产品、服装鞋帽、办公用品、化工产品、皮棉、建材、文体用品、机电产品、电子产品、橡胶制品、塑料制品、石油制品、化妆品、机械设备、汽车配件、废钢、废铜、废铝、废纸、废塑料等 5 种废旧物资，提供会展服务。						

企业名称	乌鲁木齐安仁商贸有限责任公司			海关编码	6501969030	所属海关	乌鲁木齐海关现场业务处
通讯地址	新疆维吾尔自治区乌鲁木齐市沙区友好北路 620 号金辉大厦 F1203			邮政编码	830000	法人姓名	秦卫星
评定时间	2011.10.19	注册日期	2007.2.5	报关有效期	长期	注册资本	500 万人民币
主营范围	许可经营项目：易燃固体、自燃和遇湿易燃物品类第 1 项；一般经营项目：销售针纺织品、服装鞋帽、皮革制品、机械设备、五金交电及电子产品、建筑装饰材料、化工产品、金属材料、塑料制品、农畜产品、机电设备、石油制品、通讯器材、湿石棉、进出口货物与技术，边境小额贸易业务。						

企业名称	新疆石油管理局对外经济贸易总公司			海关编码	6502910001	所属海关	乌鲁木齐海关现场业务处
通讯地址	新疆维吾尔自治区克拉玛依市昆仑路 41 号			邮政编码	834000	法人姓名	胡雪峰
评定时间	2009.11.25	注册日期	1994.9.26	报关有效期	长期	注册资本	744 万人民币
主营范围	各类物资批发及进出口，技术咨询，与石油和天然气开采有关的服务，贸易经纪与代理，工程管理服务，科技服务，工程承包。						

企业名称	克拉玛依奥斯特石化设备有限公司		海关编码	6502960012	所属海关	乌鲁木齐海关现场业务处
通讯地址	新疆维吾尔自治区独山子区南京路晶都花苑 33~10 号		邮政编码	833600	法人姓名	柯婷婷
评定时间	2011.10.19	注册日期	2006.5.18	报关有效期	长期	注册资本	1000 万人民币
主营范围	石油化工、钻采、水处理设备、井口装置、抽油机、高中低压泵阀系列产品、机械管件、仪器仪表、防爆产品、机电产品、棉副产品、农副产品、石油化工产品、石油设备及配套产品的研发设计、委托加工、销售，油田技术咨询服务及应用、网上信息咨询，货物与技术的进出口，边境小额贸易。						

企业名称	新疆大黄山鸿基焦化有限责任公司		海关编码	6523919060	所属海关	乌鲁木齐海关现场业务处
通讯地址	新疆维吾尔自治区五家渠市政府原办公楼 207 室		邮政编码	831501	法人姓名	马金元
评定时间	2012.12.25	注册日期	2006.9.15	报关有效期	长期	注册资本	45405.48 万人民币
主营范围	许可经营项目（凭许可证开展经营）：普通货物运输；一般经营项目（国家法律、行政法规有专项审批的项目除外）：焦炭综合化工产品、氮肥的生产、销售，火力发电，一般货物与技术的进出口，开展边境小额贸易业务。						

企业名称	霍尔果斯中石油国际事业有限公司		海关编码	6509910141	所属海关	霍尔果斯
通讯地址	新疆维吾尔自治区霍城县霍尔果斯口岸友谊路		邮政编码	833600	法人姓名	李刚
评定时间	2008.10.15	注册日期	1999.7.23	报关有效期	长期	注册资本	5000 万人民币
主营范围	许可经营项目（具体经营项目以有关部门的批准文件或颁发的许可证、资质证书为准）：柴油、煤油、汽油、石油气、易燃液体（1，2- 二甲苯、2- 丙醇、2- 甲基 -1 丙醇、苯、甲醇、甲基苯、石脑油、石油原油、正丁醇、燃料油、溶剂油、馏份油、重油、混合油）的批发；一般经营项目（国家法律、行政法规有专项审批的项目除外，须取得专项审批待取得有关部门的批准文件或颁发的行政许可证后方可经营，具体经营项目和期限以有关部门的批准文件或颁发的许可证为准），沥青、航煤、润滑油、石油焦、石油化工产品、机械设备、汽配、针纺织品、建筑材料、畜牧产品的销售，化肥的销售，蜡油的销售，货物与技术的进出口，原油、成品油的进口，成品油的出口（以进口企业资格证书为准），开展边境小额贸易。						

企业名称	阿拉山口附企贸易有限责任公司		海关编码	6503910113	所属海关	阿拉山口
通讯地址	新疆维吾尔自治区阿拉山口准葛尔路		邮政编码	833418	法人姓名	苏浩波
评定时间	2014.9.3	注册日期	2000.2.1	报关有效期	长期	注册资本	5971.42 万人民币
主营范围	许可经营项目：腐蚀品（第 8.1 类、第 8.2 类）、易燃固体、自燃和遇湿易燃物品（第 4.1 类）、易燃液体（第 3.2 类、第 3.3 类）剧毒品除外、成品油除外，煤碳批发；一般经营项目（国家法律、行政法规有专项审批的项目除外）：机电产品（汽车、小轿车除外）、冶金机械设备、农副产品（内贸棉、粮、油除外）、畜产品、针纺织品、建材、五金交电、汽车及配件、有色金属（稀贵金属除外）、黑色金属、化工产品的边境小额贸易，经营各类商品和技术的进出口业务（国家限定公司经营或禁止进出口商品及技术除外），开展毗邻国家工程承包和劳务合作业务，自营和代理各类商品和技术的进出口（国家限定公司经营或禁止进出口的商品和技术除外），废钢、废铝、废铜、废纸、废塑料边贸进口，房屋租赁，车辆租赁。						

企业名称	五矿新疆贸易有限责任公司		海关编码	6503910133	所属海关	阿拉山口
通讯地址	新疆维吾尔自治区阿拉山口准葛尔路27号		邮政编码	833418	法人姓名	陈绍荣
评定时间	2008.10.15	注册日期 2002.5.21	报关有效期	长期	注册资本	3000万人民币
主营范围	金属材料、机械设备、建筑材料、五金交电、家用电器、化工产品、针纺织品的销售，煤炭经营，边境小额贸易经营，废钢、废铝、废纸、废铜、废塑料的经营，边贸进口业务及钢材进口业务。					

企业名称	阿拉山口万达有限责任公司		海关编码	6503919058	所属海关	阿拉山口
通讯地址	新疆维吾尔自治区阿拉山口天山街13号（香榭丽酒店422房）		邮政编码	833418	法人姓名	韩鑫玉
评定时间	2010.2.10	注册日期 2003.4.29	报关有效期	长期	注册资本	200万人民币
主营范围	畜产品、农副土特产品、百货、矿产品、机电设备、农业及施工机械、建筑材料、金属材料、化工产品、家用电器、电子产品、轻工产品、第一类医疗器械、工程机械设备、环卫机械设备、仪器、仪表的销售，煤炭经营，货物与技术的进出口，边境小额贸易，商贸信息的咨询服务，商务代理服务，化肥经营。（依法须经批准的项目，经相关部门批准后方可开展经营活动）					

企业名称	阿拉山口亚鑫商贸有限责任公司		海关编码	6503919088	所属海关	阿拉山口
通讯地址	新疆维吾尔自治区阿拉山口博新小区三号楼三单元201室		邮政编码	833418	法人姓名	程顺斌
评定时间	2011.12.7	注册日期 2003.4.29	报关有效期	长期	注册资本	300万人民币
主营范围	黑色金属、有色金属、矿产品、农副产品、皮棉、棉短绒、棉粕、葵粕、瓜子、麦芽、玉米、白砂糖、番茄制品、化工品、针纺织品、百货、工艺、现代办公用品销售；边境小额贸易；自营和代理各类商品和技术的进出口；承办陆路进出口一般货物运输代理业务，包括揽货、托运、仓储中转、集装箱拼装拆箱、结算运杂费、运输咨询。					

企业名称	博尔塔拉蒙古自治州阿拉山口隆瑞达商贸有限公司		海关编码	6503960094	所属海关	阿拉山口
通讯地址	新疆维吾尔自治区阿拉山口准噶尔路（阿鑫达公司1单元201号）		邮政编码	833418	法人姓名	何鹏
评定时间	2009.11.25	注册日期 2003.1.30	报关有效期	长期	注册资本	1560万人民币
主营范围	钢材、矿产品、金属材料、建筑材料、机电产品、电子产品、化工产品、装饰材料、百货、土特产品、汽车配件、棉麻制品、畜产品、现代办公用品的销售，货物与技术的进出口业务（法律、法规另有规定的进出口项目除外），边境小额贸易及项下废钢、废铝、废铜、废纸、废塑料的进口业务。					

企业名称	博尔塔拉蒙古自治州雪克皮业有限责任公司		海关编码	6503960274	所属海关	阿拉山口
通讯地址	新疆维吾尔自治区博尔塔拉蒙古自治州阿拉山口口岸		邮政编码	833418	法人姓名	肖开提·阿不来提
评定时间	2012.9.6	注册日期 2005.2.3	报关有效期	长期	注册资本	1256.45万人民币
主营范围	皮革皮毛加工、收购、销售，畜产品收购、销售，货物与技术的进出口（法律法规另有规定的进出口项目除外），开展边境小额贸易。					

企业名称	阿拉山口三宝进出口有限责任公司			海关编码	6503960275	所属海关	阿拉山口
通讯地址	新疆维吾尔自治区阿拉山口准噶尔路（鑫达公司 1-2-301 室）			邮政编码	833418	法人姓名	康和平
评定时间	2012.1.6	注册日期	2005.2.21	报关有效期	长期	注册资本	2000 万人民币
主营范围	许可经营项目：压缩气体和液化气体（第二类第 1 项）、易燃固体、自燃物品和遇湿易燃物品（第四类第 1 项）、易燃液体（第三类第 2 项、第三类第 3 项）、剧毒品、成品油除外；一般经营项目（国家法律、行政法规有专项审批的项目除外，未获得批准前不得开展经营活动）：金属材料、百货、机电产品、货物与技术的进出口业务，边境小额贸易和废铜、废铝、废钢、废纸、废塑料进口业务，农副产品销售业务，房地产开发业务。						

企业名称	新疆百海华民国际贸易有限公司			海关编码	6503969144	所属海关	阿拉山口
通讯地址	新疆维吾尔自治区博州阿拉山口赛里木南路 1 号附 2 号			邮政编码	833418	法人姓名	王新民
评定时间	2012.12.25	注册日期	2003.9.25	报关有效期	长期	注册资本	1000 万人民币
主营范围	四乙基铅、丙酮、甲苯、甲基乙基铜、柴油、汽油、1，2- 二甲苯、苯、苯乙烯、甲醇、燃料油（闪点＜60℃）、正戌烷、邻苯二甲酸酐、硫磺、金属材料、五金交电、土特产品、农副产品、百货的销售，边境小额贸易及项下废铜、废铝、废钢、废纸、废塑料的进口，货物与技术的进出口，棉花、羊毛、化肥的进口，房屋租赁，商贸信息的咨询服务，商务代理服务。（依法经批准的项目，经相关部门批准后方可开展经营活动）						

企业名称	新疆塔城国际资源有限公司			海关编码	6510950016	所属海关	塔城海关
通讯地址	新疆维吾尔自治区塔城市光明路经济合作区			邮政编码	834700	法人姓名	黄建荣
评定时间	2008.10.15	注册日期	2003.9.16	报关有效期	长期	注册资本	10000 万人民币
主营范围	许可经营项目：销售食品、饮料、易燃固体、自燃和遇湿易燃物品、氰化钠；一般经营项目：租赁、仓储，金属材料及制品、化工原料及制品、建筑材料、木材、矿产品、农产品、机械设备、五金交电及电子产品、纺织、服装及日用品、废旧金属，自营和代理各类商品和技术的进出口（国家限定公司经营或禁止进出口的商品和技术除外）。						

企业名称	塔城市永升商贸有限责任公司			海关编码	6510960055	所属海关	塔城海关
通讯地址	新疆维吾尔自治区塔城地区塔城市光明路绿舟苑小区 4 单元 102 室			邮政编码	834700	法人姓名	克里木・木拉提
评定时间	2012.12.25	注册日期	2007.1.25	报关有效期	长期	注册资本	127 万人民币
主营范围	边境小额贸易，废钢、废铜、废铝、废纸、废塑料的进口，旅游购物贸易（以上项目凭许可证经营），销售农畜产品、建材、机械设备、日用品、通讯器材、五金交电及电子产品、金属制品、化工产品、石化产品、矿产品、汽车及配件（9 座以下汽车除外）。						

企业名称	塔城地区三宝有限公司			海关编码	6510960056	所属海关	塔城海关
通讯地址	新疆维吾尔自治区塔城市文化路 198 号			邮政编码	834700	法人姓名	康和平
评定时间	2008.10.15	注册日期	2007.1.30	报关有效期	长期	注册资本	1700 万人民币
主营范围	许可经营项目：旅游购物贸易出口经营，废旧物资回收（废钢、废铜、废铝、废纸、废塑料进口），钢材进口、大米出口、成品油进出口、原油进口、焦炭出口、羊毛进口，粮油、汽车、糖烟、二类汽车整车维修，边境小额贸易、一般贸易；一般经营项目：玩具、建筑材料、农土特畜产品、水产品、机械设备、机电、机具及配件、有色金属、石化、针纺织品、五金电器的批发、零售，代理、仓储、中转、代办货物发运。						

企业名称	塔城市永利商贸有限责任公司			海关编码	6510969028	所属海关	塔城海关
通讯地址	新疆维吾尔自治区塔城市巴克图路（原农九师货场）			邮政编码	834700	法人姓名	于晓芳
评定时间	2009.11.25	注册日期	2005.8.9	报关有效期	长期	注册资本	600 万人民币
主营范围	边境小额贸易业务（自营和代理各类商品和技术的进出口），废铜、废铝、废钢、废纸、废塑料的进口，纺织、服装及日用品、五金交电化工、废旧物资、建材的出口，农畜产品、家用电器、电子产品、食品、饮料、家具及装饰材料、文化体育用品及器材、机械设备的批发、零售、收购。						

企业名称	塔什库尔干县中巴友谊商贸有限公司			海关编码	6507960022	所属海关	喀什海关
通讯地址	新疆维吾尔自治区塔什库尔干县中巴友谊路			邮政编码	845250	法人姓名	袁友俊
评定时间	2010.8.5	注册日期	2002.5.29	报关有效期	长期	注册资本	50 万人民币
主营范围	经营宝玉石产品、铜器、玉器、工艺品、汽车配件、百货、针织品、机械设备、金属设备、建材化工产品、皮革制品、机电产品、通讯设备，开展边境小额贸易（经营各类商品和技术的进出口，但国家限定公司经营或禁止进出口的商品及技术除外），开展与毗邻国家工程承包和劳务合作业务。						

企业名称	新疆昆仑工程轮胎有限责任公司			海关编码	6504910064	所属海关	库尔勒办
通讯地址	新疆维吾尔自治区巴州库尔勒市塔什店塔扬路 200 号			邮政编码	841000	法人姓名	杨国波
评定时间	2012.1.6	注册日期	2007.4.16	报关有效期	长期	注册资本	11578 万人民币
主营范围	生产轮胎，批发、零售汽车零配件、其他化工产品、其他机械设备及电子产品、五金交电、其他日用品，开发、推广新技术、新产品，提供仓储服务、经济贸易咨询服务、市场调查、社会经济咨询服务、其他企业咨询服务，加工、批发、零售机械零部件，进出口货物和技术，科技信息交流、技术咨询。						

企业名称	新疆拓普农业股份有限公司			海关编码	6504950008	所属海关	库尔勒办
通讯地址	新疆维吾尔自治区库尔勒经济技术开发区兴民路东侧安庆大道南侧			邮政编码	841000	法人姓名	楚元新
评定时间	2014.1.29	注册日期	2002.7.4	报关有效期	长期	注册资本	7500 万人民币
主营范围	水果、蔬菜初加工及销售，仓储服务，其他日用品、针纺织品、五金交电、其他化工产品、其他机械设备及电子产品、其他农畜产品、日用产品、工艺美术品、农用薄膜、化肥的销售，货物与技术的进出口，边境小额贸易、旅游购物贸易出口。						

企业名称	新疆天业对外贸易有限责任公司			海关编码	6512219022	所属海关	石河子海关
通讯地址	新疆维吾尔自治区石河子开发区北三东路 36 号			邮政编码	832000	法人姓名	吴彬
评定时间	2011.5.30	注册日期	2011.5.13	报关有效期	长期	注册资本	2000 万人民币
主营范围	许可经营项目（具体经营项目和期限以有关部门的批准文件或颁发的许可证、资质证书为准）：自营和代理各类商品和技术的进出口业务；一般经营项目（国家法律、行政法规有专项审批的项目除外）：进出口土畜产品、纺织丝绸、服装、轻工业品、五金产品、化工产品、机电产品，经营进料加工和“三来一补”业务，经营对销贸易和转口贸易，承包境外出口自产设备相关的工程和国际招标工程，出口上述工程设备及劳务人员，进口废铜、废钢、废铝、废纸、废塑料、钢材，开展边境小额贸易业务。						

报关企业

北京关区

企业名称	北京炎黄振国报关服务有限责任公		海关编码	1101980013	所属海关	北京关区
通讯地址	北京市顺义区北京空港物流基地物流园八街 1 号 2 层 B2-168		邮政编码	101300	法人姓名	邸熠然
评定时间	2010.4.22	注册日期 1995.5.2	报关有效期	2015.5.30	注册资本	200 万人民币
主营范围	许可经营项目：普通货运。一般经营项目：报关业务咨询服务（涉及国家专项审批的项目除外），报检咨询服务，国际货运代理（航空、船舶货运代理除外）。					

企业名称	北京信达诚货运服务有限责任公司		海关编码	1101980036	所属海关	北京关区
通讯地址	北京市东城区朝阳门北大街 8 号富华大厦 D5B		邮政编码	100027	法人姓名	武亚明
评定时间	2013.12.30	注册日期 2010.8.20	报关有效期	2016.8.20	注册资本	300 万人民币
主营范围	许可经营项目：汽车运输服务，代理报检、报关。一般经营项目：包装服务，国际货运代理，信息咨询（不含中介服务）。					

企业名称	嘉里大通物流有限公司		海关编码	1105980003	所属海关	北京关区
通讯地址	北京市朝阳区东三环北路三元东桥霄云路 21 号		邮政编码	100027	法人姓名	孔伟成
评定时间	2010.4.12	注册日期 2000.3.24	报关有效期	2015.3.24	注册资本	27000 万人民币
主营范围	国际流通物流业务、进出口业务及相关服务，包括自营或代理货物的进口、出口业务，接受委托为出口加工企业提供代理进出口业务，承办海运、陆运、空运进出口货物，国际展品、私人物品及过境货物的国际运输代理业务，包括揽货、托运、订舱（含租船，包舱，包机）、仓储、中转、集装箱拼装拆箱、结算运杂费、报关、报验、保险、相关的短途运输服务及运输咨询业务，办理国际快递业务（私人信函及县级以上党政军公文除外），第三方物流业务，道路普通货物的运输，国际集装箱运输，仓储、装卸、加工、包装、配送及相关信息处理服务和有关咨询业务。					

企业名称	北京海龙国际运输代理有限公司		海关编码	1105980007	所属海关	北京关区
通讯地址	北京市朝阳区东四环中路 18 号		邮政编码	100124	法人姓名	刘克勤
评定时间	2009.11.18	注册日期 1996.2.22	报关有效期	2015.2.22	注册资本	800 万人民币
主营范围	国际货物运输代理，报关服务，代理报检服务，民用航空运输销售代理，经济贸易咨询，包装服务，仓储服务，普通货物运输，货物专用运输（集装箱）。					

企业名称	日通国际物流（中国）有限公司		海关编码	1105980048	所属海关	北京关区
通讯地址	北京市顺义区南法信镇机场北街 8 号院 2 幢 E508-E513 室		邮政编码	101300	法人姓名	杉山龙雄
评定时间	2009.11.18	注册日期 1995.10.2	报关有效期	2016.10.2	注册资本	12750 万人民币
主营范围	承办海运、空运进出口货物，国际展品和私人物品的国际运输代理业务，包括揽货、订舱、包机、仓储、中转、集装箱拼装拆箱、结算运杂费、多式联运、报关、报验、保险、相关的短途运输服务及咨询业务，办理国际快递（邮政企业专营业务除外，不含私人信函和县级以上党政军机关公文的寄递业务）业务；无船承运业务；国际航线或香港、澳门、台湾航线的航空货运销售代理业务（危险品除外）；国内航线除香港、澳门、台湾航线外的航空货运销售代理业务（危险品除外）；普通货物道路运输、装卸、加工、包装、配送业务；道路货物专用运输（冷藏保鲜，集装箱）业务；国内货运代理、仓储业务；企业供应链管理服务；现代物流管理系统开发；投资咨询，商务咨询；技术咨询，技术服务。					

企业名称	新时代国际运输服务有限公司			海关编码	1108980006	所属海关	北京关区
通讯地址	北京市顺义区天竺镇府前街北侧 6 号楼 1~2 层			邮政编码	101312	法人姓名	泰格森
评定时间	2010.6.30	注册日期	2002.5.22	报关有效期	2015.5.22	注册资本	7780 万人民币
主营范围	许可经营项目：国内道路货物运输。一般经营项目：订舱（含租船，包机，订舱），托运，仓储，包装，货物的监装、监卸，集装箱拆箱，分拨，中转及相关的短途运输服务；代理报关、报检、报验；缮制签发有关单证，交付运费，结算及交付杂费；国际展品、私人物品及过境货物运输代理；国际多式联运、集运（含集装箱拼箱）；咨询及其他国际货运代理业务。						

企业名称	北京环宇天马国际货运代理有限公			海关编码	1111580003	所属海关	北京关区
通讯地址	北京市顺义区北京空港物流园区			邮政编码	101312	法人姓名	宋岷江
评定时间	2011.1.7	注册日期	2004.3.4	报关有效期	2015.3.4	注册资本	900 万人民币
主营范围	承办海运、陆运、空运进出口货物，国际展品、私人物品的国际货运代理业务，包括揽货、托运、订舱、仓储、中转、集装箱拼装拆箱、结算运杂费、报关、报验、保险、相关的短途运输服务及咨询业务；经营国际快递业务（私人信函及县级以上党政军公文除外）；普通货物运输。						

企业名称	北京泽坤国际货运代理有限公司			海关编码	1118980002	所属海关	北京关区
通讯地址	北京市顺义区北京空港物流基地物流园八街 1 号 2 层 B2-116			邮政编码	101300	法人姓名	申涛
评定时间	2009.12.9	注册日期	2004.3.4	报关有效期	2015.3.4	注册资本	1200 万人民币
主营范围	承办海运、空运进出口货物的国际运输代理业务，包括揽货、订舱、仓储、中转、集装箱拼装拆箱、结算运杂费、报关、报验、保险、相关的短途运输服务及运输咨询业务；信息咨询（中介服务除外）。						

天津关区

企业名称	天津华贸柏骏国际物流有限公司			海关编码	1201980089	所属海关	天津关区
通讯地址	天津市和平区西康路赛顿中心 C 座 17 层			邮政编码	300051	法人姓名	周叙清
评定时间	2011.11.29	注册日期	2007.7.26	报关有效期	2015.7.23	注册资本	550 万人民币
主营范围	国际货运代理（海运、空运、陆运），报关业务。						

企业名称	天津市永诚世佳国际货运代理有限公司			海关编码	1202980010	所属海关	天津关区
通讯地址	天津市河东区新开路与华兴道交口南侧创智大厦 1 — 2110、2111			邮政编码	300171	法人姓名	裴刚
评定时间	2010.1.11	注册日期	2005.7.5	报关有效期	2015.7.5	注册资本	500 万人民币
主营范围	承办海运、陆运、空运进出口货物的国际运输代理业务，包括揽货、订舱、中转、集装箱拼箱拆箱、报关、报验、保险、相关的短途运输服务；运输咨询服务。						

企业名称	天津中铁青源国际货运代理有限公司			海关编码	1207280013	所属海关	天津关区
通讯地址	天津开发区第二大街 27 号 A 座 606 室			邮政编码	300457	法人姓名	宗劲松
评定时间	2010.10.26	注册日期	2005.1.5	报关有效期	2015.1.5	注册资本	500 万人民币
主营范围	国际货运代理（海运、空运、陆运）及相关咨询服务，国家有专营、专项规定的，按专营专项规定办理。						

企业名称	天津市天船报关行有限责任公司			海关编码	1207280074	所属海关	天津关区
通讯地址	天津开发区黄海路 88 号 D 栋 3 门 601 室			邮政编码	300457	法人姓名	曹文学
评定时间	2012.3.19	注册日期	1993.10.5	报关有效期	2015.10.5	注册资本	500 万人民币
主营范围	进出口货物代理报关业务；通关手续咨询，提供电脑报关管理；国内货运代理及多式联运。（以上范围内国家有专营专项规定的，按规定办理）						

企业名称	天津宏利伟业国际货运代理有限公司			海关编码	1207280118	所属海关	天津关区
通讯地址	天津开发区第二大街 35 号银座大厦 1207 室			邮政编码	300457	法人姓名	孟玉燕
评定时间	2011.11.29	注册日期	2005.10.9	报关有效期	2015.9.7	注册资本	550 万人民币
主营范围	海上、航空、陆路国际货物运输代理，国内货物运输代理服务，代理报检，自营和代理各类商品、技术进出口（国家限定公司经营或禁止进出口的商品和技术除外），经济信息咨询服务，劳动服务，报关服务。（国家有专营、专项的按专营专项规定办理）						

企业名称	天津中远国际航空货运代理有限公司			海关编码	1207480018	所属海关	天津关区
通讯地址	天津空港国际物流区第二大街1号204室			邮政编码	300300	法人姓名	柳国旗
评定时间	2010.6.17	注册日期	1997.1.22	报关有效期	2015.2.28	注册资本	1000万人民币
主营范围	承办空运进出口货物的国际运输代理服务业务，包括揽货、订舱、仓储、中转、集装箱拼装拆箱、结算运杂费、报关、报验、相关的短途运输及咨询服务；办理国际航空快递（不含私人信函）业务；国际货运代理（海运、空运）；国际贸易航空客票代理业务（限分支机构经营）。（以上范围内国家有专营专项规定的按规定办理）						

企业名称	天津美泰报关行有限公司			海关编码	1207480034	所属海关	天津关区
通讯地址	天津港保税区海滨二路98号			邮政编码	300461	法人姓名	李洪
评定时间	2010.5.6	注册日期	2006.12.15	报关有效期	2014.11.24	注册资本	150万人民币
主营范围	在天津海关关区各口岸监管业务集中地从事报关业务。（国家有专项、专管规定的，按规定执行）						

企业名称	天津渤海报关有限公司			海关编码	1215980001	所属海关	天津关区
通讯地址	天津市武清区南北辛庄立交桥南168号			邮政编码	301700	法人姓名	杨志华
评定时间	2011.1.5	注册日期	2006.7.21	报关有效期	2016.6.22	注册资本	500万人民币
主营范围	代理报关业务。						

企业名称	天津经济技术开发区报关行			海关编码	1207280008	所属海关	天津海关
通讯地址	天津开发区第四大街80号天大科技园软件大厦北楼207室			邮政编码	300457	法人姓名	张堃
评定时间	2010.9.14	注册日期	1992.12.24	报关有效期	2015.12.24	注册资本	200万人民币
主营范围	代办理通关手续及其他服务，提供进出口管理法律、法规和咨询服务及经纪、信息服务；货运代理；代办理进出口货物的报检、报验。（国家有专项、专管规定的，按规定执行，涉及上述审批的，以审批有效期为准）						

企业名称	天津振华报关行有限公司			海关编码	1207280020	所属海关	天津海关
通讯地址	天津开发区第二大街62号泰达MSD-B区B1座7层701室			邮政编码	300456	法人姓名	戴军
评定时间	2011.11.29	注册日期	1994.1.15	报关有效期	2015.1.15	注册资本	1251.64万人民币
主营范围	报关及相关咨询、服务业务。						

企业名称	天津津通报关有限公司			海关编码	1207280070	所属海关	天津海关
通讯地址	天津开发区第二大街南海路泰达新开地A1-801室			邮政编码	300457	法人姓名	李洪运
评定时间	2010.4.20	注册日期	1994.7.19	报关有效期	2015.8.19	注册资本	180万人民币
主营范围	代办货物进出口货柜报关、报验及相关服务，商品信息咨询，国内货运代理。（国家有专营、专项规定的按专营专项规定办理）						

企业名称	中外运空运发展股份有限公司天津分公司		海关编码	1207480020	所属海关	天津海关
通讯地址	天津空港经济区（国际物流区）第三大街 29 号		邮政编码	300300	法人姓名	杨宏伟
评定时间	2014.7.16	注册日期	2007.11.13	报关有效期	2015.11.16	注册资本	0 万人民币
主营范围	承办空运进出口货物和过境货物的国际运输代理业务，包括揽货、分拨、订舱、包机、仓储、中转、物流服务、国际多式联运、集装箱拼装拆箱、结算运杂费、报关、报检、报验、保险、相关的短途运输服务及运输咨询业务；经营国际快递（不含私人信函）业务、寄递业务（信件和其他具有信件性质的物品除外）。（以上范围内国家有专营专项规定的，按规定办理）						

满洲里关区

企业名称	满洲里佳通国际货运代理有限责任公司	海关编码	1506980731	所属海关	满洲里关
通讯地址	内蒙古自治区满洲里市北区叶尼塞俄罗斯风情园 9 号综合楼	邮政编码	21400	法人姓名	王烈宣
评定时间	2014.7.21 注册日期 2007.11.19	报关有效期	2015.11.19	注册资本	2000 万人民币
主营范围	订舱、仓储、货物的监装和监卸、集装箱拼装拆箱、国际多式联运、报关、报检、报验、填制有关单据、付运费、结算、交付杂费，其他国际货物运输代理业务，海运、空运、陆运货物运输代理。				

大连关区

企业名称	辽宁竞大国际物流有限公司			海关编码	2102680008	所属海关	大连海关
通讯地址	辽宁省大连保税物流园区公共仓库区办公楼 201 号、202 号			邮政编码	116600	法人姓名	宋贵增
评定时间	2014.3.3	注册日期	2007.9.25	报关有效期	2015.9.25	注册资本	500 万人民币
主营范围	进出口货物仓储，拼装，分拨，分拣，配送，商业性简单加工，国际贸易，转口贸易，商品展示，信息咨询服务（不含专项），国际货运代理（含报关、报验）。（涉及行政许可，凭许可证生产经营）						

企业名称	大连国际货运有限公司			海关编码	2102980119	所属海关	大连海关
通讯地址	辽宁省大连市中山区人民路 15~17 号国际金融大厦 21E2 座			邮政编码	116001	法人姓名	徐莉
评定时间	2014.3.3	注册日期	2001.1.3	报关有效期	2015.1.3	注册资本	136 万美元
主营范围	承办海运、空运进出口货物的国际运输代理业务，包括揽货、订舱、包机、仓储、集装箱拼装拆箱、报关、报验、短途运输服务及咨询业务。						

企业名称	大连通达货运有限公司			海关编码	2102980253	所属海关	大连海关
通讯地址	辽宁省大连市中山区荣民街 112 号			邮政编码	116001	法人姓名	商明臣
评定时间	2014.3.3	注册日期	2005.5.10	报关有效期	2015.5.10	注册资本	600 万人民币
主营范围	货物中转联运，承办海运、航空、陆路国际货运代理业务（包括报关、报验），航空快递，国内航线除香港、澳门、台湾地区航线以外的航空货运销售代理业务（除危险品），货物、技术进出口（法律、法规禁止的项目除外，法律、法规限制的项目取得许可证后方可经营），向境外派遣各类劳务人员（不含海员）。						

企业名称	大连捷通国际货运代理有限公司			海关编码	2102980370	所属海关	大连海关
通讯地址	辽宁省大连市沙河口区花雨街 50~38 号			邮政编码	116000	法人姓名	李滨
评定时间	2014.3.3	注册日期	2007.9.28	报关有效期	2015.9.28	注册资本	500 万人民币
主营范围	承办海运、陆运、空运进出口货物的国际运输代理业务，包括揽货、订舱、仓储、中转、集装箱拼装拆箱、结算运杂费、报关、报验、保险、相关的短途运输服务及运输咨询业务。						

企业名称	天津泰达阿尔卑斯物流有限公司大连分公司			海关编码	2102980403	所属海关	大连海关
通讯地址	辽宁省大连市中山区人民路 68 号（宏誉大厦 1403-4 室）			邮政编码	116001	法人姓名	高岛宏
评定时间	2014.3.3	注册日期	2005.11.11	报关有效期	2015.11.11	注册资本	0 万人民币
主营范围	承办海运、空运进出口货物的国际运输代理业务，包括揽货、订舱、仓储、中转集装箱拼装拆箱、结算运杂费、报关、报验、保险、相关的短途运输服务及咨询业务；集装箱配套、维修；道路货运业务（普通货物、集装箱运输、货物配送）；无船承运业务。（以上经营范围涉及行业许可的凭许可证在有效期内经营，国家有专项专营规定的按规定办理）						

企业名称	大连京大国际货运代理有限公司			海关编码	2102980127	所属海关	大连港湾海关
通讯地址	辽宁省大连市中山区人民路 23 号虹源大厦 2107 室			邮政编码	116001	法人姓名	樊振军
评定时间	2014.4.8	注册日期	2001.5.17	报关有效期	2015.5.17	注册资本	1000 万人民币
主营范围	承办海运、空运进出口货物和展品的国际运输代理业务，包括揽货、订舱、仓储、中转、集装箱拼装拆箱、结算运杂费、报关、报验、保险、相关的短途运输业务；办理国际快递（不含私人信函）业务；经济信息咨询服务。						

上海关区

企业名称	上海中外运报关有限公司			海关编码	3112980034	所属海关	吴淞海关
通讯地址	上海市宝山区牡丹江路 1325 号 414 室 H 座			邮政编码	200439	法人姓名	张俊
评定时间	2011.8.26	注册日期	2007.2.1	报关有效期	2015.3.3	注册资本	150 万人民币
主营范围	办理进出口货物的报关、转关服务，代理报检。（以上涉及行政许可的凭许证件经营）						

企业名称	上海亚东国际物流有限公司			海关编码	3112980073	所属海关	吴淞海关
通讯地址	上海市宝山区杨泰路 386 号			邮政编码	201901	法人姓名	王红
评定时间	2013.1.15	注册日期	2006.7.13	报关有效期	2016.7.13	注册资本	600 万人民币
主营范围	国际国内货物运输代理，联运服务，企业物流管理服务，物流业务的信息咨询，仓储（除危险品及专项规定外），从事货物及技术的进出口业务，集装箱堆存、拼装、修理、清洗、熏蒸、装拆箱，寄递业务（信件和其他具有信件性质的物品除外），报检、报验的信息咨询，报关业务，代理报检业务。（企业经营涉及行政许可的，凭许可证件经营）						

企业名称	上海礼才物流有限公司			海关编码	3112980089	所属海关	吴淞海关
通讯地址	上海市宝山区蕴川路 2508 号			邮政编码	201901	法人姓名	崔胜利
评定时间	2013.12.23	注册日期	2008.8.6	报关有效期	2016.8.5	注册资本	800 万美元
主营范围	承办海运、陆运、空运进出口货物、国际展品、私人物品及过境货物的国际货物运输代理业务，包括揽货、订舱、托运、仓储、分拨、中转、集装箱拼装拆箱、结算运杂费、报关、报检、报验、保险、相关的短途运输服务及运输咨询业务；货物专用运输（集装箱）；道路货物运输站（场）集装箱维修服务。						

企业名称	上海金海报关实业有限公司			海关编码	3122280016	所属海关	浦东海关
通讯地址	上海市浦东新区金桥出口加工区内			邮政编码	201206	法人姓名	赵进
评定时间	2014.7.9	注册日期	1995.1.29	报关有效期	2015.1.29	注册资本	150 万人民币
主营范围	代理货物报关报检，针纺织品、汽配件、百货、农副产品、黑色及有色金属、染料及化工料（除危险品外）、鞋类、装潢材料、机电设备及零配件、仪器仪表、五金交电、工艺美术品，上述业务的咨询服务。（涉及许可经营的凭许可证经营）						

企业名称	上海捷洋国际货运有限公司			海关编码	3122280017	所属海关	浦东海关
通讯地址	上海市浦东新区三林路 785 弄 6 号 101 室			邮政编码	200086	法人姓名	孙政
评定时间	2013.12.12	注册日期	1996.1.17	报关有效期	2015.1.17	注册资本	140 万美元
主营范围	进出口货物的海运代理业务，包括揽货、报关、报检、储运、集装箱的检验和修理。						

企业名称	上海经贸国际货运实业有限公司		海关编码	3122280024	所属海关	浦东海关
通讯地址	上海市浦东大道 2123 号 3C–1029 室		邮政编码	200135	法人姓名	边杰
评定时间	2011.11.22	注册日期 1996.1.17	报关有效期	2016.6.24	注册资本	5000 万人民币
主营范围	国际货运代理，仓储（除危险品外），会展服务，企业登记代理，国内贸易（除专项审批外），普通货运（凭许可证经营），代理报关业务（具体见许可证，凭许可证经营），代理报验（具体见许可证，凭许可证经营），无船承运业务（具体见许可证，凭许可证经营），食品批发非实物方式（限分支机构经营）。（企业经营涉及行政许可的，凭许可证经营）					

企业名称	上海东亚运输仓储有限公司		海关编码	3122280049	所属海关	浦东海关
通讯地址	上海市浦东新区高东镇高翔路 805 号		邮政编码	200137	法人姓名	欧圣钟
评定时间	2011.11.22	注册日期 2007.1.22	报关有效期	2015.1.19	注册资本	500 万美元
主营范围	上海港汽车集装箱运输；集装箱仓储、中转、拆装箱及清洗、修理；承办海运进出口货物的国际运输代理业务，包括揽货、订舱、仓储、中转、集装箱拼装拆箱、结算运杂费、报关、报验、保险及相关的短途运输服务和咨询业务。（涉及许可经营的凭许可证经营）					

企业名称	上海国际机场股份有限公司		海关编码	3122280050	所属海关	浦东海关
通讯地址	上海市浦东新区启航路 900 号		邮政编码	201202	法人姓名	贾锐军
评定时间	2013.8.6	注册日期 2001.4.6	报关有效期	长期	注册资本	192695.84 万人民币
主营范围	为国内外航空运输企业及旅客提供地面保障服务，经营出租机场内航空营业场所、商业场所和办公场所，国内贸易（除专项规定外），广告经营，经营其他与航空运输有关的业务，货运代理，代理报验，代理报关，综合开发经营国家政策许可的其他投资项目。（涉及行政许可的凭许可证经营）					

企业名称	上海远山国际货运有限公司		海关编码	3122280152	所属海关	浦东海关
通讯地址	上海市浦东新区灵山路 958 号 11 幢 209 室		邮政编码	200135	法人姓名	张志雄
评定时间	2011.11.22	注册日期 2005.8.24	报关有效期	2015.8.24	注册资本	600 万人民币
主营范围	国际货运代理、寄递业务（信件及具有信件性质的物品除外），在上海海关的关区内从事报关业务（凭资质），日用百货、建筑装潢材料、纺织品、五金交电、包装材料的销售，上述相关业务的咨询服务。（企业经营涉及行政许可的凭许可证件经营）					

企业名称	天津泰达阿尔卑斯物流有限公司上海分公司		海关编码	3122280153	所属海关	浦东海关
通讯地址	上海市浦东新区闻居路 1333 号综合保税区公共服务中心 A 区 611 室		邮政编码	201202	法人姓名	赵嘉慧
评定时间	2013.1.15	注册日期 2005.9.16	报关有效期	2015.12.27	注册资本	0 万人民币
主营范围	承接海运、空运进出口货物的国际运输代理业务，包括揽货、订航、仓储、中转、集装箱拼装拆箱、结算运杂费、报关、报验、保险、相关的短途运输服务及咨询业务；集装箱配套、维修（信件和其他具有信件性质的物品除外）；道路货运业务（普通货运，集装箱运输，货物配送）。					

企业名称	上海经贸山九储运有限公司		海关编码	3122280164	所属海关	浦东海关
通讯地址	上海市浦东新区高翔环路 539 号		邮政编码	200137	法人姓名	OKUDA MASAHIKO（奥田雅彦）
评定时间	2011.11.7	注册日期	1998.5.27	报关有效期	2015.5.27	注册资本	471 万美元
主营范围	承办海运、陆运、空运、进出口货物、国际展品、私人物品及过境货物的国际运输代理业务，包括揽货、托运、订舱、仓储、中转、集装箱拼装拆箱、结算运杂费、报关、报检、保险、相关的短途运输服务及咨询业务；加工包装等劳务服务；道路普通货物运输业务联运代理（涉及许可经营的凭许可证经营）；家用电器及部件、各类纺织品及其成衣、化工原料（危险品除外）轻工产品、建筑材料、成套设备动力、机械电工设备、仪器仪表、橡胶制品、陶瓷制品工艺品（古董金银除外）等商品的批发、佣金代理（拍卖除外）；商品进出口其他相关配套业务。（涉及配额许可证管理、专项规定管理的商品，按国家有关规定办理）						

企业名称	上海盛大报关有限公司		海关编码	3122280165	所属海关	浦东海关
通讯地址	上海市浦东新区三林路 235 号 6 幢 569 室		邮政编码	200126	法人姓名	陈杰
评定时间	2014.9.4	注册日期	2006.1.17	报关有效期	2015.11.30	注册资本	150 万人民币
主营范围	在上海海关的关区内从事报关业务，从事货物与技术的进出口，上海出入境检验检疫局辖区内的货物代理报检业务。（企业经营涉及行政许可的，凭许可证件经营）						

企业名称	中外运空运发展股份有限公司华东分公司		海关编码	3122280201	所属海关	浦东海关
通讯地址	上海市浦东新区浦东国际机场海天一路 301 号		邮政编码	201202	法人姓名	吴伟声
评定时间	2013.3.11	注册日期	2007.7.26	报关有效期	2014.11.25	注册资本	90548 万人民币
主营范围	承办空运进出口货物的国际运输代理业务，包括揽货、分拨、订舱、包机、集装箱拼装拆箱、结算运杂费、报验、保险、仓储服务、物流服务、国际多式联运、相关的短途运输服务及咨询业务；寄递业务（信件及含有信件性质的物品除外）；经营国际快递（不含私人信函）业务；国际、国内航线的航空货运销售代理业务（危险品除外）；普通货物运输，货运代理；在上海海关的关区内从事报关业务；与以上业务相关的咨询、服务、展览、技术交流。（依法须经批准的项目，经相关部门批准后方可开展经营活动）						

企业名称	上海申景报关有限公司		海关编码	3103980103	所属海关	卢湾监管
通讯地址	上海市黄浦区瞿溪路 754~774 号 5 号楼 366 室		邮政编码	200023	法人姓名	郝云玲
评定时间	2010.12.24	注册日期	1995.3.28	报关有效期	2015.3.20	注册资本	150 万人民币
主营范围	在上海海关的关区内从事报关业务，代理进出口货物报关、报检业务，从事经营货物进出口报关、报检手续的咨询，信息及技术服务。（依法须经批准的项目，经相关部门批准后方可开展经营活动）						

企业名称	东方海外物流（中国）有限公司		海关编码	3106980014	所属海关	卢湾监管
通讯地址	上海市静安区延安中路 841 号 2009A 室		邮政编码	200040	法人姓名	叶建平
评定时间	2010.12.24	注册日期	2005.5.20	报关有效期	2015.5.20	注册资本	484 万美元
主营范围	订舱，拆装箱，仓储，签发货物收据，收取运费和其他获准服务的费用，维修保养集装箱及其设备，联系及与卡车公司签订卡车运输服务合同；承办海运、空运进出口货物，国际展品、私人物品及过境货物国际货物运输代理业务，包括揽货、订舱、仓储、中转、集装箱拼装拆箱、结算运杂费、报关、报验、保险、相关的短途运输服务及运输咨询业务；道路普通货运；道路货物专用运输（集装箱）；无船承运业务。						

企业名称	上海欣海报关有限公司		海关编码	3117980008	所属海关	奉贤海关
通讯地址	上海市奉贤区南桥镇莘奉公路1985号东六-61		邮政编码	201400	法人姓名	葛基中
评定时间	2011.7.22	注册日期	1996.1.19	报关有效期	2015.1.19	注册资本	800万人民币
主营范围	代理货物报关业务，代理报检；商务信息咨询，企业管理咨询；投资管理；海上国际货物代理，公路国际货运代理业务，航空国际货物运输代理，国际展品及私人物品的国际货运代理业务；接受委托，代办订舱、仓储、集装集装箱拼箱拆箱、报关、报检、报验、保险、交付运费、结算、交付杂费；计算机科技领域内的技术服务、技术开发、技术咨询、技术转让。（企业经营涉及许可经营的，凭许可证经营）					

企业名称	上海元初国际物流有限公司		海关编码	3117980009	所属海关	奉贤海关
通讯地址	上海市奉贤区新四平公路468弄10幢3层88层		邮政编码	201412	法人姓名	黄影明
评定时间	2013.1.15	注册日期	2004.11.2	报关有效期	2015.11.2	注册资本	700万人民币
主营范围	海上国际货物运输代理，公路国际货物运输代理，航空国际货物运输代理；接受委托，代办订舱、仓储、集装箱拼装拆箱、报关、报检、报验、保险、交付运费、结算、交付杂费、集装箱修理；人工装卸服务；物流信息咨询；在上海海关关区内从事报关业务；普通货运；从事货物进出口及技术进出口业务。（企业经营涉及行政许可的，凭许可证件经营）					

企业名称	上海心海报关有限公司		海关编码	3117980058	所属海关	奉贤海关
通讯地址	上海市奉贤区南桥镇莘奉公路1985号北六-54		邮政编码	201400	法人姓名	周昕
评定时间	2011.8.26	注册日期	2008.9.19	报关有效期	2016.9.19	注册资本	200万人民币
主营范围	在上海海关关区内从事代理报关业务、代理报检业务，公路国际货物运输代理，货物运输代理，仓储服务，人工搬运服务，物流科技领域内的技术开发、技术咨询、技术服务。					

企业名称	上海丽河森国际物流有限公司		海关编码	3111980038	所属海关	莘庄海关
通讯地址	上海市闵行区光华路2118号C-864室		邮政编码	200071	法人姓名	古丽
评定时间	2014.1.28	注册日期	2007.8.30	报关有效期	2015.8.21	注册资本	500万人民币
主营范围	海上国际货物运输代理服务，航空国际货物运输代理服务，陆路国际货物运输代理服务，货物运输代理服务，寄递业务（信件和其他具有信件性质的物品除外），仓储管理，在上海海关的关区内从事报关业务，会展服务（除展销外），商务咨询（除经纪外）。（涉及行政许可的，凭许可证经营）					

企业名称	上海义缘物流有限公司		海关编码	3111980050	所属海关	莘庄海关
通讯地址	上海市闵行区莲花南路2588号第12幢211，212室		邮政编码	201114	法人姓名	刘宪
评定时间	2013.12.23	注册日期	2008.12.31	报关有效期	2016.9.19	注册资本	960万人民币
主营范围	从事代理各类货物及技术的进出口业务，仓储，道路货物运输（普通货物），陆路国际货物运输代理，从事报关业务，代理报检（上海出入境检验检疫局辖区），机电设备及配件、金属材料、针纺织品、建材、装潢材料、服装、汽摩配件、百货、艺术品、预包装食品（不含熟食卤味，冷冻冷藏）的贸易及销售，计算机软件、手机软件的研发及技术转让、技术咨询、技术服务，广告制作和利用自有媒体发布各类广告及相关的高务咨询（除经纪外），会展服务。（企业经营涉及行政许可的，凭许可证件经营）					

企业名称	上海外联发国际货运有限公司			海关编码	3122480006	所属海关	外高桥关
通讯地址	中国（上海）自由贸易试验区基隆路 6 号 13 层			邮政编码	200131	法人姓名	徐峰
评定时间	2011.9.26	注册日期	1999.9.6	报关有效期	2014.12.31	注册资本	500 万人民币
主营范围	承办海运、空运进出口货物的国际运输代理业务（包括揽货、订舱、仓储、中转、集装箱拼装拆箱、结算运杂费、报关、报验、保险、相关的短途运输及咨询业务），保税仓库仓储，冷库经营，货运代理（二类），国际贸易及咨询服务，会展服务。（依法须经批准的项目，经相关部门批准后方可开展经营活动）						

企业名称	上海新发展商务咨询服务有限公司			海关编码	3122480028	所属海关	外高桥关
通讯地址	中国（上海）自由贸易试验区台南东路 95 号新发展物流四期仓库西部位			邮政编码	200131	法人姓名	刘志远
评定时间	2012.5.7	注册日期	2010.1.4	报关有效期	2014.12.31	注册资本	200 万人民币
主营范围	区内仓储、物流业务；国际公路运输代理服务；区内商务咨询服务，区内经济信息咨询服务；代理记账业务；从事报关、报检业务；国际贸易，转口贸易，区企业间的贸易及区内贸易代理；经营各类商品和技术的进出口（但国家限定公司经营或禁止进出口的商品技术除外）；区内商业性简单加工。（依法须经批准的项目，经相关部门批准后方可开展经营活动）						

企业名称	上海及时达物流有限公司			海关编码	3122480029	所属海关	外高桥关
通讯地址	中国（上海）自由贸易试验区芬菊路 28 号三楼 C 部位			邮政编码	200131	法人姓名	王一明
评定时间	2013.1.15	注册日期	2007.3.8	报关有效期	2015.3.8	注册资本	500 万人民币
主营范围	保税区内以机电产品为主的区内仓储、分拨、运输业务，国际海上货物运输代理服务，国际公路货物运输代理服务，航空国际货物运输代理服务，货运代理；从事报送业务；国际贸易，保税区内企业间的贸易及代理；保税区内商业性简单加工及商务咨询服务；机电产品维修。（涉及许可经营的凭许可证经营）						

企业名称	上海欣捷报关有限公司			海关编码	3122480031	所属海关	外高桥关
通讯地址	上海外高桥保税区杨高北路 2001 号市场商务楼 208 室			邮政编码	200131	法人姓名	沈新发
评定时间	2011.11.22	注册日期	2007.3.23	报关有效期	2015.3.23	注册资本	150 万人民币
主营范围	从事报关业务，代理报检；商务咨询服务（除经纪外）；计算机数据处理服务；研究、开发、制作和销售计算机软件，并提供售后服务及相关的技术咨询。（涉及许可经营的凭许可证经营）						

企业名称	上海新发展国际物流有限公司			海关编码	312241K001	所属海关	外高桥关
通讯地址	中国（上海）自由贸易试验区英伦路 300 号			邮政编码	200131	法人姓名	蒋琪民
评定时间	2014.3.12	注册日期	2010.7.1	报关有效期	2015.6.30	注册资本	1740 万人民币
主营范围	承办海运进出口货物的国际运输代理业务，包括揽货、订舱、仓储、中转、集装箱拼装拆箱、结算运杂费、报关、报验、保险、短途运输服务及咨询业务；普通货物运输（货运五级）；区内货物堆存，商业性简单加工；协助海关查验相关的服务工作及协助出入境检验检疫局开展木包装集中查验工作提供服务；授权房屋的物业管理；商务咨询服务；区内企业间贸易及贸易代理；自营和代理各类商品和技术的进出口，但国家限定公司经营或禁止进出口的商品及技术除外；附设分支机构。（依法须经批准的项目，经相关部门批准后方可开展经营活动）						

企业名称	上海通运国际物流有限公司			海关编码	312243K001	所属海关	外高桥关
通讯地址	上海浦东外高桥保税区新灵路 588 号			邮政编码	200131	法人姓名	凌根华
评定时间	2011.12.14	注册日期	2009.4.2	报关有效期	2015.1.17	注册资本	400 万美元
主营范围	承办海运、空运进出口货物及私人物品的国际运输代理业务，包括揽货、订舱、仓储、中转、集装箱拼装拆箱、结算运杂费、报关、报验、保险、相关的短途运输服务及咨询业务；集装箱堆场业务；保税区仓储业务及进出口商品的包装分级，加工整理业务；仓储及商业性简单加工；保税区范围内的国际贸易，转口贸易，保税区企业间的贸易及区内贸易代理业务；无船承运业务。（涉及许可经营的，凭许可证经营）						

企业名称	上海泓明国际货运有限公司			海关编码	312246K001	所属海关	外高桥关
通讯地址	中国（上海）自由贸易试验区富特西一路 99 号 201-A			邮政编码	200131	法人姓名	杨桂森
评定时间	2011.12.14	注册日期	1997.5.25	报关有效期	2015.5.25	注册资本	1000 万人民币
主营范围	承办海运、空运进出口货物的国际运输代理业务，包括揽货、订舱、仓储、中转、集装箱拼装拆箱、结算运杂费、报关、报验、保险、相关的短途运输服务及咨询；办理国际快速（不含私人信函）业务；从事货物及技术进出口业务；道路危险货物运输，道路货物运输（普通货物），道路货物运输（国际集装箱）；汽车维护；区内仓储业务（除危险品外）；酒类的销售，预包装食品（不含熟食卤味，冷冻冷藏）的批发及食品存储（不含冷冻冷藏）；企业间的贸易及代理；区内商业性简单加工；在上海海关区内从事报关业务；附设分支机构。（依法须经批准的项目，经相关部门批准后方可开展经营活动）						

企业名称	上海中远国际货运有限公司			海关编码	3109980010	所属海关	杨浦监管
通讯地址	上海市东大名路 378 号			邮政编码	200080	法人姓名	陶卫东
评定时间	2012.2.1	注册日期	1996.1.25	报关有效期	2015.1.25	注册资本	11400 万人民币
主营范围	承办海运进出口货物及国际展品的国际运输代理业务，包括揽货、订舱、仓储、中转、集装箱拼装拆箱、结算运杂费、报关、报验、保险、相关的短途运输服务及运输咨询业务、国际多式联运、与主营业务有关的开发、转让；长江外贸集装箱内支线班轮航线运输，道路货物运输（国际集装箱）；附设分支机构。（涉及行政许可的，凭许可证经营）						

企业名称	上海通源报关有限公司			海关编码	3109980017	所属海关	杨浦监管
通讯地址	上海市广灵四路 110-120 号 1 幢 506 室			邮政编码	200083	法人姓名	韩冠青
评定时间	2013.4.3	注册日期	1996.6.28	报关有效期	2016.2.28	注册资本	150 万人民币
主营范围	代理报关，转关，报验，保税业务咨询，在上海海关的关区从事报关业务。（涉及行政许可的，凭许可证经营）						

企业名称	上港集团物流有限公司			海关编码	3109980051	所属海关	杨浦监管
通讯地址	上海市黄浦路 53 号十二层			邮政编码	200080	法人姓名	孙丰
评定时间	2011.3.22	注册日期	2002.9.24	报关有效期	2015.9.24	注册资本	250000 万人民币
主营范围	承办海运进出口货物的国际运输代理业务，包括揽货、订舱、仓储、中转、集装箱拼装拆装箱、结算运杂费、报关、报验、相关的短途运输服务及运输咨询业务；货物仓储；民用航空运输销售代理；在上海海关的关区内从事报关业务；从事货物及技术的进出口业务；普通货运，货物专用运输（集装箱 A），大型物件运输（一），大型物件运输（二），道路危险货物运输（详见许可证）；为船舶提供码头设施；在港区内提供货物装卸、仓储服务；集装箱装卸，集装箱堆放，集装箱拆拼箱；为船舶提供岸电；港口设施、设备、港口机械租赁服务；台湾海峡两岸间海上直航不定期货物运输；无船承运业务；国际船舶普通货物运输。（企业经营涉及行政许可的，凭许可证件经营）						

企业名称	上海前锦国际货运有限公司			海关编码	3109980101	所属海关	杨浦监管
通讯地址	上海市四平路 710 号 813–L 室			邮政编码	200086	法人姓名	周麒
评定时间	2013.4.9	注册日期	2004.12.9	报关有效期	2016.11.7	注册资本	500 万人民币
主营范围	国际海上运输代理服务，仓储服务，代理出入境检验检疫报检，商务咨询（除经纪外），在上海海关关区内从事报关业务。（涉及行政许可的，凭许可证经营）						

企业名称	上海茂鸿国际货运有限公司			海关编码	3109980169	所属海关	杨浦监管
通讯地址	上海市虹口区海宁路 137 号 7 层 E 座 734B 室			邮政编码	200080	法人姓名	徐瑜
评定时间	2010.6.23	注册日期	2007.2.16	报关有效期	2015.12.10	注册资本	500 万人民币
主营范围	承办海运、空运进出口货物和非贸易货物的国际运输代理业务，包括揽货、订舱、仓储、中转、集装箱拼装拆箱、结算运杂费、报关、报验、保险、相关的短途运输服务及咨询业务。（企业经营涉及行政许可的，凭许可证件经营）						

企业名称	上海亚东国际货运有限公司			海关编码	3109980199	所属海关	杨浦监管
通讯地址	上海市虹口区杨树浦路 147 号 1 幢 4 层 4A–2B 室			邮政编码	200082	法人姓名	劳渝声
评定时间	2011.3.22	注册日期	1996.1.17	报关有效期	2015.1.17	注册资本	2200 万人民币
主营范围	承办海运、空运进出口货物、国际展品、私人物品及过境货物的国际运输代理业务，包括揽货、订舱、仓储、中转、集装箱拼装拆箱、结算运杂费、报关、报验、保险、相关的短途运输服务及咨询业务；国际快递（邮政企业专营业务除外）；联运服务；自营和代理各类商品和技术的进出口，但国家限定公司经营或禁止进出口的商品及技术除外；民用航空运输销售代理；在上海海关的关区内从事报关业务；无船承运业务；自有房屋租赁。（依法须经批准的项目，经相关部门批准后方可开展经营活动）						

企业名称	上海亚东报关有限公司			海关编码	3109980254	所属海关	杨浦监管
通讯地址	上海市虹口区杨树浦路 147 号 1 幢 4A–2A 室			邮政编码	200082	法人姓名	赵民
评定时间	2011.8.26	注册日期	2006.10.25	报关有效期	2016.10.25	注册资本	200 万人民币
主营范围	在上海海关的关区内从事报关业务，代理出入境检验检疫、报检，商务咨询（除经纪），投资咨询，企业管理咨询，道路货物运输代理。（涉及行政许可证的，凭许可证经营）						

企业名称	上海密尔克卫国际化工物流有限公司			海关编码	3109980262	所属海关	杨浦监管
通讯地址	上海市四平路 710 号 808–T 室			邮政编码	200081	法人姓名	陈银河
评定时间	2013.3.11	注册日期	1998.9.2	报关有效期	2016.2.26	注册资本	722 万人民币
主营范围	承办海运、公路、航空进出口货物的国际运输代理业务，包括揽货、订舱、仓储、中转、集装箱拼装拆箱、结算运杂费、报关、报验及咨询业务；民用航空运输销售代理；在上海海关的关区内从事报关业务；商务咨询；销售、租赁、维修集装箱；机电设备租赁；无船承运业务。						

企业名称	上海荣马国际物流有限公司			海关编码	3109980337	所属海关	杨浦监管
通讯地址	上海市虹口区杨树浦路 61 号 204-2 幢 3-B1 室			邮政编码	200082	法人姓名	万欣
评定时间	2013.10.30	注册日期	2009.8.27	报关有效期	2015.8.18	注册资本	500 万人民币
主营范围	海上、航空、陆路国际货物运输代理业务、国际快递业务（信件和其他具有信件性质的物品除外，仅限国际运输代理企业），代理出入境检验检疫报检，商务咨询（经纪除外），在上海海关关区各口岸或监管业务集中地从事报关业务，销售及维修船舶设备。（企业经营涉及行政许可的，凭许可证件经营）						

企业名称	上海华松报关服务有限公司			海关编码	3118980010	所属海关	松江海关
通讯地址	上海市莘莘学子创业园松江区车墩镇车亭公路 138 弄 B 区			邮政编码	201613	法人姓名	张帆
评定时间	2010.1.8	注册日期	2006.12.22	报关有效期	2014.11.28	注册资本	300 万人民币
主营范围	报关业务，货运代理，代理报检（按注册登记证书规定区域经营）。（企业经营涉及行政许可的，凭许可证件经营）						

企业名称	上海增振国际物流有限公司			海关编码	3118980015	所属海关	松江海关
通讯地址	上海市佘山民强商务中心 D 区			邮政编码	201600	法人姓名	王峥
评定时间	2010.12.24	注册日期	2007.10.11	报关有效期	2015.3.15	注册资本	500 万人民币
主营范围	承办海运、陆运、空运进出口货物、国际展品和私人物品的国际运输代理业务，装卸服务，会展会务服务，商务信息咨询服务，五金交电、办公用品、日用百货、纸制品的批发零售，从事报关业务。（上述经营范围涉及行政许可的，凭许可证经营）						

企业名称	上海劲达报关有限公司			海关编码	3120980020	所属海关	青浦海关
通讯地址	上海市青浦区公园路 348 号 7D-380			邮政编码	201700	法人姓名	陈国根
评定时间	2010.1.8	注册日期	2005.7.20	报关有效期	2015.7.20	注册资本	300 万人民币
主营范围	报关业务，出入境检验检疫代理报检。（企业经营涉及行政许可的，凭许可证件经营）						

企业名称	上海欣哲国际货物运输代理有限公司			海关编码	3120980024	所属海关	青浦海关
通讯地址	上海市青浦区新达路 1218 号 1 幢 1 层 E 区 153 室			邮政编码	201700	法人姓名	史小雄
评定时间	2010.12.24	注册日期	2005.9.15	报关有效期	2015.5.22	注册资本	500 万人民币
主营范围	海上国际货运代理业务，陆路国际货运代理业务，航空国际货运代理业务，仓储服务，货物包装，商务信息咨询，展览展示服务，报关业务，无船承运业务。（企业经营涉及行政许可的，凭许可证件经营）						

企业名称	上海万历报关有限公司			海关编码	3120980025	所属海关	青浦海关
通讯地址	上海市青浦区新业路 599 号 542 号房			邮政编码	201700	法人姓名	张东峰
评定时间	2010.1.8	注册日期	2005.12.5	报关有效期	2015.12.5	注册资本	1118 万人民币
主营范围	代理进出口货物报关、转关及相关业务咨询，从事海上、航空、陆路国际货运代理业务，商务信息咨询，仓储服务。（企业经营涉及行政许可的，凭许可证件经营）						

企业名称	上海南汇报关实业有限公司			海关编码	3116980001	所属海关	南汇海关
通讯地址	上海市浦东新区沪南路 9828 号			邮政编码	201300	法人姓名	陈建成
评定时间	2010.4.21	注册日期	1995.5.12	报关有效期	2015.5.11	注册资本	180 万人民币
主营范围	电脑预录、代理报关服务，代理报检、仓储、国内货运代理、装卸服务。（企业经营涉及行政许可的，凭许可证件经营）						

企业名称	上海善流物流有限公司			海关编码	3116980013	所属海关	南汇海关
通讯地址	上海市浦东新区康桥镇康士路 17 号 315 室			邮政编码	201315	法人姓名	王善如
评定时间	2011.1.13	注册日期	2005.2.28	报关有效期	2015.2.28	注册资本	500 万人民币
主营范围	代理报关，国际海上、公路、水上运输代理服务，货运代理，快递服务（信件和其他具有信件性质的物品除外），仓储，从事货物及技术的进出口业务。（以上凡涉及行政许可经营的，凭许可证经营）						

企业名称	上海星展报关有限公司			海关编码	3121980002	所属海关	崇明海关
通讯地址	上海市崇明工业园区秀山路 28 号 130 室			邮政编码	200083	法人姓名	张秀兰
评定时间	2010.4.21	注册日期	1996.12.3	报关有效期	2015.12.3	注册资本	200 万人民币
主营范围	代理进出口货物报关，并提供咨询服务。						

企业名称	上海怡世翔国际货物运输代理有限公司			海关编码	3121980010	所属海关	崇明海关
通讯地址	上海市崇明城桥镇鳌山路 2 号 13 幢 107			邮政编码	202150	法人姓名	陈征
评定时间	2011.8.26	注册日期	2006.7.24	报关有效期	2015.10.25	注册资本	1180 万人民币
主营范围	海上国际货物运输代理，公路国际货物运输代理，水上货物运输代理，航空国际货物运输代理，接受委托代办订舱、仓储、集装箱、拆箱、报关、报检、保险、缴付运费、缴付杂费、寄递业务，从事货物进出口业务，轴承、汽车配件、皮革制品等的销售，在上海海关的关区内从事报关业务。						

企业名称	上海舜昶国际物流有限公司			海关编码	3121980013	所属海关	崇明海关
通讯地址	上海市崇明城桥镇秀山路 7 号 5 幢 B 区 314 室			邮政编码	202150	法人姓名	周士梅
评定时间	2013.5.17	注册日期	2006.12.28	报关有效期	2014.12.28	注册资本	500 万人民币
主营范围	海上国际货物运输代理，陆路国际货物运输代理，航空国际货物运输代理，货物运输代理，仓储服务，国际快递（信件及其他具有信件性质的物品除外，仅限国际运输代理企业），会务服务，展览展示服务，报关服务，报检服务，报验服务，物流咨询。（不得从事运输；企业经营涉及行政许可的，凭许可证件经营）						

企业名称	上海兴亚报关有限公司			海关编码	3107980011	所属海关	普陀区站
通讯地址	上海市普陀区武威西路 301 号 106 室			邮政编码	200072	法人姓名	石慧
评定时间	2010.1.8	注册日期	2002.4.9	报关有效期	2015.6.13	注册资本	1000 万人民币
主营范围	代理报关业务及与其有关的咨询、信息和技术服务业务。						

企业名称	上海淼森国际物流有限公司			海关编码	3107980014	所属海关	普陀区站
通讯地址	上海市普陀区祁连山路 689 号 3 号楼 267 室			邮政编码	200331	法人姓名	汪云芳
评定时间	2012.2.1	注册日期	2006.4.12	报关有效期	2016.4.12	注册资本	550 万人民币
主营范围	海上、公路、航空国际货物（含国际展品）运输代理，仓储（专项除外），集装箱拼装拆装，代办订舱，寄递业务（信件及具有信件性质的物品除外），道路搬运装卸，物流专业技术咨询，报关业务（上海海关关区内），物流软件技术开发，销售日用百货、仓储设备、电子产品，从事货物及技术的进出口业务。（涉及行政许可的，凭许可证经营）						

企业名称	北京康捷空国际货运代理有限公司上海分公司			海关编码	3105980027	所属海关	长宁区站
通讯地址	上海市长宁区临虹路 128 弄 1 号 1–3 楼			邮政编码	200235	法人姓名	汪仁伦
评定时间	2010.4.6	注册日期	2005.7.29	报关有效期	2016.10.18	注册资本	0 万人民币
主营范围	承办进出口货物的空运、海运国际运输代理业务，包括揽货、订舱、中转、集装箱拼装拆箱、结算运杂费、国际航空快件报关报检。						

企业名称	日通国际物流（中国）有限公司上海分公司			海关编码	3105980035	所属海关	长宁区站
通讯地址	上海市长宁区延安西路 2299 号 11 楼 G11 室			邮政编码	200336	法人姓名	赵经验
评定时间	2010.12.24	注册日期	2005.11.24	报关有效期	2016.10.2	注册资本	0 万人民币
主营范围	承办海运、空运进出口货物国际展品和私人物品的国际运输代理业务，包括揽货、订舱、包机、仓储、中转、集装箱拼装拆箱、结算运杂费、多式联运、报关、报验、保险、相关的短途运输服务及咨询业务；办理国际快递（不含私人信函）业务；无船承运业务；国际航线除香港、澳门、台湾航线外的航空货运销售业务（危险品除外）；普通货物道路运输；国内货运代理；仓储业务。（涉及行政许可的凭许可证经营）						

企业名称	上海百福东方国际物流有限责任公司			海关编码	3105980040	所属海关	长宁区站
通讯地址	上海市长宁区虹桥路 2545 弄 29 号			邮政编码	200335	法人姓名	蔡旭东
评定时间	2011.5.6	注册日期	2006.5.19	报关有效期	2016.5.19	注册资本	500 万人民币
主营范围	海上国际货物运输代理，公路国际货物运输代理，航空国际货物运输代理，货物代理，仓储服务，国际快递业务（邮政信函除外），会务服务，展览展示服务，报关服务，物流咨询，在上海海关的关区内从事报关业务。（涉及行政许可的，凭许可证经营）						

企业名称	上海华兴国际货运公司			海关编码	3104980028	所属海关	徐汇区站
通讯地址	上海市安福路 298 弄 2 号			邮政编码	200031	法人姓名	张峰
评定时间	2012.10.23	注册日期	1991.10.30	报关有效期	2015.10.30	注册资本	1000 万人民币
主营范围	承办空运、海运进出口货物的国际运输代理业务，包括揽货、订舱、包机、仓储、中转、集装箱拼装拆箱、结算运杂费、报关、报验、保险；陆上汽车运输服务及咨询业务；承办国际航空快件（不含私人信函）业务；在上海海关的关区内从事报关业务；自有房屋租赁业务。（依法须经批准的项目，经相关部门批准后方可开展经营活动）						

企业名称	上海航丰报关有限公司		海关编码	3116989006	所属海关	洋山海关（港区）
通讯地址	上海市南汇区芦潮港镇芦潮港路 1728 号 312 室		邮政编码	201308	法人姓名	徐龙根
评定时间	2013.10.30	注册日期	2006.1.9	报关有效期	2015.9.23	注册资本	150 万人民币
主营范围	上海海关关区内的报关业务，代理出入境检验检疫报检，国际快递业务，道路货运代理。（涉及行政许可的，凭许可证经营）					

南京关区

<table>
<tr><td>企业名称</td><td colspan="3">苏州市报关有限公司</td><td>海关编码</td><td>3205980001</td><td>所属海关</td><td>苏州海关</td></tr>
<tr><td>通讯地址</td><td colspan="3">江苏省苏州市西环路 1638 号</td><td>邮政编码</td><td>215004</td><td>法人姓名</td><td>黄建栋</td></tr>
<tr><td>评定时间</td><td>2013.8.1</td><td>注册日期</td><td>1993.1.1</td><td>报关有效期</td><td>2015.2.14</td><td>注册资本</td><td>1000 万人民币</td></tr>
<tr><td>主营范围</td><td colspan="7">经营许可项目：进出口货物中转运输。一般经营项目：接受委托代办报关；代理商检报验、制单、输单、咨询服务；承办陆运、空运进出口货运的国际运输代理业务，包括揽货、订舱、仓储、中转、集装箱拼装拆箱、结算运杂费、报关、报检、保险、相关的短途运输服务及咨询业务；提供电脑输单服务、装卸服务；代办外资企业项目审批服务。</td></tr>
</table>

<table>
<tr><td>企业名称</td><td colspan="3">中国外运长江有限公司苏州分公司</td><td>海关编码</td><td>3205980023</td><td>所属海关</td><td>苏州海关</td></tr>
<tr><td>通讯地址</td><td colspan="3">江苏省苏州西环路 6 号国际经贸大厦五楼</td><td>邮政编码</td><td>215004</td><td>法人姓名</td><td>崔仲谦</td></tr>
<tr><td>评定时间</td><td>2012.12.18</td><td>注册日期</td><td>2003.3.14</td><td>报关有效期</td><td>2016.2.27</td><td>注册资本</td><td>0 万人民币</td></tr>
<tr><td>主营范围</td><td colspan="7">许可经营项目：承办海运、陆运、空运进出口货物、国际展品、私人物品和过境货物的国际运输代理业务，包括揽货、订舱、仓储、中转、集装箱拼装拆箱、结算运杂费、报关、报验、保险、相关的短途运输服务及运输咨询业务；办理国际多式联运业务；办理国内集装箱运输业务。</td></tr>
</table>

<table>
<tr><td>企业名称</td><td colspan="3">苏州嘉航报关有限公司</td><td>海关编码</td><td>3205980037</td><td>所属海关</td><td>苏州海关</td></tr>
<tr><td>通讯地址</td><td colspan="3">江苏省苏州吴中经济开发区东吴南路 155 号</td><td>邮政编码</td><td>215128</td><td>法人姓名</td><td>张玲玲</td></tr>
<tr><td>评定时间</td><td>2014.6.26</td><td>注册日期</td><td>2005.9.2</td><td>报关有效期</td><td>2015.9.2</td><td>注册资本</td><td>200 万人民币</td></tr>
<tr><td>主营范围</td><td colspan="7">江苏省内海关的报关业务，代办进出口商品的审批、报验手续。</td></tr>
</table>

<table>
<tr><td>企业名称</td><td colspan="3">苏州大田国际货运代理有限公司</td><td>海关编码</td><td>3205980060</td><td>所属海关</td><td>苏州海关</td></tr>
<tr><td>通讯地址</td><td colspan="3">江苏省苏州金门路 1299 号金运大厦 501 室</td><td>邮政编码</td><td>215000</td><td>法人姓名</td><td>温建明</td></tr>
<tr><td>评定时间</td><td>2013.1.6</td><td>注册日期</td><td>2009.1.24</td><td>报关有效期</td><td>2015.1.24</td><td>注册资本</td><td>550 万人民币</td></tr>
<tr><td>主营范围</td><td colspan="7">许可经营项目：普通货物运输，仓储服务。一般经营项目：承办海运、空运进出口货物的国际运输代理业务，包括揽货、订舱、包机、仓储、中转、集装箱拼装拆箱、结算运杂费、报关、报验、保险、相关短途运输服务及运输咨询业务；经营国际航空快递业务、国内快递业务。</td></tr>
</table>

<table>
<tr><td>企业名称</td><td colspan="3">无锡佳达国际货运代理有限公司</td><td>海关编码</td><td>3202381070</td><td>所属海关</td><td>无锡海关</td></tr>
<tr><td>通讯地址</td><td colspan="3">江苏省无锡市新区旺庄路 156 号</td><td>邮政编码</td><td>214028</td><td>法人姓名</td><td>王惠娣</td></tr>
<tr><td>评定时间</td><td>2013.3.11</td><td>注册日期</td><td>2005.9.6</td><td>报关有效期</td><td>2015.9.17</td><td>注册资本</td><td>500 万人民币</td></tr>
<tr><td>主营范围</td><td colspan="7">许可经营项目：普通货运，综合货运站（场）（仓储）。一般经营项目：自营和代理各类商品和技术的进出口业务；承办海运、空运、陆运、展览物品、快递进出口货物的国际运输代理业务，包括揽货、订舱、仓储、中转、集装箱拼装拆箱、结算运杂费、报关、报验、保险及运输咨询业务。（上述经营范围涉及行政许可的，经许可后方可经营；涉及专项审批的，经批准后方可经营）</td></tr>
</table>

企业名称	中国外运长江有限公司张家港分公司			海关编码	3215981123	所属海关	张家港关
通讯地址	江苏省张家港市金港镇长江中路 45 号			邮政编码	215633	法人姓名	金一波
评定时间	2011.12.20	注册日期	2003.8.26	报关有效期	2015.9.10	注册资本	500 万人民币
主营范围	许可经营项目：货物专业运输（集装箱），国际快递（邮政企业专营业务除外）。一般经营项目：承办海运、陆运、空运进出口货物、国际展品、私人物品和过境货物的国际运输代理业务，包括揽货、订舱、仓储、流通加工、包装、中转、集装箱拼装拆箱、结算运杂费、报关、报验、保险、相关的短途运输服务及运输咨询业务；办理国际联运业务。						

企业名称	苏州工业园区报关有限公司			海关编码	3205280001	所属海关	苏工业区
通讯地址	江苏省苏州工业园区唯胜公路 8 号			邮政编码	215121	法人姓名	戴岭
评定时间	2013.12.4	注册日期	1996.3.19	报关有效期	2015.3.9	注册资本	1000 万人民币
主营范围	许可经营项目：普通货运，货物专用运输（冷藏保鲜），报关。一般经营项目：办理进出口货物和进出境运输工具的报关、纳税事宜及相关的咨询服务；承办陆运、空运进出口货物、国际展品、私人物品的国际运输代理业务，包括揽货、托运、订舱、仓储、中转、集装箱拼箱拆箱、结算运杂费、报检、保险、相关运输咨询业务。						

企业名称	淮安天隽报关有限公司			海关编码	3208980002	所属海关	淮安海关
通讯地址	江苏省淮安经济开发区海口路 111 号 A301 室			邮政编码	223000	法人姓名	李步广
评定时间	2013.8.5	注册日期	2007.2.7	报关有效期	2015.1.20	注册资本	150 万人民币
主营范围	许可经营项目：在江苏省范围内从事报关业务。一般经营项目：国内货运代理，货物及技术进出口业务咨询。						

企业名称	南京宏康报关有限公司			海关编码	3201980151	所属海关	金陵海关
通讯地址	江苏省南京市建邺区汉中门大街 1 号 汉中新城 22F-E 座			邮政编码	210029	法人姓名	田海勇
评定时间	2013.4.10	注册日期	1997.8.6	报关有效期	2015.7.12	注册资本	150 万人民币
主营范围	一般经营项目：进出境货物、进出口运输工具和进出境快件业务的报关、报检代理，货物联运，仓储服务，口岸业务咨询服务，化工产品、针纺织品、金属材料、饲料、电子产品、汽车配件的销售。						

企业名称	江苏飞力达国际物流股份有限公司			海关编码	3223980002	所属海关	昆山海关
通讯地址	江苏省昆山开发区			邮政编码	215300	法人姓名	沈黎明
评定时间	2012.4.27	注册日期	1994.11.8	报关有效期	2015.4.2	注册资本	16752 万人民币
主营范围	综合货运站（场）（仓储），货物专用运输（集装箱），普通货运；承办空运、海运进出口货物的国际运输代理业务，包括揽货、订仓、仓储、中转、集装箱拼箱、拆箱、结算运杂费、报关、报验及咨询业务；自营和代理各类商品及技术的进出口业务；代签提单、运输合同，代办接受订舱业务；办理船舶、集装箱及货物的报关手续；承揽货物、组织货载，办理货物、集装箱的托运和中转；代收运费，代办结算及其他相关业务，货运办理（代办）。（涉及许可证、资格证的，凭许可证、资格证生产经营）						

企业名称	江苏亚东朗升国际物流有限公司			海关编码	3223980046	所属海关	昆山海关
通讯地址	江苏省昆山开发区长江南路666号楼1601~1606室			邮政编码	215300	法人姓名	李俊
评定时间	2011.3.22	注册日期	2006.6.5	报关有效期	2016.5.23	注册资本	2500万人民币
主营范围	许可经营项目：无。一般经营项目：承办海运、陆运、空运国际运输代理业务，包括揽货、托运、订舱、仓储、中转、集装箱拼装拆箱、结算运杂费、报关、报验、保险、相关的短途运输服务及运输咨询业务。						

企业名称	吴江经济技术开发区物流中心			海关编码	3225980015	所属海关	吴江海关
通讯地址	江苏省吴江经济技术开发区庞金路888号			邮政编码	215200	法人姓名	王德祥
评定时间	2014.1.27	注册日期	2006.8.3	报关有效期	2016.7.2	注册资本	40138万人民币
主营范围	许可经营项目：批发预包装食品（食用油及其制品、乳制品、糖果蜜饯、饮料、酒料），普通货运，物流中心（仓储），综合货运站（场）（保管），综合货运站（场）（仓储），综合货运站（场）（理货），综合货运站（场）（配载），综合货运站（场）（信息服务），综合货运站（场）（一级），综合货运站（场）（装卸）。一般经营项目：国际货运代理、报关、报检，代理吴江局进出口商品报检，物流产业投资，机械、电子、电器、纺织品、服装服饰、化工产品、汽车、建筑材料、光伏产品、工艺美术品的销售。						

杭州关区

企业名称	浙江中外运有限公司宁波明州分公司		海关编码	3302980008	所属海关	宁波海关驻鄞州办事处
通讯地址	浙江省宁波市海曙区碶闸街 58 号（都市仁和 11 楼）		邮政编码	315000	法人姓名	赵阳
评定时间	2009.12.8	注册日期 1997.12.5	报关有效期	2014.12.9	注册资本	0 万人民币
主营范围	许可经营项目：无船承运，国际快递（邮政企业专营业务除外）（以上两项在许可证件有效期限内经营）。一般经营项目：承办海运、陆运、空运进出口货物、国际展品、私人物品和过境货物的国际运输代理业务，包括揽货、订舱、仓储、中转、集装箱拼装拆箱、结算运杂费、报关、报验及运输咨询业务；办理国际多式联运业务。（上述经营范围不含国家法律法规规定禁止、限制和许可经营的项目）					

企业名称	宁波外运国际集装箱货运有限公司		海关编码	3302980026	所属海关	宁波海关驻鄞州办事处
通讯地址	浙江省宁波市海曙区解放南路 69 号		邮政编码	315000	法人姓名	邬建国
评定时间	2012.10.10	注册日期 1999.12.28	报关有效期	2015.8.2	注册资本	600 万人民币
主营范围	许可经营项目：无船承运业务，国际快递（邮政企业专营业务除外）（在许可证件有效期内经营）。 一般经营项目：国际货物运输代理业务，代理报关、报检服务，仓储，国内货运代理。（上述经营范围不含国家法律法规规定禁止、限制和许可经营的项目）					

企业名称	宁波艾金报关有限公司		海关编码	3302980067	所属海关	宁波海关驻鄞州办事处
通讯地址	浙江省宁波市江东区上东商务中心 3 幢（8-5）		邮政编码	315040	法人姓名	王浩骅
评定时间	2013.4.11	注册日期 2006.1.25	报关有效期	2015.12.22	注册资本	150 万人民币
主营范围	许可经营项目：无 。一般经营项目：报关、报检代理，经济贸易咨询。（上述经营范围不含国家法律法规规定禁止、限制和许可经营的项目）					

企业名称	宁波港东南物流集团有限公司		海关编码	3302980138	所属海关	宁波海关驻鄞州办事处
通讯地址	浙江省宁波市江东区朝晖路 188 号、民安路 306 号颐高创业大厦 1106 室		邮政编码	315020	法人姓名	滕亚辉
评定时间	2012.12.31	注册日期 2008.12.24	报关有效期	2014.12.23	注册资本	3892.36 万人民币
主营范围	无船承运业务（在许可证件有效期内经营），国际货运代理业务，代理报关、报检服务，仓储服务。（依法须经批准的项目，经相关部门批准后方可开展经营活动）					

合肥关区

企业名称	安徽翔威报关有限公司			海关编码	3402280006	所属海关	芜湖海关
通讯地址	安徽省芜湖经济技术开发区学府商业广场 B 区 2 号楼 606 室			邮政编码	241006	法人姓名	陈斐
评定时间	2014.9.11	注册日期	2010.7.9	报关有效期	2016.7.1	注册资本	150 万人民币
主营范围	在许可区域内从事报关、报检业务，进出口海关业务咨询服务。						

企业名称	安徽芜湖中外运有限公司			海关编码	3402980007	所属海关	芜湖海关
通讯地址	安徽省芜湖市港一路北侧朱家桥储运公司内			邮政编码	241001	法人姓名	胡忠洪
评定时间	2011.11.23	注册日期	1985.10.1	报关有效期	2015.10.1	注册资本	513 万人民币
主营范围	办理一般货物、国际展品、过境运输私人物品的海运、空运、陆运国际运输代理业务，包括揽货、托运、定舱、仓储中转、集装箱拼装拆箱、多式联运、结算运杂费、报关、报验、保险、相关短途运输；运输咨询；国际快递。						

企业名称	中外运空运发展股份有限公司安徽			海关编码	3401980036	所属海关	合肥现场
通讯地址	安徽省合肥市金寨路 92 号合肥高新科技广场北二座 3 单元			邮政编码	230020	法人姓名	周保华
评定时间	2013.12.5	注册日期	2001.11.28	报关有效期	2015.11.29	注册资本	90548 万人民币
主营范围	承办空运进出口货物和过境货物的国际运输代理业务，包括揽货、分拨、订舱、包机、仓储、中转、物流服务、国际多式联运、集装箱拼装拆装、结算运杂费、报关、报验、保险、相关的短途运输服务及运输咨询业务；经营国际快递（不含私人信函）业务。						

福州关区

企业名称	福州码世波报关有限公司			海关编码	3501981008	所属海关	福现业处
通讯地址	福建省福州鼓楼东水路 88 号闽发大厦商住楼四区写字楼 19 层 03 单元			邮政编码	350001	法人姓名	柯涛
评定时间	2012.2.8	注册日期	2005.12.27	报关有效期	2015.12.27	注册资本	150 万人民币
主营范围	在福州海关各口岸地或福州海关监管业务集中地从事报关服务（有效期限至 2013 年 12 月 27 日），国内陆路货物运输代理。（以上经营范围涉及许可经营项目的，应在取得有关部门许可后方可经营）						

企业名称	福建顺通报关有限公司			海关编码	3501989864	所属海关	福现业处
通讯地址	福建省福州市五一北路 106 号新侨联广场 13 层 C			邮政编码	350001	法人姓名	郑龙华
评定时间	2013.1.16	注册日期	1995.5.17	报关有效期	2015.5.17	注册资本	150 万人民币
主营范围	代理报关，代办其他进出口报检、报验业务，通关业务咨询服务（报关地域：马尾海关、保税区海关、福清海关、邮办、机场，有效期至 2015 年 5 月 17 日）。						

厦门关区

企业名称	厦门国贸报关行有限公司			海关编码	3502180004	所属海关	厦高崎办
通讯地址	福建省厦门市湖里区东渡路和宁路52~58号			邮政编码	361012	法人姓名	何东晖
评定时间	2014.9.26	注册日期	1992.7.1	报关有效期	2015.7.1	注册资本	150万人民币
主营范围	为外贸企业提供报关、报检和调运及信息咨询服务（有效期至2015年7月1日）。（以上经营范围涉及许可经营项目的，应在取得有关部门的许可后方可经营）						

企业名称	厦门建发报关行有限责任公司			海关编码	3502180006	所属海关	厦高崎办
通讯地址	福建省厦门市思明区环岛东路1699号建发国际大厦28层A单元			邮政编码	361000	法人姓名	苏焕铭
评定时间	2014.4.10	注册日期	1992.11.1	报关有效期	2015.10.26	注册资本	260万人民币
主营范围	接受进出口、转口货物单位委托，提供报关单预录入、代理报关、报验、代理排载运输、仓储。（以上经营范围涉及许可经营项目的，应在取得有关部门的许可后方可经营）						

企业名称	厦门外代报关行有限公司			海关编码	3502180015	所属海关	厦高崎办
通讯地址	福建省厦门现代物流园象屿路93号厦门国际航运中心口岸联检中心报关大厅23、24、25号			邮政编码	361006	法人姓名	吴岩松
评定时间	2013.12.11	注册日期	1995.7.15	报关有效期	2015.7.3	注册资本	500万人民币
主营范围	代理报关业务；代理报检及预录入业务；代理租赁业务；代理仓储；国内货运代理（不含水路货运代理）；会展服务，物流方案策划及信息咨询；国际货运代理。（以上经营范围涉及许可经营项目的，应在取得有关部门的许可后方可经营）						

企业名称	厦门中州报关有限公司			海关编码	3502480004	所属海关	象屿保税
通讯地址	福建省厦门现代物流园区（保税区）象兴四路22号象屿大厦三层E1单元之一			邮政编码	361006	法人姓名	向岿
评定时间	2010.9.27	注册日期	2005.10.18	报关有效期	2015.9.20	注册资本	150万人民币
主营范围	代理报关（有效期至2015年9月20日）。（以上经营范围涉及许可经营项目的，应在取得有关部门的许可后方可经营）						

南昌关区

企业名称	江西中外运有限公司			海关编码	3604980001	所属海关	九江海关
通讯地址	江西省九江市庐山路 191 号			邮政编码	332000	法人姓名	张尼亚
评定时间	2012.12.18	注册日期	1999.2.4	报关有效期	2015.1.27	注册资本	670 万人民币
主营范围	组织进出口货物的仓储、运输、中转，代理国际货物运输，进出口货物及运输工具的检验检疫报检业务，承办九江港口船务代理业务，经营陶瓷制品、土特产品、汽车零部件、五金交电、仪表仪器、金属材料（贵金属除外）。（以上项目国家有专项规定的除外；凡涉及许可的，凭证经营）						

企业名称	九江长江船务代理有限公司			海关编码	3604980003	所属海关	九江海关
通讯地址	江西省九江市滨江路 37 号金城公寓二楼			邮政编码	332000	法人姓名	李胜
评定时间	2011.12.13	注册日期	1999.1.5	报关有效期	2015.3.22	注册资本	300 万人民币
主营范围	经营中国籍国际船舶、经交通部核准的中国长江航运（集团）公司自有和用于国际集装箱班轮运输的自营外国籍船舶的代理业务，代理报关、代理报检。						

济南关区

企业名称	威海中外运报关有限公司			海关编码	3710980980	所属海关	威海海关
通讯地址	山东省威海市经济技术开发区齐鲁大道 62 号			邮政编码	264200	法人姓名	张少明
评定时间	2011.12.22	注册日期	1996.9.25	报关有效期	2015.7.3	注册资本	150 万人民币
主营范围	从事进出口货物报关、预录入、转关业务，为客户代办商检、动检、卫检和订舱业务。						

企业名称	威海凯顺航空运输服务有限公司			海关编码	3710981025	所属海关	威海海关
通讯地址	山东省威海市昆明路 13 号			邮政编码	264200	法人姓名	崔从斌
评定时间	2011.12.22	注册日期	1997.4.3	报关有效期	2015.1.17	注册资本	500 万人民币
主营范围	承办海运、空运进出口货物的国际运输代理业务，包括揽货、订舱、仓储、中转、集装箱拼装拆箱、结算运杂费、报关、报验、保险、相关的短途运输服务及咨询业务；经营国内航线除香港、澳门、台湾地区航线外的民用航空运输客运销售代理业务，国际航线或者香港、澳门、台湾地区航线的航空客运销售代理业务。						

企业名称	山东泛亚国际货运有限公司			海关编码	3710981064	所属海关	威海海关
通讯地址	山东省威海市经区东海路 36–2 号 6 楼			邮政编码	264205	法人姓名	单永强
评定时间	2010.12.20	注册日期	1997.10.13	报关有效期	2015.10.24	注册资本	1000 万人民币
主营范围	前置许可经营项目：从事进出中华人民共和国港口货物运输的无船承运业务，道路普通货运，货物专用运输，威海口岸的国际船舶代理业务，船舶代理，货运代理。一般经营项目：承办海运、空运进出口货物的国际运输代理业务，包括揽货、订舱、仓储、中转、集装箱拼装拆箱、结算运杂费、报验、保险及咨询业务；自营和代理各类商品及技术的进出口业务（不另附进出口商品目录），但国家规定的专营进出口商品和国家禁止进出口等特殊商品除外；报关；过境货物的国际运输代理业务。（法律、行政法规、国务院决定禁止的项目除外；法律、行政法规、国务院决定限制的项目，取得许可后方可从事经营）						

企业名称	中国外运山东有限公司威海分公司			海关编码	3710981937	所属海关	威海海关
通讯地址	山东省威海市海滨中路 28 号			邮政编码	264200	法人姓名	张少明
评定时间	2010.12.20	注册日期	2003.3.20	报关有效期	2015.2.15	注册资本	16200 万人民币
主营范围	承办海运、陆运、空运进出口货物、国际展品、私人物品和过境货物的国际运输代理业务，包括揽货、定舱、仓储、中转、集装箱拼装拆箱、结算运杂费、报关、报验、保险、相关的短途运输服务及运输咨询业务；办理国际多式联运业务；办理国际快递业务；资格证书批准范围内的无船承运业务。						

企业名称	荣成市石岛新港报关有限公司			海关编码	3727981258	所属海关	荣成海关
通讯地址	山东省荣成市石岛新港路 19 号			邮政编码	264309	法人姓名	邵新强
评定时间	2013.1.11	注册日期	2006.2.20	报关有效期	2015.2.18	注册资本	150 万人民币
主营范围	代理委托人办理进出口货物的报关、纳税，代办通关手续，提供通关业务咨询，提供电脑录入制单服务，代办进出口货物的报验、报检业务，货运代理、监管仓储、监管运输代理，进出国内港口货物运输的无船承运业务，快递服务（不含邮政业务）。						

青岛关区

企业名称	青岛诚业国际物流有限公司			海关编码	3702481790	所属海关	青保税区
通讯地址	山东省青岛保税区莫斯科路 54 号万国通运大厦十一层 9 室			邮政编码	266555	法人姓名	王洪启
评定时间	2013.4.15	注册日期	2005.9.26	报关有效期	2015.9.3	注册资本	600 万人民币
主营范围	国际货运代理；仓储，物流分拨（不含运输）装卸；国际贸易，转口贸易，区内企业之间贸易及贸易项下加工整理及相关业务代理，代理报关，代理货物报检及检疫消毒；普通货运（国家规定需专项审批的项目除外）。						

企业名称	青岛尚世通报关有限公司			海关编码	3702482321	所属海关	青保税区
通讯地址	山东省青岛保税区北京路 45 号东侧 1.2 号仓库附房			邮政编码	266555	法人姓名	陈慧杰
评定时间	2010.12.20	注册日期	2005.9.15	报关有效期	2015.7.10	注册资本	150 万人民币
主营范围	一般经营项目：代理报关、报检，国内货运代理及其相关业务咨询服务。（以上范围需经许可经营的，须凭许可证经营）						

企业名称	青岛中外运联丰国际物流有限公司			海关编码	3702482333	所属海关	青保税区
通讯地址	山东省青岛保税区海关报关厅			邮政编码	266555	法人姓名	王玉忠
评定时间	2013.4.15	注册日期	2005.9.27	报关有效期	2015.8.7	注册资本	500 万人民币
主营范围	进出口货物的报关，运输工具报关，报验，电脑预录，货运代理，仓储及区内企业之间贸易。（国家规定需专项审批的项目除外）						

企业名称	山东省海丰国际货运报关有限公司			海关编码	3702289678	所属海关	青开发区
通讯地址	山东省青岛经济技术开发区龙岗山路 368 号一楼大厅西区			邮政编码	266555	法人姓名	王玲
评定时间	2013.5.28	注册日期	2003.8.4	报关有效期	2015.12.30	注册资本	1000 万人民币
主营范围	许可经营项目：货运险（保险兼代理业务许可证有效期至 2014 年 9 月 17 日）。一般经营项目：海关预录入，进出口货物的报关；进出口货物报验；组织揽货，租船订仓及关贸咨询，保险业务咨询；国际货运代理。（以上范围需经许可经营的，须凭许可证经营）						

企业名称	青岛易安达国际物流有限公司			海关编码	3702289998	所属海关	青开发区
通讯地址	山东省青岛开发区富春江路 136 号 2 层			邮政编码	266555	法人姓名	潘继刚
评定时间	2010.12.20	注册日期	2006.3.29	报关有效期	2016.3.5	注册资本	700 万人民币
主营范围	许可经营项目：代理报关，普通货运。一般经营项目：国际货运代理，仓储服务，代理报检。						

企业名称	青岛中远国际航空货运代理有限公司			海关编码	3702988018	所属海关	青机场关
通讯地址	山东省青岛市城阳区流亭街道两江路27号			邮政编码	266108	法人姓名	柳国旗
评定时间	2011.11.15	注册日期	1997.1.17	报关有效期	2015.1.4	注册资本	700万人民币
主营范围	普通货运；承办空运、海运进出口货物的国际运输代理业务，包括揽货、订舱、中转、集装箱拼装拆箱、结算运杂费、报关报验、保险、仓储（不含国家违禁品及易燃、易爆物品）、普通货运咨询业务；办理国际航空快递（不含私人信件）业务；承办国内航空货物运输代理业务；货物进出口。（法律、行政法规禁止的项目除外；法律、行政法规限制的项目应取得许可证方可经营）						

企业名称	中外运空运发展股份有限公司山东分公司			海关编码	3702988387	所属海关	青机场关
通讯地址	山东省青岛市城阳区流亭机场外运办公楼			邮政编码	266108	法人姓名	陈宁
评定时间	2013.1.4	注册日期	2000.9.12	报关有效期	2015.8.2	注册资本	500万人民币
主营范围	承办空运进出口货物的国际运输代理业务，包括揽货、分拨、订舱、包机、仓储、中转、物流服务、集装箱拼箱拆箱、结算运杂费、报关、报验、保险、相关的短途运输服务及咨询业务；经营国际快递（不含私人信函）业务；承办过境货物的国际运输代理、国际多式联运；与以上业务相关的咨询、服务、展览、技术交流；普通货运；寄递业务（信件和其他具有信件性质的物品除外）。（以上范围须经许可经营的，须凭许可证经营）						

企业名称	青岛广通达国际物流有限公司			海关编码	3702980018	所属海关	青岛大港
通讯地址	山东省青岛市市南区山东路2号（华仁国际大厦）			邮政编码	266000	法人姓名	沈杰
评定时间	2011.12.22	注册日期	2004.4.1	报关有效期	2015.3.20	注册资本	500万人民币
主营范围	承办海运、空运进出口货物的国际运输代理业务，包括揽货、订舱、仓储、中转、集装箱拼装拆箱、结算运杂费、报关、报验、保险、相关的短途运输服务及咨询服务。（以上范围需经许可经营的，须凭许可经营）						

企业名称	青岛荣慧通国际物流有限公司			海关编码	3702980082	所属海关	青岛大港
通讯地址	山东省青岛市市南区太平路51号山东国际贸易大厦1201A室			邮政编码	266000	法人姓名	郑荣慧
评定时间	2014.7.24	注册日期	2004.12.24	报关有效期	2016.1.7	注册资本	500万人民币
主营范围	一般经营项目：国际货运代理。（以上范围需经许可经营的，须凭许可证经营）						

企业名称	青岛荣圣达国际物流有限公司			海关编码	3702980124	所属海关	青岛大港
通讯地址	山东省青岛市市南区太平路51号山东省国际贸易大厦1801室			邮政编码	266002	法人姓名	于凤霞
评定时间	2012.5.3	注册日期	2005.4.19	报关有效期	2015.5.31	注册资本	500万人民币
主营范围	国际货运代理（法律法规禁止经营的不得经营，法律法规限制经营的凭许可证经营）；进出口货物，但国家禁止及限定公司经营的项目除外。（以上范围需经许可经营的，须凭许可证经营）						

企业名称	青岛海洋报关代理有限公司			海关编码	3702980146	所属海关	青岛大港
通讯地址	山东省青岛市市南区中山路 44-60 号百盛商业大厦 2510 室			邮政编码	266001	法人姓名	王清玮
评定时间	2014.7.24	注册日期	2005.9.23	报关有效期	2015.9.22	注册资本	500 万人民币
主营范围	一般经营项目：代理报关、报验（凭资质经营），国际货运代理，仓储服务（不含危险品及违禁品），国内陆路货运代理，批发零售仪器仪表、机电产品、五金交电、建筑装潢材料、化工原料及产品（不含危险品）、办公设备、办公用品、针纺织品、钢材、木材、机械设备及配件、家用电器、日用百货、服装鞋帽、箱包、床上用品、纸制品、工艺品、润滑油、汽车配件、通讯器材（不含无线广播电视机发射器材），加工五金配件，调配化工助剂（不含危险品）（限分支机构加工、调配）。（以上范围需经许可经营的，须凭许可证经营）						

企业名称	嘉里大通物流有限公司青岛分公司			海关编码	3702980182	所属海关	青岛大港
通讯地址	山东省青岛市市南区宁夏路 288 号市南软件园 1 号楼 702 室			邮政编码	266071	法人姓名	耿昊
评定时间	2013.4.24	注册日期	1989.6.1	报关有效期	2015.5.25	注册资本	800 万人民币
主营范围	办理文件资料印刷品、样品、小件包裹的国际航空快递业务；承办航空、海上进出口货物及展览品的运输代理业务，包括揽货、订舱、包机等运输服务。						

企业名称	中外运—敦豪国际航空快件有限公司山东分公司			海关编码	3702981637	所属海关	青岛大港
通讯地址	山东省青岛市李沧区合川路 40 号			邮政编码	266071	法人姓名	田海天
评定时间	2011.3.9	注册日期	1993.8.31	报关有效期	2015.9.30	注册资本	200 万人民币
主营范围	承办陆运、空运进出口货物的国际运输代理业务，包括揽货、订舱、仓储、中转、包机、集装箱拼装拆箱、结算运杂费、报关、报验、保险、相关的短途运输服务及咨询业务；经营国际、国内快递业务。						

企业名称	青岛翔通报关行有限公司			海关编码	3702983618	所属海关	青岛大港
通讯地址	山东省青岛市香港中路 56 号金光大厦 20 层			邮政编码	266071	法人姓名	张双弟
评定时间	2010.2.9	注册日期	1996.1.23	报关有效期	2014.12.19	注册资本	630 万人民币
主营范围	许可经营项目：国内港口货物运输的无船承运业务；海关预录入、进出口货物报关代理、报验代理、报检、监管仓储、监管运输代理。一般经营项目：国际、国内货运代理、咨询服务，快递服务，自有房屋出租，国际货物运输代理经纪服务。						

企业名称	海程邦达国际物流有限公司			海关编码	3702983940	所属海关	青岛大港
通讯地址	山东省青岛市香港中路 18 号福泰广场 18 楼			邮政编码	266071	法人姓名	王希平
评定时间	2010.2.9	注册日期	2000.8.17	报关有效期	2015.7.23	注册资本	678 万美元
主营范围	承办海运、空运进出口货物，国际展品、私人物品的国际运输代理业务，包括揽货、订舱、仓储、中转、集装箱拼装拆箱、结算运杂费、报关、报验、保险、相关的短途运输服务及咨询业务；经营无船承运人业务。						

企业名称	青岛中远报关有限公司			海关编码	3702984369	所属海关	青岛大港
通讯地址	山东省青岛市瞿塘峡路19号			邮政编码	266002	法人姓名	王焕群
评定时间	2011.3.9	注册日期	1998.7.16	报关有效期	2015.6.12	注册资本	165万人民币
主营范围	办理进出口货物、运输工具、物品的报关、报检、代运业务和延伸服务。						

企业名称	青岛经汉物流服务有限公司			海关编码	3702984829	所属海关	青岛大港
通讯地址	山东省青岛市市南区太平路51号国贸大厦16层			邮政编码	266002	法人姓名	位海
评定时间	2010.12.20	注册日期	2000.4.28	报关有效期	2015.4.17	注册资本	900万人民币
主营范围	承办海运、空运进出口货物的国际运输代理业务，包括揽货、订舱、仓储、中转、集装箱拼装拆箱、结算运杂费、报关、报验、保险、相关的短途运输服务及咨询业务；经营国际快递业务。						

企业名称	青岛京大国际货运代理有限公司			海关编码	3702986528	所属海关	青岛大港
通讯地址	山东省青岛市市南区东海中路18号1栋2层网点			邮政编码	266071	法人姓名	杨东
评定时间	2010.12.20	注册日期	2003.6.25	报关有效期	2015.6.8	注册资本	1100万人民币
主营范围	许可经营项目：从事进出中华人民共和国港口货物运输的无船承运业务（无船承运业务经营资格登记证有效期至2017年9月3日）。一般经营项目：代理报检（凭资质经营），国际货运代理（以上范围需经许可经营的，须凭许可证经营）。						

企业名称	山东朗越国际运输服务有限公司			海关编码	3706289876	所属海关	烟开发区
通讯地址	山东省烟台市芝罘区冰轮路付1号			邮政编码	264002	法人姓名	顾善科
评定时间	2010.5.27	注册日期	1995.1.6	报关有效期	2015.12.3	注册资本	600万人民币
主营范围	海上国际货物运输代理，航空货运、货运代理及其报关、报验、保险业务，国际快递业务（不含信件性质的物品），普通货物运输，货物专用运输（集装箱，有效期至2011年5月14日），仓储业务（不含危险品）。						

企业名称	山东中外运弘志物流有限公司			海关编码	3703981988	所属海关	淄博海关
通讯地址	山东省淄博市张店区中心路299号			邮政编码	255086	法人姓名	崔卫国
评定时间	2010.2.9	注册日期	2001.3.28	报关有效期	2015.3.2	注册资本	1800万人民币
主营范围	国际集装箱公路运输业务；承办海运、陆运、空运进出口货物的国际运输代理业务，包括揽货、订舱、中转、仓储、集装箱拚箱、结算运杂费、报关、报验、保险、相关的短途运输服务及咨询业务；进出口货物运输的无船承运业务；国际快递业务；国内物品快件寄递业务（以上经营范围需审批或许可经营的凭审批手续或许可证经营）。						

企业名称	中国外运山东有限公司东营分公司			海关编码	3705982001	所属海关	东营海关
通讯地址	山东省东营市东营区东三路111号（众成都市中心）			邮政编码	257091	法人姓名	刘晓青
评定时间	2014.9.10	注册日期	2003.3.31	报关有效期	2015.2.24	注册资本	16222万人民币
主营范围	承办海运、陆运、空运进出口货物，国际展品、私人物品和过境货物的国际运输代理业务，包括揽货、订舱、仓储、中转、集装箱拼装拆箱、结算运货费、报关、报验、保险、相关的短途运输业务及运输咨询业务；办理国际多式联运业务；办理国际快递业务（私人信函和县级以上党政公文除外）。						

武汉关区

企业名称	湖北锦江报关公司			海关编码	4201980012	所属海关。	武汉海关现场业务处
通讯地址	湖北省武汉市江汉区沿江大道 95 号			邮政编码	430021	法人姓名	杨新建
评定时间	2013.6.6	注册日期	1995.2.22	报关有效期	2016.1.31	注册资本	150 万人民币
主营范围	主营：报关、通关业务咨询，代办报关手续及技术服务，代售机票，提供劳务服务，宝石、半宝石、杂品及其他工艺装饰品的加工销售。兼营：五金交电、化工产品（不含化工危险品及国家控制的化工品）、百货、建筑材料、装饰材料、机电产品、及计划外金属材料（不含国家有专项管理规定的产品）的零售、批发。						

企业名称	武汉中远报关服务有限公司			海关编码	4201980049	所属海关	武汉海关现场业务处
通讯地址	湖北省武汉市汉岸区香港路 145 号 B 栋 8 楼 6 室			邮政编码	430014	法人姓名	王善和
评定时间	2011.11.29	注册日期	2006.3.31	报关有效期	2016.3.30	注册资本	150 万人民币
主营范围	代办进出口货物的清关、转关、报检、物流业务，包括代办租船（机）高舱、接单审单、统计归类、三检申报、危险品申报、海关申报、代缴关税、提供与外贸进出口业务有关的法律法规及通关手续等的咨询服务；提供专业汽车运输代理业务，包括海关监管运输业务，代客户向船舶代理办理订舱手续（国家有专项规定的项目经审批后方可经营）。						

企业名称	武汉久洲国际货运代理有限公司			海关编码	4201980058	所属海关	武汉海关现场业务处
通讯地址	湖北省武汉市汉南区江南大道 458 号			邮政编码	430090	法人姓名	李卫洲
评定时间	2013.4.12	注册日期	2006.7.4	报关有效期	2016.6.25	注册资本	948 万人民币
主营范围	承办海运、陆运、空运进出口货物的国际运输代理业务。						

企业名称	湖北中外运报关有限公司			海关编码	4201980513	所属海关。	武汉海关现场业务处
通讯地址	湖北省武汉市汉口建设大道 611 号			邮政编码	430014	法人姓名	邓汉春
评定时间	2011.8.19	注册日期	2000.12.15	报关有效期	2015.12.20	注册资本	150 万人民币
主营范围	接受委托代办进出口货物的报关纳税事宜。						

郑州关区

企业名称	中外运空运发展股份有限公司河南分公司		海关编码	4101980314	所属海关	郑州海关
通讯地址	河南省郑州市郑东新区商务内环路 48 号金成东方国际 605 室		邮政编码	450046	法人姓名	蒋峥
评定时间	2014.2.11	注册日期	2001.11.7	报关有效期	2015.11.7	注册资本	150 万人民币
主营范围	承办海运、空运进出口货物的国际运输代理业务，包括揽货、订舱、仓储、中转、集装箱拼装拆箱、结算运杂费、报关、报验、保险、相关的短途运输服务及运输咨询业务；经营国际航空快递（不含私人信函）业务。						

长沙关区

企业名称	湖南外运报关行			海关编码	4301980004	所属海关	长沙海关
通讯地址	湖南省长沙市开福区三一大道303号永通佳苑A幢N单元710号房			邮政编码	410000	法人姓名	周宇
评定时间	2012.11.8	注册日期	2003.4.3	报关有效期	2015.3.1	注册资本	153万人民币
主营范围	接受进出口企业、涉外单位和个人的委托，办理本省范围内的代理报关手续。						

企业名称	浩通国际货运代理有限公司			海关编码	4301980011	所属海关	长沙海关
通讯地址	湖南省长沙市芙蓉中路二段111号华联大厦13楼			邮政编码	410005	法人姓名	彭鑫
评定时间	2010.8.3	注册日期	2001.4.4	报关有效期	2015.4.4	注册资本	3000万人民币
主营范围	承办海运、空运进出口货物，国际展品和过境货物的国际运输代理业务，包括揽货、仓储、中转、集装箱拼装拆箱、结算运杂费、报关、报验、保险、相关的短途运输服务及咨询业务；办理国际快递（不含私人信函）业务。						

企业名称	湖南华光国际船务代理有限公司			海关编码	4301980015	所属海关	长沙海关
通讯地址	湖南省长沙市天心区芙蓉中路三段398号新时空1911房			邮政编码	410001	法人姓名	李卫红
评定时间	2013.10.8	注册日期	2002.4.18	报关有效期	2015.4.18	注册资本	1000万人民币
主营范围	从事国际船舶代理业务（凭许可证、审批文件经营）；从事进出港口货物运输的无船承运业务（凭许可证、审批文件经营）；承办海运、陆运、空运进出口货物的国际运输代理业务，包括揽货、订舱、仓储中转、集装箱拼装拆箱、结算运杂费、报关、报验、保险等相关的短途运输服务及运输咨询业务。（涉及许可审批的经营项目，凭许可证或审批文件方可经营。）						

企业名称	湖南华海报关贸易有限公司			海关编码	4301980021	所属海关	长沙海关
通讯地址	湖南省长沙市芙蓉区五里牌团结路8栋507房			邮政编码	410001	法人姓名	刘永
评定时间	2010.8.3	注册日期	2007.1.15	报关有效期	2015.1.15	注册资本	200万人民币
主营范围	法律法规允许的五金交电、机电产品、矿产品、农副产品的销售，从事法律、法规、政策允许的报检代理服务，代理进出口报关业务。						

广州关区

企业名称	广东中衡报关有限公司			海关编码	4401983065	所属海关	广州内港
通讯地址	广东省广州市海珠区敦和路189号大院第2栋自编404A			邮政编码	510000	法人姓名	余家樑
评定时间	2014.5.5	注册日期	1997.11.17	报关有效期	2015.11.17	注册资本	500万人民币
主营范围	代理报关、报检，代办仓储、运输、快件（不含信件），以及提供上述项目咨询。						

企业名称	广州市万伦报关有限公司			海关编码	440198324J	所属海关	广州内港
通讯地址	广东省广州市荔湾区芳村大道东路110号港芳厅102房			邮政编码	511400	法人姓名	张悦
评定时间	2013.4.24	注册日期	2007.3.9	报关有效期	2014.12.31	注册资本	150万人民币
主营范围	货物报关代理服务，货物进出口（专营专控商品除外），技术进出口。						

企业名称	威时沛运货运（广州）有限公司			海关编码	4401983050	所属海关	广州海关现场业务处驻市政务中心监管点
通讯地址	广东省广州市越秀区人民北路829号801室			邮政编码	510170	法人姓名	靳海鸣
评定时间	2012.11.1	注册日期	1995.11.20	报关有效期	2015.11.20	注册资本	1500万港币
主营范围	承办空运进出口货物、国防展品、私人物流及过境货物的国际运输代理业务，包括揽货、订舱、仓储、中转、集装箱拼装拆箱、结算运杂费、报关、报验、保险、相关的短途运输服务及咨询业务；办理国际快递（不含私人信函）业务。						

企业名称	中外运空运发展股份有限公司华南分公司			海关编码	4401983076	所属海关	广州海关现场业务处驻市政务中心监管点
通讯地址	广东省广州市越秀区东风中路437号越秀城市广场南塔33层			邮政编码	510030	法人姓名	赵尊礼
评定时间	2011.5.31	注册日期	2000.1.12	报关有效期	2015.1.12	注册资本	0万人民币
主营范围	承办空运进出口货物和过境货物的国际运输代理业务，包括揽货、分拨、订舱、包机、仓储、中转、物流服务、国际多式联运、集装箱拼装拆箱、结算运杂费、报关、报验、保险、相关的短途运输服务及咨询服务；经营国际快递（不含私人信函和县以上党政军和机关文件）业务；与以上业务相关的咨询、服务、技术交流；货运代办，普通货运；寄递业务（信件和其他具有信件性质的物品除外）。						

企业名称	佛山市口岸报关有限公司			海关编码	4406980008	所属海关	佛山海关
通讯地址	广东省佛山市禅城区五峰三路11号口岸大楼1楼			邮政编码	528000	法人姓名	苏木豪
评定时间	2013.12.20	注册日期	1997.1.15	报关有效期	2016.1.15	注册资本	150万人民币
主营范围	专业报关。						

黄埔关区

企业名称	东莞市和记报关服务有限公司	海关编码	4419980068	所属海关	黄埔海关驻凤岗办事处
通讯地址	广东省东莞市凤岗镇雁田村兴田大厦B区7~10号	邮政编码	523700	法人姓名	谢荣修
评定时间	2010.2.21 注册日期 2005.11.7	报关有效期	2015.11.7	注册资本	150万人民币
主营范围	代理报关业务（凭有效许可证经营）。				

企业名称	东莞市准捷报关服务有限公司	海关编码	4419980073	所属海关	黄埔海关驻凤岗办事处
通讯地址	广东省东莞凤岗镇雁田村兴田大厦1楼商铺	邮政编码	523700	法人姓名	贾素芹
评定时间	2010.2.21 注册日期 2006.2.16	报关有效期	2016.2.16	注册资本	150万人民币
主营范围	代理报关业务（凭有效许可证经营），代理出入境检验检疫报检业务并提供相关咨询服务。				

企业名称	广州市挚联报关报检有限公司	海关编码	4401480104	所属海关	黄埔海关驻广州经济技术开发区办事处（广州保税区海关）
通讯地址	广东省广州保税区保盈大道19号自编二栋101~109房	邮政编码	510730	法人姓名	郑捷
评定时间	2013.10.10 注册日期 2009.7.6	报关有效期	2015.5.7	注册资本	310人民币
主营范围	货物运输代理，货物检验代理服务，货物报关代理服务，其他仓储业务（不含原油、成品油仓储，燃气仓储，危险品仓储），装卸搬运业务。				

深圳关区

企业名称	深圳市有信达物流集团有限公司			海关编码	4403180031	所属海关	深关现场
通讯地址	广东省深圳市盐田区盐田路45号金港盛世华庭6栋22C、D			邮政编码	518083	法人姓名	陈小斌
评定时间	2012.5.30	注册日期	2003.11.25	报关有效期	2015.11.25	注册资本	5000万人民币
主营范围	承办海运、陆运、空运进出口货物的国际运输代理业务，包括揽货、订舱、仓储、中转、集装箱拼装拆箱、结算运杂费、报关、报验、保险、国际多式联运、相关的短途运输服务及运输咨询业务（具体按深交复〔2003〕32号执行）；快递业务；道路普通货运，道路集装箱运输（均不含危险物品）；进出口贸易业务（按深贸管准证字第2003-4238号资格证书经营）。（以上法律、行政法规、国务院决定禁止的项目除外，法律、行政法规、国务院决定限制的项目须取得许可后方可经营）						

企业名称	深圳市巨航国际物流有限公司			海关编码	4403180237	所属海关	深关现场
通讯地址	广东省深圳市福田区福田街道福田皇岗口岸皇城广场大厦1701B			邮政编码	518038	法人姓名	游振发
评定时间	2012.12.26	注册日期	2004.11.1	报关有效期	2015.11.1	注册资本	600万人民币
主营范围	普通货运，货物专用运输（集装箱，凭粤交运管许可深字40300060201号道路运输经营许可证经营，有效期2016年4月5日）；承办海运、陆运、空运进出口货物的国际运输代理业务，包括揽货、托运、订舱、仓储（经营场所另设）、中转、集装箱拼装拆箱（经营场所另设）、结算运杂费、报关、报验、保险、相关的短途运输服务及运输咨询业务；代理报检业务。						

企业名称	深圳市鹏海物流有限公司			海关编码	4403180276	所属海关	深关现场
通讯地址	广东省深圳市盐田区深盐路海港大厦A座1116号			邮政编码	518018	法人姓名	汪广军
评定时间	2012.12.26	注册日期	2004.11.23	报关有效期	2015.11.1	注册资本	500万人民币
主营范围	普通货运，货物专用运输（集装箱）（道路运输经营许可证有效期至2014年12月31日），仓储服务，货物配送，公路货运代办（均不含危险物品），国际货运代理，经营各类商品和技术的进出口。						

企业名称	深圳市腾格里海物流有限公司			海关编码	4403180320	所属海关	深关现场
通讯地址	广东省深圳市盐田区盐田街道深盐路南盐田港区盐田海港大厦附楼1311			邮政编码	518083	法人姓名	姜红嫩
评定时间	2012.12.26	注册日期	2007.4.12	报关有效期	2015.4.12	注册资本	1000万人民币
主营范围	货运代办及货物配送业务（均不含危险化学品业务），国内商业、物资供销业（不含专营、专控、专卖商品），经营进出口业务（具体按进出口企业资格证书经营），空运、陆路国际货运代理（不含限制项目），普通货运，货物专用运输（集装箱）。						

企业名称	深圳市华商联物流报关有限公司			海关编码	4403180338	所属海关	深关现场
通讯地址	广东省深圳市南山区蛇口招商街道临海路海运中心主塔楼816、817号			邮政编码	518000	法人姓名	唐玉霞
评定时间	2012.4.13	注册日期	2005.3.18	报关有效期	2015.1.25	注册资本	500万人民币
主营范围	代理报关业务（报关注册登记证有效期至2011年2月24日），经济信息咨询（不含限制项目），国际货运代理。						

企业名称	深圳市鑫易达国际货运代理有限公司		海关编码	4403180423	所属海关	深关现场
通讯地址	广东省深圳市福田区福保街道福田保税区帝港海湾豪园一城市 3 米 6 公寓 1422		邮政编码	518032	法人姓名	周伟
评定时间	2013.5.21	注册日期	2006.4.21	报关有效期	2016.4.17	注册资本	500 万人民币
主营范围	国内商业，物资供销业（不含专营、专控、专卖商品）；货物进出口，技术进出口（法律、行政法规禁止的项目除外，法律、行政法规限制的项目须取得许可后方可经营）；国际货运代理，国内货运代理（法律、行政法规，国务院决定规定需要交通部门审批的，需取得相关批准文件方可经营）；兴办实业（具体项目另行申报）；从事报关业务（具体按深关许可证经营）。						

企业名称	深圳市润圣达国际货运代理有限公司		海关编码	4403180520	所属海关	深关现场
通讯地址	广东省深圳市福田区福田街道皇岗路皇城广场大厦 1804A		邮政编码	518054	法人姓名	黄纯
评定时间	2013.8.12	注册日期	2007.8.16	报关有效期	2015.7.7	注册资本	200 万人民币
主营范围	陆路国际货运代理（法律、行政法规、国务院决定规定需要交通部门审批的，需取得相关批准文件方可经营），兴办实业（具体项目另行申报），国内贸易（法律、行政法规、国务院决定规定在登记前须经批准的项目除外），货物进出口，技术进出口（法律、行政法规禁止的项目除外，法律、行政法规限制的项目须取得许可证后方可经营），报关业务及业务咨询（报关注册登记证书 4403180520 号经营，有效期至 2013 年 7 月 7 日），在深圳出入境检验检疫局辖区代理报检业务（凭代理报检企业注册登记证书 4700910121 号经营，有效期至 2015 年 11 月 3 日）。						

企业名称	深圳市华商联报关报检有限公司		海关编码	4403180644	所属海关	深关现场
通讯地址	广东省深圳市南山区南山街道办临海路海运中心主塔楼 813		邮政编码	518067	法人姓名	唐玉霞
评定时间	2013.5.21	注册日期	2010.4.27	报关有效期	2016.4.27	注册资本	150 万人民币
主营范围	从事报关业务，报关业务咨询，代理报检业务，报检业务咨询。						

企业名称	深圳市焕立环物流有限公司		海关编码	440341K001	所属海关	深关现场
通讯地址	广东省深圳市福田保税区蓝花道南段 3 号兴达物流大厦仓库 5 楼 B3 区		邮政编码	518000	法人姓名	杨艾阳
评定时间	2013.3.13	注册日期	2014.9.5	报关有效期	2016.9.5	注册资本	200 万人民币
主营范围	国内、国际货运代理，仓储服务（经营场所另外设立，不含危险品），快递业务（不含信函及邮政专营业务），经营进出口业务，经济信息咨询。						

拱北关区

企业名称	中山中外运报关有限公司			海关编码	4420980067	所属海关	中山海关
通讯地址	广东省中山市火炬开发区沿江东一路17号3号仓A1室			邮政编码	528403	法人姓名	崔如巨
评定时间	2010.1.6	注册日期	2000.9.25	报关有效期	2015.7.22	注册资本	150万人民币
主营范围	办理进出口货物和进出境运输工具的报关、纳税、电脑打单、传真业务，出入境检验检疫代理报检业务，提供有关运输咨询服务。						

企业名称	中山市德力报关有限公司			海关编码	4420980151	所属海关	中山海关
通讯地址	广东省中山市小榄镇小榄大道中49号报关楼2、3、4号房			邮政编码	528415	法人姓名	麦荣坚
评定时间	2012.10.26	注册日期	2006.4.6	报关有效期	2016.3.16	注册资本	150万人民币
主营范围	代理报关、报检业务，以及相关业务的咨询、打单业务。						

企业名称	中山市科达报关服务有限公司			海关编码	4420980168	所属海关	中山海关
通讯地址	广东省中山市民众镇浪网村人民路中山保税物流中心配套业务用房B座B206卡			邮政编码	528441	法人姓名	余利城
评定时间	2013.9.30	注册日期	2010.5.4	报关有效期	2016.1.16	注册资本	150万人民币
主营范围	代理报关，报关咨询，代理报检。						

南宁关区

企业名称	北海四方国际物流有限公司			海关编码	4505981043	所属海关	北海海关
通讯地址	广西壮族自治区北海市云南路正虹广场 A 座 1203、1204 号			邮政编码	536000	法人姓名	陈祖国
评定时间	2013.1.6	注册日期	2006.5.19	报关有效期	2016.5.19	注册资本	1700 万人民币
主营范围	海运、陆运、空运进出口货物国际运输代理，包括揽货、订舱、租船、配载、报关、报验、装拆箱、中转、代运、分拨、结算运杂费及咨询；在北海口岸从事国际船舶代理业务（凭国际船舶代理经营资格登记证经营）；国际船舶的日用百货的供应；船舶清洁服务；无仓储经营硫磺、硫酸、磷酸（凭许可证经营）。（凡涉及许可证的项目凭许可证在有效期限内经营）						

西安关区

企业名称	中外运空运发展股份有限公司西北分公司			海关编码	6101981014	所属海关	西安综合保税区口岸作业区
通讯地址	陕西省西安市经济技术开发区凤城二路27号天心大厦11层			邮政编码	710018	法人姓名	宋新梅
评定时间	2012.8.17	注册日期	2000.8.21	报关有效期	2015.4.19	注册资本	0万人民币
主营范围	承办空运进出口货物的国际航空货运、代理业务，包括揽货、分拨、订舱、包机、仓储、中转、货物集散及物流服务、集装箱拼装拆箱、结算运杂费、报关、报验、保险、多式联运、过境运输、国内货运，以及相关的短途运输服务及以上业务相关的咨询、服务、展览、技术交流；国际航线或者香港地区、澳门地区、台湾地区航线的航空货运销售代理业务；普通货运及货运代办、仓储服务；寄递业务（信件和其他具有信件性质的物品除外）。						

企业名称	陕西华龙报关报检服务有限公司			海关编码	6101981023	所属海关	西安综合保税区口岸作业区
通讯地址	陕西省西安市高新区高新五路16号商品格兰A座1115			邮政编码	710075	法人姓名	付佳
评定时间	2012.12.31	注册日期	2003.5.26	报关有效期	2015.5.3	注册资本	150万人民币
主营范围	进出口专业代理报关、报检及仓储业务（危险品除外）。						

企业名称	西安海川国际货运代理有限公司			海关编码	6101981036	所属海关	西安综合保税区口岸作业区
通讯地址	陕西省西安市经开区凤城二路海璟国际2幢1单元10911号房			邮政编码	710016	法人姓名	赵晓川
评定时间	2013.6.17	注册日期	2007.4.4	报关有效期	2015.3.22	注册资本	300万人民币
主营范围	航空、陆路国际货运代理业务。						

乌鲁木齐关区

企业名称	阿拉山口中铁国际物流有限公司			海关编码	6503980003	所属海关	阿拉山口
通讯地址	新疆维吾尔自治区阿拉山口新丝路			邮政编码	833418	法人姓名	李翔
评定时间	2009.12.11	注册日期	1997.3.22	报关有效期	2015.3.22	注册资本	200 万人民币
主营范围	许可经营项目：经营易燃固体、自燃和遇湿易燃物品（第 4.1 类、4.2 类、4.3 类），剧毒品除外；木材经营。一般经营项目：代理报关、报检、报验业务，经营百货，承办陆运进出口国际货运代理业务，货物仓储，装卸服务、货物装载加固服务（国家法律、行政法规有专项审批的项目除外）。						

企业名称	五矿物流新疆有限公司			海关编码	6503980010	所属海关	阿拉山口
通讯地址	新疆维吾尔自治区阿拉山口准噶尔路 27 号（联检小区 201 号）			邮政编码	833418	法人姓名	梅旺年
评定时间	2009.12.11	注册日期	2003.1.30	报关有效期	2014.12.18	注册资本	1000 万人民币
主营范围	许可经营项目：道路普通货物运输；经营易燃液体（第 3.2 类）、易燃固体（第 4.1 类）、氧化剂（第 5.1 类）、有毒品（第 6.1 类）、腐蚀品（第 8.2 类）、压缩气体及液化气体（第 2.1 类），成品油、剧毒品除外；煤炭零售。一般经营项目：承办陆运进出口货物的国际运输代理业务，包括揽货、仓储、中转、集装箱拼装拆箱、结算运杂费、报关、报检、保险、相关的短途运输服务及咨询业务；日用百货、饲料、钢材、建材、五金矿产品、化工产品的销售；房屋租赁；货物配送，代收货款。（国家法律、行政法规有专项审批的项目除外。）						

企业名称	新疆乾通国际货运有限责任公司			海关编码	6503980014	所属海关	阿拉山口
通讯地址	新疆维吾尔自治区阿拉山口准格尔路 27 号（博新小区 2 号楼三单元）			邮政编码	833418	法人姓名	胡建军
评定时间	2014.3.12	注册日期	2003.12.15	报关有效期	2015.12.15	注册资本	300 万人民币
主营范围	许可经营项目：经营易燃液体（第 3.2 类、第 3.3 类）、腐蚀品（第 8.2 类）、易燃固体（第 4.1 类）、易燃气体（第 2.1 类），成品油、剧毒品除外（只限于报关报检使用，不得经营化学危险品，有效期至 2014 年 10 月 7 日）。一般经营项目：承办陆运进出口货物的国际运输代理业务，包括揽货、订舱、仓储、中转、集装箱拼装拆箱、结算运杂费、报关、报验、保险、相关的短途运输服务及运输咨询业务、租赁业务（仅限 G60 槽罐）。						

企业名称	新疆口岸工贸国际货运代理有限公司			海关编码	6503980015	所属海关	阿拉山口
通讯地址	新疆维吾尔自治区阿拉山口艾比湖南路 3 号			邮政编码	830022	法人姓名	程香
评定时间	2010.8.5	注册日期	2004.9.22	报关有效期	2015.9.22	注册资本	300 万人民币
主营范围	承办陆运进出口货物和过境货物的国际运输代理业务，包括揽货、托运、仓储、中转、集装箱拼装拆箱、结算运杂费、报关、报验、保险、相关的短途运输服务及运输咨询业务。						

企业名称	阿拉山口博报国际货运代理有限公			海关编码	6503980018	所属海关	阿拉山口
通讯地址	新疆维吾尔自治区阿拉山口准噶尔南路 4 号			邮政编码	833418	法人姓名	王俊
评定时间	2012.10.8	注册日期	2006.10.18	报关有效期	2016.10.18	注册资本	233 万人民币
主营范围	许可经营项目：经营易燃液体（第 3.2 类、3.3 类）、易燃固体（第 4.1 类），剧毒品、成品油除外；打字、复印服务。一般经营项目：承办陆运进出口货物的国际运输代理业务（包括饮食品、工业机械及设备、钢材及有色金属、煤及焦炭、矿物性建筑材料、粮食及农副产品的铁路整车、集装箱运输服务），提供揽货、托运、仓储中转、集装箱拼装拆箱、结算运杂费、报关、报验、保险、相关短途运输代理服务及运输咨询服务。（国家法律、行政法规有关专项审批的项目，未获批准前不得开展经营活动。）						

企业名称	新疆维吾尔自治区阿拉山口捷安物流有限公司	海关编码	6503989013	所属海关	阿拉山口
通讯地址	新疆阿拉山口准噶路 4 号	邮政编码	833418	法人姓名	李清贵
评定时间	2010.12.15 注册日期 2003.11.26	报关有效期	2015.11.26	注册资本	300 万人民币
主营范围	承办陆路进出口货物的国际运输代理业务，包括饮食品、粮食及农副产品的铁路整车、集装箱运输及拼装拆箱、揽货、托运、仓储、中转、结算运杂费、报关、报检、保险、相关的短途运输服务及咨询业务。				